COMPÊNDIO DE CIÊNCIA DA RELIGIÃO

JOÃO DÉCIO PASSOS • FRANK USARSKI (ORGS.)

COMPÊNDIO DE CIÊNCIA DA RELIGIÃO

Paulinas

PAULUS

Dados Internacionais de Catalogação na Publicação (CIP)
(Câmara Brasileira do Livro, SP, Brasil)

Compêndio de ciência da religião / João Décio Passos, Frank Usarski, (organizadores). – São Paulo : Paulinas : Paulus, 2013.

Vários autores.
ISBN 978-85-356-3576-8

1. Ciências humanas 2. Religião I. Passos, João Décio. II. Usarski, Frank.

13-06404   CDD-200

Índice para catálogo sistemático:
1. Ciência da religião   200

1ª edição – 2013
2ª reimpressão – 2021

Direção geral: *Bernadete Boff*
Conselho editorial: *Dr. Afonso M. L. Soares*
Dr. Antonio Francisco Lelo
Me. Luzia M. de Oliveira Sena
Ir. Maria Goretti de Oliveira
Dr. Matthias Grenzer
Dra. Vera Ivanise Bombonatto

Editores responsáveis: *Luzia M. de Oliveira Sena*
e Afonso M. L. Soares
Tradução: *Agnese Costalunga, Afonso M. L. Soares,*
Anoar Jarbas Provenzi, Edênio Valle
e Frank Usarski
Assistente de edição: *Anoar Jarbas Provenzi*
Coordenação de revisão: *Marina Mendonça*
Revisão: *Equipe Paulinas*
Gerente de produção: *Felício Calegaro Neto*
Projeto Gráfico: *Manuel Rebelato Miramontes*

Nenhuma parte desta obra poderá ser reproduzida ou transmitida por qualquer forma e/ou quaisquer meios (eletrônico ou mecânico, incluindo fotocópia e gravação) ou arquivada em qualquer sistema ou banco de dados sem permissão escrita da Editora. Direitos reservados.

Paulinas
Rua Dona Inácia Uchoa, 62
04110-020 – São Paulo – SP (Brasil)
Tel.: (11) 2125-3500
http://www.paulinas.com.br
editora@paulinas.com.br
Telemarketing e SAC: 0800-7010081

© Pia Sociedade Filhas de São Paulo –
São Paulo, 2013

Departamento de Ciência da Religião
Programa de Estudos Pós-Graduados
em Ciências da Religião
Rua Ministro Godói, 969, 4º andar, sala 4E-09
05015-901 – São Paulo (SP)
Tel.: (11) 3670-8529
e-mail: procresp@pucsp.br

Paulus
Rua Francisco Cruz, 229
04117-091 – São Paulo – SP (Brasil)
Tel.: (11) 5087-3700 – Fax: (11) 5579-3627
www.paulus.com.br
editorial@paulus.com.br

Sumário

Autores e organizadores 9

Introdução geral 17
João Décio Passos e Frank Usarski

Parte I
Epistemologia da Ciência da Religião

Introdução à Parte I 33
Eduardo R. Cruz

Estatuto epistemológico da Ciência da Religião 37
Eduardo R. Cruz

História da Ciência da Religião 51
Frank Usarski

Metodologia em Ciência da Religião 63
Steven Engler e Michael Stausberg

Fenomenologia da Religião 75
Nicola Maria Gasbarro

Filosofia da Religião 101
Scott Randall Paine

Ciências Naturais, religião e Teologia 115
Eduardo R. Cruz

Religião e epistemologias pós-coloniais 129
Lauri Emílio Wirth

Religião como forma de conhecimento 143
Roberto Hofmeister Pich

Religião e ética 161
Luiz Felipe Pondé

Ciência da Religião e Teologia 175
Faustino Teixeira

PARTE II
CIÊNCIAS SOCIAIS DA RELIGIÃO

Introdução à Parte II 187
Maria José Rosado

Ciências Sociais da Religião: estado da questão 191
Breno Martins Campos

História das Ciências Sociais da Religião 205
Maria das Dores Campos Machado

História das Religiões 217
Fernando Torres-Londoño

Sociologia da Religião e seu foco na secularização 231
Ricardo Mariano

Antropologia da Religião 243
Silas Guerriero

Teorias econômicas no estudo da religião 257
Jens Schlamelcher

Geografia da Religião 275
Sylvio Fausto Gil Filho

Religião como organização 287
Marcelo Ayres Camurça

Instituições tradicionais e movimentos emergentes 301
Cecília Loreto Mariz

PARTE III
CIÊNCIAS PSICOLÓGICAS DA RELIGIÃO

Introdução à Parte III 315
Edênio Valle

Constituição histórica da Psicologia Científica da Religião 319
Jacob Belzen

Teorias clássicas da Psicologia da Religião 333
Cátia Cilene Lima Rodrigues e Antônio Máspoli de A. Gomes

Teorias contemporâneas da Psicologia da Religião 347
Geraldo José de Paiva

Ciências Biológicas, Neurociências e religião 367
José Luiz Cazarotto

Psicologia Evolucionária e religião 383
Eliana Massih

Psicologia e espiritualidade 399
   Clarissa De Franco

Psicologia do Desenvolvimento e religião.. 411
   Maria Eliane Azevedo da Silva

Estados alterados de consciência e religião 423
   Wellington Zangari, Everton de Oliveira Maraldi,
   Leonardo Breno Martins e Fátima Regina Machado

Parte IV
Ciências das linguagens religiosas

Introdução à Parte IV 439
   Ênio José da Costa Brito

Linguagens religiosas: origem, estrutura e dinâmicas.. 443
   Paulo Augusto de Souza Nogueira

Hermenêutica da religião.. 457
   Etienne Alfred Higuet

Metodologia de estudos das "escrituras" no campo da Ciência da Religião 469
   Pedro Lima Vasconcellos

Tradições religiosas entre a oralidade e o conhecimento do letramento................................ 485
   Ênio José da Costa Brito

Mitos e suas regras 499
   José J. Queiroz

Ritos religiosos 513
   Maria Angela Vilhena

Expressões corporais e religião 525
   Maria Antonieta Antonacci

Linguagem midiática e religião 539
   Brenda Carranza

Artes religiosas... 557
   César Augusto Sartorelli

Parte V
Ciência da Religião Aplicada

Introdução à Parte V.. 573
   Afonso Maria Ligorio Soares

Ciência Prática da Religião: considerações teóricas e metodológicas 577
   Udo Tworuschka

Ciência da Religião aplicada às relações internacionais 589
Enzo Pace

Ciência da Religião aplicada ao ensino religioso 603
Sérgio Rogério Azevedo Junqueira

Ciência da Religião aplicada ao turismo 615
Edin Sued Abumanssur

Ciência da Religião aplicada à educação sociopolítica 627
Mauro Passos

Ciência da Religião aplicada ao patrimônio cultural.. 639
Paulo Mendes Pinto

Ciência da Religião aplicada à Teologia 649
Afonso Maria Ligorio Soares

Ciência da Religião aplicada à ação pastoral 663
Agenor Brighenti

Ciência da Religião aplicada à psicoterapia 677
Ênio Brito Pinto

Índice remissivo 691

Autores e organizadores

Afonso Maria Ligorio Soares
Doutor em Ciência da Religião pela Universidade Metodista de São Paulo, Livre-Docente em Teologia pela Pontifícia Universidade Católica de São Paulo, Professor Associado do Departamento de Ciência da Religião da mesma Universidade.

Agenor Brighenti
Doutor em Ciências Teológicas e Religiosas pela Universidade de Louvain, Professor da Pontifícia Universidade Católica do Paraná.

Antônio Máspoli de A. Gomes
Doutor em Ciência da Religião pela Universidade Metodista de São Paulo, Professor do Programa de Pós-Graduação em Ciência da Religião da Universidade Presbiteriana Mackenzie.

Brenda Carranza
Doutora em Ciências Sociais pela Universidade de Campinas, Professora da Pontifícia Universidade Católica de Campinas.

Breno Martins Campos
Doutor em Ciências Sociais pela Pontifícia Universidade Católica de São Paulo, Professor na Pontifícia Universidade Católica de Campinas.

Cátia Cilene Lima Rodrigues
Doutora em Ciência da Religião pela Pontifícia Universidade Católica de São Paulo, Professora de Psicologia da Religião na Universidade Presbiteriana Mackenzie.

Cecília Loreto Mariz
Doutora em Sociologia pela Universidade de Boston, Professora Associada de Sociologia da Universidade do Estado do Rio de Janeiro.

César Augusto Sartorelli
Doutorando na Faculdade de Arquitetura e Urbanismo da Universidade de São Paulo, Professor de História da Arte na Escola Técnica do Estado de São Paulo.

Clarissa De Franco
Doutoranda em Ciência da Religião pela Pontifícia Universidade Católica São Paulo.

Edênio Valle
Doutor em Psicologia/Pedagogia pela Pontifícia Universidade Salesiana de Roma, Professor Associado do Departamento de Ciência da Religião da Pontifícia Universidade Católica de São Paulo.

Edin Sued Abumanssur
Doutor em Ciências Sociais pela Pontifícia Universidade Católica de São Paulo, Professor Associado do Departamento de Ciência da Religião da mesma Universidade.

Eduardo R. Cruz
Doutor em Teologia pela Escola Luterana de Chicago, Professor Titular do Departamento de Ciência da Religião da Pontifícia Universidade Católica de São Paulo.

Eliana Massih
Doutora em Ciência da Religião pela Pontifícia Universidade Católica de São Paulo, Professora do Instituto São Paulo de Estudos Superiores.

Ênio Brito Pinto
Doutor em Ciência da Religião pela Pontifícia Universidade Católica de São Paulo, Professor dos Cursos de Pós-Graduação em Terapia e Educação Sexual do Instituto Brasileiro Interdisciplinar de Sexologia e Medicina Psicossomática.

Ênio José da Costa Brito
Doutor em Teologia pela Pontifícia Universidade Gregoriana de Roma, Professor Titular do Departamento de Ciência da Religião da Pontifícia Universidade Católica de São Paulo.

Enzo Pace
Professor de Sociologia e Sociologia da Religião na Universidade de Pádua, Itália.

Autores e organizadores

Etienne Alfred Higuet
Doutor em Ciências Teológicas e Religiosas pela Universidade Católica de Louvain, Professor Titular do Programa de Pós-Graduação em Ciências da Religião da Universidade Metodista de São Paulo.

Everton de Oliveira Maraldi
Doutorando em Psicologia Social da Religião pelo Instituto de Psicologia da Universidade de São Paulo.

Fátima Regina Machado
Doutora em Psicologia Social pela Universidade de São Paulo, Pesquisadora do Instituto de Psicologia da mesma Universidade.

Faustino Teixeira
Doutor em Teologia pela Pontifícia Universidade Gregoriana, Professor do Programa de Pós-graduação em Ciência da Religião da Universidade Federal de Juiz de Fora.

Fernando Torres-Londoño
Doutor em História Social pela Universidade de São Paulo, Professor Titular do Departamento de História da Pontifícia Universidade Católica de São Paulo.

Frank Usarski
Doutor em Ciência da Religião pela Universidade de Hannover, Livre-Docente em Ciência da Religião pela Pontifícia Universidade Católica de São Paulo, Professor Assistente do Departamento de Ciência da Religião na mesma Universidade.

Geraldo José de Paiva
Doutor em Psicologia pela Universidade de São Paulo, Professor do Departamento de Psicologia Social do Instituto de Psicologia da mesma Universidade.

Jacob Belzen
Doutor Ciência da Religião pela Academia Turka, Finlândia, e em História pela Universidade de Amsterdam, Professor de Psicologia da Religião na mesma Universidade.

Jens Schlamelcher
Doutor em Filosofia pela Universidade de Bochum, Alemanha, Pesquisador na mesma Universidade.

Autores e organizadores

João Décio Passos
Doutor em Ciências Sociais e Livre-Docente em Teologia pela Pontifícia Universidade Católica de São Paulo, Professor Associado do Departamento de Ciência da Religião da mesma Universidade.

José J. Queiroz
Doutor em Direito pela Universidade Pontifícia Santo Tomás de Aquino de Roma, Professor Titular do Departamento de Ciência da Religião da Pontifícia Universidade Católica de São Paulo.

José Luiz Cazarotto
Doutor em Psicologia pela Pontifícia Universidade Salesiana de Roma, Professor do Instituto São Paulo de Estudos Superiores.

Lauri Emílio Wirth
Doutor em Teologia pela Universidade de Heidelberg, Professor no Programa de Pós-Graduação em Ciência da Religião da Universidade Metodista de São Paulo.

Leonardo Breno Martins
Doutorando em Psicologia Social da Religião pelo Instituto de Psicologia da Universidade de São Paulo.

Luiz Felipe Pondé
Doutor em Filosofia pela Universidade de São Paulo, Professor Assistente do Departamento de Ciência da Religião da Pontifícia Universidade de São Paulo e da Fundação Armando Álvares Penteado.

Marcelo Ayres Camurça
Doutor em Antropologia pela Universidade Federal do Rio de Janeiro, Professor dos Programas de Pós-Graduação em Ciência da Religião e Ciências Sociais da Universidade Federal de Juiz de Fora.

Maria Angela Vilhena
Doutora em Ciências Sociais e Livre-Docente em Teologia pela Pontifícia Universidade Católica de São Paulo, Professora do Centro Universitário Salesiano de São Paulo.

Autores e organizadores

MARIA ANTONIETA ANTONACCI
Doutora em História Econômica pela Universidade de São Paulo, Professora Associada do Departamento em História da Pontifícia Universidade Católica de São Paulo.

MARIA DAS DORES CAMPOS MACHADO
Doutora em Sociologia pela Sociedade Brasileira de Instrução, Professora Associada da Universidade Federal do Rio de Janeiro.

MARIA ELIANE AZEVEDO DA SILVA
Mestra em Ciência da Religião pela Pontifícia Universidade Católica de São Paulo.

MARIA JOSÉ ROSADO
Doutora em Ciências Sociais pela École des Hautes Étude en Sciences Sociales de Paris, Professora Assistente do Departamento de Ciência da Religião da Pontifícia Universidade Católica de São Paulo.

MAURO PASSOS
Doutor em Ciências da Educação pela Universidade Pontifícia Salesiana de Roma, Professor da Pontifícia Universidade Católica de Minas Gerais.

MICHAEL STAUSBERG
Doutor em Ciências da Religião pela Universidade de Bonn, Professor do Departamento de Arqueologia, História, Estudos Culturais e Religião da Universidade de Bergen, Noruega.

NICOLA MARIA GASBARRO
Doutor em Antropologia pela Universidade de Roma, Professor de História das Religiões na Universidade de Udine, Itália.

PAULO AUGUSTO DE SOUZA NOGUEIRA
Doutor em Teologia pela Universidade de Heidelberg, Professor Titular do Programa de Pós-Graduação em Ciência da Religião da Universidade Metodista de São Paulo.

PAULO MENDES PINTO
Doutor em História e Cultura Pré-Clássica pela Universidade de Lisboa, Professor na Licenciatura e Mestrado em Ciência da Religião na Universidade Lusófona de Lisboa.

Pedro Lima Vasconcellos

Doutor em Ciências Sociais e Livre-Docente em Ciência da Religião pela Pontifícia Universidade Católica de São Paulo. Até fevereiro de 2012, Professor Assistente do Departamento de Ciência da Religião da mesma Universidade. Atualmente, Professor Adjunto na área de Filosofia e Ciências Sociais da Universidade Federal de Alagoas.

Ricardo Mariano

Doutor em Sociologia pela Universidade de São Paulo, Professor do Programa de Pós-Graduação em Ciências Sociais da Pontifícia Universidade Católica do Rio Grande do Sul.

Roberto Hofmeister Pich

Doutor em Filosofia na Rheinische Friedrich-Wilhelms-Universität de Bonn, Professor Adjunto dos Programas de Pós-Graduação em Filosofia e em Teologia da Pontifícia Universidade Católica do Rio Grande do Sul.

Scott Randall Paine

Doutor em Filosofia pela Universidade Pontifícia São Tomás de Aquino em Roma, Professor Associado no Departamento de Filosofia da Universidade de Brasília.

Sérgio Rogério Azevedo Junqueira

Doutor em Ciência da Educação pela Universidade Pontifícia Salesiana de Roma, Livre-Docente em Ciência da Religião pela Pontifícia Universidade Católica de São Paulo, Professor da Pontifícia Universidade Católica do Paraná.

Silas Guerriero

Doutor em Antropologia pela Pontifícia Universidade Católica de São Paulo, Professor Associado do Departamento de Ciência da Religião na mesma Universidade.

Steven J. Engler

Doutor em Ciência da Religião pela Universidade de Concordia, Montreal, Professor Associado de Ciência da Religião da Universidade de Mount Royal, Calgary, Canadá.

Sylvio Fausto Gil Filho

Doutor em História pela Universidade Federal do Paraná, Professor Associado do Departamento de Geografia da mesma Universidade.

AUTORES E ORGANIZADORES

UDO TWORUSCHKA
Doutor em Filosofia pela Universidade de Bonn, Professor Emérito do Departamento de Ciência da Religião da Universidade de Jena.

WELLINGTON ZANGARI
Doutor em Psicologia Social pela Universidade de São Paulo, Professor de Psicologia Social no Instituto de Psicologia da mesma Universidade.

Introdução geral

JOÃO DÉCIO PASSOS E
FRANK USARSKI

> Não há "escolha" científica — do campo da pesquisa, dos métodos
> empregados, do lugar de publicação; ou, ainda, escolha entre uma
> publicação imediata de resultados parcialmente verificados e uma
> publicação tardia de resultados plenamente controlados — que não
> seja uma estratégia política de investimento objetivamente orientada
> para a maximização do lucro propriamente científico, isto é, a
> obtenção do reconhecimento dos pares concorrentes.
> Pierre Bourdieu

A origem latina da palavra *Compêndio* no sentido daquilo que pode ser pesado (*pendere*) junto (*com*) alude a um empreendimento científico coletivo caracterizado pela busca continua de critérios de coerência entre os elementos constitutivos para uma disciplina. Lido dessa maneira, a componente semântica *com* possui uma denotação polissêmica apontando para três dimensões do trabalho acadêmico inseparavelmente relacionadas.

A primeira dimensão torna-se evidente quando se relaciona a etimologia aos esforços intelectuais *con*juntos que constituem a prática científica na universidade. Desse ponto de vista, um *Compêndio* pretende dar conta do caráter *social* de uma disciplina. Um *Compêndio*, portanto, reconhece o fato de que nenhum cientista atua isoladamente, mas sempre dentro de um quadro institucional constituído por regras estabelecidas e aceitas por uma determinada *com*unidade acadêmica. Cada integrante do coletivo orienta-se em interesses *com*uns de conhecimento e compromete-se com o objetivo de *con*tribuir com seu trabalho específico para o aperfeiçoamento do saber relevante para seu grupo. Conforme os princípios de divisão de trabalho entre membros de uma sociedade científica e da *com*plementação dos resultados singulares a favor de um saber *com*partilhado, um *Compêndio* é obrigatoriamente um trabalho coletivo que reúne especialistas em segmentos específicos do conhecimento que representam o atual estado da disciplina.

Do ponto de vista filosófico, isto é, da perspectiva que constitui a segunda dimensão implícita no prefixo *com*, vale lembrar que a produção de um conhecimento disciplinar é norteada por conceitos, teorias e abordagens coletivamente considerados úteis em termos da sua capacidade de iluminar os objetos tipicamente estudados pela disciplina. Um compêndio, porém, não se deve contentar com um tratamento desse instrumentário imediatamente relevante para a pesquisa. Em vez disso, deve oferecer para os leitores reflexões sobre como os diferentes métodos e as abordagens se *integram* e não se restringem a um mero funcionamento paralelo, no âmbito de uma disciplina. É nesse sentido que o prefixo *com* da palavra *Compêndio* revela suas implicações filosóficas.

No caso específico da Ciência da Religião, é consensual que a análise do seu campo complexo avança à medida que o estudo apropria-se do potencial heurístico das suas subáreas, como, para citar apenas algumas das mais conhecidas, a História das Religiões, a Antropologia da Religião, a Sociologia da Religião ou a Psicologia da Religião. Essas subáreas merecem reflexões contínuas sobre seu estatuto epistemológico, suas vantagens e suas limitações. Porém, uma abordagem filosófica sobre o estatuto da Ciência da Religião não se esgota com a avaliação e justificativa de cada uma dessas áreas propriamente ditas. Ou seja, as reflexões filosóficas não apenas demandam operações intelectuais *teóricas*, mas incluem também ponderações *metateóricas*. Como a expressão *meta* já indica, os últimos transcendem as aspirações empíricas e conceituais de uma subdisciplina e se preocupem com o esclarecimento de aspectos que representam o *etos* da disciplina como um todo. Em termos epistemológicos e metodológicos, portanto, busca-se identificar a lógica transversal subjacente às subáreas e definir as posturas que o cientista da religião deve assumir diante do seu campo de estudo, independente da abordagem *técnica* favorecida em um projeto relacionado a um determinado objeto cuja *natureza* demanda uma aproximação específica sustentada

por uma teoria antropológica, um modelo sociológico, um paradigma psicológico, um princípio geográfico ou um princípio oriundo de qualquer outra subárea relevante para a Ciência da Religião.

Todos esses empreendimentos cognitivos no nível filosófico não acontecem de maneira *ad hoc*, mas são vinculados a esforços realizados em momentos anteriores da história da disciplina. Nesse ponto, a etimologia no sentido daquilo que pode ser pesado (*pendere*) junto (*com*) aponta para uma terceira dimensão denotativa da palavra *Compêndio*: a dimensão histórica. Isso significa que nenhum compêndio é elaborado a partir de uma *tabula rasa*. Em vez disso, é em parte uma espécie de balanço daquilo que, no decorrer de décadas, cientistas engajados em nome da sua disciplina depositaram no *armazém* do saber coletivo, seja no sentido de conquistas inéditas, seja no sentido de um aperfeiçoamento de um conhecimento rudimentar, ou, ainda, no sentido de *insights* modificados em substituições de opiniões antigas que não passaram no *teste do tempo* e se tornaram obsoletas. Cada geração de cientistas, portanto, vê-se diante de um saber coletivo já estabelecido graças ao *acúm*ulo que antecede o trabalho da comunidade científica contemporânea. Retomando o jogo de palavras, vale lembrar que segundo os dicionários etimológicos uma das ideias centrais implícita no verbo latim *accumulare* é *colocar na pilha*, o que pode ser mais livremente circunscrito como: juntar (*com*) uma nova peça a outras já seguradas para que a atual totalidade dos elementos adquiridos pese (*pendere*) mais do que a anterior.

Devido à história da Ciência da Religião, com cerca de 150 anos, e a sua institucionalização sucessiva em diferentes partes do mundo, o *peso* do capital disciplinar até hoje acumulado é enorme e do ponto de vista internacional — apesar de um núcleo universalmente reconhecido de padrões epistemológicos, conceitos-chave e procedimentos metodológicos — desigualmente distribuído. Nesse sentido, não se podem negar as diferenças culturais em que uma determinada comunidade acadêmica se articulam em nome da Ciência da Religião. Ao mesmo tempo, cientistas da religião em todas as partes do mundo têm que tomar consciência de que já antes do surgimento da matéria nos currículos oficiais de universidades europeias encontraram-se na literatura especializada sinais de uma busca por princípios irrenunciáveis para qualquer atividade intelectual que reivindica legitimidade disciplinar em termos de uma Ciência da Religião propriamente dita.

Os indicadores mais óbvios nesse sentido são aqueles que comprovam uma crescente consciência corporativa entre autores que se articulavam a favor da disciplina a partir dos anos 1870, apesar de designações da matéria ainda heterogênicas como Ciência da Religião, Ciência da Religião Comparada, Estudo das Religiões, História das Religiões ou História da Religião Comparada. Esse teor foi articulado com mais ênfase à medida que a Ciência da Religião ganhou apoio institucional devido à fundação de cátedras próprias, primeiro na Suíça (1873), Holanda (1877), França (1879) e Bélgica (1884), depois em outros países como Inglaterra (1904), Alemanha (1910) ou Itália (1924).

William F. Warren, por exemplo, afirmou em 1895 que o termo *Ciência da Religião* tinha superado sua imprecisão e ambiguidade. Em 1897, C. P. Tiele defendeu a ideia de que, devido ao progresso da disciplina, "o estudo das religiões assegurou um lugar permanente entre as diferentes Ciências Humanas". Um ano mais tarde, Andrew Lang escreveu que, devido às conclusões já acumuladas, a Ciência da Religião havia se mostrado "firmemente estabelecida". Em 1901, Morris Jastrow repetiu que "o estudo das religiões tem tomado seu lugar próprio entre as ciências

contemporâneas".[1] Os autores da época não se contentavam com a mera afirmação de que o próprio trabalho representaria uma contribuição para uma tradição intelectual em andamento. Em vez disso, apontavam para elementos indispensáveis para qualquer cientista da religião. Como um olhar para a literatura especializada da época comprova, foram destacados desde cedo aspectos que até hoje constituem a estrutura paradigmática básica da disciplina.

Um aspecto frequentemente mencionado é o caráter espectral da disciplina em termos de métodos aplicados no processo de investigação de um objeto altamente complexo. Washburn E. Hopkins, por exemplo, observou em 1918 que em nenhum momento da história a religião tinha sido pesquisada de maneira tão cautelosa e abrangente do que nas três décadas imediatamente anteriores. Entre as disciplinas que tinham contribuído para esse estudo, encontrar-se-iam a História, a Antropologia, a Psicologia e a Sociologia.[2]

Também houve consenso entre diversos autores ativos na fase formativa da Ciência da Religião sobre a inter-relação heurística de duas tarefas constitutivas para a construção de um conhecimento acadêmico digno. Foram essas exigências metodológicas que contribuíram para a institucionalização de uma divisão de trabalho intradisciplinar que depende ao mesmo tempo das pesquisas empíricas sobre fenômenos religiosos singulares e da comparação e sistematização das informações fornecidas por especialistas em diferentes tradições religiosas. Como as seguintes citações comprovam, a ideia de que a Ciência da Religião deve basear-se em duas *colunas*, isto é, em um pilar histórico e em um pilar sistemático, apareceu na literatura especializada já na fase formativa da nossa disciplina. No seu livro introdutório sobre a *História Comparada das Religiões* publicado em 1873, James C. Moffat, por exemplo, reconheceu a importância do material empírico até então acumulado. Ao mesmo tempo, salientou a importância da comparação e do arranjo desses dados parciais em prol de sua integração em uma visão geral de todas as religiões e da relação entre elas. Em 1899, Edward Caird afirmou que qualquer ciência moderna caracteriza-se pela simultaneidade de dois processos intelectuais intimamente inter-relacionados, isto é, o estudo de fatos e a interpretações conceituais dos mesmos. Isso vale também para a Ciência da Religião, que não se contenta com a observação e descrição de elementos específicos constitutivos para as religiões concretas. Em vez disso, esforça-se também para "descobrir regras, ordem e razão naquilo que — à primeira vista — parece acidental, caprichoso e sem sentido".[3] E em 1923, Alban G. Widgery salientou que o estudo comparado da religião

> é uma ciência empírica. Seu primeiro objetivo, ou seja, seu alvo mais importante, é uma vistoria de fatos semelhantes e diferenças das religiões. Todavia, ela deve ser não uma mera coleção de paralelos e divergências, mas, além disso, também uma sistematização deles. Comparando uma religião com outra, historicamente ou de outra maneira, deve esforçar-se para descobrir princípios de conexão entre elas ou entre seus diferentes elementos.[4]

Outro aspecto frequentemente mencionado na discussão metodológica entre o final do século XIX e o início do XX é o compromisso do cientista da religião com o princípio de abstinência de julgamento da suposta qualidade dos fenômenos religiosos investigados. Entre os autores preocupados com essa norma acadêmica, encontra-se Max Müller, que já em 1882 postulou:

> Na vida cotidiana seria um erro assumir uma posição neutra entre [...] posturas conflitantes [...]. Porém, como estudantes da Ciência da Religião, subimos para

uma esfera superior e mais serena [...]. O estudante da história das Ciências Naturais nem sente raiva com o alquimista nem briga com o astrólogo: ele simplesmente quer entender como eles enxergam as coisas [...]. O mesmo vale para o cientista da religião. Ele quer descobrir o que é religião, qual base ela tem na alma dos Homens e quais leis ela segue no seu percurso histórico.[5]

Em 1906, James Houghton Woods confirmou que o cientista da religião, enquanto exercendo suas funções acadêmicas, deve pôr entre parênteses seus interesses religiosos individuais e "assumir o ponto de vista de um observador" norteado pelo objetivo de colecionar, ordenar e categorizar fatos. Seu trabalho consta "de uma investigação e explanação da vida religiosa [...] da mesma maneira que se investiga e explica a moral, as configurações sociais ou a política". Oito anos mais tarde, Stanley A. Cook deixou claro que o cientista da religião não pergunta: "Concordamos com uma determinada crença ou certo costume?". Em vez disso, quer saber: "Trata-se de um elemento genuíno ou de uma parte integral da vida e do pensamento do contexto em que [estes aspectos] aparecem?". Norteado dessa maneira, o pesquisador se protege contra a tentação de "condenar, obscurecer ou refutar dados que coincidentemente ofendem nossas atuais sensações religiosas".[6]

Desde cedo, a demanda por uma postura controlada como pré-requisito epistemológico da Ciência da Religião esteve vinculada à insistência na autonomia da disciplina particularmente em relação à Teologia. Autores como Morris Jastrow e outros, que já na época em questão argumentavam que a Ciência da Religião devia concentrar-se na "acumulação cuidadosa e imparcial de fatos", salientavam também a necessidade de abster-se de questões metafísicas, uma vez que perguntas dessa natureza se localizam em um "domínio alheio" e "obscurecem os problemas submetidas à investigação".[7]

A consciência de representar uma matéria inovadora obrigou os *pais* da Ciência da Religião institucionalizada a refletirem sobre a relação entre as duas disciplinas em questão. Cornelius P. Tiele, a partir de 1877 professor catedrático na Universidade de Leiden (Holanda), por exemplo, afirmou que nossa "nova ciência é vista com suspeita. A velha Teologia está com medo de que nossa ciência tente substituí-la". Pierre Daniel Chantepie de la Saussaye, desde 1878 professor catedrático na Universidade de Amsterdã, confirmou a distinção categorial entre a Teologia e a Ciência da Religião, mas constatou uma inter-relação funcional entre elas. Nesse sentido, a Ciência da Religião poderia contribuir para o pensamento teológico em geral e para as reflexões missiológicas em particular, uma vez que o estudo comparado das religiões sensibilizaria teólogos para as peculiaridades do Cristianismo e os ajudaria a entender em que momentos e em que sentido a história da própria tradição foi influenciada pelo encontro com outras religiões.[8]

À medida que a comunidade acadêmica aprovou as contribuições subsequentes na história da disciplina como válidas, essas conquistas deixaram de ser ideias ou *insights* individuais e ganharam o *status* de um patrimônio coletivo a ser respeitado por qualquer colega que pretende se expressar em nome da disciplina. Essa tendência já foi observada por S. H. Kellog, que escreveu em 1899:

> Nos últimos anos, muitos dos especialistas mais capacitados no mundo têm publicado discussões elaboradas sobre o objeto e fizeram com que [daqui para frente] todos os pesquisadores tenham que se submeter a obrigações disciplinares duradouras.[9]

Essa tradição normativa não apenas repercute em ponderações pontuais articuladas

a partir do último terço do século XIX, mas também em esforços mais abrangentes de oferecer um balanço sintético do *status quo* da disciplina. Já em 1898, Alfred S. Gelen referiu-se à "literatura rapidamente crescente sobre a religião comparada" e notou que a àrea "já está abundantemente equipada com manuais e introduções".[10] Desde então, a publicação de obras de referência faz parte da história da disciplina e comprova as preocupações contínuas de cientistas da religião de preservar as conquistas epistemológicas e metodológicas do passado e adaptá-las ao contexto histórico-social e cultural em que o respectivo balanço é publicado.

Grosso modo, as obras de referência podem ser agrupadas conforme uma classificação quádrupla. Na primeira rubrica cabem publicações que pretendem dar conta do escopo das abordagens constitutivas para o estudo científico da religião. Um exemplo para manuais desse tipo é a obra *Introduction to the study of religion* de Rodrigues e Harding.[11] Livros desse tipo, além de esboçar a história da Ciência da Religião, sensibilizam para as metodologias e heurísticas dos diferentes subcampos da disciplina, isto é, oferecem um *insight* sobre as contribuições específicas da História das Religiões, da Sociologia da Religião, da Psicologia da Religião etc.

A segunda categoria abrange publicações interessadas em problemas, conceitos e tópicos analítica e empiricamente constitutivos para a Ciência da Religião. Uma obra referencial representativa nesse sentido é o guia do estudo da religião organizado por Braun & McCutcheon,[12] que reúne artigos referentes a uma série de termos técnicos como *etnicidade, gênero, mito, pós-modernismo, colonialismo* e outros.

O *Cambridge Companion to Religious Studies* é um exemplo para uma obra da terceira categoria, que é caracterizada pela reflexão sobre desafios hermenêuticos, epistemológicos, metodológicos e éticos típicos para a Ciência da Religião, entre eles problemas teóricos vinculados a conceitos como o do *sagrado*, implícitos no estudo de objetos como a *tradição religiosa, textos religiosos,* ou sensíveis em momentos em que a questão da *normatividade* se coloca em uma agenda de pesquisa.[13]

O quarto tipo de obras referenciais é representado por balanços internacionais da disciplina a partir do *status quo* da Ciência da Religião em diferentes países no estilo da coletânea *Religious Studies. A Global View,* organizado por Gregory D. Alles.[14]

Além de livros inequivocamente associáveis a uma das quatro rubricas mencionadas, encontram-se manuais que, devido a uma estrutura organizacional mais complexa, escapam a uma categorização unilateral. O *Routledge Companion to the Study of Religion,* o *Blackwell Companion to the Study of Religion* e o *Handbuch religionswissenschaftlicher Grundbegriffe,*[15] por exemplo, abrem em uma primeira seção um espaço para reflexões sub-disciplinares, seguida por um segundo bloco de artigos dedicados à explicação e problematização de conceitos-chave. Algo semelhante vale para a coletânea *New Approaches to the Study of Religion,* que inicia seu estudo sobre tendências inovadores em uma série de áreas de estudo com uma visão geral sobre a situação atual da Ciência da Religião em diversas partes do mundo.[16]

Esse longo percurso da Ciência da Religião circunscreve inequivocamente seu *status* epistemológico como uma das ciências modernas, dentro de quadros institucionais legitimadores específicos nos contextos da pesquisa, do ensino, da divulgação e da aplicação. Trata-se de um capital científico disponível aos sujeitos interessados em sua apropriação e divulgação. Com efeito, as comunidades acadêmicas, as instâncias políticas e a própria sociedade envolvidas nesse processo legitimador têm, evidentemente, seus lugares concretos no tempo e no espaço,

sendo que seria necessário mapear as diversidades geopolíticas que propiciaram com formas e ritmos próprios o desenvolvimento da Ciência da Religião. Nesse sentido, os países do hemisfério norte foram, de fato, os inventores dessa ciência, assim como de várias ciências modernas que, desde então, foram adotadas pelo mundo afora como tradição teórica e metodológica legítimas e necessárias.

No caso do Brasil, os estudos científicos da religião se inserem em uma história peculiar da ciência e do ensino superior de um modo geral, o que resulta em alguns obstáculos epistemológicos e políticos para a legitimação plena desses estudos nas instituições de ensino e pesquisa. São obstáculos fortemente institucionalizados nos aspectos cultural, religioso e político. De fato, com frequência e, até mesmo, com naturalidade ou certa oportunidade institucional tem prevalecido uma indistinção epistemológica entre Teologia e Ciência da Religião, não obstante estejamos diante de dois conhecimentos distintos sob todos os aspectos, a começar por suas origens históricas. O território comum *religião* não constitui uma exclusividade das duas áreas, mas, ao contrário uma dimensão humana exposta a todas as abordagens que se habilitarem ao estudo. Além do mais, é forçoso lembrar que a vastidão dos objetos materiais da Teologia, assim como a limitação de seu objeto formal, como revela sua longa história e seus numerosos modelos, colocam essa ciência em um lugar específico e de tal modo enraizada em práticas teórico-metodológicas que não permitem dúvidas epistemológicas. Ainda que seja verdadeira a constatação de uma sucessão histórica da Ciência da Religião em relação à Teologia, no âmbito das comunidades científicas modernas e também, em nossos dias, na presença efetiva de exercícios interdisciplinares entre as duas, será sempre necessário reclamar as especificidades epistêmicas de cada qual, em nome de suas cidadanias plenas. Além dessa questão conceitual e política que clama por distinções, a Ciência da Religião ainda carece de exames mais detalhados do ponto de vista de sua composição como ciência nos aspectos teórico e metodológico, assim como de sua articulação interna: a diversidade de objetos/disciplinas que a compõem como uma ciência singular. As tarefas constituem-se basicamente no estabelecimento das linhas demarcatórias externas, a partir de onde se colocam os pressupostos básicos da abordagem, e na exposição da estruturação e da dinâmica internas que revelam a ciência em ação na pesquisa, no ensino e, por conseguinte, na aplicação. Essa questão constitutiva de todas as ciências, revestida, porém, de particularidades relevantes nas chamadas Ciências Humanas, tem suas profundidades e ancoradouros próprios no estudo científico da religião. Amparado no amplo leque das Ciências Humanas, o objeto "religião" ora se dissolveu — e se dissolve — como mais um fenômeno humano, ora se destacou como *sui generis*, irredutível aos métodos comuns das ciências. A tensão entre esses dois polos parece permitir deduzir, além da insistência histórica do estudo científico da religião, desde a aurora das ciências modernas, a necessidade de apresentar a originalidade de seu estudo, precisamente para evitar quaisquer transcendentalismos: os de cunho filosófico-teológico que conduzem para o campo das revelações e os de cunho filosófico-naturalistas que evitam a religião como questão ilegítima para a racionalidade moderna.

O obstáculo político é igualmente visível. A Ciência da Religião, não obstante sua longa trajetória histórica, ainda cava seu espaço institucional nas instâncias legitimadoras brasileiras: na comunidade científica que em muitos espaços acadêmicos de boa reputação ainda a desconhece como área e conhecimento, nas instâncias reguladoras governamentais que sustentam posturas ambíguas ao legislar sob a autonomia da área e, sobretudo, sob sua aplicação no âmbito do ensino e nas próprias Universidades que não definem sua especificidade como ciência.

Essa conjuntura de suspeita epistemológica possui, evidentemente, raízes na história do ensino superior brasileiro, marcado por opções políticas e epistemológicas que definiram os rumos do ensino e da pesquisa, segundo certas regras científicas de matriz positivista, muito concretamente do modelo de ensino francês. A pesquisa se institucionalizou tardiamente no Brasil. Não obstante a Filosofia científica positivista que regeu a instalação da República, vale lembrar que a Universidade só foi implantada trinta anos mais tarde. E o desenvolvimento posterior das Universidades tinha um foco definido no desenvolvimento da sociedade brasileira: os estudos visavam oferecer os subsídios para o desenvolvimento tecnológico, econômico e social de uma nação que patinava na busca por superações de suas condições rurais.[17] O estudo da religião não esteve na pauta dos currículos que compuseram as instituições de ensino superior, mesmo que, na maioria delas, estivesse presente a grande área das Ciências Humanas, com seus diversos cursos. O estudo da religião permaneceu como questão interna das confissões religiosas destinada exclusivamente à formação de seus quadros, sabendo da regra fundamental da separação entre a Igreja e o Estado. Tratava-se, portanto, de coisa eclesial e não de coisa pública que devesse ser objeto de ciência legítima.

A Ciência da Religião nasceu e se desenvolveu nesse quadro ambíguo, buscando seus primeiros e principais abrigos nas Universidades Confessionais, onde não pôde deixar de imiscuir-se com a Teologia, seja por fornecer amparo para essa *ciência eclesial* ilegítima e, em boa medida, desconhecida, seja para fornecer uma formação mais ampla para agentes eclesiais interessados em contribuir com a inserção social, política e cultual de suas igrejas. A Ciência da Religião foi instituída em Programas de Pós-graduação sem operar rupturas epistemológicas nítidas com a Teologia, sendo abrigada (legitimada) de modo ainda não nominal sob a área da Filosofia na esfera da Capes (Coordenação de Aperfeiçoamento de Pessoal de Nível Superior) do Ministério da Educação. Nesse sentido, ainda aguarda sua cidadania plena nessa esfera e, por conseguinte, no campo comum das ciências institucionalizadas nas instâncias acadêmico-políticas.

Entretanto, é preciso ressaltar que a construção política da Ciência da Religião tem dado passos expressivos nos últimos tempos junto às respectivas comunidades acadêmico-científicas, assim como junto aos órgãos governamentais, na busca de uma maior clareza da área. Não se trata tão somente de um manifesto pela autonomia de uma área epistemologicamente legítima, mas da constatação de que a legitimidade de uma ciência não depende somente de seus méritos epistemológicos, mas que esses próprios méritos já são politicamente construídos, dentro de campos de força reais e inevitáveis. Isso significa dizer que a Ciência da Religião ainda se mostra em certa medida pré-paradigmática, ao menos em termos de institucionalização e aplicação, tendo em vista seu inquestionável depósito teórico e metodológico. Trata-se de uma ciência em construção que, em termos kuhnianos, ainda não gozou plenamente do *status* de *ciência normal* na comunidade científica estabelecida e na sociedade em geral. A construção de uma ciência, como bem observou Gerard Fourez, é um ato que envolve decisões políticas e institucionais por parte de sujeitos acadêmicos e políticos indissociadamente. E é do seio de uma comunidade científica que se firma atualmente no contexto brasileiro que as referências construídas neste *Compêndio* adquirem seu significado institucional e epistemológico. Nesse sentido, a

intencionalidade política do trabalho como um todo, na sua forma e no seu conteúdo, quer cumprir uma tarefa histórica urgente em nosso contexto, ao oferecer uma compreensão da Ciência da Religião do ponto de vista de sua constituição interna interdisciplinar e de suas referências metodológicas e teóricas.[18]

A Ciência da Religião participa desde a sua invenção dos rumos da cultura e das ciências no mundo ocidental, padecendo em boa medida das variações dialéticas de ambas nesse território político, social, cultural e religioso. Nesse sentido, será correto falar em várias fundações, segundo as correntes teóricas e metodológicas mais destacadas então construídas, desde o pensamento humanista e iluminista até as disciplinas modernas, passando pela Fenomenologia e pela História das Religiões. Não obstante o volume diacrônico e o sincrônico significativos dessas abordagens, vale observar que não temos posse de um acúmulo linear e homogêneo, mas, ao contrário, de um espectro de possibilidades de compreensão da religião, a depender de variáveis temporais, contextuais e metodológicas. O fato é que o objeto "religião" esteve presente no âmbito do pensamento e das ciências modernas como dado empírico e conceitual, não obstante as restrições que previam seu desaparecimento do seio das culturas modernas ou renegavam sua legitimidade como objeto passível de compreensão científica. A religião permanece seduzindo com seus enigmas aqueles que pretendem compreender o ser humano em suas sendas modernas cada vez mais racionalizadas, participando dos encantos e desencantos que nesse ambiente se fazem presentes nas formas mais místicas ou mais secularizadas.

A Ciência da Religião, com suas subáreas e disciplinas, não nasceu por geração espontânea da história das ciências ou pelo esforço de intelectos geniais; ela foi sendo construída a partir de condições históricas modernas, quando a religião passou a gozar de legitimidade pública para além e para aquém das tradições cristãs até então hegemônicas, ao mesmo tempo em que as ciências abarcam sob suas regras metodológicas objetos humanos, dispensando os pressupostos clássicos da metafísica e da Teologia. Como as demais ciências, é fruto de uma sociedade que se estrutura sob os valores e as regras da autonomia de crença e de pensamento e que busca nas ciências os fundamentos claros e seguros de sua estrutura e funcionamento. A religião se torna, portanto, objeto da consciência comum da ciência moderna, objeto que vai sendo investigado sob os mais variados aspectos, desde as manifestações culturais diversas dos povos primitivos habitantes do novo mundo com os recursos da etnografia, até a busca das suas origens antropológicas universais com as abordagens filosófica, Sociologia e antropológica, desde os fenômenos contemporâneos de então até a história das tradições constituídas, desde os recônditos da alma e da espécie até as relações da religião com as práticas econômicas e políticas.

Vale observar que, em nossos dias, alguns ramos das ciências estabelecem laços ambíguos com formas e conteúdos irracionais, construídos no seio da cultura de um modo geral, em nome de epistemologias mais abrangentes e profundas. As nítidas linhas divisórias entre o racional e o irracional, o místico e o científico já não são tão consensuais como nos tempos de constituição e consolidação das ciências modernas, a partir do século XIX. Muitas abordagens científicas apontam e, até mesmo, terminam em territórios transcendentes e espirituais que recolocam o religioso em um lugar epistemológico supostamente superior à própria ciência, como uma nova metafísica que desvela o fundamento último do real abordado pela razão científica. Nesse contexto, a Ciência da Religião encontra novos desafios na explicitação de seu estatuto próprio, ou seja, como

conhecimento que supere todas as formas de esoterismos ou de gnoses contemporâneas e se mostre, certamente, paradigmática por distinguir-se necessariamente de seu objeto: a religião. Ao apresentar-se como estudo científico da religião, apropria-se desse objeto com a devida distância metodológica e justifica-se a si mesma perante as demais ciências como estudo empírico, histórico e sistemático das religiões ou da religião.[19]

Por conseguinte, como em todas as ciências, a pluralidade teórica e metodológica compõe o que é denominado Ciência da Religião, o que se expressa nas disciplinas que a estruturam internamente, bem como pode especificar-se em cada uma delas. Como é sabido, as distintas nomenclaturas adotadas para designar o estudo científico da religião revelam o jogo inevitável da unidade e da pluralidade, quando afirmam a unidade da abordagem e do objeto (Ciência da Religião), a unidade da abordagem e a diversidade do objeto (ciência das religiões), a diversidade da abordagem e a unidade do objeto (ciências da religião) e ainda a diversidade de ambos (ciências das religiões). Certamente, em cada uma dessas proposições é possível verificar diferentes explicitações epistemológicas, embora em todas elas estejam presentes a singularidade do dado religioso como princípio lógico elementar, sem o qual não seria possível identificar as próprias diversidades religiosas historicamente factíveis, assim como a singularidade do conhecimento científico que se distingue de outras formas de conhecimento.

As ciências modernas estão estruturadas a partir de critérios e dinâmicas nitidamente distantes de qualquer monismo epistemológico, seja em termos clássicos (o que assenta todo conhecimento sobre uma unidade metafísica), seja em termos modernos (o que reivindica uma unidade no método matemático). Em todos os âmbitos de seu exercício e constituição — na pesquisa, no ensino, na institucionalização e na aplicação —, as ciências se formam como esforço de articulação de referenciais plurais de objetos, métodos e teorias, assim como de interação de diversas disciplinas que se formam e dão funcionalidade para o seu exercício e cidadania nas comunidades científicas e na própria sociedade. E a coerência e a consistência de uma ciência dependem, em boa medida, de sua capacidade de estabelecer uma unidade nesse conjunto plural: unidade consensual de objetos, de métodos e de teorias, o que se traduz em unidade acadêmica no âmbito das instituições de pesquisa e ensino e, por conseguinte, em unidade de nomenclaturas e de aplicação no âmbito da sociedade.

A Ciência da Religião compreendida como área singular (com objeto, métodos e teorias específicas) se estrutura e se executa a partir de um conjunto de abordagens distintas que podem ser nomeadas como subáreas, como disciplinas ou como ferramentas teórico-metodológicas que possibilitam sua execução metodológica e, por conseguinte, sua distinção epistemológica. A ciência singular se exercita como tal e se institucionaliza, na verdade, a partir de uma composição interna sempre interdisciplinar ou transdisciplinar. As chamadas Ciências Humanas assim foram edificadas, a partir de um conjunto de abordagens e de disciplinas menores que se ocupavam, cada qual com suas especificidades, de aspectos do ser humano.[20] Nesse sentido, as árvores do conhecimento de ontem e de hoje expressam, em suas diversidades, os esforços múltiplos do conhecimento em aprofundar ângulos de um objeto maior, desvelando, simultaneamente desse objeto, novos objetos específicos, novos métodos e novos resultados. Assim nasceram as especializações (as diversas ciências modernas), bem como se estruturaram internamente cada uma dessas mesmas ciências: como confronto, empréstimo metodológico e teórico e como soma de abordagens. Epistemologicamente falando,

as ciências se compõem internamente ao menos de três subáreas estruturantes: uma primeira referente às sua própria fundamentação teórica e metodológica, uma segunda referente aos objetos que busca desvendar e uma terceira que visa, de algum modo, a sua aplicação na sociedade.

A fundamentação das ciências, ou, em termos amplos, a epistemologia, explicita suas regras como área específica de conhecimento, classifica os objetos, os métodos e as teorias a partir da Filosofia, da história ou da própria Sociologia da ciência. Por outro lado, toda ciência é indissociável de seus objetos; constitui-se a partir desses objetos, de onde se expande em disciplinas específicas e se aprofunda em abordagens que se direcionam ou para a especialização sempre mais reduzida ou para o cruzamento interdisciplinar das mesmas especializações. E, na medida do domínio vertical e horizontal de seus objetos, as ciências são transmitidas nas academias e aplicadas na sociedade, aplicação que visa a alguma forma de interferência nas estruturas, instituições e dinâmicas econômicas, sociais, políticas e culturais. Evidentemente, o teor de uma aplicação pode ser variado, a depender dos sujeitos e situações que a demandam: o pedagógico, pretende informar e educar grupos e sujeitos; o comunicacional, que utiliza das mídias para informar a sociedade sobre assuntos específicos; o terapêutico, que pretende direcionar posturas e comportamentos para metas humanas pré-estabelecidas; e, por fim, o tecnológico, que visa precisamente configurar novas condições históricas e institucionais. Esse percurso, marcadamente moderno, faz superar a visão clássica de ciência como especulação e contemplação sem pretensões de interferência no real. Para além de qualquer concepção utilitarista que venha reduzir as ciências a um conjunto de técnicas produtivas, é preciso reconhecer que todos os conhecimentos interferem nos contextos onde são produzidos e transmitidos, por mais que se apresente como uma ciência pura. Sobre essa questão, Gaston Bachelard insistia que "todas as Filosofias do conhecimento científico se organizam a partir do racionalismo aplicado" e entendia como falsa a oposição epistemológica entre as correntes idealista e realista no interior das ciências modernas.[21]

A epistemologia da Ciência da Religião pode ser entendida, nesse sentido, como a exposição crítica de seus princípios, de seus métodos e de seus resultados a partir desses múltiplos olhares.[22] As abordagens que compõem os estudos do presente *Compêndio* recobrem os princípios epistemológicos da Ciência da Religião, seus princípios, objetos/disciplinas, seus objetos/disciplinas nas dimensões social e psicológica, os aspectos da linguagem religiosa com suas especificidades simbólicas, narrativas orais e textuais, bem como as decorrências para a aplicação na sociedade.

No caso da Ciência da Religião, a diversidade interna que a compõe desenha subáreas estruturantes, as quais, por sua vez, se desdobram em disciplinas que podem receber nomenclaturas diversas, visando direcionar cada subárea para objetos específicos de investigação. É fato que a discussão em pleno curso sobre a sua própria nomenclatura expressa a falta de consenso não somente linguístico como também epistemológico. Os especialistas se dividem entre os que afirmam unidade e diversidade não somente de objetos (Ciência da Religião ou *das religiões*), mas também de abordagem (*ciência* ou *ciências* da religião), como se pode verificar nas obras de expoentes contemporâneos.[23]

O critério de classificação das subáreas que compõem uma ciência pode variar entre a visão diacrônica (que distingue a abordagem história da abordagem sistemática), a visão metodológica (que distingue os métodos reflexivos dos métodos empíricos) e a visão funcional (que distingue as disciplinas puras daquelas aplicadas). As subáreas da Ciência da Religião aqui sugeridas para a investigação cruzam esses critérios e sugerem a seguinte classificação: fundamentação epistemológica (Parte I), abordagens da linguagem (Parte II), abordagens social (Parte III) e psicológica (Parte IV) e abordagens aplicadas (Parte V). Essa classificação possibilita o desenho de uma configuração epistemológica geral que permite expor ao mesmo tempo objetos, métodos e teorias para essa ciência, de forma a articular em seu interior uma variedade de disciplinas que cobrem desde a abordagem filosófica da religião até a discussão de disciplinas aplicadas a práticas sociais ou pedagógicas. Por outro lado, as mesmas subáreas têm a função de referenciar as pesquisas em suas linhas e objetos, assim como de estruturar as práticas curriculares nos Cursos de Graduação e nos Programas de Pós-graduação, em sintonia direta com a sugestão apresentada pela Anptecre (Associação Nacional dos Programas de Pós-graduação em Teologia e Ciências da Religião) com a finalidade de inserção das duas Áreas na tabela geral de classificação das ciências na Capes e CNPq.

Independente das repercussões deste *Compêndio* no âmbito político, pode-se afirmar que os artigos reunidos neste livro cumprem duas funções inter-relacionadas do ponto de vista do seu público-alvo imediato — e em ambos os casos vale a lembrança do *jogo etimológico* inicial da expressão *compêndio*. Por um lado, esta obra oferece a oportunidade de apreciar — de maneira estruturada — a enorme riqueza do saber disciplinar até agora acumulado. Ao mesmo tempo, a publicação representa um convite aos seus leitores para contribuírem — a partir do *know how* estabelecido e sintetizado nos artigos aqui reunidos — para o progresso contínuo do conhecimento conforme o princípio de que a qualidade e a reputação de uma disciplina são uma função de esforços coletivos daqueles que, de algum modo, se ocupam da Ciência da Religião.

Referências bibliográficas

ALLES, Gregory D. (ed.). *Religious Studies*; a Global View. New York: Routledge, 2005.

ANTES, Peter et alii (eds.). *New Approaches to the Study of Religion*. Berlin: deGruyter, 2008. 2 v.

BACHELARD, Gaston. *O racionalismo aplicado*. Rio de Janeiro: Zahar, 1977.

BRAUN, Willi; MCCUTCHEON, Russel T. (eds.). *Guide to the Study of Religion*. London & New York: Cassell, 2000.

CAIRD, Edward. *The Evolution of Religion*; the Gifford Lectures Delivered before the University of St. Andrews in Sessions 1890-91 and 1891-92. Glasgow: James Maclehose and Sons, 1899.

CANCIK, Hubert et alii (orgs.). *Handbuch religionswissenschaftlicher Grundbegriffe*, Band I — V. Stuttgart: Kohlhammer, 1988-2001.

CARDOSO, Irene R. *A universidade da comunhão paulista*. São Paulo: Cortez/Autores Associados, 1982.

CHANTEPIE DE LA SAUSSAYE, Pierre Danil. *Lehrbuch der Religionsgeschichte*. Freiburg/Leipzig: Mohr, 1887.

COOK, Stanley A. *The Study of Religions*. London: Adam and Charles Black, 1914.

DILTHEY, Wilhelm. *A construção do mundo histórico nas Ciências Humanas*. São Paulo: Unesp, 2010.

FILORAMO, Giovanni; PRANDI, Carlo. *As ciências das religiões*. São Paulo: Paulus, 1999.

FOUREZ, Gerárd. *A construção das ciências*. São Paulo: Unesp, 1995.

GELEN, Alfred S. *Studies in Comparative Religion*. London: Charles H. Kelly 1898.

HINNELLS, John R. (ed.). *The Routledge Companion to the Study of Religion*. London & New York, 2005.

HOCK, Klaus. *Introdução à Ciência da Religião*. São Paulo: Loyola, 2010.

HOPKINS, E. Washburn. *The History of Religions*. New York: Macmillan, 1918.

JAPIASSU, Hilton. *Questões epistemológicas*. Rio de Janeiro: Imago, 1981.

JASTROW, Morris. *The Study of Religion*. London: Walter Scott, 1901.

KELLOG, S. H. *A Handbook of Comparative Religion*. Philadelphia: Westminster Press, 1899.

LANG, Andrew. *The making of Religions*. London: Longmans, Green & Co., 1898.

MOFFAT, James C. *A Comparative History of Religions*. New York: Dodd & Mead, 1873.

MÜLLER, F. Max. *Introduction to the Science of Religion*; four Lectures delivered at the Royal Institute in February and May 1870. Oxford: Longmans, Green and Co., 1882.

ORSI, Robert A. *Cambridge Companion to Religious Studies*. New York: Cambridge University Press, 2011.

RODRIGUES, Hillary; HARDING, John S. *Introduction to the study of religion*. New York: Routledge, 2009.

SEGAL, Robert A. (eds.). *The Blackwell Companion to the Study of Religion*. Oxford: Blackwell, 2006.

TEIXEIRA, Faustino (org.). *A(s) Ciência(s) da Religião no Brasil*; afirmação de uma área de conhecimento. São Paulo: Paulinas, 2001.

TIELE, Cornelis Petrus. *Elements of the science of religion*. New York: Charles Scribner's Sons, 1897.

USARSKI, Frank. *Constituintes da Ciência da Religião*; cinco ensaios em prol de uma disciplina autônoma. São Paulo: Paulinas, 2006.

WARREN, William F. *The Religions of the World and the World-Religion*; an introduction to their Scientific Study. Boston: Sommerset, 1895.

WIDGERY, Alban G. *Comparative Study of Religions*; a Systematic Survey. London: Williams & Norgate, 1923.

WOODS, James Houghton. *Practice and Science of Religion*; a Study of Method in Comparative Religion. London/Bombay: Longmans/Green & Co., 1906.

Notas

[1] Warren, *The Religions of the World and the World-Religion*, p. 13; Tiele, *Elements of the science of religion*, p. 2; Lang, *The making of Religions*, p. 1; Jastrow, *The Study of Religion*, p. vii.

[2] Hopkins, *The History of Religions*, p. 1.

[3] Moffat, *A Comparative History of Religions*, pp. v-vi; Caird, *The Evolution of Religion*, p. 1.

[4] Widgery, *Comparative Study of Religions*, p. 27.

[5] Müller, *Introduction to the Science of Religion*, p. 7.

[6] Woods, *Practice and Science of Religion*, pp. 9, 16 e 15; Cook, *The Study of Religions*, p. xii.

[7] Jastrow, *The Study of Religion*, pp. 19-20.

[8] Tiele, *Elements of the Science of Religion*, p. 11; Chantepie de la Saussaye, *Lehrbuch der Religionsgeschichte*, p. 7.

[9] Kellog, *A Handbook of Comparative Religion*, p. v.

[10] Gelen, Studies in Comparative Religion, p. viii.

[11] Rodrigues; Harding, *Introduction to the Study of Religion*.

[12] Braun; McCutcheon (eds.), *Guide to the Study of Religion*.

[13] Orsi, *Cambridge Companion to Religious Studies*.

[14] Alles (ed.), *Religious Studies*.

[15] Hinnells (ed.), *The Routledge Companion to the Study of Religion*; Segal (ed.), *The Blackwell Companion to the Study of Religion;* Cancik et alii (orgs.), *Handbuch religionswissenschaftlicher Grundbegriffe.*

[16] Antes et alii (eds.), *New Approaches to the Study of Religion.*

[17] Cardoso, *A universidade da comunhão paulista.*

[18] Fourez, *A construção das ciências*, pp. 117ss.

[19] Hock, *Introdução à Ciência da Religião*, p. 13.

[20] Dilthey, *A construção do mundo histórico nas Ciências Humanas*, pp.19-30; 88.

[21] Bachelard, *O racionalismo aplicado.*

[22] Japiassu, *Questões epistemológicas*, p. 5.

[23] Filoramo; Prandi, *As ciências das religiões*; Teixeira (org.), *A(s) ciência(s) da religião no Brasil*; Usarski, *Constituintes da Ciência da Religião;* Hock, *Introdução à Ciência da Religião.*

PARTE I
EPISTEMOLOGIA DA CIÊNCIA DA RELIGIÃO

EDUARDO R. CRUZ (ORG.)

Introdução à Parte I

EDUARDO R. CRUZ

Como em outros compêndios, a presente obra inicia-se com uma reflexão de caráter metateórico, indicando a história do campo, questões epistemológicas de fundo, e relações com disciplinas peculiares como Filosofia da Religião e Teologia.

Assim sendo, os dez primeiros capítulos do *Compêndio* são dedicados a essas tarefas. O primeiro capítulo volta-se a questões epistemológicas básicas, como o significado de "ciência" e "religião" no par "Ciência da Religião". Entre as questões tratadas encontra-se o pretenso caráter *sui generis* da religião e da ciência que a trata, assim como a da polaridade "interpretação/compreensão" e "explicação" como objetivos da Ciência da Religião. Para o propósito desse capítulo, é instrutivo considerarem-se as propostas de Mircea Eliade para uma Ciência da Religião e as reações de seus críticos, em nome da cientificidade desta última. O capítulo também inclui uma discussão das aporias que afligem a Ciência da Religião em nosso país.

Intimamente relacionado ao precedente, o capítulo 2, de Frank Usarski, procura traçar uma panorama histórico da Ciência da Religião. Mas sua originalidade consiste em evitar uma descrição simples envolvendo uma escala cronológica ou disciplinar, e apresentar um argumento, calcado em situações da história da disciplina, que visa emprestar um caráter mais científico à disciplina. O capítulo, assim, se inicia com uma defesa do que seria o método próprio da disciplina, e conclui no mesmo tom, dando pistas mais concretas para o trabalho futuro.

Ainda complementando o capítulo 1, o capítulo de Engler e Stausberg propõe a questão dos métodos aceitos em Ciência da Religião. Os autores admitem a pluralidade metodológica, mas sempre apontando para alguns passos necessários: a coleta de dados e o seu tratamento, a relação entre teoria e observação/experiência, a construção de hipóteses e o teste delas etc. É um capítulo mais didático, excelente instrumento para as disciplinas de metodologia que estão presentes nos Programas de Ciência da Religião.

No capítulo 4, por sua vez, Nicola Gasbarro retoma a história, a importância e as críticas de um paradigma que se tornou dominante em meados do século XX, aquele que recebe o nome de "Fenomenologia da Religião", um termo genérico que engloba várias correntes de pensamento. Não se trata apenas de um apanhado histórico, mas de uma densa reflexão a partir da obra de autores mais representativos da Fenomenologia. O autor também chama a atenção para a "Escola italiana" de História das Religiões, e seu relacionamento dialético com a obra de Eliade.

Como discussões epistemológicas fazem parte de um conjunto de questões mais amplo ligado à Filosofia, vários dos capítulos seguintes tocam questões relativas à Filosofia da Religião. Assim, o capítulo 5, de Scott R. Paine, pretende oferecer um panorama histórico e sistemático dessa disciplina. Além de uma tipologia para as várias possibilidades de analisar o nexo entre os dois termos, "Filosofia" e "religião", o capítulo trata de avanços recentes na disciplina, como a Filosofia analítica da religião e a inclusão de temas e perspectivas não ocidentais. Por fim, também dá pistas de como se desenvolve, de modo promissor, a Filosofia da Religião no Brasil.

Por outro viés, o do chamado "diálogo entre ciência [natural] e religião", também se pode aproximar de importantes questões filosóficas. O capítulo 6 dedica-se a analisar algumas dessas questões, a primeira delas ligada ao próprio significado de tal "diálogo". O recorte histórico é indispensável para estudar os caminhos das Ciências Naturais e da religião/Teologia (de modo especial a cristã) na modernidade. A partir do século XIX, a metáfora do "conflito" (contrária à do diálogo) ganha proeminência, como ainda hoje se vê na mídia. Em seguida, descrevem-se os esforços de superação do estranhamento ao longo do século XX, assim como uma tipologia deles, que inclui não interferência, sínteses (em geral de dúbio valor) e consonância.

Enquanto até aqui se tem como premissa uma Ciência da Religião de escopo universal a partir do Ocidente, o capítulo 7, de Lauri Wirth, chama a atenção de "epistemologias pós-coloniais" que recentemente têm sido apresentadas para as Ciências Humanas. Há aqui uma atitude de suspeita em relação aos interesses de um conhecimento universal, e assim se destaca a contextualidade da produção de conhecimento e a possibilidade de outros olhares para o estudo do mesmo objeto. Mesmo correndo o risco do relativismo, essas novas abordagens destacam positivamente as circunstâncias externas para a tarefa filosófica, até para evitar que essa se encerre na torre de marfim da academia.

O capítulo 8 dedica-se a esquadrinhar uma questão latente nos anteriores: seria a religião uma forma de conhecimento? De fato, a modernidade arrolou a esfera do conhecimento para a ciência moderna, relegando a religião para os planos do sentimento e da moral. Em jogo, portanto, está a presença da religião na esfera pública. Antes de aprofundar a temática, Roberto Pich desenvolve um conceito de religião e de seus referentes que sejam apropriados para a reflexão filosófica, destacando o Cristianismo como aquela em que tal reflexão atingiu uma profundidade e uma criticidade ímpares. Noções de "revelação" e fé fundamentam, então, a noção do "conhecimento religioso" em busca de autenticação. Pich discute a própria noção de conhecimento, em particular o aspecto que fala de "crença justificada". Também aqui se aprofundam questões como as evidências para o conhecimento religioso, e seu aspecto doxástico.

O capítulo 9 desloca-se, por sua vez, do plano do conhecimento para o da ética, ou, como o autor Luiz F. Pondé o prefere, da moral. A primeira tarefa a que ele se propõe é traçar um panorama seletivo das escolas de Filosofia moral ao longo da história. Nessa discussão, o autor faz uma crítica ao utilitarismo, na medida em que esse não levaria em conta o valor positivo do sofrimento e das contradições humanas. Em seguida, aponta para várias tensões concretas entre modernidade e religião tradicional, e para o desafio dos fundamentalismos como resposta a essas tensões.

Por fim, Faustino Teixeira aborda, no último capítulo desta parte, uma questão sempre presente no panorama dos estudos da religião no Brasil: a relação entre Ciência da Religião e Teologia. Já de início apresenta sua proposta de encaminhamento: a "Teologia pública" que tem se desenvolvido nos últimos anos no Brasil. Muitos dos temas anteriores são retomados, como aspectos históricos da relação entre esses dois campos disciplinares, e noções de ciência e o caráter científico da Teologia, e seu consequente lugar na academia. Trata em seguida de espaços de tensão e de diálogo, e do lugar da Teologia no âmbito da Ciência da Religião, contanto que se assuma como Teologia pública, que presta contas mormente à academia.

Em suma, estes capítulos representam enfoques diversos, e suscitam tantas questões como aquelas que procuram responder. A contribuição importante que dão é indicar a riqueza da Ciência da Religião, principalmente quando se consideram seus fundamentos históricos e epistemológicos. Constituem também um apelo para voltar sempre a questões de fundo, associadas a problemas filosóficos perenes. Sem certa sofisticação filosófica, o cientista da religião corre sempre o risco de superficialidade teórica.

Estatuto epistemológico da Ciência da Religião

EDUARDO R. CRUZ

Introdução

O título do presente capítulo refere-se ao uso frequente, no Brasil, da expressão "estatuto epistemológico da Ciência da Religião" e à preocupação aí presente de conferir respeitabilidade acadêmica à disciplina. Essa preocupação reflete-se também na indefinição relativa ao próprio nome dado à disciplina: "Ciência(s) da(s) Religião(ões)". Nomes importam, sim, enquanto candidatos a conceitos. De fato, cada conjunto de conceitos e respectivas definições e articulações nos fornece uma proposta de conhecimento do aspecto da realidade a que eles se referem, o que envolve um exercício de epistemologia.

Mas nossa narrativa não se inicia no Brasil, pois, sendo recente o surgimento de uma Ciência da Religião aqui, as questões epistemológicas mais candentes já nos chegam semiprontas de centros de reflexão mais tradicionais. Mais especificamente, como será detalhado adiante, essas questões surgem claramente no confronto entre a obra e o programa proposto por Mircea Eliade (1907-1986) e seus críticos, mormente a partir da década de 1970. O próprio contexto do surgimento, em meados da década de 1980, do periódico mais relevante para o presente capítulo, *Method and Theory in the Study of Religion*, indica a importância desse confronto. Nossa narrativa dará ênfase à preocupação de Eliade e outros em considerar a religião como algo *sui generis* no âmbito dos assuntos estudados pelas Ciências Humanas e que, portanto, exigiria também uma metodologia própria. Em seguida, fala-se dos desenvolvimentos que surgiram reagindo a essas reivindicações, ou superando-as de diversos outros modos.

Como indicado na introdução ao módulo de Fundamentos, este primeiro capítulo de certa maneira abre caminho para aqueles se seguem. O leitor, portanto, é remetido a esses outros capítulos para a inevitável necessidade de aprofundamento do expressivo número de questões epistemológicas que a prática da Ciência da Religião tem suscitado. Mesmo assim, nosso argumento terá de ser seletivo, não entrando, por exemplo, em questões levantadas por abordagens pós-modernas e por estudos que ligam a prática da ciência a interesses e ideologias, como é o caso de estudos de gênero. Esperamos que o leitor possa ver tais temas serem tratados em outros capítulos do *Compêndio*.

Primeiro, as perguntas epistemológicas

Antes de tudo, nossa tarefa aqui é esclarecer o que se tem em mente quando se usa a expressão algo ambiciosa "Estatuto Epistemológico da Ciência da Religião". Não falamos aqui tanto em "epistemologia" como disciplina e teoria geral do conhecimento, mas mais propriamente como "teoria da ciência", pois muito do que está em jogo diz respeito a como praticar uma Ciência da Religião adequada.[1]

Basicamente procura-se uma resposta para questões tais como: O que permite dizer-se que a Ciência da Religião é uma *ciência*? Trata-se de uma ciência, ou de várias ciências coligadas? Ela é uma disciplina autônoma, que merece seu lugar na academia? E, seu objeto, "religião", também é único e original, ou é múltiplo e derivado? E como a Ciência da Religião se diferencia de outras disciplinas, principalmente a Antropologia da Religião e a Teologia? É parte das "humanidades", ou é uma ciência em sentido mais estrito, seguindo alguns padrões das Ciências Naturais?

Destaque-se aqui o papel da teoria (e há muitas em Ciência da Religião) para que se possa encaminhar a discussão do que está em jogo em tais perguntas. Da teoria pode-se dizer que é uma imagem operacional de um aspecto da religião. Digo operacional porque não se trata de uma imagem pictórica ou um modelo (mais sobre ele a seguir) ou ainda uma visão de mundo. Ela precisa operar sobre um conjunto de fenômenos (quanto mais abrangente, melhor), fornecendo explicações coerentes e falsificáveis. É através delas que se permite responder: o que é conhecido, como se conhece, e se de fato há um conhecimento, isto é, se as hipóteses são verdadeiras e se se referem objetivamente a algo do que chamamos de realidade.

Parte da resposta (se é que podemos chamar assim) a essas questões decorre de se narrar a própria história da disciplina, mais que centenária. O capítulo de Frank Usarski deste *Compêndio* já cobre muito do que é relevante para a presente discussão, e assim podemos partir de um momento na história de nossa disciplina que marcou toda a discussão posterior, inclusive em nossos dias: a figura, a obra e as propostas metodológicas de Mircea Eliade.

O programa eliadiano de uma Ciência da Religião

Por mais que se possa criticar sua figura, há que se reconhecer o gênio, a erudição e o papel preponderante de Mircea Eliade na consolidação da disciplina durante seus anos em Chicago (1956-1986) e no estabelecimento de pontes entre tradições intelectuais centro-europeias, francesas e de língua inglesa. Além do que será falado em outros capítulos (em especial no de Nicola Gasbarro), o que se pode acrescentar aqui, em termos epistemológicos?

Vejamos a seguinte citação de Eliade, para perceber o que está em jogo:

> Em resumo, enquanto a investigação sobre os símbolos em geral e o simbolismo religioso em particular, realizada por especialistas em outras disciplinas, merece a consideração do historiador das religiões,

em última análise este deve examinar seu objeto de estudo com seus próprios meios de investigação e a partir de sua própria perspectiva. A perspectiva da ciência geral das religiões é a que melhor pode integrar a documentação histórico-religiosa. Só por timidez os historiadores das religiões aceitarão às vezes uma integração proposta por sociólogos ou antropólogos. Aí onde se possam formular considerações gerais sobre o comportamento religioso do homem, a tarefa pertence por direito ao historiador das religiões, sempre que, por suposto, domine e integre os resultados das investigações realizadas em todas as áreas importantes de sua disciplina (Mircea Eliade, Observaciones metodológicas sobre el estudio del simbolismo religioso, 119-120).

Primeiro, notemos a escolha do que caracterizaria mais esse objeto tão amplo que é "religião": os elementos simbólicos, que remeteriam à categoria crucial do Sagrado (em maiúsculo, como o entende Eliade). Apesar de não ser fenomenólogo em senso estrito, sua "história das religiões" tinha como fito a busca de elementos essenciais por detrás das manifestações históricas, basicamente elementos do sagrado (arquétipos) por detrás de suas hierofanias.

Em segundo lugar, note-se o lugar que ele reserva para disciplinas de caráter mais empírico (em outro momento, ele fornece listas, que incluem fisiologia, Psicologia, Sociologia, Ciências Econômicas, Linguística) ou nem tanto (por exemplo, a arte). Estas fornecem dados (principalmente) e interpretações que auxiliam a configurar o objeto, mas que

por si só reduziriam e falseariam o caráter único da religião.

Terceiro, o próprio título da disciplina, história (ou história comparada) da religião(ões). Esse permanece até hoje, por exemplo, na associação internacional que melhor representa a nossa disciplina, a "Associação Internacional para a História das Religiões" (IAHR). Aliás, o sucesso desse aspecto institucional fará com que falemos doravante de um "programa eliadiano".

Quarto, o destaque dado ao caráter *sui generis* da disciplina: "a partir de sua própria perspectiva". A "história das religiões" não pode ser assemelhada a nenhuma outra das disciplinas de caráter mais empírico. Sem negar um caráter teórico a essas outras, é a ela que cabe a tarefa teórica por excelência ("considerações gerais sobre o comportamento religioso do homem"). É também uma metadisciplina, de cunho mais interpretativo, o que certamente levanta uma pergunta sobre se cabe no guarda-chuva de uma "Ciência da Religião", ou se já se moveu para outra esfera do conhecimento (voltaremos a esse ponto mais adiante).

Por fim, ressalte-se o caráter enciclopédico requerido do pesquisador nesse projeto: "domine e integre os resultados das investigações realizadas em todas as áreas importantes de sua disciplina".

Resumindo, o "programa eliadiano" é importante porque oferece respostas bem definidas às questões antes enunciadas. Quão adequadas são essas respostas, entretanto, é algo que foi revisto e criticado em décadas mais recentes.

Um certo exercício de iconoclastia

Todo o programa eliadiano, pelo peso e representatividade que passou a ter, foi submetido a severas críticas ainda em vida do autor, e sobretudo após a sua morte, em 1986.

André Guimarães, por exemplo, descreve treze críticas apontadas por antropólogos nas décadas de 1970 e 1980.[2] Para ficar na esfera de autores que escreveram para um público brasileiro, Usarski e Brandt apresentaram certo número de críticas mais recentes, principalmente nos âmbitos norte-americano e alemão.[3] Para o nosso interesse mais epistemológico, de acordo com as perguntas no início do capítulo, podemos destacar os aspectos a seguir.

Primeiro, entendendo como ciência o empreendimento que une rigor e cuidado empíricos, consistência lógica e teorias adequadas ao objeto de estudo, a proposta eliadiana parece partir aprioristicamente de arquétipos universais, sob os quais se subsumem uma grande quantidade de dados sem critérios rigorosos de análise. Sob esse viés, ficam prejudicados "o nível etnográfico (como as pessoas usam, de fato, o objeto natural ou o artefato que serve como símbolo), e o nível exegético (como elas próprias explicam as qualidades do objeto simbólico)".[4] A própria preocupação em não reduzir o objeto de estudo leva então ao seu oposto, um resultado não intencional ao qual voltaremos a seguir.

Depois, sob o ponto de vista do objeto, têm-se questionado a validade e a universalidade da categoria de "sagrado", e se há alguma viabilidade em se assumir uma visão substancialista do que entendemos por "religião". Em face dessas importantes restrições, colocou-se sob suspeita toda a proposta Eliadiana de uma ciência *sui generis* da religião, não redutível ao que chamamos hoje de suas "subdisciplinas".

Uma série de autores, outrossim, dedicou-se a desconstruir também o aparato institucional do mesmo programa, apontando os interesses de vários tipos em se manter um empreendimento acadêmico de dúbio valor. Entre eles, podemos destacar Robert Segal, Donald Wiebe, Bruce Lincoln, Thomas Fitzgerald, Russell McCutcheon e Daniel Dubuisson. Vejamos alguns aspectos dessa desconstrução, sem prejuízo do que será detalhado em capítulos subsequentes.

Podemos iniciar indicando que para muitos estudiosos da religião até a década de 1970, sob a influência de pensadores como Wilhelm Dilthey e Edmund Husserl, a Ciência da Religião seria mormente interpretativa, em oposição a empreendimentos explicativos típicos das Ciências Naturais. Na mesma época outros pensadores, como Jung, Campbell e Eliade, ao colocarem símbolos e mitos em destaque no estudo da religião, também endossaram a perspectiva interpretativa.

Pois bem, as críticas recentes, principalmente de Robert Segal e Donald Wiebe, sugerem que perguntas típicas de uma Ciência da Religião, como as relativas à origem, função, sentido e verdade da religião, são mais bem respondidas por abordagens explicativas. De acordo com esses críticos, os paradigmas para uma Ciência da Religião vêm de abordagens científico-sociais da religião, empíricas, indutivas e causais (ver também o capítulo de Frank Usarski). É evidente que por detrás desses debates há diferentes percepções do que seja uma ciência. Para tais críticos, uma ciência deve possuir teorias robustas que (como já indicado antes) resistam a testes empíricos, ou seja, que contenham proposições falseáveis de acordo com os critérios de Karl Popper.

Tais teorias, ademais, devem fornecer uma redução satisfatória da complexidade do real. Tal redução é entendida em dois sentidos: primeiro, que a teoria possa contemplar o maior número possível de fenômenos com o menor número de generalizações. Foi tal tipo de empreendimento, proposto de modo explícito por Newton, que possibilitou o sucesso das ciências físicas. Outra forma de redução implica reduzir o objeto de estudos em componentes mais básicos, que não são em si religiosos, mas sim sociais, psicológicos etc.

Foi contra essa última forma de redução que Eliade se insurgiu, em seu esforço de destacar o caráter *sui generis* da religião. Se esta é irredutível, deve ser estudada em seus próprios termos. Para seus críticos, todavia, o estudo da religião deve ser feito em termos não religiosos, retirando-se dela, assim, uma aura mística que a diferenciaria de outros empreendimentos humanos. Para fins da ciência, a religião seria um objeto ordinário como outros dentro de guarda-chuvas mais amplos (por exemplo, a cultura), e portanto não requereria métodos peculiares que preservassem seu caráter sublime.

A desconstrução também diz respeito à contextualidade e pluralidade apontadas por toda ciência. Falávamos antes da validade e da universalidade de categorias como de "sagrado" e de "religião". Enfatizando a segunda, duas perguntas emergem: primeiro, se há algo empiricamente substantivo, encontrável em todas as culturas passadas e presentes, a que possamos chamar de "religião"; relacionada a isso, a segunda pergunta é até que ponto tal termo, mesmo sendo de uso corrente no cotidiano e na academia, possui valor como categoria de análise. Muitos argumentam que, como o objeto de estudo acadêmico é construído pelo pesquisador, os interesses envolvidos em construções passadas haviam impedido qualquer uso frutífero posterior. Resumindo, é possível usar "religião" no singular, ou mesmo "religiões" no plural, sem desvirtuar o que se pode encontrar no trabalho de campo? Dada a necessidade de afirmação do caráter empírico da disciplina de Ciência da Religião, continua o raciocínio, definições substantivas já não estariam totalmente fora de propósito?

Há outra crítica do programa eliadiano: a transformação da Ciência da Religião em criptoteologia. Em outras palavras, em nome de uma abordagem objetiva da religião, os acadêmicos ligados ao projeto fariam uma defesa da religião, mantendo-a à margem de análises críticas. Criptoteologia também porque, como se chegou a mostrar, tais abordagens eram pouco mais que versões secularizadas de uma Teologia protestante liberal.[5]

Também em muitos estudiosos anteriores a Eliade havia uma clara preferência pelo Cristianismo como matriz para o entendimento do conceito de religião.

Isso nos leva a uma crítica que transcende seu programa e atravessa a Antropologia, a de etnocentrismo — o fato de que a Ciência da Religião, desenvolvida por pesquisadores ocidentais marcados por suas tradições de elaborar categorias e conceitos, termina por projetar estes últimos em contextos não ocidentais, distorcendo o que o trabalho etnográfico pode efetivamente encontrar (ver o capítulo de Lauri Wirth a respeito de abordagens pós-coloniais).

Voltando à questão da criptoteologia, esta tem sido colocada sob outra perspectiva, a das defesas da religião "disfarçadas de ciência": a intrusão do ponto de vista do fiel na explicação de suas práticas e crenças, questão essa que tem sido posta em termos de pares como "insider/outsider" e "êmico/ético".[6] Mas se aplica ao programa eliadiano apenas indiretamente, pois esse tampouco dá voz ao "insider", na medida em que filtra a voz desse através do uso quase exclusivo de textos, usualmente fontes secundárias de informação. Isso não deixa de ser irônico, pois era propósito de Eliade deixar o religioso falar "em seus próprios termos", mas desconsiderou o fato de que tal "religioso" é representado por pessoas concretas, sujeitos ativos da interpretação de suas experiências.

Enfim, as críticas das últimas décadas têm colocado em questão o suposto caráter *sui generis*, seja do objeto "religião", seja de alguns de seus fundamentos propostos (como o "sagrado") e consequentemente da(s) ciência(s) que o estuda(m).

Passemos agora a considerações mais sistemáticas sobre a Ciência da Religião, indicando também o capítulo de Steven Engler a seguir.

Mais sobre o objeto e a ciência que o estuda

O objeto

Retomando a noção de "religião", há como já vimos duas perguntas: primeiro, se há um objeto no mundo exterior que podemos chamar como tal, diferençável de algo que não é religião.[7] Segundo, se a categoria "religião" é adequadamente abrangente para dar conta tanto do que pode ser nela incluído quanto do que pode ser visto como exceção.

Como indica o antropólogo Benson Saler, após mais de um século de ingentes esforços em busca de definições substantivas ou funcionais, "não há critérios seguros, bem definidos e universalmente aceitos para diferenciar religião de não religião".[8] Alguns analistas emprestam da Biologia a noção de "tipo natural", derivada da reflexão sobre o que constitui uma espécie biológica ou não. Tal categoria refere-se a algo distintivo que está lá na natureza (como "água" quando empregamos a categoria de "substância química"), ou seria um constructo mental útil, mas cujo referencial empírico é apenas indireto? Se no âmbito da Biologia o tema já é controverso, imaginemos então no âmbito das Ciências Humanas. Sem cair em um ceticismo extremo, que evitaria quaisquer tipos naturais no âmbito destas últimas ciências (o que seria sinônimo de uma tendência nominalista), devemos evitar o extremo oposto, que considera um constructo que, por conta do peso da tradição e do uso, passa a ser entendido como algo "natural" (o que seria um sinônimo de tendências essencialistas).

O próprio Saler defende, a partir de considerações do segundo Wittgenstein, que a definição/categorização do religioso pode passar por uma "semelhança familiar",[9] indicando que um conceito de religião pode subsistir, ainda que flexível e consciente de seus próprios limites. Note-se de passagem que a simples troca do objeto de estudo "religião" por "religiões", como proposto por muitos, em nada suaviza as dificuldades epistemológicas. Sem uma clareza maior da dialética entre atenção ao detalhe e preocupação com o mais geral, quando se trata do objeto de estudo, o "respeito a esse" levaria apenas a um particularismo atroz, no qual nem mesmo o indivíduo enquanto *self* restaria.

O que se pode concluir é que, para fins acadêmicos, torna-se difícil sustentar o caráter *sui generis* da religião em sentido forte, quase teológico, de algo sublime que de um plano trans-histórico é oferecido ao ser humano para sua realização. Mas um sentido "fraco" de *sui generis* para a religião, por assim dizer, pode ser mantido, no qual seu significado, sua natureza e sua função são continuamente repensados em face de outros objetos no âmbito da psique, da cultura etc.

Uma observação suplementar: por mais de dois séculos, procedeu-se um "giro subjetivante" na maneira como o objeto da Ciência da Religião é entendido: de "religião" como algo que nos vem de modo objetivo do domínio "sobrenatural", toma-se a "experiência religiosa", mais mundana e empiricamente acessível, como objeto próprio da ciência. Enquanto noção do cotidiano e do senso comum, tal experiência nos parece inteiramente óbvia e digna de estudo, refletindo algo de nobre no ser humano (aparentemente, membros da Al-Qaeda não têm "experiência religiosa"...). Todavia, no âmbito acadêmico, mais e mais estudos têm questionado o caráter *sui generis* de tal experiência, na medida em que essa compartilha muitos de seus traços com outras experiências humanas que são estudadas por disciplinas como a Psicologia e a Antropologia. Fala-se hoje com mais frequência de experiências *consideradas como* ("deemed") religiosas por aqueles que refletem sobre elas, acadêmicos ou fiéis.[10]

A ciência

A ciência que corresponde a esse objeto, tão elusivo, tampouco pode ser considerada *sui generis*, como outrora o pretendeu Eliade. Fala-se de "campo disciplinar" (Filoramo e Prandi, destacando a pluralidade de disciplinas que trata do objeto) ou "ciência integral das religiões" (Flasche e Usarski), enfatizando a pluralidade de subdisciplinas que (pelo menos idealmente) trabalham de modo interdisciplinar, e compõem uma ciência que integra sem necessariamente hierarquizar. Em outras palavras, em vez do modelo "monárquico" de Eliade, temos um modelo mais "igualitário". Com isso, a identidade da disciplina não se dá tanto por um método distinto (por exemplo, fenomenológico ou hermenêutico), mas sim pela sua história, instituições comuns e principalmente por negociações entre pesquisadores e subdisciplinas envolvidas, o que pode dar uma face mais contextual a ela.

Caso pretenda ser ciência, e não Filosofia ou escrito devocional, a Ciência da Religião deve possuir algumas "virtudes epistemológicas", como "sensibilidade para com o fato empírico, premissas de fundo plausíveis, coerência com outras coisas que conhecemos e exposição a críticas das mais variadas fontes".[11] A isso se incorporam virtudes de cunho mais pessoal, como "objetividade, imparcialidade, honestidade [intelectual], reflexividade e autocrítica".

Além disso, torna-se prioritário *explicar* adequadamente o que está sendo estudado, ou seja, "tornar claro", "expor os componentes constituintes", "dar conta de" este objeto. Muito da resistência ao "explicar" em Ciência da Religião vem de uma visão algo antiquada e estreita do que seja esse ato, que dá a impressão de que toda a riqueza do religioso seria por ele esvaziada. De fato, o fundamental na explicação é decompor o complexo em termos mais simples e referir o desconhecido ou obscuro ao conhecido e bem descrito. Se isso significasse reduzir o religioso só a causas sociais, por exemplo, haveria motivo para justos protestos, até por conta de várias práticas "reducionistas" no passado e no presente.

Mas a explicação em ciência é algo muito mais rico. Jeppe Jensen, por exemplo, identifica seis tipos de explicações, desde as mais tradicionais, de raiz newtoniana e que se aplicam só a alguns ramos das Ciências Naturais, até aquelas mais próprias das Ciências Humanas, como as contextuais.[12] Partindo de outra perspectiva, Robert McCauley fala de "níveis de explicação", e enfatiza que um nível de explicação mais básico (no caso dele, fornecido pelas Ciências Cognitivas da religião), no qual o religioso descrito já não é mais reconhecido por quem o pratica, pode e deve dialogar com outros níveis de explicação mais próximos da intencionalidade e da consciência humanas.[13]

Além disso, complementando o que foi dito antes sobre as teorias, as explicações só têm sentido no seio de modelos científicos — apreensões hipotéticas e sintéticas da realidade, que podem ser testadas perante a evidência, e que assim podem ser criticadas e modificadas.[14] Teorias então surgem associadas a esses modelos, mais formais, articulando conceitos, categorias e regras de indução e dedução. Por consequência, modelos e teorias são necessariamente provisórios, parciais e plurais, sendo que essa delimitação é justamente a pré-condição de suas fertilidades como fontes de conhecimento. Uma visão adequada da tarefa científica, portanto, pode retirar o fantasma do "reducionismo" do horizonte das experiências humanas que nos são mais caras.

Nesse sentido, a também popular controvérsia entre "ciência" e "ciências" da religião tem sido mal formulada — de nada adianta empregar o plural, "ciências", se o estatuto epistemológico de cada uma dessas disciplinas (que por sua vez podem ser dividas em subdisciplinas, muitas vezes competindo entre si) também não está claramente formulado. Todas as disciplinas científicas, mesmo as mais bem estabelecidas, sofrem de tensões entre o singular e o plural, e a Ciência da Religião não se constituiria em uma exceção.

Resta tratar uma questão que é muito importante para todas as ciências, a relativa aos *referentes* de suas afirmações. Tal questão está ligada à teoria de correspondência da verdade, que não podemos tratar aqui. Quando falamos de referentes, duas situações podem ser entrevistas: primeiro, no âmbito próprio das afirmações que se pretendem científicas, pergunta-se sobre o grau de adequação dessas afirmações a um componente da realidade. Por exemplo, se dizemos que "de acordo com o último censo, o Catolicismo está em declínio no Brasil", há que se perguntar em que circunstâncias essa afirmação (aparentemente óbvia) é válida. Há perguntas mais diretas, como, por exemplo, sobre o significado de "declínio", e outras mais indiretas, sobre os métodos empregados pelo IBGE e os limites da estatística. Tal afirmação, outrossim, precisa ser testada em face de evidências obtidas por outras abordagens, como, por exemplo, através de observação participante. E assim por diante.

Muito mais sensível, entretanto, é a segunda situação: a dos referentes que habitam as afirmações dos fiéis (por exemplo, sobre deuses e outras entidades "sobrenaturais"), que pretendem apresentar um conhecimento a respeito que se põe em diálogo com o conhecimento acadêmico (o capítulo de Roberto Pich sobre a "Religião como forma de conhecimento" pode fornecer mais subsídios a respeito). A resposta-padrão de muitos pesquisadores é bem conhecida: como o mundo "sobrenatural" das religiões não pode ser empiricamente acessível, a Ciência da Religião nada tem a dizer a respeito da existência de sua população.

Ainda que esse chamado "agnosticismo metodológico" seja conveniente e até indicado, quando tratamos de religiões que não a dos próprios pesquisadores, isso permanece um assunto não resolvido. Mesmo porque, em um assunto tão emotivo como a religião, a neutralidade sempre esconde algum grau de preferência e de viés. Assim sendo, o conhecimento trazido pelo fiel, com todo o peso referencial que carrega, precisa ser colocado em contínua tensão com o saber acadêmico. Em outras palavras, as afirmações validadas que têm como referentes os comportamentos e as ideias sobre os quais as pessoas conversam são colocadas em diálogo (a palavra "dialética" aqui não é inteiramente descabida) permanente com a própria intencionalidade do discurso delas. Para dar um exemplo simples, não basta ao cientista da religião dizer algo do tipo "os cristãos *consideram* que Jesus Cristo é Filho de Deus" como parte da realidade cultural, e tirar consequências daí, mas precisa enfrentar continuamente a afirmação dos cristãos de que "Jesus Cristo *é* Filho de Deus", como parte da realidade objetiva do mundo.

Este último exemplo nos leva à relação entre Ciência da Religião e Teologia, que será tratada mais adiante no capítulo de Faustino Teixeira, ligada à questão de fundo: fugindo-se da franca hostilidade recíproca de um lado, e de outro lado de concordismos fáceis, como casar o realismo da Ciência da Religião com aquele da Teologia?

Para tratar de outras questões correlatas, de se o programa eliadiano ocorre no plano científico ou filosófico, e qual a relação da Ciência da Religião com a Filosofia da Religião e as Ciências Sociais, podemos partir direto para algumas situações no Brasil (ver também o capítulo de Scott Paine).

O caso brasileiro

Não é nossa intenção aqui falar do desenvolvimento da Ciência da Religião no Brasil, nem tampouco sobre o estado atual da discussão epistemológica por aqui, ainda que vários pontos sejam levantados nos capítulos a seguir.[15] É curioso contrastar-se com a situação na Alemanha: "Diante da contínua busca de identidade, a partir do abandono gradual da Fenomenologia, na formação dos estudantes considerações epistemológicas são tão importantes quanto o estudo de conteúdos específicos".[16] Se é assim na Alemanha, lugar onde a Ciência da Religião surgiu, podemos imaginar por aqui, onde sequer a transição da Fenomenologia da Religião para outra coisa é claramente percebida. De qualquer forma, tais considerações epistemológicas têm sido feitas, com algumas peculiaridades.

Em primeiro lugar, ainda que a relevância acadêmica do estudo da religião esteja razoavelmente bem estabelecida, o mesmo não se pode dizer de departamentos e programas de pós-graduação específicos de Ciência da Religião. Os que existem, desde meados da década de 1970, são objeto de críticas ocasionais, sendo que a principal delas foi levantada por Antônio Flávio Pierucci na década de 1990. Este apontava para o fato, de todos conhecido, de que uma boa parte dos pesquisadores pertencentes a esses programas eram (e são) oriundos do clero católico e protestante, ou vinculados a algum interesse religioso. Para ele, isso impediria uma abordagem mais propriamente científica para o estudo da religião, o que diz respeito tanto a interesses epistemológicos quanto políticos. Apesar de suas afirmações serem criticáveis,[17] não há dúvida alguma de se estar diante de uma questão a ser enfrentada, para que a almejada relevância acadêmica possa ser assegurada.

Pode-se aplicar aqui a crítica feita a uma Teologia disfarçada de Ciência da Religião (criptoteologia), crítica essa que é feita há décadas em outros países, sendo que, em nosso caso, nem é tão "cripto" assim. Entretanto, em vez de criticar a produção acadêmica de nossa área a esse respeito, falo mais aqui da dificuldade, em termos epistemológicos e por causas institucionais perfeitamente compreensíveis, de dialogar com dois grupos de disciplina: de um lado, a Teologia e a Filosofia da Religião (muitas vezes carregando um viés apologético), e de outro, as Ciências Sociais. Isso porque aqui falamos não de diálogo entre diferentes departamentos e programas, mas mais de subdisciplinas que se inserem no mesmo *locus* institucional, alternando entre situações de convivência (quase) pacíficas e hostilidade envergonhada. Tal situação, é claro, decorre também de controvérsias epistemológicas mal apresentadas e conduzidas.

Outra peculiaridade diz respeito ao uso, entre nós, de correntes da Fenomenologia da Religião. Entre os que advogam o seu emprego como metadisciplina para a Ciência da Religião encontra-se um dos pioneiros de sua institucionalização no Brasil, Antonio Gouvêa Mendonça. Em um ensaio muito citado, ele reivindica que "o retorno à Filosofia, especificamente à Fenomenologia e seu método, está na base da reconstrução científica do estudo da religião".[18]

Ele aqui se apoia em Husserl e em sua noção da Filosofia como ciência do rigor. Pode-se perguntar da adequação desse entendimento, pois os projetos de uma Filosofia científica, ao longo do século XX, não foram muito bem-sucedidos. Não é a Filosofia que fundamenta a ciência, muito menos sua prática. Cientistas não necessitam dedicar-se à Filosofia, tarefa que cabe a filósofos profissionais, ainda que um diálogo entre ambos seja sempre indicado. As críticas tradicionais ao papel normativo que os neopositivistas emprestavam à Filosofia aplicam-se aqui também. A Filosofia de uma ciência está sempre próxima de sua história, operando assim como uma reflexão *a posteriori* de uma prática autônoma.[19]

Enfim, a relevância acadêmica da área de Ciência da Religião no Brasil também está ligada a um trabalho epistemológico ainda por se fazer, no esclarecimento da peculiaridade dessa disciplina em face da Teologia (principalmente a Teologia da Libertação, da qual muitos dos atuais componentes de programas de Ciência da Religião são oriundos), de uma Filosofia da Religião pós-eliadiana e das Ciências Sociais, tais como por aqui praticadas. A atenção ao que ocorre(u) em outros países é pré-condição para o sucesso desse trabalho, principalmente em face de novos desenvolvimentos teóricos.

Propostas epistemológicas recentes

Saindo do impasse entre abordagens hermenêuticas e científico-sociais da religião, novas propostas para uma Ciência da Religião têm emergido, várias das quais serão tratadas nos capítulos que se seguem. Michael Stausberg fez um balanço recente das principais teorias contemporâneas da religião, apresentando três delas como modificações de teorias sociológicas tradicionais, duas de abordagens antropológicas, outra destacando sacrifício e violência, e nada menos do que nove ligadas às Ciências Naturais, no cruzamento de teorias evolutivas (darwinianas), Arqueologia, Psicologia Cognitiva, Neurociências e de coevolução biocultural.[20]

Note-se essa tendência recente de lançar mão de recursos vindos das Ciências Naturais. Não é possível ainda avaliar o pleno impacto dela sobre as discussões epistemológicas tradicionais em Ciência da Religião, e não é nosso propósito aqui sintetizar esses novos desenvolvimentos. Entre todos os problemas analisados ou mencionados anteriormente, gostaria de destacar apenas um, justamente o mais contencioso, o do *sui generis*. Enquanto abordagens científicas, essas novas tendências nada têm de *sui generis*. Ao contrário, enfatiza-se que as teorias e métodos são os mesmos tradicionalmente utilizados para outros objetos de pesquisa.

Quanto ao objeto, entretanto, encontramo-nos diante de uma situação curiosa.

De um lado, a religião surge como um objeto entre outros, ligado à evolução humana. Além disso, para muitos pesquisadores, a religião surge em nossa história cognitiva como subproduto de disposições cognitivas perfeitamente ordinárias, sem "finalidades religiosas". Por outro lado, essas pesquisas enfatizam as disposições universais humanas, aquelas que estão na raiz das religiões históricas concretas, com uma linguagem que nos lembra de essencialismos e do uso de religião no singular.

Vejamos essa afirmação de um dos pesquisadores que é líder nesse campo:

> Minha proposta não é que os humanos são naturalmente religiosos, mas sim que seus sistemas cognitivos maturacionais se desenvolvem de tal forma a tornar as pessoas totalmente receptivas às religiões, a seus mitos, rituais e representações. Os humanos não têm uma disposição mental natural para adquirir religião. Mas eles possuem suscetibilidades, baseadas em suas disposições naturais maturacionais da mente, que existem por razões totalmente não relacionadas, que os tornam cognitivamente receptivos a [...] situações religiosas.[21]

Por duas vezes ele contrasta o senso comum com uma afirmação cuidadosamente formulada em linguagem científica. Uma leitura mais cuidadosa dessas afirmações, entretanto, em conjunto com o que ele discorre no restante da obra, mostra que na prática o contraste não é tão radical assim. Os seres humanos sempre e necessariamente produzem religiões (ou coisas que se assemelhem a elas), por assim dizer, o que vale tanto para o "homem das cavernas" como para o nosso "homem moderno". Esse ponto é destacado, por exemplo, no instigante artigo de Joseph Bulbulia, *Are there any religions?*

Ainda que poucos tenham refletido a respeito, a religião (agora em um sentido diferente e mais cuidadosamente formulado) surge como um *sui generis*, em um sentido fraco, pouco reconhecível nas religiões concretas que temos e nos discursos dos fiéis.

Conclusão

Ao longo deste capítulo procuramos em primeiro lugar promover uma "limpeza conceitual", trabalhando uma série de noções, conceitos e categorias presentes na academia, a começar pela própria noção de "estatuto epistemológico".

Em segundo, apresentar alguns dos principais problemas epistemológicos, na medida em que são fonte de discussões perenes. Começamos detalhando a proposta de Mircea Eliade, assim como as respostas que seus críticos forneceram nas últimas décadas.

Depois, a partir seja das observações desses críticos, seja de considerações mais gerais no âmbito da Filosofia da ciência, destacamos certas "virtudes epistemológicas", ainda que essas não se tenham traduzido em propostas unificadas de maior aceitação. Entre as propostas atuais, que têm despertado grande atenção dos pesquisadores em Ciência da Religião, encontramos as abordagens evolutivas de cunho darwiniano, que procuram identificar a manifestações do que entendemos como religião no passado evolutivo humano, e assim de nosso aparato psíquico pancultural. Falamos também da situação brasileira, encontrada principalmente em programas de pós-graduação em Ciência da Religião. Ainda que ela resulte de uma herança que deve ser mais constatada do que lamentada, uma tarefa epistemológica se faz premente, e as observações feitas sobre o programa eliadiano e seu destino posterior podem muito bem contribuir para o seu sucesso.

Por fim, uma observação de caráter mais geral: a atenção contínua a questões epistemológicas deve ser contrabalançada com o que diz o sábio ditado, que em português se traduz como "não ser mais realista que o Rei". Como vários comentadores têm apontado, o rigor e o ceticismo em torno de interesses, métodos e conceitos como "religião" e "sagrado" acabam exigindo dos praticantes da Ciência da Religião um ideal que muitas vezes não se encontra em disciplinas vizinhas. Colocar a culpa dos pecados epistemológicos nos "religionistas", como são pejorativamente chamados os que se aproximam da Ciência da Religião com interesses religiosos, é ignorar o caráter cooperativo da tarefa de elevar o estatuto científico de uma disciplina.

Referências bibliográficas

BRANDT, Hermann. As ciências da religião numa perspectiva intercultural. A percepção oposta da Fenomenologia da Religião no Brasil e na Alemanha. *Estudos Teológicos*, v. 46, n. 1 (2006), pp. 122-151.

BRAUN, Willi. Religion. In: BRAUN, Willi; MCCUTCHEON, Russell T. (orgs.). *Guide to the Study of Religion*. London: Cassell, 2000. pp. 3-18.

BULBULIA, Joseph. Are there any religions? An evolutionary exploration. *Method & Theory in the Study of Religion*, n. 17 (2005), pp. 71-100.

CAMURÇA, Marcelo. *Ciências Sociais e Ciências da Religião*; polêmica e interlocuções. São Paulo: Paulinas, 2008.

CRUZ, Eduardo; MORI, Geraldo (orgs.). *Teologia e Ciências da Religião*; a caminho da maioridade acadêmica no Brasil. São Paulo: Paulinas, 2011.

DUTRA, Luiz H. A. *Introdução à Teoria da Ciência*. Florianópolis: Ed. da UFSC, 2009.

ELIADE, Mircea. Observaciones metodológicas sobre el estudio del simbolismo religioso. In: ELIADE, Mircea; KITAGAWA, Joseph M. (orgs.). *Metodología de la historia de las religiones*. Barcelona: Paidos, 1986 [1965]. pp. 116-139.

ENGLER, Steven. Teoria da Religião Norte-americana: Alguns Debates Recentes. *Rever – Revista de Estudos da Religião*, n. 4 (2004), pp. 27-42.

GUIMARÃES, André Eduardo. *O Sagrado e a História*; fenômeno religioso e valorização da história à luz do anti-historicismo de Mircea Eliade. Porto Alegre: EDIPUCRS, 2000.

JENSEN, Jeppe S. Epistemology. In: STAUSBERG, Michael; ENGLER, Steven (orgs.). *The Routledge Handbook of Research Methods in the Study of Religion*. London: Routledge, 2011. pp. 40-53.

MCCAULEY, Robert. Explanatory pluralism and the cognitive science of religion: or why scholars in religious studies should stop worrying about reductive elimination of the religious and why cognitive science poses no threat to religious studies, 2011a. Disponível em: http://userwww.service.emory.edu/~philrnm/publications/article_pdfs/EP_and_CSR.pdf. Acesso em: 15/01/2012.

_____. *Why Religion is Natural and Science is Not*. Oxford: Oxford University Press, 2011b.

MENDONÇA, Antonio G. Memória: Fenomenologia e experiência religiosa. In: CRUZ, Eduardo; MORI, Geraldo(orgs.). *Teologia e Ciências da Religião*; a caminho da maioridade acadêmica no Brasil. São Paulo: Paulinas, 2011. pp. 219-237.

SALER, Benson. *Conceptualizing Religion*; Immanent Anthropologists, Transcendent Natives, and Unbounded Categories. New York: Berghahn Books: 2000.

STAUSBERG, Michael (org.). *Contemporary Theories of Religion*; a Critical Companion. London: Routledge, 2009.

TAVES, Ann. *Religious experience reconsidered*: a building-block approach to the study of religion and other special things. Princeton: Princeton University Press, 2009.

TEIXEIRA, Faustino (org.). *A(s) Ciência(s) da Religião no Brasil*; afirmação de uma área acadêmica. São Paulo: Paulinas, 2001.

USARSKI, Frank. *Constituintes da Ciência da Religião*; cinco ensaios em prol de uma disciplina autônoma. São Paulo: Paulinas, 2006.

_____ (org.). *O espectro disciplinar da Ciência da Religião*. São Paulo: Paulinas, 2007.

Sugestões adicionais de leitura

GRESCHAT, HansJürgen. *O que é Ciência da Religião?* São Paulo: Paulinas, 2006.

HOCK, Klaus. *Introdução à Ciência da Religião*. São Paulo: Loyola, 2010.

USARSKI, Frank (org.). *O espectro disciplinar da Ciência da Religião*. São Paulo: Paulinas, 2007.

Notas

[1] Para as noções de "epistemologia" e "teoria da ciência", ver Dutra, *Introdução à Teoria da Ciência*, pp. 14-16. Para outro modo de apresentar as perguntas relevantes de uma epistemologia da Ciência da Religião, ver Braun, *Religion*, e Jensen, *Epistemology*, pp. 1-2.

[2] Guimarães, *O Sagrado e a História*, pp. 38-42.

[3] Brandt, As ciências da religião numa perspectiva intercultural; Usarski, *Constituintes da Ciência da Religião*.

[4] Guimarães, *O Sagrado e a História*, p. 42.

[5] Usarski, *Constituintes da Ciência da Religião*, p. 37.

[6] Em etnografia, o princípio "ético" (nada a ver com ética) refere-se àquilo que descreve e generaliza sem se preocupar com o contexto (a perspectiva do "outsider"). Por outro lado, o princípio "êmico" (do "insider") refere-se a regras, a conceitos, a crenças e a significados dos povos em seu próprio grupo.

[7] Muitos têm apontado uma dificuldade similar para diferenciar entre sagrado e profano, mas não temos como explorá-la aqui.

[8] Saler, *Conceptualizing Religion*, p. xiv.

[9] Engler, Teoria da Religião Norte-americana, pp. 33-34.

[10] Taves, *Religious experience reconsidered*.

[11] John Dupré, apud Jensen, Epistemology, p. 49.

[12] Jensen, Epistemology, pp. 44-46.

[13] McCauley, Explanatory pluralism and the cognitive science of religion.

[14] Jensen, Epistemology, p. 48.

[15] O leitor interessado poderá recorrer a Teixeira, *A(s) ciência(s) da Religião no Brasil*; Brandt, As ciências da religião numa perspectiva intercultural; Usarski, *O espectro disciplinar da Ciência da Religião*; e Cruz; Mori, *Teologia e Ciências da Religião*.

[16] Usarski, *Constituintes da Ciência da Religião*, p. 63.

[17] Para uma análise e uma crítica pertinente da postura de Pierucci, ver Camurça, *Ciências Sociais e Ciências da Religião*, p. 10 *passim*.

[18] Mendonça, Memória: Fenomenologia e Experiência Religiosa, p. 236.

[19] Para outras críticas à proposta de Mendonça, ver Brandt, As ciências da religião numa perspectiva intercultural; Camurça, *Ciências Sociais e Ciências da Religião*.

[20] Stausberg, *Contemporary Theories of Religion*.

[21] McCauley, *Why Religion is Natural and Science is Not*, p. 220.

História da Ciência da Religião

FRANK USARSKI

O *status quo* *"ideal"* da disciplina como referencial

O termo *Ciência da Religião* refere-se a um empreendimento acadêmico que, sustentado por recursos públicos, norteado por um interesse de conhecimento específico e orientado por um conjunto de teorias específicas, dedica-se de maneira não normativa ao estudo histórico e sistemático de religiões concretas em suas múltiplas dimensões, manifestações e contextos socioculturais.

A formulação "religiões concretas" alude ao fato de que a Ciência da Religião encontra seus objetos no mundo empírico. Trata-se de uma consequência do axioma de que religiões representam sistemas simbólicos elaborados em relação a uma "realidade culturalmente postulada não falsificável"[1] que transcende o alcance de qualquer método cientificamente comprovado. A investigação de elementos religiosos empiricamente acessíveis tem como único objetivo aprofundar e aperfeiçoar o conhecimento sobre os fatos da vida religiosa.[2] Isso significa que a Ciência da Religião não instrumentaliza seus objetos em prol de uma apologia a uma determinada crença privilegiada pelo pesquisador. De acordo com essas ambições, a Ciência da Religião defende uma postura epistemológica específica baseada no compromisso com o ideal da "indiferença" diante do seu objeto de estudo. Trata-se de uma técnica de observação e descrição que na literatura especializada é frequentemente associada a termos como "ateísmo metodológico" ou "agnosticismo metodológico". Comprometido com este ideal, o cientista da religião exclui da sua agenda a questão da "última verdade" e não se permite avaliar aspectos religiosos em comparação com as normas de outra religião ou com quaisquer outros critérios ideológicos.

A formulação "empreendimento acadêmico" aponta para o *status* consolidado da respectiva área de estudo. Trata-se, em outras palavras, de uma matéria institucionalizada que faz parte integral do sistema universitário de alcance internacional. Esta posição representa uma conquista relativamente recente e constitui uma das marcas simbólicas para distinguir a Ciência da Religião propriamente dita de movimentos intelectuais precedentes e em termos do seu estatuto legal ainda "provisórios". O *status* institucional da disciplina é, em parte, fruto de uma demanda pública no sentido da relevância prático-social da disciplina que, por sua vez, sanciona o apoio político e material da disciplina por órgãos públicos. A essa demanda corresponde uma oferta da Ciência da Religião no sentido de produção de um conhecimento específico não fornecido por nenhuma outra disciplina acadêmica. A originalidade desta oferta é epistemologicamente baseada em um matiz heurístico subjacente que norteia o trabalho de um cientista da religião. Na literatura especializada, tal *matiz* é tematizado em termos de um *etos intelectual*[3] ou de *escolas próprias de investigação*. Em outras palavras, a diferença entre a Ciência da Religião e outras disciplinas engajadas no estudo das religiões se dá no sentido de uma determinada *tradição da segunda ordem*, isto é, uma visão coletiva das principais escolas de interpretação, métodos operacionais, herança de erudição e, sobretudo, uma memória vital compartilhada das maneiras mediante as quais todos esses fatores constitutivos são inter-relacionados. Na prática acadêmica da comunidade científica em questão, a compartilhada *tradição da segunda ordem* manifesta-se em um consenso sobre a legitimidade ou não de um problema de pesquisa do ponto de vista disciplinar.[4] Ao mesmo tempo, implica um acordo sobre a estrutura interna da disciplina no sentido de duas áreas complementares nas quais o trabalho diversificado da Ciência da Religião

se encaixa. A definição no início do artigo alude a essa dupla estrutura da disciplina quando destaca estudos *históricos* e *sistemáticos* como tarefas da Ciência da Religião.

Todos os elementos esboçados apontam para uma ciência paradigmaticamente madura e homogênea. Em vários pontos, essa descrição está em tensão com a atual situação diversificada da disciplina no âmbito mundial. As respectivas contradições, porém, não invalidam essa imagem "pura", desde que o leitor tenha em mente que os constituintes encontrados no início deste artigo foram destacados por razões heurísticas em prol da reconstrução do caminho através do qual a Ciência da Religião tem se aproximado do ideal construído. Desse ponto de vista, a época mais instigante pode ser datada, *grosso modo*, entre 1875 e a Primeira Guerra Mundial. Trata-se de um período altamente produtivo durante o qual convergiram vários impulsos intelectuais já rudimentarmente identificáveis em momentos anteriores. Antes de fornecer um esboço dessa fase-chave da história disciplinar, vale um olhar genérico sobre conquistas e movimentos intelectuais centrais que antecederam a consolidação da Ciência da Religião propriamente dita.

Tendências constitutivas para a formação da Ciência da Religião

O longo caminho do estudo das religiões na direção da sua formação programática e institucionalização é marcado por duas tendências principais inter-relacionadas, a saber: (a) o crescente conhecimento sobre outras culturas, inclusive suas características religiosas; (b) a crescente submissão do estudo das religiões ao pensamento científico-racional em desfavor das abordagens apologéticas e exigências dogmáticas.

O crescente saber sobre outras religiões

O processo da acumulação do saber sobre outras religiões foi durante muito tempo uma função imediata do avanço tecnológico que facilitou a comunicação entre as diferentes culturas. *Grosso modo*, vale como regra que a frequência e a intensidade do contato entre as religiões repercutiram na quantidade e qualidade do conhecimento sobre "o outro". Exemplos para narrativas rudimentares resultando de contatos relativamente esporádicos entre povos interessados na delimitação do "próprio" diante do "vizinho diferente" encontram-se no Antigo Testamento, no qual o discurso negativo em relação a práticas "alheias" revelam esforços retóricos em prol da plausibilização da veneração exclusiva de Yahweh. Motivos apologéticos também predominam na maioria dos Padres da Igreja que tematizaram os cultos "pagãos" e seus desafios para a fé cristã. Mais tarde, obras teológicas mostraram-se preocupadas com cultos de tribos germânicas e finalmente, sobretudo, com o Islã. Apenas na segunda metade do século XI surgiu, com a *Gesta Hammaburgensis ecclesiae pontificum* de Adam von Bremen (*circa* 1050 a *circa* de 1085), uma obra de um autor cristão que — na tentativa de recuperar detalhes de práticas religiosas de tribos saxônias resistentes a esforços de cristianização no século IX — contenta-se com uma mera descrição de fatos históricos. Cerca de dois séculos mais tarde, o franciscano Roger Bacon (1214-1294) completou seu *Opus maius*, que opta por uma abordagem alternativa a um tratamento generalizante e normativo dos "outros" como "incrédulos" e apresenta uma classificação sêxtupla das religiões conhecidas na sua época.

Paralelo ao crescimento do conhecimento sobre aspectos de outras religiões no âmbito da tradição judaico-cristã, foram produzidos relevantes relatos e reflexões por autores gregos, chineses e muçulmanos. Um representante dos "estudos" primordiais da religião na Grécia antiga é Heródoto (484-425), com suas descrições sobre os costumes religiosos do Egito, da Babilônia e da Pérsia. Os contatos entre os gregos e outras culturas tornaram-se mais frequentes a partir do período helenista. Um representante dessa época e testemunha das oportunidades aperfeiçoadas para adquirir um conhecimento sobre os

povos localizados no império expandido foi o etnógrafo Megástenes (cerca 350-cerca de 290 a.C.). Mandado por Seleuco I Nicator, primeiro rei do Império Selêucida, como diplomata para Índia, Megástenes dedicou-se à elaboração dos quatro volumes de sua *Índica*. Nessa obra, encontra-se uma série de informações sobre o Hinduísmo, porém diversas delas prejudicadas por material fictício que o autor tinha ouvido de terceiros. Quanto a protagonistas chineses, vale a pena lembrar o peregrino chinês Fa-Hien (cerca de 337-cerca de 422 d.C.), que permaneceu entre 399 e 413 d.C. na Índia. Um ano mais tarde, publicou seu *Relato sobre países budistas*, que contém um grande contingente de informações, inclusive anotações exatas de dados históricos e detalhes sobre as rotinas de comunidades budistas monásticas nas regiões visitadas. Cerca de duzentos e quarenta anos mais tarde, Hieun-Tsiang (603-664 d.C.), outro viajante chinês famoso, voltou para sua terra depois de uma longa viagem pela Índia trazendo do subcontinente uma série de artefatos e manuscritos budistas, assim contribuindo para o conhecimento dos chineses sobre as doutrinas e práticas indianas da época. A partir do século IX, autores muçulmanos começaram a se articular sobre outras religiões. Entre eles encontram-se Tabari (838-923), interessado na religião persa, e Mas'udi (morte 956), cuja obra contém dados sobre o Judaísmo, o Cristianismo e as religiões indianas. Outros estudantes da religião reputados foram Al Biruni (973-1050), que informou seus leitores sobre as crenças e práticas na Índia e Pérsia, e o erudito multidisciplinar andaluz Ibn Hazm (994-1064), que colecionou um grande espectro de informações sobre o Judaísmo e o Cristianismo. Nessa lista não pode faltar o nome do historiador das religiões persa Sharastani (1086-1153), que — devido à sua descrição sistemática de todas as religiões então conhecidas — foi retrospectivamente considerado o autor de um livro excepcional que supera qualquer contribuição de autores cristãos anteriores e contemporâneos.

Do ponto de vista europeu, progressos filológicos a partir da segunda metade do século XVII foram responsáveis por um grande salto em termos de aquisição de conhecimento sobre outras religiões. Nesse contexto, vale lembrar conquistas como a decifração de hieróglifos egípcios e de caracteres cuneiformes mesopotâmios, a elaboração de dicionários e gramáticas de línguas orientais (como o árabe, o chinês, o malaio, a língua persa, o páli ou o sânscrito) e o lançamento da gramática comparada de Franz Bopp (1833). Baseado nessas e em outras contribuições, os filólogos começaram a tradução de uma série ampla de textos religiosos dos povos que tinham despertado o interesse dos intelectuais europeus.[5] Este trabalho teve seu início com fragmentos de textos filosófico-religiosos chineses por jesuítas engajados em atividades missionárias no Reino do Meio. Os referentes esforços culminaram na publicação da primeira tradução completa dos quatro clássicos confucianistas por Francisco Noël (1651-1729) para o latim em 1711. Sessenta anos mais tarde, Abraham Hyacinthe Anquetil-Duperron (1731-1805) lançou, depois de um estudo intenso de cerca de 180 manuscritos avésticos em Surat, Índia, sua tradução de textos zoroastrianos para o francês. Em 1785, Charles Wilkins (1749-1836) publicou a primeira tradução do Bhagavad Gita para o inglês. O especialista na língua páli George Tornour (1799-1843) apresentou em 1837 sua tradução do Mahavamsa para o inglês. Entre 1840-1847, Eugène Burnouf (1801-1852) lançou os três volumes da sua tradução francesa do Bhagavad Purana. Em 1855, o filólogo dinamarquês Michael Viggo Fausböll (1821-1908), professor de sânscrito em Copenhagen, ofereceu sua tradução latina do Dhammapada, texto budista originalmente escrito em páli. Também não devem ser esquecidos os méritos arqueológicos dos

séculos XIX e XX, como, por exemplo, as escavações em Troia, em Creta, na Turquia, no Egito e no vale do Indo, bem como a descoberta da arte rupestre em grutas no sul da França.

A crescente orientação do estudo das religiões ao espírito moderno

Um pré-requisito intelectual *sine qua non* para o estabelecimento da Ciência da Religião no sentido estrito foi que o termo "religião" tinha se libertado de sua identificação dogmática com uma determinada tradição, na maioria dos casos com o Cristianismo. À medida que a religião deixou de ser tratada como uma "naturalidade cultural", ganhou plausibilidade o entendimento *histórico* dos fenômenos associados.

A literatura especializada é uma fonte rica de atribuições, suspeitas e especulações relativas a movimentos, impulsos e raízes de elementos que por volta da virada do século XIX para o século XX se consolidariam como o estatuto da Ciência da Religião no sentido moderno. A lista de eventos, nomes e publicações supostamente decisivos no sentido da formação final da disciplina é longa e não necessariamente consensual nas obras interessadas na recuperação da pré-história da disciplina. Autores mais "generosos" na identificação de abordagens que — de uma forma ou outra — teriam antecipado o "etos intelectual" da Ciência da Religião rejeitam o tratamento pejorativo de religiões "alheias" pela tradição bíblica e Teologia patrística, e apontam para exemplos positivos precoces representados por determinadas correntes do pensamento grego. Nesse contexto, são lembrados filósofos como Tales (585 a.C.), Anaximandro (610-540 a.C.) ou Xenófanes (cerca de 570-457) como precursores da disciplina. Esses e outros intelectuais da época chamariam a atenção, não por suas críticas explícitas a convicções e práticas religiosas "naturalmente" aceitas por seus contemporâneos, mas por causa de sua postura emancipada do então senso comum, ou seja, graças a uma atitude que se aproximaria de maneira "protodisciplinar" ao ideal epistemológico do cientista da religião moderno. Um mérito ainda maior é atribuído ao historiador e mitógrafo Evêmero (cerca de 350-290 a.C.). Com seu relato fictício *Hiera anagraphê*, no qual defende a ideia de que as divindades e os mitos associados teriam sua base antropológica em reminiscências de personagens heroicos, iniciou uma especulação sobre a origem da religião posteriormente conhecida como "evemerismo".

Restringindo a busca a sinais de uma abstração do pensamento de predefinições religiosas a tendências mais recentes, vale a pena lembrar os esforços de intelectuais leigos do século XII para elaborar raciocínios em oposição à até então dominante visão histórica defendida pelos clérigos. Um resultado dessas aspirações foi a valorização da história mundana como verdadeiro cenário do progresso humano, um conceito que se especificou em uma posterior "história das religiões" do ponto de vista secular.

Entre os protagonistas que a médio prazo se beneficiaram dessas conquistas intelectuais, encontra-se Jean Bodin (1530-1596), cujo trabalho é considerado uma obra paradigmática em termos da reflexão "distanciada" sobre o pluralismo religioso da época. Apesar da sua atitude religiosa subjacente e de um quadro referencial normativo, Bodin abordou o tema da religião, inclusive o Cristianismo, de maneira crítica e privilegiou o princípio da razão em detrimento da ideia da revelação. Mais consequentemente do que Bodin, Edward Herbert de Cherbury (1583-1648) rejeitou a referência à revelação como fonte de conhecimento. Sensibilizou seus leitores para a necessidade do controle de convicções religiosas no âmbito da ciência e argumentou que conclusões sobre a vida religiosa deveriam ser tomadas exclusivamente

a partir de dados empíricos. Algo semelhante valeu para Bernard le Bovier de Fontenelle (1657-1757), representante do pré-iluminismo francês, e sua busca por raízes psicológicas da religião. Outro pensador citado como um dos antecipadores de abordagens compatíveis com a Ciência da Religião atual é o filosofo e historiador italiano Giambattista Vico (1668-1744), apreciado por seu esforço de pôr sua fé católica entre parênteses enquanto elaborava sua descrição naturalista de todas as instituições humanas, inclusive a religião. Logo depois Charles de Brosses (1709-1777) lançou seu tratado *Du culte des dieux fétiches, ou, Parallèle de l'ancienne religion de l'Egypte avec la religion actuelle de Nigritie* (1760), visto como uma das primeiras obras programáticas em termos de uma posterior Ciência da Religião comparada.

O "mentor" precoce do estudo científico da religião mais frequentemente citado, porém, é David Hume (1711-1776), devido a sua abordagem da religião dentro de um quadro referencial estritamente científico. Conforme a literatura especializada, Hume, não interessado na defesa mas sim na explicação do seu objeto, fechou o círculo aberto por intelectuais anteriores e inaugurou uma tradição do tratamento racional da religião que, no âmbito da Filosofia, foi retomada por pensadores mais recentes, entre eles Jean-Jaques Rousseau (1712-1778), Immanuel Kant (1724-1804), Friedrich Schleiermacher (1768-1834), Georg Wilhelm Friedrich Hegel (1770-1831) e Arthur Schopenhauer (1788-1860). Nessa sequência encaixa-se também Johann Gottfried Herder (1744-1803), lembrado como o primeiro autor moderno a destacar a importância de um olhar histórico para a Filosofia em geral e para as reflexões sobre religião em particular.[6]

Embora todas essas contribuições tenham sido passos importantes na direção do estudo da religião no sentido moderno, elas foram articuladas sem a perspectiva do surgimento da Ciência da Religião no sentido de uma disciplina própria e institucionalmente contextualizada no sistema universitário europeu. Igualmente, acadêmicos associados ao chamado "círculo de Göttingen", como Johann Gottfried Immanuel Berger (1773-1803), Karl Friedrich Stäudlin (1761-1826) ou Christian Wilhelm Flügge (1773-1827), mencionaram termos como "História das Religiões" ou "Ciência da Religião" nos seus cursos ou publicações, porém sem se referirem a uma disciplina autônoma e distinta da Teologia.[7]

A fase formativa da Ciência da Religião

Crescente nitidez da nomenclatura

No decorrer da segunda metade do século XIX, aumentaram os sinais de uma consciência disciplinar cada vez mais consolidada. Uma das primeiras expressões dessa tendência encontra-se no uso aperfeiçoado do termo "Ciência da Religião", que deixa de ser uma nomenclatura vaga e aleatória e assume uma denotação específica apontando para uma matéria acadêmica própria. De certo modo, isso já vale para a percepção cristã de diversas religiões de Théodore Prosper Le Blanc d'Ambonne (1802-1868) elaborada na obra *Les Religions et leur Interprétation Chrétienne*, publicada em 1852 em Paris, e para o livro sobre a mitologia comparada de Ferdinand Stiefelhagen (1822-1902) *Theologie des Heidenthums*, lançado em 1858 em Regensburg. Um passo decisivo foi dado pelo indólogo alemão e desde 1854 professor na universidade de Oxford Friedrich Max Müller (1823-1900). No horizonte da institucionalização de uma série de novas matérias universitárias, entre elas a Sociologia, a Etnologia ou a Psicologia, Müller declarou no prefácio do seu livro *Chips from a German Workshop* (1867) que o termo Ciência da Religião devia ser reservado para designar uma disciplina autônoma.

Início da institucionalização da Ciência da Religião

Os desenvolvimentos subsequentes comprovaram a pertinência da visão de Müller. Em 1873 foi fundada a primeira cátedra em História Geral da Religião na Universidade de Genebra, Suíça. Em 1877 seguiram quatro cátedras nas universidades holandesas de Amsterdã, Leiden, Groningen e Utrecht. Em 1879 foi inaugurada a primeira cátedra em História das Religiões na França, seguida por uma cátedra na universidade de Bruxelas, Bélgica (1884). No mesmo ano surgiu em Roma a primeira cátedra de História das Religiões. Dois anos mais tarde, porém, ela foi transformada na cátedra de História do Cristianismo. O resultado foi que a Ciência da Religião na Itália ganhou um *status* autônomo duradouro apenas em 1924. A força da Teologia e sua abertura para métodos estritamente históricos dificultaram também a institucionalização da Ciência da Religião na Alemanha, onde a primeira cátedra foi fundada em 1910 (Berlim).

À primeira vista, surpreende também o fato de que a institucionalização da Ciência da Religião na Grã-Bretanha tenha demorado até 1904 (Universidade de Manchester). Todavia, esse atraso não reflete o grande interesse público por temas relacionados à disciplina. A atenção acadêmica para assuntos afins articulou-se explicitamente no âmbito de séries de palestras regulares oferecidas em diferentes centros universitários. Esses eventos tinham uma base financeira sólida devido a fundações de cidadãos que mantiveram uma relação forte com a universidade onde se formaram ou com o sistema acadêmico nacional.

Em termos cronológicos, a primeira série de palestras que deve ser lembrada é a das chamadas *Burnett Lectures*, possibilitadas por uma contribuição financeira do negociante escocês John Burnett (1729-1784). Os eventos foram organizados a partir de 1887 em Aberdeen. Logo depois, foi convidado Robertson Smith, que entre 1888 e 1891 deu três palestras sobre a religião de semitas, aproveitando essas oportunidades para chamar a atenção para a Ciência da Religião como uma nova disciplina acadêmica em ascensão. Algo semelhante vale para as chamadas *Hibbert Lectures*, intituladas assim em homenagem ao negociante inglês Robert Hibbert (1769-1849), cuja doação generosa em 1847 possibilitou a posterior realização dos respectivos eventos no Manchester College. A palestra inaugural em 1878 foi proferida por Friedrich Max Müller, que falou sobre as religiões da Índia. Em 1881 foi convidado um dos melhores especialistas britânicos da época no Budismo, T. W. Rhys Davids (1843-1922). Alguns anos mais tarde, o nome de William James (1842-1910), conhecido como um dos fundadores da Psicologia da Religião, apareceu no programa das comunicações em Manchester. Alguns dos eruditos que honraram as *Hibbert Lectures* apresentaram-se também no âmbito das *Gifford Lectures*, financiadas por um fundo criado pelo advogado e juiz escocês Adam Lord Gifford (1820-1887), que tinha laços fortes com a universidade de Glasgow. Entre os palestrantes, encontra-se novamente Friedrich Max Müller, que entre 1888 e 1892 deu quatro palestras em Glasgow sobre temas relacionados ao seu trabalho como cientista da religião. Algo semelhante vale para

William James e suas comunicações sobre *as variedades da experiência religiosa* oferecidas entre 1900 e 1902 em Edinburgh.

Esforços filológicos coordenados e sistematizados

Durante as "décadas formativas", o trabalho filológico como um dos subsídios centrais para a investigação ampla e profunda de religiões concretas ganhou uma nova qualidade. Na área da sinologia destaca-se, entre outros, o escocês James Legge (1815-1897). Legge, na sua função como tradutor de diversas fontes fundamentais para a religiosidade chinesa, desempenhou um papel importante em relação à famosa seleção de *Sacred Books of the East*. Atuou junto com Max Müller como coorganizador dessa coletânea publicada entre 1879 e 1910. A série é composta por 50 volumes de textos sagrados-chave do Hinduísmo, Budismo, Taoísmo, Confucionismo, Zoroastrismo, Jainismo e Islã traduzidos por filólogos reputados, entre eles o inglês especialista em Zoroastrismo Edward William West (1824-1905), o orientalista inglês e conhecedor da língua árabe Edward Henry Palmer (1840-1882), o orientalista francês James Darmesteter (1849-1894), o indólogo alemão George Frederick William Thibaut (1848-194), o orientalista inglês e especialista na língua chinesa Samuel Beal (1825-1889) e outros, além de Müller e Legge, também os já citados especialistas Michael Viggo Fausböll e T. W. Rhys Davids.

Além da sua contribuição para os *Sacred Books of the East*, Rhys Davids é lembrado por seu engajamento na *Pali Text Society*. A sociedade foi fundada em 1881 com o objetivo de promover o estudo de textos em páli e ganhou fama no mundo acadêmico através do corpo maciço de traduções de textos do Budismo primitivo para o inglês, além do lançamento de dicionários, concordâncias e manuais úteis para o estudo de fontes budistas escritas na língua páli.

Referências, periódicos e congressos

Ao lado de esforços filológicos, intensificou-se por volta da virada do século XIX para o século XX o trabalhou com enciclopédias e compêndios que serviram aos pesquisadores da religião como referências comuns. Uma dessas obras foi a enciclopédia *Die Religion in Geschichte und Gegenwart*, cujos cinco volumes foram lançados entre 1900 e 1913. Outros manuais na língua alemã foram as edições do *Religionsgeschichtliches Lesebuch*, publicadas por Alfred Bertholet (1868-1951) a partir de 1908, e o *Textbuch zur Religionsgeschichte*, organizado pelo historiador das religiões dinamarquês Johannes Edvard Lehmann (1862-1930), cuja primeira versão surgiu em 1912. Provavelmente a fonte mais relevante da época (e até hoje frequentemente consultada) é a *Encyclopedia of Religion and Ethics*, coordenada pelo presbiteriano e biblista escocês James Hastings (1852-1922). Os treze volumes dessa obra magna foram lançados entre 1908 e 1927.

Outro parâmetro para o avanço do processo da consolidação da Ciência da Religião nas décadas em questão é a fundação de periódicos dedicados à divulgação da pesquisa e do trabalho teórico da área. Entre esses jornais encontram-se a *Revue de l'histoire des religions* (1880), o *Archiv für Religionswissenschaft* (1898) e o periódico *Anthropos* (1904). Paralelamente, foram organizados os primeiro congressos associados à Ciência da Religião. Em 1897, os pesquisadores da religião encontraram-se pela primeira vez em âmbito internacional em Estocolmo; esse encontro foi seguido por um congresso na Exposição Mundial em Paris (1900). Outros eventos de destaque até a Primeira Guerra Mundial ocorreram na Basileia (1904), em Oxford (1908) e em Leiden (1912).

Articulações em prol da "second-order tradition"

As décadas em torno da virada do século XIX para o século XX foram também o período da fixação de "caminhos intelectuais proeminentes específicos para o estudo da religião".[8] Diversas publicações hoje consideradas clássicas contribuíram para essa delineação do perfil disciplinar no sentido de uma *second-order tradition*.

Em 1877, ou seja, no mesmo ano em que assumiu a primeira cátedra em Ciência da Religião na Universidade de Leiden, Cornelius Petrus Tiele (1830-1902) lançou em Londres sua primeira obra programática na área da História das Religiões, intitulada *Outlines of the history of religion: to the spread of the universal religions*. Cinco anos mais tarde, Müller publicou em Oxford sua obra *Introduction to the Science of Religion*, nela exigindo dos seus colegas uma postura neutra diante das reivindicações da verdade pelas religiões pesquisadas. Na vida cotidiana prática, seria errado não se posicionar normativamente diante de perspectivas conflituosas de diferentes tradições religiosas. Mas o cientista da religião se aproximaria dos seus objetos com uma perspectiva elevada e mais serena, tomando uma atitude de indiferença igual a um historiador da ciência que se dedica a um estudo histórico da alquimia. Além da formulação de um dos princípios epistemológicos centrais da Ciência da Religião até hoje, Müller vislumbrou também a organização interna da disciplina no sentido da distinção entre um ramo que se ocupa com as formas históricas da religião e um ramo sistemático interessado na explicação das condições sob as quais as religiões se manifestam.

Em 1893, por ocasião do Parlamento Mundial das Religiões, novamente Tiele deixou claro que a comparação das religiões não deveria ser confundida com um empreendimento apologético. Em vez disso, tratar-se-ia de um estudo não preconceituoso de dogmas, textos, ritos e crenças.[9] Independentemente do uso explícito da Ciência da Religião, a comparação das religiões como tarefa-chave dos estudos da religião no sentido moderno é também um assunto destacado em outras publicações lançadas na década de 1890, entre elas o livro *Ten Great Religions*, de James Freeman Clarke, e as *Lectures on the Religion of the Semites*, de Robertson Smith. Mais uma vez, Tiele, na sua obra de dois volumes *Elements of the Science of Religion*, publicados em 1897 e 1899, respectivamente, informa seu leitor não apenas sobre as manifestações e constituintes da religião e sua evolução histórica, mas também oferece uma introdução à constituição, ao objetivo e aos métodos da Ciência da Religião. Em 1901, Edmund Hardy (1852-1904), professor de indologia na universidade de Friburgo (Suíça), delineou no seu artigo "Zur Geschichte der vergleichenden Religionsforschung", publicado no volume inaugural do novo órgão *Archiv für Religionswissenschaft* (1901), o método da Ciência da Religião comparada enquanto uma abordagem sistemática baseada na pesquisa histórico-empírica. Quatro anos mais tarde, o pesquisador das religiões canadense Louis Henry Jordan (1855-1923) lançou em Edinburgh sua obra *Comparative Religion. Its Genesis and Growth*, sobre a gênese e o desenvolvimento da sua disciplina. Conforme o prefácio, o livro representa uma tentativa de oferecer um esboço da emergência de uma nova linha de pesquisa, as dificuldades que ela enfrenta, os problemas que ela pretende resolver e os resultados obtidos até então. Essa nova ciência tem uma *raison d'être* própria que consiste em colocar as inúmeras religiões do mundo lado ao lado com o objetivo de compará-las. Diferentemente da apologética cristã, não tem o objetivo de assegurar a superioridade de uma religião diante das outras.

A história inacabada da Ciência da Religião

A história mais recente comprova a receptividade de sistemas acadêmicos em todas as partes do mundo para a implementação de estudos da religião no sentido moderno. Um olhar atual panorâmico revela a existência de inúmeros cursos, ofertas de estudo em programas de Ciência da Religião institucionalizados, bem como a presença de associações que representam e coordenam os interesses de cientistas da religião no âmbito nacional e, na maioria dos casos, no âmbito *da International Association for the History of Religion* (IAHR), fundada em 1950 com o objetivo de promover as atividades de todos os membros (42 associações nacionais e seis regionais em 2012) que contribuem para o estudo histórico, social e comparado da religião.

O início e a velocidade da internacionalização da Ciência da Religião, bem como os resultados desse processo, variam de país para país, dependendo de uma série de fatores intra e extra-acadêmicos. Para o Japão, por exemplo, foi decisiva a abertura do país para o Ocidente e suas tradições intelectuais a partir do último terço do século XIX. A Fundação da *Japanese Association for Religious Studies* em 1930 é uma das manifestações dessa nova atitude e indica que nas décadas anteriores da criação do órgão nacional os estudos da religião se articularam em algumas universidades locais.

Para o Leste Europeu, a queda da cortina de ferro criou um novo horizonte para os estudos da religião, seja no sentido de uma retomada de uma tradição mais antiga representada por renomados filólogos e orientalistas como o húngaro Alexander Csoma de Körös (1784-1842) ou os russos Vasili P. Vasiliev (1818-1900), Nikolai F. Petrovsky (1837-1908) e Ivan Pavlovich Minaev

(1840-1890), seja no sentido de fundação de departamentos de Ciência da Religião, como na Ucrânia (1991), em Bucareste (2003) ou em Budapeste (2005). Uma pesquisa profunda sobre a situação atual nos respectivos países teria que também abranger associações acadêmicas no âmbito nacional como, por exemplo, a *Czech Association for the Study of Religions*, que existe desde 1990, a *Slovak Association for the Study of Religions*, inaugurada um ano depois, ou a *Romanian Association for the History of Religions*, fundada em 1997.

Na Austrália, a Ciência da Religião se beneficiou de uma onda de institucionalizações na década de 1970 que culminou na fundação da *Australian Association for the Study of Religions* em 1976. Três anos mais tarde, surgiu a *Association for the Study of Religions in Southern Africa*, que, do ponto de vista da IAHR, atua no nível sub-regional diferentemente, por exemplo, da *Nigerian Association for the Study of Religions* (nacional), por um lado, e da *African Association for the Study of Religions*, fundada em 1992 como associação regional, por outro lado. A *Asociación Latinoamericana para el Estudio de las Religiones* (ALER) foi fundada em 1990 e associou-se no mesmo ano à IAHR como associação regional. Do ponto de vista de associações

nacionais como a *Associação Brasileira da História das Religiões* (ABHR, fundada em 1999 e associada à IAHR desde 2000) ou a Associação de Pós-graduação e Pesquisa em Teologia e Ciências da Religião (Anptecre, que iniciou suas atividades em 2008), os modos de cooperação com a ALER e a representatividade atribuída a ela pela IAHR mereceriam um esclarecimento melhor.

Todos os exemplos mencionados não apenas comprovam a dinâmica contínua da história da Ciência da Religião em geral, mas sensibilizam também para a heterogeneidade cultural dos contextos em que a disciplina se articula e busca manter sua identidade. Essa busca torna-se particularmente delicada em situações em que uma determinada comunidade científica sente a necessidade de conciliar exigências disciplinares originalmente formuladas, a partir do último quarto do século XIX, por eruditos europeus com os princípios e o "estilo" da tradição intelectual nacional. Nesses casos, os respectivos cientistas da religião estão diante da tarefa de reinterpretar os padrões predominantes na discussão internacional. Não cabe a este resumo da história disciplinar se posicionar diante dos riscos e ganhos de esforços de aculturação da Ciência da Religião.

Referências bibliográficas

BEEK, W. E. A. van; BLAKELY, T. D. Introduction. In: BLAKELY, T. D.; BEEK, W. E. A. van; THOMSON, D. L. (eds.). *Religion in Africa*. London: James Currey, 1994. pp.1-20.

CAPPS, Walter. *Religious Studies*; the Making of a Discipline. Minneapolis: Fortress Press, 1965.

COLPE, Carsten. Religious Studies. In*: The Encyclopedia of Christianity*. Grand Rapids: Eerdmans-Brill, 2005. pp.637-638.

HARDY, Edmund. Zur Geschichte der vergleichenden Religionsforschung. *Archiv*

für Religionsforschung, n. 4 (1901), pp. 45-66; 97-135; 193-228.

KIPPENBERG, Hans G. *Die Entdeckung der Religionsgeschichte*; Religionswissenschaft und Moderne. München: Beck, 1997.

SANTOS, F. Delfim. Cronologia das traduções e das obras filológicas orientalistas (séc. XVIII e XIX). *Nuntius antiquus*, n. 5 (2010), pp.149-159.

SEAGER, Richard Hughes. *The World's Parliament of Religions*; the East/West Encounter. Chicago: s.n., 1893.

USARSKI, Frank. O caminho da Institucionalização da Ciência da Religião — Reflexões sobre a fase formativa da disciplina. *Religião & Cultura*, v. II, n. 3 (2003), pp.11-28.

WIEBE, Donald. *The Politics of Religious Studies*. New York: Palgrave, 1999.

Notas

[1] Beek; Blakely, Introduction, p. 2.

[2] Hardy, Zur Geschichte der vergleichenden Religionsforschung, p. 45.

[3] Wiebe, *The Politics of Religious Studies*, pp.3ss.

[4] Capps, *Religious Studies*, p. xv.

[5] Santos, Cronologia das traduções e das obras filológicas orientalistas.

[6] Kippenberg, *Die Entdeckung der Religionsgeschichte.*

[7] Colpe, Religious Studies.

[8] Capps, *Religious Studies*, p. xiii.

[9] Seager, *The World's Parliament of Religions*, p. 69.

Metodologia em Ciência da Religião[1]

STEVEN ENGLER E
MICHAEL STAUSBERG

Este capítulo trata dos métodos e da metodologia de uma maneira geral. *Métodos* de pesquisa são técnicas para reunir e analisar dados na pesquisa científica ou acadêmica. *Metodologia* refere-se tanto às questões técnicas gerais quanto aos métodos (por exemplo, seleção de casos ou de amostras, coleção e análise de dados), incluindo a teoria e a conceituação dos métodos. Neste pequeno espaço, não será possível tratar dos detalhes de métodos específicos, como a entrevista ou a observação participante. Existem algumas poucas obras clássicas e contemporâneas que tratam do assunto na Ciência da Religião,[2] mas há um número mais expressivo que trata de tais detalhes com base em outras disciplinas acadêmicas.[3]

A negligência dos métodos na Ciência da Religião

As discussões sobre métodos e metodologia são raras na Ciência da Religião, seja no Brasil ou no exterior, seja nas revistas acadêmicas, congressos, livros textos, ou Programas que tratam desta área. Nisso a Ciência da Religião distingue-se, de uma maneira até vergonhosa, das outras Ciências Humanas e sociais. Às vezes, essa falta de atenção aos métodos é atribuída ao fato de que a Ciência da Religião não tem um só método, e sim vários, e seria assim uma disciplina "plurimetodológica". Há dois problemas com essa afirmação. Primeiro, todas as disciplinas nas Ciências Humanas e sociais são de certa forma plurimetodológicas.

Segundo, o fato de uma disciplina usar vários métodos é um motivo a mais para prestar mais atenção à metodologia, não menos. Considerando a natureza da disciplina da Ciência da Religião, portanto, esperaríamos encontrar, entre os pesquisadores e estudantes da disciplina, um interesse profundo e duradouro na metodologia, no aperfeiçoamento dos métodos de pesquisa e na criatividade metodológica. Obviamente, este não é o caso. Ao contrário, o uso dos métodos na Ciência da Religião continua sendo relativamente ingênuo e surpreendentemente uniforme, e já é hora de modificar esta situação.

Métodos

Dentro do contexto de teorias, os métodos constroem, reúnem e/ou geram os dados da pesquisa científica. Os dados não estão simplesmente "lá fora," independentes do observador e da observação. Não existem dados sem métodos e teorias. Os métodos ajudam a analisar a realidade, mas ao mesmo tempo eles, em parte, produzem os dados que devem ser analisados. Ao produzir parcialmente as realidades que ajudam a analisar, os métodos são performativos.[4] Os métodos, e os conceitos que os informam e os descrevem, também têm uma história que se modifica através das gerações acadêmicas.[5]

Vale a pena fazer algumas afirmações aparentemente óbvias:

- Alguns métodos são mais úteis do que outros (para objetivos específicos e dentro de determinados contextos).
- Alguns métodos são mais produtivos do que outros, para um determinado tipo de pesquisa científica.
- Todos os métodos impõem perspectivas limitadas e selecionam certos materiais empíricos (dados).
- Usar um método específico, ou um método excepcional, não garante o êxito;
- Os métodos não são imunes à crítica.
- Os métodos científicos não são o único modo de obter o conhecimento válido (embora os métodos científicos sejam o único modo geralmente reconhecido de obter o conhecimento científico).

- Os métodos não constrangem excessivamente a pesquisa. Eles fornecem espaço para a criatividade e novas perspectivas.
- Enquanto a competência metodológica produzirá o trabalho sólido, o trabalho brilhante é muitas vezes o resultado do acaso.
- Como todos os bons instrumentos, os métodos são refinados no uso: alguns se desgastam e são substituídos por outros; alguns são estendidos ou reorientados à luz das suas limitações, ou quando for reconhecida a ameaça da hegemonia metodológica.

Acima de tudo, precisamos estar cientes de que nem tudo pode ser planejado no uso de um método, e de que nem todos os planos se saem bem na prática. De fato, a pesquisa é dirigida muitas vezes mais por constrangimentos externos, pela improvisação e pela bricolagem do que por um plano geral. Porém, enquanto há sempre algum grau de improvisação, esses procedimentos ou técnicas tipicamente seguem um plano, uma rotina ou um esquema. Esses não devem ser entendidos como leis imutáveis, mas como guias e exemplos das práticas ou padrões estabelecidos, porém dinâmicos.

Algumas questões-chave da metodologia

A aplicação e a discussão dos princípios subjacentes dos métodos constituem a metodologia. O primeiro sentido de "metodologia," o mais técnico, incorpora várias questões: por exemplo, esboço da pesquisa; relações e tensões entre métodos qualitativos e quantitativos; seleção de métodos; meios de validar os resultados da pesquisa, inclusive o uso de métodos conjuntos.

Esboço da pesquisa

Seguem alguns dos passos básicos que constam do *esboço da pesquisa* eficaz.[6] Eles refletem de modo simples a cronologia de um processo de esboço de pesquisa típico.

Contudo, alguns desses elementos pressupõem decisões anteriores.

- identificação da principal pergunta ou problema da pesquisa e da série de perguntas específicas ou hipóteses que investigarão a questão principal;
- revisão da literatura relevante;
- escolha de uma estratégia básica (por exemplo, tipo de estudo, escolha geral de métodos qualitativos, quantitativos ou mistos);
- decisão sobre o lugar da teoria (por exemplo, aplicar ou testar uma teoria, ou deixar emergir conceitos e categorias durante a análise?);
- especificação dos métodos da coleta de dados e análise (por exemplo, como será escolhido o caso ou a amostra, e como essa escolha se relaciona à pergunta central da pesquisa? Seria útil um estudo-piloto ou um pré-teste do instrumento de coleta de dados? Como serão gerenciados os dados?);
- procedimento com recursos logísticos limitados (por exemplo, distribuição de recursos limitados de dinheiro, tempo, ou mão de obra);
- avaliação do valor dos resultados (por exemplo, integridade e possibilidade de repetição dos resultados);
- identificação de potenciais questões e problemas éticos;
- planejamento para a disseminação (como os resultados serão apresentados?).

Métodos quantitativos e qualitativos

Um dos debates mais importantes na metodologia diz respeito à distinção entre os métodos quantitativos e os qualitativos. Para simplificar, os métodos quantitativos empregam a medição numérica, e os qualitativos não. Os debates sobre o valor relativo desses tipos de métodos refletem posições básicas quanto ao esboço da pesquisa: os que preferem os *métodos qualitativos* muitas vezes argumentam que certas coisas simplesmente não são receptivas à medição; enquanto os que preferem os *métodos quantitativos* criticam a natureza subjetiva do trabalho qualitativo.

Contudo, há uma sobreposição significativa entre os dois tipos de métodos, e a distinção até desaparece em certos casos. Na prática, os métodos quantitativos e qualitativos são combinados muitas vezes em esboços de *pesquisa de métodos mistos*. Alguns recomendam o uso tanto dos métodos quantitativos como dos qualitativos na Ciência da Religião.[7] Os métodos quantitativos são pouco populares entre os cientistas da religião, exceto da Sociologia da Religião e até certo ponto da Psicologia da Religião. Além de indicar certo grau de preconceito, esse fato revela um ponto fraco metodológico: os estudiosos de grupos religiosos muitas vezes não fornecem dados quantitativos elementares.[8]

A distinção entre esses dois tipos de métodos permanece um assunto muito vivo, mas é interpretada de diferentes maneiras. Na melhor das hipóteses, a distinção pode ser útil para distinguir tendências e perspectivas gerais quanto aos interesses e estratégias de pesquisa. Oferecemos algumas generalizações (levando em conta que, como qualquer generalização, estas não têm uma validade absoluta):

- os métodos quantitativos focalizam mais a precisão (por exemplo, perguntas fechadas ou categóricas) e os métodos qualitativos, a riqueza de detalhes (por exemplo, perguntas abertas);
- os métodos quantitativos buscam a generalização e os qualitativos a descrição;
- a pesquisa quantitativa é mais estruturada (por exemplo, acentuando os instrumentos de coleta de dados), enquanto a pesquisa qualitativa é mais flexível

(por exemplo, acentuando os pontos de observação);

- os métodos quantitativos investigam as relações entre variáveis, enquanto os métodos qualitativos investigam o significado que os indivíduos e os grupos dão aos fenômenos humanos ou sociais;

- os métodos quantitativos mantêm uma relação mais distante de seus objetos, enquanto os métodos qualitativos pressupõem uma relação mais interligada aos seus sujeitos;

- os métodos quantitativos produzem resultados que são receptivos à análise estatística, enquanto os métodos qualitativos usam técnicas menos formalizadas;

- os métodos quantitativos são correlacionados com formas muito estruturadas nas publicações acadêmicas (muitas vezes marcadas com subdivisões-padrão: por exemplo, revisão de literatura, método(s), resultados e discussão/conclusão), enquanto os métodos qualitativos são correlacionados com uma variedade muito ampla, flexível, e criativa de gêneros e estilos.

Critérios de excelência

Existem três critérios centrais para avaliar a qualidade dos dados de pesquisa: a confiança, a validade e *generalizabilidade* (o potencial para a generalização). Em geral, a *confiança* refere-se à coerência ou à estabilidade de um conjunto de dados ou da medida de um conceito. A *validade* refere-se à extensão a que um indicador (ou um conjunto de indicadores) reflete (ou mede) adequadamente os conceitos para os quais foi projetado para refletir ou, alternativamente, se ele prediz adequadamente os resultados relevantes. A *generalizabilidade* refere à aplicabilidade dos resultados além da amostra específica de um determinado estudo.

A literatura sobre a pesquisa científica distingue formas diferentes de confiança e validade, e, na pesquisa metodológica, existem métodos para determinar e aprimorar o grau de realização desses critérios da excelência (pelo menos para alguns métodos). Esses conceitos levantam questões importantes para a condução e a avaliação das pesquisas.

Quanto à confiança, poderíamos perguntar, por exemplo:

- Até que ponto os resultados seriam diferentes, se os dados tivessem sido recolhidos em uma data diferente, com um subgrupo diferente, ou baseados em fontes diferentes?

- Será que dois ou mais observadores ou intérpretes teriam chegado aos mesmos resultados, ou pelo menos semelhantes, ao analisar os mesmos dados? E será que dois ou mais pesquisadores teriam produzido os mesmos dados, ou pelo menos semelhantes?

Quanto à validade, poderíamos perguntar, por exemplo:

- Os dados construídos são suficientemente relevantes e específicos para o objeto de pesquisa?

- Seriam ainda aceitos os resultados, se fossem aplicados outros critérios teóricos relevantes?

- Seria válida a análise, se os dados tivessem sido recolhidos com outros métodos? (por exemplo, seria idêntica uma interpretação que resulte da análise de um ritual baseado em uma análise filológica das fontes textuais e outra oriunda de observação participante?)

- Até que ponto os resultados se relacionam às vidas comuns de pessoas além do contexto limitado da pesquisa ("validade ecológica")?

- Até que ponto os resultados podem ser generalizados além dos contextos sociais pesquisados ("validade externa")?

Quanto à generalizabilidade, poderíamos perguntar, por exemplo:

- Seria o caso (ou a amostra) escolhido suficientemente representativo, típico ou exemplar? Isto é, será que os resultados provavelmente se aplicariam a outros grupos relevantes?

- O caso analisado concordaria até que ponto, e de que maneira, com outros casos semelhantes?

- Até que ponto a análise seria relevante para questões mais abrangentes na Ciência da Religião (sejam estas sistemáticas ou teóricas)?

- Que grau de generalizabilidade seria apropriado ou desejável (da amostra à população, ou mesmo a populações semelhantes)? Ou seria a pesquisa um microestudo que analisa somente um determinado caso?

Obviamente, todas essas perguntas são pertinentes para a Ciência da Religião.

Os estudiosos sugerem várias estratégias para vigiar a validade das pesquisas. Nos estudos mais típicos, uma forma básica da validação é a comunicação científica, por exemplo, apresentação em congressos e publicação em revistas que utilizam a revisão por pares (*peer review*). Outra estratégia é a validação por respondentes (ou por membros): a apresentação dos resultados aos sujeitos da pesquisa. Esta estratégia (que pode ser praticada de várias formas e se limita ao estudo de grupos atuais) pode ser usada como um modo de corroborar os resultados de pesquisa, como um novo passo na coleta e na análise de dados, e/ou como um modo de realçar reflexões sobre o próprio processo de pesquisa. Este processo pode ser às vezes não intencional, por exemplo, quando os informantes implicitamente confirmam uma interpretação ao rejeitá-la. Mesmo que essa estratégia possa evitar erros e gerar novos discernimentos, a corroboração pelos sujeitos

não é suficiente para validar a pesquisa. Os sujeitos podem não entender a terminologia e o modo do discurso acadêmico e podem não ter tempo para ler textos longos e argumentos complexos.

Outra estratégia importante para validar uma pesquisa é a *triangulação*. Esta é o uso de mais de um método ou mais de uma fonte (ou tipo) de materiais empíricos em um estudo. Portanto, a triangulação é considerada muitas vezes como uma parte essencial da pesquisa de métodos mistos. A metáfora do triângulo aponta para a multiplicidade de perspectivas em termos de métodos e dados. Em discussões mais recentes da pesquisa qualitativa, alguns preferem a metáfora do cristal. Esta, com a sua ênfase na ótica da pesquisa, salienta a centralidade dos modos de apresentação escrita como sendo, em si, formas de interrogação: os textos de gênero variado são mais comuns na pesquisa qualitativa recente (por exemplo, a combinação de elementos da ficção, autobiografia ou notas de campo com os elementos mais tradicionais da prosa científica).[9] Além do uso de diferentes métodos e dados, o conceito de triangulação refere-se também à presença na pesquisa de mais de um pesquisador e/ou teoria. Ainda que a triangulação de grande escala não seja praticável para a maioria dos projetos de pesquisa na Ciência da Religião, que são tipicamente conduzidos por um investigador com tempo e recursos estritamente limitados, alguns elementos da triangulação podem ser úteis também para pequenos projetos.

Os conceitos de "confiança", "validade" e "generalizabilidade" apontam para a necessidade de refletir sobre a qualidade da pesquisa científica. Porém, esses conceitos foram criticados nas últimas décadas por causa de sua associação implícita com as visões positivistas da ciência e da metodologia. Consequentemente, outras visões da ciência invocam outros critérios para avaliar a pesquisa. As visões construtivistas, por exemplo, apontam para a credibilidade, a autenticidade e o potencial para a confirmação e a transferência dos resultados da pesquisa.[10] No caso de um estudo ideologicamente engajado, os resultados podem ser validados de uma maneira catalítica, isto é, se o estudo de fato ajudar as pessoas estudadas a melhorarem a sua situação. Os proponentes das teorias étnicas, feministas ou *queer* apontam para conceitos como "responsabilidade", "respeito", "diálogo" ou "reflexividade" como critérios da qualidade da pesquisa.[11] Algumas pensadoras feministas, por exemplo, sugerem que "validade" e outros conceitos relacionados tendem a ser interpretados em termos universais e hegemônicos, sem reconhecer a natureza situada e coconstruída do conhecimento e da verdade.

Dados, teorias e métodos

Isso nos conduz ao segundo sentido da metodologia, o mais "filosófico". Este é intimamente vinculado a discussões técnicas na Filosofia da ciência e na epistemologia.[12] A metodologia nos força a fazer perguntas difíceis sobre os nossos processos de pesquisa. Ao mesmo tempo, é importante reconhecer que não há nenhuma correspondência nítida entre determinadas posições epistemológicas e posições metodológicas.[13]

Uma lição fundamental da vertente filosófica da metodologia é que os dados e a teoria estão estreitamente relacionados. Assim, o papel do método é de mediar entre a teoria e os dados. De fato, a epistemologia pós-positivista (por exemplo, Quine) põe em dúvida a distinção entre sintético e analítico, e portanto entre observacional e teórico. A crítica de Donald Davidson da distinção entre esquema e conteúdo tem implicações semelhantes. À luz dessas críticas, a distinção entre os dados e a teoria se torna relativa.[14] Os estudiosos qualitativos muitas vezes preferem o termo "materiais empíricos" a

"dados", rejeitando o legado positivista deste último conceito. Preferimos "dados", em geral, reconhecendo que a paisagem metodológica e teórica atual manifesta várias posições sobre esse conceito.

O termo tradicional, "dados", ajuda a esclarecer a frase, tantas vezes citada, de Jonathan Z. Smith: "*there is no data for religion*".[15] De certo modo, Smith nos relembra a rejeição do positivismo lógico. Como Charles Taylor observa, o positivismo do início do século XX tentou definir a significação em termos da verificação. Assim, o positivismo distinguiu entre dados interpretados e "dados brutos": "a verificação deve ser fundada fundamentalmente na aquisição de dados brutos [..., isto é,] dados cuja validade não pode ser interrogada por outra interpretação ou leitura".[16] Porém, essa distinção foi rejeitada pelos críticos filosóficos, pelo fato de este conceito de dados básicos do conhecimento, além da investigação, resultar em uma espécie de ceticismo radical. Se lermos "dados" como "dados brutos", a afirmação de Smith seria enganosa, sendo que ela reforçaria a natureza especial da "religião" no ato de tentar abalá-la. Isto é, ao observar que não existem dados brutos, Smith simplesmente repete uma lição bem conhecida da Filosofia da ciência pós-positivista. Contudo, ao falar de "dados para a religião", ele sugere que há algo especial no caso religioso. Dois pontos distintos aparecem aqui. Primeiro, não existem dados brutos em caso algum, tanto para a religião quanto para qualquer outra esfera. Segundo, não existem dados especificamente religiosos, pois a religiosidade existe independentemente das nossas operações acadêmicas. Mais uma vez, a "religião" não é especial. Concedido que todos os dados são interpretados (não somente interpretáveis), a famosa frase de Smith aponta a presença necessária da interpretação em todos os casos onde a teoria tem um papel significativo, e não somente na Ciência da Religião. Não há nenhum fato essencialmente religioso no mesmo sentido que não há nenhum fato essencialmente econômico ou essencialmente político: "religioso", "econômico" e "político" são termos que estudiosos (mas não só os estudiosos) usam para delimitar um conjunto de fenômenos de interesse. É obvio que existem dados para a religião, isto é, fenômenos que vieram a ser classificado como "religiosos" pelo trabalho conceitual/teórico dos cientistas da religião, entre outros. De fato, uma vez que nós distinguimos entre "fatos" ali fora e independentes da observação (que não existem) e "dados" observados ou recolhidos (sendo tudo que temos para estudar), o ditado de Smith efetivamente diz o contrário do que parece dizer: de fato, *para a religião, não há nada senão dados*. Isto é, os materiais empíricos que servem de "dados" na comunicação científica ou acadêmica na Ciência da Religião são construídos, reunidos ou produzidos por métodos aceitos como científicos, cuja qualidade foi avaliada usando alguns dentre os critérios mencionados. Aqui vemos claramente o papel mediador dos métodos.

A teoria desempenha um papel diferente em esboços de pesquisa diferentes, e isso influencia o papel dos métodos. Podemos distinguir, de uma maneira simples, entre modelos diferentes ao longo de um espectro contínuo da práxis acadêmica. Em um extremo do espectro fica o modelo de teste de teorias (o método científico) e, no outro, o modelo da construção de teorias (teoria fundada, *grounded theory*). No método científico, "teoria" refere-se a um conjunto de afirmações (axiomas, hipóteses e resultados experimentais) que estão sendo constantemente testadas e revisadas pela verificação e falsificação empírica. Os experimentos são o método clássico desse tipo de interrogação, enquanto as sondagens e outros métodos quantitativos têm uma função análoga nas Ciências Sociais.[17] A teoria fundada é um modelo da prática acadêmica que não usa

dados para testar uma teoria: constrói conceitos, categorias e, enfim, as teorias na base de uma interação dinâmica entre a coleta e a análise de dados.[18]

O papel da teoria varia muito no espectro entre esses dois modelos extremos. Na Ciência da Religião, muitos projetos selecionam os seus materiais empíricos ou casos, não devido a alguma questão teórica ou problema fundamental, mas porque o estudante ou o pesquisador se interessa por algum fenômeno específico. Dirigido pelo interesse, o pesquisador enquadra o assunto como um tópico digno de atenção acadêmica. Em tais casos, é comum que a relevância teórica do caso seja projetada no caso *a posteriori*, talvez com base em uma primeira análise, e, depois, uma ou outra perspectiva teórica é aplicada. A receita seria o seguinte: escolha um caso; escolha uma teoria; acrescente um pouco de retórica e misture.

Isso, contudo, é problemático tanto com respeito à teoria quanto com respeito aos métodos. Se pressupormos que os dados simplesmente estão "ali fora" — como se fossem os insetos procurados por um entomologista —, então a escolha de uma teoria e um método seria trivial, como escolher uma rede e aprender a manejá-la. O caso é muito diferente quando reconhecemos que a interação complexa entre teoria, métodos e dados não só forma nossa coleta de insetos, mas desempenha um papel básico (i) na escolha inicial de procurar por essas determinadas coisas, (ii) na construção das categorias que enquadram esses "objetos" (por exemplo, "espécie," "inseto," "borboleta," "asa") e (iii) na orientação de cada passo da nossa pesquisa.

Além de ser um resultado de análise (ou um conjunto de afirmações a serem testadas), a teoria está presente no processo de pesquisa de várias maneiras e em níveis distintos. De um lado, o conhecimento científico muitas vezes se desenvolve dentro de horizontes teóricos gerais, macroteorias, ou Grandes

Narrativas. Quase todos os fatos religiosos deste século e do passado, por exemplo, são interpretados reflexivamente como sintomas da "modernidade" ou da "pós-modernidade" e muitas vezes são vinculados à teoria relacionada da secularização (ou as suas alternativas como ressacralização). Esses horizontes são metateóricos porque eles podem ser explorados usando várias vertentes teóricas (teoria crítica, pós-estruturalismo, teoria de sistemas etc.), o que forma um nível distinto da teoria. Tais teorias fornecem um vocabulário teórico para o pesquisador, tornando possível a combinação de termos com vários legados teóricos nas suas redescrições de materiais empíricos.

Os vocabulários descritivos são ainda outro nível de teoria. Os cientistas da religião compartilham uma grande parte do seu vocabulário conceitual com o mundo não acadêmico (começando com a própria categoria da "religião"). Porém, a comunicação acadêmica necessita de uma forma específica de articulação, caracterizada por uma aproximação reflexiva ao nosso vocabulário e às suas dimensões definitórias e teóricas. O termo "ritual", por exemplo, é muito comum no discurso público, mas ao mesmo tempo está sujeito a toda uma literatura de teorização acadêmica, e uma marca da pesquisa acadêmica é a utilização desta última.[19]

Conclusão

Ao analisar os casos empíricos, esse compromisso crítico com um vocabulário teórico, dentro de um determinado horizonte teórico, é um desafio metodológico. Serve como uma espécie de tradução recíproca entre os dados e a teoria. Os conceitos e as categorias precisam ser operacionalizados, isto é, definidos e relacionados de uma maneira que facilite o trabalho da análise. E, nesse processo de análise, os casos, a teoria e os dados se infiltram, não podendo ser mais separados um do outro (se é que eles já puderam sê-lo). Portanto, e naturalmente, os conceitos diferentes de "religião" e as teorias diferentes da religião exercem uma grande influência sobre os tipos de dados e de métodos que são considerados legítimos na Ciência da Religião.

É pelos métodos que os dados e a teoria se comunicam mutuamente e chegam a compartilhar um horizonte interpretativo e/ou explanatório. A falta de reconhecimento desse papel mediador dos métodos, desse gerenciamento da interação complexa entre os materiais empíricos e a teoria, talvez seja outra razão da negligência da metodologia na Ciência da Religião. Afinal de contas, a seleção de métodos de pesquisa apropriados é a questão central da metodologia, uma decisão complexa que todos os pesquisadores terão de enfrentar.

Por fim, uma breve menção ao caso da metodologia do estudo da religião no Brasil. As questões aí levantadas (e as controvérsias suscitadas) são discutidas em detalhe nos restantes capítulos, e não temos como fazer uma síntese aqui. No entanto, já há várias obras de interesse geral, que o leitor poderá consultar, além daquelas já citadas alhures no capítulo.[20]

Referências bibliográficas

AHLBÄCK, T. (org.). *Approaching religion / based on papers read at the Symposium on* *Methodology in the Study of Religions held at Åbo, Finland, on the 4th-7th August*

1997. Åbo: Donner Institute for Research in Religious and Cultural History/Almqvist & Wiksell International, 1999. 2 v.

ANCONA-LOPEZ, Marília; ARCURI, Irene Gaeta (orgs.). *Temas em Psicologia da Religião*. São Paulo: Vetor, 2007.

ANDRADE, M. M. *Introdução à metodologia do trabalho científico*. 10. ed. São Paulo: Atlas, 2010.

AUERBACH, C. F.; SILVERSTEIN, L. B. *Qualitative data*; an introduction to coding and analysis. New York University Press: New York/London, 2003.

BARRETT, J. Experiments. In: STAUSBERG, M; ENGLER, S. (orgs.). *The Routledge Handbook of Research Methods in the Study of Religion*. London: Routledge, 2011. pp. 161-177.

BAUER, M. W.; GASKELL, G. (orgs.). *Pesquisa qualitativa com texto, imagem e som*. 9. ed. São Paulo: Vozes, 2005 [2000].

BELZEN, J. *Para uma Psicologia Cultural da Religião*; princípios, enfoques, aplicação. São Paulo: Ideias e Letras, 2010.

BERNARD, H. R. *Research Methods in Anthropology*; qualitative and quantitative approaches. 4. ed. Lanham, MD: AltaMira Press, 2006.

BRINK, T. L. Quantitative and/or qualitative methods in the scientific study of religion. *Zygon*, v. 30, n. 3 (1975), pp. 461-475.

CAMURÇA, M. *Ciências Sociais e Ciências da Religião*; polêmicas e interlocuções. São Paulo: Paulinas, 2008.

DENZIN, N. K.; LINCOLN, Y. S. (orgs.). *The SAGE Handbook of Qualitative Research*. 3. ed. Thousand Oaks, CA: SAGE, 2005.

DENZIN, N. K.; LINCOLN, Y. S.; SMITH, L. T. (orgs.). *Handbook of Critical and Indigenous Methodologies*. London/Thousand Oaks, CA: SAGE, 2008.

ENGLER, S. Grounded Theory. In: STAUSBERG, M; ENGLER, S. (orgs.). *The Routledge Handbook of Research Methods*

in the Study of Religion. London: Routledge, 2011. pp. 256-274.

FLICK, U. *Etnografia e observação participante*. São Paulo: Artmed, 2009.

FREITAS, M. T. A. *Fazer pesquisa na abordagem histórico-cultural*. Juiz de Fora: Editora UFJF, 2010.

GARDINER, M. Q.; ENGLER, S. Charting the Map Metaphor in Theories of Religion. *Religion*, v. 40, n. 1 (2010), pp. 1-13.

GRESCHAT, Hans-Jürgen. *O que é Ciência da Religião?* São Paulo: Paulinas, 2006.

GUBA, E. G.; LINCOLN, Y. S. Competing paradigms in qualitative research. In: DENZIN, N. K.; LINCOLN, Y. S. (orgs.). *Handbook of Qualitative Research*. London/Thousand Oaks, CA: SAGE, 1994. pp. 105-117.

GUERRIERO, S. Objetividade e subjetividade no estudo das religiões: desafios do trabalho de campo. *PLURA — Revista de Estudos de Religião*, v. 1 (2010), pp. 54-65.

KNOBLAUCH, H. *Qualitative Religionsforschung*; Religionsethnographie in der eigenen Gesellschaft. Paderborn/München/Wien/Zürich: Schöningh, 2003.

KREINATH, J.; SNOEK, J.; STAUSBERG, M. (orgs.). *Theorizing Rituals*; v. 1: Issues, Topics, Approaches, Concepts. Leiden/Boston: Brill, 2006.

KREINATH, J.; SNOEK, J.; STAUSBERG, M. (orgs.). *Theorizing Rituals*. v. 2: Annotated Bibliography of Ritual Theory, 1966-2005. Leiden/Boston: Brill, 2007.

LAW, J. *After method*; mess in social science research. London/New York: Routledge, 2004.

MENDONÇA, A. G. A persistência do método fenomenológico na Sociologia da Religião: uma aproximação sob o prisma da essência e da forma. In: DREHER, L. H. (org.). *A essência manifesta*; a Fenomenologia nos estudos interdisciplinares da religião. Juiz de Fora: Editora UFJF, 2003. pp. 77-102.

NAVARRO-RIVERA, J.; KOSMIN, B. A. Surveys and Questionnaires. In: STAUSBERG, M; ENGLER, S. (orgs.). *The Routledge Handbook of Research Methods in the Study of Religion*. London: Routledge, 2011. pp. 395-420.

PITCHFORD, S.; BADER, C.; STARK, R. Doing field studies of religious movements: an agenda. *Journal for the Scientific Study of Religion*, v. 40, n. 3 (2001), pp. 379-392.

PLATT, J. *A History of Sociological Research Methods in America, 1920-1960*. Cambridge: Cambridge University Press, 1999.

ROOF, W. C. Research Design. In: STAUSBERG, M; ENGLER, S. (orgs.). *The Routledge Handbook of Research Methods in the Study of Religion*. London: Routledge, 2011. pp. 68-81.

SHARMA, A. (org.). *Methodology in Religious Studies*; the interface with women's studies. Albany, NY: State University of New York Press, 2002.

SMITH, J. Z. *Imagining Religion*; from Babylon to Jonestown. Chicago: University of Chicago Press, 1982.

SOUZA, B. M.; GOUVEIA, E. H.; JARDINO, J. R. L. (orgs.). *Sociologia da Religião no Brasil*; revisitando metodologias, classificações e técnicas de pesquisa. São Paulo: Pontifícia Universidade Católica de São Paulo (Programa de Estudos Pós-Graduados em Ciências Sociais), 1998.

STAUSBERG, M.; ENGLER. S. Introduction. STAUSBERG, M; ENGLER, S. (orgs.). *The Routledge Handbook of Research Methods in the Study of Religion*. London: Routledge, 2011. pp. 3-20.

STAUSBERG, M.; ENGLER. S. (orgs.). *The Routledge Handbook of Research Methods in the Study of Religion*. London: Routledge, 2011.

TAYLOR, C. Interpretation and the sciences of man. *The Review of Metaphysics*, v. 25, n. 1 (1971), pp. 3-51.

TEIXEIRA, F. (org.). *A(s) Ciência (s) da Religião no Brasil*; afirmação de uma área acadêmica. São Paulo: Paulinas, 2001.

USARSKI, F. *Constituintes da Ciência da Religião*; cinco ensaios em prol de uma disciplina autônoma. São Paulo: São Paulinas, 2006.

Notas

[1] Este capítulo é uma tradução resumida e revisada (por S. Engler) de Stausberg; Engler, Introduction, da obra Stausberg; Engler (orgs), *The Routledge Handbook of Research Methods in the Study of Religion*.

[2] São poucos os livros de metodologia específicos sobre a Ciência da Religião. O mais recente e o único em inglês é Stausberg; Engler (orgs.), *Routledge Handbook of Research Methods*. Em outras línguas existem os seguintes: em alemão, Kurth; Lehmann (orgs.), *Religionen erforschen* e Knoblauch, *Qualitative Religionsforschung*, assim como em dinamarquês, em sueco, e em norueguês. Mais específicos são Sharma, *Methodology*, e Ahlbäck (org.), *Approaching religion*. Em português, destaque-se, de Greschat, *O que é Ciência da Religião?*

[3] Por exemplo, Andrade, *Introdução à metodologia*; Bauer; Gaskell (orgs.), *Pesquisa qualitativa*;

Bernard, *Research Methods*; Denzin; Lincoln (orgs.), *The SAGE Handbook*; Denzin; Lincoln; Smith (orgs.), *Handbook of Critical*; Flick, *Etnografia*; Freitas, *Fazer pesquisa*; Belzen, *Para uma Psicologia Cultural da Religião*; Souza et alii, *Sociologia da Religião no Brasil*; Guerriero, Objetividade e subjetividade no estudo das religiões.

[4] Law, *After Method*, p. 143.

[5] Platt, *A History of Sociological Research Methods*, pp. 44-52.

[6] Roof, Research design.

[7] Brink, Quantitative and/or qualitative methods.

[8] Pitchford; Bader; Stark, Doing field studies of Religious Movements.

[9] Denzin; Lincoln (orgs.), *The SAGE handbook of qualitative research*, pp. 5-6.

[10] Guba; Lincoln, Competing paradigms in

qualitative research; Auerbach; Silverstein, *Qualitative Data*.

[11] Denzin; Lincoln (orgs.), *The SAGE Handbook*, p. 24.

[12] Veja o capítulo de E. R. Cruz neste volume.

[13] Platt, *A History of Sociological Research Methods*, pp. 110-111.

[14] Engler, Grounded Theory, pp. 262-267.

[15] "Não há nenhum dado para a [o estudo da] religião" (Smith, *Imagining Religion*, p. xi, ênfase no original). Para as questões epistemológicas e semânticas associadas com a metáfora relacionada de território/mapa na Ciência da Religião, ver Gardiner; Engler, Charting the map metaphor.

[16] Taylor, Interpretation and the sciences of man, p. 8.

[17] Barrett, Experiments; Navarro-Rivera; Kosmin, Surveys and Questionnaires.

[18] Engler, Grounded Theory.

[19] Kreinath; Snoek; Stausberg (orgs.), *Theorizing Rituals*, v. 1; v. 2.

[20] Ancona-Lopez; Arcuri (orgs.), *Temas em Psicologia da Religião*; Camurça, *Ciências Sociais e Ciências da Religião*; Guerriero, Objetividade e subjetividade no estudo das religiões; Mendonça, A persistência do método fenomenológico; Teixeira (org.), *A(s) Ciência(s) da Religião no Brasil*; Usarski, *Constituintes da Ciência da Religião*.

Fenomenologia da Religião[1]

NICOLA MARIA GASBARRO

Nós, homens do presente, estamos diante do grave perigo de sucumbir no dilúvio cético e de deixar que nos fuja a nossa verdade
(E. Husserl).

Omnium hominum mentibus impressa est divinitus notitia Dei. Qod sit Deus, omnes homines sine ulla artium et disciplinarum cognitione sola natura duce sciunt, et omnium hominum mentibus hoc divinitus impressum est. Nulla unquam fuit tam fera gens et immanis, quae non crediderit, esse divinitatem quandam, quae omnia creavit
(Lutero, citado por R. Otto).[2]

Terror da história! A Filosofia de Eliade se ressente do tempo difícil em que ele viveu. Surgiu daí uma Filosofia da Religião pela qual a religião está toda voltada para o passado, como estado paradisíaco, da qual procede uma decadência (salvo o retorno cíclico à aurora dos tempos), e por conseguinte um desespero humano, uma vileza, uma desconfiança do curso atual da vida — e também uma atitude anticristã
(R. Pettazzoni).

Após aproximadamente um século de produção intelectual da Fenomenologia da Religião, chegou o momento de refletir criticamente sobre suas instâncias teóricas, sobre seu estatuto epistemológico e sobre sua função histórico-cultural, com um olhar "distanciado" comparativamente desencantado e numa perspectiva antropológica reflexiva. O clima cultural "pós-moderno" já está "além da Fenomenologia": é a estrutura social radicalmente diferente do nosso "mundo-da-vida" que coloca em movimento novas metodologias e delineia perspectivas teóricas alternativas, também na história das religiões.[3] De um lado, desapareceu definitivamente do nosso horizonte social e antropológico a consciência cultural do universalismo religioso; do outro, é necessário repensar totalmente a relação entre religião e civilização, entendida como sistema geral de todos os códigos culturais que regulam a vida social. O universalismo objetivo da religião, justamente em razão das diferenças sistêmicas evidenciadas pela comparação, dissolveu-se na e com a globalização das relações entre civilizações em vez de exaltar a perspectiva de "sentido", entendida antropologicamente como horizonte geral e sistêmico de significação; assim, o sagrado parece ter perdido aquela função prática de "solução exemplar de qualquer crise existencial" que Eliade sempre atribuiu à religião. Por outro lado, a partir da percepção do "sagrado" da e na natureza, como potência que se póe e se impóe à fraqueza estrutural dos homens, este universalismo do sentido sempre pretendeu para si uma prioridade e uma hierarquia da religiosidade sobre todo o restante da vida cultural, dos relacionamentos dos homens entre si (basta pensar nas várias instituições jurídicas e políticas) e destes com a natureza (hoje sobretudo a ciência).

A pós-modernidade antropológica não só relativizou a presença do sagrado nas diversas civilizações, como esvaziou esta hierarquia paradigmática como fundamentalismo do pensamento, e não só daquele ocidental. Só nesse aspecto pode-se dizer que o universalismo objetivo da religião é uma "grande narrativa" (no sentido de) Lyotard[4] narrada antes pelos missionários cristãos e depois por uma Antropologia acrítica.[5] A explosão das diferenças num mundo global que não parece encontrar paz, nem aquela política nem aquela do "espírito", tornou vão cada recurso à Filosofia da consciência, não obstante o individualismo difuso pregado pelo liberalismo ascendente e os vários paradigmas que continuam a exaltar a subjetividade.

Os macrossistemas econômicos, políticos e culturais do mundo contemporâneo anulam o papel e a função da subjetividade e as dinâmicas do "espírito" da modernidade ocidental: sobrevivem só a Economia global sem ética (não obstante Max Weber) e a política dos macrossistemas: uma e outra submetem cada *a priori* da vida e do pensamento à contingência histórica das relações e à arbitrariedade antropológica das relações entre relações.

A religião e as religiões estão de fato dentro de processos sistêmicos mais fortes do que a própria fé, frequentemente reduzidas a ideologias mais ou menos gratificantes ou a práticas de vida distantes de toda Filosofia da consciência: as perspectivas de sentido e as práticas de transcendência, das quais a vida dos homens continua tendo necessidade, não estão mais ligadas paradigmaticamente à transcendência. Mesmo quem se movimenta no interior da grande analogia construída a partir da religião-religiosidade, obriga-se a admitir com Huntington o inevitável *choque de civilizações* e a necessidade de reformular os princípios de uma nova ordem mundial. Mesmo quando a religião, como em Huntington, continua tendo uma função de guia da civilização, entendida como complexo conjunto de culturas diferentes, e procura impor o próprio "sentido" forte e a refundação da própria legitimação com um papel essencial e fundante, na prática é obrigada a se tornar perspectiva culturalmente particular, colocando em movimento dinâmicas sempre diferentes e até conflitantes. Então, as chamadas grandes religiões do mundo se tornam ideologias políticas, absolutas em nível interno e intolerantes diante de todo tipo de alteridade. Totalmente ao contrário de toda Filosofia da consciência e de todo *a priori* do saber e do conhecimento, mas também de todo sentimento do "sublime" e de toda percepção transcendental. Por outro lado, a *revanche de Dieu* talvez tenha fechado definitivamente a época do "sagrado" difuso numa espécie de *new age* multicultural e sem tempo, impondo um retorno politicamente forte às origens históricas da religião, à prática dos fundamentos indiscutíveis, dissolvendo em todo caso qualquer pretensão analógico-universalista no nível dos princípios teológicos, e sobretudo negando toda tentativa de compatibilidade em nível de prática multicultural. Nenhuma forma de "sacralidade", ao mesmo tempo imanente e transcendental, e menos ainda aquela arcaica e primordial de Eliade, tem condição de resistir a este fundamentalismo do pensamento e da política.

De outra parte, as demais civilizações, não necessariamente distantes da nossa, como China e Japão — basta pensar em nossos vizinhos —, não têm condições de compreender seja a pretensa universalidade de nossa Filosofia da consciência, seja as diferentes dialéticas internas a uma problemática religiosa somente nossa: sagrado\profano; clerical/laical; civil/religioso etc. A Fenomenologia da Religião é capaz de explicar esses eventos pós-modernos, pela natureza anti ou pós-fenomenológica dos mesmos? Se estes nos remetem a sistemas complexos de interação social e a estruturas simbólicas interculturais, de fato colocam-se "além da sacralidade" de nosso sentido e, ao mesmo tempo, aquém e além da simples dialética entre sagrado e profano, ou dos inevitáveis condicionamentos que a natureza, com os seus grandes determinismos, impõe ao pensamento. O problema é mais radical: por que esses "fenômenos" colocam totalmente em crise a perspectiva da Fenomenologia? Por que sua estrutura filosófico-teológica tende a ignorar seu valor? Por que de fato este saber-sentir permanece fechado na ambiguidade das hierofanias, e continua a nos lembrar de que o processo de dessacralização não pode eliminar o mistério? Suas "artes" interpretativas e sua fuga contínua no transcendental

do valor puseram sempre em relação, num contínuo jogo de espelhos, eventos-manifestações e estruturas profundas *a priori* que nunca se tornam totalmente história e cultura. Por que tudo isso não funciona mais? Quais as razões teóricas e epistemológicas disso?

A Fenomenologia da Religião, em especial aquela eliadiana, vem sendo criticada há muito tempo, em seus múltiplos aspectos, na Europa e nos EUA (Dubuisson, Wassesrtrom, Strenski, MacCutcheon e muitos outros): o desaparecimento de Eliade deslegitimou de certa forma o saber-poder, justamente quando a globalização das relações entre civilizações punha definitivamente em crise sua estrutura analógica e da consciência. O historicismo italiano, em particular aquele histórico-religioso, tem tido sempre com ela uma relação dialética — uma espécie de confronto a distância e de distância! —, sem nunca capitular diante de barganhas teóricas e/ou de hipóteses de compatibilidade comparativa. É suficiente lembrar os nomes de Raffaele Pettazzoni, Angelo Brelich, Ernesto de Martino, Dario Sabbatucci, Vittorio Lanternari, Alfonso di Nola e muitos outros,[6] para frisar uma estrutural oposição teórica e metodológica: não apenas — hoje é até banal lembrar essa obviedade! — todo *phainomenon* é necessariamente um *genomenon* (para citar a fórmula genérica de Pettazzoni), mas sobretudo as razões que dizem respeito à teoria e à pratica da História das Religiões, estão muito longe da Fenomenologia da Religião. Em termos epistemológicos: se a tarefa-perspectiva da História das Religiões é a construção de um saber que quer resolver com razões histórico-sociais e, portanto, através de relações exclusivamente humanas todas as instâncias de sentido da religião e das religiões, desde as razões da vida e da morte, ela não pode nem deve deixar de explorar todas as pressões que a Teologia e toda forma de Filosofia universalista exerceram e continuam exercendo sobre nossa vida e nosso pensamento.

Duas são as consequências teórico-metodológicas. Antes de tudo, a perspectiva de resolver totalmente com "razões histórico-sociais" tanto as religiões como a religiosidade não é reducionismo científico, mas torna cada vez mais urgentes a complexidade teórica e a colaboração científica; ou talvez seja apenas por um pensamento teológico e metafísico que teima em pensar desta forma toda perspectiva teórica geral que ameaça o próprio estatuto metaistórico. O problema epistemológico dos estudos histórico-religiosos consiste no esclarecer-explicar — *erklären* — este nó estrutural, bem enraizado em nossa cultura cristã, e colocá-lo novamente em discussão em toda compreensão-interpretação — *Verstehen* — das relações dos homens com as divindades e em geral com tudo o que eles vivem e pensam como extra-humano. Paradoxalmente, dentro desta perspectiva, o *genomenon* epistemologicamente não pode e não deve ser *phainomenon*, na medida em que este último remete a um anistórico e/ou metaistórico *noumenon*, em todo caso a Alguém ou Alguma coisa que não apenas transcende a história humana, mas do qual esta é outrossim manifestação parcial e imperfeita.

Antes de criticar esta história sociocultural das religiões em termos de reducionismo, como muitas vezes a Fenomenologia da Religião fez, é preciso levantar algumas questões fundamentais: por que a história cai nessa falácia metodológica? Qual complexidade simplifica ou resolve em termos demasiado elementares? Por que nossa cultura continua pedindo à história (das religiões) que responda a interrogações metaistóricas, enquanto não pede à física que resolva problemas metafísicos? A física não pode e não deve, por seu próprio estatuto, ocupar-se de metafísica por ser um pecado original de reducionismo?

A segunda consequência é que as religiões não podem ser estudadas em si e por si,

mas sempre em "relação"[7] a outros códigos culturais da vida social, sem nunca se esgotar, onde quer que seja e sempre, em um só destes — é esse o verdadeiro reducionismo, que frequentemente esconde ideologias não confessadas! A sistematicidade da história vale seja para o microssistema constituído pela civilização de pertença, seja pelo macrossistema das relações entre civilizações na história. Este conjunto de relações é a hierarquia variável e não implica paradigmas estruturais: até o fundamentalismo religioso do monoteísmo pode ser colocado a serviço da política e/ou das ideologias totalizantes: é suficiente pensar nas tragédias do século XX e nos conflitos do mundo contemporâneo. Donde a exigência de uma comparação sistemática capaz de submeter todas as teorias-síntese histórico-antropológicas a processos de verificação e falsificação, além de qualquer pretensão metodológica e apesar de todo nominalismo de pertença substancial. Trata-se de individuar através da prática da pesquisa — também nas teorias mais fascinantes, como a Fenomenologia da Religião — a abertura necessária para compreender sistemas sociais em ação e estruturas simbólicas em relação que inventam e constituem novos códigos de comunicação e, ao mesmo tempo, legitimam seu exercício. Não se trata de refundar o relativismo metodológico e/ou uma história desconstrutiva — a história cultural e a Antropologia são relativistas somente se julgadas de maneira simplista a partir do alto e com a arrogância do universalismo teológico e ontológico! —, mas de analisar também a Fenomenologia da Religião a partir do etnocentrismo crítico, do qual De Martino mostrou a necessidade epistemológica e a riqueza heurística.[8]

Partindo criticamente do que consideramos como emergências atuais de nossa história social e dos horizontes limitados de nosso saber histórico-comparativo, devemos nos interrogar sobre as razões pelas quais a Fenomenologia da Religião parece definitivamente estar em crise de legitimação científica. A história pode fazê-lo somente historicamente: precisa então reconstruir brevemente e sem retórica a aventura da Fenomenologia da Religião, das suas instâncias práticas e dos seus pressupostos teóricos: em suma, todo movimento cultural tem uma origem e um desenvolvimento histórico-cultural e, por conseguinte, uma especificidade própria no interior da *epistéme* geral de uma civilização. Procurarei fazê-lo seguindo brevemente o percurso epistemológico (e com excertos tirados de sua obra principal) no interior da teoria problemática e implicitamente teológica de dois autores, Rudolf Otto e Gerard van der Leeuw, que representam a formação e o desenvolvimento da Fenomenologia da Religião.

O ponto de partida é histórico-comparativo:[9] de um lado, todas as religiões podem ser compreendidas segundo razões históricas e culturais, resolvendo-se totalmente nestas; de outro lado, suas diferenças sistêmicas devem se tornar o lugar da verificação e da falsificação de toda teoria-síntese histórico-comparativa. Isso requer clareza epistemológica ao menos de dois pontos: antes de tudo, uma teoria-síntese não falsificável não permite repensar a perspectiva geral em termos de abertura à realidade histórica e de

progresso científico do conhecimento antropológico; em segundo lugar, o real sociocultural não pode ser "interpretado" com um método que reduz toda diferença empírica a uma dialética interna ao método e, afinal, a uma espécie de dualismo ontológico. Não se trata somente de uma aplicação acrítica da *Lógica da descoberta científica* de Popper à História das Religiões, mas de um *surplus* de criticidade reflexiva sobre os constrangimentos de sentido com os quais a religião-religiosidade determinou as escolhas não somente intelectuais de nossa cultura. O pensamento e a obra de Mircea Eliade são por demais conhecidos para ser aqui reanalisados: limitar-me-ei a indicar, a partir do relacionamento crítico com Otto e van der Leeuw, os pontos de maior incidência das estruturas epistemológicas consolidadas, que determinam a generalização teórica e metodológica, da Fenomenologia da Religião, suas venturas e desventuras. Uma crítica deste tipo não tem finalidade inutilmente polêmica, mas somente o objetivo científico de ajudar a reformular de maneira rigorosamente histórica interrogações enfrentadas de modo não histórico, ampliando com a "inclusão" das diferenças os nossos horizontes de pensamento, e repensando na perspectiva da História das Religiões para além da Teologia e de toda a Filosofia da consciência.

Rudolf Otto e as origens da Fenomenologia da Religião

Também McCutcheon parte do tempo presente e pede para fechar a perspectiva eliadiana da História das Religiões e encontrar razões para novamente revigorar o campo dos estudos, isto é, "devemos reformar do início ao fim — desde nossos currículos até nossa presença pública, as estruturas de nossos encontros acadêmicos e nossa agenda de pesquisas e publicações".[10] O título do capítulo "Methods, Theories, and Terror of History: Closing the Eliadean era with Dignity"

evoca claramente o Pettazzoni citado[11] no início, como de Pettazzoni parte também Vásquez, que, depois de ter descrito a Fenomenologia de Eliade como sendo "a serviço da ontoteologia", quer delinear uma "era pós-eliadiana" a partir da oposição irredutível entre história e Fenomenologia:

A Fenomenologia da Religião não tem nada a ver com o desenvolvimento histórico da religião [...]. Ela se situa acima de tudo a fim de filtrar as diferentes estruturas da multiplicidade dos fenômenos religiosos. A estrutura, e somente ela, pode nos ajudar a determinar o significado do fenômeno religioso, independentemente de sua situação no tempo e no espaço e de sua pertença a um determinado ambiente cultural. Assim, a Fenomenologia da Religião alcança uma universalidade cuja necessidade escapa à História da Religião consagrada ao estudo de religiões específicas e, sobretudo por este motivo particular, está sujeita à inevitável separação que a especialização provoca.[12]

Coincidências não casuais que reenviam a uma estrutura fundamental constituída pela oposição entre Fenomenologia da Religião e História das Religiões radical e sem resíduos de transcendência-transcendentalidade: desta derivam outras oposições teóricas e epistemológicas tipicamente pettazzonianas: interioridade/manifestação externa; experiência existencial/relações sociais; profundidade invisível/sistema empírico; essência/aparência; espírito/materialismo; compreensão/explicação etc.[13] Cada opção teórica de prioridade e de hierarquia guia a análise do sistema inteiro, além de condicionar suas possibilidades e o nível de historicização. Os críticos que trabalham por uma "era pós-Eliade" tornaram-se conscientes da falência da Fenomenologia no mundo globalizado justamente porque, mais uma vez a partir de Pettazzoni, historicizaram Eliade e seu saber, insistiram no período histórico de sua formação juvenil e sobre as complexas contingências culturais que condicionaram seu pensamento, mas isto vale para toda a Fenomenologia da Religião que atravessa toda a crise do "século breve", como o chamou Hobsbawm. Pelo contrário, é a Fenomenologia em geral, a partir de E. Husserl, que se coloca e se propõe como uma possível via de saída da crise europeia da cultura (sobretudo no sentido da *Kultur*) e de seu sentido de vida. Obras como *O declínio do Ocidente*, de Spengler (o primeiro volume

é publicado apenas um ano depois da obra de R. Otto), ou *O mal-estar da civilização*, de Freud, e, obviamente, *Ser e Tempo*, de Heidegger "manifestam" uma crise profunda dos valores e dos modelos de comportamento de toda a sociedade, mas talvez, antes de tudo, a angústia de uma falta de perspectiva do pensamento. Melhor: uma e outra são pensadas e vividas no interior da *Kultur Mittel* europeia como fim iminente de toda a Europa, ameaçada pelo espectro do relativismo dos valores e do contratualismo político, reconduzíveis à arbitrariedade do intercâmbio social e por isso privados dos fundamentos na vivência e da profundidade do espírito.

Janik e Toulmin analisaram o drama histórico-cultural na base do pensamento de Wittgenstein, mas a reconstrução que fizeram da Vienna *fin-de-siècle* acaba sendo útil para uma historicização cultural de Spengler, Freud, Husserl, Heidegger, Otto e muitos outros. Depois de tudo, para evitar que a terra do entardecer se torne definitivamente o lugar da noite do sentido e da vida, é necessário repensar de certa maneira aquilo que parece declinar na vida do "espírito" ou reelaborar tudo o que no passado garantiu transcendências e impulsos existenciais, ainda que à custa de reinventar tradições e mitologias. Husserl elabora a sua Fenomenologia filosófica no interior deste sistema sociocultural, assim como Otto o faz no campo da religião. Husserl tem plena consciência reflexiva disso e a explicita na obra-prima de historicização cultural do pensamento filosófico (também dele próprio) que é *A crise das ciências europeias e a Fenomenologia transcendental*.[14] O conhecimento científico é superficial e dá mais atenção ao empirismo das certezas do que à profundidade da verdade, enquanto a Fenomenologia transcendental, verdadeira novidade da compreensão filosófica, garante o acesso às puras essências (do espírito) com e no encontro da subjetividade do que é vivido com a universalidade do sentido. Seja a experiência do mundo-da-vida, seja uma séria reconstrução do saber, não podem se submeter ao relativismo, que, através das relações com outras culturas, tornou-se o verdadeiro fantasma que circula na Europa: a alternativa está entre o declínio de nossa cultura, com um processo de estranhamento com relação ao sentido e à razão, com a consequente barbárie, e o seu renascimento no espírito da Filosofia, que desde sempre guia a missão do Ocidente. Precisa, portanto, repensar o mundo-da-vida a partir da relação constitutiva e *originária* entre sujeito e mundo: a *epistéme* é inseparável da interioridade compreensiva do *espírito*, da qual faz parte obviamente a subjetividade da experiência religiosa.

Para um pastor luterano como Rudolf Otto, docente em Teologia na Universidade de Marburgo, este *espírito* cultural é antes de tudo a religião, da qual se origina o inteiro sistema de valores. Ele compartilha com Nathan Söderblom,[15] outro teólogo e arcebispo luterano, seja a convicção de que o *sagrado* é uma verdadeira e própria *manifestação divina*, seja a ideia de que o Deus vivo continua presente nas várias religiões do mundo. Também estas convicções histórico-culturais, de clara derivação cristã, começam a entrar em crise por causa de um processo de relações entre civilizações que produz um patrimônio cognoscitivo e "científico" próprio: o comparativismo histórico de Max Müller e a Antropologia de Tylor ameaçam de fato e de direito o valor exclusivo da fé cristã e o universalismo da religião-religiosidade pensado através da Teologia natural. Os problemas são substancialmente dois: de um lado, a abertura ao mundo coloca em evidência outras religiões que precisam ser compreendidas com uma *comparative theology* radicalmente diferente da *theoretic theology* do saber tradicional; de outro, seu próprio conhecimento histórico (às vezes até positivisticamente empírico)

procura "explicar" qualquer religião em termos de estruturas histórico-culturais.

Depois de tudo, seja o uranismo de Max Müller, seja o animismo tyloriano, com e nas relações, "resolvem" a religião em outras ordens do sentido e da vida social. O impacto deste tipo particular de *Erklären* na consciência central europeia da crise é desconcertante, e a Teologia reage com novos saberes: a católica, com a obra comparativa do padre verbita W. Schmidt e a tese do *Urmonotheismus*;[16] a protestante, com a Fenomenologia da Religião de R. Otto (e de Nathan Söderblom) e a grande teoria do *Sagrado*. O título da obra remete de fato à Teologia, não redutível à ciência nem exclusivamente à racionalidade:[17] uma autêntica inversão epistemológica de princípios e de método de analise, com uma clara reafirmação do primado da subjetividade transcendental, até o êxtase sublime da mística. A verdadeira religiosidade da humanidade encontra seu verdadeiro fundamento na intuição-percepção de uma potência numinosa, na experiência entusiasmante e não sempre explicável do *De servo arbitrio*, no mergulho na profundidade da alma, onde o intelecto encontra o sentimento, e o racional funde-se com o irracional. O *Sagrado* deriva como categoria diretamente das características do divino, e como estado de ânimo da estrutura existencial da relação homem-Deus que há muito tempo os cristãos conhecem e reconhecem graças à rica Fenomenologia do sentimento religioso. Desde o início, portanto, a teoria de R. Otto é de derivação teológica, ou melhor, é uma espécie de generalização perceptiva e transcendental, inteiramente protestante, da subjetividade cristã, através da experiência da criatura. Trata-se de fato não do sentido comum de dependência, mas, na trilha de Schleiermacher, do

sentimento de ser criatura, o sentimento da criatura que afunda na própria nulidade, que desaparece diante daquilo que supera toda criatura [...]. O sentimento de ser criatura é um momento subjetivo concomitante e é efeito de outro momento sentimental que o segue como uma sombra, o qual, sem dúvida, refere-se primeira e diretamente a um sujeito fora do eu; e exatamente este é o Numinoso. Lá onde o Numen sente-se presente, como é o caso de Abraão, ou lá onde se sente algo de caráter numinoso, ou onde o ânimo no próprio íntimo desenvolve-se em direção a este, por isso só em consequência de uma aplicação da categoria do numinoso a um objeto real ou pressuposto, lá pode surgir o sentimento de ser criatura como seu reflexo.[18]

A explícita Teologia da percepção do Numen está na base também das características fundamentais do *Sagrado*: o *tremendum* do mistério e da sobrepotência e o *fascinans* da não acessibilidade e da suprema autoridade. Se a luz da Revelação não coincide com a racionalização integral do *Lógos*, o Cristianismo permanece em todo caso um *mysterium* que só o adjetivo *tremendum* pode contribuir para esclarecer:

> Do ponto de vista conceitual o *mysterium* não indica senão o escondido, o não manifesto, aquilo que não é intuído e não é compreendido, o extraordinário e o incompreendido, sem nenhuma especificação qualitativa. Assim, porém, algo de intensamente positivo é significado. Tal conteúdo positivo é vivido unicamente no sentimento; este sentimento nós podemos, mediante a discussão, contribuir para esclarecer, na medida em que o repercutimos.[19]

Obviamente esta imersão na intimidade da vivência religiosa envolve também o corpo, como bem o sabem os místicos:

> É notável que semelhante terror característico diante da presença do inquietante provoque uma reação física, tão singular, nunca juntamente com o medo e terror natural:

"congela-se o sangue nas veias", "a pele arrepia". Arrepiar-se é algo de "sobrenatural". Quem for capaz de maiores e mais profundas ressonâncias espirituais deve reconhecer que um "terror" desse tipo não se diferencia somente em grau e em intensidade do terror natural e não é de fato um nível simplesmente mais elevado deste.[20]

Os exemplos bíblicos evidenciam a força do "temor de Deus", entendido como "forma inquietante" da experiência religiosa que transcende o medo normal no horror reverencial e a submissão natural na alienante maravilha da subalternidade filial, que une conhecimento e amor. Não por acaso o "temor de Deus" é desde sempre um dom do Espírito (Santo) de Deus sem o qual a confiança humana não se torna fé e a *pietas* natural não se transforma em religiosidade como consciência imediata da transcendência. Por outro lado, o *fascinans* é outro aspecto complementar da *Alteridade radical*:

> O conteúdo qualitativo do numinoso, sobre o qual o misterioso imprime a forma, é, de um ponto de vista, o momento, já analisado, do tremendo que aterroriza, rico de "majestade". Mas, de outro ponto de vista, é claro que é algo ao mesmo tempo tipicamente atraente, cativante, fascinante, o qual se entrelaça, numa estranha forma de harmonia, com o primeiro.[21]

Só o racionalismo pode pensar este aspecto como oposto ao outro, mas, como demonstra a longa história da experiência religiosa monoteísta, de Abraão a Lutero, *fascinans* e *tremendum* são correlatos entre si em um *totalmente Outro*: tudo isto foge à análise da "religião nos limites da pura razão" e faz parte da exaltação transbordante da mística. De fato, privilegiando a história bíblica, e de direito, impondo a prioridade absoluta da experiência religiosa no mundo-da-vida, Otto transforma a oposição entre *fascinans* e *tremendum* em dialética do *sagrado* com o objetivo de reverter a hierarquia histórico-científica entre racional e irracional. Os dois polos tornam-se de fato compatíveis no interior da estrutura do *Sagrado* porque o irracional não é a negação do racional mas seu transcender na experiência existencial, e por isso cognitiva, da religiosidade. Este transcender, em Otto, não é a percepção transcendental de Husserl ou o *a priori* da Filosofia da consciência, mas a generalização humana da transcendência existencial da fé cristã, uma espécie de regeneração eficaz da natureza através da força sobrenatural e gratuita do numinoso. Atrás do *Numen* não está somente o Deus cristão "que prostra e levanta, que se preocupa e que consola" de Manzoni, mas também o poder misterioso da *Graça* que salva, além das práticas da vida social e além das escolhas mais ou menos conscientes dos homens.

Deste ponto de vista, a religião do *Sagrado* não pode ser resolvida em nenhum outro código da vida cultural nem identificada com instituições humanas: toda alteridade histórico-social que se relaciona com a religião é reabsorvida na dinâmica, ao mesmo tempo prática e especulativa, do *ganz Andere*, como justamente ocorre na mística. Sua distância da, e a crítica da, Ciência da Religião é evidente:

> Até o bom direito da moderna teoria evolucionista subsiste no fato de que esta pretenda "explicar" o fato religioso. E esta é de fato a tarefa da Ciência da Religião. Mas, para poder explicar, é preciso que ela tenha à disposição dados originários dos quais possa retirar a explicação. Do nada, nada se esclarece. A natureza pode ser explicada somente através das fundamentais forças naturais primárias e são suas próprias leis que devemos procurar [...]. As predisposições que a razão humana trouxe consigo, desde o ingresso da espécie humana na história, tornaram-se um impulso religioso, em

parte graças a estímulos externos, em parte em virtude da própria pressão interior. E isso, através de um incerto e exploratório movimento emocional, uma fecundidade de representações experimentais, uma sempre progressiva produção de ideias chegadas à consciência clara de si, em virtude de uma iluminação da própria e obscura ideia central *a priori*, da qual germinou. Esta emoção e estes esforços, esta geração de ideias e este autoesclarecimento, oferecem a corrente para o desenvolvimento da religião na história.[22]

A experiência consciente do cristão torna-se *a priori* à história, assim como a ontogênese do numinoso religa-se à filogênese da sacralidade: de um lado a mística de Meister Eckhart e do beato Suso toma o lugar da razão de Kant e de Husserl, do outro, a percepção individual da transcendência torna-se predisposição primordial e original. O *fundus animae* é princípio do conhecimento assim como a manifestação da religião na história compreende e legitima toda Ciência da Religião. De fato, em tudo o que foi explicado em termos de fetichismo, totemismo, culto das plantas e dos animais, demonismo, magia etc. é possível ver um prelúdio do desenvolvimento do numinoso, um preâmbulo da verdadeira história religiosa, uma espécie de *pré-religião* do sentimento e da consciência, que pouco tem a ver com o monoteísmo primitivo.[23]

Como é fácil notar, aqui o *genomenon* não é apenas subordinado ao *phainomenon*, mas desaparece nesse com um processo de reabsorção dos relacionamentos concretos na estrutura original da relação criatural: cada sistema horizontal, das instituições sociais à variedade dos sentimentos individuais, é repensado na verticalidade do relacionamento Numinoso-homem, construído à imagem e semelhança da hierarquia cristã Deus-homem. Por isso a Fenomenologia da Religião de R. Otto tem pouco a ver com a razão husserliana e menos ainda com o *a priori* kantiano, mas é uma elaboração inteira e autonomamente teológica, e como tal foi pensada e querida. Pode-se analisá-la de qualquer ponto de vista, pode-se estar mais ou menos de acordo, pode-se considerá-la inspirada ou supérflua, mas perspectiva, teoria e métodos permanecem no interior do paradigma religioso:

> Uma religião salva-se de se precipitar no racionalismo mantendo despertos e vivos os elementos irracionais. Por outro lado, saturando-se abundantemente de momentos racionais, ela se preserva do cair ou do permanecer no fanatismo ou no misticismo merecendo tornar-se religião de cultura e de universalidade. Que ambos os momentos existam e estejam presos numa perfeita, sã e bela harmonia, é, além disso, um critério para julgar a superioridade de uma religião: um critério tipicamente religioso.

Justamente com base em tal critério, o Cristianismo aparece como a mais alta entre todas as religiões irmãs da terra.[24]

A conclusão é coerente com todo o restante: os pressupostos, ao mesmo tempo individualistas e universalistas, da experiência criatural, produzem inevitavelmente um etnocentrismo religioso também em nível comparativo, e a Teologia retoma a vantagem sobre toda a História das Religiões. De um ponto de vista epistemológico, trata-se de um sistema coerente e com una lógica interna rigorosa e funcional, porém fechado e quase inacessível a quem não compartilha sua perspectiva geral e implicações práticas. Tanto teoricamente inquestionável quanto historicamente inacessível: pode parecer até muito distante da contingência dos acontecimentos humanos enquanto em cada caso não disponível à falsificação empírica e experimental.

Geradus van der Leeuw e o desenvolvimento da Fenomenologia da Religião

A *Fenomenologia da Religião* de Gerardus van der Leeuw (1933) é certamente o desenvolvimento mais orgânico, filosoficamente meditado e teologicamente reflexivo deste endereço teológico-filosófico que marcou fortemente os estudos histórico-religiosos. Ainda quando pastor da Igreja Reformada Holandesa, e professor de Teologia e História das Religiões em Groninga, ele estava atento às contingências histórico-culturais de sua época e às novas instancias do pensamento filosófico. Conhece bem a Filosofia, desde Nietzsche a Husserl, desde Heidegger a Jaspers, e a produção histórico-comparativa sobre as religiões do mundo. Pettazzoni o considera um "grande Mestre e genial pensador". Sua pesquisa é marcada pela Teologia mas decididamente com outro fôlego teórico

em comparação a R. Otto: a Fenomenologia da Religião permanece prioritária se comparada a outras modalidades de conhecimento dos fatos, religiosos, porque é capaz de colher sua natureza mais profunda, justamente a partir das relações entre objeto e sujeito da religião, no interior do mundo-da-vida de que ela faz parte, no qual se explica e ao qual procura de certo modo dar um sentido: o *objeto da religião*; o *sujeito da religião*; a *relação entre sujeito e objeto*; e *o mundo* constituem as quatro partes fundamentais da obra à qual se acrescenta uma quinta sobre *Figuras*, verdadeiras tipologias da religião, e um *Epílogo* teórico e epistemológico. Epistemologia e método recordam Husserl, embora o contexto seja aquele do existencialismo, vivido e repensado na experiência da fé. O problema do sentido é central e é por isso necessário epistemologicamente partir do *Epílogo*, citando um trecho filosoficamente muito denso:

A Fenomenologia procura o fenômeno; o que é o fenômeno? É aquilo que *se mostra*. Isto comporta uma tríplice afirmação: (1) há alguma coisa; (2) esta se mostra; (3) é um fenômeno pelo fato mesmo de se mostrar. Ora, o próprio fato de se mostrar afeta seja aquilo que se mostra, seja aquele a quem é mostrado; por conseguinte, o fenômeno não é um simples objeto; e não é tampouco o objeto, a verdadeira realidade, cuja essência seria somente recoberta pela aparência das coisas vistas. Disto fala certa metafísica. Dizer *fenômeno* não significa nem mesmo algo puramente subjetivo, uma vida do *sujeito* estudada por um ramo diferente da Psicologia — na medida em que haja possibilidade de fazê-lo. Mas o fenômeno é ao mesmo tempo um objeto que se refere ao sujeito, e um sujeito relativo ao objeto [...]. Consequentemente, o fenômeno, com relação a quem quer que ele se mostre, comporta três características fenomenais superpostas: (1) é — relativamente — *escondido*; (2) *revela-se* progressivamente; (3) é — relativamente — *transparente*. Essas etapas sobrepostas não são iguais, mas correlativas àquelas da vida: (1) experiência vivida; (2) compreensão, (3) testemunho. As duas últimas relações, cientificamente tratadas, constituem a tarefa da Fenomenologia.[25]

A clareza epistemológica é somente um dos méritos de van der Leeuw que não impõe diretamente a centralidade da Teologia como R. Otto, mas faz a mediação de sua perspectiva no interior de um sistema de pensamento mais adequado à complexidade da vida histórico-cultural. O *phainomenon* repensado em termos husserlianos conserva a ambiguidade estrutural do *mysterium* de Otto, seja na complexa manifestação na história, seja na fruição diferenciada da sincronia: sua revelação é sempre parcial e resta, portanto,

o desafio do seu contínuo esconder-se. De transparência relativa se pode falar de fato somente na prática do testemunho, mas este também ou é compreendido na e com a co-participação da vivência ou é exposto aos riscos e aos perigos do relativismo, se a interpretação não se funda na prioridade absoluta do vivencial:

A inserção do fenômeno na nossa própria vida não é um ato arbitrário; não podemos abrir mão dele. A realidade é sempre a realidade *minha*, a história é a história *minha*, "a projeção, o prolongamento que acompanha o homem que vive agora" (Spranger). Mas devemos saber o que fazer quando nos colocamos a falar daquilo que se manifestou a nós e ao qual damos um nome. Para tal fim devemos mentalizar que tudo o que se mostra a nós não ocorre de modo imediato, mas somente como signo de um sentido a interpretar, como algo que quer ser interpretado por nós. Ora, a interpretação é impossível se não tivermos vivenciado aquilo que se mostra, e vivenciado não involuntariamente e com meia consciência, mas experimentado, vivido com assiduidade e método.[26]

A dialética entre revelação e mistério é claramente — também no vocabulário! — de derivação teológica como em Otto e diferentemente de Husserl, mas repensada em termos críticos e epistemológicos: consequentemente, a ambiguidade estrutural que torna não falsificável o sistema de pensamento de Otto muda aqui em nível metodológico e de certa maneira se adapta à complexidade da realidade histórico-social com uma transposição na subjetividade do intérprete e da sua vivência: a ambiguidade permanece, mas não é mais um limite do objeto, e sim um poder interpretativo do sujeito. A Teologia não tem mais o que fazer com a metafísica, mas se insere e ao mesmo tempo se esconde na hermenêutica, na prática da vivência e do seu inevitável horizonte de sentido. Não por acaso a teológica *experiência criatural* de Otto se generaliza, ainda uma vez husserlianamente, em *experiência vivida* — *Erlebnis* em *senso lato* — do sujeito em relação de complexidade com o objeto: a Fenomenologia tem também a *tarefa* de reduzir esta complexidade, colocando entre parêntesis — eis o valor da *epoché* — tudo o que acidentalmente impede o acesso à compreensão da estrutura essencial.

Essa generalização na vivência não elimina a religiosidade do homem, aliás ainda uma vez a reinsere no interior de um sistema filosófico: o sujeito tem a urgência de ir além do limite e pensa a religião como potência e dela se serve para dar um sentido forte ao mundo: é este o valor prioritário da religião com relação a outros códigos da vida social. Isso não acontece, para van der Leeuw, teologicamente de uma vez por todas, mas é continuamente encontrável na distância sempre mais evidente entre as contingências dos fenômenos e seu significado profundo, entre os vários acontecimentos da vida e o *surplus* do sentido. Enfim, a especificidade da religião no interior de todo sistema dado e sua prioridade hierárquica sobre todos os outros códigos culturais nascem da exigência de levar ao limite o problema do sentido da vida e da morte, do valor e da ordem de um mundo que pede para ser "compreendido" e governado... Este limite do sentido, vivido como horizonte último e sistema integrado de significação, torna-se o motor da compreensão fenomenológica (e portanto também do pensamento filosófico), o princípio primeiro de um saber capaz de superar as contingências das manifestações fenomênicas, a origem estrutural de tudo o que chamamos civilização. Ainda uma sofisticada transposição filosófica e epistemológica de uma prioridade teológica: a religiosidade-religião se coloca e se impõe como hierarquicamente superior a todos os demais códigos da vida social porque governa objetiva e subjetivamente o sentido da civilização inteira a partir do valor-ordem de dar à vida e ao mundo, ou, husserlianamente, ao mundo-da-vida. A transcendência de Deus torna-se aqui necessidade existencial de transcendência in(de)finit(d)a no valor de cada coisa-evento-relação antes de tudo além da sua contingência denotativa e nunca solucionada de *phainomenon*, e depois além de suas conotações sistêmicas que preludem à ordem paradigmática do sentido. O nó epistemológico central do pensamento de van der Leeuw é a espontaneidade-necessidade existencial com a qual atribui à religiosidade-religião a gestão prioritária e hierárquica do domínio do sentido; certamente uma característica da *Kultur Mittel* europeia, mas também uma resposta criptoteológica seja à crise das ciências europeias, seja ao sentido de vazio do existencialismo. Se o *Erlebnis* deve resolver os problemas entre *Ser* e *tempo*, a religiosidade-religião tem algo a dizer e a propor seja ao *existir* da e na contingência seja à estrutura geral da vida: subjacente a todo o drama do *Dasein* está a falta radical de um sentido e de uma transcendência no valor. O pensamento teológico — e implicitamente (e talvez também inconscientemente) a fé cristã do estudioso (ou do intérprete) — se esconde justamente na equação-sobreposição *religião-sentido* e na sua prioridade hierárquica e estrutural no sistema geral da civilização:

> A religião implica que o homem não se limita a aceitar a vida que lhe é dada. Na vida, ele busca poder [...]. Se não o encontra, ou o encontra numa medida, para ele, insuficiente, procura fazer com que penetre em sua vida o poder no qual acredita, tenta elevar sua vida, aumentá-la, conquistar para ela um sentido mais amplo e profundo. Encontramo-los então na linha horizontal: a religião é a ampliação da vida até o extremo limite. O homem religioso deseja uma vida mais rica, mais profunda, mais ampla; deseja para si mesmo poder. Em outras palavras, o homem procura na

e para a sua vida uma superioridade, seja que aspire a usá-la para si, seja que a queira invocar. O homem não aceita somente a vida, mas lhe pede alguma coisa — o poder — e procura encontrar um sentido na vida; organiza a vida em vista de um conjunto significativo: assim nasce a civilização [...]. O sentido religioso de algo é aquilo que não pode ser ultrapassado por nenhum outro sentido mais amplo e mais profundo. É o sentido do todo, é a última palavra. Ora, o sentido não é nunca entendido; esta palavra não é nunca pronunciada; um e outro (sentido) sempre nos superam. O sentido último é um mistério, que se revela sempre novamente, e todavia permanece sempre escondido. Representa um progresso até ao extremo limite, onde compreende-se somente uma coisa, ou seja, que toda compreensão está *além*. O sentido último é ao mesmo tempo o limite do sentido. O *Homo religiosus* segue a estrada da onipotência, da onicompreensão, do sentido último; quereria entender a vida para dominá-la. Como compreende a terra para torná-la fértil, como aprende a compreender os animais para subjugá-los, igualmente quer compreender o mundo para subordiná-lo. Por isso procura constantemente novas superações, tanto que no final alcança o limite e vê que não alcançará nunca a superação última, mas que esta o alcança, de uma forma incompreensível, misteriosa.[27]

A longa citação descreve bem não só a necessidade existencial do sentido — e isto é facilmente compartilhado por todo filósofo e por todo cientista social —, mas sobretudo seu fundamento imprescindível na religiosidade-religião dos homens, que não pode fazer outra coisa senão "mostrar-se" no contínuo transcender-se no valor — e isto é mais problemático tanto filosófica quanto histórico-antropologicamente. É inútil procurar em toda a obra de van der Leeuw as motivações deste salto epistemológico que faz com que todo o horizonte de significado e, portanto,

toda a cultura dependam, de fato e de direito, da perspectiva religiosa: para um teólogo, toda a natureza depende do sobrenatural, e a cultura nasce da tensão entre a natureza humana e o sentido-valor do sobrenatural. Van der Leeuw nada tem de ingênuo e sabe, portanto, dissolver a estrutura teológica no contexto experiencial da vida, escondê-la na Filosofia da consciência, e até traduzi-la em termos de epistemologia husserliana, mas, quando o sistema ganha corpo, inevitavelmente reemergem na experiência de vida do *a priori* seja o sublime do *myterium*, seja a complexidade da *experiência criatural* de Otto. Não é por acaso que o *mysterium* existencial tem a mesma morfologia do saber fenomenológico sempre suspenso entre revelação e escondimento, entre interioridade prioritária e exterioridade subalterna, entre essência e manifestação, entre profundidade subjetiva e potência objetiva. Deste ponto de vista, a Fenomenologia da Religião de van der Leeuw serve-se da epistemologia, das categorias, do método e até da linguagem de Husserl, mas sua estrutura remonta à *Fenomenologia do espírito* de Hegel,[28] desde que, obviamente, substituamos *espírito* por *religião,* e isto é normal para um teólogo. A substituição é aqui sistemática: se a experiência vivida é, antes de tudo e principalmente, religiosa — *religiöses Erlebnis* —, a Fenomenologia da Religião torna-se Fenomenologia *tout court*, e se refere, pois, à existência humana e às relações que esta instaura com o pensamento. Obviamente, vivência e pensamento têm a mesma estrutura relacional justamente porque interagem num mundo que adquire valor e sentido exclusivamente nesta relação: assim, o objeto da religião, a *potência*, e o seu sujeito em contínua transcendência, o *Homo religiosus,* reenviam a um *além* do sentido e do valor, construído à imagem e semelhança do *além* teológico e teleológico. A Fenomenologia troca a perspectiva da indagação, mas deixa imutável a estrutura implicitamente cristã: a *potência* como objeto da religião é a generalização de um atributo divino, como o *Homo religiosus* é a generalização do fiel que caminha-peregrina na história. Estas generalizações comportam obviamente uma inversão epistemológica a respeito da Teologia: não mais a prioridade de Deus, mas de sua infinita *potência*, não antes *a fé*, mas sua característica de transcendência e sua capacidade de ultrapassar o que nós teimamos em considerar como o real. Consequentemente, até a linguagem é não apenas emprestada da Teologia, como também conserva seu valor semântico:

> Quando dizemos que Deus é o objeto da experiência religiosa vivida, devemos ter presente que Deus é frequentemente uma noção muito pouco exata; muitas vezes essa noção em nada se identifica com aquilo que habitualmente entendemos por Deus. A crença mais antiga é puramente empírica; diante da sensibilidade religiosa primitiva, aliás, durante boa parte de sua evolução na antiguidade, devemos portanto acostumar--nos a substituir o sobrenatural na representação de Deus pela simples noção do diferente, do heterogêneo, do extraordinário. A ideia corrente de uma absoluta dependência deve ser substituída por um sentimento geral de distância.[29]

A heterogeneidade extraordinária da *potência* remonta ao *totalmente Outro* de Otto[30] repensado em termos de poder de sentido e de transcendência no valor, conserva suas características e ambiguidades e até o processo particular para nos aproximar de seu colocar-se sempre *além (per viam negationis)*. O seu manifestar-se é obviamente universal: *mana* melanésio, os vários *tabus* do mundo, todas as coisas impregnadas de sacralidade, os mortos poderosos, os demônios, os anjos, até o Ser Supremo do racionalismo do século XVIII europeu e sobretudo o *absolutamente poderoso*, um Deus qu*e não tem nome*. Da transcendência empírica da experiência

primitiva chega-se à excelência do indizível, à transcendência do todo com respeito à parte e da interioridade com respeito à exterioridade (também das manifestações):

> Diante da figura e da vontade, procura-se, portanto, refúgio no impessoal, no anônimo e também na *interioridade*. A potência age não a partir de fora, mas do interior. Transcendente em relação ao homem (senão não seria objeto da religião), sua superioridade é, todavia, somente aquela do todo com respeito às partes [...]. Estas duas concepções — *Deus* e *alma* — se tocam; Deus torna-se a alma do mundo. Desse modo, o espírito humano retoma consciência das vias mais primitivas. A potência era a substância que dava uma alma, o limite entre Deus e a alma derivada da representação do *mana*. Ora, a partir do interior, a potência é levada ao absoluto, como a alma do mundo, em oposição consciente às potências que surgem do exterior.[31]

Não se trata aqui de uma evolução do objeto da religião, mas de uma grande analogia fundada na homologia da vivência: entre o *mana* e o *absolutamente potente* a diferença é interna à mesma estrutura simbólico-existencial, não entre sistemas histórico-sociais; no máximo, diferença entre graus de complexidade, não de natureza e essência. Assim, van der Leeuw, coerentemente com as reversões epistemológicas iniciais, para salvar a sistematicidade da analogia fenomenológica, inverte também o sentido e o valor do monoteísmo na *unicidade* e *totalidade da potência*: "Enfim, a potência que, sem nome, move-se no mundo é una, isto é, fora dela não há outra. É aqui, e não no monoteísmo, que a unicidade alcança sua impressionante plenitude".[32]

Em síntese, trata-se de um panteísmo do sentido (e do seu poder), mas basta revirar o sistema coerente das *inversões*-generalizações para reencontrar a consciência cultural do monoteísmo e o sentir difuso da suprema *Alteridade* da experiência cristã. A confirmação está na simetria da inversão-generalização do *sujeito da religião*: a invenção do *Homo religiosus*. É o homem de todos os tempos e de toda cultura, que, especialmente nos momentos de crise individual e coletiva, aspira compreender a inacessibilidade da existência, o valor da vida, até o sentido do limite supremo da morte. Nesta generalização há certamente a pressão do existencialismo e da crise do pensamento europeu, mas tudo isto é mediado também pelas pressões que a vida de fé cristã exerce no "espírito" cultural. Também a subjetividade é um *a priori* da história e das culturas: procede dos homens que administram a potência (do bruxo ao sacerdote) até as comunidades de que dela estão, de certa maneira, investidas (da família à igreja, da nação à *communio sanctorum*), até o lugar por excelência da subjetividade transcendental, a *alma-totalidade*, também aqui com a costumeira inversão com respeito ao saber teológico:

A ideia da alma nunca foi um meio para alcançar uma concepção ordenada e clara da consciência humana. Muito pelo contrário: desde o princípio, e sob a infinita variedade das suas estruturas, foi um meio para assinalar o sagrado no homem. O inconsciente pode ter uma alma: é o numinoso que confere ao ser vivo a consciência, e não o contrário [...]. As almas possuem um sustento, não são nunca puras essências. Bem entendida, a expressão *substância da alma* contém a ideia de potência. A mentalidade primitiva não distingue entre potência e substância. Pode-se, portanto, falar de *potência da alma* como se fala de sua substância. Nos dois casos, trata-se de certas substâncias poderosas, ou de uma potência inerente a uma substância.[33]

Também as manifestações da subjetividade religiosa remontam a uma analogia de fundo, sem levantar a hipótese de evoluções e histórias conjeturais: restam, em todo caso, as excelências da interioridade e as percepções do sublime e do inefável, que obviamente remonta à Teologia e à mística. Em suma, quando se chega ao limite supremo,

é necessário que o espírito seja vencido, superado, tanto pelo corpo como pela alma [...]. A este ponto não resta senão a *scintilla animae*, a profundidade da alma, que não pode ser descrita porque não contém senão Deus. O *fundus animae* é o lugar onde Deus e a alma são uma só coisa, a única e a mesma. O fundo da alma é a última representação possível da alma. Não é nem mais uma representação; isto demonstra que o homem que procura a alma no final das contas não a procura; aquilo que ele busca é sempre algo que está mais longe, muito além, *epekeina*. Tão perto e, apesar de tudo, extremamente elevado e sublime, Deus repousa no homem, lá onde o seu inexprimível coincide com o supremo indizível do homem.[34]

A subjetividade universal do transcender, quando deve enfrentar o limite da morte e do sentido, não pode não encontrar Deus na profundidade da alma: a transcendência absoluta é transcendência, como a salvação é a absolutização, e ao mesmo tempo o paradigma, de toda superação das crises que acompanham a existência. É, portanto, inútil mostrar aqui a relação entre *objeto* e *sujeito* como conjunto dos comportamentos práticos e institucionais da religião, ou as *Figuras* da religião na história da civilização: tudo é estruturado coerentemente com a mesma lógica que inverte humanamente a construção teológica e a generaliza em termos universalmente humanos, para depois no final redescobrir fenomenologicamente na Teologia cristã a excelência das manifestações e o sublime da potência infinita: o Cristianismo como *religião do amor* é a *conclusão*.

É, em vez, necessário enfrentar com rigor epistemológico o problema da inversão-generalização teológica: é evidente que todas as Ciências Humanas invertem, como faz a Fenomenologia da Religião, o sujeito e o objeto da religião considerada de um ponto de vista teológico: para a fé, Deus é o sujeito da religião, enquanto para os saberes histórico-sociais o ser humano se torna o objeto principal da pesquisa,[35] e a mesma coisa vale para o sujeito em sentido inverso. Este é óbvio e não suscita problema, mas van der Leeuw coloca-se *para além* disso:

> O objeto da religião é, para a fé, sujeito. Reciprocamente, o sujeito da religião é objeto para a fé. A Ciência da Religião tem diante de si um homem praticante, que oferece sacrifícios, reza etc. A fé vê um homem para quem alguma coisa aconteceu. A Fenomenologia descreve a conduta do homem em relação à potência, mas não deve se esquecer de que este homem determina ele mesmo a própria conduta ou a modifica depois de ter sido tocado pela potência. Todos os fiéis se comportam deste modo, desde o primitivo que sente a potência dele se aproximando e grita: *tabu!*, até o apóstolo que nos exorta a amar Deus porque Ele nos amou por primeiro (Jo 4,19).[36]

Como é fácil notar, não se trata só da banal oposição entre história e Ciência da Religião de um lado, e Teologia do outro, mas da transposição em toda história e cultura do relacionamento teológico em termos invertidos: se teologicamente Deus se revela aos homens, partir do pressuposto de que os homens se relacionam com as manifestações-revelações da potência é de fato conservar, invertendo-a, a mesma estrutura/relação da Teologia; se aceitamos que o primitivo se comporta em termos analógicos ao cristão, de fato lhe atribuímos uma fé implícita ou generalizamos nele, não necessariamente em termos evolucionistas, uma vivência cultural própria.

Uma e outra operação, ou dão por pressuposta a universalização do objeto religioso, o que não se pode demonstrar facilmente na e com a pesquisa histórico-comparativa, ou pressupõem a universalização da subjetividade religiosa como *a priori* da consciência — problema discutido e discutível também no interior da Fenomenologia filosófica. Quando van der Leeuw, cruzando etimologia latina e semântica cristã,[37] opõe o *Homo religiosus* ao *Homo negligens*, pode fazê-lo, sem embaraço epistemológico, somente porque já colocou teologicamente a religiosidade-religião como princípio de toda transcendência do sentido, e, consequentemente, como *a priori* do saber e de toda dinâmica do valor.

Da Teologia cristã, a Fenomenologia conserva a relação estrutural entre o homem e a transcendência, embora esta seja generalizada como transcendência e não exponha nunca esta estrutura à contingência histórica e à arbitrariedade antropológica: a religião-religiosidade é sempre um "dado" da natureza do homem, nunca um "querer" da história das civilizações. Por isso esta não tem nunca uma gênese e/ou um desenvolvimento cultural determinado, mas apenas formas distintas de manifestação, obviamente alternadas com modalidades ambíguas de ocultação e mistério. É possível de fato submeter à análise histórica e comparativa apenas as *Figuras* analógica e mutuamente conectáveis, nunca a morfologia geral e sistêmica, a estrutura *a priori*, o pressuposto do inefável e do eterno. A *potência* de van der Leeuw tem mais consistência filosófica que o *Sagrado* de Otto e "manifesta" menos a derivação teológica em sua tensão intelectual e deontológica, mas a estrutura é a mesma, como é idêntica a aproximação ao mistério. A religião-religiosidade é, todavia, princípio e fundamento *a priori* da *Kultur* e, portanto, da civilização: a Fenomenologia da Religião torna-se Fenomenologia da vida cultural, toda comparação histórica remonta à analogia de fundo, toda história se reduz à classificação tipológica.

A História das Religiões é para o fenomenólogo um saber limitado: de um lado (de fato), analisa apenas as "manifestações" externas — e de modo parcial: nenhum tipo de *Erklären* tem acesso ao *mysterium*! —, de outro, não leva em conta (de direito) a subjetividade e a riqueza de seu imaginário; em suma, possui uma visão objetivista e por demais naturalista. O historicismo histórico-religioso leva, em vez, sempre ao interior de uma perspectiva comparativa, a subjetividade e a sua relação com o objeto no interior de sua perspectiva comparativa: o que não pode fazer é transformar cada relação histórico-cultural em relação estruturalmente religiosa, justamente para evitar etnocêntricas projeções teológicas em escala mundial. Para uma História das Religiões integralmente humana, o sujeito é o *Homo faber,* eventualmente também da religião — não em todo lugar e sempre *por princípio* metafísico ou por *a priori* transcendente-transcendental —, e outrossim no interior de uma civilização, entendida como sistema complexo historicamente determinado e antropologicamente arbitrário. Se esta quer ser totalmente história, deve mostrar as relações complexas entre a religião e outros códigos da vida cultural, e sobretudo expor, com e na comparação, o processo de verificação e/ou falsificação de toda religião-religiosidade.

Consequentemente, também o *objeto religioso* da Teologia e da Fenomenologia *pode* — *não deve!* — ser frustrado. No pensamento e na pesquisa de van der Leeuw, em vez, todas estas relações de complexidade são paradigmáticas e unidirecionais: nascem, desenvolvem-se e sublimam-se na e com a religião: elas se põem e se impõem como essência e sentido fundamental da vida, do saber e até do imaginário. A religiosidade não se resolve nunca historicamente em algo diferente de si, mas sempre e apenas teologicamente *além* de si.

"E a razão — uma razão não puramente contingente, mas sim intrínseca e essencial —, a razão *verdadeira, é que a Fenomenologia reconhece antes o valor instrumental da história, mas idealmente* tem a tendência de transcender a história erigindo-se como ciência religiosa por si mesma, distinta da história."[38] Aplicar a todas as civilizações a própria vivência cultural, inclusive da fé e da transcendência, é, em vez, pela história comparativa, um etnocentrismo acrítico e uma espécie de Teologia implícita, para todo tipo de epistemologia um paradigma que não admite verificação e/ou desmentidos histórico-sociais. Por outro lado, toda estrutura transcendente e/ou transcendental escapa da lógica da descoberta científica: não é, em todo caso, inteiramente verificável porque não se "manifesta" nunca totalmente, e não é, pois, falsificável. Nesse sentido, a Fenomenologia da Religião é um saber total e totalizante como a Teologia: ou concordamos com ela em profundidade, *a priori;* ou a refutamos radicalmente, *a posteriori,* a partir dos desmentidos que a história comparativa não pode deixar de imprimir a ela. Foi o que aconteceu, não por acaso, ao pensamento de Mircea Eliade, que é a "manifestação" mais generalizada e mais difusa do que estamos dizendo, e, bem por isso, de certa maneira, também a mais inflacionada.

Mircea Eliade e a generalização da Fenomenologia da Religião

Eliade não é teólogo, por isso ele percebe os limites de Otto e de van der Leeuw: as análises do primeiro são incompletas porque privadas da análise do mito, e portanto implicitamente do pensamento primitivo, enquanto o segundo se limita a esclarecer as estruturas internas dos fenômenos religiosos, e a sublinhar a impossibilidade de reduzi-los a estruturas sociais, a funções psicológicas ou exclusivamente racionais.[39] Por isso, desde o início de seus estudos, Eliade ocupa-se do mito como estrutura fundamental da vida primitiva, ou melhor, da vida e do pensamento *tout court*;[40] e alarga o horizonte do *Sagrado*, entendido como horizonte geral do sentido, a toda a realidade sociocultural com a dialética *Sagrado/profano*.[41] O mito não é uma narrativa de aventuras imaginárias e/ou de acontecimentos que servem para delinear uma lógica, mas é antes uma séria explicitação da realidade da vida e dos fundamentos substanciais do pensamento: a narração da originária percepção do mundo por parte do sujeito e, portanto, do fundamento original e arquetípico da complexidade do real. O mito não se limita a remeter, de algum modo, ao sentido do pensamento e da realidade, mas funda sua estrutura e sua forma substancial: sua "manifestação" prioritária — prioridade estrutural,[42] nunca cronológica! — está no pensamento apenas porque sua *alteridade radical* se exprime no espírito da linguagem, e sua aparente conexão diacrônica e discursiva dos eventos remete ao paradigma sincrônico que une sentido e valor, ontologia e dever-ser, causa eficiente e causa final. O mito "revela" a potência constitutiva do pensamento e as dimensões que esta imprime às realidades socioculturais entendidas como lugares antropológicos e momentos históricos de uma hierofania onipresente. Em última instância,

o mito delineia um percurso paradigmático e arquetípico ao qual a realidade, toda realidade, deve se adequar para continuar a ter sentido no presente histórico ou, ao menos, a evocá-lo na recordação e na nostalgia da vivência ritual do relato. O rito é, não por acaso, uma repetição existencialmente forte do mito, um autêntico espaço-tempo que permite dar sentido às contínuas contingências do ser-aqui e do cotidiano com a vivência autêntica do ser e da festa: um reviver a experiência fascinante do sublime que se coloca nos primórdios do tempo e da significação, como *logos* do *Sagrado* e de suas *manifestações*. Este vocabulário eliadiano evidencia a plena continuidade de pensamento da Fenomenologia da Religião: Otto não devia descuidar do mito porque este narra a origem-fundamento do *Sagrado* e delineia, de certa maneira, sua estrutura, enquanto sua potência constitutiva da realidade de fato evoca o *a priori* da relação instituinte de van der Leeuw. O mito e toda a Fenomenologia da Religião de Eliade não delineiam uma perspectiva, mas movimentam um destino. Isso é ainda mais verdadeiro quando se passa a analisar a realidade de um ponto de vista histórico-cultural: esta ou está ligada à autenticidade e à poderosa plenitude das origens, principalmente com a repetição ritual do paradigma arquetípico, e é, portanto, prenhe de sentido; ou, por variados acontecimentos, sobretudo por causa da história que insere contínuas mudanças no interior do paradigma, até com a pretensão de mudar sua estrutura, se afasta do relato de fundação e perde dramaticamente todo horizonte de significação.

Em suma, o mito remete, com suas estruturas de continuidade de tempo e de espaço, *ao paradigma do sagrado*, enquanto qualquer outro tipo de percepção da realidade, e especialmente a história, recai inevitavelmente na *existência do profano*. O sagrado pertence a uma ordem de realidade *totalmente outra*, que Eliade chama genericamente *transumano*, com respeito aos lugares históricos de suas manifestações e às realidades que fazem parte do *mundo profano*. Por outro lado, se o profano é o produto de inevitáveis processos histórico-culturais de dessacralização das origens, a *sacralidade* de Otto e a *potência* de sentido de van der Leeuw são generalizadas, seja no nível ostensivo do valor, seja no nível extensivo da comparação antropológica. O *sagrado* de fato depende estruturalmente da percepção originária, por parte do homem, da superioridade e da potência da Natureza-Mundo, no que diz respeito à própria precariedade: daqui vem a atração fatal — *fascinans* — à qual o pensamento não está em condições de resistir, e o inevitável sentido de dependência e de angústia — *tremendum* — que acompanha o vivido. A relação fundamental é aquela dos homens com a natureza, ou melhor, aquela entre Natureza in(de)finit(d)a e finitude do homem: uma percepção *a priori* de uma hierarquia ontológica. A reproposição da clássica relação entre sujeito e objeto e sua inversão hierárquica Natureza-Mundo/homem projeta na natureza o valor do *Sagrado* de Otto e o princípio-fundamento da *potência* de van der Leeuw: são, portanto, subalternas não apenas as relações sociais entre os homens, mas também as relações entre os homens e as divindades, que desde sempre definem a religião. Mais: em nível extensivo, procede-se da hierofania mais elementar (numa árvore ou numa pedra) até a mais complexa (pensemos na encarnação de Deus em Jesus Cristo) sem solução de continuidade, e com uma ulterior inversão com relação a Otto e a van der Leeuw.

O que nos parece mais complexo não é, para Eliade, mais autêntico, especialmente quando se afasta da pura forma das origens em uma série de camuflagens histórico-culturais: longe de levantar hipóteses sobre evoluções e progressos, ele tende a identificar a experiência histórico-cultural primitiva com aquela primordial da consciência, porque não ainda mediada pelas arbitrárias construções dos homens. A generalização da Fenomenologia da Religião eliadiana é teórica e prática, subjetiva e objetiva ao mesmo tempo: o *a priori* da consciência está sempre diante da Natureza-Mundo, que é universal — basta pensar no "Cristianismo cósmico"! —, as hierofanias caracterizam todas as culturas do tempo e do espaço. Com relação à riqueza do mundo social colocado na sombra por van der Leeuw, este é plenamente recuperado na dispersão infinita do profano, enquanto sua história é contada pelo processo de dessacralização do mundo: como se vê, a generalização é até histórico-antropológica, planetária!

As consequências epistemológicas precipitam-se: também deste ponto de vista, a generalização exaspera todas as antinomias metodológicas da precedente Fenomenologia das religiões. A primeira refere-se diretamente à religião-religiosidade: está incluída no *Sagrado*, como o todo na parte, porque, de fato, para o pensamento de Eliade, o Sagrado é a *generalização naturalista da religião*. Não há, pois, História das Religiões ou esta é reduzida a mera morfologia da sacralidade, a historicização das várias hierofanias no mundo. E as hierofanias mais consistentes sistematicamente e as mais difusas em nível antropológico, como, por exemplo, os grandes monoteísmos da história, não são necessariamente as mais importantes e/ou as mais adequadas para o sentido da vida. A generalização teológica de Otto e van der Leeuw chega, assim, a seu ponto mais completo, ou melhor, transborda sobre si mesma, consumando-se na inflação inevitável: este naturalismo é muito mais pagão que cristão.[43] É possível acrescentar que este êxito é o fruto da retórica interpretativa que transformou a epistemologia e as ambiguidades da Fenomenologia da Religião numa perspectiva geral, confundindo método e valor. Se o sagrado é a generalização da religião, o profano torna-se a generalização de todos os outros códigos da vida social: não por acaso, no profano misteriosamente se manifesta e se oculta o sagrado, e a religião continua não se resolvendo nas relações sociais e nas estruturas simbólicas. Mais: a oposição Sagrado/profano não remete a uma complementaridade descritiva e/ou analítica que alarga o horizonte do possível e do pensável, mas a uma hierarquia dialética que subordina a matéria ao espírito, o histórico ao eterno, a formação à forma, o desenvolvimento às origens, o rito ao mito, e tudo o que já se manifestou ao poder arbitrário do manifestar-se. Esta dialética está continuamente em ação porque Eliade a funda antes no valor da percepção originária e, depois, a usa no método e na interpretação. Assim, Sagrado/profano, que na tradição ocidental é uma oposição interna ao religioso, torna-se a chave de entrada de todo sistema. Por outro lado, a sacralidade não pode e não se deve resolver em outro além de si, mas somente manifestar-se no profano. De fato, o próprio se manifestar é um degenerativo. A Fenomenologia de Eliade produz juízos de valor no mesmo momento em que indica elementos de juízo histórico, justamente porque o transcendente da Teologia e o transcendente da Filosofia da consciência são generalizados na ontologia da relação universal com a Natureza-Mundo.

Esta grande construção intelectual é verificável? E sobretudo é falsificável? Talvez, de certa maneira, verificável! Mas somente se transformarmos o processo de verificação em hermenêutica: as contas sempre voltam quando, entre teoria-síntese e sistemas histórico-sociais, existe uma homologia estrutural, uma eterna correspondência entre ontologia e epistemologia. Tudo obviamente

é confiado ao saber-poder do intérprete, ao uso retórico de uma ambiguidade do pensamento que se esconde na dialética epistemológica. Os custos são muito altos para todos: de um lado, um saber não generalizável e por isso perigoso para toda *pólis* bem orientada — a gnose é incompatível com a democracia dos modernos, e Eliade parece não estar muito preocupado com isso! —, de outro, a renúncia definitiva ao progresso do conhecimento, entendido neste campo como alargamento dos horizontes de sentido, graças à abertura para as novas relações entre civilização — e Eliade parece indiferente a tudo isto, talvez porque sempre mais interessado nas origens.

Mas certamente tal construção também não é falsificável: a Teologia da revelação--manifestação, com toda a cumplicidade do mistério, continua presente como pressuposto indispensável da dialética e da hierarquia *Sagrado/profano*, aliás, a ontologia subjacente multiplica e generaliza sua ambiguidade epistemológica e interpretativa. O percurso da Fenomenologia da Religião alcança o seu fim, o seu cumprimento e junto o seu final: antes, a Teologia foi generalizada no sagrado com a consequente transformação do transcendente em transcendental da consciência; agora, com Eliade, o transcendental se materializa na generalização da Natureza-Mundo, que, por sua vez, se manifesta na ênfase geral do profano: um processo dialético de generalizações sobrepostas que não permite mais distinções analíticas e remete, como Eliade mesmo sublinha, a uma *coincidentia oppositorum*. Uma grande analogia em escala mundial que não ajuda a compreender a complexidade da história e a incluir as grandes diferenças das civilizações, justamente porque a *coincidentia oppositorum* pode garantir o acesso à ontologia (especialmente aquela dualista), mas não permite o exercício da falsificação da lógica histórico-científica. Uma História das Religiões aberta deveria ser falsificável para expor as próprias teorias-síntese às contingências da história e à arbitrariedade antropológica. Só assim, de um lado, pode evitar que o inevitável etnocentrismo de partida se transforme em horizonte epistemológico universal, e, de outro lado, utilizar o processo de falsificação para elaborar teorias-síntese mais gerais, embora nunca definitivas e universalistas. A Fenomenologia da Religião de Eliade, em vez, não é falsificável exatamente pela sua pretensão universalista em nível epistemológico e pela generalização planetária de preocupações existenciais e de tensões tipicamente ocidentais do pensamento. Toda alteridade cultural é assim interpretada à imagem e semelhança de um *totalmente Outro* elaborado no Ocidente e imposto ao mundo.

A meu ver, a Fenomenologia da Religião está hoje em crise graças à hipertrofia interpretativa que está na base de sua implosão teórica, e sobretudo por sua obstinada recusa ao processo de falsificação, o que provocou seu esvaziamento. Como foi acenado no início, de um lado, a explosão social e política das grandes religiões esvaziou o *objeto* religioso, a sacralidade no seu valor originário e na sua autenticidade arcaica: estas falam a linguagem forte e direta da transcendência e não aquela sublimada e misteriosa do transcendental, encarnam-se na política das relações sociais e não se manifestam na relação com a Natureza-Mundo. Os fundamentalismos políticos e religiosos fazem da Fenomenologia uma espécie de estética que não faz falta a ninguém. De outro lado, a reivindicação de uma subjetividade histórica e sistêmica por parte das grandes civilizações e a sua produção de diferenças com e nas relações globais tornaram supérfluo o *sujeito religioso*, ao tomarem consciência de sua dispersão e talvez de seu definitivo desaparecimento.

Lévi-Strauss já havia talvez intuído tudo isso na década de 1950:

> Teria sido necessário ampliar a capacidade de nossa lógica para nela incluir operações mentais, aparentemente distintas das nossas, porém com idêntico direito intelectual. Ao contrário, o que se fez foi procurar reduzi-las a sentimentos informes e inefáveis. Esse método, conhecido pelo nome de Fenomenologia da Religião, muitas vezes se revelou estéril e irritante.[44]

A História das Religiões pretende, em vez, incluir tudo o que nos obstinamos a considerar metaistórico a fim de ampliar a capacidade de nossa lógica. Em suma, ela é a contínua tentativa da razão de sair do mistério e de voltar a compreender suas ambiguidades em termos totalmente humanos.

Referências bibliográficas

ARCELLA, Luciano; PISI, Paola; SCAGNO, Roberto (orgs.). *Confronto con Mircea Eliade*; archetipi mitici e identità storiche. Milano: Jaca Book, 1998.

DE MARTINO, Ernesto. Storicismo e irrazionalismo nella storia delle religioni. *SMSR*, v. XXVIII (1957), pp. 89-107.

_____. *La fine del mondo*; contributo all'analisi delle apocalissi australiane. Torino: Einaudi, 1977.

DHAVAMONY, Mariasusai. *Phenomenology of religion*. Roma: Università Gregoriana Editrice, 1973.

DUBUISSON, Daniel. *Mythologies du XX siècle*; Dumezil, Lévi-Strauss, Eliade. Lille: Presses Universitaires de Lille, 1995.

ELIADE, Mircea. *Le mythe de l'éternel retour*; archétipes et répétition. Paris: Gallimard, 1949.

_____. *Traité d'histoire des religions*. Paris: Payot, 1949.

_____. *Aspects du mythe*. Paris: Gallimard, 1963.

_____. *Le sacré et le profane*. Paris: Gallimard, 1965.

_____. *The Quest*; History and Meaning of Religion. Chicago: The University of Chicago Press, 1969.

_____. *Histoire des croyances et des idées religieuses*. Paris: Payot, 1976-1983. 3v.

FLOOD, Gavin. *"Beyond Phenomenology"*; Rethinking the Study of Religion. London: Cassell, 1999.

GASBARRO, Nicola (org.). *Le culture dei missionari*. Roma: Bulzoni, 2009.

HUNTINGTON, P. Samuel. *The Clash of Civilizations and the Remaking of World Order*. New York: Simon & Schuster, 1996.

JANIK, Allan; TOULMIN, Stephen E. *Wittgenstein's Vienna*. New York: Simon & Schuster, 1973.

KEPEL, Gilles. *La revanche de Dieu*. Paris: Seuil, 1991.

LEEUW, Gerardus van der. *Phänomenologie der Religion*. 2. ed. Tübingen: J. C. B. Mohr, 1956; tr. it. *Fenomenologia della Religione*. Torino: Boringhieri, 1975.

LÉVI-STRAUSS, Claude. *Anthropologie structurale*. Paris: Plon, 1958; tr. it. *Antropologia strutturale*. Milano: Il Saggiatore, 1966.

LYOTARD, Jean-François. *La condition postmoderne*. Paris: Les Editions de Minuit, 1979.

MCCUTEON, Russell T. *The Discipline of Religion*; Structure, Meaning, Rhetoric. New York: Routledge, 2003.

OTTO, Rudolf. *Das Heilige*; über das Irrationale in der Idee de Göttlichen und sein Verhältnis zum Rationalen (1917); tr. it. *Il Sacro*; l'irrazionale nell'idea del divino e la sua relazione al razionale. Bologna: Zanichelli, 1926.

PETTAZZONI, Raffaele. Gli ultimi appunti (organizado por Angelo Brelich). *SMSR*, v. XXXI (1960), pp. 23-55.

_____. *L'onniscienza di Dio*. Torino: Einaudi, 1955.

_____. *Il metodo comparativo*. Numen, v. 6 (1959), pp. 1-14.

_____. History and Phenomenology in the History of Religions. In: *Essays on the History of Religions*. Leiden: Brill, 1967.

POPPER, Karl R. *The Logic of Scientific Discovery*. New York: Harper & Row, 1968.

SABBATUCCI, Dario. *Sommario di storia delle religioni*. Roma: Bagatto, 1987.

_____. *La prospettiva storico-religiosa*; fede, religione e cultura. Milano: Il Saggiatore, 1990.

STRENSKI, Ivan. *Four Theories of Myth in Twentieth Century History*; Cassirer, Eliade, Lévi-Strauss and Malinowski. Iowa City: University of Iowa Press, 1987.

STRENSKI, Ivan. *Relion in Relation*; Method, Application and Moral Location (Stydies in Comparative Religion). Columbia: University of South Carolina Press, 1992.

VÁSQUEZ, Manuel A. *More than belief*; a Materialist Theory of Religion. Oxford: Oxford University Press, 2011.

WASSERSTROM, Steven M. *Religion after Religion*; Gershom Scholem, Mircea Eliade and Henri Corbin at Eranos. Princeton: Princeton University Press, 1999.

Notas

[1] Traduzido do italiano por Agnese Costalunga e Afonso M. L. Soares.

[2] "Em toda mente humana foi impressa divinamente a ideia de Deus. Que Deus existe, todos os homens o sabem, pela inclinação de sua própria natureza, sem necessidade de conhecimento científico ou indutivo [artificial], e toda mente humana tem em si a noção de Deus impressa pela fonte divina. Nunca existiu povo tão selvagem e primitivo que fosse, que não ti-

vesse acreditado na existência de uma divindade que tudo criou".

3 Veja-se o belo trabalho de G. Flood, *"Beyond Phenomenology"*. A pesquisa nasce das exigências práticas de novas prospectivas, ainda que a prática dialógica e reflexiva reduza seu impacto inovador.

4 Lyotard, *La condition postmoderne*, que recoloca em discussão toda a construção universalística da modernidade.

5 Gasbarro (org.), *Le culture dei missionari*, pp. 7-69. R. Otto utiliza as missões para sublinhar uma predisposição do espírito dos selvagens, portanto em função do *a priori* da consciência: "O que mais poderia ter induzido 'selvagens', em tudo o mais imersos num ambiente de bárbaras superstições, a aceitar e a considerar semelhantes noções 'importadas', se no próprio espírito desses selvagens já não houvesse uma predisposição, que apenas os impedia de renunciar, como também os obrigava a, pelo menos, se interessar por elas, fixando nelas a atenção, e com muita frequência sentir e reconhecer nestas o testemunho da própria consciência?" (Otto, *Il Sacro*, cap. XVIII, p. 194). É um claro exemplo de uso acrítico e aproblemático do universalismo objetivo da religião para demonstrar o universalismo subjetivo da religiosidade. É obviamente possível também o inverso: frequentemente a Fenomenologia da Religião está na base da Sociologia e da Antropologia das religiões e, de forma mais geral, da "science of religions", a ponto de legitimar em nível teórico e metodológico os "religious studies". A sorte da Fenomenologia da Religião nos EUA, sobretudo graças à obra de M. Eliade, mesmo quando é difundida como *History of Religions*, esconde este nó teórico que tem toda a força de um "círculo vicioso": o poder acadêmico e a difusão na cultura de massa não consegue esconder suas contradições. Por outro lado, o subjetivismo transcendental do "sagrado" eliadiano torna-se facilmente compatível com a variedade das tradições e das práticas religiosas norte-americanas e, principalmente, com o *a priori* cultural da "religião civil".

6 Veja a este respeito o volume *Confronto con Mircea Eliade*, fruto de um Congresso Internacional organizado há dez anos sobre o grande fenomenólogo.

7 Como Strenski sublinhou eficazmente, a *religião* está sempre *em relação* com outros códigos culturais de maneira variável: sem relações não somente não há história social, mas sobretudo é impossível submeter à historicidade tudo o que nossa cultura se obstina a pensar em termos metaistóricos e/ou transcendentais.

8 Veja sobretudo De Martino, *La fine del mondo*, passim.

9 É típico da história das religiões italiana, fundada por Raffaele Pettazzoni como possível "terceira via" entre o cientificismo positivista da "civilização" e o neoidealismo espiritualista da "Kultur".

10 MacCutcheon, *The Discipline of Religion*, p. 209.

11 Pettazzoni, *Gli ultimi appunti*, p. 35.

12 Pettazzoni, History and Phenomenology in the History of Religions, p. 218.

13 Possuem um valor maior do uso quase descritivo que faz Vásquez: constituem de fato explicitações sistemáticas de uma diferente prospectiva que implica método e epistemologia, teoria e valores culturais subjacentes, impossíveis de tratar neste breve escrito. Pelo menos nessa oposição radical à Fenomenologia da Religião, a história das religiões italiana, pelo menos aquela leigamente coerente com as opções fundamentais da historicidade, possui bem poucas possibilidades de chamadas de atenção..., ou melhor, os fatos histórico-religiosos e o desenvolvimento da disciplina (também nos EUA) deram-lhe razão.

14 *Die Krisis der europäischen Wissenschaften und die transzendentale Phänomenologie* é publicação póstuma em 1954 e recolhe uma série de conferências acontecidas em Viena e em Praga em 1935, em plena crise política e cultural.

15 O seu trabalho *Natürliche Theologie und allgemeine Religionsgeschichte* foi publicado em Estocolmo em 1913.

16 É necessário lembrar que toda a obra de R. Pettazzoni, fundador da história das religiões na Itália, é desde o início antitética àquela de Schmidt: uma opção epistemológica e uma prospectiva teórica fundamentais para o futuro da disciplina. Para Pettazzoni, "a teoria do monoteísmo primordial resulta em um compromisso entre a pesquisa histórica e a Teologia" (*L'onniscienza di Dio*, p. 6). Para Dario Sabbatucci, discípulo de Pettazzoni, esta teoria é um "produto metaistórico da etnologia histórica" (*Sommario di storia delle religioni*, pp. 79-80).

[17] "A diferença entre o racionalismo e o seu contrário está, melhor falando, em uma singular diversidade qualificativa das disposições de ânimo e do valor intrínseco da religiosidade mesma" (*Il Sacro*, cap. I, p. 3). Por outro lado, a "tendência a racionalizar predomina ainda, e não só na Teologia, mas também em geral nas pesquisas religiosas. Também nossas indagações sobre os mitos, como o estudo das religiões dos primitivos e as tentativas de reconstrução das origens e das causas primeiras das religiões etc. Estão subjacentes a esta tendência" (ibid., p. 4).

[18] Ibid., cap. III, tr. it., pp. 12-13.

[19] Ibid., cap. IV, tr. it., pp.16-17.

[20] Ibid., cap. IV, tr. it., p. 21.

[21] Ibid., cap. VII, tr. it., p. 49.

[22] Ibid., cap. XVII, tr. it., pp. 171-172 e 175.

[23] É uma evidente crítica da tese de A. Lang e sobretudo de W. Schmidt: este monoteísmo é para Otto um "aborto da apologética missionária, que, mirando salvar o segundo capítulo do Gênesis, também sente a vergonha de um moderno diante do passeio de Javé no jardim" (ibid., cap. XVIII, tr. it., p. 193). Aqui Otto não parece criticar uma reconstrução das origens (também porque elabora outra!), mas um saber histórico-cultural de tipo científico-objetivo em nome de uma compreensão subjetiva, também no interior de uma dialética oposicionista entre Teologia protestante e Teologia católica, projetar na comparação antropológica. Obviamente, hoje as "conjecturas" de W. Schmidt e de R. Otto evidenciam a simetria teológica e a inversão epistemológica dos seus respectivos saberes sobre as religiões do mundo.

[24] Ibid., cap. XX, tr. it., pp. 210-211.

[25] Leeuw, *Fenomenologia della Religione*, § 109. 1, tr. it., pp. 529-530.

[26] Ibid., § 109, 1, tr. it., p. 532. É implícita aqui uma determinada maneira de fazer história e a prioridade epistemológica da Fenomenologia sobre a história. Também para o historicismo "a história é sempre história do presente", mas não em continuidade-analogia com o vivido interior, que inevitavelmente conduz a tipologias anistóricas e a "figuras" antropológicas.

[27] Ibid., § 110, 1, tr. it. pp. 536-537.

[28] Este sentido está explícito no título da tradução inglesa da obra: *Religion in Essence and Manifestation; a Study in Phenomenology* (2 volumes, New York: Harper & Row, 1963).

[29] Leeuw, *Fenomenologia della Religione*, § 1, 2, tr. it., pp. 7-8.

[30] Leeuw escreve: "É ainda Otto que fala do completamente diferente Encontrou a designação exata. As religiões adotaram a palavra 'sagrado'. 'Sagrado', em alemão *heilig*, deriva de *Heil*, 'saúde', 'potencialidade'. Os termos correspondentes semítico e latim (*qädeš, sanctus*) e a expressão primitiva (*tabu*) significam fundamentalmente 'separado', 'posto ou colocado separadamente'. Estes dois significados reunidos descrevem o que acontece na experiência religiosa vivida: uma potência estrangeira de todo diferente insere-se na vida. Diante disso, a atitude do homem é primeiramente uma atitude de estupor (Otto) e no final de *fé*" (ibid., § 110, 2, tr. it. p. 537). Num contexto de Teologia protestante, é possível pensar, também existencialmente, o estupor diante do *totalmente Outro* como generalização de um sentimento fundamental de experiência de fé.

[31] Ibid., § 21, 3, tr. it., p. 145.

[32] Ibid., § 21, 4, tr. it., p. 145.

[33] Ibid., § 39, 1, tr. it., pp. 219-220.

[34] Ibid., § 32, 6, tr. it., p. 241.

[35] Ibid., § 1, 1, tr. it., p. 7.

[36] Ibid., § 22, 1, tr. it., p. 151.

[37] "A etimologia mais *verossímil* faz derivar a palavra *religio* de *relegere*, 'observar', 'ficar atento'; *Homo religiosus* é o contrário de *Homo negligens*" (ibid., § 4,4, tr. it., p. 30). Conservando a estrutura, pode-se, historicamente falando, dizer que *relegere* remetia a uma atenção e a uma observância que precisava vir em cada relacionamento humano e tornava-se "religião" em sentido nosso somente quando esta relação voltava-se aos deuses, quando se passava de um sentido geral a um particular. Se é totalmente invertido e sustenta-se que a observância e/ou estar atentos aos deuses ou abrir-se à sua potência está na base de cada observância (de valores) e de atenção (ao sentido), impõe-se assim uma inversão do sentido particular-teológico que se torna geral-humano e filosófico *a priori*. Não considerar este nó epistemológico e crítico é uma verdadeira *negligência* histórico-comparativa da Fenomenologia da Religião de Van der Leeuw.

[38] Pettazzoni, *Il metodo comparativo*, p. 10.

[39] Eliade, *The quest,* passim no capítulo II.

40   Sobretudo Eliade, *Le mythe de l'éternel retour*; *Aspects du mythe.*

41   Sobretudo em Eliade, *Le sacré et le profane*; *Traité d'histoire des religions.*

42   Somente graças a uma reflexão deste tipo a história das religiões pode ser reduzida a *Histoire des croyances et des idées religieuses*! Também a prioridade das ideias sobre as crenças não é cronológica.

43   É verdadeiramente incompreensível a sorte da Fenomenologia da Religião, e sobretudo daquela eliadiana, no mundo católico (ver, por exemplo, o trabalho do jesuíta Dhavamony, *Phenomenology of Religion)*: Teologia protestante como ponto de partida e generalização da religião no sagrado naturalista como ponto de chegada: uma espécie de percurso comparativo e antropológico da morte de Deus!

44   Lévi-Strauss, *Antropologia strutturale*, cap. XI, tr. it., p. 232.

Filosofia da Religião

SCOTT RANDALL PAINE

Introdução

Religião e Filosofia seguiram, historicamente, caminhos ora paralelos, ora divergentes ou convergentes. O fenômeno religioso começou a chamar a atenção dos filósofos com nova urgência com o surgimento de dois fatores históricos: (1) o estudo não confessional dele a partir do século XVIII, em perspectiva histórica, Linguística, antropológica, sociológica e psicológica; (2) em parte como resultado do primeiro fator, a proliferação de novos dados sobre três universos religiosos até então pouco conhecidos: religiões orientais, religiões extintas e religiões ágrafas. Destaca-se também na Filosofia contemporânea interesse reanimado na epistemologia da crença e na Fenomenologia da experiência e linguagem religiosas, na relação entre religião e ciência, no problema do mal e da liberdade humana, como também em antigos e novos argumentos — pró e contra — acerca da existência e natureza de Deus. Ao mesmo tempo, o múnus do comparatista da religião está sendo exercido cada vez mais por filósofos. Examinaremos neste capítulo tanto a relação histórica entre religião e Filosofia, como os temas e problemáticas que deram ocasião ao nascimento da disciplina atual da Filosofia da Religião. Suas correntes principais também serão esboçadas.

Orientações conceituais

Antes de prosseguir, daremos definições de trabalho das duas palavras em pauta. Em todas as Ciências Humanas talvez não haja outro par de termos mais prolífero de uma turba de definições concorrentes. Mas, longe de ser sintoma de indefinibilidade, é antes marca de hiperdefinibilidade tal abundância de definições. Uma realidade densa e intensa atrai palavras como abelhas ao mel. Mas recusar definição é recusar inteligibilidade, e dificultar diálogo.

A Filosofia, para preservar sua identidade diante de um exército de novas Ciências Naturais e sociais, continua reivindicando uma espécie de universalidade e de fundamentação, mas de formas bem diversas. Alguns visam a abrangência por meio de projetos de sistematização e inclusividade da parte do conteúdo tratado — de Plotino até Spinoza e Hegel (uma opção, porém, hoje em dia quase inexistente). Mais modestamente, é antes por parte da abordagem, ou do método, que outros visam isolar apenas princípios reais de aplicação geral (Platão, Aristóteles), ou princípios subjetivos que jazem no fundamento de todo conhecimento possível (Kant), ou de toda linguagem usável na sua articulação (primeiro Wittgenstein), de todo enfrentamento com um fenômeno qualquer (Husserl), de todo processo histórico em que o ser humano se acha envolvido (Marx), ou, mais recentemente, de todo processo de pensamento em suas estruturas e linguagem (Filosofia analítica), entre outros. Apesar dessas divergências, o filósofo continua a aspirar a uma reflexão de qualquer forma "sinótica" (segundo a expressão do Platão), seja qual for o ângulo escolhido para propor sua visão fundante. Em vez de buscar saber tudo (possível) sobre algo (como nas ciências particulares), ele pretende saber algo sobre tudo (seja esse algo aparatoso ou comedido). Seja dito de passagem que mesmo recuos de toda pretensão à universalidade e fundamentação não carecem, paradoxalmente, da precisamente idêntica reivindicação, só em chave negativa. E essa pretensão é que já traz a Filosofia perto do recinto religioso.

Definições da religião são ainda mais variadas e polêmicas.[1] Sugiro aqui apenas quatro parâmetros que parecem indispensáveis em qualquer tentativa de contornar a natureza da religião segundo o autoentendimento das próprias religiões e seus aderentes, em forma de quatro convicções: (1) a de que existem níveis heterogêneos do real superiores àqueles registrados por nossos sentidos;[2] (2) a de que nossa relação com tal transcendência é de suma importância; (3) a de que, por qualquer razão, essa relação foi interrompida ou perturbada; (4) a de que, consequentemente, uma religião se apresenta como meio de restaurar e sanar essa relação ("religá-la") por uma operação, iniciativa ou princípio provindo da dimensão transcendente mesma e não de criação humana só (embora a *resposta* humana produza uma impressionante aparelhagem cultural), e na qual uma realidade ou perspectiva superior penetra e transforma a pessoa humana. (Adianto que também no Budismo a realização do estado de iluminação, mesmo se atingido sem referência a uma entidade transcendente, envolve uma subjetividade transcendente que supera a consciência cotidiana de maneira radical.)

Veremos que as questões estudadas pela Filosofia da Religião estruturam-se ao longo desses quatro eixos: (1) a discussão da existência e natureza de Deus ou de algo imaterialmente transcendente (metafísica e questões ontológicas e lógicas ligadas); (2) as justificativas da crença, a experiência religiosa, a mística e os milagres (epistemologia, Antropologia filosófica, Ciências Cognitivas); (3) o problema do mal e do livre-arbítrio (teodiceia, ética); (4) as estruturas religiosas cognitivas, morais e rituais, ou o credo, o código e o culto (Fenomenologia e Filosofia comparada das religiões).

Cabe observar que não existem termos pontualmente equivalentes aos vocábulos ocidentais de Filosofia e religião nas línguas semíticas, indianas e extremo-orientais. Contudo, as realidades designadas por esses termos têm palavras e expressões análogas nas línguas orientais e, de qualquer forma, sempre existem descrições perifrásticas de equivalência aproximada.

Antecedentes da Filosofia da Religião

Podemos entrever três tentativas históricas de relacionar Filosofia e religião antes do surgimento da Filosofia da Religião propriamente falando: (1) Filosofia *é* religião, ou vice-versa (identidade); (2) Filosofia *e* religião (paralelismo); e (3) Filosofia *na* religião (Teologias e metafísicas religiosas). Cada uma dessas relações continua vigente hoje, em formas diferentes, mas uma breve consideração de suas histórias nos ajudará a entender as precondições à gênese de uma reflexão sobre religião, nos últimos dois séculos, que seja especificamente filosófica.

Absorções e identidades

Afinidades entre religião e Filosofia resultaram por vezes em alegações de uma identidade, ou pelo menos uma aproximação tão íntima que se assemelha a uma fusão. Ou uma Filosofia pretende assumir a índole e os direitos de uma religião, ou vice-versa. Presenciamos a primeira apropriação em Filosofias como o pitagorismo, em certas correntes do Budismo e do neoplatonismo, no positivismo comteano e nas formas mais programáticas do marxismo. A segunda, vemos em correntes religiosas que reclamam somente à revelação ou a uma intuição mística todos os direitos de conhecimento fidedigno acessível ao homem. Essa posição foi adotada, em maneiras diferentes, por Tertuliano, Pedro Damiano e Bernardo de Claraval, no Cristianismo, e, no Islã, por Al-Ghazali e, mais tarde, por aqueles que reagiram contra o aristotelismo de Averroes a partir do final do século XII. Um fideísmo comparável encontra-se igualmente em certos autores cabalísticos e hassídicos no Judaísmo. Em suma, para teólogos fideístas, todo conhecimento filosófico que vale a pena possuir já estaria contido na revelação bíblica ou corânica, ou na experiência mística. Essas usurpações, porém, seja qual for a direção, foram mais exceções do que regras.

Filosofia *e* religião

À medida que novos métodos e nova autoconsciência na Filosofia cresceram, e as formulações doutrinais e rituais das grandes religiões amadureceram, os dois campos da experiência humana costumaram afastar-se um do outro. Distinção e distância estabeleceram-se como características consensuais da sua relação. De forma explícita em Aristóteles na antiguidade e na escolástica medieval, e de maneira geral na Filosofia moderna e contemporânea, Filosofia e religião costumavam ser vistas como inconfundíveis, tanto no método quanto no conteúdo — mesmo se alguns veem a religião com obséquio e outros com condescendência. Esse esquema de relação é, sem dúvida, o mais comum.

Filosofia *na* religião

Uma terceira opção de relação seria um convite feito à Filosofia — vista justamente como algo claramente distinto da religião — para servir de instrumento dentro do mundo das crenças e das experiências religiosas. No Ocidente, tal cooperação entre Filosofia e religião gerou as grandes Teologias abraâmicas, tanto no entendimento da Filosofia como serva da Teologia (*ancilla theologiae*) no Cristianismo, como também em correntes comparáveis do Judaísmo e do Islã.[3] Na Índia e na China, onde divisas entre o natural e sobrenatural se articulam em termos e contextos diferentes, muitas vezes encontramos mais "metafísicas religiosas" dentro das religiões do que Teologias teístas; mesmo assim, a vasta produção de obras de reflexão claramente racional e crítica que constatamos, por exemplo, nos *dársanas* do Hinduísmo, nas numerosas escolas de reflexão budista e na grande tradição do Neoconfucionismo, evidencia uma presença da reflexão filosófica dentro da experiência religiosa oriental, mesmo com inserção diferenciada.

Filosofia da Religião

Resumindo o já dito, a Filosofia poderia ver a religião por três óticas diferentes: ora como em um espelho ou pelo menos como irmã gêmea, ora como concorrente distinto e às vezes distante e ora como empregador e mestre. É verdade que já um filósofo présocrático, Xenófanes, podia zombar dos antropomorfismos da religião antiga, e mais tarde um Evêmero ver os deuses como meras apoteoses de personagens eminentes do passado. Lucrécio, no século I a.C., vai adotar a mesma atitude, e outro romano contemporâneo, Cícero, vai discutir tranquilamente interpretações concorrentes dos deuses em seu *De natura deorum*. Os medievais, em seguida, falarão em termos gerais — porém só em um contexto semítico — de uma "virtude da religião" praticável por todo ser humano. No entanto, foi apenas no mundo moderno que a Filosofia começou a ocupar-se *ex professo* da religião como *objeto* de uma reflexão genérica, e isso por três razões.

Primeiro, quando ao cisma da cristandade entre Oriente e Ocidente no século XI foi acrescentada uma nova divisão entre Catolicismo e um número sempre crescente de denominações protestantes, e guerras fratricidas como sequela, a noção de religião parou de vez de identificar-se apenas com uma única igreja, a não ser em chave triunfalista. E ainda mais traumática para a semântica simplória convencional foi a nova presença de um Islã turco no Oriente Médio, cujas agressões forçaram uma conscientização mais circunstanciada dessa religião irmã entre as crenças semíticas.

Em segundo lugar, a chegada de novas fontes de informação sobre o Oriente, especialmente pelos jesuítas no século XVII, como Matteo Ricci na China e Roberto de

Nobili na Índia e, no século seguinte, Ippolito Desideri no Tibete, juntamente com o entusiasmo europeu pela *chinesaria* no campo artístico no século XVIII, uma paisagem religiosa a ser ainda mais enriquecida pela emancipação dos judeus no final do mesmo século — os filósofos não podiam desviar o rosto do horizonte doravante vasto e complexo da religiosidade humana.

Mas tudo isso foi coroado por mais quatro mananciais inesperados de conhecimentos novos: primeiro, uma revelação bem mais ampla da sabedoria e religião indianas que começou na virada do século XIX a partir da presença dos britânicos no subcontinente; concomitantemente, as nascentes ciências da Arqueologia e Paleoantropologia começaram a desvendar os passados profundamente religiosos das civilizações egípcia e mesopotâmica no Oriente Médio, como em seguida a do vale do Indo, da Meso-América e da região andina da América do Sul. Ainda mais surpreendente foi a descoberta da arte rupestre pré-histórica de alta sofisticação, em numerosas sítios do mundo (por exemplo, em Altamira na Espanha e Lascaux na França), dificilmente interpretada sem pressupostos religiosos. Um terceiro fator foi a inédita atenção dada pelos novos antropólogos às tradições ágrafas ainda sobreviventes nas Américas, na África e na Oceania, exibindo um terreno de fenômenos religiosos outrora insuspeitos. Finalmente, as próprias tradições judeu-cristãs do Ocidente foram ora abaladas ora reavivadas por achados arqueológicos e documentais no Oriente Médio (Qumrá em Israel, Nag Hammadi no Egito) e, em consequência, forçadas a contemplar suas tradições em contextos mais abrangentes.

Além da nova paisagem das religiões semíticas e o encontro com religiões não semíticas do passado e presente, uma terceira razão para a tematização filosófica da religião foi o surgimento das ciências modernas. Ataques contra o pensamento religioso ou teológico como antiquado e contrário ao avanço da nova ciência levaram à reflexão mais madura sobre a origem desse fenômeno tão tenaz que é a religião. Mesmo se visto como antiquado, precisava ser explicado.

Houve já nos séculos XVI e XVII tentativas incoativas de estudar a religião enquanto tal, com olhar filosófico e sem enfoque testemunhal ou confessional, mas tiveram pouco impacto. O francês Jean Bodin, no final do século XVI, emulando iniciativas análogas já no século XII de Pedro Abelardo, de Raimundo Lúlio no século XIII e de Nicolau de Cusa no século XV, fez circular o manuscrito *Colóquio dos Sete*, confrontando sete posições religiosas e não religiosas em uma conversa em busca do essencial das crenças e Filosofias discutidas.[4] Sua conclusão era de que só aquilo que é mais antigo e mais original nas religiões pode servir como base de consenso e criar acordo. No século seguinte, Herbert de Cherbury publicará suas "cinco noções comuns" (existência de Deus, obrigação de adorá-lo, moral rudimentar, arrependimento pelos malfeitos e retribuição póstuma), que ofereceram outro caminho a algo essencial pela formulação de teses rudimentares, dessa vez não por serem mais antigas e sim mais universais e abstratas. É significativo que esses dois escritores foram também diplomatas e assim as suas propostas foram discutidas mais no interesse de paz do que de aprofundamento filosófico. Todavia, suas ideias já prefiguram projetos deístas do iluminismo prestes a vir — por exemplo de Reimarus, Lessing e Wolff — que prometerão eliminar o "escândalo" do complexo fenômeno religioso por uma redução dele a uma religião "natural" e racional — simples e intelectualmente manejável.

Outras interpretações tentaram dar um valor mais explícito aos pormenores das crenças. Bernard Fontenelle, na virada do século XVIII, irá sugerir que religião talvez seja em essência um tipo de protociência, ou seja, um esforço genuinamente racional, mas da parte de pessoas ainda não instruídas pela ciência moderna e assim limitadas a uma busca de explicações do mundo natural em termos antropomórficos. Giambattista Vico seguirá outro caminho, opinando que o aspecto mais poético e imaginativo característico das religiões seja uma maneira já válida, mas ainda não valorizada, de conhecimento, uma "nova ciência", não apenas uma aproximação malsucedida à ciência mecânica. Porém, a tendência era de excluir o Cristianismo da análise pública, e dessa forma o assunto "religião" não ficou conceitualmente isolado (Bodin incluiu porta-vozes das igrejas no *Colóquio*, mas por isso nunca publicou seu texto).

Foi só com David Hume e os *philosophes* do século XVIII que questões sobre a religião enquanto tal começaram a universalizar-se, mas agora com enfoque cada vez mais crítico. Doravante, uma "crítica da religião" vai concorrer e às vezes se fundir com a nascente Filosofia da Religião. Um século depois, Marx vai até afirmar que "a crítica da religião é a pré-condição de toda crítica futura" (início da *Crítica da Filosofia do Direito de Hegel*, 1844). Para Hume, já os milagres associados ao Cristianismo não mereciam crença da parte de um homem razoável, os argumentos para existência de Deus se mostraram refutáveis e a origem da religião em geral seria facilmente atribuível, como em Fontenelle, a projeções de agência humana em poderes da natureza ainda não cientificamente conhecidos. Semelhantes críticas empiristas e racionalistas da religião continuavam, em chave deísta ou ateísta, durante o *siècle des lumières*. Só o eclético Leibniz podia ver a religião de bons olhos quando escreveu em 1710 um "Discurso preliminar sobre a conformidade da fé com a razão". Semelhantemente, no final do século, Kant daria um valor positivo à religião, ensinando que o valiosíssimo instinto moral humano podia explicar o surgimento das crenças, as quais, assim analisadas, serviram como portadores e defensores da moral, apresentando nossos deveres como mandos divinos; uma vez desenredada de tais dissimulações, a essência da religião podia ser aceita e abraçada, "dentro dos limites da simples razão". Dessa forma, a religião seria capaz de sobreviver à crítica iluminista, mas apenas em forma radicalmente enxuta e atenuada.

A exigência kantiana de que a religião seja reduzida à moral enfrentará a contraexigência da parte das tradições religiosas que se dirigem, quase sem exceção, a uma transformação no *ser* humano, e não apenas no *agir*. Assim, dimensões não éticas da experiência religiosa não podiam ser ignoradas. Embora de forma diametralmente oposta, tanto Comte quanto Hegel integraram a religião dentro de seus sistemas filosóficos como etapa necessária e significativa — para o idealismo hegeliano, como estágio na emergência do Espírito Absoluto, e no positivismo comteano, paradoxalmente, tanto como etapa superada no progresso rumo ao positivismo quanto também como formulação final do próprio positivismo, como uma "religião da humanidade". Mas o golpe kantiano contra a metafísica e qualquer valor teórico da religião levou os defensores do Cristianismo a buscar outra fonte e justificativa da sua fé além de Teologias especulativas. Também valorizar a religião positivamente, mas de maneira não teórica, foi a posição de Schleiermacher, que viu em uma sensação de dependência radical perante o infinito a última origem de uma "religião do coração". Enquanto a redução kantiana pretendeu explicar a existência da religião de forma total, deixando os fatos religiosos concretos desprovidos de grande interesse, Comte, Hegel e Schleiermacher colocaram os fenômenos particulares em uma paisagem de sumo interesse, fazendo de um *filosofar* sobre a religião, potencialmente,

um novo e altamente articulado empreendimento intelectual: uma autêntica Filosofia da Religião.

Façamos uma observação importante nesta conjuntura. Existem duas maneiras de um filósofo pensar sobre religião, mas só uma pode originar uma disciplina intelectual própria. Todo filósofo terá algo a dizer sobre muitos assuntos, sem por isso montar uma "Filosofia de…". O tema da religião pode dar luz a uma nova repartição de pesquisa filosófica só se ele apresentar certo grau de complexidade e, sobretudo, uma problemática definida e desafiante. Se *toda* religião fosse no fundo uma neurose provocada por traumas residentes no inconsciente (Freud) ou um consolo perante alienação econômica (o ópio de Marx), além desses diagnósticos não sobraria, em alto grau, ocasião nem interesse para pesquisar as variedades de experiência religiosa. O assunto estaria já aposentado.

Uma Filosofia da Religião como subárea própria da Filosofia, com problemática sua e material complexo a ser pesquisado, somente surgirá quando o filósofo reconhecer no fenômeno religioso algo pelo menos em parte de difícil penetração e entendimento, até misterioso — algo que precisa de reflexão prolongada e análise diferenciada. Mesmo assim, tal interesse pode surgir tanto nos filósofos não religiosos quanto religiosos. Feuerbach, por exemplo, vai desdobrar longamente uma astuta Filosofia ateia da religião, precisamente porque ele a vê, e em particular o Cristianismo, como significativa e apesar de ser uma manifestação deficiente na consciência humana daquilo que realmente importa (o conhecimento do gênero humano como fonte de infinidade, enfim uma Filosofia do homem), é algo integral à realidade humana e requer reflexão. Kierkegaard, em contrapartida, como cristão, interpretará os paradoxos e aparentes incoerências do Cristianismo como estratégias divinas para desarmar a *húbris* humana. Para os dois pensadores, a religião, mais que só doença (Freud) ou narcótico (Marx), é algo de índole rica e cheio de conteúdo intelectualmente estimulante, embora os rumos de interpretação divirjam.

Todavia, o materialismo marxista e o naturalismo darwinista, juntamente com algumas tentativas das novas Ciências Sociais — visando explicar exaustivamente o fenômeno em termos exclusivos dos seus respectivos parâmetros — iam marginalizar de novo o interesse mais aberto e desinteressado na religião e reduzir a indagação apenas a resolução do enigma sobre *por que* esse fenômeno (unicamente psicológico, sociológico ou cultural) conseguiu surgir. Pesquisa mais criteriosa da religião como algo talvez de índole *sui generis* e sem eliminação *tout court* da tese de uma transcendência objetivamente real ia encaminhar-se nas obras de alguns cientistas sociais isolados, e também nas conferências *Eranos* na Suíça, inspiradas na obra de Carl Jung e produtivas de estudos sobre mitologia, mística e Fenomenologia da Religião de grande envergadura.[5] Fora de um mundo acadêmico ainda relutante a abraçar abordagens positivas sobre religião, os chamados "perenialistas" (R. Guénon, A. K. Coomaraswamy, entre outros) produziram uma pequena biblioteca de estudos que avançam a tese de uma "Filosofia perene" presente nas raízes de todas as grandes tradições religiosas do mundo; embora polêmica (e talvez supervalorizando a distinção exotérico/esotérico), a tese incentivou obras de grande seriedade com evidente relevância à Filosofia da Religião, especialmente na sua vertente comparatista.[6]

Agora, onde ficou a Filosofia no meio dessas iniciativas tão divergentes e em campos por vezes só tangencialmente de seu interesse? Aqui também podemos identificar duas tendências nos meados do século XX que deram ocasião para o filósofo acadêmico se ocupar mais profissionalmente da religião. A primeira foi a reanimação de algumas problemáticas epistemológicas e até metafísicas que a Filosofia acadêmica havia tentado aposentar de uma vez por todas, mas sem êxito, como os argumentos sobre a existência de Deus, o caráter singular de experiências religiosas e místicas, uma inesperada relativização dos conhecimentos científicos (Poincaré, Heisenberg, Gödel etc.) uma vez considerados absolutos e usados para humilhar crenças religiosas; tudo isso acompanhado do aparente fracasso de várias tentativas reducionistas de explicar adequadamente a religião. Merecem ser mencionadas também contribuições mais provocativas da parte dos neoateus (R. Dawkins, D. Dennett etc.), cujas polêmicas às vezes agressivas, e as reações teístas na sua esteira, colocaram questões acerca da religião frequentemente no palco central da discussão contemporânea.

A segunda tendência diz respeito a uma nova atenção proporcionada à riqueza e diversidade do fenômeno religioso, diacrônica e sincronicamente, provindo primeiro, como já anotado, das pesquisas das Ciências Sociais e da religião comparada, poderosamente descortinando um cenário amplo e surpreendente de religiosidade humana *não* abraâmica.

A relevância filosófica desses novos conhecimentos chegou à tona, sobretudo, pelo surgimento de estudos sobre Filosofia oriental que encaminharam pesquisas inéditas sobre Teologias e Filosofias comparadas. Nada ilustra melhor a abundância de abordagens possíveis do que a inauguração, na Universidade do Havaí, na década de 1930, das "Conferências de Filósofos do Oriente e do Ocidente", encontros regulares que continuam no século XXI, trazendo juntos filósofos orientais e ocidentais para confrontar e comparar a "nova" fonte de Filosofia provinda do Oriente com as tradições filosóficas do Ocidente.[7] A íntima relação entre religião e Filosofia no Oriente faz com que a Filosofia da Religião receba bastante atenção.

Também um novo e crescente interesse em "Filosofia mundial" (sabedorias indígenas, por exemplo) pertence a esse quadro.[8] Igualmente a Fenomenologia da Religião (frouxamente inspirada tanto em Kant quanto em Husserl), segundo iniciativas dos teólogos luteranos Rudolf Otto e Gerardus van der Leeuw, filósofos como Max Scheler e, sobretudo, o historiador da religião Mircea Eliade, começaram a produzir uma rica bibliografia de exposição e interpretação.

O termo "Filosofia da Religião" fez sua estreia no mundo acadêmico primeiro em inglês com o filósofo platônico Ralph Cudworth no século XVII, ganhando *momentum* apenas na última década do século XVIII, na esteira da Filosofia crítica de Kant como nova encarnação e quasessuplente da Teologia natural da Escolástica. Apesar disso e das contribuições importantes dos autores do século XIX já mencionados, foi sobretudo na segunda metade do século XX que a área tornou-se um enfoque potente de pesquisa e publicação. Como os antropólogos, sociólogos e psicólogos da religião conseguiram achar um lar nos recém-criados departamentos universitários correspondentes, novos filósofos da religião começaram a abrigar-se nos velhos departamentos de Filosofia (com algumas exceções na Europa, como veremos).

Filosofia da Religião no mundo anglo-saxão

A corrente de Filosofia da Religião mais ativa no início do século XXI é uma que nasceu, paradoxalmente, na linhagem de uma escola com história fortemente antimetafísica e antirreligiosa: o positivismo lógico. O paradoxo ganha mais força quando lembramos que os ataques dos positivistas e empiristas (sobretudo britânicos) não foram apenas afirmações de descrença da parte deles ou acusações de erro contra os metafísicos ou religiosos, mas antes uma reivindicação de uma total falta de sentido (*meaning*) na linguagem usada. Não que o conhecimento religioso ou metafísico fosse falso em vez de verdadeiro, mas que careceria de antemão de todo possível sentido; seria *nonsense*. Como é que desse contexto pouco promissor surgiu provavelmente a manifestação mais vigorosa de Filosofia da Religião no mundo acadêmico de hoje?

A reviravolta de muitos membros desta escola, batizada então como "Filosofia analítica", se vê ilustrada na sua figura patriarcal, Ludwig Wittgenstein (m. 1951). Seu famoso *Tractatus logico-philosophicus* (1921), que virou uma declaração de independência do cientificismo para o Círculo de Viena e o positivismo lógico, declarou assuntos metafísicos e religiosos além do alcance da linguagem empiricamente verificável e assim de interesse zero para a Filosofia. Porém, anos depois, o autor, manifestando certa promiscuidade filosófica, abandonou a família que havia ajudado a gerar e formou uma nova; rejeitando a teoria da linguagem do *Tractatus*, que postulava significado genuíno apenas para proposições acerca do mundo, alcançáveis pelas ciências, abraçou a visão de "jogos de linguagem" como a maneira em que vários sentidos válidos também fora das ciências podem se constituir, incluindo sentidos religiosos. Assim, desde os anos 1950, muitos filósofos desta tradição abriram as portas para a "linguagem ordinária" e alguns deles começaram a estudar a linguagem religiosa e todo o conjunto de assuntos metafísicos, epistemológicos e morais ligados à religião. Mesmo assim, os parâmetros definidos por Wittgenstein para o "mundo da vida", dentro do qual tais sentidos poderiam articular-se ficou, no mais das vezes, fechado a uma referência cognitiva transcendente.[9]

A Filosofia analítica da religião tem se dedicado especialmente aos assuntos relevantes às primeiras três áreas de convicção religiosa, a saber: a coerência da ideia de Deus e provas para a sua existência, a epistemologia da fé e experiência religiosa e o problema do mal. Na discussão das demonstrações da existência de Deus, uma tentativa típica é aquela de Swinburne quando sugere que, apesar da insuficiência das provas ontológicas, cosmológicas, teleológicas, e morais tidas individualmente, uma vez orquestradas e vistas no seu conjunto, constituem um argumento cumulativo de alta probabilidade.[10] O uso sofisticado das ferramentas da lógica modal e da teoria da probabilidade serve para avaliar graus de persuasão presentes nas teses de um universo sem, ou um universo com Deus.

Outra defesa analítica da existência de Deus é aquela apresentada pelos seguidores da "epistemologia reformada". Inspirada pela noção de um *sensus divinitatis* de João Calvino da Reforma Protestante, eles defendem um caráter básico, pré-argumentativo, da crença em Deus que por isso nem necessita de provas para se justificar inicialmente, embora essas possam ser usadas para responder aos desafios dos céticos.[11] Plantinga completa sua defesa da racionalidade da crença em Deus com um ataque ao naturalismo ontológico (a tese de que não há seres reais além da natureza). Ele argumenta que este é autodestrutivo enquanto teoria, pois tira de si mesmo a possibilidade de confiar que o aparato cognitivo humano torna possíveis teorias verdadeiras e racionais e não meramente úteis para a sobrevivência e reprodução biológicas. Para Plantinga, as Ciências Naturais ficam mais

bem ambientadas em uma metafísica teísta, que entende que o aparato cognitivo humano foi projetado por Deus (e realizado por meio de processos evolutivos) para nos possibilitar conhecimento.[12]

Como um todo, os numerosos escritos dos filósofos analíticos da religião têm conseguido pelo menos desmentir acusações de uma irracionalidade necessariamente inerente a convicções religiosas, mostrando que, mesmo quando uma crença não pode ser provada racionalmente, no entanto pode ser provado que é altamente *razoável* aceitá-la. E, apesar de serem vistos por muitos no mundo filosófico como criptoapologetas do Cristianismo, especialmente quando vários deles se juntam a pensadores religiosos da Baixa Idade Média e dos séculos XVII e XVIII, sua posição no mundo da Filosofia acadêmica parece garantida para o futuro próximo.[13]

Abordagens menos convencionais incluem defesas de um pluralismo duro que relativiza as reivindicações de verdade das religiões individuais segundo um esquema kantiano de religiões "fenomenais" e plurais e um divino inefável mas real.[14] Outra Filosofia da Religião inovadora vem dos teólogos do processo, inspirados por Alfred Whitehead, que tentam eliminar o escândalo do mal pela negação da divina onipotência e a insistência em um Deus rigorosamente imanente.[15] Também novos modelos de explicação através da Biologia Evolucionista estão em discussão desde início do novo século, porém é muito cedo para avaliar o papel que desempenharão ao longo prazo.[16]

Filosofia Continental da Religião

Embora a fronteira entre Filosofia anglo-saxá e continental não seja tão definida no início do século XXI como nos séculos antecedentes, certas abordagens filosóficas

no continente produziram Filosofias da religião claramente não analíticas. Os filósofos continentais da religião encontram-se menos em departamentos de Filosofia, como no mundo anglo-saxão, e mais em departamentos de Teologia ou Ciência da Religião. E com menos afinidade com as Ciências Naturais (como na Filosofia analítica), e antes com as Ciências Sociais, Letras, Psicanálise e a História, suas ponderações sobre a religião seguem mais esses vieses do que é o caso do outro lado do Canal da Mancha.

Já falamos de Schleiermacher e Kierkegaard e suas tentativas de resgatar a religião do campo cognitivo. Podemos acrescentar propostas de usar a categoria de história (especialmente "história da salvação") como chave interpretativa para forjar um pensamento coerente sobre religião (E. Troeltsch, R. Bultmann). O existencialismo cristão (G. Marcel) e judeu (M. Buber) revelaram novos pontos de contato entre religião e Filosofia nos quais a autenticidade no mundo da fé e o encontro na dimensão interpessoal recebem mais atenção como pontos fulcrais do que argumentos e elucidações. O tomismo, em todas as suas escolas — entre elas: neoescolástica, transcendental, fenomenológica, "existencialista" — gerou e continua gerando uma abundância de aprofundamentos filosóficos por trazer em diálogo o legado de Tomás de Aquino com Kant, Husserl, Heidegger e Wittgenstein.

Filosofia Comparada da Religião

Uma área mais recente, mas que promete muito crescimento é aquela que herda boa parte da tarefa da antiga "religião comparada", mas que encaminha as indagações em trilhas filosóficas.[17] A religião comparada migrou no último século para as Ciências Sociais, as humanidades e a história, chegando aos novos departamentos de Ciência da Religião muitas vezes com uma interdisciplinaridade um pouco confusa, instigando a necessidade de critérios mais rigorosos para efetivar comparações fecundas.[18] É um fato inegável que grande parte da terminologia usada nas religiões exige certa medida de exegese filosófica só para que elas possam articular suas convicções e explicar suas práticas (por exemplo, definições de natureza, pessoa, *nirvana, samsara, wu-wei, dao* etc.).

A Filosofia que já faz parte de uma tradição religiosa (como indicada anteriormente: "Filosofia *na* religião") pode se afastar do contexto confessional e juntar-se com as Filosofias que servem em outras tradições para comparar conceitos lógicos, cosmológicos, psicológicos, metafísicos, éticos e estéticos enquanto perpassam religiões diferentes, e para constituir destarte uma "Filosofia comparada da religião".

Além dos congressos no Havaí mencionados, muitos trabalhos recentes focalizados em questões de Antropologia filosófica e a natureza da pessoa humana em perspectiva intercultural mostram a riqueza do material a dispor.[19] Igualmente, sobre a variedade de místicas religiosas, valiosos estudos de interesse filosófico têm sido publicados.[20]

Filosofia da Religião no Brasil

A Filosofia da Religião no Brasil encontra-se ainda, de certa forma, em uma terra de ninguém, entre departamentos de Teologia, em um movimento de posicionamento positivo ou negativo em relação ao novo modelo de Ciência da Religião, de um lado, e departamentos de Filosofia, às vezes temerosos de Teologias disfarçadas, de outro. Não obstante, o interesse não só de missionários, mas também de cientistas sociais na rica religiosidade minoritária no Brasil (religiões afro-brasileiras, Espiritismo), juntamente com o Cristianismo, criou uma dinâmica que não podia deixar de colocar, um dia, o tópico da religião nas ementas dos filósofos. A longa influência do positivismo do século XIX e início do século XX, e a forte presença do marxismo nas universidades desde a década de 1960, acabaram dando lugar, no final do século XX, a programas de Filosofia da Religião em algumas pós-graduações do país. Uma Associação Brasileira de Filosofia da Religião (ABFR) foi formada por membros desses programas e já organizou quatro congressos nacionais até 2012.[21]

Conclusão

Concluindo, podemos esboçar o perfil atual da Filosofia da Religião, ainda em muitos aspectos em evolução de autoentendimento e método, também da seguinte forma. Muitos filósofos da religião dirigem sua reflexão ao objeto de crença ou práxis religiosas; outros se debruçam mais sobre o sujeito do adepto e sua experiência. Ambos esses eixos podem se desenvolver ao longo de uma única tradição religiosa ou de várias. Os primeiros podem visar ao objeto como apenas aquilo que a razão humana pode determinar, sem influência de uma alegada revelação sobrenatural (e assim ficaria nos moldes da Teologia natural tradicional, só com subsídios de novas ferramentas, como a lógica simbólica). Podem também levar em consideração dimensões filosóficas das doutrinas sobre mistérios além da razão, que revestem atributos que abrem horizontes de conhecimento por vezes não rigorosamente racionais, mas nem por isso menos semanticamente ricos (reflexão sobre o sentido ou impacto de ideias sobre a natureza do divino e da salvação/liberação; Filosofia comparada de conceitos divergentes sobre uma transcendência diferenciada etc.). E, quanto ao sujeito religioso, filósofos podem estudar as condições de possibilidade cognitivas e psicológicas da experiência religiosa e até da mística e o que tais vivências implicam; também na pauta: a coerência ou não da fé religiosa, comparando-a com crenças pré-racionais não religiosas, e a questão da abertura do espírito humano a um horizonte potencialmente sem limite.

Quem quiser tirar a religião de um projeto tão abrangente como a Filosofia vai descobrir que uma grande parte do ser humano, do mundo e da experiência em geral vai sumir junto. É como começar a arrancar uma planta do jardim e descobrir que todas as demais plantas ficam entrelaçadas com suas raízes e o jardim todo ameaça ser arrasado. Mas, se deixarmos a religião em seu próprio lugar, profundamente humano, mas também insistentemente mais que humano, talvez nenhum outro assunto seja capaz de revigorar nos filósofos de hoje a dedicação prestada por seus antepassados às "grandes questões". Em vez de ficar a serva das ciências ou de passar quase neuroticamente por incessantes revisionismos de pós-isto ou pós-aquilo, a Filosofia da tradição de sabedoria ocidental — agora complementada e enriquecida pela sabedoria oriental e mundial — pode passar por um renascimento justamente pela reflexão sobre aquela empreitada irmã com a qual sempre tinha uma relação ambígua. Talvez a relação possa finalmente assumir uma forma global e madura. Quem pode desfrutar uma salvação "religiosa" é a própria Filosofia.

Referências bibliográficas

ADAMS, M. *Horrendous Evils and the Goodness of God*. Ithaca: Cornell Univ. Press. 1999.

ALLEN, D.; SPRINGSTED, E. O. *Filosofia para entender Teologia*. São Paulo: Academia Cristã / Paulus, 2010.

ALSTON, W. *Perceiving God*. Ithaca: Cornell Univ. Press, 1991.

BOYER, P. *Religion Explained*; the Human Instincts That Fashion Gods, Spirits and Ancestors. New York: Basic Books, 2002.

CAMPBELL, J. *Papers from the Eranos Yearbooks*. Princeton: Bollingen Series XXX, 1955-1978. v. 1-5.

COOPER, D. E. *As Filosofias do mundo*. São Paulo: Loyola, 2002.

DE SMET, R. *Brahman and Person*; essays by Richard de Smet (editado por Ivo Coelho). Delhi: Motilal Banarsidass, 2010.

HAMILTON, S. *Identity and Experience*; the Constitution of the Human Being According to Early Buddhism. Oxford: Luzac, 1996.

HARTSHORNE, C. *Man's Vision of God*. Hamden CT: Archon, 1941.

HICK, J. *Filosofia da Religião*. Rio de Janeiro: Zahar, 1970.

KATZ, S. T. *Mysticism and Philosophical Analysis*. Oxford: Oxford Univ. Press, 1978.

MAC DOWELL, J. Filosofia da Religião: sua centralidade e atualidade no pensamento filosófico. *Interações* — cultura e comunidade/Uberlândia, v. 6, n. 10 (jul./dez. 2011), pp. 17-49.

MALCOLM, N. *Wittgenstein*; a Religious Point of View? London: Routledge, 1997.

MARION, J.-L. *O visível e o revelado*. São Paulo: Loyola, 2010.

MCCAULEY, R. *Why Religion is Natural and Science is Not*. Oxford: Oxford Univ. Press, 2011.

MICHELETTI, M. *Filosofia analítica da religião*. São Paulo: Loyola, 2007.

OLDMEADOW, H. *Light from the East*; Eastern Wisdom for the Modern West. Bloomington: World Wisdom, 2007.

PALS, D. *Eight Theories of Religion*. 2. ed. Oxford: Oxford Univ. Press, 2006.

PLANTINGA, A. *God and Other Minds*. Ithaca: Cornell Univ. Press, 1967.

_____. Reason and belief in God. In: WOLTERSTORFF, N.; PLANTINGA, A. (eds.). *Faith and Rationality*; Reason and Belief in God. Notre Dame, IN: University of Notre Dame Press, 1991.

_____. *Where the Conflict Really Lies*; Science, Religion and Naturalism. Oxford: Oxford Univ. Press, 2011.

PORTUGAL, A. Filosofia analítica da religião como pensamento pós-"pós-metafísico". *Horizonte*, Belo Horizonte, v. 8, n. 16 (jan./mar. 2010), pp. 80-98.

SHARPE, E. *Comparative Religion*; a History. 2. ed. Duckworth: London, 1986.

SMART, N. *World Philosophies*. 2. ed. (editada por O. Leaman). London: Routledge, 2008.

STEINBOCK, A. J. *Phenomenology and Mysticism*; the Verticality of Religious Experience (Indiana Series in the Philosophy of Religion). Indiana: Ind. Univ. Press, 2009.

SWINBURNE, R. *The Coherence of Theism*. Oxford: Clarendon Press, 1977.

_____. *Será que Deus existe?* Lisboa: Gravida, 1998.

TALIAFERRO, C.; GRIFFITHS, P. (orgs.). *Filosofia das religiões*. Lisboa: Piaget, 2008. (tradução de *Philosophies of Religion*; an Anthology. Oxford: Blackwell, 2003.)

ZAEHNER, R. C. *Mysticism Sacred and Profane*. Oxford: Oxford Univ. Press, 1961.

Sugestões de leitura

GRONDIN, J. *Que saber sobre Filosofia da Religião*. São Paulo: Ideias e Letras, 2012.
ROWE, W. *Introdução à Filosofia da Religião*. Lisboa: Verbo, 2011.

SCHAEFFLER, R. *Filosofia da Religião*. Lisboa: Edições 70, 1992.

Notas

[1] Ver uma análise de algumas em Pals, *Eight Theories of Religion*, e outros capítulos do presente Compêndio.

[2] A religião *começa* com essa convicção; a Filosofia, caso chegasse aí, *terminaria* com ela como conclusão, mas não é *apenas* religiosa. Ver Marion, *O visível e o revelado*.

[3] Allen, *Filosofia para entender a Teologia*.

[4] Bodin, *Colóquio dos Sete*, 1588; Pedro Abelardo, *Diálogo de um filósofo com um judeu e um cristão*,1136; Raimundo Lúlio, *O livro do gentio e dos três sábios*, 1276; Nicolau de Cusa, *A paz da fé*, 1453.

[5] Campbell, *Papers from the Eranos Yearbooks*.

[6] Oldmeadow, *Light from the East*.

[7] Para informação sobre as "East-West Philosophers' Conferences" da Universidade do Havaí e seu periódico, ver http://www.uhpress.hawaii.edu/t3-philosophy-east-and-west.aspx

[8] Cooper, *As Filosofias do Mundo* e Smart, *World Philosophies*.

[9] Malcolm, *Wittgenstein*

[10] Swinburne, Alston ou Adams.

[11] Taliaferro/Griffiths, *Filosofia das Religiões*, e textos em http://dmurcho.com/religiao.html.

[12] Plantinga, *Where the Conflict Really Lies*.

[13] MacDowell, Filosofia da Religião; Micheletti, *Filosofia Analítica da Religião*; Portugal, Filosofia Analítica da Religião.

[14] Hick, *Filosofia da Religião*.

[15] Hartshorne, *Man's Vision of God*,

[16] *Religion Explained*, de Boyer, reducionista, foi muito discutido, mas na mesma linha, *Why Religion is Natural and Science is Not*, de McCauley, trouxe uma avaliação mais positiva da religião.

[17] A segunda edição (2010) de *Blackwell Companion to the Philosophy of Religion* começa com "Assuntos filosóficos nas religiões do mundo" (Taliaferro, 2008).

[18] Sharpe, *Comparative Religion*.

[19] Para aproximações da noção medieval da pessoa e o *atman* no Vedanta, ver Smet, *Brahman and Person*; uma aproximação comparável no Budismo: Hamilton, *Identity and Experience*.

[20] Zaehner, *Mysticism Sacred and Profane*; Katz, *Mysticism and Philosophical Analysis*; Steinbock, *Phenomenology and Mysticism*.

[21] Ver site da Associação: http://www.abfr.unb.br/

Ciências Naturais, religião e Teologia

Eduardo R. Cruz

Introdução

Estamos testemunhando em escala global um esforço de reconciliar crenças religiosas tradicionais com a perspectiva científica moderna e com novas descobertas nas Ciências Naturais. Desde a década de 1960, esse esforço tem crescido para se constituir em uma disciplina acadêmica madura, chamada usualmente de "Ciência e Religião" (ou "Religião e Ciência"), com seus periódicos, centros e sociedades acadêmicos e conferências internacionais.[1] É um rótulo popular, ainda que algo enganoso, para o que também pode ser considerado como uma nova tendência na Ciência da Religião. Nós o utilizamos para evocar um senso de familiaridade no leitor, sem necessidade de empreender pesadas tarefas conceituais prévias. O termo pode significar pelo menos quatro coisas diferentes.

"Ciência e Religião" abrange primeiramente esforços de promover diálogos entre cientistas e religiosos, assim como entre cientistas de diferentes concepções religiosas. Isso lembra esforços anteriores para ligar Fé e Razão, Ciência e Teologia, Fé e Ciência, e outros pares semelhantes, assumindo-se que as relações entre estas "duas culturas" tenham sido marcadas por incompreensões.

Segundo, o termo também evoca as tarefas ontológicas e epistemológicas de prover uma base comum entre, de um lado, fatos, teorias e visão de mundo da Ciência, e de outro, ideias, doutrinas e práticas religiosas. Apresenta-se mais como uma tarefa teórica, pois envolve conceitualização e análise filosófica. Porém, a expressão contém uma ambiguidade, pois "Religião" e "Ciência" são dificilmente comparáveis — pertencem a ordens diferentes das coisas. Assim, seria até melhor falar de um diálogo entre a Ciência e a Teologia (e muitos autores assim o têm feito).

Terceiro, o termo aponta para as reinterpretações de doutrinas religiosas tradicionais em termos do conhecimento científico contemporâneo. Dentro do âmbito do Cristianismo, por exemplo, doutrinas como a da criação, do ser humano e da salvação têm sido reavaliadas. Esta é tanto uma tarefa histórica quanto sistemática, empreendida mormente por teólogos.

Quarto, e mais próximo do que usualmente é entendido como Ciência da Religião, o termo também abrange o uso de teorias e achados das Ciências Naturais de modo a melhor entender a religião. Desenvolvimentos recentes incluem abordagens evolucionárias para estudar as origens e funções desta última, e são discutidos em outros capítulos do *Compêndio*.

Nossa tarefa aqui não é tanto tratar cada um desses significados em detalhes, o que certamente requeria um argumento muito mais extenso, mas fazer a menção a eles através de um esquema de cunho mais histórico. É o que expomos a seguir.

Conflito?

Como que para corroborar a percepção de um conflito entre ciência e religião, nos últimos anos tem-se publicado uma série de livros que promovem o ateísmo, geralmente falando em nome da ciência e de sua descrição da realidade. Entre outros autores, temos Richard Dawkins e Daniel Dennett, aos quais voltaremos a seguir.

De onde surge essa imagem de "conflito"? Nossa compreensão de Ciências Naturais origina-se principalmente do mundo de língua inglesa, assim como a metáfora bélica. Esta recebeu um estatuto definitivo em dois momentos; primeiro, a partir de 1874, quando John W. Draper publicou a *História do conflito entre religião e ciência*, destacando o caráter reacionário do Catolicismo; depois, em 1895 Andrew D. White publicou sua monumental *História da batalha entre ciência e teologia na cristandade*.

Desde então essa metáfora se disseminou, e mesmo os seus muitos críticos também acabam por utilizá-la.[2] Mesmo que, e também a partir do século XIX, se tenha começado a falar do *diálogo* entre ciência e religião, e que muitos livros tenham sido publicados a respeito, o que ficou impresso nas mentes foi o aspecto do "conflito". Como se pode deduzir a partir dos meios de comunicação, o grande "vencedor" seria a ciência, destacando-se a figura do recuo da religião como condutora das ideias das pessoas.

Também pode se falar de conflito da parte dos teólogos e cientistas que endossam o Criacionismo "científico" e o *Design* inteligente, como veremos em seção a seguir. Essa oposição atual faz com que muitos cientistas fiquem ainda mais entrincheirados em suas posições, e acabem por ver conflito com a religião como um todo.

Vamos a algumas características de tal metáfora. Primeiro, há a leitura histórica: a partir do Renascimento, e com especial ênfase a partir do século XVIII, desenhou-se uma oposição entre a "Idade das Trevas" (Idade Média) e "Idade das Luzes" (Iluminismo), que trazia a ciência emergente como grande fator de mudança. Cunhou-se também a expressão "Revolução Científica", que teria ocorrido em oposição à Igreja. Ela teria seus "mártires", como Copérnico, Giordano Bruno e Galileu, na luta entre obscurantismo e o esclarecimento das mentes. Outra forma de confronto caracterizava a salvação da religião tradicional, que remetia a felicidade para o outro mundo, em oposição à salvação científico-tecnológica, que traz a felicidade para o aqui e o agora.[3]

Aliada à questão histórica, esta metáfora leva a questões sobre realidade e verdade. Assistimos nos últimos séculos a um questionamento da realidade transcendente para a qual a religião aponta, e portanto às pretensões de conhecimento e verdade que lhe são associadas. Pelo menos desde o século XVIII, a noção de "revelação" tem sido sistematicamente criticada como fonte de informações sobre a realidade. Mais positivamente, tem-se destacado na modernidade as funções moral e emotiva (o sentido da vida) da religião, a "experiência religiosa".

Em seguida, há outro conjunto de questões no plano epistemológico. Refere-se a uma pergunta do tipo "Sobre o quê mesmo estamos falando?" Ou seja, parte da estranheza recíproca decorre da dificuldade dos atores da "contenda" entenderem o que está em jogo na fala do outro, e de melhor entenderem o que eles próprios falam. Quando cientistas falam de ciência com uma atitude defensiva, imediatamente referem-se ao seu núcleo empírico duro, os "fatos", que falariam por si mesmos. Ao mesmo tempo, assumem que a ciência é única, como se fosse um grande sujeito, a mesma em todas suas subdisciplinas. Quando religiosos falam de religião, reduzem-na a uma aspiração de sentido em um mundo desencantado, ou a um conjunto de afirmações doutrinárias sobre o tema em discussão. Ou então remetem à "fé", e assim nenhum diálogo se torna possível.

Reflexo dessa dificuldade encontra-se nos próprios conceitos de "ciência" e "religião". O historiador da ciência Peter Harrison, por exemplo, mostrou que estes receberam vários significados nos últimos séculos, tornando difícil qualquer comparação.[4] Se "ciência" e "religião" são conceitos construídos pelas circunstâncias históricas e interesses de vários tipos, a existência ou não de conflito está mais ligada a um embate entre tais circunstâncias, do que algo resultante de fatos históricos bem estabelecidos, ou, ainda mais, de alguma necessidade trans-histórica.

Religião e Teologia: seus destinos na modernidade

Têm-se também uma confusão bastante comum e compreensível entre "religião" e "Teologia". Estamos longe aqui de uma conceitualização abrangente, trata-se sim de melhor diferenciar o que usualmente encontramos na literatura sobre o conflito/diálogo.

Religião e mito

Comecemos com "religião", um conceito que antes de tudo é uma palavra de uso cotidiano (pelo menos no Ocidente). Como vários dos capítulos deste *Compêndio* percorrem os significados desse termo, não há necessidade de maior detalhamento.

Entre seus aspectos mais relevantes, destaquemos o mito, na medida em que tem a ver com uma maneira de explicar o mundo. No final do século XVIII e no século XIX muitos pensadores trabalharam com alguma forma da "lei dos três estágios" da história da evolução do pensamento, em que gradualmente cosmovisões mitopoéticas são substituídas por uma visão científica do mundo. Parte do conflito entre ciência e religião surge justamente a partir desta leitura da história. A religião seria um resíduo do estado mítico, um modo de explicação ultrapassado, enquanto a ciência seria representante do estado positivo, motor do progresso do conhecimento. Só ao final do século XX, como veremos adiante, notou-se a inadequação dessa leitura, e resgatou-se o mito de sua obscuridade cognitiva.

Ciência e Teologia têm em comum o fato de serem labores disciplinados e intelectuais, o que sugere que é mais simples de identificar aí situações de conflito e diálogo. Vamos então falar algo da Teologia que é relevante para a presente discussão.

A Teologia, entre a autonomia e a relevância

Esta se refere a uma atividade intelectual geralmente desenvolvida por um grupo de especialistas.[5] No caso do Cristianismo, ela pensa a pessoa de Deus e sua relação com o todo do Real. Nesta última perspectiva, principalmente, o teólogo entra em diálogo com seus pares na Filosofia e nas ciências naturais e humanas. Se há conflito entre teólogos e cientistas, este se dá nas pretensões de verdade de cada grupo.

Tomemos como exemplo a doutrina da criação, a mais relevante aqui. Segundo um renomado historiador da ciência, Ernan McMullin, há duas possibilidades de estabelecer uma relação entre esta doutrina e o conhecimento da natureza, seguindo o "princípio de relevância" e o "princípio da neutralidade".[6]

O princípio de relevância sugere que os fatos e teorias científicos influenciariam significativamente nossa compreensão de Deus e sua criação. Isto quer dizer que as teorias contemporâneas (por exemplo, da evolução e do "Big-Bang") teriam um impacto de fôlego no conhecimento teológico, em particular no que diz respeito à doutrina da criação. Já o princípio de neutralidade pode ser entendido como dizendo que as teses científicas, por serem mutáveis e limitadas, pouco podem dizer a respeito da substância das doutrinas cristãs.

Os místicos de todos os tempos tenderam (e tendem) a ver continuidade entre natureza e criação. Galileu, por sua vez, é um nome famoso ao recorrer ao segundo princípio de McMullin para mostrar que sua ciência e seu Cristianismo eram compatíveis. Ele famosamente retoma uma afirmação do cardeal Baronius, que dizia que a ciência explica os céus, enquanto a Teologia explica como se vai aos céus.

Ao longo do século XIX desenvolveu-se toda uma apologética para fazer frente à disseminação do conhecimento científico, e à gradual hegemonia de cientistas (em geral ateus ou agnósticos) nos postos de comando nas universidades. Em um primeiro momento, os apologetas recorreram ao chamado "concordismo" (presente ainda hoje, aliás), isto é, o esforço de mostrar que afirmações bíblicas sobre a criação seriam compatíveis com conhecimentos científicos, com apenas um mínimo de interpretação. Com a ascensão do neotomismo, a partir da segunda metade do século XIX, este tipo de concordismo é questionado. Acentua-se neste momento o princípio de neutralidade, para de certa forma proteger a doutrina da criação de perguntas indesejáveis que surgiam do avanço do conhecimento. Isto se deu em particular com a proposição do mecanismo de seleção natural para a evolução das espécies por Charles Darwin, em 1859 (ano de publicação de seu *A origem das espécies*).

Ao enfatizar o papel do acaso e da necessidade, a teoria de Darwin aparentemente tornava supérflua a ação de Deus no mundo, tanto na origem propriamente dita quanto na governança. Além disso, não interpunha nenhuma barreira entre a evolução das espécies infra-humanas e o homem. Por fim, a evolução não apontava para lugar algum, não continha nada que lembrasse uma história da salvação, um mundo com uma finalidade boa pensada por Deus. Caso se assuma o "princípio da relevância", tais concepções certamente têm um impacto (negativo) sobre concepções tradicionais da doutrina da criação.

A teoria darwiniana provocou profundos debates e reações, tanto no âmbito católico quanto protestante. No caso deste último, a maior divisão entre o lado liberal e o ortodoxo fez surgir, no plano norte-americano, o fenômeno do fundamentalismo, que não tinha então o sentido negativo que tem hoje. Entre os pontos propostos, encontrava-se a leitura mais literal dos primeiros capítulos do livro do Gênesis, o que deu lugar ao "Criacionismo científico" contemporâneo, como será visto em outra seção.

No lado católico, o darwinismo também provocou posições contraditórias.[7] Não se tem um pronunciamento oficial de condenação ou rejeição da teoria darwiniana, ainda que houvesse um entendimento tácito de que a noção de alma humana deveria ficar fora de quaisquer considerações evolutivas. Três eventos ocorreram mais ou menos em sucessão: primeiro, o Concílio Vaticano I (1870-71), que reafirmou a complementaridade entre fé e razão, supondo assim, certo grau de autonomia para as Ciências Naturais. Segundo, com Leão XIII, o tomismo surgiu como Filosofia oficial da Igreja. O que naquele momento foi um esforço de renovação, também sacramentou um método dedutivo pouco compatível com o método científico prevalecente. No início do século XX, inicia-se na Igreja Católica uma reação antimodernista, e nesse contexto polêmico o darwinismo era com frequência associado a ideias do modernismo enquanto movimento.

Enfim, o magistério católico é notório por sua prudência quando se trata de mudanças doutrinárias, daí seu tardio endosso das ideias evolutivas (algo que ocorreu principalmente com João Paulo II). Com o Concílio Vaticano II, os teólogos tiveram mais liberdade para explorar vias que proporcionassem maior diálogo com as Ciências Naturais.

Em resumo, quando percorremos um pouco do destino dos termos "religião" e "Teologia" no Ocidente, vê-se o grau de desconforto provocado pela emergência da ciência moderna. Por um lado, o conceito de "religião" passa a ser questionado no que tem de sublime, e sua interpretação e sua condução são retiradas do monopólio eclesiástico. Por outro lado, as tensões existentes entre um princípio de relevância e outro de neutralidade no confronto entre saber profano e saber sagrado chegam a tal de grau de intensidade, que a figura do "conflito" parece ser o resultado natural da evolução dos acontecimentos.

Vistos religião e Teologia, vamos a seguir dirigir nosso foco para a ciência.

Ciência: a "tradição recebida" e a secularização

Conforme já descrito, surge essa narrativa eloquente, onde, começando com Galileu, a ciência moderna triunfa sobre formas obscurantistas de pensar e, ao adotar uma visão mecanicista do mundo e o método indutivo, leva à descoberta de uma enorme quantidade de fatos. A seu tempo, estes fatos geraram tecnologia, o que transformou o mundo e proporcionou maior qualidade de vida aos seres humanos.

Para melhor entender o que está em jogo nela, vamos explorar dois aspectos da ciência moderna que também terão impacto em nossa discussão posterior.

Mecanicismo, indução e consolidação da ciência

O primeiro deles é a emergência do mecanicismo como projeto e Filosofia da nova ciência, no século XVII. Em termos simples, uma abordagem mecânica da natureza implica a separação entre as qualidades primárias (por exemplo, massa e movimento dos objetos) e as qualidades secundárias (aquelas ligadas às nossas apreciações, como cor e cheiro, ou aos nossos desejos) dos fenômenos naturais. Apenas as primeiras seriam o objeto próprio da ciência da natureza. Essa funciona com leis próprias, torna-se desencantada, indiferente aos nossos propósitos, anseios e movimentos. Práticas mágicas não funcionam, apenas a obediência às suas leis (matematicamente expressas) permite a manipulação pela técnica (essa foi, por exemplo, a Filosofia de Francis Bacon).

Essa abordagem teve enorme sucesso no âmbito da física terrestre e da celeste, com Galileu e Newton, e o triunfo da mecânica matematizada, nos dois séculos posteriores, motivou o surgimento de Ciências Biológicas e Humanas com o mesmo espírito. Augusto Comte preconizou a entrada gradual dos saberes humanos em seu estágio positivo, à semelhança da física, e com a adoção do método indutivo. Este método, assim, é o segundo aspecto que caracteriza a ciência moderna.

É também chamado "método experimental", pois postula que todo conhecimento válido começa da observação e da experiência. Considerações metafísicas, como já sugerido anteriormente, não tinham lugar nessa nova Filosofia, e o positivismo acabou por se tornar a Filosofia oficiosa da comunidade científica. Implícito no método indutivo encontra-se o que se denomina de "redução". Trata-se de um princípio de Economia: incorporar o maior número possível de fenômenos, leis e método sob o menor número possível de sistemas explicativos. É um tema muito debatido em Filosofia da ciência, e se é ressaltado aqui, fica por conta da redução de elementos religiosos a sistemas naturais, o que é visto em outros capítulos deste *Compêndio* (por exemplo, dos estudos evolucionários da religião).

Esses dois aspectos, quando racionalizados, deixavam a ciência algo à margem da história, de suas paixões e contradições — ela possuiria sua própria história, de progresso e benefícios para a humanidade. Ao final do século XIX, esta narrativa já havia se consolidado, ironicamente de modo mítico, e assim facilmente transmissível pelos meios de comunicação e pelas escolas — a "tradição recebida".

Só na segunda metade do século XX tal narrativa começou a ser questionada de modo mais efetivo. Historiadores da ciência se profissionalizaram e, revisitando documentos de época, notaram que não havia duas histórias, mas uma só, a do Ocidente moderno. Filósofos da ciência com um interesse histórico, como Thomas Kuhn, organizaram novas narrativas, onde o progresso da ciência é colocado em um contexto mais amplo também caracterizado por retrocessos, ambiguidades e falsas pistas.

De qualquer forma, a narrativa descrita acima, ainda que não necessária, se tornou atraente para muitos no âmbito da ciência. Podemos reconhecer duas versões desta atratividade, a forte e a fraca. A forte é a do ateísmo, descrita a seguir; a fraca é a dos "magistérios não interferentes", que veremos depois.

Natureza desencantada, neoateísmo e ausência de Deus

Restringir-nos-emos aqui ao neoateísmo anglo-saxônico que, como já dito, é representado por figuras proeminentes como Daniel Dennett e Richard Dawkins. Todos partem do princípio de que a natureza se explica a si própria, sem a necessidade de um "outro mundo". Além do mais, sendo nós o produto dessa natureza, não podemos reclamar uma posição especial em seu âmbito. Funcionando ela por leis próprias, mecânicas (ou seja, sem uma finalidade), não há por que esperarmos que a natureza seja condescendente para com os propósitos humanos. Ainda na década de 1970, Jacques Monod ponderou que "o homem está sozinho na imensidão indiferente do Universo, de onde emergiu por acaso. Não mais do que seu destino, seu dever não está escrito em lugar algum".[8] E nisso foi seguido por vários outros, como Steven Weinberg.

Essa ausência de propósito nos mecanismos da natureza é um dos temas principais das obras de Richard Dawkins. Seu livro *O relojoeiro cego*, por exemplo, é dedicado tanto a desmontar uma imagem clássica (a de Deus como um relojoeiro, comum na Teologia natural britânica), quanto a mostrar que mecanismos simples que guiam a evolução natural são capazes de criar toda a complexidade, ordem e beleza que hoje conhecemos. Por isso, pode concluir em outro momento: "O Universo que observamos tem precisamente as propriedades que deveríamos esperar se, no fundo, não há projeto, propósito, bem ou mal, nada a não ser a indiferença cega, impiedosa".[9]

Bem, se nós somos por natureza apenas marionetes dos genes, por assim dizer, então de onde vem a beleza, a moral, o amor e a justiça? A resposta é comum a várias correntes do pensamento moderno: do acordo entre os homens, que vão aprendendo e definindo ao longo da história o que é belo, justo e verdadeiro, e agem de modo a maximizar isso. Enfim, a natureza não ensina, apenas fornece os mecanismos, nosso destino está em nossas próprias mãos.

Esses autores dão um passo além: sugerem que a prática científica é o melhor exemplo desse aprendizado, e que assim a própria ciência forneceria princípios, modelos, métodos para um humanismo autêntico. Na sequência lógica, se a religião apresenta lá seus aspectos positivos, a ciência, agora firmada em um conhecimento seguro da realidade, pode substituí-la com grande vantagem.[10]

Fica claro aqui que o diálogo se tornaria supérfluo: não há mais a figura de um interlocutor, como um teólogo ou um filósofo, pois o cientista incorpora em sua pessoa os papéis destes últimos.

NOMA

Esse ateísmo algo grosseiro e militante, apesar de muito aplaudido na mídia, é visto com certa cautela no seio da própria comunidade científica, não muito afeita a polêmicas complexas. A maioria de seus membros, ateus ou crentes, prefere portanto uma segunda versão do entendimento do impacto da nova ciência no mundo religioso: o NOMA (iniciais para *Non-interfering magisteria*, "magistérios não interferentes").

Parte-se da constatação de que os cientistas não sabem direito o que fazer com a experiência religiosa e com os teólogos, pois não veem neles um valor de conhecimento. O que sobra à Teologia (religião)? Primeiro se tem a dimensão moral. Na modernidade, a religião teve valorizado o seu lado moral, aquele dos valores que nos foram legados pela tradição judaico-cristã, e que podem instruir o indivíduo desejoso em contribuir para uma vida sã e uma sociedade justa. Segundo, a dimensão de sentido. Também se vê a religião como sentimento e experiência de comunhão com algo mais elevado, sublime. A religião não deixa de fornecer uma resposta para questões como: de onde vim? Para onde vou? Qual é o sentido das coisas e de meu lugar no fluxo delas? Há vida após a morte?

Quem propôs o NOMA na sua forma atual foi um famoso biólogo e divulgador da ciência, Stephen J. Gould. Para ele, a ciência e a religião (ainda utilizando o singular) representam na atualidade dois magistérios, ou seja, dois repertórios autoritativos para como o homem deve conhecer e proceder. Seu propósito é superar o "suposto conflito entre ciência e religião". A melhor maneira de fazê-lo seria reconhecer de uma vez por todas que elas falam de coisas diferentes, portanto não tem por que competir.[11] Também essa é a visão predominante no meio científico brasileiro.

Essa saída parece matar dois coelhos de uma cajadada só: de um lado, atende uma concepção de ciência e religião que soa bem aos ouvidos da maioria das pessoas, especialistas ou leigas. Por outro lado, dá certo conforto psicológico, pois parece enterrar o assunto de uma vez por todas. Mas essa aparente trégua no "conflito", essa convivência pacífica trai pontos mal resolvidos, que passaremos a explorar.

Em primeiro lugar, a modernidade também promoveu o pluralismo religioso e o relativismo associado a ele. Ela retirou da religião seu caráter de conhecimento — estando ligada mais às emoções e criações humanas, nada acrescentaria à nossa visão de realidade. Entretanto, essa postura violenta a autoconsciência de fiéis e teólogos. Essas pessoas de fato entendem (mesmo inconscientemente) que, através das doutrinas e práticas religiosas, elas têm um acesso privilegiado à realidade (por exemplo, por revelação), complementando aquele proporcionado pelas ciências experimentais.

O segundo motivo de insatisfação é que a ciência é também uma prática humana, envolvendo valores e questões de sentido. A própria cosmologia, na contemporaneidade, lida com questões de origem e destino, questões de fundo antes trabalhadas pelos mitos nas religiões. Essa continuidade é com frequência reconhecida por vários cientistas, como Marcelo Gleiser. Críticas várias e pertinentes também são feitas pelos "novos ateus", como Richard Dawkins. Ele dedica uma seção inteira de seu *Deus, um delírio* para expor o NOMA como pouco mais que uma "fraude", até porque as religiões pouco podem reivindicar em termos de superioridade moral.[12] A Teologia surge, aqui, novamente como supérflua.

Interessante que os próprios teólogos se prestam a uma perpetuação do NOMA. De fato, a tradição hermenêutica no pensamento ocidental, com Wilhelm Dilthey e outros, postulou uma divisão entre Ciências Naturais e humanas. Muitos teólogos no século XX se afastaram do modelo dedutivo do neotomismo, e defenderam que a Teologia seria uma ciência hermenêutica, que utilizaria e interpretaria os dados da experiência cotidiana em geral e da experiência religiosa em particular, e das ciências empíricas. Nessa perspectiva, também não haveria conflito entre ciência e religião/Teologia, pois cada uma seguiria princípios e métodos diferentes. Mas, querendo ou não, a Teologia tem a pretensão de apresentar cenários do real onde Deus seja o protagonista, o que sem dúvida interpela os cenários apresentados pelas ciências, e vice-versa.

Outra razão para que o NOMA seja problemático é a grande extensão do engano e do autoengano na experiência humana. Pelo menos desde Hume, no século XVIII, tem-se associado a religião ao engano: as ideias religiosas seriam projeções da mente humana, ilusões ligadas ao desejo, não havendo um "lá fora" que nos revele algo a mais daquilo que já está na nossa própria consciência. Quando pensávamos que tínhamos dado uma resposta adequada a Freud no que diz respeito a tal ilusão, as ciências evolutivas da religião batem a mesma tecla, com mais força e mais evidências empíricas.

Em resumo, o NOMA é uma posição oficiosa da maioria dos cientistas e teólogos, pois permite que se trabalhe com a consciência tranquila em seus respectivos campos, sem criar animosidade. Mas esta postura pouco resiste a um esforço mais criterioso de análise, e diz pouco respeito à experiência efetiva da maioria das pessoas que, dada a importância da religião e da ciência hoje, procuram fazer todo tipo de nexos entre as duas. Este será o tema do tópico a seguir.

As sínteses atuais representariam um avanço?

Em plena época de "secularização", o século XX (entrando no século XXI) conheceu um bom número de experiências de cunho religioso, nas margens ou fora das religiões institucionais. Visto que tais experiências serão tratadas em outros capítulos do *Compêndio*, nossa intenção aqui é falar daquelas que de alguma forma envolvem as Ciências Naturais. De fato, dada a importância que as ciências adquiriram e o fascínio que têm exercido (principalmente na fronteira entre divulgação e ficção científica), elas ingressaram definitivamente no caldo de cultura do imaginário popular,[13] isto é, da população "leiga", fora do círculo restrito de especialistas.

Comecemos pelos círculos esotéricos que, como o nome sugere, valorizam certo tipo de conhecimento superior ao convencional, reunindo o material e o espiritual. Já no século XIX esses círculos sentiram a necessidade de mostrar que os respectivos conhecimentos eram compatíveis com os da ciência da época, como no caso da Teosofia e da Antroposofia.

Na segunda década do século XX, tanto a física quântica quanto a cosmologia do Big-Bang ganharam um impulso vigoroso, e passaram a chamar gradualmente a atenção desses círculos. Esses círculos sempre recusaram a visão de um mundo desencantado como proposto pelo mecanicismo, e por isso valorizavam abordagens contrárias do tipo organicista: a analogia básica não é a máquina, mas o organismo, onde as partes se organizam segundo uma intencionalidade dada. Havendo uma intencionalidade, a separação homem-natureza se dilui, e o homem participa das energias espirituais que a última contém.

No caso da física quântica, os esotéricos se apegam a algumas características de apreensão mais intuitiva, como: princípio de incerteza (que diz não se poder medir com precisão a velocidade e a posição de uma partícula simultaneamente); dualidade onda-partícula; entrelaçamento (certas propriedades de dois objetos quânticos estão ligados entre si instantaneamente, não importa quão

distantes estejam um do outro); e interpretação de Copenhagem (que o observador determina o resultado de transformações no plano quântico).[14] Os físicos reconhecem que essas propriedades são estranhas e contraintuitivas, mas não perdem muito tempo refletindo a respeito — o que lhes interessa é a possibilidade de fazer cálculos sobre elas. Mas isso não tem impedido que, desde o início da mecânica quântica, todo tipo de implicações espirituais haja sido retirado de sua estranheza.

Ainda no plano da recusa do mecanicismo, muitos se valeram das ideias de Ilya Prigogine, prêmio Nobel que trabalhou com termodinâmica longe do equilíbrio. Ele propôs uma "nova aliança" na compreensão da natureza, substituindo a velha aliança do mecanicismo de Galileu, Newton e Laplace. A ciência própria para esta nova aliança seria a termodinâmica, que, à semelhança da teoria do caos, apresentaria um mundo indeterminado, imprevisível, aberto ao novo e à influência do tempo. O próprio Prigogine tirou consequências que foram muito além dos domínios iniciais de sua teoria, e nisso foi seguido por círculos esotéricos.

No caso da Cosmologia, a mesma década 1920 conheceram o desenvolvimento da cosmologia do Big-Bang. O universo deixa de ser estático, como nas cosmologias anteriores, mas possui uma história: uma origem (a "explosão" inicial) e um destino (há vários cenários concorrentes). De um lado, fizeram-se associações imediatas entre a origem do universo a partir de uma explosão inicial e a doutrina da criação *ex nihilo* do Cristianismo. De outro lado, a imaginação popular também explorou vários aspectos da Astronomia moderna e da Cosmologia. Veja-se o caso das viagens espaciais, da visita de extraterrestres, das especulações sobre antimatéria, e o uso de conceitos estranhos como "buraco negro" e universos paralelos.

Diferentemente da mecânica quântica, porém, a Cosmologia desperta a imaginação dos próprios cientistas, que extraem da história do universo diversos cenários quase religiosos. De fato, eles acabam operando como teólogos, e ganham muito mais destaque na mídia do que aqueles convencionalmente entendidos como tal.[15] Stephen Hawking é o mais conhecido dentre esses cientistas, primeiro despertando a curiosidade sobre a "mente de Deus" em ação no Universo (*Uma Breve História do Tempo*) e depois tentando retirar quaisquer considerações sobre Deus na Cosmologia (*O Grande Projeto*). Outra noção provinda da Cosmologia, que alimenta a imaginação de teólogos e cientistas é a de "princípio antrópico". Trata-se da noção de que o universo tem exatamente as constantes físicas que possibilitam a emergência de vida inteligente — se houvesse uma pequena variação delas, nós não estaríamos aqui para admirar o cosmo. Muitos teólogos viram aí uma evidência de que este universo foi criado por um Deus que tem o homem como meta de sua criação. Cientistas contra-argumentaram dizendo que tal princípio não tem nenhuma causa transcendente, podendo ser explicado só em termos naturais.

Outra via na busca de integração de dados científicos a crenças religiosas é a das grandes sínteses: a Cosmologia entra aí como parte de cosmovisões que intencionam proporcionar um quadro compreensivo para o todo da realidade. O esforço mais conhecido está na obra de Teilhard de Chardin, mas um bom número de autores tenta isso hoje, desde aqueles mais próximos da ortodoxia da ciência até outros que podem ser compreendidos dentro do âmbito da Nova Era. Essas sínteses tendem a ser monistas, em geral com uma perspectiva panteísta.

Também tendem ao monismo aqueles que têm como referência científica a Biologia. Podem ser divididos em dois grupos que por vezes se identificam, sendo o primeiro deles o dos holistas. Foram populares no início do século XX pensadores (e mesmo cientistas) que valorizaram uma visão organicista da natureza. Quase como alternativa a uma visão mecânica e atomística dela, uma visão orgânica emprestava-lhe um caráter sistêmico e certa vitalidade à natureza. Ainda que as teorias organicistas tenham ficado obsoletas, o holismo permanece como uma visão de mundo popular, adotada por muitos teólogos. O segundo grupo, mais recente, é o daqueles que adotam uma espiritualidade ecológica. De fato, a preocupação de cuidado com a natureza inspira uma mística própria, que se tornou muito popular em termos mundiais e em círculos latino-americanos.

Ainda outra variante da referência científica à Biologia é o Criacionismo, já mencionado anteriormente. É bem diferente das duas anteriores, na medida em que não recorre à mística, mas sim ao literalismo bíblico. É dualista, pois supõe uma distinção radical entre Deus, homem e a natureza. E por fim é cientificista, pois, ao combater a teoria da evolução darwiniana, o faz em nome de critérios rígidos (mas parciais) de cientificidade, com base em postulados heterodoxos. Tais postulados estão ligados à crença em um desígnio divino na natureza (tanto em um sentido de ordenamento como de finalidade) — esta termina por ser corroborado por uma variante mais recente e mais sofisticada do Criacionismo, "o Desígnio Inteligente" (ID), apesar de seus proponentes negarem a identificação da ordenação da natureza com o Deus bíblico.

Por fim, no caso brasileiro, merecem ser mencionadas as propostas espíritas para o diálogo ciência e religião. Primeiro, por conta da importante presença espírita no Brasil, e segundo porque foi um movimento que, ambientado no positivismo francês, sempre prezou a confirmação científica de suas crenças. Ainda que parte expressiva dessa busca de confirmação se dê na área médica e psicológica, hoje há muitas referências a outras áreas da ciência, como as já indicadas. Ainda que, infelizmente, muito poucos estudos acadêmicos sobre essa perspectiva tenham sido conduzidos, parece haver uma tendência que é compartilhada por praticantes do Islã e do Hinduísmo, mas também do Cristianismo e do Judaísmo: o "concordismo" (ver anteriormente). No caso específico do Espiritismo, essa concordância é feita com relação aos escritos de Allan Kardec, que já anteciparIam vários dos desenvolvimentos presentes na ciência contemporânea.

Em suma, neste tópico procuramos sugerir como o tema "ciência e religião" entrou como parte da cultura "popular" do século XX, em uma dinâmica que incluiu os especialistas. Cientistas, ao considerarem como supérfluo o trabalho de teólogos e cientistas da religião, fazem uma Teologia a seu modo. Por sua vez, pessoas religiosas ou teólogos, ao buscarem sínteses entre suas convicções e a ciência moderna, emitem juízos de valor sobre descobertas e teorias científicas contemporâneas.

Conclusão

À guisa de conclusão, perguntemo-nos agora sobre a contribuição possível do cientista da religião para os temas até aqui considerados. O modelo pode seguir aquele proposto por Michael Pye para o diálogo entre religiões:[16] em conjunto com o filósofo da ciência e o filósofo da religião, este profissional pode clarificar conceitos e fornecer subsídios históricos e sistemáticos que viabilizem o diálogo entre os dois campos em aparente conflito.

Para começar, indiquemos duas premissas principais: a ciência a ser considerada e estudada é a do *mainstream*, quer ele pareça ou não ser compatível com as perspectivas religiosas. A segunda vem da parte das tradições religiosas. Suas pretensões de conhecimento não podem ser descartadas *a priori* como vazias de significado.

Premissas dadas, passemos às tarefas. Primeiro, a reconstrução histórica, conforme já indicada nos primeiros tópicos. Mas não só a história das ideias, também deve ser incluída a das instituições, da Economia e da política, das mudanças culturais e tecnológicas.

Segundo, a tarefa epistemológica: como o ser humano conhece, quais são os limites do conhecimento obtido? Há conhecimento no âmbito da religião? Muito se tem escrito na área de Filosofia da ciência recentemente sobre a centralidade do sujeito cognoscente e da analogia.

Terceiro, a tarefa ontológica: apesar de não podermos conhecer a realidade tal qual é, pelo menos supomos que ela é externa em grande parte e exterior a nós, e nos precede. A perspectiva que atende a isso é a realista, e a maioria dos cientistas adere a ela. Sem essa intenção de desvelar o real, e com todos os limites de nossa linguagem, ciência e Teologia perdem sua razão de ser.

Por fim, a tarefa ética. Muita se fala da responsabilidade social da ciência e também, por outros caminhos, da Teologia (ver toda a caminhada da Teologia da Libertação na América Latina). Há também a responsabilidade pela própria natureza: diante dos desafios ecológicos que são vividamente apresentados nos meios de comunicação, e, cada uma à sua maneira, ciência e religião têm oferecido recursos valiosos para uma mudança de consciência e de ação entre nós. Isso sem contar, é claro, o âmbito da bioética.

Pode-se por fim argumentar em favor de que há um componente religioso na ciência. Cientistas costumam nutrir uma espécie de espiritualidade cósmica, sendo Einstein o mais sugestivo representante desse tipo de experiência. Também os próprios cientistas dizem haver entre eles uma atitude de fé, um modo de "ver coisas que não se veem" e viver hoje cenários que ainda se aguardam (lembrar de Hb 11,1). Mesmo que não admitam se tratar de uma fé religiosa, funcionalmente é isso que ocorre. Em qualquer caso, o diálogo com a Teologia se torna não apenas desejável como até necessário: conforme já mencionado, os cientistas desenvolvem uma Teologia implícita, e há que entender seus componentes.

Referências bibliográficas

BELTRÁN, Oscar. El concepto de consonancia. Un puente entre la ciencia y la teología. http://wwww.uca.ar/uca/common/grupo32/files/Consonancias_32_junio_2010.pdf. Acesso em 01/07/2012.

BROOKE, John Hedley. *Ciência e religião*; algumas perspectivas históricas. Porto: Porto Editora, 2005.

CORMACK, Lesley B. Os cristãos medievais ensinaram que a Terra era plana. In: NUMBERS, Ronald N. (org.). *Galileu na prisão e outros mitos sobre ciência e religião*. Lisboa: Gradiva, 2012.

CRUZ, Eduardo R. Diálogos e construções mútuas. Igreja Católica e Teoria da Evolução. In: SOARES, Afonso M. L.; PASSOS, João Décio (orgs.). *Teologia e ciência*; diálogos acadêmicos em busca do Saber. São Paulo: EDUC/Paulinas, 2008. pp. 65-85.

_____. Cientistas como teólogos e teólogos como cientistas. In: SOARES, Afonso M. L.; PASSOS, João Décio (orgs.). *Teologia e ciência*; diálogos acadêmicos em busca do Saber. São Paulo: EDUC/Paulinas, 2008. pp. 175-211.

_____. De "fé e razão" a "Teologia e ciência/tecnologia": aporias de um diálogo e o recuperar da doutrina da criação. In: SOTER 2009. *Religião, ciência e tecnologia*. São Paulo, Paulinas, 2009. pp. 7-38.

DAWKINS, Richard. *O rio que saía do Éden*; uma visão darwiniana da vida. Rio de Janeiro: Rocco, 1996.

_____. *Deus, um delírio*. São Paulo: Cia. das Letras, 2007.

GOULD, Stephen J. *Pilares do tempo*; ciência e religião na plenitude da vida. Rio de Janeiro: Rocco, 2002.

GRANT, Edward. *Os fundamentos da ciência moderna na Idade Média*. Porto: Porto Editora, 2002.

HARRISON, Peter, "Ciência" e "religião": construindo os limites. *Rever – Revista de Estudos da Religião*, v. 7, n. 1 (março de 2007), pp. 1-33. www.pucsp.br/rever/rv1_2007/p_harrison.pdf.

_____ (org.). *Guia Cambridge de Ciência e Religião*. São Paulo: Ideias & Letras, no prelo.

LEWIS, James R.; Olav HAMMER (Orgs.) *Handbook of religion and the authority of science*. Leiden: Brill, 2011.

MONOD, Jacques. *O acaso e a necessidade*; ensaio sobre a Filosofia natural da Biologia moderna. Petrópolis: Vozes, 1972.

PETERS, Ted; BENNETT, Gaymon (orgs.). *Construindo pontes entre a ciência e a religião*. São Paulo: Loyola/Unesp, 2003.

PYE, Michael. O estudo das religiões: novos tempos, tarefas e opções. In: CRUZ, Eduardo; DE MORI, Geraldo (orgs.). *Teologia e ciências da religião*; a caminho da maioridade acadêmica no Brasil. São Paulo: PUCMinas/Anptecre/Paulinas, 2011. pp. 15-24.

SOARES, Afonso M. L.; PASSOS, João Décio (orgs.). *Teologia e ciência*; diálogos acadêmicos em busca do Saber. São Paulo: EDUC/Paulinas, 2008.

SOTER 2009. *Religião, ciência e tecnologia*. São Paulo: Paulinas, 2009.

Sugestões de leitura

CRUZ, Eduardo R. (org.). *Teologia e Ciências Naturais*; Teologia da criação, ciências e tecnologia em diálogo. São Paulo: Paulinas, 2011.

MCGRATH, Alister E. *Fundamentos do diálogo entre ciência e religião*. São Paulo: Loyola, 2005.

NUMBERS, Ronald N. (org.). *Galileu na prisão e outros mitos sobre ciência e religião*. Lisboa: Gradiva, 2012.

Notas

[1] Para um bom apanhado do campo, contando inclusive com capítulos de religiões diversas, ver Peters; Bennett (orgs.), *Construindo Pontes entre a Ciência e a Religião*.

[2] Para conhecer melhor essa história e as observações que se seguem, ver Brooke, Ciência e Religião, e vários capítulos em Harrison (org.), *Guia Cambridge de Ciência e Religião*.

[3] No que tange ao contraste entre "Idade das Luzes" e "Idade das Trevas", ver Grant, *Os Fundamentos da Ciência Moderna*, e Cormack, Os cristãos medievais ensinaram que a terra era plana.

[4] Harrison, "Ciência" e "Religião".

[5] Ver também o capítulo sobre Ciência da Religião e Teologia, nesse Compêndio.

[6] Para o que se segue, ver Beltrán, El concepto de consonância; Cruz, De "Fé e Razão" a "Teologia e Ciência/Tecnologia".

[7] Para parte dessa história, ver Cruz, Diálogos e construções mútuas. Igreja Católica e Teoria da Evolução.

[8] Monod, *O acaso e a necessidade*, p. 198.

[9] Dawkins, *O rio que saía do Éden*, p. 117.

[10] Ver, por exemplo, Dawkins, *Deus, um delírio*, pp. 439ss.

[11] Gould, *Pilares do tempo*, pp. 11; 12.

[12] Dawkins, *Deus, um delírio*, pp. 85-93.

[13] Para um levantamento quase exaustivo desse processo, ver Lewis; Hammer (orgs.), *Handbook of Religion and the Authority of Science*.

[14] Para uma breve discussão desta espiritualização da mecânica quântica, ver Cruz, De "Fé e Razão" a "Teologia e Ciência/Tecnologia", pp. 26-27.

[15] Para um detalhamento dessa história, ver Cruz, Cientistas como Teólogos e Teólogos como Cientistas.

[16] Pye, O estudo das religiões.

Religião e epistemologias pós-coloniais

LAURI EMÍLIO WIRTH

O propósito deste capítulo, diferentemente dos outros que compõe essa parte do *Compêndio*, é apresentar uma crítica ao projeto ocidental de uma Ciência da Religião como um todo, a partir dos contextos de dominação que acompanham os projetos de colonização das mesmas nações que produziram o saber científico atestado. Damos agora a voz ao "subalterno", tal como descrito a seguir.

Para tanto, começaremos por apresentar alguns esboços de definição de epistemologias pós-coloniais de acordo com autores relevantes. Passaremos então a descrever o contexto histórico de tais epistemologias, assim como de seus aspectos mais distintivos. Após essa visão de conjunto, passaremos à

maneira como a concepção de religião surge entre os colonizadores, e personagens que se opuseram a ela, em particular Bartolomeu de las Casas. Para falar dos estudos da religião na Europa, destacamos a figura de Max Müller e sua inserção no projeto colonial inglês. Por fim, apresentaremos perspectivas em torno de abordagens pós-colonialistas para o estudo da religião.

Os apontamentos que seguem tem um caráter ensaístico. Não pretendem, portanto, defender uma hipótese claramente delimitada, lógica e coerente, e ainda menos fornecer um mapa sistemático de um debate. Contenta-se em alinhavar pistas para um debate cujo horizonte é o que se chama provisoriamente de estudos pós-coloniais da religião.

Epistemologias pós-coloniais: esboço de definição

As epistemologias pós-coloniais podem ser definidas como um esforço teórico múltiplo, historicamente situado e de caráter aberto, não só no sentido de inacabado, mas principalmente por referenciar-se a formas múltiplas de conhecimentos e saberes. Como ponto de partida, o termo "pós-colonial" refere-se ao fim formal do *status* colonial das antigas colônias dos diferentes países que disputavam entre si a hegemonia no chamado moderno sistema mundial, desde o

século XVI. Já essa referência ao contexto histórico aponta para o caráter plural do termo pós-colonial, dadas as diferentes formas de colonialismo e, principalmente, as especificidades locais e regionais de resistência à imposição do poder colonial. Mantenho assim a designação "pós-colonial" ciente de que não há unanimidade quanto aos termos mais adequados para designar esse amplo leque de aportes, a partir dos saberes subalternizados no processo da expansão colonial.

Fica, pois, o registro, de que, em lugar de "pós-colonial", outros talvez julguem mais adequado o uso de conceitos como "descolonial", "transcolonial", "estudos subalternos" etc. Seja como for, as epistemologias pós-coloniais contemplam, pelo menos, três níveis de exigências, assim sintetizadas por Ramón Grossfogel: (a) "um cânone de pensamento mais amplo do que o cânone ocidental (incluindo o cânone ocidental de esquerda)"; (b) "um diálogo crítico entre diversos projetos críticos políticos/éticos/epistêmicos", que tenham como horizonte de sentido "um mundo pluriversal", portanto não universal e abstrato; (c) o diálogo entre perspectivas, visões de mundo e cosmologias de "pensadores críticos do Sul Global, que pensam com e a partir de corpos e lugares étnico-raciais/sexuais subalternizados".[1]

Opto pelo termo "pós-colonial" por ser, salvo engano, o mais usado nos estudos subalternos, ciente de que seria equivocado restringi-lo à superação do *status* colonial de antigas colônias. Com o conceito de "pós-colonial" pretendo referir-me, portanto, à persistência atual de formas diversas de dominação oriundas dos centros coloniais, antigos e atuais, que se evidenciam na imposição de estruturas hierárquicas de classificação, de controle das relações de trabalho, de valoração dos processos de produção de conhecimento, com critérios de fundo étnico, racial e de gênero, como relações práticas de poder, mas sempre naturalizadas no plano discursivo. Assim, a noção de colonialidade do poder, uma referência central das teorias pós-coloniais, pretende captar no plano conceitual a assimilação e a constante reprodução destas estruturas mentais, bem como as relações prático-produtivas daí decorrentes. Em outras palavras, a colonialidade do poder é uma referência à "interseccionalidade [...] de múltiplas e heterogêneas hierarquias globais [...], de formas de dominação e exploração sexual, política, epistêmica, econômica, espiritual, Linguística e racial, em que a hierarquia étnico-racial do fosso cavado entre o europeu e o não europeu reconfigura transversalmente todas as restantes estruturas globais de poder".[2]

Uma das consequências da aplicação dos pressupostos epistemológicos dos estudos pós-coloniais ao campo específico dos estudos da religião, é a revisão crítica dos fundamentos teóricos deste campo do saber. A suspeita decorre do valor fundamental atribuído pelos estudos pós-coloniais ao lugar epistemológico específico de toda e qualquer produção de conhecimento. Questiona-se, assim, em que medida os fundamentos teóricos dos estudos de religião seriam cativos de epistemologias eurocêntricas, defensoras de um suposto conhecimento universal que ocultaria seu lugar epistemológico específico. Estariam os estudos de religião reproduzindo os processos de subalternização, ocultamento e controle dos saberes religiosos dos povos colonizados pela expansão colonial, através de categorias como primitivas, irracionais, mágicas, pré-científicas etc.?

Os parágrafos que seguem restringem-se a um recorte historiográfico. Em um primeiro momento, pretendem contextualizar e circunscrever algumas categorias centrais dos estudos pós-coloniais que podem ser relevantes na constituição de um eixo de debates em torno dos estudos pós-coloniais da religião. O segundo tópico discute alguns aspectos do processo de constituição dos estudos de religião em sua relação com o processo de expansão colonial, na busca de elementos transversais entre estudos de religião, expansão colonial e eurocentrismo. O terceiro tópico discute algumas categorias epistemológicas como horizontes úteis para enfrentar aquilo que alguns autores qualificam como epistemicídio, em um esforço para descolonizar os cânones ocidentais dos estudos da religião.

Contexto das epistemologias pós-coloniais

Não é propósito desta reflexão periodizar e sistematizar uma genealogia dos estudos pós-coloniais, tarefa esta, salvo melhor juízo, ainda em aberto. Indico apenas alguns processos históricos que servem de referência para contextualizar o debate. Um deles é a própria noção de crise da civilização ocidental. Fenômenos de grandes consequências como as duas guerras mundiais, o impacto das práticas de extermínio em massa, como o foram os campos de concentração, indicam um ambiente de crise nos centros de formulação das epistemologias abstratas e supostamente universais. Na gênese dos estudos pós-coloniais encontram-se, portanto, autores comprometidos com as lutas de libertação no plano teórico e com engajamento prático, em um ambiente de crise do ideal civilizador universal moderno. Em outras palavras, um dos pressupostos fundamentais dos estudos pós-coloniais é a estreita relação entre a elaboração teórica e a prática concreta e histórica. Ou seja, a elaboração teórica é, antes de tudo, reflexão sobre a prática e sobre as condições históricas que circunscrevem o horizonte de plausibilidade da relação entre prática e teoria.

Exemplifico esta postura com um dos pais dos estudos pós-coloniais: Franz Fanon. Nascido na ilha de Martinica, em 1925, Fanon lutou junto à Frente de Libertação Nacional, na Argélia, contra o domínio francês daquele país, estudou psiquiatria e Filosofia e dedicou toda a sua prática como psiquiatra e como autor de grande impacto na época para "ajudar o negro a se libertar do arsenal de complexos germinados no seio da situação colonial".[3] Um dos questionamentos de Fanon que nos interessa aqui é a crítica à noção abstrata de "ser humano", hegemônica nas Ciências Humanas de então, por detectar nessa abstração uma estratégia para ocultar a relação entre os enunciados teóricos e as sociedades concretas que conferem plausibilidade a tais enunciados: "Há um drama no que se convencionou chamar de Ciências Humanas. Devemos postular uma realidade humana típica [...], levando em consideração apenas a ocorrência de imperfeições; ou, ao contrário, devemos tentar, sem descanso, uma compreensão sempre nova e concreta do homem?"[4]

De forma contundente, Fanon demonstra que a noção essencialista do ser humano, uma criação das ciências hegemônicas nos impérios coloniais, esconde uma visão hierárquica das culturas, que induz os povos colonizados a negarem suas especificidades culturais para aderir à suposta civilização universal: "Em certas regiões da África, o paternalismo piegas com respeito aos negros e a ideia obscena, haurida da cultura ocidental, de que o negro é impermeável à lógica e às ciências reinam em toda a sua nudez". Ou seja, para aderir "à lógica e às ciências" da cultura universal, propriamente humana, o negro deveria superar sua negritude, o que, por sua vez, reafirma a condição subalterna do colonizado. Para Fanon, essa é uma das formas de colonizar a subjetividade, uma ideologia racial que, ao proclamar "uma igualdade de essência entre os homens, consegue preservar a sua lógica convidando os sub-homens a se humanizarem através do tipo de humanidade ocidental que ela encarna".[5]

Embora a religião não seja um tema central em seus escritos, não é difícil perceber que para Fanon ela não fica imune às transformações desencadeadas pelo processo colonizador. Ela se transforma em uma das variáveis adequadas à colonização das subjetividades e é necessária para adaptar os colonizados ao novo ambiente em que são obrigados a viver:

O colonizado consegue igualmente, por meio da religião, não ter em conta o colono. Através do fatalismo, toda a iniciativa é arrebatada ao opressor, atribuindo-se a Deus a causa dos males, da miséria, do destino. Dessa maneira, o indivíduo aceita a dissolução decidida por Deus, avilta-se diante do colono e diante da sorte e, por uma espécie de reequilíbrio interior, chega a uma serenidade de pedra.[6]

Parece ficar evidente, a partir deste questionamento, não ser suficiente descrever sistemas religiosos de forma abstrata e a partir de epistemologias supostamente universais para compreender ou explicar a religião em sociedades colonizadas. O que gostaria de destacar na crítica de Fanon à religião é justamente este aspecto. A religião é forçada a se reinventar no âmbito do processo colonizador e, por isso, sua crítica, compreensão ou explicação não podem se dar desvinculadas das sociedades reais e históricas em que a religião é praticada.

Nesse sentido, é oportuno anotar que o significado da religião com suas especificidades locais não passou desapercebido de pensadores conscientemente críticos dos processos coloniais, algo certamente surpreendente para mentes treinadas a enquadrar suas análises em referenciais ideológicos abstratos e desvinculados do mundo real. É o que se vê, por exemplo, em José Carlos Mariategui, um dos primeiros a propor, a partir do Peru, uma leitura da América Latina a contrapelo das interpretações hegemônicas então vigentes:

Passaram-se definitivamente os tempos do apriorismo anticlerical, em que a crítica "livre-pensadora" contentava-se com uma estéril e sumária execução de todos os dogmas e igrejas, em benefício do dogma e da igreja de um "livre-pensamento" ortodoxamente ateu, laico e racionalista. O conceito de "religião" cresceu em extensão e profundidade, não reduzindo a religião a uma igreja e a um ritual. E reconhece às instituições e sentimentos religiosos um significado muito diferente daquele que ingenuamente lhe atribuíam, com radicalismo incandescente, as pessoas que identificavam religiosidade como "obscurantismo".[7]

A julgar pelo citado, Mariategui distancia-se claramente da interpretação da religião como um estágio pré-lógico e pré-racional da suposta evolução linear da humanidade. E já em 1928, ano da primeira edição dos 7 ensaios, o fundador do Partido Comunista Peruano enuncia um princípio pelo menos convergente com os estudos pós-coloniais, no que se refere aos estudos da religião. Referindo-se à assimilação superficial da catequese católico-romana entre diferentes povos indígenas da América Latina, Mariategui constata: "Como consequência desse fato, o fator religioso oferece, nestes povos, aspectos mais complexos. O culto católico sobrepôs-se aos rituais indígenas, absorvendo-os apenas parcialmente. O estudo do sentimento religioso na América Latina tem, por conseguinte, que partir dos cultos encontrados pelos conquistadores".[8]

O contraponto entre religião oficial e seus vínculos com o sistema colonial por um lado, e a percepção do vínculo profundo entre religião e cultura no âmbito das práticas religiosas, por outro, não passou despercebido na análise que Mariatigui faz do "fator religioso" na América Latina. Também não passou despercebida a ambiguidade inerente ao fator religioso, quando destaca a proteção que os índios recebem das estruturas eclesiásticas, referindo-se, por exemplo, à atuação de Bartolomeu de Las Casas como "aquele em quem floresciam as melhores virtudes do missionário, do evangelizador", que teve "precursores e continuadores".[9]

Espero, pois, ter conseguido, com estes poucos exemplos, apontar para alguns aspectos distintivos das epistemologias pós-coloniais: (a) elas assumem um *locus* hermenêutico que dialoga com os saberes locais, que são os verdadeiros fornecedores da matéria-prima para a elaboração teórica; (b) a pergunta pelos *loci* hermenêuticos de diferentes epistemologias traz implícita a crítica ao mito de um suposto conhecimento universal que esconde, não só o sujeito enunciador, mas principalmente o lugar epistemológico que possibilita seus enunciados; (c) pressupõe-se, assim, não só a parcialidade e provisoriedade de toda e qualquer epistemologia, mas a inevitável vinculação com estruturas de poder, gênero, raça, classe e configurações geopolíticas a partir das quais os sujeitos se pronunciam; (d) não por último, pressupõe ainda "que o 'discurso colonial e pós-colonial' não é apenas um novo campo de estudo ou uma mina de ouro para a extração de novas riquezas, mas condição para a possibilidade de construir novos *loci* de enunciação e para a reflexão de que 'o conhecimento e

a compreensão' acadêmicos devem ser complementados pelo 'aprender com' aqueles que vivem e refletem a partir de legados coloniais e pós-coloniais".[10]

O distanciamento das epistemologias pós-coloniais em relação àquelas consideradas clássicas fica evidente na seguinte formulação programática de Boaventura de Souza Santos:

> Proponho, em alternativa ao universalismo abstrato e imperial, um universalismo concreto, construído de baixo para cima, através de diálogos interculturais sob diferentes concepções de dignidade humana. Designo esses diálogos de hermenêutica diatópica, assente na ideia da incompletude de todas as culturas e tendo como objetivo atingir não a completude, mas, pelo contrário, uma consciência mais aprofundada e recíproca das muitas incompletudes de que é feita a diversidade cultural, social e epistemológica do mundo.[11]

Epistemologias pós-coloniais e estudos de religião

Para contextualizar o debate em questão, é necessário referir-me a dois processos históricos de longo alcance na chamada civilização ocidental. São processos distintos, mas interconectados, no sentido de mutuamente dependentes.

A discussão sobre a religião como objeto de estudo, com metodologias e referenciais teóricos adequados, entra em cena no final do século XIX e início do XX. Em um lento e profundo processo de deslocamento da religião como referência de sentido e estruturadora das relações sociais, esta dá lugar à racionalidade científica como critério de verdade. Diante do império da razão instrumental, a religião progressivamente perde espaço como referência de sentido e transforma-se em objeto de estudo. Jacqueline

Hermann pontua este debate como a "defesa do caráter racionalista do homem ocidental e a persistência de formas de expressão ainda classificadas de religiosas".[12]

Não pretendo discutir as diferentes escolas de estudos da religião, com suas especificidades, convergências e controvérsias, às vezes, francamente excludentes, embora não questione a relevância deste debate. Quero apenas destacar aqui duas observações que me parecem cabíveis, porque transversais a todas elas. A primeira é relativa à noção do tempo e à classificação das culturas. A referência à religião como "a persistência de formas de expressão ainda classificadas de religiosas" parece indicar uma noção de história linear e evolutiva. Consequentemente o "caráter racionalista do homem ocidental" sugere um estágio superior da evolução cultural da humanidade. Logo, a religião persiste como algo ultrapassado, um estágio ainda não superado. É, portanto, uma observação que só pode ser feita por quem já está situado neste estágio superior de evolução histórica. A religião transformada em objeto de estudo pressupõe este *locus* hermenêutico de quem se quer localizado no topo da evolução da humanidade. A "hermenêutica diatópica" proposta pelas epistemologias pós-coloniais tem como um de seus objetivos a superação desta noção eurocêntrica da história. A segunda observação quer destacar justamente este detalhe. Estamos diante de um fenômeno datado e geograficamente localizado. Os estudos da religião surgem na Europa justamente quando esta visão da história como um processo linear e evolutivo se consolida como hegemônica, atingindo seu auge na civilização anglo-saxônica.

No plano mais geral, as epistemologias pós-coloniais defendem que a civilização anglo-saxônica é o resultado do complexo processo desencadeado pela chegada dos conquistadores europeus à América e as transformações daí decorrentes. Não será possível adentrar no amplo debate sobre a relação entre aquilo que alguns estudiosos do tema chamam de invenção da América e a gestação e consolidação do sistema mundo, com a Europa e, posteriormente, os Estados Unidos da América como seus centros hegemônicos de poder. Anoto apenas algumas variáveis deste debate que são especialmente relevantes para repensar os estudos da religião: (a) a ideia de uma relação hierárquica entre colonizador e colonizado, fundamentado na suposta superioridade racial do colonizador; (b) a vinculação entre esta noção de hierarquia racialmente fundamentada e o controle das mais diversas formas de produção material e simbólica nas regiões colonizadas; (c) a repressão às formas de produção do conhecimento dos povos colonizados, com

seus universos simbólicos e seus referenciais de sentido; (d) a imposição parcial da cultura dos dominadores, na medida em que isto era necessário ao controle e instrumentalização das culturas locais de acordo com a lógica do novo padrão de poder.

Segundo Anibal Quijano, este novo padrão de poder tem na transformação de diferenças fenotípicas em relações hierárquicas um de seus principais fundamentos, o que é algo novo na história da humanidade. A consequência é a criação de "identidades sociais historicamente novas: índios, negros, mestiços". Ou seja, "raça e identidade racial foram estabelecidas como instrumentos de classificação social básica da população".[13] A construção de categorias raciais generalizantes e hierárquicas coincide com a interrupção de processos de racionalização e até de laicização em curso nas culturas locais antes da conquista. Coincide também com a imposição de fronteiras geográficas estranhas à história milenar dos povos colonizados, além da colonização da subjetividade dos povos colonizados, através da imposição de padrões culturais dos centros da expansão colonial.

Para periodizar minimamente o papel da religião no processo da expansão colonial europeia, é necessário distinguir pelo menos dois períodos distintos, de certa forma sobrepostos e interdependentes: o primeiro refere-se à hegemonia ibérica na expansão europeia, o segundo à hegemonia anglo-saxônica.

Mesmo com o processo de esfacelamento da unidade cristã na Europa, no período ibérico da expansão colonial, a religião cristã ainda é a referência legitimadora das chamadas conquistas espanholas e portuguesas, ao mesmo tempo em que fundamenta uma infinidade de discursos e práticas de resistência ao colonialismo. Todas as fontes das conquistas ibéricas estão repletas de evidências a este respeito. A título de ilustração, pode-se lembrar, por exemplo, um discurso de Fernão Cortês, quando da conquista do México:

Muitas vezes tenho dado voltas, eu mesmo em meus pensamentos, sobre tais dificuldades (legitimidade da guerra contra os índios) e confesso que algumas vezes, certamente, me senti vivamente inquieto com esse pensamento. Mas, pensando de outro modo, vêm à minha mente muitas coisas que me reanimam e estimulam. Em primeiro lugar, a nobreza e santidade da causa; pois lutamos pela causa de Cristo quando lutamos contra os adoradores dos ídolos, que por isso mesmo são inimigos de Cristo, uma vez que adoram os maus demônios, em vez do Deus da bondade e onipotente, e fazemos a guerra tanto para castigar aqueles que se obstinam em sua pertinácia, como parece (permitir) a conversão à fé de Cristo daqueles que têm aceitado a autoridade dos cristãos e de nosso rei.[14]

Estamos, pois, diante da imposição colonial, não no plano meramente discursivo, mas em seus desdobramentos concretos, numa reelaboração prática do conceito medieval da guerra justa. Aqui a religião ainda é referência de sentido da expansão colonial e instrumentalizada como parâmetro que evidencia a suposta inferioridade das populações conquistadas. A identificação das práticas religiosas de índios (e posteriormente de negros) como idolátricas, a desqualificação de seus universos simbólicos como supersticiosos, irracionais e primitivos, cumpre assim uma função na imposição do novo padrão de poder. Por outro lado, o aceno à conversão ao Cristianismo, mesmo tendo a guerra como precursora necessária a sua viabilidade, é o primeiro passo da imposição dos padrões culturais dos conquistadores como possibilidade de sobrevivência dos vencidos, respectivamente sua subsunção ao universo simbólico do conquistador.

Não se trata, portanto, da polêmica entre falsa e verdadeira religião. Este tema esteve presente nas controvérsias, especialmente no contexto da conquista espanhola, e teve em Bartolomeu de Las Casas seu principal expoente, o que não será aqui discutido. Lembro apenas uma passagem de Las Casas, referente às religiões dos povos conquistados, para exemplificar seu olhar diferenciado, indicativo de que as raízes mais remotas do que atualmente se designa de epistemologias pós-coloniais já podem ser encontradas nos inícios da conquista da América. Referindo-se às práticas religiosas indígenas, Las Casas afirma:

São obrigados a defender seu Deus ou seus deuses que consideram como verdadeiro Deus, bem como sua religião, como nós, os cristãos, o somos a defender nosso verdadeiro Deus e a religião cristã. E, se não o fizerem, pecam mortalmente, como nós pecamos, se não o fizéssemos.[15]

O que quero ressaltar aqui é a tese da suposta ausência da religião entre os povos colonizados, o que equivale a um julgamento ontológico totalmente novo em termos históricos. Povos sem religião passam a ser classificados como ontologicamente carentes, portanto, inferiores na escala de classificação hierárquica da humanidade. Se o discurso de Cortês se vale deste imaginário para animar seus comandados no cotidiano da conquista, em Juan Ginés de Sepúlveda, temos sua assimilação nas mais altas esferas da Filosofia e Teologia de então:

Com perfeito direito, os espanhóis imperam sobre estes bárbaros do Novo Mundo e ilhas adjacentes, porque, em prudência, gênio, virtude e humanidade, são tão inferiores aos espanhóis como as crianças aos adultos e as mulheres aos homens.[16]

Ou seja, em uma breve citação estão presentes noções de subalternização de raça, gênero e geração. O passo seguinte desta hierarquização é a negação pura e simples da humanidade dos vencidos. Pelo menos é o que se deduz quando Sepúlveda pretende constatar que a diferença entre índios e espanhóis é semelhante "à que existe entre macacos e homens".[17]

Os estudos da religião propriamente ditos iniciam-se no período anglo-saxão da expansão europeia. Nesse período, a rigor, a religião já não é mais necessária para dar sentido ao colonialismo. Se no período ibérico religiosos invariavelmente acompanhavam as expedições de conquista, no período anglo-saxão o religioso cede seu lugar ao cientista. E, quando a religião não é mais necessária como referência legitimadora, ela se transforma em objeto de pesquisa.

Nesse deslocamento da religião de referência de sentido a objeto de pesquisa, é necessário distinguir dois movimentos distintos, embora com vários níveis de influências transversais. Um é o grande leque de pesquisas sobre a religião dos outros, dos conquistados pela expansão colonial; o outro movimento é a disputa sobre a religião dentro da própria Europa. Ambos os movimentos são o verdadeiro berço de conceitos, modelos interpretativos e teorias da religião hoje considerados clássicos nos estudos da religião. A influência desse lugar hermenêutico na própria configuração do arsenal teórico dos estudos da religião é, a meu ver, um tema à espera de debate mais aprofundado.

Disputas em torno da religião na Europa

Começo pela disputa dentro da própria Europa, apenas com o intuito de sinalizar possíveis inter-relações entre contexto e conteúdo. Ou seja, pretendo ao menos sinalizar a conjuntura histórica que possibilita, condiciona e delimita os estudos da religião, mas que não é considerada quando os resultados deste debate são abstraídos do seu contexto e alçados a categorias supostamente universais. Exemplifico este questionamento, de forma resumida, a partir de dois autores, Feuerbach e Schleiermacher. O primeiro advoga a necessidade de superar a religião, o segundo defende sua legitimidade em uma sociedade em vias de secularização.

Schleiermacher, conhecido como um dos pais da hermenêutica teológica moderna, enfrentou o debate da Teologia com o pensamento iluminista, numa época em que o *status* acadêmico da Teologia era atacado, por um lado, pelo racionalismo científico e, por outro, pela própria igreja, que teve que admitir o fim de sua pretensa exclusividade em matéria de religião. Neste ambiente, Schleiermacher desloca a explicação do que seja religião de um *locus* exterior para situá-la no interior do indivíduo como "senso e gosto pelo infinito", "como sentimento de dependência absoluta". Nesse sentido, a religião é "uma província particular do espírito humano", e a verdade religiosa só é compreensível se vinculada ao sujeito religioso que a afirma. Isso pressupõe que o elemento religioso faça parte do conceito de humanidade e que ele tenda a aparecer tanto mais quanto mais autêntico for o humano. A partir de então, a Teologia cristã teve que assumir sua parcialidade, como uma voz entre outras a refletir sobre a dimensão simbólica da vida, ao mesmo tempo em que teve que aprender que o Cristianismo não é a única experiência de fé, nem a síntese evolutiva de todas elas, como pretendiam alguns naquela época.

Ludwig Feuerbach (1804-1872) se interessa inicialmente pela religião como estudante de Teologia. Estudou Teologia em Heidelberg e, posteriormente, migrou para Berlim, onde deslocou seu foco de interesses de Schleiermacher para Hegel. Sua trajetória é um indício das condições em que se dava o debate na época. Em Berlim, assumiu uma docência, em 1829. Publicou um livro anônimo com o título "Ideias sobre a morte e a imortalidade". O livro questiona a possibilidade da imortalidade e critica fortemente a Teologia e a práxis das igrejas. A descoberta da autoria do livro significou o fim da carreira acadêmica de Feuerbach, que sobreviveu como professor particular.

Feuerbach discute a origem da religião. Para responder a esta questão estabelece uma diferença fundamental entre os animais e os humanos. A vida animal é regulada pelo instinto. Seres humanos possuem consciência. Através da consciência, as coisas podem ser objetivadas. Ou seja, ideias, representações, imaginários etc., podem ser pensadas como se fossem objetos reais. A consciência tem o poder de objetivação. Esta capacidade de objetivação da consciência é ilimitada. Portanto, o ser humano é o único ser vivo capaz de pensar o infinito como algo real. É esta capacidade de conceber o infinito que produz a religião. Segundo Feuerbach, a religião surge à medida que os humanos adquirem consciência de sua finitude, a consciência da certeza da morte. Se não existisse a morte, não haveria religião. Portanto, a religião é um produto da objetivação do desejo de infinitude, da capacidade da consciência humana de imaginar o infinito como um objeto, capaz de ser contemplado como uma coisa. Ou seja, religião em Feuerbach é uma espécie de projeção. O ser humano projeta seu desejo de imortalidade e o contempla como se fosse algo autônomo em relação ao humano que o produziu. Daí a famosa frase de Feuerbach: os humanos criam deuses à sua imagem e semelhança. Portanto, para Feuerbach, a religião não é o que ela aparenta. Ela "nada mais é do que...". Deus é uma projeção do desejo, algo compreensível, mas perigoso.

Espero que esta breve síntese seja suficiente para indicar alguns aspectos da crítica das epistemologias pós-coloniais aplicáveis aos estudos da religião, no que se refere, por assim dizer, ao seu foco intraeuropeu. Joerg

Rieger lembra que Schleiermacher não superou nem questionou a noção de hierarquia subjacente aos estudos comparados da religião, embora "abrisse a porta para o reconhecimento de outras religiões como expressões válidas da experiência de Deus; ele defendia vários níveis de perfeição, dos quais o Cristianismo era, sim, o mais elevado".[18]

Por outro lado, é conhecida a crítica de Marx às teses de Feuerbach sobre a religião. Marx assume Feuerbach no que se refere à explicação das origens da religião, mas desloca sua relevância, na medida em que pergunta pelas condições sociais que tornam a religião possível e necessária. Para ele a religião revela uma imagem invertida da consciência, porque o contexto social — Estado e Sociedade — em que a religião acontece é um mundo invertido. Assim, a crítica à religião necessariamente requer a crítica aos próprios fundamentos filosófico-jurídicos, econômicos e políticos da sociedade. À afirmação de que "a religião é a *expressão* da miséria real", segue-se outra, muitas vezes não considerada na crítica aos textos de Marx: a religião "é também *protesto* contra a miséria real". Nas palavras de Marx: "A miséria religiosa é, por uma parte, a expressão da miséria real e, por outra, o protesto contra a miséria real. A religião é o suspiro da criatura oprimida, o coração de um mundo sem coração, assim como é o espírito de uma situação carente de espírito. É o ópio do povo".[19]

Segundo Hugo Assmann, em Marx a religião é uma linguagem que manifesta a não conformidade do ser humano com o mundo real que ele vive. Mesmo sendo uma linguagem de fuga do mundo, é uma forma de protesto e, por isso, superior à resignação, ao conformismo, à indiferença e à adequação pura e simples.

Em resumo, temos em Marx um esboço de superação do trato abstrato da religião e, nesse sentido, certas convergências com as epistemologias pós-coloniais, que igualmente partem da realidade concreta e da vida real dos diferentes atores sociais como o *locus* hermenêutico de todo e qualquer enunciado teórico. Contudo, diferentemente de Marx, as teorias pós-coloniais não conduzem a enunciados universais. Assim, pode-se perguntar pela relação da religião com uma determinada sociedade, o que é muito diferente de julgá-la genericamente a partir de uma suposta essência religiosa abstrata e universal. Mas este também parece ser o limite da crítica marxista à religião. Pois também ela está historicamente situada, na medida em que se refere a um papel específico do Cristianismo na Europa do século XIX, que não pode ser transformado em um conceito de religião genérico, essencialista e abstrato. No mais, tanto Feuerbach quanto Marx parecem operar com um conceito antropológico restrito à racionalidade instrumental, típica da visão de mundo eurocêntrica de sua época.

Concluo este tópico com uma rápida referência aos estudos da religião, tendo como referência as religiões dos povos colonizados. É sintomático que aqui predominem as religiões asiáticas. São elas a referência principal subjacente ao *corpus* conceitual mais elaborado nos estudos de religião. É que, na gênese do novo padrão de civilização, a Ásia emerge como um contraponto à Europa. O Oriente, um produto da imaginação ocidental, tem história, herança cultural e códigos religiosos fixados por escrito. Esse Oriente indicará ao Ocidente civilizado suas raízes primevas, a base inicial da suposta evolução que atinge seu auge na civilização europeia. O Oriente é a Alteridade necessária à delimitação identitária do Ocidente, ao contrário da América e da África, assimilados ao novo padrão de poder como lugares sem história, portanto, subsumíveis ao padrão civilizacional da Europa.

Exemplifico esta mirada sobre a religião dos outros com o fundador da história comparada das religiões e grande intérprete das

religiões orientais, Friedrich Max Müller. Nas famosas preleções proferidas na Universidade de Cambridge, encontramos alguns indícios bastante sugestivos no que se refere ao sentido que Max Müller conferia ao seu labor investigativo. Já na dedicatória da publicação das preleções aprendemos que os ingleses realizaram uma "ocupação material da Índia" e que não devem delegar os louros da "ocupação espiritual" a outros povos. Engana-se quem depreende daí intenções evangelizadoras tão em voga no século XIX. A primeira seção das preleções traz por título uma pergunta: "O que a Índia pode nos ensinar?". Este questionamento francamente surpreendente para quem se diz imbuído de uma "ocupação espiritual", é revelador dos interesses que orientam a investigação das religiões da Índia e a serviço de quem nosso autor pretende colocar sua pesquisa.

Max Müller declara explicitamente não estar interessado na Índia contemporânea do século XIX. "Estou pensando na Índia como ela era há mil, dois mil, pode ser, há três mil anos atrás […]. Eu olho para a Índia das comunidades rurais, a verdadeira Índia dos hindus".[20] Nesse contexto, procura por uma espécie de elo perdido da civilização anglo-saxônica, a raiz primeva e, segundo ele, mais profunda da cultura da Europa de então: "A descoberta do sânscrito revelou um novo período da história europeia e conferiu um novo sopro de vida a nossa infância, que parecia perdida para sempre".[21]

Assim, Max Müller pretende identificar nos textos antigos das religiões asiáticas o ponto de partida de uma suposta evolução histórica que atingiria sua maturidade na cultura anglo-saxônica. E essa evolução, por sua vez, explicitaria a própria "história do espírito humano". Ou seja, a Índia dos antigos textos sagrados revelaria uma espécie de fase infantil da civilização, não só europeia, mas de um suposto gênero humano abstrato e universal: "A Índia no futuro pertence à Europa, ela tem seu lugar no mundo indo-europeu, ela tem seu lugar na nossa própria história [...], na história do espírito humano".[22]

Max Müller ancora seu interesse pela religião da Índia no âmbito das preocupações que ocupavam, segundo ele, os melhores talentos de sua época, o que ele sintetiza como o "estudo do desenvolvimento do mundo exterior ou material" para, em seguida, propor estudos semelhantes do "mundo interior e intelectual" para entendê-lo a partir de suas etapas inferiores até aquelas mais desenvolvidas. "E, neste estudo da história do espírito humano, neste estudo do nosso ser, nosso verdadeiro ser, a Índia tem um lugar não superável por nenhum outro país".[23]

Estudiosos das teorias pós-coloniais aplicadas à religião reconhecem a relevante contribuição de Max Müller à valorização das religiões da Índia, ao mesmo tempo em que criticam o "mito acadêmico da objetividade", que ele ajudou a construir, referenciado exclusivamente nas fontes antigas dessas religiões. Há que se destacar também o *locus* hermenêutico de Max Müller, que nunca esteve pessoalmente na Índia. Suas pesquisas foram custeadas pela Companhia Britânica das Índias Orientais e pelos governos da França e da Prússia. O público alvo de suas preleções eram ingleses que se preparavam para atuar na Índia, ou seja, eram agentes do colonialismo inglês da época. Nesse sentido, impõe-se a pergunta sobre se os resultados dos seus estudos da religião podem ser assimilados sem considerar criticamente o contexto concreto que os produziu e possibilitou. Não foi este olhar sobre a religião do outro uma das estratégias de decifração das subjetividades e dos campos simbólicos dos povos colonizados, para torná-los permeáveis à lógica colonial em curso?

Perspectivas

Os estudos pós-coloniais não pretendem propor epistemologias alternativas, mas contribuir com a construção de um pensamento contra-hegemônico a partir de múltiplos lugares epistêmicos subalternizados pelo poder colonial. Trata-se, portanto, da construção de novos horizontes de plausibilidades, a partir das alteridades subsumidas e ocultadas pelo lento e longo processo de consolidação do sistema mundial que hoje vivemos.

Implícito está o questionamento às Ciências Humanas gestadas e consolidadas como integrantes constitutivas do poder colonial. Propugna-se, por exemplo, a superação dos binarismos hierárquicos que fundamentam o mito do conhecimento na modernidade: essência/aparência, original/cópia, centro/margem, natureza/cultura, na medida em que configuram uma tecnificação da linguagem para subalternizar experiências, imaginários e maneiras de ser no mundo, a fim de adequá-las à cosmologia hegemônica e autorreferenciada dos poderes coloniais. Autores como W. Mignolo questionam a própria definição de epistemologia e a forma como este conceito é operacionalizado no ambiente acadêmico ocidental a partir do iluminismo. Sempre articulada a partir dos códigos de sentido das línguas nacionais do hemisfério norte, a epistemologia se apresenta como uma referência abstrata e universal, negando, assim, seu lugar de enunciação e seu vínculo histórico com o contexto que a produziu e viabilizou. Mignolo propõe o conceito de "gnose liminar" construído "*em diálogo com a epistemologia a partir de* saberes que foram subalternizados nos processos coloniais imperiais".[24]

Contudo, é necessário alertar para o perigo de operacionalizar a noção de "saberes subalternizados" como uma nova abstração que encobre a historicidade de tais saberes, reificando-os como uma categoria universal entre outras. A noção de hermenêuticas diatópicas pretende acolher justamente a historicidade de tais saberes, na medida em que "parte da ideia de que todas as culturas são incompletas e, portanto, podem ser enriquecidas pelo diálogo e pelo confronto com outras culturas".[25]

Enuncia-se, assim, um problema especificamente metodológico, pois todo diálogo envolve interesses, nem sempre conscientes ou claramente explicitados, também na relação entre diferentes religiões. Estratégias dialogais podem encobrir ambiguidades e conflitos inerentes a cada parceiro de diálogo — quem dialoga com quem, sobre o que, com que finalidade — e pautas estritamente religiosas podem ocultar relações de poder corporificadas nos respectivos interlocutores e nas sociedades que as sustentam e viabilizam.[26] Ou seja, interpelados pelas epistemologias pós-coloniais, os estudos de religião deveriam incorporar ao processo de elaboração de seus referenciais epistemológicos questionamentos quanto ao papel da produção do conhecimento acadêmico a partir da religião, problematizando a relação dessa produção com as sociedades e comunidades concretas que lhe servem de lugar de enunciação. Em outras palavras, em que medida a Ciência da Religião está efetivamente interessada em assumir os seus limites — o que não se restringe à polêmica relativa à sua capacidade explicativa ou compreensiva do fenômeno religioso — para conferir crédito a saberes que invariavelmente fogem de referências herdados e, via de regra, gestados em ambientes culturais estranhos aos que deseja explicar ou compreender?

Como a Ciência da Religião pode incorporar criticamente no seu perfil epistêmico específico os espaços da vida cotidiana como o tecido social a partir do qual sujeitos concretos extraem seus códigos de sentido que lhes permitem estar no mundo e viver em sociedade? E em que medida linguagens técnicas e discursos especializados sobre a religião tendem a expropriar experiências múltiplas de sujeitos reais e históricos, construindo narrativas coerentes e coesas, destinadas, acima de tudo, a legitimar o lugar institucional de emissão de seus enunciados?

Os questionamentos anteriores tentam adaptar e repercutir o que Veena Das sintetiza a respeito da relação entre a investigação acadêmica e as dinâmicas que conferem consistência e sentido a atores sociais nos espaços da vida cotidiana. Trata-se, nas palavras de seu comentador Francisco Ortega, de "uma relação claramente assimétrica na qual um oferece um dizer (extraordinário, doloroso, polêmico, imponderável) e o outro oferece uma escuta (incerta, cética, crédula, ingênua, interessada); um solicita credibilidade e o outro, consciente do que está em jogo, não pode menos que duvidar. Assim, crer ou não crer jamais é assunto fácil; o ato de crer necessita discernir o que significa crer e como se crê. Nesse caso, escutar um testemunho requer muito mais que um esforço de avaliação epistemológica; é um ato igualmente ético, pois em alguns casos o resultado não é dirimível entre duas afirmações contrárias".[27]

Assim, hermenêuticas diatópicas vão além da análise de dados a partir de critérios lógicos e coerentes, para buscar, nos fragmentos que fogem dos códigos hegemônicos, os indícios de experiências, códigos de sentido e imaginários subsumidos e subalternizados pelas grandes narrativas. Contudo, os fragmentos do historicamente vivido e a autoridade de seus sujeitos daí decorrente não devem ser entendidos como partes de um mosaico que, uma vez identificadas, podem ser explicadas ou compreendidas a partir de critérios alheios ao seu *locus* de enunciação. Veena Das sugere que a superação das narrativas niveladoras requer uma nova noção de conhecimento que revela outras maneiras de habitar o mundo.[28]

Está posto, pois, um desafio ético que articula rigor acadêmico e solidariedade com vítimas do sistema colonial. Podemos optar por epistemologias que escondem a conivência das ciências hegemônicas com a produção de injustiças, ou podemos articular as múltiplas verdades gestadas na cotidianidade das vítimas, com suas ambiguidades, contradições, assimetrias e, assim, alargar os estudos da religião para múltiplos sentidos de estar no mundo, todos historicamente situados e incompletos.

Referências bibliográficas

FANON, Franz. *Os condenados da terra*. Rio de Janeiro: Civilização Brasileira, 1968.
_____. *Pele negra máscaras brancas*. Salvador: EDUFBA, 2008.
GROSFOGUEL, Rámon. Para descolonizar os estudos de Economia política e os estudos pós-coloniais. Disponível em: www.eurozine.com. Acesso em 08/09/2012.
HERMANN, Jacqueline. História das Religiões e Religiosidades. In: CARDOSO, Ciro Flamarion; VAINFAS, Ronaldo (orgs.). *Domínios da história*; ensaios de teoria e metodologia. Rio de Janeiro: Campus, 1997. pp. 329-352.
KWOK, Pui-lan. *Postcolonial Imagination and Feminist Theology*. Louisville, Kentucky: John Knox Press, 2005.
LAS CASAS, Bartolomeu. *Liberdade e justiça para os povos da América*; oito tratados impressos em Sevilha em 1522. Obras completas vl. 2. São Paulo: Paulus, 2010.
MARIÁTEGUI, José Carlos. *7 ensaios de interpretação da realidade peruana*. 2. ed. São Paulo: Alfa-Ómega, 2004. pp. 113-135.
MARX, Karl; ENGELS, Friedrich. *Sobre la religión*. (Edición preparada por Hugo Assmann e Reyes Mate). Salamanca: Ediciones Sígueme, 1979.
MAX MÜLLER, Friedrich. *Indien in seiner weltgeschichtlichen Bedeutung*; Vorlesungen gehalten an der Universität Cambridge. (Übersetzung von Carl Cappeller, Universität Jena) Leipzig: Verlag von Wilhelm Engelmann, 1884.

MIGNOLO, Walter. *Histórias locais / Projetos globais*; colonialidade, saberes subalternos e pensamento liminar. (Tradução de Solange ribeiro de Oliveira). Belo Horizonte: Editora UFMG, 2003.
MIRES, Fernando. *En nombre de la cruz*; discusiones teológicas y políticas frente al holocausto de los indios (período de conquista). 2. ed. San José: DEI, 1989.
ORTEGA, Francisco A. Rehabitar la cotidianidad. In: ORTEGA, Francisco A (ed.). *Veena Das*; sujetos del dolor, agentes de dignidad. Bogotá: Universidad Javeriana/ Instituto Pensar, 2008.
QUIJANO, Anibal. Colonialidade do poder, eurocentrismo e América Latina: In: LANDER, Edgardo (org.). *A colonialidade do saber*; eurocentrismo e Ciências Sociais. Perspectivas latino-americanas. Buenos Aires: CLACSO, 2005. pp. 227-278. (disponível em: http://bibliotecavirtual.clacso.org.ar/ar/libros/lander/pt/ Quijano.rtf,
RIEGER, Joerg. Libertando o discurso sobre Deus: pós-colonialismo e o desafio das margens. *Estudos de Religião*, ano XXII, n. 34, 2008, pp. 84-104.
SANTOS, Boaventura de Souza. *A gramática do tempo*; para uma nova cultura política. 2. ed. São Paulo: Cortez, 2008.
SEPÚLVEDA, Juan Ginés de. *Tratado sobre las justas causas de la guerra contra los indios*. México: Fondo de Cultura Económica, 1986.

Notas

[1] Grosfoguel, Para descolonizar os estudos de Economia política e os estudos pós-coloniais, p. 3.

[2] Ibid., p. 7.

[3] Fanon, *Pele negra máscaras brancas*, p. 44.

[4] Ibid., p. 37.

[5] Id., *Os condenados da terra*, p. 134.

[6] Ibid.

[7] Mariategui, *7 ensaios de interpretação da realidade peruana*, p. 113.

[8] Ibid., p. 114.

[9] Ibid., p. 120.

[10] Mignolo, *Histórias locais / Projetos globais*, pp. 23-24.

[11] Santos, *A gramática do tempo*, p. 21.

[12] Hermann. História das religiões e religiosidades, p. 329.

[13] Quijano, Colonialidade do poder, eurocentrismo e América Latina, p. 2.

[14] Apud Mires, *En nombre de la cruz*, p. 31.

[15] Las Casas, *Liberdade e justiça para os povos da América*, pp. 194-195.

[16] Sepúlveda, *Tratado sobre las justas causas de la guerra contra los indios*, p. 101.

[17] Ibid.

[18] Rieger, Libertando o discurso sobre Deus, p. 89.

[19] Marx; Engels, *Sobre la religión*, p. 94.

[20] Max Müller, *Indien in seiner weltgeschichtlichen Bedeutung*, p. 6.

[21] Ibid., p. 26.

[22] Ibid., p. 11.

[23] Ibid., p. 12.

[24] Mignolo, *Histórias locais / Projetos globais*, p. 34.

[25] Santos, *A gramática do tempo*, p. 126.

[26] Kwok, *Postcolonial Imagination and Feminist Theology*, p. 202.

[27] Ortega, Rehabitar la cotidianidad, p. 48.

[28] Ibid., p. 60.

Religião como forma de conhecimento

ROBERTO HOFMEISTER PICH

Cabem alguns esclarecimentos prévios diante da ideia de fundo, que pede uma reflexão sobre religião e conhecimento, a saber, a religião como forma de conhecimento, sugerindo, além disso, a concepção de um conhecimento religioso ou a partir da religião. Sem eles, a proposta não pode ser bem desenvolvida. Ora, é inegável que se impõe uma abordagem do significado de (1) "religião" e do significado de (2) "conhecimento", sem dúvida não do significado absoluto e total de cada um deles, mas ao menos dos significados sobre os quais se possa discorrer no intuito de (3) associar religião e saber.

Religião

Esboçar uma concepção de "religião" não é tarefa fácil. Afinal, seja em termos histórico-etimológicos seja em termos de teorização contemporânea, não há unanimidade ou inequívoca universalidade acerca daquilo que se quer dizer com "religião".[1] Entenderei "religião" como dizendo respeito a um aspecto da vida ou a uma experiência humana aparentemente universal, em que, de forma simples e básica, insere-se a ideia, presente na etimologia da palavra, de "unir-se" ou "ligar-se" a Deus[2] "novamente", onde o "novamente" pode fazer mais ou menos sentido, dependendo de que forma histórica de religião se esteja partindo (ver a seguir). Assumamos que, nessa acepção muito corrente e fundamental, a religião pode ser entendida como uma condição e uma forma humana de vida, com configurações históricas, culturais e sociais complexas, que exigem, na Ciência da Religião contemporânea, uma abordagem ao final interdisciplinar de análise de fenômenos.[3] Se também reivindicamos que, em todos esses passos, algum tipo de experiência ou aspecto fáctico da vida humana que é a "experiência religiosa", em vários sentidos que existiram e/ou ainda existem, então é preciso dar prioridade a alguns significados de "religião" e "experiência religiosa" que permitam uma consideração *epistemológica* particularmente frutífera e clara. Essas prioridades de significado se justificam por sua clareza e seu aparente apelo universal, permitindo, nisso, uma abordagem posterior da noção de um "conhecimento religioso".

Não trabalharei com a hipótese de que a religião seja apenas mais uma manifestação da realidade humana em termos de uma elaboração psíquica e, portanto, ao final uma invenção e uma ilusão humana, diante da necessidade de projetar (ou hipostasiar) entidades e atributos muito além da condição humana (Ludwig Feuerbach, 1804-1872)[4] e/ou de satisfazer os desejos humanos mais fortes e fundantes (Sigmund Freud, 1835-1930).[5] Também não entenderei a religião meramente como um dado sistema complexo de comportamento e procedimento, em uma organização humana, ali onde seres humanos, em uma dada cultura e sociedade historicamente situadas, dedicam-se a certa dimensão de práticas e convicções chamada de "religiosa" — em que a religião seria vista como a mera existência, com práticas, representações e sentimentos, de um complexo cultural próprio denominado "religião".[6] Tampouco trabalharei aqui com a hipótese sociocrítica de que a religião seja o resultado de "uma consciência pervertida de mundo", a forma mesma ou então o resultado da autoconsciência do ser humano "que ou ainda não encontrou a si mesmo" ou "perdeu a si mesmo mais uma vez"; nesse caso, sendo o ser humano essencialmente o seu mundo, e sendo esse o estado e a sociedade, é um mundo pervertido que põe o ser humano em tal estado corrompido de consciência, cujo resultado é, ao menos em parte, a religião (Karl Marx, 1818-1883).[7] Em resumo, e valendo-me de uma reflexão crítica de Karl Barth (1886-1968) sobre o sentido geral de "religião", não considerarei a religião como uma *mera* construção do ser humano — coisa que ela *em parte* o é! —, que consiste em estabelecer relações, sejam quais forem, com aquilo que os seres humanos chamam de entidade divina ou de Deus, seja como ele for entendido.[8] Em tese, há um motivo fundamental para não adotar nenhuma dessas considerações: elas inviabilizam por completo a ideia mesma de uma relação entre conhecimento e religião: elas fazem desse par uma eventual contradição.

Entenderei que uma religião é um sistema de práticas, experiências, pensamentos, sentimentos e convicções que se voltam, ao menos em intenção fundamental, àquilo que

Rudolf Otto (1869-1937) uma vez chamou de "o sagrado" (*das Heilige*)[9] — ou seja, a religião tem, portanto, ao menos supostamente, uma categoria de abordagem compreensiva da realidade que lhe é própria. Há que salientar, porém, que o conceito definidor do sagrado, segundo Otto, o "numinoso" (*numinosum*), tanto é obtido por uma investigação de religiões comparadas quanto é um domínio próprio de experiência da realidade, do ponto de vista do sujeito, que é "não racional" e "não sensorial", que tem tanto o elemento do *tremendum* quanto do *fascinans*, e cuja fonte objetiva primária concebe-se como estando fora do sujeito.[10] Por ser ele, porém, um conceito que melhor preserva e explana a conjugação entre alteridade, revelação e aspecto cognitivo da vida religiosa, entendo ser oportuno relacionar — não para efeito de restrição, mas de clareza — o "sagrado" mais especificamente à categoria do "sobrenatural" (*supernaturale*). Esse último não é o "antinatural" ou o "não natural", mas aquilo que designa uma realidade (um ente ou um objeto), uma relação (de causa e efeito, de dependência, de afeto etc.) e, portanto, estados, atos e conhecimentos *lato sensu* que ganham sentido em torno da *entidade infinita única* a que se chama "Deus".[11] Essa mesma só se relaciona com o ser humano — com tudo o que lhe é diferente — de um modo sobrenatural, a saber, à medida que se considera que um ente infinito só entra concebivelmente em relação com o ser humano de modo livre e contingente.[12] Dada a realidade e a condição humana, o sobrenatural de substância — isto é, a essência e as propriedades da natureza individual chamada "Deus" — e o sobrenatural de causação (todo efeito, conhecimento, experiência, evento, estado ou ato que tem origem causal e explicação causal naquela mesma entidade infinita e livre), só podem ter oportunidade de encontro próprio, no mundo criado, a partir de uma *revelação*, a saber, por meios e formas que permitam ao ser humano estar ao mesmo tempo consciente do "absolutamente outro" (o ente sobrenatural *qua* infinito) que o toca e na posse de meios pelos quais lhe é possível conhecer e/ou experimentar o absolutamente outro.[13] Nesses últimos termos, estou justamente explicitando que tenho apenas interesse em abordar *a religião* — e o seu conhecimento próprio — naquele entendimento que Karl Barth entenderia como o único relevante para a *Teologia*.[14] Isso se explica porque a religião, ao final, só seria relevante e válida para um tratamento teológico, se ela, essencialmente, surgisse a partir de uma comunicação iniciada por Deus como descrita anteriormente: ainda mais propriamente, a partir de uma comunicação iniciada por tal entidade e pelos meios que essa entidade sugere.

No Cristianismo, que se autocompreende para muitos exatamente como uma religião relevante para a Teologia[15] e potencialmente a "verdadeira religião",[16] ser uma "religião" como tal só faria sentido a partir e por meio da fé, na forma como ela é definitivamente possível em Jesus Cristo, a revelação histórica última e definitiva de Deus.[17] A religião cristã, nesse mesmo passo, só se torna possível na condição dialética de um ser humano consciente ao mesmo tempo do seu pecado e da possibilidade da graça divina, em que o sentido evocado no início da exposição de "novamente unir-se" a Deus, para a etimologia da "religião", supondo-se razões diversas dessa união não ser ou ter deixado de ser o caso, prova-se como inerente à autocompreensão do Cristianismo como forma própria de *religio*.[18] Mesmo que as considerações a seguir sobre o "conhecimento religioso" sejam centradas na autocompreensão da religião cristã, entendo como aspecto válido da consideração sobre religião aqui proposta a ideia mesma de que o seu objeto primeiro é a entidade divina que é Deus. Ela, no que segue, será entendida como "ente infinito" — aliás, um conceito eminentemente *filosófico*

de Deus, como o provam, por vias diversas, Tomás de Aquino (1225-1274)[19] e João Duns Scotus (1265/1266-1308).[20]

Antes de explorar o tema do conhecimento ou da religião como forma de conhecimento, resta um excurso a fazer, de caráter especificador. Isso se mostra tanto mais desejável à medida que é lembrado que a prática da religião ou a vida religiosa, a partir de uma religião — "relevante" para a Teologia — tem em geral larga abrangência e amplo espectro de influência sobre o que se faz, pensa e sente. A religião, mesmo a religião cristã tomada como possível a partir da revelação última do ente infinito, tem uma forma existencial e sociocultural muito ampla, desde o culto, a liturgia, as cerimônias, os sentimentos evocados, os valores e as convicções adotadas. Ela influenciará na forma como se dá sentido e se (re)conhece a sociedade, a cultura e o mundo. Por certo, ela, como sistema e prática, diz respeito à existência do indivíduo naquilo que lhe é mais íntimo: o significado da sua vida e a expectativa do passamento de sua existência como uma identidade pessoal, as distinções de importância e as razões para viver e fazer.[21] Quase desnecessário mencionar o quão enfaticamente as religiões que existiram e existem lançam sistemas de valores, comumente máximas, regras e normas sobre as ações para consigo e com os outros e o mundo. Uma religião revelada sugere (ou até impõe), sem dúvida, uma "ética" — e isso é sumamente verdadeiro sobre o Cristianismo.[22]

De toda forma, com anterioridade explanatória a essa visão de mundo e forma de viver potencializadas por uma religião, encontra-se uma categoria de "conhecimento" religioso fundamental. A categoria distinta da forma relevante de religião, fundada na revelação sagrado-sobrenatural do próprio sagrado-sobrenatural, categoria essa que se projeta sobre a existência, a sociedade, a cultura e o mundo, é, tanto na tradição do

Antigo Testamento (portanto, comum ao Judaísmo)[23] como na tradição do Novo Testamento[24] — levando-se ainda em conta o seu lugar semelhante no Islã[25] —, aquilo que a Teologia, em geral, reconhece como a "fé". O meio que a religião sugere para conhecer a Deus e viver a partir desse conhecimento é a fé, sendo ela entendida ao mesmo tempo como um dom e como uma condição cognitiva do sujeito humano para a vida religiosa. A própria fé é um conceito da Teologia, que se distingue da religião ao menos à medida que é precipuamente a reflexão racional sobre os dados da religião — que são, eles mesmos, dados da fé. Não há necessidade de pensar que a religião, diferentemente da Teologia e embora não implique uma Teologia, mesmo que possa inclinar-se a desenvolvê-la, é irracional: afinal, o que ocorre na religião — como ela foi definida — é *com* a razão, embora supostamente *para além* da razão natural, uma vez que envolve a ideia mesma do sagrado-sobrenatural e, além disso, a condição limitada do natural para a união com esse último por motivos que podem ser, por exemplo, a condição de viver sob o pecado. É correto dizer, contudo, que a Teologia é o espaço para a razão sobretudo no sentido de desenvolver reflexões só com o instrumento da razão — e, nisso, especialmente com a Filosofia — sobre os dados da religião (dados cuja origem estão *além* da razão natural), tal como, por exemplo, a religião cristã aqui especialmente considerada. É nesse sentido que a já clássica proposta de uma "Teologia natural" —comum seja aos pensadores medievais seja aos pensadores modernos — é antes uma Filosofia da Religião ou uma Filosofia sobre Deus, pois as suas concepções independem rigorosamente da revelação. Já aquilo que se chama de "Teologia filosófica" é antes uma apreensão sistemática e filosófica de noções que chegam precipuamente ao apreço da razão *por causa* de uma revelação e, pelo menos derivativamente, *por meio* da fé.[26]

Já anunciado o modo como se pensará "a religião como conhecimento" ou a forma de "conhecimento religioso", a saber, precipuamente a fé como entendida a partir dos próprios dados da religião e da reflexão racional sobre ela (a epistemologia da fé), cabe que se reflita, a seguir, sobre o que é conhecimento, ou, o que se entende por "conhecimento".

Conhecimento

Ao domínio da Filosofia pertencem questões conceituais de caráter geral, que perfazem o modo como a razão humana compreende a si e ao mundo em termos totais,[27] incluindo por certo (ao menos) duas orientações amplas: a apreensão conceitual do que existe e do que as coisas são e de como o ser humano deve agir em direção àquilo que representa como uma vida boa. Chega-se, nesses casos, a asserções e a prescrições. Não é em absoluto surpreendente que essa divisão tipificadora da Filosofia possa ser vista na própria *história* da Filosofia, desde muito cedo. De toda maneira, como uma terceira orientação das questões conceituais de caráter geral, que necessariamente está na base do desempenho teórico que a Filosofia pode pretender com respeito às demais, encontra-se a pergunta pela natureza e pela possibilidade do conhecimento. Trata-se, aqui, sobretudo da investigação do fenômeno do conhecimento *humano*, em especial o conhecimento entendido como *o pretenso resultado da atividade* ou *do ato de conhecer* em suas formas alegadas mais fundamentais.[28] Justamente nisso, a análise filosófica se diferencia da análise de todas as outras ciências. Afinal, é perceptível que todas as ciências existentes *pressupõem* poder conhecer algo e *alegam* conhecer alguma coisa.

O ato ou a ação humana de conhecer é provavelmente uma noção primitiva, que não possui como tal uma definição lógica. Todo ser humano sabe ou pode saber, sem provas, o que é "conhecer" justamente a partir dos atos pretensos de "conhecimento", o resultado daqueles atos, em suas formas variadas.[29] A teoria do conhecimento ou a epistemologia que é parte da Filosofia têm interesse pelo fenômeno do conhecimento em todas as suas formas e, nisso, de maneira conceitual-geral.[30] Dada a pressuposição da existência de atos ou alegações de conhecimento e do conhecimento como resultado daqueles(as), há também uma convicção de que tais atos e tais resultados se distinguem de outros atos e resultados como, por exemplo, meras crenças, meros sonhos ou meras ilusões. Por isso mesmo, se a Filosofia se alimenta do reconhecimento das descrições das operações de conhecimento, ela determina teoricamente, para além das descrições, o que deve contar racionalmente como a natureza e a possibilidade do conhecimento.[31]

Evidencia-se, portanto, que duas são as perguntas filosóficas mais fundamentais na investigação filosófica do conhecimento; tais perguntas diferenciam, no mesmo passo, a abordagem filosófica daquelas das demais ciências e dos outros saberes: (1) O que é o conhecimento? (2) Como é possível o conhecimento? As duas perguntas estão intrinsecamente ligadas e só podem ser tratadas em conjunto.[32] Filósofos clássicos como Platão (428/427-348/347 a.C.) e Aristóteles (384-322 a.C.) as trataram em mesma medida; outros, como René Descartes (1596-1650), David Hume (1711-1776) e Immanuel Kant (1724-1804), possivelmente trataram a segunda pergunta em medida maior. Tão ligadas elas estão que, se a segunda pergunta encerra a experiência crítica de que em muitos casos aquilo que se supõe ser conhecimento não passa, na realidade, de equívoco e ilusão — tendo-se aqui as margens da dúvida e do ceticismo sobre a capacidade de conhecer e sobre o fato do conhecimento de forma específica ou global[33] —, essa mesma pergunta pressupõe inevitavelmente alguma acepção, intuitiva ou elaborada, acerca do que é "conhecer" (o ato) e o que é "conhecimento" (o resultado).[34]

Assim, pois, quando alguém alega conhecer algo, tem a pretensão de saber: (1) o que caracteriza o seu conhecer como um conhecer; (2) o que o diferencia do não conhecer e, para fazer uso de um termo de comparação simples, da "opinião". A teoria do conhecimento, nesse caso, encaminha uma determinação fundamental do conhecimento — que, na realidade, desdobrou-se em especial já desde o *Teeteto* de Platão[35] —, em que "verdade" e "certeza" na base de "evidência(s)" têm de ser consideradas. A distinção para com a opinião é oportuna nesse momento. Se é correto que conhecimento e opinião envolvem em comum (a) crença ou "crer-que" e (b) "verdade" (afinal opiniões podem ser verdadeiras), só o conhecimento possui (c) "certeza" na base de "evidência(s)", ou de forma menos determinada, mas mais consagrada desde Platão, "justificação" (*meta logou*), a saber, o porquê ou as razões de fundamentação por que a crença verdadeira é adotada por um dado sujeito cognoscente.[36] É só depois de terem sido fundamentadas que determinadas crenças podem ser chamadas de casos de conhecimento e tornam-se permanentes ao sujeito. Todo conhecimento deve ser mais valorizado do que uma mera opinião, porque é com o conhecimento que se está *firmemente* próximo da verdade.[37]

Se (a) a crença é uma condição necessária substantiva do conhecimento, se (b) a verdade é uma condição necessária lógica do conhecimento — em tese não investigada pela teoria do conhecimento como tal, mas pela lógica e pela metafísica —, a parte que propriamente compete à epistemologia, e nisso notabilizou-se toda a epistemologia contemporânea,[38] é com (c) a justificação ou o elemento puramente epistêmico, somado a (a) e (b), que se faz de uma alegação doxástica ou de uma crença que se possui um caso de conhecimento. De todo modo, para bem compreender o conhecimento, cabe notar que a verdade é só uma condição necessária ao conhecimento, jamais uma condição suficiente. Que ela é necessária ao conhecimento, isso basicamente quer dizer que toda proposição que é o objeto do conhecer de alguém tem de ser verdadeira — de outro modo, o conhecido alegado não é o conhecido. Porém, fosse o caso que a posse de uma proposição verdadeira exprimisse um caso de conhecimento, ter-se-ia como consequência que todos os casos de posse de proposição verdadeira mais qualquer atitude epistêmica seria automaticamente um caso de conhecimento: em certo sentido, a posse da verdade geraria o conhecimento.[39] Mas essa acepção é falsa. Basta formular um exemplo da atitude doxástica deveras comum de ter uma opinião verdadeira. Como "João pensa que o seu filho tem muitos amigos na escola", sem que ele tenha testado essa convicção com uma coleta mais detalhada de informações, a partir de pessoas de confiança, ou por uma conferência perceptual direta, ou ainda por um modo de teste de confiança naquilo que o seu próprio filho relatou sobre o assunto. Ou, de forma mais complexa, poder-se-ia pensar em casos de certeza firme do conhecimento de algo (por evidências e comprovações) e, posteriormente, da manifestação de que o objeto alegado era falso (dessa forma, por exemplo, seres humanos pensaram por séculos que o sol girava em torno da terra): nesse caso, não poderia ser a verdade a geradora do conhecimento alegado (porque não havia objetivamente verdade), mas o processo que, aqui, está-se chamando de "justificação", "dar razões", "fundamentar". O processo de ter evidências para a crença, ter certeza da crença, em maior ou menor grau, é inequivocamente

distinto e em geral não gerado pela verdade do objeto conhecido.[40]

A justificação com respeito a uma proposição significa possuir razões ou motivos suficientes para tomá-la por verdadeira: tais razões ou motivos fornecem certeza com alguma base evidencial para a adoção da crença alegada, para adotá-la como verdadeira. A certeza, ao final, é resultado da maneira específica em que alguém pode justificar o fato de tomar por verdadeira uma dada proposição. Uma pretensão de conhecimento e o conhecimento como tal ligam-se sempre à noção de justificação — mesmo aceitando-se que o aspecto da "justificação" de uma proposição possa ser entendido de diferentes maneiras.[41] E a justificação — a base evidencial suficiente para conhecer — é o item que falta na opinião. Com efeito, porém, embora em muitos lados a tradição filosófica ocidental tenha acabado por situar na verdade e na justificação as condições necessárias *e* em conjunto suficientes para o conhecimento, isso hoje dificilmente é aceito *sem mais*. Essa concepção clássico-moderna de conhecimento, a saber, do conhecimento como "crença verdadeira e justificada" (na base de autoevidências ou então de evidências que garantem graus de certeza), foi duramente posta em cheque, em 1963,[42] pelo filósofo estadunidense Edmund L. Gettier (1927-), em um hoje lendário e brevíssimo artigo publicado na revista *Analysis*.[43] Ali, em alguns exemplos — os "contraexemplos de Gettier" — exaustivamente repetidos (e depois procriados) na literatura, Gettier oferecia a descrição de casos em que uma pessoa justificadamente crê em uma proposição verdadeira, sem que se possa dizer que essa pessoa possui um conhecimento do estado de coisas expresso na proposição.[44] Os exemplos mostravam que a definição de conhecimento como "crença verdadeira e justificada" não oferece condições suficientes para que alguém tenha conhecimento de um determinado fato, justamente por causa da acidentalidade envolvida nos passos de raciocínio que levavam a uma dada conclusão justificada. A partir daí, diversas epistemologias procuram suprir deficiências da acepção clássica de justificação, sejam elas confiabilistas[45] e de função própria,[46] sejam elas introdutoras da "quarta condição" do conhecimento como "irrefutabilidade" ou "ausência de premissas falsas".[47] Elas sempre buscam um estreitamento do tipo de evidência que pode contar como justificadora, sugerindo a ideia de que os processos e/ou os mecanismos geradores de crença sejam mais explicitamente isolados de cenários de acidentalidade na geração da crença. Em muitos casos, isso levou a uma profunda ressignificação da noção mesma de justificação, em termos revisados por essas epistemologias tais como "confiável" (*reliable*) e "com aval epistêmico" (*warranted*).[48]

Levando-se em conta essa crítica à noção clássico-moderna de conhecimento e supondo-se haver, agora, uma acepção clara o bastante para o "ato de conhecer" e o "conhecimento" resultante, e ademais se esses foram distinguidos o bastante do "ato de opinar" e da "opinião", como seria se a comparação fosse feita com o ato doxástico de "crer", tal como essa palavra tem significado na língua portuguesa em especial? Essa comparação de conceitos doxásticos é central para a epistemologia: a história da Filosofia já o testemunhou na percepção da passagem do pensamento "mítico" ao pensamento racional ou centrado no *logos*.[49] Mas, aqui, em particular, cabe comparar "conhecer" e "crer" para aquilo que, no Ocidente cristão e para a Teologia cristã, ficou conhecido, especialmente desde os primórdios da escolástica, como distinção entre "fé" e "razão", entre "crer" e "conhecer" ou "saber".[50] À primeira vista, contudo, percebe-se que a palavra "crer" é ambígua; há que delimitar sobretudo o seu sentido fecundo para o entendimento da fé religiosa, ou seja, para o conhecimento religioso por meio da fé.[51]

Sem dúvida, "crer" pode ser utilizado com o mesmo significado de "pensar", "achar" ou "opinar"; "crer" — assim como por oposição "descrer" ou "não crer" — pode ser mais simplesmente tomado como significando *qualquer* atitude geral de tomar algo por verdadeiro, com base em ou sem base explícita de evidências ou motivos. No entanto, o "crer" reivindicado pode ter características ainda bem diferentes. Imaginem-se, primeiramente, casos em que o crer diz respeito à confiança direta em alguém e, com base nisso — ou, lembrando conceitos de Thomas Reid, com base na combinação do "princípio de credulidade" e do "princípio de veracidade"[52] —, indica a aceitação daquilo que esse mesmo alguém diz ou informa. Nessa situação, há uma crença testemunhal que indiretamente se dirige a algo que não se percebeu ou experimentou, cuja base é a confiança ou crença na veracidade de quem testemunha.[53] Aqui, "conhecer"[54] e "crer" não se distinguem por pretensões de verdade e inclusive de certeza, mas pela maneira como a obtenção da informação recebida e crida — ou do conteúdo proposicional recebido e crido — ocorre. "Conhecer" e "crer" se diferenciam de maneira fundamental, justamente pelo aspecto de "crer em alguém" ou "crer que alguém é veraz/confiável" que o "crer" possui e que o "conhecer" não possui, quanto às diferentes formas pelas quais há justificação de crença em cada caso. Um exemplo:[55] imagine-se um visitante, que me é totalmente desconhecido, que chega em meu escritório universitário e afirma que recebeu de forma direta o pedido de saudar-me pessoalmente, em nome de um velho amigo, que há muitos anos não vejo. O amigo, da época da juventude e do início da fase adulta, era completamente agnóstico e desinteressado pela religião. No entanto, havia já muitos anos tivera uma experiência religiosa profunda, ingressara, depois, em uma ordem religiosa mendicante e, desde então, ia de lugar em lugar no mundo, oferecendo serviço a pessoas em necessidade, em hospitais, campos de refugiados, em regiões atingidas por catástrofes naturais etc. Tendo-o conhecido por acaso em uma conversa de aeroporto, o velho amigo veio a saber que o visitante desconhecido morava na mesma cidade onde trabalho, pedindo então que conseguisse chegar a mim, para agradecer pessoalmente pela antiga amizade. As coisas que o visitante narra, apesar de surpreendentes, encaixam-se perfeitamente bem na descrição física e de traços pessoais específicos do antigo amigo agnóstico. O que se deve destacar, entretanto, é a notícia de que o amigo de então não só está vivo, mas passou por mudanças tão radicais em suas convicções e modo de viver, e essa notícia eu não tenho como verificar. Posso provar ou examinar, até certo ponto, a credibilidade do testemunho do visitante estranho que ingressa em minha sala de trabalho, informando-me sobre meu amigo. De toda maneira, estou diante da situação: devo acreditar nele ou não?[56] Aparentemente, devo acreditar.

Ainda outro caso deve ser circunstanciado: imagine-se uma situação em que alguém expressa para outra pessoa os seus sentimentos, as suas lembranças, os seus valores e, além disso, eventualmente o seu afeto especial pela mesma. Como e por que outra pessoa pode e deve acreditar nisso? Sem dúvida, há uma ausência óbvia do escopo de evidências que costumam servir para a justificação do conhecimento. De toda forma, há "confiança". E a confiança em outros, por motivos de credulidade e veracidade,[57] traz consigo "certeza", ainda que uma certeza de natureza diferente daquela que se nota no conhecimento perceptual, por memória, por raciocínio, *a priori* ou por consciência.[58]

Como logo ficará mais explícito, os últimos dois sentidos de "crer" são particularmente importantes para a *fé ou crença religiosa*, dado que neles fica aparente que se recorre a uma base evidencial diferente e eventualmente menos "forte" do que a base evidencial que dá suporte aos outros mecanismos de "conhecimento":[59] o testemunho de outros ou a declaração/confissão de outros sobre objetos de (sua) crença, sempre levando em conta o critério da crença na confiabilidade de alguém — que, de todo modo, estou admitindo considerar até certa medida ou *lato sensu*[60] como fontes de *conhecimento*, não apenas de *crença* ou *fé*, em rígida distinção a "conhecimento" e "opinião". A distinção simples entre "conhecer *stricto sensu*" e "conhecer *lato sensu*" se deve ao fato de o primeiro *não* incluir ou depender e o segundo incluir ou depender do "crer-em", na base dos princípios de credulidade e veracidade. Através dos dois mecanismos de "crer-em" *e* "crer-que" sugeridos, crenças dotadas de alguma certeza — ou firmeza — podem ser e são comumente geradas, as quais, por sua vez, ficam aquém da evidência fornecida como justificação ou como razões de sustentação de casos de conhecimento *stricto sensu*.[61] Para uma geração de crença tão simples como "*S* crê nos seus amigos de classe[62] e, portanto, *S* crê que não houve tarefa de casa no dia em que faltou ao colégio", é perfeitamente notável que nem essas formas gramaticais — ou seja, a forma de crer "em" para a de crer "que" — nem essa estrutura de justificação ou de oferecer razões para crenças — da confiança "em" à crença "de que" — podem ser verificadas nos verbos ou, correspondentemente, nas atitudes doxásticas de "opinar" e "saber" *stricto sensu*.

Em certo sentido e em certos casos, a forma de atos doxásticos proposicionais que pressupõem a "crença em" ou a "confiança" como crença na credibilidade de alguém, pode ser entendida como uma crença cujo resultado é uma "certeza existencial".[63] Ela é gerada por um estado da razão que vai além da base de evidência direta ao próprio sujeito cognoscente — esse estado da razão é, a saber, justamente a confiança em ou a convicção na credibilidade de alguém. Possivelmente, esse passo exige por parte de um sujeito, *ao menos em alguns casos* — quando, por exemplo, o resultado da confiança é a crença em algo em si inevidente ou improvável, a partir daquilo que o sujeito que é objeto de confiança diz —, algo além de razões sobre o próprio conteúdo proposicional adotado depois de testemunho ou declaração/confissão. Isso é algo distinto de razões evidenciais convincentes ou prováveis, a saber, o movimento da vontade sobre a razão ou um comando da vontade que leva a razão ao assentimento. Pode-se imaginar que isso ocorre quando "*S* crê em seu irmão Guilherme e, portanto, *S* crê que o irmão realmente teve uma experiência mística há uma semana, durante o encontro regular do grupo de orações na comunidade"; "*S* crê em Deus e, portanto, *S* crê que há vida após a morte" ou "*S* crê na palavra dos ministros da Igreja Católica e, portanto, *S* crê que Deus julgará os vivos e os mortos". Além disso, e

finalmente, a diferente percepção gramatical e lógica do "conhecer" *stricto sensu* e do "crer" — seja em sentido comum ou religioso — pode fazer entender que as seguintes afirmações (curiosas) são consistentes: "*S* sabe que há um Deus, mas *S* não crê nele"; "*S* não sabe se há um Deus, mas *S* crê nele". Ao que tudo indica, o "crer" que se vincula à certeza existencial não pode jamais ser equiparado ao saber.[64] Porém, de modo mais importante, "*S* crê em Deus, portanto, *S* crê que *p* ou *q*, atestadas por Deus, são proposições verdadeiras"; ou ainda "*S* crê no testemunho de *R*, portanto *S* crê que *p* ou *q*, atestadas por *R* como testemunha, são proposições verdadeiras", são atitudes doxásticas concebíveis e distinguíveis de opinar e conhecer *stricto sensu* — se o sujeito que é alvo de confiança é ele mesmo inacessível ao conhecer *stricto sensu* e/ou as proposições verdadeiras expressam algo de si improvável ou inevidente, é justo dizer que são atitudes doxásticas diferentes do conhecer *lato sensu*.

Rudimentos da fé

Independentemente do relato sobre "crer" realizado na subdivisão anterior, mas podendo, no entanto, ser relacionado a ele de forma compreensiva e frutífera, o meio cognitivo que a religião como entendida nessa exposição privilegia é a fé, e a fé é tanto poder para quanto ato de crer. Na religião cristã, convém entender a fé, o conhecimento religioso precípuo, através daquilo que as escrituras contêm, compreendendo nesse caso o Antigo e o Novo Testamento. Em um verbete instrutivo, E. R. Mueller explicita que, já a partir da raiz *aman* do hebraico bíblico, e destacando narrativas confessionais centrais, como Dt 6.20-25, 26.1-11 e Sl 136, a fé judaico-cristã conta com o significado de crer em algo que é "firme, estável, confiável", pondo ênfase, sem dúvida, na confiabilidade

do "objeto da fé", que é Deus mesmo. Por isso, é devido depositar nele a "confiança", a "esperança", as "expectativas": é devido ter nele uma firme confiança.[65] A fé, como alguns modelos da fé — a exemplo de Abraão, Moisés e Jó — o demonstram e ratificam, é precisamente a expressão cognitiva e existencial dessa relação de confiança em Deus.

E. R. Mueller afirma que há continuidades no Novo Testamento quanto à concepção de fé, mas aspectos novos também. Olhando para a Carta aos Hebreus 11, um dos textos bíblicos mais conhecidos e influentes sobre o tema da fé, é oportuno analisar o significado da passagem "a fé é certeza [em grego: *hypostasis*] de coisas que se esperam, a convicção [em grego: *elenchos*] de fatos que não se veem" (Hb 11.1). Se a primeira parte poderia ser interpretada como a "concretização" ou "posse antecipada"[66] de coisas esperadas, em que a fé já é "o princípio da realização daquilo em que se crê", cabe notar que o restante de Hb 11 alude a personagens — figurando Abraão e Sara com destaque — do povo de Israel que são exemplos da fé nas promessas de Deus até então; caso se enfoque o caráter profético da pregação de Jesus Cristo, por exemplo, na abertura do Evangelho de Marcos (1,15), em que se convoca à fé no que fora anunciado ao longo da história, cujo conteúdo é a morte na cruz e a ressurreição de Cristo, a fé neotestamentária é explicitamente a certeza ou a concretização da realização da promessa de Deus em Cristo. A fé, dado que é certeza e ela mesma concretização da promessa de Deus que é Cristo, é, portanto, fé em Cristo. Se esse novo sentido está ilustrado magnificamente em sentenças como Jo 3,16 (ou Jo 3,16-18), e é esse o conteúdo da fé que move a Igreja Primitiva, os atos dos apóstolos e dos seus discípulos e o Cristianismo insurgente,[67] tanto a primeira e em especial a segunda parte de Hb 11,1 seguem indicando que os conteúdos da fé são ou podem ser em muitos casos *não evidentes* e são em todos os casos mediados *pela confiança* em Deus por meio de Cristo. O sentido cognitivo-existencial da "fé" (*pistis*), portanto, permanece destacado.

Por certo, acentua-se até aqui um sentido "subjetivo" da fé, a fé que se tem e pela qual se crê, que, no Cristianismo, sempre manteve o sentido complexo de crer *em* e (exatamente nessa ordem) crer *que*; essa fé, na autocompreensão teológica, é ela mesma um dom de Deus — a "*fides qua creditur*" — e é em si a fé que Deus deseja e que "salva" (Jo 3,16-18; Rm 1,16-17, 10,9-13; Hb 11,5-6). Esta última abordagem é uma consequência da tese teológica, e, portanto, ela mesma um objeto da própria fé, de que o ser humano depende e carece incondicionalmente da graça de Deus — também para receber a fé que salva

ou "justifica",[68] mesmo que a fé em regra seja conseguinte ao anúncio ou à pregação da palavra salvífica, que é tarefa precípua da igreja apostólica (Rm 10,9-14). É uma questão controversa se é possível ter *(re)conhecimento* da posse dessa fé — com implicações para o tema da "certeza" da própria "eleição" e "salvação" —, mas tradições cristãs sólidas tendem a dizer que não.[69] Por outro lado, a *fé* na forma explicitada, que nunca equivale ao *conhecimento* (filosoficamente entendido) na forma também já explicitada (seja *stricto sensu* seja *lato sensu*), tem em vista conhecer e adotar como verdadeiras proposições, que de novo podem aparecer na forma de asserções e prescrições: ela leva a adotar como crença os "dados da fé", essencialmente aqueles que falam da natureza de Deus, de seus feitos (e de sua relação fundamental com o mundo), de suas promessas e de sua vontade. Sem dúvida, na religião cristã, a fé que salva leva a confessar como dado fundamental o senhorio de Cristo, como ilustra o primitivo hino confessional da Carta aos Filipenses 2,6-11.[70] E, de novo, os "dados da fé", embora possam ser alvo de certa compreensão, são itens que só podem ser adotados pela crença, uma vez que em tese são dados que estão fora do escopo das evidências. Demandam, pois, a confiança e a decisão da vontade. O conhecimento da fé é um conhecimento de confiança em um Deus fiel, pela vontade com a razão,[71] e que confessa os "dados da fé" a partir daí. Esses últimos, por vezes, são chamados de *fides quae creditur*, ou seja, o conteúdo objetivo, crível e conhecível, entretanto (ainda) não em si evidente, da fé.[72]

Nesse ponto, há ainda duas coisas fundamentais a dizer. Primeiramente, há um sentido em que se pode afirmar que "os dados da fé" podem ser conhecidos mais simplesmente pela transmissão, pela pregação e pela adoção com base em sua verossimilhança. Esses dados são, nas formas da confissão cristã, transmitidos precipuamente pelos seus livros sagrados ou as escrituras do Antigo e do Novo Testamento, em seguida pela tradição da igreja apostólica e, ainda, pela(s) Teologia(s). Sobre eles, pode-se falar de um conhecimento adquirido ou de uma "fé adquirida" (*fides acquisita*) pela pregação e pela exposição de seus conteúdos.[73] Em segundo lugar, é em especial sobre esses dados da fé, como conhecimento objetivo da fé, que um diálogo frutífero entre fé e razão pode ocorrer e, na realidade, há muito tem lugar. Em geral, ao menos a religião cristã não considerou irracionais os seus "artigos", uma vez que não são "in-críveis" (Agostinho).[74] O seu sentido, pertinência e verossimilhança podem ser testados, mesmo que em geral não se equiparem à evidência obtida *a priori* ou *a posteriori* pelas fontes de conhecimento *stricto et lato sensu*. Aqui, em especial, há espaço para explicitar a verossimilhança dos dados da fé (uma tarefa importante da Teologia filosófica) e para compará-los com os dados da Teologia natural (que conclui sobre Deus somente a partir da razão em sua condição natural, podendo nesses resultados equiparar-se aos dados da fé). Pensadores importantes entenderam que os dados da fé podem *ao menos* em parte ser adotados de forma essencialmente racional, por argumentos de probabilidade e credibilidade.[75] Em sentido derivado, o conhecimento "adquirido" a partir da exposição convincente da fé é um conhecimento religioso. Não é, contudo, a sua forma precípua.

O conhecimento da fé como conhecimento religioso precípuo é, contudo, o conhecimento da fé que é obra da graça, aquele que é a "fé infundida" (*fides infusa*) por Deus mesmo e, portanto, permite que o sujeito se ligue de maneira firme e intensamente certa aos dados da fé.[76] Segundo certas tradições teológicas, é esse conhecimento religioso que traz consigo a fé/certeza dos fatos que não se veem, a esperança e o amor ou caridade: a obediência em pensamentos e ações, a nova visão de mundo do evangelho. Se também essa "apropriação" ou adoção cognitivo-existencial — tanto gratuita quanto sobrenatural — dos dados da fé pode ser justificada como racional, e não como gratuita do ponto de vista da razão, é algo passível de debate. Levemos em conta que existem fontes de conhecimento ou geradoras de crenças teístas verdadeiras, cuja evidência última é o próprio mecanismo apropriado e saudável, mecanismo esse cujo mérito para gerar crenças verdadeiras não pode ser posto em cheque de forma razoável (ou ao menos categórica). Nesse caso, talvez se possa afirmar que atos de fé — a modo de um "dom" sobrenatural, a saber, a fé que "agrada a Deus" — consistem em formas pós-lapsárias de crenças propriamente básicas, em que essa mesma fé recupera, pelo menos em parte, o que a razão originalmente fazia: crer em Deus como causa pessoal última da realidade.[77]

Palavras finais

Buscou-se apresentar um sentido fundamental do conhecimento religioso, ainda que centrado em um só caso de religião histórica e de revelação, a saber, o Cristianismo. Depois de lançado o sentido relevante de religião para o debate com o conhecimento, especificou-se, em comparação com a acepção filosófica de conhecimento, o que

corresponde mais propriamente ao ato doxástico da fé. A acepção da crença *em* e da crença *que* tem uma correspondência estrutural importante com os atos de fé religiosa em sentido próprio, ainda que o componente volitivo da fé apareça mais desenvolvido em relatos religiosos teológicos clássicos. O "conhecimento" religioso assim entendido tem uma forma racionalmente clara. Propriamente, ele na origem não é um desempenho *causado* pela razão; contudo, não é contrário a ela, tampouco irracional. A crença religiosa de origem sobrenatural é *com* a razão, mas causalmente não racional: exige o dom de origem divina e uma resposta que contém o elemento da vontade como causa.

Referências

AHN, Gregor. Religion I. Religionsgeschichtlich. In: KRAUSE, Gerhard; MÜLLER, Gerhard (Hrsg.). *Theologische Realenzyklopädie*. Berlin: Walter de Gruyter, 1997. v. XXVIII, pp. 513-522.

ALSTON, William P. Religion, History of Philosophy of. In: CRAIG, Edward (ed.). *The Routledge Encyclopedia of Philosophy*. London/New York: Routledge, 1998. v. 8, pp. 238-248.

_____. Religious Experience. In: CRAIG, Edward (ed.). *The Routledge Encyclopedia of Philosophy*. London/New York: Routledge, 1998. v. 8. pp. 250-255.

_____. Religious Language. In: CRAIG, Edward (ed.). *The Routledge Encyclopedia of Philosophy*. London/New York: Routledge, 1998. v. 8. pp. 255-260.

ANSARI, Abdul Haq. Islam: Faith and Practice, Theology and Ethics. In: VVAA. *Islam*. Patiala: Punjabi University, 1969. pp. 1-29.

AUDI, Robert. *Epistemology*; a Contemporary Introduction to the Theory of Knowledge. London/New York: Routledge, 1998.

AUGUSTINUS. *De vera religione — Über das wahre Religion*. Lateinisch/Deutsch. Übersetzung und Anmerkungen von Wilhelm Thimme. Nachwort von Kurt Flasch. Stuttgart: Philipp Reclam, 1991 (Nachdruck).

BARTH, Gerhard. *A Carta aos Filipenses*. Tradução de Walter O. Schlupp. São Leopoldo: Editora Sinodal, 1983.

BARTH, Karl. *Introdução à Teologia evangélica*. Tradução de Lindolfo Weingärtner. 3. ed. São Leopoldo: Editora Sinodal, 1981.

_____. *Die kirchliche Dogmatik I 2*; Die Lehre vom Wort Gottes. Prolegomena zur kirchlichen Dogmatik. Nördlingen: Verlag der Evangelischen Buchhandlung Zollikon, 1938.

BETZENDÖRFER, Walter. *Glauben und Wissen bei den großen Denkern des Mittelalters*. Gotha: Klotz, 1931.

BONHOEFFER, Dietrich. *Discipulado*. Tradução de Ilson Kayser. 2. ed. São Leopoldo: Editora Sinodal, 1984.

BOULNOIS, Olivier. *Duns Scot, la rigueur de la charité*. Paris: Les Éditions du Cerf, 1998.

CHISHOLM, Roderick M. *Theory of Knowledge*. 3. ed. Englewood Cliffs: Prentice Hall, 1989.

FEUERBACH, Ludwig. *A essência do Cristianismo*. Campinas: Papirus, 1988.

FINKENZELLER, Josef. *Offenbarung und Theologie nach der Lehre des Johannes Duns Skotus*; eine historische und systematische Untersuchung. Münster: Aschendorffsche Verlagsbuchhandlung, 1961.

FLASCH, Kurt. *Augustin*; Einführung in sein Denken. 2. ed. Stuttgart: Philipp Reclam, 1994.

FREUD, Sigmund. Die Zukunft einer Illusion (1927). In: FREUD, Sigmund. *Werkausgabe in zwei Bänden — Band 2*: Anwendungen der Psychoanalyse. Hrsg. und mit Kommentaren versehen von Anna Freud und Ilse Grubich-Simitis. Frankfurt am Main: S. Fischer Verlag, 1978. pp. 329-366.

GEERTZ, Clifford. Religion as a Cultural System. In: BANTON, Michael (ed.). *Anthropological Approaches to the Study of*

Religion. London: Tavistock Publications, 1966. pp. 1-46.

GETTIER, Edmund L. Is Justified True Belief Knowledge? *Analysis*, 23 (1963), pp. 121-123.

GOLDMAN, Alvin I. Reliabilism. In: CRAIG, Edward (ed.). *The Routledge Encyclopedia of Philosophy*. London/New York: Routledge, 1998. v. 8, pp. 204-209.

GRECO, John. Introdução — O que é epistemologia. In: GRECO, John; SOSA, Ernest (orgs.). *Compêndio de epistemologia*. Tradutores: Alessandra Siedschlag Fernandes e Rogério Bettoni. São Paulo: Loyola, 2008. pp. 15-61.

HARE, J. E. Atonement, Justification, and Sanctification. In: QUINN, Ph. L.; TALIAFERRO, Ch. (eds.). *A Companion to Philosophy of Religion*. Oxford: Blackwell Publishing, 2005. pp. 549-555.

HONNEFELDER, Ludger. *Ens inquantum ens*; der Begriff des Seienden als solchen als Gegenstand der Metaphysik nach der Lehre des Johannes Duns Scotus. 2. ed. Münster: Aschendorff, 1989.

JOÃO DUNS SCOTUS. *Prólogo da Ordinatio*. Tradução de Roberto Hofmeister Pich. Coleção Pensamento Franciscano V. Porto Alegre/Bragança Paulista: Edipucrs/Edusf, 2003.

LACKEY, Jennifer; SOSA, Ernest (eds.). *The Epistemology of Testimony*. Oxford: Oxford University Press, 2006.

KÜMMEL, Werner Georg. *Síntese teológica do Novo Testamento*. Tradução de Sílvio Schneider e Werner Füchs. 3. ed. São Leopoldo: Editora Sinodal, 1983.

MARX, Karl. *Manuscritos econômico-filosóficos*. Lisboa: Edições 70, 1989.

MENOUD, Ph.-H. Fé. In: VON ALLMEN, J.-J. (org.). *Vocabulário bíblico*. 2. ed. São Paulo: ASTE, 1972. pp. 143-145.

MICHEL, O. *Pístis* — fé. In: *O Novo Dicionário Internacional de Teologia do Novo Testamento*. Editor geral da edição em alemão: Lothar Coenen; editor geral: Colin Brown. Tradução de Gordon Chown. São Paulo: Sociedade Religiosa Edições Vida Nova, 1989 (reimpressão). v. II (E-J), pp. 218-229.

MUELLER, Enio R. Fé. In: BORTOLLETO FILHO, F; SOUZA, J. C.; KILPP, N.; GOMES, A. M. A. (orgs.). *Dicionário Brasileiro de Teologia*. São Paulo, Associação de Seminários Teológicos Evangélicos, 2007. pp. 442-445.

MÜLLER, Felipe de Matos. Conhecimento testemunhal — A visão não reducionista. *Veritas*, v. 55, n. 2 (2010), pp. 126-143.

OTTO, Rudolf. *Das Heilige*; über das Irrationale in der Idee des Göttlichen und sein Verhältnis zum Rationalen. München: Verlag C. H. Beck, 1991 (Nachdruck).

PANNENBERG, Wolfhart. *Systematische Theologie*. Göttingen, Vandenhoeck & Ruprecht, 1993. v. 3.

PICH, Roberto Hofmeister. Contingência e liberdade. In: JOÃO DUNS SCOTUS. *Textos sobre poder, conhecimento e contingência*. Porto Alegre/Bragança Paulista: Edipucrs/Edusf, 2008. pp. 23-83.

_____. Infinity and Intrinsic Mode. In: PICH, R. H. (ed.). *New Essays on Metaphysics as Scientia Transcendens*. Louvain-la-Neuve: Fédération Internationale des Instituts d'Études Médiévales, 2007. pp. 159-214.

_____. Scotus on the Credibility of the Holy Scripture. In: MEIRINHOS, J. F. P.; WEIJERS, O. (orgs.). *Florilegium Mediaevale*; Études offertes à Jacqueline Hamesse à l'occasion de son éméritat. Louvain-la-Neuve: FIDEM, 2009. pp. 469-490.

_____; William E. Mann sobre a doutrina scotista da necessidade do conhecimento revelado: segunda consideração. *Dissertatio*, 10 (2005), pp. 7-59.

PICH, R. H.; MÜLLER, Felipe de Matos. Apresentação e uma nota sobre Alvin Plantinga. *Veritas*, v. 56, n. 2 (2011), pp. 3-17.

PLANTINGA, Alvin. Religion and Epistemology. In: CRAIG, Edward (ed.). *The Routledge Encyclopedia of Philosophy*. London/New York: Routledge, 1998. v. 8, pp. 209-218.

_____. *Warrant*; the Current Debate. Oxford: Oxford University Press, 1993.

_____. *Warrant and Proper Function*. Oxford: Oxford University Press, 1993.

_____. *Warranted Christian Belief*. Oxford: Oxford University Press, 2000.

PLATON. *Theätet*. Griechisch-Deutsch. Übersetzt und herausgegeben von Ekkehard Martens. Stuttgart: Philipp Reclam, 1989 (Nachdruck).

QUINN, Philip L. Religious Pluralism. In: CRAIG, Edward (ed.). *The Routledge Encyclopedia of Philosophy*. London/New York: Routledge, 1998. v. 8, pp. 260-264.

_____. Sin and Original Sin. In: QUINN, Ph. L.; TALIAFERRO, Ch. (eds.). *A Companion to Philosophy of Religion*. Oxford: Blackwell Publishing, 2005. pp. 541-548.

RAMSEY, Paul. *Basic Christian Ethics*. Louisville: Westminster/John Knox Press, 1993 (reimpressão do original publicado em 1950).

REID, Thomas. Essays on the Intellectual Powers of Man (1785). In: BROOKES, Derek R. *Thomas Reid*; Essays on the Intellectual Powers of Man. A Critical Edition — The Edinburgh Edition of Thomas Reid. Annotations by Derek R. Brookes and Knud Haakonssen. Introduction by Knud Haakonssen. Pennsylvania: Pennsylvania State University Press, 2002.

_____. An Inquiry into the Human Mind on the Principles of Common Sense. In: REID, Thomas. *Essays*. With Notes, Sectional Heads, and a Synoptical Table of Contents, by the Rev. G. N. Wright. London: Printed for Thomas Tegg, Cheapside, 1843. pp. 393-590.

ROOS, Jonas. Religião. In: BORTOLLETO FILHO, F; SOUZA, J. C.; KILPP, N.; GOMES, A. M. A. (orgs.). *Dicionário Brasileiro de Teologia*. São Paulo, Associação de Seminários Teológicos Evangélicos, 2007. pp. 859-861.

SHOPE, Robert K. *The Analysis of Knowing*. Princeton: Princeton University Press, 1983.

SILVA, José Lourenço Pereira da. *Episteme* e *logos* no Teeteto de Platão. In: SARTORI, Carlos Augusto; GALLINA, Albertinho Luiz (orgs.). *Ensaios de epistemologia contemporânea*. Ijuí: Unijuí, 2010. pp. 139-154.

STUMP, Eleonore. Religion, Philosophy of. In: CRAIG, Edward (ed.). *The Routledge Encyclopedia of Philosophy*. London/New York: Routledge, 1998. v. 8, pp. 248-250.

SWEENEY, Leo. *Divine Infinity in Greek and Medieval Thought*. New York: Peter Lang, 1992.

SWINBURNE, Richard. *Revelation*; from Metaphor to Analogy. Oxford: Clarendon Press, 1992.

_____. *The Existence of God*. 2. ed. Oxford: Clarendon Press, 2004.

TEUWSEN, R. Erkenntnislehre. In: HONNEFELDER, Ludger; KRIEGER, G. (Hrsg). *Philosophische Propädeutik I*; Sprache und Erkenntnis. Paderborn: Schöningh, 1994. pp. 119-181.

TILLICH, Paul. *Dinâmica da fé*. São Leopoldo: Editora Sinodal, 1985.

THOMAS AQUINATIS, Sanctus. *Summa theologiae — Pars prima et prima secundae*. Cura et studio Sac. Petri Caramello cum textu et recensione leonina. Torino/Roma: Marietti Editori, 1952.

TUGENDHAT, Ernst. *Vorlesungen zur Einführung in die sprachanalytische Philosophie*. 6. ed. Frankfurt am Main: Suhrkamp, 1994.

VON RAD, Gerhard. *Teologia do Antigo Testamento*; Teologia das tradições históricas de Israel. Tradução de Francisco Catão.

São Paulo: Associação de Seminários Teológicos Evangélicos (ASTE), 1986 (reimpressão da edição de 1973). v. 1.

WALTER, Ludwig. *Das Glaubensverständnis bei Johannes Duns Scotus*. München/Paderborn/Wien: Verlag Ferdinand Schöningh, 1968.

WIEBE. Donald. *Religião e verdade*; rumo a um paradigma alternativo para o estudo da religião. Tradução de Luís Henrique Dreher. São Leopoldo: Editora Sinodal/IEPG, 1998.

WILLIAMS, Michael. Ceticismo. In: GRECO, John; SOSA, Ernest (eds.). *Compêndio de epistemologia*. Tradutores: Alessandra Siedschlag Fernandes e Rogério Bettoni. São Paulo: Loyola, 2008. pp. 65-116.

WOLTERSTORFF, Nicholas P. Faith. In: CRAIG, Edward (ed.). *The Routledge Encyclopedia of Philosophy*. London/New York: Routledge, 1998. v. 3, pp. 538-544.

WAGNER, Falk. Religion II. Theologiegeschichtlich und systematisch-theologisch. In: KRAUSE, Gerhard; MÜLLER, Gerhard (Hrsg.). *Theologische Realenzyklopädie*. Berlin: Walter de Gruyter, 1997. v. XXVIII, pp. 522-545.

WIEBE, Donald. *Religião e verdade*; rumo a um paradigma alternativo para o estudo da religião. Tradução de Luís Henrique Dreher. São Leopoldo: Editora Sinodal/IEPG, 1998.

ZAGZEBSKI, Linda. O que é conhecimento? In: GRECO, John; SOSA, Ernest (orgs.). *Compêndio de epistemologia*. Tradutores: Alessandra Siedschlag Fernandes e Rogério Bettoni. São Paulo: Loyola, 2008. pp. 153-189.

Sugestões de leitura

GRECO, John e SOSA, Ernest (orgs.). *Compêndio de epistemologia*. Tradutores: Alessandra Siedschlag Fernandes e Rogério Bettoni. São Paulo: Loyola, 2008.

WIEBE, Donald. *Religião e verdade*; rumo a um paradigma alternativo para o estudo da religião. Tradução de Luís Henrique Dreher. São Leopoldo: Editora Sinodal/IEPG, 1998.

Notas

[1] Ahn, Religion I. Religionsgeschichtlich, pp. 513-522.

[2] Com "Deus" quero dizer, ao menos aqui, o "transcendente"; independentemente das especificações a seguir, o entendimento com o qual trabalho está de acordo com as marcas distintivas do "religioso" que Wiebe, *Religião e verdade*, p. 20, estipula: "a transcendência, a limitação humana e a salvação".

[3] Sobre os aspectos envolvidos em um empreendimento teórico que investiga "cientificamente" a religião, a partir das características complexas do seu objeto, ver Wiebe, *Religião e verdade*, pp. 38-52.

[4] Ludwig Feuerbach, *A essência do Cristianismo*, pp. 52-57, 68ss.

[5] Freud, *Die Zukunft einer Illusion*, pp. 329-366.

[6] Que a religião possa ser vista como um conjunto, historicamente situado e expresso sobretudo em formas simbólicas, de instituições de uma cultura e uma sociedade, junto com um dado sistema de convicções morais e de mundo comparáveis, ali mesmo, com outros sistemas, parece-me ser uma acepção, em geral, da Antropologia da religião; ver, por exemplo, o estudo clássico de Geertz, Religion as a Cultural System, pp. 1-46.

[7] Marx, *Manuscritos econômico filosóficos*, pp. 77ss.

[8] Barth, *Die kirchliche Dogmatik I 2* § 17 "Gottes Offenbarung als Aufhebung der Religion", pp. 304-397.

[9] Otto, *Das Heilige*, pp. 5ss.

[10] Ibid., pp. 5-12, 13-37, 42-52.

[11] Essa abordagem é profundamente influenciada pela concepção de religião cristã e, derivativamente, de Teologia elaborada pelo teólogo e filósofo franciscano João Duns Scotus (1265/1266-1308); cf. João Duns Scotus, *Prólogo da Ordinatio*, p. 1 q. un. n. 57-65, pp. 261-266. Ver também Pich, William E. Mann sobre a doutrina scotista da necessidade do conhecimento revelado: segunda consideração, pp. 7-59.

[12] João Duns Scotus, *Prólogo da Ordinatio*, p. 3 q. 1-3 n. 150, 169-171, pp. 327, 336-338; Pich, Contingência e liberdade, pp. 23-83.

[13] João Duns Scotus, *Prólogo da Ordinatio*, p. 1 q. un. n. 57-65, pp. 261-266; Honnefelder, *Ens inquantum ens*, pp. 29-39.

[14] Barth, *Die kirchliche Dogmatik I 2* § 17 "Gottes Offenbarung als Aufhebung der Religion", pp. 304-397.

[15] Isso valeria para a autocompreensão do Judaísmo e do Islã de modo semelhante; não está em apreço, neste estudo, o tema do pluralismo religioso e de seus desafios à autocompreensão das religiões existentes e à relação entre religião e verdade; de todo modo, o discurso sobre conhecimento que a noção de religião ora desenvolvida — dependente de uma "revelação" incondicional de um ente "absoluto" — pode estabelecer não se resume teoricamente ao caso do Cristianismo. Ver a seguir.

[16] Não discuto o tema aqui; esse apelo, de toda maneira, é cristológico (cf. Jo 14.6). Um clássico sobre o Cristianismo como definitivo *qua* verdadeiro é Agostinho, *De vera religione*, escrito por volta de 390, cujo pano de fundo é antes o paganismo filosófico e religioso que as religiões históricas (no caso, a religião judaica).

[17] Barth, *Introdução à Teologia evangélica*, pp. 15-17.

[18] Para um tratamento do sentido filosófico desses temas, ver, por exemplo, Quinn, Sin and Original Sin, pp. 541-548; Hare, Atonement, Justification, and Sanctification, pp. 549-555.

[19] Sweeney, *Divine Infinity in Greek and Medieval Thought*, pp. 550ss.; Sanctus Thomas Aquinatis, *Summa theologiae* I q. 7 a. 1-4.

[20] Pich, Infinity and Intrinsic Mode, pp. 159-214.

[21] No caso do Cristianismo, dificilmente uma obra do século XX expressou as dimensões da existência cristã de forma tão profunda como a de Dietrich Bonhoeffer, *Discipulado*, em especial a Parte I (p. 9-134).

[22] Ver, por exemplo, o clássico e ainda atual livro "introdutório" de Paul Ramsey, *Basic Christian Ethics*.

[23] Ver, por exemplo, Gerhard von Rad, *Teologia do Antigo Testamento*, v. 1, pp. 172-296 (em especial, pp. 178ss).

[24] Ver, por exemplo, Michel, *Pístis* — fé, pp. 218-229.

[25] Enfatizando, nessa ordem, os aspectos de submissão, louvor e obediência; Abdul Haq Ansari, Islam: Faith and Practice, Theology and Ethics, pp. 1-29.

[26] Embora com nuances diferentes, ver sobre isso o excelente verbete de Alston, Religion, History of Philosophy of, pp. 238-248 (especialmente pp. 238-239, 245-246); ver também Stump, Religion, Philosophy of, pp. 248-250; Roos, Religião, pp. 859-861.

[27] Sobre a natureza e o sentido de conceitos e de questões filosóficas, ver, por exemplo, Tugendhat, *Vorlesungen zur Einführung in die sprachanalytische Philosophie*, (2. Vorlesung) pp. 25, 30-33; (7. Vorlesung), pp. 120-123.

[28] Sobre o sentido fundamental de uma epistemologia filosófica, ver Audi, *Epistemology*, pp. 1-10.

[29] Ver sobre isso, por exemplo, o extraordinário Ensaio Preliminar de Thomas Reid sobre as operações mentais que são as formas do conhecer, *Essays on the Intellectual Powers of Man*, I.i,17-39.

[30] Teuwsen, Erkenntnislehre, pp. 123-124. A minha exposição, nesta subdivisão, está fortemente ligada ao texto de R. Teuwsen, em especial devido à sua lúcida explanação do ato de "crer" ou "ter fé".

[31] Ibid., p. 124.

[32] Ibid., p. 125. Ver também Greco, Introdução — O que é epistemologia, pp. 16ss.

[33] A literatura sobre o ceticismo é, por óbvio, enorme; ver, como estudo introdutório e referencial, Williams, Ceticismo, pp. 65-116.

[34] Teuwsen, Erkenntnislehre, pp. 126-127.

[35] Platão, *Teeteto* 201c-210d.

[36] Não estou assumindo, com isso, que "verdade" e "justificação" seriam, para o próprio Platão, condições necessárias e em conjunto suficientes para o conhecimento; ao que tudo indica, a condição de conhecimento das formas, aspecto ainda implícito ou tácito no *Teeteto* de Platão, teria de ser permanentemente considerada. Ver

o estudo de Silva, *Episteme* e *logos* no *Teeteto* de Platão, pp. 139-154.

[37] Teuwsen, Erkenntnislehre, pp. 129-131.

[38] Audi, *Epistemology*, pp. 1-10, 151-316; Chisholm, *Theory of Knowledge*.

[39] Teuwsen, Erkenntnislehre, pp. 133-136.

[40] Chisholm, *Theory of Knowledge*, pp. 8-17.

[41] Que podem, inclusive, levar ao abandono, devido ao significado "viciado" e corrompido que a palavra "justificação" possa ter anexado a si ao longo do tempo; ver Plantinga, *Warrant: The Current Debate*, pp. 1-46, contra formas que conjugam evidencialismo deontológico e internalismo à noção de justificação.

[42] Ao menos de uma maneira que ganhou repercussão inequívoca e definitiva.

[43] Gettier, Is Justified True Belief Knowledge?, pp. 121-123.

[44] Uma obra referencial para o estudo do "problema" e dos "contraexemplos de Gettier" é Shope, *The Analysis of Knowing*.

[45] Goldman, Reliabilism, pp. 204-209.

[46] Plantinga, *Warrant: The Current Debate*; id., *Warrant and Proper Function*.

[47] Um bom diagnóstico desse *desideratum* é feito por Zagzebski, O que é conhecimento?, pp. 153-175.

[48] Plantinga, *Warrant and Proper Function*, pp. 1-47; Pich; Müller, Apresentação e uma nota sobre Alvin Plantinga, pp. 3-14.

[49] Teuwsen, Erkenntnislehre, pp. 136-137.

[50] Ibid.

[51] Ver abaixo.

[52] Reid, An Inquiry into the Human Mind on the Principles of Common Sense, pp. 563-575; na verdade, esses princípios, para Thomas Reid, são fundamentais para entender-se a origem e a função da linguagem, a saber, a natureza veraz constitutiva da linguagem, no intuito de expressar aquilo que não pode ser conhecido diretamente, a saber, os pensamentos e estados mentais de outros e as coisas perceptíveis que não estão ou não podem mais estar presentes a alguém. Thomas Reid, ademais (*Essays on the Intellectual Powers of Man*, VI, v,10, pp. 487-488), entende que o testemunho é uma fonte própria de geração de crença verdadeira como caso de conhecimento, respondendo, inclusive, por um primeiro princípio contingente do senso comum. Ver ainda Müller, Conhecimento testemunhal — A visão não reducionista, pp. 126-143.

[53] Sobre a epistemologia do testemunho, ver, por exemplo, Lackey; Sosa, *The Epistemology of Testimony*.

[54] Os usos de "conhecer" e "conhecimento" neste parágrafo e no seguinte devem ser pensados como "conhecer" e "conhecimento" *stricto sensu* (minhas expressões). Ver logo abaixo, no texto principal.

[55] Inspirei-me no exemplo de Teuwsen, Erkenntnislehr, pp. 140-141, mas o modifiquei completamente.

[56] Ibid.

[57] Ibid., p. 139.

[58] Esses, incluindo o próprio testemunho e declaração/confissão, são os tipos de fonte de conhecimento e, derivativamente, de conhecimento adotados na epistemologia de Reid, *Essays on the Intellectual Powers of Man*, I, vii-viii, pp. 64-70.

[59] O leitor perceberá que me posiciono de forma muito próxima à epistemologia de Thomas Reid no que concerne ao testemunho, sobretudo acerca da ideia importante de admitir que diferentes fontes geradas de crença epistêmica possuem diferentes bases evidenciais, onde "evidência" é, em um sentido confiabilista ou talvez mais propriamente de "função própria", a "base da crença" (*ground of belief*); Reid, *Essays on the Intellectual Powers of Man*, II, xx, pp. 226-233. De toda forma, a associação de crença testemunhal e declaracional/confissional a um conhecimento *lato sensu* não se encontra em Reid. O leitor perceberá também que me desvio abertamente da abordagem de Teuwsen, Erkenntnislehre, pp. 139ss., quanto ao crer testemunhal e declarativo/confessional, ali onde o seu conteúdo não é respectivo a dados de uma religião revelada. Para. R. Teuwsen, também esse crer se distingue clara e rigidamente do "conhecimento". Ver nota 54.

[60] Novamente, expressão minha.

[61] Ver nota 59.

[62] Uma forma como essa pode por certo ser reconstruída como atitude proposicional: "*S* crê que os seus amigos são verazes" ou "*S* crê que os seus amigos dizem a verdade".

[63] Teuwsen, Erkenntnislehre, p. 141.

[64] Seja ele *stricto sensu* ou, como sugerido anteriormente no texto principal, *lato sensu*.

[65] Mueller, Fé, p. 442. Ver também Wolterstorff, Faith, p. 541.

[66] Eis a tradução conforme a *Bíblia de Jerusalém* (Hb 11,1-2): "A fé é uma posse antecipada do

que se espera, um meio de demonstrar as realidades que não se veem. Foi por ela que os antigos deram o seu testemunho".

67 Para todo o parágrafo até aqui, ver Mueller, *Fé*, pp. 442-443. Ver também Menoud, *Fé*, pp. 143-145. De forma muito mais circunstanciada, e levando em conta as diferentes fontes e estratos literários do Novo Testamento, ver Kümmel, *Síntese teológica do Novo Testamento*, pp. 64-96, 109-155, 212-235, 340-348.

68 Wolterstorff, *Faith*, p. 540.

69 O tema da certeza da própria fé que salva — e, pois, da própria salvação e eleição da parte de Deus — foi, de todo modo, agudo no Protestantismo histórico; ver, por exemplo, Pannenberg, *Systematische Theologie*, Band 3, pp. 184-196.

70 Mueller, *Fé*, p. 445; Barth, *A Carta aos Filipenses*, pp. 43-53.

71 O papel da vontade (ou do "amor") na confiança em e no conhecimento da fé — na *fiducia* e no par *notitia-assensus*, em termos luteranos — é legado de Aurélio Agostinho e foi mantido na "Psicologia" do hábito da fé e do ato de crer dos pensadores medievais como Tomás de Aquino e João Duns Scotus; ver Flasch, *Augustin. Einfürhung in sein Denken*, pp. 314ss., com riqueza de referências às fontes agostinianas.

72 Ver, novamente, sob a rubrica *fides historica*, Pannenberg, *Systematische Theologie*, Band 3, pp. 165-184.

73 Tomando o pensador franciscano João Duns Scotus como caso precípuo de estudo, ver Betzendörfer, *Glaube und Wissen bei den großen Denkern des Mittelalters*, pp. 223ss; Finkenzeller, *Offenbarung und Theologie nach der Lehre des Johannes Duns Skotus*, pp. 105ss.; Walter, *Das Glaubensverständnis bei Johannes Duns Scotus*; Boulnois, *La rigueur de la charité*, pp. 92ss.

74 Aqui, cito Agostinho a partir do seu uso em João Duns Scotus, *Prólogo da Ordinatio*, p. 2, q. un. n. 108, p. 71: "De credibilibus patet quod nihil credimus de Deo quod aliquam imperfectionem importat; immo si quid credimus verum esse, magis attestatur perfectioni divinae quam eius oppositum. Patet de Trinitate personarum, de incarnatione Verbi, et huiusmodi. Nihil enim credimus incredibile, quia tunc incredibile esset mundum ea credere, sicut deducit Augustinus *De civitate* XII cap. 5; mundum tamen ea credere non est incredibile, quia hoc videmus".

75 Esse não precisa ser um projeto "evidencialista", em que uma "fé responsável" se ancora em evidência (mais ou menos e estrita) e reduz o escopo dos itens de fé ao que pode responder por essa evidência; de toda forma, a base de probabilidade racional para as crenças teístas fundamentais, e outras mais propriamente da Teologia cristã, podem ser vista em Richard Swinburne (ver referências bibliográficas); além disso, a busca por sentido e verossimilhança intrarreligiosa, ou a partir dos dados da revelação, é parte de muitas formas de Teologia sistemática; historicamente, apareceu em literaturas de comparação das religiões, procurando defender certa precedência racional dos conteúdos das escrituras cristãs. Ver, por exemplo, Pich, Scotus on the Credibility of the Holy Scripture, pp. 469-490.

76 Ver nota 73.

77 Ver o papel de "renovação cognitiva" realizada pela fé que é instigada pelo Espírito Santo, segundo a epistemologia da religião de Plantinga, *Warranted Christian Belief*, pp. 199-289.

Religião e ética

LUIZ FELIPE PONDÉ

> Para mim, ao menos, estudos de religião não requerem nem um método distinto nem um modo de explicação distinto para merecer um *status* de disciplina [...]. Para mim, estudos de religião é um campo aberto para tantas abordagens quantas estiverem preparadas para estudá-lo. Por um lado, nem uma das abordagens pode esgotá-lo. Por outro lado, nem todas as abordagens são compatíveis umas com as outras. O que conta é que o tema — religião — esteja conectado com o restante da vida humana — com a cultura, a sociedade, a mente, a Economia.
> Robert A. Segal, *The Blackwell Companion to the Study of Religion*.

Que tipo de pessoa nós queremos ser? Qual tipo de vida nós desejamos? Que tipo de sociedade nós queremos ter? Para Aristóteles, estas são algumas das perguntas essenciais para pensarmos a ética. Este ensaio pretende discutir algumas dessas questões à luz das tensões contemporâneas entre religião e ética. A questão que organiza a discussão é a seguinte: quais são os desafios que as religiões enfrentam na vida moral contemporânea? Portanto, o foco é o impacto da moral contemporânea sobre a religião e não o contrário. A existência dessas tensões não implica a dissolução das religiões, mas uma redefinição do hábitat no qual elas se multiplicam.

Mas, antes, alguns reparos epistemológicos.

Reparos epistemológicos

Faço minhas as palavras de Robert A. Segal citadas na epígrafe. Não reconheço como válido nenhum *parti pris* epistemológico ou metodológico purista que vise excluir possíveis campos disciplinares nos estudos de religião. Parafraseando Guimarães Rosa em sua obra-prima *Grandes Sertões: Veredas*, quando ele diz que quanto mais religião melhor; em termos de estudos de religião, quantos mais disciplinas para estudar as religiões, melhor. Portanto, enquanto pesquisador que aqui descreve um aspecto específico dos estudos de religião, a saber, as tensões contemporâneas entre religião e ética, vejo esta pequena contribuição como parte de um painel maior dos estudos de religião em geral, imerso em uma ampla rede de temas, métodos e significados.

Quanto à especificidade epistemológica deste ensaio, só posso dizer o óbvio: trata-se de uma reflexão filosófica, uma vez que quando discutimos ética, estamos fazendo Filosofia, ainda que, em constante diálogo com outras disciplinas dos estudos de religião, tais como Ciências Sociais, Psicologia, História, Teologia ou Literatura. Ao dizer que faço uma reflexão filosófica, também assumo que não se trata de uma contribuição do que poderíamos chamar de "éticas religiosas" (a saber, por exemplo, o que seria a ética judaica ou budista), mas sim de um esforço para entender, no cenário contemporâneo, como a religião enfrenta as tensões morais.

Outro ponto a esclarecer é que, apesar de assumir o tema "religião e ética: tensões contemporâneas", prefiro o termo "moral" ou "Filosofia moral" a "ética", por diversas razões, apesar de "ética" ser mais comum em nosso cotidiano acadêmico e de mídia, e por isso o mantive como título deste ensaio. O profissional especializado sabe que não há diferença entre ética e moral no plano conceitual e histórico-filosófico, por isso os utilizo como sinônimos.

Assim sendo, a primeira razão para minha preferência pelo termo "moral" ou "Filosofia moral" é que a palavra "ética" hoje tem uma semântica desgastada pelo uso que a mídia e o marketing fazem dele, criando uma aura equivocada de que ética seja algo passível de uma compreensão não conceitual. Nesse sentido, Filosofia moral permanece mais resguardada na sua especificidade semântica, exatamente por não ser usada pelo senso comum. A moral descreve os modos como a liberdade humana se organiza ou se desorganiza, materializando-se em hábitos, costumes, comportamentos, tradições, transgressões, interações entre natureza humana e cultura (*nature* e *nurture*) e regras de convívio. *Éthos* em grego, *morus* em latim. A Filosofia moral pensa tanto a empiria destes comportamentos, quanto sua normatividade, ou seja, como eles deveriam ser — basta voltarmos às questões aristotélicas já citadas para percebermos a busca de normatividade presente nelas.

Por último, acrescento que utilizarei às vezes as palavras "religião" e "religiões" sem fazer nenhuma discussão semântica acerca do que elas significam pelo simples fato de que assumo o hábito semântico corrente. Às vezes, discutir hábitos semânticos mais atrapalham do que ajudam no entendimento de uma questão. Evidentemente que existem instabilidades semânticas entre o uso acadêmico, o confessional e o do senso comum, mas, em se tratando de um ensaio filosófico como este, é óbvio que estaremos prioritariamente no campo *scholar*. Em síntese, assumo o fato de que existem religiões do mundo, de que os seres humanos assim as denominam e de que problematizar esse fato mais atrapalha do que ajuda a entender as tensões contemporâneas entre moral e religião.

Dois momentos

Feitos os reparos epistemológicos necessários, este ensaio discutirá a relação entre religião e moral em dois momentos. O primeiro descreve as principais escolas éticas: a ética das virtudes ou aristotélica, o hedonismo epicurista, a moral dos afetos ou escola cética britânica marcada pelo escocês David Hume, o racionalismo kantiano ou deontologia e o utilitarismo. São estas escolas que organizam o debate no plano das instâncias de razão pública, tais como as universidades, os tribunais, os hospitais, o governo e a mídia. Mesmo quando os atores sociais não especialistas buscam algum entendimento menos intuitivo do problema moral, é através dessas escolas (além de suas identidades religiosas, quando as têm) que tentam romper com o mero senso comum. Ainda neste momento, veremos em que medida o evolucionismo se relaciona no plano teórico moral às escolas britânicas, tanto o ceticismo quanto o utilitarismo. Os desdobramentos contemporâneos destas escolas serão analisados na sua relação com as religiões no segundo momento (as tensões às quais o título deste ensaio faz referência), ainda que no primeiro momento já tenhamos indicado algumas destas tensões entre moral contemporânea e religião.

O segundo momento, assumindo a religião e seus códigos morais na contingência, opta por uma problematização do diálogo entre moral e religião nas suas manifestações contemporâneas a partir de alguns tópicos essenciais, tais como ciência, geopolítica, sexualidade, multiculturalismo, fundamentalismos religiosos, secularização, mídia, democracia liberal e Estado moderno de direito.

Uma última palavra: não é intenção deste ensaio esgotar o tema, ninguém o faria, porque a Filosofia moral é antes de tudo uma constante de controvérsias. Mas, além de contemplar as chaves histórico-conceituais da Filosofia moral, pretendo também dialogar com aspectos sociais e psicossociais que fazem parte do cotidiano contemporâneo comum. Isso porque moral é em grande parte uma ciência da contingência, como dizia Aristóteles, e por isso não pode se dar apenas nas alturas conceituais abstratas sob risco de se tornar simplesmente irrelevante.

Primeiro momento

O que é Filosofia moral?

O que seria, afinal, a Filosofia moral? Respondo seguindo os passos do filósofo Louis Pojman, especialista em moral e professor da academia militar americana de West Point: a moral é o esforço humano para, sobrepondo-se à nossa "mera" naturalidade, encontrar modos de vida que diminuam nossa precariedade ontológica e imponham limites aos nossos instintos, muitas vezes não muito aderentes aos marcos necessários para o convívio social e político. Isso com o fito de construir condições para o florescimento e desenvolvimento de nossas capacidades e de julgar, inocentar e punir comportamentos com o uso mínimo de violência e crueldade. Toda vez que eu falar de moral de modo genérico neste ensaio (e não para me referir a uma escola ética específica), é este conjunto de elementos que terei em mente.

Tal esforço se dá em eixo histórico, portanto, como diria Aristóteles, na contingência. Se nascermos numa época de paz, este esforço terá tons e dramas distintos daqueles que caracterizam épocas de guerra, para tomar apenas uma contingência possível, entre tantas outras. O fato de o ser humano ser um animal "técnico e cultural" (nossa relação com nossa condição natural é pautada pela técnica e pela cultura) implica uma gama de contingências que nos obriga a pensar qualquer esforço moral em um cenário de impacto técnico e cultural sem fim. As religiões são parte destas contingências e deste impacto, sendo as inserções teúrgicas (mágicas, cirurgias espirituais, milagres, encantamentos) mais associadas ao campo da técnica, ao passo que as normas de comportamento, liturgias, mitologias, literatura sagrada e tradições têm mais a ver com o campo cultural.

O filósofo moral é aquele que se debruça sobre este campo de problemas definido pelas relações entre nossa condição natural e nossa vocação técnica e cultural.

Ética das virtudes, ou aristotélica, e hedonismo epicurista

Ética é uma ciência da contingência, sempre. Nunca é pouco repetir esta máxima aristotélica. Mesmo o esforço kantiano para fundar uma moral universal parte deste pressuposto que deve ser, aliás, enfrentado no sentido de reduzir a zero (idealmente, claro) os efeitos dessa contingência sobre nossos hábitos, comportamentos e normas.

Para Aristóteles, uma vida ética é uma vida que deve tornar o convívio na pólis mais feliz; portanto, não há ética sem política, compreendida como a dimensão que organiza e distribui o poder entre os cidadãos da cidade.

A ética é uma ciência prática e não teórica. Pouco impacta a vida na pólis o fato de decorarmos modos justos de convívio, mas sim importa praticarmos esses modos, as virtudes; por isso Aristóteles aproxima a prática das virtudes da prática cotidiana de tocar um instrumentos musical. Guardamos em português o sentido dessa analogia quando nos referimos a alguém que toca violino magistralmente como um "virtuoso".

As virtudes, *areté*, significam força de caráter, capacidade de impor controle a vontade ou instintos, como diríamos hoje. Quanto mais somos capazes, não às custas de constrangimentos externos, de nos controlarmos, mas somos *aristoi*, ou seja, virtuosos. Portanto, a ética em Aristóteles é uma luta da pessoa contra si mesma e contra elementos externos que a levem para longe do que é considerado virtude. Se pensarmos nos grandes sistemas religiosos, como Cristianismo ou Budismo, a relação com as virtudes é clara, mesmo que pensadas de modo distinto quanto aos seus conteúdos propositivos. Estes sistemas sempre pregam suas virtudes.

Aristóteles divide as virtudes em dois grandes grupos, as práticas ou virtudes volitivas, *areté étiké*, e as intelectuais ou teóricas (mas que também se vive na prática), *areté dianoetiké*. Vale salientar que as virtudes práticas são pensadas como um "ponto médio" entre vícios extremos, que seriam os opostos, cada um a seu modo, da virtude a ser praticada. A título de exemplo das virtudes práticas, citaria a justiça, a maior delas para Aristóteles, a coragem e a generosidade.

Um vício oposto à justiça seria, por um lado, perdoar tudo, e pelo outro ser não compadecido com tudo e com todos. Podemos perceber aqui um conflito evidente entre a ideia cristã de tudo perdoar — dar a outra face — e a intenção aristotélica de que se deve buscar a justiça e não o perdão. Tanto no Judaísmo quanto no Cristianismo e no Islã (tradições abraâmicas), o debate acerca do caráter divino de ser justo e ser misericordioso encontra aqui um campo fértil para a reflexão. Se assumirmos o pecado original como prova de que não precisamos apenas de justiça, porque, se fosse este o caso, mereceríamos a condenação pura e simples, compreendemos a "paciência" de Deus para conosco como sua misericórdia infinita, que é superior à sua mera justiça. Nesse sentido é que podemos dizer que só se trata de perdão quando o perdoado "não merece", porque, se merecesse, seria apenas justiça.

Quanto à coragem, seus opostos seriam a covardia e a temeridade. Quanto à generosidade, a mesquinharia e a generosidade desmedida. Quanto às virtudes intelectuais, são duas precisamente: *phronesis* (sabedoria) e *sophia* (ciência). A primeira se referindo ao "uso" do conhecimento intelectual e teórico a aprimoramento das virtudes práticas, e a segunda, a maior de todas, se referindo ao conhecimento da Teologia ou conhecimento do primeiro motor *próton kinoun* ou *theos*,

Deus. Claro que esse Deus aristotélico não é uma pessoa, mas um princípio que tudo move sem ser movido, tudo condiciona, sem ser condicionado, tudo causa, sem ser causado. Abraâmicos em geral verão neste Deus um complemento racional ao Deus bíblico.

Ao final, a ética aristotélica implica um esforço de modular o caráter do cidadão, submetendo sua vida a forma perfeita daquele que tudo condiciona no seu princípio de ordem cósmica. Assim como nos sistemas religiosos, as maiores virtudes são pensadas como relações com suas divindades.

Já o hedonismo epicurista partia do atomismo como realidade primeira e última do ser; sendo assim, a vida seria finita e limitada ao corpo. Nesse cenário, a sabedoria moral seria aquela que nos garantisse da melhor forma possível uma vida sem sofrimento. Para Epicuro, a chave dessa forma de vida seria buscar o prazer, *hedoné* em grego antigo. Só que, para ele, o prazer, ao contrário do que entendemos hoje, era evitar o desejo, e não realizá-lo, como pensamos em nossa época. Por isso, a vida moral melhor seria aquela que não fosse dominada pelo desejo. Ainda que hoje comumente se faça a oposição entre hedonismo e a maioria das éticas religiosas, na verdade, Epicuro estava mais próximo de uma posição como a budista, que vê no desejo uma fonte inesgotável de sofrimento do que na assunção do senso comum de que hedonismo seja a busca desenfreada pela realização do desejo. Entretanto, a posição epicurista de que a vida se dá apenas na matéria será inspiradora das críticas modernas à moral religiosa, e nesse sentido, será bastante contemporânea.

Ceticismo britânico ou escola dos hábitos e dos afetos

Esta escola tem seu expoente em David Hume, escocês do século XVIII. O marco inicial é o ceticismo com relação à possibilidade de a razão determinar o comportamento.

Vale salientar que o ceticismo de Hume não se atém apenas à moral, mas apenas ela nos ocupa aqui. *Knowledge is feeling* ["conhecimento é sentimento"], diz Hume. Segundo a fortuna crítica, será exatamente essa afirmação que determinará Kant na sua busca pelo racionalismo, levando-o à crítica da razão prática como tentativa de fundar uma moral racional pura.

Se a razão não funda uma moral razoável, e a tradição cristã já sentindo os primeiros impactos do secularismo em processo de instalação dava sinais de inconsistência como fundamento do comportamento, Hume dirá que a moral se sustenta em hábitos (religiosos entre eles, mas também meramente "culturais") e afetos. Para Hume, todo o conhecimento se funda em hábitos (*Habit*, com letra maiúscula como escrevia Hume), mesmo cognitivos, como dizemos nós, hoje. No século XX, o maior pensador conservador inglês, Michael Oakeshott, voltará ao mesmo postulado.

Afetos e hábitos, não passíveis de uma redução a enunciados racionais, nos orientam no dia a dia, assim como as tradições em geral. No âmbito do comportamento contemporâneo, esta escola estará em contínuo embate com qualquer tentativa de engenharias morais públicas, descendentes das Filosofias rousseaunianas e marxistas. E daí sua identificação direta com posições morais e políticas mais conservadoras, devido justamente à dúvida com relação a se a razão poder fundar, de modo seguro, as decisões individuais e coletivas. Para Hume, hábitos e afetos respondem aos desafios do comportamento e não respostas racionais ou definições do certo e errado a partir de conceitos expressos em enunciados articulados. Por isso, muitas vezes, afetos respondem aos desafios da vida comum, mesmo que não consigamos articular nossas respostas, faladas ou atuadas, de modo claramente racional. No utilitarismo um pouco posterior, os afetos voltarão ao cenário quando chegarmos a John Stuart Mill e sua *moral affection*. Um desenvolvimento interessante no século XX será o diálogo entre o evolucionismo e a moral dos hábitos e afetos.

Racionalismo kantiano, autonomia *versus* heteronomia

Immanuel Kant, no século XVIII, fundará outra grande escola moral, o deontologismo ou moral do apriorismo. Segundo o grande filósofo alemão, diante da impossibilidade de fundar a moral nas crenças religiosas, cristãs especificamente para ele, devido aos avanços da ciência newtoniana como visão de mundo e aos "danos" da lógica burguesa já em curso, os homens teriam que buscar na razão a justificativa do comportamento moral. Kant faz da destruição burguesa da tradição a matéria-prima de sua defesa da autonomia, de certa forma, aliando-se a revolução burguesa contra a heteronomia da tradição.

A posição kantiana será essencial para a defesa da autonomia do sujeito moderno diante dos efeitos do "desencantamento do mundo" na sua fase contemporânea. Esta autonomia, pensada inclusive como superação da dependência das tradições e superstições (a heteronomia em si), será defendida pelos setores seculares das sociedades liberais ocidentais e por isso será abraçada pelo Estado laico em seus conflitos com as religiões como modo de determinação do comportamento. Esse modo é visto pelos kantianos como fora do escopo do que Kant entendia como maioridade: ação justificada pela análise racional e livre dos tipos possíveis de ação moral.

O modo racional de agir será definido por ele como sendo o imperativo categórico. Nas suas palavras, devemos agir de modo tal que nossa ação possa ser erguida em regra universal de comportamento. Dito de outra forma, se vale para um, tem que valer para todos e vice versa. Kant dá exemplos de imperativos categóricos como não mentir, não usar o ser humano como meio, mas apenas como fim, entre outros.

A noção de direitos humanos, assim como tentativas de estabelecer padrões globais de ação, sempre tem uma base kantiana. Para Kant a ação com base na razão seria a única forma de encontrarmos uma fundamentação para o comportamento humano numa sociedade em processo contínuo de ampliação e complexidade como a moderna que então nascia. E, de lá para cá, é óbvio, as coisas só se tornaram mais complexas em termos do convívio entre diferentes tradições e hábitos, convívio este que encontra dificuldades enormes em escapar do relativismo decorrente da heterogeneidade de crenças em contínua tensão.

Contra Hume e sua moral dos hábitos e afetos, Kant pensava que seria impossível apostar numa moral moderna do hábito e do afeto, uma vez que estes também sofreriam da mesma forma que qualquer moral "provinciana" do tipo praticadas pela ética religiosa nas suas distintas formas históricas.

Utilitarismo

Os principais nomes desta escola são Jeremy Bentham e John Stuart Mill. O utilitarismo parte de uma importante questão, que é sua concepção de natureza humana tida como "científica", uma vez que observemos empiricamente o comportamento humano: o homem, único ser consciente de sua condição no mundo, foge da dor e busca o prazer, entendido como a redução da sua condição inegável de sofrimento e precariedade. Este é o princípio da utilidade definido por Bentham. Para os utilitaristas qualquer tentativa de vida moral que não levasse em conta os recursos da natureza humana, isto é, suas ferramentas pautadas pela intenção de fugir da dor, estaria fadada ao fracasso. Nesse sentido, o hedonismo contemporâneo, diferente daquele epicurista apontado antes, encontrará no utilitarismo sua justificativa, ainda que para este o útil, fundamento de toda moral, está longe do mero hedonismo individualista que o senso comum costuma pensar.

Como herança do utilitarismo, a chamada para uma observação do comportamento empírico humano antes de qualquer tentativa de determinação da moral marcará profundamente a Psicologia Moral, vertente da Filosofia Moral contemporânea pautada pelo behaviorismo como forma de análise empírica do comportamento humano e animal em geral. Aliás, no século XX o utilitarismo terá uma importância especial no debate moral que envolve os animais (e algumas religiões serão diretamente afetadas por isso, como no caso de sacrifícios animais) na medida em que Peter Singer, com seu livro de 1975 *Animal Liberation*, afirmará que os animais, seres sencientes (*sentient*) como nós (não conscientes necessariamente, mas dotados de sensibilidade "consciente" da dor) também fogem da dor e buscam seu alívio; portanto devemos levar isso em conta quando pensarmos em um convívio moral planetário, daí ele ter cunhado o termo "especismo" para a exclusão dos animais das nossas preocupações morais. As formas contemporâneas de "paganismo da natureza", de viés ecológico, encontrarão no utilitarismo de Singer um importante aliado no debate ético.

Mas o que dizia Bentham especificamente? Ele dizia que devemos calcular as consequências dos nossos atos a fim de produzir prazer da forma mais segura possível para o maior número possível de pessoas. Para tal, ele propôs seis itens que deveriam organizar nossa vida moral, principalmente daqueles que tomam as decisões que afetam a sociedade como um todo. Estes itens são: intensidade, duração, certeza de atingirmos o prazer desejado, remoticidade (cálculo da proximidade ou distância no tempo do efeito desejado), fecundidade (o efeito deve produzir efeitos de prazer em cadeia) e pureza

(cuidado para não produzirmos desprazer ao invés de prazer).

Já Stuart Mill ficou conhecido como sendo um utilitarista menos "grosseiro" e menos centralizador do que Bentham. Para ele, o útil deveria ser identificado pelo conjunto da sociedade e não pela sua máquina administrativa. Daí Stuart Mill ser identificado como o filósofo do diálogo social como premissa de qualquer vida moral, e sua influência na sociedade contemporânea é enorme. Para ele, devemos levar em conta, além daquilo dito por Bentham, quatro traços da natureza humana que a tornam capaz de formas sofisticadas de prazer e de dor: a razão, a imaginação, a faculdade moral (*moral affection*), assim como para Hume, e a liberdade. Qualquer cálculo utilitário precisa levar em conta essas característica humanas.

O impacto do utilitarismo no mundo contemporâneo é óbvio: como pensar numa sociedade mais pautada pela redução da dor do que a nossa? Claro que muitos autores acusam o utilitarismo de gerar pessoas de caráter fraco ou higienizadas contra o sofrimento, que seria parte essencial da vida. Autores como Tristam Engelhardt, cristão ortodoxo, criticarão a ética contemporânea (tanto o utilitarismo quando o kantismo) como sendo escolas que enfraquecem o homem porque desconhecem a importância do sofrimento como componente da formação humana (crítica ao utilitarismo) e destroem os vínculos tradicionais com o passado na medida em que cultuam a autonomia racionalista (crítica ao kantismo). Outros, não religiosos, como Aldous Huxley, criticarão o utilitarismo especificamente pela sua vocação a reduzir a humanidade do homem ao fazer dele um escravo estúpido da felicidade e, nesse sentido, incapaz de lidar com as contradições que constituem a essência da experiência humana. Tanto Engelhardt quanto Huxley condenam o utilitarismo por anular a natureza humana e seu vínculo com o sofrimento e as contradições da vida. Nesse sentido, grandes sistemas religiosos lidam melhor com essas contradições quando tencionam a vida cotidiana contra visões cósmicas que fazem seus crentes relativizarem "os prazeres mundanos" como forma única de viver. Contra o culto da autonomia do sujeito moral moderno, fruto do kantismo burguês, os grandes sistemas religiosos oferecem as contradições entre desejo, razão e órgãos dos sentidos como centro da natureza moral humana, desenhando um abismo entre a vida cotidiana contemporânea e sua contrapartida "metafísica".

O evolucionismo

O evolucionismo (darwiniano) dialoga muito bem tanto com a escola dos afetos e hábito quanto com o utilitarismo, e por razões distintas e complementares. Com a escola humeana, os darwinistas partilham a noção de que comportamentos adaptados, testados pela experiência ao longo do tempo evolucionário (o Hábito, na linguagem humeana), são indicadores seguros de que a moral segue o padrão evolucionário. Além disso, afetos de bandos e de grupos (*emotional bonds*), seja de sangue, sejam sociais, são também parte da fundamentação de nossas escolhas morais (*moral affection,* em linguagem humeana). Com relação ao utilitarismo, além da referência à faculdade do afeto, como em Hume, a fuga da dor e a busca do prazer, identificado como sobrevivência,

também parece seguir um padrão evolucionário. Nesse sentido, o darwinismo poderá estabelecer relações frutíferas com as escolas morais britânicas.

Síntese

Como essas escolas se realizam na vida moral contemporânea? É o que veremos a seguir. Mas é importante avançarmos com alguma clareza conceitual mais sintética acerca desta realização. A vida moral contemporânea tenderá a buscar o bem-estar cientificamente justificado e causado, individualmente autônomo, preservando virtudes e leis pautadas pela vida moral. Aqui não se encontra a normatividade transcendente, mas sim afetos e hábitos cada vez mais gerados e cuidados por essas virtudes da autonomia e do bem-estar, em um cenário em crescente conflito com modos de cosmovisão que não científicos. As religiões se adaptarão ou não de modos distintos, na dependência direta da história peculiar de sua acomodação à vida contemporânea. Acrescentando-se a esse processo um cenário de rápida dominação dos espaços sociais e psicológicos pelas tecnologias da comunicação e pela diminuição das distâncias físicas e temporais, o que tendem a gerar uma "promiscuidade antropológica" crescente na vida moral, política e religiosa e a multiplicidade de axiologias, fenômeno este chamado de relativismo ou, na sua radicalidade, de niilismo.

Segundo momento: tensões contemporâneas entre religião e moral

Neste segundo momento, partiremos para o diálogo entre moral e religião nas suas manifestações contemporâneas a partir de alguns tópicos essenciais, tais como ciência e secularização, geopolítica, sexualidade,

multiculturalismo e fundamentalismos religiosos, mídia, democracia liberal e Estado moderno de direito (Estado laico). É importante salientar que essas tensões recortam os temas aqui apontados de modo transversal e contínuo. Por isso, a divisão tópica que adotamos é, de certa forma, mero recurso didático.

Ciência e secularização

Ciência moderna e secularização andam lado a lado, assim como o Estado moderno de direito. E por quê? A resposta dada pelo filósofo canadense Charles Taylor me parece bastante consistente. Secularização é antes de tudo a criação das condições de possibilidade da descrença no transcendente e sua necessidade para o convívio moral, político e social. Estas condições se materializarão numa vida cotidiana na qual as práticas religiosas deixam de ser o critério único e primeiro para solução dos problemas humanos. Tal materialização se constituirá em laços, comportamentos e instituições modernas como tribunais, escolas, universidades, casamento civil e hospitais, por exemplo. Estas condições, por sua vez, foram geradas pelo sucesso técnico e teórico da ciência como visão de mundo, pelo Estado moderno de direito e pela democracia liberal. Numa linguagem de senso comum, isto significa que as pessoas, mesmo que permaneçam crentes, buscam respostas tecnocientíficas para as demandas humanas, tais como compreender o universo ou curar doenças. No lugar do sacerdote, o médico e o cientista. No plano da justiça, buscarão advogados, juízes e policiais. A ciência é mais eficaz do que a magia ou a promessa feita aos santos. Um modo de sintetizar este efeito da ciência na vida, e não só das ciências ditas duras, mas também das Ciências Humanas, é a artificialização na lida com a natureza ou com as tradições tomadas como sagradas. Esta artificialização está associada à afirmação da autonomia moral e da busca de prazer na modernidade.

A tensão com as religiões é evidente na medida em que elas competem com a secularização de raiz científica no momento da escolha do modo de ação moral no cotidiano.

O conflito surge prioritariamente nas "fronteiras" entre ciência e religião como descrições do mundo e da ação nele. Por exemplo, afinal, o feto tem alma ou não? Podemos interromper uma vida de modo artificial ou a vida pertence a Deus? Podemos programar geneticamente nossos filhos ou o "modo" como a criança virá ao mundo deve ser decisão de Deus? Enfim, a ciência e sua agressividade técnica em "reformar" a natureza indicam o poder da autonomia humana contra a submissão a heteronomia da natureza e das tradições, assim como o esvaziamento ontológico da divindade como instância decisória necessária. Por outro lado, o bem-estar fisiológico que a ciência traz (o aumento da longevidade é apenas um exemplo clichê) é marca da secularização materialista e sua opção pelo prazer nas suas várias faces. A vocação humana parece ser de adaptar-se a hábitos bem-sucedidos (sendo a secularização um novo hábito histórico a mão). Quebramos hábitos na proporção direta da melhoria de nossa vida afetiva, psíquica e física. Esta parece ser a natureza humana observável empiricamente. Quanto maior o poder de fogo da técnica humana em nos adaptar com sucesso ao mundo, mais alto ouvimos a voz da condenação a Prometeu por nos ter dado o segredo do fogo.

Democracia liberal e Estado moderno de direito (Estado laico)

Outra face essencial da secularização é a política e jurídica, campos recortados por dramas morais intensos. Democracia liberal e Estado laico são realidades históricas, por isso mesmo se dão no tempo e jamais apenas em definições conceituais platônicas. As tensões entre moral e religião aqui, como em tudo, são múltiplas e diversas na proporção direta em que essas instituições modernas se realizam "mais ou menos" no cotidiano moral e institucional.

Mulheres são seres voltados à reprodução ou ao que elas quiseram fazer individualmente (vida profissional)? De novo, autonomia *versus* heteronomia. O casamento foi instituído seguindo uma natureza divinamente ordenada, logo, homem e mulher reproduzindo a vida, ou homossexuais podem se unir, partilhar patrimônio e gerar filhos biotecnologicamente? Neste caso preciso, a parceria entre técnica e democracia liberal é evidente. Partidos políticos de base religiosa (teocráticos ou simplesmente representantes de grupos religiosos específicos) devem ser legais? Ou esta legalidade deve estar submetida ao princípio de que o Estado é laico? Isto causa impacto, de leis pró-aborto a crucifixos em tribunais, passando pela adaptação ou não dos horários oficiais de atividades públicas (como exames vestibulares, concursos públicos e similares) a práticas religiosas. O caráter liberal da democracia deve contemplar o multiculturalismo religioso? Os fundamentalismos religiosos encontram aqui seu *locus* de resistência moral. Se pensarmos em virtudes públicas e leis, a vida moral deve ser pautada pelo transcendente e suas instituições ou pelo que decidem os poderes jurídico e legislativo? Ou mesmo pela mídia e sua tendência à superficialidade na lida com opções de comportamento. Devemos censurá-la? Claro que o "medo da mídia" não é drama único das religiões. As crianças devem estudar religião na escola? E, se sim, quais e como? O bem-estar com a sexualidade deve ser pautado por alguma crença em uma normatividade transcendente do sexo?

Multiculturalismo e fundamentalismos religiosos

Decorrente direto do discutido anterior, a multiplicidade de hábitos culturais emerge em comportamentos visíveis socialmente com mais frequência em ambientes liberais e multiculturais. A própria recusa de normatividade transcendente implica,

aparentemente, pulverização das grades normativas em si, mesmo que conflitos internos à vida secular e laica ocorram, como por exemplo, entre o modelo britânico, que tende ao multiculturalismo duro (cada um crê e se veste como sua crença determinar), e o francês, mais dado a imposições de uma cultura republicana anticlerical (burkas proibidas em espaços públicos), devido muito às suas histórias distintas quanto a revolução burguesa, sendo a britânica mais mediada historicamente e a francesa mais violenta e sem mediações institucionais. O Reino Unido fez sua revolução burguesa ao longo de, *grosso modo*, oito séculos, e a França dentro de um século. A forma mais comum de se referir ao impacto da multiplicidade de "ofertas" de hábitos e valores morais é o "relativismo", termo que se refere, na sua origem, à descoberta sofista de que o homem seria a medida de todas as coisas. O relativismo implica uma diversidade axiológica de modos de felicidade, bem-estar, autonomias, o que impacta evidentemente qualquer axiologia absoluta comum aos sistemas religiosos tradicionais.

O tema da "tolerância religiosa" é comum neste campo de tensões. Deve uma religião, a da maioria, ter maior representatividade institucional e simbólica? Deve a religião ter qualquer representação institucional e simbólica? Numa sociedade múltipla em termos religiosos, como deve ficar o convívio nas escolas e nas famílias? A posição diametralmente oposta ao multiculturalismo é o fundamentalismo religioso. Este é múltiplo, e o simples uso do termo uma prática analógica. Termo nascido no meio protestante americano no início do século XX, tomou conta da mídia e da literatura especializada, não sem controvérsias, para descrever a recusa da modernização secular. Recusa, portanto, da cosmovisão científica, da crítica histórica dos livros sagrados, da emancipação feminina, enfim, da secularização enquanto tal, mais especificamente no âmbito moral e político, e não necessariamente no uso dos ganhos tecnológicos. Estes fundamentalismos podem ter maior ou menor impacto geopolítico (o islâmico e o judaico são conhecidos por terem forte apelo geopolítico) ou se ater à vida "interna" de uma sociedade específica, como o Protestantismo Americano ou o Pentecostalismo Brasileiro. Os fundamentalismos tendem à heteronomia e à recusa do hedonismo individualista do desejo, típico das sociedade liberais ocidentais. Já o multiculturalismo parece buscar um convívio acomodado à promiscuidade antropológica contemporânea, típico de sociedades com efeitos avançados da revolução burguesa.

Mídia

A mídia e as tecnologias da comunicação ampliam as tensões da vida moral contemporânea, influindo na difusão tanto dos modos seculares quanto dos religiosos. A referida promiscuidade antropológica moderna é marca típica de uma sociedade saturada de suportes midiáticos agressivos. Os prazeres e conflitos se tornam mais imediatos, assim como os deslocamentos conceituais e simbólicos.

As religiões assimilam a mídia de vários modos, sendo o mais óbvio deles, a "evangelização", ao mesmo tempo que deve se adaptar à prática de difusão da doutrina via redes sociais. Mas mais profunda é a tensão "interna" às doutrinas, do tipo "é legítimo consagrar hóstias via TV ou confessar via e-mail?" Por outro lado, a promiscuidade da mídia impõe à religião, muitas vezes, assimilações ou tensões doutrinárias na medida em que os atores sociais entram em contato facilmente com comportamentos morais e religiosos competitivos. Por que não posso ser um judeu budista ou um hindu simpático à moral cristã da igualdade dos homens diante do cosmo? Se uma adolescente secularizada faz sexo antes do casamento, como impedir que

uma iraniana xiita saiba disso e não queira imitá-la? Estes fenômenos típicos do mundo das viagens intercontinentais se tornam mais frequentes ainda quando não precisamos nem sair de casa.

Muitas religiões entendem que a mídia enfraquece o caráter em favor dos vícios da autonomia (ainda que uma autonomia mitigada pelos efeitos da manipulação de conteúdos e formas) e do hedonismo individualista. Mesmo no campo dos afetos, a mídia destruiria o tratamento tradicional da vida afetiva, por exemplo, destruindo a primazia dos casamentos intraculturais e orientados pelos pais, ou ampliando a possibilidade dos prazeres virtuais. Se as doutrinas, na sua variedade, buscariam constranger os comportamentos a fim de aperfeiçoá-los, a mídia seria como uma epidemia virótica de dissolução desses mecanismos de geração de virtudes.

Geopolítica

Com o avanço do capitalismo mundial, da aviação e das tecnologias da comunicação, a geopolítica se tornou um dos campos de tensão entre moral contemporânea e religião, na medida em que introduz uma maior contaminação entre as culturas. Tal contaminação implica níveis variados de instabilidades entre os países. É evidente que não lidamos aqui com qualquer noção de "pureza" cultural por oposição à noção de contaminação ou promiscuidade cultural. Estamos apenas descrevendo um certo acirramento, na medida em que a geopolítica sofre com esses processos acelerados de instabilidade das tradições. Alguém poderia dizer que o diferencial contemporâneo para uma maior tensão geopolítica hoje do que há 500 anos atrás seja apenas a velocidade dessa contaminação, o que não seria errado, na medida em que culturas e religiões (e, portanto, hábito morais) nascem e morrem por contaminação com outras culturas e religiões. Mas, ainda assim, a geopolítica contemporânea seria peculiar justamente devido à sua velocidade de contaminação.

O impacto do fundamentalismo islâmico nos hábitos de viagens nos últimos quinze anos é evidente nos aeroportos e na indústria do turismo em geral. Conflitos entre mulçumanos e hindus no Reino Unido, imigrantes africanos e europeus, ou mesmos os processos de sincretismo no Brasil, implicam abalos nos hábitos, nos afetos e nas instituições morais tradicionais, obrigando-os a um convívio que antes era inexistente. Grande parte de conflitos como o do Oriente Médio ou entre países e etnias africanas se deve à criação de países que não existiam como realidade institucional havia séculos. A revolução burguesa que levou ao nascimento do Estado moderno varreu regiões inteiras de todos os continentes, obrigando as religiões a se acomodarem à dissolução das fronteiras físicas e simbólicas. E isso sempre implica tensões morais. Grande parte do que se faz hoje em geopolítica é lidar com aspectos culturais de base religiosa a fim de diminuir conflitos. Mas, no microcosmo geopolítico, é onde o impacto se sente de modo mais cotidiano: vizinhos de religiões inimigas devem namorar?

Sexualidade

Com este tópico encerramos nosso catálogo de tensões contemporâneas. A sexualidade, normalmente vista como índice espiritual, seja de modo "negativo", seja de modo "positivo", na sociedade contemporânea passa por forte tensão artificializante, no sentido de que a teoria de gênero tem de contrária a noção de uma sexualidade natural ou pautada por uma axiologia transcendente. O impacto das teorias socioconstrutivistas neste campo foi enorme: não existiria díade macho-fêmea na humanidade porque a sexualidade seria construída socialmente? A ideia de autonomia, busca de prazer, reconstrução social dos afetos, hábitos e virtudes acompanham facilmente a teoria de gênero, criando mesmo um cenário amigável para as experimentações sexuais contemporâneas. A ideia de que casamento e família sejam tópicos gestados nos céus, seja quais forem os deuses que nele habitam, perde força quando a vida moral migra para o terreno da "escolha" individual, independente da veracidade ou não das teorias de gênero. A força que elas assumem é justamente índice do hedonismo contemporâneo, pautando o debate na medida que o que está em jogo é a satisfação de grupos específicos (gays, lésbicas e feministas), grupos estes que são diretamente responsáveis pela própria produção teórica em questão.

Conclusão: a Nova Era

A título de conclusão para um tema que não permite uma conclusão fácil, citarei o exemplo da chamada espiritualidade Nova Era como caso de acomodação evidente das tradições religiosas (já sob releitura pós-moderna) às tensões morais contemporâneas.

A marca desta forma de espiritualidade é exatamente sua mercantilização, ou seja, seu alto grau de acomodação a lógica burguesa. Neste tipo de religião, tudo é conforme "a vontade do freguês". A autonomia da escolha dos objetos de crença, as recombinações de conteúdos aleatórios das tradições religiosas, a superficialidade em doutrina, o hedonismo ao portador, a superação da ideia de "natureza" pela ideia de "tudo é construído e possível", a submissão aos produtos da mídia de massa, a afetividade levada como recusa de qualquer racionalidade teológica no plano do discernimento moral, a assimilação do jargão científico como cartão de visita de que sem ciência não há valor em nada (a física quântica serve para tudo), enfim, as tradições religiosas inteiramente relidas pelas pressões contemporâneas. Do lado oposto a esta forma de espiritualidade, os fundamentalismos religiosos representam o modo mais evidente de recusa de acomodação às tensões morais contemporâneas, e, neste sentido, ambos os fenômenos descrevem de forma quase caricata os impasses entre tradição e modernidade.

Referências bibliográficas

ARISTÓTELES. *Étique a Nicomaque*. Paris: Vrin, 1959.

ARISTÓTELES. *Politique*. Paris: Vrin, 1989.

BENTHAM, Jeremy. *The Principles of Morals and Legislation*. New York: Prometheus Books, 1988.

DENNETT, Daniel. *Freedom Evolves*. New York: Viking, 2003.

EPICURO. *Lettres et máximes*. Paris: PUF, 1987.

HALÉVY. Élie. *La formation du radicalisme philosophique*. Paris: PUF, 1995.

HOOVER, Stewart, M.; LUNBY, Knut (orgs.). *Rethinking Midia, Religion and Culture*. London: Sage Publications Ltd., 1997.

HUME, David. *Essays*; Moral, Political and Literary. New York: Cosimo, Inc., 2006.

KANT, Immanuel. *Crítica da Razão Prática*. São Paulo: Martins Fontes, 2003.

OAKESHOTT, Michael. *On Human Conduct*. London: Clarendon Paperbacks, 1990.

POJMAN, Louis, P. *The Moral Life*; an Introductory Reader in Ethics and Literature. Oxford: Oxford University Press, 2000.

RAWLS, John. *A Theory of Justice*. New York: The Belknap Press of Harvard University Press, 1971.

SCHWEIKER, William (org.). *Blackwell Companion to Religious Ethics*. Malden: Blackwell Publishing, 2005.

SEGAL, Robert A. (org.). *The Blackwell Companion to the Study of Religion*. Malden: Blackwell Publishing, 2006.

SINGER, Peter. *Animal Liberation*. New York: HapersCollins, 2002.

STUART MILL, John; BENTHAM, Jeremy. *Utilitarianism and Other Essays*. London: Penguin Books, 2004.

TAYLOR, Charles. *A Secular Age*. Boston: Harvard University Press, 2007.

Ciência da Religião e Teologia

FAUSTINO TEIXEIRA

Introdução

As novas e provocadoras reflexões em torno de uma Teologia pública reconfiguram o complexo debate envolvendo a Ciência da Religião e a Teologia. Resistências quanto à presença da Teologia no âmbito da universidade, entendida como disciplina acadêmica, começam a se arrefecer, tendo em vista os novos delineamentos proporcionados pela reflexão teológica. Como indica Rudolf von Sinner, "falar de Teologia pública é algo que serve para uma reflexão apurada sobre o papel da religião no mundo contemporâneo, na política, na sociedade, na academia, como reflexão construtiva, crítica e autocrítica das próprias igrejas, comunicando-se com outros saberes e com o mundo real".[1] Trata-se de uma reflexão que vem se firmando nos vários continentes, e também no Brasil, com a criação de novos espaços de presença crítica da Teologia, com "propriedade científica", incluindo um diálogo inovador na universidade, com traços novidadeiros de interdisciplinaridade.

Configurações e desafios da Ciência da Religião

O campo de estudo das religiões tem sido objeto de reflexão de dois grupos de pesquisadores, os teólogos e os cientistas sociais. Na segunda metade do século XIX, surge a Ciência da Religião, entendida como "matéria acadêmica institucionalizada nas universidades europeias", facultando um aprofundamento do "saber sobre as religiões".[2] Apesar dos esforços realizados no sentido de dar coerência e consistência aos estudos realizados nesse novo campo disciplinar, verifica-se ainda ausência de clareza epistemológica. Na visão de Pierre Gisel, quando se diz "Ciência da Religião" há incertezas tanto quanto ao método como quanto ao objeto. As dificuldades já se iniciam com o nome: há uma ciranda de nomes envolvendo esse novo campo: Ciência da Religião, Ciências da Religião, Ciências das Religiões. Alguns autores preferem trabalhar com o modelo alemão da *Religionswissenschaft*, privilegiando a Ciência da Religião em sentido unívoco, visando captar a especificidade da religião. Com base em um "método unificador", busca-se "um referencial único que perpasse toda a área do conhecimento chamada religião e que chame a si a contribuição das ciências que parcialmente delas tratam e as organize em um sistema".[3] Outros falam em "Ciências da Religião", entendida como "campo disciplinar", com estrutura mais dinâmica e abertura para uma diversidade metodológica.[4] Mas, mesmo nesse caso, onde se privilegia o plural, da Ciência da Religião como um "feixe de disciplinas", permanece a questão de seu eixo organizador.

Se há complicações evidentes no âmbito metodológico, há outras no campo do objeto de uma Ciência ou Ciências da Religião, que são ainda mais "desagregadoras". Na visão de Pierre Gisel,

> não somente as religiões constituídas são historicamente *construídas* (as Ciências Humanas e sociais contemporâneas não cessam de sublinhá-lo contra toda perspectiva denunciada por elas como "essencialista"), mas o que o próprio termo "religioso" pode designar é uma construção cultural: o que ele circunscreve não se encontra em

todas as culturas ou em todas as civilizações, e, quando ele designa um campo próprio — como na história ocidental permeada de Cristianismo —, este campo é, de fato, um "cenário", no qual realidades antropológicas e sociais mais amplas vêm se apresentar.[5]

Assim como as Ciências Humanas ganham um perfil bem diversificado no período contemporâneo, pautado por rica mobilidade e interrogações que são transversais, o fato religioso, também objeto de sua abordagem, perde seu caráter de "campo definido". As variações que o modelam apontam, sim, para "construções contingentes de ordens do mundo, feitas de relações efetivas, concretas e simbólicas — sociais, evidentemente".[6] Exige-se também no campo da Ciência da Religião essa ampliação de horizontes, capaz de igualmente envolver em seu estudo as espiritualidades contemporâneas pós-cristãs, onde também se inserem as chamadas espiritualidades ateias ou as "opções espirituais" que não se restringem ao âmbito do religioso.[7]

Ciência da Religião e Teologia

Uma tendência que se verificou ao longo do processo de formação e afirmação da(s) Ciência(s) da Religião em âmbito geral foi a busca de emancipação da Teologia. No processo de configurar o seu caráter "científico" ou "isento de motivos apologéticos", esse novo campo de estudos buscou uma perspectiva diferenciada. Assim ocorreu com a afirmação da Ciência da Religião na Alemanha, com as Ciências Religiosas ou História das Religiões (França e Itália) e também com os chamados "Estudos da Religião" nos departamentos universitários da Grã-Bretanha e dos Estados Unidos. Na dinâmica de libertação de uma "feição confessional" ou

normativa, os departamentos dedicados aos estudos religiosos reagem à presença da Teologia. Ela

> não deveria estar presente em um contexto universitário em que todas as alegações "normativas" em favor de uma disciplina — especialmente uma que parece possuir uma norma "exclusivista" — são suspeitas. De fato, a preferência pelo título "estudos religiosos" em vez de "Teologia" para os departamentos universitários com frequência serve para indicar a distância que seus proponentes desejam tomar das reivindicações tradicionalmente normativas da Teologia.[8]

No quadro das competências atribuídas às Ciência da Religião, estavam o estudo da religião não partidário e empírico, a liberdade acadêmica com respeito a compromissos religiosos definidos, a consciência da relatividade e a resistência aos etnocentrismos. Os "critérios especiais" que abrigavam a reflexão teológica atritavam com a autocompreensão que se firmava no novo campo de estudos. O lugar específico de presença da Teologia deveria ser, na ocular desses novos cientistas, os seminários e as igrejas. Não haveria lugar para ela na "universidade secular de uma cultura pluralista". Foi uma perspectiva que veio se firmando em países como a Suécia, a Alemanha e a França, mas também nos Estados Unidos, com incidências reflexivas no Brasil.

Em que medida a Teologia, enquanto "organização sistemática da inteligência da fé",[9] com sua carga de normatividade, poderia ter um lugar na academia? Essa era a grande questão que se colocava, e que ainda se coloca em determinados contextos. Essa percepção restrita e convencional da Teologia acabou unindo acadêmicos e líderes de igrejas na defesa do entrincheiramento da Teologia. Trata-se, porém, como argumentam importantes teólogos, entre os quais Wolfhart Pannenberg, de um "mal-entendido" em torno do preciso lugar da Teologia e de sua função, que é também, fundamentalmente, pública.

Há hoje um grupo substantivo de teólogos que buscam reconstruir a Teologia "seguindo os parâmetros das demais ciências modernas na moderna universidade europeia".[10] Ao lado de Pannenberg, outros teólogos como David Tracy, J. B. Metz, Hans Küng, Gordon Kaufman e Anders Nygren "acreditam que a Teologia claramente pertence à universidade moderna como uma disciplina acadêmica". Há em curso todo um engajamento em favor da "construção de propostas em favor do caráter totalmente público, aqui integralmente acadêmico, da Teologia no contexto da universidade moderna e seu debate interno sobre o caráter de uma disciplina acadêmica".[11]

Uma difícil e desafiante relação

Não há como negar a presença de uma tensão entre Ciência a Religião e Teologia. Trata-se de uma resistência de mão dupla. Há da parte de cientistas da religião uma desconfiança permanente com respeito à Teologia, sobretudo da perspectiva vista como apologética, normativa e missionária. Teólogos também reagem à Ciência da Religião por motivos diferenciados. Ressalta-se, em geral, a dificuldade destas ciências captarem a identidade e a verdade que animam a religião.[12]

Essa situação conflitiva e de tensão "não é a mesma no mundo inteiro. Ela é nítida na Europa: não somente na França laica [...], mas também no Reino Unido, nos Países-Baixos, na Escandinávia e, cada vez mais, nos países de cultura germânica. A situação extraeuropeia é outra, e, além disso, diferenciada quando pensamos na América do Norte, na América Latina, na Ásia ou na África".[13] Os posicionamentos de teóricos são diferenciados. Tomando o exemplo brasileiro, há autores da Ciência da Religião que se posicionam de forma mais crítica à presença da Teologia no campo da Ciência da Religião[14] e outros que admitem sem problemas a sua presença,[15] tendo em vista a formulação inclusiva da Ciência da Religião como campo interdisciplinar amplo. O que ocorre também em muitos casos é a presença de "pactos de não agressão" visando à viabilidade do exercício acadêmico.

Com base em sua experiência universitária em Lausanne (Suíça), cuja Faculdade mudou de estatuto — de Teologia para Ciências das Religiões —, Pierre Gisel indica que esta oposição entre Teologia e ciências das religiões[16] deve não só ser interpretada, como também "descentrada". Destaca a importância indispensável, numa época "pós-metafísica" do incentivo à Teologia fundamental, de uma interface e interação com a história e as ciências das religiões. Mudanças que devem ocorrer também no campo das ciências das religiões, sobretudo de ampliação reflexiva e de integração de novas dimensões, evitando uma concentração exclusiva em "conhecimentos descritivos isolados". Torna-se hoje meio obsoleto manter distinções rígidas de campos disciplinares. Há que incentivar "interrogações transversais" e "reconfigurações dos campos", rompendo os ensimesmamentos indesejados tanto no âmbito da Teologia, com a fixação naquilo que é o seu "bem próprio", como das ciências das religiões, convocadas a superar suas desconfianças ou caricaturas preestabelecidas, e disponibilizar-se a interagir com a diferença.[17] Em rico editorial da revista dos jesuítas brasileiros sobre Teologia e religião, o desafio da superação dessa oposição veio reiterado: "Ultrapassar a oposição entre ciências das religiões e Teologia supõe um deslocamento para além da comparação de asserções diferentes, da declaração ou não de adesão ou de crença, da divisão entre neutralidade e engajamento, de declaração de convicção".[18] Por seu lado, a Teologia vem desafiada a responder de forma mais convincente às "questões humanas mais amplas", em viva interface com as ciências do social, e em particular com a história e as ciências das religiões. Por outro, as ciências das religiões são também convocadas a uma ampliação de horizontes: "Não basta mostrar a diversidade ou instruir uma crítica do religioso herdado. Deve-se também pensar naquilo que se vê. O fato de uma situação ser tida como 'construída' não significa que ela não 'exista', e o fato de ela ser reconhecida como contingente ('arbitrária') não quer dizer que ela seja sem significação".[19]

O espaço público da Teologia

Um dos imprescindíveis desafios que se colocam hoje para a Teologia é sua presença pública. Passou o momento em que a Teologia concentrava-se no espaço "meramente eclesial". Vivem-se hoje novos tempos dialogais, onde o mister teológico, como tão bem lembrou J. B. Metz, necessita de *Entprivatisierung*, ou seja, "sair do âmbito privado intraeclesial (ou meramente magisterial) para ir ao encontro do mundo".[20] E essa saída pressupõe toda uma laboriosa reflexão sobre a presença do Mistério maior no mundo e a dimensão transcendente da história. Esse "diálogo teológico com o mundo" apresenta-se hoje como um dado irrevogável.

Em clássica obra sobre a metodologia teológica da Teologia da Libertação, Clodovis Boff enfatizou que a Teologia é fundamentalmente "Teologia do não teológico". Em proposta de ampliar o campo teórico da Teologia, esse autor problematiza a ideia de uma Teologia concebida de forma estática, entendida como um depósito ou mera súmula de conhecimento. A Teologia é, antes de tudo, processo dinâmico, em permanente construção, no qual a operação fundamental é a de transformar o não teológico em teológico, em razão de seu caráter teologal. Com base em Tomás de Aquino, Clodovis sinaliza que "não existe, em princípio, objeto ou acontecimento algum que não possa ser teologizado. Tudo é teologizável".[21]

Não há dúvida sobre os *principia fidei* que conformam a pertinência teológica, a presença da ocular da fé, que faculta o modo específico de trabalhar teológico. Mas quando se estabelece uma separação rígida entre o *sub specie temporis*, da reflexão da Ciência da Religião, e o *sub specie aeternitatis*, da reflexão teológica, corre-se o risco de desconhecer o impacto do mundo e da história sobre a Teologia. Há momentos ou fases distintas que envolvem o método teológico. Se há, por um lado, a preocupação de um retorno e recuperação do passado, que é a Teologia *in oratione obliqua*; há, por outro, a permanente atenção ao presente, quando a Teologia, iluminada pelo passado, enfrenta as questões fundamentais do presente. É a Teologia *in oratione recta*. Mas mesmo esse retorno ao passado, esse olhar "à luz da fé" é também trabalhado por uma operação hermenêutica.[22]

Pierre Gisel lança uma importante advertência contra certo olhar ingênuo sobre a Teologia, entendida como *intellectus fidei*. Ele assinala que aí pode se esconder uma armadilha, caso se entenda com isso "o simples alargamento da inteligibilidade interna de uma determinada crença", deslocada da interrogação substantiva sobre o que aí há de humano, e também sobre a verdade humana que envolve tal crença.[23] Em perspectiva diversa de entendimento, Gisel assinala que a Teologia cristã, ao longo de sua história, não foi sobretudo determinada pelos conteúdos da igreja ou de sua mensagem, mas pelos desafios do mundo e do humano, na dinâmica de sua relação com o divino. A Teologia sempre esteve pontuada pelos "dados antropológicos e socioculturais" mais amplos. Foi na época moderna que ocorreu certo "desvio" na compreensão teológica, que passa a assumir uma relação mais íntima com a igreja particular, no sentido de sua convalidação e legitimação.[24]

Em ritmo de diferenciação com respeito às Teologias confessionais do início da época moderna, a Teologia contemporânea busca dar ênfase à problemática "globalmente humana". Daí a atualidade de uma Teologia pública e de seus temas correlatos: Teologia política, Teologia da Libertação, Teologia Feminista, Teologia voltada para a ecologia, o bem-estar e a justiça social e também a Teologia do Pluralismo Religioso. O teólogo Jürgen Moltmann lança uma interrogação pertinente em favor de uma Teologia acadêmica, que seja aberta às indagações humanas fundamentais, sem destinar-se exclusivamente aos crentes. Sinaliza que

Deus não é Deus apenas dos que creem, mas o criador do céu e da terra, não sendo, portanto, particular como a fé humana nele, e sim universal como o sol que nasce sobre maus e bons, e como a chuva que cai sobre justos e injustos e proporciona vida a todas as criaturas (Mt 5,45). Uma Teologia apenas para pessoas crentes constituiria a ideologia religiosa de uma comunidade religiosa cristã ou uma doutrina secreta esotérica para iniciados.[25]

Trata-se, segundo Moltmann, de uma *"theologia publica* por causa do Reino", de uma "Teologia da vida" animada por uma espiritualidade nova, em profunda sintonia com o organismo Terra; uma Teologia pontuada por "maravilhosa abertura ao novo mundo penetrado pelo Espírito", onde se redescobre a "imanência de Deus escondida na natureza e sua presença em todas as criaturas".[26]

Essa perspectiva aberta por Jürgen Moltmann torna-se altamente inspiradora para situar o lugar e a função da Teologia hoje no espaço público da universidade. O objeto precípuo da Teologia é "o mundo *sub ratione Dei*".[27] O acento recai no mundo do humano, este é o lugar de sua atuação e presença, o seu ponto de partida e chegada, o seu horizonte fundamental. Este mundo real é, para utilizar uma expressão cara a Paul Tillich, o objeto de sua preocupação última e incondicional.

O lugar da Teologia na Ciência da Religião

Em clássica obra sobre a relação da Filosofia com a Teologia, Wolfhart Pannenberg sublinha que a Teologia "só pode falar de modo competente de Deus e de sua revelação quando ela, ao fazer isso, tratar do Criador do mundo e do ser humano e, portanto, relacionar o seu falar de Deus com uma compreensão total da realidade do ser humano e do mundo".[28] Para o exercício dessa função, ela necessita da interlocução e do aporte das diversas ciências que tratam do humano, incluindo aí a Ciência da Religião. Esse "empreendimento cooperativo" que envolve a Teologia foi bem acentuado por Bernard Lonergan em seu importante livro sobre metodologia teológica. Quando tratou das especializações funcionais da Teologia, ele abordou o tema da comunicação, que envolve as relações externas da Teologia. Inserem-se nesse campo as relações interdisciplinares e as transposições e adaptações que se revelam fundamentais para o exercício teológico no tempo presente.[29] Nessa dinâmica cooperativa, situa-se o essencial lugar da relação da Teologia com os estudos conduzidos pelos *scholars* e cientistas.

Seria, de fato, um grande retrocesso — como lembra Pannenberg — a saída da Teologia das universidades. Não há por que restringir o seu espaço de atuação às instituições de ensino religiosas. Não se desconsidera os outros espaços de conduta da Teologia, como a igreja e a sociedade mais ampla. Aí também a Teologia tem uma palavra importante a dizer. Mas há um lugar específico de sua atuação, que se destina ao mundo da academia. Nesse sentido, a Teologia vem entendida como uma disciplina acadêmica, marcada por um traço científico singular.[30]

Há resistências tanto no âmbito da academia como das igrejas no reconhecimento da legitimidade acadêmica da Teologia, e isto em razão dos "critérios especiais" que presidem a metodologia teológica e as dificuldades de observância de padrões e métodos que regulam o estudo acadêmico em geral. Numa "curiosa aliança", certos líderes de igrejas e críticos seculares da Teologia partilham de uma convencional compreensão que restringe à Teologia um papel "estritamente confessionalista". As lideranças eclesiais unem-se a alguns acadêmicos "para insistir, certamente tendo as suas próprias razões distintas, em que a Teologia pertence unicamente a instituições ligadas à igreja, e não à universidade secular".[31]

Em perspectiva diversa, vários teólogos ousam defender um papel diferente para a Teologia, acreditando e defendendo que ela pertence à universidade como disciplina acadêmica. Em defesa do caráter público da Teologia erguem-se teólogos de diferentes confissões, em um trabalho exitoso em favor da produção de um discurso teológico compatível com os padrões da academia contemporânea. Eles buscam "demonstrar, mediante critérios acadêmicos públicos e reflexão disciplinada (isto é, disciplinar), a plausibilidade de suas pretensões a sentido e verdade e a relação entre essas alegações e a tradição cristã que estão tentando interpretar".[32]

Se, em linha de princípio, as Teologias fundamentais estão mais sintonizadas com a perspectiva de uma Teologia pública e com o público representado pela academia, as Teologias sistemáticas apresentam também um caráter público em razão de sua perspectiva hermenêutica. Como assinala Tracy,

> na medida em que os teólogos hermenêuticos articulam uma revelação da verdade da realidade de Deus embutida na tradição para a situação contemporânea — ou seja, na medida em que eles fornecem interpretações novas e boas dessa realidade para a presente situação —, eles igualmente

fornecem verdade teológica e igualmente empregam um modelo de correlações mutuamente críticas entre interpretações da tradição para a situação.[33]

Na verdade, a Teologia fundamental, a sistemática e a prática implicam-se mutuamente. Não sobrevivem exclusivamente em seus próprios domínios. A Teologia fundamental não prescinde da Teologia sistemática, e esta necessita da Teologia fundamental para que seu empenho de interpretação leve também em conta a situação contemporânea.

E as duas recorrem à esfera da Teologia prática para fazer valer as raízes de suas teorias e métodos numa práxis que é mais profunda e que traduz a razão de sua inserção no tempo.[34]

No âmbito da Ciência da Religião, há garantido espaço para a Teologia pública e os temas que lhe são conaturais como a Teologia do pluralismo religioso, da Teologia política e da libertação, e das outras abordagens teológicas que envolvem a temática do gênero, da ecologia e do bem bem-estar eco-humano.

Conclusão

A Teologia tem um lugar garantido na Ciência da Religião, sobretudo quando entendida em sua perspectiva pública. Sem desconsiderar os traços que garantem sua pertinência identitária, a Teologia pode e deve ocupar o seu lugar de disciplina acadêmica na universidade. Para tanto, ela necessita, porém, de "liberdade institucional diante da igreja, assim como de um lugar no espaço público das ciências".[35] A Teologia é convocada a romper com o seu entrincheiramento na comunidade de fé e ser provocada pelos desafios do tempo atual, interessando-se e refletindo com acuidade os grandes temas que se relacionam com o bem comum da sociedade e da comunidade humana. A Teologia precisa de liberdade acadêmica para o seu criativo exercício hermenêutico. Precisa de abertura e despojamento para se deixar interrogar pelos desafios da ciência. E ainda reforçar o seu espírito crítico, capaz de reagir a determinados e problemáticos paradigmas em curso na modernidade pós-tradicional.[36]

A Teologia vive um momento precioso, de luta em favor de uma atuação crítica e livre, da busca de inserção distinta no âmbito acadêmico. A presença e a irradiação dos

programas de Ciência da Religião tem favorecido esse exercício novo da Teologia, provocada a dizer sua palavra com o provocante sabor dos sinais dos tempos. Em corajoso editorial publicado na revista internacional de Teologia *Concilium*, os teólogos Suzan Ross e Feliz Wilfred relatam as recentes mudanças no campo da Teologia católica, e que expressam novos horizontes:

> Há apenas cinquenta anos atrás, a Teologia católica era uma disciplina extremamente fechada, ensinada por sacerdotes-professores em seminários controlados seja por ordens religiosas masculinas, seja por dioceses. Os teólogos eram formados em universidades pontifícias e faziam parte das mesmas comunidades clericais como seus bispos. Mas o Vaticano II abriu para os leigos o acesso à Teologia. As universidades começaram a ensinar Teologia como uma disciplina acadêmica, os teólogos não mais buscaram *imprimaturs* para suas obras, e um laicato cada vez mais bem formado procurou investigar as ideias teológicas que uma vez estavam muito fora de seu alcance.[37]

Referências bibliográficas

Bispos e teólogos — tensões antigas e novas. *Concilium*, v. 345, n. 2 (2012).

BOFF, Clodovis. *Teologia e prática*; Teologia do político e suas mediações. Petrópolis: Vozes, 1978.

CAMURÇA, Marcelo. *Ciências Sociais e Ciências da Religião*; polêmicas e interlocuções. São Paulo: Paulinas, 2008.

CAVALCANTE, Ronado; VON SINNER, Rudolf (orgs.). *Teologia pública em debate*. São Leopoldo: Sinodal/EST, 2011.

COMTE-SPONVILLE, André. *O espírito do ateísmo*. São Paulo: Martins Fontes, 2007.

CRUZ, Eduardo; DE MORI, Geraldo (orgs.). *Teologia e Ciências da Religião*; a caminho da maioridade acadêmica no Brasil. São Paulo: PUCMinas/Anptecre/Paulinas, 2011.

EDITORIAL — Teologia e religião. *Perspectiva Teológica*, v. 43, n. 120 (2011), pp. 157-164.

EDITORIAL — Teologia pública. *Perspectiva Teológica*, v. 44, n. 122 (2012), pp. 7-10.

GISEL, Pierre. *La théologie face aux sciences religieuses*; différences et interactions. Genève: Labor et Fides, 1999.

_____. *La Teologia*; identità ecclesiale e pertinenza pubblica. Bologna: EDB, 2009.

_____. *Che cosa è una religione?* Brescia: Queriniana, 2011.

_____. Teologia e ciências das religiões: por uma oposição em perspectiva. *Perspectiva Teológica*, v. 43, n. 120 (2011), pp. 165-192.

HADOT, Pierre. *La Filosofia como modo de vivere*. Torino: Einaldi, 2008.

LONERGAN, Bernard J. F. *Il método in Teologia*. Brescia: Queriniana, 1975.

MENDONÇA, A. G. A cientificidade das ciências da religião. In: TEIXEIRA, F. (org.). *A(s) ciência(s) da religião no Brasil*; afirmação de uma área acadêmica. São Paulo: Paulinas 2001. pp. 103-150.

MIRANDA, Mário de França. Inculturação da fé e sincretismo religioso. *REB*, v. 60, n. 38 (2000), pp. 275-293.

MOLTMANN, Jürgen. *Dio nel progetto del mondo moderno*; contributi per una rilevanza pubblica dela Teologia. Brescia: Queriniana, 1999.

_____. *Experiências de reflexão teológica*; caminhos e formas de Teologia cristã. São Leopoldo: Unisinos, 2004.

NEUTZLING, Inácio. *A Teologia na universidade contemporânea*. São Leopoldo: Unisinos, 2005.

_____. Ciência e Teologia na universidade do século XXI. In: CAVALCANTE, Ronado; VON SINNER, Rudolf (orgs.). *Teologia pública em debate*. São Leopoldo: Sinodal/EST, 2011.

PANNENBERG, Wolfhart. *Filosofia e Teologia*; tensões e convergências de uma busca comum. São Paulo: Paulinas, 2008.

PENA-RUIZ, Henri. *La laïcité*. Paris: Flammarion, 1998.

PYE, Michael. Estudos da religião na Europa: estruturas e projetos. *Numen*, v. 4, n. 1 (2001), pp. 11-31.

TEIXEIRA, Faustino. *A(s) Ciência (s) da religião no Brasil*; afirmação de uma área acadêmica. São Paulo: Paulinas, 2001.

TEOLOGIA Pública. *Cadernos IHU em formação*, v. 2, n. 8 (2006).

TRACY, David. *A imaginação analógica*; a Teologia cristã e a cultura do pluralismo. São Leopoldo: Unisinos, 2006.

_____. Necesidad e insuficiencia de la teología fundamental. In: LATOURELLE, René; O'COLLINS, Gerald. *Problemas y perspectivas de teología fundamental*. Salamanca: Sigueme, 1982. pp. 41-63.

USARSKI, Frank. *Constituintes da Ciência da Religião*; cinco ensaios em prol de uma disciplina autônoma. São Paulo: Paulinas, 2006.

VON SINNER, Rudolf. Teologia pública no Brasil: um primeiro balanço. *Perspectiva Teológica*, v. 44, n. 122 (2012), pp. 11-28.

ZEUCH, Manfred. A Teologia na universidade do século XXI segundo Wolfhart Pannenberg — 2a parte. *Cadernos Teologia Pública*, v. 3, n. 20 (2006).

Notas

[1] Von Sinner, Teologia pública no Brasil: um primeiro balanço, p. 20.

[2] Usarski, *Constituintes da Ciência da Religião*, p. 15.

[3] Mendonça, A cientificidade das ciências da religião, p. 109.

[4] Camurça, *Ciências Sociais e ciências da religião*, p. 61.

[5] Gisel, Teologia e ciências das religiões: por uma oposição em perspectiva, p. 169; id., *Che cosa è una religione?*, pp. 8-13 e 54.

[6] Gisel, Teologia e ciências das religiões: por uma oposição em perspectiva, p. 170.

[7] Comte-Sponville, *O espírito do ateísmo*; Pena-Ruiz, *La laïcité*, p. 22; Hadot, *La Filosofia como modo di vivere*, pp. 52 e 119-120.

[8] Tracy, *A imaginação analógica*, p. 45.

[9] Boff, *Teologia e prática*, p. 384.

[10] Tracy, *A imaginação analógica*, p. 45.

[11] Ibid., pp. 45-46.

[12] Miranda, Inculturação da fé e sincretismo religioso, p. 282.

[13] Gisel, Teologia e ciências das religiões, p. 166.

[14] É o caso de Frank Usarski, da PUC-SP. Uma posição que é semelhante à defendida por Michael Pye, da Universidade de Marburgo: Estudos da religião na Europa: estruturas e projetos, pp. 25-26.

[15] Camurça, *Ciências Sociais e ciências da religião*, pp. 62-63.

[16] É a terminologia usada por Gisel.

[17] Gisel, Teologia e ciências das religiões, pp. 176-178.

[18] Editorial — Teologia e religião, p. 161.

[19] Ibid., p. 161.

[20] Editorial, Teologia pública, p. 8.

[21] Boff, *Teologia e prática*, pp. 84-85.

[22] Ibid., p. 151.

[23] Gisel, *La Teologia*, p. 121.

[24] Ibid., pp. 17 e 33.

[25] Moltmann, *Experiências de reflexão teológica*, p. 25; Neutzling (org.), *A Teologia na universidade contemporânea*, p. 7.

[26] Moltmann, *Dio nel progetto del mondo moderno*, p. 25.

[27] Gisel, *La Teologia*, p. 118.

[28] Pannenberg, *Filosofia e Teologia*, p. 332.

[29] Lonergan, *Il método in Teologia*, pp. 152 e 373-385.

[30] Tracy, *A imaginação analógica*, pp. 42-53.

[31] Ibid., p. 45.

[32] Ibid., p. 69.

[33] Ibid., p. 111.

[34] Tracy, Necesidad e insuficiencia de la teología fundamental, pp. 62-63.

[35] Neutzling, Ciência e Teologia na universidade do século XXI, p. 177.

[36] Junges, O que a Teologia pública traz de novo (entrevista), p. 6.

[37] Ross; Wilfred, Editorial — Bispos e teólogos: tensões antigas e novas, p. 9.

PARTE II
CIÊNCIAS SOCIAIS DA RELIGIÃO

MARIA JOSÉ ROSADO (ORG.)

Introdução à Parte II

MARIA JOSÉ ROSADO

A parte II deste *Compêndio* — Ciências Sociais da Religião — pretende oferecer à/ao leitora/ao leitor uma visão ampla das correntes teóricas e dos temas atuais em discussão na área. Curiosamente, desde a constituição das Ciências Sociais como uma área de conhecimento distinta da Filosofia, as religiões têm sido alvo das preocupações das/dos pesquisadores. Curiosamente, porque seus pais fundadores, ao menos para a Sociologia, declararam-se não religiosos. Mas no momento de analisar as sociedades modernas depararam-se com a religião em seu caminho. Para Marx, a crítica da religião já havia sido feita pelos filósofos alemães e, por isso, ocupou-se pouco dela. Weber e Durkheim, porém, produziram textos que se tornaram clássicos para compreender o lugar e as funções das crenças, práticas e instituições religiosas no mundo moderno. Instigava-os a pergunta sobre o que aconteceria com as religiões em um mundo desencantado (Weber) e laico (Durkheim). Tal interrogação acompanha até hoje, em formas extremamente diversas, cientistas sociais que se ocupam da religião. Diferentes correntes teóricas e metodológicas orientam pesquisadoras e pesquisadores que buscam compreender e analisar as expressões históricas e contemporâneas da fé religiosa — crenças, ritos, símbolos — e sua incidência sobre os processos sociais e a vida dos indivíduos. Campos disciplinares distintos como a Antropologia, a História, a Geografia, a Economia e a Sociologia compõem esse campo maior das Ciências Sociais e integram como subdisciplinas a Ciência da Religião, como se verá em seguida.

O texto de Breno Martins Campos que abre esta parte discute a possibilidade de fazer um estado da questão que leve em conta a especificidade do estudioso da religião em face da questão da "pertença". Essa é "outra questão" anunciada no título. Pode-se sintetizar o problema na pergunta: terá suficiente isenção para estudar religião um/a pesquisador/a que partilhe uma crença religiosa? Para o autor, que invoca a seu favor, autores consagrados da área, a resposta é positiva. Mas a complexidade da interrogação leva-o à consideração do que seria a vocação, em termos weberianos, do cientista da religião aderente de uma fé religiosa. Sua conclusão é a de que é sempre necessário guardar o espírito crítico próprio da ciência, aplicando-o inclusive à própria crença, o que é sempre um desafio.

O segundo texto, de Maria das Dores Campos Machado, concentra-se em dois clássicos das Ciências Sociais: Max Weber e Émile Durkheim. Não se pode fazer a história da abordagem da religião pelas Ciências Sociais sem invocá-los. O caminho escolhido para tratar essa história foi o das considerações das formas distintas pelas quais buscaram compreender o lugar da religião no ordenamento social e no processo de constituição das sociedades modernas. Como conclui a autora, se ambos consideraram as religiões em suas análises, afastam-se, no entanto, na avaliação dessa dinâmica. A primazia do social sobre o indivíduo no pensamento durkheimiano leva-o à consideração da coletividade como uma força autônoma e da religião como coerção moral. A perspectiva futura, para Durkheim, é de que, vencidos os momentos de crise, de tempos em tempos novos ideias serão criados e *servirão de guia para a humanidade.* Já para Weber, o futuro é sombrio. A famosa imagem da *gaiola de ferro* em que o processo racionalizador encerra o sujeito moderno é a expressão clara dessa visão negativa. Racionalização e burocratização produzem perda de sentido e comprometem a liberdade humana. Para os dois clássicos, porém, o processo de perda da religião nas sociedades contemporâneas é um fato a ser considerado.

O objeto do terceiro texto, de Fernando Torres-Londoño, é a História das Religiões, que, como uma disciplina distinta, tem sua origem no final do século XIX, na Alemanha. Diferentes perspectivas orientaram seu desenvolvimento posterior. No caso das pesquisas brasileiras nesse campo, predominaram as influências francesa e italiana. Ainda que com vertentes diversas, as pesquisas francesas na área podem ser compreendidas como constituindo uma "formulação francesa da História Religiosa", marcada pelo contexto secularizador do país. Sua característica mais geral é ser desenvolvida em instituições acadêmicas, em diálogo com as Ciências Humanas. Já a Escola de Roma propõe a construção de uma História das Religiões como disciplina autônoma, no plural, considerando o singular uma abstração própria do Ocidente. O método comparativo é proposto como o mais adequado, pois permite a consideração das múltiplas formas religiosas, nos

diferentes povos e regiões geográficas. Assim também, as pesquisas etnológicas são consideradas necessárias por permitirem discutir não só as práticas religiosas antigas, mas conceitos como "magia", "monoteísmo" e "politeísmo". No Brasil, a História das Religiões é um campo ainda em formação, apresentando características próprias. Iniciou-se em princípios do século XX e teve um desenvolvimento maior na década de 1970, consolidando-se na década de 1990, não apenas pela publicação de coleções, livros e artigos, mas especialmente pela criação de uma associação específica da área, a ABHR (Associação Brasileira de História das Religiões).

A Sociologia da Religião volta a ser contemplada na discussão do texto de Ricardo Mariano que se segue. De início, é apresentada a perspectiva especificamente sociológica de abordagem das religiões, que as trata como construções históricas, resultantes de processos sociais e culturais variados, sendo assim, heterogêneas. Essa compreensão das religiões afasta-se da concepção da existência de uma essência religiosa fixa, imutável e eterna. A religião aparece então, como uma realidade dinâmica, objeto de disputas, de negociações e conflitos. Para os fundadores da Sociologia da Religião, a compreensão das religiões como moldadas pelos processos históricos os levaria à proposição de um inevitável e constante declínio das mesmas nas sociedades modernas. Estas perderiam seu impacto social e sua capacidade de incidir nos comportamentos individuais. Tal compreensão prevaleceu por bom tempo. Somente a partir da década de 1990 a incompatibilidade entre modernidade e religião consagrada pelas teses da secularização passou a ser discutida e refutada, com base em dados empíricos que indicariam sua vitalidade e possibilidade de incidência na vida privada como na pública. Vários fatores contribuíram para isso e para a renovação do interesse da Sociologia pelos fenômenos religiosos. Nesse contexto, novas possibilidades teóricas de compreensão e análise sociológica das religiões nas sociedades contemporâneas são elaboradas, tanto para reiterar a força política e social das crenças religiosas como para acentuar os processos subjetivos de incorporação das mesmas.

Outra disciplina auxiliar da Ciência da Religião para a qual os fenômenos religiosos foram sempre um objeto significativo é a Antropologia. Após percorrer a história da disciplina, o autor, Silas Guerriero, nos convida a conhecer o que faz a originalidade da abordagem das religiões pela Antropologia. Sem chegar a uma definição única de suas características, pode-se reconhecer, no entanto, que, em meio a grande diversidade de propostas, a Antropologia da Religião segundo alguns, ou das Religiões segundo outros, oferece aos estudos dos fenômenos religiosos uma contribuição única, na medida em que afirma a validade social e acadêmica de todas as manifestações religiosas, sejam elas do passado ou do presente. Também o conceito de "religião" é bastante discutido e não há consenso entre os antropólogos a respeito. Mas, para além dessa busca de uma definição, as pesquisas antropológicas a respeito das religiões debruçaram-se sobre alguns de seus elementos constitutivos: os mitos, os rituais, os símbolos e as crenças. Os amplos estudos realizados enriqueceram sobremaneira as possibilidades de compreensão dos fenômenos religiosos. Uma vez que essa disciplina abandonou o estudo exclusivo sobre sociedades tradicionais, em diálogo com diferentes campos disciplinares, ampliou seu olhar sobre outras formações sociais, contribuindo assim para significativos avanços na busca de respostas para questões atuais em torno da permanência da religião e de suas novas formas de manifestação.

O que teria a religião a ver com a Economia? Muito, nos responde Jens Schlamelcher, autor do texto seguinte. Alguns sociólogos da Religião como Peter Berger,

Laurence Iannaccone, Rodney Stark, Roger Finke, Michael Hechter e Pierre Bourdieu, retomando Max Weber, propuseram, sob diferentes perspectivas, análises dessa relação. Três teorias são apresentadas: a da Escolha Racional, a da Mercantilização da Religião e a do Campo Religioso. Para Berger, modelos econômicos permitem entender como o processo secularizador moderno afeta as religiões, tornando-as semelhantes a empresas, em seu funcionamento cotidiano. Mas é a Teoria da Escolha Racional aquela que aplica mais diretamente teorias econômicas aos estudos de religião. As leis da Economia explicariam também como funcionam as religiões nas sociedades contemporâneas. No entanto, enquanto Berger aponta negativamente para os efeitos da situação de mercado para as religiões, os teóricos da Escolha Racional avaliam-nos positivamente. Essa teoria é alvo de fortes críticas, por parte não só de pesquisadores da religião como Steve Bruce, como também de economistas. Pierre Bourdieu, com sua conhecida teoria sobre o "campo religioso" utiliza-se também de conceitos oriundos da Economia como o de "capital" para entender a dinâmica religiosa. Sua abordagem é, porém, mais ampla e tem maior poder explicativo do que o que podem oferecer adeptos da Escolha Racional.

A Geografia da Religião talvez seja a mais recente das subdisciplinas da Ciência da Religião. Conforme Sylvio Fausto Gil Filho, sua sistematização não ocorre antes da metade do século XX, ainda que se possa falar de uma *Protogeografia da Religião* na Grécia Antiga, de uma Geografia eclesiástica nos séculos XVI e XVII e da Geografia Bíblica nos séculos XVIII e XIX. O desenvolvimento posterior da dimensão geográfica da religião dá-se de forma heterogênea, ancorando-se seja na Geografia Humana, seja na Geografia Cultural, entre outras abordagens teóricas e metodológicas. Já, no Brasil, a abordagem da dimensão religiosa sob a perspectiva da

Geografia humana teve dificuldades para firmar-se. Nas últimas décadas constituíram-se, porém, associações acadêmicas específicas, como espaços propícios ao desenvolvimento de uma Geografia da Religião.

Marcelo Camurça faz da organização religiosa o objeto do artigo seguinte. Percorrendo a maneira pela qual os "pais Fundadores" das Ciências Sociais trataram a questão, chega-se aos principais tipos de organizações religiosas: a igreja, a seita e o misticismo. Vários teóricos e suas propostas de solução são invocados nas discussões sobre as relações tensas e às vezes conflituosas entre a instituição e a experiência religiosa mais livre. Outra questão controversa discutida é a da relação entre a especificidade da religião e sua inscrição no todo social, questão que se desdobra na interrogação sobre as permanências e as transformações possíveis das estruturas religiosas. Uma possibilidade distinta de abordagem da questão apresentada pelas formas organizacionais da religião é ainda a que compreende esta última como um dos sistemas parciais das sociedades modernas (Luhmann) e a que propõe um campo específico e relativamente autônomo em que esta se realiza (Bourdieu).

Finalmente, o texto de Cecília Mariz nos traz diretamente para a contemporaneidade: os séculos XX e XXI. Trata da proliferação de novos movimentos religiosos, em tensão com as formas tradicionais das religiões instituídas. Ancora-se, teoricamente, na Sociologia weberiana para compreender a crise das instituições religiosas e o surgimento de outras expressões de crença. Conceitos clássicos como "carisma", "sacerdote", "profeta", "rotinização do carisma" são invocados na busca da compreensão do contexto atual das religiões. O recurso metodológico à distinção entre igreja e seita permite, por sua vez, analisar como as instituições do tipo igreja, contrapostas às seitas, reagem aos novos movimentos, seja cooptando-os, ou propondo um diálogo com eles, ou ainda adotando práticas similares, seja combatendo-os como demoníacos e supersticiosos. O foco é colocado particularmente no caso cristão, em sua história e na atualidade. No caso do Brasil, esses movimentos emergentes também chamados Nova Era, têm características semelhantes aos que vicejam em outros países: são mais contemporâneos, intelectualizados, adaptados à vida urbana. Mas apresentam ao mesmo tempo traços próprios, dados pelo grau de frequências na criação e reelaboração desse tipo de movimento em nosso país.

Esperamos que a leitura dos textos que compõem esta seção seja estimulante para todos aqueles que se interessam por esse universo instigante das crenças religiosas, sejam ou não pesquisadores desse vasto campo.

Ciências Sociais da Religião: estado da questão

BRENO MARTINS CAMPOS

Introdução

A proposição temática "Ciências Sociais da Religião: estado da questão" foi o convite à reflexão que colocou em movimento a construção deste texto. Tarefa de pesquisa árdua e extensa, cujo resultado final, qualquer que fosse, deixaria a desejar, por se tratar de elaboração condicionada por pelo menos dois limites (velhos conhecidos na academia): de prazo e de número de páginas. Além dos quais, devem ser levados em conta os limites próprios do pesquisador-autor, com seus hábitos e preferências, sujeito a deixar de fora o imprescindível ou incluir o supérfluo.

Por reconhecer e assumir limites, este capítulo inicia-se pelo registro de suas lacunas — ou daquilo que não será sua tarefa —, e não propriamente pela afirmação de seus objetivos. A abrangência do tema proposto anuncia, pelo avesso, mais os recortes necessários a uma pesquisa bibliográfica de natureza histórica, bem como as fronteiras a que podem chegar a redação e as considerações finais, do que a ideia de um panorama completo ou uma captura plena do objeto. Ainda que sejam apresentadas sugestões de leitura, não exaustivas, importa que este capítulo não fique parecido com as publicações clássicas, do passado ou do presente, de fora ou de dentro do Brasil, a respeito das Ciências Sociais da Religião.

Para que não haja criação de expectativas indevidas, nem confusão entre o que o título possa indicar e o que capítulo de fato oferece ao público leitor, o objetivo aqui não é dar continuidade à discussão quanto à utilização no singular ou plural dos substantivos que nomeiam a área do saber em foco, com todas as possibilidades de combinação: ciência/ciências da/das religião/religiões.[1] Por coerência com o projeto geral deste *Compêndio de Ciência da Religião*, pode-se adotar aqui o título Ciência da Religião (com dois singulares), se a referência for à área autônoma do saber; por coerência com o espírito e proposta deste capítulo, Ciências Sociais da Religião (com um plural e um singular), se a referência for ao espectro disciplinar da Ciência da Religião, com as subdisciplinas das Ciências Sociais que compõem a área.[2] É sempre bom lembrar que a Ciência da Religião, como área do saber, é uma *filha emancipada da Teologia* e, ao mesmo tempo, constituída por outras disciplinas, das quais é tributária.[3]

Com o objetivo assumido de reafirmar — de modo novo, quem sabe — a cientificidade da Ciência da Religião e de sua produção, sem a reduzir às subdisciplinas que a compõem (Ciências Sociais da Religião), este capítulo resgata a discussão de Max Weber no ensaio "A ciência como vocação", obra da maturidade do autor, que primeiramente foi pronunciada como um discurso para jovens estudantes alemães da Associação dos Estudantes Livres da Baviera, na Universidade de Munique, em 1917 ou 1918 (paira uma dúvida quanto à data),[4] e publicado em 1919 naquela mesma cidade. A ideia de compreender a *Ciência da Religião*, o caso particular, sob a luz da leitura da compreensão weberiana de *ciência*, de modo geral, pode ser considerada a especulação metodológica original pretendida aqui.

A compreensão weberiana de ciência abre espaço para mais *uma* resposta à polêmica internacional e, ao mesmo tempo, bem brasileira: o pertencimento religioso do cientista da religião. O pressuposto teórico, adotado aqui, e a experiência indicam que não é possível tratar do estado da questão na Ciência da Religião sem levar em conta o sentido da ação de quem produz conhecimento na área. Os programas de pós-graduação em Ciência da Religião (respeitadas todas as variações do título que recebem) são produtores de conhecimentos, as pesquisas que resultam em dissertações e teses estão a cada ano oferecendo novos saberes, com maior ou menor grau de excelência e competência, ao campo acadêmico e também à sociedade brasileira.

Outra questão no estado da questão: em diálogo com alguns clássicos das Ciências Sociais que tratam de religião, este capítulo discute a ciência (da religião) feita por cientistas religiosos — dentre os quais, muitos teólogos de formação — como uma trabalhosa possibilidade, garantida pelo rigor e seguimento do método científico, portanto, não como uma impossibilidade ou impropriedade.

Religião e Ciências Sociais: duas vocações[5]

Que a religião tenha sido um objeto de singular importância para as Ciências Sociais, no processo e ato de sua emergência como ciência autônoma no quadro geral das ciências, ninguém duvida, nem o especialista nem o leigo interessado no assunto. Uma olhada ligeira para os clássicos serve para demonstrar que os pais das Ciências Sociais deram atenção especial à religião — não para fazer Teologia ou espécie de especulação metafísica, ao contrário, para relacionar religião e sociedade, comportamento religioso e teoria social, enfim, tudo dentro de um esforço honesto de compreender a sociedade moderna e dar a tal compreensão caráter científico, desenvolvimento lógico e argumentação racional.[6]

Um salto do geral para o particular, do passado mais distante para o mais próximo e de lá para cá: no Brasil, as Ciências Sociais também privilegiaram, não como exclusividade, o estudo das religiões. Em solo brasileiro, as Ciências Sociais também se desenvolveram com os sentidos atentos e abertos ao fenômeno religioso — de características muito particulares, que marcam a especificidade do caso brasileiro, fazendo da religião um ingrediente social tal que sem ele seria insuficiente qualquer tentativa de descrição ou análise da sociedade brasileira.[7]

Em ordenamento simplificado, pode-se dizer que as Ciências Sociais primeiramente deram atenção religiosa à religião oficial no Brasil: a Igreja Católica Apostólica Romana, que permaneceu na condição de igreja do Estado até a Constituição republicana. Com a chegada de pesquisadores estrangeiros, as chamadas *missões estrangeiras*, das quais a francesa especialmente ficou responsável pelas humanidades, e com a formação das primeiras gerações de pesquisadores e intelectuais autóctones, influenciadas pelos mestres estrangeiros, os sentidos se voltaram para outro fenômeno, mais exótico tanto do ponto de vista estético como do acadêmico, as religiões de matriz africana e suas imbricações com o Brasil e sua gente.

As pesquisas acompanharam a dinâmica do social: do Catolicismo, as Ciências Sociais migraram sua atenção para as religiões afro-brasileiras e mais recentemente chegaram, no campo cristão, à análise dos movimentos pentecostais e neopentecostais e, fora do campo cristão, aos novos movimentos religiosos. Uma coisa é certa: quando se fala em Catolicismo no Brasil, muita gente, para não dizer todas as pessoas depois de certa idade, sabe do que se trata. Quando se fala de movimentos cristãos fora do Catolicismo no Brasil, uma espécie de confusão terminológica e conceitual instaura-se. Classificar é preciso, mas sempre muito difícil. Classificar é equivocar-se sempre, ou melhor, é ser parcial, pois um modelo de classificação exclui outros tantos da mesma maneira legítimos. Classificar religião é também sempre muito complicado, pois o rótulo simplificador não dá conta de apreender toda a complexidade do real.

Segundo Antonio Gouvêa Mendonça, "quando a gente faz uma proposta de classificação, é preciso dar o critério dessa classificação. E é claro que a escolha de um significa a exclusão de outros critérios tão válidos e possíveis quanto aquele".[8] Um quadro pode ser o seguinte: na dinâmica interna ao Cristianismo, depois do cisma oriental em 1054, o grande abalo, jamais superado, foi a Reforma Protestante. Daí decorre a existência do chamado Protestantismo histórico: Luteranismo, Anglicanismo e calvinismo, além de outros movimentos menores. O resultado de processos dinâmicos internos ao Protestantismo foi a construção do universo evangélico (com suas muitas denominações), que inclui, a gosto ou contragosto, protestantes históricos, evangelicais, pentecostais e neopentecostais.

Exposta a sequência que classifica, vem à luz uma pergunta: a qual movimento religioso no Brasil as Ciências Sociais não deram muita atenção? Uma consideração anterior: o fato de as Ciências Sociais não voltarem seus sentidos a tal movimento é decorrência de uma questão maior, não se trata simplesmente de má vontade dos pesquisadores. Dentro da história brasileira e do processo de decadência da hegemonia quantitativa do Catolicismo, verifica-se que o Protestantismo histórico sempre foi marginal: primeiramente diante do próprio Catolicismo e depois em face do Pentecostalismo e Neopentecostalismo.

Os trabalhos de pesquisa acerca do Protestantismo histórico, por décadas no Brasil, ficaram restritos a esforços dos próprios protestantes, que confundiam, consciente ou inconscientemente, ciência e religião, posto que escritos por religiosos-cientistas. Os textos teóricos eram propagandistas, missionários, evangelísticos, proselitistas. A Historiografia especialmente, mas também a Sociologia, a Antropologia e outras Ciências Humanas estavam colocadas a serviço da religião e da fé, sem método ou respeito ao funcionamento próprio das ciências. A tendência mudou, de forma significativa, quando religiosos (teólogos de formação, em sua maioria) tiveram a chance de fazer Ciência da Religião, no campo acadêmico-universitário reconhecido como tal. Com a abertura dos cursos de Ciência da Religião no Brasil, nas universidades confessionais, cresceu o número de trabalhos acerca de religião, o que parece óbvio. Menos óbvio é poder afirmar que cresceram de modo significativo os trabalhos científicos acerca do Protestantismo histórico, pois também cresceu o número de protestantes históricos que foram pesquisar sua própria religião. O Catolicismo e as religiões de matriz africana, por exemplo, já eram pesquisados nas universidades laicas.

Do fenômeno particular, pode ser resgatada a questão de fundo (que sustenta tematicamente este capítulo): será mesmo que toda Ciência da Religião feita por um religioso é impossível? Dois desdobramentos: primeiro, estará o religioso, com interesses científicos pela religião, condenado, por falta de competência, não como sinônimo de capacidade, mas em sentido técnico, a não poder estudar cientificamente a religião? Segundo, deve-se dar por assentado que o religioso-cientista *contaminará* necessariamente a sua Ciência da Religião?

Nos termos de Pierre Bourdieu, no texto "Sociólogos da crença e crença de sociólogos", a pergunta adquire os seguintes contornos: "A Sociologia da Religião tal como é praticada hoje, isto é, por produtores que participam em graus diversos do campo religioso, pode ser uma verdadeira Sociologia científica?"[9] Vale notar que ele trata da Sociologia, mas, sem dúvida, o caso pode ser tomado do particular para o geral: da Sociologia para as Ciências Sociais da Religião. Por inversão, é Antônio Flávio Pierucci, comentador de Bourdieu, quem autoriza a passagem: "Não sei por que, sinto certo incômodo em usar o termo 'cientistas sociais da religião'; por isso, todas as vezes que eu quiser me referir aos diversos cientistas sociais da religião e à sua produção intelectual, estarei dizendo, por brevidade, *sociólogos da religião*".[10]

O risco a que Bourdieu se refere no caso do cientista social da religião (o sociólogo) que está na fronteira borrada é o mesmo do "historiador original" (pensado por Hegel como aquele que mantém uma relação de imediatez com seu objeto e acaba por fazer uma história ingênua):[11] "'Vivendo no espírito do acontecimento', assume os pressupostos daqueles cuja história ele está contando — o que explica que tantas vezes ele se veja na impossibilidade de fato de objetivar sua experiência quase autóctone, de escrevê-la e publicá-la".[12]

Sem juízo de valor firmado antes de cada caso, o problema não parece estar no fato de o cientista da religião ser religioso, mas no fato de alguns deles, talvez os mais ruidosos, lutarem em favor de uma causa: a de que somente o conhecimento autóctone, proveniente de certa pertença, pode garantir a verdade da análise do campo. Como se eles colocassem a experiência religiosa como imprescindível para a produção do conhecimento. O problema, portanto, está no caso de o religioso proclamar sua vinculação religiosa como condição para a produção do conhecimento — mais grave é fazer da pertença ao *locus* científico um recurso à autoridade para a apologia religiosa.

Como sujeito envolvido na polêmica, Mendonça faz um registro interessante de sua própria experiência:

Algumas opiniões minhas foram relativizadas sob o argumento extracientífico de que pertenço a determinada instituição religiosa. Não fui criticado a partir da propriedade ou não das ideias, mas a partir de argumento "extracampo". Porém, pergunto: onde está o cientista absolutamente virgem quanto a preconceitos culturais, de formação etc.? Alguém poderia afirmar com total segurança que caminha na direção de um objeto de estudo absolutamente nu, desarmado? Mesmo que assevere que, em relação à religião, seu objeto de estudo é ateu (conceito já carregado de paradoxal compromisso), agnóstico ou materialista, já contaminou suas posições. O que conduz o cientista a determinado objeto é a paixão, seja a afirmação ou a negação em relação ao objeto.[13]

Por outro lado, os riscos de tal duplo pertencimento também são inegáveis e nunca é demais explicitá-los. A tentação do jogo duplo e da dupla vantagem pode causar "o grande perigo de produzir uma espécie de ciência edificante, destinada a servir de fundamento a uma religiosidade científica, permitindo acumular as vantagens da lucidez científica e as vantagens da fidelidade religiosa".[14] Aí está a base da boa vontade cultural de todos, inclusive de certos cientistas, para com a religião:

Anda muito na moda, agora, fazer Sociologia da Religião para elogiar a religião, mostrar os benefícios que ela faz às pessoas, sobretudo se das camadas mais despossuídas, à sociedade como um todo, à própria democracia. Hoje não é raro, muito pelo contrário, é cada vez mais frequente ouvir de "sociólogos da religião" (sem fé ou sem cerimônia?) que a religião confere *empowerment* às pessoas porque fortalece o associativismo voluntário, que a religião aumenta a autoestima dos indivíduos das camadas mais desprotegidas porque os motiva a abandonar comportamentos indesejáveis, como o alcoolismo, o homossexualismo, a dependência das drogas etc. (só falta falar que a religião liberta os pobres da preguiça), que a participação religiosa incrementa a participação civil, enfim, que a religião produz subjetividades ativas.

É verdade. Mas andam esquecendo de dizer aos nossos estudantes e leitores que toda religião é uma forma histórica de dominação; que toda religião ética é, historicamente, repressão das melhores energias vitais; e que a Sociologia da Religião só é possível porque tem na crítica moderna da religião sua condição pós-tradicional de

possibilidade enquanto ciência. Enquanto ciência *moderna*, enfatizo.[15]

Bourdieu *denuncia* a imprecisão da fronteira do campo religioso em relação ao científico, especialmente na experiência daqueles que acreditam ter saído do campo religioso sem que de fato isso tenha acontecido. Para ilustrar o argumento, afirma entre parênteses (com certo destaque em seu texto): "Temos bispos sociólogos".[16] *Denúncia* que Pierucci replica a seu modo:

É bem verdade que hoje, no final dos anos 1990, depois da oficialização dos cursos de pós-graduação em Ciências da Religião em muitas universidades brasileiras, poderíamos multiplicar indefinidamente a lista de agentes religiosos que se autoproclamam cientistas simplesmente porque fazem "Ciência da Religião". Durma-se com um barulho desses![17]

Todos os envolvidos na história têm motivos de sobra para não dormir bem: os ruídos de parte a parte são muitos e altos. Simplesmente fazer "Ciência da Religião" (entre aspas, como Pierucci fez questão de registrar) não autoriza ninguém a se proclamar cientista? Mesmo que capte boa parte da realidade brasileira, e ofereça uma radiografia daquela migração de religiosos para a Ciência da Religião, o simples anúncio da análise, mesmo que provenha de autores de peso, não é capaz de determinar em definitivo que toda Ciência da Religião feita por religiosos seja um elogio edificante à religião. Mesmo que muitos trabalhos sejam apenas aparentemente científicos — proposição que parece resultar mais de *feeling* do que de estatística —, ainda há espaço para a possibilidade de fazer ciência social da religião de dentro do campo religioso e segundo as regras do método científico.

Ao fazer a pergunta sobre a possibilidade de o cientista (sociólogo) religioso da religião fazer Sociologia da Religião verdadeiramente científica, Bourdieu afirma que é difícil, mas não impossível: "Isto é, somente se for acompanhada de uma Sociologia científica do campo religioso".[18] A análise científica do campo religioso feita pelo cientista de dentro do campo começa pela boa definição das fronteiras entre os campos científico e religioso.

É quase um conselho ao sociólogo religioso: assumir sob análise rigorosa a própria pertença religiosa. O que vai possibilitar a troca de posições entre o prejuízo e o benefício:

> De obstáculo à objetivação, a pertença pode se tornar um adjuvante da objetivação dos limites da objetivação, contanto que ela mesma seja objetivada e controlada [...]. O corte epistemológico, nesse caso, passa por um corte social, que supõe ele próprio uma objetivação (dolorosa) dos vínculos e das vinculações. A Sociologia dos sociólogos não se inspira numa intenção polêmica, ou jurídica; ela visa somente tornar visíveis alguns dos mais poderosos obstáculos sociais à produção científica. Recusar a objetivação das adesões, e a dolorosa amputação que ela implica, significa condenar-se a jogar o jogo duplo social e psicologicamente vantajoso que permite acumular as vantagens da cientificidade (aparente) e da religiosidade.[19]

Como chegar à objetivação necessária do campo religioso pertencendo a ele? A resposta não é fácil; mais difícil ainda é o sucesso na empreitada. O que não deve impedir as tentativas. Para responder às questões fundamentais é sempre aconselhável um retorno aos clássicos, ou melhor, ao clássico que sustenta todos os referenciais utilizados neste capítulo, Max Weber.

Ciência da Religião como vocação

A chave de leitura e interpretação dos argumentos que seguem vem do seminal ensaio de Weber, "A ciência como vocação", do qual se pode apreender, inicialmente, que as ciências têm mais valor quanto mais especializadas forem, segundo um processo contínuo que nunca alcançará término. Uma realização é boa sempre que especializada, constatação que exige da pessoa de ciência total dedicação: só o especialista tem *algo a dizer*. Antes de tudo, o cientista tem de se dedicar apaixonadamente a sua causa, pois o entusiasmo é um requisito da inspiração, decisiva para a ciência, junto com a capacidade para o trabalho. O entusiasmo, por si só, não produz ciência, mas é condição para que seja feita. A experiência pessoal em ciência é fundamental ao cientista. Ciência é também coração e alma (embriaguez, paixão): "Sem isso, *não* haverá vocação para a ciência e seria melhor que vos dedicásseis a qualquer outra coisa. Pois nada é digno do homem como homem, a menos que ele possa empenhar-se na sua realização com dedicação apaixonada".[20]

A ciência e seu método exigem anteriormente uma ideia (do sujeito da ciência), que nunca pode ser forçada, ao contrário, ela acontece, em geral, quando não está sendo esperada: "As ideias nos chegam quando lhes apraz, e não quando queremos".[21] As ideias são criadas, ou se impõem, quando o cientista tem entusiasmo e também disposição para o trabalho. A inspiração, como nas artes, não pode ser desprezada pela ciência. A inspiração científica é fruto dos *dons* pessoais do cientista, de sua *personalidade* e de sua *experiência pessoal*. A *experiência*, no sentido pretendido por Weber, só ocorre a quem consegue se dedicar íntima e continuamente a uma tarefa. No campo da ciência (como vocação), não é possível fingir ter alcançado experiência de vida — e ela é fundamental para o exercício da ciência.

Também é adequado ter em mente que a ciência está presa ao curso do progresso, de uma forma que não ocorre, por exemplo, no campo das artes. Uma obra de arte jamais será superada, ela não é criada para isso. Nas ciências as realizações se tornarão antiquadas pouco tempo depois de seu acontecimento histórico. "Toda 'realização' científica suscita novas 'perguntas': *pede* para ser 'ultrapassada' e superada".[22] É seu destino comum e também seu objetivo. Por se tratar diretamente da significação da ciência, talvez resida aqui a questão mais pertinente do ensaio de Weber: "Por que alguém se dedica a alguma coisa que na realidade jamais chega, e jamais pode chegar, ao fim?".[23] A ciência é feita por finalidades técnicas (ou práticas), mas não só; não se trata apenas de *ciência pela ciência*, como pretendem alguns cientistas, o que seria pouco para responder à pergunta apresentada — e ela persiste: por que as pessoas se dedicam a realizações que certamente serão superadas?

O progresso científico é a parte mais importante do processo de intelectualização que a humanidade vem experimentando ao longo de muitos séculos, porém, esclarece Weber, as crescentes intelectualização e racionalização não significam que hoje se conhecem mais as condições de vida sob as quais se vive. Significa que o conhecimento pode ocorrer a partir da ação do ser humano, ou seja, no momento em que decide conhecer, o que está relacionado diretamente ao *desencantamento do mundo*.[24] A humanidade não precisa mais recorrer aos meios mágico-religiosos para explicar seu mundo: "Os meios técnicos e os cálculos realizam o serviço. Isto, acima de tudo, é o que significa a intelectualização".[25]

Desencantamento do mundo e progresso fazem com que a ciência ultrapasse seu sentido e significado somente técnicos, para assumir um caráter mais ligado à própria vida, ao sentido do mundo — apesar de a ciência não ter, na verdade, o compromisso de dar *sentido* ao universo nem o de apontar o caminho para Deus ou para a felicidade. Antes, o objetivo da ciência é justamente afirmar que não existe algo como o *significado* do universo. Então, qual o valor da ciência? Weber responde em diálogo com o texto de Platão (Livro VII de *A República*) acerca dos homens na caverna e daquele que descobre a luz.[26] "Ele [o que se liberta dos grilhões] é o filósofo; o sol, porém, é a verdade da ciência, a única que reflete não ilusões e sombras, mas o verdadeiro ser."[27]

Weber argumenta que, em Platão e no que ele significa para a Filosofia grega, o *conceito*, um dos grandes instrumentos do conhecimento científico, foi descoberto. Depois do *conceito*, o segundo grande instrumento do trabalho científico foi a experimentação racional, como meio de controle da experiência. O Renascimento foi que deixou este legado à humanidade, e a ciência passou a tocar os umbrais dos tempos modernos: ciência como conceito e experimentação. Teologia e Filosofia ganharam um rival de peso a partir daí, com um método próprio e competente de produção de conhecimento; tiveram ainda de se adaptar à concorrência — dialogar com ela e oferecer respostas a ela.

Em significativas seções de seu ensaio, principalmente nos argumentos finais, Weber oferece uma interessante comparação entre Teologia e ciência.

> Há quem se incline a indagar: que posição devemos tomar para com a existência concreta da "Teologia" e suas pretensões a ser uma "ciência"? Não procuremos responder com evasivas [...]. Toda Teologia representa uma racionalização intelectual da posse de valores sagrados. Nenhuma ciência é absolutamente livre de pressuposições, e nenhuma ciência pode provar seu valor fundamental ao homem que rejeita

suas pressuposições. Toda Teologia, porém, acrescenta algumas pressuposições específicas ao seu trabalho e, assim, à justificação de sua existência. Seu sentido e âmbito variam. Toda Teologia [...] pressupõe que o mundo deve ter um significado, e a questão é como interpretar esse significado de modo a torná-lo intelectualmente concebível.[28]

Como tratar questões como as que teologicamente colocam a *revelação* acima de tudo, como condição para a salvação, determinação segura para a conduta de vida, oferta de sentido para a existência? Trata-se de um saber, o teológico, que não é tributário do método científico e que se vincula a determinada experiência (não acessível a todas as pessoas).

[As Teologias] procedem regularmente de outro pressuposto, de que certas "revelações" são fatos relevantes para a salvação e, como tal, possibilitam uma conduta de vida dotada de sentido. Portanto, devemos acreditar nessas condições. Além disso, as Teologias pressupõem que certos estados e atos subjetivos possuem a qualidade de santidade, isto é, que constituem um modo de vida, que têm sentido religioso. Então, a questão da Teologia é: como interpretar esses pressupostos, que devem ser simplesmente aceitos, numa visão do universo que tenha sentido? Para a Teologia, os pressupostos como tal estão fora dos limites da "ciência". Não representam o "conhecimento", no sentido habitual, mas antes uma "possessão". Quem não "possui" fé, ou os outros estados sagrados, não pode fazer da Teologia um sucedâneo deles, e muito menos qualquer outra ciência. Pelo contrário, em toda Teologia "positiva" o devoto chega ao ponto em que predomina a sentença agostiniana: *credo non quod, sed quia absurdum est.*[29]

O próprio Weber autoriza aqui um recorte didático: a compreensão do caso geral por meio de um exemplo particular do Protestantismo. Nos primórdios do método científico, "o trabalhador científico, influenciado (indiretamente) pelo Protestantismo e puritanismo, considerava como sua tarefa: mostrar o caminho para Deus".[30] Será prudente manter um argumento válido para o Protestantismo europeu do século XVII (a data fica evidente pelas referências de Weber a Swammerdam e Spener) a fim de pensar o Brasil contemporâneo? Como modelo, sim — guardadas as devidas proporções e adaptações ocorridas ao longo da história e do percurso daquelas ideias e práticas.

Parte significativa do conjunto da obra de Mendonça permite, por exemplo, compreender as origens puritanas do Protestantismo brasileiro.[31] Puritanismo europeu que sofreu uma acomodação decisiva nos Estados Unidos e de lá veio para cá por meio das missões principalmente. Àquelas origens puritanas foram acrescentadas outras tendências, vindas de fora ou desenvolvidas aqui, ao longo das décadas de presença protestante no Brasil:

O Protestantismo no Brasil é produto de uma Teologia que veio a ser cristalizada a partir do primeiro missionário que aqui chegou. Na Era Missionária, refletiu lutas com as quais nada tinha a ver; posteriormente, as crenças da realidade foram reforçadas e sistematizadas pelo fundamentalismo. Assim, a essas doutrinas iniciais alienadoras da realidade [...] juntaram-se as do fundamentalismo, como o entorpecimento dos estudos bíblicos e a desconfiança da reflexão teológica, o escolasticismo dogmático e a total alienação do homem da participação nos eventos históricos, por causa de sua inflexível Teologia da história. Não há espaço nem tarefa para o teólogo. A tarefa, quando se apresenta, resume-se na apologética e no ataque ao criticismo.[32]

Na mesma linha da afirmação de que o Protestantismo brasileiro (o de missão) nunca ofereceu espaço para o pensamento teológico livre, outro autor que interessa ser resgatado aqui é Rubem Alves. Cerca de trinta anos depois de haver publicado o livro *Protestantismo e repressão*, o autor relançou a mesma obra com o título modificado (e ampliado em sua abrangência): *Religião e repressão*. A respeito do primeiro livro, ele comenta no segundo:

> Foi escrito com o propósito de desatar as malhas de palavras que faziam a minha gaiola. Era um tipo de Protestantismo a que dei o nome de Protestantismo da Reta Doutrina. O Protestantismo da Reta Doutrina é aquele que cuida com zelo especial das palavras certas. Da palavra certa depende a salvação da alma. Quem fala as palavras erradas está condenado a viver no inferno eterno.[33]

Para explicar a republicação do texto da pesquisa com o título modificado, acrescenta:

> A obsessão com a verdade que caracteriza isso a que dei o nome de Protestantismo da Reta Doutrina não é coisa típica do Protestantismo. Ela se manifesta nas mais variadas formas de associação humana. A invocação da "verdade" é o instrumento de que se valem os inquisidores, nas suas múltiplas versões, para matar — ou silenciar — aqueles que têm ideias diferentes das suas. Trata-se de uma tentação universal, possivelmente uma variação da tentação original ("... e sereis como Deus"). Dessa tentação não estão livres nem mesmo as instituições científicas, como mostrou Thomas Kuhn, historiador da ciência. Tenho, assim, a esperança de que essa investigação localizada possa se revelar útil na compreensão de outros tipos de gaiola [...]. Há muitas gaiolas diferentes. Mas todas elas são gaiolas.[34]

É de Rubem Alves a seguinte afirmação: "A revelação já tem o conhecimento que a ciência ainda procura".[35] Revelação e ciência são, pela lógica daquele Protestantismo puritano e da Reta Doutrina (que pode servir de comparação com outros modelos religiosos que aprisionam mentes e corpos), realidades que ocupam posições diferentes e hierárquicas, ou seja, a revelação é superior e ocupa um plano inatingível pelas ciências. Segundo o modelo do discurso teológico apontado, a Teologia é a responsável pela justificação de sua própria existência. Uma de suas especificidades é a de tentar dar sentido à vida de todos os seres humanos, inclusive daqueles que rejeitam argumentos religiosos — o que não ocorre com as ciências, cujo método não impõe (ou não deveria impor), de forma beligerante, a aceitação de seus pressupostos aos que não concordam com eles.

Ao aceitar a *revelação* como pressuposto de seu ofício, a Teologia modernamente admite renunciar à ciência, pois esta não leva em conta a salvação dos seres humanos, nem o dar sentido à experiência humana, nem pretende demonstrar o caminho da felicidade. A ciência (o discurso científico positivo) não pode, por método, tratar daquilo que não pode ser demonstrado empiricamente. O *sacrifício intelectual* torna-se inevitável: "Não há, absolutamente, nenhuma religião 'coerente', funcionando como uma força vital que não é compelida, em *algum* ponto, a exigir o *credo non quod, sed quia absurdum* — o 'sacrifício do intelecto'".[36]

Decisão que o próprio Weber transforma em conselho para uma ação:

> Para quem não pode enfrentar como homem o destino da época, devemos dizer: possa ele voltar silenciosamente, sem a publicidade habitual dos renegados, mas simples e quietamente. Os braços das velhas igrejas estão abertos para eles, e, afinal de contas, elas não criam dificuldades à sua

volta. De uma forma ou de outra, ele tem de fazer o seu "sacrifício intelectual".[37]

Durante as últimas décadas no Brasil, alguns religiosos protestantes (teólogos, em sua maioria), impedidos de pensar livremente posto que pertencentes a um *locus* teológico e/ou eclesiástico pouco ou nada afeito à liberdade, não voltaram em silêncio para suas velhas igrejas. Resolveram enfrentar, de maneira diferente, o destino de sua época e, sem sair de suas igrejas, migraram também para uma nova área do saber dentro do campo científico, nas universidades de confissão religiosa, a Ciência da Religião (estava ela também, como as igrejas, de braços abertos para recebê-los? — é uma pergunta).

Considerações finais

Direta ou indiretamente, foi Weber quem ofereceu a unidade temática e os argumentos para a construção e desenvolvimento deste capítulo; aqui, nas considerações finais, ele não poderia ficar de fora. A resposta para a provocativa questão a respeito de o cientista religioso fazer Ciência da Religião não precisa ser buscada em um autor que defenda engajadamente a possibilidade. Por coerência, ela pode ser extraída da própria teoria weberiana — e da tradição inaugurada por ela.

É oportuno pôr em relevo a disputa que Weber propõe, como hipótese ou caso real, entre um *católico devoto* e um *professor livre de pressuposições dogmático-religiosas*:

> Pode-se dizer, porém, e com acerto, que o católico devoto jamais aceitará a opinião sobre os fatores que provocaram o aparecimento do Cristianismo que um professor livre de seus pressupostos dogmáticos lhe apresenta. Certamente! A diferença, porém, está no seguinte: a ciência "livre de pressuposições", no sentido de uma rejeição dos laços religiosos, não conhece o "milagre" e a "revelação". Se o fizesse, a ciência seria infiel às suas próprias "pressuposições". O crente conhece tanto o milagre quanto a revelação. E a ciência "livre de pressuposições" espera dele nada menos — e nada mais — do que o reconhecimento de que, *se* o processo puder ser explicado sem essas intervenções sobrenaturais, que uma explicação empírica tem de eliminar como fatores causais, o processo terá de ser explicado da forma pela qual a ciência tenta explicá-lo. E o crente pode fazer isso sem ser infiel a sua crença.[38]

A ciência pode não apontar o sentido do universo, mas ela deve pressupor que o produto do seu trabalho "é importante no sentido de que 'vale a pena conhecê-lo'",[39] ou seja, considerar a importância do conhecimento científico é mais uma pressuposição que não pode ser provada cientificamente. Na perspectiva ou expectativa weberianas, portanto, não parece haver a possibilidade de uma ciência *livre de todas as pressuposições*, pois o ato científico, próprio de quem tem a ciência como vocação, vem de *uma* certa visão de mundo. Também o cientista religioso não se torna infiel à sua crença se fizer uso das explicações científicas.

Na linguagem de Pierucci, o risco do duplo pertencimento pode se expressar na dificuldade que os cientistas sociais que estudam religião possuem (ampliada no caso de o cientista social da religião ser também religioso):

> Especial dificuldade de decidir até onde, em seu trabalho intelectual, vai a ciência e até onde vem a religião, dificuldade séria de se demarcar reflexivamente sabendo onde começa uma e onde termina a outra, assim

como há, da parte dos leitores, a dificuldade correlata de saber se os autores não estariam na verdade falando de si mesmos.[40]

Para não cair na tentação da dupla vantagem, não trair a ciência e não enganar o leitor, o cientista religioso da religião, parece claro, deve evitar o sempre arriscado elogio à religião. Por um lado, os saberes religiosos já estão aí para o elogio da religião — o que nem sempre redunda em conhecimento aceito e compartilhado socialmente, pois uma religião nunca vai aceitar na íntegra os pressupostos das outras, há cosmovisões divergentes em jogo. Por outro lado, menos frequente, o elogio à religião pode vir do campo científico, daqueles cientistas vocacionados, não religiosos, que reconhecem contribuições sociais relevantes da religião — o que

também não está proibido pelas regras do método científico.

Finalmente, por extrapolação do que Weber propõe acerca de um exemplo do campo político, no qual ele afirma que é tarefa do professor reconhecer e apontar os "inconvenientes" de sua própria opção partidária, a Ciência da Religião feita por religiosos será tanto mais científica (quer dizer, moderna), depois de observadas as condições da vocação para a ciência de modo geral, se o cientista religioso (não o religioso que *simplesmente* faz Ciência da Religião) puder denunciar os fatos inconvenientes da religião e, se o caso for mais particular, os de sua própria religião. Decisão difícil de ser tomada, pessoal e afetivamente, pelo religioso cientista, aquele que faz ciência aplicada à vocação religiosa, mas indispensável para o cientista religioso, aquele que faz Ciência da Religião como vocação.

Referências bibliográficas

ALVES, Rubem. A volta do sagrado (os caminhos da Sociologia da Religião no Brasil). *Religião e Sociedade*, Rio de Janeiro, n. 3 (1978), pp. 109-141.

____. *Protestantismo e repressão*. 2 reimp. São Paulo: Ática, 1982.

____. *Religião e repressão*. São Paulo: Loyola, 2005.

BOURDIEU, Pierre. *Coisas ditas*. São Paulo: Brasiliense, 1990.

CAMARGO, Cândido Procópio Ferreira de (org.). *Católicos, protestantes, espíritas*. Petrópolis: Vozes, 1973.

CAMPOS, Breno Martins. Sociologia religiosa da religião: ensaio sobre suas impossibilidades e possibilidades. *Ciências da Religião — História e Sociedade*, v. 5, n. 5 (2007), pp. 111-133. Disponível em: <http://www3.mackenzie.br/editora/index.php/cr/article/view/497/315>. Acesso em: 4 set. 2012.

CÉSAR, Waldo A. *Para uma Sociologia do Protestantismo brasileiro*. Petrópolis: Vozes, 1973.

HEGEL, Georg Wilhelm Friedrich. *Filosofia da história*. Brasília: Ed. UnB, 1995.

MENDONÇA, Antonio Gouvêa. Comentários sobre um texto prévio de Luís Dreher — UFJF. Ciência(s) da Religião: teoria e pós-graduação no Brasil. In: TEIXEIRA, Faustino (org.). *A(s) ciências(s) da religião no Brasil*; afirmação de uma área acadêmica. São Paulo: Paulinas, 2001. pp. 179-196.

____. *O celeste porvir*; a inserção do Protestantismo no Brasil. São Paulo: Paulinas, 1984.

____. Um critério de classificação religiosa. *Cadernos do ISER*, Rio de Janeiro, n. 21 (1989), pp. 73-76.

____. Vocação ao fundamentalismo: introdução ao espírito do Protestantismo de missão no Brasil. In: MENDONÇA,

Antonio Gouvêa; VELASQUES FILHO, Própero. *Introdução ao Protestantismo no Brasil*. São Paulo: Loyola, 1990. pp. 133-144.

PIERUCCI, Antônio Flávio. Interesses religiosos dos sociólogos da religião. In: ORO, Ari Pedro; STEIL; Carlos Alberto (orgs.). *Globalização e religião*. Petrópolis: Vozes, 1997. pp. 249-262.

_____. *O desencantamento do mundo*; todos os passos do conceito em Max Weber. São Paulo: Curso de pós-graduação em Sociologia da Universidade de São Paulo/Ed. 34, 2003.

_____. Sociologia da Religião: área impuramente acadêmica. In: MICELI, Sergio (org.). *O que ler na ciência social brasileira (1970-1995)*: Sociologia (volume II). São Paulo/Sumaré/Brasília: Anpocs/Capes, 1999. pp. 237-286.

PLATÃO. *A República*. São Paulo: Nova Cultural, 1997.

ROSADO NUNES, Maria José. A Sociologia da Religião. In: USARSKI, Frank (org.). *O espectro disciplinar da Ciência da Religião*. São Paulo: Paulinas, 2007. pp. 97-119.

TEIXEIRA, Faustino (org.). *A(s) ciências(s) da religião no Brasil*; afirmação de uma área acadêmica. São Paulo: Paulinas, 2001.

USARSKI, Frank. *Constituintes da Ciência da Religião*; cinco ensaios em prol de uma disciplina autônoma. São Paulo: Paulinas, 2006.

_____ (org.). *O espectro disciplinar da Ciência da Religião*. São Paulo: Paulinas, 2007.

WEBER, Max. A ciência como vocação. In: *Ensaios de Sociologia*. 5. ed. Rio de Janeiro: Guanabara Koogan, 1982. pp. 154-183.

_____. As rejeições religiosas do mundo e suas direções. In: *Textos selecionados*. 2. ed. São Paulo: Abril Cultural, 1980. pp. 237-268.

Notas

[1] Para uma introdução à questão, ver Teixeira (org.), *A(s) ciência(s) da religião no Brasil*, no qual alguns capítulos de autores diferentes tratam do assunto.

[2] Para uma introdução ao assunto, ver Usarski (org.), *O espectro disciplinar da Ciência da Religião*, no qual alguns capítulos de diferentes autores e autoras tratam da questão.

[3] Usarski, *Constituintes da Ciência da Religião* (especialmente o ensaio "O caminho da institucionalização da Ciência da Religião: reflexões sobre a fase formativa da disciplina").

[4] Segundo Pierucci, *O desencantamento do mundo*, hoje se sabe que a data da famosa conferência foi 7 de novembro de 1917.

[5] Esta subseção é um resumo do artigo publicado pelo autor na revista *Ciências da Religião — História e Sociedade*, da Universidade Presbiteriana Mackenzie (Campos, Sociologia religiosa da religião: ensaio sobre suas impossibilidades e possibilidades).

[6] A opinião a seguir é acerca da Sociologia, em particular, mas ilustra bem o argumento em relação às Ciências Sociais em seu conjunto: "A Sociologia se propõe, assim, diferentemente da Teologia e da Filosofia, a entender as práticas sociais e considera a religião enquanto um dos componentes dessas práticas. Busca compreender e explicar ritos e crenças em seus efeitos sobre a maneira como a sociedade se organiza, produz e reproduz a sociedade. Não busca nem se interroga sobre uma suposta 'essência religiosa'. Quer saber menos o que é a religião, e mais como as comunidades praticam as religiões. Não se pergunta pela verdade da fé, mas busca saber em que medida o fato de uma comunidade adotar determinadas crenças religiosas, praticar certos ritos e encontrar-se para praticá-los altera, influi, produz efeitos na maneira como esse grupo se organiza, na maneira como a cultura se constrói, na forma como entende a política e na maneira como se elaboram suas explicações da vida e da morte, sua 'visão de mundo', diria Weber" (Rosado Nunes, A Sociologia da Religião, pp. 103-104).

[7] Camargo (org.), *Católicos, protestantes, espíritas*;

César, *Para uma Sociologia do Protestantismo brasileiro*; Alves, A volta do sagrado (os caminhos da Sociologia da Religião no Brasil); Pierucci, Sociologia da Religião: área impuramente acadêmica.

[8] Mendonça, Um critério de classificação religiosa, p. 73.

[9] Bourdieu, *Coisas ditas*, p. 108.

[10] Pierucci, Interesses religiosos dos sociólogos da religião, p. 250.

[11] Hegel, *Filosofia da história*.

[12] Bourdieu, *Coisas ditas*, p. 111.

[13] Mendonça, Comentários sobre um texto prévio de Luís Dreher — UFJF. Ciência(s) da religião: teoria e pós-graduação no Brasil, p. 189.

[14] Bourdieu, *Coisas ditas*, pp. 112-113.

[15] Pierucci, Interesses religiosos dos sociólogos da religião, pp. 256-257.

[16] Bourdieu, *Coisas ditas*, p. 109.

[17] Pierucci, Sociologia da Religião: área impuramente acadêmica, p. 248.

[18] Bourdieu, *Coisas ditas*, p. 108.

[19] Ibid., p. 112.

[20] Weber, A ciência como vocação, p. 161.

[21] Ibid., p. 162.

[22] Ibid., p. 164.

[23] Ibid., p. 164.

[24] "O termo 'desencantamento', acompanhado ou desacompanhado de seu complemento 'do mundo', tem dois significados na obra de Weber: desencantamento do mundo *pela religião* (sentido 'a') e desencantamento do mundo *pela ciência* (sentido 'b'). São essas as duas únicas acepções do termo, os dois únicos registros de seu uso como conceito, suas duas únicas *conceituações*. E se quisermos ser fiéis à mais atual cronologia de seus escritos, temos de convir que as duas não são sucessivas ao longo da obra, ocorrendo concomitantemente ou de forma intercalada no decorrer de seus derradeiros oito anos de vida, a começar do ensaio metodológico escrito em 1912-13 até as últimas inserções por ele feitas na segunda versão d'*A ética protestante* em 1920, pouco meses antes de morrer" (Pierucci, *O desencantamento do mundo*, p. 219).

[25] Weber, A ciência como vocação, p. 165.

[26] Platão, *A República*.

[27] Weber, A ciência como vocação, p. 167.

[28] Ibid., pp. 180-181.

[29] Ibid., p. 181.

[30] Ibid., p. 168.

[31] Para uma introdução ao assunto, ver Mendonça, *O celeste porvir*.

[32] Mendonça, Vocação ao fundamentalismo: introdução ao espírito do Protestantismo de missão no Brasil, p. 143.

[33] Alves, *Religião e repressão*, p. 10.

[34] Ibid., pp. 11-12.

[35] Alves, *Protestantismo e repressão*, p. 120.

[36] Weber, As rejeições religiosas do mundo e suas direções, p. 262.

[37] Weber, A ciência como vocação, p. 183.

[38] Ibid., pp. 173-174.

[39] Ibid., p. 170.

[40] Pierucci, Sociologia da Religião: área impuramente acadêmica, p. 237.

História das Ciências Sociais da Religião

MARIA DAS DORES CAMPOS MACHADO

Introdução

Desde o surgimento da Sociologia, os pensadores vêm enfrentando o desafio de interpretar o fenômeno religioso e suas consequências para a vida social, mas os dois clássicos que mais contribuíram para a constituição de um campo de conhecimento específico sobre a religião foram Durkheim e Weber. Contemporâneos, esses dois pensadores tiveram interlocutores distintos e não se interessaram pelas respectivas reflexões sobre as transformações sociais que deram origem à modernidade no Ocidente.[1] Marcados pelo contexto histórico e o debate intelectual da virada do século XIX para o século XX, ambos não só reservaram um espaço importante para a dimensão cultural nesse processo de transformação como consideraram os aspectos não racionais da ação humana, o que de certa forma permitiu-lhes reconhecer o poder da consciência religiosa.[2] Nesse sentido, em uma perspectiva similar à de Freud, que interpretava a religião como uma projeção da natureza humana, Durkheim buscava uma realidade além dos símbolos: a sociedade e a moralidade que eles expressam. Já Weber tratava as crenças religiosas como um "sistema de significados" que deveria ser compreendido a partir dos sentidos atribuídos pelos próprios sujeitos que a elas aderiam.[3]

Na visão de Bendix,[4] entretanto, esses dois autores seguiram orientações completamente diferentes em seus estudos sobre a religião. Enquanto Durkheim buscou a essência da religião no estudo de tribos primitivas, Weber diferenciou a magia da religião e priorizou as fases iniciais da criatividade religiosa, utilizando as comparações para destacar as múltiplas visões de mundo das grandes civilizações. Outras diferenças analíticas surgiram como desdobramento desses pontos de partida. Durkheim se dedicou à definição, à origem dos fenômenos religiosos e às doutrinas teológicas. Já Weber, interessado primordialmente na relação entre doutrina e conduta, privilegiou a análise dos grupos religiosos na tentativa de compreender as relações entre os interesses materiais e ideais com as crenças religiosas.

Outro aspecto importante é que, apresentando a distinção entre o sagrado e o profano como um elemento constitutivo de todas as religiões e relacionando tal antinomia com a distinção identificada entre a sociedade e o mundo dos objetos empíricos, Durkheim acabaria, na visão de Bendix,[5] por reduzir os fenômenos religiosos ao aspecto coercitivo e moral, considerando-os evidência de que a coletividade era uma força autônoma. Para Weber a realidade, entretanto, não estaria nas forças externas que a sociedade exerce sobre os indivíduos. Os estudos comparativos e mesmo o exame de diversas formas de religiosidade dentro das sociedades permitiram-lhe escapar da ideia durkheimiana de um consenso religioso universal, salientando as disputas religiosas que, expressas nas doutrinas, traduzem interesses materiais e ideais de grupos que competem na sociedade.

As interpretações contrastantes de Durkheim e Weber resultam dos pressupostos ontológicos e dos modelos de *Homo sociologicus* adotados por esses dois autores.[6] Preocupado em provar a primazia ontológica da sociedade em relação aos indivíduos, Durkheim apresentaria o homem como uma criação da coletividade — uma entidade que conforma as consciências. Weber, ao contrário, perceberia que as ações e decisões humanas se pautam no sentido que ele atribui a elas e também às ações dos outros. Assim, "o homem social é dotado de comportamento significativo" e é responsável perante a história por seus atos. São diferenças cruciais que fizeram com que a relação entre religião e o processo de modernização se apresentasse de modo diferenciado para esses sociólogos.

Durkheim: das formas elementares da vida religiosa ao individualismo moral

A análise do conjunto das obras de Durkheim revela que as contribuições desse autor para a Sociologia da Religião não se restringem à análise dos aspectos morais das crenças e cerimônias religiosas, mas engloba também as dimensões cognitivas. Deslocamentos conceituais importantes podem ser identificados ao longo de sua produção intelectual para dar conta dos componentes especulativos das crenças religiosas.[7] Nesse sentido, em *Da divisão do trabalho social*, o sociólogo francês examinou o papel da religião na criação do sentimento de pertença e de compromisso moral dos indivíduos com a sociedade a partir do conceito de consciência coletiva. No artigo intitulado "La définition des phénomènes religieux", publicado posteriormente no famoso periódico francês *L'Anné Sociologic*, bem como no livro *As formas elementares da vida religiosa*, Durkheim usa, entretanto, a noção de representação coletiva para destacar a função lógica da religião. Como veremos a seguir, esse deslocamento conceitual decorre da preocupação de Durkheim em demonstrar tanto a relação seminal entre o pensamento religioso e as formulações científicas, quanto à função social da religião na modernidade ocidental.

Em *Da divisão do trabalho social*, a religião parece responder à necessidade da sociedade de gerar mecanismos de coesão social. Nessa obra, o alicerce da vida social é a conformidade dos indivíduos a um tipo determinado de valores e crenças que constituem a consciência coletiva. Essa consciência não só difere da consciência individual como independe das condições particulares em que cada membro da sociedade se encontra.[8] Assim, embora a consciência coletiva se desenvolva entre os indivíduos, ela os ultrapassa, adquirindo uma dimensão social e os submete à coletividade como um todo. Nas sociedades tradicionais, essa consciência coletiva decorre basicamente das crenças religiosas. Ou seja, os valores religiosos orientam as condutas e favorecem o estabelecimento de uma disciplina moral entre os indivíduos, constituindo a principal fonte de um tipo de coesão social à qual Durkheim atribui o nome de solidariedade mecânica. Esse tipo de coesão liga diretamente o indivíduo à sociedade, dispensando qualquer forma de intermediação, e tende a ser mais forte quando a consciência coletiva recobre a consciência total, coincidindo em todos os pontos com ela, ou seja, quando praticamente não existe individualidade.

Na perspectiva evolucionista, foram os processos de diferenciação e especialização ocupacional no nascedouro das sociedades modernas que fomentaram a tendência de personalização das consciências ou de autonomização dos indivíduos diante das instituições tradicionais, e como consequência as mudanças na forma de coesão social no Ocidente. Distintamente das sociedades simples que eram homogênea e essencialmente religiosas, a estrutura social moderna é fragmentada e heterogênea, tendo os indivíduos agrupados de acordo com a natureza particular da atividade social exercida por eles. Ou seja, a vida social deriva da divisão social do trabalho, fazendo com que cada um dos membros da sociedade dependa das partes que a compõem. Baseada na diferenciação e na interdependência dela decorrente, esse tipo de solidariedade foi classificado por Durkheim como orgânica. Ao contrário do modelo mecânico, que implica a absorção da personalidade individual pela coletiva, sua condição de existência é a individuação e a autonomização dos sujeitos sociais.

Além da contração da consciência coletiva, Durkheim identifica mudanças no conteúdo ou no sistema de valores compartilhado pelos integrantes das sociedades modernas. Na sua interpretação, essa consciência coletiva que se retrai progressivamente tende também a ser mais orientada "para o mundo humano e racional", ficando em segundo plano a ligação entre o valor supremo e a sociedade. No lugar do interesse coletivo e da

organização social, é o indivíduo que parece adquirir um caráter sagrado na consciência coletiva moderna. Desenvolvido em torno da dignidade pessoal, o sistema de crenças da nova consciência coletiva engloba outros valores como a justiça social e a igualdade de oportunidade que passam a ser também sacralizados. Mas como demonstrar o caráter religioso desse individualismo em gestação nas sociedades industriais, senão através de uma redefinição do fenômeno religioso em função da sua dimensão representativa e de sua origem social.

No artigo "La définition des phénomènes religieux", a origem do sagrado encontra-se na sociedade, que tem uma autoridade sobre o indivíduo, impondo-lhe o sistema de valor coletivo. As coisas sagradas, afirmaria o autor, "são aquelas cujas representações são elaboradas pela sociedade; elas abarcam toda espécie de estados coletivos, de tradições e de emoções comuns". Já as coisas profanas "são aquelas que cada um de nós constrói com dados de seus sentidos e de sua experiência pessoal".[9] De modo que, se a sociedade moderna atribui ao indivíduo um caráter sagrado e essa representação coletiva é frequentemente reposta na ordem social, o individualismo moral pode ser interpretado como uma nova forma de religiosidade.

A análise mais sistemática dessa capacidade da sociedade de criar um sistema moral e lógico, e fazer com que os seus integrantes o respeitem, encontra-se, entretanto, no livro *As formas elementares da vida religiosa*, publicado em 1912. Apresentando as crenças totêmicas como construções simbólicas que ordenam logicamente o universo dos clãs, Durkheim define o totemismo como uma "força anônima e impessoal" que se encontra em cada um dos membros da tribo sem que se confunda com nenhum deles individualmente. Nesse sentido, "ninguém a possuiu inteiramente, e todos dela participam". É de tal forma independente dos sujeitos particulares em que se manifesta que os precede e sobrevive a eles. Essa força anônima e impessoal nada mais é do que a própria coletividade. Só ela é superior e anterior a cada indivíduo, só ela pode obrigá-lo a esquecer de seus próprios interesses, transformando-o seu servo, impondo-lhes sacrifícios e trabalhos sem os quais a vida social não seria possível. Só ela pode submeter os indivíduos a regras de conduta e pensamento que não fizeram e que muitas vezes contrariam seus instintos e inclinações. E é justamente essa condição de superioridade que desperta a sensação de divino e confere à sociedade uma dimensão sagrada. De modo que, desde o totemismo, o objeto de veneração e respeito dos indivíduos tem sido a própria sociedade representada sob forma de símbolos e signos.

Nessa perspectiva, a vida comum pressupõe não só conformismo moral, mas um mínimo de conformismo lógico. A função básica das crenças religiosas e das representações coletivas em geral seria justamente a de fornecer valores e sistemas classificatórios que pudessem servir de base para as relações sociais. Os indivíduos não se entenderiam se não partilhassem de um conjunto de categorias que lhes permitissem desenvolver conjuntamente suas atividades práticas. Dessa maneira, além de ser o núcleo de onde se originam os ideais e normas responsáveis pela coesão social, a religião é também uma estrutura cognitiva que proporciona aos homens uma compreensão conceitual do mundo. Para tanto, o princípio de classificação das representações religiosas segue o mesmo modelo daquele encontrado na organização social.

A necessidade de representação coletiva é, pois, eterna, e o que tem acontecido ao longo da história da humanidade é a transformação do objeto representado, o surgimento de novas formas de representação e a sacralização de novos princípios ordenadores da vida social. No caso das sociedades em que a coesão

social decorre primordialmente da divisão do trabalho social, a personalidade individual tende a se impor ao tipo coletivo e o respeito moral ao indivíduo tende a se difundir na coletividade. De modo que o processo de evolução da sociedade tradicional para a sociedade moderna é interpretado como um processo de deslocamento do sagrado, até então identificado com o social, em direção ao indivíduo. Ou seja, na perspectiva de Durkheim, em uma ordem social marcada pela diferenciação, a única religião possível seria a religião da humanidade da qual o individualismo ético é a expressão racional. Como todas as formas de religião, essa religião do indivíduo "é de instituição social", pois "é a sociedade que nos atribui esse ideal, como o único fim comum que possa atualmente reunir as vontades".[10]

Se, no artigo "O individualismo e os intelectuais", Durkheim já havia apresentado o individualismo ético como o sistema de crenças que fornecia a unidade moral, ainda que precária, da sociedade moderna,[11] no livro *As formas elementares da vida religiosa*, acrescentaria que o germe dessa religião centrada no indivíduo já estava no próprio totemismo. Afinal, quando a força religiosa que anima o clã se encarna nas consciências particulares, esta também se particulariza, formando seres sagrados secundários. Ou seja, "cada indivíduo tem os seus, feitos à sua imagem, associados à sua vida íntima, solidários com seu destino: é a alma, o totem individual, o antepassado protetor". Tais seres "são objetos de ritos que o fiel pode celebrar sozinho, fora de qualquer agrupamento; trata-se, pois, de uma primeira forma de culto individual".[12] Um culto rudimentar, pois a personalidade individual ainda se encontra muito pouco desenvolvida. Só à medida que os indivíduos se diferenciam mais e o valor da pessoa torna-se amplamente compartilhado pelos integrantes da sociedade é que o culto correspondente poderia assumir um espaço maior na vida religiosa.[13]

Produto de profundas mudanças sociais e experiências de efervescência coletiva, a tendência de desenvolvimento do individualismo era vista por Durkheim como algo irreversível. E, uma vez constituída, essa nova moralidade impunha símbolos e objetos sagrados distintos daqueles encontrados nas formas tradicionais de religião. Muitos desses símbolos e valores foram gestados no contexto da Revolução Francesa, que, além de sacralizar a liberdade, a razão e a igualdade, instituiu um ciclo de festas que progressivamente assumiriam o lugar dos cerimoniais e ritos cristãos. A efervescência coletiva desse processo revolucionário, entretanto, durou pouco e, segundo Durkheim, a sociedade de seu tempo vivia um período de "mediocridade moral e de transição". Os valores cristãos, que recomendavam humanidade no trato com os escravos, caducaram e a proposta de piedade perdera a eficácia. Por outro lado, as ideias de igualdade, liberdade e fraternidade deixavam "muito espaço para injustas desigualdades". De forma sintética, os antigos deuses perderam seus poderes ou desapareceram sem que outras divindades surgissem ou fossem reconhecidas enquanto seres supremos. Diferentemente de Weber, cujo ceticismo com a modernidade será visto mais à frente, Durkheim acreditava, entretanto, que

> este estado de incerteza e de agitação confusa não poderá durar eternamente. Virá um dia em que nossas sociedades conhecerão novamente horas de efervescência criadora, durante as quais novos ideais surgirão, novas fórmulas aparecerão e, por certo tempo, servirão de guia para a humanidade; e essas horas uma vez vividas, os homens sentirão espontaneamente a necessidade de revivê-las de tempos em tempos, pelo pensamento, ou seja, de conservar a sua lembrança por meio de festas que revivifiquem seu fruto.[14]

Weber: da ética das religiões ao *éthos* racional da conduta humana

O interesse sociológico de Weber pela religião surgiu durante a investigação sobre o surgimento do capitalismo burguês na Europa Ocidental. Intrigava Weber o fato de que experiências capitalistas pudessem ser identificadas em diferentes momentos da história e em distintas partes do mundo, mas nenhuma apresentava o caráter metódico e contínuo da era moderna.[15] Resultado de uma concatenação de circunstâncias que incluía, entre outras coisas, a racionalização do direito, o desenvolvimento tecnológico, assim como a organização racional do trabalho, esta forma de capitalismo pressupunha um tipo específico de mentalidade que propiciasse a ação econômica sóbria e metódica dos empresários para sua implantação. Nesse contexto, interessa a Weber não tanto a acumulação produtiva e a institucionalização do trabalho assalariado, que nortearam os escritos de Marx, mas sim as transformações na subjetividade de segmentos sociais que teriam papel importante na constituição do capitalismo racional: classes burguesas médias e baixas em ascensão. Pode-se dizer, então, que a tentativa de compreender a conduta metódica dos primeiros empresários modernos direcionou a sua atenção para a relação entre as ideias e os interesses individuais, especialmente entre a doutrina do Protestantismo ascético e a conduta dos burgueses, e posteriormente para a ética econômica das religiões universais e o processo de racionalização das sociedades.

Nas "Seitas protestantes e o espírito do capitalismo", redigido em 1906 e na introdução da *Ética econômica das religiões universais*, escrita em 1913 e publicada em 1915,[16] Weber deixa claro que seu empenho em entender as crenças religiosas seria uma decorrência do postulado de que as mesmas orientavam as ações humanas e, assim sendo, seria necessário conhecer este processo de criação de um *éthos* racional da conduta para explicar o surgimento do capitalismo moderno. Em outras palavras, não estava interessado na "doutrina ética das religiões", mas sim na forma de conduta ética que as religiões propiciavam a partir de um jogo de recompensas envolvendo bens de salvação. No caso específico do puritanismo,

> tal conduta era certo modo de vida metódico, racional que — dentro de determinadas condições — preparou o caminho para o espírito do capitalismo moderno. As recompensas eram atribuídas a quem se provava perante Deus, no sentido de alcançar a salvação [...] e provar-se aos homens no sentido de manter a posição social dentro das seitas puritanas. Ambos os aspectos foram mutuamente suplementares e funcionaram no mesmo sentido: ajudaram o nascimento do espírito do capitalismo moderno, seu *éthos* específico — o *éthos* da classe média burguesa.[17]

Assim, a preocupação com a crença na predestinação só se justifica enquanto elemento propulsor de uma ética racional de conduta expressa na maneira sistemática, metódica e rigorosa com que os puritanos realizavam as atividades produtivas. Sem possibilidade de intervir no processo de concessão da graça, sem intermediário ou qualquer das outras formas tradicionais de assegurar-se da salvação, restava ao puritano desenvolver formas de autocontrole e um comportamento

ascético com o intuito de minimizar a angústia com relação à sorte depois da morte. Nesta perspectiva, a tensão interior gerada pela doutrina da predestinação e o *éthos* vocacional atuaram como alavancas psicológicas para a racionalização das atividades em outras esferas da vida social. A análise das grandes religiões universais viria posteriormente a corroborar a tese anterior formulada em *A ética protestante e o espírito capitalista* e fazer avançar a discussão sobre as complexas relações entre as mentalidades e as condutas dos segmentos sociais. Para Weber, não são

> as ideias que governam diretamente a conduta humana, mas sim os interesses materiais e ideais. Muito frequentemente, as imagens mundiais criadas pelas ideias determinaram, qual manobreiros, os trilhos pelos quais a ação foi levada pela dinâmica dos interesses.[18]

Crítico das interpretações deterministas e unicausais, Weber tentaria articular a análise dos efeitos das ideias religiosas sobre a ética secular com uma reflexão acerca das implicações da formação de grupos sobre as imagens de mundo, resgatando o caráter relativamente racional da obediência às prescrições e crenças religiosas. Na sua interpretação, os homens "são influenciados pela religião em razão de suas expectativas mundanas e não porque tenham qualquer preocupação com as grandes ideias religiosas". De modo que as crenças e concepções religiosas devem ser analisadas a partir de suas articulações com as atividades cotidianas e práticas dos grupos sociais que as sustentam.

A dimensão ética do pensamento religioso começa a se desenvolver com as concepções monoteísta e transcendental de Deus desenvolvidas no Judaísmo, religião que, além de desencantar o mundo pondo de lado as forças imanentes aos objetos e coisas, personalizou e concentrou em uma única divindade o poder sobre os homens. A outra face desse processo de racionalização das crenças religiosas foi a transformação do mundo em algo totalmente desprovido de sentido, fenômeno que favoreceu o desenvolvimento de concepções teológicas que respondessem às indagações básicas dos homens. Uma das mais elementares inquietações humanas, diria Weber, é conhecer a sorte para além da vida terrena, e diferentes teodiceias da salvação foram desenvolvidas neste sentido.

De forma genérica, as religiões projetam imagens ideais de conduta que variam de uma para outra em função "das qualidades que se exigem dos homens e dos objetivos a eles atribuídos". Entretanto, somente o Judaísmo e o Protestantismo ascético fomentaram "uma ética religiosa de ação intramundana livre de magia e de todas as formas irracionais de busca de salvação".[19] Mais do que assinalar a afinidade entre as duas formas de religião, Weber defendeu a tese de que o Judaísmo teve um papel constitutivo no desenvolvimento da matriz cultural ocidental.

O mito redentor da profecia judaica encerra o germe da concepção racional de mundo que se constituiu em um dos pilares do caminho singular traçado pelo Ocidente. A importância deste mito pode ser resumida em três pontos: (1) a racionalização da figura de Deus; (2) a sistematização de uma ética relativamente racional a partir da racionalização anterior; (3) e finalmente a institucionalização essencialmente de uma relação dos homens com a divindade destituída de magia. Para começar, as mudanças realizadas na concepção de Deus pela profecia judaica expressavam certa racionalidade do comportamento divino que seguia um determinado plano de ação fundado na ideia de pacto. Tal concepção não apenas favorecia uma orientação ética dos crentes, como também abria espaço para um modo mais racional de suscitar as questões referentes ao mundo e à relação dos homens com a divindade.[20]

A análise do Judaísmo revela, entretanto, a transmutação da ética religiosa em uma ética legal orientada pelas normas tradicionais da Economia, fenômeno interpretado pelo sociólogo alemão como resultado da própria condição de "pária" do povo judeu. O racionalismo legal que se expressa através do dualismo da moralidade interna — voltada para a subsistência — e externa — orientada para exploração econômica das oportunidades —, ao grupo judeu produziria um capitalismo aventureiro, mas não provocou uma revolução na esfera econômica. Mesmo não apresentando uma ética vocacional que fomentasse nos seus integrantes a necessidade de "provar-se a si mesmo na vocação", essa tradição religiosa constituiria o ponto de partida para o racionalismo ocidental. E, se o posterior desenvolvimento do Catolicismo freou esse processo de desencantamento da esfera religiosa, com a criação das crenças nos anjos, no Espírito Santo, na Virgem Maria e em outros intermediários com poderes de intervir junto a Cristo e ao Pai, o Protestantismo ascético recuperaria séculos depois os elementos do Antigo Testamento que permitiriam a racionalização da ética das relações econômicas tão fundamentais ao capitalismo.

Na introdução da segunda versão de *A ética protestante e espírito do capitalismo*, Weber incorporou algumas de suas conclusões do estudo comparativo das grandes religiões e apresentou o racionalismo como um conceito histórico que englobava uma gama significativa de dimensões. Na sua leitura, a vida social poderia ser racionalizada a partir de setores distintos e em direções nem sempre convergentes, resultando em padrões diferenciados de racionalização. Se o estudo das afinidades entre a mentalidade protestante e a conduta dos primeiros capitalistas havia permitido detectar o padrão ocidental, os estudos das religiosidades asiáticas e judaicas revelariam a pluralidade de racionalidades e alternativas a este padrão. Racionalizações, afirmou Weber,[21] "tem existido em todas as culturas, nos mais diversos setores e dos tipos mais diferentes. Para caracterizar sua diferença do ponto de vista da história da cultura, deve-se ver primeiro em que esfera e direção elas ocorreram".

A racionalização estimulada pelo Protestantismo ascético teve um caráter criativo e emancipatório no Ocidente, mas seus desdobramentos podem ser nocivos aos homens ansiosos por liberdade.[22] Esse caráter contraditório do movimento de racionalização só fica claro, entretanto, se retomarmos a discussão sobre a separação das esferas de valor e da difusão da racionalidade formal no interior das mesmas. Na perspectiva weberiana, o caráter racional da ação se encontra relacionado à probabilidade de previsão de sua ocorrência.[23] Assim, ação racional é aquela plenamente previsível e desencantada. A noção de previsibilidade, por usa vez, está fundada no cálculo, na adequação de meios e fins e no máximo de satisfação das necessidades com o mínimo de esforço e dispêndio. Ora, uma das características das sociedades tradicionais era a ausência de diferenciação entre o social e o cultural e, consequentemente, a influência decisiva das crenças religiosas na organização das atividades práticas dos indivíduos. Ou seja, são organizações sociais marcadas por um tipo de racionalidade denominada de substantiva, pela qual os agentes sociais orientam-se com vistas a valores essencialmente religiosos.

O processo de diferenciação identificado, fazendo surgir esferas especializadas em questões práticas e morais nas sociedades europeias, criou condições para que o tipo de agir com relações afins, característico das atividades econômicas, rompesse, pouco a pouco, a barreira da produção e da circulação de mercadorias, propagando-se por todas as outras esferas da vida social. A progressiva burocratização do Estado constituiria a mais

clara expressão da institucionalização dessa racionalidade formal na vida cotidiana das sociedades modernas. O caráter paradoxal desse processo pode ser visto tanto no que se refere à base ideacional da sociedade quanto à institucionalização de um tipo de ação econômica e administrativa racional.

O desencantamento das tradicionais visões de mundo transformou as práticas econômicas do Ocidente, que uma vez criadas se alienaram dos valores religiosos que lhes inspiraram. Por outro lado, a racionalidade formal, que de início apresentava um caráter emancipatório, tornou-se uma camisa de força para o homem ocidental, e o controle burocrático racional de suas atividades acabou gerando novas formas de servidão. Nessa perspectiva, a modernidade inaugura uma fase na história das sociedades humanas em que "as diversas ordens de valores se defrontam no mundo, em luta incessante", e o que é mais inquietante, nessa fase os homens parecem não se preocupar mais com o significado de sua existência. Em *Ciência e política: duas vocações*, Weber classificaria essa situação como uma nova forma de politeísmo, onde os deuses cederam seus lugares para os valores seculares.[24]

A despeito da liberdade diante dos deuses cristãos, uma das consequências da modernidade é justamente o aprisionamento dos cidadãos em uma "gaiola de ferro". A sociedade moderna tem suas próprias divindades e, ou valores que muitas vezes são conflitantes com as crenças religiosas. O significado do progresso alcançado através da ciência restringe-se aos aspectos práticos e puramente técnicos. A ciência não dá sentido à existência humana. Lembrando Tolstói, Weber argumentaria que uma das grandes dificuldades do homem civilizado é justamente a falta de sentido da morte e, portanto, da própria vida. Ao contrário dos camponeses de outrora que "morreram velhos e plenos de vida", pois, "instalados no ciclo orgânico da vida", tinham um sentido de morte e podiam assim considerar-se "satisfeitos com a vida", o homem moderno se defronta com uma série de "pensamentos, experiências e problemas, pode sentir-se cansado da vida, mas não pleno dela".[25] O desenvolvimento proporcionado pela ciência, despojado de "significação faz da vida um acontecimento igualmente sem sentido". O homem moderno vive atormentado diante de duas éticas — a da convicção e da responsabilidade e da necessidade de optar por uma delas.

Considerações finais

Embora tenham criado tradições sociológicas distintas, Durkheim e Weber interpretaram as crenças e objetos sagrados como representações e procuraram estabelecer relações entre o pensamento religioso e a mentalidade racional moderna. Abraçando a perspectiva evolucionista, Durkheim procurou mostrar a relação seminal entre a religião e a ciência com a ajuda do conceito de representação coletiva que lhe permitiu destacar a capacidade de classificação e ordenação cognitiva do mundo das religiões. As transformações no pensamento e práticas religiosas e a progressiva perda de sua função lógica na sociedade moderna seriam explicadas em função de fatores externos ao fenômeno religioso. Ou seja, as novas representações coletivas, em especial o individualismo moral, aparecem como resultado da divisão do trabalho social e da especialização ocupacional. Weber, a partir de estudos comparativos de diferentes religiões, tomou o desencantamento das imagens religiosas e metafísicas do mundo inaugurado pelo Judaísmo como processo que germinaria as estruturas de consciências modernas do Ocidente: o ponto de partida de um tipo de racionalização tanto cultural quanto social. Nesse sentido, explicaria as transformações na esfera religiosa, considerando tanto os fatores ligados à sua própria lógica de desenvolvimento e, portanto, internos, quanto às razões externas vinculadas à diferenciação e disputa com as outras esferas da vida social.

Ambos apontam para a perda de poder da esfera religiosa, com Durkheim destacando o cosmopolitismo e a liberdade de crenças e Weber salientando o politeísmo de valores como traços marcantes da sociedade moderna. No exame dessa sociedade marcada pelo pluralismo de valores, tanto um quanto outro enfatizaram a tensão entre a religião e a ciência. Em Durkheim, trata-se de um conflito circunscrito à área cognitiva, com a religião perdendo progressivamente suas funções no campo especulativo para o conhecimento científico. Mas a verdadeira função da religião, aquela relacionada à motivação para ação, "aquela que fortalece o homem no dia a dia", não pode, em sua opinião, ser preenchida pela ciência. Weber, por seu lado, acreditava que a tensão entre a racionalidade científica — essencialmente instrumental — e aquela substantiva — expressa no pensamento religioso — não é resolvível. Oriunda de um processo de racionalização das imagens religiosas que segue a lógica dialética, a ciência nega o aspecto racional da religião, "empurrando-a para o reino do irreal", do não racional.

O diagnóstico que estes dois clássicos fizeram da condição moderna também revela, ainda que em graus bastante diferentes, inquietações com os rumos das sociedades europeias no início do século XX. Na perspectiva durkheimiana, o vazio moral parece ter um caráter transitório e encontra-se mais relacionado com a anomia da divisão do trabalho social do que com o declínio da capacidade cognitiva da religião. Nesse sentido, Durkheim não só argumenta que o pensamento científico é a forma "mais perfeita do pensamento religioso" como aposta no desenvolvimento das ciências para uma intervenção planejada na sociedade. Além disso, defende que o individualismo ético assumiu o lugar da religião na forma moderna da vida social. Em Weber, o pessimismo decorre da própria lógica contraditória da racionalização ocidental. O processo de desencantamento emancipou os homens tanto dos poderes sobrenaturais dos deuses cristãos quanto do domínio patriarcal, comunal e tradicional, mas se converteu em larga medida "no caldo do cultivo de uma tirania maior". A burocratização excessiva compromete a liberdade humana, enquanto a valorização crescente da racionalização formal e do pensamento científico desencadeia uma perda de sentido. A ciência, reconhecidamente importante para o fornecimento de conhecimento prático, mostra-se incapaz de dar sentido à existência humana, e os indivíduos se defrontam com configurações de valores rivais ou inconciliáveis. Ou seja, ao contrário de Durkheim, que enfatiza a capacidade dos indivíduos de criar novas formas de moralidade que serviriam de substrato ideacional para a vida social, Weber destaca o caráter contraditório das configurações de valores e a tensão psicológica vivida pelo cidadão moderno que individualmente deve enfrentar a difícil decisão entre optar por uma delas e dosar os elementos de cada uma na busca de uma combinação equilibrada.

As duas perspectivas enfatizando dimensões diferenciadas do fenômeno religioso abriram trilhas distintas para as investigações sociológicas contemporâneas. Não há como não reconhecer nos trabalhos de Parsons e Bellah as influências da concepção durkheimiana de religião enquanto "comunidade moral". Da mesma forma podemos identificar nas teses da secularização e privatização das consciências defendidas por Peter Berger, Gauchet e Hervieu-Léger as colocações de Weber sobre o desencantamento do mundo, a pluralidade de valores e o caráter subjetivo das opções éticas na sociedade moderna. Todos esses autores partem do pressuposto weberiano de que a religião cristã que sustentou a matriz cultural das sociedades europeias na Idade Média perdeu a centralidade na modernidade, transformando-se em uma visão parcial de mundo em embate com outras configurações de valores.

Referências bibliográficas

BELLAH, Robert N. *Beyond Belief*; Essays on Religion in a Post-Traditional World. Harper & Row, 1970.

BELLAH, Robert; GREENSPAH, Frederick E. (eds.). *Uncivil religion*; interreligious hostility in America. New York: Crossroad, 1987.

BENDIX, Reinhard. *Max Weber*; um perfil intelectual. Brasília: Editora da UNB, 1986.

_____. Two Sociological Traditions. In: BENDIX, R.; ROTH, G. (eds.). *Scholarship and Partisanship*; Essays on Max Weber. Berkeley: University of California Press, 1971. pp. 282-298.

DURKHEIM, Émile. *Da divisão do trabalho social*. São Paulo: Martins Fontes, 1995.

_____. *As formas elementares da vida religiosa*. São Paulo: Paulinas, 1989.

_____. De la définition des phénomènes religieux. *Journal sociologique* ([1899] 1969) Ver http://classiques.uqac.ca/classiques/Durkheim_emile/annee_sociologique/an_socio_2/phenomene_religieux.pdf. Último acesso em 16/07/2012.

_____. O individualismo e os intelectuais. Tradução L'individualisme et les intellectuels. *Revue bleue*, 4e série, t. X (1898), pp. 7-13 Disponível no site: http://virtual.cesusc.edu.br/portal/externo/revistas/

index.php/direito/article/viewFile/98/88. Último acesso em 17/07/2012.

_____. O problema religioso e a dualidade da natureza humana. *Religião e Sociedade*, Rio de Janeiro, Iser, n. 2 (1977).

GIDDENS, Anthony. *As ideias de Durkheim*. São Paulo: Editora Cultrix, 1978.

HENRICH, D.; OFFE, C.; SCHLUCHTER, W. Debate: Weber e o projeto de modernidade. *Lua Nova*, São Paulo, n. 22 (1990), pp. 243-245.

LUKES, Steven. *Émile Durkheim*; his Life and Work. A Historical and Critical Study. London: Penguin Books, 1975.

REIS, E. Reflexões sobre o *Homo sociologicus*. *Revista Brasileira de Ciências Sociais* (1989). Ver no site: http://www.anpocs.org.br/portal/publicacoes/rbcs_00_11/rbcs11_02.htm. Último acesso em 23/07/2012.

SCHLUCHTER, Wolfgang. *Paradoxos da modernidade*. São Paulo: Unesp, 2011.

_____. Politeísmo de valores. In: SOUZA, J. *A atualidade de Max Weber*. Brasília: UnB, 2000. pp. 13-48.

_____. *Rationalism, Religion, and Domination*; a Weberian Perspective. Berkeley: University of California Press, 1989.

WEBER, Max. *A ética protestante e o espírito do capitalismo*. 11. ed. São Paulo: Pioneira, 1996.

_____. *Economia e sociedade*. Tradução, com revisão técnica de Gabriel Cohn. 3. ed. Brasília: UnB, 1994. v. 1.

_____. *Ciência e política*; duas vocações. São Paulo: Cultrix, 1993.

_____. *Ensaios de Sociologia*. Traduzido da edição organizada por H. H. Gerth e C. Wrigth Mills. 5. ed. Rio de Janeiro: Guanabara, 1982.

Notas

[1] Luckes, *Émile Durkheim*.

[2] Bellah, *Beyond Belief*.

[3] Ibid.

[4] Bendix, Two Sociological Traditions.

[5] Ibid.

[6] Reis, Reflexões sobre o *Homo sociologicus*.

[7] Giddens, *As ideias de Durkheim*.

[8] Apoiando-se na concepção dual da natureza humana, Durkheim (O problema religioso e a dualidade da natureza humana) afirma que existe em cada membro da sociedade uma consciência que é comum a essa organização social e outra que representa o pessoal, distinto e singular que representa o indivíduo.

[9] Durkheim, De la définition des phénomènes religieux, p. 24.

[10] Durkheim, O individualismo e os intelectuais.

[11] Segundo o autor, "uma similaridade verbal pôde fazer crer que o individualismo derivava necessariamente de sentimentos individuais, inicialmente egoístas. Na realidade, a religião do indivíduo é de instituição social, como todas as religiões conhecidas. É a sociedade que nos atribui esse ideal, como o único fim comum que possa atualmente reunir as vontades. Retirá-la de nós, enquanto não há nada que se possa pôr no lugar, é, portanto, lançar-nos nessa anarquia moral que se quer precisamente combater" (Durkheim, O individualismo e os intelectuais, p. 309).

[12] Durkheim, *As formas elementares da vida religiosa*, p. 502.

[13] Ibid.

[14] Ibid., p. 505.

[15] Segundo Schluchter (*Paradoxos da modernidade*, p. 238), a tese da singularidade do Ocidente foi ganhando corpo nos escritos posteriores à *Ética protestante e espírito do capitalismo* e especialmente em decorrência das análises comparativas sobre a ética econômica das grandes religiões.

[16] Essas duas análises encontram-se no livro *Ensaios de Sociologia*, e a introdução recebeu em português o título de "A Psicologia social das religiões mundiais" (Weber, *Ensaios de Sociologia*, pp. 309-346).

[17] Weber, *Ensaios de Sociologia*, pp. 368-369.

[18] Ibid., p. 323.

[19] Ibid., p. 4.

[20] Schluchter, *Rationalism, Religion, and Domination*, p. 202.

[21] Weber, *A ética protestante e o espírito do capitalismo*, p. 11.

[22] Sobre o sentido de liberdade em Weber, ver o debate entre Henrich, Offe e Schluchter (Debate: Weber e o Projeto de Modernidade, p. 244).

[23] Weber, *Economia e sociedade*, p. 16.

[24] Esse postulado weberiano é analisado de forma brilhante por Schluchter, Politeísmo de valores.

[25] Weber, *Ciência e política*, p. 31.

História das Religiões

FERNANDO TORRES-LONDOÑO

> A tarefa do historiador não é mais, simplesmente, a de narrar uma (ou mais) história(s) de vida(s), mas analisar como e quando dada posição/situação foi construída, através de que mediações, através de quais representações uma determinada experiência histórica foi descrita, como foi construído um personagem, um contexto, uma "realidade". Temos mais um diálogo, uma conversa com o passado, em vez de uma reconstrução do passado por meio de uma pesquisa documental pura[1]

Tentar esboçar um panorama da História das Religiões nos confronta com uma multiplicidade tal de trabalhos, tanto de temas como de abordagens, que em uma rápida leitura pareceriam ser raros os pontos de convergência entre os pesquisadores da disciplina. Mais do que tentar subsumir tal variedade a uma escola específica, acreditamos que as discussões, ambiguidades e discrepâncias que se recuperam em uma avaliação histórica são um elemento que ajuda a entender uma disciplina que ainda está em processo de formação.

Origens da disciplina

O termo "História das Religiões" teria sido empregado pela primeira vez em 1867 na Alemanha pelo orientalista Max Müller, no âmbito da *Religionswissenschaft*, para denominar uma nova disciplina que estava em fase de construção. Seu surgimento, na transição do século XIX para o XX, se dá no contexto da formulação de uma série de novas disciplinas dentro das Ciências Sociais, tais como a Sociologia, a Psicologia e a Antropologia, dentre outras. Entender a disciplina que estava sendo modelada não apenas interessa na perspectiva da história das Ciências Humanas, mas é de importância para acompanhar a sua evolução, alcance e limitações.

O núcleo da nova disciplina, tal como colocado por Max Müller, são as religiões. A expansão colonial da segunda metade do século XIX, que fez com que as potências europeias disputassem espaço na África e Ásia, teria feito emergir um forte interesse pelo Oriente. Dentre outros aspectos, esta curiosidade se desdobrava no interesse pelas religiões "dos outros", tanto nos meios cultos como nas academias, na perspectiva da tradição iluminista e do romantismo e dentro do desenvolvimento do pensamento social, do aparecimento da Arqueologia e do desenvolvimento dos estudos filológicos.[2]

Embora o foco da disciplina tenha sido a religião desde o início, havia necessidade de especificar a aproximação que se propunha em relação a este objeto, principalmente para diferenciar esta abordagem de uma aproximação confessional.[3] Assim, na conjunção de termos (história e religiões) a denominar a nova área de estudo, embora o peso recaísse sobre o segundo termo, o primeiro define a modalidade de abordagem. Porém, e pelo fato de o objeto de estudo serem as religiões, a disciplina acabou apresentando uma série de particularidades e especificidades que não se observam em outras áreas da história, mesmo que de interseção. Um dos motivos que dá a esta área tal especificidade decorre do fato de muitas vezes ter-se lançado mão de instrumentos analíticos para abordar o objeto "religião" fortemente modelados pelas características do objeto em si e não pela tradição da disciplina história ou do saber histórico. Acompanhar a forma em que se configurou a disciplina à luz dos significados que estavam sendo elaborados ajudará na compreensão de um fenômeno a atrair tanto interesse.

No Congresso de História das Religiões de 1900, no qual foram lançadas muitas das premissas da nova disciplina, definiu-se um campo de estudo que buscava avaliar as origens das religiões e as suas evoluções através de uma análise comparativa dos seus elementos. Não é coincidência que uma abordagem analítica desta ordem tenha emergido apresentando como foco as religiões da Ásia

(Oriente Médio, Índia e China), que em muito se ajustavam à ideia consagrada no Ocidente daquilo que se entendia por religião, conceito regido pelo modelo judaico-cristão. Assim, pelo fato de haver fortes analogias em estrutura e conteúdo entre as religiões do Oriente e a "religião modelo ocidental", a análise comparativa de elementos surgia quase como uma abordagem objetiva. A ênfase neste tipo de abordagem fez com que, paradoxalmente, a disciplina, que no século XIX ficou consagrada como História das Religiões, mais do que fazer a história das religiões, praticasse um estudo analítico-comparativo em que se estudavam mitos e ritos das religiões, tendo como modelo estruturante a religião cristã.[4]

O modelo que se impunha entre os estudiosos que se afiliavam a esta disciplina era o de uma abordagem científica das diferentes religiões, partindo do estudo filológico dos textos religiosos através de uma análise comparada. Foi daí que surgiu a formulação de História Comparada das Religiões que inspiraria inúmeros trabalhos na primeira metade do século XX. No projeto de realizar a comparação entre as religiões, foi-se delineando um roteiro que incluía o estudo dos textos escritos ou tradições orais fundadoras das religiões, examinando sua composição e temática; a compilação das versões dos diversos mitos; a sistematização das concepções e manifestações da divindade e a confecção de inventários com as descrições das práticas ritualísticas, entre alguns dos aspectos mais importantes. A comparação operava mediante a identificação de analogias e o confronto de diferenças nos mais variados aspectos e levando às mais variadas induções. Em vários destes trabalhos a comparação culminava em formulações que apontavam para aquilo que seria a "essência da religião entre povos da Austrália, Polinésia, Melanésia e África". Assim, a produção da História das Religiões desse período, além de gerar volumosas informações sobre as noções e práticas religiosas dos "povos primitivos" e da "antiguidade", permitiu constituir um repertório próprio no qual a história religiosa se confundia com a História das Civilizações e da própria condição humana. Tal produção, assim como os avanços das Ciências Sociais da época com suas novas indagações, levaram alguns autores a se aproximarem dos estudos fenomenológicos. Na Alemanha, seguindo as formulações de Joachim Wach de 1924, a História da Religião ou Ciência da Religião Histórica seria uma das duas colunas da Ciência da Religião, sendo a outra a Ciência da Religião Sistemática.[5]

Ao longo do século XX, as academias da Alemanha, Inglaterra, França e Itália, países nos quais houve uma considerável produção, elaboraram compêndios enciclopédicos de Histórias das Religiões em vários volumes que pretendiam dar conta inicialmente de todas as religiões, incluindo posteriormente outras manifestações religiosas. Na diversidade descrita, foram incluídas também categorias como a do xamanismo, elaborada a partir do estudo de práticas religiosas em regiões de caçadores da Ásia, África e América, observada nos séculos XIX e XX por missionários, agentes coloniais e viajantes.

Na França, consagrou-se a formulação da *Histoire des Religions* e seus seguidores se organizaram em torno da *Revue de l'histoire des religions*. A produção em francês sobre as religiões desde a antiguidade permitiu que Henri Charles Puech organizasse uma monumental *Histoire des Religions*, que aborda inclusive a antiga religião dos sumérios, o Budismo chinês, as religiões árticas sem tradição escrita e os movimentos religiosos modernos de aculturação na Indonésia. Foi publicada em 1970 pela editora Gallimard, com a introdução elaborada por Angelo Brelich, chamada *Prolégomèns à une Histoire des Religions*. Na Itália, merecem destaque as obras de Pettazzoni, De Martino, Brelich, Sabatucci, Bianchi.

Em paralelo a estas obras enciclopédicas, surgem outros tipos de estudos como, por exemplo, um de ampla divulgação durante o século XX: o *Manual de História das Religiões*, de Mircea Eliade. O exame da organização do texto revela um novo entendimento a respeito do que seria o objeto de estudo da História das Religiões. O autor não apresenta como objeto de análise as religiões; antes começa por formular uma morfologia do sagrado e passa a postular grandes temas como os cultos ao sol e à lua, à água e à terra, para passar a examinar o que postula como sendo os espaços sagrados e centros do mundo para diversas culturas.

Se, na perspectiva de Eliade, a religião estruturada em textos, práticas e cultos cede espaço ao sagrado, em outras perspectivas e abordagens começa a ser enfatizada a questão da experiência mística, o que leva a disciplina ao encontro da Psicologia, nas fronteiras da Psicologia da Religião.

Assim, um breve panorama das produções realizadas no marco da História das Religiões permite pôr em evidência que houve várias formas de entendimentos do que seria ou deveria ser a História das Religiões ao longo do século XX. Para alguns ela deveria se localizar dentro da Filosofia da Religião, para outros ela seria uma disciplina análoga à História Eclesiástica, mas que se ocuparia de várias religiões; há também aqueles que entendem que ela deveria examinar as religiões na sua diversidade a partir da utilização de rigorosos métodos críticos.[6] Assim, chegou-se a usar a denominação *General Science of Religions*, e nas academias da América do Norte e do mundo anglo-saxão foi-se configurando como Ciência da Religião. A associação internacional que reúne seus estudiosos adotou o nome de *The International Association for the Study of the History of Religions*,[7] que até o dia de hoje reúne estudiosos provenientes de vários campos das Ciências Sociais, mas que se entendem como cientistas da religião.

Na perspectiva de abordar o desenvolvimento da História da Religião no Brasil, optamos por privilegiar a história e a produção daquelas escolas que se constituíram nos principais interlocutores para aqueles que trabalham na área, ou seja, as escolas da França e da Itália.

História da Religião na França

Há na França três grandes vertentes que trabalharam a História da Religião nos últimos cem anos, dialogando e cruzando-se nas suas pesquisas, mas que mantêm posturas diferentes em relação ao objeto de estudo.

A primeira vertente é a da História Eclesiástica, feita por clérigos a serviço da Igreja Católica seguindo o modelo de Eusébio de Cesareia, que tem uma longa tradição na França. Marca uma abordagem feita dentro da própria religião, não apenas por pessoas que a professam, mas por membros do clero com uma clara tendência apologética, porém com uma sólida e longa tradição de trabalho.

Na primeira metade do século XX, pessoas ligadas à História Eclesiástica migraram para as universidades e, embora continuassem trabalhando com a História da Religião, começaram a esboçar algumas particularidades que os diferenciaram do grupo da História Eclesiástica. Continuaram tendo como núcleo o Cristianismo, porém se afastaram da postura apologética ancorada na condição do serviço à Igreja e à Fé. Essa vertente que se distancia da instituição religiosa acaba ganhando uma maior legitimidade científica e universitária.[8]

Uma terceira vertente da História a ter a religião como objeto de estudo surge dentro da linha de história laica, especificamente na imbricação entre história cultural e história religiosa.[9] A interação entre as duas áreas nem sempre é vista como válida e muitos entendem haver necessidade de separação, tanto institucional como teórica, entendendo que a história religiosa não deva ser entendida como "uma província da história cultural" pelas ambiguidades que daí podem resultar. Para Lagrée, a expressão "religião *e* sociedade, religião *e* cultura", poderíamos até dizer história e religiões, apresenta o problema do modo em que se lê a conjunção "e". O que numa perspectiva pode querer indicar uma interface, em outro tipo de leitura pode levar à hierarquização e terminar por reduzir uma área à outra. Nesse sentido, existiria o risco de o religioso ficar reduzido a um simples "binóculo particular" para a observação do objeto social. Para Lagrée este agnosticismo metodológico encontra-se compensado por uma espécie de "confessionalidade rasteira e inconfessada".[10]

Outra particularidade do recorte do religioso apontada por Lagrée é a que se refere ao "recuo dos estudos sobre o que, no religioso, conservou uma visibilidade própria na época contemporânea".[11] O autor aponta para o fato de que na França se examina a cristandade tradicional do mundo rural, porém não se olha para a cristandade da cidade. No entender do autor, o estudo do fenômeno religioso nas cidades pode representar o encontro entre a história religiosa e a história cultural.

No que se refere à metodologia destas linhas, destacam-se abordagens do tipo tanto quantitativo como qualitativo. A metodologia quantitativa, tipicamente francesa, marca o encontro entre a escola dos Annals e o Direito Canônico (Gabriel Le Bras), com ênfase na elaboração de "mapas da prática religiosa da França rural"[12] (1947), que, dentre outros aspectos, privilegiam a observância das normas da confissão pascal. Esta linha dá origem a uma série de monografias históricas das dioceses, à publicação dos dados das visitas pastorais e de questões referentes ao recrutamento eclesiástico e das ordens religiosas, sob o ponto de vista quantitativo, porém aborda também o estudo serial das imagens religiosas e a evolução das sensibilidades.

Outra forma de abordagem é a do tipo qualitativa, "interessando-se mais pelas formas de expressão do sentimento religioso do que pela contabilidade dos gestos". E teria uma origem intelectual dupla: por um lado a história das mentalidades quer medieval (Duby e Le Goff), quer moderna (Febvre e Delumeau), porém também com forte influência da Antropologia religiosa italiana: quer da versão religiosa de Giuseppe de Luca e Gabriele De Rosa, quer da versão laica com Ernesto De Martino e Antônio Gramsci. Da convergência entre a história das mentalidades e a Antropologia italiana, nasce o interesse pela religião do maior número, das estruturas do sentimento religioso e a segunda leitura dos grandes documentos do folclore e da etnografia.[13]

Alguns aspectos apontados por Lagrée merecem destaque: "A marginalização do caso religioso nas sociedades modernas cria as condições de diluição, mesmo de desaparecimento, do objeto religioso no objeto cultural, inclusive através das múltiplas metáforas por onde o religioso pode instalar-se na modernidade: mitos políticos, religiões seculares, deuses do estádio ou do espetáculo".[14] Outro ponto importante é a indagação que o autor faz a respeito se é possível compreender o fenômeno religioso sem dele participar. Para Lagrée, a tradição universitária francesa continua dominada por uma história "ostensivamente cultural do fato religioso",[15] explicitando sua abordagem como "história social do religioso", sob a influência de Durkheim, Siegfried e Weber.[16] Na visão do autor, a história das mentalidades representada por autores como George Duby seria uma "tentativa exemplar de junção do religioso e do cultural".[17] Haveria nesta abordagem o predomínio de uma herança de "agnosticismo metodológico" pela qual se paga um preço: fugir das questões centrais que constituem o núcleo das crenças.[18] Seria como abdicar de entender o *Homo religiosus*. Seria certa marginalização do oficial, da liturgia e do interesse pelo que constitui "as margens mais ou menos periféricas do caso religioso, desde as devoções particulares até a ação social, que permitem contornar de certo modo o essencial, o ato de fé".[19]

Todos os aspectos antes abordados acabam configurando o que poderia ser chamado de uma formulação francesa da História Religiosa. Ela tem como características ser feita a partir da universidade, em departamentos ou faculdades de Ciências Humanas; ser feita por acadêmicos, que na sua grande maioria não são clérigos; em diálogo com a Historiografia, com as Ciências Humanas, a Etnologia, a Sociologia, a Psicologia, a Geografia, a Economia, a Ciência Política; desenvolvida no marco da secularização, mas ancorada na preocupação de entender a religião na França.

História da Religião na Itália: Escola de Roma

Na Itália, Rafaello Pettazzoni começa, por volta de 1920, a postular a História das Religiões como uma disciplina com campo próprio que se define a partir da escolha do seu objeto: o estudo das religiões inseridas na história. Para Pettazzoni, não existe "a" religião; ele entende que o uso do termo na forma singular remete a uma formulação abstrata, pois as religiões se desenvolvem em situações históricas dadas. A religião seria uma formulação ocidental relativamente recente, nascida dentro da tradição judaico-cristã de pensamento. Essa noção não está presente nas diversas religiões fora da Europa. O autor também considera que o termo "politeísmo" seja uma abstração elaborada com base na afirmação do monoteísmo da tradição judaico-cristã que considera que teria existido um "monoteísmo primordial" nas origens de todos os povos. A partir da análise da noção de ser supremo nas diferentes religiões, Pettazzoni postula que o politeísmo estaria na origem das religiões, sendo que o monoteísmo teria surgido como reação em algumas condições particulares.

Para Pettazzoni, a História das Religiões terá no método comparativo seu grande instrumento. As diversas religiões devem ser estudadas nas suas origens, nas suas permanências e mudanças para que, comparativamente, sejam estabelecidos tanto os aspectos gerais que estão presentes nelas como suas particularidades.

A abertura para as religiões fora da Europa marca as preocupações dos seguidores de Pettazzoni e os leva a se aproximarem da etnologia que, no âmbito de grande tensão, apresentava para o Ocidente as particularidades dos povos ditos "primitivos". Nesse contexto, em que a etnologia se abria e se indagava perante a alteridade representada pelas culturas de continentes como África e América, a crítica dos conceitos iniciada com a problematização das formulações de "religião", "monoteísmo", "politeísmo" continuou com outros conceitos considerados insuficientes para dar conta de realidades muito distintas como as diversas crenças e práticas religiosas de povos do mediterrâneo ou de outras regiões.

Um dos conceitos questionados foi o de "magia", desenvolvido pelo pensamento ocidental em oposição à "religião". Coube a Ernesto de Martino, a partir da Antropologia e de diversos estudos de caso do sul da Itália, fazer a crítica deste conceito. Martino fez conjuntamente a crítica ao conceito de "religião" e de "magia" e, em grande esforço metodológico, reconsiderou a partir da História das Religiões os conceitos de "sagrado", "mito" e "rito", confrontando autores como Mircea Eliade e Rudolf Otto.

O projeto de Pettazzoni de afirmar teórica e metodologicamente a História das Religiões como disciplina acabou recebendo as reformulações realizadas por vários continuadores, entre eles Angello Brelich. Na sua *Introduzione alla Storia delle Religioni*, de 1966, Brelich atualiza Pettazzoni ao afirmar que o conceito de religião é um produto histórico, propondo, em oposição a G. van der Leeuw e a Mircea Eliade, que é preciso conhecer as religiões para poder formular um conceito de religião. Para ele, religião é um conceito que não pode ser confundido com nenhuma religião concreta.[20] Segundo Brelich, a História das Religiões como disciplina autônoma enfrenta uma dificuldade prática: seu modelo ideal é irrealizável. Isso porque em princípio a História das Religiões se deveria fundar na produção de um conhecimento e de uma compreensão interpretativa de todas as religiões desde o início da história até o presente, localizando cada uma delas nos seus respectivos contextos sociais e culturais em que surgiram e se desenvolveram. Isso significaria, na prática, dar conta de "toda a história humana, algo claramente impossível".[21] Mas o autor acredita que é melhor lidar com tal dificuldade do que renunciar a essa visão ampla e deixar o estudo do religioso aos diferentes especialistas (egiptólogos, sinólogos, estudiosos das culturas sem escrita etc.) que por sua vez correm o perigo de não captar a extensão, particularidade e historicidade do fenômeno religioso, o que só seria possível através da comparação que aponta para sua antiguidade e para suas condições de aparecimento. Brelich acredita, pois, que os problemas da formação de uma religião são acessíveis somente a quem conhece numerosas formas de religião em relação a formas de civilizações, de modo a poder manter, sobre uma ampla base de fatos — e não somente sobre um único caso — a conexão entre tipos de formações religiosas e tipos de tendências culturais em geral.[22]

Posteriormente, em *Prolégomèns à une Histoire des Religions*, o autor volta a insistir que a História das Religiões é uma disciplina autônoma. Faz isso em um contexto privilegiado, o de apresentar seus *Prolegómenos* a modo de introdução da monumental *Histoire des Religions*, projeto dirigido por Henri-Charles Puech e que contou com a colaboração de várias dezenas de especialistas, cada um dando conta das mais diversas religiões.

Nesse trabalho Brelich aborda duas definições: a de religião e de História das Religiões. Na primeira definição, continua afirmando, como Pettazzoni, que as religiões surgem no âmbito de processos históricos particulares e que neles o religioso pode ter vários sentidos. Para entrar na matéria, ele examina crenças como as dos "seres sobre-humanos" e suas diversas relações com o real no âmbito da experiência humana, do mundo real exterior e do psiquismo. Para isso, aborda os mitos a partir das que seriam suas características "especificamente" religiosas e também os ritos, entre eles os de "passagem"

e os "mágicos". O autor também analisa as funções protetoras de diversas crenças e práticas em relação às atividades humanas como as oferendas, os sacrifícios, as festas, e nelas destaca a presença dos sacerdotes. Assim, acaba por formular um conceito amplo de religião: um complexo de instituições, organizações, crenças, ações, comportamentos que se modificam a partir de novas situações e que visam regular e influir um mundo essencialmente não humano, mas relacionado com o humano e investido de valores.[23]

Na segunda definição, Brelich afirma o caráter reduzido dos estudos de uma única religião feito por especialistas, uma vez que se perderia a oportunidade de considerar as múltiplas possibilidades e formas da presença do religioso nas histórias particulares de cada povo e região. Por sua vez, a consideração das diversas presenças do religioso nas culturas deve colocar a História das Religiões através do método histórico comparativo em intensa relação com a etnologia religiosa. É com a criação de uma base comparativa que se pode apontar para as mudanças e assimilações do religioso e também de suas permanências, das chamadas tradições, dentro dos processos de difusão de diversas culturas. Para Brelich, a História das Religiões, como autônoma, deve ser entendida como uma disciplina em formação que pode dar conta desses processos a partir de uma ampla cooperação interdisciplinar e internacional.[24]

História das Religiões no Brasil

A História das Religiões como formulação e como prática se configura no Brasil no final da década de 1990, recolhendo os diversos percursos que cientistas sociais e historiadores tinham trilhado desde a primeira metade do século XX. A disciplina carrega, pois, uma marca interdisciplinar. O amplo repertório dos estudos que se acolhem sob

tal denominação mostra a importância que o pensamento brasileiro vem dando ao componente religioso na formação histórica do país. Por sua vez, esse componente religioso é considerado em um leque amplo de religiões e de religiosidades que vão além do Catolicismo. Ainda, esta produção de conhecimento sobre as religiões e as religiosidades tem se desenvolvido como uma atividade ligada à produção da pós-graduação brasileira, e o número de trabalhos tem crescido acompanhando o crescimento dos programas de pós-graduação em Ciências Humanas de todo o Brasil. São esses alguns dos motivos que fazem com que, como será apresentado a seguir, a História das Religiões no Brasil não se configure pelo translado ou importação de uma disciplina já formulada, mas seja um campo em formação com características próprias e claramente diferenciado do que são as escolas ou tradições da História das Religiões antes apresentadas.

Foi o médico baiano Nina Rodrigues, no início do século XX, que introduziu as primeiras análises sistemáticas sobre o Candomblé, começando de fato os estudos sobre as religiões no Brasil. Nina Rodrigues, ao considerar o "fetichismo africano dominante na Bahia", aponta também para a profunda devoção que se tinha pelos santos católicos. Depois dele, com Artur Ramos, também médico e também do Nordeste, nas décadas de 1930 e 1940, começa a se configurar uma etnografia religiosa dos descendentes de africanos. Autores como Waldemar Valente começam a tratar do sincretismo religioso presente no Brasil, e, entre as décadas de 1940 e 1950, Roger Bastide começa a apontar para a existência de várias religiões afro-brasileiras, nas quais participações, analogias e correspondências se fazem presentes.[25]

Em 1961, Cândido Procópio Ferreira publica *Kardecismo e Umbanda: uma interpretação sociológica*, onde analisa o "*continuum* religioso mediúnico" que iria do Espiritismo kardecista à Umbanda. Em 1973, aparece, também de autoria de Ferreira, *Católicos, protestantes e espíritas*, no qual, como no livro anterior, o autor aponta para a expansão de outras presenças religiosas em "contraface do declínio" do Catolicismo.[26] Na década de 1970, o leque do estudo do religioso se amplia consideravelmente nas Ciências Sociais,

renovando-se também as abordagens a respeito dos "movimentos messiânicos" ou da religiosidade popular, com as contribuições de muitos, dentre eles Douglas Teixeira Monteiro, com *Os errantes do novo século*, obra que examina o contestado levando em conta a religiosidade presente na cultura sertaneja e superando o mecanicismo imperante nos trabalhos anteriores.

Ainda na década de 1970 e em paralelo com as preocupações sociais que levaram os teólogos e agentes de pastoral a aderir à nascente Teologia da Libertação, surgiram projetos como o da Cehila (Comissão para o Estudo da História da Igreja na América Latina), fundada em 1973 pelo filósofo e historiador argentino Enrique Dussel, que foi congregando uma série de professores de História da Igreja que queriam ensinar uma história não eclesiástica, não apologética, com rigor documental e que apresentasse problemas e indagações segundo a perspectiva dos pobres. Esse projeto foi abraçado no Brasil entre outros por Eduardo Hoornaert, Riolando Azzi e José Oscar Beozzo, que, além de ensinarem, se propuseram a escrever uma grande obra coletiva em vários volumes: *História da Igreja no Brasil; ensaio de interpretação a partir do povo*, obra que formaria parte de uma monumental *Historia General de la Iglesia en América Latina*, com 14 volumes, na qual cada país teria a história da sua Igreja, editada pela editora Sígueme a partir de 1983, coordenada pela Cehila latino-americana e dirigida e idealizada por Enrique Dussel. Mesmo sendo muito heterogênea nos estilos e nas prioridades de seus autores e refletindo as transformações da Cehila, da América Latina e da Igreja, não há até agora no subcontinente uma obra que se lhe possa comparar.[27]

O primeiro volume da História da Igreja no Brasil, referente ao período colonial, foi organizado por Eduardo Hoornaert, tendo sua primeira edição em 1975, após a qual se seguiram várias outras. O volume inovava em termos de história da Igreja em pelo menos três aspectos: ao introduzir a formulação de cristandade como expressão que fazia referência à união entre a Igreja e o Estado, ao inserir a Igreja e o Catolicismo na ordem colonial definida pela prática da escravidão e ao dar destaque aos leigos e "à vida do povo".[28] Em 1980, sai o segundo volume, sobre a Igreja no Brasil do século XIX, de João Fagundes Hauck e mais quatro autores. Nesse volume, a inovação fica por conta de uma abordagem das instituições eclesiásticas dentro do contexto sociocultural do século XIX e pela introdução em uma parte redigida por José Oscar Beozzo sobre *A Igreja e a escravidão e a Igreja e os índios.*[29] A abordagem da religião na perspectiva de escravos e índios na história da Igreja apontava para a inclusão de setores desconsiderados pela "história oficial". Posteriormente, seriam incluídas as mulheres, os trabalhadores urbanos, os camponeses etc. Tanto no primeiro como no segundo volume foi incluída uma parte sobre as Igrejas não católicas redigida por um autor protestante, apontando para a "marca ecumênica" da Cehila. Essa marca ecumênica levaria aos poucos a transformar o projeto em história do Cristianismo e posteriormente em História das Religiões.

A obra do grupo da Cehila, que continua ativa até hoje tocada por uma segunda e uma terceira geração de historiadores, se desdobrou em diversos projetos coletivos editoriais e na produção de materiais destinados a agentes de pastoral. Seus textos inspiraram inúmeras celebrações no âmbito das comunidades eclesiais de base (CEBs), estiveram por trás das "partes históricas" de vários documentos da CNBB e forneceram subsídios a teólogos como Leonardo Boff e José Comblin. No âmbito acadêmico, as obras de Hoornaert, Beozzo, Azzi e outros foram e em alguns temas continuam sendo referências obrigatórias para trabalhos acadêmicos

sobre a introdução do Cristianismo nos povos indígenas, as irmandades, o Catolicismo popular, a atuação dos leigos, a romanização e o impacto do Concílio Vaticano II nas Igrejas da América Latina.[30]

Na década de 1980, com o restabelecimento da democracia e junto com ela da necessidade de reinterpretar a história do país à luz do presente, dos desafios do futuro e das novas chaves interpretativas, há um estímulo que resulta no crescimento da Historiografia brasileira e que encontra na afirmação dos programas de pós-graduação terra firme para sua expansão e renovação. Os temas se ampliam além da história econômica e política. A História Social — influenciada pelas traduções da Historiografia inglesa de autores como Eduard P. Thomson (*A formação da classe operária inglesa*) e da Historiografia francesa reunida em torno do projeto *História* (*Novos problemas; Novas abordagens; Novos objetos*) coordenado por Jacques Le Goff e Pierre Nora — vê multiplicar seu objetos, entre os quais o religioso. Assim, jovens historiadores se aproximam de sociólogos e antropólogos no seu interesse pelo estudo da religião segundo uma perspectiva histórica. Também, poucos anos depois, autores que tinham estudado a cultura popular no fim da Idade Média e inícios da Idade Moderna, como o italiano Carlo Ginzburg e o francês Michel de Certeau, começaram a ser traduzidos ao português e noções como circularidade cultural e cotidiano passaram a formar parte do repertório da História Cultural do Brasil.

No período de 1984 a 1994, segundo um levantamento feito por José Oscar Beozzo, a partir de uma publicação da Associação Nacional de Professores Universitários de História (Anpuh), 17 cursos de pós-graduação em história produziram 38 doutorados e 127 mestrados cuja principal temática era o religioso. A grande maioria dos doutorados (34) foi defendida na USP, que contava com uma pós-graduação mais consolidada; já os mestrados apontam para uma distribuição maior das instituições (14) e das regiões (Centro, Sul, Nordeste, Centro), mostrando que começavam a ser pesquisadas problemáticas locais e regionais, assinalando uma tendência que se tem consolidado com o aumento significativo de programas de pós-graduação na maioria dos estados da União. Esse levantamento também aponta para um grupo expressivo de pesquisadores e pesquisadoras a trabalhar com temáticas religiosas nos seus mestrados, continuando nessa perspectiva no doutorado, ajudando a criar linhas de pesquisa que relacionam história e religiões, sendo que muitos deles atuam na área até o presente, formando outros pesquisadores.

Nesses anos, predominaram as temáticas relacionadas à Igreja Católica e ao Catolicismo, abordando as ordens religiosas, as associações de leigos, a Ação Católica e a atuação dos bispos reformadores, mas também foram estudados os processos inquisitoriais, os cristãos-novos, os feiticeiros e os blasfemos, como também as manifestações da religiosidade popular. As temáticas, além dos interesses do momento, espelham influência das fontes, em particular as provenientes de arquivos eclesiásticos que se abriam a historiadores leigos como no caso dos de São Paulo, Mariana, Rio de Janeiro, o da CNBB em Brasília e os processos dos tribunais da Inquisição da Torre do Tombo em Lisboa. Nas abordagens teóricas há a influência de autores como Michel Foucault ou Antônio Gramsci. Ao mesmo tempo e ao contrário da Historiografia da Cehila, que mesmo crítica e ecumênica se faz segundo a confessionalidade, esta nova Historiografia que nasce através desses doutorados e mestrados leva de fato até hoje o sinal do que Michel Lagrée chamou de "agnosticismo metodológico".[31]

Na década de 1990, consolidaram-se as linhas de pesquisa que relacionavam história, religiões e religiosidades, criaram-se disciplinas acadêmicas e ofereceram-se seminários sobre a História das Religiões na PUC-SP, na USP, na Unesp e na UFF. A configuração de uma área, mesmo que informal e difusa, permite que em 1997 se inclua na obra *Domínios da História* (um dos compêndios mais editados no Brasil sobre teoria e metodologia da história) o artigo "História das Religiões e das Religiosidades", de autoria da Jacqueline Herman (doutora na UFF em 1990 com uma tese sobre Canudos), no qual se apresentava a origem da disciplina, suas escolas e se pontuava o que estava sendo feito no Brasil.[32]

Outras evidências de que a História das Religiões é uma área em crescimento e afirmação dentro da Historiografia foi dada pela criação em 2003 do Grupo de Trabalho de História das Religiões e das Religiosidades da Associação Nacional dos Professores Universitários de História, que se reúne desde 2005, e que até 2012 já realizou quatro encontros nacionais. O GT (Grupo de Trabalho) também fundou a *Revista Brasileira de História das Religiões*, com catorze números publicados até setembro de 2012. Também a partir do ano de 2000 passaram a ser publicados números sobre a História das Religiões por parte das mais qualificadas revistas de História, como a *Revista Brasileira de História*, a *Revista Tempo*, a *Estudos de História*, *Trajetos* e *Projeto História*.

O conjunto de artigos, de livros publicados, das dissertações e teses defendidas e das centenas de trabalhos apresentados nas reuniões nacionais da Anpuh aponta para a consolidação das religiões como objeto de conhecimento por parte dos historiadores e historiadoras brasileiros. Com essa produção — que, além do Catolicismo, aborda, segundo a ciência histórica, as igrejas protestantes, o amplo campo pentecostal, as religiões afro-brasileiras, o Espiritismo, o Judaísmo (tanto o colonial como o atual) e começa a pesquisar a presença islâmica no Brasil —, pode-se afirmar que os historiadores brasileiros estão fazendo História das Religiões e não de uma única religião, resultando disso a intensificação do diálogo interdisciplinar com as Ciências Humanas, a multiplicação das possibilidades documentais, incluindo os registros orais e a cultura material e a constituição de novas metodologias de análise. Isso tem sido feito entendendo que as religiões estão inseridas dentro da cultura e que os atuais debates sobre a História Cultural e sua aparelhagem conceitual são pertinentes às reflexões teóricas e metodológicas da História das Religiões.[33]

Em 1999, por iniciativa dos professores da linha de pesquisa "Religiões e Visões do Mundo" do programa de Pós-graduação em História da Unesp de Assis e de professores de programas de pós-graduação em Ciência da Religião, Psicologia, Filosofia e Ciências Sociais, surge a Associação Brasileira de História das Religiões (ABHR).[34] Desde o início, a ABHR promoveu através de seus eventos anuais e outras iniciativas o estudo científico da religião, de forma multidisciplinar além das fronteiras epistemológicos das disciplinas e com uma preocupação de acompanhar a pesquisa das mudanças no campo religioso. Esse interesse tem estado sempre presente através de debates sobre a religiosidade popular, a expansão das crenças esotéricas, o crescimento do Pentecostalismo e a transnacionalização das religiões brasileiras, entre outros aspectos da atual situação do religioso no Brasil.

Assim, nos treze simpósios que foram celebrados até 2012, a ABHR foi se consolidando como um espaço acadêmico de agregação de todos os estudiosos da religião, já que ao grupo inicial se juntaram cientistas políticos, semioticistas, teólogos, geógrafos, os quais

têm desenvolvido um rico debate teórico e metodológico. Dessa forma, a ABHR tem feito jus a sua filiação em 2001 à *International Association for the History of Religions* (IAHR) e tem expressado essa compreensão de História das Religiões. Ao mesmo tempo, ela tem representado para os historiadores que trabalham o religioso em diferentes épocas (da antiguidade até a pós-modernidade) e segundo diversas abordagens um espaço de interlocução metateórica.[35]

A diversidade esboçada no panorama delineado, nos temas, nos métodos, como também na distância entre os entendimentos de História das Religiões das diversas escolas e o que se pratica no Brasil, pode deixar a impressão de uma área de trabalho sem nítidos contornos, com um objeto de estudo ambíguo e métodos variados. Entendemos que as características antes enumeradas devem ser recuperadas a partir daquilo que elas sinalizam e evidenciam no que se refere ao percurso da História das Religiões no Brasil, a saber, que a disciplina que conta com pouco tempo de existência tem demonstrado extremo vigor, visto (1) o número de trabalhos e pesquisadores associados à ABHR, aos grupos de trabalho de História das Religiões e das Religiosidades, e visto (2) o número dos objetos que está abordando, pouco trabalhados na Historiografia, como a História das Religiões Afro-Brasileiras, do Espiritismo e do Pentecostalismo. Nesse sentido, a exuberância antes citada não aponta para falta de rigor da disciplina, mas pelo contrário sinaliza um processo em elaboração cujos frutos começam a aparecer quer na amplidão e diversidade de registros (história oral, iconografia etc.), quer na reelaboração conceitual e metodológica, quer no ineditismo temático dos trabalhos que estão aparecendo.

Referências bibliográficas

ALBUQUERQUE, Eduardo Bastos de. A História das Religiões. In: USARSKI, Frank (org.). *O espectro disciplinar da Ciência da Religião*. São Paulo: Paulinas, 2007.

BRELICH, Angelo. *Introduzione alla storia delle religioni*. Roma: Ateneo, 2006.

DIEZ DE VELASCO, Francisco. *Hombres, ritos, dioses*; introducción a la Historia de las Religiones. Madrid: Trotta, 1995.

HAUCK, João Fagundes (org.). *História da Igreja no Brasil*; ensaio de interpretação a partir do povo. Segunda Época. A Igreja no Brasil no século XIX. Petrópolis: Vozes, 1980.

HERMAN, Jaqueline. História das Religiões e das Religiosidades. In: CARDOZO, Círio Flamarion; VAINFAS, Ronaldo. *Domínios da história*. Rio de Janeiro: Campus, 1997.

HOCK, Klaus. *Introdução à Ciência da Religião*. São Paulo: Loyola, 2010.

HOORNAERT, Eduardo (org.). *História da Igreja no Brasil*; ensaio de interpretação a partir do povo. Primeira Época. Petrópolis: Vozes, 1976.

FERRETI, Sergio. *Repensando o sincretismo*. São Paulo: Edusp, 1995.

KITAGAWA, Joseph; ELIADE, Mircea (coords.). *Metodología de la historia de las religiones*. Buenos Aires: Paidós, 1986.

LAGRÉE, Michel. História religiosa e História cultural. In: RIOUX, Jean-Pierre (org.). *Para uma história cultural*. Lisboa: Estampa, 1998.

MANOEL, Ivan. *Apresentação*. In: MANOEL, Ivan; FREITAS, Nainora (orgs.). *História das Religiões*; desafios, problemas e avanços teóricos, metodológicos e historiográficos. São Paulo: Paulinas, 2007. Coleção Estudos da ABHR.

MONTEIRO, Douglas Teixeira: *Os errantes do novo século*; um estudo sobre o surto milenarista do Contestado. São Paulo: Duas Cidades, 1974.

PIERUCCI, Antônio Flávio; PRANDI, Reginaldo. *A realidade social das religiões no Brasil*. São Paulo: Hucite, 1996.

REGA, Lourenço. *Por outra história da Igreja na América Latina*. São Paulo: Fonte Editorial, 2011.

ROUSSELLE, A. História das Religiões. In: BURGUIÈRE, A. (org.). *Dicionário das Ciências Históricas*. Rio de Janeiro: Imago, 1993.

SILVA, Eliane Moura da. Editorial. *Revista de Estudos da Religião*, ano 12, n. 1 (jan./jun. 2012).

TERRIN, Aldo Natale. *Introdução ao estudo comparado das religiões*. São Paulo: Paulinas, 2003.

TORRES-LONDOÑO, Fernando. Uma história para a esperança. In: SAMPAIO, J. H. (org.). *Saúde, dinheiro e amor*; estudo da vivência religiosa a partir dos seus sujeitos. Piracicaba: Unimep/Cehila, 2004.

_____. *Apresentação, história e religiões. Projeto História*, n. 37 (2008).

Notas

[1] Silva, Editorial, p. 7.

[2] Kitagawa, *Metodología de la historia de las religiones*, pp. 38-39.

[3] Diez de Velasco, *Hombres, ritos, dioses*, pp. 18-19.

[4] Rousselle, História das religiões, p. 668.

[5] Hock, *Introdução à Ciência da Religião*, p. 31.

[6] Terrin, *Introdução ao estudo comparado das religiões*, p. 24.

[7] Kitagawa, Metodología de la historia de las religiones, p. 35.

[8] Lagreé, História religiosa e História cultural, p. 365.

[9] Ibid., p. 365.

[10] Ibid., p. 372.

[11] Ibid., p. 373.

[12] Ibid., p. 375.

[13] Ibid., p. 378.

[14] Ibid., p. 372.

[15] Ibid., p. 370.

[16] Ibid., p. 370.

[17] Ibid., p. 371.

[18] Ibid., p. 371.

[19] Ibid., p. 372.

[20] Brelich, *Introduzione alla storia delle religioni*, pp. 3-4.

[21] Ibid., p. 67.

[22] Ibid., p. 69.

[23] Ibid., p. 36.

[24] Ibid., p. 59.

[25] Ferreti, *Repensando o sincretismo*, pp. 41-54.

[26] Pierucci; Prandi, *A realidade social das religiões no Brasil*, p. 10.

[27] REGA, *Por outra História da Igreja na América Latina*, pp. 165s.

[28] Hoornaert, *História da Igreja no Brasil*, p. 21.

[29] Hauck, *História da Igreja no Brasil*, p. 227.

[30] Torres-Londoño, *Uma história para a esperança*, p. 65.

[31] Lagrée, *História religiosa e História cultural*, p. 372.

[32] Herman, *História das religiões e das religiosidades*, pp. 329-352.

[33] Torres-Londoño, *Apresentação*, p. 11.

[34] Albuquerque, *A História das Religiões*, p. 50.

[35] Manoel, *Apresentação*, p. 12.

Sociologia da Religião
e seu foco na secularização

RICARDO MARIANO

Introdução

O artigo discorre sobre as abordagens sociológicas da religião, percorrendo, de forma sucinta e lacunar, desde as contribuições basilares dos clássicos da Sociologia aos aportes e debates teóricos efetuados pelos especialistas da Sociologia da Religião nas últimas décadas. Adota como recorte as discussões teóricas realizadas, exclusivamente, tanto por pesquisadores quanto sobre fenômenos empíricos ocidentais, mas não se ocupa da descrição de suas distintas produções e recepções teóricas em diferentes países e contextos institucionais. Em razão de sua relevância temática acentuada durante toda a história da Sociologia e da Sociologia da Religião, enfeixa as discussões privilegiando um fio condutor: a teoria da secularização.

De início, cabe frisar que os sociólogos da religião perseguem ideais científicos de objetividade e de neutralidade axiológica e adotam métodos e teorias semelhantes aos dos demais cientistas sociais especializados noutros objetos empíricos. Sua vigilância epistemológica, contudo, não garante que consigam necessariamente dissociar a consecução de suas pesquisas, análises e interpretações de seus valores, padrões normativos, interesses e visões de mundo particulares, uma vez que, mesmo no desempenho de seu *métier*, eles sofrem influência das posições sociais que ocupam, dos contextos históricos e socioculturais em que vivem e das tradições intelectuais de seu ambiente acadêmico. E, tal como os cientistas atuantes em outras áreas, os sociólogos da religião partem do agnosticismo metodológico para investigar e interpretar as crenças, práticas, sociabilidades e organizações religiosas, as religiosidades que extrapolam o domínio institucional e seus impactos na vida social. Pesquisam tais fenômenos como produtos da agência humana, da interação social e da cultura, jamais como resultantes da ação divina ou de uma necessidade pré-social entranhada na natureza humana. De modo que fica fora da alçada da Sociologia da Religião toda indagação (tipicamente religiosa) a respeito da existência do sobrenatural e de sua influência sobre os seres humanos e a natureza. Por sua perspectiva secular e tendencialmente relativista, eles não têm por hábito tomar partido entre distintos grupos e "verdades" religiosos.

A abordagem sociológica se distancia do senso comum também quanto à própria definição da religião. Tradicionalmente, as interpretações sociológicas da religião têm delimitado o que se entende por religião, *grosso modo*, em definições substantivas, de um lado, e definições funcionais, de outro. A primeira é representada, por exemplo, por Durkheim e Weber (apesar de este não ter elaborado um conceito de religião), a última, por Luckmann e Luhmann.[1] Contudo, não vou me ater a nenhuma delas, considerando que o uso de tais definições para apreendê-la tornou-se temerário, foco de debates e de críticas severas, sendo praticamente descartado nos últimos anos.

Tal mudança sucedeu, entre outros motivos, porque as pesquisas sobre a genealogia e as acepções da categoria religião mostraram que, antes da modernidade, "fé" e "tradição" eram os termos usuais por meio dos quais se fazia referência a fenômenos, crenças e agentes considerados religiosos e que a religião como um conceito globalizado universal é um constructo da modernidade ocidental.[2] A religião é um conceito moderno que foi formulado paulatinamente em oposição à categoria de "secular" até alcançar sua configuração ideal-típica no Iluminismo, firmando-se, então, como um conjunto de crenças produzido por clérigos e unido a uma comunidade de culto não relacionada diretamente à vida pública.[3] Sua difusão, ainda dotada dos sentidos oriundos da própria tradição cristã, porém, teve início já a partir da expansão colonialista europeia dos séculos XVI e XVII. O imperialismo britânico, por exemplo, levou indianos e chineses a interpretarem suas tradições em termos das categorias binárias e opostas "religião" e "secular", acabando, com isso, por essencializar Hinduísmo, Budismo, Islã, Cristianismo, Taoísmo e confucionismo

em entidades comparáveis, tornadas objetos de investigação da então nascente disciplina secular da religião comparativa.[4] Em sua busca da singularidade do racionalismo ocidental, projeto teórico de corte eurocêntrico,[5] a própria Sociologia comparativa das religiões mundiais efetuada por Max Weber contribuiu para operar tal redução de civilizações e suas respectivas religiões a essências históricas comparáveis.

Considerando a moderna construção teórica da categoria religião e sua universalização a reboque do colonialismo — o que ocorreu também com as noções de magia, secular e religiões mundiais, entre outras —, bem como a enorme diversidade e variabilidade histórica dos fenômenos religiosos, James Beckford esclarece que a "religião é um constructo social e cultural com significado altamente variável", e não denota algo fixo ou essencial para além dos significados que assume em contextos culturais e sociais particulares.[6] Quanto à religião, Peter Beyer reitera que "não há essências, apenas desenvolvimentos históricos contingentes", sendo contingentes todos os aspectos da religião moderna, inclusive as formas e conteúdos que a religião manifesta nos planos conceitual e institucional.[7] Talal Asad arremata, afirmando que "não há nada de *essencialmente* religioso, nem qualquer essência que defina a 'linguagem sagrada' ou a 'experiência sagrada'".[8] Assertivas todas de dessubstantivação do religioso que não poderiam ser mais herméticas e sem sentido para o senso comum.

Resulta que a religião não pode ser analisada, segundo Beckford, como um "fenômeno unitário e homogêneo relativamente não problemático" e nem "comparada no tempo e no espaço sem considerar seu caráter multifacetado e socialmente construído".[9] Em vez de insistir na malograda tarefa de pesquisar e comparar as características essenciais da religião, ou de substantivá-la e defini-la a partir do exercício fixo de determinadas funções sociais, ele propõe que a Sociologia investigue o que os agentes consideram religião e as situações em que o significado religioso é construído, reproduzido, desafiado, negociado, rejeitado e modificado.

A relevância heurística dessa perspectiva repousa no fato de que os usos, os significados, os lugares, os papéis e as fronteiras da religião estão em constante transformação e são, efetivamente, objeto de contestação, conflito e negociação. São, em suma, contingentes. Demonstram isso as acirradas disputas em torno da laicidade da esfera pública no Brasil. As controvérsias públicas envolvendo a concordata católica, o ensino religioso em escolas públicas, a presença de crucifixos em prédios do Estado, a invocação e louvação a Deus no preâmbulo da Constituição e nas cédulas de dinheiro, respectivamente, e o ativismo partidário e eleitoral de dirigentes pentecostais são, acima de tudo, lutas políticas — travadas a partir de interesses e de perspectivas normativas, ideológicas e valorativas divergentes — a respeito de quais devem ser o lugar, o papel e as fronteiras da religião em nossa sociedade. São lutas em torno das quais se debatem as definições da religião e do secular (ou laico) e se requerem sua regulação.

Nesses confrontos, observa-se que, enquanto uns demandam a privatização da religião, ou o seu confinamento na esfera privada, reatualizando preceitos de ideologias secularistas liberais e republicanas forjadas no século XIX, outros, em contraste, almejam que a religião e, no mais das vezes, que a sua própria religião exerça maior influência na esfera pública, colonizando a mídia e a política e ocupando grande parte da vida social. É justamente na interação, na negociação e na disputa entre agentes, projetos e entidades que se identificam e são reconhecidos como seculares e religiosos que ambos, secular e religioso, vão se constituindo e se ressignificando mutuamente.

Os clássicos, a religião e a modernização

Karl Marx e os fundadores da Sociologia como disciplina científica — Auguste Comte, Émile Durkheim e Max Weber — deram grande atenção à religião em suas reflexões sobre o avanço do capitalismo e das radicais transformações políticas e socioculturais nas sociedades europeias em processo de modernização.[10] A religião esteve no centro das investigações teóricas e históricas na formação da Sociologia entre as décadas finais do século XIX e as primeiras do século XX.

Intelectual, ativista e ideólogo socialista, Marx interpretou a religião como produto e reflexo de forças sociais, ideologia alienante, instrumento de legitimação do Estado e das classes dominantes, falsa consciência e epifenômeno que dissimula a realidade e as fontes da dominação política e econômica, mas também como protesto (simbólico) contra a opressão da miséria, ópio e felicidade ilusória para suportar as privações materiais. A religião, a seu ver, seria superada pela construção, mediante a luta revolucionária, de um novo modo de produção econômico e de uma sociedade sem classes.

Baseando-se numa perspectiva teórica evolucionista e teleológica, Comte postulou a substituição das superstições religiosas pelas crenças metafísicas e sua superação pelas ciências positivas. Ele relegava a religião a uma fase pré-moderna da humanidade. Em detrimento das doutrinas religiosas, razão científica e ordem eram, para o pai do positivismo, fatores cruciais para a marcha avante do progresso sociocultural e econômico. Portanto, tal como para Marx, a secularização, para Comte, constituía tanto um ideal societário quanto um projeto político. Pode-se dizer que, cada qual a seu modo, ambos compartilhavam um imaginário secular comum manifesto, igualmente, em ideias, crenças e valores defendidos pelo movimento do livre pensamento e pelas sociedades secularistas da época, herdeiros todos da sanha anticlerical e antirreligiosa do Iluminismo.

Durkheim enfatizou a perda da relevância da religião (cristã) como prática social e, sobretudo, como base normativa, fator de coesão e solidariedade social na era moderna. Reforçado pelo Protestantismo, o individualismo constituía, a seu ver, a principal força secularizante a corroer o tradicional papel normativo e comunitário da religião. Já Weber, ao mesmo tempo em que realçou o papel da ascese protestante na formação do "espírito do capitalismo", associou o avanço da razão instrumental, da burocracia, do capitalismo, da ciência e da diferenciação das esferas culturais e institucionais ao desencantamento do mundo (desmagificação efetuada também pelas religiões éticas, especialmente o Protestantismo), à secularização das esferas econômica, jurídica e política e à perda de valor cultural da religião na modernidade.[11]

Entre os fundadores da Sociologia, Durkheim e Weber[12] foram os que mais se dedicaram a investigar os fenômenos religiosos e seu impacto sociocultural e econômico. Ambos estabeleceram forte associação entre modernidade e declínio da religião no Ocidente europeu; declínio tanto da autoridade e influência dos poderes hierocráticos sobre os indivíduos e, especialmente, as instituições políticas, jurídicas, econômicas etc. (que se especializaram e se autonomizaram, em grande medida, das religiões) quanto das funções da religião na promoção da coesão e da regulação social.

Tal associação entre modernidade e declínio religioso exerceu enorme influência na narrativa sociológica sobre o desenvolvimento do mundo moderno. Tanto que foi repetida como um mantra pela teoria da modernização, formada nos Estados Unidos pós II Guerra, perspectiva de corte eurocêntrico que dominou a Sociologia até quase o final do século XX.[13] Ela afirmava que as instituições políticas, jurídicas e econômicas, o progresso tecnológico e material, os modos de vida e os padrões culturais e de sociabilidade europeus modernos se disseminariam por todos os países sob a influência da modernização ocidental. Assim, o processo de modernização em curso nas demais sociedades reproduziria, cedo ou tarde, os mesmos efeitos da modernização europeia, entre eles a secularização do Estado, da política, do ensino público e da cultura.

O pressuposto teórico de que a modernização resultaria no declínio da religião ou de que, nos termos de Grace Davie,[14] havia uma "incompatibilidade entre religião *per se* e modernidade", canônico na Sociologia até praticamente o início dos anos 1990, acabou por refrear o interesse dos sociólogos dedicados à macrosSociologia pelos fenômenos religiosos.[15] A expectativa de decadência da religião e a escalada da especialização na Sociologia acabaram por relegar a pesquisa teórica e empírica da religião a uma posição marginal em boa parte do século XX, deixando-a a cargo quase exclusivo dos especialistas formados na disciplina, os sociólogos da religião. Exceção importante foi Talcott Parsons, cuja teoria funcionalista, na cola de Durkheim, destacou o papel da religião na normatização, ordenação e integração da sociedade.

Nas últimas duas décadas, contudo, renovou-se o interesse da Sociologia pela pesquisa do religioso e por sua influência sobre as relações de gênero, as identidades étnicas, a política, a democracia, a luta por reconhecimento e por direitos de cidadania, e daí por diante. Vários fatores contribuíram para isso, entre eles a emergência da pluralização e da politização das identidades religiosas, o recrudescimento do ativismo político e eleitoral de agentes religiosos, a acelerada expansão de grupos fundamentalistas em várias partes do mundo, a irrupção dos novos movimentos religiosos, a publicização da controversa tese de Samuel Huntington sobre o "choque de civilizações" radicado numa oposição religiosa entre Islã e outras grandes religiões, bem como as contundentes críticas à teoria da modernização efetuadas pelos estudos pós-colonialistas e pela noção de múltiplas modernidades elaborada por Schmuel Eisenstadt.

Antes que isso viesse a ocorrer, porém, as evidências empíricas de enfraquecimento das instituições, das crenças e das práticas religiosas, especialmente na Europa, e a expectativa de que o processo de modernização o estendesse pelo mundo capturaram por longo tempo a imaginação sociológica dos sociólogos da religião.

Teorias da secularização e da escolha racional da religião

Depois da publicação das obras dos "pais" da Sociologia sobre religião, verificou-se um hiato temporal considerável até que fossem realizadas pesquisas sociológicas de modo sistemático sobre o tema. De fato, elas foram retomadas somente após a II Guerra, período a partir do qual a Sociologia da Religião como subárea disciplinar especializada se desenvolveu e se espraiou celeremente em universidades e centros de pesquisa; difusão que, em certos países, entre eles a França, ocorreu em detrimento de Sociologias religiosas a serviço de grupos religiosos e de suas pastorais, preocupados fundamentalmente com a rápida corrosão de suas bases sociais e paroquiais ou, noutros termos, com os efeitos da secularização sobre a religião.[16] Não é à toa que, depois dos clássicos, a primeira grande onda de estudos sobre religião, ocorrida nas décadas de 1960 e 1970 e liderada por pesquisadores europeus, tratou justamente da teoria da secularização. Seus expoentes teóricos foram Talcott Parsons, Robert Bellah, Peter Berger, Thomas Luckmann, Bryan Wilson, David Martin, Niklas Luhmann.[17]

José Casanova sintetizou as diversas formulações da teoria da secularização, caracterizando-a como composta de três proposições distintas e não integradas: (1) "secularização como diferenciação de esferas seculares das instituições e normas religiosas"; (2) "secularização como declínio das crenças e práticas religiosas"; e (3) "secularização como marginalização da religião para a esfera privada".[18] Diante de evidências empíricas que falsificam as duas últimas proposições, caso dos Estados Unidos, país que exemplifica, há longo prazo, a possibilidade de convivência entre o que há de mais moderno na ciência, na Economia, na tecnologia etc. com a presença de elevados índices de crenças e práticas religiosas na população, com um pluralismo religioso vigoroso e com um forte ativismo político e midiático de grupos religiosos, entre eles a Direita Cristã, Casanova avaliou que a secularização como diferenciação funcional das instituições constitui a proposição mais sustentável dessa teoria. Tal processo de diferenciação vale para explicar a secularização na Europa. Noutros países, contudo, é preciso considerar o papel exercido pela colonização europeia e pela difusão das categorias normativas e ideológicas, como público e privado, secular e religioso.

Public religions in the modern world, publicado por Casanova em 1994, tornou-se obra de referência para os trabalhos que contestam tanto a noção quanto a narrativa histórica de privatização do religioso, presente na teoria da secularização, especialmente na versão proposta por Luckmann, para a qual a diferenciação funcional das instituições modernas desloca a religião da esfera pública para a privada, tornando-a "invisível".[19]

A partir dos anos 1990, portanto, a conexão entre processos de modernização e secularização passou a ser contestada, principalmente a partir da análise detida de acontecimentos que falsificaram a proposição de que a modernização acarreta a privatização do religioso. Mas o fato que deslanchou abruptamente o revisionismo dessa teoria foram os atentados terroristas realizados por radicais islâmicos contra as torres gêmeas em 2001 e contra outros alvos ocidentais. A teoria da secularização perdeu, assim, o *status* de conhecimento quase autoevidente, e seus defensores se viram na contingência de ou assumir uma posição reativa e defensiva ou de rever, atualizar e robustecer suas teorias à luz dos novos saberes e acontecimentos.

Cabe assinalar que não são alvos de questionamento teórico, empírico e histórico, por exemplo, a secularização europeia (que se verifica nos três níveis apontados por Casanova), nem a dominação globalizada da razão instrumental e de visões, valores e práticas seculares na Economia, na tecnologia, na publicidade, nas mídias e nas universidades, nem a emancipação relativa das estruturas jurídicas e políticas das sociedades do Ocidente em relação aos controles normativos, tradicionais e institucionais de entidades religiosas e dos poderes eclesiásticos. Não é por esse caminho propriamente que se conduzem as críticas às teorias da secularização formuladas na segunda metade do século XX. Elas se dirigem à sua suposta adoção de concepções e interpretações lineares, normativas, teleológicas e trans-históricas, porque vinculadas a narrativas teóricas e eurocêntricas da modernidade e da modernização.[20] Tais críticas, porém, não são matéria de consenso. Na contramão delas, Warren Goldstein, por exemplo, assinala que as obras de Parsons, Bellah, Berger, Luckmann, Wilson, Martin e Luhmann, além de apresentarem perspectivas heterogêneas e concorrentes, não adotam concepções teleológicas nem endossam a visão de que a secularização ocorre de forma linear.[21]

Entre as teorias da secularização, a mais popular e influente, inclusive no Brasil, foi a de Peter Berger, publicada em *O dossel sagrado* e, por décadas, considerada referência paradigmática na Sociologia da Religião. Segundo Berger, a separação entre Igreja e Estado, ao pôr fim ao monopólio religioso e abrir espaço para o avanço do pluralismo, destruiu o "dossel" religioso que englobava e integrava o conjunto da sociedade e, assim, dominava homogeneamente as consciências individuais. Com isso, o pluralismo religioso debilitou a religião, ao dissolvê-la como dever e herança tradicional e tornar a pertença religiosa uma questão de livre escolha individual, ao multiplicar as estruturas de plausibilidade religiosas concorrentes e ao promover a relativização, a privatização e a subjetivação do conteúdo dos discursos religiosos, tornando-os objeto de ceticismo e indiferença.

Em 1999, momento em que os debates sobre a teoria da secularização estavam a pleno vapor, Berger publicou artigo em que rejeitou sua perspectiva pregressa de que a modernidade acarreta secularização, defendeu ser "falsa a suposição de que vivemos em um mundo secularizado", registrou fenômenos de dessecularização e pontificou que "toda a literatura escrita por historiadores e cientistas sociais vagamente chamada de 'teoria da secularização' está essencialmente equivocada".[22] O manifesto de Berger, a despeito de sua contundência retórica, paradoxalmente, manteve quase intactos suas premissas teóricas anteriores, como revela crítica efetuada por Cecília Mariz.[23]

Com efeito, foram os expoentes da teoria da Economia religiosa (chamada também teoria da escolha racional da religião), liderados por Rodney Stark, que, em meados da década de 1980, propuseram uma inversão radical do núcleo da teoria da secularização de Berger.[24] Stark refutou a tese de que o pluralismo e a concorrência religiosa debilitavam a religião, afirmando, em contraste, que eles tendiam a ampliar os níveis de compromisso e de participação religiosa da população.[25]

Discípulo e aliado de Stark, Roger Finke explica que, quando o Estado sustenta e protege (da competição) determinado monopólio religioso (situação assemelhada à da vigência de um "dossel sagrado" idealizada por Berger), o aparelho estatal tende a discriminar, a reprimir e até a suprimir grupos religiosos minoritários, atentando contra a liberdade e a tolerância religiosas e restringindo a diversidade e a concorrência religiosas.[26] Já a garantia de liberdade religiosa tende a resultar na pluralização de grupos religiosos e no acirramento da competição inter-religiosa por sobrevivência e por mercado, estimulando a mobilização de leigos e do clero para o exercício da militância proselitista e para o empreendedorismo religioso. O que, a seu ver, tende a aumentar e diversificar a produção de bens e serviços religiosos e, assim, a probabilidade de suprir interesses, necessidades e preferências de distintos nichos e demandas de mercado.

Sumarizando sua teoria de linhagem liberal, Laurence Iannaccone, Roger Finke e Rodney Stark defendem taxativamente que a desregulação estatal da religião, a liberdade, o pluralismo e a competição religiosos estimulam o ativismo, a militância, a eficiência e o vigor do trabalho realizado das organizações religiosas. Tais fatos e ações, a seu ver, resultariam na oferta de maior volume, diversidade e qualidade de seus bens e serviços religiosos, no atendimento de maior amplitude de demandas e preferências religiosas, bem como na elevação do recrutamento de adeptos, da mobilização e da participação religiosas da população.[27]

Considerada por Stephen Warner[28] um "novo paradigma" na Sociologia da Religião já no início dos anos 1990, essa perspectiva, postulada como adversária de teorias lineares da secularização, tornou-se objeto de calorosos debates desde então. Com base em pesquisas empíricas, evidências históricas e intermináveis controvérsias metodológicas, concluiu-se pela ausência de relação causal entre as variáveis pluralismo religioso e participação religiosa da população, refutando, assim, tanto a posição de Berger quanto a principal hipótese da teoria da Economia religiosa.

Novos movimentos religiosos, crise das instituições e individualismo religioso

Outra fonte a um só tempo de críticas às teorias da secularização e de renovação da reflexão sociológica sobre o religioso e, por tabela, o secular, derivou do surgimento dos "novos movimentos religiosos" (NMR), cujo avanço deu-se concomitantemente com a emergência da contracultura e de novos movimentos sociais (feministas, ecológicos, étnicos, em defesa dos direitos civis etc.) na segunda metade do século XX.

Abrangendo fenômenos e grupos religiosos os mais disparatados, a expressão novos movimentos religiosos foi adotada pelos sociólogos ainda na década de 1970 como recurso para evitar as conotações teológicas e normativas dos termos "seita" e "*cult*".[29]

Os mais importantes estudos sociológicos sobre os NMR — entre os quais os de Eileen Barker, James Beckford, Colin Campbell, Paul Heelas, Thomas Robbins, Lorne

Dawson[30] — tiveram por foco as controvérsias, os conflitos jurídicos, as campanhas anticultos e as reações políticas e midiáticas que eles suscitaram, bem como as representações sociais a respeito da lavagem cerebral, da manipulação psicológica, da violência e da exploração atribuídas a tais movimentos.

Em diversos países, com efeito, o crescimento dos NMR gerou acirradas controvérsias públicas, suspeitas e receios generalizados, sanções legais, ações políticas e administrativas, fortes reações de oposição da imprensa e de outras mídias, além da formação de entidades antisseitas por parte de dissidentes religiosos e familiares de adeptos. A cobertura midiática sensacionalista de certos casos extremos, como os dos suicídios coletivos de membros do Templo dos Povos em Jonestown e de adeptos da Ordem do Templo Solar na França, da morte de Davidianos no Texas e do ataque terrorista com gás sarin no metrô de Tóquio, realizado por membros da Aum Shinrikyo, contribuiu decisivamente para difundir todo tipo de preconceito contra os NMR, questionar seu caráter religioso e considerá-los desviantes, anômalos e perigosos.[31] Tais concepções aplainaram o terreno para que se generalizassem as acusações de uso de técnicas de manipulação e de lavagem cerebral para recrutar e reter adeptos, de exploração financeira, de abuso sexual, de prática de maus-tratos, de desrespeito às liberdades civis e aos direitos humanos.[32]

Foram realizados ainda vários estudos monográficos sobre os NMR, elaboradas tipologias para classificá-los e interpretá-los e criadas hipóteses para apreender as razões de sua expansão. Entre elas, destacaram-se a anomia, a incerteza moral e quanto ao futuro, a busca de verdades espirituais e de segurança emocional em lideranças carismáticas e associações comunitárias, fenômenos tidos como decorrentes das rápidas e turbulentas mudanças socioculturais, da cisão com as e

emancipação das tradições, da globalização capitalista, da racionalização, entre outras.[33]

A emergência e a difusão dos NMR — entre os quais se incluem a New Age, os esoterismos, assim como as tendências orientalizantes de substituição de concepções de transcendência por imanência e das de religião e religiosidade pela de espiritualidade[34] — foram interpretadas igualmente como resultantes do declínio das instituições religiosas. Isto é, os próprios efeitos do processo de secularização sobre as religiões tradicionais seriam, ao menos em parte, responsáveis pelo *boom* dos NMR.

Não é à toa que Danièle Hervieu-Léger caracteriza a "modernidade religiosa" secularizada no Ocidente como o momento em que "a religião deixa de fornecer aos indivíduos e grupos o conjunto de referências, normas, valores e símbolos que lhes permitem dar um sentido à sua vida e suas experiências".[35] Ela perde credibilidade, capacidade de prover socialização religiosa e de regular a conduta dos indivíduos. A pretensão, nutrida especialmente pelas religiões de salvação monoteístas, de "reger a sociedade inteira e governar toda a vida de cada indivíduo" perde também legitimidade.[36] Como consequência, avançam a crise de transmissão das tradições religiosas, a tendência de individualização e subjetivação das crenças, a fragilização das pertenças e identidades religiosas (que se tornam escolha pessoal), a mobilidade religiosa e a irrupção sincrética, idiossincrática e privatizante de novas crenças, práticas e experiências religiosas. Por outro lado, ao mesmo tempo em que corrói as velhas bases tradicionais e conformistas da participação religiosa, a secularização abre espaço para conversões e engajamentos religiosos de viés fundamentalista.[37]

Charles Taylor, em *A era secular*, associa o avanço da individualização e subjetivação das crenças à revolução cultural dos anos 1960, que, a seu ver, foi sobretudo uma revolução individualizadora, geradora de um individualismo expressivo que tornou a auto-orientação um fenômeno de massa e contribuiu para erodir projetos políticos e os coletivos sociais, tais como comunidades, famílias, partidos, sindicatos e igrejas.[38] Ao lado da revolução do consumidor, da afluência e do recuo das necessidades materiais urgentes, a revolução cultural favoreceu o recrudescimento de uma cultura da autenticidade em oposição radical ao conformismo imposto pelas velhas fontes de autoridade institucional e a deflagração da rebeldia dos jovens contra o "sistema", contra o cerceamento da individualidade, da criatividade e da imaginação, contra a repressão do sentimento, da espontaneidade, do corpo e da sensualidade e contra as distintas formas de dominação e opressão política.

Tal virada subjetiva fez com que a religião institucional e suas autoridades perdessem influência e capacidade de regular o religioso na sociedade e nas condutas individuais, posto que a validação, a autenticação e o julgamento das crenças, práticas, convicções e moralidades religiosas passaram a ser escolhidos e efetuados cada vez mais autonomamente pelos indivíduos à revelia do clero e a partir e em função de suas experiências pessoais e emocionais, ou do arbítrio de sua subjetividade. Tal subjetivismo se expressa na concepção, segundo Taylor, de que "a vida ou prática religiosa, da qual me torno parte, deve ser não só parte da minha escolha, mas também deve falar a mim, deve fazer sentido em termos do meu desenvolvimento espiritual como eu o concebo".[39] A persecução desse caminho espiritual próprio em busca do cultivo de si e da autoexpressão tende a escapar às velhas molduras e exigências institucionais e a se orientar, acima de tudo, pelo *insight* pessoal e pelo sentimento experimentado, ambos avessos a autoridades externas e a quaisquer prescrições de ortodoxias e de moralidades rígidas.[40]

À guisa de conclusão, cabe observar que o avanço de grupos fundamentalistas sobre a esfera pública e a difusão dos NMR e espiritualidades individualizadas colocaram novos desafios à Sociologia da Religião e provocaram a rediscussão da ideia secularização e do secularismo como produtos de processos estruturais impessoais. Tal como as velhas narrativas da modernidade, eles finalmente estão sendo desnaturalizados, colocados sob o escrutínio de novas pesquisas históricas e sociológicas. Resulta disso que tanto a teoria e o processo de secularização quanto o secularismo passaram a ser pensados como efeitos também e, às vezes, sobretudo de um longo e vigoroso projeto político e ideológico, projeto para o qual os profissionais da Sociologia, de forma mais ou menos refletida e deliberada, contribuíram em favor da dilatação do secular em detrimento da presença e influência do religioso (sua alteridade) na vida pública.[41] E assim o fizeram, embora nem sempre, em defesa da democracia, das liberdades civis, dos direitos humanos e de cidadania.

Referências bibliográficas

ASAD, Talal. *Formations of the secular*; Christianity, Islam, modernity. California: Stanford, 2003.

BARKER, Eileen. The scientific study of religion? You must be joking! In: DAWSON, Lorne L. (ed.). *Cults and New Religious Movements*. Oxford: Blackwell Publishing, 2003.

BECKFORD, James A. *Social theory and religion*. Cambridge: Cambridge University Press, 2003.

_____. Nouveaux mouvements religieux. In: AZRIA, Régine; HERVIEU-LÉGER, Danièle (eds.). *Dictionnaire des faits religieux*. Paris: PUF, 2010. pp. 808-816.

BERGER, Peter L. *O Dossel Sagrado*; elementos para uma Sociologia da Religião. São Paulo: Paulinas, 1985.

_____. A dessecularização do mundo: uma visão global. *Religião & Sociedade*, v. 21, n. 1, Rio de Janeiro, ISER (abr. 2001), pp. 9-23.

BEYER, Peter. Conceptions of religion: on distinguishing scientific, theological, and "official" meanings. *Social Compass*, v. 50, n. 2 (2003), pp. 141-160.

_____. Socially engaged religion in a Post-Westphalian global context: remodeling the secular/religion distinction. *Sociology of Religion*, v. 73, n. 2 (2012), pp. 109-129.

BOBINEAU, Olivier; TANK-STORPER, Sébastien. *Sociologia das religiões*. São Paulo: Loyola, 2011.

CALHOUN, Craig; JUERGENSMEYER, Mark; ANTWERPEN, Jonathan van. Introduction. In: CALHOUN, Craig et alii (eds.). *Rethinking secularism*. Oxford: Oxford University Press, 2011. pp. 3-30.

CAMPBELL, Colin. A orientalização do Ocidente: reflexões sobre uma nova teodiceia para um novo milênio. *Religião & Sociedade*, v. 18, n. 1 (1997), pp. 5-22.

CASANOVA, José. *Public religions in the modern World*. Chicago: The University of Chicago Press, 1994.

CIPRIANI, Roberto. *Manual de sociología de la religión*. Buenos Aires: Siglo XXI Editores Argentina, 2004.

COSTA, Sérgio. Teoria por adição. In: MARTINS, Carlos Benedito. *Horizontes das Ciências Sociais no Brasil. Sociologia*. São Paulo: Anpocs, 2010.

DAVIE, Grace. *The sociology of religion*. London: Sage Publications, 2007.

_____. Creating an agenda in the sociology of religion: common sources/different pathways. *Sociology of Religion*, v. 65, n. 4 (2004), pp. 323-340.

DAWSON, Lorne L. (ed.). *Cults and New Religious Movements*. Oxford: Blackwell Publishing, 2003.

DOBBELAERE, Karel. Secularization: a multi-dimensional concept. *Current Sociology*, v. 29, n. 2 (1981).

DURKHEIM, Émile. *As formas elementares da vida religiosa* (o sistema totêmico na Austrália). São Paulo: Paulinas, 1989.

FINKE, Roger. The consequences of religious competition: supply-side explanations for religious change. In: YOUNG, Lawrence A. (org.). *Rational choice theory and religion*; summary and assessment. New York: Routledge, 1997. pp. 45-64.

FRIGERIO, Alejandro. O paradigma da escolha racional: Mercado regulado e pluralismo religioso. *Tempo Social, Revista de Sociologia da USP*, v. 20, n. 2, São Paulo (2008), pp. 17-39.

GOLDSTEIN, Warren S. Secularization patterns in the old paradigm. *Sociology of Religion*, v. 70, n. 2 (2009), pp. 157-178.

GOODY, Jack. *O roubo da história*; como os europeus se apropriaram das ideias e invenções do Oriente. São Paulo: Contexto, 2008.

GORSKI, Philip; ALTINORDU, Ates. After secularization? *Annual Review of Sociology*, v. 34, n. 1 (August 2008), pp. 55-85.

HADDEN, Jeffrey K. Toward desacralizing secularization theory. *Social Forces*, v. 65, n. 3 (March 1987), pp. 587-611.

HEELAS, Paul. Challenging secularization theory: The growth of "New Age" spiritualities of life. *The Hedgehog Review. Critical Reflections on Contemporary Culture. After secularization*, v. 8, n. 1/2 (2006), pp. 46-58.

HERVIEU-LÉGER, Danièle. *O peregrino e o convertido*; a religião em movimento. Petrópolis: Vozes, 2008.

_____; WILLAIME, Jean-Paul. *Sociologia e religião*. Aparecida: Ideias & Letras, 2009.

IANNACCONE, Laurence; FINKE, Roger; STARK, Rodney. Deregulating religion: The economics of church and state. *Economic Inquiry*, v. 35 (1997), pp. 350-364.

LEWIS, James R. (ed.). *The Oxford Handbook of New Religious Movements*. Oxford: Oxford University Press, 2004.

LUCKMANN, Thomas. *The invisible religion*; the transformation of symbols in industrial society. New York: Macmillan, 1967.

MARIANO, Ricardo. Usos e limites da teoria da escolha racional da religião. *Tempo Social, Revista de Sociologia da USP*, v. 20, n. 2, São Paulo (2008), pp. 41-66.

MARIZ, Cecília Loreto. Secularização e dessecularização: comentários a um texto de Peter Berger. *Religião & Sociedade*, v. 21, n. 1, Rio de Janeiro, ISER (abr. 2001), pp. 25-39.

PIERUCCI, Antônio Flávio. Secularização em Max Weber: da contemporânea serventia de voltarmos a acessar aquele velho sentido. *Revista Brasileira de Ciências Sociais*, v. 13, n. 37, São Paulo (1998).

SMITH, Christian. *The secular revolution*; power, interests, and conflict in the secularization of American public life. Berkeley: University of California Press, 2003.

STARK, Rodney. Bringing theory back in. In: YOUNG, Lawrence A. (org.), *Rational choice theory and religion*; summary and assessment. New York: Routledge, 1997. pp. 3-23.

_____. Secularization, R.I.P. *Sociology of Religion*, Oxford, v. 60, n. 3 (1999), pp. 249-273.

TAYLOR, Charles. *A era secular*. São Leopoldo: Editora Unisinos, 2010.

TSCHANNEN, Olivier. The secularization paradigm: A systematization. *Journal for the Scientific Study of Religion*, v. 30 (1991), pp. 395-415.

VEER, Peter van der. Smash temples, burn books; comparing secularist projects in India and China. *The World Religious Cultures*, v. 73, pp. 17-26.

WEBER, Max. *A ética protestante e o "espírito" do capitalismo*. São Paulo: Companhia das Letras, 2004.

_____. *Ensayos sobre sociología de la religión*. Madrid: Taurus, 1984.

_____. *Economia e sociedade*. Brasília: Editora Universidade de Brasília, 1991. v. 1.

WILSON, Bryan; CRESSWELL, Jamie (eds.). *New Religious Movements*; Challenge and Response. London: Routledge, 1999.

Notas

[1] Sobre as definições sociológicas substantivas e funcionais do termo "religião", ver Cipriani, *Manual de sociología de la religión*, pp. 13-24; Bobineau; Tank-Storper, *Sociologia das religiões*, pp. 133-135.

[2] Beyer, Conceptions of religion: on distinguishing scientific, theological, and "official" meanings; Asad, *Formations of the secular*.

[3] Calhoun; Juergensmeyer; Antwerpen, Introduction, p. 7.

[4] Veer, Smash temples, burn books: comparing secularist projects in India and China, p. 18.

[5] Goody, *O roubo da história*.

[6] Beckford, *Social theory and religion*, p. 5.

[7] Beyer, Socially engaged religion in a Post-Westphalian global context: remodeling the secular/religion distinction, p. 111.

[8] Asad, *Formations of the secular*, p. 25.

[9] Beckford, *Social theory and religion*, p. 15.

[10] A respeito das perspectivas teóricas dos clássicos da Sociologia sobre a religião, ver: Hervieu-Léger; Willaime, *Sociologia e religião*; Davie, *The Sociology of Religion*.

[11] Pierucci, Secularização em Max Weber.

[12] Durkheim, *As formas elementares da vida religiosa*; Weber, *A ética protestante e o espírito do capitalismo*; *Ensayos sobre sociología de la religión*; *Economia e sociedade*.

[13] Costa, Teoria por adição.

[14] Davie, *The sociology of religion*, p. 48.

[15] Beckford, *Social theory and religion*.

[16] Sobre os rumos e diferenças da Sociologia da Religião nos dois lados do Atlântico, ver Davie, Creating an agenda in the sociology of religion: common sources/different pathways.

[17] As respectivas obras dos autores que formularam as teorias clássicas da secularização constam nos balanços teóricos efetuados por

Dobbelaere, Secularization: a multi-dimensional concept; Tschannen, The secularization paradigm: A systematization.

[18] Casanova, *Public religions in the modern World*, p. 211.

[19] Luckmann, *The invisible religion*.

[20] Ver críticas desse tipo em Hadden, Toward desacralizing secularization theory; Stark, Secularization, R.I.P.

[21] Goldstein, Secularization patterns in the old paradigm.

[22] Berger, A dessecularização do mundo: uma visão global, p. 10.

[23] Mariz, Secularização e dessecularização: Comentários a um texto de Peter Berger.

[24] Sobre a teoria da escolha racional da religião, ver Frigerio, O paradigma da escolha racional; Mariano, Usos e limites da teoria da escolha racional da religião.

[25] Stark, Bringing theory back in, pp. 17-18.

[26] Finke, The consequences of religious competition: supply-side explanations for religious change, pp. 49-51.

[27] Iannaccone; Finke; Stark, Deregulating religion: The economics of church and state.

[28] Warner, Work in progress toward a new paradigm for the sociological study of religion in the United States.

[29] Beckford, Nouveaux mouvements religieux, p. 808.

[30] Para obras de referência sobre os NMR, ver: Dawson (ed.), *Cults and New Religious Movements*; Lewis (ed.), *The Oxford Handbook of New Religious Movements*; Wilson; Cresswell (eds.), *New Religious Movements*.

[31] Barker, *The scientific study of religion? You must be joking!*

[32] Beckford, Nouveaux mouvements religieux.

[33] Ibid., p. 814.

[34] Campbell, A orientalização do Ocidente: reflexões sobre uma nova teodiceia para um novo milênio; Heelas, Challenging secularization theory: The growth of "New Age" spiritualities of life.

[35] Hervieu-Léger, *O peregrino e o convertido*, p. 34.

[36] Ibid.

[37] Ibid., pp. 107-137.

[38] Taylor, *A era secular*, pp. 555-592.

[39] Ibid., p. 571.

[40] Taylor, *A era secular*.

[41] Gorski; Altinordu, After secularization?; Smith, *The secular revolution*.

Antropologia da Religião

SILAS GUERRIERO

A religião sempre esteve presente como tema nos estudos antropológicos. Não existe até os dias atuais uma definição clara do que se compreende por Antropologia da Religião, a começar pela própria singularidade ou pluralidade da temática em foco. Para uns, não é possível falar em Antropologia da Religião no singular, pois essa unicidade indicaria a ideia de busca de uma essência da religião. Para outros, essa é uma questão menor. É por Antropologia da Religião que a disciplina ficou conhecida, e não se faz exigência de que o tema permaneça no singular ou no plural. No entanto, essa questão já aponta para um debate bastante sério que diz respeito ao objeto próprio. Afinal, qual o conceito de religião que se está utilizando?

A Antropologia se caracteriza pelo estudo do outro, do contato com a alteridade. Parceira da Sociologia, insere-se no campo das disciplinas auxiliares da Ciência da Religião no que tange à dimensão sociocultural do fenômeno religioso. Os estudos de religião e especificamente a Ciência da Religião utilizam-se dessas disciplinas como instrumentos de compreensão de um dos componentes fundamentais da religião, sua conotação social e cultural. Afinal, não há religião que não esteja inserida em uma sociedade e em um ambiente simbólico e cultural. Além do mais, não há sociedade ou cultura que não apresente algum tipo de sistema de crenças religiosas. Para a Ciência da Religião, o fenômeno religioso não se limita aos aspectos sociais e culturais, mas existe uma compreensão que sem lhes dedicar um olhar apurado não será possível obter um entendimento global do fenômeno. No interior da Antropologia, o estudo da religião constitui uma temática em si, comparável a outras em importância como a do parentesco ou a das estruturas sociais, abrangendo uma complexidade no interior das suas próprias fronteiras. Essa complexidade, para a Antropologia, se refere ao conjunto da dimensão social dos agrupamentos humanos ou ainda à complexidade da espécie humana, sendo a religião um dos componentes constituidores de ambas. Nesse sentido, a Antropologia dá as costas à Ciência da Religião, prescindindo desta. Não se trata de definir qual delas é dependente e qual é matriz. O que nos importa reter é que a Antropologia auxilia a Ciência da Religião no que se refere à discussão dos aspectos simbólicos que envolvem o fazer religião no interior das sociedades humanas. Tem por excelência o estudo de elementos básicos das religiões como o ritual, a mitologia e o sistema de crenças em geral.

As origens da Antropologia da Religião

Em suas origens, a preocupação da Antropologia com a religião, ou algo que naquele momento não se denominava religião, mas se aproximava do campo dos sistemas de crenças, não era tão nobre assim. A Antropologia nasceu como fruto da exigência de compreensão sobre o outro, aquele que não era ocidental. À medida que a sociedade europeia avançava por sobre os outros povos e por outros continentes, houve a necessidade de compreender quem era aquele outro, que naquele momento já era visto como um ser humano, mas que em nada se assemelhava a um civilizado. Fruto do processo colonialista, a Antropologia representou o esforço de empreendimento de um olhar científico sobre os outros povos. A grande indagação que moveu, e ainda move, a nascente ciência era a de compreender a imensa diversidade humana apesar da unidade biológica da espécie humana. Esse outro, seja ele um aborígene da Oceania, um negro do interior da África ou um índio da Amazônia, tinha de ser compreendido como um ser humano, dotado das mesmas condições que caracterizavam toda a espécie. Para alguns pais fundadores dessa ciência, o que mais chamava a atenção na comparação desses outros com o europeu branco, cristão e civilizado, era o fato de haver um enorme fosso no universo de compreensão e visão do mundo e nos hábitos um tanto exóticos daqueles nativos. Não se reconhecia nessas crenças uma verdadeira religião. Religião, afinal, seriam somente as monoteístas, reveladas e denominadas religiões do livro. No máximo poderiam ser incluídas as grandes tradições do Oriente, como as religiões da Índia, da China e do Japão. Os povos tidos como primitivos eram detentores, dizia-se, de uma mentalidade primitiva, que enxergava feitiçarias e animismos em todos os cantos.

O estudo dessas crenças ditas primitivas entrou na Antropologia como forma de diferenciação em relação ao modo de pensar considerado evoluído e civilizado e não como uma temática eleita com distinção. A Antropologia da Religião não nasceu como área específica, mas por vias paralelas como um esforço de compreensão das diferenças entre os povos. Pensar o diferente passava por pensar as diferentes mentalidades, fossem essas tidas por animista, mágica, mítica ou até pré-lógica.

Dois dos mais eminentes fundadores da Antropologia reservaram lugar especial à religião em suas análises. A preocupação de fundo de ambos era, justamente, perceber como esses povos primitivos podiam pensar de modo tão distante da maneira dos ocidentais. Tratava-se de perceber a espécie humana por meio de uma unidade psíquica que ligaria o primitivo ao civilizado. O que os distinguiria seria justamente o estágio de desenvolvimento das ideias. Enquanto uns pensavam ainda de maneira animista ou mágica, outros já teriam alcançado um estágio superior de desenvolvimento e de compreensão da realidade, sabendo separar a ciência, voltada às coisas materiais, da religião, voltada à dimensão da relação com o criador e a verdade última. Para Edward Tylor (1832-1917) o animismo seria universal e o primeiro estágio do processo evolutivo daquilo que viria a se tornar a religião.[1] Embora sem a crença em deuses, o primitivo atribuía os fenômenos naturais à intervenção de espíritos benevolentes ou malévolos. Para o animismo, o mundo estaria povoado por seres que habitam os objetos, as plantas, os animais e os homens. As experiências da doença, da morte e, sobretudo, dos sonhos, estariam nas origens da noção de alma. Isso levaria o primitivo a imaginar que existe um ser, dotado de uma substância espiritual, que estaria além do corpo físico. Com a evolução das culturas, o animismo daria lugar ao politeísmo e depois ao monoteísmo. É famosa a definição de religião elaborada por Tylor. Para esse britânico pioneiro, religião é a crença em seres sobrenaturais ou espiritualizados. Para ele, em um gradiente evolutivo haveria desde a crença animista até a formulação mais sofisticada do divino. Essa definição básica de religião foi muito criticada, desde as formulações de Durkheim[2] até as de muitos antropólogos atuais. No entanto, não são poucos os que retomam constantemente essa proposição básica, embora certamente reformulada e sem as conotações de cunho evolucionista que a original de Tylor carrega, como é o caso da posição das Ciências Cognitivas, que prefere substituir a noção de seres espirituais por agentes sobre-humanos.

James George Frazer, outro dos grandes heróis civilizadores da Antropologia, afirma ser a magia uma forma primitiva de ciência, mas que fracassou pela sua precocidade. Esse fracasso da magia em atingir os resultados materiais esperados leva o primitivo a desenvolver a religião. Frazer estabelece uma sequência evolutiva que vai da magia, passa pela religião e atinge o ápice na ciência moderna.[3] Ele percebe a superstição como um desvio intelectual que desvirtuava o pensamento lógico. Frazer vê no feiticeiro alguém que acreditava compreender as leis que regem o mundo e assim controlar os fenômenos da natureza. Da mesma forma que a ciência, a magia também trabalha a partir da associação de ideias, numa relação causa e efeito. Se para Frazer a magia utiliza de maneira errônea o princípio de associação de ideias, pode então ser considerada como uma falsa ciência. Para ele, a magia é a primeira forma de pensamento humano. O primitivo procura controlar, por seus próprios meios, as forças da natureza. Após perceber que não consegue utilizar essas forças, abandona a magia para se dedicar à adoração de seres divinizados e superiores. Passa, assim, a uma etapa mais evoluída que, por meio da prece e do sacrifício em nome desses deuses, procura o caminho da salvação. Este seria o momento da religião para Frazer. Quando, enfim, percebe os limites da religião, o ser humano volta para o princípio da causalidade, mas dessa vez não mais de maneira mágica, mas sim experimental e científica. Desta forma, atinge o grau mais evoluído, ou seja, a moderna ciência da civilização ocidental. Frazer exerceu papel fundamental na legitimidade dos estudos de religião. Sua influência não se limitou ao meio acadêmico, mas teve forte impacto também entre os religiosos e na população em geral. Enfatizou a erudição e o estudo comparativo de civilizações antigas e trouxe para um público mais amplo o gosto pela busca das origens da religião.

Nesses dois casos vemos que a religião, ou mesmo a magia, ganha espaço não como uma temática central, mas como instrumento de compreensão das formas mais primitivas e arcaicas da humanidade. A preocupação com as origens gerou muita especulação sobre qual teria sido a primeira religião da humanidade. Várias foram as escolhidas. Falou-se em fetichismo, baseado em feitiçarias, ou ainda em animismo ou o totemismo, visto que o culto ao totem, ou ancestral, assemelhava-se a um culto aos deuses. Embora essas teses tenham sido há muito tempo refutadas pela Antropologia, permaneceram impregnadas no senso comum e no imaginário da nossa sociedade. De certa maneira influenciaram nossos modelos de pensamento sobre a religião dos outros.

Esse alvorecer da ciência do *antropos* não foi o de uma Antropologia da Religião de forma exclusiva. Tanto Frazer como Tylor, assim como outros daquela época e das seguintes, preocuparam-se com vários outros elementos das sociedades estudadas. Para muitos antropólogos não se pode falar numa Antropologia da Religião propriamente dita, pois a Antropologia se ocupa de várias temáticas. O que caracterizaria essa ciência seria o estudo da espécie humana em geral ou daquilo que ela carrega de especificidade, ou seja, a própria diversidade de comportamentos. Em última instância, não se poderia separar a Antropologia da Religião (ou das Religiões) de outras Antropologias, uma vez que essa ciência tem por pressuposto o estudo da cultura na sua totalidade, envolvendo aí aspectos materiais, práticas, regras, costumes, Economia, política e também crenças, mitos, ritos e, por assim dizer, religião. O estudo do universo religioso de um povo é justificado pelo que pode contribuir para a compreensão dessa cultura como um todo.

A originalidade do olhar antropológico sobre as religiões

Vários especialistas de diferentes áreas estudam, escrevem e falam sobre religião. Qual seria, portanto, a originalidade da abordagem antropológica sobre todas as demais? Costuma-se afirmar que o que caracteriza a Antropologia não é seu objeto de estudo, a cultura ou as práticas e valores, mas uma maneira particular de olhar sobre as coisas humanas. Independentemente da abrangência do olhar antropológico, e aqui podemos incluir as mais diferentes aproximações, temos de levar em conta que se trata de uma disciplina teoricamente orientada. Ao longo de sua história a Antropologia construiu diferentes teorias que com rigor acadêmico permitiram olhar para o fenômeno religioso de maneira bastante acurada. Essas diferentes teorias contribuíram, de maneira significativa, para uma melhor compreensão da religião, cada uma delas tomando significativo cuidado com os termos e conceitos utilizados.[4] Mas a distinção mais significativa fica por conta dos métodos de estudo e dos tipos de religiões que foram sendo estudadas e que acabaram contribuindo para a construção das teorias apontadas. O trabalho de campo, a busca do "ponto de vista do nativo", o olhar relativizador e o distanciamento são elementos essenciais desses métodos. Para uma Antropologia que não segue mais os pressupostos evolucionistas preconizados pelos iniciadores, não existe uma religião mais verdadeira que outra. Nesse sentido, é o olhar do antropólogo que permite penetrar nas redes de significados das diferentes culturas e perceber os sentidos intrínsecos que cada sistema religioso possui.

Não é fácil apagar a herança evolucionista. Permanece até hoje, sem seu cunho etnocêntrico, quando busca explicações mais amplas, genéricas, a partir de grandes comparações, sem se ater a particularidades muito específicas. Da busca de uma origem da religião permanece a dívida da procura, em um amplo sentido, por uma essência ou natureza da religião. A negação dessas origens, por sua vez, trouxe a ênfase nos particularismos, nas negações das grandes comparações e também na busca das funções dos elementos culturais olhados numa totalidade circunscrita do grupo estudado. Esse olhar só poderia ser o das particularidades empíricas. Na Antropologia da Religião, como preferem os que tendem a pensar numa natureza religiosa do ser humano, ou na Antropologia das religiões, para aqueles em que só é possível enxergar os aspectos empíricos ou as particularidades, qualquer teorização mais geral só ocorre a partir de infindáveis casos concretos. De acordo com Obadia, existem alguns postulados de base que servem a todos.[5] Trata-se de um empirismo que rompe com qualquer perspectiva fenomenológica, não no que ela pode trazer de reflexões para a análise (com foco nas formas observáveis de religião), mas com o objetivo empreendido de busca de uma essência, suprassocial. Olhar para as outras culturas, diferentes da ocidental, força um olhar que nega uma universalidade do religioso identificada nos monoteísmos largamente conhecidos. Cada forma nova e diferente de sistema religioso que a Antropologia foi desvendando foi estabelecendo a certeza de que não se poderia mais pensar em um sagrado para além das constituições históricas e nem mesmo para um *continuum* entre formas primitivas e civilizadas de religião. A religião do outro ganhou reconhecimento e valor. A magia, as feitiçarias em geral, os mitos e tudo que envolve qualquer sistema de crenças passaram a ser vistos no valor que trazem em si mesmos.

Essa nova perspectiva está muito longe de uma Antropologia religiosa. Não existe uma preocupação com a veracidade daquilo que é preconizado pelas religiões ou qualquer sistema de crenças. Em última instância isso significa dizer que não parte, como método de análise, do pressuposto da existência de uma essência do sagrado ou de uma divindade. Essa é uma questão que não cabe aos antropólogos. É famosa a colocação de Evans-Pritchard de que não se trata do antropólogo ter ou não uma religião, pois esse não está preocupado com a verdade ou falsidade do pensamento religioso, uma vez que as crenças são fatos sociais.[6] O que importa para a Antropologia da Religião são os significados subjacentes aos sistemas de crenças religiosas de um ou mais grupos sociais. Acrescenta-se, ainda, a preocupação com os hábitos, práticas e costumes desses mesmos grupos advindos desses sistemas. Para Radcliffe-Brown,[7] a função social da religião é independente da sua verdade ou falsidade. Todas as religiões, por mais excêntricas que possam parecer, desempenham papéis importantes no mecanismo social. Esse autor, assim como outros da primeira metade do século XX que buscaram inspiração a partir das ideias de Durkheim, como Marcel Mauss, Malinowski e Evans-Pritchard, romperam com o modelo explicativo dos evolucionistas, que viam a religião

reduzida aos mecanismos mentais (falsos), e buscaram fundamentar suas análises a partir de um consistente conjunto de dados empíricos. O contato com o outro, com suas maneiras particulares de se comportar e de crer, possibilitado pelo imprescindível trabalho de campo, deslocou a preocupação sobre as origens da religião para o campo das funções sociais. Nesse processo abandonou-se a busca de uma teorização geral sobre a unidade psíquica humana e focou-se nos pormenores da vida religiosa de um determinado povo. A grande contribuição para os estudos de religião foi, sem dúvida, o reconhecimento de valor desses universos religiosos que deixaram de ser vistos como vestígios de um passado para se tornarem atuais e alternativos aos modelos então considerados únicos, como o monoteísmo cristão. Houve uma ampliação conceitual sobre a religião. Malinowski e Evans-Prtichard contribuíram, sobremaneira, para uma compreensão das racionalidades do pensamento mágico e religioso. Ambos, cada um a seu modo, reconheceram que o pensamento mágico é também dotado de uma lógica e que o indígena tem consciência da distinção entre o racional e o não racional. Religião e magia deixaram de ser categorizadas como heranças de uma situação pré-lógica, ilógica ou irracional. Importante ressaltar aqui que, embora tenham características distintas quanto à finalidade e modo de operação, religião e magia passaram a ser vistas pelos antropólogos como elementos de um mesmo sistema mais amplo de crenças. A própria separação entre religião e magia, tão claramente definida por Durkheim,[8] deixa de ser tranquila, pois há vários sistemas mágicos em torno de comunidades semelhantes a que chamou de igreja, assim como há muito de magia nas religiões fortemente institucionalizadas. As duas dimensões se interpenetram e são tratadas como um todo.

Também herdeiro dessa perspectiva funcionalista, porém com características bastante peculiares e com forte tom intelectualista, surge o pensamento estrutural de Claude Lévi-Strauss. Embora não haja em sua obra uma explicitação da religião em si, este autor desenvolveu um extenso estudo sobre as mitologias e sobre o pensamento dito selvagem ou pensamento mágico.[9] A religião tem interesse na medida em que espelha as estruturas inconscientes da mente humana. Estas, sim, serão sua preocupação central. De certa maneira, retoma uma preocupação das origens da Antropologia, pois estava em busca das invariáveis universais de pensamento presentes em toda a espécie. Para ele, o pensamento humano trabalha e sempre trabalhou conforme o mesmo princípio. Embora o contexto histórico marque os contornos de cada cultura, há um substrato comum que permanece sempre o mesmo. Em seu artigo "A ciência do concreto", Lévi-Strauss defende que o selvagem elabora seu conhecimento a partir das mesmas regras que o civilizado. No entanto, enquanto a ciência moderna ocidental se faz a partir de abstrações, a ciência das sociedades tradicionais ou do selvagem, como ele prefere chamar, se faz a partir de classificações do mundo concreto. Mas nesse sentido não haveria uma distinção valorativa entre a magia e a ciência.

Pelo que foi tratado até este momento, a maneira pela qual a Antropologia retratou a religião trouxe implicações para a própria concepção sobre o outro, aquele que é diferente, mas ao mesmo tempo semelhante por

ser também um ser humano. Ampliou a noção de humanidade e do reconhecimento de que as diferenças religiosas, tão caras uma vez em que podem separar povos e provocar conflitos bélicos, são frutos das vivências sociais e de como os diferentes povos constituíram, ao longo da história, suas trajetórias e visões de mundo. A constatação antropológica da não existência de povos ou culturas que prescindam da religião teve várias consequências. Essa universalidade da religião, que para um crente religioso pode ser atribuída à comprovação da existência do sagrado, para a Antropologia trouxe mais indagações que certezas. Trata-se de uma natureza religiosa humana ou de uma origem religiosa da cultura e das sociedades humanas? Émile Durkheim, em sua famosa obra *As formas elementares da vida religiosa*,[10] afirma que a natureza religiosa do ser humano é um aspecto essencial e permanente da humanidade. Entretanto, Durkheim diz ser a religião um constructo das sociedades, numa evidente redução do religioso a um fato social. Mas, mesmo em suas épocas iniciais, nunca houve um consenso sobre a definição de religião e sobre os métodos de análise que poderiam ser empregados em seus estudos. Portanto, há aqui uma questão conceitual. Longe de demonstrar fraqueza teórica, essa diversidade evidencia uma riqueza e um eterno questionamento que fez com que essa ciência avançasse e renovasse a si mesma na busca de uma melhor compreensão da religião e do ser humano em geral.

A definição de religião

As teorias antropológicas da religião podem ser percebidas divididas entre aquelas que enfatizam os aspectos simbólicos, as que se preocupam principalmente com as práticas e aquelas que priorizam as estruturas sociais. No entanto, mesmo para aqueles de cunho mais intelectualista, como Lévi-Strauss, há

o reconhecimento de um empirismo como negação da busca de uma essência para o religioso.

A universalidade do religioso insere-se, assim, na escolha do conceito utilizado. Uma acepção clássica de religião como aquela utilizada nos primórdios da Antropologia incorreria no risco da impossibilidade de transpor o conceito para além do Ocidente e dos monoteísmos. O reconhecimento de que a palavra "religião" guarda fortes aspectos políticos e ideológicos, por se tratar de uma concepção ocidental colocada à força por sobre outros povos, levou alguns a uma rejeição pura e simples do conceito, embora isso não resolvesse a questão. Portanto, longe de rejeitar o conceito, ou negar sua existência, deve-se reconhecer que é preciso sempre levar em consideração o que se entende por religião.

Lionel Obadia chama a atenção para o fato de que os antropólogos acabaram seguindo basicamente duas grandes definições de religião.[11] Por um lado, o conceito original de Tylor, já apontado anteriormente, e por outro o de Durkheim. Para o primeiro, a ênfase do religioso, ou o que torna um ato ou uma ideia religiosa, é o fato de se reconhecer a presença de seres espirituais ou sobrenaturais. Para Durkheim, é a ideia de sagrado, em oposição à de profano, que evidencia o religioso. Essas duas grandes acepções do religioso evidenciam a complexidade do fato e as dificuldades em tentar reduzir em um único parâmetro algo tão abrangente. Embora Tylor tenha influenciado alguns antropólogos de língua anglo-saxônica, é a posição de Durkheim que vai estar mais presente nos estudos antropológicos no que tange à ideia de religião como construção social. Essa vertente acabou sofrendo inúmeros acréscimos e modificações, inclusive na ampliação do conceito de maneira a abarcar a noção de representação coletiva, também pelas mãos de Durkheim, mas que com Marcel Mauss ganhou bastante consistência. É desse último a definição de religião como conjunto de crenças e ritos, discursos e atos, definição essa bastante abrangente e inclusiva, mas que permite delinear os contornos de um sistema religioso ou outro sem reduzi-los a um lugar-comum.

Afastando-se de uma perspectiva funcional, seja ela das funções sociais ou das psicológicas, o norte americano Clifford Geertz abre uma nova via para a compreensão antropológica da religião. Em seu estudo ainda da década de 1960, estabelece uma definição de religião tida como clássica nos dias atuais. Religião para ele é um sistema de símbolos, e a possibilidade de estudo se dá por uma via Hermenêutica e Semiótica. Procura focar no que a religião representa para seus atores e como ela estabelece a nossa própria noção de realidade. Para este autor, religião é

> um sistema de símbolos que atua para estabelecer poderosas, penetrantes e duradouras disposições e motivações nos homens através da formulação de conceitos de uma ordem de existência geral e vestindo essas concepções com tal aura de factualidade que as disposições e motivações pareçam singularmente realistas.[12]

Essa noção parece bastante útil. Não fala de sobrenaturalidade ou divindade, muito menos em sagrado, podendo ser, dependendo do que se busca compreender, bastante conveniente. Pode-se perceber que ela serve tanto para religião como para as espiritualidades difusas. Geertz atribui o poder da religião ao fato de esse sistema simbólico realizar a junção entre o *éthos*, a maneira de ser e de sentir de um determinado grupo, com a visão de mundo, a formulação da ordem geral das coisas elaborada por esse mesmo grupo. A junção dessas duas dimensões tem o poder de formular uma imagem geral da estrutura do mundo e um programa de conduta humana em que um e outro se reforçam mutuamente.

Hanegraaff estabelece uma revisão crítica do conceito elaborado por Geertz de maneira a poder analisar aquilo que chamou de religião secular. Amplia enormemente a noção de religião. Sem fugir do dilema imposto pelos próprios antropólogos de discutir religião em termos amplos, procura abarcar tanto a dimensão singular (religião) como a plural (religiões). Para esse antropólogo holandês, religião (aqui entendida como religião no singular) é qualquer sistema simbólico que influencia as ações humanas pela oferta de formas ritualizadas de contato entre o mundo cotidiano e um quadro metaempírico mais geral de significados.[13]

Essa formulação responde, segundo o autor, pela noção de religião em geral, mas ela deve ser desdobrada para podermos enxergar as formas que efetivamente se manifestam socialmente. Para tanto, ele se utiliza de duas subcategorias: a de religiões (no plural) e a de espiritualidades. A diferença entre essas subcategorias da classe geral e mais ampla de religião está no fato de que nas religiões o sistema simbólico é representado por alguma instituição social. Assim, a religião necessita inevitavelmente de um grupo articulado em torno de um conjunto de mitos, com hierarquia e papéis definidos, e de uma doutrina que manifeste ou demonstre um conhecimento sistematizado. Ao mesmo tempo, essa definição permite englobar sistemas de crença que não tratam explicitamente de aspectos sobrenaturais, de seres espirituais ou de distinção entre sagrado e profano. Essa ampliação conceitual é que permite compreender uma série de novas manifestações espiritualizadas da nossa sociedade, como a Nova Era, e que não são englobadas pelos conceitos mais tradicionais de religião.

Tal discussão remete à questão do que é ou não é religioso. Uma vez que a Antropologia não parte de um pressuposto da existência de uma manifestação de um sagrado, que responderia pela substância religiosa de um objeto, de um ato ou de uma ideia, é preciso procurar esses fundamentos em outros terrenos. A definição de Hanegraaff tem esse atributo.

É nessa direção que vem uma das críticas mais contundentes da definição de religião nos dias atuais. Talal Asad afirma que não é possível separar os símbolos religiosos daqueles que não são.[14] É preciso, no entender desse antropólogo, ir a fundo ao contexto histórico em que se constituíram e se autorizaram esses símbolos religiosos. Asad parte de uma perspectiva que vem ganhando notoriedade nos estudos antropológicos, a de uma Antropologia pós-colonialista. Essa disciplina deixa de ser uma construção de um olhar do ocidental sobre os demais povos, mesmo que relativizada e antietnocêntrica. Quem fala, agora, são os próprios "nativos", como é o caso do próprio Talal Asad, saudita de nascimento e criado no Paquistão, filho de pai judeu convertido ao Islã. A questão básica gira em torno da impossibilidade de uma tradução. Qualquer costume ou ideia fora de contexto, traduzido, perde em poder explicativo e corre o risco de ser utilizado como forma de dominação por quem o traduz. Esse é o caso da noção de religião. Fiona Bowie acrescenta que é preciso sempre ter em mente que a construção da categoria "religião" se baseou em línguas e costumes europeus.[15] Em grande parte das línguas nativas não há palavras para definir o que os ocidentais entendem, ou pensam entender, por religião. O enquadramento a um significado preestabelecido é imediato. A perspectiva de quem escreve a história é fundamental nesse aspecto. Por que aqueles que não eram ocidentais foram obrigados a ler a história ocidental e o contrário não aconteceu? Para Asad, o fato está em que os nativos são vistos como "locais" enquanto os cristãos são "universais". Essa concepção de universalidade acaba, mesmo inconscientemente, justificando a sobreposição do mundo e dos valores ocidentais por sobre os demais povos.[16]

Asad procura examinar os caminhos pelos quais a busca teórica por uma essência da religião, trans-histórica, convidou a separar a religião da política. Faz isso por meio de uma análise da definição de Geertz. Seu argumento é que não pode haver uma definição universal de religião, não apenas porque seus elementos constitutivos e suas relações são historicamente específicos, mas porque essa definição é ela mesma um produto histórico do processo discursivo.[17]

Para outros críticos, por se tratar de um conceito ocidental que guarda origem na expansão da sociedade ocidental capitalista, servindo muitas vezes como forma de dominação, o termo deveria ser simplesmente abandonado.[18] Não poderia ser uma categoria analítica porque não trata de algo transcultural. O argumento central é a da inexistência da religião como fenômeno universal.

Longe de haver qualquer possibilidade de consenso, a diversidade conceitual sobre religião demonstra a própria diversidade metodológica da ciência do *antropos*. É preciso reconhecer que nessa caminhada a Antropologia muito tem contribuído para a ampliação dos horizontes sobre o que é religião e, especificamente, sobre as diferentes maneiras de compreensão da realidade praticada pelos diferentes povos. Como numa via de mão dupla, a Antropologia elabora um esforço para compreender o universo religioso do outro, mas as populações em geral também se utilizam dessa produção intelectual para olharem para si mesmas e se posicionarem

diante das diferenças, no eterno jogo das alteridades. Com o conceito de religião tem sido assim. Com a Antropologia a sociedade aprendeu a olhar sempre de maneira mais crítica para aquilo que tenderia a ser visto como algo absolutamente natural e, em geral, menosprezando todos aqueles que ousam pensar de maneira diferente. Nesse movimento, a religião do outro deixa de ser mera superstição e passa a ser vista como uma maneira alternativa de compreender e se situar no mundo.

Ao longo deste século e meio de ciência antropológica, a religião ganhou não necessariamente contornos mais definidos, mas visibilidade no seio das sociedades humanas. Pela própria trajetória do conceito pode-se perceber que está muito longe de se obter uma posição definitiva, ressaltando que isso não seria nada salutar. Mas, por outro lado, houve muito avanço na compreensão dos mecanismos e simbolismos que envolvem o universo religioso, aumentando a amplitude e a profundidade nas análises. Todo esse avanço trouxe para a Ciência da Religião o elemento fundamental da constituição simbólica e social da religião. Com ele tornou-se possível um incremento nos estudos sobre múltiplas manifestações religiosas presentes nas mais diferentes sociedades.

Mitos, rituais, símbolos e crenças

O estudo antropológico das religiões não se limitou à busca de uma definição mais precisa do conceito religioso. Muitas propriedades das religiões particulares que foram sendo estudadas ganharam um estatuto de objeto de estudo particular e constituíram campos autônomos de análises. Dentre esses podemos destacar as crenças, os rituais, os mitos e os símbolos.

O estudo das crenças não se restringe necessariamente ao campo da Antropologia da

Religião. Pode-se compreender que as crenças dizem respeito a um universo muito mais amplo que vai além daquilo que poderíamos chamar de crenças religiosas, ou crenças sagradas. No entanto, em que pesem as críticas feitas à noção de crença, semelhantes às empreendidas ao conceito de religião, as crenças religiosas compõem um dos objetos verificáveis da Antropologia da Religião. Como um fenômeno mental, a crença foi considerada um objeto próprio da Psicologia, mas, se pensado em termos de sua materialidade, na encarnação em objetos específicos, as crenças ganham contornos específicos e são tratadas de maneira especial pela Antropologia. Nesse aspecto, não há necessário vínculo com a categoria "fé", essa sim de cunho religioso. As crenças, para a Antropologia, ganharam destaque à medida que foram sendo estudadas em suas especificidades. Cada cultura possui, assim, um conjunto de elementos em que seus integrantes creem fazer parte do mundo e que termina por moldar os contornos da realidade mais ampla. No estudo clássico sobre a magia do feiticeiro, Lévi-Strauss afirma que o aprendiz de feiticeiro que ambicionava desmascarar os truques realizados pelos xamãs tornou-se ele próprio um grande xamã não pela sua convicção particular, mas pela crença coletiva e confiança depositada pelo grupo.[19] Da mesma forma, no estudo sobre os Azande, Evans-Pritchard percebe que os nativos têm plena consciência de que as doenças podem ser tratadas com remédios, visto que têm um vasto conhecimento sobre ervas e plantas Medicinais, mas é inconcebível não reconhecer que há obra de bruxaria ou feitiçaria em todos os casos em que alguém fica acamado.[20] Essas crenças compõem a materialidade do mundo dos Azande.

Talvez uma das mais fortes contribuições da Antropologia para o estudo da religião se dê no fato de ela ter dirigido especial atenção para a pesquisa de sistemas simbólicos.[21] Considerar a cultura humana como fruto da capacidade de simbolização é apenas ponto de partida. A grande contribuição se dá porque compreende o universo simbólico como elemento fundamental das comunicações e das trocas. Percebe-se então o papel fundamental de Lévi-Strauss, que não apenas delineou o funcionamento da magia através da eficácia simbólica, como trouxe enormes contribuições no campo das trocas simbólicas. Mary Douglas elaborou uma teoria sobre a naturalidade dos símbolos, ao menos como eles passam a ser manifestações previsíveis.[22] Focada na dimensão do simbolismo da experiência corporal, Douglas enfatizou o ritual como um sinônimo de símbolo. O efeito do rito se liga à modificação da experiência. Experiências díspares ganham sentido quando vivenciadas em um quadro de estruturas simbólicas. Para ela, o ritual consiste essencialmente em uma forma de comunicação. Clifford Geertz, como afirmado anteriormente, elegeu os sistemas simbólicos de uma cultura como centro de suas análises, como o religioso, o político, o científico e outros. A análise antropológica dos símbolos procura descobrir os sistemas de significado subjacentes, em um esforço interpretativo empreendido pelo pesquisador.

Para a Antropologia, a simbolização reflete a maneira como os símbolos religiosos se constituem, se fixam e se transmitem na história e nas sociedades humanas. Ela se diferencia de outras abordagens sobre os símbolos tanto as que possam vir da Psicanálise quanto as de uma concepção que parta do princípio de que os símbolos têm um significado fixo, inerente a eles mesmos, em todas as religiões e culturas.

Por fim, destacam-se ainda mito e ritual. Esses dois elementos da religião constituíram campos de dimensões abissais nos estudos antropológicos. Muitas vezes vistos como inseparáveis, pois um lida com o aspecto do imaginário e das mentalidades, enquanto o outro trata do universo das práticas, há quem veja uma supremacia do ritual sobre o mito, como Jack Goody[23] ou Victor Turner.[24] Outros, como Lévi-Strauss, se preocuparam com o estudo do mito, deixando o ritual praticamente de lado.

O rito é um elemento essencial da vida religiosa. São tipos especiais de eventos, mais formalizados e estereotipados. Ritual é sempre comunicação. São formas que os próprios membros de um grupo encontram de dizer a eles mesmos quem eles são,[25] mas, mais que isso, são uma maneira evidente de comunicação entre o mundo dos humanos e o mundo dos deuses. O ritual tem o poder de instaurar uma condição social, reforçando os vínculos entre os indivíduos e estabelecendo os papéis sociais de cada um. É importante perceber que existe uma classe especial de rituais, estudada por Arnold van Gennep[26] e depois aprofundada por eminentes antropólogos, dentre eles Victor Turner: os ritos de passagem.[27] Trata-se de uma ampla gama de rituais que marcam mudanças de estado, não apenas definitivas, como as passagens entre as fases da vida, mas também temporárias, como as festas de inversão de papéis que acabam, por fim, reforçando as posições sociais. Para van Gennep, os rituais possuem três fases principais: uma separação, um momento de transformação e, por fim, um de reintegração. Todas essas fases são acompanhadas de outros rituais tornando o universo extremamente complexo. Turner, por sua vez, aprofundou suas análises no estado intermediário desses rituais, o do momento da transformação, denominado de fase limiar. Para esse autor, o ritual tem o poder de renovar a sociedade, já que provoca uma abolição, mesmo que temporária, da estrutura social vigente e instaura uma antiestrutura em que as posições sociais são rompidas. Trata-se de uma abolição das hierarquias, das autoridades e das ordens sociais, numa espécie particular de comunidade, a *communitas*. Após a fase de liminaridade, há um retorno, quando a antiestrutura se refaz numa nova estrutura. Embora os ritos de passagem não se restrinjam ao universo religioso, é nele que são vistos em sua plenitude.

Vários outros tipos de rituais foram bastante estudados pela Antropologia da Religião, como os rituais de sacrifício, as peregrinações e os cultos de um modo geral. Um ritual pode ser entendido como uma chave heurística, através da qual podem ser acessados aspectos de uma sociedade que dificilmente se manifestam em falas ou discursos. Por meio de rituais podem ser observados aspectos fundamentais de como uma sociedade vive, pensa a si mesma e se transforma.

De certa maneira, os rituais encenam um ou vários mitos. Para muitos antropólogos, a relação entre ritual e mito é direta. Os mitos são narrativas coletivas, contadas a partir de um discurso metafórico, que tratam das questões mais íntimas de uma sociedade. Em geral costumam-se ver apenas as narrativas que tratam das origens das coisas, de ordem material ou social, e que ligam o mundo dos humanos ao dos deuses e heróis míticos. No entanto, o mito é uma forma de linguagem muito mais ampla e presente em todas as sociedades. Em um primeiro momento, e seguindo as posições positivistas, a Antropologia via nos mitos uma expressão da irracionalidade dos povos tradicionais. A partir da crítica que a Antropologia empreendeu à visão evolucionista, os mitos começaram a ser compreendidos como tendo relação com a estrutura social. Como fazem sentido para os povos que os vivenciam, os mitos são tidos como manifestação de outra racionalidade, que tratam de verdades profundas do grupo. Longe de perceber o mito como uma fábula infantil ou um discurso ilusório, a Antropologia percebe a presença de mitos em praticamente todas as religiões. As histórias e narrativas sagradas são, em última instância, mitos. Estão longe do que poderia ser chamado de falsidade. Trata-se de profundas expressões do imaginário humano.

Os mitos estão entre os objetos mais apreciados pelos antropólogos, visto que permitem, na visão de muitos deles, penetrar nos universos cosmológicos e nas visões de mundo de povos muito diferentes. Dada a linguagem cifrada dos mitos, o seu estudo nunca foi tarefa das mais tranquilas. Muitos dos primeiros estudiosos da religião se utilizaram de informações advindas dos levantamentos etnológicos para empreender esforços na tentativa de construções de mitologias comparadas. Utilizados também por outras chaves de leitura, como a Psicanálise ou a Filosofia, os estudos de mitos foram ganhando consistência teórica no interior da Antropologia. O mito passou a ser visto como um sistema de códigos culturais da experiência ordinária dos povos tradicionais, indiferente às aparentes contradições lógicas internas.

Claude Lévi-Strauss buscou as propriedades universais dos mitos, não aceitando a tese de que eles seriam a projeção ideológica do ritual. Esse autor se abstém de qualquer juízo sobre a realidade histórica ou veracidade dos mitos. Para Lévi-Strauss, o que interessa é a estrutura básica que está por detrás de várias versões de um mesmo mito e que permite acessar o quadro de estruturas primordial do pensamento humano.

A Antropologia nasceu como ciência das chamadas sociedades primitivas. Há um bom tempo deixou de lado essa peculiaridade e ampliou seus olhares por sobre as demais formas sociais. Hoje os antropólogos empreendem olhares sobre sociedades com dinâmicas altamente complexas, como é o caso das sociedades ocidentais pós-industrializadas. Crenças, símbolos, rituais e mitologias continuam sendo estudadas não mais no sentido de encontro com o totalmente outro, diferente desse ocidental, mas o que tem de religioso no seio de nossa própria sociedade. Há muito que a nossa sociedade deixou de ser vista como um caminho inevitável para formas cada vez mais desencantadas. Hoje, as mais diferentes formas de religiosidade são objetos de estudo dos antropólogos. As sociedades mantêm e reinventam antigas religiões ao mesmo tempo em que novas surgem a todo o momento. Além das religiões mais facilmente perceptíveis, por trazerem contornos institucionais visíveis e verificáveis, surge uma infinidade de outras formas de expressões religiosas, denominadas por alguns estudiosos como novas espiritualidades. A eles cabe perceber as características dessas novas vivências, bem como desvendar e compreender as lógicas subjacentes internas. Religiões interiorizadas e cada vez mais individualizadas parecem querer contradizer tudo o que se entendia por religião. É a sociedade com sua riqueza e imensa variabilidade que traz novos desafios para os estudiosos atuais.

Atualmente a Antropologia se abre a novos diálogos com outras ciências no estudo das religiões. Deixando de lado os particularismos que marcaram os avanços dessa ciência por todo o século XX, retoma algumas das preocupações de seus momentos iniciais, principalmente no tocante à busca da singularidade religiosa. Agora, as companheiras de viagem são outras. As trocas e avanços se dão pelos diálogos com as Ciências Cognitivas, a Biologia, a Psicologia Evolutiva, a Primatologia, a Etologia e até, quem diria, a Antropologia biológica. A religião permanece construção eminentemente humana, mas agora observada sob novos ângulos. O que há na formação da mente humana que permite essa simbolização e construção de universos religiosos? Terá sido a religião um elemento adaptativo no processo evolutivo humano ou será ela apenas um subproduto de outras faculdades da mente humana? Já são vários os estudos que apontam para uma forte relação entre o fazer religião e a evolução da mente humana.[28]

O enigma da persistência da religião permanece. As novas respostas procuram sinais que possam esclarecê-lo no próprio processo adaptativo evolutivo. Os avanços nessas áreas científicas vêm trazer novos alentos para os estudos da religião. Se a Antropologia permanecer aberta a contribuições diversas, continuará auxiliando para o avanço da compreensão do fascinante mundo da religião. A Ciência da Religião só tem a ganhar.

Referências bibliográficas

ASAD, Talal. *Genealogies of religion*; discipline and reasons of power in Christianity and Islam. London: The Johns Hopkins Press Ltd., 1993.

BOWIE, Fiona. *The anthropology of religion*; an introduction. Oxford: Blackwell Publishing, 2006.

DOUGLAS, Mary. *Natural symbols*; explorations in cosmology. London: Routledge, 1996.

DURKHEIM, Emile. *As formas elementares da vida religiosa*. São Paulo: Martins Fontes, 2000.

EVANS-PRITCHARD, Edwar Evan A religião e os antropólogos. *Religião e Sociedade*, Rio de Janeiro, Iser, n. 13/1, março 1986.

EVANS-PRITCHARD, Edwar Evan. *Bruxaria, oráculos e magia entre os Azande*. Rio de Janeiro: Zahar, 1978.

FITZGERALD, Timothy. *The Ideology of Religious Studies*. New York: Oxford University Press, 2000.

FRAZER, James G. *O ramo de ouro*. Rio de Janeiro: Zahar, 1982.

GENNEP, A. van. *Os ritos de passagem*. Petrópolis: Vozes, 1978.

GEERTZ, Clifford. "A religião como sistema cultural" e "Uma descrição densa: por uma teoria interpretativa da cultura". In: *A interpretação das culturas*. Rio de Janeiro: Zahar, 1978.

GOODY, Jack. *O mito, o ritual e o oral*. Petrópolis: Vozes, 2012.

HANEGRAAFF, Wouter. Defining religion in spite of history. In: PLATVOET, Jan G.; MOLENDIJK, Arie. *The pragmatics of defining religion*. Leiden/Boston/Köln: Brill, 1999.

HOCK, Klaus. *Introdução à Ciência da Religião*. São Paulo: Loyola, 2010.

LÉVI-STRAUSS, Claude. O feiticeito e sua magia. In: *Antropologia estrutural*. Rio de Janeiro: Tempo Brasileiro, 1975.

_____. *O pensamento selvagem*. São Paulo: Cia Ed. Nacional, 1970.

MITHEN, Steven. *A pré-história da mente*; uma busca das origens da arte, da religião e da ciência. São Paulo: Unesp, 2002.

OBADIA, Lionel. *Antropologia das religiões*. Lisboa: edições 70, 2011.

RADCLIFFE-BROWN, A. R. Estrutura e função na sociedade primitiva. Petrópolis, RJ: Vozes, 1973.

TURNER, V. *O processo ritual*; estrutura e antiestrutura. Petrópolis: Vozes, 1974.

TYLOR, Edward B. *Primitive culture*; researches into the development of mythology, philosophy, religion, language, art and custom. New York: Gordon Press, 1976.

WINZELER, Robert L. *Anthropology and religion*; what we know, think and question. Plymouth: Altamira Press, 2008.

Notas

[1] Tylor, *Primitive culture*.

[2] Durkheim, *As formas elementares da vida religiosa*.

[3] Frazer, *O ramo de ouro*.

[4] Winzeler, *Anthropology and religion*, p. 13.

[5] Obadia, *Antropologia das religiões*, p. 30.

[6] Evans-Pritchard, A religião e os antropólogos.

[7] Radcliffe-Brown, *Estrutura e função na sociedade primitiva*.

[8] Durkheim, *As formas elementares da vida religiosa*, p. 32.

[9] Lévi-Strauss, *O pensamento selvagem*.

[10] Durkheim, *As formas elementares da vida religiosa*.

[11] Obadia, *Antropologia das religiões*, p. 31.

[12] Geertz, *Religião como sistema cultural*, pp. 104-105.

[13] Hanegraaff, *The pragmatics of defining religion*, p. 371.

14 Asad, *Genealogies of religion*.

15 Bowie, *The anthropology of religion*, p. 19.

16 Asad, *Genealogies of religion*, p. 8.

17 Ibid., p. 29.

18 Fitzgerald, *The Ideology of Religious Studies*.

19 Lévi-Strauus, O feiticeiro e sua magia.

20 Evans-Pritchard, *Bruxarias, oráculos e magia entre os Azande*.

21 Hock, *Introdução à Ciência da Religião*, p. 157.

22 Douglas, *Natural symbols*.

23 Goody, *O mito, o ritual e o oral*.

24 Turner, *O processo ritual*.

25 Geertz, *Uma descrição densa*.

26 Gennep, *Os ritos de passagem*.

27 Turner, *O processo ritual*.

28 Minthen, *A pré-história da mente*.

Teorias econômicas no estudo da religião[1]

JENS SCHLAMELCHER

Nas últimas décadas, as abordagens econômicas da religião tornaram-se uma questão importante na Sociologia da Religião. A maior atenção tem sido dada à chamada abordagem da escolha racional (*rational choice approach*), representada, sobretudo, por Rodney Stark, Laurence Iannaccone e Roger Finke. Ela inspirou muitas controvérsias no campo: considerada por seus adeptos como o "novo paradigma" no estudo da religião, muitos acadêmicos rejeitam abertamente até mesmo suas afirmações básicas. No entanto, como será mostrado a seguir, a abordagem da escolha racional é somente uma dentre as interpretações econômicas da religião. De um lado, na década de 1960, o jovem Peter L. Berger desenvolveu um modelo mercadológico para a interpretação dos processos religiosos de transformação nas sociedades seculares. De outro, Pierre Bourdieu formulou sua teoria dos campos culturais que visa mostrar os fundamentos econômicos ocultos de fenômenos culturais como a literatura, a academia e a religião. Todas essas abordagens econômicas da religião recorrem a interpretações econômicas e sociológicas muito diferentes e constroem seus argumentos refutando umas às outras. Este texto pretende apresentar ao leitor as ideias, os conceitos e as teses básicas sobre o assunto, e resumirá as principais linhas da crítica que elas sofreram.

História

As abordagens econômicas são tão antigas quanto as próprias teorias econômicas. Foi ninguém menos que Adam Smith, o fundador da moderna ciência da Economia, quem incluiu a religião em sua interpretação econômica da origem da riqueza. Sua alegação básica de que o homem em geral, definido como *Homo economicus*, é programado por objetivos individuais regidos pela razão, esforçando-se, assim, para maximizar os resultados desejados pelo mínimo esforço, referia-se também a atores religiosos. Smith argumenta que as ações de sacerdotes eram dominadas por seus esforços de recrutar seguidores; isso, porém, leva necessariamente à competição entre fornecedores religiosos. Assim, os especialistas religiosos estão expostos às forças do mercado. Como se tornou claro, Adam Smith antecipou e estabeleceu a base para o que mais tarde se tornaria a abordagem da escolha racional no estudo da religião.

No entanto, economistas posteriores a Adam Smith tiveram um interesse menor no estudo da religião. Eles reduziriam suas análises à teorização da Economia. Isso mudou somente na década de 1970, quando economistas como Gary S. Becker afirmaram que as ideias básicas da teoria econômica, como o princípio da necessidade de maximização ou o equilíbrio entre oferta e procura, seriam verdadeiras não somente para situações de mercado mas também para explicar a vida social em geral. Um artigo publicado por Corry Azzi e Ronald Ehrenberg sobre "Alocação doméstica do tempo e frequência à igreja" ("Household allocation of time and church attendance") marca o início daquela que mais tarde seria chamada de abordagem econômica ou abordagem da escolha racional no estudo da religião. Azzi e Ehrenberg tentam explicar o comportamento religioso com base na teoria microeconômica. Eles sustentam que os indivíduos buscam maximizar tanto seu "tempo de vida" quanto sua "consumação pós-vida", pela qual eles entendem a felicidade, no céu, após a morte. A consumação pós-vida, argumentam eles, é a principal razão para as atividades religiosas. Essa concepção permite aos autores tirarem duas conclusões: a primeira é que pessoas ricas com pouco tempo livre investirão na consumação pós-vida principalmente fazendo doações, enquanto pessoas pobres são mais inclinadas a investir tempo; a segunda é a previsão dos autores de que os indivíduos, durante seu tempo de vida, mudariam, gradualmente, sua avaliação do tempo de vida e da consumação do pós-vida para a última.

Nos últimos anos da década de 1980, esse raciocínio econômico ao qual Gary S. Becker conscientemente referiu-se como "imperialismo econômico" (por exemplo, a explicação econômica de fenômenos não econômicos que tradicionalmente se inseriam no campo de outras disciplinas acadêmicas) ganhou importância também no estudo científico da religião. Começaram a surgir, então, publicações (entre as quais as de Rodney Stark e Roger Finke, ambos sociólogos da tradição da escolha racional, e Laurence Iannaccone, um economista e aluno de Gary S. Becker) que se tornaram bastante influentes. Os primeiros artigos panorâmicos resumindo as publicações dessa tradição apareceram no começo da década de 1990; eles tanto mostraram quanto promoveram a consolidação crescente dessa linha de pensamento. Desde então, abordagens econômicas foram crescendo e quase dominando as discussões acadêmicas no campo.

Seguidores dessa abordagem sustentam que ela marca um "novo paradigma" no estudo da religião, que substitui o anterior, citado por eles como a teoria da secularização. De fato, como será explicado a seguir, uma das principais linhas de ataque é a contestação não somente da teoria da secularização, mas da secularização como um processo social. No entanto, essa abordagem recebeu não somente ampla atenção mas também severas críticas, sobretudo de sociólogos da religião. De fato, a abordagem da escolha racional em geral, mas também no estudo da religião, é uma das mais controversas. Muitos observadores, sobretudo o proeminente sociólogo britânico da religião Steve Bruce, contestam não somente as afirmações axiomáticas básicas mas também as conclusões teóricas tiradas para o estudo da religião.

Essa abordagem econômica, como ficará óbvio, é inspirada, sobretudo, pela teoria clássica e neoclássica. No entanto, nem todos os economistas e sociólogos que se valem de teorias econômicas para o estudo da religião podem ser incluídos nessa abordagem. Isso vale especialmente para Max Weber, um experiente economista e fundador da Sociologia. Weber não somente se questionou sobre as inter-relações entre religião e Economia em seus famosos estudos sobre a ética protestante e a ética econômica das religiões mundiais. De certa forma, suas explicações incluem teorias econômicas. Weber destaca a importância da racionalidade como um princípio norteador para a ação humana, mas sem reduzir esta àquela. Além disso, ele mostrou como o homem econômico, ou seja, aquele que a teoria econômica chamaria de *Homo economicus*, era o resultado de um processo geral de racionalização, sobretudo de ideias religiosas. Weber também utilizou conceitos econômicos para seu estudo da religião, usando o conceito de bens de salvação e sistematizando formas de competição entre tipos de especialistas religiosos como magos, sacerdotes e profetas.

Weber foi uma importante fonte de influência para dois acadêmicos que serão incluídos nesta introdução à abordagem econômica da religião: o jovem Peter L. Berger — famoso por sua síntese de ideias weberianas e durkheimianas em *A construção social da realidade*, obra que escreveu com Thomas Luckmann — elaborou o argumento histórico de que a secularização incluiria um processo de mercantilização da religião. Menos histórico, Pierre Bourdieu, acadêmico francês, recorre às intuições sistemáticas de Weber e, ao sintetizá-las com as de Karl Marx, as reformula em uma singular teoria econômica da religião.

A seguir, a teoria de mercantilização da religião na modernidade, a teoria da escolha racional e a teoria do campo religioso serão apresentadas em mais detalhes. Uma vez que Bourdieu desenvolve suas ideias criticando a teoria da escolha racional, a qual por sua vez critica o conceito de secularização-mercantilização do primeiro Peter L. Berger, faz sentido começar pelo último.

Peter L. Berger e a mercantilização da religião na modernidade

Na década de 1960, a Sociologia da Religião estava dominada pela teoria da secularização. Considerou-se, amplamente, que toda religião perderia importância devido ao processo de modernização. Peter L. Berger fez uma importante contribuição teórica, primeiro ao estabelecer uma teoria geral da religião e segundo por analisar o percurso da religião na modernidade, incluindo as consequências que ele considerou como mercantilização. Em si, a análise de Berger não é uma teoria econômica da religião em sentido estrito; ele desdobrou o argumento de que a mercantilização da religião é um processo histórico. Berger publicou suas ideias em diversos artigos[2] e em seu amplo e influente livro *O dossel sagrado (The sacred canopy: elements of a sociological theory of religion*, 1967). Embora o próprio Berger posteriormente acabaria se distanciando de suas ideias, sobretudo da hipótese subjacente do processo de secularização, seus primeiros trabalhos estão entre os mais influentes no atual debate no estudo da religião.

Em seu famoso livro *A construção social da realidade (The social construction of reality*, 1966), Peter L. Berger e Thomas Luckmann estabeleceram uma teoria construtivista da Sociologia; interpretando a alegação durkheimiana de que a sociedade é um "fato social", e assim uma realidade objetiva, e a posição weberiana de que a sociedade depende da percepção subjetiva, Berger e Luckmann argumentaram que a construção da sociedade seria mais bem entendida como um processo dialético de externalização (a realização de algo), objetivação (o que a pessoa realiza, por exemplo, construindo casas; mas também o estabelecimento de uma tradição torna-se uma realidade objetiva) e a internalização subjetiva dos fatos sociais objetivados. Como os aspectos da sociedade e da realidade não são nem natural nem divinamente dados, mas sim socialmente construídos, são contingentes e, assim, estão expostos às ameaças da discórdia e da anomia, como, por exemplo, o caos. Para manter a ordem social e repelir a constante ameaça da anomia, a sociedade depende de um sentido que a legitime. O principal sentido de legitimação é a religião. A religião, conforme o título do livro de Berger sugere, é um "dossel sagrado", que assegura a estabilidade da sociedade ao transcender e transferir o problema da legitimação para uma esfera transcendente onde ela não pode ser questionada. Berger sustenta, na esteira de Feuerbach, que a religião em si é uma construção social; mas, por meio da alienação, ela recebe o caráter de um "fato total", de uma realidade objetiva:

A "receita" fundamental da legitimação religiosa é a transformação de produtos humanos em fatos supra-humanos ou não humanos. O mundo feito humanamente é explicado em termos que negam sua produção humana. O *nomos* humano torna-se um *cosmos* divino, ou uma realidade que deriva seu significado do além da esfera humana.[3]

No entanto, Berger atesta que, na modernidade, a religião perdeu sua função como dossel sagrado. A Reforma causou no início da história moderna uma situação de pluralidade religiosa, pois a unidade da Igreja não pôde mais ser mantida. Mas, sob essa condição de pluralidade religiosa, outros sistemas funcionais como a Economia, o Direito e a Política tiveram cada vez mais dificuldade em confiar na legitimação religiosa — e tenderam a retirar seu apoio à manutenção da unidade religiosa. Esses sistemas são hoje independentes da religião, que se tornou um assunto sobretudo privado. No entanto,

essa forma moderna de pluralismo religioso tende a ter graves consequências não apenas para a sociedade mas também para o indivíduo, uma vez que também para este último o pluralismo religioso causa a perda da plausibilidade.

Além disso, a pluralização e a privatização têm um grande impacto nas condições das instituições religiosas. Elas estão, agora, expostas ao mercado religioso — assim, o processo de secularização inclui o processo de mercantilização da religião:

A característica-chave de todas as situações pluralistas, não importa quais sejam os detalhes de sua base histórica, é que os ex-monopólios religiosos não podem mais garantir a fidelidade de seus clientes. A fidelidade é voluntária e, assim, por definição, pouco garantida. Como resultado, a tradição religiosa, que anteriormente podia ser imposta de modo autoritário, agora tem de ser *mercantilizada*. Deve ser "vendida" para uma clientela que não é mais obrigada a "pagar". A situação pluralista é, acima de tudo, uma *situação de mercado*. Nela, as instituições religiosas tornam-se agências mercantis e as tradições religiosas bens de consumo. E, seja como for, uma boa parte da atividade religiosa nessa situação passa a ser dominado pela lógica da Economia de mercado.[4]

Berger usa modelos econômicos padrões para prever os efeitos dessa situação de mercado sobre as instituições religiosas e sobre a natureza da religião. Primeiro, a competição força os fornecedores religiosas a racionalizar sua administração, provocando um processo de burocratização. As instituições religiosas tornam-se, assim, gradativamente organizações formais, semelhantes às instituições e companhias estatais. Elas tendem a estabelecer relações burocratizadas com o Estado e com a Economia; elas serão forçadas a garantir seus meios de financiamento; e elas são forçadas ao lobismo e à orientação do cliente.

Segundo, Berger sustenta que essa situação de mercado levará ao estabelecimento de cartéis religiosos. E isso devido a duas razões. Primeiro, a alta competição entre fornecedores religiosos é muito custosa; assim, parece razoável racionalizar e isso significa reduzir níveis de competição pela fusão das instituições religiosas. Segundo, a competição violenta aumentará o problema da perda de plausibilidade das verdades religiosas. Assim, é racional para os fornecedores religiosos cooperar e às vezes se fundirem. Berger argumenta que o movimento ecumênico nos Estados Unidos, a despeito de possíveis razões religiosas, é causado sobretudo por essas limitações econômicas.[5]

Terceiro, a competição levará a um processo que em termos econômicos é chamado "diferenciação marginal". Isso significa que os produtos dos diferentes fornecedores tendem a se tornarem cada vez mais semelhantes. De fato, não há uma grande diferença real entre um carro e outro (todos são capazes de transportar e têm rodas, bancos e volante). A fim de chamar a atenção de clientes potenciais, os produtores tendem a esforçar-se muito na criação de diferenças superficiais (os maiores fornecedores de calçados esportivos produzem em uma única e mesma linha de produção, sendo que a diferença está tão somente na etiqueta). Isso será verdade também para as instituições religiosas. As diferenças teológicas mais profundas acabarão desaparecendo; a competição causará um processo de homogeneização essencial e a criação apenas de diferenças secundárias.

Esse processo de homogeneização é também favorecido por outra razão. As instituições religiosas se tornarão clientes dirigidos e assim remodelam suas crenças e práticas religiosas de modo a irem de encontro aos interesses de seus clientes potenciais. No entanto, em uma sociedade secular, o foco principal dos indivíduos é o bem-estar individual. Instituições religiosas serão menos capazes de exigir dos seguidores de suas tradições; por outro lado, terão de servir esses indivíduos com ofertas terapêuticas: "A ênfase na família e na vizinhança bem como nas 'necessidades' psicológicas do indivíduo privado".[6]

Conforme foi mostrado, Berger tende a destacar os aspectos disfuncionais do pluralismo religioso. A religião na modernidade está condenada a um círculo vicioso: a secularização leva ao pluralismo, o qual leva à mercantilização, a qual leva ao crescimento da secularização. De fato, Berger usa modelos econômicos para explicar os processos de transformação religiosa; mas isso se deve a seu argumento de que as religiões experimentam um processo de mercantilização na modernidade. A tese de Berger tornou-se extremamente influente. Embora alguns acadêmicos (incluindo ele mesmo) tenham posteriormente questionado a tese da secularização, seu livro inspirou recentes debates, pois a questão da mercantilização da religião recebeu nova atenção acadêmica.

A abordagem da escolha racional no estudo da religião

Peter L. Berger, conforme se afirmou, é um sociólogo da religião que produziu dentro de uma tradição sociológica clássica. A abordagem da escolha racional em Sociologia e no estudo da religião, por outro lado, tem suas raízes na disciplina da Economia. O principal objetivo dessa disciplina é a análise acadêmica de mercados. Os mercados, em si, podem ser concebidos como uma realidade social muito diferente. Aos mercados, as pessoas aderem voluntariamente a fim de suprirem seus respectivos interesses. Segundo, os mercados incluem a competição — entre fornecedores (para as melhores ofertas), mas também entre consumidores. Acadêmicos da Economia recorrem a duas intuições axiomáticas em seus estudos dos mercados.

Primeiro, concebem o indivíduo heuristicamente como um *Homo economicus*. Os homens têm necessidades e desejos, e suas ações estão dominadas pela realização desses objetivos. Eles esforçam-se por obter a máxima satisfação por meio dos menores custos. É isso que, para os economistas, significa maximização da utilidade. No entanto, ao satisfazerem suas necessidades e desejos, as pessoas são submetidas a restrições. Primeiro, ao procurarem diferentes necessidades e desejos ao mesmo tempo, podem causar um conflito naquilo que os economistas chamam de "função de utilidade". Para um homem religioso, seu esforço por salvar sua alma pode estar em conflito com seus desejos seculares. Segundo, as pessoas têm apenas meios limitados para alcançar seus objetivos. Os indivíduos podem ter não somente recursos materiais limitados, mas também conhecimento parcial e inteligência limitada. Além disso, frequentemente são confrontados com incertezas (situações em que o resultado de uma ação é imprevisível) e riscos (situações em que o resultado de uma ação é previsível, mas incerta: quando você invade uma casa para satisfazer seus desejos materiais, você se arrisca a ser preso). Eles devem reduzir risco ou incerteza adquirindo informação, mas a reunião de informação pode ser custosa e levar tempo. Terceiro, os indivíduos não agem em um espaço vazio. São confrontados com outros indivíduos que também buscam seus objetivos. De um lado, por colaboração mútua, eles podem aumentar suas respectivas utilidades (se duas pessoas fazem um acordo e, uma ajudando a outra, constroem uma casa, elas serão mais rápidas e eficientes; um vendedor e um comprador em um mercado se unem para atingir seus objetivos individuais, mas, ao fazerem isso, o comprador ajuda o vendedor e vice-versa). De outro lado, eles têm de coordenar e orquestrar seus respectivos desejos. Assim, uma ordem social pode ser o resultado que pode servir para maximizar a alocação de utilidade dos indivíduos agregados em uma sociedade.

A definição do homem como *Homo economicus* é a microfundação da compreensão econômica dos mercados. A macrofundação é a teoria do equilíbrio. Em um mercado, os vendedores são confrontados com o problema do estabelecimento de preço. Quando o preço de seus bens é muito alto, somente poucas pessoas os comprarão. Se o preço é muito baixo, eles podem não gerar lucro. Por outro lado, também os compradores são confrontados com a utilidade do problema: eles poderiam esperar comprar outras coisas. Compradores e vendedores diferentes terão de encontrar uma solução para seu conflito interior (não venderei esse bem por um preço mais baixo / não comprarei esse bem por um preço mais alto). Para alguns vendedores, o ponto de concessão máxima é mais alto ou mais baixo do que o de outros. Assim, na abstração matemática, é possível traçar uma curva de oferta (mostrando como muitos vendedores desejam vender seu bem por aquele preço) e uma curva de procura (mostrando como muitos indivíduos querem comprar o bem por aquele preço):

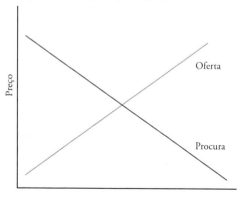

Esse gráfico é o que alguns acadêmicos chamam de a "santa cruz" da Economia. A teoria econômica prevê que o preço para um determinado bem se estabiliza onde as duas curvas se encontram. Esse é o ponto de equilíbrio. Note que o ponto de equilíbrio pode mudar. Por exemplo, se há somente um fornecedor e, assim, nenhuma competição, ele colocará o preço bem alto ou porque ele sabe que as pessoas têm de comprar, não importando quanto custe, ou porque ele não quer que muitas pessoas comprem o bem porque ele, o fornecedor, não está disposto a fazer nenhum esforço para aumentar a oferta.

Essas são as principais ideias axiomáticas da teoria econômica do mercado. O que, então, se costuma citar como "o imperialismo econômico" ou "a teoria da escolha racional" é uma abstração dessas ideias com base nos mercados reais e sua aplicação para contextos de não mercado. Assim, economistas e teóricos da escolha racional afirmam que essas teorias que foram desenvolvidas para estudar mercados podem também ajudar a entender os contextos de não mercado. Todo contexto social singular pode, assim, ser concebido como se fosse um mercado. O relacionamento entre esposo e esposa, por exemplo, pode ser estruturado como algo em que dois indivíduos se comprometem mutuamente em certos contextos, ambos como fornecedores e consumidores. Essas teorias podem também ser usadas para estudar a religião e explicar os fenômenos religiosos. Nos últimos anos, muitos acadêmicos as têm aplicado para estudar os fenômenos religiosos. Diferentemente da abordagem de Peter L. Berger ou de Pierre Bourdieu, sobre o qual falaremos mais adiante, esta abordagem não pode ser facilmente atribuída a um determinado autor. Embora Rodney Stark, Laurence Iannaccone e Roger Finke sejam considerados os mais importantes, há muitos outros que seguem essa tradição. A seguir, descreverei como os economistas e os sociólogos

da escolha racional valem-se dessas ideias para explicar (a) a religião em geral, (b) os níveis de secularidade ou vitalidade religiosa em uma sociedade e (c) o rigor das ideias religiosas.

Explicação da religião

Muitos acadêmicos da Economia ou da tradição da escolha racional simplesmente recorrem a definições tradicionais de religião. Assim, Laurence Iannaccone se refere à definição tayloriana como "crença em seres sobrenaturais".[7] No entanto, dois acadêmicos, Rodney Stark e Michael Hechter, destacam-se por teorizar a religião com afirmações econômicas gerais. Primeiro, Rodney Stark desenvolveu o conceito de compensação religiosa. Sua ideia é de que a religião compensaria vontades e desejos que permanecem não realizados. As pessoas podem desejar a vida eterna ou, mais concretamente, uma felicidade sem fim (ou, como nas tradições asiáticas, o fim do sofrimento). Isso é um desejo que não será realizado na terra; mas a imagem do céu ou do Nirvana promete realizar esses desejos na vida após a morte. Os indivíduos podem, assim, alcançar a realização desses "bens" que não estão disponíveis para eles na terra tendo uma vida religiosa, ou, em linguagem econômica, "acumulando um capital religioso". Nesse sentido, a religião "refere-se" a sistemas de compensadores gerais baseados em suposições sobrenaturais".[8]

Michael Hechter, por sua vez, teoriza a religião voltando ao conceito de incerteza. De certo modo, ele traduz o problema da contingência que é proeminente na teoria da religião de Peter L. Berger em linguagem econômica. Incerteza, como prevê a teoria econômica, restringe a atividade neste mundo: como agir, uma vez que todo resultado é imprevisível? Os indivíduos, assim, têm um interesse natural em reduzir a incerteza. Eles podem fazer isso de dois modos: primeiro, podem reunir informação; isso é o que eles fazem quando confrontados com formas isoladas de incerteza. Mas pode haver incerteza de uma ordem mais elevada, que Hechter faz referência como "incerteza existencial", que é o mesmo que o conceito bergeriano de contingência: o homem está jogado dentro de uma existência sem uma ordem primordial que o guie na ação. Assim, em apoio ao argumento clássico bergeriano, ao construir um "dossel sagrado", a religião pode garantir uma função central: "Visto que a religião enuncia uma clara visão do significado da vida ao prover uma hierarquia de valores, reduz a incerteza dos atores nas escolhas críticas da vida".[9]

Mercados religiosos

Enquanto Hechter pode em alguns sentidos estar próximo das explicações do antigo Peter L. Berger, os teóricos da escolha racional da religião tendem a discordar pelo menos de seu argumento histórico. Aos olhos de muitos teóricos da escolha racional, as análises religiosas do jovem Peter L. Berger representam o que eles chamam de "antigo paradigma", que teria sido substituído pela teoria da escolha racional como o "novo paradigma" no estudo da religião. Entretanto, essa expressão "novo paradigma" é, pelo menos entre sociólogos da religião, usada como um termo equivalente a "econômico" ou "abordagem da escolha racional" no estudo da religião.

De fato, a teoria da secularização começou a ser questionada por muitos acadêmicos do campo por volta da década de 1970, quando os fundamentalistas e os novos movimentos religiosos aparecem ao redor do mundo. Essa disputa sobre o percurso da religião na modernidade ainda não foi resolvida, uma vez que persiste a evidência empírica do declínio da religião na Europa e também em outros lugares (veja, entre outros, Bruce,[10] Pollack[11]). No entanto, a abordagem da escolha racional destacou-se não somente por

criticar a teoria da secularização, mas também por de fato ter virado de ponta cabeça sua narrativa histórica de que a religião foi forte nas sociedades passadas mas é fraca na modernidade — junto com sua estrutura geral de regra e exceção. A teoria da secularização concebe a Idade Média como a clássica "idade da fé", quando a vida social e a individual eram dominadas pelo Cristianismo. A modernidade, no entanto, seria marcada pela ausência de religião. A secularização europeia é concebida como a regra, ao passo que os Estados Unidos, com níveis significativamente mais altos de participação religiosa, são vistos como a exceção. Contrariamente, Stark e Iannaccone argumentam:

> Começa a ficar claro que a chamada "era da fé" europeia foi de fato uma era de ampla apatia religiosa, e que as taxas americanas de membresia eclesial e prática religiosa aumentaram firmemente conforme as igrejas estabelecidas das colônias originais cederam a um mercado livre e crescentemente diversificado de denominações competidoras.[12]

Essa inversão da percepção histórica clássica, amplamente aceita entre os teóricos da escolha racional, está baseada precisamente nos componentes teóricos da teoria econômica clássica e neoclássica que foram destacados anteriormente. Conforme a teoria econômica geral prevê, os mercados resolvem os problemas de alocação mais eficientemente que o estado ou os monopólios privados. Em razão da falta de competição, os monopólios tendem a oferecer bens de qualidade pior e com altos preços. Stark, Iannaccone e outros argumentam que essa lei econômica também é verdade para as ofertas religiosas. Um mercado religioso pluralista com altos níveis de competição, por outro lado, supre as procuras religiosas (a) ao forçar os fornecedores a oferecerem bens religiosos de alta qualidade, (b) ao reduzir os custos econômicos para seus serviços e (c) ao providenciar produtos específicos para interesses religiosos divergentes do consumidor potencial. Essa lei econômica sobre a eficiência dos mercados poderia explicar os níveis de vitalidade religiosa ao longo da história. Assim, os teóricos da escolha racional concluem: "À medida que o mercado religioso é competitivo e plural, o nível de participação religiosa tenderá a ser alto".[13] As taxas europeias de secularidade são explicadas pelos relativamente altos níveis de intervenção estatal no mercado religioso, que tende a privilegiar um fornecedor religioso em detrimento de outros. Por outro lado, fazendo referência a um argumento do famoso acadêmico francês Alexis de Tocqueville, os Estados Unidos, com sua reivindicação constitucional de liberdade religiosa e pequena intervenção estatal, seriam um caso regular. Semelhante aos argumentos neoliberais que pedem não regulação, os teóricos da escolha racional argumentam que "a regulação restringe a competição por mudar os incentivos e as oportunidades para os produtores religiosos (igrejas, pregadores, renovadores etc.) e as opções viáveis para os consumidores religiosos (membros da igreja)".

Essa argumentação está em confronto com a de Peter L. Berger. Este último se vale da teoria do mercado para destacar os efeitos potencialmente negativos da situação de mercado para a religião, alegando que a pluralidade religiosa provar-se-ia disfuncional para a função social da religião de superar a contingência ou a incerteza existencial, levando a uma perda geral de plausibilidade e, assim, a taxas crescentes de apatia religiosa. Os teóricos da escolha racional, por sua vez, reduzem sua argumentação aos efeitos potencialmente positivos: melhor qualidade, menores custos, maior variedade na oferta, maior número de indivíduos desejando consumir bens religiosos. Essa disputa inspirou muitos estudos empíricos sobre a relação entre pluralidade religiosa e vitalidade religiosa.[14] A vitalidade religiosa, medida em termos de taxas de membresia, frequências a pregações etc., seria mais alta ou mais baixa em áreas que apresentam altos níveis de pluralidade religiosa? Esses estudos, no entanto, não produziram resultados que permitam fazer uma escolha. De fato, a relação entre pluralidade religiosa e vitalidade religiosa parece ser estatisticamente fraca.[15] Por fim, pode ser que tanto Peter L. Berger quanto os teóricos da escolha racional, com seus respectivos argumentos sobre as consequências das situações de mercado para a religião, estejam certos. A religião pode perder em plausibilidade e, assim, a apatia religiosa crescerá, mas por outro lado a pluralidade religiosa também aumentará a competição e, assim, levará a alta qualidade, preços baixos e uma grande variedade de bens religiosos.

Empresas religiosas e oportunistas

A economia religiosa não somente prevê as situações de mercado. Ela usa ferramentas analíticas para o estudo dos mercados e as utiliza para o estudo da religião. "Na prática, os padrões econômicos de lares, empresas ou mercados fornecem um ponto de partida natural; a 'sacada' é modificar apropriadamente uma abordagem já fecunda".[16] Seguidores dessa abordagem usarão um vocabulário econômico, concebendo as instituições religiosas como "empresas", níveis individuais de religiosidade e benefícios religiosos (educação e conhecimento, conduta de vida etc.) como "capital religioso", e se referem propositadamente aos "bens religiosos" ou "mercadorias religiosas", mesmo quando esses "bens religiosos" não são de fato comercializáveis, pois eles não são vendidos como mercadorias no mercado. No entanto, a "sacada" é não somente usar o vocabulário econômico, mas também explicar a religião e as dinâmicas religiosas como resultado das pressões econômicas. Isso tem sido explicado pelos mercados religiosos. Outro modo é a explicação do rigor das crenças religiosas.

A teoria econômica considera que as características do *Homo economicus* aplicam-se bastante bem a unidades coletivas como empresas ou estados. Elas tendem a ter pelo menos um objetivo determinado, seja a maximização do lucro, seja a maximização do poder, e elas estabelecem procedimentos racionais para alcançar esses objetivos. Laurence Iannaccone usa essa ideia básica sobre a natureza das unidades coletivas para explicar os graus de rigor nas crenças religiosas. Fazendo isso, ele visa dar um passo a mais que Max Weber e Ernst Troeltsch quando esboçaram sua famosa distinção analítica entre igrejas e seitas. Weber e Troeltsch referiram-se às igrejas e às seitas como diferentes tipos de instituições religiosas. As igrejas são caracterizadas por visarem ao recrutamento máximo de membros. Para fazer isso, no entanto, elas devem se adaptar aos interesses das pessoas. Isso não somente inclui uma reformulação de suas ideias originais, mas também uma perda relativa do controle do comportamento religioso. O exemplo empírico ideal seria a Igreja Católica, que aparentemente incluía quase todos os membros de uma sociedade, mas não exigia muito esforço religioso da parte do laicato. As seitas, por sua vez, não visam incluir ninguém; elas lutam pelos poucos "escolhidos". Elas tendem a ser muito pequenas, mas destacam-se não somente pela severidade das crenças religiosas, mas também pelo rígido controle de seus membros.

Laurence Iannaccone[17] explica por que as seitas tenderiam a ser tão severas com base na teoria dos bens coletivos e no problema do oportunista. Os bens coletivos são bens dos quais todos podem desfrutar. Um dique perto da costa, por exemplo, protegerá a casa de todos atrás dele — não importando quem contribuiu para sua construção. Os bens coletivos, assim, facilmente tornam-se presa de "oportunistas", indivíduos que desfrutam desses bens sem contribuir com eles. Iannaccone afirma que a religião também está exposta ao problema dos oportunistas porque ela é um bem coletivo. Os oportunistas usufruem dos serviços das igrejas, como o casamento ou o sepultamento, deixando seus filhos participarem no tempo livre das atividades por elas oferecidas, mas não contribuem mediante pagamento ou voluntariado por esses serviços. Nesse sentido, as seitas são uma ótima solução para o problema dos oportunistas, pois elas pressionam muito mais a obedecer, afugentando os oportunistas. Por outro lado, conforme outros acrescentaram ao argumento de Iannaccone,[18] essa teoria pode também explicar por que as igrejas são propensas a aceitar oportunistas. Elas convidam oportunistas calculando que, após eles terem desfrutado de alguns serviços e acumulado certo nível de "capital religioso", com o tempo se tornarão membros engajados e contribuirão para manter o grupo.

Essa análise dos bens religiosos e do problema dos oportunistas foi mais esclarecida por outros autores, como Jörg Stolz,[19] que não é um teórico da escolha racional mas sim um simpatizante dessa abordagem, pela distinção de vários tipos de bens religiosos. Stolz argumenta que somente alguns bens religiosos são de tipo coletivo. Outros incluem mercadorias religiosas de um modo mais restrito (bens como crucifixos ou arte religiosa que é vendida no mercado), bens de pertença religiosa (bens como ritos de passagem, que são oficiados por membros de uma instituição religiosa), bens pessoais que não podem ser transferidos para outros indivíduos (como conhecimento religioso que tem de ser adquirido privadamente ou em experiências religiosas), bens comunitários religiosos que podem somente ser coletivamente produzidos (como uma canção) e bens de posição, como cargos elevados em uma hierarquia eclesiástica, que normalmente causam competição.

Crítica

A abordagem neoclássica ou da escolha racional é uma das mais controversas. De um lado, acadêmicos como Steve Bruce[20] atacam os teóricos da escolha racional por sua explicação dos fatos empíricos. Em defesa da teoria da secularização, Bruce vê a inversão da tese da secularização como uma falha profunda de uma teoria estritamente econômica aplicada a evidências históricas. No entanto, o desconforto de muitos acadêmicos, não somente nos estudos sociológicos da religião mas também entre sociólogos e mesmo economistas alternativos, aumenta, alcançando até afirmações epistemológicas básicas dessa abordagem. Primeiro, os acadêmicos frequentemente criticam a abordagem da escolha racional pela banalidade de suas intuições: às vezes não está claro o quanto a recomposição de termos e sua adaptação para conceitos econômicos têm algum valor explicativo. Segundo, o método dedutivo — fixando-se em uma teoria e buscando suas evidências nos dados empíricos — não apenas carece de qualquer inspiração ou correção das afirmações teóricas por parte dos dados empíricos, mas também frequentemente gera mais intuições banais. Assim, Steve Bruce, em seu estilo às vezes polêmico, pergunta: "Podemos levar a sério o casal 'da mesma religião' de Iannaccone que vai para a igreja mais frequentemente do que seus vizinhos 'de diferentes religiões' porque uma única viagem economiza combustível?".[21] Bruce se refere aqui à seguinte passagem de Iannaccone: "Um lar pode produzir mercadorias religiosas mais eficientemente quando tanto o esposo quanto a esposa têm a mesma religião. Lares com uma única fé beneficiam-se 'em escala econômica': o mesmo carro leva ambos para a igreja; não há discussão sobre como as contribuições de tempo e dinheiro

serão alocadas para diferentes religiões; não é necessário resolver em que religião os filhos serão educados".[22]

Além disso, as afirmações epistemológicas da teoria da escolha racional geralmente se assentam sobre um reducionismo analítico que potencialmente distorce a natureza dos fenômenos sociais e religiosos. Primeiro, a teoria econômica reduz o que pode ser chamado de economia a situações de mercado. Intuições em economia que vão além do mercado como a troca de presentes são normalmente ignoradas. Segundo, a teoria da escolha racional reelabora conceitualmente todo fato social como uma situação de mercado. Isso leva a uma universalização e, assim, a uma identificação entre o econômico e o social. No entanto, a situação de mercado em si é um fato social bastante específico, exigindo um contexto muito especial com condições bastante especiais. Assim, explicar a totalidade do social mediante uma parte bastante específica dele leva facilmente a ideias errôneas e distorções. Em terceiro lugar, devido à microfundação da teoria no *Homo economicus*, os teóricos da escolha racional frequentemente afirmam que sua teoria assenta-se sobre um "reducionismo psicológico".[23] Os fatos sociais e religiosos são, assim, explicados como o produto de ações agregadas de indivíduos que maximizam a utilidade. No entanto, não está totalmente claro que os indivíduos sejam os "átomos" da sociedade. Outras teorias inspiradas pela chamada "reviravolta linguística" afirmam que o social não é um produto da agregação de indivíduos, mas uma realidade *sui generis* que não pode ser explicada pela redução a suas partes. Além disso, não está claro se o indivíduo é realmente o "átomo" da sociedade. Para eles, a unidade social básica não é a ação, mas sim a interação ou os atos de comunicação. Por último, mas não menos importante, o reducionismo psicológico da teoria da escolha racional tende a reduzir os traços psicológicos do homem a pura intencionalidade, ignorando, no entanto, que a ação humana pode estar pelo menos parcialmente enraizada no inconsciente ou no que Pierre Bourdieu chama de *habitus*.

Pierre Bourdieu e a teoria do campo religioso

Pierre Bourdieu (1930-2002), um sociólogo, antropólogo e filósofo francês, foi não somente um dos maiores críticos da teoria da escolha racional, mas também destacou-se por desenvolver uma abordagem econômica própria para explicar a dinâmica em diferentes áreas como a arte, a literatura, a política e a religião. Sua "abordagem praxiológica", porém, assenta-se sobre teorias econômicas divergentes como o marxismo e outras tradições sociológicas como a de Max Weber, Émile Durkheim e Marcel Mauss. Como uma das poucas exceções na França de um filho da classe trabalhadora que finalmente a torna o centro da elite acadêmica, em vez de a teoria do equilíbrio, Bourdieu explica a dinâmica daquilo que ele chama de "campos sociais" como o produto da reprodução de desigualdades. Para destacar a contribuição de Bourdieu ao estudo da religião, é necessário antes apresentar alguns de seus conceitos religiosos como *habitus*, campo e capital.

A ação humana, conforme Bourdieu a concebe, não é governada fundamentalmente pela maximização da utilidade intencional. De fato, pode ser verdade que seguimos nossos objetivos racionalmente — virtualmente, todos esperamos melhorar nossa situação, mas alguns esperam ter carros mais rápidos, enquanto outros lutam por bens de salvação religiosos etc. Mas o que explica todas essas preferências divergentes? Para revelar a causa das preferências e gostos, é necessário lançar mão de uma teoria do inconsciente. Podemos conscientemente conhecer nossas preferências e nossos gostos, mas dificilmente sabemos conscientemente algo mais sobre nossa formação das preferências individuais. Exatamente como podemos ver com nossos olhos mas somos cegos para os processos que constroem a imagem em nosso cérebro, exatamente como podemos ver o que aparece na TV mas somos cegos para os processos na TV que produzem a imagem, pode haver uma princípio psicológico inconsciente na formação de nossas preferências e gostos. Bourdieu se refere a essa entidade psicológica como o *habitus*, um sistema gerador que estrutura nossos esquemas de percepção, pensamento e ação. O *habitus*, diferente de nosso órgão da visão, não é naturalmente dado, mas desenvolvido constantemente pela interação social. O indivíduo adquire seu *habitus* mediante o encontro com seu mundo da vida. No entanto, o mundo da vida de indivíduos diferentes, o mundo objetivo que eles habitam, é muito diferente, dependendo não apenas da família e da cultura em que eles vivem, mas também da posição na sociedade.

O posicionamento de alguém dentro da totalidade da sociedade é muito importante para Pierre Bourdieu. Sua construção do espaço social ajuda a conceber a desigualdade social. Lançando mão de um esquema tridimensional, Bourdieu afirma que as diferenças sociais dos indivíduos dependem de sua "acumulação" diferente de capital econômico (rendimento financeiro), capital cultural (como títulos educacionais) e capital social (as redes de relações com os outros). Assim, conforme os teóricos da escolha racional fazem, Bourdieu estende a noção de economia do capital para explicar questões sociais não econômicas. Por capital, Bourdieu entende, referindo-se à compreensão do termo de Karl Marx, o trabalho acumulado, que pode ser reinvestido para acumular mais. Exatamente como o dinheiro pode ser reinvestido para gerar mais dinheiro, Bourdieu afirma que as pessoas podem esforçar-se para aumentar suas realizações educacionais e sociais para melhorar sua posição no espaço social.

No entanto, a compreensão de Bourdieu da sociedade não está reduzida ao conceito de espaço social. Muitas sociedades, não somente modernas, têm diferenciado o que Bourdieu chama de campos sociais. Durante sua carreira, Bourdieu analisou muitos dos campos sociais na sociedade moderna, como a literatura,[24] a arte[25] e a Economia,[26] a mídia[27] e a religião. Um campo, conforme Bourdieu o concebe, é um extenso e amplo espaço social autônomo com suas próprias regras, suas próprias estruturas de poder e, mais genuinamente, suas próprias questões, que estão em jogo: o campo da literatura é sobre "boa literatura", o campo religioso sobre "religião verdadeira". Exatamente como o espaço social em geral, cada campo tem seu próprio tipo de capital, que é distribuído de modo desigual. Uma precondição para esses campos sociais é o estabelecimento de uma divisão de trabalho, onde especialistas "fornecedores" oferecem seus serviços para um "laicato" de consumidores, ou seja, autores escrevendo ou sacerdotes oferecendo serviços religiosos para um público. No entanto, esses especialistas não são iguais ou mesmo parte de um grupo unificado. Eles lutam entre si por poder e dominação no campo. Os vencedores em uma situação histórica podem estabelecer as regras. Eles podem definir o que é "boa arte" ou "religião verdadeira". Os demais tenderão a desafiar essas regras do jogo estabelecidas pelo poder dos portadores utilizando estratégias de subversão. A afirmação de Bourdieu é de que boa parte da dinâmica em um campo, a mudança das tradições literárias ou religiosas, é causada, sobretudo, pela disputa de poder por parte dos especialistas, uma disputa conduzida por estratégias de conservação e subversão. Assim, como a competição objetiva entre os atores é concebida como a principal causa de mudança, a análise de Bourdieu dos campos tem por objetivo revelar a "economia" que estrutura esses campos.

Uma peculiaridade dos "campos simbólicos", no qual Bourdieu coloca a arte, a literatura ou a religião, é que sua economia em ação está oculta. Os atores no campo da literatura ou da religião podem apenas ter por objetivo "escrever uma boa obra literária" ou conduzir a ou comunicar crenças ou práticas religiosas verdadeiras; no entanto, ao fazer o que eles fazem, reconfiguram e desafiam a estrutura de poder do campo. Não obstante seus "nobres" interesses subjetivos, um de seus interesses objetivos é atingir uma posição dominante no campo. A mudança literária ou religiosa é, assim, o produto de tentativas de os atores manterem ou recusarem o domínio.

Além das várias elaborações teóricas de seu campo teórico que podem ser usadas para entender a dinâmica religiosa, Bourdieu também se voltou para o campo religioso em si. Em seus primeiros estudos sobre o campo religioso, ele lançou mão dos tipos ideais weberianos do mago, do sacerdote e do profeta para explicar a estrutura básica de poder do campo religioso. Em acréscimo às intuições de Max Weber, Bourdieu utilizou aqueles vários tipos de especialistas religiosos que atuam em um dado estado do campo religioso e ocupam posições objetivas nele, os quais, ao modelarem seu *habitus*, determinarão suas ações. Os magos são o que Bourdieu chama de os pequenos comerciantes do campo religioso. Eles oferecem serviços religiosos comercializados em nichos, frequentemente expostos à perseguição dos sacerdotes. Os sacerdotes adquiriram a posição dominante. Eles podem definir qual é a religião verdadeira e legítima. Uma de suas estratégias básicas é elaborar e comunicar dogmas, os quais garantirão a conservação da estrutura de poder dos campos religiosos. No entanto, sua posição é desafiada pelos profetas. Estes podem contestar a afirmação dos sacerdotes e desafiar sua "religião legítima" como uma forma deficiente que somente serviria aos interesses dos sacerdotes. Por sua vez, o próprio profeta, frequentemente vivendo de esmolas e aspirando não ter interesses pessoais, oferecerá a religião de fato verdadeira. Se o profeta e seus seguidores forem bem-sucedidos, vencerão os sacerdotes clássicos e tomarão a posição dos sacerdotes.

Bourdieu oferece, desse modo, uma concepção esquemática do campo religioso sem recorrer a questões históricas. Sendo assim, Bourdieu não toma parte do que pode ser chamado de "debate da secularização". No entanto, em um sucinto artigo, contribui para a compreensão da religião na modernidade por sua observação não do declínio, mas sim da dissolução do campo religioso. A religião, conforme Bourdieu afirma, não está definhando. No entanto, os limites que definiriam a religião estão se tornando obscuros. Isso acontece devido ao fato de que sem nenhum conceito de vida após a morte, que na modernidade europeia perde sua importância, a religião não é capaz de se distinguir daquilo que pode ser chamado de saúde mental. Assim, os fornecedores religiosos acabam em um campo maior recentemente desenvolvido que também abarca a Medicina e a Psicologia. Embora isso não consiga explicar as variedades dos fenômenos religiosos na modernidade, Bourdieu oferece uma grande ferramenta para a análise do que é frequentemente chamado de "nova religiosidade".

Comparados com a abordagem da escolha racional, os conceitos teóricos e as ferramentas que Bourdieu integrou e formulou podem provar-se muito poderosos. Bourdieu, lançando mão de uma fonte mais abundante de teorias e conceitos do que os teóricos da escolha racional, não cai na tentação de reduzir a economia ao mercado, a sociedade à simples agregação de indivíduos em ação e o agente à simples intencionalidade. Seu conceito de *habitus* e sua teoria do campo estimularam discussões teóricas, e alguns acadêmicos tentaram ligá-los a outras teorias, como a teoria dos sistemas ou os estudos de governamentabilidade. No entanto, os conceitos de Bourdieu podem também ter suas fraquezas e questões abertas. De um lado, pode-se argumentar que sua análise dos campos econômicos, que ele realizou mediante um amplo deslocamento de conceitos econômicos de sua origem, pode até levar não somente a um uso inflacionário, mas também a um esvaziamento de seu poder explicativo original. Por exemplo, Bourdieu usa o conceito de Karl Marx do termo "capital", mas amplia seu uso para fatos não econômicos. Esse procedimento, no entanto, somente é possível deslocando o conceito de suas peculiaridades teóricas com as quais Marx explicaria as estruturas do capitalismo moderno.

Além disso, Bourdieu desenvolveu ferramentas analíticas para o estudo da dinâmica interna dos campos; seus comentários sobre a inter-relação entre os campos não demonstraram poder explicativo. Seu uso do termo econômico "taxas de troca" mediante o qual ele tenta medir o valor de um tipo de capital quando convertido em outro (por exemplo, qual o valor do capital religioso no campo político) talvez pareça estar equivocado pela simples razão de que em uma troca real de uma moeda em outra, uma tem de se submeter a outra; no entanto, autoridades religiosas atuando em um campo religioso não necessariamente perdem seu capital religioso ao atuar como políticos. Autores que se valeram de Pierre Bourdieu tentaram sistematizar as relações entre os campos,[28] mas as ferramentas analíticas de Bourdieu parecem não permitir essa tarefa.

Conclusão

Pierre Bourdieu pode ser um bom exemplo da força e da fraqueza das abordagens econômicas em geral. A utilização de princípios econômicos pode ajudar muito a explicar a dinâmica do campo religioso. Como as ferramentas conceituais de Bourdieu para o estudo da Economia, que incluem teorias de Karl Marx, Max Weber e Marcel Mauss, podem ter uma capacidade explicativa maior do que aquelas da teoria econômica clássica, que agora está também sendo exposta à crítica nos departamentos econômicos, sua abordagem pode ser a mais elaborada na tradição das abordagens econômicas no estudo da religião. No entanto, mesmo sua abordagem parece produzir certos pontos cegos. Um deles é a inter-relação entre religião e outras esferas sociais como a própria Economia. Abordagens econômicas que insistem na universalização dos princípios econômicos fora do domínio da Economia caem no paradoxo de afirmar e negar em seguida a distinção entre o econômico e o social ou partes dele, como a religião. Essas abordagens, então, têm dificuldades em analisar a relação entre Economia e religião. As instituições religiosas, por exemplo, dependem das entradas religiosas. Como garantem seus recursos financeiros? Como isso afeta suas crenças religiosas e práticas? Há questões de crucial importância não somente no estudo das instituições religiosas separadamente. Para responder a esse tipo de questão, outras tradições teóricas como a teoria dos sistemas juntamente com o conceito de acoplamento estrutural e policontextualidade (o fato de instituições religiosas como igrejas participem em diferentes sistemas sociais; elas podem ter sua função básica na religião, mas necessariamente participam da Economia, do direito e da política) podem mostrar-se mais fortes.

Além disso, a escolha racional e a teoria do campo têm contribuído para o estudo da religião sobretudo por focar o "lado do fornecedor". A dinâmica religiosa pode ser explicada por uma mudança na procura religiosa nos processos sociais e culturais de transformação, mas também por processos intrarreligiosos de competição entre os fornecedores. Essa mudança, no entanto, tende a ignorar os efeitos de outras áreas sociais sobre a religião. Por último, mas não menos importante, tanto a escolha racional quanto a teoria dos campos podem ser fortes em descobrir "leis universais" e mostrar como a competição importante entre especialistas afeta a dinâmica e a vitalidade. Mas, por outro lado, eles tendem a ser cegos para a "história". Tanto os teóricos da escolha racional quanto Pierre Bourdieu afirmam que os princípios econômicos em campos não econômicos como a religião afetam-se em geral. Mas igualmente Bourdieu chega a seu campo religioso estático — sempre governado pelas mesmas forças internas, por não historicizar os tipos ideais do mago, do sacerdote e do profeta que Max Weber desenvolveu para elaborar um argumento histórico. Além disso, os processos de mercantilização como produto histórico, e assim as mudanças na inter-relação entre religião e Economia, não podem ser explicados por essas abordagens. Essas observações críticas não devem repudiar as abordagens econômicas em geral. No entanto, quando se lida com abordagens teóricas, é importante saber quais fenômenos elas podem ajudar a explicar e quais fenômenos elas tendem a ignorar ou ocultar.

Referências bibliográficas

AZZI, C.; EHRENBERG, R. Household allocation of time and church attendance. *JPE*, v. 83, n. 1 (1975), pp. 27-56.

BECKER, G. S. The economic approach to human behavior. Chicago: University of Chicago Press, 1976.

BERGER, P. L. A Market Model for the Analysis of Ecumenicity. *Social Research*, v. 30 (1963), pp. 77-93.

_____. *The sacred canopy*; elements of a sociological theory of religion. New York: Anchor Press 1967 [reprint 1990]. [ed. bras.: *O dossel sagrado*; elementos para uma teoria sociológica da religião. São Paulo: Paulus, 1985.]

BERGER, P. L.; LUCKMANN, T. Sociology of Religion and Sociology of Knowledge. *Sociology and Social Research*, v. 47 (1963), pp. 61-73.

_____. *The social construction of reality*; a treatise in the sociology of knowledge. Garden City: Anchor Books, 1966. [ed. bras.: *A construção social da realidade*. 4. ed. Petrópolis: Vozes, 1978.]

BEYER, P. Religious Diversity and Globalization. In: MEISTER, C. (ed.). *The Oxford Handbook of Religious Diversity*. Oxford/New York: Oxford University Press, 2011. pp. 185-200.

BOURDIEU, P. La dissolution du religieux. In: *Pierre Bourdieu*; choses dites. Paris: Minuit, 1987. pp. 117-123.

_____. Legitimation and Structured Interests in Webers's Sociology of Religion. In: LASH, S.; WHIMSTER, S. (eds.). *Max Weber, rationality and modernity*. London: Allen & Unwin, 1987. pp. 119-136.

_____. Genesis and Structure of the religious field. In: CALHOUN, C. (ed.). *Comparative Social Research*; a Research Annual. Religious Institutions 13. London: Sage Publications, 1991. pp. 1-44.

_____. *The Rules of Art*; Genesis and Structure of the Literary Field. Stanford: Stanford University Press, 1996.

_____. *The Field of Cultural Production*; Essays on Art and Literature. New York: Columbia University Press, 1993.

_____. *On television*. New York: The New Press, 1999.

_____. *The Social Structures of the Economy*. Cambridge: Polity Press, 2005.

BRUCE, S. (ed.). *Religion and Modernization*. Oxford: Oxford University Press, 1992.

_____. *Choice and religion*; a critique of rational choice theory. Oxford: Oxford University Press, 1999.

FINKE, R.; IANNACCONE, L. R. Supply-Side Explanations for Religious Change. *Annals AAPSS*, v. 527 (1993), pp. 27-39.

FINKE, R. The Consequences of Religious Competition. In: YOUNG L. A. (ed.). *Rational Choice Theory and Religion*; Summary and Assessment. London/New York: Routledge, 1997. pp. 45-65.

HECHTER, M. Religion and Rational Choice Theory. In: YOUNG L. A. (ed.). *Rational Choice Theory and Religion*; Summary and Assessment. London/New York: Routledge, 1997. pp. 147-159.

HOMANS, G. C. *Social behavior*; its elementary forms. ed. rev. New York: Harcourt, Brace and World, 1974.

IANNACCONE, L. R. Religious Practice: A Human Capital Approach. *JSSR*, v. 29, n. 3 (1990), pp. 279-314.

_____. The Consequences of Religious Market Structure: Adam Smith and the Economics of Religion. *Rationality and Society*, v. 3, n. 2 (1991), pp. 156-177.

_____. Rational Choice: Framework for the Scientific Study of Religion. In: YOUNG L. A. (ed.). *Rational Choice Theory and Religion*; Summary and Assessment. New York/London: Routledge, 1997. pp. 25-45.

_____. Introduction to the Economics of Religion. *JEL*, v. 36, n. 3 (1998). pp. 1465-1496.

KRECH, V.; HERO, M.; HUBER, S.; KETOLA, K.; KLINGENBERG, M. Religious plurality and religious vitality. New measuring strategies and empirical evidence. *Interdisciplinary Journal of Research on Religion* [no prelo].

McBRIDE, M. Why Churches need Free-riders: Religious Capital Formation and Religious Group Survival, 2007. Disponível em: http://www.economics.uci.edu/~mcbride/strict4.pdf [02.03.2012].

POLLACK, D. Religious Change in Europe. Theoretical Considerations and Empirical Findings. *Social Compass*, v. 55, n. 2 (2008), pp. 168-186.

SMITH, A. An Inquiry into the Nature and Causes of the Wealth of Nations. Chicago: Chicago University Press, 1977 [1776].

STARK, R.; IANNACCONE, L. R. A Supply-Side Reinterpretation of the "Secularization of Europe". *JSSR*, v. 33, n. 3 (1994), pp. 230-262.

STARK, R.; FINKE, R.; IANNACCONE, L. R. Pluralism and Piety: England and Wales 1851. *Journal for the Scientific Study of Religion*, v. 34 (1995), pp. 431-444.

STARK, R. Bringing Theory Back. In: YOUNG, L. A. (ed.). *Rational Choice Theory and Religion*; Summary and Assessment. New York/London: Routledge, 1997. pp. 3-23. [ed. bras. do artigo: Trazendo a teoria de volta. *Rever – Revista de Estudos da Religião*, v. 4 (2004), pp. 1-26.]

STARK, R.; IANNACCONE, L. R. How Much Has Europe Been Secularized? *Inchiesta*, v. 32, n. 2 (2002), pp. 99-112.

STOLZ, J. Salvation Goods and Religious Markets: Integrating Rational Choice and Weberian Perspectives. *Social Compass*, v. 53, n. 1 (2006), pp. 13-32.

VERTER, B. Spiritual Capital: Theorizing Religion with Bourdieu Against Bourdieu. *Sociological Theory*, v. 21, n. 2 (2003), pp. 150-174.

VOAS, D.; OLSON, D. V. A.; CROCKET, A. Religious Pluralism and Participation: Why Previous Research is wrong. *Sociological Review*, v. 67, n. 2 (2002), pp. 212-230.

WEBER, M. *The Protestant Ethic and the Spirit of Capitalism*. London: Penguin, 2002 [1904/1905]. [ed. bras.: *A ética protestante e o espírito do capitalismo*. São Paulo: Companhia das Letras, 2007.]

Notas

[1] Traduzido do inglês por Anoar J. Provenzi.
[2] Berger; Luckmann, Sociology of Religion and Sociology of Knowledge, pp. 61-73.
[3] Berger, *The sacred canopy*, p. 89.
[4] Ibid., p. 138.
[5] Ibid.
[6] Ibid., p. 147.
[7] Iannaccone, Introduction to the Economics of Religion.
[8] Stark, Bringing Theory Back, p. 13.
[9] Hechter, Religion and Rational Choice Theory, p. 155.
[10] Bruce, *Choice and religion*.
[11] Pollack, Religious Change in Europe.

[12] Iannaccone, Introduction to the Economics of Religion, p. 41.
[13] Finke, The Consequences of Religious Competition, p. 56.
[14] Voas; Olson; Crocket, Religious Pluralism and Participation; Beyer, Religious Diversity and Globalization.
[15] Krech; Hero; Huber; Ketola; Klingenberg, Religious plurality and religious vitality.
[16] Iannaccone, Introduction to the Economics of Religion, p. 28.
[17] Iannaccone, Rational Choice.
[18] McBride, Why Churches need Free-riders.
[19] Stolz, Salvation Goods and Religious Markets.

20 Bruce, *Religion and Modernization*; *Choice and religion*.

21 Bruce, *Choice and religion*, p. 123.

22 Iannaccone, Religious Practice, p. 301.

23 Homans, *Social behavior*.

24 Bourdieu, *The Rules of Art*.

25 Bourdieu, *The Field of Cultural Production*.

26 Bourdieu, *The Social Structures of the Economy*.

27 Bourdieu, *On television*.

28 Verter, Spiritual Capital.

Geografia da Religião

SYLVIO FAUSTO GIL FILHO

Contornos iniciais

Estabelecer um perfil da situação contemporânea da Geografia da Religião tem sido sempre uma tarefa não só difícil, mas sobretudo polêmica. Difícil porque não há como estabelecer um quadro suficientemente abrangente da história da subdisciplina sem necessariamente fazer escolhas, por vezes arbitrárias, de que literatura científica será referência ou ponto de partida. Polêmico, porque não há como não oscilar nos extremos da antinomia do "agnosticismo metodológico" por uma Geografia da Religião aceitável aos padrões hegemônicos da ciência geográfica — muito presente na perspectiva de ciência normativa — ou de uma visão de ciência compreensiva caracterizada pela suspensão do juízo normativo e uma ênfase na busca do sentido e significado. Outro aspecto, não menos importante, é a tese da marginalização temática no interior da própria Geografia que se justifica numa série de pressupostos recorrentes: incipiência teórica metodológica, fragmentação na produção científica, subsunção a outras disciplinas como a Sociologia ou Antropologia, entre outros.

O diagnóstico de Wilbur Zelinsky[1] sobre a Geografia da Religião ainda parece remanescer no discurso de muitos geógrafos atuais. O autor considera lógico e merecido um lugar de destaque à religião na agenda dos geógrafos. Mas a revisão da literatura até os anos 1960 indica que o tema da religião quase não aparecia nos compêndios de Geografia Humana tanto nos Estados Unidos como também em outras partes do mundo. Em suma, não há elementos suficientemente fortes na literatura geográfica para se produzir uma Geografia da Religião significativa, o que, sem dúvida, é um quadro decepcionante. Atualmente esta reverberação é sentida muito mais nos discursos originários no âmbito das Geografias hegemônicas.

A pesquisa em Geografia da Religião revela uma permanência sensível principalmente a partir da década de 1990. Segundo o diagnóstico de Lily Kong,[2] muito embora, no âmbito do desafio da pesquisa em Geografia, o interesse pela área seja considerado agonizante, a evidência aponta justamente o contrário.

Reinhard Henkel,[3] em um artigo sintomático sobre o posicionamento dos geógrafos diante da pesquisa sobre religião, apresenta a preocupação com a necessidade de uma postura de afastamento reflexivo na análise diante das convicções pessoais (religiosas, agnósticas, ateias etc.). Esta inquietação, em muito, se refere à perda de fôlego das abordagens baseadas na teoria da secularização. De certo modo, muitos geógrafos que consideram a pesquisa com religião irrelevante para a disciplina tendem a rever suas posições no debate. Entretanto, alguns temores antigos permanecem muito mais afetos à dificuldade em se encontrar o "fio da meada epistemológica" que a Geografia da Religião requer na alavancagem de seu poder explicativo, do que por razões meramente ideológicas.

Desenvolvimento inicial do campo

Gisbert Rinschede[4] traça um quadro geral circunstanciado da formação histórica do campo (restrito às fontes teutófonas, anglófonas e francófonas), identificando algumas características das relações entre *religião/ambiente* que se apresentam nas diversas formulações dessa área de conhecimento. O autor retoma a semântica do tema fundante clássico na Geografia que é a relação *homem/ambiente*, demonstrando as tendências de condicionamento ou equilíbrio deste *binômio*.

Religião/ambiente	Linha de Pesquisa / Escola	Período
Geografia "Cristã"	Geografia Religiosa	Antiguidade
	Geografia Eclesiástica alinhada à Teologia e a Igreja Cristã	Idade Média e Início da Idade Moderna
	Geografia Bíblica	Séculos XVI-XVII
	Abordagem cosmológica (em Hegel fisioteológica)	Séculos XVIII e XIX
Religião ← Ambiente	Geodeterminismo (a religião marcada pelo ambiente)	Séculos XIX a XX Huntington, 1907 e Semple, 1911 influenciados pelo darwinismo.
	Ecologia da Religião	Hultkrantz, 1966.
Religião → Ambiente	Ambientalismo	Primeira metade do século XX Fickeler, Troll, Deffontaines
	Abordagem da Geografia Social	Francesa 1930 e Alemã 1950
Religião ↔ Ambiente	Abordagem Interdisciplinar da Geografia da Religião	anos 1960 Fickeler, Sopher, Büttner, Levine
Geografia ↔ Ambiente Religião ↔ Ambiente Ideologia ↔ Ambiente	Geografia das Atitudes e Valores: (Geografia da Religião e Geografia da Ideologia)	anos 1980 Büttner, Galluser, Leitner, Nach Holzner

Está bem estabelecido na literatura que as relações entre Geografia e religião não são recentes, muito embora a sistematização de uma Geografia da Religião com uma relativa autodeterminação seja um projeto perceptível somente na segunda metade do século XX.

Inicialmente, é verificável mais propriamente uma *protoGeografia da Religião* que no pensamento grego parte da vinculação entre os estudos cosmológicos e os esquemas de mundo dos antigos gregos, como apontado por John D. Gay:[5] "Assim, Anaximandro, o primeiro cartógrafo grego conhecido, observou o mundo como uma manifestação de um princípio religioso, especialmente a inviolabilidade da ordem espacial".

Sob o contexto do alto medievo, no mundo do Islã, merece menção a obra de *Abū Rayḥān Al-Bīrūnī*, que nasceu no ano 973 no território de *Khiva*,[6] destacado historiador, geógrafo, linguista e literato islâmico. Entre os anos de 1017 e 1030, empreendeu um expressivo estudo sobre a Índia,[7] no qual relacionou aspectos das religiões hindus com seu contexto territorial e linguístico. Era minucioso com fontes primárias, estudou também o Zoroastrismo, o Judaísmo, o Cristianismo, o Budismo, além do próprio Islã. Sua objetividade e imparcialidade são impressionantes. No estudo das religiões, ele conseguiu verificá-las a partir delas mesmas, afastando-se de juízos aprioxísticos ou mesmo de submetê-las a uma lógica externa. Sobre as religiões hindus, *Al-Bīrūnī* afirma:

> Tudo o que existe sobre esse tema em nossa literatura não passa de informação de segunda mão, [...] amontoado de material que nunca passou pelo crivo de uma análise crítica.

> [...] Escrevi este livro sobre as doutrinas dos hindus sem jamais fazer imputações contra eles, nossos antagonistas religiosos, e sem considerar incompatível com meus deveres de muçulmano transcrever passagens de doutrinas hindus toda vez que a meu ver pudessem contribuir para elucidar um tema. Se o conteúdo dessas citações pode parecer pagão, e se os seguidores da verdade [...] as julgarem condenáveis, só podemos dizer que tais são as crenças dos hindus, e que ninguém mais qualificado para defendê-las do que eles.[8]

A indicação de possível ancestralidade para uma Ciência da Religião tem como hipótese determinadas diretrizes perceptíveis na obra de *Al-Bīrūnī:* como o tratamento criterioso das fontes de pesquisa, o compromisso de apresentar o fenômeno em toda a sua magnitude e a verificação da fidedignidade da pesquisa a partir de seus próprios sujeitos.

Nos séculos XVI e XVII, podemos vislumbrar mais precisamente a formulação de uma Geografia eclesiástica centrada na exposição e mapeamento do avanço global do Cristianismo como mencionado por Isaac.[9] O interesse estratégico do avanço missionário das Igrejas Cristãs impulsionou esta perspectiva. Kong[10] aponta uma relativização desta tendência à medida que na segunda metade do século XVII houve um interesse de estudo das esferas de influência de outras religiões além do Cristianismo. De certo modo, o contexto de expansão europeia neocolonial mantinha um interesse no conhecimento das realidades culturais e religiosas onde exercia seu domínio. Ou seja, a expansão missionária cristã em parte instrumentalizou o desenvolvimento desses estudos à medida que a ampliação do contato das missões cristãs com outras culturas religiosas se intensificava.

Em período posterior, o incremento da Geografia Bíblica ou Geografia das escrituras se desenvolve com o principal interesse na descrição de lugares bíblicos nos moldes de uma topologia da Terra Santa. Mesmo que a raiz da Geografia das Escrituras subsista dos relatos de viagens e tradições relativas às peregrinações do Medievo, somente nos séculos XVIII e XIX podemos considerar trabalhos de caráter mais sistemáticos e didáticos. Citamos como exemplo o trabalho de J. T. Bannister,[11] que apresenta uma síntese da Geografia, história e antiguidades da Terra Santa profundamente vinculada à interpretação da Bíblia e o detalhamento geográfico dos lugares mencionados no texto com certa dose de licença poética. Outra obra de especial interesse é a de Charles Forster,[12] que apresenta uma Geografia das Escrituras da península da Arábia relacionando a região às antigas cidades e suas toponímias do tempo dos patriarcas bíblicos.

Sob o espectro do cientificismo do século XIX, afloram dois discursos gêmeos: o da divinização da natureza baseada em uma visão teológica do mundo que institui uma forte relação entre Geografia e religião conhecida como abordagem *físico-teológica*; e outro com uma perspectiva oposta, de influência iluminista, que apresenta o condicionamento ambiental da religião. Argumentos como a austeridade das religiões nascidas em ambientes desérticos e a liberalidade daquelas que surgiram nas florestas temperadas demonstram como as religiões eram caracterizadas em uma tendência de subordinação ambiental.

Sistematização moderna do campo

No âmbito da Geografia francófona, o estudo da religião é circunstanciado como um capítulo da Geografia humana sob a acepção clássica das marcas deixadas na paisagem. Na obra de Pierre Deffontaines,[13] a religião é entendida como função que tipifica o uso de determinadas estruturas da vida humana no planeta. Tal perspectiva usa o conceito lablacheano de *gênero de vida* que se caracteriza como uma organização cultural e econômica articulada a uma base ambiental específica. Assim, a descrição dos modos das práticas humanas inclui a possibilidade das atividades religiosas, conforme evidenciado no artigo "Géographie des activités religieuses", de Max Sorre.[14]

A abordagem clássica concede certa relevância à dimensão geográfica da religião, todavia seus limites são evidentes. A religião é operacionalizada na pesquisa como um agente subjacente à dinâmica dos gêneros de vida, na qual é evidenciada a materialidade imediata na relação entre homem e meio. Entretanto, como comenta Paul Claval,[15] Deffontaines está plenamente consciente do papel das forças religiosas na evolução e estruturação do mundo.

Deffontaines infere a partir da concepção de R. P. Teilhard de Chardin que, além das esferas materiais da terra como a litosfera, hidrosfera, atmosfera e biosfera, também há a *noosfera* (esfera do pensamento),[16] que envolve o imaterial inscrito na paisagem. A partir desta base, há a possibilidade de uma Geografia dos sistemas de pensamento, filosóficos, jurídicos e morais. O ser humano, no seu processo de adaptação ao ambiente, submete a terra a partir de seu pensamento, atribuindo significados às realidades naturais e sobrenaturais. Esse fundamento implica uma Geografia do *Homo religiosus*.

Xavier de Planhol[17] publica um instigante trabalho sobre o mundo islâmico mantendo a tendência da busca da explicação de como as concepções religiosas interferem no cotidiando e se inscrevem na paisagem. O primeiro capítulo de sua obra *Le monde islamique; essai de géographie religieuse* é intitulado "La marque géographique de L'Islam", que espelha o ponto de vista que relaciona a religião às carcterísticas do modo de vida e as estruturas da paisagem, neste caso especial as características das cidades do mundo islâmico. Todavia, existe uma complexidade no trabalho de De Planhol, no qual certos elementos da estrutura política do Islá são esplicitados a partir de uma leitura atenta da realidade regional. A interpretação ancorada na teoria do *gênero de vida* é aparente na explicação do Islá a partir da diferenciação de grupos islâmicos de características religiosas comuns, mas que conformam diferentes paisagens, como, por exemplo, o estudo sobre a tribo dos maraboutiques[18] no Magreb.

Em que pesem os limitantes teórico--metodológicos dessas abordagens, temas importantes para a Geografia da Religião foram problematizados. Existem no quadro temático, com certa permanência, os estudos dos espaços relacionados à morte, dos lugares de peregrinação e da disposição espacial dos templos.

A Geografia anglófona coloca a Geografia da Religião como capítulo da Geografia Cultural seguindo as premissas já estabelecidas na década de 1960 por David Shoper:

A Geografia cultural diz respeito ao homem, não como um indivíduo, mas como um compartilhador e um transmissor de cultura. Seu principal interesse diz respeito a dois tipos de relações: a interação entre a cultura e seu complexo ambiente terrestre, e a interação espacial entre as diferentes culturas. A Geografia da Religião investiga essas relações, concentrando sua atenção no componente religioso presente na cultura.[19]

O destaque na teorização sopheriana em relação às aproximações anteriores é a preocupação com as interações espaciais da religião entendida aqui como um componente da cultura. Nesse contexto, Sopher assume a definição de religião como um sistema de fé e culto, observâncias, práticas sociais e um corpo institucionalizado de crenças consideradas sagradas. Para o autor, a abordagem socioespacial da religião exclui a possibilidade de abordar os aspectos da experiência pessoal da religião e indica que a Geografia da

Religião deve se preocupar com os sistemas religiosos organizados e o comportamento culturalmente moldado e institucionalizado da religião.

Tendo em vista essa base conceitual do estudo geográfico da religião, Sopher[20] indica quatro aspectos temáticos a serem considerados: (i) a significância do meio para a evolução dos sistemas religiosos e especialmente das instituições religiosas; (ii) o modo como os sistemas e instituições religiosas modificam o meio; (iii) as diferentes maneiras pelas quais os sistemas religiosos ocupam e organizam partes do espaço terrestre; (iv) a distribuição geográfica, a dispersão e a interação dos diferentes sistemas religiosos.

A estruturação temática da Geografia da Religião sopheriana é uma superação dos parâmetros iniciais já estabelecidos na Geografia cultural norte-americana, na qual a observação de determinadas características espaciais do fenômeno religioso, assim como aspectos morfológicos de seus elementos, são tomados como realidades de caráter idiográfico. A permanência da descrição como método e o conceito *superorgânico* de cultura baseado na perspectiva de Alfred Louis Kroeber[21] mantinham o estudo geográfico da religião em seus aspectos visíveis como os templos, os cemitérios, os santuários e os lugares sagrados. A carência teórica evidente dessa abordagem é pouco a pouco substituída por interpretações mais analíticas do fenômeno religioso.

No momento em que Sopher estabelece as bases analíticas de sua Geografia da Religião, as já mencionadas tendências teóricas calcadas no determinismo ambiental das práticas religiosas tinham entrado em declínio. Assim, as pesquisas que mantinham esta característica — como o trabalho de Ellen Semple[22] com inspiração ratzeriana, a obra de Ellswoth Huntington[23] com a ênfase na explicação do sentido religioso a partir dos fatores naturais, como também, a ecologia da religião de Ake Hultkrantz[24] — seriam invariavelmente questionadas.

Talvez o impacto, embora tardio, da Sociologia de Max Weber seja, como sugere Kong,[25] o "ponto de mutação", na medida em que a base explicativa assume a direção de como a religião influencia as estruturas econômicas e sociais.

No quadro maior das estruturas econômicas e sociais, a verificação das motivações religiosas da ação humana inscritas na paisagem permite aos geógrafos vislumbrarem várias redes de relações possíveis das dialéticas entre o ambiente e o fenômeno religioso. Essa relativização de posicionamento na pesquisa já era sentido em parte na Geografia sopheriana.

Geógrafos teutófonos como Paul Fickeler[26] percebiam as relações entre religião e ambiente como recíprocas. Sua problematização do tema estabelece duas questões fundamentais: "Como o ambiente, incluindo o povo, a paisagem e o país, afetam uma forma religiosa? E como, reciprocamente, uma forma religiosa afeta um povo, uma paisagem, um país?".[27] A Geografia da Religião fickeleriana tende a um estudo de formas religiosas e de sua dinâmica na paisagem inspirado pela acepção de Kant[28] de uma *igreja visível* e *outra invisível* (de evidente formulação calvinista).[29] O autor identifica dois aspectos fundamentais do fenômeno religioso: um de caráter interno "ético" e outro de caráter externo "cerimonial". A opção por uma Geografia cerimonial é justificada, visto que os objetos enquanto fora de nós são posicionados no espaço pela propriedade do sujeito, externamente. Em um segundo momento, esta Geografia cerimonial lança mão de conceitos fundantes como o sagrado (quantitativo) e a sacralidade (qualitativo). Para estabelecer uma consistência teórica, o autor aproxima-se de outras ciências da religião e identifica características da dinâmica da prática religiosa, em que os símbolos sagrados,

os sons cerimoniais, as direções e orientação espacial, o tempo, as cores, os números e o movimento sagrados são elencados. A síntese se apresenta na relação entre religião e paisagem, que é entendida enquanto uma paisagem cultural sagrada.

Nas décadas de 1990 e 2000, geógrafos como Chris Park[30] e Roger W. Stump[31] publicam estudos de maior fôlego no âmbito da Geografia anglófona.

O trabalho de Park rapidamente torna-se referência, pois apresenta contextualmente os vários aspectos relevantes construídos na produção científica da área. Sob o ponto de vista teórico, não apresenta nenhuma ruptura com as tendências consolidadas no interior da própria disciplina. A intenção do autor está assim explicitada, reapresentando um dilema recorrente no debate: "O tema central deste livro é a Geografia e a religião, não a Geografia da Religião".[32] Park comenta que há muitas respostas a questões relacionadas aos padrões espaciais das religiões, mas isto representa somente uma parte do campo. Centrar a pesquisa unicamente na Geografia da Religião pode limitar o estudo de importantes temas geográficos. A partir desta advertência, interpretamos que o pensamento de Park não apoia uma autonomia da subdisciplina, mas a entende como uma temática que permeia toda a Geografia humana.

O estudo de Stump,[33] por outro lado, marca melhor a posição da subdisciplina e a distinção em relação a outros campos como a Sociologia, a Antropologia, a Economia e a Psicologia da Religião, muito embora não haja uma preocupação de validação em termos disciplinares das questões espaciais e contextuais. O olhar geográfico sobre o fenômeno religioso é uma perceptiva diferenciada, mas não oposta às outras ciências da religião. Tomando como base os conceitos de Clifford Geertz,[34] a religião é interpretada como sistema cultural, um integrado complexo de sentidos, símbolos e comportamentos relacionados a uma comunidade de adeptos. Stump inicialmente trabalha uma dinâmica espacial das religiões articulando a empiricidade imediata com os processos culturais e espaciais, extensivamente contextualizando os vários sistemas religiosos. Em um segundo momento, elabora o argumento da organização espacial de cada sistema religioso em relação ao espaço secular através do conceito de territorialidade. As estruturas religiosas passam a ser vistas como expressões dessa territorialidade em relação ao espaço secular em diversas escalas. No terceiro momento da análise, o autor relaciona os significados das organizações religiosas com o espaço geográfico a partir das práticas cotidianas do corpo de adeptos. Desse modo, o espaço sagrado é constituído através de uma forma específica de cosmovisão religiosa do mundo e a possibilidade de uma experiência da sacralidade inerente à espacialidade dos sistemas religiosos. A sacralização de espaços particulares pelos seguidores de diferentes religiões possibilita a identificação de sete categorias do espaço sagrado: (i) a *cosmológica*, caracterizada pela localização — entre o real e o imaginário — do cosmo; (ii) a *teocêntrica*, que refere-se à contínua presença e localização do ser divino; (iii) a *hierofânica*, que designa o lugar da manifestação do sobrenatural de religiões específicas (aparição, milagres e revelações); (iv) a *histórica*, associada aos eventos marcantes ou o processo de desenvolvimento histórico da religião; (v) a *hierenergética*, que está relacionada com o acesso a manifestações sobrenaturais de poder e influência; (vi) a *autoritativa*, que está baseada na autoridade expressa pelos líderes religiosos; e (vii) a ritual, que diz respeito ao uso da repetição ritual para gerar um ambiente de sacralidade.[35] Na parte final da obra, o autor problematiza os conflitos religiosos em termos espaciais, em que os espaços sagrados também são espaços de contestação. A Geografia da Religião desenvolvida na obra de Stump resgata de forma sistemática o que de maior recorrência há na produção científica da área. A densidade explicativa e a consistência conceitual são qualidades verificáveis, contudo não representam superação de bases já consagradas. Desse modo, não há rupturas nem surpresas no que tange à reflexão teórica.

Ainda se escuta o eco da crítica à produção científica da área registrada no verbete sobre Geografia da Religião[36] de David Ley; existe um grande inventário diversificado de pesquisas, mantendo uma base empírica e descritiva e um número bem menor de trabalhos teóricos ou com ambições epistemológicas.

Constituição do campo no Brasil

Com propriedade, Zeny Rosendahl[37] sustenta que a Geografia ficou de certo modo marginalizada da influência dos estudos *religioso-geográficos* em comparação às demais Ciências Sociais. O interessante do seu diagnóstico é vincular o desenvolvimento intermitente do campo com a sucessão dos sistemas explicativos reinantes na Geografia brasileira.

Por conseguinte, a herança clássica com formulações positivistas e a aproximação sistêmico-funcionalista desenvolvida após a Segunda Guerra Mundial não possibilitaram uma inserção significativa da dimensão religiosa no quadro temático da Geografia humana. A ruptura epistemológica representada pela apropriação tardia da obra de Karl Marx e do marxismo na década de 1960 (no Brasil, mais propriamente, no fim dos anos 1970) e a simbiose com as abordagens estruturalistas reduziram a religião a uma projeção ideológica das relações materiais que produzem o espaço geográfico esvaziando o seu conteúdo de análise. Por fim, a aproximação com explicações existencialistas coadunadas com métodos fenomenológicos da abordagem humanista trouxeram um novo alento para a Geografia da Religião. Contudo, um exame mais detalhado sobre as formas de estruturação da Geografia humanista no Brasil pode colocar em dúvida essa proposição. Cabe ressaltar que as formas de apropriação filosófica preponderantes na Geografia humanista (Heidegger, Husserl, Merleau-Ponty) projetam a religião como uma ontologia em um espaço de experiências vividas. Ou seja, não há uma problematização da religião na pesquisa suficiente para estabelecer um *status* analítico livre para a subdisciplina.

É difícil estabelecer um marco pioneiro na Geografia da Religião no Brasil. A menção da tese de Maria Cecília França[38] é quase uma convenção. Não houve uma investigação acurada de trabalhos científicos na área em décadas anteriores; afora os que foram produzidos nos meios estritamente acadêmicos institucionais que espelham a própria institucionalização tardia dos programas de pós-graduação no Brasil. Naquele momento, a situação de carência da produção geográfica relativa ao tema não era diferente do contexto europeu e norte-americano. Segundo França, "enquanto estudiosos davam ênfase ao campo da Sociologia Religiosa, os geógrafos não adentraram esse domínio, embora admitissem pacificamente estar ele sob sua alçada".[39]

O destaque da tese de França é a realização de um trabalho explícito de Geografia da Religião utilizando com acuidade as bases metodológicas de Max Sorre.[40]

Ao longo dos anos de 1990, o trabalho de Zeny Rosendahl se destaca na sistematização do campo, especialmente por ter catalisado a produção científica em Geografia da Religião nos eventos do Núcleo de Estudos e Pesquisas sobre Espaço e Cultura (Nepec) e o periódico *Espaço e Cultura*, no qual diversos artigos da área foram publicados.

O argumento inicial da Geografia da Religião na obra de Rosendahl[41] é a fixação da ontologia do espaço sagrado, submetendo a realização do sagrado enquanto hierofanias no espaço. Tendo esta premissa como base, o espaço sagrado marca uma quebra qualitativa em relação ao entorno, ou seja, o espaço profano. Esta concepção tem por base a obra de Mircea Eliade[42] e a formulação da ideia do *Homo religiosus* e a "experiência da oposição entre o espaço sagrado — o único que é real, que existe realmente — e todo o resto, a extensão informe, que o cerca".[43] O mérito da abordagem de Rosendahl foi vincular a noção arquetípica de espaço em Eliade ao espaço social; desse modo, o *Homo religiosus* se realiza no grupo religioso atribuindo uma função ao espaço sagrado, *geografizando*, assim, sua prática religiosa.

Os trabalhos dos anos 1990 oscilam em variações sobre o espaço sagrado como ontologia ou como epistemologia. Assim sendo, o espaço sagrado é tratado como a própria Geografia do *Homo religiosus* ou uma categoria de análise específica da subdisciplina.

No início dos anos 2000, com a intensificação do debate no âmbito da Geografia cultural e social brasileira, formou-se uma frente de geógrafos que trabalham com temáticas consideradas marginais. O ponto de mudança dessa condição de marginalidade foi, entre outros, o V Evento Nacional da Associação de Pós-Graduação e Pesquisa em Geografia (Anpege), realizado na Universidade Federal de Santa Catarina no ano de 2003. A verificação de uma quantidade significativa de trabalhos não enquadrados nos domínios tradicionais da Geografia e que transitavam direta ou indiretamente com epistemologias e temáticas não hegemônicas instigou um grupo de pesquisadores a organizarem o Núcleo de Estudos em Espaço e Representações (Neer) em 2004, transformado em uma rede nacional de pesquisadores no ano seguinte. A referida rede de pesquisadores aglutinava os esforços já iniciados pelo Nepec na década anterior, dando guarida à produção científica e ao debate teórico também em Geografia da Religião.

No mesmo momento que as pesquisas culturais em Geografia formam um nicho de debates epistemológicos no âmbito disciplinar, é fundado, em 2003, o Núcleo Paranaense de Pesquisa em Religião (Nupper), que teve como função reunir a pesquisa em religião em uma escala inicialmente regional, mas em um contexto interdisciplinar. No seio do Nupper, o tencionamento epistemológico possibilitou um diálogo frutífero para o desenvolvimento de alternativas teóricas para a Geografia da Religião. A influência destas redes de pesquisa desencadeou a manutenção de uma produção científica específica da área no Programa de Pós-Graduação em Geografia da Universidade Federal do Paraná.

A construção de um estado de arte para uma Geografia da Religião de caráter compreensivo, articulada ao poder explicativo de várias tendências fenomenológicas, abriu um espectro de superação epistemológica de abordagens hegemônicas na subdisciplina, como analisado em Gil Filho.[44] Podemos caracterizar a produção científica decorrente desse caldo teórico como uma reafirmação de autonomia teórica da subdisciplina. A questão norteadora basilar dessa concepção é a seguinte: se a Geografia da Religião é uma subdisciplina da Geografia Humana com singularidade temática, seria pertinente a aplicação direta do categorial espacial usado em outras Geografias sem uma teoria geográfica da religião? Assumindo essa questão como um verdadeiro problema, a Geografia da Religião escapa ao debate restrito no interior da própria disciplina e avança para compor a discussão maior da Ciência da Religião.

O caminho escolhido foi uma Fenomenologia centrada na crítica da cultura de Ernst Cassirer (1874-1945) a partir da Filosofia das formas simbólicas. Cassirer considera a religião como forma simbólica em um quadro geral de sua Filosofia relacionada com o mito e a linguagem. Em seu sistema, a religião não é tratada como manifestação histórica específica, mas como determinação funcional no plano da cultura. Percebemos, assim, uma dialética entre a unidade da religião e a diversidade de suas manifestações. Nesse aspecto, as religiões participam de uma mesma função estruturante da cultura, muito embora suas expressões sejam diversas.[45]

A possibilidade de um deslocamento teórico-metodológico no contexto da "virada Linguística" nas Ciências Sociais e da "virada cultural" na Geografia reforçou o argumento de submeter à ontologia do espaço sagrado a mesma crítica fundamental. Ou seja, o espaço sagrado não é substância, mas sim forma projetada pelo sujeito (sentido exterior) no processo de conformação do mundo religioso. Como parte do categorial espacial da subdisciplina, o espaço sagrado reserva uma característica sintética, na medida em que se realiza enquanto conhecimento do mundo religioso.

A partir dessa interpretação, o espaço sagrado é entendido como uma categoria de análise primogênita da Geografia da Religião a partir do campo de ação das formas simbólicas (mito, linguagem, artes, ciência e religião). Desse modo, inicialmente se apresenta na universalidade a unidade no plano da consciência que se exterioriza na relação com as singularidades e multiplicidades do mundo sensível e depois retorna ao sujeito enquanto esquema representacional. As formas simbólicas, no seu papel funcional, agem como estruturantes da realidade consubstanciadas em campos de ação, ou seja, a espacialização do mundo onde a ação da religião se manifesta. O espaço sagrado torna-se tanto o esquema de determinada realidade quanto a representação objetivada do fenômeno.

Contornos finais

As possibilidades de pesquisa na Geografia da Religião estão ainda em aberto. Sua própria gênese multifacetada proporciona muitos caminhos teóricos ainda não totalmente explorados. A intermitência da produção científica, embora seja um fato limitante, não implica um embotamento da subdisciplina. Muito pelo contrário, é justamente na falta de uma metanarrativa unificadora que reside o poder da liberdade de atuação na subdisciplina.

Por certo, é no categorial espacial empregado e em seu poder explicativo que reside a especificidade da Geografia da Religião e seu potencial de análise. É o mundo hodierno da religião que propõe as perguntas pelas quais a subdisciplina é chamada a responder.

A crítica mais contundente à Geografia da Religião na busca de uma autonomia de análise é que seus pressupostos são metáforas ou abstrações do "mundo real", e, portanto, que o categorial pelo qual a área se fundamenta não se justifica fora do quadro já legitimado da disciplina geográfica, mesmo porque não haveria uma objetivação explicativa suficientemente ampla e consistente no discurso geográfico em relação ao fenômeno religioso.

Pois bem, não há uma antinomia insolúvel da compreensão da realidade entre o mundo objetivo e o mundo subjetivo. De fato, não há objetivação possível sem uma subjetividade de sentido. O mundo reificado do qual a Geografia da Religião emerge não é o mundo simbólico que ela pretende entender.

Há uma necessidade de superação da primeira hermenêutica geográfica do fenômeno religioso por demais estrutural, para que possamos construir uma segunda hermenêutica mais compreensiva na explicação do sentido do mundo da religião.

Referências bibliográficas

AL-BĪRŪNĪ. Breve Antologia. *Correio da Unesco*, Rio de Janeiro, ano 2, n. 8 (ago. 1974), pp. 19-26.

BANNISTER, J. T. *A Survey of the Holy Land*; Its Geography, History and Destiny. London: Simpkin/Marshall and Co, 1844.

CLAVAL, P. *Religion et idéologie*; perspectives géographiques. Paris: PUPS, 2008.

DEFFONTAINES, P. *Géographie et religions*. Paris: Gallimard, 1948.

DE PLANHOL, X. *Le Monde Islamique*; essai de géographie religieuse. Paris: Presses Universitaires de France, 1957.

ELIADE, M. *O Sagrado e o Profano*; a essência das religiões. Tradução Rogério Fernandes. São Paulo: Martins Fontes, 1992.

FICKELER, P. Questões fundamentais na Geografia da Religião. *Espaço e Cultura*, Rio de Janeiro, n. 7 (jan./jun. 1999 [1947]), pp. 7-35.

FORSTER, C. *The Historical Geography of Arabia*; in two volumes. London: Ducan and Malcom, 1844. (Elibron Classics facsimile).

FRANÇA, M. C. *Pequenos centros paulistas de função religiosa*. São Paulo: Universidade de São Paulo/Instituto de Geografia, 1975. tomo 1 e 2.

GAY, J. D. *The Geography of Religion in England*. London: G. Duckworth & Co Lt., 1971.

GEERTZ, C. *A interpretação das culturas*. Rio de Janeiro: LTC, 2008.

GIL FILHO, S. F. *Espaço sagrado*; estudos em Geografia da Religião. Curitiba: Editora IBPEX, 2008.

HENKEL, R. Are geographers religiously unmusical? Positionalities in geographical research on religion. *Erdkunde*, Bonn, v. 65, n. 4 (2011), pp. 389-399.

HULTKRANTZ, A. An ecological approach to religion. *Ethnos*, Stockholm, n. 31 (1966), pp. 131-50.

HUNTINGTON, E. *Mainsprings of civilization*. London: Chapman and Hall, 1945.

ISAAC, E. Religious geography and the geography of religion. *Man and the Earth*, University of Colorado Studies — Series in Earth Sciences, Boulder, n. 3 (Jul. 1965), pp. 1-15.

KANT, I. *A religião nos limites da simples razão*. Tradução Artur Morão. Lisboa: Edições 70, 1992 [1794].

KONG, L. Geography and religion: trends and prospects. *Progress in Human Geography*, Thousand Oaks, v. 14, n. 3 (Sep. 1990), pp. 355-371.

_____. Global shifs, theoretical shifts: Changing geographies of religion. *Progress in Human Geography*, Thousand Oaks, v. 34, n. 6 (Mar. 2010), pp. 755-776.

KROEBER, A. L. The Superorganic. *American Anthropologist*, Berkeley, v. 19 (abr-jun 1917), pp. 163-213.

LEVINE, G. J. On the geography of religion. *Transactions — Geographers New Series*, London, v. 11, n 4 (1986), pp. 428-440.

LEY, D. Geography of Religion. In: JOHNSTON, R. J.; GREGORY, D; SMITH, D. M. (eds.). *The Dictionary of Human Geography*. 3. ed. Oxford: Blackwell Ltd, 1994. pp. 521-524.

PARK, C. *Sacred Worlds*; an Introduction to Geography and Religion. New York: Routledge, 1994.

RINSCHEDE, G. *Religionsgeographie*. Braunschweig: Westermann, 1999.

ROSENDAHL, Z. *Espaço e religião*; uma abordagem geográfica. Rio de Janeiro: Eduerj, 1996.

SACHAU, E. C (ed.). *Alberuni's India*. New Delhi: Munshiram Manoharlal Publishers Pvt. Ltd, 2005 [1910].

SEMPLE, E. *Influences of geographic environment*; on the basis of Ratzel's system of anthropo-geography. New York: Henry Holt and Co, 1911.

SOPHER, D. E. *Geography of Religions*. Englewood Cliffs N. J.: Prentice-Hall Inc., 1967.

SORRE, M. Géographie des activités religieuses. *Rythmes du Monde*, Paris, v. 29, t. III, n. 2 (1955), pp. 85-92.

STUMP, R. W. *The Geography of Religion*; Faith, Place, and Space. Lanham: Rowman & Littlefield Pub. Inc., 2008.

TEILHARD DE CHARDIN, R. P. *Fenômeno Humano*. Tradução de José Luiz Archanjo. São Paulo: Cultrix, 2006.

ZELINSKY, W. An Approach to The Religious Geography of the United States — Patterns of Church Membership in 1952. *Annals of the Association of American Geographers*, v. 52, n. 2 (jun. 1961), pp. 139-193.

Notas

[1] Zelinsky, An Approach to The Religious Geography of the United States, p. 139.

[2] Kong, Global shifs, theoretical shifts.

[3] Henkel, Are geographers religiously unmusical?, pp. 389-399.

[4] Rinschede, *Religionsgeographie*, p. 24.

[5] Gay, *The Geography of Religion in England*. p. 1.

[6] Khiva, também conhecida com antigos nomes na história, tais como *Khwarizm* e *Chorezm*, localiza-se na província de *Xorazm*, no atual Uzbequistão.

[7] Sachau (ed.), *Alberuni's India*, pp. viii-xlix.

[8] Al-Bīrūnī, Breve Antologia, p. 26.

9 Isaac, Religious geography and the geography of religion.

10 Kong, Geography and religion, pp. 356-357.

11 Bannister, *A Survey of the Holy Land.*

12 Forster, *The Historical Geography of Arabia.*

13 Deffontaines, *Géographie et Religions,* pp. 7-12.

14 Sorre, Géographie des activités religieuses, pp. 85-92.

15 Claval, *Religion et idéologie,* p. 20.

16 A *noosfera,* com base na obra de R. P. Teilhard de Chardin (*O fenômeno humano,* p. 210), vem do grego *noûs,* "espírito", "psique", e do latim *sphaira, sphaera,* nelogismo do filósofo para designar a camada do pensamento humano da Terra, constituindo um todo específico orgânico que está em via de unificação material e união espiritual (hominização) e se distingue da *Biosfera,* pois esta última é da vida não refletida. Portanto, a *noosfera* é uma realidade dada e também um valor que livremente pode ser realizado através do processo de hominização.

17 De Planhol, *Le monde islamique,* pp. 1-5.

18 Os *maraboutiques* ou *marabout* (do árabe *marbūṭ*) são líderes espirituais das irmandades religiosas que sustentam a tradição islâmica contemporânea no Senegal. O *Mouridismo* (fundado por *Amadou Bamba Mbacke,* 1857-1927) talvez tenha sido o mais influente deles nos últimos anos. Em parte, essa tradição mantém relações com o sufismo e com alguns aspectos pré-islâmicos na África.

19 Sopher, *Geography of Religions,* pp. 1-2.

20 Ibid.

21 Kroeber, The Superorganic.

22 Semple, *Influences of geographic environment.*

23 Huntington, *Mainsprings of civilization.*

24 Hultkrantz, An ecological approach to religion.

25 Kong, Geography and religion.

26 Fickeler, Questões fundamentais na Geografia da Religião.

27 Ibid., p. 7.

28 Kant, *A religião nos limites da simples razão,* 1992.

29 Ibid., p. 107.

30 Park, *Sacred Worlds.*

31 Stump, *The Geography of Religion.*

32 Park, *Sacred Worlds,* p. xiii.

33 Stump, *The Geography of Religion.*

34 Geertz, *A interpretação das culturas,* pp. 65-67.

35 Stump, *The Geography of Religion,* p. 302.

36 Ley, Geography of Religion, p. 523.

37 Rosendahl, *Espaço e religião,* p. 19.

38 França, *Pequenos centros paulistas de função religiosa.*

39 Ibid., p. 16.

40 Sorre, Géographie des activités religieuses.

41 Rosendahl, *Espaço e religião,* p. 29.

42 Eliade, *O Sagrado e o Profano.*

43 Ibid., p. 25.

44 Gil Filho, *Espaço sagrado.*

45 Ibid., pp. 71-74.

Religião como organização

Marcelo Ayres Camurça

Introdução

Existe uma constatação básica de que todas as religiões possuem um sistema de crenças, um código ético e um sistema de organização. Portanto, pensar a religião em seu aspecto organizativo é examinar os aspectos formais, estruturais e materiais da instituição religiosa: os seus agentes, suas regras de funcionamento, seus rituais, sua doutrina etc., desde as religiões mais complexas que apresentam um grau de diferenciação, de hierarquia, de aparatos litúrgicos e uma "Teologia" formulada em livros sagrados, até as religiões mais simples, em que estes elementos reduzem-se a crenças e práticas condensadas em poucos símbolos e rituais.

Como estratégia para elaborar este capítulo, resolvemos tratar o tema dentro da reflexão de autores de referência, clássicos das chamadas Ciências Sociais da Religião. Ou seja, como a questão da organização religiosa aparece dentro de sua reflexão mais ampliada sobre o papel da religião na sociedade e na cultura.

A escolha do recorte e da pertinência da adequação do tema da organização dentro do quadro maior da Sociologia da Religião destes autores é de inteira responsabilidade nossa.

A organização religiosa nos "pais fundadores" da Sociologia da Religião: Durkheim e Weber

Émile Durkheim, na sua célebre obra *As formas elementares da vida religiosa*, sustentava que "não encontramos, na história, religiões sem igreja",[1] querendo dizer com isso que toda religião implica uma forma de organização social. Para Durkheim, uma "igreja" se constituiria na tradução da crença comum de uma coletividade em práticas e ritos concretos.[2] Segundo ele, é na "igreja" que o indivíduo aprende o seu "papel" de como cultuar e se relacionar com as divindades.[3]

Embora o principal foco deste "pai fundador" da Sociologia (da religião) fosse revelar que "a religião deve ser coisa coletiva",[4] interessado que estava em mostrar que a religião nada mais é do que a própria sociedade projetada nela, desta forma não se interessando, como outros autores, em deslindar as hierarquias, as burocracias e a institucionalização da religião, ele, contudo, distingue as "duas categorias fundamentais" dos "fenômenos religiosos": "as crenças e os ritos".[5] Os ritos coletivos praticados através das "igrejas", enquanto culto às divindades, são a forma de inculcar no indivíduo os sentimentos sociais que através da religião fazem-no se sentir parte da sociedade.

Se para Durkheim a questão da organização religiosa se dá na dinâmica da "efervescência" na direção das práticas e crenças coletivas desenvolvidas dentro das "igrejas", para Max Weber esta se dá na passagem do carisma selvagem para o institucionalizado.

No argumento deste outro "pai fundador" da Sociologia (da religião), o desaparecimento do líder (religioso) carismático leva à necessidade da institucionalização do seu carisma pelos seus sucessores para assegurar a manutenção de sua mensagem em prol dos seus seguidores. Ao lado da necessidade da sucessão do líder, está também a da estabilização da mensagem que provinha do seu fascínio pessoal por meio de uma codificação, o que Weber chamou de "rotinização do carisma".[6]

Neste caso, há uma mudança na autoridade e na transmissão do carisma, não mais exercida pelo dom do líder, mas sim por um processo de normatização e educação ministrado a um corpo de aderentes agora adestrados em um novo tipo de organização e racionalização da mensagem carismática.[7]

Segundo Stefano Martelli, na sua abordagem da teoria do carisma weberiana, na falta do líder carismático, seus sucessores empreendem uma forma de reviver a experiência fundante emanada dele através da mediação de símbolos e ritos. A "rotinização do carisma" constitui-se então, através da criação de uma doutrina, culto e corpo sacerdotal.[8] Este

complexo cúltico-simbólico visa relembrar, prolongar a memória do carisma primevo através de uma rotina institucional.[9] O caso do Cristianismo, para o autor, é exemplar deste processo, ao revelar que, com o desaparecimento de Jesus, seu carisma fundador foi transmutado na formação da Igreja, organização hierocrática que se mantém através do que Weber chamou de "carisma de função"[10] ou "carisma de cargo",[11] dispositivo pelo qual é conferida uma continuidade do carisma espontâneo do fundador na estrutura formal da Igreja.

De acordo com o texto weberiano original, os discípulos do profeta carismático desaparecido através desta congregação institucional que é a Igreja "asseguram a continuidade da revelação e da administração da graça, garantindo assim também, de modo permanente, a existência *econômica* desta última e de seus gerentes, e monopolizando em seguida, em relação àqueles que são obrigados a cumprir os respectivos deveres, também determinados direitos".[12]

Por fim, segundo Weber, o carisma pode ser rotinizado tanto na forma "tradicional" quanto na "racional-legal" burocratizada; para tal depende do grau de adaptação da comunidade que transita do extracotidiano à ordem econômica no que tange às suas condições de adequação aos interesses materiais.

Tipos principais de organizações religiosas: igreja, seita e misticismo em Ernst Troeltsch

Ernst Troeltsch, amigo e participante do círculo intelectual de Weber, legou aos estudos das formas de organização religiosa uma tipologia que veio a se tornar uma de suas principais referências. Embora sua obra ficasse circunscrita à experiência cristã, *As doutrinas sociais das Igrejas e dos grupos cristãos*, os tipos de organização religiosa arrolados na mesma serviram de parâmetro teórico para pensar as formas sociais da organização religiosa no Ocidente moderno. Os três tipos do modelo de organização religiosa de Troeltsch são: igreja, seita e misticismo.

Para este autor, é enquanto expressão social da experiência religiosa que as organizações religiosas se constituem. E é na relação com a sociedade que para ele são engendradas as doutrinas sociais e a ética correspondentes aos três tipos de organizações religiosas.

Segundo Stefano Martelli, no seu grande painel sobre as teorias da religião na modernidade, o tipo "igreja" de Troeltsch, que é o que prevalece na história do Cristianismo, se caracteriza pela sua universalidade e tendência a funcionar como extensão da sociedade, ao acolher todas as pessoas e conviver tolerantemente com seus desvios, buscando remediá-los. Dentre as funções sociais desempenhadas pela "igreja", a mais crucial é a integradora, ao reforçar a coesão social.[13] Para tal, tem de aceitar os elementos socioculturais da sociedade existente. Em termos do nosso interesse na questão organizacional religiosa, a igreja do modelo troeltschiano é marcada por uma estruturação hierárquica que redunda no surgimento de *status* e papéis diferenciados.[14] Já o tipo "seita" caracteriza-se por uma rejeição ao mundo por julgá-lo lugar de corrupção e pecado. Como consequência, desenvolve um comportamento social de isolamento e de espera escatológica do fim dos tempos. Do ponto de vista organizativo, são grupos pequenos, de adesão voluntária e de caráter quase esotérico, pois visam à perfeição de seus membros por meio de uma vida ascética. Por suas características de comunidade indiferenciada, são contrárias à estrutura hierárquica e diversificada das Igrejas, mas, da mesma maneira que apontou Weber para a questão do carisma, sofrem problemas de continuidade na segunda geração dos fundadores, pois tendem à institucionalização ou à incorporação de seus membros em uma Igreja.[15] Por fim, o terceiro tipo, o místico, caracteriza-se também por formar pequenos grupos, mas em vez da ética rigorosa das seitas, desenvolvem uma mística individual marcada pela subjetividade. Representam no modelo de Troeltsch fundamentalmente um protesto "contra a redução da experiência religiosa a formalismo nos ritos, o racionalismo nas doutrinas, a burocracia na organização eclesial".[16] Então, dentro da perspectiva da organização religiosa, são marcados pela imediatez e, como passaremos a ver em seguida, são praticamente a experiência religiosa em estado puro.

Portanto, a tipologia estabelecida por Ernst Troeltsch legará à Sociologia (da organização) religiosa moderna, na caracterização e tensão entre seus tipos, de um lado a igreja e do outro a seita e a comunidade mística, uma base de análise inspiradora para futuros desenvolvimentos.

Os desdobramentos teóricos da organização religiosa na Sociologia da Religião moderna: a tensão entre o "selvagem" e o "instituído"

Segundo Roger Bastide, em seu *Le sacré sauvage et autres essais*, a religião institucionalizada é resultante do arrefecimento do "sagrado selvagem" expresso nos estados de efervescências espontâneas, funcionando, então, como "gestora" dessa experiência com o sagrado, na forma de lembrança, memória ou tradição comemorativa.[17] Através de uma liturgia padronizada aliada a um discurso da ortodoxia, ela, religião formal, termina por aprisionar o *sagrado selvagem* em *sagrado instituído*.[18]

O saudoso mestre Antonio Gouvêa de Mendonça, inspirado por Bastide, em um precioso texto intitulado "A experiência religiosa e a institucionalização do religioso" (2004), opera uma síntese entre estes dois estados da condição do religioso, demonstrando a sequência dialética que articula/confronta a "experiência do Sagrado" com a "institucionalização da religião". Segundo ele, quanto mais rígida for a doutrina e consolidada a instituição religiosa, mais sujeita ela está a movimentos de liberação do sagrado. E, por sua vez, à toda irrupção do sagrado acompanha uma ação da religião instituída visando limitá-lo, regulamentá-lo, colocando-o "sob custódia".[19]

Dentro dessa dialética, as irrupções do sagrado no mundo ou hierofanias nos dizeres de Mircea Eliade podem ter papel fundante ou transformador na configuração das religiões. No primeiro caso, a experiência dos fundadores das religiões como Moisés, diante da "sarça ardente", e, no segundo caso, os profetas do Antigo Testamento, que pregam a volta às origens da religião antes de institucionalizar-se ou a mudança de seus desvios. Porém, essa hierofania pode ser também aprisionada no interior de uma religião, funcionando apenas como uma referência do sagrado vívido para manter esta religião formal.[20]

Em meio a esta dinâmica, Mendonça situou como exemplos dos desprendimentos extáticos em face da rigidez eclesial os milenarismos, messianismos e heresias como a de Joaquim Fiore, que abalaram o Catolicismo hierárquico; assim como os despertamentos no Protestantismo ascético, ambos no desejo da volta ao Cristianismo dos primeiros tempos apostólicos. E, como reação a estes reavivamentos tanto na Igreja Católica quanto nas igrejas protestantes, a aplicação das formas burocráticas e normativas de subordinar o descontrole do sagrado.[21]

Vários autores que se debruçaram sobre a relação entre "experiência" e "instituição" do religioso também são mencionados por Mendonça através dos conceitos com que operaram para tratar da temática: Durkheim, com religião de *efervescência* e de *administração*; William James, com religião de *primeira mão* e de *segunda mão*; Henri Bergson, com religião *fechada* e religião *aberta*; e Roger Bastide, com religiões *vivas* e religiões *em conserva*.[22]

Por fim, Mendonça apresenta a teoria dos círculos concêntricos de Frederico Heiler, que procura estabelecer um gradiente entre sagrado selvagem e instituído. O primeiro círculo exterior, onde o sagrado se manifesta através das instituições religiosas visíveis: templos, cultos, ritos, objetos sagrados, ou seja, o domínio do sagrado instituído. O círculo intermediário, lugar de sistematização da experiência religiosa empreendida nas Teologias e teogonias pelos intelectuais e pensadores. Por fim, o círculo central, o domínio da experiência religiosa, do sagrado absoluto experienciado por místicos e ascetas que não possuem religião mas a vivência deste sagrado. De forma que, "quando o sujeito da experiência religiosa, partindo do círculo central, chega ao intermediário, cria uma religião; quando parte do círculo externo [...] ou do intermediário, círculo dos intelectuais e sacerdotes, e chega ao central, sai da religião".[23]

Retornando aos clássicos dos estudos da religião, Joachim Wach foi um autor que também trabalhou a passagem entre estes dois níveis do fenômeno religioso. Um primeiro que enfocaria a experiência religiosa espontânea e um segundo nível que trataria da "expressão objetivada dessa experiência religiosa" (doutrinas, rituais e instituições religiosas com os seus agentes). Embora possa se divisar no texto de Wach os vocábulos "experiência religiosa original" ou "experiência do sagrado", indicando uma anterioridade dessa dimensão, é sobre suas "formas de expressão", ou a sua organização que autor concentra sua Sociologia da Religião.[24] Para Wach, as formas de expressão da experiência religiosa são: a *expressão teórica*, a *doutrina* e a *expressão prática*, o *culto*, ambas diferenciadas mas "inextricavelmente entrelaçadas",[25] não havendo nenhuma hierarquia entre elas (embora possamos perceber no interior de cada uma delas uma gradação de formas mais rudimentares a formas mais elaboradas). A essas duas expressões Wach acrescenta mais uma, a *expressão sociológica*, aqui um diferencial de sua análise, ou seja, as duas primeiras expressões (doutrina e culto) como base para uma análise sociológica da organização religiosa em sua especificidade social.[26]

A expressão teórica, para o autor, surgiu de uma "intuição" diante da experiência primeva que tomou uma "forma simbólica", contudo já possuindo alguma característica de inferência. É o que se chama de mito.[27] O mito é uma forma de linguagem sobre a realidade que porta uma grande variedade de versões que se desdobram ao infinito. No entanto, Wach aponta que no desenvolvimento histórico há uma tendência, em certos casos, para a sua sistematização. Nesse sentido, pouco a pouco temas são selecionados e modelos são delineados. Segundo ele, em determinadas condições histórico-sociais, a linguagem do mito transitou para a da doutrina. Nesse processo, chegou-se a um sistema mais unificado, baseado em uma ética e em uma norma, deixando-se para trás a pluralidade das formas simbólicas representativas do mito. Dentro desse processo de racionalização, a codificação escrita em escrituras sagradas substituindo a tradição oral cumpriu um papel crucial em direção a constituição das "Teologias".[28] Wach situa como exemplos históricos desse processo os mitos africanos e polinésios para o caso da

linguagem mitológica, as religiões babilônicas, egípcia, chinesa e grega para o caso dos sistemas doutrinários e as "religiões de livros", Cristianismo, Judaísmo, Islã, Budismo, Hinduísmo para as "Teologias" codificadas.[29] Por fim, afirma que a "Teologia eventualmente produz a Filosofia", quando se observa gradualmente uma emancipação da ética e da reflexão do abrigo da Teologia em direção a uma busca destas dimensões em si mesmas.[30]

A expressão prática ou cultual da experiência religiosa para Wach assume a forma de "adoração", ou seja, "atos de reverência" para com o transcendente, podendo se dividir nas seguintes modalidades: rituais litúrgicos, imagens, sacramentos e sacrifícios.[31] Aqui, a exemplo do que acontece com a expressão teórica, doutrinária, observa-se no decurso histórico a passagem de ritos simples aos antepassados ou divindades locais a modelos mais elaborados e formais em consonância com cosmologias ou teologias mais refinadas, como no Judaísmo, Cristianismo ou Bramanismo. Como etapa intermediária, ele situa os tabus acerca de locais e ciclos de vida propiciando também rituais. Os ritos também podiam ser particulares com finalidade definida (purificação, oração, sacrifício) ou acoplados a grandes sistemas cerimoniais.[32]

Pode-se notar no esquema de Wach certa perspectiva evolucionista nas formas organizacionais das crenças e cultos, no entanto não determinista, pois a existência dos mitos, cosmologias, rituais, tabus convivem com as doutrinas, Teologias, cerimônias e liturgias complexas que, segundo o autor, lhe sucederam, sem, no entanto, estabelecer graus de hierarquia e superioridade.

Segundo Wach, a dimensão da "expressão sociológica" do fenômeno religioso, para onde convergem as duas primeiras ("expressão teórica e cultual"), gira em torno da tensão entre o seu aspecto coletivo e individual. Se, por um lado, a religião tende a criar e manter estruturas de relações sociais baseadas na "partilha" e na "comunhão", por outro ela propicia o primado da ação individual, iniciativa do sujeito como forma de dissolução destas estruturas.[33] Se por um lado o indivíduo em matéria de religião se encontrou balisado pela família ou pela tribo, por outro foi na forma solitária e pessoal que a religião se desenvolveu mais profundamente. Seguindo a intuição durkheimiana de um MacMurray, Wach sublinha que a faceta de comunhão da religião, além de expressão visível de um social anterior, é também uma intervenção sobre a "precariedade" deste social visando constituí-lo, reforçá-lo;[34] mas, também, seguindo a sugestão de Weber, afirma que foi a religião o motor de corrosão das comunidades naturais de sangue e solo e de formação de outro tipo de organização social baseada na escolha.[35]

Examinando vários exemplos históricos do Cristianismo, das religiões orientais, da Grécia antiga, o autor chega à conclusão de que a primazia do coletivo ou individual na dimensão social da religião "variou de modo considerável" ao longo do tempo e do espaço.[36] Em cada religião, de acordo com o tempo e o lugar, na opinião de Wach, podem-se pronunciar tendências mais coletivistas ou individualistas. Se o Protestantismo enfatiza mais o indivíduo em relação ao Catolicismo, dentro do Protestantismo, o Anglicanismo é mais coletivista que o Metodismo. E cada segmento religioso, como por exemplo o Luteranismo, é atravessado por épocas de maior ênfase na piedade individual e outras de formação de grupos confessionalistas. E, por fim, mesmo nos grupos sectários podem-se vislumbrar atitudes individuais de santidade e coletivistas carismáticas.[37]

A especificidade da organização religiosa dentro da sociedade

Para Wach, há um entrelaçamento entre a organização religiosa e as formas sociais, culturais e econômicas que foram se formando ao longo dos tempos: a família, o clã e a tribo. Ele arrola e discute, a partir de uma extensa bibliografia de pensadores, antropólogos e historiadores, uma série de modalidades que ocorreram nas culturas antigas resultantes desta imbricação: cultos familiares, cultos de parentesco, cultos raciais, cultos locais e nacionais, associações de culto baseadas em sexo e idade.[38]

No entanto, duas ideias destacam-se nitidamente de seu argumento, uma primeira, na contramão do pensamento durkheimiano, de que, a despeito deste entrelaçamento, é uma "falácia encarar a religião como função de agrupamento social";[39] e uma segunda, mais elucidativa de seu pensamento, de que, "apesar da frequente identidade e

interpenetração de atividades sociopolíticas e religiosas, *a religião conserva desenvolvimento autônomo distinto*" (grifo nosso).[40] Essa dinâmica da autonomia religiosa terá consequências nas suas formas de organização também peculiares e particulares. Nesse particular, penso que Wach retoma o domínio da "experiência religiosa" como o "novo espírito" que animará o "sentimento de solidariedade" que forma esta nova comunidade diferente dos grupos familiares, clãs e tribos, nos quais também se convivia com a realidade religiosa.[41] Ele nomeia esse novo tipo de mentalidade de "regeneração, renascimento, conversão e ritos correspondentes".[42] Para Wach, é esse tipo de experiência singular, a religiosa, que engendra pouco a pouco outra forma de organização diferente dos demais grupos sociais e naturais. Em seguida, ele realiza um minucioso estudo das mais variadas formas organizacionais de tipo religioso na antiguidade, medievo e modernidade, em um estilo e erudição comparáveis a Mircea Eliade na sua *História das crenças e das ideias religiosas*. Na impossibilidade de resumir essa complexidade, menciono apenas os tipos de organização comentados: sociedades secretas, cultos de mistério, círculo de discípulos e seus mestres, irmandades, ordens monásticas, organizações eclesiais, seitas etc.[43] Por fim, Wach aponta também para as formas de "reação" e "protesto" às estruturas institucionais eclesiásticas que se cristalizaram. Também aqui menciono as modalidades de protesto comentadas pelo autor: puritanos, revivalistas, ortodoxos, *ecclesiola in Ecclesia*, *collegium pietatis*, *fraternitas*, assim como as modalidades de protesto que engendraram cismas e rupturas: os grupos independentes e as seitas.[44]

De forma similar a Joachim Wach, Roger Bastide, em um estudo sobre a "Sociologia religiosa", afirma que, na forma primitiva de organização social, o clã, o "senso de solidariedade na luta pela vida" e os "sentimentos místicos" se encontravam misturados, sendo o clã "ao mesmo tempo e indivisivelmente organismo místico, político, familiar e econômico", não havendo ainda "a diferenciação da função religiosa".[45]

Será apenas com o desenvolvimento civilizatório, o crescimento das aldeias, vilas, cidades, reinos e impérios que o movimento de diferenciação se dará, gerando as religiões com sua feição de autonomia dentro da sociedade. Elas tomaram a forma de "sociedades secretas" e "confrarias masculinas".[46] Estas correspondem à necessidade de "especialização" do clã ou do reino de que poderes místicos interferissem favoravelmente na fecundação da terra, na proteção na guerra etc. A partir dos estudos clássicos de Mauss e Hubert, Frazer e Spencer, Bastide traça um painel da ação dessas confrarias de druidas célticos, sábios chineses, sociedades

mistéricas de Baco, Deméter, Ísis e Mitra que rompem pouco a pouco com os cultos familiares e tribais dos antepassados baseados em "laços de sangue" para instituir o que chama de "laços místicos", ou seja, especulações sobre os mistérios do além, emprestando um caráter mais genérico, universal à relação com o transcendente.[47]

Tomando os estudos de Frazer e Spencer, Bastide afirma que o sacerdote e sua corporação foram uma derivação do rei e sua corte. No Egito, México, Peru e Roma, o rei inicialmente acumulava as funções de chefe político, militar e sacerdote, mas, em razão das múltiplas exigências do seu cargo, cede espaço para uma casta especializada de sacerdotes vinculada às atribuições "místicas".[48] Esta transferência gradual das atribuições religiosas antes incrustadas no clã, tribo ou na realeza para um grupo especializado, segundo Bastide, deu-se muitas vezes no contínuo da evolução, mas também por rupturas que criam na sociedade outro tipo de modalidade, aquela que lida especificamente com o espiritual. No caso dos *orgeons* gregos, antes restritos aos homens e cidadãos, foram abertos às mulheres, aos escravos e aos estrangeiros, revelando que outra lógica que não a do poder hierárquico regia aquele domínio religioso, a "mística", esta mais acessível a outros grupos da sociedade.[49]

Embora instituindo uma especificidade singular nesta sociedade, para Bastide "a religião nunca se separa da sociedade".[50] Por exemplo, "em *sociedades aristocráticas*, o sacerdote está ligado à realeza militar, em *sociedades democráticas*, o sacerdote é eleito pela assembleia dos fiéis".[51]

De sua parte, gradualmente, o agrupamento religioso vai criando suas especializações em termos de organização que implicam uma divisão de tarefas e complexificação do sistema religioso: "Vemos no Egito a separação entre profetas, justafores, estolitas e hierogramatistas. Na Babilônia, astrólogos, mágicos e teólogos. No México, adivinhadores, médicos, construtores e feiticeiros".[52]

Bastide aponta, de forma semelhante a Wach, dentro do processo de robustecimento e especialização da organização religiosa, a dinâmica de crítica, protesto e ruptura religiosa em relação a essas instituições eclesiais. Dentro desse rol de antagonismo às igrejas instituídas, ele cita as seitas, os profetas, os eremitas e as comunidades místicas.[53]

Por fim, Bastide conclui, de maneira similar a Wach, numa certa crítica ao que ambos parecem entender ser um reducionismo da Sociologia durkheimiana, que, "por um momento, o vínculo religioso e o social parecem identificar-se. A tal ponto que a escola sociológica francesa [de Durkheim] fez do primeiro a simples expressão do segundo. Mas, longe de confundir-se, o sentimento religioso e o sentimento social separam-se. A vida mística, com sua necessidade do absoluto, desenvolve-se à parte, criando seus próprios órgãos".[54]

Outro autor que tratou da temática da organização religiosa dentro da dialética entre sua função social e sua especificidade religiosa foi o sociólogo de matriz marxiana e sacerdote católico François Houtart. Entretanto, ele, diferente de Wach e Bastide, não repousa sua análise da diferença religiosa no registro "fenomenológico" da "experiência religiosa". Para ele, o singular da religião gira em torno das suas representações, que funcionam como produção de sentido para os homens. Contudo, elas se encontram atravessadas e condicionadas pelas relações sociais de produção.

Houtart propõe uma definição de organização religiosa como "um conjunto estruturado de atores que exercem um papel religioso específico com uma base material e organizativa que permite o funcionamento dos sistemas religiosos".[55] Para esse autor, as distintas formas de organização religiosa dependem dos objetivos que os atores religiosos

fixam. Religiões com o foco na libertação individual como o Hinduísmo tem uma organização pouco desenvolvida, ao passo que religiões como o Islã, em que o religioso envolve o coletivo social e sua dimensão sociopolítica, tem sua organização bem mais desenvolvida.[56]

A ênfase que Houtart coloca na correspondência entre o específico do religioso e o todo social é muito mais marcada do que nos autores anteriores. Para ele, os sistemas religiosos não definem suas formas organizativas de maneira totalmente autônoma, mas reproduzem a sociedade, o poder e a Economia onde se situam. Ele dá como exemplo desse enquadramento social a relação do Catolicismo com o Império Romano, em que o primeiro modela a sua estrutura baseado na organização política do segundo (dioceses, paróquias etc.).[57] Mas, no plano interno, avalia que o aparato da instituição religiosa visa primordialmente à reprodução das representações religiosas. Sem este auxílio institucional, a transmissão das crenças religiosas ficaria precarizada. E, quanto mais refinada essa reprodução, mais especializados os mecanismos organizacionais, como no caso da codificação escrita da mensagem religiosa nos livros sagrados: Bíblia, Corão e escrita páli budista.[58]

Houtart, como adepto da dialética social marxiana, leva em consideração o papel das transformações e rupturas na organização religiosa. Para ele, as novas representações e sentidos religiosos, fruto do contato com as transformações sociais, implicam mudanças na estrutura organizativa das igrejas. Isto se dá em meio a atrasos, conflitos, pressão das bases e dos intelectuais sintonizados com um pensamento menos comprometido com as normas eclesiásticas, mas que terminam por ser incorporadas na instituição. Ele dá como prova dessa dinâmica o episódio moderno do Concílio Vaticano II para a milenar Igreja Católica.[59] Para Houtart, dentre os atores que formulam as representações religiosas que tomam forma nas vias organizativas, são os intelectuais, de uma forma geral, e os teólogos, de uma forma mais específica, aqueles que na instituição/igreja insistem na transformação, ao passo que os responsáveis institucionais ligados à estrutura eclesiástica são aqueles que insistem na sua reprodução.[60]

Para Houtart, é a organização religiosa que define o acesso às funções rituais (cultos, devoções, liturgias), ou seja, quem pode oficiar legitimamente os rituais: o clérigo, o bispo, o pastor, o diácono etc. Define também que forma dar aos ritos de passagem social/religiosos (batismos, casamentos, funerais), oficializando-os através da chancela institucional da Igreja.[61] Entretanto, existem formas não oficiais de expressão religiosa no modo de *autoprodução* de crenças e práticas por segmentos populares. Aqui há uma inspiração de Houtart na Sociologia de Pierre Bourdieu, como veremos adiante. Em todas as religiões, sejam elas o Cristianismo, o Budismo ou o Islã, há uma coabitação de formas não oficiais de expressão religiosa com formas oficiais,[62] onde as primeiras buscam deslegitimar as segundas invocando a sua condição institucional.

Para a Sociologia marxiana da religião de Houtart, as formas organizativas erigem-se sob uma base material: templos, objetos de culto, condição dos agentes religiosos que, por sua vez, cumprem seu sentido simbólico.[63] Se os templos budistas do Sri Lanka são construções misturadas às casas populares, as basílicas romanas e as catedrais góticas se elevam imponentes sobre as cidades europeias; os primeiros representando uma

capilaridade de presença social e as segundas, a imposição de um poder.[64]

No entender de Houtart, embora constituídas a partir de determinadas finalidades, uma vez consolidadas, as instituições erigem como sua finalidade principal reproduzirem-se a si mesmas. Dentre elas, as instituições religiosas, como a Igreja Católica, visam mais à sua reprodução enquanto igreja do que à veiculação de uma mensagem religiosa comprometida apenas consigo mesma.[65] Embora reconheça a necessidade de certa reprodução institucional para dar concretude a uma expressão religiosa — formar os agentes religiosos, as bases materiais dos cultos e o ensino religioso —, sua Sociologia (da religião) termina por definir que "a lógica institucional é uma lógica da reprodução".[66] E, se é a perpetuação a finalidade maior da instituição religiosa, ela tem que buscar criar uma certa "unanimidade" numa base social formada por um público disperso em grupos e classes sociais distintos.[67] Por isso, a mensagem veiculada por suas vias organizativas é de cunho genérico e abstrato: paz, amor e justiça.[68]

A contestação aos sistemas religiosos enrijecidos e dominantes, para a Sociologia marxiana de Houtart, vem dos profetas ou de grupos portadores de mensagem profética, pois são estes que fazem "um juízo ético-social com uma referência religiosa" a partir de "situações concretas", diferenciando-se da mensagem genérica da instituição conciliadora. A linguagem é também concreta e faz a denúncia das injustiças sociais e de seus agentes econômicos e políticos.[69] Dessa forma, a profecia é na essência anti-institucional e desorganizadora das estruturas dominantes, sejam elas políticas ou religiosas.

A organização religiosa como sistema ou como campo: Luhmann e Bourdieu

Segundo a teoria dos sistemas das sociedades complexas de Niklas Luhmann, as sociedades modernas secularizadas se encontram segmentadas em sistemas autônomos parciais, cada um com sua lógica e dinâmica de funcionamento próprios, embora estes se interconectem e se influenciem mutuamente.

Interpretando o papel da religião nas sociedades complexas, Enzo Pace utiliza-se da teoria de Luhmann para situar o papel da religião enquanto um dos sistemas parciais das sociedades modernas diante dos outros sistemas. O sistema religioso possuiria uma função *interpretativa*, ou seja, como "meio de comunicação" capacitado a operar "códigos simbólicos".[70] Nessa especificidade, ele fornece aos outros sistemas uma orientação de sentido para as indeterminações que cercam a vida do homem e dos grupos. Luhmann chama de "diaconia" a prestação que a religião dispensa aos outros sistemas sociais parciais. Ela tem a singularidade de tratar os impasses socioestruturais segundo as relações intersubjetivas, oferecendo um sentido transcendente que ultrapassa a dinâmica imanente desses sistemas.[71]

Mas o que tem a questão da organização religiosa a ver com tudo isso? Na interpretação de Pace, "para Luhmann, a religião entendida como sistema de comunicação espiritual se dá exclusivamente como *Igreja*".[72] Ou seja, para o autor, é no formato de Igreja que o sistema religioso cumpre a sua função de fornecer sentido para os dilemas da existência de grupos e indivíduos situados nos outros sistemas parciais das sociedades complexas. Dessa forma, ele precisa de uma casta de especialistas que saibam manipular os códigos simbólicos dessa comunicação religiosa. E, ao manipular, também controlar essa circulação de códigos simbólicos, e assim reduzir a multiplicidade de interpretações produzidas pelos indivíduos sobre as suas inquietações existenciais. Enfim, a igreja, através de seus profissionais, teria a capacidade de determinar um estoque de possibilidades e símbolos para serem acionados pelos fiéis, de sorte que esta escolha em torno de valores morais estaria sempre compatível com as balizas do sistema religioso. No comentário de Pace, "a produção de um *saber* que é também a produção de *poder*".[73]

Para localizarmos a problemática da organização religiosa na Sociologia de Pierre Bourdieu, teremos de recorrer à sua noção de campo, para, em seguida, chegarmos à noção mais específica de campo religioso.[74]

Para Bourdieu, o campo caracteriza-se como um espaço de relações entre agentes posicionados no seu interior. Um campo é organizado em torno da busca pela posse de um capital específico, seja ele científico, cultural, religioso etc. Dessa forma, a dinâmica de um campo social para Bourdieu é sempre a de um "estado de relações de força entre seus agentes [...], um estado de distribuição do capital através de lutas", pois, como afirmou o sociólogo português Joaquim Costa, "a concepção bourdieuana dos campos é agonística".[75]

No caso do campo religioso enquanto um campo simbólico, a concorrência entre seus agentes se dá pela posse do capital religioso, um capital simbólico que se refere aos bens de salvação. O monopólio do capital religioso por um grupo de agentes confere a estes autoridade, legitimidade e uma posição dominante dentro deste campo. O capital religioso é resultante do trabalho religioso, que é, segundo o comentário de Pedro Ribeiro Oliveira à obra de Bourdieu, a produção de discursos e práticas revestidos do simbólico sagrado que correspondem a uma demanda de um grupo ou classe social.[76]

O interessante é como Bourdieu recupera para sua teoria de campo toda uma gramática econômica da epistemologia marxiana: capital, demanda, produtores, consumidores, monopólio etc.

Aqui vale também uma reflexão, a exemplo do que fizemos para os outros autores, sobre a relação entre o específico do religioso e sua "experiência", bem como suas causações sociais. Como comenta Joaquim Costa em relação a uma posição de Bourdieu em face da "Fenomenologia da Religião", com sua irredutibilidade a fatores externos que não sejam a experiência íntima do inefável, Bourdieu declara que, para que a experiência vivida seja possível, tem que estar atravessada pelas condições sociais numa "radicação social da experiência religiosa", o que redunda numa "autonomia relativa da religião".[77]

Para Bourdieu, o campo religioso se encontra polarizado entre tipos diferentes de distribuição e concentração do capital religioso: de um lado, aquele que concentra o capital nas mãos de especialistas e o fornece para outros que apenas consomem os bens de salvação; do outro, aquele do autoconsumo, no qual os produtores são os próprios consumidores.[78] Aqui há uma nítida concepção sociológica de organização religiosa. No polo dominante estão a igreja com seus agentes autorizados para o tratamento dos bens de salvação sistematizados enquanto Teologias e liturgias que apenas estes dominam

e oferecem ao consumo dos leigos e fiéis, os quais se encontram despossuídos da condição de produção do capital religioso e reduzidos a meros consumidores destes bens. No polo alternativo está a produção de capital religioso para autoconsumo nas comunidades religiosas independentes e nas chamadas "religiões populares".[79] Portanto, podemos observar na dinâmica interna do campo religioso, de um lado, relações de concorrência entre os tipos Igrejas e comunidades independentes, e, do outro, relações de transação entre produtores e consumidores no tipo igreja.[80]

Dando seguimento a uma tipologia de organização religiosa no modelo de campo religioso, Bourdieu vai recorrer a Weber com seus tipos de agentes religiosos — sacerdote, profeta e mago — para melhor delineá-la. O sacerdote é o agente da instituição, especialista e autorizado para a manipulação dos ritos e propagação da doutrina oficial, reproduzindo assim a própria instituição. O profeta é um agente autônomo de salvação que aparece em situações de crise e obtém sua legitimidade por sua capacidade de produzir em torno de si o capital religioso e daí obter legitimidade social atribuída a ele por seus seguidores. O profeta e sua seita entram em concorrência com a Igreja institucionalizada, questionando o seu monopólio dos bens de salvação. Por fim, o feiticeiro também é um agente autônomo, que se apropria do capital religioso produzido pela Igreja ou pelo profeta, mas não com fins de constituir ou questionar instituições religiosas, e sim de atender e formar uma clientela.

Conclusão

No manual de estudo da religião intitulado *O livro das religiões*, dos autores V. Hellern, H. Notaker e J. Gaarder, estes dizem estudar o fenômeno por quatro ângulos: "conceito (crença), cerimônia, organização e experiência".[81] Isto é um indicador de que

o tópico *organização* aparece elencado nesta modalidade de livros de divulgação, ao lado de outros também recorrentes, como um dos elementos que compõem uma definição formal de religião.

Entretanto, afora este aspecto formal, que produz uma taxionomia a partir de características gerais dos componentes da religião, esta forma de classificação traz pouco esclarecimento sobre as dinâmicas e processos sociais, culturais e filosóficos que envolvem a questão religiosa. Este tipo de definição de religião que o sociólogo francês Jean-Paul Willaime chamou de "substantiva" corre o "risco de fixar o religioso numa forma dada, impotente para dar conta da mudança religiosa [...]; o que se entende por 'religião' numa época pode ser completamente diferente do que se entende por religião em outra".[82] Da mesma forma, o antropólogo brasileiro Emerson Giumbelli duvida do rendimento heurístico do conceito "religião" no geral, que "se comporia dos elementos (crenças, rituais etc.) que, em qualquer tempo e lugar, permitiriam identificar doutrinas de caráter religioso [...] supostamente universal".[83]

Por isso, a partir do exame da dimensão organizativa do fenômeno religioso dentro do horizonte das Ciências Sociais, aproveitamos para trazer autores, teorias e tipologias como carisma *versus* instituição, experiência religiosa e suas expressões, igreja *versus* seita, sistema e campo religioso, sacerdote-profeta-mago etc., que fornecem conteúdos mais complexos que revestem e dão inteligibilidade histórica, antropológica e sociológica à forma genérica da organização religiosa.

Referências bibliográficas

BASTIDE, Roger. *Elementos de Sociologia Religiosa*. São Bernardo: Instituto Ecumênico de Pós-Graduação em Ciências da Religião/IMS, 1990.

BOURDIEU, Pierre. Gênese e estrutura do campo religioso. In: *A Economia das trocas simbólicas*. São Paulo: Perspectiva, 1987. pp. 27-78.

COSTA, Joaquim. *Sociologia da Religião*. Aparecida: Santuário, 2009.

DURKHEIM, Émile. *As formas elementares da vida religiosa*. São Paulo: Paulinas, 1989.

GIUMBELLI, Emerson. *O cuidado dos mortos*; uma história da condenação e legitimação do Espiritismo. Rio de Janeiro: Arquivo Nacional, 1997.

GAARDNER, Jostein; HELLERN, Victor; NOTAKER, Henry. *O livro das religiões*. São Paulo: Companhia das Letras, 2000.

HOUTART, François. *Sociología de la Religión*. Manágua: Nicarao, 1992.

MARTELLI, Stefano. *A religião na sociedade pós-moderna*. São Paulo: Paulinas, 1995.

MENDONÇA, Antonio Gouvêa de. A experiência religiosa e a institucionalização da religião. *Estudos Avançados*, USP, v. 18, n. 52 (2004), pp. 29-46.

OLIVEIRA, Pedro Ribeiro de. A teoria do trabalho religioso em Pierre Bourdieu. In: TEIXEIRA, Faustino (org.). *Sociologia da Religião*; enfoques teóricos. Petrópolis: Vozes, 2003.

PACE, Enzo. Sociedade complexa e religião. In: *Sociologia da Religião*. São Paulo: Paulinas, 1990. pp. 301-323.

WACH, Joachim. *Sociologia da Religião*. São Paulo: Paulinas, 1990.

WEBER, Max. *Economia e sociedade*; fundamentos da Sociologia compreensiva. Brasília: Editora UNB, 1991. v. 1.

WILLAIME, Jean-Paul. *Sociologie des Religions*. Paris: PUF, 2005. Col. Que sais-je?

Notas

1. Durkheim, *As formas elementares da vida religiosa*, p. 76.
2. Ibid., p. 75.
3. Ibid., p. 78.
4. Ibid., p. 79.
5. Ibid., p. 67.
6. Weber, *Economia e sociedade*, p. 161.
7. Ibid., p. 311.
8. Martelli, *A religião na sociedade pós-moderna*, p. 164.
9. Ibid., p. 164.
10. Weber, *Economia e sociedade*, p. 164.
11. Ibid., p. 163.
12. Ibid., p. 311.
13. Martelli, *A religião na sociedade pós-moderna*, p. 181.
14. Ibid., p. 182.
15. Ibid., p. 182.
16. Ibid., p. 182.
17. Bastide, citado por Mendonça, A experiência religiosa e a institucionalização da religião, p. 31.
18. Ibid., p. 31.
19. Ibid., p. 35.
20. Ibid., pp. 35-38.
21. Ibid., p. 32.
22. Ibid., p. 40.
23. Ibid., p. 44.
24. Wach, *Sociologia da Religião*, pp. 30-32.
25. Ibid., p. 31.
26. Ibid., pp. 32; 139-140.
27. Ibid., p. 33.
28. Ibid., p. 35.
29. Ibid., p. 36.
30. Ibid., p. 36; 38.
31. Ibid., p. 39.
32. Ibid., p. 41.
33. Ibid., pp. 41-47.
34. Ibid., p. 42.
35. Ibid., p. 47.
36. Ibid., p. 44.
37. Ibid., pp. 43-44.
38. Ibid., pp. 74-138.
39. Ibid., p. 137.
40. Ibid., p. 140.
41. Ibid., p. 140.
42. Ibid., p. 140.
43. Ibid., pp. 139-249.
44. Ibid., pp. 192-249.
45. Ibid., p. 76.
46. Ibid., p. 76.
47. Ibid., p. 78.
48. Ibid., p. 79.
49. Ibid., p. 78.
50. Ibid., p. 79.
51. Ibid., p. 80.
52. Ibid., p. 80.
53. Ibid., p. 81.
54. Ibid., p. 81.
55. Houtart, *Sociología de la Religión*, p. 97.
56. Ibid., p. 97.
57. Ibid., pp. 97-98.
58. Ibid., p. 99.
59. Ibid., pp. 102-103.
60. Ibid., p. 104.
61. Ibid., p. 107.
62. Ibid., p. 107.
63. Ibid., p. 110.
64. Ibid., pp. 108-109.
65. Ibid., p. 113.
66. Ibid., p. 113.
67. Ibid., p. 110.
68. Ibid., p. 110.
69. Ibid., p. 111.
70. Pace, Sociedade complexa e religião, p. 320.
71. Ibid., pp. 320-321.
72. Ibid., p. 321.
73. Ibid., p. 322.
74. Bourdieu, Gênese e estrutura do campo religioso.
75. Costa, *Sociologia da Religião*, p. 80.
76. Oliveira, A teoria do trabalho religioso em Pierre Bourdieu, p. 102.
77. Costa, *Sociologia da Religião*, p. 82.
78. Bourdieu, Gênese e estrutura do campo religioso, p. 40.
79. Ibid., pp. 46-58.
80. Oliveira, A teoria do trabalho religioso em Pierre Bourdieu, p. 102.
81. Gaardner; Hellern; Notaker, *O livro das religiões*, p. 18.
82. Willaime, *Sociologie des Religions*, pp. 120-121.
83. Giumbelli, *O cuidado dos mortos*, p. 29.

Instituições tradicionais e movimentos emergentes

CECÍLIA LORETO MARIZ

Introdução

A multiplicação e a diversidade de movimentos religiosos que emergem tanto dentro como fora de igrejas cristãs despertam a atenção dos que observam o campo religioso no século XX e no início do XXI. A crescente globalização, o questionamento das tradições culturais e também a valorização da autonomia individual são fenômenos inter-relacionados que têm sido identificados como explicação para essa multiplicação de movimentos religiosos e enfraquecimento das instituições tradicionais. Com efeito, ao longo da história, sempre surgiram movimentos religiosos questionando e confrontando a autoridade das instituições tradicionais. No passado pré-moderno, essas instituições tinham muito mais força e legitimidade, podendo impedir o surgimento de movimentos divergentes e reprimir vários dos que conseguiram vingar por vezes com muita violência. Muitos desses movimentos, porém, desapareceram através da história, deixando poucos rastros. Outros sobreviveram apenas por algum tempo. Mas houve, sem dúvida, alguns que conseguiram ter vitória e sobreviver mais

tempo. Uns foram cooptados pela instituição que confrontavam, conseguindo um espaço dento dela ou mesmo transformando-a. Outros se tornaram autônomos e sobreviveram por longo período, tornando-se religiões e instituições que com o tempo se tornaram poderosas e estão entre as instituições tradicionais do nosso tempo.

Grande parte da História da Religião tem sido, então, a história dessa tensão entre instituições tradicionais e movimentos emergentes, bem como o processo desses movimentos de se estabelecerem como instituições e se tornarem tradições dominantes. Historicamente, instituições estabelecidas têm sido sempre confrontadas por movimentos sociais. Nesses processos às vezes são transformadas ou destruídas. Esses confrontos expressam disputas pela posse do poder legítimo que podem ter resultado de fatores múltiplos e distintos, como lutas de classes, etnias, apenas para citar alguns. Portanto, a relação entre as instituições sociais e os movimentos emergentes é uma questão central no estudo de processos de mudança social em geral e não apenas na esfera religiosa.

Refletir sobre a relação entre instituições e movimentos sociais é refletir sobre estrutura e mudança social, substrato de toda teoria sociológica. Consequentemente, o estudo de instituições tradicionais e movimentos religiosos também é, por sua vez, central para a Sociologia da Religião e dessa forma implica a discussão de conceitos fundamentais dessa subdisciplina. Isso é verdade especialmente na Sociologia weberiana. As reflexões de Weber sobre o surgimento do Cristianismo como um movimento religioso que questionava o tradicionalmente legitimado inspiraram conceitos importantes de sua teoria social mais ampla de mudança social e política.

Dessa forma, a análise sobre a relação entre instituições tradicionais e movimentos emergentes é um tema muito amplo que pode se desdobrar em várias dimensões teóricas e abranger uma grande diversidade de questões empíricas. Devido, portanto, a essa amplitude, esse texto se restringirá a discutir esse tema levando em conta alguns aspectos empíricos específicos e a partir de um único referencial teórico. O foco empírico escolhido será como essa tensão tem se dado no Cristianismo ocidental e especificamente no Brasil. O foco teórico escolhido, por sua vez, foi o weberiano. Iniciaremos a discussão com a apresentação de aspectos da teoria desse autor e da Sociologia da Religião por ele inspirada que contribui para reflexão sobre os movimentos religiosos. Apesar desses recortes, as questões a serem abordadas são amplas demais e reconhece-se que a discussão proposta será apenas esquemática, um esboço necessariamente incompleto e superficial. As páginas a seguir têm como objetivo antes identificar problemas empíricos e conceitos teóricos que ajudam a refletir sobre a temática central desse texto, do que propor uma análise de tais fatos empíricos e conceitos.

O carisma e a emergência de movimentos religiosos e sociais

Uma característica central do campo religioso contemporâneo em termos globais é a crise das instituições religiosas tradicionais. No Brasil, essa crise se expressa na queda observada por décadas no número dos que se identificam como católicos, ou seja, dos que se identificam com a instituição religiosa tradicionalmente mais forte nesse país. Esse fenômeno tem sido central na reflexão da Sociologia da Religião do país. Pierucci e Mariano[1] chegam a afirmar que a Sociologia da Religião do Brasil é a Sociologia da diminuição do Catolicismo. Mas o que ocorre no Brasil e em outras partes do mundo tem sido o enfraquecimento das instituições religiosas tradicionalmente majoritárias. Embora a Igreja Católica perca fiéis na América Latina e Europa, onde é parte da tradição, ganha fiéis na Ásia e na África, onde não pertence à tradição dominante, como mostram os dados do relatório de 2011 da organização sobre o Cristianismo Global. Portanto, observa-se que essa igreja, como o Cristianismo em geral, cresce longe de sua origem. O Catolicismo, por exemplo, tem crescido na Coreia do Sul e na China, países onde nunca foi uma instituição forte, mas pelo contrário foi sempre minoritário ao lado das demais igrejas cristãs.[2] Na atualidade, o Cristianismo em geral cresce tanto na Ásia como na África, embora perca fiéis na Europa, que foi historicamente o ponto de partida da expansão cristã global. Na Europa, além do forte secularismo, o Cristianismo é confrontado, como aponta Campbell,[3] por movimentos espiritualistas de cunho oriental, pré-moderno ou pagão, que se caracterizam por divergirem e serem críticos da cosmologia e da moralidade judaico-cristã.

Embora seja ímpar por sua dimensão global, a situação contemporânea pode ser comparada com outros períodos históricos de mudanças socioculturais e de emergência de fortes movimentos religiosos. O período do surgimento do Cristianismo, como mostra Weber, foi um período profícuo de novas religiões. A expansão do Império Romano era de certa forma um tipo de globalização (em dimensões menores) que gerou um contexto de enfraquecimento de tradições consolidadas e o surgimento de movimentos contestadores. O Cristianismo teria sido um deles. Mas vários outros movimentos foram gestados nesse mesmo período dentro do Judaísmo e de outras tradições. Nesse contexto histórico, o Cristianismo foi um dos poucos movimentos que sobreviveram e que se tornaram por sua vez tradição milenar.

Para Weber, o grande fator mobilizador de um movimento contestador seria o carisma, que legitima a atuação do profeta líder do movimento emergente que critica a tradição. Esse autor[4] comenta que a mobilização popular para um projeto de mudança via liderança carismática foi descrita por Rudolf Sohm quando analisou "o desenvolvimento histórico da autoridade da igreja cristã em seus primórdios". Sohm, no entanto, teria considerado o Cristianismo um caso peculiar. Weber, pelo contrário, acha que esse tipo de mobilização seria muito recorrente, argumentando que "em princípio [...] esse estado de coisas se repete universalmente, embora com frequência se desenvolva mais claramente no setor da religião".

Dessa forma, para Weber o carisma despertaria um entusiasmo mobilizador para seguir uma liderança e um movimento por ela encaminhado. O carisma, contudo, não seria uma causa do movimento que mobilizava, ou seja, Weber não "explicava" o movimento pelo carisma ou o surgimento do líder carismático. O carisma daria sentido à ação daqueles que se engajavam no movimento tornando aquela opção legítima para esses sujeitos. A análise do discurso do líder e de seu carisma, portanto, ajudaria a compreender e não a explicar o movimento.

O carisma para esse autor ajuda a "compreender" o surgimento do Cristianismo e de outras religiões, bem como de movimentos sociais e políticos em geral. Para Weber, somente a força de uma liderança carismática ou uma fé em algum carisma geraria motivação suficientemente poderosa a ponto de fazer os indivíduos se organizem em grupos e correrem o risco de irem contra uma tradição já conhecida e segura. A ação social orientada pela tradição e pela razão não gerariam forças para revolucionar ou mudar estruturas sociais. Para Weber, sociedades tradicionais se caracterizam pela repetição dos comportamentos e padrões conhecidos e pela manutenção do *status quo*. Mas, também para esse autor, uma sociedade em que predomina o sentido racional para ação tenderia a se tornar uma "jaula de ferro".

Embora a racionalidade produza mudanças e progresso tecnológico, não gera revoluções ou mudanças sociais, pois uma análise racional de custos e benefícios tenderia a apontar para os altos custos da revolução e das mudanças. A crença de que o desconhecido será melhor do que o conhecido defendido pela tradição exige uma certeza carismaticamente legitimada, porque uma crença desse tipo dificilmente pode se sustentar pela razão propriamente dita. Portanto, para esse autor, a mobilização para revolução e as grandes rupturas ocorreriam apenas sob o impulso de uma liderança carismática ou crença apoiada por algum carisma. Dessa forma, para Weber, o papel da liderança carismática ou do carisma também seria fundamental para a compreensão dos movimentos sociais em geral, e não apenas os religiosos. A compreensão dos movimentos religiosos ajudaria a análise dos outros movimentos políticos e sociais.

William Swatos Jr.[5] comenta que a teoria que identifica movimentos sociais em geral a movimentos religiosos, tal como feita por Weber e outros autores do final do século XX e início do século XXI, teria sido abandonada pela Sociologia realizada em uma sociedade muito mais plural e secularizada. Essa similaridade apontada por Weber entre movimento social e religioso não faria sentido para vários autores contemporâneos. Com efeito, há vários outros modelos teóricos para discutir movimentos sociais, ou ação coletiva em geral. Nos EUA, cresce entre os teóricos contemporâneos a análise da ação coletiva a partir dos princípios da teoria da "escolha racional".

Nessa teoria, aquilo que Weber chamaria de ação legitimada via carisma seria retraduzido pela opção racional de sujeitos para pagar custos em prol dos benefícios que valores e sentimentos teriam para eles. Esses valores e sentimentos formariam um conjunto, entre outros, a ser avaliado e comparado em termos de custos e benefícios. Essa teoria estaria, portanto, dizendo a mesma coisa de outra forma, usando uma linguagem de custos e benefícios. Podem dizer que em certo momento histórico crenças e valores se tornam mais importantes para um conjunto de sujeitos do que seus bens materiais, sua sobrevivência econômica e política. Há momentos em que muitos se dispõem a pagar altíssimos preços por esses valores. Dizer que eles, ao optarem por esses riscos, fazem análise de custos e benefícios não acrescenta muito, pois não oferece nenhum conceito para distinguir das análises que fariam em outros contextos sociais e históricos.

No campo religioso, Weber[6] identifica como protagonistas desse conflito os tipos ideais de liderança que chamou de "profeta" e "sacerdotes". O primeiro legitimado pelo seu carisma pessoal e os segundos, pelo carisma consolidado da instituição tradicional. O termo "profeta" foi inspirado no personagem bíblico que questionava os poderes estabelecidos, incomodava os que tinham o poder legitimado da tradição. O profeta lideraria, assim, movimentos emergentes contestando instituições. O profeta, ao mobilizar em torno de si um amplo conjunto de seguidores, torna-se uma ameaça à instituição tradicional. Para Weber, portanto, profetas e o carisma têm historicamente desempenhado papel importante na emergência de movimentos sociais, motivando os indivíduos para a mudança social.

Se o movimento de mudança consegue sobreviver ao profeta que o liderou e dessa forma pode ser considerado um movimento vitorioso, sua continuidade somente será possível através de um processo que Weber chamou de rotinização do carisma, que seria a criação de uma estrutura institucional. Práticas rotineiras do dia a dia visam manter a ordem. O carisma, quando emerge, tem um caráter volátil e impermanente, e gera forças transformadoras que dá coragem aos indivíduos para romper com suas rotinas, abrir mão do sentido que sempre norteou suas vidas, correr o risco da anomia, para buscar o novo desconhecido. Arriscar-se em projeto de mudança é arriscar-se diante do desconhecido, e uma ação social nessa direção somente se torna possível quando motivada por uma fé carismática (racionalmente cega), em um novo projeto.

A efervescência carismática não pode socialmente sobreviver por muito tempo. Por isso, com o tempo todo movimento se torna por sua vez uma instituição e como tal se torna também mantenedora e integradora. Os movimentos sociais que se opõem ao *status quo* da instituição são fenômenos socialmente pouco estruturados e por isso com histórias relativamente curtas. Podem continuar a se autodenominar "movimentos", mas com o tempo se tornam também outro tipo de "instituição". Se sobrevivem ainda por mais tempo ainda, chegam a ser instituições tradicionais tais como aquelas a que se opunham.

Há, portanto, uma dialética nessa interpretação de carisma e instituição e também na relação entre movimentos emergentes e instituição tradicional.

Igrejas cristãs e movimentos emergentes

Como todo movimento religioso que emerge com um líder carismático, o Cristianismo também se rotinizou, ou seja, institucionalizou seu carisma inicial e assim surgiram as igrejas. Na Idade Média, por longo período na Europa a Igreja de Roma teve o monopólio religioso, mas mesmo com esse seu poder se defrontou com movimentos divergentes. Condenados como heresias, esses movimentos foram perseguidos e muitos dizimados. A história dessa repressão é violenta e sangrenta. Alguns duraram por pouco tempo; outros, como os cátaros, contra os quais uma cruzada foi organizada, e os valdenses, conseguiram uma sobrevivência maior. Os valdenses sobrevivem de certa forma até o dia de hoje, pois na época moderna juntaram-se a uma Igreja da Reforma. Há casos de outros movimentos que quase foram combatidos como heréticos, como o franciscanismo, mas que conseguiram ser incorporados como ordem religiosa e como projeto de renovação do Cristianismo.

Quando Berger e Luckmann[7] afirmam que "na Europa os sistemas comuns e supraordenados de interpretação entraram em colapso já nas primeiras fases da modernização", estão se referindo à perda do poder da Igreja de Roma. Com a Renascença, a modernidade, o Iluminismo e a formação de diversos novos estados-nações na Europa, a Igreja Católica começou a perder um pouco de seu poder antes inabalável e se viu diante dos movimentos que constituíram a Reforma Protestante. Essa tensão entre movimento e instituição também resultou em batalhas e perseguições. No entanto, novas igrejas se estabeleceram, sendo superado o monopólio de

uma instituição religiosa na Europa. A pluralidade de igrejas cristãs no mundo ocidental aumentou com o passar do tempo. As novas igrejas foram acusadas de perder sua pureza inicial. Cada novo movimento passou a ser perseguido também por novas instituições, uns eram dizimados, como o liderado por Thomas Münzer e descrito por Engels e por Bloch, e outros sobreviveram e se institucionalizaram, criando novas igrejas.

As novas instituições cristãs que surgiam a partir das igrejas protestantes mantinham inicialmente características de movimentos emergentes, com alto grau de coesão e adesão, sendo identificadas pelos pensadores que as observavam como distintas das igrejas com histórias mais longas. Foram, então, chamadas de "seitas". William Swatos Jr.[8] analisa comparativamente o uso diferenciado que Ernest Troeltsch, Max Weber e Richard Niebuhr fazem desses conceitos. Segundo Swatos Jr.,[9] cada um desses autores destaca dimensões distintas do fenômeno da seita. Ernest Troeltsch distinguia igreja de seita pelo tipo de experiência religiosa dos fiéis, tanto que para esse autor uma terceira categoria seria necessária para dar conta da experiência religiosa individualista e mística que não era encontrada nem na seita nem igreja. Para Troeltsch, os que pertenciam à igreja experimentavam sua fé de forma mais acomodada, enquanto os membros das seitas experimentavam um maior fervor e compromisso. Já, para Weber, a distinção era marcada pela forma de adesão dos membros: enquanto nas igrejas a adesão se dava via nascimento, era uma herança familiar, nas seitas essa ocorria via conversão pessoal. Richard Niebuhr, que é descrito por William Swatos Jr.[10] como "um teólogo de orientação sociológica", contribuiu para essa discussão teórica ao propor que os tipos "igreja" e "seita" seriam polos opostos de um mesmo contínuo. Para esse autor, a história das instituições cristãs revela que movimentos religiosos inicialmente se organizavam como seita mas paulatinamente se transformam em igreja.

As características das seitas sublinhadas por esses autores clássicos da Sociologia da Religião sugerem que o conceito de seita muito se aproxima em sua formulação clássica ao de um movimento religioso emergente. A história recente das igrejas cristãs mostra assim como muitos dos movimentos que questionaram as igrejas estabelecidas deram origem ao que foi inicialmente identificado como seitas e que evoluíram posteriormente para igrejas hoje consideradas tradicionais. No mundo contemporâneo, existem, contudo, movimentos religiosos que, como aponta Carlos Steil,[11] adotam um tipo de experiência mais próxima da terceira categoria proposta por Troeltsch. Esse tipo de religiosidade mais voltado para a experiência individual parece ter menor potencial para se tornar instituição, igreja. No entanto, os principais movimentos que historicamente marcaram o universo cristão protestante, que David Martin[12] classificou em três ondas (Pietismo, Metodismo, Pentecostalismo), compartilhavam as características do que os três autores acima consideram como seita ou, nas palavras de Weber, como o "tipo ideal" de seita. Muitas igrejas surgiram durante essas três ondas que hoje são instituições cristãs tradicionais que se colocam diante de novos movimentos emergentes.

Durante todo esse período de ebulição de movimentos no mundo protestante, o Catolicismo também enfrenta tensões, movimentos de reavivamentos e busca do sagrado. Mas, em sua longa história de busca de permanência e integração, a Igreja Católica desenvolveu várias estratégias de acomodação de elementos contestadores em seu interior através da negociação de legitimidade em troca de submissão à instituição. Essas estratégias foram mais eficazes do que a simples repressão pela força. O sociólogo francês Jean Séguy[13] sugere que os processos que geraram a criação de seitas e rupturas no mundo protestante tendiam a ser cooptados no campo católico mediante a transformação em congregações e ordens religiosas ou então no que Marjo de Theije,[14] inspirada nos trabalhos de Sherry Ortner, chamou de "campanha religiosa". Propõe-se aqui distinguir "movimento" de "campanha", na medida em que a "campanha" seria um projeto de mudança religiosa ou cultural-religiosa liderado pelas lideranças da instituição, que no caso da Igreja Católica poderia ser o próprio Papa, mas também bispos ou grupos episcopais importantes (como no Brasil a CNBB). Assim, teriam sido campanhas católicas tanto a Contrarreforma, a Romanização e ainda, como Theije argumenta, a Teologia da Libertação (durante um período em certas dioceses da América Latina) e a Renovação Carismática (em algumas dioceses nos dias atuais). Dessa forma, pode-se observar que dentro da Igreja Católica um projeto de mudança que surgiu como um "movimento" pode ser assumido como "campanha"; por sua vez, também um projeto de mudança que em uma época foi "campanha" pode ser interrompido como tal e sobreviver como "movimento" sob lideranças leigas.

Há outras estratégias de evitar cisões e reforçar o poder de Roma e a unidade dogmática e institucional como, por exemplo, o reconhecimento da santidade e da permissão de veneração de figuras carismáticas que lideraram grupos e movimentos. O reconhecimento da sacralidade dos locais de aparição da Virgem, como o caso de Guadalupe e Lourdes, e a permissão e o apoio às romarias a esses locais resultam também numa relativa distribuição de poder simbólicos para diferentes grupos com projetos religiosos e circunscrição geográficas bem diversas. Essa distribuição de poder pode contribuir para superar tensões e aumentar a coesão da instituição, evitando rupturas. Com efeito, após a Reforma, a Igreja Católica não sofreu outra cisão. No século XX, presenciou em seu interior a emergência cada vez maior de vários movimentos de leigos com um projeto de reavivamento mobilizados por líderes com grande poder carismático. Mas, conseguindo que esses líderes sempre se mantivessem obedientes ao Papa, esses movimentos serviram mais de reforço do que de questionamento da instituição. Após o Concílio Vaticano II, experimentou a revolta liderada pelo bispo Marcel Lefebvre, cuja igreja foi reincorporada à Católica sob o Papa João Paulo II.

A tendência à pluralização e cisão das instituições tradicionalmente protestantes, a qual contrasta bem com o estilo inclusivo da Igreja Católica, é bem ilustrada quando se compara a emergência do movimento pentecostal em um e outro contexto. O Pentecostalismo é um movimento que cria igrejas protestantes tanto nos Estados Unidos, onde surgiu no início do século XX, quanto em outras partes do mundo. Freston[15] observa que na América Latina a chegada do movimento e do reavivamento pentecostal levou ao surgimento de novas igrejas. Edward Cleary[16] comenta que, ao contrário do que ocorreu no universo protestante, o Pentecostalismo resultou na Igreja Católica em geral incluindo na América Latina o Movimento de Renovação Carismática Católica (MRCC) e posteriormente também as chamadas "novas comunidades" e projetos de novas congregações religiosas. No entanto, recentemente no Brasil tem-se observado que também em igrejas protestantes históricas o movimento pentecostal tem sido aceito de forma mais positiva e grupos pentecostais são aceitos junto a grupos tradicionais em uma mesma denominação, como é o caso da Igreja Metodista.

Instituições cristãs e novos movimentos no Brasil

No Brasil, como foi descrito antes para o resto do mundo ocidental, embora os movimentos religiosos, tanto de fora como de dentro do Cristianismo, se destaquem na atualidade por sua quantidade e pluralidade, historicamente também se registraram diversos movimentos que questionaram a instituição tradicional.

Os registros e os estudos mais importantes que temos desses movimentos são os ocorridos no século XIX e início do século XX. O caso de mais destaque e mais estudado pela guerra que gerou foi o de Canudos. No entanto, vários outros movimentos similares ocorreram antes de Canudos e também depois. A liderança carismática do Padre Cícero também reuniu, e sua memória reúne até hoje, fiéis seguidores. Ainda nos dias atuais a instituição tenta integrar esse contingente católico através de várias estratégias de apoio e não confrontação às romarias e outras práticas e crenças dos devotos desse santo popular, oficialmente não aceito pelo Vaticano e Roma. Outros movimentos também surgidos no Catolicismo rural têm uma história mais recente. Esse é o caso de alguns movimentos analisados por Lísias Negrão,[17] entre eles os chamados "Borboletas Azuis" de Campina Grande, e também os "Ave de Jesus", ainda sobreviventes na atualidade, estudados por Roberta Campos.[18]

No Brasil contemporâneo, a Igreja Católica não tem confrontado não movimentos semelhantes aos mencionados no parágrafo anterior, mas sim as igrejas pentecostais e os novos movimentos religiosos. A relação entre movimentos religiosos e instituições tradicionais em sociedades onde a instituição é tão forte a ponto de exercer o monopólio religioso é muito distinta daquela que se estabelece no mundo contemporâneo. Nesse contexto religiosamente plural e de valorização da diferença, da autonomia e da liberdade individual, as igrejas cristãs tradicionais são também variadas e socialmente menos poderosas, adotando necessariamente atitudes bem diversas em relação aos movimentos que emergem dentro ou fora do campo cristão.

Uma ampla literatura tem sido elaborada sobre esses movimentos, que passam a ser identificados como "novos movimentos religiosos" (NMR). Na literatura brasileira sobre os NMR, o trabalho de Silas Guerriero[19] se destaca por sua tipologia bastante abrangente. O primeiro tipo ou categoria de movimentos que identifica são os "novos movimentos cristãos", colocando nessa categoria grupos pentecostais e a própria Renovação Carismática Católica. Ao lado desses, inclui também grupos considerados por outros autores e o próprio censo brasileiro como "neocristãos", tais como Mórmons, Testemunhas de Jeová, a Família (ex-meninos de Deus) e também o "Exército da Salvação" (considerado no censo brasileiro igreja protestante de missão).

Numa segunda categoria, Guerriero junta um conjunto amplo e diverso, entre os quais estão religiões brasileiras caracterizadas pelo ritual de consumo de *ayahuasca* (Santo-Daime, Barquinha, União do Vegetal) e também religiões de origem indiana (Hare Krishna, Osho, Sai Baba) e ainda organizações bem distintas como Bahai, Legião da Boa Vontade, Vale do Amanhecer. A terceira categoria seria formada por movimentos religiosos vindos do Japão (Igreja Messiânica, Seisho-No-Ie, Perfect Liberty, Soka-Gakkai). Já a característica que distinguia a quarta categoria das demais seria o estilo

ocultista e esotérico, incluindo desde Wicca, Amorc (ou Rosa-Cruzes), Eubiose, Antroposofia entre outros.

Incluindo por vezes grupos tão diversos, o conceito de NMR tem sido criticado. Sua grande abrangência e a diversidade de movimentos tornam esse conceito de pouca utilidade analítica. Essa crítica ao nome tem levado vários autores a preferir outras classificações, como sugere Andrew Dawson em seu livro sobre os movimentos de Nova Era.[20] Vários autores no Brasil como no exterior abandonaram o conceito de NMR e adotaram outros como "religiosidade ou espiritualidade alternativa", "circuitos místicos" e "religiões Nova Era".

Nos finais dos anos 1960 e 1970, a sociedade ocidental se viu diante do aparecimento de movimentos religiosos os mais diversos, posteriormente categorizados como New Age ou Nova Era. O movimento juvenil *hippie* e de contracultura fez surgir um tipo de experiência e consciência religiosas que pretendiam romper com alguns aspectos da moralidade cristã e da cosmologia ocidental.[21] No Brasil, esses movimentos chegaram somente a partir dos anos 1970.

Em termos de valores e práticas, esses novos movimentos foram críticos à sociedade ocidental cristã. Muitos se constituíram numa reelaboração de religiões orientais as mais diversas, tais como ocidentalizações de vertentes do Budismo e do Hinduísmo (Hare Krishna, por exemplo). Campbell,[22] que, como já assinalado, chamou esses movimentos de orientalizações do Ocidente, argumenta que são parte de um processo mais amplo de uma autocrítica cultural por parte do Ocidente, incluindo não apenas as instituições religiosas, mas também outras instituições, inclusive a ciência moderna e acadêmica. Observa-se uma vinculação desse novo tipo de religiosidade desviante com um discurso autodefinido como científico, mas que desvia bastante da ciência oficial academicamente legítima, sendo considerado pela última como um tipo de religião ou de pseudociência.

Embora os movimentos identificados como Nova Era nem sempre tenham origem oriental, podendo ter inspiração em tradições nativas da América do Norte, dos maias, dos celtas entre outros, todos se assemelham por retomar essas tradições sob um ponto de vista mais contemporâneo, intelectualizado, adaptado aos tempos atuais e à vida urbana. Sua semelhança é a proposta crítica à tradição judaico-cristã e à sociedade ocidental.

Estudando a Nova Era no Brasil, Dawson argumenta que esse país seria um caso especial em razão do grau de frequência na criação e reelaboração desse tipo de movimento em diferentes contextos nacionais. Seu estudo foca especialmente movimentos surgidos no Brasil, como aqueles que usam *ayahuasca* (Santo-Daime, Barquinha e União do Vegetal), o Vale do Amanhecer e reelaborações nacionais do gnosticismo. Esses movimentos estão institucionalizando-se em graus distintos, mas mesmo assim ainda têm certos aspectos do que sociologicamente se tem identificado como seita. Por outro lado, o que se observa é que esses movimentos também agregam aqueles que adotam o tipo de espiritualidade mística e desinstitucionalizada, que, segundo Troeltsch, não poderia ser identificado nem como seita nem como igreja. Por isso, uma proporção significativa dos que aderem a esse tipo de espiritualidade é identificada não como participando de uma seita, mas como parte de uma rede flexível ou de um "circuito", como diria José Guilherme Cantor Magnani,[23] em sua análise sobre e Nova Era na cidade de São Paulo. Um conceito similar que destaca a autonomia individual dos que adotam essa espiritualidade e a ausência de regras e de instituições coletivas seria o proposto por Françoise Champion[24] em sua análise do campo religioso francês: "nebulosa mística".

Instituições e movimentos cristãos versus movimentos da chamada Nova Era

A reação das instituições tradicionais a esse tipo de movimento tem sido basicamente de dois tipos. As mais conservadoras e também as de cunho pentecostal e carismático tendem a acusar esse tipo de religiosidade sincrética e plural como enganadora e demoníaca. Essa aversão generalizada por certas igrejas cristãs ou setores dessas igrejas é reforçada pela crítica que a maioria desses movimentos faz à moralidade cristã ocidental. Essa demonização já foi observada por vários estudos sobre discurso de igrejas pentecostais e de líderes da Renovação Carismática Católica.[25] Ambos demonizam tanto o movimento de Nova Era quanto as religiões afro-brasileiras.

Outro tipo de reação por parte de setores mais intelectualizados das instituições cristãs tradicionais é tentar estimular um diálogo inter-religioso com esses movimentos, tentando entender as críticas feitas à espiritualidade cristã ocidental e responder a essas críticas importando desses movimentos práticas místicas que poderiam estimular e reavivar de alguma forma o Cristianismo na atualidade. Um desses exemplos de escuta e troca por parte de setores da Igreja Católica no Brasil é descrito por Marcelo Camurça[26] quando analisa os discursos recentes de teólogos da libertação no Brasil. Dessa forma, uma mesma instituição tradicional pode dar respostas diversas, dependendo de sua diversidade interna.

No caso da Igreja Católica, isso fica muito evidente. Essa igreja contém em si diversas tendências e movimentos, de tal forma que, como destaca Carlos Brandão,[27] torna-se capaz de "oferecer, em seu interior, quase todos os estilos de crença e prática da fé existentes também fora do Catolicismo". Uma forma de reação e de diálogo da instituição tradicional com movimentos emergentes seria também adotar estilos e práticas similares às desenvolvidas nestes últimos. Por exemplo, se se pode encontrar movimentos considerados Nova Era, como o Hare Krishna, cujos membros devem viver em comunidade, vestir-se com roupas exóticas e orar com cantos, surgem movimentos católicos que também agrupam membros em comunidade e adotam estilos de vestir igualmente nada habituais (embora muito distintos dos Hare Krishna).

É importante destacar que a hierarquia católica atualmente tem dado grande reconhecimento ao que se tem chamado de "novos movimentos" ou "movimentos eclesiais". Essas expressões se referem a uma pluralidade de organizações que mobilizam leigos sob lideranças específicas, para realizar projetos ou desenvolver práticas devocionais e espirituais distintas. No entanto, há outros movimentos para além dos definidos pela hierarquia como "os novos movimentos", que são aquelas mobilizações em torno de ideias e práticas que questionam o discurso oficial católico. Exemplos desse tipo de movimento seriam o movimento dos padres casados, a "Associação Rumos" (movimento nacional das famílias de padres casados) ou o movimento das Católicas pelo Direito de Decidir. Esse tipo de movimento que confronta a instituição não é reconhecido como tal, mas é tolerado.

Já os chamados "novos movimentos" em geral reforçam o discurso oficial e o estilo de moralidade pessoal mais tradicional dos discursos contemporâneos da sociedade secular mais ampla. Nesse sentido, os novos movimentos se assemelham às novas comunidades originárias no movimento da Renovação Carismática Católica. Entre esses "novos movimentos" encontrados no Brasil, alguns foram criados na primeira metade do século XX na Europa, como os descritos por Urquart (Opus Dei, Focolare, Neocatecumenato). Há outros bem mais recentes, como os Arautos do Evangelho, criado no Brasil. Alguns desses movimentos, como é o caso do último citado e de algumas "novas comunidades", atraem jovens e imprimem um estilo de ser católico do tipo sectário (adotando aqui o conceito sociológico de seita), de prática devocional intensa e fervorosa e de fechamento em relação à sociedade mais ampla. Dessa forma, desde o Concílio Vaticano II e o projeto de *aggiornamento* do Catolicismo, a Igreja Católica se encontra diante de basicamente duas tendências fortes. A primeira formada por movimentos que procuram aprofundar esse o *aggiornamento* fazendo um "*aggiornamento* do *aggiornamento*", continuando a rever a tradição católica em diálogo com a cultura secular mais ampla. A segunda tende ser de apoio ao papado de Bento XVI, na medida em que é constituída pelos movimentos que vão na direção contrária da primeira e reagem a esse processo de modernização; esses movimentos criticam e reagem de forma negativa à cultura secular contemporânea, negando as mudanças na tradição católica.

Conclusão

Procurou-se aqui abordar algumas questões sobre a dinâmica relação entre instituições religiosas tradicionais e movimentos emergentes. Foi privilegiada a análise das igrejas cristãs, sobretudo a católica, por ser a instituição tradicional religiosa ocidental por excelência no Brasil. Através da discussão teórica e empírica, buscou-se salientar a dimensão dialética da relação entre instituição e movimento social. Também se tentou destacar como conceitos da Sociologia clássica, especialmente os weberianos, foram construídos no processo de análise dessa questão, que é de central importância no estudo do campo religioso mas também no da sociedade como um todo.

Referências bibliográficas

BERGER, Peter; LUCKMANN, Thomas. *Modernidade pluralismo e crise de sentido.* Petrópolis: Vozes, 2005.

BRANDÃO, Carlos Rodrigues. Fronteiras da fé; alguns sistemas de sentido, crenças e religiões no Brasil de hoje. *Estudos Avançados*, v. 18, n. 52 (2004).

CAMPBELL, Colin. A orientalização do Ocidente: reflexões sobre uma nova teodiceia para um novo milênio. *Religião e Sociedade*, v. 18, n. 1 (1997), pp. 51-22.

CAMPOS, Roberta B. Carneiro. *When Sadness is Beautiful*; the Place of Rationality and Emotions Within the Social Life of the Ave de Jesus. Tese de Doutoramento em Antropologia St Andrews University, UK http://hdl.handle.net/10023/1004.

CAMURÇA, Marcelo. Sombras na catedral: a influência New Age na Igreja Católica e o holismo na Teologia da Libertação de Leonardo Boff e Frei Betto. *Numen*, v. 1, n. 1 (1998), pp. 82-125.

CARRANZA, Brenda. *Renovação Carismática*; origens, mudanças, tendências. Aparecida: Santuário, 2000.

CHAMPION, Françoise. La nébuleuse mystique-ésotérique. In: CHAMPION, Françoise; HERVIEU-LÉGER, Danièle (orgs.). *De l'émotion en religion*. Paris: Centurion, 1990.

CLEARY, Edward. *The Rise of Charismatic Catholicism in Latin America*. Gainesville/FL: University Press of Florida, 2011.

DAWSON, Andrew. *New Era — New Religions*; Religious Transformation in Contemporary Brazil. Hampshire, UK: Ashgate, 2007.

FRESTON, Paul. Charismatic Evangelical in Latin America: Mission and Politics on the Frontiers of Protestant Growth. In: HAMILTON, Malcolm; HUNT, Stephen; WALTER, Tony (orgs.). *Charismatic Christianity*; a sociological perspective. New York: Dt. Martin's Press, 1997.

GUERRIERO, Silas. *Novos Movimentos Religiosos*; o quadro brasileiro. São Paulo: Paulinas, 2006.

MACHADO, Maria das Dores C. *Carismáticos e pentecostais*; adesão religiosa na esfera familiar. Campinas: Editora Autores Associados & Anpocs, 1996.

MAGNANI, José Guilherme C. *O Brasil da Nova Era*. Rio de Janeiro: Jorge Zahar, 2000.

MARIZ, Cecília L. A Teologia da guerra espiritual: uma revisão da literatura socioantropológica. *Revista Brasileira de Informação Bibliográfica em Ciências Sociais* (BIB), v. 47 (1999), pp. 33-48.

MARIZ, Cecília L.; MACHADO, Maria das Dores Campos. Sincretismo e trânsito religioso: uma comparação entre pentecostais e carismáticos. *Comunicações do ISER*, v. 45 (1994), pp. 24-34.

MARTIN, David. *Tongues of Fire*. Oxford: Blackwell, 1990.

NEGRÃO, Lísias. Revisitando o messianismo no Brasil e profetizando seu futuro. *Revista Brasileira de Ciências Sociais*, v. 16, n. 46 (2001).

PEW FORUM. *Global Christianity*; a Report on the Size and Distribution of the World's Christian Population Analysis,

December, 19, 2011. Disponível em: http://www.pewforum.org/Christian/Global-Christianity-exec.aspx acessado em 11/09/ 2012.

PIERUCCI, Antônio Flávio. "Bye bye, Brasil". O declínio das religiões tradicionais no Censo 2000. *Estudos Avançados USP*, v. 18, n. 52 (2004), pp. 17-28.

PIERUCCI, Antônio Flávio; MARIANO, Ricardo. Sociologia da Religião, uma Sociologia da Mudança. In: MARTINS, Carlos Benedito; SOUZA MARTINS, Heloisa H. T. de. *Horizontes das Ciências Sociais*; Sociologia. São Paulo: Anpocs, 2010. pp. 279-301.

SÉGUY, Jean. *Conflit ou Utopie ou Réformer l'Église*. Paris: Les Éditions du CERF, 1999.

SIQUEIRA, Deis. O labirinto religioso ocidental. Da religião à espiritualidade. Do institucional ao não convencional. *Sociedade e Estado*, v. 23, n. 2 (maio/agosto 2008), pp. 425-462.

STEIL, Carlos Alberto. A Igreja dos pobres: da secularização à mística. *Religião & Sociedade*, v. 19, n. 2 (1999), pp. 61-76.

SWATOS Jr., William. Church-sect theory. In: SWATOS Jr., William (ed.). *Encyclopedia of Religion and Society*. 1998 http://hirr.hartsem.edu/ency/cstheory.htm disponível on line e acessado em 11/09/2012.

TEIXEIRA, Faustino. Faces do Catolicismo brasileiro contemporâneo. In: TEIXEIRA, Faustino; MENEZES, Renata. *Catolicismo plural*; dinâmicas contemporâneas. Petrópolis: Vozes, 2009. pp. 17-30.

THEIJE, Marjo de. *"Tudo o que é de Deus é bom"*; uma Antropologia do Catolicismo liberacionista em Garanhuns, Brasil. Recife: Editora Massangana, 2002.

URQUHART, Gordon. *A armada do papa*; os segredos e o poder das novas seitas da Igreja Católica. Rio de Janeiro/São Paulo: Record, 2002.

WEBER, Max. Sociologia da autoridade carismática. In: *Ensaios de Sociologia*. Rio de Janeiro: Zahar, 2002. pp. 171-176.

_____. *Economia e sociedade*. Brasília: Ed. UnB, 1991.

Notas

[1] Pierucci; Mariano, Sociologia da Religião, uma Sociologia da Mudança.

[2] Pew Forum, *Global Christianity*.

[3] Campbell, A orientalização do Ocidente.

[4] Weber, Sociologia da autoridade carismática, p. 172.

[5] Swatos Jr., Church-sect theory.

[6] Weber, *Economia e sociedade*.

[7] Berger; Luckmann, *Modernidade pluralismo e crise de sentido*, p. 39.

[8] Swatos Jr. Church-sect theory.

[9] Ibid.

[10] Ibid.

[11] Steil, A Igreja dos pobres.

[12] Martin, *Tongues of Fire*.

[13] Séguy, *Conflit ou Utopie ou Réformer l'Église*.

[14] Theije, *"Tudo o que é de Deus é bom"*.

[15] Freston, Charismatic Evangelical in Latin America.

[16] Cleary, *The Rise of Charismatic Catholicism in Latin America*, p. 5.

[17] Negrão, Revisitando o messianismo no Brasil e profetizando seu futuro.

[18] Campos, *When Sadness is Beautiful*.

[19] Guerriero, *Novos Movimentos Religiosos*.

[20] Dawson, *New Era — New Religions*.

[21] Siqueira, O labirinto religioso ocidental.

[22] Campbell, A orientalização do Ocidente.

[23] Magnani, *O Brasil da Nova Era*.

[24] Champion, La nébuleuse mystique-ésotérique.

[25] Carranza, *Renovação Carismática*; Machado, *Carismáticos e pentecostais*; Mariz; Machado, Sincretismo e trânsito religioso; Mariz, A Teologia da guerra espiritual.

[26] Camurça, Sombras na catedral.

[27] Brandão, Fronteiras da fé

Parte III
Ciências Psicológicas da Religião

Edênio Valle (org.)

Introdução à Parte III

EDÊNIO VALLE

1. Em todo o mundo, inclusive no Brasil, cresce a cada ano o número de livros, teses, pesquisas e monografias científicas sobre a Psicologia da Religião. Trata-se de algo alvissareiro, mas não se pode esquecer de que existe ao mesmo tempo uma copiosa bibliografia de baixa qualidade exatamente porque o tema em foco é a religião. São publicações que podem induzir facilmente o público em geral e mesmo estudiosos iniciantes em imprecisões e erros a respeito do que seja nossa disciplina.

Há, porém, ao mesmo tempo razões de sobra para otimismo. A principal delas é a representada pelos seminários sobre "Psicologia e Senso Religioso", organizados pelo grupo de trabalho "Religião e Psicologia" da Anppep (Associação Nacional dos Programas de Pós-Graduação e Pesquisa em Psicologia), já no oitavo de seus congressos, todos eles dedicados a temas significativos que resultaram em livros e artigos em periódicos certificados. Cresceram simultaneamente outras publicações psicológicas e traduções valiosas que põem o leitor brasileiro em contato com publicações de renome, antes de difícil acesso, devido à língua.

No entanto, os leitores em busca de material cientificamente confiável sentem dificuldade de encontrar introduções atualizadas e mais abrangentes sobre a Psicologia da Religião. A presente parte quer preencher, ao menos em parte, essa dificuldade. Nem de longe, porém, tem a pretensão de ser uma verdadeira "Introdução", como as existentes nos países cientificamente mais avançados que o nosso. Os objetivos dessa coletânea de verbetes é em si bastante modesto. Visa apenas fornecer uma espécie de guia ou mapa fidedigno que permita aos estudiosos ter referências seguras sobre o que e o como as ciências da psique estão se desenvolvendo em ambientes ligados à academia. O eixo central da parte é naturalmente o psicológico, mas por serem a Psicologia, a Psiquiatria e a Psicanálise contemporâneas abertas à interdisciplinaridade, vários dos verbetes aqui reunidos se relacionam propositadamente não só com suas interlocutoras mais antigas, como a Filosofia e a História, como também com algumas novas companheiras de diálogo, como as Ciências Biológicas e as Neurociências, além de dar o devido valor às abordagens que enfatizam a dimensão da cultura como essencial ao estudo psicológico da religião e da religiosidade.

Assim sendo, fica claro que esta parte se destina não só a psicólogos mas também a todo o público que se interessa pela Psicologia da Religião. Essa característica é decorrência também do fato de os verbetes se inserirem em um Compêndio de Ciência da

Religião, razão pela qual esperamos que seu leitor saiba buscar correspondências e aprofundamentos nos demais verbetes que compõem o *Compêndio* como um todo.

O leitor constatará logo que os verbetes são redigidos por especialistas cujas orientações teórico-metodológicas seguem diferentes concepções, mesmo se voltando para um mesmo objeto: a religião e a religiosidade. Aliás, é preciso frisar que divergências análogas não se verificam só na Psicologia da Religião; elas se repetem em todo o amplo espectro das Ciências Psicológicas, não podendo, assim, deixar de comparecer no estudo da "religião", um fenômeno que por sua natureza é visto por alguns como "original", ou então como mais "complexo" que outros. Para chegar a uma compreensão e um juízo adequados sobre essa originalidade e/ou complexidade, é imprescindível que o leitor recorra à extensa bibliografia de referência indicada pelos autores após cada verbete. Essa necessidade de ampliar o quadro teórico das leituras reflete bem o estágio de construção em que se encontra ainda a Psicologia Científica da Religião, que após quase cento e cinquenta anos de existência continua sendo uma ciência em construção. Compreender essa sua condição é indispensável para esclarecer seu estatuto epistemológico e para situar sejam seus limites, seja seu inegável valor enquanto ciência da psique e do comportamento religioso humano.

2. Do ponto de vista temático, esta parte pode ser dividida em três blocos maiores. Embora possam ser lidos independentemente um do outro, eles precisam ser lidos e considerados em seu conjunto:

O *bloco 1* é constituído pelos três primeiros verbetes. Jacob Belzen, da Universidade de Amsterdã, faz uma retrospectiva histórico-cultural do caminho percorrido pela Psicologia da Religião. De uma maneira original, ele busca caracterizar através de uma metáfora as posturas conceituais e os pré-conceitos básicos que atravessam as concepções dos psicólogos que pesquisam a religião ao longo deste século e meio. O texto de Antônio Máspoli de A. Gomes e Cátia Cilene Lima Rodrigues, da Universidade Mackenzie de São Paulo, traçam um quadro geral das teorias que já merecem o adjetivo, talvez presunçoso, de "clássicas", enquanto o de Geraldo José de Paiva, do Instituto de Psicologia da USP, se concentra na descrição de algumas das teorizações "contemporâneas" mais em voga e de alguma forma indicam tendências que estarão influindo o futuro próximo da Psicologia da Religião.

O *bloco 2* consta de dois verbetes. Pode-se dizer que, em certo sentido, eles aprofundam questões que emergem já no bloco 1. José Luiz Cazarotto, psicólogo e professor do Itesp de São Paulo, trata com riqueza de detalhes as tendências biológicas, de teor quase sempre neodarwinista, hoje presentes na Psicologia da Religião. A contribuição de Eliana Massih, da PUC-SP e também professora no Itesp, se volta para uma das teorias hoje mais fortemente discutidas, a chamada Psicologia Evolucionária, que se baseia em descobertas recentes sobre a evolução do corpo e do cérebro do *Homo sapiens* que permitiu à espécie humana configurar e expressar em crenças e rituais religiosos culturalmente modelados e transmitidos elementos imprescindíveis à sua subsistência, sobrevivência e sentido, como o estar consciente de seu existir no mundo.

O *bloco 3* é constituído por três contribuições que, diversamente das do bloco 2, têm como objetivo mostrar como a Psicologia da Religião está buscando responder a algumas indagações imediatas e práticas sobre três tipos de inquietação religiosa. Uma é atinente à ética e à espiritualidade, envolvendo a questão da morte. Clarissa De Franco, da PUC-SP, se ocupou deste verbete. Outra retoma questões que remontam a J. Piaget e dizem respeito à evolução psicorreligiosa do pensamento e dos valores na criança. Mais especificamente são considerados os estágios desenvolvimentais pelos quais passam o amadurecimento religioso e a representação de Deus das crianças. Maria Eliane Azevedo da Silva, da PUC-SP, se encarregou de apresentar o estado dessa questão de grande interesse para a pedagogia, o ensino religioso e a pastoral. A terceira contribuição deste bloco 3 vem de Wellington Zangari e colaboradores, todos do Instituto de Psicologia da USP. A questão aqui tratada é a dos estados alterados da mente, um estudo que tem sido um tanto negligenciado pela Psicologia da Religião no Brasil, não obstante sua enorme importância na religiosidade dos brasileiros.

Só resta augurar que esta parte possa propiciar aos estudiosos da Religião no Brasil um incentivo para fundamentar melhor sua visão do que seja a Psicologia Científica da Religião.

Constituição histórica da Psicologia Científica da Religião[1]

Jacob Belzen

Introdução

São muitos os indícios de que, após um período de estagnação, a Psicologia da Religião voltou a atrair a atenção e a crescer, como tem sido repetidamente apontado por alguns de seus maiores conhecedores.[2] Neste texto minha intenção não é apresentar nem a história de como isso se deu ao longo dos decênios, nem descrever a atual situação em que se encontra hoje essa disciplina. Meu objetivo é tão somente formular algumas considerações sobre a maneira peculiar como foi sendo escrita a história dessa subdisciplina da Psicologia Acadêmica devido ao complexo objeto ao qual ela se dedica: a religião, um fenômeno evasivo e passível de muitas discussões.

É fato que, especialmente do início do século XX em diante, a religião foi se tornando uma espécie de tabu em ambientes científicos dedicados ao seu estudo. Há pesquisas que mostram serem os psicólogos os mais arreligiosos dos grupos de profissionais das ciências que se dedicam a estudar a religião.[3] Isso se deve provavelmente ao fato de que a Psicologia da Religião costuma ser vista como algo nebuloso, não obstante ser ela tão antiga quanto a Psicologia Acadêmica e ter como seus "pais fundadores" alguns dos iniciadores da Psicologia.[4] Não obstante tal concomitância inicial, em alguns momentos — caso mais frequente — ela foi vista como sendo impossível e em outros tida como inútil, e isto, a maioria das vezes, em razão do desinteresse pessoal ou até da animosidade contra ela por parte de quem a praticava. Seja como for, muitos psicólogos se perguntavam admirados se uma Psicologia de cunho científico poderia se ocupar de um objeto tão obscuro quanto a religião. Além disso, eles se impressionavam com o aumento do número de livros e movimentos aparentemente psicológicos voltados para a religião e a espiritualidade, mas sem distinguir entre Psicologia e religião e colocando a Psicologia a serviço da salvação religiosa, esquecendo-se de que esse estudo científico precisa ser distinguido claramente de tais publicações de caráter pseudopsicológico.

Nas páginas que se seguem quero tentar apresentar, a modo de um rápido ensaio, como a Psicologia da Religião propriamente "acadêmica" foi sendo escrita desde sua fundação. Ela é, porém — e não só por causa da já mencionada arreligiosidade de muitos de seus cultores —, uma subdisciplina ainda pouco conhecida. Para explicar o acontecido historicamente, passo a descrever — servindo-me de uma metáfora com a música — como se deu o relacionamento histórico entre a Psicologia e a religião ao longo do processo que gerou a Psicologia da Religião.

Psicologia e religião: uma metáfora com a música

É interessante prestar atenção às diversas formas como as pessoas costumam associar diversamente religião e música. Há pessoas que não se entusiasmam absolutamente com a música, enquanto outras se sentem completamente fascinadas por ela. Também os gêneros de composições musicais existentes são muito diversos entre si. É importante que tenhamos presente que essas variadas maneiras como as pessoas sentem a música ou avaliam os seus estilos se refletem nas composições musicais que vão sendo criadas. Esses variados modos de produzir e também de escutar a música dependem também dos contextos socioculturais em que cada um desses estilos musicais é produzido. Em outros termos, a música é sempre um produto histórico-cultural[5] e é assim que ela se configura "desde seu berço", através dos mais variados processos de socialização e aculturação experimentados pelos músicos que produzem as peças e os estilos musicais. Por essa razão, embora existam realmente paralelos entre música e religião e se possa sob certos aspectos postular certa equivalência funcional entre ambas, essa equivalência não deve ser exagerada. Mas pode nos servir como ponto de partida para entendermos melhor — como se tentará mostrar — o que seja a Psicologia da Religião e como ela foi aos poucos se constituindo enquanto estudo científico da religião.

A Psicologia da Religião não é um empreendimento inteligível em si mesmo. Há psicólogos que a veem como impossível, mas há também teólogos renomados (Karl Barth o exemplifica bem) que a consideram como um curto-circuito teológico. Contudo, as relações entre Psicologia e religião voltaram desde fins do século XIX a ser debatidas com maior frequência. Supõe-se que a religião, de um lado, possa exercer uma importante influência sobre a visão que se tem do ser humano e, em consequência, também sobre a orientação teórico-metodológica e epistemológica a ser dada às questões psicológicas daí decorrentes. A própria organização de uma Psicologia da Religião que tenha pretensões de ser realmente científica foi posta em questão.[6] Resultaram daí questionamentos sobre a influência da religião na articulação teórica de uma Antropologia ainda implícita e que, por essa razão, precisa ser mais bem explicitada e eventualmente também confrontada com a Psicologia secularizada da contemporaneidade, para assim elucidar possíveis pontos de contato e de confrontação entre o enfoque religioso e o psicológico. Além disto, nos países do Ocidente, há condições para captar e descrever melhor a evolução histórico-social que levou a Psicologia da Religião a se atribuir tarefas e funções que eram anteriormente tidas como sendo da competência das religiões e/ou de seus representantes oficiais. Na opinião de psicólogos como Vitz,[7] a Psicologia chegou a assumir o papel e a aura de uma nova religião.

No presente texto quero, mediante uma metáfora, mostrar alguns dos relacionamentos surgidos ao longo do processo histórico de constituição do quadro teórico da Psicologia da Religião. Sei da dificuldade em definir com precisão quais sejam essas correlações que retornam sempre de novo nos compêndios e nos livros e periódicos de Psicologia Científica. A razão para tanto é simples: não podemos de modo algum subestimar os problemas conceituais existentes no campo da Psicologia da Religião. Eles dependem em grande parte de um problema mais geral que diz respeito ao que entendemos por Psicologia em si e por seu objeto e método, temas sobre os quais não existe consenso. Tomemos como exemplo Freud, tido como um dos pais da RdP. Era Freud um psicólogo da religião? Em suas obras completas, a parte dedicada à religião é relativamente pequena e, além do mais, na opinião de muitos a Psicanálise por ele fundada não pertenceria à Psicologia entendida em sentido estrito. Autores como Oswald Külpe e William Stern, cujos nomes nunca estão ausentes de nenhum livro sério de História da Psicologia, não são mencionados nos de Psicologia da Religião. No entanto, podemos bem nos perguntar se esses autores não atuaram também no campo da religião. E os textos de Agostinho de Hipona, cuja autobiografia descreve fenômenos psicológicos relevantes que em si pertencem à Psicologia da Religião, podem eles ser tidos como pertencentes à Psicologia da Religião? Perguntas como essas são sem dúvida válidas e podem nos servir como indicadoras para nossa reflexão.

Uma maneira à primeira vista simples de responder a essas e a outras perguntas semelhantes seria introduzir uma definição do que seja a Psicologia da Religião que pudesse nos ajudar a fazer distinções precisas e agudas. Por mais atraente e até necessária que possa ser essa via, não é ela a que escolhemos neste ensaio, até porque ela, além disso, não corresponde ao modo de pensar atual da Psicologia da Religião, que não aceita que possamos dar uma definição única e definitiva para o que seja a religião. Parece ser mais conveniente por essa razão admitir que na Psicologia da Religião é melhor assumir

imagens ou figuras que correspondentes a cada contexto em que se formulam aproximações a respeito das relações entre Psicologia e religião.

Usarei aqui para tanto a metáfora de uma família amante da música. Descreverei como na família das Ciências Psicológicas que tem muitos ramos (muitas filhas e primas) vão se desenvolvendo tendências musicais que podemos comparar às semelhanças e diferenças que existem entre essas "irmãs" e "primas". As semelhanças entre as que são irmãs de sangue serão naturalmente mais próximas do que as que essas têm com suas "primas" de primeiro ou segundo graus. Como autor do retrato de corpo inteiro dessa família, confesso que não sei naturalmente tudo sobre o que as une ou separa. Para evitar que minha comparação seja mal-entendida, advirto de antemão que o retrato de cada uma dessas irmãs deve ser entendido como os "tipos" de que fala Max Weber, ou seja, são descrições que não devem ser tomadas como sendo reais e sim como "tipos ideais". Voltar a pensar na comparação inicial que fiz entre a música e a religião pode nos ajudar a compreender bem o que quero dizer com essa metáfora das filhas e primas de uma, no fundo, só e mesma família. Como nas modalidades da música, são muitas as possíveis aproximações. Na música, por exemplo, é inegável a existência de uma distância entre a música barroca e a do folclore popular de qualquer país ou cultura. Ambas, contudo, são expressões válidas da musicalidade humana.

Passemos a ver isso mais de perto através da apresentação ao leitor de cada uma das quatro irmãs, todas elas amantes da música e todas nascidas no seio da Psicologia da Religião, na qual a música que se cultiva é a religião. Darei a elas os nomes figurativos e meio esquisitos de *Ancilla*, *Crítica*, *Scientia* e *Parecerista*. Cada uma delas tem traços e estilos pessoais próprios, a exemplo do que se pode observar no campo musical, no qual são sempre muitas as variedades e gêneros musicais. A primeira das irmãs "servia" à religião; a segunda, como uma prima rival, a "criticava", a terceira se interessava em "pesquisá-la" mais a fundo de todos os pontos vista da Psicologia e a quarta assumiu como seu o papel o de dar "pareceres" sobre o que acontecia na Psicologia da Religião.

Apresentando as quatro irmãs

Ancilla, a Psicologia da Religião a serviço do religioso

A primeira filha a ser apresentada teve o mesmo destino de muitas filhas primogênitas de famílias numerosas. Foi cedo convocada a colaborar no trabalho da casa e o fez de coração aberto. Podia ser encontrada tocando todos os instrumentos existentes na sala de concerto. Como um músico versátil, essa filha era a mulher dos sete instrumentos; qual uma dona de casa lavava, limpava, recebia as pessoas, oferecia refrescos aos visitantes e por aí afora. Por isso a chamo de *Ancilla* (em português, o mesmo que "serva"). Sua grande preocupação era fazer com que os visitantes se sentissem à vontade e que voltassem sempre de novo. *Ancilla* era uma espécie de empregada no antigo negócio de seu pai, ficando por isso sua vida restrita apenas aos círculos internos da família (*Kreise*, diria Paul Tillich), ajudando a religião a alcançar de maneiras variadas os seus muitos espaços e metas. Uma das formas era a de tentar criar uma Psicologia que implícita ou explicitamente se adaptasse bem às grandes religiões (no caso, quase sempre, as cristãs). Para tanto, ela buscava auxílio nas categorias da Psicologia e da Antropologia que pudessem ajudar a religião a se articular e a se tornar mais visível. Com isso, lograva garantir que os estilos de vida e as formas de evolução espiritual que as religiões pressupõem e pregam se tornassem mais abertos e mais acessíveis a todos. Outra forma de ajuda que essa Psicologia serva da religião buscava prestar era a de formar e preparar as pessoas religiosas para seu trabalho profissional. São inúmeras as formas e situações nas quais o conhecimento da Psicologia da Religião aplicada à Pastoral pode ajudar a um líder religioso ou a qualquer outro profissional da ajuda. Basta pensar, por exemplo, no reconhecimento da presença de perturbações psíquicas, na aquisição de conhecimentos psicológicos referentes ao desenvolvimento do ciclo vital humano, no domínio de técnicas psicológicas de aconselhamento ou na organização de grupos comunitários. É bom notar que essa Psicologia Pastoral, para além do já dito, tem como objetivo também melhorar as condições psicológicas do próprio padre ou pastor. Este tipo de Psicologia da Religião goza no momento de uma verdadeira primavera.

Em terceiro lugar, é preciso destacar outro serviço que os ministros religiosos — tendo boa formação profissional ou possuindo treinamento apenas precário — desenvolvem na tentativa de favorecer o bem-estar psíquico de seus fiéis: o da ajuda e do cuidado às pessoas. Também nesse campo são muitíssimas as possibilidades. Eis algumas delas: o aconselhamento (*counseling*) que cuidadores religiosos buscam prestar quando, por exemplo, ante dificuldades nas relações interpessoais,[8] apelam para valores religiosos. Ou, então, quando surge uma mudança na visão que uma pessoa religiosa possa ter do que seja uma psicoterapia de tipo secular ou não religioso.[9] Nessa mesma direção podem-se mencionar trabalhos como os dos psicoterapeutas Victor Frankl e Ellens.[10]

Há que se ter sempre presente que há controvérsias fortes a respeito das atividades psicopastorais acima enumeradas que precisam ser avaliadas seriamente. Mas neste texto não é esse o aspecto que estamos procurando salientar. Queremos apenas indicar que essas são possibilidades realmente existentes de a religião e a Psicologia se unirem mesmo com certo perigo de se contaminarem indevidamente. Mas, ao mesmo tempo, é sempre bom recordar que esta forma "ancilar" de a Psicologia da Religião operar costuma se realizar apenas dentro do círculo mais restrito da família religiosa. Ela se entende muitas vezes, sobretudo, como um serviço da Psicologia à religião e pode conceber esse seu serviço de uma maneira tanto ponderada quanto irrefletida.

Crítica: a Psicologia da Religião a serviço da crítica à religião

A segunda filha da família que passo a apresentar é completamente diferente da primeira, mas deixemos essa afirmação ainda provisoriamente em suspenso, pois na família há algumas pessoas que acham que essas são as duas irmãs que, paradoxalmente, mais se assemelham entre si, muito embora seus respectivos modos de comportamento possam parecer fortemente destoantes entre si. Enquanto *Ancilla* cumpre diligentemente suas funções servindo aos interesses mais imediatos da família, *Crítica*, ao contrário, é barulhenta e pirracenta. De vários pontos de vista ela corresponde às imagens estereotipadas que alguns guardam dos estudantes revolucionários da década de 1960: pessoas com roupas e comportamentos impróprios que alardeavam suas reivindicações em alta voz e grande fervor ideológico. Eram sempre críticos, sempre do contra, sempre negativos e pouco construtivos. Para eles e elas, o que deveria constituir a essência da Psicologia da Religião seria a crítica à Religião, numa tentativa de minar a fé e a doação religiosas e de mostrar-se aos outros como filhos iconoclastas do Iluminismo. A Psicologia da

Religião é vista por esses psicólogos como devendo adotar necessariamente uma ótica reducionista, que seja capaz de reconduzir a religiosidade a nada mais que processos psicológicos. Saliento um dado importante: tais posições de princípio nada têm a ver com a herança deixada por Sigmund Freud. Os penetrantes questionamentos e comparações do considerado pai da Psicanálise despertam, em setores religiosos, novas e fortes ondas de resistência, julgando que a negação ou crítica da religião seja uma cria intelectual do próprio Freud quando é mais decorrência da posição pessoal ateísta por ele adotada. Também obras bem mais inofensivas de outros psicólogos encontraram a mesma má vontade da parte de religiosos. Haja vista o caso de Stanley Hall, que para chegar a uma posição psicológica sobre a conversão teve que de se afastar das versões religiosas então correntes sobre esse fenômeno e compará-lo com realidades bem mais triviais como sexo, idade e evolução pubertária. O mesmo se diga de William James, que, por assim dizer, com a Bíblia na mão, tentou reconhecer a conversão através de seus frutos sem usar para tal os critérios da religião e sem aludir às fontes teológicas propriamente ditas da experiência religiosa.

Para além do choque que observações de psicólogos críticos da Religião possam ter provocado, é útil fazer distinções entre os distintos tipos de crítica que surgiram. Nem todas as críticas nasceram da má vontade dos psicólogos. Assim como a pesquisa crítica sobre a História das Religiões foi inicialmente sentida como uma ameaça, assim igualmente o foi o surgimento das Ciências Sociais, e tanto crentes quanto Teólogos de hoje devem se acostumar a tal coisa. Os psicólogos da religião devem repetidamente ter presente que o agnosticismo metodológico não é o mesmo que o ateísmo ontológico. Ao contrário, parece até que as questões críticas levantadas pela Psicologia a respeito de fenômenos e comportamentos religiosos e espirituais carregam em si — da mesma forma que nos profetas e reformadores — a intenção implícita de reconduzir ao que esses psicólogos pensam deva ser o "verdadeiro" cerne da religião. Eles querem fazer uma distinção entre o que seria a religião pura e as suas sabidamente inúmeras adulterações. Oskar Pfister, o pároco luterano suíço, amigo pessoal de Freud, talvez tenha sido o psicólogo da religião que se mostrou mais clara e desarmadamente ingênuo no reconhecer na Psicanálise Freudiana uma possibilidade para esclarecer o que seja, em nível psicológico profundo, a fé religiosa. Nisso ele foi tão longe que chegou a dizer que Freud podia ser tido como um dos melhores cristãos de todos os tempos.

Benjamin Beit-Hallami, o *enfant terrible* da Psicologia da Religião, ao contrário, não se cansa de dizer que a pesquisa feita por psicólogos da religião parece ser sustentada por algum aspecto escondido da própria religião, o que pode estar sendo uma crítica injusta a muitos deles. Não raras vezes, porém, isso pode estar se dando ocasionalmente ou sendo alardeado em publicações não científicas. Um exemplo: a conhecida distinção introduzida por G. Allport entre religiosidade intrínseca e religiosidade extrínseca não deixa de ter alguma ligação bastante evidente com a hipótese sustentada por pesquisas tranquilizadoras de que só uma forma de religiosidade tem alta correlação com preconceitos étnicos. A distinção conceitual, em si mais antiga, que Allport faz entre os dois tipos de religiosidade (a intrínseca e a extrínseca) pode ajudar a dar tranquilidade emocional a psicólogos da religião interessados em pensar que, sem negar a existência de certas formas religiosas preconceituosas e pouco virtuosas, se possa acreditar que há uma religiosidade intrínseca que não incide em preconceitos e é inteiramente diferente da verificada em pessoas de religiosidade de tipo extrínseco.

Seria compensador levantar nos trabalhos dos psicólogos da religião quais são seus pressupostos e posicionamentos implícitos, pois sob essa luz provavelmente perceberíamos melhor que *Ancilla* e *Crítica* são bem mais semelhantes entre si do que se poderia supor a uma primeira vista. Não é sem importância que Paul Pruyser, um autor que escreveu muitos artigos críticos, bem no meio de um texto no qual falava do lado inverso da fé, usou uma expressão paradoxal ao escrever a frase: "Demos graças a Deus pelas críticas à religião".[11]

Concluo essa descrição afirmando que com essa segunda filha repete-se o que se passa com outros tantos revolucionários e reformadores do mundo: eles são demolidores quando mais jovens, mas se conformam fortemente mais tarde ao comportamento ensinado pelos pais, aos quais antes criticavam tão acerbamente. Na fase revolucionária de seu tempo de *Sturm und Drang*, os filhos e filhas desses dois tipos não querem nem entrar na sala de concerto na qual a religião é tocada. Preferem ocupá-lo à força ou impedir que outros o adentrem ou, então, organizar grandes manifestações de protesto à porta de entrada das igrejas contra os que lá dentro tocam e curtem suas músicas preferidas. Note-se que, em si, eles e elas assim se comportam não porque não pensam que a música que se toca lá dentro não seja uma música autêntica ou, então, porque sentem ser um escândalo que em uma tão querida sala de concerto estejam acontecendo performances musicais que consideram não autênticas. Filhas que se assemelham a *Crítica* não se põem, portanto, diretamente contra a música, e sim contra a maneira como essa é executada. Elas vivem e para a música, mas de um modo radical e puritano. Muitos a consideram uma criança degenerada, mas julgam que por trás de sua revolta esconde-se um amor por seu pai.

Scientia: a Psicologia da Religião a serviço do conhecimento científico

Chamarei de *Scientia* a terceira filha a ser agora apresentada. Ela encontra-se em um lugar bem central da sala de concertos. Dali ela olha e escuta com atenção qualificada o que se passa em torno. Todos sabemos que um bom número de pesquisas no campo da Psicologia da Religião se apresentam como científicas. São elaboradas pela terceira irmã *Scientia*, a que demonstra um real interesse por concertos musicais, razão pela qual vai com frequência a salas de concertos, buscando registrar com exatidão o que aí os músicos e intérpretes oferecem ao público. Psicólogos da Religião que imitam essa filha enviam questionários, aplicam testes de medição e registram as reações que se dão em experiências de laboratório. Como a própria *Scientia*, eles procuram ser absolutamente neutros e objetivos em sua escuta e observação. Como ela, são sujeitos reflexivos sempre preocupados em verbalizar de maneira sempre renovada o que observam de modo a estabelecer uma distância entre eles e os sujeitos que observam. Não veem necessidade de ter uma experiência direta do comportamento e da práxis dos que estão estudando cientificamente. Do ponto de vista metodológico, não é de seu interesse fazer distinções entre sujeitos que estão em oração e outros que assistem, por exemplo, a um programa de TV ou se acham em um supermercado. Se pudessem, o que gostariam de fazer seria pesquisar esses três tipos de sujeitos do ponto de vista das mesmas variáveis independentes para, então, poderem melhor compará-las entre si. *Scientia*, para dar outro exemplo, se põe a pergunta sobre qual seria a função de lazer de uma romaria se comparada com a assistência a um programa televisivo. Ou, então, tem o desejo de descobrir se e até que ponto se pode falar de diminuição ou aumento do *stress* de pessoas religiosas que estão numa longa fila de banco com a dos que estão na fila de comunhão de uma igreja. O que *Scientia* ambiciona investigar com exatidão são coisas como se, quantas vezes e em que circunstâncias as pessoas costumam rezar e com que frequência assistem a programas de TV ou ocupam seu tempo com outras formas de lazer. O que ela quer saber como psicóloga é se as crianças que tiveram pais que rezavam assim ou assado fazem o mesmo que eles. Digamos isso de uma maneira polêmica. *Scientia* se apresenta como rigorosamente empírica em seu método de trabalho e por isso pensa que para uma cientista, ao se perguntar como os seres humanos preenchem sua fundamental necessidade de ocupar seu tempo com algo que valha, defende que há que perguntar se eles o fazem rezando ou não e o que fazem eles quando precisam gastar seu tempo com alguma outra coisa. Os resultados das respostas a essa última pergunta são apresentados preferencialmente em periódicos científicos de grande prestígio como, por exemplo, o *Journal for the Scientific Study of Religion*, dos Estados Unidos.

É dessa forma que são conduzidas muitas pesquisas na Psicologia da Religião, algumas delas com resultados considerados significativos. É bom que se diga que essa maneira de fazer ciência exige que falemos da Psicologia da Religião com certa modéstia. É por essa razão que, ao escutar em palestras de psicólogos da religião que algo resulta de uma pesquisa científica, nossa amiga *Scientia* — com aquele jeito típico de quem faz ciência — logo questiona: mas é de fato isso o que se constata na realidade? E passa imediatamente a dirigir ao conferencista um outro tipo pergunta: quantas vezes o senhor encontrou esse mesmo resultado através de observações empíricas?

Esse comportamento científico empírico-positivo, note-se, já trouxe resultados de grande valor para o conhecimento da religião. Vou dar alguns exemplos: ele permitiu que no estudo psicossocial da religião e da saúde mental uma série de afirmações relevantes formuladas de modo categórico e *a priori* fossem desarmadas e reconstituídas, comprovando assim que na prática pode-se afirmar que em quase todos os casos existe a possibilidade de empiricamente averiguar se as correlações entre fenômenos levantados com dados por uma pesquisa são ou não realmente válidos. Se, por exemplo, um dado comportamento religioso indica externamente um sintoma de perturbação psíquica ou se, ao contrário, ele comprova uma canalização e decréscimo dessa mesma perturbação. Ou, então, se demonstra que um comportamento religioso pode estar significando um perigo para a saúde ou se pode estar sendo um instrumento terapêutico e até um modo de prevenção contra distúrbios mentais.[12]

Em seu esforço para manter-se metodologicamente neutro e não ceder a predileções subjetivas, o psicólogo da religião deve procurar distanciar-se o mais possível de conteúdos e significados afirmados sem comprovação suficiente e limitar-se apenas a correspondências psicológicas bem comprovadas.

Scientia, além do mais, é uma filha que não se limita a estudar somente as religiões que ela conhece por experiência própria ou por seu passado próprio e por isso busca aplicar os seus instrumentos de mensuração cognitiva e escalas atitudinais também a grupos novos e diferentes. Ela os usa também no estudo de amplos grupos religiosos transnacionais. Boa parte do prestígio científico que a Psicologia da Religião foi lenta mas constantemente conquistando nos últimos decênios é devido justamente à determinação com que essa distinguida dama, *Scientia*, vem há decênios realizando seu trabalho. Assim, ela tem podido ganhar e consolidar suas fama de ser uma dama de mente academicamente aberta interessada nas mais diversas modalidades de música, e apreciadora prazerosa de concertos e músicas bastante distintos, aplaudindo com igual prazer tanto o que é experimental como o tocado em salões de música clássica como os de Viena.

Parecerista: a quarta filha diferente das demais

Essa quarta filha segue o exemplo da terceira e quase que mora em salas de concerto. Seu comportamento, contudo, difere do da cientista *Scientia*. Em alemão, ela leva o nome de *Rezensentin*, que em português poderíamos traduzir por *Parecerista*.[13] Para ela, qual música está sendo tocada e quem a está tocando é tudo menos algo indiferente. Ela vai propositadamente a certos concertos e o faz com ouvido sempre muito atento e afinado. Seu objetivo é o de tirar algo específico de cada concerto a que assiste. Ela é uma pessoa envolvida no que faz, e tem sempre perguntas a fazer: que peça e quem é esse compositor? Como este maestro rege esta dada peça ou orquestra? Como a orquestra executa esta ou aquela passagem? Qual a performance deste ou daquele solista nessa ou naquela peça musical? *Parecerista* tem os ouvidos sempre bem abertos e, de sua poltrona de ouvinte privilegiada, escuta e anota tudo em seu caderninho. Ela, quando precisa, não sente acanhamento em interpelar os músicos e compositores a respeito da maneira que adotam ao tocar uma dada frase musical. *Parecerista*, pode-se dizer, age profissionalmente como se tivesse escolhido a função de ser a recensora dos concertos tocados nas temporadas tanto do presente quanto do passado ou antecipando o futuro.

Sua atenção principal está voltada para os que praticam a música, isto é, para os executantes. É exatamente o que se dá com a RdP, à qual, em última análise, compete observar como pessoas concretas se envolvem em uma religião particular e não numa religião em geral. Os psicólogos da religião que exercem sua profissão como *Pareceristas* sobre uma religião ou comportamento religioso não se sentem chamados a escrever sobre religião em geral, mas sim sobre um comportamento religioso concreto. O que interessa a eles não é uma definição abstrata do que seja em si a religião, e sim os aspectos psicológicos concretos da experiência ou comportamento, assim como esses se revelam em situações históricas e culturais bem precisas. A direção de seu olhar se volta primariamente para certas possibilidades comportamentais de tipo funcional, que por sua extensão se acham presentes em toda a espécie humana, como se pode ver nas pesquisas dos psicoantropólogos Atran e Boyer.[14] Mas eles só passam a fazer essas generalizações maiores quando tal coisa serve para ressaltar os aspectos subjetivos específicos em jogo. Psicólogos que seguem essa orientação estão convencidos de que, para poderem interpretar corretamente certas manifestações subjetivas da religiosidade de alguém, têm necessidade de conhecer também a religiosidade dessa pessoa. Se não tomar essa precaução, ele não será capaz de compreender o que está observando e sequer terá condições para saber o que deveria estar sendo observado. É como se ele não pudesse discernir bem. Para, por exemplo, poder fazer justiça ao que é estruturalmente significativo em uma experiência religiosa, ele tem

necessidade de entender antes o cenário e o contexto de significados do qual emerge a experiência que se quer compreender.[15]

É preciso acentuar também que o psicólogo que exerce sua profissão como o faz *Parecerista* não expressa sua opinião sobre a música que ele próprio compõe. Sua tarefa se volta para músicas compostas e executadas por outros colegas, o que não quer dizer que a subjetividade de quem elabora o parecer não tenha alguma influência no parecer que ele elabora. Não parece ser adequado dizer que se trata de uma perspectiva externa, pois, afinal de contas, o que um psicólogo da religião tenta fazer é entrar na vida e no mundo de uma outra pessoa. É, portanto, justo que se pergunte se e como tal coisa pode ser feita se ele permanecer do lado de fora do outro. Equivale dizer que a Psicologia da Religião é uma ciência hermenêutica e como tal tem naturalmente de fazer uso de metáforas, mas deve abandonar rapidamente esse tipo de discurso que fala metaforicamente "de um dentro *e* de um fora" para assumir um outro que possivelmente seja apto a captar o sujeito "a partir de dentro" e "a partir de fora" de sua experiência religiosa. Só assim poderá escapar das ciladas de uma falsa dialética da qual dificilmente poderá se ver livre.

A modo de conclusão

Aqui foi usada a metáfora das quatro irmãs interessadas em música para descrever a maneira como a Psicologia da Religião foi se constituindo historicamente ao longo do tempo segundo concepções distintas,[16] mas unidas pelo mesmo interesse comum pela música (no caso, pela religião). Falou-se também metaforicamente de uma única sala de concerto que todas as irmãs frequentavam com interesse e assiduidade. A caracterização de como cada uma delas se comportava nesses recintos foi um tanto sumária, mas suficiente

para sublinhar os aspectos em que elas se diferenciavam dos que as aproximavam. Apesar da linguagem metafórica empregada, o leitor deve ter percebido que, no fundo, havia entre as quatro irmãs vários pontos importantes comuns a todas elas. O aspecto que as unia e continua unindo poderia ser visto e mais bem descrito na perspectiva da Filosofia da Linguagem de Wittgenstein, o que não pôde ser feito aqui. O que se procurava salientar com o que aqui foi dito?

A conclusão a que pretendíamos chegar era uma só: a de que a Psicologia da Religião tem hoje consciência de e aceita que dentro dela — enquanto uma família acadêmica de muitos ramos — existem divergências e aproximações (disfonias e sinfonias) e que ela deve, por essa razão continuar sendo uma ciência em busca de sua própria verdade, isto é, *quaerens intelellctum suum*, ou seja, construindo sua própria *ratio* epistemológica (teoria e método autônomos e logicamente elaborados) de estudar a religião e a religiosidade. Não compete a ela postular e, menos ainda, ocupar o papel de articuladora ou substituta da religião. A Psicologia da Religião, enquanto disciplina pertencente ao grupo das ciências da psique, não tem como função propiciar direção espiritual a pessoas religiosas ou oferecer a elas um acompanhamento psicoterapêutico, nem mesmo tem como tarefa preferencial uma Psicologia Pastoral estritamente segundo o adjetivo "pastoral", em detrimento do substantivo "psicologia". A Psicologia da Religião pode, isso sim, oferecer análises, referências e indicações úteis às preocupações mencionadas, mas sempre dentro dos limites de seu campo e competência próprios. Quanto a esse ponto, é esclarecedor recordar o papel que a Filosofia e disciplinas como a História e a Fenomenologia da Religião exerceram em fornecer subsídios à ação pastoral realizada pelas religiões.

No caso do apoio que as Ciências Psicológicas podem legitimamente prestar à religião é imprescindível que se considere que a Psicologia da Religião possui uma perspectiva própria e específica que não pode ser confundida com a de uma religião e/ou de uma igreja. Essa perspectiva deve ser respeitada sempre que a Psicologia da Religião orientar sua atenção para a articulação entre o psíquico e o religioso. É, portanto, segundo sua própria ótica e responsabilidade que a Psicologia da Religião deve se interrogar e como

atividades vitais da psique humana — como o trabalhar, o comunicar-se, o amar e o ter prazer — se manifestam e se desenvolvem na religiosidade humana.[17] É assim que, em razão de sua natureza de ciência, a Psicologia da Religião, portanto, não pode se identificar de todo com a irmã *Ancilla*. A Psicologia da Religião não está em si a serviço da religião. O que aquela tem condições de fazer é prestar uma válida colaboração a essa última. Mas há necessidade de, ao mesmo tempo, aprender muito com as outras três irmãs — *Crítica*, *Scientia* e *Parecerista*. Ao assumir uma posição baseada em seu saber, a Psicologia da Religião deve naturalmente superar arroubos e voluntarismo juvenis como os de *Crítica* e ter clara consciência de suas funções e de seus limites enquanto *Scientia*.

No campo mais restrito da ciência avançada — teoria, pesquisa e expansão —, é imprescindível que, entre os psicólogos da religião, os colegas mais especializados assumam o papel que no texto foi atribuído a *Parecerista*, que realizava a função de uma perita especializada que ajuda a fazer um balanço crítico do que se está conseguindo no complexo campo da pesquisa psicológica. Há para o psicólogo da religião uma possibilidade real de unir em seu trabalho o modo de pensar e de agir dessas três irmãs, como o comprova a história da Psicologia Científica da Religião.

O Construtivismo e o Contextualismo,[18] por exemplo, colaboraram para deixar para trás as posturas unilaterais do positivismo-lógico que chegou a dominar a epistemologia de toda a Psicologia em certa fase de sua evolução. A postura ancilar tipificada pela primeira irmã foi muito valorizada na década de 1960 pelas igrejas cristãs, talvez em virtude da agressividade cáustica do discurso da irmã de nome *Crítica* e da dificuldade em aceitar e assimilar as hipóteses levantadas pela outra irmã *Scientia*. Mas é preciso que especialmente o modo mais rigoroso e objetivo do discurso de *Scientia* e de *Parecerista* seja incorporado pelos psicólogos da religião que assessoram as religiões e as igrejas. Esse modo mais objetivo se traduz no hábito de levantar, do ponto de vista de uma Psicologia bem fundamentada, perguntas como: a quem tem servido a Psicologia da Religião com seu trabalho científico? Que interesses aparecem nesse trabalho? Quais os valores que emergem nos elementos acentuados na apresentação dos resultados? Por que o tempo e os recursos financeiros foram aplicados nessas pesquisas? Quem determina as programações da pesquisa e dos ensinamentos dela colhidos? Que temas foram deixados de lado e quais as razões para tanto? Quem tirou proveito das pesquisas e em que pontos o obteve?

Referências bibliográficas

ATRAN, S. *In God we trust*; the evolutionary landscape of religion. Oxford and New York: Oxford University Press, 2002.

BARTH, K. *Church Dogmatics*; a Selection. Westminster: John Knox, 1994.

BEIT-HALLAHMI, B. Three ideological traditions and the Psychology of Religion. *The International Journal for the Psychology of Religion*, v. 3, n. 2, (1993), pp. 95-96.

BELZEN, J. A. Errungenschaften, Desiderata, Perspektiven. Zur Lage der religionspsychologischen Forschung in Europa, 1970-1995. In: HENNING, C.; NESTLER, E. (eds.) *Religion und Religiosität zwischen Theologie und Psychologie*. Frankfurt: Lang, 1998. pp. 131-158.

_____. *Para uma Psicologia Cultural da Religião*. Aparecida: Ideias e Letras, 2010.

_____. *Psycchopathologie em religie*; ideen, bahandling em verzorging de gereformeneerde religie in de psycho-pathologie. Amsterdam: Kok, 1989.

BELZEN, J. A; KUGELMAN, K. Historical Intersections of Psychology, Religion, and Politics. *History of Religion*, v. 12, n. 3 (2009), pp. 125-131.

BEM, S. Contextuelle geschiedsschriiving. In: STRIEN, P. J. van; RENNARD, J. F. H. van (Hsgb.). *Grondvragen van der Psychologie*; een handbook theorie en grondslagen. Assen: Van Gorcum, 1990. pp. 344-345.

BERING, J. *The God instinct*; the psychology of souls, destiny, and the meaning of life. London: Nicolas Brealey, 2010.

BOYER, P. *Religion explained*; the evolutionary origins of religious thoughts: New York: Basic Books, 2001.

BROWNING, D. S. *Religious thought and the modern psychologies*. Philadelphia: Fortess Press, 1987.

CAMPBELL, D. T. On the conflicts between biological and social evolution and between psychology and moral tradition. *American Psychologists*, v. 30 (1975), pp. 1103-1126.

DANZIGER, K. *Constructing the subject*; historical origins of psychological research. Cambridge: Cambridge University Pres, 1990.

ELLENS, J. H. *Radical grace*; how belief in a benevolent god benefits the health. Westpport, CN, London: Praeger, 2007.

FREUD, S.; PFISTER, O. *Briefe 1909-1939* (Hrsg: FREUD, E. L.; MENG, H.). Frankfurt am Main: Fischer, 1963.

GERGEN, K. J. Social Psychology as History. *Journal of Personality and Social Psychology*, v. 26, n. 2 (1973), pp. 309-320.

GROM, B. *Religionspsychologie*; Volständig überarbeitete dritte Ausgabe. München: Kösel, 2007.

HOOD, R. W.; HILL, P. C.; SPILKA, B. *The Psychology of Religion*; an empirical approach. 4. ed. New York: Guilford, 2009.

KOENING, H. G. (ed.). *Handbook of religion and mental health*. San Diego: Academic Press, 1998.

KUGELMAN, R. *Psychology and Catholicism*: contested boundaries. Cambridge and New York: Cambridge University Press, 2011.

LÄMMERMAN, G. *Einführung in die Religionspsychologie*; Grundfragen, Theorien, Themen. Neukirchen-Vluyn: Neukirchner Verlag, 2006.

MALONY, H. N.; AUGABURGER, D. W. *Christian Counselling*; an Introduction. New York: Abingdon Press, 2007.

NELSON, J. M. *Psychology, religion and spirituality*. New York: Springer, 2009.

PALOUTZIAN, R. F.; PARK, C. L. (eds.). *The handbook of the psychology of religion and spirituality*. New York and London: Guiford, 2007.

PARGAMENT, K. I. *Spirituality integrated psychotherapy*; understanding and addressing the sacred. New York and London: Guiford, 2007.

PRUYSER, P. W. *Religion in psychodynamic perspective*. New York: Oxford University Press, 1991.

RAGAN, C. P.; MALONY, H. N.; BEIT-HALLAHMI, B. Psychologists and religion: professional factors and personal

belief. *Review of Religious Research*, v. 21 (1980), pp. 208-217.

RICHARD, G. *Putting Psychology in its place*; a critical historical overview. New York: Routledge, 2002.

SPERRY, L. *Spirituality in clinical practice*; incorporating the spiritual dimension in psychotherapy and counseling. Sussex, UK: Brunner-Routledge, 2001.

STÄUBLE, I. Historische Psychologie und kritische Sozialissenschaft. In SONNTAG, M. (Hsrg). *Von der Machbachkeit des Psychischen*. Pfaffenweiler: Centaurus, 1990. pp. 20-30.

STRIEN, P. J. van. Definitie en domein van de Psychologie. In: STRIEN, P. J.; RAPARD, J. F. H. van (eds.). *Grondvragen van de Psychologie*; een Handboek. Theorie en grondlagen. Assen: Van Gorkun, 1990. pp. 12-32.

_____. The historical practice of Theory construction. *Annals of Theoretical Psychology*, v. 8 (1993), pp. 149-227.

VERGOTE, A. *Religie, geloof em ongeloof*; psychologische studie. Antwerpen: De Nederlandse Boekhabdel, 1984.

VITZ, P. C. *Psychology as religion*; the cult of self-worship. Grand-Rapids: Eerdmans, 1994.

WULFF, D. M. *Psychology of Religion*; classic and contemporary views. 2. ed. New York: Wiley, 1997.

Notas

[1] Traduzido do alemão por Edênio Valle.

[2] Veja-se, por exemplo: Belzen, Errungenschaften, Desiderata, Perspektiven; *Para uma Psicologia Cultural*; Grom, *Religionspsychologie*; Hood; Hill; Spilka, *The Psychology of Religion*; Lämmerman, *Einführung in die Religionspsychologie*; Nelson, *Psychology, religion and spirituality*; Paloutzian; Park (eds.), *The handbook of the psychology of religion and spirituality*; Wulff, *Psychology of religion*.

[3] Campbell, On the conflicts between biological and social evolution and between psychology

and moral tradition; Ragan; Malony; Beit-Hallahmi, Psychologists and religion: professional factors and personal belief.

[4] Wulff, *Psychology of Religion*.

[5] Stäuble, Historische Psychologie und kritische Sozialissenschaft.

[6] Belzen, *Psychopathologie en Religie*; Belzen; Kugelmanm, *Historical Intersections*; Nelson, *Psychology, Religions and Spirituality*; Richards, *Putting Psychology in its place*; Strien, *Definitie en domein van de Psychologie*.

[7] Vitz, *Psychology as religion*.

[8] Malony; Augsburger, *Christian Counselling.*
[9] Sperry, *Spirituality in clinical practice.*
[10] Ellens, *Radical grace.*
[11] Pruyser, *Religion in psychodinamic perspective,* p. 49.
[12] Hood; Hill; Spilka, *The Psychology of Religion.*
[13] Belzen usa para essa irmã o designativo alemão *Rezensentin,* que literalmente significa "recensora", isto é, refere-se a pessoas altamente especializadas que emitem *pareceres* (fazem a "recensão") sobre a qualidade acadêmica de livros e artigos científicos (N.T).
[14] Atran, *In God we trust*; Bering, *The God instinct*; Boyer, *Religion explained.*
[15] Belzen, *Para uma Psicologia Cultural*; Vergote, *Religie, geloof em ongeloof.*
[16] Para entender como o trabalho, ora conjunto, ora distante, das quatro irmãs foi sendo elaborado sob a forma de distintas teorias psicológicas, ver os capítulos anteriores desta parte.
[17] Belzen, *Religie, melancholie en zelf.*
[18] Bem, *Contextuele geschiedsschriving*; Ash; Woodward, *Psychology in twentieth century*; Danziger, *Constructing the subject*; Kugelman, *Psychology and Catholicism*; Richards, *Putting Psychology in its place.*

Teorias clássicas da Psicologia da Religião

CÁTIA CILENE L. RODRIGUES E
ANTÔNIO MÁSPOLI DE A. GOMES

Introdução

Buscando manter rigor lógico e conceitual, este trabalho apresenta-se como uma síntese introdutória à reflexão das teorias clássicas da Psicologia da Religião, com uma sistematização histórica e referencial às principais abordagens desse objeto de estudo. Nesse sentido, não se pretende aqui esgotar todos os aspectos do tema, mas apontar ao leitor aquilo que é mais relevante para a sua compreensão.

A Psicologia da Religião é o estudo do comportamento religioso pela aplicação dos métodos e teorias dessa ciência a este fenômeno, quer pelo aspecto social, quer pelo aspecto individual. Nesse sentido, seu objeto de estudo não se refere à prova da existência ou inexistência de um ser ou de seres supramundanos nos quais se crê, nem se trata da defesa ou crítica de alguma religião ou expressão religiosa específica; antes, é o estudo científico, descritivo e objetivo, do fenômeno religioso no que se refere ao comportamento humano — por excelência, o objeto e trabalho da Psicologia.

Assim sendo, a Psicologia da Religião tem por objetivo observar, descrever, compreender, controlar e, se possível, predizer o comportamento religioso humano por meio dos métodos desenvolvidos pelas diferentes abordagens da Psicologia enquanto ciência. Contudo, este segmento da Psicologia, mesmo tendo suas origens nos primeiros estudos da Psicologia Científica, ainda hoje não desfruta de alta respeitabilidade acadêmica, marcadamente por dois motivos: (a) a complexidade e a subjetividade da experiência religiosa, que dificulta o acesso metodológico objetivo por parte do investigador; (b) a pluralidade de referencial teórico e metodológico da própria Psicologia, que dificulta o estabelecimento de um referencial e de um objeto delimitado para a Psicologia da Religião. Disso decorre a carência por um paradigma coeso de pesquisa e compreensão do fenômeno religioso por parte da Psicologia: estudos experimentais acumulam dados, algumas vezes sem articulação, e estudos fenomenológicos e dinâmicos, que fazem análises de significado, podem aparentar ausência de validação.

Considerando esses marcos e circunstâncias, para a apresentação das teorias clássicas em Psicologia da Religião, optamos por um desenvolvimento paralelo ao seu próprio desenvolvimento histórico: discutiremos os conceitos envolvidos, as ideias para o desenvolvimento da Psicologia da Religião, bem como os principais autores e abordagens da religião nas quatros principais abordagens da Psicologia: Comportamental, Psicodinâmicas, Humanista e Cognitivista.

Psicologia da Religião

Considera-se necessário aqui uma discussão conceitual sobre o entendimento desse complexo objeto de estudos, a religião. Discute-se especificamente a natureza deste objeto: por um lado, a religião pode ser considerada uma necessidade humana; por outro, um processo histórico. Assim, podemos compreender a religião por uma distinção da realidade profana, ou seja, algo que remete ao Sagrado (divindades, transcendência etc.), bem como podemos entendê-la por uma forma social e pessoal de lidar com as questões existenciais últimas da vida. Sintetizando ambas as compreensões, poderíamos dizer que a religião é uma instituição social que discute a realidade que transcende a humana, repetindo-se dinamicamente em diferentes signos, símbolos, mitos e ritos nas diversas organizações humanas. Definir este objeto de estudos demonstra-se, assim, difícil tarefa: um conceito universal e aplicável a toda realidade religiosa é uma dificuldade gigantesca. Em 1958, H. Clark compilou quase cinquenta distintas definições psicológicas de religião,[1] terminando por definir três tipos de comportamento religioso: primário (experiência interior autêntica), secundário (obrigações rotineiras) e habitual (rotina religiosa convencional). Há que se considerar que a religião trata de uma realidade em que os afetos, a razão, os valores, os comportamentos humanos estão envolvidos, bem como suas crenças, sua dimensão social, cultural, política, ética. Desse modo, é possível concluir que a religião é um conjunto de crenças e valores professados por um grupo humano que faz referência à realidade transcendente, o Sagrado, com função de enfrentamento dos problemas últimos da vida por parte do ser humano, conferindo sentido existencial, numa dimensão social e cultural.[2]

Considerando esta abordagem da religião, é interesse da Psicologia o ser humano na qualidade de religioso, crente ou não (em suas motivações, desejos, experiências, atitudes, expressões comportamentais etc.). Se as pessoas agem de acordo com o que creem, e a religião é um profundo campo de debate e estabelecimento de crenças (tanto na esfera coletiva como na privada), observar o comportamento religioso parece ser imprescindível para a Psicologia compreender os comportamentos humanos como um todo.

Por fim, a Psicologia Científica da Religião orienta-se pelos critérios de neutralidade, benevolência e juízo psicológico de verdade, numa posição crítica de análise do comportamento religioso investigado. Para isso, vale-se de objetivos e métodos eletivos para inventariar comportamentos, explorar significações, compreender relação do fenômeno religioso com outras esferas humanas, conhecer estruturas das experiências religiosas, discernir a atitude religiosa de outras atitudes humanas, desenvolver hipóteses sobre a dimensão religiosa humana. A exemplo das limitações da Psicologia para acessar a subjetividade humana, seus meios também são o de observação direta de comportamento e relato religioso, análise de casos, tipificação e descrição do comportamento, uso de questionários, inventários e entrevistas para análises estatísticas, uso de testagem e estudos experimentais.

Enquanto ciência, a Psicologia da Religião surge no século XIX, tendo a origem conjunta com a Psicologia Científica, quando esta emerge da Filosofia como método de aproximação e compreensão do ser humano, pretendendo objetividade na compreensão dos comportamentos e da subjetividade humana, por meios quantificáveis e qualificáveis. Na segunda metade do século XX, Psicologia e Religião, no empenho de pesquisar e incorporar descobertas das Ciências Humanas, alavanquem pesquisas e desenvolvam o interesse acadêmico na Psicologia da Religião, o que resultou na existência de grande quantidade de contribuições da Psicologia para a compreensão do comportamento religioso e a religiosidade humana.

Nasce com a aplicação da Psicologia ao estudo da religião. Mas passa por diferentes fases até seu estatuto atual, marcadas pelo ar confessional na ciência, pelo diálogo entre as duas áreas de conhecimento, pela busca de sentido existencial, pelo desenvolvimento do método correlacional (Psicologia Pastoral), pela Psicologia Religiosa Comparada, e até pela busca religiosa não institucional (característica do fim do século XX).

Antecedentes conceituais da Psicologia da Religião

A preocupação em compreender o fenômeno religioso não se inaugura com a Psicologia, tampouco na modernidade. Pensadores da tradição greco-romana, bem como da tradição judaico-cristã já o fizeram desde a antiguidade — apenas para citar nossa matriz cultural ocidental, pois muitos pensadores orientais também o fizeram desde o início da história.

Assim, existem antecessores conceituais à Psicologia para a compreensão da Religião que serviram de base e orientação para os estudos modernos desta ciência, sobretudo no campo da Filosofia, da Sociologia e da Psicopatologia.

Na modernidade, a partir do século XVIII, alguns teólogos e filósofos como Jonathan Edwards, Friedrich Schleiermacher, David Hume, ou Søren Kierkegaard refletiram sobre a natureza psicológica do comportamento religioso, considerando afetos, sentimentos, pensamentos e ações religiosas nos seus estudos sobre o fenômeno religioso.

De acordo com Lee e Smith,[3] J. Edwards apontou o espírito intuitivo da experiência religiosa, sendo capaz de discernir elementos essenciais e secundários a ela, apontando a profundidade da experiência concreta da pessoa religiosa. Schleiermacher, por sua vez, aponta a presença essencialmente emocional da experiência religiosa: o sentimento de dependência de Deus, anterior a qualquer racionalização intelectual, independente de concepções prévias, e que não se restringe a uma ideação da pessoa sobre a questão. Hume apontou os sentimentos de medo e esperança diante da necessidade de satisfação das necessidades mais primitivas do ser humano como o desencadeador da religião na sociedade humana. Já Kierkegaard explorou as emoções e os sentimentos das pessoas diante das escolhas e conflitos éticos na vida, diante dos pressupostos religiosos que cada um traz consigo.

Esses exemplos de antecedentes conceituais à Psicologia da Religião apenas apontam para o fato de que este ramo da ciência é, antes de tudo, interdisciplinar em sua natureza, recorrendo às fontes filosóficas, teológicas e sociológicas para a melhor compreensão do seu objeto de estudo.

Discussões sobre Psicologia e Religião

A partir dos estudos de Wilhelm Wundt e do estabelecimento de seus laboratórios de Psicologia Experimental, em 1879, a Psicologia se estabelece como ciência independente, dotada de método e objeto próprios. Já nos primórdios, a Psicologia encontra interesse no comportamento religioso, considerando-o decorrente dos sentimentos humanos. Wundt vê o comportamento religioso destituído de aspectos intelectuais, mas carregado de conteúdo afetivo. A religião, nesta abordagem teórica, é entendida como instituição social desenvolvida com a evolução do ser humano, basicamente com origem em processos emocionais, sobretudo o medo.

No fim do século XIX e início do século XX, Charcot teve grande papel na escola francesa de estudos de psicopatologias. Entre seus seguidores, Pierre Janet fez contribuições à Psicologia da Religião, que associou comportamentos religiosos de falsa consciência mística a neuroses, e alguns tipos de misticismos a psicopatologias. Outros autores da escola francesa neste período também realizaram estudos dos comportamentos religiosos, encontrando correlações entre emoção religiosa e depressão, distúrbios psicológicos (fanatismo, TOC, perturbações psicossomáticas). Contudo, esta escola também apontou a relevância da religião para a estabilidade social, para a adaptação do sujeito, para o crescimento da cultura e da moralidade, além de apontar riqueza inconsciente e transformação positiva da personalidade para pessoas que mantiveram vida mística. De modo especial, Th. Flournoy, Psicólogo da Religião da escola francesa do final do século XIX e início do século XX, apontou que a Psicologia deveria se calcar em dois princípios ao estudar a religiosidade com objetividade científica: (1) excluir um ser superior e (2) fazer considerações biológicas — fisiologia, genética, análises comparativas e dinâmicas.[4]

A Psicologia da Religião como corpo teórico da Psicologia surge em 1896 nos EUA, com William James. Mas a primeira obra sobre o tema foi desenvolvida por um de seus alunos, Edwin Starbuck, em 1899, que se dedicou a compilar dados empíricos sobre a experiência religiosa, apontando seus aspectos intelectuais — e não somente seu caráter afetivo como os psicólogos da escola francesa e Wundt fizeram.

No clássico *As variedades da experiência religiosa*, James afirma que a experiência afetiva antecede as crenças religiosas, e que a experiência religiosa pode apresentar caráter sadio ou patológico, conforme a sanidade psicológica do sujeito em questão — confrontando muitos apontamentos da escola francesa de Psicologia, e combatendo o preconceito da Psicologia sobre o estudo do comportamento religioso. O aspecto institucional e social da religião não interessou a James, que se dedicou muito mais à compreensão da subjetividade e pessoalidade da experiência religiosa, da complexidade da relação com patologias, da personalidade e maturidade religiosa, dos estados alterados da consciência. Para ele, a personalidade pessoal determina o tipo de fé desenvolvida pelo sujeito: personalidades combativas desenvolveriam uma fé mais sadia, ao passo que personalidades reconfortantes tenderiam a expressões patológicas de fé. Contudo, aponta que o importante para a Psicologia nestes estudos sobre religião não se concentra na origem da experiência religiosa patológica ou não, mas na compreensão dos desdobramentos desses aspectos na personalidade do crente, fosse qual fosse a fé professada.

Entre contemporâneos e discípulos de James, G. Hall é considerado o primeiro psicólogo da religião propriamente dito.[5] Seus estudos apontaram a importância da conversão religiosa ocorrida na passagem da infância para a idade adulta, discutindo a questão da fé em contraste com os processos humanos evolutivos. Seu colaborador G. Leuba também merece destaque como precursor da Psicologia da Religião, com diversas contribuições para a sedimentação desta disciplina do conhecimento. Leuba acreditou que a religião resulta da luta pela vida, configurando uma necessidade biológica humana. Para ele, o místico não encontra a Deus, mas, por meio de suas crenças religiosas, interpreta mal sua experiência existencial de encontro consigo mesmo e, por isso, afirma que as concepções de Deus devem ser superadas para uma real consciência pessoal sobre a existência. Buscou encontrar bases fisiológicas para as experiências místicas, bem como semelhanças entre as experiências psicológicas vivenciadas na religiosidade e o uso de drogas psicotrópicas.

Nesse panorama, observamos coincidências e contradições entre os autores da Psicologia que se dedicaram à pesquisa e ao estudo do comportamento religioso, dando origem à Psicologia da Religião como disciplina acadêmica. Nessa atmosfera de debates do mesmo objeto por diferentes prismas e abordagens, a Psicologia da Religião se desenvolveu de modo singular em cada uma das suas escolas teóricas. Este capítulo se subdivide, a seguir, para apontar as principais abordagens clássicas da Psicologia sobre a Religião.

Psicologia Comportamental--Cognitivista e religião

A Psicologia Experimental é uma abordagem de aproximação e compreensão do comportamento humano caracterizada por sua objetividade no trato do objeto, considerando o comportamento como o único elemento quantificável e previsível do ser humano. Com tal perspectiva, J. Watson abriu espaço para o desenvolvimento científico da Psicologia, ainda que este método seja limitado à verificação de dimensões psicológicas humanas como o sentimento e a vivência.

O primeiro estudo experimental de Psicologia da Religião foi realizado nesta abordagem por K. Girgensohn, mas os behavioristas não se interessaram especialmente pelo estudo do comportamento religioso, realizando-o de modo paralelo às pesquisas realizadas. Destes, podem-se citar apontamentos de Sargant, Skinner, Stark e Glock, com a elaboração de pesquisas e estudos quantitativos que delimitam algumas considerações psicológicas sobre a religião.[6]

Aplicando os experimentos de Pavlov à questão religiosa, Sargant observou que o ritmo, a música e a dança presentes nos rituais religiosos provocam excitação emocional propiciadora para a obtenção de domínio, controle e poder do líder carismático no colapso emocional dos participantes dos cultos.

Em abordagens indiretas ao fato religioso, Skinner observou instituições sociais e de controle do comportamento humano, evidenciando a religião como um reforçador ou inibidor de atitudes por meio de ideias de prêmios e castigos eternos. Além disso, observou nos comportamentos supersticiosos a presença de associações por coincidências acidentais.

Apesar de o Behaviorismo não ter realizado grandes contribuições à Psicologia da Religião, apresentou a esta última a metodologia e a precisão do seu método de análises estatísticas e estudos. Entre os raros behavioristas que se ativeram ao fato religioso encontram-se Stark e Glock, norte-americanos que estudaram a natureza do compromisso religioso e sua consequência psicológica e social, investigando categorias como crença, prática religiosa, experiência religiosa, conhecimento sobre a religião, e os efeitos da religiosidade entre mais de três mil pessoas, religiosas ou não. Consideraram a experiência religiosa como o elemento de maior importância para um estudo positivo da religião.

Os autores constataram um alto nível de reconhecimento da experiência de encontro com a própria intimidade e alguma consciência de encontro com o sobrenatural ou transcendente na amostra pesquisada (acima de 65%). Desenvolveram, a partir de seus estudos, uma tipologia da experiência religiosa: confirmado (o indivíduo encontra evidências do sobrenatural, legitimando-o), responsivo (o transcendente é responsabilizado pela ação humana), extático (a consciência da presença transcendental leva a uma ação amorosa e pacífica) e revelado (o sujeito percebe-se como pertencente ou integrado à divindade).

Outros estudos estatísticos sobre os fatores do fenômeno religioso foram realizados entre os pesquisadores comportamentais, embora com poucos apontamentos para interpretações psicológicas e motivações do fenômeno religioso.

Estudos com o método experimental contribuíram para a formulação e comprovação de hipóteses por meio de pesquisas com controle de variáveis e análise de correlações no campo da Psicologia da Religião. Além disso, os estudos que elegeram a abordagem fisiológica da Psicologia realizaram valiosos trabalhos que consideraram as variáveis hormonais, de humor e emocional na correlação com a religiosidade (estabelecendo relação entre estímulos e sugestionabilidade; efeito de drogas e efeitos místicos extraordinários; ondas elétricas cerebrais e estados alterados de consciência), que possibilitam uma melhor compreensão dos processos neuropsicológicos envolvidos no comportamento religioso.

Por fim, novos estudos no âmbito da Psicologia Cognitivista abordam a relação entre processos mentais e memória da religião. Piaget, em seus estudos do desenvolvimento cognitivo humano, dedicou-se à abordagem das atitudes religiosas, considerando que estas têm ligação intrínseca com a relação entre sujeito e pais: relações familiares marcadas por obediência e submissão dos filhos em relação aos pais desencadeariam no sujeito adulto uma relação de transcendência diante do Sagrado, considerando Deus como causa, ordem de sentido das coisas; relações familiares marcadas por respeito mútuo entre filhos e pais desencadeariam no sujeito adulto uma relação de imanência diante do Sagrado, considerando Deus organizador de valores pessoais. O desenvolvimento da criança e da inteligência humana, nessa perspectiva, realiza um impacto na Psicologia da Religião, em função das crenças, ideias de Deus e de pertencimento que as religiões promovem no sujeito em desenvolvimento. Sua maior contribuição à Psicologia da Religião foi seu estudo sobre o desenvolvimento moral da criança, paralelo ao desenvolvimento da inteligência. Discípulo de Piaget, Kohlberg afirma que o processo de desenvolvimento moral é lento no indivíduo: é inicialmente pré-convencional e heterônimo, depois convencional e com autonomia moral relacionada ao sistema social, e por fim pós-convencional com a elaboração independente de princípios morais.[7]

Teorias da Psicologia Profunda ou Psicodinâmica e religião

As abordagens psicodinâmicas (ou ditas profundas) da Psicologia não se reduzem à Psicanálise Freudiana. A Psicanálise é um método de processos anímicos pouco acessíveis pela consciência (associação livre); é o estudo desses processos anímicos acessados por este meio, o tratamento de doenças nervosas e emocionais observadas por este tipo de meio de estudo; é uma compreensão filosófico-antropológica do ser humano. Enquanto método e teoria, afirma uma dimensão inconsciente na personalidade humana, fundamental à sua dinâmica, repleta de processos mentais inconscientes, como recalque, resistência, complexos e sexualidade.

Os estudos da Psicologia Profunda apresentam repercussões nos estudos da Psicologia da Religião, tanto pela pluralidade de autores e pensamentos que contêm, como pelo enfrentamento de preconceitos ao estudo da religião pelo enfoque psicológico. Os expoentes dessa abordagem com contribuições teóricas sistemáticas para a Psicologia da Religião são S. Freud, C. G. Jung, E. Fromm e E. Erikson, ainda que outros teóricos psicanalistas tenham realizado considerações importantes sobre a religião e o comportamento religioso.

De origem judaica, mas declarando-se ateu, Freud foi um eminente médico positivista que fundou a Psicanálise como método, teoria e tratamento psicológico. Formulou a hipótese de que há uma base inorgânica para as neuroses, buscando na hipnose remediar seus sintomas. Posteriormente, desenvolveu o método de livre associação de ideias, afirmando uma dimensão inconsciente na personalidade, estruturando o método como técnica terapêutica.

Escreveu muitos livros, indicando a análise do conteúdo simbólico dos sonhos como método de análise do inconsciente. Assinalou que a energia psíquica vital (libido) é uma pulsão inconsciente de conteúdo sexual que, em função da repressão social, só é reconhecida por meio de análise psicanalítica. Dedicou cinco de suas obras à análise da religião na vida e conduta humana. No seu grande interesse pelo tema, Freud elaborou e revistou posicionamentos sobre os aspectos subjetivos da religiosidade humana.

Compreendeu a religiosidade como uma fantasia de onipotência e um desejo de imortalidade e transcendência, considerando a religião como uma projeção de processos psicológicos. Em sua maturidade ideológica, dedicou-se a melhorar seu posicionamento e seu pensamento sobre a Psicologia da Religião. Associou a religião ao sentimento de culpa sexual e TOC, com origem coletiva nos tabus antissociais de agressão e morte (o que denomina herança arcaica). Afirma que, além do instinto sexual (pulsão de vida), há o instinto humano de agressividade (pulsão de morte), que se organizam em três instâncias da personalidade (Id, Ego, Superego). Entre 1914 e 1930, realizou considerações sobre a serventia e o destino da religião na sociedade moderna, afirmando que o indivíduo compensa a limitação que a vida impõe ao prazer através da ilusão de sentir-se querido (o que leva a humanidade à busca por um líder); assim, a religião assume três funções sociais (a) exorcizar os medos da natureza, (b) reconciliar o sujeito com a crueldade da vida (esperança) e (c) compensar as privações que a vida civilizada supõe. Nessa consideração, Freud acreditou que a religião só teria futuro enquanto a humanidade não fosse capaz de suportar com maturidade as dificuldades existenciais. Posteriormente, contudo, desconsiderou tais ideias, considerando-as pueris.

Após 1930, Freud reorganizou sua Psicologia da Religião. Com *O mal-estar da civilização*, o autor discute questões de culpa, felicidade e ética, encontrando um valor para a religião na vida humana. Assegura neste texto a existência de um "sentimento oceânico" na natureza humana, que se expressa culturalmente pela arte, literatura e também por meio da religião. Tal sentimento com força organizadora da vida seria um responsável pela restrição moral da religião aos comportamentos sexuais e agressivos, com a finalidade evolutiva de manutenção da espécie, por meio da redução do conflito interno no grupo humano, da minimização da violência e da coesão social. Nesse sentido, a moral e a religião seriam responsáveis pelo recalque das pulsões — origem de toda neurose humana —, mas indispensáveis para o desenvolvimento da civilização e da cultura, perpetuando a espécie. Ainda assim, afirma a religião como ilusão psicológica, sem, contudo, julgar a veracidade doutrinal de qualquer religião: para ele, as crenças são construídas na necessidade psicológica humana de negação da morte e de satisfação ao sentido existencial.[8]

Com pensamento analítico e circular, o médico psiquiatra Carl G. Jung foi discípulo dissidente de Freud, sobretudo pela ampliação do conceito de libido para energia vital não só sexual, bem como por correlacionar em suas pesquisas a Psicologia e os estados alterados de consciência, incorporando dados sobre símbolos e Antropologia Comparada em seus trabalhos.

Este autor elaborou uma perspectiva da dinâmica psicológica da personalidade a partir da análise dos conteúdos do inconsciente humano, pessoal e individual, bem como de cunho coletivo (imagens arquetípicas ou primordiais). Diferente de Freud, que afirmava ser o inconsciente humano uma instância de pulsões e emoções reprimidas por seu conteúdo agressivo ou sexual destoante dos valores sociais do grupo o qual o sujeito pertence, Jung afirmou que o inconsciente humano abrigava também conteúdos saudáveis e benéficos à vida. Para ele, o contato com o inconsciente coletivo amplia a consciência pessoal, levando o sujeito a desenvolver-se no que denominou *processo de individuação* — ou seja, tornar-se si mesmo. A neurose, nesta abordagem, não seria a repressão da sexualidade, mas a construção desarmônica desse processo de individuação.

Jung realizou valiosas investigações sobre religião e cultura, demonstrando grande interesse pelo comportamento religioso humano, transformação alquímica e simbologia no trato coletivo e seus reflexos pessoais para o sujeito. A princípio, reduziu a experiência religiosa a um fenômeno psíquico, buscando fidelidade à objetividade científica. Ainda assim, sempre observou a questão religiosa para além da doutrina, com suas nuanças para o comportamento pessoal na prática da vida real dos sujeitos. Assim, passou a afirmar a religiosidade como uma experiência fundamental numinosa, que põe o indivíduo em contato com o inconsciente coletivo — então, podendo favorecer o processo de saúde mental humana. Nesse sentido, diverge de Freud: não vê o fato religioso como infantil ou patológico, mas aponta a experiência religiosa como fator de fundamental importância para o processo de individuação humana.[9] Contudo, aceitar que Jung seja "amigo" da religião pode ser uma ingenuidade. Ao validar toda a realidade oriunda da psique, creditando por verdadeira toda experiência vivenciada particular e singularmente pelo sujeito, Jung pode reduzir "Deus" a uma experiência subjetiva pessoal, psicologizando a ideia de "Deus".[10] Nos seus últimos anos, respondendo a uma pergunta direta sobre sua crença pessoal em Deus, Jung responde que não crê em Deus, mas o "conhece" — o que leva a considerar que sua Psicologia vê na experiência religiosa uma experiência psicológica, possivelmente saudável e integradora da psique.

Teorias da Psicologia Humanista e religião

A segunda metade do século XX, marcada pelos horrores das duas grandes guerras na Europa, e herdeira da tradição psicodinâmica na Psicologia, é permeada por valores humanistas do idealismo filosófico. Neste contexto idealista é que se desenvolvem as abordagens da Psicologia Humanista a partir de psicólogos americanos preocupados com as questões de desenvolvimento humano, qualidade de vida, saúde e maturidade: Maslow, Golstein, Rogers, Fromm, Horney, Erikson. Entre eles, desenvolveram-se duas principais abordagens: a da Psicanálise Humanista-Culturalista e a da Psicologia Fenomenológico-Existencial.

Representante expoente da abordagem Psicológica Humanista, Maslow a apresenta como uma Psicologia da saúde, por sua compreensão de ser humano no prisma da criatividade, centrada na pessoa e em suas qualidades pessoais. Essencialmente, a abordagem humanista tinha como princípio o exercício da Psicologia centrada na pessoa e em sua experiência fenomenológica, o destaque daquilo que distingue o humano (criatividade, liberdade, avaliação e realização), o foco na objetividade na seleção de questões a serem trabalhadas visando à utilidade do trabalho analítico para a melhora da sociedade, intencionando o desenvolvimento da dignidade e do valor do ser humano.

Essas teorias buscam estudar a saúde psicológica, a experiência, a autorrealização, o potencial humano, vendo a natureza humana essencialmente biológica, sempre em desenvolvimento na sua relação com o mundo exterior. Observam uma dimensão profunda na personalidade, de potencial positivo, bem como o impulso humano à saúde e realização, considerando a saúde psíquica por critérios de aceitação, amor e respeito pelo núcleo essencial da pessoa.

Formado no Behaviorismo, mas com influências da Psicanálise e da Gestalt, Maslow desenvolveu suas teorias sobre motivação e personalidade, e sobre a autorrealização humana, observando a satisfação das necessidades (fisiológicas, segurança, pertença, estima e realização) como fundamental para o desenvolvimento humano saudável. Nessas teorias, o autor estudou a religião afirmando que os valores desenvolvidos por ela dão sentido à vida. Como os valores constituem o mais alto ponto na escala motivacional humana, e se autorreforçam à medida que são realizados, as religiões poderiam funcionar como instituições sociais promotoras de bem-estar e felicidade humana. Para ele, a religiosidade é o conjunto de experiências culminantes de humanidade que levam ao crescimento, dão sentido à vida e promovem a plenitude da condição humana.

Outro proeminente teórico da Psicologia Humanista que se dedicou à investigação da religiosidade e o comportamento religioso foi G. W. Allport. Interessado em ética e nas teorias da personalidade, considerava o objeto de seu estudo o homem em si mesmo, em sua complexidade, singularidade e potencial de transformação, tipificando os aspectos do comportamento humano em adaptativo (aquilo que faz) ou expressivo (aquilo que comunica no que faz). Para Allport, o ser humano expressa o que é em tudo o que faz, e a diferenciação não se dá na personalidade, mas no seu direcionamento: a singularidade emerge da dinâmica e direcionamento desses aspectos na interação social da pessoa. Interessado pela motivação que determina essas diferenças de processos na personalidade, voltou-se ao estudo da religião e religiosidade, estudando a incidência do sentimento religioso e o significado da religião na existência humana. Concluiu que a experiência religiosa é variável entre os indivíduos, podendo ser madura e saudável, bem como imatura, dependente e alienada, conforme o tipo de religiosidade que o sujeito apresenta: intrínseca ou extrínseca.[11]

No âmbito da Psicanálise Humanista, E. Fromm preocupou-se com a natureza humana numa perspectiva filosófica, realizando análises que correlacionaram sociedade e modernidade, questionando e refletindo a liberdade humana. Afirmou a singularidade humana em relação aos demais seres por ter consciência de sua própria existência, o que leva o ser humano imediatamente a uma condição transcendente à criação da qual faz parte. Essa condição, para Fromm, desencadeia necessidades específicas humanas, como o amor, a fecundidade, a segurança, a identidade e o sentido existencial: nas relações humanas e na tensão existencial, a religião encontra lugar de resposta ao sentido último da vida. Assim, ele acredita que o ser humano não pode viver sem uma fé para suportar as contradições da sua natureza — fé que pode tender à racionalidade, desenvolvendo confiança básica em si mesmo no indivíduo, com aprimoramento intelectual e afetivo; ou fé irracional, que tende à insegurança e submissão do sujeito aos dogmas e às instituições religiosas.

Por fim, E. Erikson foi outro psicanalista humanista de grande importância para a Psicologia que analisou o fenômeno religioso. Seu interesse em compreender a dinâmica da adolescência e em produzir biografias de figuras religiosas significativas contribuiu para a construção de sua perspectiva de que a vida é um processo dinâmico. Assim, afirmou que o desenvolvimento humano não se restringe à infância e à adolescência, mas abrange a totalidade da existência humana, de modo sistêmico e análogo ao desenvolvimento fetal, acrescido das influências dos fatores sociais com os quais a pessoa está envolvida. Explica que a tensão do desenvolvimento resulta no caráter do indivíduo nos diferentes períodos da vida humana, produzindo com os conflitos superados as virtudes de esperança, força, propósito, capacidade, fidelidade, amor, cuidado e sabedoria. Desse modo, para Erickson, a fé pode ser vulnerável às patologias, mas, quando saudável, leva a pessoa ao amadurecimento.

Considerações finais

Observamos que os principais teóricos da Psicologia, da sua formação enquanto ciência aos nossos tempos, encontraram interesse na investigação da religião enquanto comportamento humano, considerando a experiência religiosa como detentora de aspectos psicológicos básicos para a compreensão humana individual e social.

Nesse sentido, a observação do fato religioso pela objetividade psicológica é insuficiente para o esgotamento da compreensão do fenômeno em sua totalidade. Desse modo, seja nas abordagens comportamentais/cognitivistas, seja nas abordagens psicodinâmicas profundas ou humanistas, o interesse das teorias clássicas da Psicologia sobre a religião e o fato religioso é a vivência deles e sua expressão: a religiosidade.

A Filosofia não só antecede a Psicologia enquanto abordagem científica, como também lhe é fornecedora de teorias ideológicas sobre o fato e o fenômeno religioso. Assim, autores como Edwards, Schleiermacher, Hume e Kierkegaard se dedicaram a esse objeto antecipadamente, oferecendo à Psicologia um dado observado: há elementos emocionais, afetivos e cognitivos presentes na vivência religiosa.

O fundador da Psicologia enquanto campo científico, Wundt, aproxima-se da religiosidade como objeto, definindo-a essencialmente como comportamento emocional — talvez dada a dificuldade de aproximação com as ferramentas de pesquisa próprias da Psicologia comportamental em sua época, limitadas aos aspectos objetivos do comportamento humano, dificilmente podendo analisar os comportamentos subjetivos e complexos que a religião envolve.

Da escola francesa, Flournoy, especialmente dedicado às experiências anômalas de consciência durante as experiências religiosas, e seus colegas associaram comportamentos religiosos a psicopatologias, como depressão e expressões psicossomáticas. Mas também foram capazes de observar a relevância da experiência religiosa para a adaptação do sujeito e para a organização social.

A Psicologia da Religião em si, porém, surge com James e Starbuck, no fim do século XIX. Enquanto Starbuck estuda os aspectos cognitivos e intelectuais da religião, James evidencia o sentimento religioso como singularidade psíquica pessoal, fenômeno real que possibilita a emancipação humana quando desenvolvido de modo saudável.

Seus discípulos Hall, Leuba e Clark foram psicólogos da religião que contribuíram para a compreensão da religião nos processos humanos evolutivos, bem como para a análise fisiológica das experiências religiosas e sua comparação com o uso de drogas psicotrópicas. Além disso, apontaram para o entendimento da possibilidade de as experiências religiosas variarem da experiência autêntica e interior, passando pela obrigação suportada e sem inspiração, até a vivência convencional de rotina religiosa sem nenhum envolvimento pessoal do sujeito. Nessa linha, Glock aponta diferentes dimensões na experiência religiosa: direta da realidade religiosa, ideológica, ritualista, intelectual e consequencial/moral.

A religião, contudo, foi objeto de estudo de outros importantes teóricos da Psicologia: Watson, Girgensohn, Piaget, Freud, Jung, Maslow, Erikson, Fromm. Do Behaviorismo, com um modo mais restrito a pesquisas quantitativas de dados não significados qualitativamente, às considerações teóricas consistentes e distintas entre si desenvolvidas pelas abordagens psicodinâmicas e humanista, o tema da religiosidade humana foi estudado, investigado e desenvolvido como importante para a compreensão da dinâmica psicológica humana, para a relação inter e intrapessoal do sujeito, bem como para o desenvolvimento cognitivo e psicológico durante a vida.

Sendo assim, a Psicologia Científica da Religião orienta-se pelos critérios de neutralidade, benevolência e juízo psicológico de verdade, numa posição crítica de análise do comportamento religioso investigado. É necessária ao investigador desse objeto a consideração da pluralidade de termos, literatura e abordagens da Psicologia, a fim de encontrar precisão na definição dos conceitos e prismas distintos em cada abordagem.

Referências bibliográficas

ABBAGNANO, N. *Dicionário de Filosofia*. São Paulo: Martins Fontes, 2000.

ALLPORT, G. *The individual and his religion*. Chicago: Chicago University Press, 1950.

AMARAL, M. J. C. A natureza religiosa da religião e a natureza psicológica da psique: a Psicologia profunda aponta para essa afinidade. *Último Andar*, São Paulo, ano 8, n. 12 (2005).

ARAÚJO, S. de F. Uma visão panorâmica da Psicologia Científica de Wilhelm Wundt. *Sci. stud.*, São Paulo, v. 7, n. 2 (junho 2009). Disponível em: <http://www.scielo.br/scielo.php?script= sci_arttext&pid=S1678-31662009000 200003&lng=en&nrm=iso>. acesso em: 11 de novembro de 2012. http://dx.doi.org/10.1590/S1678-31662009000200003.

ÁVILA, A. *Para conhecer a Psicologia da Religião*. São Paulo: Loyola, 2007.

AZEVEDO, A. C. M. *A vivência religiosa como processo de transformação pessoal* (Monografia). São Paulo: Pontifícia Universidade Católica, 2006.

BONAVENTURE, L. *Psicologia e vida mística*. Petrópolis: Vozes, 1975.

CROATTO, J. S. *As linguagens da experiência religiosa*; uma introdução à Fenomenologia da Religião. São Paulo: Paulinas, 2001.

D' AQUILI, E. G.; NEWBERG, A. B. *The mystical mind*; probing the biology of religious experience. Minneapolis: Fortress Press, 1999.

FILORAMO, G.; PRANDI, C. *As ciências das religiões*. São Paulo: Paulus, 1999.

GOMES, A. M. A. As representações sociais e o estudo do fenômeno do campo religioso. *Ciências da Religião, História e Sociedade*, São Paulo, ano 2, n. 2 (2004).

HAMILTON, M. B. *The Sociology of Religion*; theoretical and comparative perspectives. London/New York: Routledge, 1999.

JAMES, W. *The varieties of religious experience*. Cambridge: Harvard University Press, 1985.

JOHNSON, O. A. *The Mind of David Hume*. Urbana/Chicago: University of Illinois Press, 1995.

JUNG, G. *Psicologia e religião*. 6. ed. Petrópolis: Vozes, 1987.

LEE, S. H.; SMITH, J. E. *The Princeton Companion to Jonathan Edwards*. Princeton, NJ: Princeton University Press, 2005.

MARDONES, J. M. *Adonde va la religión?* Cristianismo y religión en nuestro tiempo. Santander: Editorial Sal Terrae, 1996.

MASLOW, A. H. *Toward a Psychlogy of Being*. New York: D. van Strand, 1968.

MASSIMI, M.; MAHFOUD, M. (orgs.). *Diante do mistério*; Psicologia e senso religioso. São Paulo: Loyola, 1999.

MENDONÇA, A. G. Ciências da Religião: do que mesmo estamos falando? *Ciências da Religião — História e Sociedade*, São Paulo, ano 2, n. 2 (2004).

NEVILLE, R. C. (ed.). *Religious truth*; a volume in the comparative religion ideas project. Albany: Suny Press, 2001.

OLIVEIRA, M. H. D. *Ciência e pesquisa em Psicologia*. São Paulo: EPU, 1984.

PAIVA, G. J. Psicologias da Religião na Europa. *Arquivos Brasileiros de Psicologia*, Rio de Janeiro, v. 42 (1990), pp. 88-99.

_____. *A religião dos cientistas*; uma leitura psicológica. São Paulo: Loyola, 2000.

_____. Perder e recuperar a alma: tendências recentes na Psicologia da Religião norte--americana e europeia. *Psicologia: Teoria e Pesquisa*, São Paulo, v. 18, n. 2 (maio/ago. 2002), pp. 173-178.

_____. Espiritualidade na Psicologia e Psicologia na espiritualidade. *Magis Cadernos de Fé e Cultura*, Rio de Janeiro, v. 47 (2005), pp. 9-20.

_____. Religião, enfrentamento e cura: perspectivas psicológicas. *Estudos de Psicologia*, Campinas, v. 24 (2007), pp. 99-104.

_____. Psicologia Cognitiva e religião. *Rever – Revista de Estudos da Religião*, São Paulo, v. 7 (2007), pp. 183-191.

_____. Algumas relações entre Psicologia e religião. *Psicol. USP*, São Paulo, v. 1, n. 1 (jun. 1990). Disponível em: <http://www.revistasusp.sibi.usp.br/scielo.php?script=sci_arttext&pid=S1678-51771990000100004&lng=pt&nrm=iso>. acesso em: 11 de novembro de 2012.

PAIVA, G. J.; ZANGARI, W.; VERDADE, M. M.; PAULA, J. R. M.; FARIA, D. G. R. de; FONTES, F. C. C.; GOMES, D.; RODRIGUES-CÂMARA, C. C.; TROVATO, M. L.; GOMES, A. M. A. Psicologia da Religião no Brasil: a produção em periódicos e livros. *Psicologia: Teoria e Pesquisa* (UnB. Impresso), v. 25 (2009), pp. 441-446.

PALMER, M. *Freud e Jung*; sobre a religião. São Paulo: Loyola, 2001.

PEREIRA, J. *A fé como fenômeno psicológico*. São Paulo: Escrituras, 2003.

QUEIROZ, J. J. A crise dos grandes relatos e a religião. In: BRITO, E. J. da C.; GORGULHO, G. *Religião ano 2000*. São Paulo: PUC/CRE/Loyola, 1998.

_____. Deus e crenças religiosas no discurso filosófico pós-moderno: linguagem e religião. *Revista de Estudos da Religião*, São Paulo, n. 2 (2006), pp. 1-23.

RODRIGUES-CÂMARA, C. C. Psicologia da Religião na investigação científica da atualidade. *Ciências da Religião* (Mackenzie on-line), v. 6 (2008), pp. 36-71.

_____. Moral, ética e a sexualidade feminina no Catolicismo contemporâneo: tradição, conflitos e reflexões. In: *I Congresso Inter-*

nacional de Ética e Cidadania. São Paulo. Anais do I Congresso de Ética e Cidadania, 2005.

SANCHIS, P. O campo religioso será ainda hoje o campo das religiões? In: HOORNAERT, E. *A história da Igreja na América latina e no Caribe*; 1945-1995 — o debate metodológico. Petrópolis: Vozes, 1997.

VALLE, E. *Psicologia e experiência religiosa*. São Paulo: Loyola, 1998a.

_____. Medo e esperança: uma leitura psicossociológica do milenarismo brasileiro. *Espaços*, São Paulo, n. 2, v. 6 (1998b), pp. 109-121.

_____. Sexualidade humana e experiências religiosas. *Estudos de Religião*, São Bernardo do Campo, v. 30 (2006), pp. 66-84.

VERGOTE, A. Le regard psychologique sur les faits religieux. In: JONCHERAY, L. *Approches scientifiques des faits religieux*. Paris: Beauchesne, 1997a.

_____. What the Psychology of Religion is and what it is not. *The International Journal for the Psychology of Religion*, v. 3 (1993), pp. 73-86.

VERGOTE, A.; GISEL, P.; TÉTAZ, J. M. (eds.). *Théories de la religion*. Lausanne: Labor et Fides, 2002.

_____. Psychology of Religion as the study of the conflict between belief and unbelief. In: BROWN, L. B. (org.). *Advances in the psychology of religion*. Louvain: Pergamon Press, 1985.

Notas

[1] Valle, *Psicologia e experiência religiosa*.

[2] Ibid.

[3] Lee; Smith, *The Princeton Companion to Jonathan Edwards*.

[4] Ávila, *Para conhecer a Psicologia da Religião*.

[5] Citado por Ávila, *Para conhecer a Psicologia da Religião*.

[6] Ibid.

[7] Ibid.

[8] Palmer, *Freud e Jung*.

[9] Ávila, *Para conhecer a Psicologia da Religião*.

[10] Palmer, *Freud e Jung*.

[11] Ávila, *Para conhecer a Psicologia da Religião*; *Psicologia e experiência religiosa*.

Teorias contemporâneas da Psicologia da Religião

GERALDO JOSÉ DE PAIVA

Teoria em Psicologia da Religião

Duas grandes posições se observam com respeito às teorias em Psicologia da Religião.[1] A primeira sustenta que a Psicologia da Religião é, fundamentalmente, Psicologia e, por isso, depende das teorias que, em um dado momento, vigem na extensa área dessa disciplina. O ideal, nessa concepção, é que a Psicologia da Religião se alinhe à linha-mestra (*mainstream*) da Psicologia.

A segunda posição destaca a natureza do objeto peculiar da Psicologia da Religião, a saber, a religião ou, mais propriamente, o comportamento religioso, isto é, o comportamento intencionado para o objeto religioso. O objeto religioso, com efeito, historicamente identificado em geral com o Deus proposto pelo Cristianismo ou com a divindade de outras religiões, de tal modo supera os objetos da experiência imanente do ser humano que excita o potencial humano ao extremo de seus recursos. O conhecimento, o afeto, a predisposição para a ação teriam um refinamento, uma intensidade e uma prontidão tais que outras atitudes humanas não lhes seriam comparáveis. Uma teoria da Psicologia da Religião seria, pois, distinta, se não em natureza ao menos em grau, das teorias psicológicas correntes. Se não uma teoria teológica, no sentido habitual, seria uma teoria próxima à Teologia natural, celebrada nas Conferências de Edimburgo.

Nessa questão mesclam-se considerações de ordem epistemológica. Certamente, é desejo de alguns psicólogos da religião atingir o próprio objeto religioso, para o qual tende o comportamento estudado. Sabe-se, sem dúvida, que a ciência tem como objeto a realidade intramundana. Mas que dizer da realidade humana direcionada para o divino e, mais especificamente, da realidade humana da fé, que põe a pessoa em contato com o próprio Deus e não com uma representação dele? Não por acaso, psicólogos da religião, indagados sobre como recomeçariam seus estudos, afirmam que a Psicologia da Religião, ao menos no contexto cristão, só teria sentido se supusesse a realidade objetiva de Deus no comportamento religioso.[2] Note-se que não está aqui em jogo a opção entre Psicologia Religiosa e Psicologia da Religião. Também a Psicologia dita "religiosa" (adjetivo usado na França) pode abster-se da afirmação ou negação do transcendente. Em ambas as designações persiste a questão de se o estudioso que crê e, com isso, atinge o transcendente, encontra sentido em sua atividade se tiver de colocar entre parênteses precisamente a existência do objeto a que tende o comportamento que estuda.

Pessoalmente, apoio a primeira das posições. A qualidade do comportamento religioso, excepcional em sua intelecção e intensidade, não se impõe, com efeito, na costumeira relação religiosa do dia a dia e em muitas formas de religiosidade que não se destacam pelo engenho ou pela densidade. Além disso, nunca se demonstrou que a natureza de qualquer pensamento, sentimento ou emoção de índole religiosa fosse diversa da natureza de qualquer cognição ou afeto. Finalmente, a reflexão epistemológica leva a distinguir entre ciência e religião, reconhecendo nesta o salto para o divino, e naquela a circunscrição ao humano. Embora em algum sentido se possa atribuir o mesmo nome de "ciência" à Teologia e às ciências profanas, suas bases epistemológicas vedam uma completa coincidência de sentido da palavra.

Isto posto, passemos às teorias contemporâneas da Psicologia da Religião. Não creio necessário apresentá-las em seus pormenores e em seus desdobramentos, pois trata-se de teorias em curso no âmbito da Psicologia. Com os delineamentos imprescindíveis, procurarei fazer a conexão delas com alguns temas específicos da Psicologia da Religião.

Teorias contemporâneas da Psicologia da Religião

Ainda aqui uma observação prévia é conveniente. Como não existe uma única teoria da religião, tampouco existe uma única teoria psicológica da religião. Existem várias teorias de uma e de outra. Essas teorias contemplam aspectos da realidade que observam, e não sua totalidade. Com razão, portanto, fala-se de teorias contemporâneas no plural. Em virtude da opção pelo entendimento da Psicologia da Religião como, antes de tudo, Psicologia, aponto algumas teorias psicológicas mais recentemente aduzidas ao estudo do comportamento religioso.

Sete teorias, provavelmente de nível médio, parecem destacar-se no panorama contemporâneo da Psicologia da Religião. No âmbito do consciente, a Psicologia Narrativa, a teoria da atribuição de causalidade, a teoria das representações sociais, a teoria do apego (*attachment*), a teoria cultural e a teoria evolucionária ou evolutiva; no âmbito do inconsciente, a teoria das relações objetais, na versão winnicottiana. Caracterizo essas teorias como de nível médio porque não abrangem nem a totalidade dos comportamentos estudados, nem apenas uma parcela mínima deles. Certamente, outros estudiosos realçarão outras teorias, mas estas me parecem presentes em grande parte das pesquisas contemporâneas. Como são todas teorias de nível médio, todas elas podem complementar-se com alguma teoria da outra vertente.

A Psicologia Narrativa[3] entende a vida psíquica como uma construção e reconstrução dos episódios vividos dentro de uma trama, em geral com começo, meio e fim. O sentido, que a maioria das pessoas procura para seu passado, para o presente e para o seu futuro encontra-se, na perspectiva dessa Psicologia, muito mais no encadeamento de suas experiências do que numa relação de resposta a estímulos ou na expressão de impulsos em conflito. A narração supõe, o mais das vezes, um ouvinte. Esse ouvinte é, em primeiro lugar, o próprio narrador, que se escuta e dialoga consigo em busca de um entendimento cada vez melhor do sentido de sua vida. Recentemente esse diálogo que se segue à narração e à escuta assumiu uma modalidade distinta, rotulada de "*self* dialógico",[4] que ressalta a multiplicidade de vozes dentro da mesma pessoa, que, por isso mesmo, terá mais de ouvir-se do que se fazer ouvida por outrem. A Psicologia Narrativa corresponde à grande tradição oral e escrita da humanidade que, até onde vai a memória, vem articulando sob forma de narração, de épica a trivial, as vicissitudes humanas ligadas às vicissitudes do mundo. Na Psicologia da Religião, em particular, considero como fazendo parte da Psicologia Narrativa a proposta que faz Hjalmar Sundén, da Universidade de Uppsala, na Suécia, para o entendimento psicológico da experiência religiosa (veja Sundén e Unger, úteis como exposição[5] e consulte-se também o número especial do *Journal for the Scientific Study of Religion* do ano de 1987). Segundo Sundén, a experiência religiosa pode ser entendida principalmente com os conceitos psicológicos de quadro de referência perceptual e de papel. O papel pode ser distinguido em papel assumido e papel adotado. O papel assumido é o que o agente desempenha; o papel adotado é o papel do outro, em relação ao qual o agente assume seu próprio papel. Uma vez que a experiência religiosa percebe como objeto o divino, sua primeira condição é a que contextualiza o dado que entra no processo de percepção. Esse dado pode ser uma palavra, falada ou escrita, uma pessoa, um local, uma paisagem, o próprio silêncio. Como em qualquer processo perceptivo, o estímulo sensorial só se torna percepto se passar por condições mediadoras, tanto físicas como psicológicas.[6] Uma dessas condições mediadoras psicológicas é o quadro de referência, isto é, o conjunto de informações armazenadas na memória, apto a acolher a estimulação sensorial, que passa, de peça isolada, a integrante de um padrão reconhecido. As várias tradições religiosas apresentam-se sob

a forma de narrativas em que as personagens divinas e humanas agem e interagem, de acordo com suas características pessoais, mas também segundo a variedade das situações interpessoais e sociais, isto é, desempenhando papéis. A interação social pode ser representada como um jogo de papéis, no qual cada participante *assume* seu papel e *adota* o papel do outro (Sundén, na tradução alemã, fala de *Rollenübernahme* e de *Rollenaufnahme*, traduzidos em inglês, por Unger, respectivamente por *role-taking* e *role-adopting*). No campo religioso, tipicamente, Deus assume o papel de Deus, o homem assume o papel do homem que interage com Deus, e adota o papel de Deus, enquanto concebe que Deus agirá com ele da mesma forma como, na narrativa, agiu com o homem. Cada tradição religiosa tem seu próprio registro, oral ou escrito, dos papéis divinos e humanos. Se a pessoa foi introduzida nesse registro, mediante a aprendizagem dos mitos e dos símbolos, e daí o lugar central da linguagem e da aprendizagem social, ele constituirá um quadro de referência, dando um sentido religioso ao percepto formado a partir do impacto dos estímulos sensoriais. Uma vez que o percepto se dá como imediato (a análise das condições mediadoras ocorre no âmbito da metapercepção), o objeto religioso é apreendido sem intermediação perceptual, como uma experiência religiosa propriamente dita. Com essa análise, Sundén demonstra que tanto as formas extraordinárias como as mais cotidianas da percepção religiosa podem ser denominadas de experiência religiosa. Um exemplo do próprio Sundén ajudará a compreender sua posição. Trata-se do que aconteceu com James Nayler, um quaker inglês do século XVII: "Nayler voltara das batalhas do exército revolucionário, nas quais tinha participado por razões religiosas. De volta à casa, estava profundamente desapontado com os resultados da vitória. Em 1652, enquanto sozinho no campo, durante a semeadura do centeio, passou por um acontecimento raro: 'Eu estava seguindo o arado e pensando em coisas que dizem respeito a Deus. Percebi, então, de repente uma voz: Separa-te [...] de toda a tua parentela e da casa de teu pai. E naquele tempo foi-me feita uma promessa. Eu me rejubilei além da medida de que me tivesse sido dado ouvir a voz de Deus, com a qual eu estava familiarizado desde a infância, mas que nunca tinha percebido".[7] Essa era uma imediata inspiração religiosa. E, contudo, foi a um texto bíblico que a voz deu fala, embora fosse tirado da história de Abraão e transportado para a história do próprio Nayler. Na linguagem da Psicologia moderna, o incidente pode ser chamado de uma assunção de papel e de uma adoção de papel. Assim, há invariavelmente alguma coisa a mais do que a mera reação ao comportamento de outrem. Nayler identifica-se com Abraão, abandona a casa, a mulher e os filhos, mas ao mesmo tempo adota o papel de Deus, como um "Outro" ativo e agente em tudo o que lhe acontece. As identificações mudam, contudo: no momento de deixar a casa, pode-se imaginar, ele se identifica com um dos Setenta e Dois, quando viaja sem um centavo e sem nenhum utensílio e equipamento. Quando lida com as autoridades e as multidões tumultuadas, suas identificações são com os profetas e os apóstolos. Mas porque a Bíblia lhe dá, em cada caso, a oportunidade de antecipar a maneira como Deus vai agir, e porque o que de fato acontece corresponde a suas antecipações, ele se torna completamente seguro de que seu parceiro é de fato um "Outro Vivo", o Deus da Bíblia, que lida com os homens. Para Nayler, esse Deus é uma realidade de experiência.[8] Comentando esse mesmo caso, escreve van der Lans: "Por meio do conhecimento da Bíblia, Nayler era capaz de antecipar a ação de Deus em toda situação, e porque a realidade percebida confirmava sua expectativa, ele estava inteiramente convencido de que o Deus da Bíblia era, realmente, seu parceiro de papel",[9] da Universidade de

Nijmegen, percebe a importância crucial do quadro de referência para a construção de uma narrativa religiosa. Pergunta-se, então, como é possível deslocar o quadro de referência profano, continuamente confirmado na interação social da vida cotidiana, e induzir um quadro de referência religioso. Nota que não é suficiente reavivar os esquemas religiosos da memória, mas é necessário inibir o quadro de referência predominante. Recorda, então, que as drogas psicoativas e o estresse emocional são capazes de desintegrar os padrões cognitivos habituais. Lembra também que outra situação de ocorrência de perturbações perceptuais e cognitivas é a privação ou o excesso de estimulação sensorial. Inadequado para dar conta das estimulações recebidas, o esquema profano pode ceder o passo ao esquema religioso, que ensejará uma experiência religiosa. Van der Lans ressalva, com ênfase, que a experiência religiosa pode, no entanto, acontecer sem o uso de técnicas artificiais: "Gostaria de sugerir que uma das características da religião madura e autêntica é que a pessoa é capaz de mudar voluntariamente de um quadro de referência profano para um quadro de referência religioso"[10] e com isso construir uma narrativa religiosa de sua vida.

A teoria da atribuição de causalidade, saudada por Moscovici[11] como uma das poucas teorias com futuro na Psicologia (desde que se abra para a dimensão social), lida principalmente com uma especial forma de unidade cognitiva,[12] a saber, a que estabelece unidade entre os disparatados fenômenos da percepção, graças à relação de causa e efeito. Os acontecimentos físicos e humanos, com efeito, ocorrem numa profusão tal que, não fosse a espécie dotada de filtros perceptivos, o mundo humano e físico seria vivido como um caos. Heider,[13] estudioso pioneiro da Psicologia da vida cotidiana, destacou a atribuição de causalidade como um dos recursos psicológicos de ordenação do mundo da experiência. Distinguindo entre causalidade pessoal e impessoal, aquela dotada de intencionalidade, que visa a um objetivo e dispõe os meios para atingi-lo, e está carente dela, Heider abriu caminho para o entendimento do mundo físico e do mundo pessoal. Particularmente nas relações interpessoais, perceber um dado da percepção como proveniente de uma pessoa enseja uma série quase interminável de comportamentos do percebedor. Este, com efeito, não se contenta em reconhecer uma pessoa como origem do evento, mas procura sua motivação, seu desígnio, manifesto ou oculto, seus meios para corresponder-lhe ou para se lhe contrapor. A causalidade pessoal exerce sobre o percebedor um impacto tal que, ao contrário da procura pela causa última impessoal, nela se extingue a busca pelas causas, uma vez que é concebida como dotada de intencionalidade, isto é, senhora da ação que produziu o fenômeno observado. Desdobramentos da teoria da atribuição se ocuparam com encontrar os critérios de certeza que a embasam, e as variáveis, inclusive de ordem emocional, que modulam o interesse do percebedor em realizar uma atribuição. Aproximações fundamentais foram realizadas com outros conceitos psicológicos, como o de *locus* de controle e o de enfrentamento (*coping*). As distinções, que aos poucos foram sendo estabelecidas no *locus* de controle, entre controle externo e controle interno (Rotter[14]), e, no controle externo, entre outros poderosos e Deus (Kopplin[15]), e a importância que se reconheceu, na estratégia do enfrentamento, à origem do fator estressante, contribuíram para refinar as análises de Heider. Embora o foco da análise atributiva tenha sido os processos psicológicos do indivíduo, a teoria facilmente se expande para processos psicossociais, uma vez que as características do agente e do dado observado resultam, o mais das vezes, da interação social e da cultura. Não é, pois, de admirar se a teoria da atribuição tenha passado a integrar a Psicologia da Religião. Referir-se a Deus como a causa pessoal primeira do que acontece aos seres humanos é típico da pessoa religiosa. Esse comportamento se manifesta com frequência em um dos atos religiosos por excelência, a saber, a oração, em particular a oração de ação de graças e a de petição. Ao contrário, negar toda e qualquer relação causal com Deus é expressão da pessoa não religiosa. A integração da teoria da atribuição com a Psicologia da Religião ocorreu em trabalho de Proudfoot e Shaver[16] e, principalmente, na proposta de Spilka, Shaver e Kirkpatrick,[17] publicados no *Journal for the Scientific Study of Religion.*[18]

Enquanto os primeiros falavam de uma relação entre atribuição e Psicologia da Religião, os segundos apresentaram formalmente uma teoria geral da atribuição para a Psicologia da Religião, com axiomas, corolários e derivações, relacionados com a busca de explicação, o controle dos acontecimentos e a manutenção da autoestima. Os seis axiomas detalham, do geral para o particular, os grandes princípios da teoria da atribuição e sua aplicação à Psicologia da Religião. Como estão bem formulados de forma concisa pelos autores, julgo suficiente apresentar, quase literalmente, os axiomas, corolários e derivações. O Axioma 1 declara: "As pessoas procuram explicar as experiências e os acontecimentos atribuindo-os a causas, isto é, fazendo atribuições de causalidade".[19] O primeiro Corolário reza: "Muitas vezes, um acontecimento ou uma experiência tem muitas causas possíveis e talvez compatíveis: nesse caso, a tarefa do atribuidor é escolher entre elas ou ordená-las, em termos da relativa importância ou do impacto causal". O segundo Corolário diz: "Nos casos em que o presumido agente causal é um ator humano ou assemelhado, as atribuições são frequentemente feitas a algum traço ou característica duradouros do ator". O terceiro Corolário completa: "Nos casos em que o presumido agente causal é um ator, as atribuições são frequentemente feitas às razões ou intenções do ator". O Axioma 2 enuncia: "O processo de atribuição é motivado (1) por uma necessidade ou desejo de perceber os acontecimentos do mundo como dotados de sentido; (2) por uma necessidade ou desejo de predizer e/ou controlar os acontecimentos, e (3) por uma necessidade ou desejo de proteger, manter e fortalecer o autoconceito e a autoestima".[20] Desse Axioma seguem-se três Corolários: "a atividade atributiva consiste, em parte, na tentativa da pessoa de entender os acontecimentos e de interpretá-los em termos de algum grande sistema de sentido"; "a atividade atributiva consiste em parte na tentativa da pessoa de manter um controle efetivo dos acontecimentos e das experiências, a fim de aumentar a probabilidade de resultados positivos e de evitar resultados negativos"; "a atividade atributiva consiste, em parte, na tentativa da pessoa de manter a segurança pessoal e um autoconceito positivo". A seguir, os autores respondem à questão de quando as pessoas fazem atribuições. Três axiomas encaminham a resposta. O Axioma 3 reza: "Os processos atributivos têm início quando ocorrem acontecimentos que (1) não podem ser prontamente assimilados ao sistema de sentido da pessoa, (2) têm implicações na possibilidade de controle de resultados futuros e/ou (3) alteram em medida significativa a autoestima, positiva ou negativamente".[21] O Axioma 4 diz: "Uma vez começados os processos de atribuição, as atribuições particulares escolhidas dentre as alternativas disponíveis serão aquelas que melhor (1) restauram a coerência cognitiva dos sistema de sentido do atribuidor, (2) estabelecem um senso de confiança de que os resultados futuros serão satisfatoriamente controláveis e/ou (3) minimizam as ameaças à autoestima e maximizam a capacidade de autofortalecimento".[22] O Axioma 5 afirma que "o grau em que uma atribuição potencial será percebida como satisfatória (e daí,

muito provavelmente, escolhida) irá variar como função de (1) características do atribuidor, (2) contexto no qual é feita a atribuição, (3) características do acontecimento a ser explicado, e (4) contexto do acontecimento a explicar".[23] Apresentados os axiomas relativos à teoria da atribuição, segue o axioma específico à teoria no tocante à religião. O Axioma 6 diz: "Os sistemas de conceitos religiosos oferecem às pessoas uma variedade de explicações dos acontecimentos reforçadoras de sentido — em termos de Deus, pecado, salvação etc. —, bem como uma gama de conceitos e procedimentos para fortalecer os sentimentos de controle e de autoestima (por exemplo, fé pessoal, oração, rituais etc.)".[24] Desse Axioma seguem-se os seguintes Corolários: "Os sistemas de conceitos religiosos fornecem às pessoas um sistema de sentido abrangente e integrado, bem preparado para acomodar e explicar os acontecimentos no mundo"; "os sistemas de conceitos religiosos satisfazem à necessidade ou desejo da pessoa de predizer e controlar os acontecimentos, seja por meio de mecanismos que influenciam diretamente os resultados futuros (forma extrínseca), seja por meio de suspensão ou abandono da necessidade de controle direto (forma intrínseca)"; "os sistemas de conceitos religiosos oferecem à pessoa uma variedade de meios para a manutenção e o fortalecimento da autoestima, incluindo uma consideração positiva incondicional, uma consideração positiva condicional e oportunidades para crescimento e desenvolvimento espirituais". A seguir, os autores apresentam os determinantes de atribuições religiosas e não religiosas. Distinguem, para tanto, as características do atribuidor, o contexto do atribuidor, as características do acontecimento e o contexto do acontecimento, e propõem algumas derivações dos axiomas e corolários já apresentados. A Derivação relativa às características do atribuidor tem esta formulação:

A probabilidade de escolha de uma atribuição religiosa de preferência a uma não religiosa para uma particular experiência ou acontecimento é determinada em parte pelas características disposicionais do atribuidor, tais como (1) a relativa acessibilidade à pessoa de sistemas de sentido religiosos e naturalistas, (2) crenças a respeito da eficácia relativa dos mecanismos religiosos e naturalistas para o controle dos acontecimentos, e (3) a relativa importância das fontes religiosas e naturalistas para a autoestima.

A Derivação relativa ao contexto do atribuidor diz:

O contexto do atribuidor influencia a relativa probabilidade de uma atribuição religiosa de preferência a uma não religiosa, alterando (1) a relativa disponibilidade dos dois sistemas de sentido, (2) a percepção do atribuidor da eficácia dos mecanismos de controle religiosos *versus* naturalistas e/ou (3) a relativa saliência dessas fontes competitivas de autoestima.

A Derivação relativa às características do acontecimento reza:

As características dos acontecimentos que influenciam a escolha entre atribuições religiosas e não religiosas incluem (1) o grau em que o acontecimento a explicar é congruente com os sistemas de sentido da pessoa, (2) o grau em que os mecanismos religiosos e naturalistas de controle de acontecimentos similares são vistos como efetivos, e (3) o grau em que as explicações religiosas e naturalistas representam fontes potenciais de autoestima. Finalmente, a Derivação a respeito do contexto do evento é formulada: o contexto no qual ocorre um acontecimento a ser explicado influencia a probabilidade de atribuições religiosas *versus* atribuições naturalistas enquanto (1) afeta a relativa plausibilidade e/ou disponibilidade das várias explicações, (2) fornece

informação acerca da eficácia dos vários mecanismos para o controle potencial de acontecimentos similares, ou (3) influencia o grau em que o acontecimento tem impacto na autoestima do atribuidor.

A teoria das representações sociais, proposta por Serge Moscovici,[25] visa entender os valores, ideias e práticas que orientam as pessoas em seu mundo material e social, e lhes possibilitam controlar esse mundo e comunicar-se umas com as outras, por meio de um código de nomeação e classificação dos vários aspectos desse mundo, e de sua própria história individual e grupal. É, pois, uma teoria psicossocial e não sociológica, como a das representações coletivas de Durkheim, e uma teoria que pode ser qualificada de "senso comum", pois tem como objeto as representações da realidade compartilhadas por agrupamentos humanos comuns. Apesar da sofisticação conceitual e metodológica pela qual passou, a teoria se aproxima da *folk psychology*, ou Psicologia do dia a dia, de Heider.[26] Enquanto tal, a teoria se distingue das teorias científicas, que se guiam pela lógica formal e lidam com o universo "reificado". As representações sociais, ao contrário, são fruto de uma "conaturalidade baseada na verossimilhança", e lidam com o universo "consensual", a ponto de que nelas "a conclusão comanda as premissas" e "o veredito é dado antes do julgamento".[27] Inicialmente foi destacada a dimensão denotativa das representações, a seguir complementada pela dimensão conotativa ou afetiva, carregada pelas referências da memória e dos símbolos. Em poucas palavras, pode-se dizer que as representações sociais são um processo psicossocial que, por via da conversação, torna familiar o estranho e concreto o abstrato. Esse processo consiste em duas operações complementares, denominadas ancoragem e objetivação. Na ancoragem, novos conteúdos são em parte assimilados aos já conhecidos, de modo a tornarem-se "domesticados", sem, com isso, reproduzir o mesmo. Na objetivação, conteúdos abstratos, como sistemas, ideologias, Filosofias, (Teologias!), convertem-se em algo concreto, sensível, material, sob forma de ícones, imagens, posições corporais. Percebe-se a afinidade da teoria das representações sociais com os fatos religiosos e, daí, com a Psicologia da Religião. Primeiramente, a religião é uma prática ritual e um conjunto de valores e doutrinas compartilhados pela gente comum. É um fenômeno social, ou psicossocial, do qual partilham pessoas e grupos de diversos tamanhos. Embora possa haver subgrupos ou indivíduos com alto refinamento religioso, esses mesmos subgrupos ou indivíduos comungam de uma realidade basicamente compartilhada por muitos. Poucos fenômenos humanos são tão populares quanto a religião. Valores e doutrinas tendem a ser conceituados com abrangente amplitude e alto grau de abstração em elaborações teológicas, a que têm acesso relativamente poucas pessoas. A religião vivida é concreta, imagética, icônica, ritual, como se pode ver, por exemplo, nos sacramentos cristãos, nas posições do orante muçulmano, nos movimentos corporais e nas oferendas do Candomblé. Essa concretização material e corporal corresponde à operação de objetivação. Ao mesmo tempo, todo o conteúdo doutrinal e a atitude que dele decorre do fiel em relação à divindade são trazidos para a experiência mundana da pessoa, à qual são até certo ponto assimilados, de tal modo que até as verdades mais inesperadas e incompreensíveis da religião se tornam acessíveis por via dessa experiência. Exemplos são a vicissitude do exílio, de Israel, que tornou vívida a revelação do afastamento/proximidade de Deus, a estrutura da família para a Trindade cristã, os fenômenos da natureza para a identificação do panteão umbandista. Não sem razão, portanto, Denise Jodelet, expoente da teoria das representações sociais, fala da "contribuição [dessa teoria] para o estudo do campo religioso".[28] Jodelet se refere à contribuição da teoria para ultrapassar as insuficiências que M. Argyle apontara no estudo da experiência da conversão. O fenômeno da conversão, em suas múltiplas modalidades, como efeito, consciente ou inconsciente, da influência de outrem, em particular de minorias ativas, é o tema de *Psychologie de la conversion*, organizado por S. Moscovici e G. Mugny.[29] Os organizadores não incluem a modalidade religiosa da conversão, mas as várias outras formas de conversão de que tratam oferecem um modelo psicológico para seu estudo. Uma pessoa ou um pequeno grupo divergente da maioria, mas ativos, são capazes não só de minar, aos poucos, a força coercitiva da maioria, mas o próprio consenso de base. Os estudos incluídos na coletânea mostram, contudo, que as minorias não negam simplesmente o consenso básico, mas acentuam dimensões dele não suficientemente explicitadas ou, então, abafadas pelo poder da maioria. Não negam, portanto, a representação social ou suas operações de ancoragem e objetivação, mas deslocam essas operações em direção a conteúdos menos enfatizados da representação já existente. No caso da Psicologia da Religião, é tentador estudar a ação das minorias nos contextos religiosos. A conversão a um outro agrupamento religioso ou a um subgrupo do mesmo agrupamento parece, na verdade, influência de uma minoria sobre uma ou poucas mais pessoas, mergulhadas numa maioria complacente e acomodada. A densidade do processo, que exige mais ou menos elaboração cognitiva, poderá qualificar o tipo de conversão à influência da minoria ou à influência da maioria. Quem sabe aí resida um tema a ser explorado, como mudança de uma representação social religiosa para outra.

Religião como apego (attachment) é a perspectiva de uma teoria que se apresenta, de um lado, como tendo um foco conceitual relativamente estreito e, de outro, como estando firmemente apoiada na linha-mestra da

Psicologia (Granqvist[30]). A teoria do apego se estabeleceu na Psicologia Clínica sem nenhuma referência à Psicologia da Religião. Com J. Bowlby, um psiquiatra infantil inglês, e M. Ainsworth, sua colaboradora na Clínica Tavistock,[31] surgiu o interesse pelas "figuras de apego" e pelas "relações de apego", a saber, pelas pessoas a quem se apega a criança em situação de perigo e de exploração do ambiente, e pelas relações que a criança mantém com essas pessoas. As pessoas objeto do apego da criança são, geralmente, os pais, mas o conceito envolve quem cuida da criança. Conforme essas pessoas, com sensibilidade ou insensibilidade, fornecem, ou não, uma base segura para a criança, desenvolvem-se nela modelos internos de funcionamento em relação a si e aos outros. Esses modelos constituem as fôrmas a partir das quais se moldam as percepções, as expectativas e os comportamentos dos relacionamentos futuros, pois, segundo Bowlby,[32] o sistema de apego está ativo do berço ao túmulo. Uma distinção fundamental nos tipos de apego é a do apego seguro *versus* o apego inseguro, que se caracterizam, respectivamente, por modelos de funcionamento positivos e coerentes ou por modelos negativos e incoerentes (Granqvist). Foi L. Kirkpatrick[33] quem sugeriu juntar apego com evolução e com Psicologia da Religião. Segundo Kirkpatrick, as relações da pessoa com Deus tendem a pautar-se pelos critérios das relações de apego, relações resultantes do processo evolutivo, que assegura a sobrevivência da prole, protegida dos perigos, inclusive na exploração do ambiente. Presentemente, um nome de destaque na teoria é o de Pehr Granqvist, da Universidade de Estocolmo, contemplado, em 2009, com o *Godin Prize*, pela International Association for the Psychology of Religion. Granqvist tem refinado o modelo teórico do apego, além de explorá-lo por meio de vários procedimentos empíricos aperfeiçoados, inclusive no contexto de algumas outras culturas.[34] As duas primeiras derivações da teoria do apego para a Psicologia da Religião, na proposta de Kirkpatrick,[35] foram denominadas de "correspondência" e "compensação". A correspondência prediz que a criança que recebeu uma atenção amorosa das pessoas que cuidam dela desenvolverá, em continuidade, uma atitude de confiança em relação a Deus, e quem não tiver recebido essa atenção também desenvolverá essa atitude, como forma de compensação pela falta de cuidado na infância. A qualidade dessa confiança será diferente, a primeira imbuída de tranquilidade, a outra, refletindo o esforço no controle do estresse. Granqvist[36] critica em parte essas derivações em sua forma atual, com base na exigência popperiana de falseabilidade. Com efeito, como em todos os casos (exceto na ausência de qualquer religiosidade) se observará a relação religiosa, a teoria não permite um desmentido de sua suposição básica. Por essa razão, Granqvist propõe um aperfeiçoamento teórico e metodológico. O aperfeiçoamento teórico consiste na introdução de duas variáveis moderadoras nas hipóteses da correspondência e da compensação. A primeira é uma socialização bem-sucedida, e a segunda a religiosidade dos pais ou cuidadores. Juntas com o modelo interno de funcionamento, essas duas variáveis permitem entender a relação religiosa como trilhas para a religião e para diferentes modos do ser religioso. Na trilha da correspondência, a religião se desenvolve a partir de uma representação positiva de si e do outro, e de uma adoção parcial da religião de um cuidador sensível. Na trilha da compensação, Deus é utilizado como uma figura de apego substituta, invocada a partir de estratégias de controle do estresse malfazejo (*distress*). O aperfeiçoamento metodológico visa ultrapassar a pesquisa *post hoc*, correlacional, e criar condição para explicar e, mesmo, predizer o resultado religioso a partir de arranjos experimentais. Granqvist advoga, em lugar de autorrelatos, a utilização de procedimentos implícitos, nos quais o sujeito não está consciente da ativação do apego, como técnicas subliminares de *priming* e entrevistas semiestruturadas codificadas, voltadas mais para a coerência do discurso do que para seu conteúdo. Granqvist acentua que a teoria do apego lida apenas com "nossa tendência em desenvolver laços afetivos íntimos e duradouros" e com "as implicações desses laços para as representações mentais e as estratégias de regulação do *distress*".[37] Por isso, se, por um lado, a teoria se insere na linha-mestra da Psicologia, não pretende, por outro, aplicar-se a toda a realidade da religião, seguramente muito mais complexa.

A Psicologia Cultural da Religião é uma proposta recente para o estudo psicológico da religião enquanto fenômeno cultural. Como em qualquer ciência, uma proposta recente se enraíza em posições teóricas mais antigas. O destacado proponente contemporâneo dessa perspectiva, Jacob Belzen, da Universidade de Amsterdam, declara filiar-se remotamente a uma das primeiras expressões teóricas da Psicologia, a saber, a *Völkerpsychologie*, de W. Wundt.[38] Com efeito, Wundt, ao lado das pesquisas laboratoriais dos elementos do psiquismo, advogou e realizou amplíssima investigação do funcionamento mental elaborado, fruto da interação social, que se manifesta na linguagem, nos costumes, na religião ou, resumidamente, na cultura. Esse endereçamento de Wundt não foi, contudo, predominante no desenvolvimento posterior da Psicologia Acadêmica, que procurou estabelecer-se, como ciência, nas pegadas das Ciências Naturais, e preferiu o Wundt do laboratório ao Wundt da cultura. É verdade que a partir dos anos de 1950 desenvolveu-se, com vigor, a Psicologia Intercultural,[39] interessada em estudar os fenômenos psicológicos nas diversas culturas. Os princípios de comparabilidade e equivalência traduziram as denominadas dimensões "êmica" e "ética" do psiquismo, que se referem, respectivamente, ao que é específico de uma cultura (o

"êmico") e o que é equivalente em várias culturas (o "ético"). Esclareça-se que essa terminologia deriva dos estudos do linguista A. Pike, que utilizou a terminação dos vocábulos "fonêmico" e "fonético" para designar os sons próprios de uma língua e a grafia convencionada para designar os sons de quaisquer línguas.[40] A Psicologia Intercultural quebrou a hegemonia da visão ocidental, euro-americana, e valorizou o funcionamento psíquico das várias culturas e subculturas, com destaque das asiáticas e africanas. Anima, ainda assim, a Psicologia Intercultural a moderna concepção da mente universal, que se supõe a mesma sob qualquer manifestação cultural. Por isso, busca-se por via da comparação, a equivalência do psiquismo.[41] Essa Psicologia, consolidada no âmbito da ciência psicológica, tem incluído modestamente a pesquisa do comportamento religioso.[42] Ao contrário da Psicologia Intercultural, a Psicologia Cultural não pretende encontrar o universal. Ela vê o comportamento tão imbricado na cultura, isto é, na aparelhagem material e técnica, na linguagem, na história, nos costumes, nos mitos e símbolos de um agrupamento humano, que é levada a entendê-lo como algo singular. Não está excluída, naturalmente, qualquer aproximação com os comportamentos de outras culturas, mas seu interesse principal não reside em estabelecer comparações e equivalências entre eles. Como escreve Belzen, o conhecimento está limitado e situado, e é válido para o lugar e o momento; "o pesquisador permanece colado à realidade viva das vidas das pessoas".[43] Talvez o que mais distingue essa perspectiva de outras abordagens, inclusive a intercultural, seja a relação direta entre cultura e comportamento. Outras abordagens levam em conta a cultura como variável, independente ou dependente, do psiquismo; a Psicologia Cultural, mais do que isso, considera cultura o próprio psiquismo em seu funcionamento concreto. Eis a razão por que a Psicologia Cultural tende a ser um empenho interdisciplinar, pois que o concreto do psiquismo só é atingido, em sua dimensão sincrônica, com a colaboração da Antropologia, da Sociologia e da Linguística, e em sua dimensão diacrônica, com a colaboração da história. Evidentemente, a Psicologia Cultural não reivindica originalidade absoluta. Mesmo no âmbito da Psicologia, reconhece a influência de teorias hermenêuticas, como o construcionismo social, a Psicologia Narrativa, a Psicologia Retórica e a Psicologia Discursiva.[44] Tampouco seus métodos de pesquisa são exclusivos: entrevista, observação participante e autoconfrontação (self-confrontation), de preferência a experimento, teste e questionário; trata-se de procedimentos experience-friendly,[45] utilizados pelas teorias de índole hermenêutica. Em relação à Psicologia da Religião, Belzen anuncia, como "uma promessa da Psicologia Cultural ao estudo da religiosidade", a teoria do self dialógico, elaborada na Universidade de Nijmegen. Historicamente, essa teoria é "fruto tardio de uma iniciativa holandesa de integrar a Psicologia Cultural e a Psicologia da Religião".[46] Em síntese, a teoria do self dialógico entende a pessoa não como uma unidade centralizada e rígida, mas como uma multiplicidade de posições do Eu (I positions) relativamente autônomas, em um espaço de mundos contemporâneos, passados e futuros, reais e imaginados, individuais e sociais. Em cada um desses mundos há um Eu que narra sua história, de modo que a pessoa é uma polifonia de vozes, por vezes independentes, outras vezes harmoniosas. Não há, como em outras teorias do self, um Eu unificador dos vários "Mim", mas múltiplos Eus relativamente independentes, que podem entrar em diálogo uns com os outros, chegando até, eventual mas não necessariamente, a uma unidade provisória. Como se percebe, a teoria tem raízes fenomenológicas e é particularmente sensível não à estabilidade mas à mudança da pessoa, dependente do contexto,[47] ou seja, do entorno cultural, no qual confluem elementos físicos, corpóreos, técnicos, sociais, ideais, espirituais e outros.[48] Entre esses elementos do contexto podem constar os elementos religiosos: "À medida que uma pessoa é religiosa, ou está familiarizada com discursos e práticas religiosos, conhecerá histórias a respeito de deuses, espíritos e santos; em outras palavras, estará familiarizada com significantes religiosos, com os quais poderá ou não interagir".[49] Uma análise psicocultural de um fenômeno religioso brasileiro é apresentada, exemplarmente, por Edênio Valle.[50] Valle rediscute, à luz das propostas de Belzen para uma Psicologia Cultural da Religião, "um dramático episódio religioso acontecido em um remoto lugarejo do interior do Brasil, de nome Catulé (Fazenda São João), no município mineiro de Malacacheta".[51] Em essência, o complexo episódio pode ser resumido como segue. Em um regime de agricultura de subsistência, cujo suporte social era o Catolicismo popular, a pequena comunidade de quinze famílias passa por uma reviravolta quando a ela regressam dois jovens que tinham saído em busca de emprego na região de Ribeirão Preto e lá se tinham convertido a um ramo adventista. Os jovens voltaram a fim de converter à nova fé os antigos vizinhos e parentes. Conseguiram a conversão de um bom número de pessoas, dentre as quais a do respeitado líder que anteriormente garantia a manutenção da fé católica. O entusiasmo dos convertidos fez surgir a ideia de levar a nova religião a um povoado vizinho. Parcialmente em razão de rixas antigas entre os povoados, a ideia não teve o apoio de todos, e tampouco do antigo líder, o que revelou claramente uma cisão, no grupo adventista, entre os milenaristas fanáticos liderados por um dos jovens retornados, que se fizera pastor, e os demais fiéis, ao redor do antigo líder. Com a expressa dissensão desse, intensificaram-se as discussões dentro do grupo, chegando o pastor a esmurrar o antigo líder, e culminando com a morte de uma criança, espancada pelo pastor, porque julgada possuída pelo demônio. O demônio passou a ser encontrado em toda parte e a intranquilidade cresceu, chegando à violência a outros assassinatos. O pastor mudou o destino de seus fiéis, substituindo o povoado vizinho pelo céu, para o qual seriam arrebatados. A polícia foi chamada, houve tiroteio, morreram seis pessoas, entre as quais o pastor. "Cessou, com isso, o pesadelo morboso imediato, mas ficaram os traumas de um episódio religioso que só trouxe sofrimento para todos".[52] Em estudo do fenômeno, publicado em 1997, o autor ofereceu uma interpretação psicossocial, lastreada em conceitos psicanalíticos, como o inconsciente, e em conceitos sociológicos, como conflito, privação, transição para a modernidade. Hoje ele se pergunta se a motivação psicológica de tantos desvarios deveria ser buscada apenas na psicose do pastor e em suas contaminações coletivas, ou se não seria necessário estudar seu contexto histórico-cultural e a psicobiografia dos envolvidos. Esse estudo permitiria chegar à subjetividade, isto é, ao psiquismo dessas pessoas, e aos traços conformadores de sua religiosidade. Em paralelo com a análise realizada por Belzen de fenômenos semelhantes na Holanda, Valle insiste na importância das psicobiografias e na multiplicidade de vozes, do presente, do passado e do futuro, que ressoam na pessoa, sem atingir uma composição harmoniosa. A teoria do *self* dialógico viria em socorro de uma análise psicológica mais completa do fenômeno do Catulé, na medida em que reconheceria nas pessoas envolvidas os diversos Eus posicionados diante das múltiplas referências culturais.

A Psicologia Evolucionária, ou evolutiva, também denominada Psicologia Cognitiva,[53] acompanha a explosão contemporânea das pesquisas em Biologia. Situa-se, como essas, no quadro teórico do darwinismo, e procura responder à questão do surgimento da cultura. No caso do comportamento religioso, há evidência de que é um comportamento eminentemente cultural, que lida com símbolos, ritos, mitos, tradições e práticas, cujo sentido só se encontra no que se denomina cultura. A Psicologia Evolucionária se interessa pelas condições pré-culturais, cerebrais e outras, desse comportamento cultural. Se o ser humano é ao mesmo tempo individual e social, organismo uno com funções de corpo e mente, é lícito buscar as raízes biológicas dessa unidade. Na área mais restrita da Psicologia da Religião, destacam-se, entre muitos que poderiam ser citados, os nomes de Pascal Boyer, da Washington University de Saint Louis, e de Ilkka Pyysiäinen, da Universidade de Helsinki.[54] Boyer é antropólogo francês, lotado em um departamento de Psicologia norte-americano. Nos livros *The Naturalness of Religious Ideas* e *Religion Explained*, Boyer procura explicar como e por que a mente humana está singularmente equipada para adquirir e transmitir o pensamento religioso. Numa feliz síntese de Slone,[55] a evolução resultou em dotar a espécie humana de processadores de informação relativa a tarefas específicas, que se baseiam em representações intuitivas de como as coisas funcionam, e em estratégias de inferência que permitem identificar e antecipar a solução de problemas. Elementos centrais desse sistema cognitivo, também conhecida como Psicologia ingênua,[56] são a intuição e a cognição social, ou a "teoria da mente". A intuição é a percepção ontológica de espaço, tempo, extensão, qualidades físicas dos objetos e espécies naturais; a teoria da mente permite aos seres humanos interagir adequadamente com outros agentes, isto é, comunicar-se, ler ou interpretar pensamentos e desejos, enganar, influenciar, e assim por diante.[57] A religião envolve principalmente representações de agentes sobre-humanos em situações em que a representação intuitiva é violada. A violação de uma representação intuitiva, por sua vez, atrai a atenção e facilita a retenção. Com isso, Boyer explica tanto a origem como a propagação das ideias religiosas. A explicação de Boyer insere-se na tradição universalista da ciência, pois que se aplica a todos os seres humanos e não apenas aos que têm experiência mística, e se pode confirmar em todas as culturas, e não só nas culturas historicamente cristãs. O conceito de violação da representação intuitiva é explorado com maestria por Pyysiäinen,[58] sob o termo "contraintuição". As contraintuições são entendidas como representações que colidem com as representações intuitivas, ou ontológicas. A contraintuição combina traços de dois domínios cognitivos diferentes ou denegam, a um domínio, um traço intuitivamente esperado. Além do conceito de contraintuição, Pyysiäinen amplia, com base em Damásio,[59] um elemento dinâmico, de ordem neurofisiológica, que torna possível a decisão de aceitar e a firmeza em manter a representação contraintuitiva. Esse elemento consiste no sistema das emoções e dos sentimentos, estados do corpo que assinalam uma imagem mental e são denominados "marcadores somáticos". Esse sistema são reações neurofisiológicas que se encontram, nos córtices frontais, com a mediação cerebral das "funções cognitivas executoras, planejamento, início, manutenção e ajustamento de comportamentos não rotineiros e dirigidos para um fim".[60] Damásio[61] propõe que a razão é guiada pela emoção e, mais complexamente, pelo sentimento, negativo ou positivo, que restringe o número de opções fornecidas pelo registro da memória, sobretudo quando em presença de representações contraintuitivas. Pyysiäinen, por sua vez, situa na contraintuição o ponto de apoio dos direcionamentos que a cultura tornará possíveis sob forma de arte, ciência, religião, psicopatologia e, possivelmente, humor. Todas essas construções culturais repousam, efetivamente, na percepção da estranheza diante do cotidiano, ou seja, na contraintuição. Diferem umas das outras segundo algumas características que apontei em texto anterior.[62] Assim, o religioso é

facilmente aprendido, lembrado e divulgado, ao contrário do psicopatológico, idiossincrático e não comunicativo. Comparado com a ficção, o religioso sustenta a literalidade da existência do agente intencional, embora o descreva através de metáforas. Em comparação com a ciência, a religião lida com um agente intencional, ao passo que a ciência trabalha com uma visão mecânica da causalidade. Em resumo, a Psicologia Evolucionária da religião se interessa pelas condições biológicas anteriores à cultura, porém não exclui a cultura na determinação específica dos comportamentos culturais, entre os quais se contam, por exemplo, a arte, a religião e a ciência. Admite-se, em geral, nessa perspectiva a necessária complementaridade das visões biológica e cultural.[63] Algum estudo tem sido realizado no Brasil na perspectiva dessa Psicologia, relacionando contraintuição e eficácia ritual[64] e opções fundamentais de vida enquanto resultam de contraintuição, atribuição de causalidade e orientação emocional.[65]

O interessado em conhecer *perspectivas contemporâneas da Psicanálise* no estudo da religião tem à sua disposição o livro *Religion, Society and Psychoanalysis*, organizado por Janet L. Jacobs e Donald Capps.[66] Essas perspectivas não são muitas, e os autores apontam Kohut, Rizzuto, Miller, Lacan e Kristeva. De minha parte, prefiro incluir Winnicott, em razão de seu impacto em numerosos estudos contemporâneos do comportamento religioso. Na análise de Mario Aletti, respeitado psicanalista e acadêmico italiano, "nestes últimos decênios o progressivo deslocamento, na clínica e na teorização psicanalítica, da perspectiva pulsional para a relacional, tem oferecido novos paradigmas e pontos de vista também para entender a atitude do indivíduo para com a religião".[67] A perspectiva relacional é bem representada por Winnicott, com os conceitos de relações objetais, dentre as quais se destaca a relação mãe/bebê, separação, ambiente externo, verdadeiro/falso eu (*self*), ilusão, espaço potencial e objeto transicional.[68] É no espaço potencial que a criança vai construindo sua relação com o ambiente mediante os objetos transicionais. Esses objetos, classicamente lembrados como ursinho de pelúcia, cobertor, caixa vazia, permitem à criança "criar um objeto que já encontra", isto é, sair do autismo onipotente e reconhecer a existência independente do mundo real. Essa passagem se dá não subitamente, mas numa atividade intermediária na qual a criança constrói, com a imaginação, o objeto existente fora dela. O objeto em vias de construção é denominado "ilusão", não no sentido freudiano de engano resultante do desejo, mas no sentido de um jogo, uma brincadeira, em que a criança se empenha. Aletti[69] recordará a etimologia latina de "iludir", a saber, *in-ludere*, "brincar intensamente", apresentada pelo winnicottiano P. Pruyser, em 1983, em *The play of imagination. Toward a psychoanalysis of culture*. A ilusão é entendida, pois, na chave simbólica, enquanto já não é o puro psiquismo da criança e ainda não é a realidade exterior. Esse meio caminho é o símbolo. O mais interessante para o tema que nos ocupa é a insistência com que Winnicott estende para toda a vida humana a dinâmica da construção pessoal da realidade externa à pessoa, isto é, a ilusão, de que resulta a abolição da diferença entre o objetivo e o subjetivo. A cultura, em geral, que abrange a arte, a ciência, a religião, é expressão do processo de ilusão.[70] Embora a religião não tenha sido tema de especial tratamento por parte do próprio Winnicott, que preferia investigar as condições relacionais da criação da cultura;[71] mas veja-se a invocação no início de suas notas para uma autobiografia, "Oh! Deus, possa eu estar vivo quando morrer!", em Jones,[72] suas ideias têm inspirado a discussão do comportamento religioso nos trabalhos de vários autores, dentre os quais destacamos Ana Maria Rizzuto e Mario Aletti.[73] Rizzuto

acompanhou na prática clínica (entendendo-se clínica a atenção dada ao indivíduo em seu desenvolvimento, e não o atendimento terapêutico) o "surgimento do Deus vivo" na criança. "Deus vivo" é o Deus que resulta do encontro entre as relações objetais primárias (entenda-se geralmente a mãe) da criança e as indicações a respeito dele que recebe da cultura (entenda-se o ambiente externo). O Deus vivo, portanto, não é inventado, porque está dado; e não é a realidade divina objetiva, porque é alcançado pelo símbolo. O Deus vivo, por isso, encontra-se no estado intermediário da ilusão. À medida que a criança se desenvolve pelas várias etapas da vida, tanto sua capacidade imaginativa como os dados que a cultura lhe oferece se modificam, porém o Deus vivo continuará sendo a construção subjetiva de um dado da cultura. O Deus vivo pode ser, igualmente, do ponto de vista psicológico, um Deus morto, ou a negação de Deus, dependendo tanto das relações objetais fundamentais negativas como do tipo de informação que a respeito de Deus oferece a cultura. Rizzuto[74] distingue representação de figuração. A representação deriva de processos de memória, que inclui desde memórias viscerais, sensório-motoras, proprioceptivas até, mais tarde, conceituais. Constrói-se por via de processos predominantemente inconscientes e pré-conscientes. A figuração, ou seja, o conceito de Deus, é produto dos processos secundários, conscientes. O Deus vivo não se encontra na figuração, mas na representação. Mario Aletti[75] também propõe a ilusão como conceito-chave do processo psicológico inconsciente da relação da pessoa com Deus. Retrocede ele sua discussão do conceito a Oskar Pfister e a Lou-Andreas Salomé, que apontaram ao Freud de *O futuro de uma ilusão*[76] os limites epistemológicos de seu conceito de ilusão. Aletti, também como professor de Psicologia da Religião numa Universidade e numa instituição teológica de renome, é sensível aos deslizamentos apologéticos ou a composições teológicas que podem resultar do uso da teoria winnicottiana. Reafirma, por isso, que a investigação psicológica deverá ater-se à questão da veracidade da modalidade relacional da religião, e não à questão da verdade objetiva de seu conteúdo. A ilusão é verdadeira enquanto ilusão, isto é, em sua função psíquica, e não no conteúdo que encerra. Na mesma qualidade, Aletti[77] distingue com perspicácia o papel do analista do papel do diretor espiritual, e se interessa pela contrapartida do nascimento do Deus vivo, que é o "nascimento do vivente que crê". Adverte, porém, com Winnicott, que o crer não é, psicologicamente, sinônimo de "crer que Deus existe", pois fundamentalmente "crer" não significa "crer alguma coisa", mas "crer em alguma coisa" ou em alguém. Se essa alguma coisa ou esse alguém confiável não transpira Deus, mas outras referências (como a beleza, ou a ciência, ou o prazer), o vivente "nascerá" acreditando nessas outras referências. Não são estranhas, tampouco, ao autor as deformações religiosas, ou irreligiosas, derivadas de uma dinâmica bloqueada da psique: representações autistas ou fetichistas podem resultar do falso *self*, que se dobra, complacente, à posição assumida pelo objeto relacional. Opõe-se ele, além disso, ao entendimento da representação de Deus como um elemento psíquico pré-religioso. Na realidade, a representação é uma condição ainda vazia da determinação religiosa ou irreligiosa, que

lhe é dada pela nomeação da cultura. Em contraposição irônica, Aletti fala de representação "pré-ateia", no caso de a representação receber do ambiente cultural uma determinação avessa a Deus. Para Aletti[78] continua, teoricamente, o problema da conexão entre representação inconsciente e figuração consciente de Deus, ponto de divergência com Rizzuto. Em seu entendimento, não existe representação inconsciente de Deus, pois, enquanto inconsciente, a representação não é definida por uma especificação, seja ela Deus ou outra coisa. Para ele,[79] a representação objetal é "matriz insaturada, modalidade relacional sempre aberta, magma informe, e por isso capaz de informar com ela mesma os objetos reais: afetos, relações e crenças". Por isso prefere falar de "disposições" representacionais e relacionais, abertas a percursos na direção da fé ou na da descrença, não em continuidade linear, mas conforme a dialética dos encontros entre a matriz originária e os aportes da cultura. Finalmente, Aletti, no mesmo texto, exprime alguma cautela em relação à educação religiosa (ou ateia, acrescentaria eu). Se a transformação da representação de Deus, sob forma de conversão, desconversão ou aprofundamento, supõe uma reestruturação das memórias, distribuídas do visceral ao conceitual, que eficácia teriam os estímulos conscientes nessa transformação, como a doutrinação, a propaganda, a participação ritual?

Considerações finais

Foram apresentadas sete teorias que procuram entender não a religião em si, mas o comportamento religioso das pessoas. Esse é o comportamento que tem como objeto a relação que se estabelece com o transcendente, mais comumente entendido, no Ocidente, como o divino, o mais das vezes pessoal. Essa relação pode ser de aceitação ou de rejeição do objeto, sem que, com isso, se altere a perspectiva teórica de estudo. As teorias foram

selecionadas dentre as contemporâneas, sem a pretensão de esgotá-las ou de considerá-las as mais adequadas. Se todas são contemporâneas, sua escolha se deveu à preferência do autor e a sua familiaridade com umas e não com outras. As sete teorias foram escolhidas como representativas de posições importantes no estudo psicológico contemporâneo da relação religiosa. Atenção ao inconsciente ou ao consciente; à cultura ou às condições biológicas pré-culturais; à relação grupal, à individual ou à interação de ambas, foi o critério de escolha das teorias.

Embora as diversas perspectivas se cruzem com frequência ou, ao menos, não se excluam, fica patente a inexistência de uma única grande teoria do comportamento religioso. Em primeiro lugar, porque nenhuma teoria psicológica foi concebida a partir do comportamento religioso. Em segundo lugar, porque não parece que o comportamento religioso, estudado sob a ótica da ciência, fuja ao âmbito do simples comportamento humano. Outra, de certo, seria a perspectiva da Teologia, igualmente legítima. Em terceiro lugar, porque a própria Psicologia não alcançou uma visão teórica abrangente, em razão da inesgotável complexidade do comportamento humano. Reencontra-se, aí, a limitação da teoria, que é uma angulação recortada do horizonte do conhecimento. Reencontra-se também aí a conveniência do diálogo no próprio interior da Psicologia.

Algumas das teorias escolhidas despertam interesse particular no estudo geral do comportamento. A Psicologia Cultural, além de suas diferenças com a mais estabelecida Psicologia Intercultural, atende ao processo atual de globalização, que tem como contrapartida o fortalecimento das identidades culturais. A Psicologia Narrativa encontra-se com a valorização da literatura como proposta de modos de vida e, até, como terapia. A Psicologia Evolucionária repercute a ênfase nos processos neurofisiológicos, que caracteriza, às vezes exageradamente, o estudo hodierno do comportamento dos organismos. A Psicologia do Apego expressa a tentativa de unir a disposição biológica evolutiva com as relações concretas e, portanto, variadas, entre quem cuida e quem necessita de cuidado. Não se afastam, pois, as teorias do comportamento religioso da linha-mestra da pesquisa psicológica. Não se discutiram, por isso, os métodos preferidos pelas diversas teorias, pela razão de que sua diversidade reproduz o que acontece na pesquisa psicológica de qualquer comportamento.

O interesse do autor pela Psicologia de "novas religiões japonesas"[80] levou-o a, inesperadamente, aproximar, de um lado, a teoria das relações objetais da escola de Winnicott e a teoria do apego, e, do outro, os ensaios do psicanalista japonês Takeo Doi[81] e a literatura do escritor, também japonês, Shusaku Endo.[82] Takeo Doi propõe o conceito de *amae*, isto é, a dependência afetiva da criança em relação à mãe, que perdura pela vida afora, como um conceito-chave para entender a Psicologia japonesa. Shusaku Endo, na interpretação do Catolicismo japonês, realça, praticamente com exclusividade, as qualidades maternas de Deus, a ponto de obliterar a figura de Deus como pai. Um e outro, a partir do ponto de vista da própria cultura, parecem confirmar o impacto da figura materna na relação religiosa, Endo diretamente, Doi nos pressupostos psicológicos dessa relação.

Finalmente, o leitor poderá inteirar-se melhor das teorias hoje utilizadas no estudo do comportamento religioso, examinando dois periódicos devotados exclusivamente à Psicologia da Religião: o *The International Journal for the Psychology of Religion*, a partir de 1990, e o *Archive for the Psychology of Religion*, desde 2001 em sua nova fase.

Referências bibliográficas

AINSWORTH, M. D. S. Attachments across the Life-Span. *Bulletin of the New York Academy of Medicine*, v. 61 (1985), pp. 792-812.

ALETTI, M. *Percorsi di Psicologia della Religione alla luce della Psicoanalisi*; testi raccolti e adattati da Germano Rossi. 2. ed. Roma: Aracne, 2010.

ALETTI, M.; FAGNANI, D.; ROSSI, G. (orgs.). *Religione*; cultura, mente e cervello; nuove prospettive in Psicologia della Religione. Torino: Centro Scientifico Editore, 2006.

BELZEN, J. A. *Para uma Psicologia Cultural da Religião*; princípios, aproximações, aplicações. São Paulo: Ideias e Letras, 2010.

BELZEN, A.; WIKSTROM, O. (orgs.). *Taking a Step Back*; Assessments of the Psychology of Religion. Uppsala: Acta Universitatis Upsaliensis, 1997.

BOLWBY, J. *Apego e perda*. São Paulo: Martins Fontes, 1984 (ed. original 1969). v. 1.

BOYER, P. *The Naturalness of Religious Ideas*; a Cognitive Theory of Religion. Berkeley/Los Angeles/London: University of California Press, 1994.

_____. *Religion Explained*; the Evolutionary Origins of Religious Thought. Nova York: Basic Books, 2001.

DAMASIO, A. R. *O Erro de Descartes*; emoção, razão e cérebro humano. São Paulo: Companhia das Letras, 1996 (ed. original 1994).

_____. *Em busca de Espinosa*; prazer e dor na ciência dos sentimentos. São Paulo: Companhia das Letras, 2004 (ed. original 2003).

DITTES, J. E. Psychology of Religion. In: LINDZEY, G.; ARONSON, E. (orgs.). *The Handbook of Social Psychology*; v. 4. Reading, Menlo Park. 2. ed. London: Addison-Wesley, 1968. pp. 602-659.

DOI, T. *The Anatomy of Dependence*. Tokyo: Kodansha, 2001 (ed. original 1971).

FREUD, S. *O futuro de uma ilusão*. São Paulo: Abril, 1978 (ed. original 1927). Coleção Os Pensadores.

GRANQVIST, P. Religion as Attachment: the Godin Award Lecture. *Archive for the Psychology of Religion*, v. 32 (2010), pp. 5-24.

HEIDER, F. *Psicologia das Relações Interpessoais*. São Paulo: Pioneira, 1970 (ed. original 1958).

HERMANS, H. J. M.; HERMANS-KONOPKA, A. *Dialogical Self Theory*; Positioning and Counter-Positioning in a Globalizing Society. Cambridge, UK: Cambridge University Press, 2010.

JACOBS, J. L.; CAPPS, D. *Religion, Society and Psychoanalysis*; Readings in Contemporary Theory. Oxford: Westview Press, 1997.

JODELET, D. Contribution de la théorie des représentations sociales à l'étude du champ religieux. 10e Journées d'études en psychologie sociale. Phénomènes religieux, croyances et identités. Colloque international. Brest. *Programme et Actes des Résumés*, 2011, p. 11.

JONES, J. W. Playing and Believing. The Uses of D. W. Winnicott in the Psychology of Religion. In: JACOBS, J. L.; CAPPS, D. *Religion, Society and Psychoanalysis*; Readings in Contemporary Theory. Oxford: Westview Press, 1997. pp. 106-126.

Journal of Cross-Cultural Psychology, v. 42 (2011), pp. 1209-1436. Psychology of Culture and Religion.

Journal for the Scientific Study of Religion, v. 26, n. 3 (1987). Symposium on Hjalmar Sundén's Role-Theory of Religion.

KIRKPATRICK, L. A. *Attachment, Evolution and the Psychology of Religion*. New York: Guilford, 2005.

KOPPLIN, D. Religious orientations of college students and related personality characteristics. *Texto apresentado à Convenção da American Psychological Association*. Washington, DC, 1976.

LANS, J. M. van der. Religious Experience. An Argument for a Multidisciplinary Approach. *The Annual Review of the Social Sciences of Religion*, v. 1 (1977), pp. 133-142.

MASSIH, E. *O self dialógico no processo de amadurecimento do seminarista católico*; uma ampliação para a prática psicoterapêutica desde uma perspectiva cultural da religião. Tese de doutoramento. São Paulo: Pontifícia Universidade Católica, 2012.

MOSCOVICI, S. Social Representation. In: HARRÉ, R.; LAMB, R. (orgs.). *The Encyclopedic Dictionary of Psychology*. Oxford: Blackwell, 1983.

_____. Perspectives d'avenir en psychologie sociale. In: FRAISSE, P. (org.). *Psychologie de demain*. Paris: Presses Universitaires de France, 1982. pp. 137-147.

MOSCOVICI, S.; MUGNY, G. (orgs.). *Psychologie de la conversion*; études sur l'influence inconsciente. Cousset (Fribourg): Delval, 1987.

PAIVA, G. J. A perspectiva intercultural: aspectos filosóficos e históricos. In: DANTAS, S. D. (org.). *Diálogos interculturais*; reflexões interdisciplinares e intervenções psicossociais. São Paulo: Instituto de Estudos Avançados, 2012. pp. 207-218.

PAIVA, G. J. Psicologia Cognitiva e Religião. *Rever – Revista de Estudos da Religião*, v. 7 (2007a), pp. 183-191.

_____. Psychologie culturelle de la religion: l'évolution de la perception du catholicisme dans trois romans de l'écrivain catholique japonais Shusaku Endo. *Studies in Religion/Sciences Religieuses*, v. 36 (2007b), pp. 241-259.

_____. Novas religiões japonesas e sua inserção no Brasil; discussões a partir da Psicologia. *Revista USP*, v. 67 (2005), pp. 208-217.

_____. Representação Social da Religião em docentes-pesquisadores universitários. *Psicologia USP*, v. 10 (1999), pp. 227-239.

_____. *Introdução à Psicologia Intercultural*. São Paulo: Pioneira, 1978.

PAIVA, G. J.; ZANGARI, W. Religious Ideas and Ritual Efficacy According to Cognitive Psychology of Religion: a Comparative Study In Brazil. In: IAPR 2011 Congress-Bari. *Programme & Book of Abstracts*, 21, 2011.

PAIVA, G. J.; ZANGARI, W.; MACHADO, F. R.; RODRIGUES, C. C. L.; FONTES, F.; AUBERT, M. I.; VERDADE, M. M; MELAGI, A. G. Cognição e opções fundamentais: adesão à ciência e à religião, resultante de contraintuição, atribuição de causalidade e orientação emocional. *Relatório de Pesquisa* ao CNPq, 2010.

PROUDFOOT, W.; SHAVER, P. Attribution Theory and the Psychology of Religion. *Journal for the Scientific Study of Religion*, v. 14 (1975), pp. 217-330.

PYYSIÄINEN, I. *How Religion Works*; towards a New Cognitive Science of Religion. Leiden/Boston: Brill, 2003.

RIZZUTO, A. M. *O Nascimento do Deus vivo*. São Leopoldo: Sinodal, 2006 (ed. original 1979).

ROTTER, J. B. Generalized expectancies for internal versus external control of reinforcement. *Psychological Monographs*, v. 80, n. 609 (1966).

SARBIN, T. R. *Narrative Psychology*; the storied nature of human conduct. New York: Praeger, 1986.

SARAGLOU, V.; COHEN, A. B. Psychology of Culture and Religion. Introduction to the JCCP Special Issue. *Journal of Cross-Cultural Psychology*, v. 42 (2011), pp. 1309-1319.

SLONE, D. Resenha de "Religion Explained. The Evolutionary Origins of Religious Thought". *The International Journal for the Psychology of Religion*, v. 14 (2004), pp. 75-76.

SPILKA, B.; SHAVER, P.; KIRKPATRICK, L. A General Attribution Theory for the Psychology of Religion. *Journal for the Scientific Study of Religion*, v. 24 (1985), pp. 1-20.

SUNDÉN, H. *Die Religion und die Rollen*; eine psychologische Untersuchung der Frömmigkeit [A religião e os papéis; uma investigação psicológica da religiosidade].

Berlin: Töpelmann, 1966 (ed. original 1959).

TARAKESHWAR, N.; STANTON, J.; PARGAMENT, K. Religion: an Overlooked Dimension in Cross-Cultural Psychology. *Journal of Cross-Cultural Psychology*, v. 34 (2003), pp. 377-394.

UNGER, J. *On Religious Experience*; a Psychological Study. Uppsala/Stockholm: Almqvist & Wiksell, 1976.

VALLE, E. Uma leitura brasileira de "Para uma Psicologia Cultural da Religião", de Jacob A. Belzen. *Rever – Revista de Estudos da Religião*, v. 12 (2012), pp. 219-238.

WINNICOTT, D. W. *Tudo começa em casa*; o aprendizado infantil. São Paulo: Martins Fontes, 1996 (ed. original 1968).

_____. *O brincar e a realidade*. Rio de Janeiro: Imago, 1990 (ed. original 1971).

WULFF, D. M. A field in crisis: is it time for the psychology of religion to start over? In: ROELOFSMA, P. H. M. P.; CORVELEYN, J. M. T.; SAANE, J. W. van (orgs.). *One Hundred Years of Psychology and Religion*; Issues and Trends in a Century Long Quest. Amsterdam: VU University Press, 2003. pp. 11-32.

Notas

[1] Dittes, *Psychology of Religion*.

[2] Belzen; Wikstrom, *Taking a Step back*.

[3] Sarbin, *Narrative Psychology*.

[4] Hermans; Konopka, *Dialogical Self Theory*.

[5] Sundén, *Die Religion und die Rollen*; Unger, *On Religious Experience*.

[6] Heider, *Psicologia das relações interpessoais*; Sunden, *Die Religion und die Rollen*; Unger, *On Religious Experience*.

[7] Ibid., p. 22.

[8] Ibid.

[9] Lans, Religious Experience, 138.

[10] Ibid., p. 140.

[11] Moscovici, *Social Representation*.

[12] Heider, *Psicologia das Relações Interpessoais*.

[13] Ibid.

[14] Rotter, *Generalized expectancies*.

[15] Koplin, *Religious Orientations*.

[16] Proudfoot; Shaver, *Attribution Theory*.

[17] Spilka; Shaver; Kirkpatrick, A General Attribution Theory for the Psychology of Religion.

[18] Ibid.

[19] Ibid., p. 2.

[20] Ibid., p. 3.

[21] Ibid., p. 6.

[22] Ibid., p. 6.

[23] Ibid., p. 6.

[24] Ibid., p. 7.

[25] Moscovici, *Social Representation*.

[26] Heider, *Psicologia das Relações Interpessoais*.

[27] Paiva, Representação social da religião, p. 229.

[28] Jodelet, Contribution de la théorie des représentation sociales à l'étude du champ religieux.

[29] Moscovici; Mugny, *Psychologie de la conversion*.

[30] Granqvist, Religion as Attachment.

[31] Bowlby, *Apego e perda*; Ainsworth, *Attachment accross the Life-Span*.

[32] Bowlby, *Apego e perda*.

[33] Granqvist, Religion as Attachment; Kirkpatrick, *Attachment, Evolution and the Psychology of Religion*.

[34] Granqvist, Religion as Attachment.

[35] Kirkpatrick, *Attachment, Evolution and the Psychology of Religion*.

[36] Granqvist, Religion as Attachment.

[37] Ibid., p. 18.

[38] Belzen, *Para uma Psicologia Cultural da Religião*.

[39] Paiva, *Introdução à Psicologia Intercultural*.

[40] Ibid.

[41] Id., A perspectiva intercultural.

[42] Tarakeshwar; Stanton; Pargament, Religion: an Overloaded Dimension in Cross-Cultural; *Journal of Cross-Cultural Psychology*; Saroglou; Cohen, Psychology of Culture and Religion.

[43] Belzen, *Para uma Psicologia Cultural da Religião*.

[44] Ibid.

[45] Ibid.

[46] Ibid.

[47] Ibid.

[48] Massih, *O self dialógico no processo de amadurecimento*.

49 Belzen, *Para uma Psicologia Cultural da Religião*.

50 Valle, Uma leitura brasileira de "Para uma Psicologia Cultural da Religião", de Jacob A. Belzen.

51 Ibid., p. 229.

52 Ibid., p. 235.

53 Paiva, Psicologia Cognitiva e religião.

54 Boyer *Religion explained*; Pyysiäinen, *How Religion Works*.

55 Slone, Resenha de "Religion Explained. The Evolutionary Origins of Religious Thought".

56 Heider, *Psicologia das Relações Interpessoais*.

57 Slone, Resenha de "Religion Explained. The Evolutionary Origins of Religious Thought".

58 Pyysiäinen, *How Religion Works*.

59 Damásio, *O erro de Descartes*; *Em busca de Espinosa*.

60 Pyysiäinen, *How Religion Works*, p. 129.

61 Damásio, *O erro de Descartes*; *Em busca de Espinosa*.

62 Paiva, Psicologia Cognitiva e Religião; Psychologie culturelle de la religion.

63 Aletti; Fagnani; Rossi, *Religione, Cultura, mente e cervello*.

64 Paiva; Zangari, Religious Ideas and Ritual Efficacy According to Cognitive Psychology of Religion.

65 Ibid.

66 Jacobs; Capps, *Religion, Society and Psychoanalysis*.

67 Aletti; Fagnani; Rossi, *Religione, Cultura, mente e cervello*, p. 81.

68 Winnicott, *O brincar e a realidade*.

69 Aletti; Fagnani; Rossi, *Religione, Cultura, mente e cervello*, pp. 82s.

70 Jones, Playing and Believing.

71 Winnicott, *Tudo começa em casa*.

72 Jones, Playing and Believing, p. 107.

73 Rizzuto, *O nascimento do Deus vivo*; Aletti, *Percorsi di Psicologia della Religione*.

74 Rizzuto, *O nascimento do Deus vivo*.

75 Aletti, *Percorsi di Psicologia della Religione*.

76 Freud, *O futuro de uma ilusão*.

77 Aletti, *Percorsi di Psicologia della Religione*.

78 Ibid.

79 Ibid., p. 93.

80 Paiva, Novas religiões japonesas e sua inserção no Brasil.

81 Doi, *Tha Anatomy of Dependence*.

82 Ibid.; Endo Shisaku, citado por Paiva, Novas religiões japonesas e sua inserção no Brasil.

Ciências Biológicas, Neurociências e religião

José Luiz Cazarotto

Introdução

A Biologia, enquanto estudo da vida — e não apenas dos seres vivos — é, segundo M. Foucault, uma disciplina relativamente recente. Tem, no máximo, em torno de dois séculos. Entretanto, para o que nos interessa neste verbete, podemos defini-la, com Russel, como sendo a disciplina científica que estuda os seres vivos e os modos como estes organismos vivem e funcionam.[1] No que diz respeito à definição de religião, enunciar claramente o conceito torna-se ainda mais difícil. Como a discussão em torno dessa noção voltará em vários dos verbetes deste *Compêndio*, aqui nos contentamos em citar a ampla e conhecida definição do antropólogo C. Geertz, para quem a religião seria

> um sistema de símbolos que atua para estabelecer poderosas, penetrantes e duradouras disposições e motivações nos homens através da formulação de conceitos de uma ordem de existência geral e vestindo essas concepções com tal aura de facticidade que as disposições e motivações parecem singularmente realistas.[2]

No que diz respeito à Biologia, talvez devamos nos ater a uma dimensão muito concreta do ser humano: à sua corporeidade, mais especificamente, às funções neuronais e cerebrais ou às alterações fisiológicas e hormonais que se dão em determinadas situações ou em virtude de certos procedimentos. De qualquer modo, temos diante de nós uma longa história de compreensão da dimensão corpórea do ser humano que pretende entendê-lo como uma espécie de misto ou encontro entre dois mundos — o da transcendência e o da realidade material concreta e do cotidiano, não sem antes passar por uma compreensão psicossomática semelhante à síntese presente nos conceitos bíblicos de *nephesh, bazar* e *ruah* e por miríades de outras misturas. Há que se notar que nos dias de hoje o corpo humano passou por um processo tal de dissecação que chegamos simplesmente a um mundo bioquímico, se não molecular e mesmo atômico, com a dispensa de recursos espirituais para explicá-lo em seu funcionamento. Mas, ainda assim, devemos ter em mente que, apesar de as pessoas até poderem ter essa linha de compreensão, na maioria das vezes, em relação ao corpo humano, elas costumam misturar sem mais as dimensões espirituais e outras mais materiais. No campo científico *stricto sensu*, a balança pesa mais para o segundo prato; pode-se dizer que, nesse sentido materialista, são duas as grandes tendências: a de fundo evolucionista, que busca compreender a corporeidade humana a partir da complexa história biológica da vida, e a que lida com a corporeidade humana tão somente a partir da sua dimensão bioquímica, que também não é linear. No presente texto nos limitaremos a fixar nossa atenção principalmente no aporte trazido pelas descobertas das modernas Ciências Biológicas e das Neurociências. A tarefa de explicitar o ângulo propriamente psicológico da questão será deixado para Eliana Massih, que abordará, em outro texto deste *Compêndio*, a chamada Psicologia Evolucionária, um ramo das Ciências Psicológicas que traz novidades desafiadoras também para a Psicologia da Religião.

Do corpo ao cérebro e dos neurônios aos mediadores sinápticos

No campo da Biologia do ser humano, e mais especialmente das suas dimensões neuronais, já há tempos diversos autores se mostraram insatisfeitos com o alcance de seus estudos, em parte devido às teorias excessivamente reducionistas e em parte por causa dos instrumentos e técnicas usados. Houve inúmeros estudos detalhados sobre as *localizações*, mas nunca se chegou a um todo. Assim, tivemos já desde os anos 1930 — se não até antes disso — os estudos de J. Papez, que propunham a compreensão do funcionamento do cérebro em *fluxos* que dariam conta de dimensões psicológicas diversas, como a ação, a emoção e o raciocínio abstrato.[3] Nessa esteira, encontramos também Merlin Donald, segundo o qual, ao mesmo tempo em que a história da Biologia — ainda que em um ritmo eventualmente mais lento — se complexifica, a história da cultura e suas diversas subdivisões também se complexifica de tal modo que podemos falar de um processo que iria desde um psiquismo episódico, passando pelo mimético, pelo mítico e chegando ao teorético.[4] Não deixa de ser tentador relacionar essas três últimas fases de Donald com os *três cérebros* de Paul MacLean, ou melhor, com o tríplice cérebro e seu desenvolvimento e funções onto e filogenético.[5] Se o mimético dá conta das ações e reações de um psiquismo, temos aqui o cérebro reptiliano; o psiquismo mítico daria conta das relações e dos sentimentos e com isto o cérebro páleo-mamífero; e por fim, o teorético, que daria conta do mundo das abstrações, dos símbolos e da linguagem simbólica humana referentes ao cérebro neomamífero. Evidentemente, hoje essa história toda da vida humana está como que sintetizada em um órgão complexo que age e reage, ainda que com algum grau de hierarquia de prioridades, dentro de certa harmonia e interdependência, ou pelo menos buscando uma sintonia.[6] O que foi dito não é senão uma das tentativas de visão global do funcionamento neurológico. Um desafio que vem se somar a tudo isso é que cada vez mais, além dessa compreensão holística do funcionamento do cérebro, temos que lidar com algo também influente no que diz respeito ao comportamento humano, incluído o religioso, isto é, a dimensão endocrinológica, e não apenas a questão sináptica e suas vicissitudes.[7]

Em resumo, para fenômenos complexos, modelos complexos. Esse princípio vale tanto para a compreensão das dimensões biológicas humanas (corpo, fisiologia, neurologia etc.) quanto para as dimensões culturais (religião, ritualística, vida em grupo e em sociedade, economia etc.). Não existe um caminho único entre esses mundos, e nem uma mão única; até podemos dizer que este caminho está em parte por ser construído. É por isso que alguns autores tomam certa distância, em suas abordagens, no esforço de chegar a uma visão do todo, ainda que isso traga consigo os riscos inerentes a essas aventuras — reduções, conclusões apressadas situadas além do admissível.[8]

No que se refere à fisiologia, se relacionarmos alguns comportamentos, sentimentos e mesmo aspectos mais sofisticados da corporeidade humana com as práticas religiosas, podemos ver até intuitivamente que os *corpos* em ação estão inseridos de um modo bastante dinâmico nas práticas religiosas. Certamente, em termos de fisiologia neuronal e hormonal, não é uma mesma dinâmica o que encontramos numa prática de meditação serena e silenciosa e numa dança que chega ao paroxismo de um êxtase. Para um estudioso dessas diferenças — em termos tanto de sua dimensão biológica como de cultural —, elas são fáceis de serem constatadas, medidas e mesmo avaliadas; restando muitas vezes saber se certas situações um tanto artificiais não interfeririam na autenticidade do fenômeno. Mas, em linhas gerais, podemos ter em mente que o ser humano — como os mamíferos em geral — lida em termos de sua corporeidade com dois aspectos integrados: o neuronal e o hormonal. As diversas glândulas que, normalmente, produzem os hormônios dentro de uma dinâmica de relação otimizada com o meio — seja ele interno ou externo — estão simplesmente integradas à biologia do ser humano, ainda que estudos recentes valorizem também a influência do meio sociocultural no funcionamento delas.[9] Assim, sempre que no comportamento religioso houver ação ou inação, movimento ou estática, silêncio ou dança etc. estaremos lidando com um equilíbrio hormonal dinâmico. Esse é um conceito que elaborei para dar

conta exatamente da complexa dinâmica do mundo endocrinológico. Assim, independentemente da quantidade dos hormônios em ação e de quais estejam presentes, temos para cada situação humana um equilíbrio hormonal dinâmico, isto é, adequado ao que se pretende naquele momento. Dado o fato de que a experiência religiosa em suas inúmeras facetas lida e conta com o corpo humano, é de esperar que, além dos aspectos neurológicos, tenhamos presentes também os endocrinológicos. Por exemplo, sabemos que em algumas cerimônias ditas religiosas o início é marcado pelo rufar dos tambores e em outras por uma atitude de repouso e silêncio. É igualmente sabido quão íntima é a audição das experiências emocionais e o quanto as experiências emocionais dependem, por sua vez, do equilíbrio hormonal dinâmico existente no sentimento de cada uma delas.[10]

Por outro lado, dado que estamos então lidando com experiências corpóreas que se traduzem em nível psíquico na forma de conhecimentos, de emoções e de gestos, tudo isso, para o ser humano, passa a receber da cultura circunstante uma leitura ou interpretação que os revestem com algum tipo de sentido ou colorido afetivo. Por isso, ao lidar com a dimensão biológica da religião, não se pode deixar de lado também — uma vez que mesmo a dimensão biológica não é contatada diretamente, mas representada de algum modo — a dimensão de seu sentido. Com isso, podemos, em um primeiro momento, lidar com os sentimentos e as emoções, que são instâncias em parte relacionadas às dimensões biofisiológicas, mas igualmente revestidas de fisionomias e significados culturais. O modo como se lida com a tristeza varia muito de cultura para cultura, embora, talvez, em termos fisiológicos, tenhamos um fenômeno único. Há culturas que lidam com a perda via comportamentos depressivos e outras com gestos claramente eufóricos.

Assim, em resumo, as experiências corporais sofrem uma *leitura* da cultura. O mesmo vale, obviamente, para toda a fenomenologia religiosa.

Ainda que as diversas teorias de funcionamento holístico do cérebro e suas relações com a cultura como um todo e com religião tenham fascinado alguns estudiosos, os estudos recentes têm levado adiante uma tendência inversa de construir o todo a partir do detalhe. Estes últimos não desconsideram a complexidade do funcionamento do cérebro como um todo, mas levam adiante estudos dos detalhes de seu funcionamento e como essas diversas partes interagem entre si.

Caminhos de uma abordagem

O que se estuda na relação entre Biologia e religião?

Infelizmente, a escassez do espaço deste texto não permite discutir mais a fundo o que se pode ou deve compreender por "religião", "religiosidade", "sagrado", "experiência religiosa", "experiência mística" etc. para assim poder relacionar de um modo mais preciso o religioso com o cérebro e a Biologia entendida em seu sentido amplo e com a corporeidade e a neurologia. Explicar o que na imensa parafernália cultural e humana se entende por religiosidade e por Biologia não é tarefa fácil. Limito-me a dizer que o ser humano vive sempre em um meio físico e que é sempre a partir daí que de algum modo ele se vê e se interpreta. E, como dizem Reynolds e Tanner, que a religiosidade participou de toda a história humana.[11]

A questão aqui é se devemos tratar a religião como um fenômeno *sui generis* ou como uma atribuição. Não é anódina essa questão. Taves é de parecer que

a principal diferença entre os dois modelos está no modo como as comparações são estabelecidas e o propósito com o qual elas são utilizadas. No modelo *sui generis*, as experiências religiosas são comparadas a fim de identificar um alegado núcleo comum; no modelo da atribuição, as experiências consideradas como religiosas são comparadas com experiências que compartilham características comuns, sejam elas vistas como religiosas ou não, a fim de compreender os funcionamentos do psiquismo humano, da cultura, bem como dos processos através dos quais algumas experiências passam a ser vistas como religiosas.[12]

Apesar da evidência deste problema, muitos estudos não o levam em conta e não é rara a situação em que o estudioso não sabe até que ponto está estudando um fenômeno religioso — se é que este seja passível de um estudo com o instrumental de que se dispõe — ou algo trivial que passou a ser revestido com uma leitura de "sagrado".

	Modelo *sui generis*	Modelo da atribuição
1	Admite que algumas experiências são inerentemente religiosas ou místicas	Parte do princípio segundo o qual as experiências não são religiosas ou não religiosas, mas constituídas como tais pelas pessoas.

Modelo *sui generis*	Modelo da atribuição
2 Admite que há uma experiência subjacente que pode e deve ser compreendida como (autenticamente) religiosa ou mística	Assume (com base em evidências históricas) que diversas coisas podem ser consideradas religiosas, que "misticismo" é uma categoria moderna e que existem visões diversas em relação ao que "deva ser tido por" religioso, místico ou ainda espiritual
3 Compara as experiências religiosas a fim de identificar o seu núcleo comum. O núcleo comum seria muitas vezes uma força relativa que sustentaria as propostas religiosas	Procura comparar as experiências que têm características similares, independentemente de elas serem vistas como religiosas ou não
4 Considera que o que seria comum (às experiências) é primeiramente religioso ou de importância teológica	Considera que as similaridades e as diferenças têm algum interesse quando relacionadas à compreensão do funcionamento do psiquismo e da cultura, pois são processos através dos quais "algumas coisas" passam a ser vistas como religiosas
5 Vê a experiência religiosa como à parte das demais experiências, com as quais ela apenas parece compartilhar características comuns, ficando tacitamente *protegida* de comparações com elas.	Considera que as experiências estimadas ou vistas como religiosas são consideradas em relação com as demais experiências e estão sujeitas a ser comparadas com elas.

Tabela 1: Diferenças metodológicas entre os modelos *sui generis* e o da atribuição.[13]

Os caminhos da Biologia e da religião: convergências e divergências

O estudo científico das dimensões religiosas ou culturais e suas relações com o componente biológico do ser humano é, como se viu, uma tarefa recente e assim pode ser resumido: o surgimento de uma definição operacional do que seja o fenômeno religioso que seja relacionável com uma postura também operacional do que seja a dimensão biológica. Se a religião — seja lá como definida — for compreendida como um fenômeno que se desenvolve ao longo da história e da cultura e se a corporeidade é também

vista dessa mesma forma — independente das possibilidades de acesso a ela: evolução biológica, genética ou cultural —, a perspectiva da evolução, compreendida de um modo amplo, seria a mais razoável. É claro que esse desafio todo está não no processo de compreensão, mas no da interpretação.

Esses estudos não dão conta apenas de aspectos secundários do ser humano; há nisto tudo sempre uma antropologia em questão. Ou, nos termos de Jannerod:

Em nível teórico, pode ser que tenhamos que esperar a inversão de nossa concepção das relações entre o cérebro e o conteúdo cognitivo. O cérebro não seria mais, portanto, o que transfere os comandos do espírito para o corpo, uma espécie de controlador agindo de cima para baixo, mas antes um sistema que propõe constantemente soluções compatíveis com o nosso conteúdo cognitivo, com nossa história e com nossas necessidades. O nosso cérebro nos conhece, de algum modo, e garante a continuidade de nosso comportamento e de nossas ações, garante a unidade de nosso ser.[14]

Joel Sweek nos apresenta um excelente resumo do *status quaestionis* das relações entre Biologia e religião. De um sem-número de estudos nesse campo, ele reconhece que pouca coisa se fez nesse sentido mais preciso. Além do mais, segundo ele, a Biologia servia apenas como uma ancoragem metodológica ampla, e os instrumentos efetivos seriam os de subdisciplinas como a Ecologia, a Etologia e até mesmo a Sociobiologia e alguns elementos da Psicologia Evolutiva.[15]

Nessa linha de pensamento, surgem várias interrogações. A primeira é esta: afinal, para que serve a religião para a Biologia? Em que ela contribui para a vida ou para a espécie? Dentro da perspectiva funcionalista, as coisas não estão claras: é óbvio que certas proibições, por exemplo, alimentares, podem favorecer a vida, mas elas nem sempre têm fundamentos religiosos! Como relacionar isso com um conceito amplo da autorregulação? Que pensar das restrições religiosas de toda ordem que põem em risco a vida? E os sacrifícios humanos?, questiona-se Sweek. De qualquer modo, nem sempre é fácil separar o que é simplesmente parte de um meio cultural do que é especificamente religioso; além disso, há culturas nas quais tudo está imerso no religioso.

Numa perspectiva oposta, será que se poderia chegar à biologização da religião? Dentre os estudiosos que buscam esta aproximação, temos Walter Burkert. Assim, Sweek resume o seu pensamento: [para Burkert] a religião é

uma tradição aborígene de comunicação com os poderes invisíveis levada a sério, da qual nem a expressão autônoma da herança genética nem o *imprinting* das atitudes parentais nem mesmo a transferência arbitrária da informação podem dar conta. Ao contrário, ela seria o resultado de padrões biológicos de ação e de reação e de sentimentos ativados e elaborados através de práticas rituais e ensinos verbalizados. A sua proposta funcionalista [de Burkert] é de que a religião oferece soluções para várias situações críticas recorrentes na vida individual.[16]

A tese de Burkert de que a religião — servindo-se de comportamentos rituais com funções e formas multifacetadas de interpretações culturais — ainda possa ser vista como habitando os vales profundos da vida não parece oferecer nada de muito especial. Assim, quando ele a seguir escreve que a religião segue as marcas da Biologia — ainda que ele relacione isso intimamente à linguagem dos aborígenes que ensejou a oportunidade da partilha do mundo mental —, a ênfase cai fortemente na ideação, e esse é um tema que pertence à "província" do culturalismo. Mas Burkert afirma que a existência dos padrões biológicos de ação, de reação e de sentimentos pode dar conta da compreensão da religião. Mas mesmo esses padrões devem ser ativados e elaborados. Assim, Burkert pensa que a religião que cria sentido, principalmente em assuntos ideativos, se refere a um assunto que vai muito além dos ensinamentos verbais. E conclui dizendo que isto quer dizer que as pessoas criam signos perceptíveis que agem no sentido de estabilizar o mundo comum como o formado pela linguagem e pelas tradições culturais e, por que não, pelas religiosas.[17] E prossegue afirmando em outro momento que não somente muitos comportamentos humanos, apesar de filogeneticamente possíveis, aparecerem como sendo geneticamente condicionados, mas também muitos comportamentos animais são filogeneticamente condicionados, embora sejam ontogenéticos em sua incidência efetiva, como o caso da aprendizagem.[18] Dado que todos os comportamentos são tanto genética como ambientalmente influenciados, e que todo comportamento aprendido é influenciado geneticamente, não há mais sentido em (1) distinguir o animal do humano apelando para o famoso conceito "pau pra toda obra" da cultura, ou em (2) evitar o exame dos complementos potencialmente genéticos dos comportamentos humanos, incluindo os comportamentos religiosos.[19]

Parece plausível, agora, aceitar que as predisposições em assumir padrões de comportamento são em grande parte herdadas.[20] E parece ainda claro também que os seres humanos não representam uma exceção genérica — de gênero — diante das demais espécies no que diz respeito à evolução do comportamento. Podemos, como resumo, assumir a proposta de pesquisadores para os quais os rituais lidam com padrões que têm por objetivo facilitar as relações entre os indivíduos, entre o indivíduo e o que quer que ele compreenda por *divindade*, entre o grupo e os seus *deuses*, facilitando a própria compreensão de si mesmo.[21]

Corpo e religião

Não foi certamente por acaso que a primeira *lecture* de William James na Escócia tenha sido: "Religião e Neurologia". Entretanto, a questão da corporeidade e sua relação com os saberes sociais, em especial com a religião, não brotaram da Biologia, mas dos estudos etnográficos. Os estudiosos mais propriamente ligados à Antropologia Cultural cedo se deram conta do *uso* do corpo nos ritos. Ao longo das diversas culturas constatou-se a *disposição e mesmo o desejo de manipular, redesenhar e até mesmo mutilar o corpo humano, e isso não raro por motivos religiosos*.[22] É evidente que algumas dessas transformações são, digamos, permanentes enquanto outras seriam passageiras, como as transformações neuroendocrinológicas induzidas pelos rituais, se não por todos, certamente por alguns. Os rituais, por definição, consistem em uma sequência de atos repetitivos. Ainda que nem todos evoquem estados de transe, os estímulos rítmicos e uma dada interação tendem a produzir esses estados. Não são novidades as práticas religiosas que por meio de rituais ou de drogas induzem a

estados alterados da consciência.[23] Nas práticas religiosas mais intensas, há como que uma *construção* de uma fisiologia em vista de uma determinada experiência.

Nesse campo, Emma Cohen adverte para um aspecto importante: as últimas décadas *testemunharam uma rápida expansão de uma rede multidisciplinar de estudiosos na área.* No que diz respeito ao modo como o corpo humano é visto, considerado, simbolizado e mesmo psicologicamente construído, essas abordagens multifocais são hoje essenciais.[24]

No âmbito da Psicologia da Religião, alguns estudiosos reconhecem que muitas vezes o corpo esteve como que apenas *acidentalmente* presente. As questões giravam predominantemente em torno das emoções ou mais propriamente de sentimentos, embora, dependendo do referencial teórico, comportamentos visíveis dos corpos fossem considerados. Já o próprio W. James advertira contra certo "medicalismo" médico na abordagem não só da religião como de outras experiências humanas.[25] A questão à qual ele e outros advertiam não era de que nas experiências religiosas não se considerassem os processos fisiológicos, mas sim a redução da experiência religiosa somente a eles. Aliás, experiência psicológica alguma é idêntica aos processos envolvidos nela. *Isso não quer dizer que os processos fisiológicos, tais como algumas excitações, não estejam envolvidos em alguns aspectos da experiência religiosa.* Os meros processos fisiológicos não são *de per se* religiosos. Para tanto, não basta que estejam presentes; eles precisam estar contextualizados e ser interpretados.[26]

Bryan Turner percebeu em seus estudos certa descoberta do corpo na sociedade ocidental com uma ampla gama de estudos não só, obviamente, na fisiologia humana, mas também na Sociologia e na Antropologia.[27] Descreveu a religião, assim, como a percepção do corpo como também uma construção social e cultural. Tal hipótese apresenta-se como um desafio epistemológico interessante para a relação entre a Biologia e a religião ou, mais especificamente, para a articulação entre a dimensão corpórea do ser humano e suas práticas culturais.[28]

Cérebro religioso?

Tomemos inicialmente uma citação de Patrick MacNamara, como uma espécie de resumo dos objetivos desse campo. Quando examinamos os dados no que diz respeito à mediação da experiência religiosa pelo cérebro, o principal aspecto que devemos ter em mente é decidir se a experiência religiosa estaria associada a um conjunto consistente de áreas do cérebro e a padrões de sua ativação. Se sim, então podemos olhar para o que já é sabido sobre os papéis funcionais dessas áreas específicas do cérebro e sobre os termos-chave de compreensão da função da experiência religiosa.[29] É evidente que essa proposta traz em si alguma dificuldade que está radicada no processo de atribuição de funções que em alguns casos é simples (área motora, da linguagem etc.), mas em outros envolve um enorme emaranhado de hipóteses evolucionistas, de ecologias comportamentais etc. em que nem sempre se percebe uma relação direta ou imediata.

O debate em torno das áreas ou das localizações de aspectos funcionais do cérebro tem lá sua importância, afinal, em algum lugar do cérebro nossas percepções, sensações e demais fenômenos psíquicos devem acontecer. Mas, quando entramos em contato com fenômenos complexos, o foco em áreas

é relativo. Alguns estudiosos, com alguma base, lidam, por exemplo, com os psiquismos característicos dos hemisférios direito e esquerdo; outros, como Jaynes, falam de uma evolução do psiquismo *pari passu* com alguns aspectos da cultura. Os aspectos hoje claramente atribuíveis ao hemisfério direito eram, há três mil anos, atribuídos aos deuses e suas vozes (processos alucinatórios). Com o fim, por vários motivos, dessa comunicação dos mundos visíveis e invisíveis, com suas respectivas vozes, os deuses ou pelo menos as suas vozes também desapareceram, ficando apenas as orações e súplicas como meios de buscar de novo ouvir suas mensagens.[30] Em resumo, quanto mais complexas forem as experiências, tanto mais elementos do cérebro atuam e interagem ao mesmo tempo, demandando teorias compreensivas do fenômeno.

Entretanto, inúmeros estudos buscaram de algum modo relacionar aquilo que numa cultura ou meio era chamado de experiência religiosa com o funcionamento do cérebro. McNamara chama a atenção para os inúmeros estudos desde os anos 1950 — para não falar dos estudos no século XIX — de obsessões e preocupações com viés religioso. As dificuldades estavam sempre relacionadas com alguma dimensão do cérebro, e por isso não raros foram os estudos em que se conhecia algo do cérebro envolvido no fenômeno: epilepsia, esquizofrenia, funcionamento do hipocampo, obsessões compulsivas, escrúpulo, demências relacionadas às áreas temporais etc. Buscava-se, de algum modo, dado que se conhecia o que estava acontecendo com o cérebro, relacionar esse conhecimento com as práticas religiosas.

Nos últimos anos, graças às modernas tecnologias, como a formação de imagens em tempo real do funcionamento do cérebro, buscou-se estudar também a experiência religiosa em pessoas consideradas normais ou saudáveis. A título de exemplo, apresentamos as neuroimagens de pessoas em meditação. Newberg e sua equipe foram os pioneiros nesse campo. Sua preocupação foi saber que modificações podem ser encontradas no cérebro de pessoas que meditam e religiosas que estão em oração, bem como o que isso significa. Eles perceberam que em ambos os casos houve uma redução da atividade neurológica nos lóbulos parietais e um aumento nos lóbulos frontais. Houve também um aumento de ativação bilateralmente no giro cíngulo e no tálamo. Eles concluem que, uma vez que a região parietal está relacionada à somestesia, às perturbações do esquema corporal e ao senso do *self*, a hipoperfusão das regiões parietais resulta na dissolução [da percepção] dos limites do *self* e em experiências religiosas intensas. Isso estaria correlacionado positivamente com os relatos dos místicos, que afirmam estar mais próximos de Deus, "esquecendo-se" de si mesmos.[31] Ainda que esses estudos lancem mão de técnicas refinadas, eles têm atrás de si ainda uma ideia da relação das áreas do cérebro e suas funções.

Como um exemplo do estado dos estudos desse campo, retomemos o pensamento de Newberg. Nele podemos perceber tanto a complexidade do instrumental utilizado como o reconhecimento das dificuldades das pontes representacionais.[32] Nem todas

as práticas religiosas podem ser estudadas com o instrumental de pesquisa neurológico disponível hoje em dia. Apesar de algumas práticas espirituais terem uma história milenar, os estudos das dimensões fisiológicas especialmente voltados para a meditação têm apenas algumas décadas. De início, foram correlacionados aspectos como as mudanças nas atividades autonômicas, o batimento cardíaco e a pressão arterial, bem como alterações eletroencefalográficas. Estudos recentes deram um passo adiante e trabalharam também com aspectos ligados às funções endocrinológicas e mesmo imunológicas. Como vimos, a partir dos estudos de algumas perturbações psiquiátricas e com o uso da neuroimagem, foi possível encontrar algumas correlações neurológicas em experiências interpretadas como religiosas. Hoje em dia, os estudos começam a levantar as bases neuroquímicas da religiosidade, pelo menos daquelas passíveis de serem avaliadas como tais. Newberg reconhece que nesse nível pode-se ter uma ideia do efeito da experiência religiosa na fisiologia humana.

Dado que o funcionamento do cérebro não é observável diretamente, as técnicas de formação de imagens anatômicas são importantes. Dentre as mais usadas temos a formação de imagens por ressonância magnética, tomografia computadorizada de raio-x, tomografia computadorizada de emissão de fóton, tomografia de emissão de pósitron, onde, além do fluxo sanguíneo e do funcionamento elétrico dos neurônios, aspectos como as atividades metabólicas e dos neurotransmissores são consideradas na ativação do cérebro. Cada uma dessas técnicas traz uma contribuição. A tomografia por ressonância magnética traz informações sobre áreas envolvidas nas sensações, nas atividades motoras e mesmo nos processos cognitivos. As técnicas envolvidas com emissão de fóton e de pósitron, relacionadas com rádio-fármacos, estudam processos relacionados ao metabolismo da glucose e do oxigênio, bem como com o fluxo sanguíneo no cérebro, mas o foco principal está mesmo nos neurotransmissores. Foram produzidos elementos radioativos de praticamente todos os neurotransmissores: dopamina, benzodiazepina, opiáceos, receptores clorinérgicos. Quanto mais elementos que deixam rastros forem produzidos, tanto mais expande-se a compreensão do funcionamento do cérebro, em termos não só de suas áreas mas especialmente das relações entre suas diversas áreas.

Newberg reconhece que cada uma dessas técnicas têm suas vantagens e limites. Entretanto, elas trazem, cada uma a seu modo, sua contribuição. A título de exemplo, diversos estudos demonstraram o aumento do AGAB (ácido gama-amido-butírico) na corrente sanguínea de pessoas durante a meditação. O interessante nisso é que o AGAB é o principal inibidor de neurotransmissores do cérebro. A serotonina é um neuromodulador muito presente nas áreas visuais do lóbulo temporal que influencia grandemente no fluxo das associações visuais geradas nessa área. As células do adensamento dorsal do lóbulo temporal produzem e distribuem a serotonina quando estimuladas pelo hipotálamo parietal. O aumento moderado dos níveis de serotonina correlaciona-se positivamente com as afeições alegres, enquanto a baixa presença da serotonina correlaciona-se com a depressão. Isso é o que acontece com alguns fármacos como o Prozac ou Zoloft. Entretanto, quando os receptores corticais da serotonina, especialmente no lóbulo temporal, são ativados, essa estimulação pode redundar em alucinações. É o caso gerado por alguns fármacos e o LSD: eles levam a experimentar experiências visuais impressionantes. O interessante é que, depois de práticas (religiosas) como a meditação, o descarte de subprodutos da serotonina na urina é muito acima do normal, dando a entender que houve uma elevação do uso dela na meditação.

O hormônio neuronal melatonina é produzido pela glândula pineal, que pode converter serotonina em melatonina quando estimulada pelo hipotálamo parietal. Sabe-se que a melatonina tem a capacidade de acalmar o sistema nervoso central e reduzir a sensibilidade à dor. Na meditação, a presença de melatonina na corrente sanguínea aumenta bruscamente, mas não se sabe ainda claramente devido a que, se à meditação ou se a outro fator.

O produto neuroquímico arginina vasopressina produzido pelo núcleo supraótico do hipotálamo relaciona-se com muitas funções do cérebro e do corpo. Ele ao mesmo tempo serve de vasoconstritor — aumenta a pressão arterial — mas também reduz a percepção da fadiga e irritação e, indiretamente, parece que contribui para a manutenção do bom-humor ou serenidade. Há uma correlação positiva entre o aumento da presença de arginina vasopressina e a consolidação de dados novos na memória. Nas pessoas que meditam, a presença de arginina vasopressina é encontrada numa quantidade exponencial. Entretanto, se essa presença se traduz nos efeitos antes citados, é algo ainda a ser comprovado.

A norepinefrina é um neuromodulador produzido pelo *locus ceruleus* da ponte. Ela aumenta a capacidade sensorial do cérebro, ampliando estímulos e deixando-os claros e definidos, ao mesmo tempo em que bloqueia os ruídos celulares que podem acompanhar estes estímulos. Subprodutos como as catecolaminas, que identificam a presença de norepinefrina, e a epinefrina têm grande presença na urina de pessoas que meditam.

O cortisol é um hormônio associado às respostas ao estresse. Ele é produzido quando o ventrículo paraventricular do hipotálamo secreta o hormônio liberador corticotrofina em resposta a uma estimulação pela norepinefrina que procede do *locus ceruleus*. O hormônio corticotrifina estimula a parte anterior da pituitária para que libere o hormônio adrenocorticotrófico. Esse hormônio estimula, por sua vez, o córtex adrenal a produzir cortisol. Por isso, o cortisol é liberado nos estados de estresse, mas os estudos demonstram que os níveis de cortisol tanto na urina como na corrente sanguínea decaem muito entre os que meditam. Disso decorre que a prática da meditação atenua grandemente os efeitos do estresse.

Por fim, temos ainda o caso da produção endógena de um opiáceo, a betaendorfina, que é produzida no núcleo arqueado, na parte média do hipotálamo, e é distribuída no cérebro nas áreas subcorticais. O núcleo arqueado libera a betaendorfina pelo estímulo do neurotransmissor estimulador glutamato, ao qual ele é muito sensível. A presença do betaendorfina reduz o ritmo da respiração, reduz a sensação de medo, reduz a sensibilidade à dor e produz uma sensação de felicidade e de euforia. Parece que a meditação interrompe o ritmo diurno tanto da betaendorfina e do hormônio adrenocorticotrópico, mas não afeta o ritmo do cortisol diurno. Por isso, o sistema relacionado ao opiáceo pode até ter alguma influência nos estados espirituais, mas não parece ser o principal neurotransmissor envolvido.[33]

Nesses estudos, temos exemplos de correlações entre uma prática religiosa e os seus correlatos neurológicos observados nos detalhes bioquímicos. Vemos claramente a complexidade dos eventos fisiológicos presentes e os seus efeitos. No caso dos estudos da meditação, as coisas podem até ser facilitadas, mas devemos concordar que não passam de uma prática e até pode ser que nem seja a mais comum entre as práticas religiosas. Como é que vamos relacionar essas dimensões bioquímicas ao transe, às danças de alguns rituais, ao tempo de uma peregrinação, às celebrações de multidões etc.? Concordamos que há sempre um corpo, uma fisiologia dinâmica presentes nas experiências e práticas religiosas, mas como elas se relacionam diretamente entre si é um grande desafio ainda a ser enfrentado.

Perspectivas

Alguns estudiosos como Paul MacLean, Steven Mithen, W. John Smith, dentro do modo de pensar de Kenneth Burke e de Daniel Deutsch, começam a levar adiante a ideia de que o foco de estudos complexos não deve estar nem em um lado do pêndulo nem no outro, mas sim nos campos intermediários, nos campos de encontro. Apesar do evidente desafio que constitui a representação das experiências — sem recortá-las de tal modo que não digam mais nada do objeto original —, sempre de algum modo lidamos com elas, dado o fato de que conhecimento sempre de algum modo é consciência. Nesse sentido, é bem interessante ver o exemplo de Victor Turner se questionando, na década de 1960, sobre a adequação da compreensão da bruxaria e da feitiçaria: *a falha, se ela existir, não deve ser creditada aos informantes bem qualificados, mas à declinante adequação dos modelos teóricos empregados.* E, dentro dessa dinâmica, vamos vê-lo lidando anos mais tarde com uma mistura de aportes teóricos da Psicanálise, da Psicologia, da Etologia e da Fisiologia dentre outros. O seu ensaio *Body, Brain and Culture*, de um quarto de século mais tarde, não é apenas um exemplo de como lidar com a cultura e, *a fortiori*, com a religião de um modo multidisciplinar, mas também um exemplo de abordagem multifacetária.[34]

Nessa linha, como uma espécie de resumo e ao mesmo tempo proposta de visão complexa, podemos acolher a de A. W. Geertz, em seu ensaio *Brain, Body and Culture: a Biocultural Theory of Religion*.[35]

Origem	Aspectos				
		Forma	Função	Estrutura	Sentido
Neurológico		Expansão cerebral	Processos de ancoragem	Manipulação corpo--cérebro	Interface cérebro--cultura	Esquemas somato-neurológicos
Psicocognitivo		Domínio cognitivo	Instrumentos cognitivos	Motivações emocionais	Redes cognitivas	Esquemas psicocognitivos
Sociológico		Domínio social	Cultural material	Ações	Sistemas e instituições	Esquemas socio-político-econômicos
Semiótico--semântico		Comunicação	Símbolos materiais	Justificações	Cosmologias e visões de mundo	Esquemas discursivos simbólicos

Tabela 2. Cinco aspectos teóricos e quatro níveis de realidade

Por fim, conforme o que dissemos quanto à representação, há ainda a questão da narrativa. Sjöblom afirma que a espécie humana é por definição *contadora de histórias*, tanto em termos de reminiscências como em termos de organização de sentido.[36] Se é verdade que, com o surgimento de estruturas neurológicas complexas — às quais Paul MacLean vai chamar de *sistema límbico* —, os mamíferos, e mais tarde os seres humanos, não só foram capazes de se relacionar a partir de lembranças internas, mas, mais que isso, de se emocionarem e guardarem memórias, então essas memórias *emocionadas* que são veiculadas, não só pela fala mas também por toda a parafernália dos instrumentos culturais, de algum modo estariam na origem do revestimento fantástico do mundo. Ali estaria a origem, ou pelo menos um primeiro passo, de um revestimento simbólico da realidade e da construção do sentido que viria com o desenvolvimento do neocórtex e a capacidade de abstração. O mundo humano é, pois, uma grande narrativa enquanto tal, e os seus mediadores em grande parte estão presentes em sua biologia, em sua neurologia, em sua corporeidade, seja na forma de palavras, seja na forma de gestos e até na simples forma da presença bioquímica. O que o mundo humano significa e a resposta que é dada a isso tanto brota da nossa dimensão biológica como a influencia.

Referências bibliográficas

ALCOCK, J. *The Triumph of Sociobiology*. New York: Oxford University Press, 2001.

ASAD, T. Remarks on the Anthropology of the Body. In: COAKLEY, S. (ed.). *Religion and Body*. Cambridge: Cambridge University Press, 1997. pp. 42-52.

ASHBROOK, J. B.; C. R. ALBRIGHT. *The Humanizing Brain*; Where Religion and Neuroscience Meet. Cleveland: The Pilgrim Press, 1997.

BELLAH, R. H. *Religion in Human Evolution*; from the Paleolithic to the Axial Age. Cambridge: Harvard University Press, 2011.

BULBULIA, J. et alii. *The Evolution of Religion*; Studies, Theories and Critiques. Santa Margarita: Collins Foundation Press, 2008.

BURKERT, W. *Creation of the Sacred*; Tracks of Biology in Early Religions. Cambridge: Harvard University Press, 1996.

COHEN, E. Medicalist, Physicalist, and Sociological explanations. In: COHEN, E. *The Mind Possessed*; the Cognition of Spirit Possession in and Afro-Brazilian Religious Tradition. Oxford: Oxford University Press, 2007.

_____. Not Myself Today. A Cognitive Account of the Transmission of Spirit Possession. In: BULBULIA, J. et alii. *The Evolution of Religion*: Studies, Theories and Critiques. Santa Margarita: Collins Foundation Press, 2008. pp. 249-255.

COULANGES, F. de. *A cidade antiga*. São Paulo: Martin Claret, [1864] 2007.

D'AQUILI, E. G. et alii. *The Spectrum of Ritual*; a Biogenetic Structural Analysis. New York: Columbia University Press, 1979.

DEUTSCH, D. *The Beginning of Infinity*; Explanations that Transform the World. London: Penguin Books, 2011.

DONALD, M. *Origins of Modern Mind*; Three Stages in the Evolution of Culture and Cognition. Cambridge: Harvard University Press, 1991.

EIBL-EIBESFELDT, I. Ritual and Ritualization from a Biological Perspective. In: VON CARNACH, M. et alii (eds.). *Human Ethology*; Claims and Limits of a New Discipline. New York/Paris: Cambridge University Press/Éditions de la Maison des Sciences de l' Homme, 1979. pp. 3-55.

_____. *Die Biologie des menschlichen Verhaltens*; Grundriss der Humanethologie. München: Piper, 1997.

FEUERBACH, F. *Preleções sobre a essência da religião* [Vorlesungen über das Wesen der Religion]. Campinas: Papirus [1849] 1989.

GANOCZY, A. *Christianisme et Neurosciences*. Paris: Odile Jacob, 2008.

GEERTZ, A. W. Brain, Body and Culture: A Biocultural Theory of Religion. *Method and Theory in the Study of Religion*, v. 22 (2010), pp. 304-321.

GEERTZ, C. *The Interpretation of Cultures*. New York: Basic Books, 1973 [1966]. Ed. bras.: *A interpretação das culturas*. Rio de Janeiro: LTC, 1989.

GUTHRIE, S. *Faces in the Clouds*; a New Theory of Religion. Oxford: Oxford University Press, 1994.

HINDE, R. A. *The Biological Bases of Human Social Behavior*. New York: McGraw-Hill, 1974.

HOOD, R. W. et alii. *The Psychology of Religion*; an Empirical Approach. New York: The Guilford Press, 1996.

HUME, D. *Dialoghi sulla religione naturale* [Dialogues concerning Natural Religion]. Torino: Einaudi [1749] 1997.

JAMES, W. *The Verieties of Religious Experience*; a Study on Human Nature. Glasgow: Collins Fountain Books, [1901] 1960.

JAYNES, J. *The Origins of Consciousness in the Breakdown of the Bicameral Mind*. Boston: Houghton Mifflin Company, [1976] 1990.

JEANNEROD, M. *La Nature et l'esprit*; sciences cognitives et cerveau. Paris: Odile Jacob, 2002.

KANT, I. *Religion within the Limits of Reason Alone* [Die Religion innerhalb der Grenzen der blossen Vernunft]. New York: Harper [1793] 1960.

KLEIN, R. G. *The Human Career*; Human Biological and Cultural Origins. Chicago: University of Chicago Press, 1999.

LEX, B. W. The Neurobiology of Ritual Trance. In: D'AQUILLI, E. G. el alii. *The Spectrum of Ritual*; a Biogenetic Structural Analysis. New York: Columbia University Press, 1979. pp. 117-151.

LE BRETON, D. *Les Visages*. Paris: Métailié, 1992.

LAFLEUR, W. R. Body. In: TAYLOR, M. C. (ed.). *Critical Terms for Religious Studies*. Chicago: University of Chicago Press, 1998. pp. 36-54.

NITECKI, M. H.; KITCHELL, J. A. *Evolution of Animal Behaviour*; Paleontological and Field Approaches. New York: Oxford University Press, 1986.

MACLEAN, P. *The Triune Brain in Evolution*; Role in Paleocerebral Functions. New York, Plenum, 1990.

MARINHO, R. Jr. *A religião do cérebro*; as novas descobertas da neurociência a respeito da fé humana. São Paulo: Gente, 2005.

MCNAMARA, P. (ed.). *Where God and Science Meet*; how Brain and Evolutionary Studies Alter our Understanding of Religion. Westport: Preager Publishers, 2006. 3v.

_____. *The Neuroscience of Religious Experience*. New York: Cambridge University Press, 2009.

MEDAWAR, P. B. Does Ethology throw any light on human behaviour? In: BATESON, P. P. G.; HINDE, R. A. (eds.). *Growing Points in Ethology*. Cambridge: Cambridge University Press, 1976. pp. 497-506.

MIDGLEY, M. The Soul's Successors: Philosophy and the Body. In: COAKLEY, S. (ed.). *Religion and Body*. Cambridge: Cambridge University Press, 1997.

MITHEN, S. *The Prehistory of Mind*; a Search for the Origins of Art, Religion and Science. London: Thames and Hudson, 1996.

NEWBERG, A. B. Religious and Spiritual Practices. A Neurochemical Perspective. In: MCNAMARA, P. (ed.). *Where God and Science Meet*; how Brain and Evolutionary Studies Alter our Understanding of Religion. Westport: Preager Publishers, 2006. v. 2, pp. 15-31.

NITECKI M. H.; KITCHELL, J. A. *Evolution of Animal Behaviour*; Paleontological and Field Approaches. New York: Oxford University Press, 1986.

PANTHER-BRICK, C.; WORTHMAN, A. C. M. Contributions of biological anthropology to the study of hormones, health, and behavior. In PANTHER-BRICK, C.; WORTHMAN, A. C. M. *Hormones, Health, and Behavior*; a Socio-Ecological and Lifespan Perspective. Cambridge: Cambridge University Press, 1999. pp. 1-17.

PAPEZ, J. A Proposed Mechanism for Emotions. *Archives of Neurology and Psychiatry*, v. 38 (1937), pp. 725-743.

PINKER, S. *Como a mente funciona*. São Paulo: Cia das Letras, 1998.

POLLACK, R. *The Faith of Biology and the Biology of Faith*; Order, Meaning, and Free Will in Modern edical Science. New York: Columbia University Press, 2000.

REYNOLDS, V.; TANNER, R. *The Biology of Religion*. Harlow: Longman, 1983.

RUSSEL, E. *Evolutionary History*; Uniting History and Biology to Understand Life on Earth. New York: Cambridge University Press, 2011.

SAPOLSKY, R. C. Hormonal Correlates of Personality and Social Contexts: From non-human to human primates. In: PANTHER-BRICK, C.; WORTHMAN, A. C. M. *Hormones, Health, and Behavior*. Cambridge: Cambridge University Press, 1999. pp. 18-46.

SJÖBLOM, T. Narrativity, Emotions, and the Origins of Religion. In: BULBULIA, J. et alii. *The Evolution of Religion*; Studies, Theories and Critiques. Santa Margarita: Collins Foundation Press, 2008. pp. 279-292.

SMITH, W. J. Ritual and Ethology of Communicating. In: D'AQUILLI, E. G. et alii. *The Spectrum of Ritual*; a Biogenetic Structural Analysis. New York: Columbia University Press, 1979. pp. 51-79.

SWEEK, J. Biology of Religion. *Method & Theory in the Study of Religion*, 14 (2002), pp. 196-218.

TAVES, A. "Religious experience" and the Brain. In: BULBULIA J. et alii (eds.). *The Evolution of Religion*; Studies, Theories & Critics. Santa Margarita: Collins Foundation Press, 2008. pp. 211-218.

TURNER, B. S. The Body in Western Society: Social Theory and its Perspectives. In: COAKLEY, S. (eds.). *Religion and Body*. Cambridge: Cambridge University Press, 1997. pp. 15-41.

TURNER, V. Body, Brain, and Culture. *ZYGON* (1983), pp. 221-245.

_____. *The Forest of Symbols*; Aspects of Ndembu Ritual. Ithaca: Cornell University Press, 1967.

WHITEHOUSE, H. *Arguments and Icons*; Divergent Modes of Religiosity. Oxford: Oxford University Press, 2000.

WILSON, E. O. *On Human Nature*. Cambridge: Harvard University Pres, 1978.

_____. *Sociobiology*; the Modern Synthesis. Cambridge: Harvard University Press, 1975.

Notas

[1] Russel, *Evolutionary History*, p. 171.

[2] Geertz, *A interpretação das culturas*, pp. 104-105.

[3] Papez, A Proposed Mechanism for Emotions.

[4] Bellah, *Religion in Human Evolution*; Donald, *Origins of Modern Mind*.

[5] MacLean, *The Triune Brain in Evolution*.

[6] Panther-Brick; Worthman, *Contributions of Biological Anthropology*, pp. 5-6.

[7] Sapolski, *Hormonal Correlates of Personality*, pp. 18-46.

[8] Alguns exemplos: Ashbrook; Albright, *The humanizing brain*; Guthrie, *Faces in the Clouds*; D'Acquili et alii, *The Spectrum of Ritual*.

[9] Sobre a influência do pavor constante sobre a fisiologia humana e animal, ver Pinker, *Como a mente funciona*, p. 543.

[10] Cohen, *Medicalist, Physicalist, and Sociological Explanations*, pp. 79ss.

[11] Reynolds; Tanner, *The Biology of Religion*, p. 271.

[12] Taves, "Religious experience" and the Brain, p. 212.

[13] Ibid., p. 212.

[14] Jeannerod, *La Nature et l'esprit*, p. 137. Para uma panorâmica mais ampla, ver Ganoczy, *Christianisme et Neurosciences*, pp. 137ss.

[15] Swek, Biology of Religion, pp. 196-218.

[16] Ibid., p. 204; Burkert, *Creation of the Sacred*, pp. 40ss e p. 77.

[17] Burkert, *Creation of the Sacred*, p. 165.

[18] Este é um campo imenso; citamos aqui apenas três nomes respeitados: Alckock, *The Triumph of Sociobiology*; Eibl-Eibesfeldt, *Die Biologie des menschlichen Verhaltens*; Wilson, *On Human Nature*.

[19] Medawar, Does Ethology throw any light on human behaviour?, pp. 497-506.

[20] Nitecki; Kitschell, *Evolution of Animal Behaviour*.

[21] Na impossibilidade de aprofundar essa discussão, recomendamos a leitura dos três volumes editados por Patrick McNamara, *Where God and Science Meet*. Entre os autores de maior prestígio, são imprescindíveis: Robert Polack, Charles Foster, Eugene d'Aquili, Andrew Newberg, Charles D. Laughlin e Barbara Lex, para citar alguns. No Brasil, temos o trabalho do neurocirurgião R. Marinho Jr., *A religião do cérebro*, de 2005. As revistas norte-americanas *Zygon* e *Method & Theory in the Study of Religion* são outras duas fontes preciosas de informação sobre o tema.

[22] Lafleur, Body, p. 36.

[23] Lex, *The Neurobiology of Ritual Trance*, p. 121.

[24] Cohen, Not Myself Today, p. 249.

[25] James, *The Verieties of Religious Experience*, p. 36.

[26] Hood et alii, *The Psychology of Religion*, p. 191.

[27] Turner, The Body in Western Society, pp. 15-16.

[28] Asad, Remarks on the Anthropology of the Body, p. 49.

[29] McNamara, *The Neuroscience of Religious Experience*, v. 1, p. 81.

[30] Foster, *Wired for God?*, pp. 16ss; 66ss; Jaynes, *The Origins of Consciousness*.

[31] McNamara, *The Neuroscience of Religious Experience*, p. 107.

[32] Newberg, Religious and Spiritual Practices, pp. 15-31.

[33] Ibid., pp. 20s.

[34] Turner, *The Forest of Symbols*, p. 112; Turner, Body, Brain, and Culture, pp. 221-245.

[35] Geertz, Brain, Body and Culture, p. 315.

[36] Sjöblom, Narrativity, Emotions, and the Origins of Religion, pp. 279-292.

Psicologia Evolucionária e religião

ELIANA MASSIH

Introdução

A melhor maneira de entrar no tema deste capítulo talvez seja iniciá-lo trazendo ao leitor a definição que duas enciclopédias (uma de divulgação e outra mais sofisticada) apresentam da Psicologia Evolucionária.

Na Wikipedia, encontramos a seguinte definição:

A Psicologia Evolucionária (também cognominada Psicologia da Evolução) é um ramo de pesquisa que explica a vivência e o comportamento humano através de conhecimentos que hoje possuímos a respeito da evolução. Contrariamente ao que fazem disciplinas como a Psicologia Social, a Psicologia da Aprendizagem e a Psicologia Cognitiva, a Psicologia Evolucionária pretende não se restringir a um único aspecto da Psicologia e sim propor um novo ponto de partida à disposição de todos eles. Na Psicologia Evolucionária, os dados da Psicologia clássica continuam exercendo um importante papel, mas encontram uma complementação nos conhecimentos de que a ciência dispõe atualmente sobre a história da espécie na época dos caçadores e coletores e sobre seus modelos econômicos [...]. Assim como as Neurociências Cognitivas, a Psicologia Evolucionária é vista com frequência como um elemento central das Ciências Cognitivas que, por sua vez, têm assumido com cada vez maior força uma conotação biológica.[1]

Na mesma linha que enfatiza a Biologia, diz a *Stanford Encyclopedia of Philosophy*, destinada a um público intelectualmente mais refinado, que

a Psicologia Evolucionária é uma das muitas aproximações de orientação biológica usadas no estudo do comportamento humano. Os psicólogos evolucionários, juntamente com os de linha cognitivista, propõem que muitos ou mesmo todos os nossos comportamentos podem ser explicados com recurso a mecanismos psicológicos internos. O que distingue os psicólogos evolucionários dos cognitivistas é que os mecanismos internos mais relevantes se devem para os primeiros a adaptações — resultantes da seleção natural — que ajudaram nossos ancestrais a lidarem com o mundo e a nele sobreviverem e se reproduzirem. Segundo eles, para podermos captar as hipóteses básicas da Psicologia Evolucionária é necessário que entendamos alguns conceitos-chave da Biologia Evolucionária, da Psicologia

Cognitiva, da Filosofia da Ciência e da Filosofia da Mente.[2]

As duas definições são genéricas, mas deixam claro que a Psicologia Evolucionária é de não fácil abordagem, dada sua natureza inter e transdisciplinar. Mostram ainda que o seu objeto tangencia questões de natureza epistemológica, filosófica (e teológica), as quais não serão tratadas senão de modo superficial aqui.

Observações preliminares

A Psicologia Evolucionária surgiu em função do resultado da pesquisa paleontológica (a que compara entre si achados biológicos e culturais de eras remotas com os do homem contemporâneo) que tornou possível um conhecimento mais aprimorado da evolução e do funcionamento fisiológico do cérebro, trazendo perspectivas novas para a compreensão dos processos mentais e dos comportamentos próprios do ser humano. Um bom exemplo desse tipo de estudo é o do neurocientista brasileiro Miguel Nicolelis, pesquisador mundialmente conhecido que treinou uma pequena macaca Rhesus, de nome Aurora, à qual ensinou a controlar, através de estímulos puramente mentais, um braço artificial coligado a um computador. Primeiro o animalzinho teve um microeletrodo implantado em seu cérebro e através dele aprendeu a dirigir mentalmente o *joystick* de um videogame. Cada vez que acertava, ela ganhava uma recompensa, o que reforçou uma aprendizagem que foi transferida aos poucos para o controle também de um braço mecânico situado em outro aposento fora da vista do animal. Aurora, só com a ação da sua mente, tornou-se capaz de emitir ordens neurais a um computador, chegando assim ao seu objetivo, que era receber a recompensa que almejava.

Pode-se dizer que algo semelhante ao que se deu no cérebro do animalzinho se repete com um virtuose do piano: sua mão, seus dedos e seu braço se tornam uma extensão de seu cérebro, assim que os comandos cerebrais que ele aprendeu a emitir chegam sem outras intermediações voluntárias até os dedos e mãos, conferindo precisão e harmonia aos seus mínimos movimentos. Só que no caso do pianista tudo se dá através de uma natural ligação entre o biológico e o mental, enquanto com Aurora a conexão teve a intermediação de um chip artificialmente embutido em seu cérebro e de um computador que ela nem conseguia ver. São muitas as leituras que se podem fazer de experimentos como esse e também a Psicologia já discute as muitas possibilidades que dele decorrem. A pesquisa de Nicolelis se baseia em segredos escondidos até pouco no subsolo desconhecido das conexões e redes neurais que articulam os mecanismos cerebrais e bioquímicos aos processos mentais e à consciência. É isso exatamente o que mais atrai a atenção crítica dos psicólogos e cientistas da religião em experimentos desse tipo. A curiosidade dos que se dedicam à Psicologia da Religião, no caso da macaquinha, se volta especialmente para o que se passa na interface entre o cérebro vivo do animalzinho e um artefato, o que nos permite sonhar com um tipo inédito de relacionamento entre o homem e uma máquina. A Psicologia Evolucionária se especializou na observação e reflexão sobre esse ponto. Por esse exemplo bastante divulgado pela mídia no Brasil, pode-se compreender o que ela é e pretende enquanto ramo da Psicologia da Religião. Ela resulta, portanto, da conjugação de estudos voltados para a fase pré-histórica dos seres humanos com avanços recentes das refinadas tecnologias oferecidas pelas ciências da computação. São progressos ainda em andamento, mas que levantam indagações inéditas à Psicologia da Religião, exigindo dela reposicionamentos, complementações e alterações de curso. É provavelmente muito cedo para ver na Psicologia Evolucionária um novo paradigma; o que ela traz é um ponto de vista ainda pouco ou nada considerado pelas teorias psicológicas clássicas e contemporâneas que a Psicologia da Religião construiu ao longo do século XX, conforme mostram os capítulos que encabeçam esta parte do *Compêndio*. O quadro teórico das relações entre as Ciências Biológicas e as ciências que estudam a religião, traçado por José Luiz Cazarotto em outro artigo deste *Compêndio*, é, por sua vez, um pano de fundo indispensável para compreender em que ponto se encontram hoje as relações entre Neurociências em geral e a Religião. É imprescindível lê-lo antes de passar à leitura do que aqui se segue.

Há um novo paradigma em gestação?

Uma coletânea de estudos editada por J. Barko, L. Cosmides e J. Tooby[3] deu um grande impulso à ideia de que a Psicologia Evolucionária poderia vir a ser uma "boa" teoria explicativa do comportamento religioso humano, desnudando-o em suas raízes bio--orgânicas mais remotas e profundas. Esses autores veem na Psicologia Evolucionária um possível novo *paradigma* indicativo de um caminho para o que Th. S. Kuhn[4] chama de uma *revolução* científica. Cientistas de peso julgam que se trata de um salto epistemológico exagerado e de uma aplicação rápida demais a um fenômeno complexo como o da religiosidade e da religião.[5] Sem negar a existência de aspectos novos, há que se precaver contra hipóteses demasiado otimistas a respeito de viradas epistemológicas espetaculares. A posição que adotamos nesse verbete é a de Paloutzian e Park,[6] para quem, idealmente falando, a moldura que poderia integrar as múltiplas escolas e temas hoje tidos como válidos no mundo da Psicologia da Religião científica seria uma teoria fundamentada em metodologias e dados experimentais capazes de merecer a aceitação de psicólogos e pesquisadores de várias tendências. É desnecessário acentuar que uma tal teoria ainda não foi construída e, se um dia o for, não será nem definitiva, nem capaz de dar conta de todos os aspectos presentes na religiosidade humana. Não obstante, como defendem e propõem os dois autores mencionados, já nos é possível pensar em um modelo tematicamente integrado que permita à Psicologia da Religião exercer a função científica que lhe cabe no campo da Ciência da Religião.[7]

Aceitando o desafio de indicar um caminho nessa direção, o capítulo de Geraldo Paiva neste *Compêndio* nos apresenta uma série de teorias já mais maduras e situa nesse contexto também a Psicologia Evolucionária. Caminhando na mesma direção, tenho pessoalmente buscado uma síntese teórica e metodológica através de uma tentativa de um confronto — verificado no dia a dia de minha prática clínica entre as seguintes teorias:[8]

- A Psicologia Narrativa — assim como é desenvolvida principalmente na teoria do *self* dialógico de Hermans e Konopka,[9] a qual me parece oferecer parâmetros interessantes para correlacionar o que se sabe sobre a evolução psicofisiológica do psiquismo humano com o indispensável aporte que nos está chegando da Psicologia Evolucionária e das Neurociências em geral.

- A teoria psicocultural de J. Belzen[10] e J. Valsiner,[11] que partem da tentativa de valorizar a cultura enquanto elemento constitutivo da Psicologia da Religião em seus variados aspectos e dimensões.

- A tentativa de Lee A. Kirkpatrick, que, com base no conceito de J. Bowlby de "vínculo" (*attachment*) e, mais recentemente em autores representativos da Psicologia Evolucionária, tem procurado estabelecer um nexo teórico e metodológico orgânico entre esses autores, sem deixar de lado o que já adotava como referência à Psicanálise.

- A proposta do sueco Armin W. Geertz, um pesquisador e teórico atento também à Psicologia Evolucionária, mas preocupado também com a cultura. Em sua Teoria Biocultural da Religião,[12] valendo-se do apoio de trabalhos de seu próprio grupo de pesquisadores e de dezenas de outros antropólogos, neurocientistas, biólogos, psicólogos e filósofos, tenta propor uma teoria geral que tem como objetivo integrar melhor o biológico com o cultural.

A. W. Geertz julga poder propor uma visão dos processos cognitivos que, de um lado, se referem ao cérebro e ao corpo (*embrained and embodied*) e, do outro, dependem inteiramente da cultura (*encultured*), mas que são distribuídos e "estendidos" rumo ao coletivo e vice-versa, indo, portanto, para lá do demarcado pelos cérebros dos indivíduos. A. Geertz está convencido de que sua proposta "integra o que hoje nos dizem as Ciências da Cultura e as da Neurobiologia". E mais: ela responde bem às inquietações que se notam em círculos bem informados da Psicologia da Religião na perspectiva cognitivista de fundo neoevolucionista. Pode, assim, servir aos que buscam uma visão de conjunto que faça jus ao que é específico do objeto da Psicologia da Religião: a espiritualidade humana em sua expressão religiosa. Mais ainda, pode ser submetida a verificações empíricas e ampliada às hipóteses que, ao que tudo indica, continuarão sendo produzidas pelas Ciências Cognitivas e as Ciências Biológicas e as Neurociências nos anos vindouros. Nos dois pontos centrais deste texto, voltaremos a essas tentativas práticas de muitos dos psicólogos da religião que combinam a pesquisa em suas respectivas áreas de especialidade com as novidades provenientes da Psicologia Evolucionária e das Ciências Cognitivas em geral, sem perder de vista o aspecto filosófico-antropológico, sem dúvida necessário no estudo científico da religião/religiosidade.

Não será difícil ao leitor perceber que esses autores (e outros citados mais adiante) são representantes de tendências que, de um modo ou de outro, sofrem a influência do neoevolucionismo, assim como esse se torna cada vez mais presente no que Jean-Gabriel Ganascia chamou de "a revolução cognitivista" e que descreveu como sendo

uma santa aliança entre a Biologia, e a Psicologia, a Lógica, a Física, a Matemática, a Informática, a Sociologia e a Antropologia, [tendo como finalidade] dar vida a um fantasma que assombra a modernidade, [dando à discussão interdisciplinar] um duplo impulso de edificação e suspeita. [Que disciplina] não sucumbiu ao cognitivismo para captar as boas graças do novo espírito? Que disciplina não sentiu, ademais, a necessidade de resistir à tentação cognitivista e ao seu nivelamento, por vezes tido como demasiado simplificador?[13]

Objetivos e divisão do texto

Neste capítulo temos um duplo intento: (1) apresentar ao leitor um rápido esboço das ideias-chave da Psicologia Evolucionária e (2) perguntar se, caso cotejada com outras teorias, a Psicologia Evolucionária não poderia, de fato, fornecer elementos para uma "boa" teoria psicológica a respeito das religiões.

Será que a Psicologia Evolucionária, especialmente se unida a outras abordagens, inclusive altamente especulativas, da qual o filósofo alemão Th. Metzinger[14] é um bom exemplo, poderia representar, no futuro, um passo importante para a impostação teórico-prática de um diálogo entre os enfoques que se apresentam na interface entre as Ciências Humanas, a Filosofia inclusive, e as modernas Ciências da Natureza? Não sendo especialistas em Neurociências e Biologia, nossa intenção é dar sequência a interrogações nascidas sobretudo de nossa observação, que é ligada muito especialmente ao atendimento psicoterapêutico de pessoas religiosas. Adiantamos de antemão que, sem esperar da Psicologia Evolucionária respostas a todas as interrogações hoje postas às Ciências Psicológicas e à Psicoterapia, sou de parecer que ela, enquanto ciência empírica de novo corte, poderá trazer uma importante contribuição à Psicologia da Religião científica dos próximos decênios, possibilitando um diálogo mais fluente dela com os *insights* teóricos de áreas científicas de fundo neodarwinista, os quais, por seu objeto, ela tendia anteriormente a considerar só muito secundariamente.

Para maior clareza, dividiremos a exposição em três pontos maiores. No primeiro faremos uma indispensável apresentação das linhas gerais da Psicologia Evolucionária. No segundo, tentaremos sintetizar, numa visão de conjunto, possíveis pontes entre a visão evolucionária e a de outras correntes da Psicologia da Religião. No terceiro ponto, nos deteremos na consideração do proposto pelo grupo liderado por L. A. Kirkpatrick e P. Granqvist[15] relativamente a uma complementação entre a Teoria do Vínculo, da qual eles foram pioneiros na Psicologia da Religião, e a Psicologia Evolucionária.

As linhas de fundo da Psicologia Evolucionária

Um ponto de partida comum com posições diferenciadas

Os objetivos de muitos dos autores e pesquisadores da Psicologia Evolucionária da Religião coincidem em muitos pontos, pois o que todos almejam é chegar a uma explicação coerente e fundamentada dos *processos instintivos, afetivos e cognitivos* da lenta evolução filogenética que trouxe às bases biológicas que sustentam hoje o comportamento religioso humano. Na explicitação de seus pontos de vista, contudo, nem sempre eles são unânimes ou se apoiam nos mesmos pontos de partida sobre o que e o como os hominídeos se tornaram o que eles são hoje: seres da razão e do espírito, mas com reações que conservam impulsos acoplados às áreas límbicas e ao tronco encefálico, nos quais estão preservados mecanismos de tipo "primitivo" que se contrapõem às delicadas estruturas e funções do córtex superior responsáveis pela nossa consciência do que somos e de como estamos no mundo.

Na base dessas capacidades próprias à nossa espécie, acha-se um complexo sistema neurológico, cujas raízes mais remotas se situam no pleistoceno e contam com uma evolução biopsicossocial de quase um milhão de anos. No tocante aos rituais e crenças que podem ser classificados como religiosos, essas expressões contam, no mínimo, com cerca de trinta mil anos. Considerando o que hoje se sabe a respeito dessa longa história, a hipótese de fundo da Psicologia Evolucionária é de que foi através de sucessivas "adaptações" (termo controvertido) ao ambiente que se deu o aperfeiçoamento do organismo psicofísico que levou ao *Homo sapiens sapiens.* Desde esse momento, tornou-se possível aos seres humanos não só a sobrevivência individual e social (pela estabilização das estruturas de parentesco, por exemplo), como também a criação paulatina e continuada da cultura, da arte e da religião, atividades que transcendem os níveis da mera sobrevivência biológica.

Por essa razão, a Psicologia Evolucionária parte da hipótese de que também a origem da religião deva ser atribuída ao mesmo processo da seleção natural de todos os demais órgãos e funções próprios à nossa espécie. Aqui, naturalmente, são muitas as controvérsias entre os autores: há os que assumem posições fundamentalistas e há aqueles mais moderados. O debate se dá não só em termos gerais (pró ou contra um esquema evolucionista de fundo) mas com relação a detalhes nada menores como o que envolve a polêmica em torno do adaptacionismo. No momento, as posições pró e contra o ateísmo estão acendendo os ânimos nos arraiais do neoevolucionismo a ponto de pôr em risco o senso de proporção indispensável a toda "boa" teoria científica.

Contudo, pode-se perguntar: o que a Psicologia Evolucionária da Religião agrega ao conhecimento psicológico do comportamento religioso? Para responder a essa questão, a Psicologia Evolucionária tem que se haver com o que já sabemos sobre a relação cérebro-mente-consciência. Operando no contexto de uma visão neoevolucionista desse longo processo, a Psicologia Evolucionária estuda como surgiram e chegaram a

funcionar as funções e capacidades psíquicas típicas de nossa espécie, entre outras as que condicionam sua dimensão de sentido religioso. Dessa maneira, ela nos permite chegar ao que, com boa margem de segurança, Atran chama de *landscape of religion* e Boyer[16] vê como sendo *a base natural* dos comportamentos, crenças e rituais que datam de nossa mais remota pré-história, chegando, porém, ao homem contemporâneo.

Assim, os vínculos que nossa espécie foi paulatinamente estabelecendo com o seu meio ambiente (modificando-o e sendo por ele modificada) passaram por um progressivo amadurecimento não só de nossos atuais mediadores biológicos como também dos mediadores mentais e linguísticos tornados possíveis pela paulatina maturação do sistema nervoso central humano. Foi através desse processo multimilenar que os órgãos de nosso corpo, em especial o cérebro cortical, passaram pela evolução que provocou uma sintonia fina entre o biológico e o psicológico. A Psicologia, ao surgir como disciplina autônoma, tinha pouco conhecimento desse arcabouço neurofisiológico e bioquímico; concentrava-se mais no lado emocional e afetivo, baseando-se em conhecimentos médicos e conceitos mítico-filosóficos herdados dos gregos e reelaborados por pensadores árabes e cristãos da Baixa Idade Média.

No centro, como porta de entrada, eram colocados os órgãos sensórios (olfato, visão, audição, tato, paladar), tidos como responsáveis por ressonâncias emocionais e afetivas atribuídas à alma criada por Deus. A Psicanálise, com a ideia do inconsciente, trouxe uma reviravolta em muitas dessas ideias, mas sem chegar a uma adequada percepção de como nossos sentidos captam e organizam a realidade. O que os cientistas das últimas décadas descobriram sobre a fisiologia da percepção, por exemplo, alterou as concepções vigentes até a segunda metade do século XX sobre o funcionamento e a organização do cérebro tripartite e sobre a consciência. A respeito da fisiologia dos fluxos sensoriais — algo que acontece quando se sente o aroma do incenso ou se escuta o Aleluia de Händel em um culto religioso —, Walter J. Freeman afirma que ainda não sabemos como se dá a ação conjunta e quase instantânea dos neurônios que "transformam aquelas mensagens sensoriais em impressões conscientes". Após mais de trinta anos de pesquisa, Freeman escreve:

> Sabemos (hoje) como o córtex cerebral (a camada externa do cérebro) analisa inicialmente as mensagens sensoriais, mas apenas começamos a entrever de que maneira o cérebro se comporta após o puro e simples reconhecimento das características da mensagem, isto é, como combina as percepções sensoriais com a experiência vivida e as expectativas para identificar o estímulo com seu significado particular.[17]

Na mesma linha, Belzen[18] afirma a importância da biografia na vivência da experiência estética, porta de entrada para a experiência religiosa, propiciada pela música praticada nas cerimônias e ritos da Igreja Católica. Paralelamente a essa problemática neurofisiológica, a Psicologia da Religião não pode negligenciar o que é sua competência: a compreensão psicológica da experiência religiosa na qual entram a Psicanálise e a Psiquiatria. Nesse campo, ao menos desde William James[19] o psicólogo da religião sabe que os humanos, ao se confrontarem com o divino, sempre sentiram aromas, ouviram vozes, tiveram visões e tocaram e/ou foram tocados e/ou possuídos por entidades tidas como sobrenaturais. A vivência de tais experiências os fazia sentirem-se vinculados a entidades e forças sobrenaturais seja para o bem (felicidade), seja para o mal (desgraça). Entra aqui também uma extensa série de vivências e fenômenos anômalos carregados de reações psicossomáticas e de emoções arrebatadoras muito conhecidas por nós, brasileiros. Como interpretar cientificamente o sentido psicológico de tais comportamentos? Autores do peso de William James e Sigmund Freud o fazem de maneiras divergentes. Mas, coisa curiosa, ambos coincidem na necessidade de os processos mentais serem vistos em unidade com a dimensão biofísica, pois só assim podemos explicar a mais peculiar característica do psiquismo humano: a consciência de si, do outro e do mundo.

Hoje em dia sabemos que o lóbulo frontal tem a ver de maneira direta com as funções superiores que permitem a elaboração do raciocínio, da decisão, da linguagem e da fantasia. É a maturação dessa parte do sistema nervoso que torna possível a existência da consciência e da mente humana em suas acepções culturais e religiosas mais elaboradas. Como alguns dos grandes neurocientistas do planeta[20] o exemplificam à perfeição, podemos dizer que esse sistema é responsável pelas experiências e realidades intangíveis, sobre as quais se pronunciou, há mais de cem anos, William James.[21]

Elementos para uma leitura de síntese

Tendo aprofundado nos últimos quatro anos a leitura crítica de inúmeros psicólogos e antropólogos da religião que buscam articular melhor a Neurobiologia com as novas teorias sobre a cultura e sobre o desenvolvimento do *self* e da linguagem, convencemo-nos de que as vivências religiosas demonstradas por nossos clientes religiosos em psicoterapia e por nós empiricamente observadas no contexto de uma tese de doutoramento[22] comprovam à saciedade que, como afirma Geraldo José de Paiva, a Biologia é um referente absolutamente essencial a uma adequada compreensão psicológica da religiosidade humana.[23] Nisso, inspirada no mesmo Paiva e em Valle,[24] optamos por uma linha teórica que valoriza elementos muito presentes na Psicologia Evolucionária. É uma linha que, no campo específico das Neurociências, se escuda em autores como António Damásio, que, em livro recente assim enunciou a construção do "eu autobiográfico", um desenvolvimento natural que, segundo ele, nos seres humanos se tornou viável com e após a maturação biológica que possibilitou o surgimento do "eu nuclear":

> Enquanto o eu nuclear vai emitindo com firmeza a sua pulsação, sempre *on line*, seja em um modo discreto ou com manifesta exuberância, o eu autobiográfico leva uma vida dupla. Por um lado, pode apresentar-se explicitamente, compondo a mente consciente na sua forma mais grandiosa e humana; por outro lado, pode ficar latente com os seus inúmeros componentes à espera de vez para se tornarem ativos. Essa outra vida do eu autobiográfico desenrola-se nos bastidores, longe da consciência acessível, e é provavelmente aí que o eu amadurece, graças à sedimentação gradual e à reformulação da nossa memória.[25]

No que segue, tomamos Paiva como nosso guia. Com base em sua larga experiência de psicólogo social da religião e pesquisador, ele percebeu a necessidade de tentar uma aproximação mais sistemática entre os sistemas cognitivos evidenciados por neurocientistas, como Pyysiäinen, antropólogos e biólogos evolucionários como Boyer e Atran,[26] e antropólogos de visão inovadora do peso de Clifford Geertz.[27] São opções que de modo algum relegam ao esquecimento o muito que foi realizado nos últimos anos na área da Psicologia Social da Religião, da Psicanálise e da Psicoterapia/Psiquiatria da Religião. Para o entendimento da maneira cautelosa como Paiva conecta a Antropologia com as Neurociências, leia-se o elucidativo parágrafo do autor:

> Boyer resume sua pesquisa como descrição dos sistemas neurocognitivos que (a): são parte do equipamento normal da mente humana como resultado da evolução por seleção natural; e (b) sustentam a aquisição do conhecimento, dos conceitos e das normas da cultura. Vê-se que a posição da cultura não é deixada de lado, mas é vista como uma superestrutura da Neurologia. Como dirá Pyysiäinen, a Psicologia Evolutiva [leia-se: evolucionária] busca as condições que tornam possível a cultura, ou seja, a capacitação psicológica. Essa capacitação tem a estrutura neurológica, particularmente do cérebro. Geertz dirá que o que torna algo especificamente humano não é a sintaxe — que quaisquer latas de cerveja poderiam operar no modelo funcionalista da mente — mas sim a semântica que é dada pela cultura: mas aí entramos na questão da complementaridade.[28]

Referindo-se de modo mais direto à Psicologia Cognitiva, Paiva[29] assim elenca quatro distintos eixos de atuação que nos permitem — além de fazer dialogar entre si conhecimentos da Psicologia da Religião e da Psicanálise com os da Psicologia Evolucionária — ampliar o leque de nossas indagações a temas como os suscitados pela problemática psicocognitiva da Inteligência Artificial. Eis os quatro eixos: (a) o tema dos processos mentais, como a representação e a memória. Enquanto processos, eles não podem ser diretamente observáveis em seus conteúdos, mas apenas inferidos. Essa concepção deriva da Psicologia da *Gestalt*. Surgiu como alternativa ao Behaviorismo, em meados do século XX. Com base nesse vetor, têm sido realizadas pesquisas bastante típicas da Psicologia da Religião sobre temas como a atribuição de causalidade a Deus, do enfrentamento religioso, dos processos de conversão, da transformação da identidade religiosa, da tendência ao equilíbrio cognitivo etc. (b) A consideração dos processos mentais conscientes que fazem a mediação entre estímulos e respostas, na abordagem terapêutica de raiz behaviorista denominada "terapia cognitivo-comportamental". (c) O estudo da inteligência segundo modelos das Ciências da Computação, levando-se em conta uma analogia com a relação entre hardware e *softwares*; nesse vetor se incluem, por exemplo, os estudos sobre a inteligência artificial. (d) O estudo das condições neurofisiológicas "pré-psíquicas" da cognição, isto é, as condições e processos principalmente cerebrais e de outros sistemas orgânicos. É aqui que se encaixa em larga proporção as temáticas enfrentadas pela Psicologia Evolucionária. É nessa área que se concentra hoje a maioria das pesquisas como a de Nicolelis citada logo no início deste texto.

Para os objetivos do presente texto, interessam-nos especialmente os vetores "c" e "d". Mas também os dois primeiros vetores ("a" e "b") se relacionam com novas tendências psicológicas do interesse da Psicologia da Religião. A teoria do *self* dialógico, à qual faremos breve menção, por exemplo, tem interessantes aplicações na Psicoterapia de pessoas religiosas,[30] na medida em que evidencia as várias vozes que ressoam nas narrativas de vida com as quais futuros sacerdotes em Psicoterapia explicitam para si e para a terapeuta suas vivências existenciais e espirituais mais fundamentais. O mesmo se diga de conceitos desenvolvidos por psicólogos evolucionários da Religião, como o de contraintuição desenvolvido por P. Boyer[31] e I. Pyysiäinen,[32] segundo pesquisas laboratoriais de campo de cunho cognitivo e evolucionário.

O conceito de contraintuição pode ser elucidativo para o que queremos mostrar. Ele é entendido pelos seus proponentes como representações de objetos que se chocam com certas percepções (de espaço, tempo e extensão, qualidades físicas, relações de causalidade, ação intencional ou mecânica de agentes etc.) que constituem a maneira psicologicamente ingênua que em geral usamos na interpretação da realidade (dos fatos internos e externos, dos objetos e das pessoas) que encontramos em nosso dia a dia. O conhecimento intuitivo pode ser descrito como aquele que se dá sem que tenhamos uma exata consciência dos processos mentais nele envolvidos. Trata-se de um conhecimento implícito de natureza prática. Ele não é acionado pelo poder da mente cognitiva: surge com uma ação-reação espontânea aos estímulos procedentes do meio e da situação.

É contra essa realidade de fundo impreciso que as contraintuições se estabelecem nas fronteiras da psique e na penumbra de nosso *self*. É contra ela igualmente que se dão as experiências culturalmente atribuídas a entidades e agentes religiosos e para-religioso tidos, via processos culturais de socialização, como sendo de alguma maneira sobrenaturais e/ou sujeitos a forças não controláveis.

A Psicologia ingênua acredita que pode enxergar as coisas como são e explicar assim o que se passa na realidade. É importante salientar que as representações contraintuitivas, por serem produto de dois processos colaterais da mente, não podem ser controladas apenas pela via da racionalidade; elas se associam simultaneamente a dois processos e domínios cognitivos diferentes.[33] Podem, por essa razão, tanto levar a experiências religiosas genuínas quanto transformar-se em ficção ou mesmo gerar sintomas psicopatológicos.

Na exposição anterior já aparece a importância da Psicologia Evolucionária para um entendimento mais correto de como se deu esse aprimoramento das capacidades cerebrais humanas através das diversas etapas de seu aprimoramento. Tal evolução não incide apenas sobre a religiosidade dos indivíduos; ela se dá sempre mediante intercâmbios culturais socialmente construídos. Todas as áreas do saber que envolvem imaginação, processos cognitivos, emoção e transmissão/perspectiva de valores são afetadas. É nesse caldo de cultura que emergiram e se consolidaram as religiões e os rituais coletivos. É aí também que as culturas definiram e construíram o que o teólogo Paul Tillich chama de *ultimate concerns*, ou seja, os "valores últimos" que norteiam o existir humano. Boyer o enuncia com as seguintes palavras:

> Porque os conceitos requerem toda sorte de capacidades humanas específicas (uma Psicologia intuitiva, uma tendência de atender a muitos conceitos contraintuitivos, bem como várias adaptações sociais da mente), podemos explicar a religião descrevendo como essas várias capacidades são recrutadas, como elas contribuem para as características da religião que encontramos em tão diferentes culturas. Não precisamos assumir que há um modo especial de funcionar que ocorre somente quando se processam pensamentos religiosos.[34]

Gerome Bruner,[35] filósofo e pesquisador da Universidade de Harvard, é outro pensador para quem reflexões como essas parecem mais que justificadas. Bruner, no início um psicólogo cognitivista, reconheceu posteriormente a validade da Psicologia Narrativa e, através dessa, passou, como psicólogo, a se interessar por um diálogo mais cerrado com a Antropologia e com as modernas teorias da linguagem (dos russos Bakhtin e L. Vygotsky, por exemplo). Sua obra mais madura vê na conjunção dessas várias abordagens a maneira mais indicada para compreender as vivências e os fatos psicológicos. Segundo ele, é indispensável conhecer as peculiaridades de cada grupo em sua evolução e dinâmica cultural para chegar aos sentimentos e atitudes de cada indivíduo. É uma posição teórica e metodológica que o aproximou também de Clifford Geertz,[36] seguramente um dos antropólogos contemporâneos que maiores

contribuições trouxe à compreensão da religiosidade. Sua afinidade com Bruner e igualmente com Mithen[37] pode ser deduzida de observações nas quais Bruner reitera que os atos mentais (atentar, pensar, compreender, imaginar, lembrar, sentir, conhecer e expressar) só podem ser captados quando vistos de dentro e a partir de uma cultura.

Belzen, defensor ferrenho da necessidade de a Psicologia da Religião levar mais a sério a dimensão cultural da religião, assume essa mesma posição ao afirmar que a cultura molda o campo psíquico e, se não for devidamente metabolizada pelo indivíduo, pode, com relativa facilidade, conduzi-lo a desequilíbrios nas esferas intra e interpessoais:

> Os seres humanos desejam, e os modos pelos quais eles querem satisfazer seus desejos são propostos, consequentemente, a partir dos significantes culturais que dirigem esse mesmo desejo humano. Por isso, de modo semelhante àquele como Freud definiu a pulsão como trabalho psíquico por causa da unidade intrínseca com o corpóreo, também a cultura impõe um labor e molda o campo psíquico[38]

O dito por Belzen, Boyer e Bruner é compatível com a maneira como Hermans e Konopka evidenciam o papel que o conceito de contraintuição desempenha tanto na formação do *self*, quanto na análise das narrativas de vida escutadas por psicoterapeutas da boca de seus clientes. Pelas contraintuições, o psicoterapeuta tem acesso à maneira como foi construído e funciona o *self*, tanto individual quanto coletivo. Dessa escuta ele consegue captar, para além do discurso intuitivo, as vozes não ditas que atuam no psiquismo e na configuração do *self*. Trata-se de algo que já a Psicanálise salientava, mas que a teoria do *self* dialógico ajudou a pôr em relevo no jogo dinâmico que se dá nas nucleações identitárias dos sujeitos e dos grupos aos quais se sente vinculado. Para Hermans, a influência da cultura será real e efetiva se apresentar-se ao mundo interno de um indivíduo como algo que faz sentido, mesmo se um sentido contraintuitivo. As vivências religiosas pertencem geralmente ao modo intuitivo de pensar e não ocupam nossa mente o tempo todo. Quando se tornam conscientes em certos momentos e situações biográficas específicas, assumem uma aura de "sagrado" ou "mística".

Paiva, de forma semelhante, mas partindo de outros pressupostos, ilustra isso dizendo que a religiosidade guarda analogias com a atividade dos cientistas e dos artistas. O diferente da religião é que ela postula modelos mais permanentes de vida e compromissos mais exigentes que movimentam uma espiritualidade apenas latente ou meio sufocada no sujeito. Mesmo assim, não se pode dizer que isso constitua um diferencial específico apenas da religiosidade. Veja-se, por exemplo, o que se dá nas novelas da TV brasileira. Nelas, não só os atores vivem "como se" aquilo tudo fosse real. Também milhões de espectadores fazem seus os estados emocionais, sonhos e decepções dos personagens e se identificam com os diversos "eus" que aparecem nas narrativas. Instauram-se a partir de identificações subliminares modos de realidade que vão se estruturando e desestruturando segundo os papéis e cenários vividos pelos personagens prescritos aos figurantes pelo roteiro da novela. E isso tudo sem que tenham uma plena consciência das histórias que eles ou elas vivem.

Queremos com este exemplo dizer que a ficção e o fascínio da imagem midiática podem provocar identificações e ainda gerar modos mais ou menos permanentes de habitar o "real".

O pensamento religioso, ao contrário do científico (no qual também se dão identificações intuitivas e contraintuitivas), é dotado de maior comunicabilidade, sendo apreendido com maior facilidade por propiciar um contato predominantemente intuitivo com a dimensão misteriosa do real. Ou seja, para Paiva, como para Boyer, dizer que a religião é prática significa dizer que as representações que as pessoas e as culturas se fazem dos agentes e forças sobrenaturais, em sua maioria, dizem respeito menos aos seus poderes e mais a modos específicos de *interação* com as próprias entidades.[39]

Pascal Boyer, ao explicar como a evolução preparou a mente para criar a religião e por que a religiosidade não deve ser considerada como diversa de outros atributos e funções mentais (processos de aquisição de conceitos e experiências), segue bem de perto a opinião de Mithen,[40] para quem não há uma área cerebral particularmente responsável pela produção de experiências ou místicas. Mithen supõe, com base em suas pesquisas, que a mente humana consiste em uma grande variedade de sistemas de informação que podem ser aplicados às mais variadas atividades humanas. Informações de certo domínio do saber podem significativamente ser transpostas a outros domínios. O que torna relevante esse fato para o que aqui estamos debatendo é que os conceitos sobrenaturais requerem exatamente esse tipo de capacidade de transmissão. Em suas palavras:

> O passo crucial na evolução da mente moderna foi a mudança de um modelo do tipo canivete suíço para outro com fluidez cognitiva; ou seja, da mentalidade especializada para a generalizada. Isso capacitou as pessoas a desenharem instrumentos complexos, criarem arte e acreditarem em ideologias religiosas.[41]

As evidências arqueológicas de cavernas pré-históricas na França, na Espanha e na Serra do Capivari, no Piauí (pinturas rupestres, sepultamentos, objetos e adereços etc.), confirmam ao menos dois importantes elementos da descrição psicológica que a Psicologia Evolucionária faz dos conceitos relativos ao sobrenatural: primeiro, eles requerem uma cisão (para representar um sonho ou uma visão, deve-se representar algo que não é nem será percebido diretamente) e, segundo, que essas representações violam as expectativas intuitivas no nível dos domínios ontológicos. Nas palavras de Boyer:

> O tempo em que o cérebro humano estabelecia mais conexões entre sistemas diferentes — como viemos a saber a partir da caça e da feitura de ferramentas — foi também o período em que se criaram representações visuais dos conceitos sobrenaturais. Pinturas e outros artefatos começam a mostrar evidências de representações totêmicas e antropomórficas, bem como de quimeras.[42]

Boyer finaliza observando que não sabemos "quando" o ser humano inventou a religião e passou a representá-la, mas sabemos que foi só "quando tais representações puderam ocorrer na mente das pessoas e exercer fascinação suficiente para serem aplicadamente traduzidas em material simbólico".[43] Para eles, foi quando — para usar um modo de falar de Hermans — dentro deles "vozes diversas" entraram em diálogo entre si, configurando posições intuitivas e contraintuitivas no seu interior como reflexo de um *self* capaz de tomar consciência de suas experiências. E isso por uma razão em certo sentido simples: foi pelo fato de os seres humanos, exatamente ao desenvolverem em si as qualidades que os diferenciam das outras espécies, se tornaram simultaneamente narrativos e dialógicos. É só então que, nos termos de cada cultura, passaram a ter condições para se perguntar sobre quem e qual a "figura" do "outro" que emergiu contraintuitivamente na realidade de seu mundo até então circunscrito ao imanente.

Steven Mithen[44] destaca três características das religiões pré-históricas que interessam à Psicologia Evocucionária: (a) já bem cedo, em muitas sociedades pré-históricas, acreditava-se que um componente não físico sobrevivia após a morte e permanecia presente nas crenças e desejos do clã remanescente; (b) nelas acreditava-se que algumas pessoas eram capazes de receber inspirações e mensagens vindas do mundo sobrenatural; (c) nelas existia a convicção de que a execução exata de certos rituais poderia provocar mudanças no mundo natural.

Mithen e Boyer apresentam muitas evidências arqueológicas de que esses dados existiam desde o início do Paleolítico Superior. A arte e as sepulturas mostram que havia um conceito de morte como transição para formas não físicas de existir. Como apenas uma parcela das pessoas era enterrada nesse período, tudo indica que provavelmente exerciam alguma liderança religiosa privilegiada em suas comunidades. Os seres sobrenaturais já então eram tidos como capazes de transgredir o conhecimento intuitivo biológico (ou seja, eram vistos como contraintuitivos). Ao mesmo tempo, respeitavam a lógica intuitiva então existente, uma vez que agiam segundo elas no nosso mundo. Eram astutos e pregavam peças. Tinham características humanas: sentiam ciúmes e sofriam dos mesmos males psíquicos que nós, podendo também realizar feitos heroicos. É através dessa dupla versão — de violação e consonância com o pensamento intuitivo — que eles eram concebidos e se caracterizavam como seres sobrenaturais pelas religiões. Essa mesma capacidade de "fluidez cognitiva" capacitava já então as religiões para conhecer o "diferente" (outro) e encontrar algum meio de intercâmbio com esse outro diferente, vendo nessa relação um princípio explicativo do núcleo identitário do grupo e de cada um de seus membros.

Por esses caminhos metacognitivos é que, em um crescendo que atravessa milênios e milênios, os seres humanos criaram a cultura, a arte e a religião. A mente generalizada foi assim a base da notável "virada de direção" ocorrida entre cem e trinta mil anos atrás. Sem ela, a religião, as artes e a ciência, fenômenos que configuram de modo eminente o que é peculiar aos seres humanos, não teriam acontecido.

Para os neurocientistas D'Aquili e Newberg,[45] mente é o nome que se dá a realidades intangíveis produzidas pelo cérebro humano. Em linguagem religiosa, essas realidades intangíveis seriam exemplificadas por experiências místicas como o sentimento de presença de Deus, a sensação de irrealidade, um estado de paz de espírito, a fusão e unidade com o todo, o sentimento oceânico etc. Para esses autores, a mente e o cérebro são quase a mesma coisa, e é assim que têm condições intrínsecas para gerar estados místicos abrangentes. Nesse sentido, o termo "místico" refere-se ao que o cérebro realmente "faz" com o corpo e a mente, e não a uma imagem metafórica. Eis a razão por que D'Aquili e Newberg, dentro de sua competência de neuropesquisadores, postulam a validade da expressão *mystical mind* para designar o trabalho de interpretação do mundo que resulta do aprimoramento adquirido pelo cérebro humano como resultado de sua evolução filogenética.

Essa visão da mística pode ser complementada com uma citação magistral do neurocientista espanhol Vila:

Muitos autores que escreveram sobre o tema da experiência mística insistem na enorme semelhança entre os fenômenos que se produzem nas diversas culturas, religiões e épocas da humanidade. Mas há diversidade de opiniões e outro grupo de autores não creem que todas as experiências místicas tenham um mesmo denominador comum. Evidentemente, se partirmos das bases de que todas têm um substrato cerebral, o lógico é assumir denominadores comuns que se baseiam na similaridade das estruturas cerebrais que sustentam essa experiência. Também se deve pensar que a diferente formação cultural dos sujeitos se expressa na forma de vivê-las e na forma como essa experiência é transmitida, contando-se ainda com o fato de que a experiência também pode ser diversa, como é o caso de um budista que entra em contato com o Nada em comparação com um místico cristão, para quem o objetivo final é a união com Cristo.

O que se apura da citação é que o biológico não pode dar conta de todas as nuanças envolvidas no funcionamento religioso. Se somos seres históricos e narrativos, se nascemos já e sempre embebidos numa cultura específica, então todos os fatores serão tomados em consideração e postos a serviço da "fluidez cognitiva",[46] imprescindível para que os humanos tenham inaugurado o pensamento religioso, muito anterior a qualquer forma específica de religião instituída.

Referências bibliográficas

ALLETI, M. Presentazione. In: ALETTI, M.; FAGNANI, D.; ROSSI, G. (orgs.) *Religione: cultura, mente e cervello*; nuove prospettive in Psicologia della Religione. Torino: Centro Scientifico Editore, 2006a. pp. I-XII.

ATRAN, S. *In God we trust*; the evolutionary landscape of religion. Oxford and New York: Oxford University Press, 2002.

BELZEN, J. A. Culture, Religion and the "dialogical self". Roots and character of a secular cultural psychology of religion. *Archiv für Religionspsychologie*, v. 25 (2003), pp. 7-24.

_____. *Para uma Psicologia Cultural da Religião*; princípios, enfoques, aplicações. Aparecida: Ideias e Letras, 2010.

_____. Music and Christian Faith. Notes on

an empirical observation. Paper apresentado em: *Colóquios interdisciplinares sobre a Psicologia Cultural da Religião com o Prof. Jacob van Belzen*, PUC-SP (Novembro 2011).

BOYER, P. *Religion explained*; the evolutionary origins of religious thought. New York: Basic Books, 2001.

BRUNER, J. A narrative model of self construction. *Annals of the New York Academy of Sciences*, v. 818, 1997, pp. 145-161.

DAMÁSIO, A. R. *O livro da consciência*; a construção do *self* consciente. Lisboa: Temas e debates (Círculo de Leitores), 2010.

D' AQUILI, E. G.; NEWBERG, A. B. *The mystical mind*; probing the biology of religious experience. Minneapolis: Fortress Press, 1999.

ECCLES, J. C. *Cérebro e consciência*; o *self* e o cérebro. Lisboa: Instituto Piaget, 2000.

GANASCIA, J. G. *As Ciências Cognitivas*. Lisboa: Biblioteca Básica de Ciência e Cultura/Instituo Piaget, s.d. (original de 1996).

GEERTZ, A. W. Brain, Body and Culture: a Biocultural Theory of Religion. *Method and Theory in the Study of Religion* (2010).

GEERTZ, C. *The interpretation of cultures*. New York: Basic Books, 1973.

_____. *Nova luz sobre a Antropologia*. Rio de Janeiro: Jorge Zahar, 2001.

GOMES, W. B.; SOUZA, M. L.; JARDIM, A. P. O *self* dialógico e a psicoterapia: uma compreensão dialógica da relação terapeuta-paciente. *Contextos Clínicos*, v. 2, n. 1 (2009), pp. 1-10.

GROSSEN, M.; ORVIG, A. S. Dialogism and dialogicality in the study of self. *Culture and Psychology*, v. 17, n. 4 (December 2011), pp. 491-511.

HERMANS, H. J. M.; HERMANS-JANSEN, E. *Self narratives*; the construction of meaning in psychotherapy. New York: The Guilford Press, 1995.

HERMANS, H. J. M.; HERMANS-KONOPKA, A. *Dialogical self theory*; positioning and counter-positioning in a globalizing society. Cambridge, UK: Cambridge University Press, 2010.

HERMANS, H. J. M.; KEMPEN, H. J. G.; LOON, R. J. P. van. The dialogical self. "Beyond individualism and racionalism". *American Psychologist*, v. 47, n. 1 (1992), pp. 23-33.

_____. *The dialogical self*; meaning as movement. New York: Academic Press/Inc. Harcourt Brace &Co., 1993.

HOOD JR, R. W (ed.). *Handbook of Religious Experience*. Birmingham, Alabama: Religious Education Press, 1994.

JAMES, W. *The principles of Psychology*. Chicago/London/Toronto: William Benton, 1952.

_____. *As variedades da experiência religiosa*; um estudo sobre a natureza humana. São Paulo: Cultrix, 1985.

JARDIM P. A.; SOUZA, M. L.; GOMES, W. B. O *self* dialógico e a psicoterapia: uma compreensão dialógica da relação terapeuta-paciente. *Contextos Clínicos*, v. 2, n. 1 (2009), pp. 1-10.

KIRKPATRICK, L. A. *Attachment, evolution, and the Psychology of Religion*, New York, Kindle Edition, 2004.

KIRKPATRICK, L. E.; GRANQVIST, P. Religion, spirituality, and attachment. In: PARGAMENT, K. (ed.). *Handbook for the psychology of religion and spirituality*. Washington DC: American Psychological Association, no prelo.

KUHN, Th. S. *A estrutura das revoluções científicas*. São Paulo: Perspectiva, 2007.

LEGG, J. W.; SALGADO, J. From Bakhtinian theory to a dialogical psychology. *Culture and Psychology*, v. 17, n. 4 (December 2011), pp. 520-533.

LEIMAN, M. Mikhail Bakhtin's contribution to psychotherapy research. *Culture and Psychology*, v. 17, n. 4 (December 2011), pp. 441-461.

MASSIH, E. *O agir terapêutico*; um modo possível de cuidar. São Paulo: EDUC/ Cortez, 2000.

_____. A teoria do *self* dialógico na psicoterapia de religiosos católicos: uma visão desde a Psicologia Cultural da Religião. *Espaços*, v. 17, n. 1 (2009a), pp. 5-32.

_____. A teoria do *self* dialógico e a Psicologia Cultural da Religião na psicoterapia de religiosos. *Rever – Revista de Estudos da Religião* (2009b).

_____. O amadurecimento segundo D. W. Winnicott. In: VALLE, E. (org.). *Tendências homossexuais em seminaristas e religiosos*; visão psicoterapêutica e pedagógica. São Paulo: Loyola, 2011a. pp. 90-96.

_____. *O self dialógico no processo de amadurecimento do seminarista católico*; uma ampliação para a prática psicoterapêutica desde uma perspectiva cultural da religião. Tese de doutoramento. São Paulo: Pontifícia Universidade Católica, 2012.

MC ADAMS, D. P. *The stories we live by*; personal myths and the making of the self. New York: Morrow, 1993.

McADAMS. D. *The stories we live by*; personal miths and the making of the self. New York/London: The Guilford Press, 1996.

MITHEN, S. J. *A pré-história da mente*; uma busca das origens da arte, da religião e da ciência. São Paulo: Unesp, 2002.

NIEMEYER, R. A. *Psicoterapias construtivistas: características, fundamentos e futuras direções*. In: NIEMEYER, R. A.; MAHONEY, M. (orgs.). *Construtivismo em psicoterapia*. Porto Alegre: Artes Médicas, 1997.

PAIVA, G. J. de. Psicologia da Religião, Psicologia da espiritualidade: oscilações conceituais de uma (?) disciplina. In. AMATUZZI, M. M. (org.). *Psicologia e espiritualidade*. São Paulo: Paulus, 2005. pp. 31-48.

_____. Psicologia Cognitiva e Religião. *Rever – Revista de Estudos da Religião* (2007), pp. 183-194. Disponível em: [em:http://

www4.pucsp.br/rever/rv1_2007/t_paiva. htm]>

PALOUTZIAN, R. F.; PARK, C. L. (eds.). *The handbook of the psychology of religion and spirituality*. New York and London: Guiford, 2007.

PYYSIÄINEN, I. *How Religion Works*; towards a New Cognitive Science of Religion. Leiden/Boston: Brill, 2003.

QUEIROZ, J. J. Deus e a espiritualidade sob olhares científicos pós-modernos: limites e possibilidades da nova Biologia, da genética e da neurociência no campo da(s) Ciência(s) da Religião. In: SUMARES, M. G. et alii (ed.). *Religiosidade*; o seu carácter irreprimível; perspectivas contemporâneas. Braga: Publicações da Faculdadede Filosofia da Universidade Católica Portuguesa, 2010.

SALGADO, J.; CLEGG, J. W. Dialogism and the psyche and contemporary psychology. *Culture and Psychology*, v. 17, n. 4 (December 2011), pp. 421-440.

SOUZA, M. L.; GOMES, W. B. Psicoterapia: uma compreensão dialógica da relação terapeuta-paciente. *Revista Contextos Clínicos*, v. 2 (2009), pp. 1-10.

SPERRY, L. *Sexo, sacerdocio e Iglesia*. Santander: Sal Terrae, 2004.

VALLE, E. Neurociências e religião: interfaces. *Rever – Revista de Estudos da Religião*, n. 3 (2001), pp. 1-46. Disponível em: [htt//www.pucsp.br/rever/rv3_2001/p_valle.pdf]>.

_____. Ciências Cognitivas, Filosofia da mente e Fenomenologia: um debate contemporâneo. In: CRUZ, E. R.; DE MORIN, G. (orgs.). *Teologia e Ciências da Religião*; a caminho da maioridade acadêmica no Brasil. Belo Horizonte/São Paulo: Editora PUC-Minas/Anptecre/ Paulinas, 2011b. pp. 143-174.

VILA, F. J. R. Religión y cerebro. In: VELASCO, F.; BAZAN, F. G. (orgs.). *El estudio de la Religión*. Madrid: Trota, 2002. pp. 173-194.

Notas

1. Verbete "Psicologia Evolucionária" da Wikipedia (edição portuguesa).
2. *Stanford Encyclopedia of Philosophy*.
3. Barko; Cosmides; Tooby, *The adaptated Mind*.
4. Kuhn, *A estrutura das revoluções científicas*.
5. Eccles, *Cérebro e consciência*.
6. Paloutzian; Park, *Handbook of Psychology of Religion*, pp. 7-20.
7. Ibid., pp. 7-20.
8. Hermans; Hermans-Konopka, *Dialogical Self Theory*; Belzen, *Para uma Psicologia Cultural*; Valsiner, *Culture in mind and society*; Kirkpatrick, *Attachment, evolution, and the Psychology of Religion*; Geertz, Brain, body and culture; Geertz, *The interpretation of cultures*.
9. Hermans; Hermans-Konopka, *Dialogical Self Theory*.
10. Belzen, *Para uma Psicologia Cultural*.
11. Valsiner, *Culture in mind and society*.
12. Geertz, Brain, Body and Culture.
13. Ganascia, *As Ciências Cognitivas*, p. 7.
14. Metzinger, *Being one*.
15. Kirkpatrick; Granqvist, Religion, spirituality, and attachment.
16. Atran, *In God we trust*; Boyer, *Religion explained*.
17. Freeman.
18. Belzen, Music and Christian Faith.
19. James, *As variedades da experiência religiosa*.
20. Pyysiäinen, *How Religion Works*; James, *As variedades da experiência religiosa*.
21. James, *As variedades da experiência religiosa*, pp. 15-28)
22. Massih, *O self dialógico no processo de amadurecimento do seminarista católico*.
23. Paiva, Psicologia Cognitiva e Religião, p. 186.
24. Valle, Neurociências e religião.
25. Damásio, *O livro da consciência*, p. 263.
26. Boyer, *Religion explained*; Atran, *In God we trust*.
27. Geertz, *Nova luz sobre a Antropologia*.
28. Paiva, Psicologia Cognitiva e Religião, p. 186.
29. Ibid., p. 183.
30. Massih, *O self dialógico no processo de amadurecimento do seminarista católico*.
31. Boyer, *Religion explained*.
32. Pyysiäinen, *How Religion Works*.
33. Boyer, *Religion explained*; Mithen, *A pré-história da mente*.
34. Boyer, *Religion explained*, p. 311.
35. Bruner, *A narrative model of self construction*.
36. Geertz, *Nova luz sobre a Antropologia*, pp. 166-168.
37. Mithen, *A pré-história da mente*, p. 93.
38. Belzen, *Para uma Psicologia Cultural*, p. 125.
39. Boyer, *Religion explained*, p. 312.
40. Mithen, *A pré-história da mente*.
41. Boyer, *Religion explained*, p. 321.
42. Ibid., p. 323.
43. Ibid., p. 324.
44. Mithen, *A pré-história da mente*, pp. 279-280.
45. D'Aquili; Newberg, *The mystical mind*.
46. Mithen, *A pré-história da mente*, p. 321.

Psicologia e espiritualidade

Clarissa De Franco

Introdução

Há várias maneiras de abordar as convergências entre Psicologia e espiritualidade. Nossa tarefa irá se focar na imbricação entre os dois campos de atuação e de conhecimento, considerando para tal as implicações da espiritualidade na prática clínica de psicoterapia, a formação moral do ser humano e as concepções e vivências diante da morte como representantes dessas fronteiras. Também levaremos em conta as formulações acerca do termo "espiritualidade", em relação às conceituações sobre religiosidade e religião. Semântica e historicamente, os termos têm sofrido revisões conceituais, a partir de processos históricos, como a secularização, e de avanços teóricos, como é o caso das abordagens humanísticas em relação à espiritualidade e de rearranjos de dentro do próprio contexto religioso.

Como ciência recente (estruturada em fins do século XIX), a Psicologia traz ainda delimitações frágeis em relação ao seu estatuto epistemológico e às suas fronteiras com outros campos de atuação. Gestada sob o prisma da subjetividade, a Psicologia abarca algo — a realidade psicológica — que parece moderno, mas que remete ao humano atemporal. Se pudéssemos pensar em uma espécie de ciência de outrora, quem mais senão os líderes religiosos (talvez também os filósofos) para lidar com as aflições da consciência humana? Dirigentes religiosos e terapeutas, afinal, são ambos procurados em busca de acolhimento, aconselhamento, orientação, apoio emocional, dentro de um âmbito que podemos denominar de atribuição de sentido e consciência à vida.

Sob outro prisma, mas em direção conceitual próxima, Vergote[1] argumenta acerca das psicopatologias: "Outrora essas doenças eram atribuídas à possessão por espíritos; na religião bíblica, à possessão pelo diabo. Para o homem de espírito científico, é mais tranquilizador atribuir a psicopatologia a pequenos diabos bioquímicos".

Espiritualidade, religiosidade e religião

Na frase citada, Vergote usa a expressão "homem de espírito científico", trazendo — talvez não com essa intenção declarada — embutida uma ideia acerca do uso da palavra "espírito". Para a nossa comunicação, é importante tal uso do "espiritual" descolado do estrito contexto religioso. Embora, em sua origem, a espiritualidade tenha estado diretamente vinculada ao universo cristão, com o Iluminismo ganhou uma conotação de racionalidade humana, sendo o elemento que nos caracterizaria enquanto espécie. Nesse contexto, a espiritualidade ou o espírito humano seriam, portanto, o exercício do que é peculiar à humanidade, o exercício racional, como podemos compreender na frase de Vergote. "O homem de espírito científico" seria "o homem de razão científica" ou o homem com uma inclinação ou uma natureza científica. Não cabe aqui o aprofundamento de termos adjacentes como "natureza", por exemplo. Importa-nos o processo histórico, que foi forjando a espiritualidade como um campo distinto da religiosidade.

Formulações da Psicologia Humanista — estruturada no contexto do pós-guerra, em que o desequilíbrio social trouxe reflexões acerca da subjetividade existencial, fazendo com que autores[2] passassem a considerar reducionismo o conhecimento vindo das correntes psicológicas até então disponíveis (basicamente a Psicanálise e o Behaviorismo) — trouxeram questionamentos e reflexões que inspiraram a configuração de um novo sentido à expressão "espiritualidade". O foco passou a se concentrar no potencial humano de realização e nas buscas do sujeito visando ao próprio aperfeiçoamento. Essa ideia pode ser desdobrada em uma reflexão acerca das qualidades desse aperfeiçoamento pessoal. Por que, afinal, é chamado de espiritualidade tal aperfeiçoamento?

A. H. Maslow, ao criar a pirâmide das necessidades humanas, coloca no topo delas as necessidades de realização, que incluem fatores como autonomia, criatividade, liberdade, espontaneidade e autenticidade na relação do sujeito consigo mesmo e com o outro. Fatores tais que reorientam a significação do próprio papel diante do mundo (também conhecida como busca de sentido para a vida) e o desenvolvimento da consciência empática, da qual derivam mudanças na qualidade de relacionamento com a alteridade. Essas qualidades passam a localizar no sujeito — e não mais no transcendente — o espaço do aperfeiçoamento do potencial humano. E seu caráter imaterial e incorpóreo (em oposição às necessidades de primeira ordem, que seriam as fisiológicas) configura a espiritualidade como interno ao ser humano.

Dentro dessa concepção mais recente, alguns autores têm distinguido espiritualidade, religiosidade e religião numa base de gradiente entre a força da institucionalização e o desligamento do vínculo institucional. É importante considerar, nesse contexto, o processo de secularização como elemento de enfraquecimento do vínculo institucional religioso. Em uma importante revisão da literatura, Geraldo José de Paiva[3] aponta através de afirmações de Saraglou[4] que a espiritualidade no contexto contemporâneo, dentre outros fatores, é caracterizada por ser mais popular entre os jovens, já que "quase um quarto da população estudada se identifica com uma espiritualidade sem Deus e sem religião". Embora se aponte que isso não seja exclusivamente uma consequência da secularização, há que se considerar seu papel em termos históricos relativos às transformações no campo religioso.

Koenig[5] conceitua religião como um sistema organizado de mitos, ritos, crenças e símbolos que forneceriam um modelo de relação do ser humano com o transcendente, diferentemente da espiritualidade, que teria relação com uma busca pessoal de sentido. A religiosidade, sendo derivada do contexto religioso, seria a maneira de vivência ou apropriação dos elementos de determinado contexto de crenças, estando vinculada a esse contexto, mas não o reproduzindo rigidamente.

O psicólogo Keneth Pargament,[6] cuja teoria de enfrentamento (*coping*) abordaremos em outro momento do texto, tem uma expressão clássica: "Não sou religioso; sou espiritual". Para Pargament, a religião estaria vinculada às instâncias de organização ritual e ideologia, ao passo que espiritualidade levaria em conta as dimensões afetivas, pessoais e experienciais. Entretanto, ele próprio (juntamente com Hill)[7] alerta para o perigo de tornar independentes os conceitos de religião e espiritualidade, sem considerar sua relação. Dessa maneira, a separação conceitual excessiva poderia levar a uma "necessidade infundada de duplicação de medidas de avaliação".[8] Além disso, deve-se considerar que, "do ponto de vista experiencial, tão decisivo para o que chamamos de 'espiritualidade', as religiões são muito semelhantes. No que têm de profundamente humano, elas se encontram" A observação de Edênio Valle[9] complementa a visão indicada de Pargament (e Hill), das quais podemos concluir que, apesar das diferenças a serem consideradas, não há como separar totalmente espiritualidade, religião e religiosidade.

Portanto, em uma escala apenas didaticamente construída na qual se considerariam as relações entre os termos, a religião seria o sistema que fornece o conteúdo simbólico, moral e ritual das crenças; a religiosidade seria a maneira como o fiel se apropria desse sistema, atualizando-o em seu cotidiano a partir de sua vivência; e a espiritualidade seria um sistema próprio e independente de crenças, que passa pelo aperfeiçoamento de potências como criatividade, liberdade, espontaneidade, autenticidade, dentre outros. Nesse sentido, a espiritualidade, como forma particular de sistema de crenças, pode apresentar inclusive uma desvinculação da ideia de Deus, podendo existir tanto em contextos religiosos quanto em ateus.[10]

Citando mais um exemplo, no âmbito da saúde mental (conforme discutiremos mais adiante) a espiritualidade também é definida a partir da questão do sentido e de sua natureza diversa — mas não totalmente independente — da religião. Conforme a citação a seguir deixa evidente[11] (em consonância com o que propõe a Organização Mundial da Saúde), a espiritualidade tem um caráter pessoal e não material:

> Tem-se por espiritualidade o conjunto de todas as emoções e convicções de natureza não material, com a suposição de que há mais no viver do que pode ser percebido ou plenamente compreendido, remetendo a questões como o significado e sentido da vida, não se limitando a nenhum tipo específico de crença ou prática religiosa.[12]

Portanto, a ideia corrente hoje em termos de espiritualidade é a de que ela está vinculada a uma busca pessoal de sentido, com ênfase no aperfeiçoamento do potencial humano. E isso pode envolver ou não valores religiosos, mas de toda forma envolve concepções de sentido ligadas ao exercício da fé. A fé seria o elemento unificador dessas instâncias aqui tratadas, e a palavra fé está sendo abordada em seu sentido amplo, como elemento que "dá sentido à vida", ou "tomada de posição básica diante da vida",[13] diferentemente da fé religiosa, que implica "a afirmação ao menos implícita de um absoluto, incondicionado, transcendente, fonte última de sentido, em quem se deposita confiança".[14]

Para facilitar nossa compreensão, com base nas ideias expostas, apresentamos resumidamente os elementos adjacentes a cada um dos campos relativos a essas três categorias (religião, religiosidade e espiritualidade):

- *Religião*: rituais, doutrinas, mitos, símbolos, cultos, orações, *crença/fé*.
- *Religiosidade*: vivência e experiência religiosas, inquietação ou senso religioso, campo ou fenômeno religioso,

desenvolvimento religioso, adesão e comprometimento religiosos, *crença/fé*.

- *Espiritualidade*: busca pessoal de sentido, autorrealização, autonomia em relação às instituições, autenticidade, espontaneidade, criatividade, liberdade, mal-estar em relação à materialidade do mundo, *crença/fé*.

Levando em conta essa relação entre os termos religião, religiosidade e espiritualidade e o papel da fé (enquanto tomada de posição e busca de sentido para a vida) como elemento de unificação desses campos semânticos e conceituais, cabe ressaltar finalmente que não se propõe "a espiritualidade como alternativa à religião no estudo psicológico".[15] Apenas identificamos as distinções desses campos. Com o pensamento de que a dimensão da espiritualidade é também a da construção de sentido, através da realização do ser, busquemos agora compreender os campos nos quais a relação entre Psicologia e espiritualidade fica mais evidente, com exemplos representativos de suas fronteiras.

Psicologia e espiritualidade: fronteiras

Optamos por trabalhar com três elementos ilustrativos das imbricações de fronteiras entre Psicologia e espiritualidade, sendo eles, as implicações da espiritualidade na prática clínica de psicoterapia, a moralidade e as concepções e vivências diante da morte. Esses elementos foram escolhidos em função do reconhecimento de sua importância nos dois campos, tanto na prática clínica psicológica quanto nas concepções doutrinais e nas vivências religiosas, considerando a dimensão da espiritualidade como uma busca de sentido e de realização do ser.

Implicações da espiritualidade na prática de psicoterapia clínica

No exercício da Psicologia Clínica, como observam Cambuy, Amatuzzi e Antunes,[16] não é incomum que, entre as queixas principais que conduzem o paciente ao consultório do terapeuta, situem-se as de ordem espiritual ou religiosa. São também frequentes as associações entre quadros psicopatológicos e conteúdos religiosos delirantes, a ponto de existir uma categoria de pensamento denominada de "delírio místico-religioso",[17] que eventualmente acompanha quadros como a esquizofrenia.

Devem-se considerar, nessa relação, os aspectos culturais que normatizam os conceitos de saúde e doença mental. O que parece ser o regulador dessas fronteiras é o contexto no qual se situam determinados comportamentos e pensamentos. Uma ideia "desviante" só pode ser declaradamente patológica quando seu entorno cultural não a legitima:

> As crenças culturalmente sancionadas não devem ser confundidas com os sintomas psicopatológicos [...]. O elemento diferencial básico das ideias delirantes é que nas crenças culturalmente sancionadas há evidências de que o indivíduo compartilha com um grupo social a sua crença, mesmo que seja bizarra ou absurda.[18]

A Organização Mundial da Saúde, desde 2008, incluiu o bem-estar espiritual como uma das dimensões de saúde, ao lado dos aspectos físicos, psicológicos e sociais. Esse movimento indica o reconhecimento de uma relação preterida pelos moldes clássicos da Medicina, que, sob o paradigma empirista das Ciências Naturais, não legitimava a espiritualidade como parte integrante da saúde humana.

Do ponto de vista da Psicologia, é vital para o trabalho clínico a compreensão da espiritualidade como uma dimensão humana, que pode fornecer conteúdos interpretativos para comportamentos e vivências do sujeito.[19] Questiona-se se caberia ao psicólogo, do ponto de vista ético, abordar questões relativas à religiosidade no consultório. E a resposta parece convergir para um argumento, o de que tomar consciência da relevância e das características da religião no contexto cultural em que vivem seus pacientes é uma forma de lidar com uma instrumentação sobre compromisso, moral e papéis sociais mais adequada nas análises do normal e patológico, bem como de auxílio terapêutico a uma série de elaborações que envolvem o sentido da vida, as representações do sujeito e familiares, a culpa, a repressão, a sexualidade etc.

Marília Ancona-Lopez elenca, a partir das teorias de Shafranske e Malony,[20] quatro motivos pelos quais é fundamental considerar a religiosidade dos pacientes na prática clínica: relevância da religião na cultura, incidência do fenômeno religioso na clínica psicológica, relações entre religiosidade e saúde mental, considerações dos valores na prática clínica. Considerando a religião como uma dimensão da cultura, a autora aponta as incoerências da formação profissional do psicólogo que é treinado para valorizar as singularidades e as diferenças individuais, mas, à medida que se enfatiza o esforço de empatia e aproximação do terapeuta com seu cliente, ignoram-se paradoxalmente as diferenças de cultura, estimulando-se o tratamento homogêneo em relação aos elementos sociais.

Ela enfatiza que, na clínica psicológica, "a maioria dos clientes é religiosa" e que "as pessoas pertencem a filiações religiosas cada vez mais diversificadas", o que implica a necessidade de conhecimento e investigação do modo de ser religioso dos pacientes.

Não são apenas as religiões e os conteúdos religiosos que "invadem" a prática da Psicologia, mas também as teorias e técnicas dessa ciência são utilizadas no âmbito das comunidades religiosas. Embora aconselhamento psicológico e aconselhamento pastoral sejam coisas distintas, vê-se com certa frequência a inserção de teorias psicológicas no currículo de formação teológica do aconselhamento pastoral e consequentemente na prática dos líderes religiosos com tal formação.

Edênio Valle[21] chama a atenção, na relação entre Psicologia e espiritualidade, para a possibilidade tentadora a que ambas as áreas podem ceder de enfatizar apenas uma das visões da experiência e do comportamento religioso: de um lado, a Psicologia acreditando que teria todos os conceitos e instrumentos para conduzir o ser humano ao desenvolvimento pleno; do outro, o espiritualismo simplificando "a complexidade das motivações humanas implicadas na experiência religiosa", transformando "os cultos em verdadeiras sessões de cura psicoterapêutica, lançando mão de linguagens e métodos diretamente emprestados dos múltiplos arsenais terapêuticos hoje usados".[22]

Considerando essa dupla implicação, tomamos como empréstimo as teorias de enfrentamento ou *coping*, da qual Keneth Pargament[23] é um dos expoentes. Em sua dimensão religiosa, o *coping* teria sua força motivacional de enfrentamento de crise ligada ao contexto da crença. Pargament, através de uma escala de *coping*,[24] faz uma distinção entre *coping* positivo e negativo, sendo o primeiro característico de situações em que a pessoa se utiliza de significados religiosos como elementos de apoio emocional, perdão, benevolência, colaboração, e o *coping* negativo representando uma avaliação dos conteúdos religiosos como punitivos, malévolos ou indicativos de descontentamento ou delegação.

Koenig e Larson[25] apontam que a maioria das pesquisas que envolvem o enfrentamento religioso ou espiritual de uma situação estressante no âmbito da saúde mental obtém resultados de melhoria dos índices de saúde, otimismo, senso de propósito de vida, satisfação, bem-estar, esperança e menores índices de depressão, ansiedade e abuso de substâncias.[26]

A capacidade de enfrentamento também é abordada por uma linha psicológica muito recente, denominada Psicologia Positiva. Há aproximadamente uma década, Martin Seligman, juntamente com outros autores, como Peterson,[27] propõe um enfoque voltado para o otimismo como uma forma preventiva de saúde e de desenvolvimento humano. Com ênfase no que denominam de forças e virtudes dos seres humanos, os autores propõem que o foco no otimismo, na criatividade, na espiritualidade, na sabedoria, no amor, na coragem, na justiça e no bem-estar seriam fatores relacionados à resiliência. Conforme afirmam Calvetti, Muller e Nunes,[28] "a prática da Psicologia Positiva transcende o sistema de saúde vigente; propõe estimular o desenvolvimento das forças positivas inerentes à pessoa e sugere o investimento em intervenções nesse enfoque". Tal abordagem traz o conceito de felicidade para a interface da Psicologia com a espiritualidade, dando seguimento ao enfoque de desenvolvimento do potencial humano das correntes humanistas já citadas aqui.

Cabe ressaltar que a religiosidade tem sido apontada como fator de auxílio na resiliência e no enfrentamento de crises, especialmente quando sua dimensão espiritual (com foco no desenvolvimento e nas potencialidades humanas) é considerada. Na clínica psicológica, tais fatores devem ser observados, lembrando que as imbricações da Psicologia e da religiosidade são mútuas e devem contar com o olhar técnico e atento do psicólogo, a fim de promover a saúde e o desenvolvimento psíquico.

A moralidade como elemento de fronteira

Como já observamos, a Psicologia, em sua dimensão de atenção à subjetividade, está em consonância com muitas das preocupações que também acometem o campo da espiritualidade. Poderíamos centralizar essas preocupações em um "guarda-chuva" que abrange outros elementos, e tal guarda-chuva seria o que denominamos de atribuição de sentido e consciência à vida, remetendo ao aprimoramento do potencial humano.

Burilando um pouco mais essa percepção genérica de atribuição de sentido à e consciência da vida, deparamo-nos com a formação de valores morais do sujeito, em seus questionamentos centrais acerca de bondade, justiça, pecado, erro, vergonha, virtude, dentre outros, que seriam representativos do processo de desenvolvimento da consciência e também da concepção que orienta o sentido da existência. Tais dimensões compõem a espiritualidade e são campos de interesse da Psicologia. Como nos lembra Vergote, "a formação e a deformação da consciência moral representam objetos importantes de muitos estudos psicológicos. A Psicologia pode e deve dispensar sua iluminação própria à realidade teológica que é o pecado".[29]

Dessa afirmação de Vergote, podem-se extrair algumas reflexões centrais, a saber: o pecado é uma categoria moral vinculada a uma realidade teológica, mas isso não implica dizer que somente os religiosos têm a noção de pecado como norteadora de suas trajetórias morais.

A cultura judaico-cristã, mesmo diante das transformações contemporâneas do quadro mundial das religiões, deixou entre suas heranças cargas simbólicas relativas ao pecado, à culpa e à vergonha. De um modo geral, essas cargas passam pelas ideias de pureza, merecimento e honra. Apesar do reconhecimento de uma tendência patologizante relacionado a essas heranças simbólicas das religiões judaico-cristãs, que segundo F. Nietzsche promoveram uma "doença na alma", não se deve, do ponto de vista da psicoterapia clínica, incorrer em erros reducionistas de identificar toda concepção de moral com forte apoio nessas ideias como patologias. Ou, por outro, tomar a via religiosa, por ser a fonte geradora de determinados conflitos morais, como a única saída de "cura".

Para Kohlberg, importante pesquisador da Psicologia da Moral, a moralidade centra-se no raciocínio ligado ao conceito de justiça, no qual se ancora o julgamento moral. Propondo seis estágios de desenvolvimento do raciocínio moral, Kohlberg, inspirado por Jean Piaget, afirma resumidamente que o ser humano parte do julgamento entre certo e errado primeiro por interesses pessoais, como medo de punição, o que depois passa a se apoiar em regras de figuras externas que representam autoridade e referências às quais se quer corresponder, e finalmente o agir corretamente passa a ser guiado por princípios éticos, baseados em reciprocidade, igualdade, elementos ligados a uma concepção moral universal. Ao nosso estudo, importa principalmente sua observação de que há maneiras mais ou menos autônomas de vivenciar todos os seis estágios da moral, lembrando que autonomia é um dos elementos que caracterizam a espiritualidade.

O conceito de justiça traz em seu bojo associações com outros elementos de ordem moral: o justo é justo a partir de uma compreensão específica de certo e errado, e a injustiça está nas bases das emoções de mágoa e ressentimento, que talvez sejam os processos emocionais mais violentos e difíceis de serem revertidos. Portanto, ao focar sua teoria moral na ideia de justiça, Kohlberg demonstra reconhecer essa agregação de ideias e emoções em torno do conceito.

No exercício do raciocínio moral, também se consideram, a critério de julgamento, as causalidades e intencionalidades envolvidas em uma ação, o que significa dizer que as motivações internas e as circunstâncias externas que guiam as ações seriam fatores determinantes na atribuição de carga simbólica de juízo.

Se pensarmos em termos de desenvolvimento humano — chave da conexão entre os objetivos da Psicologia e da espiritualidade —, importa-nos que qualquer atribuição de sentido ligada à concepção moral leva a uma forma de aprimoramento das potencialidades humanas. Novamente Vergote[30] observa, acerca de uma das expressões da moralidade, que, "como todo sentimento, a vergonha é uma forma de conhecimento". Conhecimento de si e do mundo, a partir das experiências afetivas e racionais que o exercício da moralidade impõe. Vergonha, culpa, erro, pecado, injustiça e maldade são apenas vivências, concepções e experiências humanas que servem de aprendizado e busca da autenticidade do ser. Para fins conclusivos, podemos considerar também que o âmbito da saúde está atrelado ao da moralidade, uma vez que cargas emocionais e simbólicas ligadas a concepções morais podem fazer adoecer ou libertar potenciais humanos. É com esse pensamento que passamos à próxima análise do último elemento representativo das fronteiras entre Psicologia e espiritualidade, a morte.

A morte como elemento de fronteira

Sem nenhum recurso científico ou técnico, parece fácil identificar a morte e as vivências dela decorrentes (luto, ritualização fúnebre) como elementos que estão nas fronteiras entre Psicologia e espiritualidade. Os questionamentos existenciais que o contato com a morte — de si próprio e de outros — provocam estão na ordem das grandes preocupações de busca de sentido para a vida.

Gambini considera que "o contato com a morte foi fundante para o nascimento da consciência",[31] já que esteve diretamente relacionado à descoberta do exercício da capacidade simbólica do ser humano.

É pensamento corrente entre autores contemporâneos[32] que a morte é negada na atualidade. Avanços médicos e científicos de toda ordem tentam constantemente tornar-nos mais jovens, belos e vigorosos. A morte, nesse processo, passa a ser uma adversária da vida, uma anomalia a ser combatida pelas técnicas e descobertas modernas que querem nos conduzir ao infinito. "A sociedade tecnológica enterrou a morte na nossa alma. Perdemos o contato com ela e a transformamos em tabu."[33]

Nossa negação da morte, para alguns psicólogos, se ancora no sentimento humano de narcisismo e na identificação que estabelecemos com a disposição heroica. "Um dos mecanismos de lidar com a angústia da consciência de nossa pequenez é, entre tantos outros, preencher nossas vidas com feitos heroicos, com eventos ou números que aparentemente nos elevem ao reconhecimento social."[34] Como um marcador do fim da existência, a morte nos incita a correr contra o destino, deixando feitos e realizações que justifiquem nossa passagem por aqui. Precisamos por essa razão que a cultura nos dê um sentimento básico de valor humano como contribuintes sem igual que somos para a vida cósmica.

O tabu em torno da morte empobrece simbolicamente tanto os rituais fúnebres — que em um contexto secularizado passam a ter menos elementos religiosos característicos — quanto as possibilidades de vivência do luto. As perdas são vivenciadas como algo tão particular que chega a ser quase vergonhoso expressar dor por um morto. Tudo deve ser encoberto, resguardado, a ponto de parecer patológico sofrer.

A pesquisadora Elizabeth Kübler-Ross[35] apresentou cinco estágios do ser humano diante da morte: negação, raiva, barganha, depressão e aceitação. Tais estágios, que não necessariamente são subsequentes, indicam uma evolução da maturidade de lidar com a morte. Negar é não poder reconhecer e usar recursos para afastar a realidade que dói. Ter raiva é procurar um responsável pela dor e não aceitar a impotência diante da morte. Barganhar é tentar negociar com o destino, fazer magia, promessas etc. A depressão, não por acaso, é o último estágio antes da aceitação. Quem se deprime sai da condição de controlador do destino e passa a reconhecer as limitações humanas. Finalmente, a aceitação é o processo que nos torna capazes de ver, tocar, falar sobre a morte e, ao mesmo tempo, deixá-la ir para onde tiver que ir, longe de nossos domínios racionais.

Acerca dos papéis da Psicologia e da religião nas elaborações de morte, Paiva, citando Lucy Bregman,[36] ressalta que

outra posição, ligada ao "movimento de conscientização da morte", é apresentada por Lucy Bregman [...] (2001), sustenta, teórica e empiricamente, que a Psicologia tem recursos próprios, não opostos aos recursos religiosos mas independentes deles, para lidar com a preparação para a morte e com o luto dos sobreviventes. Para ela, a Psicologia tem espiritualidade, porque a morte desvela para quem parte e para quem fica dimensões do *self* e do universo, que escapam aos limites do aqui-e-agora. A espiritualidade da Psicologia na morte expressa-se pela tristeza, pelo desgosto, pelo medo, pela raiva e pelo sentimento de ultraje diante da perda pessoal e social; expressa-se também pela consciência de que a morte faz parte do ciclo da vida, e "nos une com os outros seres vivos em um ecossistema que opera com harmonia, se não com finalidade e [...] benevolência" (p. 327). Considero essas formas de espiritualidade oriundas da psique humana enquanto exigência intrínseca de autorrealização, que inclui a comunhão com o outro, e enquanto reação às frustrações que atingem a autorrealização.[37]

Portanto, é reconhecido que, diante das experiências ligadas à finitude (doenças graves, morte, velhice), "há uma intensa revisão e questionamento de valores pessoais, mudanças de papéis familiares e reavaliação de planos futuros".[38] Nesse sentido, é importante considerar que o papel da morte, para o

que nos interessa neste texto, é reestruturar as concepções de sentido, trazendo maior maturidade emocional para lidar com os mistérios da vida. A religiosidade forneceria o conteúdo mítico e simbólico de tais questionamentos, e a Psicologia ancoraria esses questionamentos na história de vida do sujeito, revitalizando sua dimensão espiritual e existencial, ligadas, no sentido de autorrealização, como apontam Paiva e Bregman,[39] à consciência de pertencimento do ser ao ciclo maior da vida.

Conclusões

Os três elementos escolhidos para ilustrar as relações entre Psicologia e espiritualidade — prática da psicoterapia clínica, moralidade e morte — têm sido objeto de interesse de autores da Psicologia da religião, justamente por possuírem questões que centralizam as principais imbricações dos dois campos. A bastante comentada "busca de sentido" atrelada à concepção contemporânea de espiritualidade traz outros elementos que nos fazem compreender que o objetivo humano

de realizar os próprios potenciais, de maneira autônoma, privilegiando sua criatividade e espontaneidade, está na base dessa relação apresentada nestas páginas. A dimensão espiritual é a dimensão de realização do ser, e, para uma ciência comprometida com o desenvolvimento do ser como a Psicologia, nada mais convergente que manter vivas as produções que consideram a espiritualidade como parte vital do processo evolutivo humano.

Referências bibliográficas

AMATUZZI, Mauro Martins (org.). *Psicologia e espiritualidade*. São Paulo: Paulus, 2005.

_____. Esboço de teoria do desenvolvimento religioso. In: PAIVA, Geraldo José (org.). *Entre necessidade e desejo*; diálogos da Psicologia com a Religião. São Paulo: Loyola, 2001.

ANCONA-LOPEZ, Marília. Religião e Psicologia Clínica: quatro atitudes básicas. In: MASSIMI, Marina; MAHFOUD, Miguel. *Diante do mistério*. São Paulo: Loyola, 1999.

ANCONA-LOPEZ, Marília; ARCURI, Irene Gaeta (orgs.). *Temas em Psicologia da Religião*. São Paulo: Vetor, 2007.

BATAGLIA, Patricia Unger; Raphael; MORAIS, Alessandra; MELISSA, Rita. A teoria de Kohlberg sobre o desenvolvimento do raciocínio moral e os instrumentos de avaliação de juízo e competência moral em uso no Brasil. *Estudos de Psicologia*, v. 15, n. 1 (janeiro-abril 2010), pp. 25-32.

BREGMAN, L. The death awareness movement. Psychology as religion? In: JONTE-PACE, D.; PARSONS, W. B. (orgs.). *Religion and Psychology Mapping the terrain*. London/New York: Routledge, 2001.

CALVETTI, P. Ü.; MULLER, M. C.; NUNES, M. L. T. Psicologia da saúde e Psicologia positiva: perspectivas e desafios.

Psicol. cienc. prof., v. 27, n. 4 (2007), pp.706-717. Disponível em: <http://pepsic.bvsalud.org/scielo.php?script=sci_arttext&pid=S1414-98932007001200011&lng=pt&nrm=iso>. ISSN 1414-9893; acesso em: 14/8/2012.

CAMBUY, Karine; AMATUZZI, Mario Martins; ANTUNES, Thais de Assis. Psicologia Clínica e experiência religiosa. *Rever – Revista de Estudos da Religião*, v. 3 (2006), pp. 77-93.

DALGALARRONDO, Paulo. *Psicopatologia e semiologia dos transtornos mentais*. Porto Alegre: Artmed, 2000.

ELIAS, Norbert. *A solidão dos moribundos*; seguido de envelhecer e morrer. Rio de Janeiro: Jorge Zahar, 2001.

FRANCO, Clarissa de. *A cara da morte*; os sepultadores, o imaginário fúnebre e o universo onírico. São Paulo: Ideias e Letras, 2010.

_____. Crise criativa no morrer: a morte passa apressada na pós-modernidade. *Revista Kairós*, São Paulo, v. 10, n. 1 (jun. 2007), pp. 109-120.

GAMBINI, R. A morte como companheira. In: OLIVEIRA, M. F.; CALLIA, M. H. P. (orgs.). *Reflexão sobre a morte no Brasil*. São Paulo: Paulus, 2005.

GOBATTO, C. A.; ARAÚJO, T. C. C. F. Coping religioso-espiritual: reflexões e perspectivas para a atuação do psicólogo em oncologia. *Rev. SBPH*, v. 13, n. 1 (2010), pp. 52-63. Disponível em: <http://pepsic.bvsalud.org/scielo.php?script=sci_arttext&pid= S1516-08582010000100005&lng=pt&nrm=iso>. ISSN 1516-0858; acesso em: 14/8/2012.

KOENIG, H. G.; LARSON, D. B.; LARSON, S. S. Religion and coping with serious medical illness. *Ann Pharmacother*, v. 35 (2001), pp. 352-359.

KÜBLER-ROSS, Elisabeth. *Sobre a morte e o morrer*. 4. ed. São Paulo: Martins Fontes, 1969.

LA TAILLE, Yves de. Desenvolvimento humano: contribuições da Psicologia moral. *Psicol. USP.*, v. 18, n. 1 (2007), pp. 11-36. Disponível em: <http://www.revistasusp.sibi.usp.br/scielo.php?script=sci_arttext&pid=S1678-51772007000100002&lng=pt&nrm=iso>. ISSN 1678-5177; acesso em: 14/8/2012.

MARTINS, J. S. Anotações do meu caderno de campo sobre a cultura funerária no Brasil. In: OLIVEIRA, M. F.; CALLIA, M. H. P. (orgs.). *Reflexão sobre a morte no Brasil*. São Paulo: Paulus, 2005.

MASLOW, A. H. *Religions, values, and peak-experiences*. New York: Viking Press, 1970.

MASSIMI, Marina; MAHFOUD, Miguel. *Diante do mistério*; Psicologia e senso religioso. São Paulo: Loyola, 1999.

ORGANIZAÇÃO MUNDIAL DA SAÚDE. *Relatório sobre a saúde no mundo 2001*; saúde mental: nova concepção, nova esperança. Genebra: 2001.OLIVEIRA, M. F.; CALLIA, M. H. P. (orgs.). *Reflexão sobre a morte no Brasil*. São Paulo: Paulus, 2005.

PAIVA, Geraldo José (org.). *Entre necessidade e desejo*; diálogos da Psicologia com a Religião. São Paulo: Loyola, 2001.

_____. Psicologia da Religião, Psicologia da espiritualidade: oscilações conceituais de uma (?) disciplina. In: AMATUZZI, Mauro Martins (org.). *Psicologia e espiritualidade*. São Paulo: Paulus, 2005.

_____. *Psicologia e espiritualidade*; IV Congresso de Psicologia da Unifil. Londrina: Unifil, 2011.

PANZINI, R. G.; BANDEIRA, D. R. Coping (enfrentamento) religioso/espiritual. *Rev. psiquiatr. clín.*, v. 34, suppl. 1 (2007), pp. 126-135. Disponível em: <http://www.scielo.br/scielo.php?script=sci_arttext&pid=S0101-60832007000700016&lng=en&nrm=iso>. ISSN 0101-6083. http://dx.doi.org/10.1590/S0101-6083 2007000700016; acesso em 14/8/2012.

PARGAMENT, K. I. *The psychology of religion and coping*; theory, research, practice. Guilford Press: New York, 1997.

PARGAMENT, K. I.; SMITH, B. W.; KOENIG, H. G.; PEREZ, L. M. Patterns of positive and negative religious coping with major life stressors. *J. Sci. Study Relig.*, v. 37, n. 4 (1998), pp. 710-724.

PARGAMENT, K. I.; KOENIG, H. G.; PEREZ, L. M. The many methods of religious coping: development and initial validation of the RCOPE. *Journal of Clinical Psychology*, v. 56, n. 4 (2000), pp. 519-543.

PARGAMENT, K.; HILL, P. Advances in the conceptualization and measurement of religion and spirituality: implications for physical and mental health research. *American Psychologist*, v. 58, n. 1 (jan. 2003), pp. 64-74.

PERES, J. F. P.; SIMÃO, M. J. P.; NASELLO, A. G. Espiritualidade e Psicoterapia. *Rev. Psiq. Clin.*, v. 34, supl. 1 (2007), pp. 136-145.

PETERSON, C.; SELIGMAN, M. *Character strengths and virtues*; a classification and handbook. Washington, DC: American Psychological Association, 2004.

PINTO, Ênio Brito. Espiritualidade e religiosidade: articulações, *Rever – Revista de Estudos da Religião*, v. 4 (2009).

RICAN, P. Spirituality: a story of a concept. *Intern. Psych. of Rel.*, Glasglow (2003) (Conference).

SARAGLOU, V. Spiritualité moderne: un regard de psychologie de la religion. *Revue Théologique de Louvain*, v. 34, n. 4 (2003), pp. 473-504.

SELIGMAN, Martin E. P. *Authentic happiness*; using the new positive psychology to realize your potential for lasting fulfillment. New York: Free Press, 2002.

SOLOMON, R. C. *Espiritualidade para céticos*; paixão, verdade cósmica e nacionalidade no século XXI. Rio de Janeiro: Civilização Brasileira, 2003.

STROPPA, André; MOREIRA-ALMEIDA, Alexander. Religiosidade e Saúde. In: SALGADO, Mauro Ivan; FREIRE, Gilson (orgs.). *Saúde e espiritualidade*; uma nova visão da Medicina. Belo Horizonte: Inede, 2008. pp. 427-443.

VALLE, Edênio. *Psicologia e experiência religiosa*. São Paulo: Loyola, 1997.

_____. Religião e espiritualidade: um olhar psicológico. In: AMATUZZI, Mauro Martins (org.). *Psicologia e Espiritualidade*. São Paulo: Paulus, 2005.

VERGOTE, A. Necessidade e desejo da religião na ótica da Psicologia. In: PAIVA, G. J. de (org.). *Entre necessidade e desejo*; diálogos da Psicologia com a religião. São Paulo: Loyola, 2001.

VOLCAN, S. M. A.; SOUSA, P. L. R.; MARI, J. J.; HORTA, B. L Relação entre bem-estar espiritual e transtornos psiquiátricos menores: estudo transversal. *Revista de Saúde Pública*, v. 37, n. 4 (2003), pp. 440-445.

Notas

[1] Paiva (org.), *Entre necessidade e desejo*, p. 10.

[2] Maslow, *Religions, values, and peak experiences*.

[3] Paiva, Psicologia da Religião, Psicologia da espiritualidade, p. 37.

[4] Saraglou, Spiritualité moderne.

[5] Koenig; Larson; Larson, Religion and coping with serious medical illness.

[6] Pargament, *The psyccology of religion and coping*.

[7] Pargament; Hill, Advances in the conceptualization and measurement of religion and spirituality.

8   Panzini; Bandeira, Coping (enfrentamento) religioso/espiritual.

9   Valle, Religião e espiritualidade, p. 88.

10 Solomon, *Espiritualidade para céticos*.

11 Volcan; Souza; Mari; Horta, Relação entre bem-estar espiritual e transtornos psiquiátricos menores,

12 Organização Mundial da Saúde, *Relatório sobre a saúde no mundo 2001*.

13 Amatuzzi, citado por Paiva (org.), *Entre necessidade e desejo*, p. 31.

14 Ibid., p. 31.

15 Paiva, Psicologia da Religião, Psicologia da espiritualidade, p. 41.

16 Cambuy; Amatuzzi; Antunes, Psicologia Clínica e experiência religiosa.

17 Ver manuais de classificação de transtornos psiquiátricos como o DSM IV e o CID-10.

18 Dalgalarrondo, *Psicopatologia e semiologia dos transtornos mentais*, p. 133.

19 Cambuy; Amatuzzi; Antunes, Psicologia Clínica e experiência religiosa, p. 79.

20 Ancona Lopez, Religião e Psicologia Clínica, p. 74.

21 Valle, Religião e espiritualidade.

22 Valle, Religião e espiritualidade, p. 84.

23 Pargament, *The psyccology of religion and coping*.

24 Pargament; Koenig; Perez, The many methods of religious coping.

25 Koenig, Larson; Larson, Religion and coping with serious medical illness.

26 Stroppa; Moreira-Almeida, Religiosidade e saúde.

27 Seligman, *Authentic hapiness*; Peterson; Seligman, *Character strengths and virtues*.

28 Calvetti, Muller; Nunes, Psicologia da saúde e Psicologia positiva.

29 Vergote, Necessidade e desejo da religião na ótica da Psicologia, p. 128.

30 Citado por Paiva (org.), *Entre necessidade e desejo*, p. 133.

31 Gambini, A morte como companheira, p. 139.

32 Elias, *A solidão dos moribundos*; Martins, Anotações do meu caderno de campo sobre a cultura funerária no Brasil.

33 Martins, Anotações do meu caderno de campo sobre a cultura funerária no Brasil, p. 140.

34 Franco, *A cara da morte*.

35 Kübler-Ross, *Sobre a morte e o morrer*.

36 Bregman, The death awareness movement.

37 Ibid.; Paiva, *Psicologia e espiritualidade*.

38 Gobatto; Araújo, *Coping religioso-espiritual*.

39 Paiva, *Psicologia e espiritualidade*; Bregman, The death awareness movement.

Psicologia do Desenvolvimento e religião

MARIA ELIANE AZEVEDO DA SILVA

Introdução

O surgimento da Psicologia do Desenvolvimento coincidiu com a "descoberta", primeiro, da criança e, depois, do jovem na sociedade ocidental industrial. Após mais de um século de seu cultivo científico, é oportuno perguntar o que se entende hoje na Psicologia da Religião por amadurecimento da fé e como ele se processa do ponto de vista evolutivo. Eis uma definição bastante simples da Psicologia do Desenvolvimento: ela é o ramo da Psicologia que se ocupa da gênese e da evolução das mudanças que se processam durante o ciclo inteiro da vida de um ser humano. Sua finalidade é a mesma de toda a Psicologia, a saber, compreender e explicar de maneira coerente e objetiva como se dão as transformações que caracterizam a evolução psicológica dos indivíduos e dos grupos humanos em cada etapa da vida. Desde seus primeiros passos, a Psicologia do Desenvolvimento mostrou a influência das diversas tendências teóricas e escolas que foram surgindo na Psicologia em geral, mas tendo sempre em vista que objetivo era pesquisar os fatores, processos e etapas que caracterizam o amadurecimento humano com a finalidade de elaborar teorias que pudessem descrever epigeneticamente os câmbios que em cada cultura moldam a evolução da personalidade. Em suas preocupações, esteve sempre presente cooperar no favorecimento do equilíbrio psicossocial das pessoas e tornar mais rico o relacionamento interpessoal e grupal. Por essa razão, a Psicologia do Desenvolvimento esteve sempre associada à Psicologia Social, à Psicologia da Personalidade e à Pedagogia. Manteve uma forte correlação também com a Ética e com a Psicologia da Religião. Não pôde igualmente deixar de considerar a evolução biológica da pessoa nem o contexto da sociedade e da cultura em que ela se desenvolve.

Ao convidar-me para redigir este texto sobre o desenvolvimento psicorreligioso da criança, o coordenador da publicação me sugeriu duas alternativas. Uma seria elaborar uma síntese do estado da arte hoje existente na Psicologia da Religião;[1] a outra seria me limitar a apenas um aspecto mais restrito da Psicologia da Religião para então mostrar como um psicólogo aborda a evolução psicorreligiosa da criança. Quanto à primeira hipótese, julgo-a de menor utilidade, pois existem já excelentes manuais de introdução à Psicologia do Desenvolvimento, sejam eles publicações mais antigas ou mais recentes.[2]

Além disso, existem interessantes sistematizações nas quais os autores desenvolvem suas próprias teorias. É o caso da teoria bioecológica de U. Bronfenbrenner, da teoria das inteligências múltiplas de H. Gardner,[3] do modelo hierárquico de inteligência de Sternberg[4] e da teoria do *attachment* que L. A. Kirkpatrick[5] conectou recentemente à concepção evolucionária da Psicologia da Religião.[6] Alguns desses autores se interessam pouco pelo comportamento religioso infantil e juvenil em si, mas suas teorias permitem geralmente aplicações fecundas ao estudo da evolução da espiritualidade e do pensamento religioso da criança e do adolescente. O grande divisor de águas entre as concepções mais antigas e as atuais se deve largamente a J. Piaget e, na sua trilha, a L. Kohlberg[7] cujas pesquisas sobre a evolução da inteligência e do senso moral da criança tornaram possível uma importante aproximação entre a Psicologia da Religião e a Psicologia Evolutiva. Pioneiros[8] construíram as primeiras aproximações e descrições sistemáticas sobre o caráter antropomórfico e imaginativo da religiosidade infantil. Na linha da Psicanálise aliada a uma visão psicossocial, o caminho de renovação foi aberto por E. Erikson,[9] que considera o arco evolutivo no todo da vida humana, gerando hipóteses intrigantes para as fases posteriores da existência adulta, algo pouco considerado pelos psicanalistas clássicos, que se detinham nos três estágios postulados por Freud.

Escolhi o tema dos estágios evolutivos propostos por Fowler por três razões principais: por possuir ela um valor científico intrínseco; por oferecer possibilidades de aplicação em vários campos; por ser uma excelente amostra da maneira como se constrói e se aprimora uma teoria psicológica de tipo empírico, teoricamente embasada. Um psicólogo formado na tradição da Psicologia da Religião norte-americana, como J. Fowler, não podia evidentemente ignorar a contribuição de psicólogos de seu país, como os conhecidos W. James, G. S. Hall ou G. Allport, repetidamente mencionados ao longo do *Compêndio*.

É esse o cenário no qual despontam as pesquisas empíricas e, paulatinamente, a teoria dos estágios evolutivos da fé de J. Fowler, a qual será o objeto central dessa breve apresentação. Informações mais detalhadas e atualizadas sobre o conjunto das cada vez mais numerosas pesquisas e teorias da Psicologia da Religião contemporânea poderão ser encontradas nas obras de Strommen; Tamminen e Nurmi; Hood, Spilka, Hunsberger e Gorsuch; Paloutizian e Park, para citar apenas alguns de língua inglesa.[10]

Há ainda uma quarta razão, essa mais subjetiva, para minha escolha. Após meus estudos de graduação em Psicologia e Pedagogia e anos de prática em escolas, passei a me dedicar em tempo quase integral ao estudo da obra de Fowler, o que me permitiu uma visão instigante do caminho pelo qual ele avançou na construção de suas ideias e formulações da teoria dos estágios da fé. Acompanhei também a maneira como ele reagiu às críticas de Streib, de Jardine e Henning[11] e de outros que questionaram seu livro principal após sua publicação (em 1982), levando Fowler a dialogar com as observações de outros pesquisadores que também se dedicaram ao estudo da influência dos anos iniciais sobre o desenvolvimento psíquico posterior das pessoas. Da mesma forma, procurei entender a discussão teórica que ele manteve com teólogos do porte de Tillich e Niebuhr,[12] principalmente na parte relativa aos conceitos de religiosidade e de "fé". A Fowler interessava analisar a fé não enquanto crença teológica revelada, e sim enquanto comportamento psicológico. Segundo essa perspectiva, ter fé para ele significava estar possuído por aquilo que toca incondicionalmente o ser humano e corresponde no plano psíquico a um processo de lento amadurecimento. A fé, diz ele, não deve ser vista pelo psicólogo como uma função isolada da realidade humana, mas como um ato — uma atitude, diria Vergote — que integra todos os elementos da vida da pessoa: as forças corporais — inconscientes, conscientes e intelectuais — e as aspirações da alma, entrelaçadas entre si.

É desse sugestivo contexto teórico e de pesquisa que resultam as reflexões teóricas e os métodos de observação que ele tentou elaborar em seus muitos trabalhos.

Dividirei o texto em três partes. Em primeiro lugar, farei uma sumária apresentação dos seis estágios evolutivos da fé. Em segundo lugar, descreverei algo do diálogo que Fowler estabeleceu em especial com D. W. Winnicott e A. M. Rizzuto. Em terceiro lugar, farei o mesmo com relação às instigantes pistas clínicas que Fowler colheu nas cuidadosas descrições de D. Stern sobre a "criança paciente clínica".[13]

Os estágios da fé segundo Fowler

No subtítulo de seu livro principal (de 1981 na edição inglesa), o autor anuncia que seu objetivo principal é propor uma Psicologia do Desenvolvimento Religioso que corresponda à "busca do sentido" existente no ser humano. É a partir daí que ele descreve os estágios pelos quais passa o amadurecimento religioso humano em suas dimensões neurofísica, afetiva, cognitiva e comportamental das representações e das atitudes que aos poucos a criança cria em sua mente segundo uma imagem pessoal do fascinante mundo do sagrado e deste ente misterioso chamado "Papai do Céu". As primeiras observações de Fowler datam de fins dos anos 1970. Mas ele as continuou revendo e aprimorando nos anos seguintes, através de um intenso diálogo com especialistas, especialmente psicanalistas, numa espécie de contraponto à aproximação do cognitivismo piagetiano que inspirou seus estudos e metodologias iniciais. Foi lendo esses autores que Fowler encontrou uma nova base teórica para a compreensão do arco de um "amadurecimento" psicoespiritual que inclui e faz justiça à busca de sentido e à "coragem da fé" (P. Tillich), presente de uma ou outra forma em atitudes religiosas psicologicamente adultas.

Já antes de chegar a uma explicitação mais completa de sua teoria, Fowler tinha consciência da complexidade das mudanças religiosas que ocorrem nas pessoas ao longo da vida. A leitura atenta e crítica sobretudo de pesquisas psicanalíticas veio, porém, fundamentar a compreensão psicodinâmica desse processo que tem suas raízes psicológicas já no berço. Sobre o processo de estruturação da fé e de seus estágios de amadurecimento, ele escrevia, já em 1980:

Desejo reconhecer que existe um complexo interjogo de fatores a serem considerados se se pretende começar a entender o que é o desenvolvimento da fé. Esse jogo inclui a maturação biológica, emocional e cognitiva, a experiência psicossocial e as influências religiosas de origem cultural. O conhecimento do funcionamento cerebral com relação ao comportamento cognitivo e emocional abre um rico campo de indagação a respeito da dinâmica neurofísica subjacente à fé. Pelo fato de o desenvolvimento da fé envolver aspectos de todos esses setores da evolução humana, não se pode supor que o movimento ou passagem de um a outro de seus estágios esteja automaticamente assegurado. É possível que um indivíduo tenha atingido a maturidade cronológica e biologicamente, mas que seja ainda definido por estágios estruturais que comumente se acham associados à primeira ou à meia-infância ou adolescência.[14]

A fé, segundo Fowler, desenvolve-se em geral em seis estágios. Aqui comentarei apenas os três estágios iniciais, mas lembrando que, após períodos marcados pela imaturidade do processo, o sujeito pode caminhar para uma fé mais pessoal-reflexiva (estágio 4), abrangente (estágio 5) e universalizante (estágio 6). Em cada uma dessas novas fases estruturais podem ocorrer reelaborações dos conteúdos da fé (realidades, valores, poderes, comunidades) nos quais a pessoa centraliza sua vida.

Eis um resumo sucinto das fases que nos interessam mais neste texto:

a) Pré-estágio: *a fé indiferenciada.* É uma espécie de pré-estágio pouco ou nada conhecido antes do surgimento da Psicanálise. Vai dos 0 aos 2 anos de idade. Depende da maturação biológica do organismo e envolve o surgimento da confiança emocional básica que irá servir de fundamento a todo o desenvolvimento posterior da fé.

b) Estágio 1: *a fé intuitivo-projetiva.* Vai aproximadamente dos 2 anos aos 6 ou 7 anos de idade. Torna-se possível com o advento do pensamento e da linguagem simbólica. A fantasia, mais que a racionalidade, articula-se com a percepção e com os sentimentos vivenciados, criando imagens religiosas concretas de longa duração. Nele, a criança se torna consciente das proibições e normas morais, bem como da noção de sagrado. Sua característica marcante é uma fé fantasiosa e imitativa. A transição para o próximo estágio é o surgimento do pensamento operacional concreto e a resolução das questões edipianas.

c) Estágio 2: *a fé mítico-literal.* Aproximadamente dos 7 aos 12 anos de idade. Corresponde ao estágio das operações concretas de Piaget. A criança começa a assumir para si as histórias, crenças e costumes de sua comunidade, apropriando-se de forma literal das crenças, símbolos e regras. Aprende a distinguir a fantasia da realidade e desenvolve a capacidade de perceber a perspectivas das outras pessoas. É o estágio no qual a pessoa começa a assumir para si as histórias, crenças e observâncias que simbolizam pertença à sua comunidade. É uma fase antropomórfica na qual se configura a capacidade da narrativa, da história, do drama, como formas de dar sentido às próprias experiências. Podem surgir limitações (um perfeccionismo rígido, sinal de insegurança, por exemplo). Mas tem início o estágio 3, caracterizado pelo convencional e pela adaptação ao sistema de fé dos demais e que existe na criança como uma espécie de totalidade sintética, global.[15]

O diálogo de Fowler com Winnicott e Rizutto

Do estudo minucioso e da comparação entre as teorias de D. W. Winnicott e A. M. Rizzuto (e também de D. Stern, como se verá adiante), consolidou-se em Fowler a convicção de que o *self* religioso da pessoa depende muito do modo como ela vivenciou suas primeiras relações interpessoais, mas que seu amadurecimento psicorreligioso é influenciado também por uma diversidade de fenômenos culturais, sociais, familiares e individuais, que vão desde os níveis biológicos mais profundos da experiência humana até a mais sutil das realizações espirituais.

As noções expressas em alguns neologismos que têm em Winnicott seu criador (como as de *espaço transicional* e *objeto transicional*) foram as que mais impressionaram Fowler quando este último passou a se perguntar se e como os desafios da vida pós-moderna estavam atingindo e provocando mudanças no *self* religioso das pessoas. Para um bom entendimento desses conceitos, é fundamental entender corretamente o que significam as palavras "ilusão" e "ilusório", ambas muito distantes do sentido que a Psicanálise clássica lhes havia dado. Winnicott os lê segundo sua acepção etimológica original. Em latim, *illudere* e *illusio* (do verbo *ludere* = "brincar"; e de *ludus* = "brinquedo" ou "jogo"), o termo não tem a conotação de engano e mesmo erro que passou a adquirir em nossa língua. Winnicott o utiliza em um sentido muito diferente do de Freud, para quem a religião é uma ilusão religiosa ancorada no mecanismo da repressão libidinal e em sua projeção, no contexto da triangulação edipiana, sobre a figura de Deus. Para Winnicott, a "ilusão" deve ser compreendida a partir do jogo relacional que se estabelece entre a mãe e o bebê. É a partir desse vínculo primordial que a criança aprende a distinguir entre o que é "ilusório" e o que é "real". Rizzuto sintetiza numa frase simples e clara o que parece ser a visão essencial de Winnicott: "Impossível separar a mãe criada pela criança da mãe que ela encontra".[16] Ou seja, o adjetivo "transicional" deve ser concebido como aquilo que ajuda a criança a "transitar" do mundo ilusório de sua imaginação para o da realidade e a unir em um todo o que é subjetivo e o que é objetivo, distinguindo aos poucos, nunca inteiramente, um do outro. A psique infantil põe em jogo dinâmicas profundas e unificadoras e se torna capaz de "fazer ponte" (*bridging*) entre o mundo interno e o mundo externo da criança. A área intermediária (daí o termo "transicional") na qual se faz essa ponte é que possibilita o surgimento de um *self* individual, plasmado e modelado pela cultura real do mundo objetivo. Vale a pena citar literalmente o que Winnicott diz:

Os objetos transicionais e os fenômenos transicionais pertencem ao domínio da ilusão, que está na base do início da experiência. Esse primeiro estágio do desenvolvimento é tornado possível pela capacidade especial, por parte da mãe, de efetuar adaptações às necessidades de seu bebê, permitindo-lhe assim a ilusão de que aquilo que ele cria existe realmente [...]; a realidade interna ou externa (compartilhada) constitui a parte maior da experiência do bebê e, através da vida, é conservada na experimentação intensa que diz respeito às artes, à religião, ao viver imaginativo e ao trabalho científico criador.[17]

O amadurecimento encontra-se numa sequência de eventos que começa com o gesto de levar à boca o punho ou ligação emocional com um ursinho, para culminar numa identificação com um objeto transicional *sui generis*: Deus. A maior ou menor excitação oral do bebê com os objetos transicionais aos quais se apega é, na origem, um indicador de sua capacidade de internalização da representação simbólica da presença/ausência da mãe (e de outros substitutos). Esses objetos (um bico/chupeta ou um ursinho) ajudam o bebê a desenvolver a capacidade de esperar e de "representá-la" sem desesperos, quando está ausente. São a presença e o comportamento da mãe que mantêm viva essa representação simbólica. Quando esses objetos perdem o significado, eles são deixados de lado, possibilitando a ampliação da atenção para novos objetos e para uma qualidade menos ilusória do contato com a realidade.

No plano psicopedagógico prático, eis algumas das qualidades que indicam um amadurecimento na relação do bebê com a mãe e com os objetos transicionais: o bebê passa a assumir direitos sobre o objeto; o bebê acaricia afetuosamente o objeto; o bebê não permite que o objeto seja mudado ou retirado por outra pessoa mas só por ele próprio; o objeto deve sobreviver ao amor ou à agressividade do bebê; o objeto deve aparecer para o bebê como algo que dá calor, se move, possui textura e tem vitalidade ou realidade próprias; do ponto de vista do bebê, objeto provém de dentro e não do exterior; de modo saudável, este objeto perde o significado com o passar dos anos e expande-se para outros objetos, como os que se situam no campo cultural que ele começa a partilhar com outras crianças.

As transformações pelas quais passa a representação infantil inicial de Deus acompanham transformações que em si são do próprio *self*, em especial em três aspectos fundamentais:

- A imagem cognitiva que a criança se faz de Deus é moldada e trabalhada afetivamente segundo a experiência, os fatos, as fantasias, os desejos e os medos vivenciados inconscientemente nos intercâmbios com os pais (a mãe).

- Essa imagem infantil de Deus não é uma criação apenas da criança; ela é encontrada na convivência direta com os familiares, com as outras crianças, com as autoridades e instituições religiosas e também com os hoje cada vez mais variados estímulos propiciados pela cultura e pelos eventos sociais.

- À criança se diz que Deus é necessariamente invisível, mas Ele para ela é alguém muito presente e real, embora pensado antropomorficamente. Não é um "amigo imaginário" apenas. Ao mesmo tempo, a criança vai até a "casa de Deus", em geral levada pelos próprios pais, e, de uma forma ou de outra, Ele mora nessa casa, uma casa que possui regras e rituais precisos que normatizam o encontro com Ele.

Rizzuto pensa que é esse intenso processo de reconfiguração e ruminação repleto de fantasias e manobras defensivas que ajuda a criança na tarefa de estabelecer sua relação com Deus que incidirá sobre sua futura religiosidade. Rizzuto chega a falar de um "segundo nascimento de Deus"; usando uma sugestiva metáfora, ela diz que "nenhuma criança chega à 'casa de Deus' sem seu 'Deus de estimação' debaixo do braço".[18] Assim, o nascimento psicológico do Deus vivo, a exemplo de todos os objetos transicionais, localiza-se simultaneamente "fora, dentro e na fronteira" de um espaço no qual o *self* se situa e se constitui:

> Fowler pensa que, ao falarmos de Deus como um "objeto transicional", estamos falando da representação simbólica de nossos laços de relacionamento com outras pessoas importantes. O cobertor abraçado pela criança torna-se o objeto transicional que simboliza a constância e o amor que a criança espera e confia receber dos pais e de outras pessoas. É nesse espaço transicional que Deus torna-se um representante transcendente de uma presença confiável. A diferença é que socioculturalmente Deus é um objeto particular e único, não sem razão carregado de afetividade e sentido como poder e amor. Numa palavra, é um ser misterioso, socioculturalmente sempre presente, embora invisível, o que leva a criança a fazer uma série interminável de perguntas tão logo adquira a capacidade da linguagem.[19]

Ao se interrogar sobre a maneira como a criança constrói o objeto transicional chamado Deus, Fowler diz que ela o faz segundo a percepção que tem dos que dela cuidam (e nos quais, logo, ela pode confiar), mas que isso pode ser perigoso, pois os pais não possuem somente virtudes, mas também falhas, razão pela qual "Deus, como uma representação objetal transicional, é usado pelas crianças para modular os inevitáveis fracassos dos pais".[20]

A complementação devida a Stern

As observações diretas que o psicanalista D. Stern[21] realizou sobre a coexistência e continuidade de diversos sentidos do eu que se formam no *self* integrado dos bebês serviram a Fowler para enriquecer sua concepção dos estágios primordiais do *self* religioso, lançando alguma luz sobre a mesma dúvida que Stern sentiu quando, ao iniciar sua carreira de psiquiatra, percebeu que, de acordo com a maioria das pesquisas empíricas, os primeiros meses e anos da vida ocupam um lugar proeminente nas teorias, mas que na abordagem da criança real tinham um papel obscuro e apenas especulativo. Foi para encarar essa contradição que ele se orientou em direção à observação direta dos bebês, entusiasmando-se com as descobertas da Etologia, mas convencendo-se de que era preciso ir mais adiante na tentativa de criar um diálogo entre o infante real revelado pela observação experimental e o infante reconstruído pela observação especulativa da clínica. Daí se poderia, segundo Stern, caminhar para uma solução da contradição entre as teorias especulativas (sem base na observação) e as fundadas em pesquisas efetivas.

Para Stern, a ancoragem decisiva do *self* está no mundo interpessoal assim como o infante o vivencia. É a experiência subjetiva e afetiva que possibilita ao ser humano, mais tarde, o encontro entre o seu eu e o do outro diferente. O olhar do bebê para a mãe e o da mãe para o bebê expressam embevecimento e admiração. O bebê tem necessidade do encontro com o olhar da mãe para a constituição do si mesmo. A relação mãe-filho é marcada por gestos, silêncios, palavras e mímicas em busca de uma contínua partilha de significados e vivências. É um processo intersubjetivo de encantamento e poder atravessado por posturas e linguagens que tanto podem travar quanto promover a evolução dos muitos aspectos que irão condicionar o sentir e o agir do *self* na presença do outros durante todo o ciclo vital:

> A sensação de estar com o outro com quem estamos interagindo pode ser uma das mais poderosas experiências de que, na verdade, quem não está presente pode ser igualmente poderoso. Pessoas ausentes podem ser sentidas como presenças tão poderosas e quase palpáveis ou como abstrações silenciosas.

> De fato, dos dois aos sete meses, o enorme setor de todo espectro afetivo que um bebê pode sentir só é possível na presença e através da mediação interativa de um outro, isto é, por estar com uma outra pessoa [...]. A mediação do cuidador influencia grandemente o sentido de admiração e a avidez de exploração do bebê.[22]

É uma experiência subjetiva de admiração e avidez que carrega consigo uma dimensão de transcendência. Para o bebê, os olhos parecem ser as janelas do seu eu profundo, expressando pelo e no olhar um estar em comunicação possibilitado pelo ser cuidado pelo outro. É uma experiência de encanto e de júbilo, um encontro que permite o surgimento do *self* e do outro, algo que vai muito além do simplesmente ver. Podemos encontrar algo semelhante no bem fundamentado pensamento de psicoterapeutas como Gilberto Safra, para quem nascer é ser atravessado pelas questões e pelo mistério da existência; é conhecer a posição humana e as condições necessárias à instalação de si no mundo com outros. É um conhecimento assentado no surgimento mesmo do acontecer humano.

Um aspecto que merece especial atenção do psicólogo é que, segundo Stern, a constituição do *self* se dá no corpo e a partir do corpo. Para descrever esse passo fundamental no desenvolvimento do eu, ele fala de um estágio desenvolvimental no qual emerge o que ele batizou com o nome de *self nuclear* (corporal) e a organização do sentido do *self subjetivo*, verbal atravessado pelas narrativas. Dessa maneira, pode-se entender o *self* como o espaço da emergência das experiências e da construção de vínculos nas relações com os pais e/ou outras pessoas significativas. Assim, o *self*, na sua dimensão relacional, pode ser reconhecido como um lugar de encontros com qualidades para a organização de experiências dentro da relação com um outro significativo. Entende-se, portanto, que o *self* não se constitui sem a construção de vínculos e que a dimensão religiosa emerge dessas experiências intensas, experiências que acontecem em um espaço possibilitador no qual podem se dar transformações qualitativas do *self* durante o ciclo da vida.

A dimensão relacional implica linguagem, e esta pode ser tanto um instrumento de comunicação, quanto também de distanciamento e separação. Fowler o expressa da seguinte maneira: "Palavras representam o meio através do qual mentes diferentes em universos de experiência podem ser unidas em episódios de união espiritual e significado compartilhado".[23] O sentido do vir a ser, de acordo com essa visão, encontra-se com o poder numinoso expresso em palavras, símbolos e rituais, que favorecem a consolidação de um *self* verdadeiro, a partir do relacionamento interpessoal ainda imaturo.

Fowler retoma a teoria de Erikson, na busca de uma interligação entre os aspectos da linguagem, a simbolização e a ritualização. Com o desenvolvimento interno dos estágios e o consequente amadurecimento do *self*, surge a capacidade de ritualizar e celebrar significados compartilhados. Na primeiríssima infância é que se adquire a consciência da presença e da dependência. É uma forma de consciência que emerge graças aos pequenos rituais diários dos cuidados básicos de que carece o bebê: ser alimentado,

ter os necessários cuidados corporais, ser colocado na cama etc. A identidade vai sendo formada através desses rituais cotidianos e, pela mutualidade do reconhecimento, percebe ter um nome próprio e aprende a designar os outros (pessoas, objetos) com um nome.

Erikson sugere que a experiência de encontro com o numinoso está relacionada a um "companheiro evocado" que é transcendente e que potencializa o seu desenvolvimento humano e de fé. Fowler aponta que o ser humano deseja ardentemente o encontro com a face que o abençoa e com os olhos que o reconhecem. O numinoso garante uma separação transcendida, no sentido de pertencimento e participação em algo cósmico e absoluto. O ser humano é um ser separado, necessitado do olhar e da face do transcendente que o reconhece e abençoa. Nessa relação do eu com algo que o transcende, pode-se pensar no fundamento de um eu espiritual. De acordo com Fowler, Erikson sugere que essa relação "constitui a base de um sentido espiritual do 'Eu', o qual é renovado pelo reconhecimento de mutualidade com os outros 'Eus' e unido em uma fé compartilhada em um 'Eu sou' que tudo abarca".[24]

Na idade em que a criança aprende a caminhar, instaura-se também a internalização de regras, limites, tabus, proibições, e estes *podem tornar-se* padrões para uma identidade marcada pela negatividade. Posteriormente, na idade do jogo, surgem a fantasia, a capacidade dramática e criativa para representar dramas heroicos e possíveis futuros significativos. Com o sentido do transcendente e do ético unidos ao dramático, isto é, à representação da autoimagem e das imagens dos outros, pode-se ver que o dramatizar possibilita a união da criança aos outros, para a celebração da realidade e o reconhecimento da presença e do poder do sagrado.

Podemos nos perguntar o que em síntese Fowler vai buscar em Stern. Ele mesmo se faz essa pergunta:

O que Stern nos oferece? Ele nos dá um retrato de quatro sentidos emergentes do *self* que constituem as primeiras experiências infantis de se tornar um *self*. Deixe-me dizer uma palavra sobre "sentidos" do *self*: anteriormente, eu caracterizava *selfhood* como a "experiência subjetiva de se tornar uma pessoa em relação". Stern tentou nos ajudar a entrar na experiência do bebê dos primeiríssimos meses de vida e nos deu acesso a ela assim como o infante a experimenta. Achamos muito fácil projetar os sentimentos e significados da criança baseados em nossa experiência adulta.[25]

Conclusão

Para entrar no mundo da criança, é necessário que os adultos e, mais ainda, o observador científico usem as lentes do infante e não as de sua experiência de adulto. Segundo Fowler, o pré-estágio da fé indiferenciada e os posteriores estágios evolutivos da fé (o intuitivo-projetivo e o mítico-literal) precisam e devem ser compreendidos e interpretados segundo a perspectiva dos demais autores citados (Erikson, Piaget, Stern e Rizzuto), feitas as devidas ressalvas e correções decorrentes dos pontos de vista dos quais cada um deles parte.

Nos primeiros estágios da infância, correspondentes ao *self* emergente e nuclear (corporal), a base para a elaboração da representação de Deus envolve a experiência sensorial, o olhar e as respostas desse olhar — espelhamento daqueles de quem provém o cuidado. Os componentes desse espelhamento da imagem psicológica de Deus na criança encontram sua primeira e mais determinante referência na experiência do contato visual e corpóreo com a mãe.[26] Devem, assim, ser entendidos como uma experiência na qual a criança vê a si mesma nos olhos da mãe (ou dos cuidadores) e neles busca e encontra a si mesma e o outro como em um espelho.

As experiências relacionadas com o ser alimentado, nutrido, refletido e espelhado são importantes para uma representação de Deus na qual as pessoas podem repousar seus corações e acreditar. Com as pessoas cuja representação de Deus não é nutridora e confiável acontece o contrário.

Por volta dos dois ou três anos de idade, período da consolidação do *self*, a representação de Deus reforça o relacionamento entre o *self* e os objetos confiáveis, e entre o *self* e as pessoas confiáveis que participam da vida da criança. Por volta da idade dos quatro anos, a criança encontra uma espécie de objetivação de Deus, através de representações simbólicas, que podem ser idealizadas para compensar as deficiências parentais. Essa experiência favorece uma segurança para a criança, em meio à insegurança provocada pela descoberta da morte. Por volta dos cinco anos de idade, a criança, com um sentido mais realista sobre os pais e um sentido mais organizado do *self*, também começa a ter uma representação de Deus menos idealizada. Deus se torna identificado através da experiência de amar e ser amado ou o contrário.

Referências bibliográficas

ALLPORT, G. *The individual and his religion*. Chicago: Chicago University Press, 1950.

AUSUBEL, D. P. *Theory and problems of adolescent development*. New York: Grune and Stratton. 1954.

BANKS-LEITE, L., DELL'AGLIO, D. D.; COLINVAUX, D. *Psicologia do Desenvolvimento*; reflexões e práticas atuais. São Paulo: Casa do Psicólogo, 2006.

BRONFENBRENNER, U. *A ecologia do desenvolvimento humano*; experimentos naturais e planejados. Porto Alegre: Artes Médicas, 1996.

ELKIND, D. H. The development of religious understanding in the child. In: STROMMEN, M. S. (ed.). *Research on religious development*; a comprehensive handbook. New York: Hawthorn Books, 1971. pp. 655-685.

ERIKSON, E. H. *Identity, youth and crisis*. London: Faber and Faber, 1968.

FOWLER, J. W. Faith and the structuring of meaning. In: FOWLER, J. W.; VERGOTE, A. (eds.). *Toward moral and religious maturity*. Horriston, NJ: Silver Burdett, 1980. pp. 51-85.

_____. *Estágios da fé*; Psicologia do desenvolvimento humano e busca de sentido: São Leopoldo: Sinodal, 1992 (edição original em inglês de 1981).

_____. *Faithful change*; the personal and public challenges of post modern life. Nashville: Abingdon Press, 1996. (Tradução para o português do Grupo de Pesquisa "Religião e Psicologia: peculiaridades" do Programa de Ciência da Religião, da PUC-SP, 2001).

FOWLER, J. W.; STREIB, H.; KELLER, B. *Manual for faith development research*. Atlanta: Bielifield, 2004 (disponível on line: http://www. Unibielefeld.de/theologie / CIRRuS-downloads/FDR-Manual. Pdf. Acesso em: 1o de junho de 2010.

GARDNER, H. *Multiple intelligences*; new horizons in theory and practice. New York: Basic Books, 2006.

GOLDMAN, R. G. *Religious thinking from childhood and adolescence*. London: Rouledge, 1964.

HARMS, E. The development of religious experience in children. *American Journal of Sociology*, v. 50 (1944), pp. 112-122.

HIDE, K. E. *Religion in childhood and adolescence*. Birmingham, Al.: Religious Educational Press, 1990.

JARDINE, A. M.; HENNING, G. Fowler's Theory of Faith Development: an evaluative discussion. *Religious Education*, v. 87, n. 1 (1992), pp. 74-85.

JERSILD, A. P. *The psychology of adolescence*. New York: The Mac Millan Co., 1953.

KIRKPATRICK, L. A. *Attachment, evolution, and the Psychology of Religion*. New York: Kindle Edition, 2004.

KOHLBERG, L. *Psicología del desarrollo moral*. Bilbao: Desclée de Brower, 1992.

LA TAILLE, Y. de; DANTAS, H.; OLIVEIRA, M. K. *Piaget, Vygotsky, Wallon*; teorias psicogenéticas em discussão. São Paulo: Summus, 1995.

MELO, A. F. T. de; FUKUMITSU, K. O.; DIAS, M. A. de Lima. *Temas contemporâneos em Psicologia do Desenvolvimento*. São Paulo: Vetor, 2012.

NIEBUHR, H. P. *The story of my life*; the meaning of revelation. New York: Mac Millan, 1941.

PAPALIA, D. E. *Desenvolvimento humano*. 10. ed. Porto Alegre: Artes Médicas, 2008.

PFROMM NETTO, S. *Psicologia da adolescência*. São Paulo: Pioneira, 1968.

PIAGET, J. *A linguagem e o pensamento da criança*. Rio de Janeiro: Fundo de Cultura, 1961.

_____. *O nascimento da inteligência da criança*. Rio de Janeiro: Guanabara, 1966.

RIZZUTO, A. M. *O nascimento do Deus vivo*; um estudo psicanalítico. São Leopoldo: Sinodal, 2006.

STERNBERG, R. J. *Beyond IQ*; a triarchic theory of human intelligence. New York: Cambridge University Press, 1985.

STROMMEN, M. P. (ed.). *Research on religious development*; a comprehensive handbook. New York: Hawthorn Books, 1971.

TAMMINEN, K.; NURMI, K. E. Developmental Theories and Religious Experience. In: WOOD Jr, R. W. *Handbook of Religious Experience*. Birmingham, Al.: Religious Education Press, 1995.

TILLICH, Paul. *Dinâmica da fé*. São Leopoldo: Editora Sinodal, 1985.

VIGOTSKI, L. S. *Historia del desarrollo de las funciones superiores*. In: *Obras Escogidas*. Madrid: Visor, 1982.

_____. *La psique, la conciencia, el inconsciente*. In: *Problemas teóricos e metodológicos de la psicología:* Madrid: Visor, 1991.

Notas

[1] É útil mencionar a existência no Brasil de uma ativa Sociedade Brasileira de Psicologia do Desenvolvimento, já em seu VIII Congresso Nacional. O acesso à SBPD se faz facilmente pela internet.

[2] Entre os antigos, destacam-se: Ausubel, *Theory and problems of adolescent development*; Jersild, *The psychology of adolescence*; Allport, *The individual and his Religion*; Pfromm Netto, *Psicologia da adolescência*. Entre os de data mais recente, podem ser citados: Papalia, *Desenvolvimento humano*; Melo; Fukumitsu; Dias, *Temas contemporâneos em Psicologia do Desenvolvimento*; La Taille; Dantas; Oliveira, *Piaget, Vygotsky, Wallon*.

[3] Gardner, *Multiple intelligences*.

[4] Sternberg, *Beyond IQ*.

[5] Kirkpatrick, *Attachment, evolution, and the Psychology of Religion*.

[6] Bronfenbrenner, *A ecologia do desenvolvimento humano*; Gardner, *Multiple intelligences*; Sternberg, *Beyond IQ*; Kirkpatrick, *Attachment, evolution, and the Psychology of Religion*.

[7] Piaget, *A linguagem e o pensamento da criança*; Kohlberg, *Psicología del desarrollo moral*.

[8] Harms, The development of religious experience in children; Goldman, *Religious thinking from childhood and adolescence*; Elkind, The

development of religious understanding in the child, pp. 655-685.

[9] Erikson, *Identity, youth, and crisis*.

[10] Strommen (ed.), *Research on religious development*; Tamminen; Nurmi, *Developmental theories*.

[11] Streib, Faith development theory revisited; Jardine; Henning, *Fowler's theory of faith development*.

[12] Tillich, *Dinâmica da fé*; Niebuhr, *The story of my life*.

[13] Stern, *O mundo interpessoal do bebê*, capítulo 10.

[14] Fowler, Faith and the structuring of meaning, p. 159.

[15] Ibid., p. 142.

[16] Rizzuto, *O nascimento do Deus vivo*, p. 232.

[17] Winnicott, 1975, p. 30.

[18] Rizzuto, *O nascimento do Deus vivo*, pp. 23-24.

[19] Fowler, *Faithful change*, p. 48.

[20] Rizzuto, *O nascimento do Deus vivo*, p. 267.

[21] Stern, *Faithful change*.

[22] Ibid., pp. 89 e 92.

[23] Fowler, *Faithful change*, p. 43.

[24] Ibid., p. 45.

[25] Ibid., p. 26.

[26] Rizzuto, *O nascimento do Deus vivo*, p. 245.

Estados alterados de consciência e religião

WELLINGTON ZANGARI,
EVERTON DE OLIVEIRA MARALDI,
LEONARDO BRENO MARTINS E
FÁTIMA REGINA MACHADO

Introdução

Segundo a definição de um dos primeiros cristãos, Lactâncio, o termo "religião", proveniente do latim *religare*, significaria religação do humano com o divino. Mais clássica é a definição defendida por Cícero, que se originaria de *relegere*, significaria algo como "considerar cuidadosamente". Conquanto sejam duas dentre as muitas definições possíveis para o complexo e multifacetado fenômeno da religião, as definições esposadas nos são interessantes aqui por enfatizarem justamente alguns dos aspectos que mais nos aproximam do tema da consciência: a experiência religiosa e da consequente atitude do ser humano diante desta. Ao tratar dessa conexão entre o humano e o divino, o amplo leque de crenças e experiências agrupadas enquanto religiosas inclui, ao longo da história, copiosos relatos sobre experiências ora sutis, ora drásticas, de contato com o transcendente e da repercussão dessas sobre o indivíduo. Pessoas de todas as épocas e locais investigados a respeito relatam algo como ter visto santos, falado com anjos, incorporado espíritos bondosos ou malignos, experimentado a consciência cósmica. E possivelmente os episódios mais relevantes ocorram não no nível vígil de consciência, o qual opera na maioria das atividades cotidianas, mas em formas outras de funcionamento mental, usualmente chamadas de estados alterados de consciência (ou simplesmente EACs). Diversificadas formas de EACs, sejam espontâneas ou induzidas, antecipam ou acompanham significativa parcela de tais episódios de conotação religiosa, como as provocadas pelo consumo de substâncias psicoativas, estados fronteiriços entre o sono e a vigília, estados de concentração profunda, entre outros tantos que não raro se confundem. Assim, desenha-se uma aproximação inicial, embora não obrigatória, entre experiências religiosas e alterações de consciência, à qual cabe maior problematização.

William James,[1] há mais de um século, já havia preconizado ser a consciência racional apenas "um tipo especial de consciência". Para além dela, existiriam "formas potenciais de consciência inteiramente diferentes", isto é, modos diversos de experimentar a realidade e o próprio corpo. Em sua famosa obra *As variedades da experiência religiosa: um estudo da natureza humana*, James estabeleceu uma profunda conexão entre a intensidade do sentimento religioso e as intuições e experiências místicas, definindo a religião como uma comunicação com o que quer que se considere como "divino". Segundo James, caberia à Psicologia estudar os relatos daqueles que vivenciaram esse intenso sentimento religioso. Sua obra *As variedades* foi uma concretização desse esforço em uma impressionante coletânea de depoimentos, muitos deles envolvendo alterações típicas de consciência.

Desde o trabalho iniciado por James, diversos outros pesquisadores dentro da Psicologia e das demais Ciências Humanas têm reconhecido a relevância dos EACs para o estudo das experiências religiosas. Hood,[2] por exemplo, insere-se entre aqueles que, a partir de um diálogo da Psicologia com a Ciência da Religião, defende a "validade dos estados místicos experimentados pessoalmente". Mas a abordagem de James, assim como de Hood em alguns momentos, peca pelo fato de considerar os EACs como vivências quase inteiramente solitárias, pouco enfatizando os complexos processos psicossociais de formatação e manutenção dessas vivências. Tentaremos, neste capítulo, uma abordagem integrativa, que não desconsidere os aspectos biológicos e individuais dos EACs, tampouco suas múltiplas facetas socioculturais. Não é nossa intenção, todavia, esgotar tão amplo assunto, senão fornecer uma prévia dos principais estudos e controvérsias dentro desse campo. Para outras revisões e abordagens detalhadas do tema em questão, ver Baruss,[3] Cardeña e Winkelman,[4] Farthing[5] e Tart.[6]

Segundo levantamento de Bourguignon,[7] algo em torno de 3.500 sociedades possuiriam um ou mais procedimentos de indução de estados alterados de consciência, o que sugere se tratar de um fenômeno bastante difundido mundialmente. Não obstante tal prevalência, os EACs sempre atravessaram épocas históricas em que alcançaram maior ou menor relevância ou visibilidade social. No mundo ocidental, há quem remonte o uso ritualístico dos EACs à antiguidade grega, aos oráculos e às religiões de mistério. No período medieval, as experiências de possessão demoníaca e exorcismo teriam tomado, então, a dianteira. Muitas outras expressões culturais possíveis para os EACs surgiram em períodos posteriores, como o mesmerismo e o espiritualismo.[8] A pesquisa científica em torno da dissociação e das múltiplas personalidades pode ser tida, entre as alterações e divisões da consciência, como outra grande corrente de interesse durante o final do século XIX.[9] A partir da década de 1960, o movimento de contracultura teve como um dos elementos mais notórios de sua contestação de costumes a busca por EACs por meio de substâncias psicoativas e práticas de cunho místico ou esotérico, na esteira do que seria denominado mais tarde de movimento *New Age*.[10] Ademais, muito antes desses movimentos, alguns povos e tradições outrora chamados "primitivos" desenvolveram também amplo sistema de significação das experiências oníricas, que incluem a grande importância dada a certos sonhos culturalmente padronizados e buscados, enquanto outros são "menosprezados" como idiossincrasias.[11] Os exemplos são tão ou mais numerosos quanto os contextos culturais que examinarmos.[12]

Como reconheceu Krippner,[13] "os ocidentais são propensos a usar termos com os quais estão familiarizados, sobrepondo-os a fenômenos em outras culturas com os quais não tem familiaridade". Isso nos leva às sutilezas e dificuldades em definir e delimitar EACs. De início, o estabelecimento do que seria a "consciência normal", necessário para delimitar uma "consciência alterada", é bastante controverso e empiricamente difícil, padecendo de vieses historicamente construídos e imprecisões semânticas. De modo relacionado, também ainda é embrionária a compreensão atual sobre o que é a consciência, o conceito-raiz para falar tanto das variantes "normais" quanto das "alteradas".[14] Contudo, algumas definições, ainda que fundamentalmente descritivas, possuem valor heurístico para a discussão a seguir sobre religião. Arnold Ludwig,[15] um dos pioneiros no estudo de EACs e especialista em processos neurofisiológicos que as induzem, define:

> Consideraria "estados alterados de consciência" como aqueles estados mentais, induzidos por vários agentes ou manobras fisiológicas, psicológicas ou farmacológicas, que podem ser reconhecidos subjetivamente pelo próprio indivíduo (ou por um observador objetivo do indivíduo), como representando um desvio suficiente em termos de experiência subjetiva ou funcionamento psicológico, a partir de certas normas gerais tais quais determinadas pela experiência subjetiva e funcionamento psicológico do indivíduo durante a consciência vígil, alerta. Esse desvio suficiente pode ser representado pela maior preocupação com as sensações internas ou com os processos mentais que o usual, pelas alterações das características formais do pensamento e pela deterioração do teste de realidade em vários graus.

Já o psicólogo norte-americano Charles Tart[16] delimita:

> Estado alterado de consciência para um dado indivíduo é aquele em que este sente claramente uma mudança "qualitativa" em seu padrão de funcionamento mental, ou seja, ele sente não apenas uma mudança quantitativa (mais ou menos alerta, maior ou menor imaginação visual, vividez ou opacidade etc.), mas também que alguma

qualidade ou qualidades de seus processos mentais estão "diferentes".

Partindo de Ludwig,[17] as EACs teriam características básicas que podem ocorrer sob variações, incluindo a possibilidade de nem todas estarem presentes em dada ocasião:

1. *Alteração no pensamento.* Ocorre modificação interna na direção da atenção. Memória, concentração e julgamentos passam a funcionar sob parâmetros qualitativamente distintos. Há também a possibilidade de esquecimento do que se vivenciou durante a alteração de consciência.

2. *Confusão no sentido de tempo.* O tempo transcorrido durante as experiências parece maior ou menor que o verificado sob referenciais externos à pessoa em EAC, ou a experiência parece se situar "fora" do tempo.

3. *Perda de controle consciente.* É possível ganhar controle ou precisão em determinadas ações (e.g., escrita automática, expressão corporal) através da perda do controle consciente, quando, por exemplo, ocorre identificação com uma fonte de maior poder, como uma entidade espiritual.

4. *Alteração na expressão emocional.* Pode ocorrer menor controle dos conteúdos emocionais, menor inibição. Emoções mais primitivas e extremas podem se manifestar. Pode-se também estar indiferente, distanciado emocionalmente.

5. *Alterações na imagem corporal.* É comum alguma forma de despersonalização, de cisão entre mente e corpo, com dissolução dos limites usuais entre o "eu" e o "outro" ou o "universo", sendo frequentes sentimentos de unidade ou transcendência.

6. *Distorções perceptivas.* São possíveis alucinações e/ou pseudoalucinações, cujo conteúdo é determinado pela cultura,

pela subcultura, pelo indivíduo e/ou por fatores neurofisiológicos. As distorções podem expressar conflitos ou medos básicos, representar desejo de completude, entre outras possibilidades.

7. *Mudanças no significado ou na significância das experiências subjetivas.* Os eventos internos, como ideias e percepções, podem adquirir importância diferenciada, sendo frequente o sentimento de ter alcançado uma verdade profunda, um *insight* revelador sobre a existência, a iluminação. Tal aumento de significância é um dos mais importantes aspectos da consciência mística ou religiosa e possui provavelmente papel histórico central no estabelecimento de muitos grupos religiosos.

8. *Sentido do inefável.* Por se tratar de uma experiência interna e qualitativamente distinta das experiências ordinárias (a partir das quais o vocabulário cotidiano é construído), pode ser difícil comunicar sua natureza ou essência a alguém que não a experimentou.

9. *Sentimentos de rejuvenescimento, esperança renovada.* Dada a dimensão transcendente e frequentemente positiva das experiências, aliada à sua vividez e ao aspecto de veracidade, seus protagonistas podem nelas encontrar subsídios para ressignificar construtivamente experiências passadas específicas e/ou a vida como um todo.

10. *Hipersugestionabilidade.* Há maior propensão a aceitar e/ou responder automaticamente a certas afirmações, isto é, a

comandos, orientações ou sugestões não específicas de um líder, assim como à expectativa cultural do grupo. Há tendência à convicção emocional da pessoa em EAC induzido direta ou indiretamente por outrem de que o mundo é como sugerido nesse contexto, mais que uma pseudopercepção baseada na sugestão. Tomando o estado vígil como referência, haveria também a redução das faculdades críticas, aliada à diminuição na capacidade para o teste de realidade, isto é, dificuldade para distinguir entre a realidade interna e a compartilhada, "objetiva". Com a antes mencionada "dissolução dos limites do ego", a pessoa tende a se identificar e se fundir com algo maior (i.e., uma figura de autoridade, Deus, espíritos evoluídos, a totalidade da comunidade). Como consequência, ocorre um estado monomotivacional ou supramotivacional em que a pessoa busca materializar, em comportamentos concretos, a realidade subjetiva que ela experimenta e que é determinada pelas expectativas da figura de autoridade ou do grupo, assim como pelos próprios desejos e medos do indivíduo.

As várias características dos EACs levantadas por Ludwig[18] constituem apenas uma das muitas formas de interpretar e delimitar tais estados. Cabe lembrar que outras cartografias da consciência e dos EACs estão disponíveis na literatura, com maior ou menor aceitação e aplicação pelos estudiosos do campo.[19]

Principais fatores envolvidos na estimulação dos EACs

Como visto antes, expectativas, medos e desejos do indivíduo são relevantes para a compreensão dos EACs, constituindo parte da ampla gama de fatores responsáveis por induzir esse tipo de vivência. Adicionalmente,

as experiências durante os EACs também dependem da influência das motivações grupais, dos quadros de referência que lhes conferem determinado significado, do treinamento (voluntário ou não) da pessoa para subtrair sua atenção dos estímulos do meio — desenvolvido, por vezes, desde a infância[20] — entre outras. Há, portanto, um conjunto de variáveis interdependentes, de cuja harmonia depende o sucesso da atividade baseada em EACs.[21]

São copiosos os processos e mecanismos pelos quais EACs podem ser induzidos naturalmente ou em contexto ritual. A seguir apresentamos uma brevíssima síntese desses processos/mecanismos. Eles podem se dar através da redução da estimulação sensorial e/ou atividade motora (e.g., ambientes calmos, sons brandos, concentração da atenção em processos internos — como a respiração), aumento de estimulação sensorial e/ou motora e/ou emocional (e.g., excitação através de músicas e danças, induções hipnóticas baseadas em saturação sensorial, rituais religiosos com vocalizações intensas), aumento do estado de alerta ou de envolvimento mental (e.g., situações de emergência, orações repetitivas), diminuição do estado de alerta ou relaxamento das faculdades críticas (e.g., relaxamento, "entrega", sonolência, desidratação), alterações neurológicas e/ou químicas no organismo (e.g., por estimulação neurológica através de campos eletromagnéticos, pelo consumo ritual ou não de substâncias — como *ayahuasca*, LSD etc.), entre outros. Uma exposição detalhada dos processos psicofisiológicos envolvidos em vários desses mecanismos de indução pode ser encontrada em Tart.[22]

Outros fatores menos conhecidos, mas igualmente relevantes, merecem alguma citação, como certas condições ambientais que predispõem alterações fisiológicas e perceptivas, a exemplo dos longos períodos de claridade e escuridão experimentados no Ártico, os quais podem prejudicar a absorção de determinados nutrientes e vitaminas (como a vitamina D e o cálcio), favorecendo a eclosão de sintomas dissociativos e outras alterações de consciência, interpretados coletivamente como sinais de possessão.[23] Hábitos alimentares e deficiências nutricionais,[24] bem como fatores psicodinâmicos e psicossociais, incluindo o estresse decorrente de conflitos relacionados ao *status* social[25] são outros elementos importantes a considerar na estimulação e manutenção dos EACs. Aqui vale lembrar que muitos rituais de ordem místico-religiosa no passado e no presente incluem jejum, isolamento sensorial prolongado em ambientes especiais (como cavernas, cômodos isolados etc.) e ritos de passagem psicologicamente difíceis, estressantes.

Cabe adicionar a importância de predisposições individuais na estimulação de EACs, como características de personalidade. Na famosa pesquisa de Wilson e Barber[26] com pessoas propensas à fantasia, seus participantes costumavam ficar absorvidos por certos estímulos ou ideias a ponto de enevoar os limites entre o real (culturalmente aceito em consenso) e o fantasioso. Embora a maioria das pessoas — à medida que processam as etapas do desenvolvimento — acabe por utilizar menos os mecanismos de fantasia disponíveis na infância, muitos participantes continuaram a valer-se deles após se tornarem adultos, como acreditar na existência concreta de seres descritos em contos infantis. Boa parte dos participantes apresentava uma vida imaginativa dotada de intensidade alucinatória e vívidas encenações mentais, às vezes salutares e benéficas, às vezes prejudiciais. Muitos dentre eles eram religiosos e haviam também relatado experiências místicas e outras formas de experiência paranormal, como sair do corpo ou praticar escrita mediúnica, o que abre possibilidades de análise. Além disso, sobressaíram-se em testes que visavam averiguar o nível de susceptibilidade hipnótica de diferentes participantes. Em alguns casos, suas intensas fantasias originaram habilidades fisiológicas marcantes, como o controle mental da dor diante de estímulos comumente dolorosos. Tudo isso agrega elementos à discussão de possíveis relações entre imaginação ativa, EACs e religião, como sobre a adesão pessoal a crenças paranormais e religiosas, cirurgias espirituais intrusivas aparentemente vivenciadas sem dor, entre outras.

Algo parecido havia sido observado muitos anos antes no clássico estudo de caso de Luria[27] com o paciente S. Este último seria capaz de alterar a temperatura das mãos com base apenas em sua singular habilidade mnemônica e imaginativa, o que teria sido verificado objetivamente por Luria mediante um termômetro. S. seria também capaz de modular com facilidade sua pulsação cardíaca.

Em seu próprio artigo, Wilson e Barber[28] citaram figuras históricas que apresentariam níveis elevados de tendência à fantasia e absorção, como Nikola Tesla e Joana D'Arc, além de conhecidos "paranormais" como Leonora Piper e Madame Blavatsky. Muitos indivíduos com as mesmas características vieram a ser denominados de "histéricos", embora tal denominação possa soar atualmente pejorativa e esteja fadada a múltiplas conotações. É provável que as características dos sujeitos de Wilson e Barber, constatadas também por outros pesquisadores,[29] ajudem-nos a entender aspectos psicológicos dos xamãs, médiuns e outros representantes religiosos.

EACs, religião, cultura e psicopatologia

A despeito de suas dimensões básicas e comuns, sugeridas pelas descrições anteriores, os diferentes EACs assumem contornos conforme o ambiente cultural em que ocorrem. Assim, há crenças e variações histórico-socialmente construídas acerca do que seriam níveis de consciência normais, patológicos, desejáveis, irrelevantes, sagrados, passíveis de experimentação por qualquer um ou por uma elite etc. Conhecer tais diferenciações culturais no modo de acessar e compreender os EACs implica estudar aquilo que Locke e Kelly[30] denominaram de *etnoepistemologia*, isto é, o conjunto de conhecimentos, crenças e papéis sociais que fundamentam a cosmovisão de um povo e direcionam o modo como interpretam e vivenciam possíveis alterações na consciência.

Como exemplos, EACs tendem historicamente a ser vistos pela Medicina ocidental enquanto distúrbios dissociativos; mudanças graduais na concepção a respeito são bastante recentes, o que começa a se refletir na literatura. Revisando 135 artigos científicos, Menezes Júnior e Moreira-Almeida[31] sugerem nove critérios distintivos entre transtornos

mentais de conteúdo religioso e experiências espirituais saudáveis, o que foi robustecido em levantamento bibliográfico posterior:[32] ausência de sofrimento psicológico, ausência de prejuízos sociais e ocupacionais, duração curta da experiência, atitude crítica preservada, compatibilidade com o grupo cultural ou religioso do protagonista, ausência de comorbidades, controle sobre a experiência, crescimento pessoal ao longo do tempo e atitude de ajuda aos outros.

Já nas religiões mediúnicas (Espiritismo Kardecista, Umbanda, Candomblé, entre outras), certos EACs sinalizam o contato do médium com o mundo espiritual, na forma de incorporação e experiências associadas.[33] Por sua vez, diversas tradições de origem oriental reconhecem em alguns EACs meditativos sua meta mais elevada, constituindo uma drástica ampliação da consciência ordinária em direção à pretendida Iluminação.[34]

Os exemplos citados começam a sinalizar um aspecto importante dos EACs em relação à cultura: apesar de sua distinção usual em relação aos níveis "normais" e voluntários de consciência, nos quais usualmente é reconhecido o poder de decisão das pessoas, muitos tipos de EACs podem ser disciplinados, passíveis de modelagem através de pressão social, doutrinamento, expectativas compartilhadas, entre outros processos psicossociais. Um exemplo adicional pode clarear a questão. Embora os EACs associados a experiências mediúnicas compartilhem características essenciais que permitem reconhecê-los enquanto tal, médiuns de diferentes contextos se portam de modos bastante distintos. Como uma fagulha ilustrativa, extraída de um universo muito mais amplo, enquanto médiuns do Brasil, onde o Kardecismo é bastante influente, difundem mensagens espirituais centradas na reencarnação, médiuns dos Estados Unidos e do norte da Europa, em regiões de forte influência católica ou protestante, veicularam mensagens que se opunham à reencarnação ou eram indiferentes a essa doutrina.[35]

Assim, entre as variáveis que atuam para a modelagem social dos EACs e das experiências que então ocorrem (como visões, audições, sensações etc.) estão justamente os sistemas de crença próprios de cada contexto, incluindo as religiões. As crenças socialmente partilhadas sinalizam o que esperar do feitio de experiências religiosas, como que tipo de mensagens mediúnicas emergirão, que tipos de entidades espirituais se manifestarão, que etapas a alteração de consciência percorrerá até o estado almejado de contato com o transcendente etc.[36] Da mesma forma, quando um EAC ocorre de forma outra que não as esperadas dentro do grupo, ele tende a ser considerado idiossincrásico, patológico ou falso. Isso ocorre mesmo fora do sistema de crenças original da pessoa que apresenta EACs, como quando vivências subjetivas coerentes com o sistema de crenças onde afloraram são consideradas falsas por partidários de outros sistemas.

Complementarmente, a relação dos EACs com religião ocorre também no sentido inverso, caracterizando uma relação dialética: as experiências transcorridas durante as alterações de consciência confirmam, presentificam e renovam o sistema de crenças, de modo que as pessoas envolvidas podem "verificar por si mesmas" a validade (subjetiva) do que é objeto de fé e aderir a ele de modo progressivamente convicto.

A rede de significados espirituais ou transcendentes pode ser dominante para um determinado indivíduo e funcionar de muitas maneiras e sob as mais variadas circunstâncias, mas pode haver situações ou contextos em que o referencial religioso não seja imprescindível. Quando o indivíduo passa de um quadro de referência cultural mais abrangente para um especificamente religioso, temos uma *fase de mudança*.[37] Esse conceito implica a ideia de que, para o crente, nem tudo pode ser explicado ou tratado em termos estritamente religiosos, embora, com frequência, muita coisa seja assimilada ao seu quadro de referência doutrinário. A permeabilidade maior ou menor desses esquemas, sua capacidade em abarcar elementos cada vez maiores da vida de uma pessoa, depende de uma série de fatores que dizem respeito a como a identidade vai se estruturando a partir desses quadros. Van der Lans,[38] na linha do trabalho de Hjalmar Sundén (1908-1993), explica que certas variáveis ambientais podem igualmente concorrer para um deslocamento mais ostensivo do quadro de referência profano para o religioso. Ele nota que não parece suficiente para algumas pessoas simplesmente reavivar os esquemas religiosos de memória; é preciso, mais do que isso, inibir o quadro de referência cotidiano e estimular experiências inusitadas que confirmem mais intensamente, para o adepto, a "realidade" ou força das crenças religiosas adotadas. O emprego de variadas técnicas de alteração da consciência tende a desfazer os padrões cognitivos habituais, levando a experiências alucinatórias e anômalas que, incorporadas pelo quadro de referência religioso, servem como mecanismos de perpetuação e manutenção dos papéis assumidos, facilitando uma mudança de fase.

Assim, embora os EACs não estejam necessariamente condicionados a interpretações apriorísticas, seus mecanismos básicos podem ocorrer sob diversas circunstâncias, espontâneas ou não, e somente então interpretadas e amoldadas por referenciais coletivos, religiosos ou não. Lewis[39] exemplifica citando os guerreiros solteiros *morans*, entre os nômades pastorais samburus do Quênia do Norte, que caem regularmente em transes sem conotação mística em momentos de frustração, deixando de fazê-lo quando adultos.

Cada tipo de EAC pode ser classificado como normal ou patológico dentro de cada cultura. Sustentando que a "normalidade" de algo é definida culturalmente, o etnólogo Erwin H. Ackerknecht[40] propôs os termos "autonormal" e "autopatológico" para as rotulações que ocorrem dentro da própria cultura considerada. Quando o julgamento é exterior ao dado referencial cultural, os termos seriam, respectivamente, "heteronormal" e "heteropatológico". A partir de Ackerknecht, a antropóloga Anna-Leena Siikala[41] propõe um esquema útil na delimitação de EACs dentro de uma religião, em relação aos demais EACs:

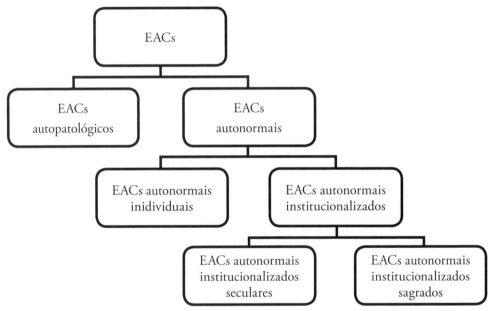

É preciso observar, contudo, que o modelo de Siikala está concentrado no recorte que considera a perspectiva interna da cultura em que determinados EACs se apresentam. Assim, um EAC autonormal institucionalizado poderia ser considerado patológico fora desse referencial cultural, isto é, ser heteropatológico. E interpenetrações desses referenciais podem ocorrer, inclusive para a mesma pessoa. Tomemos novamente o exemplo da possessão, já bastante conhecido entre os cientistas sociais. Lewis[42] propusera uma diferenciação entre o que seria a possessão do tipo central e a possessão do tipo periférico. A possessão central seria culturalmente sancionada, ocorrendo tipicamente apenas durante um ritual religioso, com prescrições definidas sobre como ser realizada e conduzida. É episódica e exige parâmetros adequados de treino e manifestação. O segundo tipo, a possessão periférica, ocorreria fora do contexto ritual, sendo geralmente crônica e incontrolável, além de envolver significativo sofrimento psíquico e ausência de adaptação social. Tal diferenciação não deve ser totalmente menosprezada, uma vez que as pesquisas efetivamente sugerem o efeito terapêutico e organizador de certas práticas religiosas no controle e/ou manejo de experiências dissociativas,[43,44] embora também existam importantes exceções a essa regra. Ao abordarem o caso de uma religiosa com distúrbios dissociativos, incluindo experiências de possessão, Kimati e Santos[45] concluem que "indivíduos que apresentam episódios dissociativos em igrejas pentecostais podem frequentar ambulatórios psiquiátricos de maneira simultânea, fazendo uso e articulando diferentes representações sobre o fenômeno". Portanto, temos de considerar também a quantidade e a forma de controle exercida sobre as experiências, e não apenas a vinculação com um contexto religioso particular.

Não obstante, casos de possessão periférica tendem a chegar mais facilmente à atenção dos clínicos, como bem exemplifica o relato de Martinez-Taboas[46] sobre a difícil trajetória de vida de um paciente porto-riquenho de 44 anos que, vitimado por delírios persecutórios de conteúdo religioso e experiências involuntárias de transe, obteve grande melhora graças aos recursos terapêuticos empregados. Sensível ao papel das crenças religiosas do paciente na sua compreensão de mundo, Martínez-Taboas optou por não contestar sua veracidade, mas sim por modificar o sentido inicialmente conferido. Ajudou o paciente a interpretar seus transes como uma possível dádiva divina, e não como intrusões de espíritos malévolos; trabalhou-se a relação do paciente com essas figuras, cujo diagnóstico evidenciou tratar-se de personificações de pessoas da vida do paciente com as quais ele mantinha conflitos interpessoais não totalmente resolvidos. Ao fim do tratamento, o paciente diminuiu os sintomas e retomou suas atividades sociais e profissionais.

Quando se trabalha com a relação entre EACs patológicos e não patológicos, deve-se estar atento para o fato de que nem sempre as opções institucionalizadas serão as menos destituídas de complicações ou sofrimento para o indivíduo. Apesar de discutível, o conceito de um Transtorno de Transe Dissociativo tem sido recentemente debatido na literatura;[47] e a polêmica em torno do mesmo se beneficiaria do progressivo estudo dos EACs.

Conclusão

O estudo dos EACs encontra-se repleto de possibilidades, tanto referentes às investigações psicossociais quanto às pesquisas neurológicas e fisiológicas que visam identificar correlatos orgânicos dessas experiências. Nesse sentido, Pekala e Cardeña[48] fornecem importantes sugestões metodológicas, abordando as limitações e os potenciais de diferentes métodos de pesquisa na investigação dos EACs, tanto antigos quanto modernos: introspecção, entrevistas, análises de diários, testes psicológicos e estudos de caso. Os autores concluem em favor da integração desses vários métodos, unindo técnicas quantitativas e qualitativas. Também se colocam em prol da consideração de várias explicações para um mesmo tipo de EAC, em vez do levantamento de interpretações monocausais e reducionistas.

Tart[49] defende o que considera uma "ciência dos estados específicos", sustentada na busca dos estados alterados por parte dos próprios pesquisadores. Ao serem capazes de acessar um mesmo "estado discreto de consciência" e compartilhar entre si as informações que obtiveram, os pesquisadores complementam seu conhecimento dos aspectos fisiológicos e sociais dos EACs com sua vivência pessoal e constante treino de indução desses estados. Trata-se de proposta controversa e corajosa, repleta de desafios epistemológicos, mas defendida por alguns estudiosos que, como Tart, confiam na importância de considerar a equação pessoal dos EACs na diminuição de vieses e preconceitos com relação a esses estados.[50]

Por seu turno, Almeida e Lotufo[51] sugerem diretrizes metodológicas para a investigação de EACs, entre elas, estudar os fenômenos sem compartilhar as crenças envolvidas, levar a sério as implicações dessas experiências e não subestimar as razões pelas quais tantas pessoas professam-nas, evitar o preconceito dogmático e a patologização automática do diferente, e distinguir experiências e suas interpretações.

Faz-se oportuno salientar igualmente que o estudo dos EACs tem recebido críticas diversas do ponto de vista psicossocial, como a teoria sociopsicológica.[52] Os autores defendem que não seria necessário postular a existência de estados diferenciados de consciência para explicar os comportamentos apresentados por indivíduos que alegam vivenciar EACs. Tais comportamentos poderiam ser explicados recorrendo-se simplesmente aos conceitos de *papel social, desempenho de papéis, aprendizagem social, modelos culturais* e *fatores ideológicos*. Variáveis fisiológicas e de personalidade até poderiam estar presentes, mas não seriam obrigatórias, muito menos frequentes. Esse modelo tem levantado muitos debates e, embora pareça exagerado reduzir as várias características dos EACs unicamente a processos de desempenho de papéis — o que as pesquisas envolvendo correlatos neurofisiológicos não têm sustentado[53] —, não se pode negar, por outro lado, a importância da teoria sociopsicológica para a compreensão de diferentes aspectos dessas experiências.

Referências bibliográficas

ACKERKNECHT, E. H. *Medicine and Etnology*; Select Essays. Bern: Verlag Hans Huber, 1971.

ALMEIDA, A. M.; LOTUFO NETO, F. Diretrizes metodológicas para investigar estados alterados de consciência e experiências anômalas. *Revista de Psiquiatria Clínica*, v. 30, n. 1 (2003), pp. 21-28.

BARUSS, I. *Alterations of consciousness*; an empirical analysis for social scientists. Washington: APA, 2004.

BLACKMORE, S. *Conversations on consciousness*. New York: Oxford University Press, 2005.

BOURGUIGNON, E. *Religion, altered states of consciousness and social change.* Columbus: Ohio State University Press, 1973.

CARDEÑA, E.; DUIJL, M.; WEINER, L. A.; TERHUNE, D. B. Possession/Trance phenomena. In: DELL, P. F.; O'NEIL, J. A. (eds.). *Dissociation and the dissociative disorders*; DSM-V and beyond. New York: Routledge, 2009. pp. 171-181.

CARDEÑA, E.; WINKELMAN, M. (eds.). *Altering consciousness.* California: Praeger, 2011.

DOYLE, A. C. História do Espiritismo. São Paulo: Pensamento, 1960.

ELLEMBERGER, H. F. *The discovery of the unconscious*; the history and evolution of dynamic psychiatry. New York: Basic Books, 1970.

FARTHING, G. W. *The psychology of consciousness*. New Jersey: Prentice Hall, 1992.

HAGEMAN, J. H.; KRIPPNER, S.; WICKRAMASEKERA II, I. Across cultural boundaries: psychophysiological responses, absorption, and dissociation comparison between Brazilian spiritists and advanced meditators. *Neuroquantology*, v. 9, n. 1 (2011), pp. 5-21.

HOOD, R. W. Jr. Mysticism. In: BELZEN, J. A.; WIKSTROM, O. (eds.). *Taking a step back*; assessment of the psychology of religion. Uppsala: Acta Universitatis Upsaliensis, 1997. (Psychologiaet Sociologia Religionum, 13).

HOLM, N. G. An integrated role theory for the psychology of religion: concepts and perspectives. In: SPILKA, B.; McINTOSH, D. N. (eds.). *The psychology of religion*; theoretical approaches. Colorado: Westview Press, 1997.

JAMES, W. *As variedades da experiência religiosa*; um estudo sobre a natureza humana. São Paulo: Cultrix, 1985 (original publicado em 1902).

KEHOE, A.; GILETTI, D. H. Women's preponderance in possession cults: the calcium deficiency hypothesis extended. *American Anthropology*, v. 83, n. 3 (1981), pp. 549-561.

KIMATI, M. D.; SANTOS, J. L. Dissociação, experiência e narrativa: um estudo de caso. *Revista Latinoamericana de Psicopatologia Fundamental*, v. 9, n. 4 (2006), pp. 583-597.

KRIPPNER, S. La inclusión de los fenómenos anómalos en el modelo transcultural de la disociación. *Revista Argentina de Psicologia Paranormal*, v, 11, n. 3 (2000), pp. 197-219.

LANS, J. M. van der. Religious experience: an argument for a multidisciplinary approach. *The Annual Review of the Social Sciences of Religion*, v. 1 (1977), pp. 133-142.

LEWIS, I. M. *Êxtase Religioso*. São Paulo: Perspectiva, 1971.

LOCKE, R. G.; KELLY, E. F. A preliminary model for the cross-cultural analysis of altered states of consciousness. *Ethos*, v. 13, n. 1 (1985), pp. 3-55.

LYNN, S. J.; PINTAR, J.; RHUE, J. W. Fantasy proneness, dissociation and narrative construction. In: KRIPPNER, S.; POWERS, S. M. (eds.). *Broken images, broken selves*; dissociative narratives in clinical practice. Whashington: Bruner, 1997. pp. 274-302.

LUDWIG, A. *Altered states of consciousness*; trance and possession states. Montreal: Raymond Prince, 1968.

LURIA, A. R. *A mente e a memória*; um pequeno livro sobre uma vasta memória. São Paulo: Martins Fontes, 1999 (original publicado em 1968).

LUKE, D. Anthropology and parapsychology: still hostile sisters in Science? *Time and Mind: The journal of archeology, consciousness and culture*, v. 3, n. 3 (2010), pp. 245-266.

MARTÍNEZ-TABOAS, A. A case of spirit possession and glossolalia. *Culture, Medicine and Psychiatry*, v. 23 (1999), pp. 333-348.

MENEZES JÚNIOR, A.; MOREIRA-ALMEIDA, A. O diagnóstico diferencial entre experiências espirituais e transtornos mentais de conteúdo religioso. *Revista de Psiquiatria Clínica*, v. 36, n. 2 (2009), pp. 75-82.

MOREIRA-ALMEIDA A; CARDEÑA E. Diagnóstico diferencial entre experiências espirituais e psicóticas não patológicas e transtornos mentais: uma contribuição de estudos latino-americanos para a CID-11. *Revista Brasileira de Psiquiatria*, v. 33, n. 1 (2011), pp. 21-28.

NEGRO, Jr. P. J. *A natureza da dissociação* um estudo sobre experiências dissociativas associadas a práticas religiosas. Tese (Doutorado). São Paulo: Faculdade de Medicina, Universidade São Paulo, 1999.

PEKALA, R. J.; CARDEÑA, E. Methodological issues in the study of altered states of consciousness and anomalous experiences. In: CARDEÑA, E.; LYNN, S. J.; KRIPPNER, S. (eds.). *Varieties of anomalous experience*; examining the scientific evidence. Washington: APA, 2000. pp. 47-82.

SELIGMAN, R. Distress, dissociation and embodied experience: reconsidering the pathways to mediumship and mental health. *Ethos*, v. 33, n. 1 (2005), pp. 71-99.

SIIKALA, A-L. *The rite of Siberian shaman*. 2. ed. Helsinki: Academia Scientiar Fennica, 1987 (original publicado em 1978).

SPANOS, N. P.; GOTTLIEB, J. Demonic possession, mesmerism and hysteria: a social psychological perspective on their historical interrelations. *Journal of Abnormal Psychology*, v. 88, n. 5 (1979), pp. 527-546.

TABONE, M. *A Psicologia transpessoal*; introdução à nova visão da consciência em Psicologia e educação. São Paulo: Cultrix, 2003.

TART, C. T. *Altered States of Consciousness*. New York: Harper Collins, 1990.

_____. *States of consciousness*. Lincoln: iUniverse.com/Backimprint.com, 2000.

WALSH, R. N; VAUGHAN, F. (orgs.). *Além do ego*; dimensões transpessoais em Psicologia. São Paulo: Cultrix/Pensamento, 1991.

WILSON, S. C.; BARBER, T. X. The fantasy-prone personality: implications for understanding imagery, hypnosis and parapsychological phenomena. In: SHEIKH, A. A. (ed.). *Imagery*; current theory, research and application. New York: John Wiley& Sons, 1983. pp. 340-390.

ZANGARI, W. *Incorporando papéis*; uma leitura psicossocial do fenômeno da mediunidade de incorporação em médiuns de Umbanda. Tese (doutorado). São Paulo: Instituto de Psicologia da Universidade de São Paulo, 2003.

Notas

[1] James, *As variedades da experiência religiosa*.

[2] Hood Jr., Mysticism, p. 114.

[3] Baruss, *Alterations of consciousness*.

[4] Cardeña; Winkelman, *Altering consciousness*.

[5] Farthing, *The psychology of consciousness*.

[6] Tart, *States of consciousness*.

[7] Bourguignon, *Religion, altered states of consciousness and social change*.

[8] Cardeña; Winkelman, *Altering consciousness*.

[9] Ellemberger, *The discovery of the unconscious*.

[10] Tabone, A Psicologia transpessoal.

[11] Ellemberger, *The discovery of the unconscious*.

[12] Zangari, *Incorporando papéis*.

[13] Krippner, La inclusión de los fenómenos anómalos en el modelo transcultural, p. 5.

[14] Blackmore, *Conversations on consciousness*.

[15] Ludwig, *Altered states of conciousness*, pp. 69-70.

[16] Tart, *Altered States of Consciousness*, p. 1.

[17] Ludwig, *Altered States of Conciousness*.

[18] Ibid.

[19] Cardeña; Winkelman, *Altering consciousness*.

[20] Tart, *States of consciousness*.

[21] Locke; Kelly, A preliminary model for the cross-cultural analysis of altered; Zangari, *Incorporando papéis*.

[22] Tart, *States of consciousness*.

[23] Locke; Kelly, A preliminary model for the cross-cultural.

[24] Kehoe; Giletti, Women's preponderance in possession cults.

[25] Lewis, *Êxtase religioso*.

[26] Wilson; Barber, The fantasy-prone personality.

[27] Luria, *A mente e a memória*.

[28] Wilson; Barber, The fantasy-prone personality.

[29] Lynn; Pintar; Rhue, Fantasy proneness, dissociation and narrative.

[30] Locke; Kelly, A preliminary model for the cross-cultural.

[31] Menezes Jr.; Moreira-Almeida, O diagnóstico diferencial entre experiências.

ESTADOS ALTERADOS DE CONSCIÊNCIA E RELIGIÃO

[32] Moreira-Almeida; Cardeña, Diagnóstico diferencial entre experiências espirituais e psicóticas não patológicas e transtornos mentais.

[33] Zangari, *Incorporando papéis.*

[34] Walsh; Vaughan, *Além do Ego.*

[35] Doyle, *História do Espiritismo.*

[36] Zangari, *Incorporando papéis.*

[37] Holm, An integrated role theory for the psychology of religion.

[38] Lans, Religious experience.

[39] Lewis, *Êxtase religioso.*

[40] Ackerknecht, *Medicine and Etnology.*

[41] Sikala, *The Rite of Siberian Shaman.*

[42] Lewis, *Êxtase religioso.*

[43] Negro Jr., *A natureza da dissociação.*

[44] Seligman, Distress, dissociation and embodied experience.

[45] Kimati; Santos, Dissociação, experiência e narrativa.

[46] Martínez-Taboas, A case of spirit possession and glossolalia.

[47] Cardeña; Duijl; Weiner; Terhune, Possession/Trance phenomena.

[48] Pekala; Cardeña, Methodological issues in the study of altered states.

[49] Tart, *States of consciousness.*

[50] Luke, Anthropology and parapsychology.

[51] Almeida; Lotufo Neto, Diretrizes metodológicas para investigar estados.

[52] Spanos; Gottlieb, Demonic possession, mesmerism and hysteria.

[53] Hageman; Krippner; Wickramasekera II, Across cultural boundaries.

Parte IV
Ciências das
linguagens religiosas

Ênio José da Costa Brito (org.)

Introdução à Parte IV

ÊNIO JOSÉ DA COSTA BRITO

Estudos recentes sublinham ser a linguagem humana não só reveladora do processo evolutivo, mas constitutiva do mesmo. Como elemento integrador da existência humana, articula e realiza a dimensão do existir-com, própria do ser humano.

Essa necessidade de existir-com leva os seres humanos a aventurar-se na criação do mundo cultural, mundo marcado por inúmeras experiências, sendo uma delas a experiência religiosa. A diversidade cultural e religiosa traz as marcas desse existir-com em diferentes espaços e tempos.

Inúmeras reflexões circunscrevem a categoria da experiência religiosa, reflexões que se ampliam ao considerar as relações entre experiência religiosa e linguagem. A linguagem religiosa fica sempre aquém da experiência; pode-se falar de um hiato entre experiência e expressão. Na realidade, a linguagem humana é incapaz de traduzir de modo pleno o que ocorre na experiência religiosa; no entanto, ela nomeia ainda que de maneira bastante indeterminada o objeto de sua experiência.

Gradualmente, percebe-se ser a linguagem partícipe dessa experiência religiosa. As experiências religiosas na sua multiplicidade e diversidade encontram na linguagem não apenas formas de representação e de comunicação, mas um suporte para suas realizações.

Recorrem as mais diversas formas como a oral, visual, escrita e digital etc.

Com frequência, no âmbito da experiência religiosa as palavras empregadas são tomadas na sua dimensão simbólica. Dimensão esta que possibilita expressar também o indizível.

A linguagem em geral e as linguagens religiosas em particular permitem ao ser humano não cair na tentação de absolutizar-se, pois este último é levado renitentemente para fora de si mesmo. Levado a existir-com, a reconhecer seu pertencimento a uma tradição, a caminhar pelos limites da linguagem.

A Ciência da Religião está desafiada a confrontar-se com os usos linguísticos das diversas religiões e da História das Religiões. Desafiada, ainda, a perscrutar como as linguagens estruturam as religiões.

Esta parte do *Compêndio* acolhe de maneira seminal tal desafio. Sua tentativa é dizer uma palavra introdutória e esclarecedora sobre as diferentes expressões do religioso. Para Nogueira, "as expressões da religião são muitas e falam muitas linguagens, algumas, inclusive, às margens, com um pé na religião e o outro na arte. E exatamente esta complexidade de formas de expressão faz com que percamos o controle científico. Trata-se de vozes demais para serem decodificadas, de sujeitos intérpretes em constante transformação que não permitem reconstruir uma trajetória única, um campo histórico contextual delimitado" (Paulo Augusto de Souza Nogueira [org.]. *Linguagens da religião*; desafios, métodos e conceitos centrais. São Paulo: Paulinas, 2012. p. 16).

Consciente desse dado, esta parte apresenta um conjunto de ensaios que fornecem inúmeros dados para que seus futuros leitores constelem a temática que envolve linguagens e experiências religiosas.

Paulo Augusto de Souza Nogueira, em *Linguagens religiosas: origem, estrutura e dinâmicas*, mostra-nos a importância da linguagem para a espécie humana, discutindo as teorias da origem e desenvolvimento da linguagem na filogenia e sua relação com a cognição humana. Em seguida, aborda a relação entre linguagem, arte e religião nos primórdios da cultura e finaliza refletindo sobre a estrutura e complexidade sincrônica da linguagem religiosa.

Hermenêutica da religião, de Etienne Alfred Higuet, expõe as principais etapas do desenvolvimento histórico da hermenêutica e define os principais conceitos da disciplina. Pergunta, também, pelas contribuições da Fenomenologia Hermenêutica para a Ciência da Religião e a Teologia, sobretudo pela interpretação dos símbolos e mitos religiosos. Para o autor, a hermenêutica, ao compreender a religião a partir de dentro, torna-se não só pressuposto para outros métodos interpretativos, como um complemento crítico das abordagens empíricas e quantitativas.

Em *Metodologia de estudos das "escrituras" no campo da Ciência da Religião*, Pedro Lima Vasconcellos sumariza os procedimentos metodológicos, pertinentes aos propósitos da Ciência da Religião, na análise das diversas "escrituras". Tendo presente os textos em si mesmos, os textos como testemunhos, frutos de um longo processo histórico e os textos como polissêmicos, ilustra, ainda, a potencialidade deste método abordando o Corão e outros textos. Toda a análise está circunscrita a tradições escritas.

Tradições religiosa entre a oralidade e o conhecimento do letramento, de Ênio José da Costa Brito, visa questionar estereótipos, ainda em uso, relacionados às sociedades, culturas e religiões tradicionais. Em um primeiro momento, para esclarecer as relações entre tradição oral e letramento, revisita os autores clássicos e contemporâneos; em um segundo momento, tendo como foco a tradição oral religiosa, retoma as questões levantadas pelos autores estudados. Finaliza apresentando brevemente as tradições afro e afro-brasileiras como tradições orais religiosas. Conclui pelo abandono das distinções entre sociedade oral e escrita.

A temática mítica é uma constante nos estudos da religião. Em *Mitos e suas regras*, José J. Queiroz, preocupado com uma ideia negativa do mito, contrapõe a ela uma visão positiva. Percorre o seguinte caminho: define o mito, em seguida traça sua breve história, passando a apresentar a posição de autores do século XX, que o veem positivamente. Com a indicação das regras principais que esclarecem a dinâmica do mito, finaliza o texto.

Os ritos são dados antropológicos constitutivos do viver humano. Maria Ângela Vilhena, em *Ritos religiosos*, analisa as suas especificidades e aponta para a necessidade de ampliar o conceito considerando os ritos religiosos como ações simbólicas, coletivas ou individuais. Percorre os estudos sobre ritos religiosos nos clássicos das Ciências Sociais dos finais do século XIX até inícios do século XX. Na conclusão, reitera a importância do estudo dos rituais para a Ciência da Religião.

Maria Antonieta Antonacci, em *Expressões corporais e religião*, nos alerta que, diante de irreparáveis deformações históricas produzidas pelo colonialismo euro-ocidental, com seus limites epistêmicos, políticos, mentais, é impossível apagar o fazer-se metrópole/colônia e anular seus fetiches. Na fala de estudiosos pós-coloniais o desafio é de gerações.

Linguagem midiática e religião, de Brenda Carranza, relembra não só a forte competitividade no campo religioso entre as igrejas cristãs para manter a hegemonia, como o deslocamento do papel da mídia nesse processo. Aborda, ainda, a inter-relação entre mídia e religião. Na atualidade, a religião lida não apenas com os meios de comunicação, mas com a cultura midiática. Para desvelar tal deslocamento, apresenta a especificidade da mídia religiosa seguida de uma refinada análise da transcodificação da mensagem religiosa em marketing religioso. Infere que a real disputa entre religião e mídia situa-se além das funções que esta exerce dentro das instituições.

César Augusto Saratorelli, em *Artes religiosas*, parte da constatação da carência de estudos em português na área. Recorre aos clássicos da História da Arte, atento às pontuações feitas por eles entre arte e religião. Constata a presença de uma visão eurocêntrica presente nesses estudos e a emergência na atualidade de uma nova narrativa. Para o autor, o desafio a ser assumido é construir uma narrativa mais refinada e menos eurocêntrica sobre a arte religiosa. Essa narrativa deve contemplar uma produção sustentada por uma poética com base metafísica, mística e espiritual.

Na esperança de que este conjunto de textos leve os leitores a mergulharem nos meandros das relações entre linguagens e experiências religiosas, os autores têm consciência de que apenas apontaram veredas que devem ser retomadas e aprofundadas.

Linguagens religiosas:
origem, estrutura e dinâmicas

PAULO AUGUSTO DE SOUZA NOGUEIRA

Introdução

A religião tem uma relação tensa com o universo da linguagem. Não é incomum os sujeitos religiosos afirmarem que suas experiências religiosas são incomunicáveis. E de fato, fenômenos como o êxtase religioso são acompanhados de afirmações sobre os limites da linguagem na sua apreensão. Se, por um lado, a experiência religiosa tal como vivenciada pelo homem religioso não se vê devidamente traduzida pela linguagem, por outro lado, ela é representada pelo mesmo sujeito por meio de imagens, diálogos e sussurros internos, gestos e palavras, mesmo que em línguas indecifráveis. Mesmo se tratando de uma experiência vivida na mais absoluta solidão, uma experiência representada interiormente, a religião é representada em *algum* tipo de linguagem. Podemos, dessa forma, repropor o problema ao afirmar que religião e linguagem são temas que se pertencem de forma intrínseca, ainda que nem sempre a linguagem cotidiana tenha as categorias mais adequadas para sua expressão. O fato é que a religião é praticada na sociedade de forma expressiva. Os deuses falam, falam os

fiéis, debatem as comunidades, seus líderes pregam, profetizam, todos cantam, louvam, pronunciam juramentos e confissões. E, quando estão em conflito uns com os outros por causa dos bens simbólicos, os membros de uma comunidade pronunciam argumentos e condenações. E, como observamos, quando o homem religioso está só, ele conversa com sua divindade, a ouve e interpreta sua mensagem. Podemos dizer sem exageros que o homem religioso é um tagarela. É quase impossível fazê-lo calar. E nos momentos em que não faz uso da palavra ele pratica gestos simbolicamente organizados, move seu corpo de forma a dizer algo. Dessa forma, os deuses dançam, os sacerdotes levantam as mãos para abençoar, para manipular altares e instrumentos sacrificadores. A sofisticação da linguagem no mundo religioso é tão grande que na história se constituíram escrituras das religiões. Grupos de escribas e sacerdotes, acompanhados dos fiéis, dedicam vidas a interpretar narrativas complexas, metáforas densas, genealogias, poesia, jurisprudência, exortações transmitidas de forma escrita por gerações, após terem sido transmitidas de forma oral por incontáveis outras tantas gerações. Dessa forma, temos religiões que para contemplar seus deuses criadores do cosmo e de sua infinitude se debruçam sobre intrincados textos.

A farta evidência e a universalidade dos usos da linguagem nas comunidades religiosas, em todas as suas dimensões (palavra oral, palavra escrita, imagens, gestos, pensamentos interiores em forma de monólogo etc.) nos confrontam com questões sobre o tipo de relação que existe entre a religião e a linguagem. Consistiria a linguagem em meio de expressão e de comunicação de sentimentos religiosos? Seria, portanto, a linguagem um *medium*? Ou seria a linguagem um elemento estruturador da prática religiosa? Em outras palavras, haveria religião sem linguagem? Seria isso hipoteticamente possível? Essas questões são da maior importância, pois, à medida que definimos a relação da linguagem com a religião, estamos fazendo

afirmações sobre o que constitui o próprio fenômeno religioso. Por exemplo, se mantivermos a ideia tradicional de que a linguagem é um meio de expressão do religioso, estaríamos afirmando que a experiência religiosa é um *a priori* na consciência. Ou o contrário: de que, na impossibilidade de separação entre religião e sua expressão na linguagem, estaríamos afirmando a constituição semiótica do fenômeno religioso.

Antes de nos posicionarmos sobre essas questões, iniciaremos nossa análise com a apresentação de um quadro da presença, constituição e importância da linguagem para a espécie humana. Essa parte discutirá teorias da origem e desenvolvimento da linguagem na filogenia e sua relação com a cognição humana. Em seguida, abordaremos a relação entre linguagem, arte e religião nas origens da cultura e, por fim, abordaremos a estrutura e complexidade sincrônica da linguagem religiosa.

A espécie simbólica

Nenhuma espécie se comunica com a habilidade, rapidez, naturalidade e sofisticação com que o faz a espécie humana. Processamos com rapidez o pensamento e o articulamos por meio de léxico, de sintaxe e de sons acompanhados de expressão facial e de gestos. Cada um desses processos e a sua execução em conjunto exige um poder de computação impressionante do cérebro humano. A arquitetura de nosso cérebro e as adaptações de nosso aparelho fonador são o resultado de centenas de milhares de anos de evolução que nos permitem a realização de operações extremamente complexas como se fossem procedimentos automáticos. Este poder de organizar e produzir pensamentos complexos com rapidez e de articulá-los com eficiência na fala é o resultado de um longo processo evolutivo decorrente da pressão da

seleção natural a partir da necessidade do ser humano se expressar sobre o mundo circundante. A questão da origem da linguagem na evolução da espécie humana é complexa e encontra as mais diferentes hipóteses. Não é o objetivo e competência de nossa abordagem dar um panorama de todas as hipóteses em disputa, que vão desde necessidades tecnológicas, de organização social, a interesses poéticos e metafísicos.[1] Nós nos concentraremos em duas abordagens que nos oferecerão bases sólidas para a discussão do papel da linguagem na evolução da espécie humana e a sua relação com a religião.

A primeira das abordagens que apresentaremos é a do biólogo norte-americano Terrence Deacon, autor de *The Symbolic Species*, uma obra que causou um grande impacto nos estudos de Psicologia e Antropologia Evolutiva. Ele faz uma abordagem sofisticada da origem da linguagem, na cognição e na cultura do *Homo sapiens*, que nos oferece pistas para a discussão sobre as relações entre linguagem e religião. Discordando de teorias inatistas da origem da linguagem, como a teoria de Chomsky de que a linguagem seja resultado de uma mutação genética, Deacon propõe a hipótese da linguagem como uma anomalia evolutiva,[2] ou seja, linguagem não é o resultado natural e necessário do processo evolutivo, mas antes um paradoxo.

Para Deacon, há uma diferença instransponível entre a linguagem humana e as linguagens animais. Na verdade, estas últimas só podem ser consideradas linguagens em sentido metafórico. O fato é que não há linguagens simples, e mesmo as formas de linguagem humana menos sofisticadas não podem ser aprendidas pelos animais. A diferença fundamental entre a linguagem animal e a humana reside na referência simbólica que distingue a última:

> O caminho de entrada para o mundo virtual da cultura nos foi aberto pela evolução da linguagem, porque a linguagem não é um mero modo de comunicação, mas é também a expressão de um modo de pensamento incomum: a representação simbólica.[3]

Na opinião de Deacon, é essa característica da linguagem humana que deve ser sido o motor das transformações na estrutura cerebral humana. Explicar o cérebro antes da linguagem seria colocar o carro na frente dos bois:

> A partir dessa perspectiva, a linguagem deve ser vista como seu próprio motor primeiro. Ela foi o autor de um complexo de adaptações coevoluídas organizadas em torno de uma simples inovação semiótica central, cuja aquisição foi extremamente difícil no início. A evolução subsequente do

cérebro foi uma resposta a esta pressão seletiva e progressivamente tornou este limite simbólico mais fácil de ser superado. Isso por sua vez abriu a porta para a evolução de uma complexidade linguística ainda maior.[4]

Essas alterações no sistema de informação foram codificadas no DNA, permitindo que a seleção natural redesenhasse nossos cérebros para essa nova função.

Mas poderíamos perguntar: afinal, para que os seres humanos precisavam da linguagem? Por que não se contentaram com as formas básicas de comunicação dos outros animais? Para responder a essa questão fundamental, Deacon argumenta que os seres humanos são mal adaptados para seu meio ambiente, ao contrário das outras espécies. Somos naturalmente desajeitados. Nesse sentido, pode-se afirmar que o aprendizado da língua é contraintuitivo e que linguagem é a exceção, não a regra. A linguagem possibilita, dessa forma, a criação de um mundo humano.

Para fundamentar seu argumento, Deacon precisa mostrar no que é que a linguagem humana é única. Para essa tarefa, ele adapta os conceitos de Charles S. Pierce: ícone, índice e símbolo. No *ícone*, o signo se relaciona com o objeto (o referente) por meio da similaridade entre ambos (uma mão aberta como "pare", por exemplo), no *índice* a relação é de contiguidade física ou temporal (fumaça indica fogo, por exemplo), já no *símbolo* a relação entre signo e objeto é mais complexa, sendo determinada por lei, causalidade, convenção (uma cruz como símbolo de esperança, por exemplo). Essas formas do signo são estruturadas hierarquicamente. O símbolo pressupõe relações indexicais e icônicas. Mas é importante destacar que mesmo as formas subordinadas (ícone e índice) não são pré-semióticas: elas também precisam de processos interpretativos e da representação.

No entanto, é nas relações simbólicas que a linguagem adquire o poder de fazer referências complexas de símbolos entre si e de testar possibilidades combinatórias de forma relativamente independente dos referentes. Por meio dos símbolos, podem ser representadas e projetadas relações passadas, futuras e mesmo imaginárias. Eles atraem-se entre si criando complexas redes textuais cuja relação com a realidade pode ser apenas indireta ou até inexistente. Essas modificações na linguagem a partir do uso da linguagem simbólica fazem toda a diferença: tudo é atraído para e se transforma nas associações simbólicas:

> O processo de descoberta de novas associações simbólicas é um evento reestruturador, no qual as associações previamente aprendidas são repentinamente vistas em uma nova luz e devem ser reorganizadas umas com respeito às outras.[5]

Isso cria uma verdadeira e revolucionária rede textual. Cada nova relação associativa reforça e redimensiona as demais: elas pedem por um eficiente suporte mnemônico. Os símbolos agora se organizam em relação a outros símbolos. Uma cadeia infinita de combinações é possível, com resultados imprevisíveis.

Essas transformações no âmbito da linguagem em função da simbolização e de suas redes foram as responsáveis pelas transformações na estrutura cerebral humana, dando origem a um cérebro capaz de dar conta dessas complexas redes associativas e a um sistema auditivo e fonador para a sua expressão. Por isso, Deacon fala de um *Homo simbolicus*, constituído mais pela evolução decorrente da informação simbólica do que por qualquer característica física. O aprendizado dessas novas habilidades pelos primeiros hominídeos foi responsável tanto por predisposições biológicas como por mudanças de comportamento. Mas esse quadro não

implica que o modo de comunicação simbólico tenha prevalecido rapidamente e que tenha sido um sucesso desde o início. Afinal, conforme pressupõe Deacon, a linguagem é contraintuitiva. Na verdade, devido à sua fragilidade e relativa ineficiência, os grupos humanos pré-históricos deveriam ter investido esforço e energia nele por vantagens que esse novo sistema trazia para resolução de questões relativas à sociabilidade e divisão sexual do trabalho, entre outros. Isso envolve diferentes fatores, como mudanças nas técnicas de caça, no consumo coletivo de carne cozida, relações de reprodução e convivência de parceiros sexuais relativamente estáveis. Tudo isso tornou necessária uma *estrutura social mais complexa*, que, por sua vez, necessitou de uma *solução simbólica* que permitisse fazer referência a objetos ausentes ou abstratos. Por meio dessa comunicação simbólica, eles teriam podido negociar pertença grupal, ações de caça coletiva, cuidado coletivo de crianças, relações de reciprocidade, relações de exclusividade sexual, demarcação entre membros do grupo como confiáveis, enfim, a necessidade de representar um contrato social. E, um fator fundamental para a relação entre linguagem e religião, este novo sistema simbólico também abria espaço para o surgimento das primeiras formas estéticas. Sem a representação simbólica, teria sido impossível a arte e a religião pré-histórica.

Em outra obra, desta vez o artigo *The Role of Symbolic Capacity in the Origins of Religion*, escrito doze anos depois do seu livro *The Symbolic Species*, Deacon, em conjunto com Cashman, nos apresenta uma análise da origem da linguagem e da cognição humana aplicada especificamente ao tema da origem da religião. Aqui ele nos apresenta um quadro da origem da religião fundamentado na teoria da emergência, a saber, na possibilidade de geração espontânea de sinergias novas de alto nível a partir da interação de processos compostos. Os processos são emergentes quando eles exibem características que são descontínuas e até mesmo contrárias a tendências observáveis no nível dos componentes.[6] Em outras palavras, processo emergente é aquele que se desenvolve a partir da interação de certos processos, mas cujo resultado final é relativamente independente deles, criando um nicho evolutivo próprio. Este seria o caso da linguagem e da religião como consequência. Segundo Deacon, o uso de linguagem simbólica, de linguagem na qual os signos têm uma relativa autonomia em relação aos objetos (os referentes), permitindo a criação de redes de signos em relação uns com os outros, criou dois subprodutos. O primeiro deles é a tendência de criar um *self* narrativo simbólico e explicações narrativas do mundo com tudo o que ele contém. O outro subproduto é a tendência humana de prestar atenção e buscar estruturas subjacentes e ocultas sob a realidade aparente. Este é na verdade o sistema de funcionamento da linguagem. Na superfície de cada enunciado há uma estrutura semântica e sintática oculta que organiza tudo o que é dito. Há um terceiro aspecto derivado do desenvolvimento da capacidade simbólica, que é a expansão emocional. Não consideraremos este terceiro aspecto devido ao fato de ele ser secundário em relação ao nosso tema.

No que se refere à *narrativa como forma de cognição e organização do mundo*, Deacon aponta para o fato de que a narrativa é uma característica exclusivamente humana, pois depende da capacidade de recuperar e projetar informações de eventos passados guardados na memória. Essa forma de cognição simbólica articula dois tipos de memória: a procedimental (*procedual*) e a episódica. A primeira se refere a procedimentos da memória motor relativa ao "como fazer". A segunda se refere a fatos que acontecem uma única vez, aos episódios. A combinação entre ambos faz com que organizemos na linguagem a memória episódica em sequências, ou seja, em associações de procedimentos:

> Dessa forma, conceitos, ideias abstratas, memórias e eventos, e assim por diante, podem ser organizadas em caminhos distintivamente diretos, os quais podem ser recobrados e desenvolvidos no tempo por meio de repetição, simplificação e embelezamento.[7]

Essa predisposição para construir nossas identidades e organizar nossa compreensão do mundo de forma narrativa é uma característica da religião que vem sendo observada recentemente com mais atenção pelos estudos cognitivos.[8] Narrativas são relacionadas com a construção de nossas identidades como indivíduos e com as memórias elaboradas das comunidades às quais pertencemos. É dessa predisposição narrativa que surge aquela que é a narrativa por excelência da religião: o mito. As narrativas também têm o poder de modelar a realidade, uma vez que elas são teleológicas, isto é, são direcionadas para um fim, enquanto a vida real não é. As narrativas fazem parte dessa tendência humana de dar sentido ao mundo.

A outra característica é a *tendência de buscar estruturas ocultas e subjacentes à realidade*. Existe um dualismo de fundo na linguagem decorrente do fato de que por detrás das palavras há significados, que por debaixo das frases há estruturas lexicais e sintáticas, de que, portanto, nosso conhecimento do mundo repousa sobre um sistema críptico que só pode ser entendido se compreendermos sua lógica. Entender este sistema críptico, na linguagem ou na nossa construção de mundo, nos faz entrar em um mundo semiótico que pode ser comparado a uma *segunda realidade*. Esta realidade semiótica nos envolve tanto, que ela se torna um ambiente em si mesmo. No dizer de Deacon, nós, humanos, estamos adaptados para este mundo virtual da comunicação social [...]. Nós possuímos características mentais sem precedentes que se transformaram em um ambiente (*environment*) radicalmente diferente de qualquer outro. Nós vivemos em um mundo duplo, um virtual, consistindo em símbolos e sentidos, e outro material, consistindo em objetos concretos e eventos. Nenhuma outra criatura evoluiu em nichos tão radicalmente divergentes.[9]

Essa dupla realidade em que vive o ser humano é assimétrica. Na verdade, devido às limitações sensoriais dos seres humanos quando comparados aos animais, nós não só vivemos no mundo da cultura, como vivemos o mundo dos objetos e dos eventos por meio da mediação da segunda realidade.[10] Os desenvolvimentos dos sistemas simbólicos na predisposição à narrativa e à compreensão da realidade como sendo críptica e constituída de dois níveis (como o é a linguagem) apontam para possibilidades de configuração da religião para novas elaborações simbólicas, produtos da imaginação, compreensão moral e expansão da espiritualidade.

Em nossa (sucinta) apresentação das teses principais de Deacon sobre a linguagem e de sua relação com a religião, queremos destacar que a relação entre linguagem simbólica e os sistemas simbólicos religiosos colocam a religião numa posição fundamental nos processos de desenvolvimento da cultura humana. Deacon, em outras publicações, junto com outros autores dos estudos da Antropologia Evolutiva e das Ciências Cognitivas, enfatiza as relações intrínsecas entre as origens da linguagem simbólica, da cognição complexa, e as origens da arte, da moral e da religião na pré-história.[11] A religião não é um mero subproduto de condições históricas específicas, mas uma articulação da linguagem simbólica e dos processos de consciência de alto nível (*high-order processes*) que acompanha o *Homo sapiens* desde seus inícios.

Passamos agora para a apresentação da segunda abordagem que oferece elementos para nossa discussão do papel da linguagem na evolução da espécie humana e sua articulação com as primeiras formas de expressão religiosa. Essa abordagem também permitirá construirmos um conceito mais amplo de linguagem, não apenas concebida como articulação fonética e lexical, mas também como expressão corporal mimética e como conjunto maior de sistemas cognitivos.

Um conceito amplo de linguagem

Uma abordagem sistemática da origem da linguagem, considerada no complexo mais amplo da cultura e da cognição, é apresentada na obra de Merlin Donald, professor de Psicologia no Canadá. Em sua obra intitulada *Origins of the Modern Mind: Three Stages in the Evolution of Culture and Cognition*, ele nos oferece uma explanação sofisticada da origem da cultura e da cognição da pré-história até o homem moderno. Claro, com moderno ele quer dizer, *Homo sapiens*. Sua apresentação das origens da mente moderna abrange os primeiros desenvolvimentos da cultura e da técnica no *Homo erectus*, desde 1,5 milhões de anos atrás, passando por aproximadamente 300 mil anos, quando se dá o aumento do volume do cérebro e a adaptação do aparato vocal do *Homo sapiens* arcaico, até a invenção da escrita há cerca de 5 mil anos. Donald divide os desenvolvimentos da mente, cognição e cultura, das origens até o homem moderno, em três estágios e transições das formas de linguagem e representação: (a) da cultura episódica à cultura mimética; (b) da cultura mimética à cultura mítica, e (c) do armazenamento simbólico externo até a cultura teórica. Trata-se de um modelo no qual o crucial não se encontra na cronologia, mas nas transições cognitivas e nas estruturas delas resultantes.[12]

A primeira transição, *da cultura episódica à cultura mimética*, trabalha sobre a percepção episódica. Perceber e reagir a eventos, episodicamente, é típico do comportamento dos símios superiores. É sobre a percepção episódica que a cultura mimética atua. Nela, o *Homo erectus* passa a adquirir uma coordenação e articulação corporal superior e abstrata, deixando o meio ambiente de ter poder determinante sobre o movimento motor. Essa transformação prové os hominídeos com uma nova forma de representar a realidade e lhes propicia uma autoimagem e autoconsciência corporal. Nesta cultura mimética, há poder de autoevocação de memórias. No modo mimético, o homem adquire controle do corpo e adquire um modelo de representação corporal. Ele passa a fazer uso do corpo humano como instrumento de representação. É uma forma multimodal de representação que implica a capacidade de modelar o próprio movimento. Para ilustrar essa transição fundamental, citaremos o exemplo do ritmo. Ele articula diferentes partes do corpo em torno de um modelo abstrato, complexo. Apenas os seres humanos têm ritmo, tal a sua complexidade.

O modo mimético é a fundação para a linguagem. Sem o controle mimético não haveria base para a linguagem. É independente da linguagem, mas é sua preparação fundamental. Base comum entre linguagem (sistema fonológico) e controle de movimento voluntário. O modo mimético de representação é altamente eficiente. Por meio dele acontece o aprendizado na sociedade. É mimeticamente que as crianças aprendem nos jogos. Por isso o mimetismo tem uma clara função social. Expressões miméticas podem ser ensaiadas, repetidas, refinadas, usadas em comunicação intencional. O mimetismo fornece à sociedade a prosódia, a criação de um contexto semântico simples e também um conjunto de representações comuns. Mas, não obstante os óbvios benefícios advindos da cultura mimética, a obtenção de habilidades corporais distintas conduz também a maior diferenciação de papéis sociais. Isso é um potencial de desestabilização na sociedade, pois aumenta o potencial de competição.

A segunda transição, *da cultura mimética à cultura mítica*, que se inicia no *Homo sapiens*, é a que mais diretamente se relaciona com a linguagem no sentido estrito. Na opinião de Donald, é no léxico que devemos encontrar o elemento impulsionador principal da linguagem, em detrimento da fonologia e da sintaxe, como propõem outros autores. O léxico surge da necessidade de definir e redefinir o mundo ao nosso redor. A fonologia e a sintaxe aparecem a seu serviço, como uma consequência. Mas o impulso para todas estas transformações, para o surgimento da linguagem e todos os seus elementos, deve ser a necessidade de narrar histórias:

> A habilidade narrativa é a força básica por trás do uso da linguagem, e em particular da fala: a habilidade de descrever e definir eventos e objetos encontra-se no coração da aquisição da linguagem.[13]

O modo narrativo é o produto por excelência da linguagem e uma das formas de modelização do mundo mais importantes da cultura. E, se a linguagem tem como seu mais importante produto a narrativa, o mito é a narrativa por excelência desta fase:

> O mito está no topo da pirâmide cognitiva em uma sociedade deste tipo. Ele não apenas regula o comportamento e emoldura o conhecimento, mas também delimita a percepção da realidade e canaliza as formas de pensamento dos seus aderentes [...]. O mito é o produto inevitável da habilidade

narrativa e a suprema força organizadora da sociedade do Paleolítico Superior.[14]

A cultura mítica favoreceu a integração do conhecimento. Ela deu a unidade que faltava ao pensamento episódico e à cultura mimética. O mito fornece um modelo no qual todo o conhecimento de uma sociedade pode ser narrado. Seu passado é reconstruído de forma coerente e eventos isolados podem ser colocados em relação uns com os outros.

Por fim, temos a terceira transição, *do armazenamento simbólico externo até a cultura teórica*, que marca a transição na qual nossa sociedade ainda se encontra. Se as transições anteriores aconteceram na constituição biológica da espécie humana, a terceira é motivada por fatores tecnológicos, no caso, o armazenamento externo de memória. Na opinião de Donald, essa terceira transição pode ser testemunhada por meio da invenção de símbolos visuais, que se iniciaram com a arte e os sinais gráficos até os sistemas gráficos da escrita, pelo surgimento de uma cultura letrada, e por fim por meio de pensamento abstrato. Este estágio deve ter promovido sofisticação na forma de armazenamento coletivo de informação na sociedade e um uso mais efetivo de recursos cerebrais, como no caso do uso de memória externa que requer "módulos" literários. Esse acesso à memória externa faz com que a cultura se expanda por um espaço virtualmente ilimitado, que seus produtos simbólicos sejam cada vez mais refinados e sofisticados, promovendo a interação entre processos semânticos e visuais. Este processo de incremento de memória virtual permite que se desenvolva uma ainda maior plasticidade cerebral e uma utilização mais eficiente da memória humana por meio desta memória externa. Ocorre, portanto um processo duplo e interativo: aumento ilimitado de memória externa e refinamento dos produtos simbólicos. O número de representações disponíveis para a cultura humana neste processo torna-se infinito.

A proposta de Donald, ainda que um pouco esquemática, nos permite entender a linguagem em relação à cognição, à plasticidade cerebral, ao desenvolvimento dos hominídeos e à formação das sociedades pré-históricas. Ela também nos permite articular um conceito amplo de linguagem, como forma de cognição e comunicação, que integra mente e corpo (como operador mimético na comunicação), além de integrar o sistema fonético, lexical e sintático. E, por fim, integra os aspectos internos com os externos da cognição e da comunicação. É importante ressaltar que o desenvolvimento em três etapas, conforme proposto por Donald, não implica substituição das aptidões e formas de expressão de uma etapa por outra, mas propõe uma superposição hierárquica dos três níveis. Todos nós somos articuladores de expressão mimética, mítica e abstrata.

O último estágio do desenvolvimento da cultura e da cognição proposto por Donald sugere que um tipo de cognição especial se desenvolve quando o *Homo sapiens* faz uso do suporte externo de armazenamento simbólico. Ele propõe que este desenvolvimento abrange desde as primeiras imagens e sinais gráficos até a invenção da escrita. Uma pergunta fundamental que emerge em nosso argumento é: quando podemos neste processo de armazenamento externo de memória externa visualizar os primeiros vestígios de símbolos religiosos? Em outras palavras, sendo impossível recuperar qualquer vestígio da cultura oral do estágio mítico, anterior à invenção da escrita, quais os primeiros vestígios externos à fala em que nós podemos encontrar sistemas de linguagem com representações religiosas? Os primeiros vestígios de artefatos humanos de caráter artístico-religioso, ainda que raros, datam de cerca de 75 mil anos antes do tempo presente. As deusas-mãe pré-históricas datam de cerca de

45 mil anos. Mas no Paleolítico Superior já temos a partir de cerca de 34 mil uma grande quantidade de sítios com pinturas parietais, com temas relacionados a animais e à caça. Perguntamos: há nestes vestígios portáteis (como as estatuetas das deusas-mãe) e na pintura parietal evidências de linguagem religiosa articulada nas imagens? E qual o papel da religião nestes primeiros vestígios de linguagem simbólica articulada da pré-história? Aqui nos deparamos com um problema central na discussão sobre arte e religião na pré-história. As pinturas das cavernas da Europa no Paleolítico Superior são representações artísticas ou religiosas? De fato, existe o risco de que projetemos conceitos modernos, como o de arte, artista, estética, por um lado, e de religião, sentimento ou expressão religiosa, por outro lado, em sociedades pré-históricas. Creio que para o efeito de nossa

análise existe a necessidade de sugerirmos um conceito que esteja acima destes e que englobe as duas classes: arte e religião. Para nos harmonizarmos com a análise de Deacon, podemos chamar este conceito híbrido de *complexo simbólico arte/religião*, que também parece não insistir em separar os conceitos estéticos e religiosos uns dos outros. Lewis-Willians defende a hipótese de que as pinturas nas cavernas (pensemos nas pinturas de Chauvet, de 34 mil anos, no sul da França, por exemplo), devido à dificuldade de acesso e à escuridão, fossem locais de iniciação religiosa e de rituais xamânicos. As pinturas rupestres nos oferecem um caso paradigmático de encontro do mimético (ritual), da técnica (pintura), da linguagem, da imagem (memória externa) articulados em torno do fenômeno religioso xamânico.[15]

O conceito semiótico de texto

É tendo em mente este quadro conjectural que queremos apresentar um último conceito para a discussão da relação entre religião e linguagem. Conforme nos mostram as evidências arqueológicas, as representações religiosas surgem nas sociedades pré-históricas como produtos complexos, sincréticos e estruturados. Para entendê-los melhor, usaremos do *conceito de texto* do semioticista russo Iuri Lotman. Segundo Lotman, "texto" é toda unidade estruturada de informação. Os textos podem ser de caráter simples e técnico, privilegiando a transmissão correta de informação. Já os textos mais complexos, os textos da cultura, privilegiam a criação de novas mensagens em vez da simples transmissão de informação.[16] Isso se deve ao fato de que não há uma codificação unificada entre as diferentes pessoas e entre os diferentes textos. Além do mais, os textos da cultura são, no mínimo, duplamente codificados: eles possuem a codificação de sua linguagem

natural (as regras da linguagem falada ou as da linguagem icônica, por exemplo) e a codificação própria do seu âmbito específico, no caso, da linguagem religiosa ou artística, que também funciona como uma espécie de linguagem. Os textos da cultura também são híbridos e hierarquicamente organizados. Tomemos o exemplo de um poema: ele tem diferentes sistemas articulados, pois é composto de fonemas, de sinais gráficos, de rima, de ritmo, de semântica etc. Esses sistemas estão em tensão uns com os outros e podem se desestabilizar mutuamente, criando possibilidades de "deformação", de criação de novas mensagens. Pensemos em um ritual religioso como um texto complexo composto de diferentes subtextos: palavra oral, palavra escrita, palavra cantada, gestos litúrgicos, danças, decoração do espaço, símbolos, vestimentas, disposição das pessoas, interação entre as pessoas e o espaço, a leitura e entonação dos textos e cantos etc. Toda essa ampla e complexa gama de textos com seus sistemas particulares (pois há prescrições para a leitura, para o canto, para o gesto, para a organização do espaço etc.) pode e é efetivamente percebida pelas pessoas que participam do ritual, cada qual com seus códigos, em infinitas formas. É essa complexidade de sistemas textuais que torna a cultura tão dinâmica e sempre pronta para a produção de novos textos.[17] Esse conceito de texto pode ser aplicado aos primeiros vestígios de cultura artística e religiosa do *Homo sapiens*. Se os textos culturais das pinturas rupestres das cavernas e dos crânios de ursos, por exemplo, em Chauvet, eram acompanhados de rituais de iniciação xamânicos, temos aí um texto artístico-religioso da mais alta complexidade e hibridismo, pois estes rituais devem ter sido conduzidos com fala, gestos, mais as representações externas das pinturas e dos objetos portáteis. Todos teriam sua estruturação simbólica própria e estariam também organizados hierárquica e estruturalmente uns em relação aos outros.

Devemos observar, porém, que constatar este tipo de complexidade estrutural ainda não basta para justificar a importância e a centralidade destes textos da cultura. O que torna essa complexidade sistêmica dos textos da cultura tão importante é o fato de que ela exerce o papel de *modelizadora do mundo*. Ou, segundo as palavras de Lotman, se constituem em um "sistema modelizador de segundo grau". Os textos culturais modelizam nossa compreensão de mundo segundo suas regras, como se elas fossem linguagens e de fato elas se portam como linguagens. A

criação de um texto artístico-religioso tem como consequência a criação de um universo da cultura moldado por este texto: ele transfigura a realidade a tal ponto que só podemos considerar como existente o que pode ser descrito na cultura. Aqui podemos nos perguntar pelas semelhanças e diferenças entre esse conceito da semiótica da cultura e o conceito de segunda realidade de Deacon. Afinal, este autor já destacava a importância das representações simbólicas na criação de uma segunda realidade ou na busca de princípios subjacentes à mesma. O conceito de Lotman nos parece ir além, porque destaca não só o poder de representação do símbolo, mas o poder de modelização por meio de sistemas híbridos e complexos de textos culturais em interação. Isso a tal ponto que a linguagem da cultura se torna mais apta para criar novos textos culturais do que para a expressão do real. Esse passo à frente que dá o conceito de texto de Lotman nos permite considerar de forma nova o papel da religião, desta vez não em relação apenas com a linguagem, mas ela mesma como um sistema de linguagem próprio que emula a linguagem na sua tentativa de representar o mundo. No caso das linguagens da religião teríamos, portanto, uma dupla codificação: a religião se relaciona com a linguagem natural (que pode ser a língua falada, o iconismo etc.), mas também se constitui em um sistema complexamente estruturado de linguagem. Isso gera na religião um poder equivalente ao da arte para a criação de novos textos, lançando-nos numa rede de intensas e inesgotáveis criações simbólicas.

Conclusão

Concluímos com a apresentação de algumas teses decorrentes de nosso argumento sobre as relações entre linguagem e religião e sugerindo algumas implicações para o estudo do fenômeno e da expressão religiosa:

a) A simbolização — entendida aqui como a capacidade de representar o mundo de forma mediada pelo signo, fazendo com que estes signos se organizem e se remetam uns aos outros e se estruturem com relativa independência em relação ao referente — é o elemento central na origem do desenvolvimento da linguagem humana e se tornou um dos fatores decisivos para o posterior desenvolvimento da plasticidade e do poder cognitivo do cérebro humano.

b) A capacidade de simbolizar se desenvolveu na filogenia a serviço da necessidade de descrever e narrar o mundo e a realidade. Dessa forma, a linguagem possibilitou a criação do que chamamos de "segunda realidade", da realidade da cultura. É por meio da segunda realidade que mesmo os fenômenos naturais e biológicos são representados e avaliados. Um tema que necessita de maior estudo na área da Ciência da Religião é a relação entre a narrativa como sistema de cognição e a origem das narrativas ancestrais da religião. As religiões privilegiam as narrativas como forma de construção de identidade e de transmissão de conhecimento entre as gerações. A narrativa é uma das principais formas de elaboração de conhecimento do universo religioso.

c) A representação do mundo na linguagem e na narrativa está ligada a outras formas de cognição e de representação: a uma que lhe é anterior e que é determinante para o seu desenvolvimento, a expressão e representação mimética; e a outra que potencializa a ambas, os repositórios externos de memória, por meio de imagens e da escrita. Portanto, pertencem ao conceito de linguagem proposto por nós o corpo e a técnica, da mesma forma que o gesto, a voz e a representação material, quando articulados em sistemas textuais. A linguagem em Ciência da Religião necessita de um conceito amplo e híbrido, e aqui o conceito de Lotman de texto nos parece adequado e promissor.

d) Os primeiros vestígios pré-históricos do alto desenvolvimento da capacidade simbólica de representação da linguagem humana estão relacionados com expressões que nós classificamos, ainda que com o risco de certo anacronismo, de *complexo simbólico arte/religião*. Trata-se de produtos culturais da maior complexidade. Nós nos referimos à produção de objetos portáteis, como as deusas-mãe, e à pintura rupestre do Paleolítico Superior. Podemos conjecturar que esses objetos faziam parte de um conjunto maior de práticas rituais que envolviam o pronunciamento de palavras mágicas, invocações, narração de mitos, encenação de gestos ritualizados, imitação de animais e de espíritos ancestrais, danças, êxtase, entre outros. Essas representações e práticas articulavam uma das formas mais antigas e ancestrais de religião: o xamanismo.

e) Como apontamos, privilegiamos a analogia das linguagens da religião com as linguagens da arte. Essa analogia se justifica pelo fato de os textos religiosos serem historicamente dotados de complexidade estrutural e simbólica análoga à dos textos estéticos. Ambos os tipos de textos têm em comum o mais alto poder de criação de novas mensagens (polissemia) na cultura.

f) O complexo simbólico arte/religião se constitui numa forma privilegiada de modelização do mundo. Ele não só expressa o mundo, mas transforma, adapta, traduz e constrói a percepção do mesmo segundo suas próprias regras. Nesse sentido, a religião se comporta como um tipo de linguagem, de linguagem da cultura.

g) A relação fundamental da religião com a origem e a estrutura da linguagem, conforme argumentamos, tem como consequência atribuir à interpretação de textos religiosos (mitos, ritos etc.) e textos da cultura com temas religiosos (literatura, cultura visual etc.) um papel constitutivo entre as tarefas da Ciência da Religião. No sentido aqui proposto, tratar-se-ia não apenas de estudar como ideias, sentimentos e práticas religiosas são expressos em grupos religiosos e na sociedade, mas também de analisar como complexos simbólicos estruturados modelizam religiosamente o mundo e dotam seus textos de potencial ilimitado de recepção e de recriação nas sociedades humanas.

Referências bibliográficas

BELLAH, Robert N. *Religion in Human Evolution*; from the Paleolithic to the Axial Age. Cambridge: The Belknap Press of Harvard University Press, 2011.

BICKERTON, Derek. *Language and Species.* Chicago: Chicago University Press, 1990.

BOYD, Brian. *On the Origin of Stories*; Evolution, Cognition and Fiction. Cambridge: The Belknap Press of Harvard University Press, 2009.

BOYER, Pascal. *Religion Explained*; the Evolutionary Origins of Religious Thought. New York: Basic Books, 2001.

BURLING, Robbins. *The Talking Ape*; how Language Evolved. Oxford: Oxford University Press. 2007.

BYSTRINA, Ivan. *Semiotik der Kultur*; Zeichen, Texte, Codes. Tübingen: Stauffenburg, 1989.

DEACON, Terrence W. *The Symbolic Species*; the Co-evolution of Language and the Brain. New York: Norton, 1997.

DEACON, Terrence W.; CASHMAN, Tyrone. The Role of Symbolic Capacity in the Origins of Religion. *Journal for the Study of Religion, Nature and Culture*, v. 3.4 (2009), pp. 490-517.

DESSALLES, Jean-Louis. *Why We Talk*; the Evolutionary Origins of Language. Oxford: Oxford University Press, 2009.

DONALD, Merlin. *Origins of the Modern Mind*; Three Stages in the Evolution of Culture and Cognition. Cambridge: Harvard University Press, 1991.

LEWIS-WILLIAMS, David. *The Mind in the Cave*; Consciousness and the Origins of Art. London: Thames & Hudson, 2002.

LOTMAN, Yuri M. *Cultura y explosión*; lo previsible y lo imprevisible en los procesos de cambio social. Barcelona: Gedisa, 1999.

_____. *Estructura del texto artístico.* Madrid: Akal, 2011.

_____. *Universe of the Mind*; a Semiotic Theory of Culture. Bloomington: Indiana University Press, 2000.

MACHADO, Irene. *Escola de Semiótica*; a experiência Tártu-Moscou para o estudo da cultura. São Paulo: Fapesp/Ateliê, 2003.

MITHEN, Steve. *A pré-história da mente*; em busca das origens da arte, da religião e da ciência. São Paulo: Unesp, 2010.

MORGAN, David. *The Sacred Gaze*; Religious Visual Culture in Theory and Practice. Berkeley: University of California Press, 2005.

NOGUEIRA, Paulo A. S. (org.). *Linguagens da religião*; desafios, métodos e conceitos centrais. São Paulo: Paulinas, 2011.

TURNER, Mark. *The Literary Mind*; the Origins of Thought and Language. Oxford: Oxford University Press, 1996.

Notas

[1] Ver as diferentes hipóteses sobre a origem da linguagem em Dessalles, *Why we talk*, pp. 77-91 e 315-366; Burling, *The Talking Ape*, pp. 1-22.

[2] *The Symbolic Species*, p. 25.

[3] Ibid., p. 22.

[4] Ibid., p. 44.

[5] Ibid., p. 93.

[6] The Role of Symbolic Capacity in the Origins of Religion, p. 494, nota 1.

[7] Ibid., p. 500.

[8] Sobre a importância da ficção na cognição humana, ver Boyd, *On the Origin of Stories*, pp. 129-208; Turner, *The Literary Mind*.

[9] The Role of Symbolic Capacity in the Origins of Religion, p. 504.

[10] Um conceito importante também na semiótica da cultura de Ivan Bystrina, *Semiotik der Kultur*.

[11] Como um exemplo desta abordagem, citamos a obra de Steve Mithen, *A pré-história da mente*.

[12] Para uma interessante adaptação do modelo de Donald para a construção de um modelo teórico para o estudo da história da religião ver a obra de Bellah, *Religion in Human Evolution*.

[13] *Origins of the Modern Mind*, p. 257.

[14] Ibid., p. 258.

[15] Em nossa interpretação da arte pré-histórica, e principalmente da arte das cavernas do paleolítico, dependemos da obra de Lewis-Williams, *The Mind in the Cave*.

[16] Para o conceito de texto de Lotman, ver, entre outros, *Universe of the Mind*, pp. 11-18. Uma introdução ao pensamento de Lotman e da escola Tártu-Moscou de semiótica encontramos na obra de Machado, *Escola de Semiótica*. Para uma proposta de leitura dos conceitos de Lotman para as Ciências da Religião, ver o capítulo de Nogueira, Religião como texto: contribuições da semiótica da cultura, na obra *Linguagens da Religião*.

[17] Para a complexidade da configuração interna das linguagens da arte, ver Lotman, *Estructura del texto artístico*, pp. 17-46.

Hermenêutica da religião

ETIENNE ALFRED HIGUET

Introdução

A palavra *hermenêutica* (do grego *hermeneia*, "interpretação", relacionada com Hermes, mensageiro dos deuses, responsável pela comunicação) designa a disciplina, os problemas, os métodos que dizem respeito à interpretação e à crítica dos textos, especialmente dos símbolos: "A hermenêutica é a teoria das operações de compreensão em sua relação com a interpretação dos textos".[1] Utiliza-se o termo, sobretudo, a respeito das obras literárias, mas também a respeito de todas as categorias de obras de arte, das narrativas mitológicas, dos sonhos, das diversas formas de literatura, da jurisprudência, da linguagem em geral, e até das ações e acontecimentos, à medida que vêm à linguagem.

Richard E. Palmer enumera seis definições modernas da hermenêutica: hermenêutica como teoria da exegese bíblica, como metodologia filológica, como ciência da compreensão linguística, como base metodológica para as *Geisteswissenschaften*, como Fenomenologia do Dasein e da compreensão da existência e como um sistema de interpretação.[2] Foi no campo da exegese bíblica que se desenvolveu primeiro uma teoria da interpretação. Contudo, essa tarefa cabe mais, atualmente, à hermenêutica filosófica. Vamos dedicar a ela a maior parte deste texto introdutório.

Apresentamos, a seguir, as principais etapas do desenvolvimento histórico da hermenêutica. Será, também, a oportunidade de definir os principais conceitos da disciplina, à medida que eles aparecem no tempo. Em um segundo momento, procuramos mostrar a contribuição que a Fenomenologia Hermenêutica, em particular, pode trazer às Ciências da Religião, incluindo a Teologia, sobretudo pela interpretação dos símbolos e dos mitos.

Hermenêutica em perspectiva histórica[3]

Para Platão, a *hermeneia* não pode constituir uma técnica que possa ser ensinada, nem, *a fortiori*, um saber digno desse nome.

A interpretação não interessa o filósofo, o homem do Logos, à procura de um saber firme e estável. Trata-se, quando mais, de um "dom divino", incontrolável, uma questão de pura virtuosidade. No seu tratado da interpretação, Aristóteles focaliza-se na interpretação da realidade que a linguagem proposicional torna possível. Aqui, a interpretação não é subjetiva, mas objetiva.

Nos períodos antigo e medieval, podemos mencionar os debates sobre a explicação literal ou alegórica da escritura nas escolas de Antioquia e de Alexandria e as teorias judaicas e cristãs do quádruplo sentido da escritura (literal, alegórico, moral e místico), que ressaltam a importância de uma leitura plural dos textos.

Durante muito tempo, reduzida a um simples catálogo de regras pragmáticas, a hermenêutica só conquista o seu estatuto filosófico no começo do século XIX. Nas suas *Lições sobre a hermenêutica*, Friedrich Schleiermacher (1768-1834), frequentemente considerado como pai da Filosofia Hermenêutica moderna, distingue dois aspectos complementares no processo da compreensão: o aspecto *gramatical* (estudo das imposições que a língua exerce sobre o locutor) e o aspecto *técnico* (estudo do uso individual do discurso pelo locutor). É na relação hermenêutica — religião que surge à consciência da necessidade de levar em conta a atitude do intérprete perante o problema do sentido e da verdade do que é manifestado pela interpretação.

Para Schleiermacher, não se pode realmente oferecer a *explicação* (*Auslegung*) de um produto da atividade criativa do espírito humano sem referir-se a uma *compreensão* (*Verständnis*) do processo criativo que o engendrou. Isso supõe a capacidade do intérprete de reconstruir e reproduzir em si mesmo o processo de formação do texto referido (circularidade hermenêutica). Trata-se de reencontrar a subjetividade criativa que presidia à formação do texto dentro dos limites *gramaticais* da estrutura da língua e das leis de seu funcionamento. Mas as regras

particulares da exegese e da filologia serão doravante subordinadas à problemática geral do compreender, à operação central que unifica a diversidade da interpretação.

Enquanto Friedrich Schleiermacher (1768-1834) vê ainda na hermenêutica uma simples ciência auxiliar da Filosofia, Wilhelm Dilthey (1833-1911) lhe confere uma dimensão filosófica intrínseca, mostrando o papel central que as noções de interpretação e de compreensão desempenham na edificação do mundo histórico das ciências do espírito. Dilthey distingue as *ciências da natureza* (analíticas), que se dedicam à explicação causal dos fenômenos e ignoram, em consequência, o ser humano e a história; e as *ciências do espírito* (compreensivas), que estudam precisamente as produções histórico-culturais do ser humano. O significado dessas produções só poderá ser alcançado na forma da *compreensão* que penetra até a singularidade histórica e a interioridade irredutível. No lugar da razão universal kantiana, Dilthey coloca a equivalência entre as produções espirituais e as *exteriorizações da vida* (*Lebensaüsserungen*), fazendo uso de uma *Psicologia compreensiva*. As exteriorizações da vida — que constituem o tecido da história — podem ser compreendidas precisamente através de uma identificação psíquica com o *vivido* (*Erlebnis*) que elas supõem.

Na interpretação, *a vida compreende a vida*. O elemento psicológico associado à hermenêutica permite a compreensão do autor melhor do que este compreenderia a si mesmo (o que já era o leme das hermenêuticas iluministas e românticas). A hermenêutica poderá tornar-se assim a teoria do conhecimento aplicada ao sujeito e à história, fundamento epistemológico das *ciências do espírito* (*Geisteswissenschaften*).

Husserl fez da volta ao vivido (*volta às coisas mesmas*) o tema próprio da investigação fenomenológica; é no *mundo vivido* (*Lebenswelt*) que se produz a constituição anônima do sentido, a objetividade científica sendo apenas a atitude adequada para resolver um problema particular.

Com Martin Heidegger (1899-1976), a história cedeu lugar a uma *ontologia fundamental*, com inspiração na Fenomenologia husserliana. O compreender entende-se como estrutura original do ser-no-mundo que é constitutivo do *Dasein* (*ser-aí*) humano. O existir possui uma estrutura hermenêutica e esta é o próprio *compreender-se* como ser projetando-se progressivamente na busca do sentido. A pré-compreensão formaliza-se explicitamente na imagem do *círculo hermenêutico*, projetando o mundo como pressuposto do ser, no que diz respeito à sua contextualização e às suas realizações. O ato hermenêutico encontra-se assim totalmente enraizado histórica e ontologicamente, com uma especial orientação para o futuro antecipado na decisão. Heidegger "funda o círculo hermenêutico das *ciências do espírito* sobre uma estrutura de antecipação que pertence à posição mesma do nosso ser no ser".[4]

Nos escritos posteriores a *Sein und Zeit*, Heidegger desenvolve uma *ontologia da linguagem*. A interpretação pretende agora captar a atitude existencial objetivada na expressão linguística. Trata de procurar uma *palavra* mais original que aquela na qual o ser humano se exprime: a *muda voz do ser* que ressoa no fato mesmo da linguagem e que convida o ser humano a responder. Assim, o falar humano é desde sempre um modo de reagir à interpretação originária da mesma linguagem enquanto voz do ser. A linguagem torna-se *presença iluminadora e ocultadora, ao mesmo tempo, do próprio ser*, e a interpretação é o momento em que se acolhe e se guarda a manifestação do ser na linguagem através do *pensar*.

A *nova hermenêutica* de H. G. Gadamer retoma como ponto de partida a primazia da linguagem em relação ao sujeito interpretante — este deve antes de tudo considerar-se como *interpretado* pela mesma linguagem — que aparece no pensamento tardio de Martin Heidegger. Gadamer parte da descrição do ato hermenêutico como *diálogo*: o intérprete e o texto são como interlocutores que, através da articulação dialética de perguntas e respostas mutuamente relacionadas, pretendem alcançar o entendimento necessário para a comunicação de *algo*: "No diálogo bem-sucedido, os dois interlocutores colocam-se debaixo da verdade da coisa, e essa verdade os une numa comunidade nova".[5] O diálogo hermenêutico tende a modificar o horizonte de compreensão próprio do intérprete, evidenciando seus limites e solicitando novas aberturas. O processo de interpretação leva assim a uma progressiva *fusão dos horizontes* ou pontos de vista (*Horizontverschmelzung*), que se torna, por sua vez, uma nova figura do horizonte atual de compreensão, e assim por diante, indefinidamente.

A experiência histórica da realidade continua integrada — através da mediação absoluta e universal da linguagem — no processo da *tradição do compreender* que permite sempre o surgimento, na linguagem, de dimensões inéditas do sentido (o *ainda não dito*). A relação com a tradição, na qual o saber hermenêutico se constitui, está sempre pressuposta a si mesma; a tradição não é objeto, mas princípio de conhecimento. Uma consciência histórica verdadeiramente crítica deve reconhecer a tradição como *história da eficiência* (*Wirkungsgeschichte*), princípio da constituição de um conhecimento verdadeiro. Trata-se da consciência de estar exposto à história e à sua ação, de tal forma que não podemos objetivar essa ação sobre nós, pois essa eficácia faz parte de seu sentido enquanto fenômeno histórico.

Em resumo: "Persuadido da fecundidade inesgotável da distância temporal, H. G. Gadamer estima que os textos fundadores da tradição cultural nunca deixarão de nos interpelar e de nos revelar, em situações históricas novas, a parte ainda oculta de verdade que eles contêm".[6] É o caso, singularmente, dos textos fundadores das tradições religiosas.

Enfim, Paul Ricoeur (1913-2005) defende uma concepção original da hermenêutica que opõe à ontologia da compreensão de Heidegger uma aproximação mais indireta (a *via longa*). Para ele, toda apropriação inclui sempre a experiência do distanciamento. Inicialmente centrada no problema do signo e do símbolo, a hermenêutica de Ricoeur abre um espaço cada vez mais importante às mediações textuais, enquanto incorpora progressivamente os problemas da Filosofia da Ação e da Ética.[7]

Ricoeur pretende oferecer uma variante *hermenêutica* da *Fenomenologia* husserliana.[8] A grande descoberta da Fenomenologia permanece a intencionalidade, ou a primazia da consciência de *algo* sobre a consciência de si. A investigação hermenêutica do *compreender* (*Verstehen*) encontra assim, um século depois de Schleiermacher, a questão fenomenológica por excelência, isto é, a investigação do sentido intencional dos atos noéticos. Além disso, a hermenêutica pós-heideggeriana assume o tema da *Lebenswelt* como pré-requisito: "É porque, em primeiro lugar, estamos em um mundo e o pertencemos de modo participativo que podemos, em um movimento segundo, nos opor objetos que pretendemos constituir e dominar intelectualmente. O *Verstehen* tem, para Heidegger, uma significação ontológica [...]. A interpretação, no sentido técnico da interpretação de textos, é apenas o desenvolvimento, a explicitação deste compreender ontológico, sempre solidário de um *ser-jogado* prévio".[9]

A consequência epistemológica é que "não há compreensão de si que não seja *mediada* por signos, símbolos e textos".[10] Através da mediação pelos *signos*, afirma-se a condição originariamente *langagière* (vinculada à linguagem) de toda experiência

humana. Assim, o caminho mais curto de si a si é a palavra do outro, que me faz percorrer o espaço aberto dos signos. Nesse ponto, a hermenêutica, que se interessa pelos mundos abertos pelo texto, supera, sem rejeitá-la, a Semiótica, que pressupõe o fechamento dos signos na estrutura da linguagem.

Por *símbolos*, Ricoeur entende "as expressões de duplo sentido que as culturas tradicionais enxertaram sobre a nomeação dos *elementos* do cosmo (fogo, ar, vento, terra etc.), de suas *dimensões* (altura e profundidade etc.), de seus *aspectos* (luz e trevas etc.)".[11] Talvez não haja criação simbólica não enraizada em última instância no fundo simbólico comum da humanidade.

Mas a hermenêutica não pode ser reduzida à interpretação dos símbolos; ela deve realizar-se na mediação pelos *textos*. É nos textos inteiros que o simbolismo desdobre todos os seus recursos de *multivocidade* (ou *polissemia*). A escrita abre recursos originais ao discurso, identificado em primeiro lugar com a frase (alguém diz algo a alguém sobre algo): "A transição da Semântica à Hermenêutica encontra a sua justificação mais fundamental na conexão em todo discurso entre o sentido, que é a sua organização interna, e a referência, que é o seu poder de se referir a uma realidade fora da linguagem".[12] A escrita caracteriza-se, em seguida, pela composição de sequências de frases em forma de relato, de poema ou de ensaio: "Graças à escrita, o discurso adquire uma tríplice autonomia semântica: em relação à intenção do locutor, à recepção do auditório primitivo, às circunstâncias econômicas, sociais, culturais da sua produção".[13] A tarefa primeira da hermenêutica é "procurar no próprio texto, por um lado, a dinâmica interna que preside à estruturação da obra e, por outro, o poder da obra de se projetar fora de si mesma e de gerar um mundo que seria verdadeiramente a *coisa* do texto".[14]

Recusando ao mesmo tempo o irracionalismo da compreensão imediata por *intropatia* do leitor e do autor, e o racionalismo da explicação, gerando a ilusão de uma objetividade textual fechada em si mesma e independente de toda subjetividade de autor e de leitor, Ricoeur propõe uma dialética da compreensão e da explicação no nível do *sentido* do texto, processos outrora separados por Dilthey. O que, aos olhos dele, tem o mérito de preservar o diálogo entre a Filosofia e as Ciências Humanas. É sobre essas bases que Ricoeur desenvolveu as suas análises da função narrativa dos discursos (com o conceito de *intriga* ou *enredo*) e da função metafórica da poesia (com a *metáfora viva*). "Explicar mais é compreender melhor".[15]

Encontrando respaldo na dialética do *explicar* e do *compreender*, analisada por Ricoeur, C. Reagan chega à conclusão de que todas as Ciências Humanas, cujo objetivo é a compreensão da ação humana, são ciências hermenêuticas, pois trabalham em prioridade com a categoria de sentido. Ele escreve: "Penso que todas as Ciências Sociais estão inevitavelmente ligadas à competência narrativa e aos métodos hermenêuticos. Se levamos a sério a tese do modelo do texto, toda ação humana — individual e social — é análoga a um texto".[16] É que a chave de inteligibilidade dos seus objetos encontra-se numa significação ou num sistema de significações. Trata-se de reconstituir, por um esforço de compreensão, as intenções significantes que habitam a ação humana e os objetos que ela produz: textos, objetos culturais, situações históricas, instituições, costumes etc.[17] Como todas as Ciências Humanas, as Ciências da Religião, inclusive a Filosofia e a Teologia, são ciências hermenêuticas.

Hermenêutica aplicada à religião

A hermenêutica fenomenológica trata a religião como texto, isto é, interpreta as linguagens específicas que expressam a experiência do sagrado. Ela procura, em particular, reconstituir as intenções significantes dos símbolos, dos mitos, dos ritos e das doutrinas. O ser humano se reconhece interpretando-se em suas obras, que podem ser chamadas de *arquivos de humanidade*. Uma parte importante desses arquivos é encontrada no acervo de textos religiosos, como os mitos, que significam uma parte decisiva de nossas *archai* ("origens").

Para Ricoeur, a linguagem é *mediação*, embora mediação criadora; ela tem que passar pela interpretação de expressões da vida (signos) que duram, como os textos, os monumentos e as obras de arte. É decifrando signos polissêmicos dentro de um horizonte de sentido que existimos. A hermenêutica busca verificar, imaginar, criar o sentido a partir do texto, sem se contentar com a superfície, e fazendo um trabalho de fazer aparecer o significado além do sentido primeiro, i.e., recriando o(s) sentido(s) latente(s).

A tarefa da Fenomenologia é ampliar a experiência do sagrado como fenômeno primeiro, isto é, antes de qualquer outro modo de explicá-lo. Assim poderemos compreender o sagrado a partir dele mesmo, em sua escala. Mas, para Ricoeur, a Fenomenologia é apenas o primeiro momento da hermenêutica, o momento da aclaração eidética de conceitos. Além dele, há mais três momentos: o primeiro é o da autonomia e da hermenêutica do texto: a linguagem precisa chegar ao mundo que se estrutura no texto, e que é distinto do mundo do autor, do pretenso mundo da linguagem e do nosso mundo de leitor. O *mundo do texto* é, pois, o objeto propriamente dito da hermenêutica, sendo a sua tarefa primeira deixar aflorar este mundo que o texto desvela diante dele. O segundo momento é o da passagem do mundo do texto às questões ontológicas do mundo e de si, uma ontologia que fica a meio caminho. Em terceiro lugar, temos o momento "da ontologia quebrada, inconclusa e insuficiente, passagem à interpretação dos símbolos (do sagrado) na elucidação da realidade humana e à possibilidade de regeneração exposta em símbolos".[18]

O sagrado implica uma ampliação da fonte de sentido além da subjetividade e da linguagem humana, além dos limites da ontologia. O sagrado se dá como uma experiência de excesso de sentido, que ultrapassa o limite da existência doadora de sentido. Os textos (ritos, mitos, crenças) nos remetem a esta experiência. Eles são documentos preciosos para uma arqueologia do humano e do sujeito. O símbolo religioso é o modo de linguagem destes textos, que resulta de uma função poética da linguagem que acumula sentido em um signo. O símbolo como signo do sagrado dá o sentido, isto é, o sentido é

apropriado através dele: o símbolo dá o que pensar.

Já que o símbolo acontece em um ambiente mais amplo, é preciso passar de uma mediação simbólica a uma mediação da narrativa. O mito é uma narrativa no horizonte do sagrado que procura dar sentido e fixar ordens originárias. Como parte do arquivo da humanidade, o mito inaugura a ordem de sentido de mundo em geral e dos mundos particulares. Expressos em modo narrativo, os gestos inaugurais se traduzem numa literatura das origens (por exemplo, Gn 1,1–2,3).

A hermenêutica fenomenológica compreende o mito no seu aspecto essencial e inaugurador.[19] Segundo Mircea Eliade, "o comportamento do ser humano religioso é o espelho de sua experiência do sagrado. Tal comportamento manifesta-se em seus símbolos, mitos e ritos, que têm relação com sua vida concreta e histórica, mas enquanto relacionada com acontecimentos originários e instauradores".[20]

Hermenêutica dos símbolos religiosos

A Semiótica define o símbolo como signo vinculado ao seu referente por uma lei ou convenção. A hermenêutica, por sua vez, mostrou que a definição do símbolo pela Semiótica não era suficiente. Segundo Ricoeur, todo símbolo é signo por conter sentidos que podem ser captados. O que diferencia o símbolo do signo é sua dupla intencionalidade, o duplo sentido que o símbolo esconde. Ricoeur define símbolo da seguinte maneira: "Chamo de símbolo todas as estruturas de significado nas quais o sentido direto, primeiro e literal designa, por excesso, outro sentido indireto, secundário e figurado incapaz de ser apreendido a não ser por ele".[21]

Quando Ricoeur afirma que o símbolo dá o que pensar, o pensamento se relaciona com a intenção secundária do símbolo,

intermediada pelo sentido literal. O signo, por sua vez, relaciona-se apenas com a intenção primária, literal. O signo indica apenas um sentido, é denotativo, ao passo que o símbolo indica uma pluralidade de sentidos, é conotativo ou polissêmico: nele, o significado e o significante (o objeto simbólico) são infinitamente abertos, até a antinomia. Um significado (uma experiência) pode sugerir vários significantes para se expressar; e vice-versa, um só objeto ou ser pode conter mais de um significado.[22] Por exemplo, o fogo pode significar destruição, purificação, transformação, iluminação, fenômenos que, todos, têm seu correlato na experiência religiosa. Por outro lado, os mesmos fenômenos podem ser significados por outros símbolos.[23] Um outro exemplo pode ser encontrado em

Ricoeur, a respeito da expressão simbólica do mal em algumas cosmovisões religiosas. Ele interpreta o mal como impureza (símbolo da mancha), como pecado (aspecto relacional, com os símbolos do extravio, do exílio, da conversão e da volta), como culpa (símbolos do peso ou da carga).[24]

O símbolo transignifica: "O símbolo é um elemento desse mundo fenomênico (desde uma coisa até uma pessoa ou um acontecimento) que foi *transignificado*, enquanto significa algo *além* de seu próprio sentido primário".[25] No símbolo, o primeiro sentido nos leva além dele mesmo, enquanto nos movemos no primeiro sentido: "O símbolo dá *em transparência*".[26] Por ser inobjetivável, o transcendente precisa de uma mediação, e essa mediação é simbólica. Por exemplo, a água utilizada no banho ritual é o âmbito no qual se hierofaniza o sagrado como força de purificação.[27] No âmbito da experiência religiosa, o Mistério é captado, experimentado, intuído, no claro-escuro do símbolo.[28]

O símbolo é também relacional: pelo símbolo, o ser humano solidariza-se com o cosmo, com os outros seres humanos e especialmente com o Mistério. O simbolismo é, em si mesmo, um fato social.[29] O símbolo é permanente, pois o simbolismo está nas coisas, enquanto manifestam uma modalidade do sagrado pelo que são e como o são. É o caso das mediações cósmicas como a água, o sol e a terra. O símbolo é também universal: os símbolos fundamentais são, na sua maioria, patrimônio de toda a humanidade.[30]

Além disso, o símbolo é pré-hermenêutico. "O símbolo ainda não é um texto. É um objeto, um acontecimento, uma pessoa, uma realidade experimentável que está carregada de uma transignificação. Ele é evocativo e orientador. O símbolo manifesta-se *no enigma*."[31] Pelo fato de sugerir e evocar,

o símbolo exige o ato posterior da interpretação. O símbolo é um signo *aberto* e sugestivo, cuja significação, posta nele por seu produtor, é captada mediante um ato posterior de interpretação. Enfim, o símbolo é totalizador, pois o sagrado é, por sua própria essência, captado na vivência religiosa como uma totalidade ontológica.[32]

Para Paul Tillich, o símbolo participa da realidade que simboliza, por um laço ontológico de sentido. Esse laço ontológico de sentido é que permite a interpretação "para algo além" do sentido. A verdade do símbolo religioso manifesta-se quando ela é capaz de exprimir existencialmente nossa relação com o fundamento último do ser. O símbolo tem capacidade de abrir para nós níveis de realidade para os quais a linguagem não simbólica é inadequada. Assim, a devoção ao crucifixo é realmente dirigida à crucifixão no Gólgota, e a devoção à última intenciona, na realidade, a ação redentora de Deus que é, em si mesma, uma expressão simbólica para uma experiência do incondicionado transcendente. Tillich fala também de certa irredutibilidade do símbolo: a realidade para a qual o símbolo aponta e da qual ele participa permanece intocável e misteriosa.

Enfim, os símbolos não podem ser criados conscientemente. Surgem do inconsciente coletivo e só podem desempenhar o seu papel depois de serem aceitos pelas profundezas inconscientes do nosso ser. Pelo fato de não poderem ser inventados, os símbolos crescem e morrem, como os seres vivos, em função das circunstâncias e situações. Desaparecem porque não encontram mais ressonância dentro do grupo do qual eram originariamente a expressão. A quebra do símbolo, que ocorre a partir do seu reconhecimento como símbolo, pode levar à sua substituição ou mesmo a um possível vazio simbólico.

Hermenêutica dos mitos

Para Ricoeur, o simbolismo primário, tratado no item anterior, só nos é acessível através de um simbolismo de segundo grau, de natureza essencialmente narrativa, o simbolismo dos *mitos* do Começo e do Fim. Graças à sua estrutura narrativa original, o mito acrescenta à função reveladora dos símbolos primários a visão da humanidade como um universal concreto, o dinamismo de uma história exemplar que atravessa as nossas histórias, e uma interpretação narrativa do enigma da existência, isto é, a discordância entre a bondade originária da criatura e a maldade histórica lamentada pelos sábios.[33] Graças à *intriga* (ou enredo) que estrutura todos os relatos, inclusive os míticos, a história contada recebe uma espécie de unidade temporal caracterizada por um começo, um meio e um fim. É por isso que podemos falar em simbolismo narrativo.[34]

Como o símbolo, o mito diz algo que não poderia ser dito de outro modo, ele não é *ale-górico*, mas *taute-górico*: ele diz a *mesma* coisa e não uma *outra* coisa. Constituída de símbolos e metáforas, a linguagem mítica é também polissêmica ou polifônica, exigindo assim múltiplas interpretações, possivelmente em conflito.

Qual é a intenção significante do mito? Enquanto relato das origens, o mito possui essencialmente uma função instauradora: só há mito se o evento fundador não tem lugar na história, mas em um tempo antes da história, *in illo tempore*. É a relação do nosso tempo com aquele tempo que constitui o mito. A partir dessa relação, a narração das origens pode tornar-se paradigma para o tempo presente e pode ser repetida, reativada no rito. É possível, também, dar conta dos valores emocionais do sagrado a partir da função instauradora do relato das origens, como no caso do sagrado entendido como *tremendum fascinosum* (Rudolf Otto).

Como relato das origens, o mito possui também fronteiras com a história da salvação, com a escatologia e com a sabedoria: as ações históricas fundantes são entendidas como criação continuada ou nova criação; os mitos do fim continuam sendo mitos, na medida em que transferem para o fim o poder inaugural do mito e são mitos de restauração do originário; os mitos de origem possuem uma dimensão sapiencial, pois compreender como as coisas começaram equivale a saber o que elas significam agora e qual futuro elas continuam abrindo ao ser humano.[35]

Hermenêutica bíblico-teológica

Inspirando-se em Heidegger e Gadamer, uma corrente importante de teólogos do século XX tratou de transformar a Teologia cristã em "hermenêutica da palavra de Deus e da existência humana". Do lado protestante, conhecemos, sobretudo, R. Bultmann e seus discípulos E. Fuchs e G. Ebeling, todos influenciados por Heidegger, assim como W. Pannenberg e P. Tillich. Do lado católico, podemos citar K. Rahner, E. Schillebeeckx, D. Tracy e C. Geffré. As Teologias contextuais atuais, como as diversas Teologias da Libertação, a Teologia Ecológica, a Teologia Feminista e a Teologia Pluralista das Religiões pertencem também ao quadro das Teologias Hermenêuticas, mas aplicam, de preferência, uma hermenêutica da suspeita, "a qual desconstrutivamente expõe os panos de fundo e as relações de poder das construções de teorias teológicas".[36] Tem-se fortalecido também "a consciência de que a fé cristã e sua mensagem somente se manifestam na forma de interpretações específicas, históricas e socioculturalmente delimitadas".[37]

Novos campos estão também se abrindo ao trabalho interpretativo. Mencionamos, entre outras, a hermenêutica da recepção da Bíblia,[38] a hermenêutica do sentido religioso na literatura[39] e a hermenêutica das imagens religiosas.[40]

Vamos nos restringir aqui ao pensamento dos dois *clássicos* que são Rudolf Bultmann e Claude Geffré. Para Bultmann, a hermenêutica consiste essencialmente na interrogação do texto do ponto de vista da interpretação efetiva da existência que o mesmo expressa, em vista da possível apropriação do sentido existencial que ele oferece. Os textos da tradição — especialmente bíblica —, assim como o próprio exegeta, pertencem à história, e o exegeta vai ao encontro dos textos com sua pré-compreensão da "coisa" (*Sache*) que se exprime neles, pré-compreensão que lhe vem das questões derivadas das experiências e decisões históricas próprias. Isso significa que toda interpretação de textos históricos será histórica e existencial. É particularmente verdadeiro para os textos religiosos, nos quais a compreensão de Deus se vincula sempre indissoluvelmente à compreensão de si por parte do ser humano. Só se podem entender os textos históricos a partir das questões que movem a própria existência.

Daí o caráter insustentável da linguagem mitológica da escritura diante da representação moderna do mundo e a necessidade do programa de *demitologização*. É preciso abandonar o conteúdo objetivo das representações para centrar-se na intenção autêntica do mito, que consiste em falar da existência do ser humano na dependência de uma potência do além, inacessível ao pensamento objetivante. A decisão de fé individual pode acolher a interpelação do querigma graças à coincidência da pré-compreensão existencial com a *coisa* anunciado pelo querigma: uma nova e radical possibilidade de existência.[41] Contudo, Bultmann foi criticado por descartar a linguagem do mito em vez de interpretá-la. Por isso, Ricoeur considera que a leitura demitologizante de Bultmann não é e não pode ser uma leitura hermenêutica dos símbolos e dos mitos religiosos.[42]

Para Geffré, "a Teologia é, do começo ao fim, empreendimento hermenêutico" ou "correlação crítica e mútua entre a interpretação da tradição cristã e a interpretação de nossa experiência humana contemporânea".[43] Para ele, "A Teologia é sempre atividade hermenêutica, pelo menos no sentido de que ela é interpretação da significação atual do acontecimento Jesus Cristo a partir das diversas linguagens de fé suscitadas por ele, sem que nenhuma delas possa ser absolutizada, nem mesmo a do Novo Testamento".[44]

O objeto da Teologia entendida como hermenêutica é o conjunto dos textos contidos no campo hermenêutico aberto pela Revelação. A mensagem cristã é sempre suscetível, no decorrer das épocas, de múltiplas recepções e essas recepções nunca representam uma interpretação definitiva. Por isso, o processo de interpretação é quase indefinido. É preciso ter consciência da distância entre a posse sempre relativa da verdade no plano humano e o fato de que essa verdade aponta na direção de uma verdade inacessível que coincide com a própria realidade do mistério de Deus.[45] A hermenêutica teológica inclui a hermenêutica textual das fontes escriturárias, a releitura da tradição e a interpretação da prática eclesial.

Conclusão

A hermenêutica desenvolveu-se como conjunto de métodos e técnicas para a interpretação de textos cujo significado era considerado obscuro ou de difícil acesso.

Tratava-se, em primeiro lugar, de textos antigos, pertencentes a culturas distantes no tempo e/ou no espaço. A maioria desses textos era de natureza religiosa e, entre eles, o texto bíblico ocupa, desde as origens, um lugar de destaque. Com o tempo, a hermenêutica passou a ser aplicada à linguagem em geral, reconhecidamente metafórica e simbólica, e às ações humanas e acontecimentos históricos. Ela se tornou método apropriado para as Ciências Humanas e, entre elas, as Ciências da Religião.

Procurando, com Schleiermacher, o encontro com a subjetividade criativa que presidia à formação do texto, a hermenêutica passou a interessar-se pelas expressões da vida, de essência psicológica com Dilthey, e, sobretudo, de fundo ontológico, com Heidegger, Gadamer e Ricoeur. Trata-se de chegar à compreensão do sujeito humano e de seus mundos, pela mediação da interpretação de signos, símbolos e textos narrativos — sobretudo os mitos — e teóricos.

Nesse sentido, a religião será entendida como um grande texto desafiando a sagacidade do intérprete. Através do texto, o sagrado se dá como uma experiência de excesso de sentido, além da subjetividade e da linguagem humana, além dos limites da ontologia. A hermenêutica busca uma compreensão dessa experiência, especialmente pela leitura dos símbolos e dos mitos religiosos. Desse modo, a hermenêutica compreende a religião *a partir de dentro*, constituindo-se como pressuposto dos métodos que, como a Semiótica, interpretam os signos a partir da sua estrutura linguística. Ela se apresenta, enfim, como complemento crítico para as Ciências Sociais da Religião, que privilegiam as abordagens empíricas e quantitativas.

Referências bibliográficas

CROATTO, José Severino. *As linguagens da experiência religiosa*; uma introdução à Fenomenologia da Religião. São Paulo: Paulinas, 2001.

GADAMER, Hans-Georg. *Vérité et méthode*; les grandes lignes d'une herméneutique philosophique. Paris: Seuil, 1976.

GEFFRÉ, Claude. *Como fazer Teologia hoje*; hermenêutica teológica. São Paulo: Paulinas, 1989.

GREISCH, Jean. Herméneutique. In: *Encyclopaedia Universalis*. Paris: Encyclopaedia Universalis, DVD-Rom, 2011.

GROSS, Eduardo. Modelos hermenêuticos para a percepção do sagrado na literatura. In: HUFF JÚNIOR, Arnaldo E.; RODRIGUES, Elisa (orgs.). *Experiências e interpretações do sagrado*; interfaces entre saberes acadêmicos e religiosos. São Paulo: Paulinas/ABHR, 2012. pp. 99-115.

HIGUET, Etienne A. A crítica política da hermenêutica. In: MARASCHIN, Jaci (org.). *Teologia sob limite*. São Paulo: Aste, 1992. pp. 83-110.

_____. Interpretação das imagens na Teologia e nas Ciências da Religião. In: NOGUEIRA, Paulo Augusto S. (org.). *Linguagens da religião*. São Paulo: Paulinas/Anptecre, 2012. pp. 69-106.

JOSGRILBERG, Rui S. Hermenêutica fenomenológica e a tematização do sagrado. In: NOGUEIRA, Paulo Augusto S. (org.). *Linguagens da religião*. São Paulo: Paulinas/Anptecre, 2012. pp. 31-68.

KÖRTNER, Ulrich H. J. *Introdução à hermenêutica teológica*. São Leopoldo, RS: Sinodal/EST, 2009.

LADRIÈRE, Jean. *L'articulation du sens*; II. Les langages de la foi. Paris: Cerf, 1984.

NOGUEIRA, Paulo A. S. (org.). Hermenêutica da recepção (dossiê). *Estudos de religião*, v. 26, n. 42 (2012), pp. 13-98. Disponível em: https://www.metodista.br/revistas/revistas-ims/index.php/ER.

PALMER, Richard E. *Hermenêutica*. Lisboa: Edições 70, 1986.

REAGAN, Charles E. L'herméneutique et les sciences humaines. In: GREISCH, Jean; KEARNEY, Richard (dirs.). *Paul Ricoeur*; les métamorphoses de la raison herméneutique. Paris: Cerf, 1991. pp. 175-183.

RICOEUR, Paul. *The conflicts of interpretation*; essays in hermeneutics. London: The Athlone Press, 1989.

_____. *Interpretação e ideologias*. Rio de Janeiro: Francisco Alves, 1977.

_____. Mythe — l'interprétation philosophique. In: *Encyclopaedia Universalis*. Paris: Encyclopaedia Universalis, DVD-Rom, 2011.

_____. Narrativité, phénoménologie et herméneutique. In: JACOB, André (dir.). *L'Univers philosophique I*. Paris: PUF, 1989. pp. 63-71.

_____. Poétique et symbolique. In: LAURET, Bernard; REFOULÉ, François (dirs.). *Initiation à la pratique de la théologie*; tome I: Introduction. Paris: Cerf, 1982. pp. 37-61.

_____. Prefácio a Bultmann. In: *Ensaios sobre a interpretação bíblica*. São Paulo: Novo Século, 2004. pp. 45-67.

_____. *La simbólica del mal*; tomo II: Finitud y culpabilidad. Madrid: Taurus, 1969.

Notas

[1] Ricoeur, *Interpretação e ideologias*, p. 17.
[2] Palmer, *Hermenêutica*, pp. 43-54.
[3] Higuet, A crítica política da hermenêutica, pp. 85-92.
[4] Ricoeur, *Interpretação e ideologias*, p. 109.
[5] Gadamer, *Vérité et Méthode*, p. 226.
[6] Greisch, *Herméneutique*.
[7] Ibid.
[8] Ricoeur, Narrativité, phénoménologie et herméneutique, pp. 63-71.
[9] Ibid., p. 69.
[10] Ibid., p. 69.
[11] Ibid., p. 69.
[12] Ricoeur, *La métaphore vive*, p. 10.
[13] Ricoeur, Narrativité, phénoménologie et herméneutique, p. 70.
[14] Ibid., p. 70.
[15] Ibid., p. 65.
[16] Reagan, L'herméneutique et les sciences humaines, p. 182. Podemos mencionar, por exemplo, Wilhem Dilthey (história), Max Weber (Sociologia), Karl Jaspers (Psicologia), Clifford Geertz (Antropologia cultural), Mircea Eliade (história das religiões).
[17] Ladrière, *L'articulation du sens II*, pp. 155-156.
[18] Josgrilberg, Hermenêutica fenomenológica e a tematização do sagrado, p. 40.
[19] Ibid., pp. 31-67.
[20] Croatto, *As linguagens da experiência religiosa*, p. 57.
[21] Ricoeur, *The conflicts of interpretation*, p. 16.
[22] Croatto, *As linguagens da experiência religiosa*, p. 99.
[23] Ibid., p. 102.
[24] Ricoeur, *La simbólica del mal*, pp. 308ss.
[25] Croatto, *As linguagens da experiência religiosa*, pp. 89-90.
[26] Ricoeur, *La simbólica del mal*, p. 180.
[27] Croatto, *As linguagens da experiência religiosa*, pp. 90-91. Croatto remete aqui a Mircea Eliade.
[28] Ibid., p. 98.
[29] Ibid., p. 107.
[30] Ibid., pp. 107-108.
[31] Ibid., p. 108.
[32] Ibid., p. 112.
[33] Ricoeur, Poétique et symbolique, p. 46.
[34] Ibid., p. 57.
[35] Ricoeur, Mythe — L'interprétation philosophique.
[36] Körtner, *Introdução à hermenêutica teológica*, p. 48.
[37] Ibid.
[38] Sobre esse tema, remetemos ao dossiê recém-publicado no número 42 de *Estudos de religião*: Hermenêutica da recepção, pp. 13-98, coordenado por P. A. S. Nogueira.
[39] Ver, por exemplo: Gross, Modelos hermenêuticos para percepção do religioso na literatura, pp. 99-115.
[40] Higuet, A interpretação das imagens na Teologia e nas ciências da religião, pp. 69-106.

41 Higuet, Crítica política da hermenêutica, pp. 97-98.

42 Ricoeur, Prefácio a Bultmann, pp. 45-67.

43 Geffré, *Como fazer Teologia hoje*, p. 7.

44 Ibid., p. 12.

45 Ibid., pp. 18-19.

Metodologia de estudos das "escrituras" no campo da Ciência da Religião

PEDRO LIMA VASCONCELLOS

O estudo dos textos religiosos, especialmente daqueles que aqui denominaremos "escrituras", tem sido algo negligenciado, em certos ambientes da Ciência da Religião, possivelmente porque tal tarefa pareceria confiada mais propriamente às respectivas Teologias neles baseadas. Eles indicariam os ideais almejados pelas respectivas religiões, enquanto a Ciência da Religião estaria preocupada em analisar dinâmicas religiosas empiricamente observáveis. A discussão sobre textos primordiais pareceria algo livresco, reservado a especialistas com formação filológica ou assemelhada. Verificar, portanto, o lugar de tais estudos é uma das tarefas a que nos propomos.

Mas queremos principalmente sumarizar os procedimentos metodológicos principais, pertinentes quanto aos propósitos da Ciência da Religião, na análise das diversas "escrituras", e organizamos nossa exposição considerando três perspectivas básicas: os textos considerados neles mesmos, enquanto grandezas estabelecidas; os textos como testemunhas e resultantes de processos históricos e religiosos do passado; os textos como portadores de inúmeras possibilidades interpretativas, que, por sua vez, poderão ser reveladoras de facetas importantes dos processos históricos vividos pelas diversas tradições religiosas e no âmbito delas. Como boa parte desses procedimentos metodológicos foi aplicada primeiramente à *Tanak*[1] judaica e à Bíblia cristã, daremos particular atenção a elas. E, para mostrar as potencialidades deles um pouco além, pensaremos algumas possibilidades para a abordagem do Corão muçulmano, e ainda de algumas outras escrituras. Esses tópicos se farão preceder de um rápido histórico, a problematizar uma vez mais nosso tema, e de algumas ponderações de ordem conceitual. Indica-se ainda um limite: atemo-nos aqui àqueles universos em que a transmissão, conservação e recriação de tradições assumiu a forma de escrita.

Histórico

Se Max Müller é reconhecido como fundador da Ciência da Religião como área acadêmica do saber, um marco decisivo de seu protagonismo foi a publicação da monumental série *Sacred Texts of the East*, a partir de 1879. Mas, por outro lado, foi principalmente no âmbito das investigações bíblicas, praticadas (na maioria das vezes, mas nem sempre) sob os auspícios de instituições teológicas, e com propósitos correspondentes ao perfil destas, que vieram desenvolvendo-se, ao menos desde o século XVI, os procedimentos metodológicos que estão na base do empreendimento de Müller. Questões no âmbito do que denominamos "crítica textual" inauguram um campo de pesquisa fértil e promissor, logo enriquecido de indagações vindas de pensadores tão distantes entre si,

como Hobbes, Spinoza e Richard Simon, fundadores de um conjunto de procedimentos hoje denominado "método histórico-crítico", consolidado ao longo do século XIX, ampliado e ao mesmo tempo revisto, à luz de novas perspectivas advindas das várias Ciências Humanas, no decorrer do século passado. Mas, a não ser em iniciativas isoladas, tais desenvolvimentos teóricos e investigativos passaram ao largo da Ciência da Religião que emergia; a iniciativa monumental de Müller não teve a continuidade que seria de esperar.[2]

Conceitos

Cabe definir, com a precisão possível, o sentido de determinados conceitos, que costumam ser utilizados indistintamente pelos diversos autores. Por exemplo, aquilo que muitos denominam "textos sagrados" parece corresponder ao que Hock denomina "escrituras sagradas"[3] e Assmann qualifica como "textos canônicos". Mesmo assumindo aqui a terminologia de Hock, deixemos a Assmann a palavra; sua distinção entre "texto sagrado" e "texto canônico" é operacional: "Sob o conceito de 'textos sagrados', resumo aquelas manifestações linguísticas às quais se une a ideia de presença do sagrado". Assim, eles incluem "hinos, juramentos, conjuros e fórmulas mágicas, recitações breves, inclusive certas rezas e muitas coisas mais, a cuja recitação se associa a ideia de efeitos mágicos e presença divina".[4] Assim entendidos, textos sagrados

> pertencem à esfera que um texto egípcio descreve como "contentamento dos deuses", ou seja, criação de uma proximidade com eles [...]. Um texto sagrado é uma espécie de templo linguístico, uma evocação do sagrado por meio da voz. O texto sagrado não exige interpretação alguma, mas

sim ser recitado ao amparo do rito e com cuidadoso respeito.[5]

Já o "texto canônico" tem particularidades, a começar de sua condição de escrito, que lhe aumenta "a condição vinculante, o que se refere tanto a sua forma (a materialidade do texto) como a sua autoridade: ambas se encontram em estreita relação de coerência". Assim, ao menos em princípio, "tudo o que o texto diz possui, por excelência, validade normativa, e que tudo aquilo que exige uma validade normativa deve poder identificar-se como o sentido de tal texto". As implicações são importantes:

> O texto não pode ser continuado ou ampliado; pelo contrário, daí para frente todo sentido ulterior deve depreender-se do próprio texto. Esta clausura condiciona sua forma, que fica assim fixa na materialidade do texto [...]. Com a forma acabada se olvida o porvir histórico do texto.[6]

Esse processo é prenhe de consequências:

> O trato com os textos canônicos pede que haja um terceiro, o intérprete, que intervém

entre o texto e seu destinatário, libertando os impulsos normativos e formativos cativos na sacrossanta superfície textual [...]. Por isso é que no âmbito de uma tradição canônica surgem em toda parte instituições para a interpretação, e por fim uma nova classe de elites intelectuais: o *sofer* israelita, o *rabi* judeu, o *filólogo* helênico, o *xeique* e o *mulá* islâmicos, o *brahman* indiano, os sábios e eruditos budistas, confucionistas e taoístas.[7]

O que não significa, nem de longe, que essa restrição interpretativa tenha sido a regra: a consolidação do texto em uma forma (quase, ou mais ou menos) fixa, que voltamos a nomear aqui como "escritura", não terá impedido inúmeras e criativas apropriações dele. Por que "escritura"? Porque não é a regra que necessariamente predomina ou salta aos olhos, mas a trama linguística que chama a sensibilidade do fiel e o vincula, e de alguma forma identifica a tradição religiosa em questão.

Escrituras no interior de sistemas religiosos

A Bíblia judaico-cristã "talvez tenha sido o 'caso de estudo' mais paradigmático da crítica histórica moderna". Dissecada por todos os cantos e com tantos instrumentos, tornou-se "o grande banco de provas no qual se ensaiaram os diversos métodos críticos".[8] E desse universo pode-se avançar em direção a outras escrituras (num deslocamento a ser feito guardadas as especificidades de cada uma destas, exigência da maior importância e de difícil execução, ao mesmo tempo). Assim, Croatto introduz a temática do que chama textos sagrados das religiões com o título "O cânon das escrituras".[9] Reconhecendo a importância, tanto na tradição judaica como na cristã, da fixação das suas respectivas escrituras, e da sua relevância para o desenvolvimento subsequente das referidas tradições, permite-se perguntar sobre como processos similares se terão dado em outros contextos. De suas considerações destacamos duas.

Primeiramente, Croatto destaca que, nas conjunturas onde se deram processos de canonização, eles ocorreram em meio a conflitos internos ao grupo religioso, e outros que o envolviam a forças externas a ele. Vejamos o caso do Judaísmo, que viveu a fixação "definitiva"[10] da *Tanak* em meados do dramático século II de nossa era,[11] com a segunda destruição de Jerusalém pelos romanos (135

d.C.) e a dispersão dos judeus pelo mundo; por outro lado, tensões com grupos vinculados a Jesus e outros que cultivavam vivências que escapavam aos esforços de reconstrução da identidade sociorreligiosa judaica conduzidos à época permitem compreender como textos de uso significativo nas sinagogas da diáspora, conhecidos apenas em grego, e outros que traduziam certas experiências místicas acabassem sendo excluídos da lista final. No caso do Cristianismo, o processo que resultou no Novo Testamento foi longo, indo desde Marcião (meados do século II), que sugeria a identidade cristã definida em um *corpus* literário composto do *Evangelho segundo Lucas* (sem referências à escritura judaica, tidas por ele como interpolações de copistas) e dez cartas de Paulo (feitos, aí também, os devidos expurgos), até a fixação de vinte e sete títulos, quase três séculos depois. Aqui as tensões eram basicamente internas, opondo setores que se entendiam como ortodoxos e outros que eram vistos (ou se viam) como gnósticos, milenaristas, ebionitas etc.[12]

No caso do *Avesta*, a fixação de seu teor, de origem muito anterior, se deu em meio a embates de zoroastristas com judeus, cristãos e particularmente maniqueus. Já a forma final do Corão teria emergido em meio a tensões que começavam a avolumar-se entre líderes tidos por sucessores legítimos de Moham-med, e outras, de variada ordem. Com efei-to, vários fatores terão contribuído para que tal processo tenha sido bastante complexo: afinal de contas, não temos apenas as reve-lações, mas também as interpretações que o profeta propunha àquilo que vinha da par-te de Allah. Após sua morte, em 632, uma de suas mulheres, Aicha, sabedora de mui-tas das circunstâncias em que as revelações teriam chegado ao marido, veio a exercer papel decisivo na transmissão deste legado. Junto ao profeta também havia círculos de recitadores, que se diziam capazes de decla-mar com exatidão o que dele tinham ouvido. Dessas tantas transmissões derivaram textos com formatos distintos, e as disputas que começavam a se manifestar quanto a quem deveria ser reconhecido como sucessor do profeta terão favorecido o estabelecimento de uma versão única do livro sagrado.[13]

O segundo aspecto destacado por Croat-to refere-se à relação entre processos de ca-nonização e a busca de unidade doutrinária e organização religiosa. Do que dissemos, não é difícil concluir o que ora se sugere. No caso específico do Cristianismo, a definição do cânon do Novo Testamento se foi dando em meio a intensos conflitos que haveriam de redundar em um sistema religioso visto como ortodoxo (e cada vez mais consolidado por meio de elementos extracanônicos, como os concílios dos séculos IV e V, que podem muito bem ser vistos como chaves interpreta-tivas dos referidos textos).

Por outro lado, justamente esse vínculo estreito entre cânon e unidade doutrinal e or-ganização faz perceber que, na ausência desta última (ou numa presença menos decisiva), também os processos de canonização, se ocorrem, se dão com menos intensidade e/ou maior flexibilidade. Tome-se como exemplo o caso do Hinduísmo que, como se sabe, não se marca pela unidade doutrinária, nem por uma uniformização de ordem institucional.

Justamente aí encontramos que o reconhe-cimento das "escrituras" nesse universo é bastante fluido, e, mais que um livro, temos um núcleo básico fundamental, os *Vedas*, de onde derivam inúmeros outros textos e livros, dos quais os *Upanishades* são dos mais desta-cados. Nada similar à polarização canônico--apócrifa que se firmou na tradição cristã. E nem falemos da multiplicidade de "cânones" que se poderia identificar no riquíssimo e multifacetado mundo dos Budismos.[14]

Assim, cabe investigar como e com qual intensidade se mostrariam as tendências bá-sicas seguintes, em torno dos vários textos feitos escrituras e reconhecidos como tais:

1. *Resistência ao tempo*: a canonização tem o sentido de salvar alguns elementos da tra-dição da temporalidade e da mudança.

2. *Desistoricização*: a canonização visa à expressividade imediata e à significação em todos os contextos sem mediação histórica.

3. *Institucionalização*: a canonização requer alguma diferenciação social de acordo com a qual a preservação da tradição pode ser consignada a grupos especiais.

4. *Normatividade*: a canonização acarreta o caráter paradigmático e obrigatório das partes da tradição em questão.

5. *Identificação*: a canonização é útil a participantes de uma dada tradição na descoberta da sua identidade pessoal e comunitária.

6. *Retrospecção*: a canonização implica a consciência de declínio e distância.[15]

Assim, as escrituras reforçam significati-vamente a definição da identidade religiosa, acentuando a coesão interna em torno de elementos da tradição que agora se veem "formatados", feitos referenciais para o siste-ma religioso em questão, em seu arcabouço mítico-doutrinário, em suas expressões ri-tuais e no *éthos* que o identifica.[16] Esse pro-cesso, porém, acaba por estabelecer marcas diferenciais em relação a fatores externos ao grupo em questão, quando não é mesmo estimulado por estes.

Assim, as escrituras, na sua fixação formal, não apresentam apenas os ideais que uma dada religião propõe para si. A determinação dos termos com que ela deve pensar-se a si mesma é, só ela, uma questão crucial, até porque essas discussões, que tocam em procedimentos nem sempre recomendáveis aos olhares que a referida tradição faz de seu passado, tendem a ser negligenciadas, quando não ignoradas, mesmo nos contextos "teológicos" que se voltam ao entendimento desses mesmos textos. A abordagem das escrituras no mínimo joga luz sobre processos que as instituições religiosas em questão nem sempre estão dispostas a considerar com a objetividade necessária, sem os preconceitos de ordem apologética que nesses cenários costumam aparecer.

Gêneses de escrituras

Da forma "canônica" das escrituras, passamos à abordagem delas do ponto de vista de sua gênese histórica, a partir daquilo que, na exegese da *Tanak* judaica e da Bíblia cristã, ficou conhecido como "método histórico-crítico", na verdade um conjunto de procedimentos que pretendem estabelecer os processos histórico-sociais e culturais que interferiram na configuração dos textos, desde as dinâmicas da transmissão oral até o papel dos redatores "finais". Não temos condição aqui de detalhar todos os procedimentos, mas destacamos que desde pelo menos o século XVI, com os estudos na área da crítica textual, passando pelo século XIX, que viu um enorme desenvolvimento das diversas Ciências Humanas (Arqueologia, Filologia, História, Antropologia, Sociologia), até o século XX, a escritura judaica e a cristã, em cada um de seus livros, foram submetidas a um intensíssimo processo de "dissecação", em busca de camadas literárias prévias; fontes diversas; intervenções de grupos sociais distintos, na letra e na voz etc. Efetivamente, a exegese bíblica, tal qual desenvolvida à luz e em torno do método histórico-crítico, forneceu à incipiente Ciência da Religião boa parte de seus métodos fundamentais (na medida em que ela, a ciência bíblica, se permitiu assumir os métodos que iam sendo desenvolvidos nos mais variados campos, como já citado). A importância dessas considerações fica realçada quando vemos que tais procedimentos metodológicos têm sido ferramenta indispensável para se fazerem perguntas não só do ponto de vista da gênese literária dos textos, ou dos grupos religiosos em seus posicionamentos sociais e políticos, mas também e principalmente na perspectiva das vivências sociorreligiosas de que esses textos são testemunhas. Os exemplos são muitos: como sumarizar aqui as múltiplas investigações e descobertas realizadas no mundo das práticas religiosas do Israel bíblico em mais de mil anos de história, em cenários tão diversos como o da "religião dos pais", estudado por Alt, as liturgias nos santuários de Jerusalém e do Garizim, as práticas populares de cura, os diversos movimentos proféticos, as rebeliões santas dos macabeus, as desolações de tantos exílios, a força do deuteronomismo e das utopias apocalípticas?[17] Como caracterizar a "religião do Jesus, o judeu" (Géza Vermès), naquele espectro fascinante e turbulento que antecedeu a brutal intervenção romana nos anos 60 do século I de nossa era, destruindo Jerusalém e o templo? O que dizer da "religião dos primeiros cristãos" (Gerd Theissen), e seus aspectos propriamente "experienciais" (Berger)?[18] Enfim, é impossível fazer a história das religiões vividas no antigo território de Canaã e adjacências, em suas múltiplas e contraditórias facetas, sem que se tome a sério o exame articulado dos corpos de textos que constituem a *Tanak* e a Bíblia cristã.

Mas vamos ao Corão; nele a aplicação dos métodos referidos se vem dando de forma ainda incipiente. A se levar em conta a teoria tradicional da formação do livro, pode-se tomar como considerar operacional a distinção entre as suratas derivadas da ação de Mohammed em Meca (desde 610, quando começaram as revelações, até 622, quando o profeta teve de fugir), e as de Medina (entre 622 e 632). As primeiras suratas contêm fundamentalmente exortações com vistas à conversão dos incrédulos, além da crítica ao culto das divindades tradicionais da região e de anúncios escatológicos. Já as suratas medinenses, mais longas, têm foco sensivelmente distinto: voltam-se para o estabelecimento de regras de vida e culto para a nova comunidade religiosa. Teríamos, no Corão assim concebido, uma testemunha significativa da dinâmica religiosa da Península Arábica, em que também se fazem presentes "elementos cristãos de origem siríaca, caracterizados por uma piedade monacal pessimista e escatológica, assim como representações gnóstico-maniqueias embebidas na pregação de uma revelação profética",[19] e ainda judeus e seguidores de Zoroastro.

Mas estudos têm mostrado a sobrevivência, nos séculos seguintes, de variantes significativas do texto enfim "canonizado". Essa observação remete a outra possibilidade analítica, que exige pensar mais a fundo a origem do Corão, situando-o ainda mais radicalmente no amplo e complexo mundo religioso da região: Luxenberg[20] remete-nos para um pano de fundo siríaco-aramaico, de matriz basicamente cristã, portanto anterior ao profeta, para fazer-nos compreender passagens-chave do Corão; já Wansbrough,[21] entre outros menos radicais, insiste em que a consolidação da versão hoje padrão demorou mais que os trinta anos após a morte

do profeta reconhecidos pela tradição reconhece; pelo contrário, resultou de alargado processo de redação, o que nos permitiria descortinar os cenários do complexo cultural-religioso que viu nascer uma nova articulação simbólica por obra decisiva do profeta, e os primeiros passos destinados a convertê-la em um sistema religioso novo. O Corão seria, dessa dinâmica complexa, ao mesmo tempo testemunha, sujeito e resultado.

E, se saímos desse universo médio-oriental, o que podemos encontrar? Tomemos um único exemplo, com algumas perguntas. Se é consenso que o núcleo central da tradição escriturística hindu, o *Rig Veda*, terá seus hinos mais antigos colocados por escrito entre 1200 e 1000 a.C., "período histórico em que as tribos arianas se estabelecem no Punjab e desenvolvem ou potenciam um sentido de comunidade que lhes permitirá a posterior expansão ao subcontinente indiano";[22] se se reconhece que os referidos hinos surgiram em tempo muito anterior ao de sua fixação por escrito (sem falar no processo de compilação deles, de época bem mais recente), o que a atividade redacional terá tido a ver com a alteração no cenário social e histórico? O que seriam esses poemas antes do seu estabelecimento em forma escrita? Por que foram redigidos? Em que circunstâncias seriam anteriormente recitados? Se, por outro lado, Goody tiver razão ao propor que os Vedas trazem as marcas de uma cultura letrada, e não se deve supor para eles uma história anterior em pura oralidade,[23] as questões precisarão ser todas refeitas, mas não abandonadas: o que tem a ver a redação dos Vedas com o advento, na Índia, das tribos arianas? De quais alterações na dinâmica sociorreligiosa experimentada na região a escrita do *Rig Veda* é testemunha, e ao mesmo tempo protagonista? Se para o conhecimento do Hinduísmo moderno o *Rig Veda* poderia ser visto como irrelevante, visto ser de acesso restrito a um pequeno número de brâmanes letrados e de

Escrituras e tantos rastros seus na história

Histórias diversas e experiências acidentadas geraram as escrituras. Mas agora é que tudo começa, ou melhor, agora é que elas começam a fazer história, nas explorações de suas mensagens e dizeres, nos múltiplos impactos que em tantos cenários produzirão. Seus teores se convertem em ponto de partida reclamando novas explorações.

Afinal de contas, é por sua "canonização", com todos os cuidados que vimos o termo merecer, que os textos começam suas histórias como referenciais. Por outro lado, estudos de variadas procedências (Crítica Literária, Hermenêutica, História), têm acentuado mais recentemente, por contraposição e/ou complementaridade às tendências estruturalistas e aos procedimentos metodológicos que se atêm aos processos gestadores de uma obra literária, a importância das potencialidades que esta possui para impactar, de forma inovadora, nos contextos em que ela for recuperada. Fala-se de uma "reserva de sentido" inerente a toda obra literária,[24] o que torna impraticável e inócua qualquer tentativa de fixar, de maneira definitiva, seu sentido; o valor da obra literária e a sua conversão em um clássico derivam não tanto do sentido pretendido por seu autor e eventualmente captado por seu primeiro destinatário, mas dos "rastros" que ela vai deixando atrás de si à medida que ela é retomada, relida, ressignificada;[25] chega-se a falar na "ditadura do sentido literal", com o convite a que se conceba o leitor como aquele por meio do qual o texto tem alguma possibilidade de ser eficaz.[26]

E como as escrituras vêm sendo lidas e quais efeitos têm produzido ao longo do tempo?[27] Afinal de contas, foi depois de consolidados que os Vedas foram qualificados como literatura *shruti*.[28] E no interior das "escrituras" hindus, desde os Vedas até o *Bhagavad-Gita*, os livros subsequentes podem ser vistos como partes de um longo processo de busca de compreensão das possibilidades e riquezas daqueles escritos primordiais, relidos em tempos e contextos diferentes por grupos diferenciados. E é importante considerar que os veneráveis textos não precisam ser entendidos, no sentido conceitual do termo. De fato, "*mantras* não 'significam' nada no sentido semântico e etimológico convencionais. Antes, eles significam *tudo*".[29] Por outro lado,

> certos tipos da Palavra, como a literatura *sutra*, convidam ou virtualmente demandam comentários por causa de sua deliberada brevidade [...]. Outros tipos demandam comentários porque estão em sânscrito e por isso requerem um comentário em vernáculo de sorte a torná-los inteligíveis.

Outras apropriações da Palavra na Índia, e formas de responder a ela vão no sentido de se estabelecer algum tipo de "mágica imitativa": escritos mais recentes reproduzem o sânscrito arcaico dos veneráveis Vedas; inúmeros textos denominados *Gitas* apelam, ao mesmo tempo em que se afastam em termos de perspectiva, ao *Bhagavad Gita*, numa "tendência a envolver o novo no velho" que "é apenas um caminho que os hindus têm trilhado com a Palavra, mas parece atravessar o âmbito completo do material 'escriturístico' hindu".[30]

Esse caráter "aberto" que tende a ser encontrado nas escrituras, mesmo aquelas mais estritamente definidas, a despeito de todas as tentativas de fechamento hermenêutico, talvez tenha a sua melhor expressão justamente no que se constata no universo hindu, que distingue entre a literatura *shruti* (já mencionada), e a *smrti* (termo que significa "recordado" e designa textos de autoria humana, secundários); não há total acordo quanto à definição de quais livros caberiam sob uma ou outra classificação (embora não se coloque em dúvida que quatro coleções de livros, a começar dos Vedas, sejam literatura *shruti*). Mas o mais importante a ser destacado é justamente o caráter não fechado do *corpus* textual hindu: "Trata-se de um *corpus* acumulativo, constitui-se paulatina e progressivamente, tanto em número de obras como na própria estrutura interna de cada obra, e sumariza as distintas etapas de evolução e de concepções religiosas diferentes sem que se note contradição".[31]

De toda forma, também há que se pensar no cenário oposto. Depois de "canonizados", e então proclamados e difundidos mais largamente, as escrituras podem vir a tornar-se alvo de debates e verdadeiras batalhas quanto a sua interpretação, não só entre os eruditos, mas também em meio à gente comum (por que não?). Vejamos.

O acento na perspectiva da recepção conferiu a um dos procedimentos típicos da exegese histórico-crítica um raio inusitado de possibilidades. Falamos da crítica textual. Se, na forma convencional, ela era praticada com o propósito de reconstruir, pelo exame atento das variantes encontradas nos manuscritos de uma referida obra, a formulação original dela, mais recentemente esse exercício tem tentado identificar como determinada obra ou passagem terá sido recebida em dado contexto histórico-religioso. Baste um exemplo, do Novo Testamento cristão: a ausência, no Papiro 75 (do século III), da passagem de Lucas 23,34 (quando Jesus pede: "Pai, perdoa-lhes, eles não sabem o que fazem"). Nesse caso a questão que se coloca não é apenas

a de discutir a autenticidade lucana da passagem (em geral aceita), mas a de compreender por que um copista do século III terá deliberadamente omitido essa referência: estaria ele marcado pelas apologias antijudaicas do Cristianismo de então, quando se defendia que a destruição de Jerusalém (no ano 70 de nossa era) era a manifesta vingança de Deus pelo fato de os judeus terem matado seu Filho?[32]

Outra possibilidade está em considerar as várias recepções de dada passagem de uma escritura, os sentidos a ela conferidos, e identificar as circunstâncias que os tornaram plausíveis. Quanto à passagem de Mateus 16,18 ("Tu és Pedro, e sobre esta pedra edificarei minha igreja"), por exemplo, para além do pode ter sido o seu sentido primeiro, Luz[33] identifica quatro interpretações para tal "pedra" ao longo da história do Cristianismo: (a) tipológica: a pedra é Pedro enquanto modelo de todo cristão que confessa Jesus; (b) oriental: a pedra é a confissão que Pedro faz, reconhecendo Jesus como Messias e Filho de Deus; (c) ocidental: a pedra é o próprio Cristo; (d) romana: a pedra é Pedro (e, por extensão, seus sucessores), posição que se imporia, no interior da Igreja Católica, apenas após o concílio de Trento (século XVI).

Tais observações abrem horizontes inusitados, ao nos permitirem perguntar por tantas vertentes interpretativas desenvolvidas sobre as muitas escrituras ao longo do tempo. Mapear este universo é tarefa irrealizável, por seu tamanho monumental. Só podemos fazer alusões: às produções de *midraxes* e *targumim*, no interior do Judaísmo; às escolas de Alexandria e de Antioquia, no seio de um Cristianismo em busca de consolidação. E percebamos que, quando se estiverem abordando as escrituras, não serão apenas elas o objeto do cuidado e da leitura: quando Adso, o monge de *O nome da rosa*, disser admirado que seu mestre William de Baskerville "sabia ler não apenas no grande livro da natureza, mas também no modo como os monges liam os livros da escritura, *e pensavam através deles*" (grifo nosso), estará dando a senha para que se percebam as lógicas de tantos olhares, em tempos e espaços diversos: de que outra forma, pergunta-se Kehl[34] se entenderiam os símbolos e nomenclaturas estruturantes do processo da fundação, pelos jesuítas Nóbrega e Anchieta, do que quatro séculos depois seria a metrópole de São Paulo?

Foquemos agora o Corão: que possibilidades se abrem se o abordamos na perspectiva de suas recepções ao longo da história que foi fazendo? Consideremos que, após a morte de Mohammed, no círculo das pessoas que o conheceram e ouviram dele a transmissão das revelações, desenvolveram-se os *hadiths*, que vieram a se configurar como interpretações de versículos do livro sagrado e como vetores a orientar interpretações subsequentes, em um processo de múltiplas possibilidades de desdobramento. A partir daí, o Corão se tornou "um documento do oitavo século, do duodécimo, do décimo-sétimo, do vigésimo"... e "intimamente ligado à vida não só da Arábia, mas também da África Ocidental e Indonésia". Assim,

> o Corão tem desempenhado um papel — formativo, dominador, libertador, espetacular — na vida de milhões de pessoas, filósofos e camponeses, políticos e mercadores e donas de casa, santos e pecadores, em Bagdá e Córdoba e Agra, na União Soviética desde a revolução comunista, e assim por diante.[35]

No interior desse quadro, podem identificar-se, nas duas vertentes principais em que o Islã se divide, posicionamentos que as justificam a partir de tendências interpretativas do livro sagrado desenvolvidas precocemente.[36] Por volta de 760, Ja'fas As Sadiq estabeleceu o que para ele seriam os caminhos adequados de interpretação do Corão, e distinguiu três níveis básicos, superpostos em termos de fins

e profundidade: (a) verter, do árabe em que o Corão fora fixado por escrito para o árabe falado, o referido livro; (b) entender as suratas do Corão à luz da conjuntura que as viu nascer; (c) perceber que a abordagem efetivamente valiosa estaria no caminho da especulação, em que se transcendia a letra do texto e se descobriam as verdades nele comunicadas, mas ocultas a olhos despreparados. Numa prática que alguns estudiosos chamaram de "alegórica", Sadiq chegou a identificar no Corão referências a Ali, o único dos califas reconhecido pela vertente xiita do Islã, e argumentar em seu favor como o primeiro dos imãs.

No ramo sunita, encontramos Abu Ja'far at-Tabari (séculos IX-X). Incomodado com as diversas interpretações do Corão que pululavam em seu tempo, esse mestre pretendeu estabelecer um método que viesse a pôr fim a essa diversificação potencialmente problemática (e o que ele obviamente conseguiu foi propor mais um caminho interpretativo). Dois acentos emergem de sua obra: (a) o Corão deve ser visto como ponto alto e ponto de chegada, em que todas as promessas, como aquelas encontradas na Torá judaica e no Novo Testamento, se veem realizadas; (b) a interpretação do Corão deve ser feita a partir dele mesmo, o que significa dizer que ele deve ser entendido como uma unidade, cujas partes são compreendidas na relação com as outras.

Mas as potencialidades advindas da percepção sobre como as escrituras vêm sendo recebidas e assumidas em novos contextos socioculturais não devem ser pensadas exclusivamente a partir de nomes individuais, mas pelos efetivos impactos que as obras desses "receptores", ao serem também elas "recebidas", puderam produzir no longo tempo, capazes de indicar veios caudalosos referidos à construção de identidades religiosas em sua permanente dinâmica. Assim, perguntemo-nos pelas possibilidades advindas da consideração do infinitamente mais amplo âmbito da recepção popular de escrituras. Um exemplo, entre tantos possíveis, vem dos testemunhos advindos das comunidades de negros escravizados nos Estados Unidos; a Bíblia judaico-cristã fomentou lá, entre tantas outras, atitudes de rebeldia escrava, e os sonhos de liberdade nessa vida e/ou na outra bebiam de enredos bíblicos, particularmente as relativas ao êxodo dos hebreus: "Moisés se tornara Jesus, e Jesus se tornara Moisés; e, nessa fusão, os dois aspectos da busca religiosa dos escravos, libertação coletiva enquanto povo e redenção de seus terríveis sofrimentos pessoais, tornaram-se uma só coisa, pela mediação do poder criativo que se manifesta com tanta beleza nos *spirituals*".[37]

As observações elencadas são apenas indicadoras de possibilidades analíticas, em um universo virtualmente infinito.[38] E, se nos perguntarmos pela recepção de temas ou textos das escrituras nas múltiplas expressões artísticas para além do estritamente escrito, para ficarmos em mais um potencial campo de pesquisa, que exemplos teríamos condições de reunir sem nos perdermos? Se nos deslocamos ao mundo da chamada música erudita, vamos desde o libreto bíblico de "O messias", musicado por Händel[39] e das Paixões de Bach até a impagável caricatura de episódios bíblicos em "It ain't necessarily so", de "Porgy and Bess", de Gershwin!

Conclusão

Enfim, um livro pensado como epitáfio de um sistema religioso em agonia quando a sua redação escrita que dele nos chegou foi elaborada. Seu formato bem pareceria o de uma escritura, mas isso justamente o *Popol vuh* que conhecemos não pretendeu ser. O registro em caracteres latinos de memórias ancestrais dessa que era (e ainda é) uma das tribos, a dos Quichés, constitutivas de uma milenar tradição mesoamericana só ocorreu com vistas ao desesperado propósito de que a cosmovisão maia, agora que chegaram os terríveis castelhanos, não caísse na vala comum de várias religiões destruídas a ferro e fogo por tantos empreendimentos colonialistas e assemelhados. Escrito "já dentro do Cristianismo, com o novo modo de escrever", só o conhecemos "porque já não se vê o *Popol vuh*, já não se entende o livro onde se referem estas coisas ['as antigas histórias do lugar chamado Quiché']. Existia o livro original, escrito antigamente, mas sua vista está agora oculta ao leitor e ao pensador" (versos 45-56; 1s).

Escrever para não perder. Registrar noutro sistema gráfico, transplantado e imposto,

aquilo que um dia fora alçado à condição de escrita, sem que mais se saiba como e por quê. Uma dupla "excarnação": se a postagem por escrito resulta de um movimento em que "as experiências vividas [...] são arrancadas à espaço-temporalidade original donde elas tomam seu caráter ao mesmo tempo único e efêmero",[40] o que se dirá da passagem de uma escrita a outra, estranha, vinda àquelas terras por temíveis caravelas, pilotadas por aterrorizantes matadores e "cobradores de tributo" (verso 8415)?

E o *Popol vuh* anterior ao que conhecemos: terá sido sua escrita "a transmutação de corpos vivos em signos abstratos" (Aleida Assmann)? Eventualmente haveria

um ou mais repertórios pré-hispânicos de tradições, notícias, fatos e normas, possivelmente escritos [...], guardados e transmitidos dentro de um grupo social maia quiché. Esses grupos tinham uma instituição de governo ou consultiva que era tecnicamente uma assembleia de notáveis, e nela eram recolhidas por escrito muitas das senhas de identidade, religiosas e históricas. A palavra *pop* indica a esteira sobre a qual o chefe se sentava, e ela mesma simboliza o poder.[41]

Será necessário, perante esse ancestral e imaginado *Popol vuh*, de que o conhecido é testemunha imprescindível, lançar os três olhares que presidiram o ordenamento deste ensaio, e a partir deles estabelecer as perguntas cruciais, sabendo que respostas fundamentais faltarão: a que práticas sociorreligiosas, de que "experiências vividas" o escrito hieroglífico é registro e estímulo? Não basta registrar os temas que desenvolve o livro, ou entendê-lo como exposição apenas da cosmovisão maia; é preciso avançar para dentro do sistema religioso que o texto ecoa. Concebida ou não com propósitos "canônicos", a redação primeira do *Popol vuh* foi levada a cabo por letrados: que motivações a teriam inspirado e feito necessária? Em que circunstâncias terá ocorrido? Que conjugações de força e poder estavam em jogo? Quais sentidos pretendeu-se salientar, e quais outros foram obscurecidos no processo de redação-interpretação? Que efeitos a narração escrita (a primeira) terá produzido? Quais exercícios terá inaugurado, não só entre intérpretes "qualificados", mas principalmente nas expressões populares e cotidianas da vida, antes que tudo se acabasse "para os do Quiché, que hoje se chama Santa Cruz" (versos 8583-8584, que concluem o poema conhecido)? E quais processos se podem supor entre a primeira redação e aquela em grafia estranha, ato desesperado por registrar uma existência coletiva que se esvaía?

E o registro *en passant* de um cerimonial maia contemporâneo permite terminar sem concluir, cientes do potencial da abordagem de um testemunho como o *Popol vuh*:

Ali [eu] estava, mirando aquele grupo de senhoras que dançava [...]. Pouco a pouco comecei a compreender o que na realidade ocorria naquele lugar [...]. Logo, em um momento de percepção, me vi transportada a outra época e a outro lugar [...]. Como suas predecessoras de quinze séculos atrás, aquelas mulheres dançavam para santificar um momento de iniciação em seu mundo. Não sei se todos os maias modernos dançariam como d. Juana e suas companheiras de cooperativa [...], mas suspeito que aquelas senhoras não seguiam ritos prescritos e ditados pelo costume local atual. Sinto que, recordando talvez cerimônias que presenciaram em sua infância, inventaram juntas uma nova cerimônia que consideraram adequada a seu propósito. E não apenas dançaram, mas leram do *Popol vuh*. E o que é mais importante: escolheram abençoar seu empreendimento não nos terrenos da igreja local, mas perto dos portais reverenciados que seus antepassados construíram.[42]

Como o *Popol vuh* terá chegado a d. Juana e suas companheiras: pela militância de antropólogos e historiadores? Ou seus conteúdos terão teimosamente resistido à "colonização do imaginário" (Serge Grusinski), e, imbricados a outras referências, terão sobrevivido de forma submersa para agora emergir? É, a essa altura, mais uma resposta impossível de ser dada, que não destitui de pertinência a pergunta. E impede que, no estudo das dinâmicas surpreendentes das religiões, sejam desconsideradas (no caso em que existam, obviamente) as respectivas escrituras quanto a sua gênese, testemunha insubstituível de vivências ancestrais, quanto a sua "edição" e quanto a seu potencial infinito de impactar e deixar rastros.

Referências bibliográficas

ADRIAANSE, H. J. Canonicity and the Problem of the Golden Mean. In: KOOIJ, Arie van der; TOOM, K. van dern (eds.) *Canonization and Decanonization*; papers presented to the International Conference of the Leiden Institute for the Study of Religions (LISOR) hald at Leiden 9-10 January 1997. Leiden/Boston/Köln: Brill, 1998. pp. 313-330.

AMIR-MOEZZI, Mohammad Ali; KOHLBERG, Etan. Revelation et falsification. Introduction à l'édition du Kitab Al-Qira'at D'Al-Sayyari. In: DELMAIRE, Danielle; GOBILLOT, Genevièvet (eds.). *Exégèse et critique des textes sacrés*; Judaïsme, Christianisme et Islam hier et aujourd'hui. Paris: Geuthner, 2007. pp. 177-224.

ARAGIONE, Gabriella; JUNOD, Eric; NORELLI, Enrico (eds.). *Le canon du Nouveau Testament*; regards nouveaux sur l'histoire de sa formation. Genève: Labor et Fides, 2005.

ASSMANN, Jan. *Religión y memoria cultural*. Buenos Aires: Lilmod/Libros de la Araucaria, 2008.

BERGER, Klaus. *Identity and Experience in the New Testament*. Minneapolis: Fortress Press, 2003.

BROTHERSON, Gordon; MEDEIROS, Sérgio. *Popol vuh*. São Paulo: Iluminuras, 2007.

CERTEAU, Michel de. *A invenção do cotidiano*; 1. Artes de fazer. 6. ed., Petrópolis: Vozes, 2001.

COBURN, Thomas B. "Scripture" in India: towards a Tipology of the Word in Hindu Life. In: LEVERING, Miriam (ed.). *Rethinking Scripture*; Essays from a Comparative Perspective. Albany: State University of New York Press, 1989. pp. 102-128.

COWARD, Harold. *Sacred Word and Sacred Text*; Scripture in World Religions. Maryknoll: Orbis Books, 1988.

CROATTO, José Severino. *Experiencia de lo sagrado*; estudio de fenomenología de la religión. Buenos Aires/Estella: Guadalupe/Verbo Divino, 2002.

DENY, Frederik M.; TAYLOR, Rodney L. (eds.). *The Holy Book in Comparative Perspective*. Columbia: University of South Carolina Press, 1993.

EHRMAN, Bart. *O que Jesus disse? O que Jesus não disse?* Quem mudou a Bíblia e por quê. São Paulo: Prestígio, 2006.

FOHRER, Georg. *História da religião de Israel*. São Paulo: Paulinas, 1983.

FRYE, Northrop. *O código dos códigos*; a Bíblia e a literatura. São Paulo: Boitempo, 2004.

GADAMER, Hans-Georg. *Verdade e método*; traços fundamentais de uma hermenêutica filosófica. Petrópolis: Vozes, 1997. v. 1.

GENOVESE, Eugene D. *A terra prometida*; o mundo que os escravos criaram. Rio de Janeiro/Brasília: Paz e Terra / CNPq, 1988.

GONZÁLEZ FAUS, José Ignacio. *A autoridade da verdade*; momentos obscuros do magistério eclesiástico. São Paulo: Loyola, 1998.

GOODY, Jack. *The Interface between the Written and the Oral*. Cambridge: Cambridge University Press, 1999.

GOMES, Plínio Freire. *Um herege vai ao paraíso*; cosmologia de um ex-colono condenado pela Inquisição (1680-1744). São Paulo: Companhia das Letras, 1997.

GRAHAM, William A. *Beyond the Written Word*; Oral Aspects of Scripture in the History of Religion. New York: Cambridge University Press, 1993.

GRESCHAT, Hans-Jürgen. *O que é Ciência da Religião?* São Paulo: Paulinas, 2005.

HENDERSON, John B. *Scripture, Canon and Commentary*; a Comparison of Confucian and Western Exegesis. Princeton University Press, Princeton, 1991.

HILL, Christopher. *A Bíblia inglesa e as revoluções do século XVII*. Rio de Janeiro: Civilização Brasileira, 2003.

HOCK, Klaus. *Introdução à Ciência da Religião*. São Paulo: Loyola, 2010.

HOLM, Jean; BOLKER, John (orgs.). *Textos sagrados*. Mem Martins: Publicações Europa-América, 1998.

KEHL, Luis Augusto Bicalho. *Simbolismo e profecia na fundação de São Paulo*. São Paulo: Terceiro Nome, 2005.

LAWRENCE, Bruce. *O Corão*; uma biografia. Rio de Janeiro: Zahar, 2008.

LEVERING, Miriam (ed.). *Rethinking Scripture*; Essays from a Comparative Perspective. Albany: State University of New York Press, 1989.

LUXENBERG, Christoph. *The Syro-Aramaic Reading of the Koran*; a Contribution to the Decoding of the Language of the Koran. Berlin: Schiler, 2007.

LUZ, Ulrich. *Matthew in History*; Interpretation, Influence and Effects. Minneapolis: Fortress Press, 1994.

MANGUEL, Alberto. *Uma história da leitura*. São Paulo: Companhia das Letras, 1997.

MENDOZA TUÑÓN, Julia M. Los libros sagrados del Hinduismo. In: PIÑERO, Antonio; PELÁEZ, Jesús (eds.). *Los libros sagrados en las grandes religiones*; los fundamentalismos. Córdoba: El Almendro, 2007. pp. 21-58.

NEUMAIER, Eva K. El dilema de la expresión autorizada en el Budismo. In: COWARD, Harold (ed.). *Los escritos sagrados en las religiones del mundo*. Bilbao: Desclée de Brower, 2006. pp. 155-185.

PYYSIÄINEN, Ilkka. Holy Book: a Treasury of the Incomprehensible. The Invention of Writing and Religious Cognition. *Numen*, Leiden, v. 46, n. 3 (1999), pp. 269-290.

PETERS, F. E. *The Voice, the Word, the Books*; the Sacred Scripture of the Jews, Christians and Muslims. Princeton/Oxford: Princeton University Press, 2007.

RIVERA DORADO, Miguel. *Popol vuh*; relato maya del origen del mundo y de la vida. Madrid: Trotta, 2008.

ROMEIRO, Adriana. *Um visionário na corte de D. João V*; revolta e milenarismo nas Minas Gerais. Belo Horizonte: Editora da UFMG, 2001.

SARACCO, Catherine. *Politique des archives audiovisuelles*. Tese de doutorado em Filosofia. Universidade Bauhaus Weimar, 2002.

SCHELE, Linda. Darle alma al mundo y elevar el árbol. In: FREIDEL, David; SCHELE, Linda; PARKER, Joy. *El cosmos maya*; tres mil años por la senda de los chamanes. México: Fondo de Cultura Económica, 2001. pp. 229-253.

SCHNIEDEWIND, William M. *Como a Bíblia tornou-se um livro*. São Paulo: Loyola, 2011.

SMITH, Wilfred Cantwell. The Study of Religion and the Study of the Bible. In: LEVERING, Miriam (ed.). *Rethinking Scripture*; Essays from a Comparative Perspective. Albany: State University of New York Press, 1989. pp. 18-28.

_____. *What is Scripture?* A Comparative Approach. Minneapolis: Fortress Press, 1993.

TARDIEU, Michel (ed.). *La formation des canons scripturaires*. Paris: Cerf, 1993.

THEISSEN, Gerd. *A religião dos primeiros cristãos*. São Paulo: Paulinas, 2009.

TREBOLLE BARRERA, Julio. *A Bíblia judaica e a Bíblia cristã*. Petrópolis: Vozes, 1995.

_____. La crítica histórico-filológica. La Biblia como caso de estudio. In: DÍEZ DE VELASCO, Francisco; GARCÍA BAZÁN, Francisco (eds.). *El estudio de la religión*. Madrid: Trotta, 2002. pp. 283-312.

VASCONCELLOS, Pedro Lima. Händel x Spinoza: "O Messias" entre leituras e interpretações conflitantes de textos bíblicos. In: MARIANI, Ceci Baptista;

VILHENA, Maria Ângela (eds.). *Teologia e arte*; expressões de transcendência, caminhos de renovação. São Paulo: Paulinas, 2010. pp. 154-173.

_____. *Do Belo Monte das promessas à Jerusalém destruída*; o drama bíblico da Jerusalém do sertão. Maceió: Catavento, 2010.

WANSBROUGH, John. *Quranic Studies*; Sources and Methods of Scriptural Interpretation. Prometeus Books, Amherst, 2004.

Notas

[1] Como se sabe, Tanak é um acróstico formado pelas consoantes iniciais das três partes que compõem atualmente a Bíblia hebraica: a *Torá*, os *Neviim* e os *Ketuvim*.

[2] Greschat, por exemplo, parece olhar com certo desdém para o que denomina "anos dourados" das descobertas das escrituras do Oriente, ao longo do século XIX, como se o trabalho sobre eles, àquela época confiado particularmente a pessoas com formação filológica, os tomasse como nada mais que jogos de palavras à espera de decifração, e nada repercutissem de/em vivências de sujeitos religiosos ao longo de muitos tempos e espaços (Greschat, *O que é Ciência da Religião?*, p. 52). Isso explica por que alguns compêndios de Ciência da Religião não abram espaço para a abordagem das escrituras.

[3] Hock, *Introdução à Ciência da Religião*, pp. 41s.

[4] Assmann, *Religión y memoria cultural*, p. 146.

[5] Ibid., p. 64.

[6] Ibid., pp. 90s.

[7] Ibid., pp. 64s.

[8] Trebolle Barrera. La crítica filológico-histórica, pp. 283.285.

[9] Croatto, *Experiencia de lo sagrado*, pp. 467-498.

[10] Nada nesses processos é absolutamente uniforme; para ficarmos no exemplo da Torá, recordemos que judeus e samaritanos têm versões significativamente diversas dela! Não é possível ceder ao cansaço denunciado por Borges, causa da ficção do "texto definitivo".

[11] Para etapas anteriores desse processo, Schniedewind, *Como a Bíblia tornou-se um livro*.

[12] Aragione; Junod; Norelli (eds.), *Le canon du Nouveau Testament*.

[13] E não tratamos aqui de outro aspecto desta disputa em torno da definição do "texto canônico", aquele que versa sobre a determinação, a mais precisa possível, da sua letra; sirvam aqui apenas dois exemplos. O papa Sisto V (fins do século XVI), na ânsia em estabelecer para o mundo católico um texto bíblico único da Vulgata latina, afirmou-se capaz, pela assistência especial do Espírito Santo de que gozaria, de "decidir, entre as diversas leituras possíveis [trazidas pelos tantos manuscritos oriundos de cópias e mais cópias], a que melhor corresponde à verdade ortodoxa" (González Faus, *A autoridade da verdade*, pp. 97-102 [a citação da bula papal é extraída da p. 98]). Por outro lado, não faltarão, no interior da tradição muçulmana (especialmente a xiita), já em seus primórdios, suspeitas de adulterações que o "texto oficial" do Corão teria sofrido no processo de sua redação (Amir-Moezzi; Kohlberg, Revelation et falsification). Tal versão "demorou muitos séculos para ser aceita por todos os muçulmanos como *textus receptus*" (p. 191).

[14] Para um panorama, Neumaier, El dilema de la expresión autorizada en el Budismo. Mas não resistimos à tentação de citar um único exemplo de tantos que terão existido no decorrer da história cristã: Antonio Vieira tende a conferir a trovas proféticas do obscuro sapateiro Bandarra (século XVI) estatuto ao menos similar àquele reconhecido nas veneráveis escrituras bíblicas!

[15] Adriaanse, Canonicity and the Problem of the Golden Mean, pp. 313-314.

[16] A esse propósito, o precioso capítulo de abertura de *A religião dos primeiros cristãos* (Gerd Theissen).

[17] Lembramo-nos aqui do clássico de Fohrer, *História da religião de Israel*.

[18] Berger, *Identity and Experience in the New Testament*.

[19] Trebolle Barrera, La crítica filológico-histórica, p. 285.

[20] Luxenberg, *The Syro-Aramaic Reading of the Koran*.

[21] Wansbrough, *Quranic Studies*.

[22] Mendoza Tuñón, Los libros sagrados del Hinduismo, p. 28.

23 Goody, *The Interface between the Written and the Oral*, pp. 110-122.

24 Croatto, *Experiencia de lo sagrado*.

25 Gadamer, *Verdade e método*, pp. 449-458.

26 Certeau, *A invenção do cotidiano*, v. 1, pp. 264-270.

27 Temos de pensar no ato de "ler" da forma mais ampla, que passa pela absorção de proclamações orais, por exemplo, e não apenas pela utilização direta do objeto material denominado "livro".

28 O termo designa obras consideradas "humanas, procedentes da inspiração divina, mas passíveis de interpretação" (Mendoza Tuñón, Los libros sagrados del Hinduismo, p. 23); elas constituem uma literatura que comunica saberes ancorados no mais profundo da consciência humana, descobertos por videntes (*rishis*) pela via da introspecção.

29 Coburn, "Scripture" in India, p. 119 (grifos do autor).

30 Ibid., p. 120.

31 Mendoza Tuñón, Los libros sagrados del Hinduismo, p. 24.

32 Ehrman, *O que Jesus disse? O que Jesus não disse?*, pp. 201-203.

33 Luz, *Matthew in History*.

34 Kehl, *Simbolismo e profecia na fundação de São Paulo*.

35 Smith, The Study of Religion and the Study of the Bible, pp. 20-21.

36 Para o que se segue, mais detalhes em Bruce Lawrence, *O Corão*, pp. 75-93.

37 Genovese, *A terra prometida*, pp. 340-367 (citação da p. 365). Neste contexto, que densidade não se reconhecerá ao *spiritual* "Go down, Moses", imortalizado na voz de Louis Armstrong? E o que dizer, mudando o cenário, das "bibliocracias" que, segundo Weber, teriam configurado o cotidiano de várias seitas advindas da Reforma?

38 Vejam-se, na bibliografia, títulos relativos à presença da Bíblia judaico-cristã em cenários tão diversos como o conturbado século XVII inglês (Hill), a saga do português Henequim, chegado ao Brasil nos primórdios do século seguinte (Gomes, Romeiro), ou ainda a trajetória do Belo Monte de Antonio Conselheiro, conhecido nos sertões como "homem biblado" (Vasconcellos).

39 Veja ensaio nosso a respeito: Händel x Spinoza: "O Messias" entre leituras e interpretações conflitantes de textos bíblicos.

40 O conceito "excarnação" é de Aleida Assmann, e a citação é recolhida de Saracco, *Politique des archives audiovisuelles*, p. 5, nota 1.

41 Rivera Dorado (org.), *Popol vuh*, pp. 176s (nota 4).

42 Schele, Darle alma al mundo y elevar el árbol, p. 231.

Tradições religiosas entre a oralidade e o conhecimento do letramento

Ênio José da Costa Brito

Introdução

A transição da religião oral para a letrada costuma ser situada dentro dos parâmetros da civilização, modernização e colonização. A civilização seria marcada pela emergência do Estado, da burocracia governamental, do letramento e de uma divisão complexa do trabalho, além da passagem de uma religião tradicional ou tribal, muitas vezes oral, para uma religião letrada, formalizada, com uma doutrina elaborada. Seguindo a teoria de Max Weber, atribui-se às grandes religiões do mundo racionalidade e às religiões tradicionais um tradicionalismo irracional; seu representante ideal-típico seria o mago, que exerce via sabedoria tradicional um controle coercitivo sobre o sobrenatural. O maior representante da religião racionalizada seria o profeta, antitradicional por natureza, intelectual que transforma o conceito do mundo no problema de sentido. Sua racionalização profética, porém, precisa ser sistematizada e clarificada por outros intelectuais, o clero letrado, que acaba fechando e fixando o cânon e o dogma, gerando uma nova tradição e, nesse sentido, aproximando-se do mago.

Ainda em 1973, Clifford Geertz considera as religiões tradicionais como organizadas em torno de um "conjunto de mito e magia rigidamente estereotipado [...] e confuso", enquanto as grandes religiões do mundo seriam "mais abstratas, logicamente mais coerentes e articuladas em termos mais gerais", apresentando "generalização conceitual maior, integração formal mais rigorosa e um senso de doutrina mais explícito".[1]

O presente artigo se propõe a questionar este estereótipo referente às sociedades, culturas e religiões tradicionais assim como outros (por exemplo, sociedade oral estática *versus* sociedade letrada de mudança rápida; cultura tradicional microcósmica *versus* cultura universal macrocósmica; religião oral simples *versus* religião letrada complexa). Ele discute, em sua primeira parte, a relação da tradição oral com o letramento desde os autores clássicos até os contemporâneos e refere, na segunda parte, as questões levantadas por esses autores à tradição oral religiosa. Por isso, ocupam o centro da reflexão as questões da tradição oral religiosa entre fonte histórica e função social no presente, as questões da fidelidade e criatividade da tradição oral religiosa e as questões das tradições orais religiosas numa sociedade letrada. Numa terceira parte são brevemente discutidas as tradições afro e afro-brasileiras como tradições orais religiosas.

Tradição oral e letramento: os clássicos

Amadou Hampâté Bâ (1900-1991), nascido na cidade de Bandiagara na imensa savana de Máli e cujo avô materno era mestre da iniciação da tribo Peul, cita o famoso provérbio a respeito da passagem da tradição oral na África: *En Afrique, quand un vieillard meurt, c'est une bibliothèque qui brûle* ["Na África, quando um velho morre, é uma biblioteca que se queima"]. Ele afirma:

Quando falamos de tradição em relação à história africana, referimo-nos à tradição oral, e nenhuma tentativa de penetrar a história e o espírito dos povos africanos terá validade a menos que se apoie nessa herança de conhecimentos de toda espécie, pacientemente transmitidos de boca a ouvido, de mestre a discípulo, ao longo dos séculos. Essa herança ainda não se perdeu e reside na memória da última geração de grandes depositários, de quem se pode dizer que são a memória viva da África.[2]

Para este autor, a questão sobre se a tradição oral merece a mesma confiança como o texto escrito é malfeita:

Nas sociedades orais, não apenas a função da memória é mais desenvolvida, mas também a ligação entre o homem e a Palavra é mais forte. Lá onde não existe a escrita, o homem está ligado à palavra que profere. Está comprometido por ela. Ele *é* a palavra, e a palavra encerra um testemunho daquilo que ele é. A própria coesão da sociedade repousa no valor e no respeito pela palavra [...]. Nas tradições africanas — pelo menos nas que conheço e que dizem respeito à toda a região de savana ao sul do Saara

—, a palavra falada se empossava, além de um valor moral fundamental, de um caráter sagrado vinculado à sua origem divina e às forças ocultas nela depositadas. Agente mágico por excelência, grande vetor de "forças etéreas", não era utilizada sem prudência. Inúmeros fatores — religiosos, mágicos ou sociais — concorrem, por conseguinte, para preservar a fidelidade da transmissão oral.[3]

Hampâté Bâ afirma ainda que a tradição confere à Palavra

não só um poder criador, mas também a dupla função de conservar e destruir. Por essa razão, a fala, por excelência, é o grande agente ativo da magia africana [...]. Deve-se ter em mente que, de maneira geral, todas as tradições africanas postulam uma *visão religiosa do mundo*.[4]

A partir dessa citação, entendo que, para o autor, a transmissão da tradição é ao mesmo tempo um ato conservador e (re-)criador. Quem garante a transmissão fiel não são trovadores como os *griots*, que reinventam livremente a tradição para divertir a sua audiência, e que antropólogos como Jack Goody (discutido mais adiante) citam, mas os tradicionalistas-*doma*, que revelam um alto respeito diante da tradição:

Ao contrário, nenhum africano de formação tradicionalista sequer sonharia em colocar em dúvida a veracidade da fala de um tradicionalista-*doma*, especialmente quando se trata da transmissão dos conhecimentos herdados da cadeia dos ancestrais [...]. Antes de falar, o *doma*, por deferência, dirige-se às almas dos antepassados para pedir-lhes que venham assisti-lo, a fim de evitar que a língua troque as palavras ou que ocorra um lapso de memória, que o levaria a alguma omissão [...]. Esta noção de "respeito pela cadeia" ou de "respeito pela transmissão" determina, em geral, no africano não aculturado a tendência de relatar uma história reproduzindo a mesma forma em que a ouviu, ajudado pela memória prodigiosa dos iletrados.[5]

O autor destaca ainda que "a educação tradicional começa, na verdade, no seio de cada família, onde o pai, a mãe ou as pessoas mais idosas são ao mesmo tempo mestres e educadores e constituem a primeira célula dos tradicionalistas",[6] e que "os ofícios artesanais tradicionais são os grandes vetores da tradição oral. Na sociedade tradicional africana, as atividades humanas possuíam frequentemente um caráter sagrado",[7] razão pela qual "é compreensível que, nesta visão global do universo, o papel do profano seja mínimo".[8] Sua afirmação, porém, de que "o conhecimento estava à disposição de todos (sendo a iniciação onipresente sob uma forma ou outra) e que sua aquisição dependia simplesmente das aptidões individuais"[9] deve ser lida com reserva, uma vez que a sequência do texto deixa claro que "todos" se refere apenas aos homens, sem citar o papel das mulheres. Finalmente, o autor escreve que

toda essa informação era, e ainda é, transmitida oralmente e registrada apenas na memória [...]. Não se pode fazer ideia do que a memória de um "iletrado" pode guardar. Um relato ouvido uma vez fica gravado como em uma matriz e pode, então, ser reproduzido intacto, da primeira à última palavra, quando a memória o solicitar [...]; narrativas históricas, entre outras, vivem e são preservadas com extrema fidelidade na memória coletiva de uma sociedade de tradição oral [...]; consegui reunir, unicamente a partir da tradição oral, os elementos

que me permitiram escrever a História do Império Peul de Macina no século XVIII.[10]

O próprio Hampâté Bâ, portanto, coloca a tradição oral no contexto da magia que impregnaria toda a cultura africana, considera a memória do iletrado superior àquela do letrado e afirma sua fidelidade, deixando em aberto se esta seria literal ou (re-)criativa.

Outro autor que escreve a favor da tradição oral como fonte histórica válida é Jan Vansina. Ele pergunta[11] se existem meios para testar a confiabilidade da tradição oral. Baseando-se no seu estudo das tradições dos Kuba, Rundi e Rwanda (pesquisa de campo entre 1955-56 e 1957-1960), ele chega ao resultado de que a informação histórica depende do tipo de tradição. O autor considera somente as tradições baseadas em narrativas de testemunhos oculares como realmente válidas. Por isso, é necessário elaborar uma tipologia das tradições. Vansina, em outro artigo, distingue quatro formas básicas de tradição, "resultantes de uma combinação prática de dois conjuntos de princípios. Em alguns casos, as palavras são decoradas, em outros, a escolha é entregue ao artista".[12] As primeiras três são o poema, a fórmula e a epopeia:

A última categoria é a das "narrativas", que compreendem a maioria das mensagens históricas conscientes. Nesse caso, a liberdade deixada ao artista permite numerosas combinações, muitas remodelações, reajustes dos episódios, ampliação das descrições, desenvolvimentos etc.[13]

Um estudo das tradições orais de uma cultura não pode ser efetivado antes de adquirir um conhecimento sólido da cultura e da língua:

Seria um erro reduzir a civilização da palavra falada simplesmente a uma negativa "ausência do escrever", porque a oralidade é uma atitude diante da realidade e não a ausência de uma habilidade [...]. O historiador deve, portanto, aprender a trabalhar mais lentamente, refletir, para embrenhar-se numa representação coletiva, já que o *corpus* da tradição é a memória coletiva de uma sociedade que se explica a si mesma.[14]

Somente procedendo assim, o pesquisador entenderá a estrutura mental do povo pesquisado. Por esta, o autor entende

as representações coletivas inconscientes de uma civilização, que influenciam todas as suas formas de expressão e ao mesmo tempo constituem sua concepção do mundo. Essa estrutura mental varia de uma sociedade para outra.[15]

A tradição cria estereótipos populares, modelos de comportamentos ideais e de valores, um "sistema completo de valores e ideais relacionados a *status* e papéis sociais, que constituem a própria base de toda ação social e de todo sistema global".[16] Vansina cita MacGaffey,[17] que descobriu que os BaKongo (Zaire, República Popular do Congo) possuem um sistema estereotipado simples de quatro *status* ideais complementares: feiticeiro, adivinho, chefe e profeta. Dessa maneira, escreve Vansina,

as categorias cognitivas combinam-se e unem-se a expressões simbólicas de valor, para produzir um registro que os antropólogos qualificam de "mito" [...]. Em geral, as tradições refletem tanto um "mito", no sentido antropológico do termo, como informações históricas.[18]

Contrário a Hampâté Bâ, Vansina cita os *griots* como especialistas que conhecem tradições relativas a toda uma série de diferentes eventos, e lembra de casos de uma pessoa recitar duas tradições diferentes para relatar o mesmo processo histórico. Outra divergência

com este autor faz referência ao acesso à tradição oral, portanto, à questão do poder:

Quanto às tradições, observamos que em muitos grupos há tradições esotéricas secretas, que são privilégio de um grupo restrito, e tradições exotéricas públicas [...]. É o grupo dirigente de uma sociedade que retém a posse das tradições oficiais, e sua transmissão é geralmente realizada por especialistas, que utilizam meios mnemotécnicos (geralmente canções) para reter os textos [...]. Um exame da "superfície social" torna possível, portanto, descobrir tradições existentes, colocá-las em seu contexto, achar especialistas responsáveis por elas e estudar as transmissões.[19]

Diferente de Goody e Watt, que afirmam que uma sociedade oral tende, constante e automaticamente, à homeostase, que apaga da memória coletiva qualquer contradição entre a tradição e sua superfície social,[20] o autor considera essa homeostase apenas parcial: somente por desempenharem certas funções, não se pode negar o valor histórico das tradições.

Tanto a história oral como a escrita não apresentam fatos, mas compreendem uma interpretação dos fatos e se fundam em probabilidades. À interpretação possível dos fatos, o historiador acrescenta ainda algo de si mesmo a estes fatos, o seu *flair* particular que se aproxima mais da arte do que da ciência. Interpretação é uma escolha entre várias hipóteses, e o bom historiador é aquele que escolhe a hipótese que tem a maior probabilidade de ser verdadeira:

O historiador usa cálculos de probabilidade ao interpretar os fatos e avaliá-los numa tentativa de recriar para si mesmo as circunstâncias que existiam em certo momento do passado. E aqui o historiador que usa tradições orais se encontra exatamente no mesmo nível que historiadores que usam um outro tipo de material como fonte histórica. Sem dúvida, ele vai chegar a um nível mais baixo de probabilidade do que conseguiria por outras vias, mas isso não nega o fato de que o que ele está fazendo é válido e é história.[21]

O autor considera a informação quantitativa escrita, de modo geral, mais digna de confiança, mas salienta que a informação oral relativa aos motivos é geralmente mais precisa que a das fontes escritas.

A confiabilidade histórica da tradição oral é vigorosamente contestada, porém, por outra especialista, Ruth Finnegan.[22] A autora alerta que a tradição oral deve ser analisada referente à sua função como literatura ou história, antes de se tirar generalizações históricas. Ela também nota o impacto do que o folclorista chama de contexto de performance da tradição oral: como os desejos da audiência (e daquele que performa) influenciam as maneiras pelas quais a tradição é contada.

A autora discute duas pressuposições: que a tradição oral é algo unitário e autoevidente, e que ela é de certa maneira impermeável a muitos fatores com que historiadores normalmente se preocupam na avaliação crítica de fontes.

A pressuposição de que a tradição oral é algo unitário e autoevidente leva o pesquisador às vezes a não descrever e analisar detalhadamente o material-fonte. Como Vansina, a autora preocupa-se com os diferentes gêneros da tradição oral e distingue três classes principais: formas literárias reconhecidas, conhecimento histórico generalizado e coleções pessoais.

Um bom exemplo do conhecimento histórico generalizado são as genealogias. Elas frequentemente esquecem linhas que não têm importância no momento presente e têm a função de legitimar as relações de poder no momento histórico contemporâneo. Assim, as genealogias entre os Tiv na Nigéria

estavam em disputa, eram fluidas e eram influenciadas pela situação corrente.

De fato, conclui a autora, as tradições orais são mais vulneráveis e expostas a distorções do que as fontes escritas. Enquanto a escrita é aberta a variações e influências somente no momento em que é escrita, e depois permanece fixa, a tradição oral está aberta continuamente a variações e influências em cada transmissão. A performance e a situação dramática podem influenciar a transmissão assim como a audiência ou situações contemporâneas e constelações atuais de poder. Além do caso dos Tiv já mencionado, a autora cita do artigo de Goody e Watt[23] os Gonja de Gana, cuja tradição oral falava em 1900 de sete filhos na genealogia, correspondendo às sete divisões políticas presentes naquele momento. Já em 1960 a tradição oral se lembrava apenas de cinco filhos, legitimando as cinco divisões políticas contemporâneas em vigor.

Finnegan lembra que vários antropólogos apontaram para esta fluidez e adaptabilidade das tradições orais.

Walter Ong traz outros elementos para a discussão.[24] O autor aborda a diferença entre oralidade e letramento a partir de aspectos da condição humana, da diferença de mentalidade entre culturas orais e da escrita, mais do que de fatores políticos, econômicos, sociais e religiosos. Ong lembra que a questão surge no tempo do processamento eletrônico da palavra, e considera a idade eletrônica como "segunda oralidade".

Ong afirma que, de todas as línguas que já foram faladas, somente umas 106 produziram literatura. Hoje, das em torno de 3 mil línguas faladas, apenas 78 têm literatura. A maioria das línguas não conheceu a escrita. Esses dados permitem a afirmação: "A oralidade básica da língua é permanente".[25] Seres humanos em culturas orais não estudam, mas aprendem.

Nas culturas orais primárias, que o autor define como *culturas não afetadas pela escrita*, a oralidade possui psicodinâmicas próprias. A dinâmica fundamental é que a palavra, ao ser falada, imediatamente se esvai sem deixar vestígios fixos: não existe maneira de parar o som e ter som: o som é evento. Assim, o termo hebraico *dabar* significa ao mesmo tempo "palavra" e "evento". O fato de povos de cultura oral atribuirem às palavras poder mágico está ligado a essa compreensão da palavra como falada, som, evento e, portanto, carregada de poder:

> Jack Goody mostrou de maneira convincente como mudanças, até então consideradas mudanças da magia à ciência, ou da consciência chamada de "pré-lógica" ao seu estado mais e mais racional, ou da "mente selvagem" de Lévi-Strauss ao pensamento domesticado, podem ser de maneira mais econômica e apropriada explicadas como mudanças da oralidade a vários estados de letramento.[26]

Gente letrada, ao contrário, já se esqueceu da palavra como primordialmente evento e ação, e a considera uma coisa morta. Para conseguir gravar na memória, o pensamento oralmente estruturado possui características diferentes do pensamento que pode apoiar-se no letramento: ele usa o estilo de fórmulas; é mais aditivo que subordinativo; mais agregativo que analítico; redundante ou "copioso"; conservador ou tradicional; mantém-se próximo ao mundo de vida humano; tem tonalidade conflitante; é mais empático e participativo que de distância objetiva; é homeostático; é mais situacional do que abstrato. Culturas orais não são tradicionais no sentido de apenas repetitivas, sem permitir criatividade e originalidade. A originalidade da transmissão oral consiste justamente no encaixe do material tradicional na situação individual e única, e não na introdução de novos materiais. Quando as práticas

religiosas aprendidas, e com elas cosmologias e crenças profundamente enraizadas, começam a falhar, líderes religiosos vigorosos são capazes de inventar novos universos conceituais e novos santuários numa nova paisagem religiosa. O pensamento oral pode ser sofisticado e de certa maneira reflexivo, mas não é capaz de criar cadeias elaboradas de causas em sequência linear como o pensamento analítico apoiado em textos.

A memorização oral literal e transmissão *verbatim* só acontecem no ritual, ou apoiadas por música. A oralidade pressupõe "culturas verbomotoras", que o autor define como

> culturas nas quais, em contraste com culturas de alta tecnologia, processos de ação e atitudes diante de problemas dependem significativamente mais do uso efetivo de palavras, e portanto da interação humana, e significativamente menos de *inputs* não verbais, frequentemente fortemente visuais do mundo "objetivo" das coisas.[27]

O autor destaca ainda que o som, diferente dos outros sentidos, se relaciona com a interioridade: o observador fica fora da cena que ele observa à distância, enquanto o som corre para dentro do ouvinte. A visão disseca, vem ao observador de uma direção, enquanto o som unifica: o ouvinte escuta o som de todas as direções simultaneamente, mergulha nele e está no centro do seu mundo auditivo que o cerca. Para Ong, interioridade e harmonia são características da consciência humana e também do conhecimento, que em última instância não é um fenômeno que fraciona e fragmenta, mas que unifica e procura harmonia. Sem a condição interior da harmonia, a psique não tem boa saúde. O corpo está ao mesmo tempo dentro e fora de mim, é a fronteira entre mim e tudo aquilo que não sou eu. Esta força da palavra oral para interiorizar é reconhecida também pela religião: mesmo nas "religiões do livro", no rito e na liturgia, a palavra sagrada precisa ser falada, precisa tornar-se evento.

A escrita, ao contrário, desumaniza, pretendendo estabelecer fora da mente o que na realidade só pode estar dentro desta, destrói a memória, enfraquece a mente e não permite o diálogo, como diz o Sócrates de Platão.

Assim, Ong não afirma a superioridade da cultura que conhece o letramento sobre a cultura puramente oral, mas elabora as características e limites de ambas, e as diferenças entre elas.

Jack Goody[28] elabora o significado do letramento em três níveis: armazenamento de informação (comunicação intergeracional), comunicação (intrageracional) e efeitos internos, cognitivos. O letramento possibilita a transmissão de informação cultural sem intermediação humana direta. Sua preservação leva à acumulação e assim à possibilidade de conhecimento incrementado. As primeiras palavras parecem ter sido listas de comerciantes numa cidade-templo da Mesopotâmia.

Logo também os códigos da lei foram fixados pela escrita. Goody distingue nas culturas puramente orais como os LoDagaa de Gana três modos de adquirir conhecimento: a experiência pela convivência cotidiana, a participação em ritos e cerimônias, e o contato com agências não humanas como forças espirituais. Nessas culturas, há conflito de doutrinas, diferenciação, fragmentação e controle social ou domínio, exercido pelos anciãos que têm conhecimentos secretos, mas a estratificação social parece menor do que nas culturas que conhecem o letramento e, no início, criam um corpo organizado de intelectuais, sacerdotes etc. Somente a saída do letramento do domínio religioso e de uma elite dominante permitiu sua democratização. Os efeitos internos e cognitivos do letramento, já elaborados por Ong, serão demonstrados também na análise das diferenças entre tradições religiosas puramente orais e aquelas que conhecem o letramento.

Tradições orais religiosas

Conforme Jack Goody,[29] o letramento espalhou não somente religiões particulares, mas a própria ideia de religião. Em línguas africanas não se encontra termo equivalente ao de religião nem ao de ritual, e crenças ou práticas religiosas não são compreendidas como um conjunto separado. Enquanto religiões letradas são via de regra religiões de conversão, as religiões nas sociedades africanas sem letramento são religiões nas quais se nasce. Contrariando a tese de que religiões nas sociedades menos complexas sem letramento sejam mais estáticas, enquanto aquelas do mundo moderno sejam mais dinâmicas e sujeitas a mudanças mais rápidas, Goody afirma ampla variedade de tradição religiosa entre grupos vizinhos e na transmissão de geração em geração. Grupos

migrantes, levando seus santuários, provocam às vezes profundas mudanças na ordem política, moral e cosmológica nas comunidades em que penetram.[30] Quando os cultos falham, os indivíduos ou grupos procuram outros meios de satisfação, demonstrando flexibilidade e procurando ajuda e conselhos nos sistemas religiosos vizinhos, integrando elementos destes no próprio sistema religioso. Enquanto nas sociedades não letradas as normas da religião oral, central e indiferenciada, se referem ao contexto, religiões letradas direcionam a estrutura normativa de um sistema social ao universalismo pelo processo de conversão e expansão, e pela descontextualização e generalização das normas: a referência da norma não é mais o contexto, mas o texto.[31] Assim, religiões letradas trabalham em um nível mais abstrato do que religiões puramente orais. Tanto religiões orais como letradas podem possuir um corpo de especialistas ou sacerdotes que são os guardiões da tradição sagrada. As religiões do livro ("no início era a palavra [divina]") reforçaram este domínio ainda mais, porque sacerdotes eram, até o advento da modernidade, frequentemente os únicos capazes de e autorizados a ler a palavra divina e interpretá-la. A palavra sagrada escrita e institucionalizada numa Igreja torna-se uma força de continuidade com maior independência do seu contexto social, político e econômico, e a própria "religião torna-se um elemento relativamente distinto na matriz social, ao mesmo tempo manifestando e criando uma complexidade maior de crenças e práticas".[32] Ao mesmo tempo, a religião deixa de ser visão do mundo e torna-se ideologia, definindo esta, com Gellner,[33] como essencialmente parcial. A religião não é mais reflexo do sistema social, mas pode influenciá-lo. A oposição entre religião universal letrada e religião local oral parece falsa, porque religiões letradas também se expandem por transmissão oral, e tradições locais podem ser fixadas por escrito. Entre ambas costuma haver uma relação complementar, mas hierárquica: a religião letrada desqualificando a religião oral como inferior ou magia. A distinção parece mais um artefato do antropólogo que não é compartilhado pelo ator religioso local cuja perspectiva êmica é única. De fato, porém, o letramento faz surgir diferenças entre o código e a atualidade, a tradição escrita e a prática social cotidiana. O letramento ainda pode fazer com que o texto domine e congele a performance, o ritual, como aconteceu no Egito e na Mesopotâmia.

Em seguida, cito três estudos de caso, dois da África (dos autores Edward Evans-Pritchard e Jack Goody) e um da Oceania — Nova Guiné (do autor Fredrik Barth).

África

Edward Evans-Pritchard, no seu estudo da cultura oral dos Nuer, percebe como, nas suas genealogias, os descendentes de um ou dois irmãos se tornam numerosos e dominantes, enquanto as linhas de descendência chegam ao fim ou enfraquecem, e atribui isso ao fato de que

o sistema de linhagens fornece um dos princípios da organização política. A forma estrutural dos clãs permanece constante, enquanto as linhagens atuais, em qualquer ponto do tempo, são altamente dinâmicas, criando novas bifurcações e fazendo coincidir antigas.[34]

As genealogias, portanto, são sempre de novo dinamicamente rearranjadas para dar conta e legitimar as relações sociais atuais, prevalecendo o interesse do momento sobre a fidelidade histórica.

Dinâmica semelhante encontramos com respeito à concepção do tempo. Os Nuer trabalham simultaneamente com vários conceitos de tempo, uns mais cíclicos, que se referem ao ambiente e podem ser chamados de tempo ecológico, e outros mais progressivos, que refletem suas relações um com o outro na estrutura social e que podem ser chamados de tempo estrutural ou tempo social. Já o tempo ecológico, de fato, se refere frequentemente menos aos fenômenos ambientais (como seca ou chuva), mas mais às atividades sociais ligadas a estes últimos:

Além do ciclo anual, o cálculo do tempo é uma conceituação da estrutura social, e os pontos de referência são uma projeção no passado de relações atuais entre grupos e pessoas. É menos um meio de coordenar eventos do que de coordenar relações, e é, portanto, principalmente um olhar para trás, porque relações precisam ser explicadas em termos do passado. Concluímos que o tempo estrutural é um reflexo da distância estrutural.[35]

O trabalho de campo de Edward Evans-Pritchard entre os Nuer parece confirmar, portanto, as teorias de Maurice Halbwachs e Jack Goody: nas culturas orais, a memória se ajusta às necessidades do momento atual, contradizendo a teoria de Hampâté Bâ e Jan Vansina, que enfatizam a fidelidade histórica da memória oral.

O próprio Jack Goody fez ao longo de décadas pesquisa de campo entre os LoDagaa de Gana, uma tribo de cultura oral, e coletou neste tempo — pela primeira vez em 1951 em Birifu, na então Costa de Ouro — três versões diferentes do seu mito do Bagre:

> Quando gravei o Bagre pela primeira vez, eu estava convicto (porque os LoDagaa me falaram isso) de que as recitações eram "uma" (*boyen*), a mesma. Assim, elas o eram para os LoDagaa. Todas foram recitadas na mesma situação ritual. Mesmo a invocação inicial, decorada, variava, e as próprias recitações eram diferentes não somente nos detalhes, mas em toda a sua perspectiva, na visão do mundo. Elas faziam ainda parte de um "quadro comum"? Eu diria não. Outros podem discordar. Mas mudanças na recitação podem ser muito radicais, de uma maneira generativa, conduzindo a algo "outro". Você não pode voltar para a disciplina do texto escrito, mas procede em cadeia; a última versão é sempre o ponto inicial.[36]

Apesar das variações na própria estrutura do mito e dos seus temas básicos, os LoDagaa consideram as variações "uma", a mesma. A cultura oral ao mesmo tempo esquece e cria como os dois lados da mesma moeda. O mito muda radicalmente ao longo do tempo, e por isso uma única recitação não pode ser vista, como fez Lévi-Strauss com respeito à mitologia da América do Sul, como única chave para a interpretação da cultura. O

mito é parte da cultura, mas não a chave de acesso a ela como um todo. Mitologias não existem como formas culturais, mas são juntadas pelo observador (e ocasionalmente por atores) que constrói uma cosmologia particular a partir de uma variedade de fontes.

Para Goody, o material que ele coletou na pesquisa de campo questiona o contraste entre tradição e modernidade como foi elaborado por Weber e pela maioria dos sociólogos até hoje, que consideram as sociedades tradicionais estáticas e conduzidas pela adesão não refletida ao costume:

> Que as sociedades mais simples eram estáticas, não agiam "reflexivamente" como o jargão contemporâneo formula, considerando reflexibilidade uma característica da modernidade e não da tradição, esta noção tem que ser completamente abandonada (pelo menos referente à religião) quando olhamos as variações na recitação do Bagre.

Goody relata[37] como os anciãos durante um ritual tentam combinar entre eles os próximos procedimentos do mesmo, o que dá uma ideia de sua autonomia, do grau de incerteza existente e também da importância de consultar. Na ausência de um modelo ou roteiro escrito, reconstrói-se a longa e complexa performance a partir das recitações dos líderes participantes, o que testemunha a fluidez das culturas orais que não são nada estáticas, como alguns antropólogos afirmam. A prática de decorar faz parte das culturas letradas, não das culturas orais. Já a escrita, como linguagem visível, tem uma profunda influência na sociedade como um todo, especialmente na velocidade da mudança social pela acumulação de conhecimento. Goody vê a África subsaariana até anos recentes como uma área quase puramente oral, mas a considera hoje influenciada pela presença da escrita e religiões hegemônicas da escrita, de maneira que todas as recitações contemporâneas seriam manifestações de cultura "lecto-oral". A unidade do mito é dada pelo contexto ritual, e não pelo próprio texto. Diferente da escrita, na qual o autor e os leitores estão distantes um do outro, o discurso oral pode ser a cada momento interrompido, é dialógico e interativo, com exceção de situações autoritárias, como as criadas pelo ritual religioso. A chegada da escrita não substitui a oralidade; mesmo em culturas escritas, a maior parte da comunicação cotidiana continua sendo oral, os componentes transmitidos oralmente formando "a tradição oral" ou o lecto-oral. Novas formas de comunicação somam-se às anteriores e não as substituem. Assim, a comunicação mãe-filho(a) nunca acontece via escrita. A transmissão oral ou lecto-oral continua entre os que são próximos um do outro e não declina; ela é, porém, influenciada pela escrita, na pronúncia, na sintaxe e no conteúdo. A escrita pode diminuir a importância da tradição oral, mas também pode encorajá-la e atribuir a ela o conhecimento "real": Nas religiões do livro, a palavra de Deus precisa ser falada, e falada no rito.

Oceania

Frederik Barth[38] encontrou entre os grupos e comunidades dos Baktaman da Nova Guiné, que ele estudou no ano 1969 e revisitou em 1981-1982, uma variação dramática de práticas e crenças religiosas, apesar de eles serem homogêneos, referente à etnia, tecnologia, língua, subsistência e economia. As informações religiosas centrais e a entrada nas casas de culto são restritas aos homens apropriadamente iniciados e são tidas como terríveis e vitais segredos. A hipótese de Barth é de que as ocasiões rituais dos Baktaman pesquisados sejam momentos de gênese de sua tradição de conhecimento. Identificando as particularidades e os dogmas dos pequenos centros locais dentro da tradição de conhecimento, o autor se propõe a descobrir os padrões de variação e assim os processos

de pensamento e inovação subjacentes. Barth descobre que, nos ritos dos Baktaman, reprodução e mudança religiosa não dependem da volta coletiva a fontes socialmente acessíveis, mas da recriação de elementos localizados em poucas mentes individuais. Ele observa que um líder ritual precisa de vários dias para lembrar e reconstruir a performance, e quando lhe falha a memória (e assim a transmissão no grupo é falha), talvez porque o ritual ocorra raramente e apenas em um intervalo de muitos anos, ele recorre às tradições dos grupos vizinhos para substituir as partes que se perderam dentro da própria tradição. As lacunas de memória na própria tradição obrigam a contatos locais com vizinhos e mecanismos que incrementam mudanças no sistema funcional composto da organização de especialistas rituais, conjuntos de iniciados, os degraus de níveis iniciatórios e camadas de materiais culturais contidas nestes níveis, e assim geram diversidade na tradição religiosa. Nesse processo, o líder religioso cria novas modulações dos símbolos multivalentes em um contexto no qual suas palavras têm plena autoridade diante de um público de noviços. Assim, o imaginário e as mensagens-chave de ritos particulares podem ser rápida e radicalmente transformados. O líder religioso não percebe as mudanças inovativas da tradição recebida, mas apenas tenta comunicar esta de maneira verdadeira e mais profunda: sua elaboração é estimulada por uma organização na qual se requer que o líder ritual mostre continuamente os segredos do culto em intervalos regulares a outros noviços. As modificações costumam não substituir, mas incrementar e somar, e nesse processo parecem operar critérios de consistência a longo prazo, permitindo a construção de uma longa tradição que é fluida e permite variações, mas que constrói uma visão cosmológica com certa medida de coerência e força. Essa força da cosmologia reside no modo como esta última direciona e molda a experiência subjetiva da pessoa e assim cria emoções e sensibilidades que se harmonizam com a ampla estrutura de coisas percebidas e eventos na natureza. Os símbolos sagrados desse grupo dos Baktaman são multivocais e multivalentes, guardam ambiguidades e apreendem a realidade pelo cultivo do mistério mais do que pela procura da verdade definitiva.

Assim, o autor enfatiza, como Goody a respeito dos LoDagaa da África, que o rito e a cosmologia do grupo dos Baktaman não são nada estáticos, mas continuamente recriados. A criatividade não está no ancião que inicia, mas nasce de sua relação com seu ambiente. O que se cria não é um texto, mas, pela iniciação, a transformação de um grupo de jovens em homens que pensam e sentem a respeito da natureza e de si mesmos dentro de um certo imaginário comum. Essa herança é móvel e somente aproximadamente compartilhada, mas constitui uma visão do mundo, da cosmologia, suficiente para que os que a elas aderem sejam movidos pelos mesmos símbolos e pensamentos.

Tradições orais religiosas no Brasil

As religiões afro e afro-brasileiras no Brasil são tradições diaspóricas. Segundo Stuart Hall, as identidades diaspóricas

> são obrigadas a negociar com as novas culturas em que vivem, sem simplesmente serem assimiladas por elas e sem perder completamente suas identidades. Elas carregam os traços das culturas, das tradições, das linguagens e das histórias particulares pelas quais foram marcadas [...]. As pessoas pertencentes a essas culturas híbridas têm sido obrigadas a renunciar ao sonho ou à ambição de redescobrir qualquer tipo de pureza cultural "perdida" ou de absolutismo étnico. Elas estão irrevogavelmente traduzidas.[39]

Na transmissão — normalmente oral — cultural, das crenças e valores, as mulheres tiveram um papel-chave, ajudando a manter a riqueza e a originalidade da cultura escrava, que tinha como uma das características fundamentais a manutenção da família.

Brígida Malandrino lembra "da impossibilidade de pensarmos que determinada tradição diaspórica, seja ela qual for, possa chegar pura a um novo lugar".[40] A autora afirma que na diáspora da tradição banto, que é uma tradição oral, no Brasil ocorreu um

> esfacelamento das estruturas, tais como a família, a comunidade, o território e o nome. Porém, ao mesmo em que houve a impossibilidade de expressar estes dados dentro da situação diaspórica, observamos que mediante o contato com outros grupos houve a ressignificação destas práticas. Assim, dessa maneira, eles chegaram ao Brasil e tiveram que se deparar com sua nova identidade: a identidade de escravizado.[41]

A oralidade transmite ao mesmo tempo o patrimônio cultural de uma geração para outra dentro de determinado grupo e constitui novas formas de solidariedades, de saberes e de fazeres. Por ela, as práticas e normas são reproduzidas ao longo das gerações, e ao mesmo tempo os costumes lentamente diversificados. Nesse processo, há continuidade,

> mas entendemos que não há a manutenção de um todo igual, mas que alguns aspectos são recuperados. outros descartados e outros, ainda, transformados como uma maneira de buscar uma reorganização simbólica. A formação de novas expressões

religiosas, como a Umbanda, representou essa tentativa por parte das pessoas.[42]

Pesquisas recentes, porém, indicam que a transmissão das tradições religiosas afro e afro-brasileiras no Brasil não ocorreu só oralmente. É verdade que tradições de terreiros chegaram ao seu fim, porque o pai de santo ou mãe de santo não instituíram sucessores, em parte por questões de hierarquia: nas tradições religiosas afro e afro-brasileiras, o conhecimento oral exclusivo é um forte fator de poder. Lisa Earl Castillo[43] documenta a longa prática nos terreiros, também baianos, de fazer uso interno de arquivos de escrita e fotografia, e a influência de indivíduos e famílias letrados, às quais se juntou, nas últimas décadas, o recurso a etnografias. A suposta pura tradição oral seria apenas um mito que não dá conta da realidade; de fato, há mais de um século, tradições religiosas afro e afro-brasileiras são, pelo menos em parte, não puramente orais, mas aquilo que Goody chama de "lecto-orais":

> A epistemologia que norteia a transmissão do saber nos terreiros é extremamente complexa. Não se reduz apenas a uma questão de conto verbal entre quem ensina e quem aprende. A ênfase na "oralidade" decorre de um conjunto de questões interligadas, entre as quais uma visão da aprendizagem como um processo multissensorial, que inclui o caminho analítico-verbal, mas não se limita a ele. Importante também é a hierarquia social, cuja estrutura impôs estreitos controles sobre a circulação do saber entre pessoas de diversos níveis de iniciação, mesmo por meio oral. Afinal, para compreender como a escrita funciona, enquanto fonte de saber ritual, há que entender o segredo que, por sua vez, é marcado por questões teológicas e também pelas relações entre os terreiros e o contexto social externo.[44]

Esse segredo foi, durante muitas décadas, guardado na tradição oral, à qual os diversos níveis de iniciação tiveram acesso diferenciado, e em breves notas pessoais ou cadernos escritos à mão, muitas vezes para apoiar a memória. A passagem ao texto impresso (por exemplo etnografias) constitui uma forte ruptura, e mais ainda a divulgação por meios eletrônicos (por exemplo internet).

Conclusão

O presente estudo mostrou que a distinção entre sociedade (ou tradição ou religião) oral e letrada é inútil, porque mesmo a sociedade letrada guarda fortes elementos orais e se constrói em boa parte a partir de transmissão oral, e deve, portanto, ser denominada de "sociedade que conhece o letramento" ou sociedade "lecto-oral". Verificou-se que distinções estereotipadas entre a sociedade tradicional e a moderna não podem ser pressupostas e devem ser completamente abandonadas, ou sua existência deve ser pesquisada caso a caso. As pesquisas antropológicas citadas neste estudo, analisando tradições religiosas orais ou lecto-orais na África, Oceania e no Brasil, mostram uma pluralidade de processos diferenciados, respondendo a desafios específicos, históricos ou socioambientais, na transmissão oral ou transição da oralidade para a lecto-oralidade. Esses processos são diferentes em tradições religiosas puramente orais e parecem pressupor uma mentalidade oral diferente, mas não inferior à mentalidade lecto-oral. A elaboração dessas diferenças nos processos e nas mentalidades orais e lecto-orais parecem estar ainda no início e exige um aprofundamento por pesquisas futuras.

Referências bibliográficas

BARTH, Fredrik. *Cosmologies in the making*; a generative approach to cultural variation in inner New Guinea. Cambridge: Cambridge University Press, 1987.

CASTILO, Lisa. *Entre a oralidade e a escrita*; a etnografia nos Candomblés da Bahia. Salvador: Edufba, 2010.

EVANS-PRITCHARD, E. E. *The Nuer*; a Description of the Modes of Livelihood and Political Institutions of a Nilotic People. Oxford: Clarendon Press, 1940.

FINNEGAN, Ruth. A note on oral tradition and historical evidence. In: DUNAWAY, David K.; BAUM, Willa K. (eds). *Oral History*; an Interdisciplinary Anthology. 2. ed. New York/Oxford: Altamira Press, 1996. pp. 126-134.

GEERTZ, Clifford. *The interpretation of cultures*. New York: Basic Books, 1973.

GELLNER, Ernest. Notes towards a theory of ideology. *L'Homme*, n. 18, v. 3 (1987), pp. 69-82.

GOODY, Jack. *The interface between the written and the oral*. London/New York: Cambridge University Press, 1978.

_____. *The logic of writing and the organization of society*. London/New York: Cambridge University Press, 1986.

_____. *Myth, ritual and the oral*. London/New York: Cambridge University Press, 2010.

GOODY, Jack; WATT, Ian. *As consequências do letramento*. Tradução de Waldemar Ferreira Netto. São Paulo: Paulistana, 2006.

HALL, Stuart. *Identidades culturais na pós-modernidade*. 10. ed. Tradução de Tomaz Tadeu da Silva e de Guacira Lopes Louro. Rio de Janeiro: DP&A Editora, 2005.

HAMPATÉ BÂ, A. A tradição viva. In: KI-ZERBO, Joseph (ed.). *História geral da África*; vol. I: Metodologia e pré-história da África. Tradução do MEC e do Centro de Estudos Afro-Brasileiros da Univer-

sidade Federal de São Carlos. 3. ed. São Paulo/Brasília: Cortez e Unesco, 2011. pp. 167-212.

IKENGA-METUH, E. The shattered microcosm. A critical survey of explanation of conversion in Africa. In: PETERSON, K. Holst (ed.). *Religion, development, and African identity*. Upssala: Scandinavian Institute of African Studies, 1987. pp. 11-27.

MACGAFFEY, Wyatt. The religious commissions of the BaKongo. *Man*, v. 5 (1970), pp. 27-38.

MALANDRINO, Brígida Carla. *"Há sempre a esperança de se estar ligado a alguém"*; dimensões utópicas das expressões da religiosidade bantú no Brasil. Tese de doutorado em Ciências da Religião. São Paulo: PUC, 2010.

ONG, Walter. *Orality and literacy*; the technologizing of the word. 2. ed. London/New York: Taylor and Francis, 2007.

RANGER, Terence. The Local and the Global in Southern African Religious History. In: HEFNER, Robert (ed.). *Conversion to Christianity*; historical and anthropological perspectives on a great transformation. Berkeley/Los Angeles/Oxford: University of California Press, 1993. pp. 65-98.

VANSINA, Jan. A tradição oral e sua metodologia. In: KI-ZERBO, Joseph (ed.). *História geral da África*; v. I: Metodologia e pré-história da África. Tradução do MEC e do Centro de Estudos Afro-Brasileiros da Universidade Federal de São Carlos. 3. ed. São Paulo/Brasília: Cortez/Unesco, 2011. pp. 139-166.

_____. Oral tradition and historical methodology. In: DUNAWAY, David K.; BAUM, Willa K. (eds.). *Oral history*; an interdisciplinary anthology. 2. ed. New York e Oxford: Altamira Press, 1996. pp. 121-125.

Notas

1. Geertz, *A interpretação das culturas*, pp. 171s.
2. Hampâté Bâ, *A tradição viva*, p. 167.
3. Ibid., pp. 168s.
4. Ibid., p. 173.
5. Ibid., pp. 178s, 180s.
6. Ibid., p. 183.
7. Ibid., p. 185.
8. Ibid., p. 189.
9. Ibid., p. 200.
10. Ibid., pp. 202, 205s.
11. Vansina, *Oral tradition and historical methodology*.
12. Vansina, *A tradição oral e sua metodologia*, p. 142.
13. Ibid., p. 144.
14. Ibid., pp. 139s.
15. Ibid., p. 152.
16. Ibid., p. 153.
17. MacGaffey, *The religious commissions of the BaKongo*.
18. Vansina, *A tradição oral e sua metodologia*, p. 155.
19. Ibid., p. 151.
20. Goody; Watt, *As consequências do letramento*.
21. Vansina, *Oral tradition and historical methodology*, p. 125.
22. Finnegan, *A note on oral tradition and historical evidence*.
23. Goody; Watt, *As consequências do letramento*.
24. Ong, *Orality and Literacy*.
25. Ibid., p. 7.
26. Ibid., p. 29.
27. Ibid., p. 65.
28. Goody, *The interface between the written and the oral*.
29. Goody, *The logic of writing and the organization of society*.
30. Ranger, *The Local and the Global in Southern African Religious History*, argumenta a partir destes movimentos migratórios, que existiam já no tempo pré-colonial, contra a tese que apresenta as religiões africanas tradicionais como microcosmos locais (por exemplo, Ikenga-Metuh, *The shattered microcosm*, p. 13).
31. Falamos aqui das tendências de sistemas religiosos orais e letradas. No caso dos atores religiosos, as coisas não são tão claras assim. O Cristianismo não permite integrar elementos de horóscopo, por exemplo, mas cristãos o fazem. Ranger, *The Local and the Global in Southern African Religious History*, mostra que houve casos em que as missões cristãs eram menos macrocósmicos e as religiões africanas tradicionais menos microcósmicos do que convencionalmente se pensa.
32. Goody, *The logic of writing and the organization of society*, p. 21.
33. Gellner, *Notes towards a theory of ideology*.
34. Evans-Pritchard, *The Nuer*, p. 200.
35. Ibid., p. 108.
36. Goody, *Myth, ritual and the oral*, p. 102.
37. Ibid., p. 116.
38. Barth, *Cosmologies in the making*.
39. Hall, *Identidades culturais na pós-modernidade*, pp. 88s.
40. Malandrino, *"Há sempre a esperança de se estar ligado a alguém"*, p. 407.
41. Ibid.
42. Ibid., p. 3.
43. Castillo, *Entre a oralidade e a escrita*.
44. Ibid., p. 187.

Mitos e suas regras

JOSÉ J. QUEIROZ

Introdução

Mito é tema relevante no estudo das religiões, pois sua presença acompanha os humanos desde os primórdios até hoje como uma das mais profundas expressões da compreensão de si e do mundo. Uma ideia negativa de mito já vem desde Xenófanes (século VI a.C.), o primeiro a criticar e rejeitar as expressões mitológicas de Homero e Hesíodo, embora não use o termo. Na aurora do pensamento racional e das explicações filosóficas acerca do mundo e do ser humano, com Sócrates, Platão e Aristóteles, desponta a visão de mito como fábula, invenção,

ficção, dando início a uma diuturna obra de "desmitificação". Nosso estudo procede na contramão dessa corrente e acolhe uma visão positiva do mito. No intuito de produzir um trabalho abrangente à guisa de compêndio, apresentaremos, na primeira parte, uma tentativa de definição do mito; na segunda, uma breve história do mito; na terceira, algumas posições modernas que recuperam o valor do mito no século XX ante as posições negativas do século XIX; na quarta, as regras principais que constituem a dinâmica dos mitos.

O que é mito

Um dos temas mais complexos abordados na várias áreas do conhecimento, inclusive na Ciência da Religião, o mito está cercado de incertezas já partir do sentido etimológico da palavra. Como indica Wim van Binsbergen, cientista que se dedica a pesquisas empíricas sobre a cultura africana, em sua conferência *Rupture and Fusion in the Approach to Myth*, publicada em 2007, há autores que atribuem a palavra mito a uma raiz indo-europeia *mud*, que significa "pensar", "imaginar",

"lembrar". Ou a uma matriz do antigo idioma egípcio, *mdwj*, que significa "falar", "conversar". A maioria dos autores recorre à raiz grega *mythos*, que se tornou comum a partir de Homero, e expressa o sentido de "fala", "palavra falada", "história", "fábula", que mais se aproxima do sentido em geral atribuído a mito.[1]

O conceito. Ao buscar uma definição provisória, van Binsbergen diz que, embora tenha lido há mais de trinta anos a definição proposta por Mircea Eliade em *Mito e realidade* (1963), ainda hoje se impressiona pela profundidade das suas intuições, embora se posicione criticamente sobre alguns dos seus aspectos. Por isso, vamos recorrer a ela, cientes de que o próprio Eliade já advertia, antes de formulá-la, da dificuldade de encontrar uma definição de mito que pudesse ser aceita por todos os eruditos e, ao mesmo tempo, fosse acessível aos não especialistas. E também se questiona "se realmente é possível encontrar *uma única* definição capaz de cobrir todos os tipos e todas as funções dos mitos, em todas as sociedades arcaicas e tradicionais".[2] Eis que "o mito é uma realidade cultural extremamente complexa, que pode ser abordada e interpretada através de perspectivas múltiplas e complementares".[3] Com essas ressalvas, o autor apresenta a seguinte definição, que lhe parece menos imperfeita, por ser a mais ampla:

> O mito conta uma história sagrada; ele relata um acontecimento ocorrido no tempo primordial, o tempo fabuloso do "princípio". Em outros termos, o mito narra como, graças às façanhas dos Entes Sobrenaturais, uma realidade passou a existir, seja uma realidade total, o cosmo, ou apenas um fragmento: uma ilha, uma espécie vegetal, um comportamento humano, uma instituição. É sempre, portanto, a narrativa de uma "criação": ele relata de que modo algo foi produzido e começou a *ser*. O mito fala apenas do que *realmente* ocorreu, do que se manifestou plenamente. Os personagens dos mitos são os Entes Sobrenaturais. Eles são conhecidos, sobretudo, pelo que fizeram no tempo prestigioso dos "primórdios". Os mitos revelam, portanto, sua atividade criadora e desvendam a sacralidade (ou simplesmente a "sobrenaturalidade") de

suas obras. Em suma, os mitos descrevem as diversas, e algumas vezes dramáticas, irrupções do sagrado (ou do "sobrenatural") no Mundo. É essa irrupção do sagrado que realmente *fundamenta* o Mundo e o converte no que é hoje. E mais: é em razão das intervenções dos Entes Sobrenaturais que o homem é o que é hoje, um ser mortal, sexuado e cultural.[4]

Embora a considere "esplêndida e atraente", apresentando muitos pontos essenciais acerca dos mitos mais acolhidos, van Binsbergen observa que nem todos os mitos são de origem ou etiológicos e aponta nessa "famosa definição" vários atalhos que deixam de fora muitas realidades mitológicas que escapam à sua generalidade e universalidade, e que somente pesquisas empíricas poderiam comprovar, caso a caso, a sua aplicação. Além disso, a definição delimita o mito a determinados tempos e comunidades que conhecem a existência do sagrado, dos tempos primordiais, das origens, dos seres sobrenaturais, o que supõe culturas que fazem distinção entre o natural e o sobrenatural e admitem a criação do mundo. O autor critica a suposição de que seja válida para todos os contextos em que os mitos podem ser encontrados. Segundo van Binsbergen, a definição aplica-se, com mais propriedade, aos mitos das antigas civilizações do Oriente Médio, aos babilônicos e bíblicos, mas apenas limitadamente poderia condizer com a realidade das culturas africanas que ele pesquisa.[5]

Em que pesem estas certeiras observações, a definição de Eliade tem grande acolhida, em especial nos estudos do mito numa perspectiva fenomenológica, como o faz José Severino Croatto em *As linguagens da experiência religiosa; uma introdução à Fenomenologia da Religião*.

Breve história do mito

A complexidade do mito torna-se mais evidente quando se perscruta a sua história, pois ele acompanha a humanidade desde os remotos primórdios até hoje.

As descobertas arqueológicas das sepulturas neandertalenses revelam um cuidado especial para como os mortos, colocando nelas armas, ferramentas rudimentares, ossos de animais sacrificados, o que faz supor a existência de crenças que se aproximam dos mitos: a experiência da morte e o medo de extinção, a existência de sacrifícios e rituais. O cadáver colocado na posição fetal parece evocar um renascimento, e a existência de outro plano de vida além do presente.[6]

No Período Paleolítico — de 20 mil a 8 mil anos a.C. — a mitologia não deixa nenhum vestígio escrito, e os mitos só podem ser reconstruídos a partir de indícios arqueológicos e por dedução de narrativas ainda existentes, cujas características parecem remontar a esses primórdios. Nesse período, os humanos se reuniam em clãs de caçadores. Não havia agricultura. A partir de civilizações atuais que ainda guardam vestígios considerados primordiais, conjectura-se que no Paleolítico os humanos viviam "o tempo dos sonhos" habitado pelos antepassados — seres arquetípicos poderosos que ensinavam as habilidades essenciais, a caça, a guerra, o sexo, considerados como atividades sagradas. Poderiam ter também o imaginário de um paraíso perdido, ou a nostalgia de uma "idade de ouro" e o desejo de voltar atrás a esse mundo arquetípico. Talvez, nesse período, teriam surgido os xamãs com poderes de abandonar o corpo e viajar até o mundo celeste. Os santuários descobertos nas cavernas de Lascaux, na França, e de Altamira, na Espanha, talvez remontem ao Paleolítico. Suas pinturas descrevem a caça juntando animais e caçadores, homens usando máscaras em forma de pássaros, sugerindo tratar-se de xamãs, que, em seus transes, voavam e entravam em comunhão com os deuses para garantir o êxito da caçada.

No Período Neolítico — de 8 mil a 4 mil anos a.C. — os humanos inventaram a agricultura, cujas técnicas se revestiam de caráter religioso. O cultivo é também uma epifania ou revelação da energia divina[7] e os rituais destinavam-se a desenvolver esse poder para que não se exaurisse. A sexualidade e a ceifa eram consideradas forças divinas. Era comum a prática do ato sexual ritual na semeadura.[8] Armstrong acolhe a informação de E. U. James, em *The Ancient Gods*, sobre o mito de Anat-Baal, segundo o qual os humanos primordiais penetravam no útero da Mãe-Terra e faziam um retorno mítico à fonte de todos os seres. A Mãe-Terra se transforma na Deusa-Mãe, que na Síria foi identificada como Asherah, ou como Inana, na Suméria.[9] Os novos mitos neolíticos continuam a conciliar os humanos com a ideia da morte, e a agricultura era considerada uma luta desesperada contra os infortúnios: a infertilidade do solo, a seca, a fome, as forças violentas da natureza que também eram tidas como manifestações do poder sagrado.[10]

Nas civilizações antigas — de 4 mil a 800 anos a.C. — surgem as cidades na Mesopotâmia, no Egito, na China, na Índia e na Grécia. No "Crescente Fértil" (atual Iraque), o desafio da urbanização aparece nos mitos que celebravam a vida citadina. Inventou-se a escrita, que possibilitou fixar os relatos orais em documentos históricos. Novas técnicas propiciaram um domínio sobre o ambiente e os humanos começaram a ter a consciência de se distinguir do mundo natural. Cidades cresceram e declinaram rapidamente. Surgiram guerras sangrentas, massacres, deportações massivas. Daí um misto de apreensão, pavor e esperança que se refletiam nos mitos, que passaram a frisar a ordem e o caos.[11] O progresso cultural é visto como numinoso. Surgem deuses patronos das artes e ofícios. O medo das enchentes na Mesopotâmia faz nascerem os mitos das inundações. As ações humanas adquirem confiança, e os deuses se tornam mais remotos[12] ou se transformam em planejadores urbanos como no poema *Atra-hasis*. As pessoas, na Mesopotâmia, apesar do afastamento dos deuses, continuavam a cultuar seres transcendentais na vida cotidiana. Cada cidade e cada cidadão veneravam seus deuses patronais. Nesse contexto, surge o antiquíssimo mito da criação *Enuma Elish*, que era cantado no quarto dia do festival do ano-novo. A Bíblia também conserva os mitos de criação daquela época em seus vários livros. Em algumas cosmologias, como na mitologia védica da Índia, a criação é um ato de autoimolação da divindade. Com a urbanização, cresce a confiança no engenho humano e prevalecem os poemas épicos de heróis históricos, como Gilgamesh, que teria vivido por volta de 2600 a.C. Esses relatos frisam o significado e os limites da cultura humana, e os deuses ficam mais distantes.[13]

No Período Axial[14] — de 800 a 200 anos a.C. — as pessoas tomaram consciência de sua natureza, situação e limites e surgiram novos sistemas filosóficos e religiosos: Confucionismo, Taoísmo, Budismo, Hinduísmo, Monoteísmo, por obra das grandes figuras: os profetas hebreus, os mestres dos Upanishades, Buda, Confúcio, o autor do Dao Du Jing, conhecido pelo pseudônimo de Lao-Tse, Homero, Hesíodo, enfim os filósofos Sócrates, Platão e Aristóteles.

Em que pesem as profundas diferenças culturais, Armstrong aponta algumas características comuns desse período: consciência profunda do sofrimento, necessidade de uma religião mais espiritualizada que não dependesse preponderantemente dos rituais e práticas exteriores, preocupação com a consciência individual e a moralidade, repúdio à violência, busca de uma ética de compaixão

e justiça e da verdade dentro de si, postura crítica diante dos antigos valores.[15]

Ante os mitos, apareceram posições hostis, enquanto outros os admitiam e refaziam suas histórias e as interpretavam de maneira mais íntima. Mesmo nos sistemas religiosos mais requintados, as pessoas achavam que não podiam passar sem os mitos.[16] A antiga autoimolação dos deuses na criação agora era lida como algo a ser praticado na vida diária por todos que desejassem aperfeiçoar sua humanidade.[17] Surge nesse período "a regra de ouro" atribuída a Confúcio: "Não faças a outrem o que não gostarias que te fizessem".

No Período Pós-Axial — de 200 a.C a 1500 d.C. — não haveria mudanças substanciais com relação ao mito, pois as concepções e as atitudes do período anterior permaneceram basicamente as mesmas até o século XVI d.C. No Ocidente, as três religiões monoteístas — Judaísmo, Cristianismo e Islã — afirmam estar baseadas, pelo menos em parte, mais na história do que nos mitos.[18] Mas todas encerram narrativas míticas, embora tentem periodicamente fazer com que a sua religião se adapte às matrizes racionais da Filosofia. Segundo Armstrong, devido à dimensão mística dessas religiões, elas continuam a usar a mitologia para explicar suas intuições ou reagir a uma nova crise.[19]

Na modernidade — de 1500 a 2000[20] — a vida nunca mais voltaria a ser a mesma, e talvez o resultado mais significativo, segundo Armstrong, — e potencialmente mais desastroso — tenha sido a morte dos mitos. A modernidade é filha do *logos*, da racionalidade, e se assentou no triunfo do espírito científico e pragmático. O novo herói é o cientista e o inventor e não os gênios espirituais inspirados pelos mitos. Porque a maioria já não usa mais os mitos, grande parte deles perderia sentido.[21] Muito longo seria mostrar essa prevalência do *logos* em todos os passos da ciência e da Filosofia em seus vários sistemas.

A supremacia do *logos* convive com a extrema irracionalidade que acompanhou a civilização ocidental e provocou as grandes catástrofes das guerras, massacres, violação e destruição da natureza, o que leva Armstrong a afirmar que, depois do período axial, não avançamos espiritualmente, e até regredimos, devido à supressão dos mitos.[22] Daí que, segundo a autora, temos que nos livrar da falácia de que o mito é falso ou representa um pensamento inferior. Se não podemos regressar a uma sensibilidade pré-moderna, "podemos adquirir uma atitude mais respeitosa para com a mitologia".[23] E ter presente que, por sermos criaturas feitoras de mitos, fomos criando, na civilização mais avançada, mitos destruidores que terminaram em massacres e genocídios porque repudiaram os critérios do Período Axial: o espírito de compreensão e respeito sagrado por toda e qualquer vida.[24] A autora repõe sua esperança na arte, em especial, na literatura moderna e contemporânea, pois a arte carrega o aroma dos mitos e pode nos levar a um reencontro com o Transcendente.[25]

O percurso dos enfoques sobre o mito no pensamento ocidental moderno

Tomo como ponto de referência desta parte o minucioso estudo de Robert A. Segal, *Myth*, que constitui o capítulo 19 do compêndio *The Blackwell Companion to the Study of Religion*, editado por Rober A. Segal. Como seguirei alinhavando e resumindo o texto em tradução livre, dispenso-me de fazer referência a páginas, mesmo que à vezes use as mesmas palavras do autor.

A análise de Segal começa no século XIX a partir de dois autores que, na opinião dele, embora tenham sido rejeitados em muitos aspectos no século XX, permaneceram centrais no estudo dos mitos, sendo que as posições subsequentes podem ser consideradas réplicas às suas teorias. Segal refere-se ao antropólogo E. B. Tylor em *Primitive Culture* (1871)[26] e ao cientista e antropólogo G. B. Frazer, em *Golden Bough* (1890).[27] Ambos se referem ao mito como explicação de um acontecimento no mundo físico. A chuva cai porque um deus decidiu mandá-la. Para ambos, o mito é o contraponto de uma ciência "primitiva" ante a ciência propriamente dita, que é "moderna". Por ciência, entendiam a Ciência Natural, não as Ciências Sociais. Por isso, falar em "mito moderno" é uma contradição em termos. Para Tylor, o mito é tão racional quanto a ciência, pois os "primitivos" criavam mitos à maneira dos processos científicos: observação, formulação de hipóteses, analogia com as ações humanas, generalizações. Mito e ciência para Tylor são idênticos no que tange às suas funções. Ambos destinam-se a dar conta de todos os acontecimentos no mundo físico, inclusive do nascer e do morrer. Mas a ciência moderna torna o mito redundante e até mesmo impossível. Não se pode conciliar, por exemplo, a explicação mitológica da chuva e a explicação da mesma conforme as leis da meteorologia. Aceitando como demonstrado que os modernos têm a ciência, Tylor obriga o pensamento moderno a rejeitar o mito como falso, embora este contenha também a sua racionalidade.

Já para Frazer, o mito não só é falso mas também irracional, pois abriga a magia que é totalmente desprovida de distinções lógicas básicas. O mito introduz a magia na prática do ritual e se torna uma vã tentativa de adquirir controle sobre o mundo físico.

No século XX, porém, as teorias desses dois autores foram rejeitadas por teóricos do mito que se diferenciam, a depender das posições de cada um. A recusa mais abrangente diz respeito à asserção de que o mito é um contraponto à ciência moderna e de que por isso deva desaparecer na modernidade. Os teóricos do século XX não defenderam o mito desafiando o reinado da ciência em explicar o mundo físico. Não relativizaram a ciência, nem a socializaram; não a integraram no mito nem confundiram ciência e mitologia. O mundo físico foi considerado como campo da ciência, e o mito deixou de ser considerado explicação literal do mundo. Ambos, ciência e mito, são inegáveis e a questão não é se o "primitivo" tem mito, pois isso é obvio, mas sim se os modernos, que por definição têm a ciência, também têm mitos. Daí surgirem várias posições.

Segundo Segal, os dois mais importantes cientistas que reinterpretaram a função do mito foram Bronislaw Malinowski, em *Myth and the Primitive Psychology* (1926), e Mircea Eliade em *The Sacred and the Profane* (1959). Esta obra de Eliade foi publicada no Brasil com o título *O sagrado e o profano; a essência das religiões*. Não está claro se para Malinowski os modernos como também os "primitivos" têm ciência e mito. O que é claro para ele é que ambos têm ciência, de modo que o mito não é um contraponto à ciência. Os "primitivos" têm ciência, embora rudimentar, e usam o mito para reconciliar-se com as vicissitudes do mundo que não podem ser controladas, como as catástrofes naturais, a doença, a velhice, a morte. O mito não anuncia o melhor dos mundos, mas, ante os acontecimentos inalteráveis, o único mundo possível. Enfim, Malinowski não vê incompatibilidade entre a leitura mítica e a científica.

Omitimos agora as referências a Mircea Eliade porque as suas posições aparecem ao longo deste texto.

Segundo Segal, os dois autores mais proeminentes em reinterpretar não a função mas

sim o sentido do mito para além de uma leitura literal são o professor de exegese do Novo Testamento Rudolf Bultmann, no seu trabalho *New Testament and Mythology* (1944), e o filósofo Hans Jonas, em "Gnosticism, Existencialism, and Nihilism" (1952), texto que foi incluído na sua obra *The Gnostic Religion* (1958). Ambos foram seguidores de Martin Heidegger e apresentaram uma leitura existencialista do mito a partir de suas especialidades.

Bultmann reconhece que o mito, se for lido literalmente para explicar o mundo físico, é incompatível com a ciência e assim deveria ser rejeitado como o fizeram Tylor e Frazer. Por isso, propõe uma leitura simbólica, ou "demitologizada", que descartaria a sua referência ao mundo externo e limitar-se--ia a interpretar o lugar do humano no mundo. O mito não explica, mas apenas descreve o mundo e a compreensão que os humanos têm de si e do contexto em que vivem. E deve ser interpretado, não de modo cosmológico, mas antropológico, melhor ainda, existencialmente. Assim, deixa de ser primitivo e se torna universal. Deixa de ser falso e se torna verdadeiro, pois representa uma afirmação da condição humana.

Lido assim, o Novo Testamento ainda faz referências a eventos físicos, mas o mundo agora se apresenta regido por um Deus singular e transcendente que não aparece como um ser humano nem intervém miraculosamente no mundo. Satã nem existiria, mas apenas simboliza a inclinação humana para o mal. Não haveria nenhum inferno físico. O inferno simbolizaria o desespero humano pela ausência de Deus. O céu se refere não a um lugar na abóbada celeste, mas sim à alegria pela presença de Deus. Assim, também, devem ser "demitologizados" e tomados simbolicamente o fim do mundo e o Reino de Deus. Para um estudo mais completo da posição de Bultmann, é necessário compulsar o seu trabalho "O Novo Testamento e mitologia".

Hans Jonas, como Bultmann, procura mostrar que os mitos antigos ainda mantêm sentido para os modernos, mas nega que os modernos tenham mitos próprios. Como para Bultmann, também para Jonas o mito, numa leitura simbólica, descreve a alienação dos humanos em relação ao mundo e a si mesmos quando não aceitam Deus. À diferença de Bultmann, que se esforça em estabelecer uma ponte entre o Cristianismo e a modernidade, Jonas reconhece a ruptura da leitura mítica gnóstica com a modernidade.

Ele traduz os mitos gnósticos em termos existencialistas para demonstrar apenas a semelhança, não a identidade, entre a antiga visão gnóstica e a visão moderna secular existencialista. Jonas procura reconciliar o mito com a ciência dando um novo caráter ao conteúdo do mito.

Há também leituras modernas do mito que se afastam radicalmente de Tylor e Frazer com relação à função explanatória e ao sentido literal do mito. Nesse aspecto, Segal oferece uma meticulosa análise das posições de Freud, de Jung e de outros psicólogos e psicanalistas.

As regras que constituem os mitos

O mito como narrativa

Como narrativa, pertence ao grande espectro da linguagem, que pode ser escrita ou falada, com suas possibilidades, limites e regras. Nos mitos ancestrais prevalece a oralidade.

Paul van Buren, abordando os limites da linguagem, afirma que não devemos pensá-la como uma gaiola que aprisiona, mas como uma plataforma sobre a qual as pessoas podem circular, caminhar, dançar ou dormir, isto é, fazer tudo o que em geral fazemos com as palavras. No centro dessa plataforma, situa-se a linguagem exata, sem ambiguidades, que expressa o mundo físico, como também o linguajar comum.[28] Afastando-se do centro e indo para as margens, adentramos na linguagem figurada ou metafórica. Há discursos que vão até o limite extremo da plataforma, além do qual as regras desaparecem e as palavras perdem sentido. Entre as formas de linguagem que vão aos extremos, mas ainda se mantêm nos limites — os jogos humorísticos, a linguagem do amor, a poesia e suas metáforas, os discursos metafísicos —, o autor entra pelo campo da religião que, embora

também contenha linguagens de centro, quando, por exemplo, relata fatos históricos, recorre frequentemente ao falar nas fronteiras, ao usar metáforas, parábolas e frases que desafiam o senso comum, ambíguas e até misteriosas. Como expressões de vivências religiosas, os mitos forçam até o extremo a linguagem e, ao explicar a realidade, apelam para o misterioso e para a fé das pessoas e da comunidade que acolhem esse relato.

Embora nos extremos limites da linguagem, o mito, segundo Eliade, é "uma história 'verdadeira' porque sempre se refere a *realidades*. O mito cosmogônico é 'verdadeiro' porque a existência do mundo aí está para prová-lo; o mito da origem da morte é igualmente 'verdadeiro' porque é provado pela mortalidade do homem, e assim por diante".[29] A sua história comporta um antes — com o qual rompe — e um agora, uma situação presente, que a narrativa, mesmo falando nas bordas, pretende explicar ou dar sentido. E o sentido é buscado nos primórdios, *in illo tempore*.[30] Verdadeiro também porque como tal é acolhido pelo sujeito religioso e pela comunidade que o pratica e ritualiza. Esse teor da linguagem mitológica que caminha pelos extremos é relevante para entender as ambiguidades e até obscuridades do mito, que fazem considerá-lo como inverossímil por quem pretende lê-lo a partir de uma linguagem de centro, como veremos adiante.

A palavra mitológica é carregada de poder e força que advém da sua própria origem e produz múltiplos efeitos na sua recitação ritual. Ernst Cassirer[31] — embora como neokantiano aponte as limitações do imaginário mítico em representar o mundo empírico — admite um vínculo originário entre a consciência linguística e a mítico-religiosa. A expressão desse vínculo, segundo o autor, "está sobretudo no fato de que todas as formações verbais aparecem outrossim como entidades míticas providas de determinados poderes míticos e de que a Palavra se converte numa espécie de Arquipotência, onde radica todo ser e todo acontecer".[32] E recorre às teogonias para elucidar sua posição, afirmando que "em todas, por mais longe que remontemos a sua história, sempre volvemos a deparar com essa posição suprema da Palavra".[33]

Se relermos o mito bíblico da criação, o Deus criador faz aparecer o universo pela força da sua palavra. Cassirer faz referência aos mais antigos documentos da teologia egípcia, em que "ao Deus criador Ptá é atribuído o poder primordial 'do coração e da língua' através do qual ele produz e dirige todos os deuses, homens, animais e demais seres vivos".[34]

O poder da palavra mítica se dá também nos rituais. Segundo Eliade, a recitação do mito é tão poderosa, que a comunidade e os praticantes acreditam que mediante a sua repetição o mundo é constantemente recriado e os humanos são reconfortados. Como exemplo, cita as várias aplicações do rito cosmogônico polinésio, a partir do relato de E. S. C. Handy na sua obra *Polynesian Religion*. Pelas palavras, o deus Io modelou o Universo, concebeu e gerou um mundo de luz. Essas palavras são utilizadas em vários ritos: para a fecundação de uma mulher estéril, para alegrar um coração triste e desalentado; nos revezes das guerras e em muitas outras circunstâncias que levam o homem ao desespero.[35]

Como texto literário, o mito supõe um emissor, ou um autor, nem sempre identificável, especialmente nos mitos arcaicos que são transmitidos na oralidade e têm origem nas tradições das várias culturas. Nas religiões monoteístas, cujas doutrinas estão consignadas em livros sagrados, os mitos têm como emissor principal a própria divindade fundadora, a qual, acredita-se, fala mediante seus hagiógrafos, cabendo ao historiadores da religião, aos exegetas, com o auxílio da Arqueologia, buscar a origem e a formação desses textos. Supõe também um destinatário, que é sempre uma comunidade que acolhe o mito e nele acredita e o pratica. E um conteúdo ou realidade que é narrada. Seu estilo pode ser histórico, discursivo, descritivo, poético, em geral dramático. Como narrativa, está sempre sujeito a interpretação. Os primeiros a interpretarem o texto mítico são os receptores, que o acolhem dando-lhe um sentido religioso, espiritual, vivenciado, no âmbito da própria cultura. Nas religiões monoteístas (Judaísmo, Cristianismo, Islã) há os intérpretes oficiais da doutrina que desponta dos mitos e dos ensinamentos dos fundadores. O relato mítico também é objeto de estudos e interpretações pelos eruditos que leem a narrativa sob o prisma da própria ciência: Teologia, Filosofia, História, Antropologia, Sociologia, Ciência da Religião, Arqueologia, Paleontologia etc. As leituras do mito podem variar segundo estes vários enfoques e suas normas hermenêuticas, o que dá margem a divergências e até a um conflito de interpretações.

A primordialidade como regra

A narrativa mitológica, por sua necessária ligação com um evento primordial, adquire poder instaurador. O que os deuses ou um deus fez na origem se reflete e se perpetua nas coisas como são agora. O mito não pretende, como fazem os historiadores, oferecer uma explicação imanente das instituições, das técnicas, dos ofícios. O conhecimento dessas realidades pelo mito que as atribui a uma intervenção divina não tem preocupação científica, mas mostra uma percepção simbólica e imaginária que vê em tudo uma presença e uma ação divinas. Daí a importância do mito para o homem arcaico porquanto lhe ensina as "histórias" primordiais que o constituíram existencialmente, e tudo o que se relaciona com a sua existência e com o seu próprio modo de existir no cosmo.[36]

À pergunta "por que o mundo e tudo o que existe surgiu?", a resposta mítica reporta à intervenção do deus ou de deuses: instituições, leis, costumes, figura, lugares, instrumentos, técnicas, elementos da natureza (árvores, rios, sementes, animais), tudo o que se relaciona com a comunidade, tudo o que é significativo para um povo, tem origem numa instauração divina.[37]

A recitação do mito e suas regras

Como o acontecimento criador dos mitos se dá em um espaço e em um tempo sagrados, também a sua repetição requer que seja feita em um espaço e em um momento sagrados. Por isso, ela se cerca de regras. É reservada a alguns personagens: anciãos, sacerdotes, sacerdotisas ou pessoas que a comunidade reconhece como revestidas de poder para conduzir a cerimônia ritual. O lugar é sempre um lugar sagrado, ainda que não seja em recinto limitado. Pode acontecer em um campo plantado, à margem dos rios, no pé de uma montanha, ao lado de uma cachoeira. Também o tempo da recitação é um tempo especial: à noite, ao alvorecer, em momentos de "criação" (plantio, colheita), em situações delicadas ou relevantes para a vida humana: doença, nascimento, morte, núpcias e outras. Em certas religiões, o ritual é secreto e reservado aos iniciados, podendo até excluir a presença de mulheres e crianças.[38]

Permanência e mutabilidade dos mitos

Por sua conexão com os primórdios originais, o mito tem uma conotação de permanência. Entretanto, ele tem vinculação estrita com as vivências ou experiências individuais e comunitárias. O acontecimento primordial sempre tem em mira realidades que afetam a comunidade religiosa que o acolhe. As comunidades geram a atividade criadora do mito e este é uma resposta de sentido às vicissitudes sociais que afetam o grupo. Por isso, embora não evolua na sua forma essencial, o mito se presta a novas leituras e até a sofrer alterações a depender da evolução da cultura e do saber, e assim, muitas vezes, suas expressões outrora tomadas como literais passam a ter apenas um valor simbólico. Também pode acontecer que a comunidade à qual o mito se dirigia tenha deixado de existir, ou secularizou-se. Nessas circunstâncias, os mitos podem extinguir-se ou perder-se. Ou então passam a ser considerados como contos, fábulas, ou a integrar os monumentos da literatura mitológica, como é o caso da mitologia grega e romana clássicas, que, sobretudo com o advento da racionalidade filosófica e, mais tarde, com a ferrenha oposição do Cristianismo aos mitos pagãos, deixaram de ser vivenciadas e cultuadas, e sobrevivem como um dos mais brilhantes tesouros da literatura e da arte universal. Sobre essa temática, é fundamental a leitura de Eliade, "Grandeza e decadência dos mitos".[39]

Irredutibilidade e comunicação entre os mitos

Uma das regras do mito é a sua impossibilidade de migrar de uma cosmovisão para outra, devido à sua característica de não ser difuso, mas criado para responder a uma realidade específica e às experiências de determinado grupo social. Croatto apresenta como exemplo o mito toba do noroeste da Argentina, que relata como Metzgoshé, antecessor mítico dos tobas, lhes ensina, e só a eles, os costumes da vida cultural deles.

Embora possa haver a importação de um mito de outra cosmovisão, ele é sempre reinterpretado de acordo com a cosmovisão do grupo que o importou. O exemplo oferecido por Croatto é o mito bíblico do dilúvio (Gn 6–9), que foi importado da visão mesopotâmica, porque em Canaã não havia experiência de inundação que pudesse gerar o mito. Mas ele é reinterpretado conforme a cosmovisão israelita, porque é Iahweh, e não Elil, o ator divino. E o sentido da catástrofe é moral e mística. Quer alertar para a maldade e a corrupção na terra e a necessidade de purificação.[40]

Apesar dessa irredutibilidade, é possível constatar uma circulação ou comunicação entre os mitos. Isso acontece nos mitos das culturas americanas, indo-europeias e dos povos semitas, nos quais uma semelhança entre os mitos pode ser reconhecida em diferentes áreas e em marcos cosmovisionais diferentes. Nos mitos que se intercomunicam, o religioso, mantendo as especificidades da sua experiência, pode ter participação nas vivências humanas mais profundas e universais. Isso se torna possível pela universalidade de certos símbolos que estão presentes em várias cosmovisões e se adaptam ou são reinterpretados. Também pode ser levantada como hipótese a existência de um mito primordial original que instaura um sentido fundamental paradigmático que é recebido por vários mitos, instaurando uma circulação simbólica intercosmovisional.[41]

Mitos na modernidade: aproximações

Considerado o mito como ideia falsa, ilusão, ou afirmação gratuita e sem fundamento, pode-se dizer que a modernidade como todas as épocas está repleta de mitos. Mas a questão é saber se a modernidade, que se declara secularizada e laica, ainda conserva os mitos religiosos de outrora. Os mitos das comunidades ancestrais ainda existentes mantêm-se vivos nas suas tradições e são objeto de estudo de várias ciências. Como as religiões não se extinguiram, como previam os arautos da secularização, ao lado do vigor que elas manifestam, mantêm também os próprios mitos que fundamentam e dão vida às suas crenças.

Outra questão é a presença dos mitos nas formas modernas de cultura, em especial, a música, a literatura, o cinema. Com certeza, eles aí estão presentes. Na música, são exemplos, entre outros, as óperas de Richard Wagner, que retoma a antiga mitologia germânica nórdica. Na literatura e no cinema, proliferam mitos de várias culturas religiosas, cristãs ou pagãs. O retorno dos mitos cristãos no cinema foi objeto de pesquisa de Laercio Torres de Góes, que analisa filmes produzidos até 2003.[42]

Eliade, tido como um dos defensores da existência de mitos nessas formas modernas de cultura, indica o alcance deles e suas características mitológicas. Esclarece que os modernos não cultuam, não praticam nem ritualizam esses mitos, por isso, eles não significam "a sobrevivência de uma mentalidade arcaica".[43] O que se pode dizer, conforme Eliade, é que eles carregam alguns aspectos e funções do pensamento mítico, que são constituintes do ser humano. Assim, ao ler um romance, ao ouvir ou assistir a uma ópera ou a um filme que contam histórias mitológicas, "o tempo que se vive não é o tempo que o membro de uma sociedade tradicional reintegra ao escutar o mito. Sempre, porém, há uma saída do tempo histórico e pessoal e o mergulho no tempo fabuloso e trans-histórico".[44] Pode até despertar uma "revolta" contra o tempo histórico, o desejo de atingir outros ritmos temporais além daquele em que somos obrigados a viver e a trabalhar, indo além "deste tempo que mata". E pergunta-se Eliade se esse desejo de transcender o próprio tempo "seja jamais extirpado". Enquanto perdurar esse anseio, "pode-se dizer que o homem moderno conserva pelo menos alguns resíduos do comportamento mitológico".[45]

Finalizamos este item apresentando um trecho de um lindo mito sul-americano dos Mbyá-Guarani do Paraguai, que contém vários elementos mitológicos expostos: a origem divina da tribo, o caráter sagrado da palavra, o hino como prolongamento do evento criador:

O verdadeiro Pai Nhamandu, o Primeiro, em virtude da sua sabedoria criadora, engendrou a luz e uma tênue neblina. Havendo-se levantado, antes de se ter conhecimento das coisas, criou o fundamento da linguagem como parte da sua divindade. Em virtude da sua sabedoria criadora, concebeu a origem do amor. Criou na sua solidão a origem de um hino sagrado. Tendo refletido profundamente, criou aqueles que seriam companheiros da sua divindade.[46]

Conclusão

Este breve ensaio teve na sua trajetória várias limitações. Assumiu uma definição de mito provisória e sujeita a críticas. Mas trabalhou a partir dela para construir algumas regras que norteiam o mito, enveredando por uma leitura em que prepondera a visão fenomenológica de Croatto e Eliade. Estamos cientes dos limites desta abordagem, uma vez que supõe uma noção de divindade e de transcendente que não são aplicáveis a religiões e mitos de todas as culturas, em especial àquelas que abraçam uma visão imanente nas relações e vivências religiosas. Entretanto, uma leitura do mito a partir dessas religiões nos levaria para um estudo comparado, e isso aumentaria ainda mais a complexidade do trabalho, esbarraria nas limitações de espaço e ultrapassaria a proposta de apresentar o tema em forma de compêndio. A breve história do mito caminhou por atalhos e se pautou em uma só obra, pelos motivos de espaço e tempo e pela necessidade de síntese. A exposição das tendências dos estudos mais atuais dos mitos em confronto com as posições negativas de Frazer e Tylor limitou-se a apenas alguns autores dentre os indicados no compêndio de Robert A. Segal, por serem os nomes mais citados quando o assunto é mito, embora os que foram omitidos também tenham posições relevantes. Mas a menção dessas teorias, ainda que sucintamente, excederia de muito os limites de espaço. Para tentar suprir essas lacunas, acrescentaremos à bibliografia referida no texto algumas obras que poderiam abrir horizontes para quem deseja ir além de um compêndio e se dedicar a uma leitura mais aprofundada do envolvente tema que é o mito.

Referências bibliográficas

ARMSTRONG, Karen. *Uma pequena história do mito*. Lisboa: Portugal, 2005. Ed. bras: São Paulo: Companhia das Letras, 2005.

BINSBERGEN, Win van. *Rupture and Fusion in the Approach to Myth*, 2007. Disponível em: http://.shikanda.net/ancient-models/myth%20mineke%20dededef.pdf; acesso em: 10 de agosto 2012.

BOLLE, W. Kees. Myth. An Overview. In: JONES, Lindsay (ed.). *Encyclopedia of Religions*. 2. ed. Farmington, Hills, USA: Thompson Gale, 2005. pp. 6359-6371. Disponível em: www.lordspeak.com/encyclopedia/5.pdf; acesso em: 20 de agosto 2012.

BULTMANN, Rudolf. O Novo Testamento e mitologia. O elemento mitológico na mensagem do Novo Testamento e o problema de sua reinterpretação. In: BARTSH, Hans Werner (ed.). *Kerygma and Myth*. London: S.P.C.K., 1957. v. pp. 1-44. Disponível em: http://www.chaves.com.br//TEXTALIA/misc/bultmann.htm.

BUREN, Paul van. *Alle frontier del linguaggio*. s.l.: Armando Editore, 1977. Ed. original: *The Edges of Language*; an Essay in the Logic of Religion. New York, NY: The Macmillan Company, 1972.

CAMPBELL, Joseph. *O poder do mito*; entrevista a Bill Moyers. São Paulo: Palas Athena, 1990.

_____. *O herói de mil faces*. São Paulo: Cultrix/Pensamento, 1988.

CASSIRER, Ernest. *Linguagem e mito*. 4. ed. São Paulo: Perspectiva, 2000.

CROATTO, José Severino. *As linguagens da experiência religiosa*; uma introdução à Fenomenologia da Religião. São Paulo: Paulinas, 2001.

ELIADE, Mircea. *Mito e realidade*. São Paulo: Perspectiva, 1972.

_____. *O mito do eterno retorno*. Lisboa: Edições 70, 2000.

_____. *Origens*. Lisboa: Edições 70, 1989.

_____. *O sagrado e o profano*; a essência das religiões. São Paulo: Martins Fontes, 1999.

FRAZER, James B. *O ramo de ouro*. Rio de Janeiro: LTC, 1982.

GIRARD, Renée. *Coisas ocultas desde a fundação do mundo*. Rio de Janeiro: Paz e Terra, 2009. Livro II, capítulo IV — Os mitos.

GÓES, Laércio Torres de. *O mito cristão no cinema*. Salvador, Bahia: Edusc/UFBA, 2003.

JONAS, Hans. *The gnostic religion*. Boston, USA: Beacon Press, 1963. pp. 320-340.

LEAVITT, John. Presentation: le mythe aujourd'hui. *Anthropologie et Société*, v. 29, n. 2 (2005), pp. 7-20. Disponível em: http://ed.erudit.org/erudith/011892ar; acesso em: 10 de agosto de 2012.

LÉVI-STRAUSS, Claude. *Mito e significado*. Lisboa: Edições 70, 1997.

SEGAL, Robert A. Myth. In: SEGALL, Robert (ed.). *The Blackwell Companion to the Study of Religion*. Malden, USA: Blacwell Publishing, 2006. pp. 337-355.

VERNANT, Pierre. *Mito e pensamento entre os gregos*. 2. ed. Rio de Janeiro: Paz e Terra, 2008.

Notas

[1] Binsbergen, *Rupture and Fusion in the Approach to Myth*, p. 3.

[2] Elide, *Mito e realidade*, p. 11; grifos do autor.

[3] Ibid., p. 11.

[4] Ibid., p. 11; aspas e grifos do autor.

[5] Binsbergen, *Rupture and Fusion in the Approach to Myth*, p. 17.

[6] Seguiremos a cronologia apontada por Karen Armstrong, na obra *Uma pequena história do mito*. Uso a tradução portuguesa de Portugal, mas há também uma tradução e edição no Brasil. Optamos por este trabalho por ser sucinto e ao mesmo tempo abrangente e bem fundamentado.

[7] Armstrong, *Uma pequena história do mito*, p. 46.

[8] Ibid., p. 47.

[9] Ibid., p. 49.

[10] Eliade, *Mitos, sonhos e mistérios*, citado por Armstrong, *Uma pequena história do mito*, p. 49.

[11] Armstrong, *Uma pequena história do mito*, p. 62.

[12] Ibid., p. 65.

[13] Ibid., pp. 67-77.

[14] Denominado *axial* por Karl Jaspers porque se apresenta como um ponto central de mutação no desenvolvimento espiritual da humanidade, que marcou as civilizações até os dias de hoje e assinala o início da religião como a conhecemos.

[15] Ibid., pp. 81-83.

[16] Ibid., p. 84.

[17] Ibid., p. 87.

[18] Ibid., p. 105.

[19] Ibid., p. 109.

[20] Este período corresponde à grande transformação ocidental que fez surgir uma civilização sem precedentes a se espalhar por todo o mundo.

[21] Ibid., p. 119.

[22] Ibid., p. 132.

[23] Ibid., p. 133.

[24] Ibid., p. 133.

[25] Ibid., p. 143.

[26] O título completo é *Pimitive Culture; Researches into the Development of Mytology, Philosophy, Religion and Custom*.

[27] Publicado no Brasil sob o título *O ramo de ouro*.

[28] Buren, *Alle frontiere del linguagio*, pp. 92-93.

[29] Eliade, *Mito e realidade*, p. 12; aspas e grifos do autor.

[30] Ibid., pp. 16, 44 e passim; Croatto, *As linguagens da experiência religiosa*, pp. 218 e 219.

[31] Cassirer, *Linguagem e mito*.

[32] Ibid., p. 64.

[33] Ibid., p. 64.

[34] Ibid., p. 65.

[35] Handy, citado por Eliade, *Mito e realidade*, p. 33.

[36] Eliade, *Mito e realidade*, p. 16; Croatto, *As linguagens da experiência religiosa*, p. 220.

[37] Croatto, *As linguagens da experiência religiosa*, pp. 212-224; Eliade, *Mito e realidade*, p. 16.

[38] Croatto, *As linguagens da experiência religiosa*, pp. 231-232.

[39] Eliade, *Mito e realidade*, pp. 123-140.

[40] Croatto, *As linguagens da experiência religiosa*, pp. 273-278.

[41] Ibid., pp. 278-280.

[42] Góes, *O mito cristão no cinema*.

[43] Eliade, *Mito e realidade*, p. 156.

[44] Ibid., p. 164.

[45] Ibid., p. 165.

[46] A íntegra deste mito encontra-se em Codogan, *Ayvú Rapytá*, citado por Croatto, *As linguagens da experiência religiosa*, pp. 285-288.

Ritos religiosos

MARIA ANGELA VILHENA

Introdução

O tema *ritos religiosos* é composto pela conjunção de dois termos, sendo que o segundo qualifica e especifica o primeiro. Tal se dá porque nem todo rito pode ser qualificado como especificamente religioso. É o caso de ritos cívicos, jurídicos, escolares, profissionais, alguns outros que fazem parte da vida cotidiana. Como dado antropológico fundamental, os ritos são elementos constitutivos do viver humano, posto que não há vida social onde não estejam presentes. Ritos são ocasiões para que indivíduos reúnam-se, reconheçam-se, sejam integrados ou excluídos de certas comunidades, reafirmem suas identidades individuais e coletivas. Com maior ou menor autonomia diante dos modelos oferecidos pela sociedade, os rituais operam processos de distinção e hierarquização justificando e visibilizando desigualdades entre os que deles participam, e aqueles aos quais é vetada a presença. Mesmo que realizadas por grupos particulares, as práticas rituais tendem a se escandir e impactar outros grupos, uma vez que a vida social dos sujeitos transcorre em meio a participações sociais diversificadas.

As práticas rituais veiculam conhecimentos, valores, crenças, princípios, normas comportamentais importantes para que o grupo ou a sociedade não entrem em processos de desagregação. Eis por que os ritos podem ser considerados como práticas pedagógicas que organizam a vida social, conferem significados aos acontecimentos, fornecem conteúdos às consciências, desempenham considerável papel no âmbito de processos socioculturais. Por força de interesses e crenças por parte dos que participam de ações rituais, resulta não serem elas neutras ou imunes aos dramas humanos, aos contatos, aos conflitos e às trocas interculturais, às tensões históricas, às disputas pelo poder localizadas entre forças de legitimação, de conservação, de ruptura e de transformação.

Dentre os elementos constitutivos dos rituais na diversidade de suas apresentações em contextos socioculturais vários, destaca-se o fato de serem ações sociais ordenadas, pautadas por estruturas e lógicas próprias das quais fazem parte certas sequências comportamentais padronizadas e repetitivas, conhecidas e esperadas pelo grupo que delas participa. Ações rituais, ancoradas em sistemas simbólicos, são realizadas em determinados espaços e tempos previsíveis ou aleatórios, considerados propícios ou necessários, realizadas conforme convenções ligadas às regularidades e às transformações que seguem o ritmo e o ciclo da natureza, da vida biológica, pessoal e social. Também podem ser realizadas quando da apresentação do inesperado ou indesejado que pode abalar ou colocar em risco vidas individuais ou mesmo da própria sociedade, como também assinalar ocasiões de alegria, vitória, acontecimentos benfazejos.

Ritos religiosos: especificidades

Os ritos religiosos e os extrarreligiosos, estes últimos muitas vezes denominados ritos profanos, apresentam certas características similares e outras específicas. Tarefa nada fácil, e nem sempre possível, é distinguir com nitidez o profano e o religioso, uma vez que não raramente práticas e conteúdos de um e de outro se apresentam mesclados no imaginário que subsiste e anima a vida social. Com efeito, rito religioso é termo técnico nem sempre conhecido, mormente em culturas onde não vigora a oposição ou a bipolaridade entre o religioso e o cívico, a preocupação com a distinção entre dimensões de imanência e transcendência. Tentativas de definição estrita de ritos religiosos correm sempre o risco de reduções em vista da complexidade, da multidimensionalidade, da diversidade de suas apresentações no tempo, no espaço, nas culturas e tradições. Reduções podem também advir do enfoque epistemológico e das práticas metodológicas de várias áreas do conhecimento, até porque estudiosos alinhados em diferentes escolas ora inflam ou privilegiam, ora minimizam ou desconsideram aspectos e funções dos ritos religiosos.

Decorre, assim, a necessidade tanto de ampliar o conceito como de apresentar o que é específico aos ritos religiosos, tendo por certo que a dimensão religiosa dos rituais deva ser entendida tanto no interior como para além das instituições, adesões e filiações explícitas ou não a determinados constructos sociorreligiosos. O diferencial entre ritos religiosos e extrarreligiosos reside não tanto nas formalidades que os configuram ou nos sujeitos que deles participam, mas, sobretudo, no conteúdo e significado atribuídos aos primeiros. São eles forjados no interior de sistemas de crenças com conotação religiosa, em diversas graduações espontâneas ou institucionalizadas, sistematizadas ou difusas, praticadas por especialistas religiosos ou pessoas comuns.

Sendo assim, propõe-se o entendimento de ritos religiosos como ações simbólicas, coletivas ou individuais, embasadas em sistemas de crenças que postulam a existência de modo único, alternado ou combinado, de forças ou energias que podem ser tanto internas como externas aos sujeitos, de seres transcendentais como entidades, deus, deuses, espíritos da natureza ou de ancestrais, encantados, orixás, caboclos,[1] almas, divindades, gênios, demônios, santos. Na multiplicidade das representações religiosas, essas forças ou seres podem assumir características pessoais ou impessoais, personificadas ou amórficas, múltiplas ou unificadas, hipostasiadas ou não em humanos, em seres, em objetos da natureza ou em artefatos. A eles são atribuídas regências sobre aspectos, fases ou a totalidade da vida. Os ritos religiosos intentam estabelecer contatos entre os humanos com algumas destas dimensões mais amplas da existência que transcendem ao empírico, mas que para os sujeitos que assim o creem são reais.

A realização de ritos religiosos, como a eleição dos mais apropriados, varia conforme os sistemas de crenças como também em função de circunstâncias prazerosas ou aflitivas da vida. Estas podem ser interpretadas como advindas de necessidades e iniciativas reconhecidas como humanas em combinações múltiplas com desejos ou exigências manifestados por seres ou forças metaempíricas. Por isso, os ritos religiosos devem sempre ser realizados conforme prescrições e interdições tidas por inspiradas ou reveladas às quais é imperioso atender. Aos ritos cabe acionar a circularidade entre forças humanas e sobre-humanas que atuariam umas sobre outras em modalidades várias, como louvações, evocações, súplicas, expiações, proteções, bênçãos e maldições. Podem ser ocasiões para festas, nas quais o comer e o beber dos humanos entre si e/ou partilhando alimentos com suas divindades agregam grupos e fortalecem crenças. Cabe também, a depender da diversidade de entonações religiosas, potencializar capacidades pessoais ou coletivas na direção do autoconhecimento, do autocontrole, do comedimento, da ascese, do progresso espiritual. Ritos religiosos podem desencadear ocasionais reações catárticas onde a desmedida ou o dionisíaco prevaleçam, muito embora de alguma forma controlados, ao término dos quais os participantes regressam revigorados para a mesmice do cotidiano. Experiências de êxtase, visões, transes, incorporação de forças, seres ou entidades podem estar presentes e originar práticas rituais. Os ritos potencializam e expressam experiências místicas das quais se nutre a vida religiosa, como também se configuram como ocasião para que venham à tona e alcancem solução desejos e problemas que afetam o indivíduo como também a coletividade. Resulta que ritos religiosos, aliados ou não a fins pragmáticos, podem favorecer a vida interior e os contatos interpessoais e com seres transcendentais.

As ações rituais são dotadas de intencionalidades orientadas para a consecução de objetivos e finalidades mais ou menos conscientes, explícitos ou implícitos. Elas implicam atividade criadora que transforma, ordena, significa o mundo e a vida social. Trata-se de um complexo trabalho do espírito que envolve conhecimento, abstração, projeção, memória, intelecção, interpretação, imaginação, representação. O universo de representações religiosas é pautado em mitos e narrativas sagradas sobre as quais se assentam as crenças, que no momento ritual são comunicadas, conservadas, revividas, reinterpretadas. Em mutualidade de incidências, os ritos formam, informam e modelam o imaginário religioso, herdeiro criativo de materiais preexistentes em contextos culturais, que de maneira singular expressam, significam e repercutem sobre fatos da vida individual e coletiva. Crença religiosa e ritual estão de tal modo vinculados que um não subsiste sem outro, não havendo, pois, religião sem rituais.

Para a conotação de ritos como sendo religiosos, importa, pois, constatar que, nos que com eles são comprometidos, estão presentes convicções de que o mundo conhecido e a existência humana não se esgotam na imanência, estando vinculados, desde suas origens, a acontecimentos, finalidades, destinação, a algum tipo de força ou de seres transcendentais. Estes, ao ver dos sujeitos religiosos, pervagam, englobam, fazem-se presentes e manifestam-se no mundo, conferindo a ele vitalidade ou diminuição da força vital ou ainda sua aniquilação. Donde se deduz que forças tidas como sobrenaturais podem ser tanto maléficas como benéficas. A ambiguidade que as caracteriza inspira aos sujeitos religiosos sentimentos de medo, buscas de proteção, atitudes de reverência, desejos de proximidade ou de distanciamento. Dada a magnitude do que é qualificado como que ultrapassando e tendo poder sobre os humanos e sobre o mundo, cabe sua denominação como sendo da ordem do sagrado. O termo sagrado é de difícil conceituação, dado que, enquanto focado como categoria da sensibilidade humana, remete a algo mais experienciado e vivido do que teorizado, sendo nem sempre conhecido ou recebendo igual significação por todos os povos, em todos os momentos históricos. Todavia, enquanto categoria analítica que se reporta às forças metaempíricas acrescentadas ao empírico, é largamente utilizada em estudos sobre as apresentações dos fatos religiosos. Assim, justifica-se sua utilização no trato teórico sobre rituais.

Os ritos religiosos são, por excelência, as maneiras apropriadas para o acesso ao sagrado, às dimensões onde o máximo poder se concentra e daí se esparge. Sendo assim, é justo afirmar que o conjunto formado por pessoas, suas ações ou comportamentos rituais, bem como os objetos, os lugares e os tempos nos quais os ritos se realizam, restam como que impregnados pelo poder que advém das fontes acessadas. Por isso, não raramente, são considerados como que qualitativamente diferenciados, dotados de adensamento de valor, de significação e de sentido, sendo como que transfigurados, encharcados pela potência que emana do sagrado. Dado que, às hierofanias ou manifestações do sagrado, são atribuídas qualidades e variações entre mínimos e máximos em potência, em conteúdo e em singularidade, resulta que a diversidade de seus efeitos — algumas pessoas, objetos, tempos e lugares — podem ser considerados mais sagrados e poderosos que outros. Sendo assim, mito e rito mapeiam o mundo ao assinalar e construir espaços físicos que são concomitantemente metafísicos, lugares de referência para o trânsito de pessoas e grupos. Narrativas sobre localizações espaciais do sagrado dizem também respeito às suas apresentações no tempo escandido entre as profundezas do passado não datável, do passado mais recente e do momento presente com vistas para o futuro. Apresentações do sagrado aliadas a necessidades da vida cotidiana em sua dependência de fatores cósmicos e da vida social impõem ritmos e organizam o tempo, ensejando a realização de ritos específicos distribuídos por calendários cíclicos. É própria dos rituais religiosos, conectados a mitos e crenças expressos em sistemas simbólicos altamente complexos, a capacidade de evocar, fazer memória, atualizar e reviver eventos ancestrais fundadores do mundo e do grupo. O rito se apresenta como possibilidade de tornar presentes ausências físicas, atuar sobre os participantes possibilitando a eles pelo recurso à imaginação transcender ao tempo e ao espaço, propiciar uniões entre imanência e transcendência, incursionar por outras dimensões da existência. Ao operar a conjunção simbólica entre a realidade vivida e a realidade maior imaginada, na qual aquela se fundamenta vindo a existir, o ritual transmuta o que poderia ser indeterminado, amorfo e caótico em um cosmo significativo, ordenado em diversidade espacial e temporal. É quando, então, são prescritas ações nas quais a vida cotidiana e o mítico se entretecem em articulações forjadas no interior de sistemas sociais de intelecção.

A depender da intensidade e da qualidade com que o sagrado é identificado pelos grupos, variarão os ritos e suas exigências referidas a atores, objetos, finalidades. Critérios para a realização de rituais poderão exigir não apenas conhecimentos detalhados sobre as ações a serem feitas no momento ritual, como gestos, palavras, abluções, purificações, sacrifícios, oferendas, consagrações, unções. Podem também, ao término do ritual, ocorrer exigências de descontaminação ou dessacralização de pessoas, lugares e objetos a fim de que seus participantes possam voltar sem perigos adicionais ao mundo cotidiano, ao mundo do profano. Ações rituais enfeixam um conjunto complexo de peculiaridades definidoras circunstanciadas de intencionalidades e rubricas.

Por interpretar, expressar e comunicar, o rito é entendido como linguagem, com seus códigos, gramáticas, sintaxes e morfologias, verificáveis tanto nos microrrituais que são realizados com poucas fórmulas ou gestos, como nos macrorrituais. Sob essa ótica, os grandes rituais são como texto completo composto por frases articuladas entre si, sendo cada frase composta pela articulação estruturada de palavras. Sendo assim, são compostos por um conjunto ordenado de ritos menores, os quais, por sua vez, são regrados por lógicas internas a fim de promover a união e a concordância dos elementos e partes, formando frases que façam sentido, como um grande texto. Como linguagem que é, deve ter introdução, seguida por um desenrolar que caminha de maneira crescente e ascendente para um ponto culminante, posteriormente concluído em lento e gradativo movimento descendente, no qual são rebaixadas e contidas as emoções a caminho da finalização e dispersão dos participantes. O ritual é, portanto, uma ação dinâmica que comporta movimentação escalonada. Via de regra, a situação de entrada e saída dos sujeitos que vivenciaram rituais são qualitativamente diferentes em conteúdos, relações e vínculos, ou seja, para além do momento ritualístico, com maior ou menor intensidade e duração, a ação ritual pode impactar o imaginário e os comportamentos sociais. Tal se dá porque as ações rituais são portadoras de elementos cognitivos, conotativos, demonstrativos, emocionais, revestidos todos por forte aparato simbólico. Este é construído em torno de elementos centrais que especificam as crenças e intenções daqueles que promovem ou participam das ações rituais onde são conjugadas linguagens como palavras, gestos, corpos em movimento, ritmos, cantos, danças, cores, defumações, artefatos, objetos naturais aos quais são atribuídos significados específicos.

Durante a ação ritual, é possível expressar socialmente através de suas várias linguagens todo um complexo onde o subjetivo e o objetivo, o individual e o comunitário se mesclam em manifestações de desejos, saudades, dores, alegrias, amores, ódios, medos, esperanças, desesperos. Em ritmos que alternam momentos de efervescência emocional, de pausas e de movimentos, os ritos agem sobre os participantes, colocando em dinamismo corpo, espírito, imaginação, sentimentos que se traduzem em ações e práticas sociais. Por serem as ações rituais enraizadas em contextos socioculturais, são como dramas que, ao expressarem o real, simultaneamente o transfiguram pelo imaginário potencializado por utopias e aspirações comuns, concorrendo para a preservação da tradição oral ou escrita, da memória de fatos significativos para o coletivo, ou deletam o que é considerado desabonador ao grupo.

O estudo de ritos religiosos nos clássicos das Ciências Sociais

Nas décadas finais do século XIX e inícios do século XX, em meio a transformações históricas imbricadas aos alvores da revolução industrial, aos movimentos operários, ao novo lugar da família, à moralidade, ao direito, ao novo recorte político-econômico, questões como a integração do indivíduo na sociedade e a própria integração social são objeto de preocupação das nascentes Ciências Sociais. Nesse cenário, muitos etnólogos, antropólogos, sociólogos, historiadores, cientistas da religião dedicaram-se ao estudo dos mitos e ritos religiosos em razão da reconhecida importância e funções que desempenham na sociedade, na formação da consciência dos sujeitos, dos valores, das legitimações exteriorizadas e interiorizadas. Vale observar sobre suas produções que pesquisas sobre rituais em culturas exógenas, ou mesmo na cultura de origem de quem as leva a efeito, defrontam-se com dificuldades de compreensão, dada a polissemia do universo simbólico e a existência de termos cuja carga semântica não encontra correlatos em outras expressões linguísticas.

Nessa primeira fase, por um lado ganha realce a força da religião como fenômeno coletivo, instituição humana de onde provêm as regras que garantem coesão social. Por outro lado, a emergência do sujeito individual exigirá daqueles que se ocupam com o estudo da religião buscas por conhecer o que se passa nas profundezas de sua subjetividade. É quando muitos estudiosos passam a se dedicar a construir métodos destinados a captar e entender a realidade e os conteúdos dos fenômenos religiosos na interioridade dos sujeitos, ou seja, suas experiências religiosas. Por longo tempo, e ainda hoje, ocorreram e ocorrem disputas teóricas e metodológicas entre estudiosos que privilegiam a religião em suas funções e papéis como fato social e aqueles que intentam perceber o que se passa na intimidade da consciência dos sujeitos que creem. Por certo, há pessoas que participam de ritos religiosos por convenções sociais e interesses, embora não crendo. Todavia, sendo o humano um ser social dotado de vida interior, é possível e necessário que o estudo dos ritos religiosos onde o social e a subjetividade estão presentes venha a ultrapassar certos reducionismos de ambas as correntes teóricas. Por certo, não se tratará de mera mixagem epistemológica, mas sim de compreender que na sociedade, na vida cotidiana, assim como nas práticas religiosa, o ser humano não pode ser fragmentado para ser devidamente compreendido.

É nesse contexto que a Escola Francesa de Sociologia, e nela Émile Durkheim,[2] estuda a questão religiosa em chave funcionalista. Em obra, editada em 1912, dedica vários capítulos ao estudo dos rituais. Sua teoria sobre ritos se ancora na petição de princípio de separação entre o mundo do profano e o mundo do sagrado. Esse é aquele que a sociedade acrescenta e sobrepõe ao real. O sagrado é pulverizado e reduzido ao social, é a sociedade autodivinizada. É do sagrado que os indivíduos receberiam o melhor de si mesmos, tudo aquilo que lhes confere fisionomia, proteção, vitalidade, força. Sendo assim, o autor exige que os ritos sejam estudados e interpretados em termos laicos e sociais, pois, a seu ver, o que transcende ao sujeito não são deuses ou forças sobrenaturais, mas forças humanas não percebidas como tais. É através de ritos religiosos, que nada mais são que ritos cívicos transfigurados, que indivíduos se reúnem, recriam e celebram periodicamente a vida social e seus ideais. Para o autor, fortalecer o ideal é necessário para a manutenção da vida social, que exige forças morais, abnegação, despojamento, sacrifício, cooperação ativa. É, sobretudo, pelos ritos religiosos em seu aparato simbólico que a sociedade faz sentir sua influência sobre os indivíduos. Durkheim elabora, então, sistemas classificatórios dos rituais, organizando-os em duas grandes sequências. A primeira refere-se aos ritos de entonação negativa que prescrevem proibições e interditos para evitar contatos entre o sagrado e o profano, ocupações temporais e religiosas, coisas não santas das coisas sacras. Esse culto é condição para o culto positivo quando através de ritos que implicam jejum, vigílias, retiros, abstenções, o homem é despojado e distanciado do profano, podendo, então, entrar em contato com as coisas e realidades sagradas. Os ritos positivos implicam formas de iniciação, bênçãos, unções, purificações preparatórias para o contato e a comunhão com o sagrado. Ritos religiosos são também realizados quando aos seres sagrados, ou seja, à sociedade travestida, são ofertados um pouco daquilo que deles se recebe, na confiança de continuar a receber. É assim que, através de rituais, é fortalecido o *tonus* religioso que ajuda os fiéis a suportarem as dificuldades da existência, e a sociedade a reunir-se, liberando forças para formas de vida em comum mais elevadas.

O caráter voluntário, aparentemente livre e gratuito, porém, obrigatório e interessado do dar, receber, retribuir é, conforme Marcel Mauss,[3] o esteio que mantém a coesão social. A dádiva compreenderia algo além de convites para festas, objetos físicos, presentes em geral, posto que presentear qualquer coisa a alguém é apresentar algo de si mesmo, ao mesmo tempo que aceitar algo é aceitar qualquer coisa da essência espiritual do doador. Donde, dar, receber e retribuir são gestos simbólicos necessários para o estabelecimento ou rejeição de contratos ou alianças interpessoais ou intergrupais, pois naqueles gestos estão misturadas coisas, almas, vidas, transcendendo, pois, de suas esferas privadas em direção à alteridade. Mauss, em *Ensaio sobre a dádiva,* introduz a categoria "fato social total" presente em todas as condutas humanas e por consequência nos ritos religiosos. Com esse conceito, o autor busca o que entende por recomposição do todo, que não é apenas a reintegração de elementos aparentemente descontínuos como o familiar, o jurídico, o técnico, o econômico, o religioso, o estético. É preciso que o conceito se encarne em experiências individuais de seres totais, como são os humanos, em seus aspectos físicos, fisiológicos, psíquicos e sociológicos. Intenta realçar como as diferentes modalidades da vida individual e social, as formas de expressão, as categorias inconscientes e representações conscientes individuais e coletivas estão presentes em articulações várias e dinâmicas em um mesmo fato. Para Mauss, as três obrigações sociais de dar, receber e retribuir são transpostas para relações entre homens e deuses, espíritos de mortos, de animais e de seres da natureza. Ele as chama como sendo a quarta obrigação social realizada em contexto ritual religioso. A dádiva àqueles seres incita-os a serem generosos e a retribuírem mais do que receberam; eles que são os

primeiros proprietários e senhores de tudo quanto existe.

Max Weber,[4] em estudo destinado à compreensão de relações entre a ética econômica e a ética religiosa nas grandes religiões mundiais, chama a atenção para o fato de que no Ocidente o racionalismo hierocrático nasceu das preocupações com o monopólio do mito e do rito, resguardando-os no interior das fronteiras eclesiásticas, ou seja, dos burocratas religiosos. Se, por um lado, estes estavam preocupados com a administração dos ritos religiosos, por outro, chefes políticos a eles compareciam como parte de suas obrigações civis. Com efeito, ritos religiosos teriam para uns e outros funções de dupla legitimação, dada a circularidade entre os poderes envolvidos. Para Weber, os camponeses, porque dependem da natureza para sobrevivência, se inclinam mais frequentemente a buscar nos ritos religiosos potencialidades mágicas e miraculosas para resolução de questões individuais como fertilidade, saúde, secas, inundações, servidão. Os melhores aquinhoados buscariam salvação eterna, estado de graça, sentido para a vida, justificativas religiosas para prosperidade que desfrutam e desejam conservar. Os pobres buscariam encontrar nos rituais a obtenção de riquezas, saúde, vida longa, salvação eterna, perdão dos pecados. Por compaginarem interesses das demais, as camadas cívicas seriam ambíguas em suas buscas por ritos religiosos.

Porque os ritos com conotação religiosa conferem, significam e comunicam identidades, posições pessoais e grupais permanentes ou transitórias no interior da sociedade, oferecem também aos sujeitos possibilidades de localização e legitimação social essencial para a vida. Nesse sentido, Arnold van Gennep,[5] na primeira década do século XX, publica obra de referência pela ênfase conferida às ações e significados atribuídos às movimentações espaciais, temporais e situacionais que caracterizam a vida pessoal e societária, como também sobre os movimentos e rotatividade das dinâmicas entre sagrado e profano, material e espiritual. Assim como a vida social implica rotatividade e transição, assim também as relações entre sagrado e profano. Sempre haverá momentos e lugares mais ou menos sagrados e mais ou menos profanos, em dinâmicas constantes no interior e entre essas esferas. O movimento é categoria analítica fundamental que permitiria apreender os rituais em suas variantes e invariantes, ou seja, as fases, sequências ou momentos que lhes são constitutivos e estruturantes. Van Gennep, ao estudar os ritos sob a ótica do movimento e da passagem, os representa pela metáfora de uma casa divida em quartos e corredores com paredes mais ou menos espessas e portas de comunicação mais ou menos amplas. Em culturas complexas, maiores são as portas de comunicação e menos espessas as paredes. Os indivíduos transitam entre esses cômodos entendidos como deslocamentos territoriais, sazonais, faixas etárias, estados de vida, nascimentos e mortes, grupos profissionais ou religiosos. Os ritos seriam como que formalidades e cerimônias que auxiliam e marcam os caminhares entre tantos cômodos. Entrar em um cômodo implica sair de outro e por um tempo permanecer em situações intermediárias, situações de margem, como as denomina o autor. Van Ginnep identifica nos ritos três momentos interligados: momento preliminar de saída ou separação; de margem, liminar ou transição entre dois mundos; de entrada ou agregação em novo grupo, ou pós-liminar. Destaca que os ritos de passagem, a depender do grupo social e religioso, enfeixam uma série de outros rituais, como aqueles de proteção, purificação, iniciação, sacrifício, unção, comensalidade, fraternização.

Já na década de 1960, Victor Turner,[6] no interior da cosmovisão do povo Ndembu, sublinha nos ritos a importância da encenação padronizada e obrigatória de emoções induzidas para certas festas e cerimônia que oportunizam a sublimação e a transformação de valores e sentimentos negativos ou reprimidos em positivos e declarados. Ressalta as complexas implicações sociais dos rituais nas circunstâncias que demandam que sejam celebrados. Estas podem derivar de fenômenos naturais, processos econômicos, crises da vida humana, rupturas de relações sociais, doenças e terapias. São as circunstâncias que determinarão os significados explícitos, ocultos ou latentes de símbolos inter-relacionados. Turner distingue nos ritos de crise de vida a presença da iniciação, separação, margem e agregação ao novo grupo social. Nos ritos de aflição, para ele tema principal da vida religiosa dos Ndembu, o destaque vai para a caça, fertilidade, cura, afastamento e exorcismo do mal que tem na origem a crença em feitiçarias e bruxarias. Os ritos de crise ou aflição não dizem respeito apenas ao indivíduo que neles ocupa lugar central, mas marcam as relações de todas as pessoas ligadas a ele por laços de sangue, casamento, dinheiro, controle político. Dessa maneira, poder-se-ia dizer, aludindo a Mauss, que ritos constituem-se como fato social total, uma vez que implicam não apenas o sujeito individual, mas todo o grupo do qual participa. Turner analisa articulações entre o simbolismo colorido e polissêmico presente nos rituais da vida religiosa, as circunstâncias que demandaram sua realização, com a moralidade e a estrutura social entre os Ndembu. Para o autor, cada tipo de ritual pode ser visto como uma configuração de símbolos escalonados em importância, sendo os símbolos dominantes referidos a valores que são considerados fins em si mesmos. Das inúmeras contribuições para o estudo dos rituais nas sociedades modernas, aqui se destaca a importância que Turner confere à adequação do quadro teórico aos fatos analisados, os quais devem ser apreendidos por uma teoria que incorpore a biologia, os ciclos de vida, a saúde pública, os processos sociais, econômicos, políticos, adaptações ao meio ambiente. Para tal, propõe uma teoria processual de profundidade temporal que torne possível a compreensão adequada das várias áreas da vida social. Desta sorte, faz-se necessário um aparato metodológico e epistemológico que incorpore pesquisas em diferentes áreas, como aquelas que apresentam estatísticas sobre economia, saúde, educação, recursos à Semiótica, análises historiográficas, sociológicas, antropológicas, psicológicas. De sorte que, para Turner, o estudo de ritos religiosos exige abordagem interdisciplinar, como o quer e pratica a Ciência da Religião.

Sendo muitas as chaves de leitura para o estudo dos ritos religiosos, cabe agora menção aos pesquisadores que intentam captar na história das religiões a essência, a estrutura e os significados dos fenômenos religiosos. Entre várias tendências, estes pesquisadores, denominados fenomenólogos, procuram compaginar aspectos descritivos, interpretativos, tipológicos, histórico-comparativos. Comum a eles está o desenvolvimento de métodos que intentam identificar e tematizar a unidade presente na diversidade de fenômenos religiosos, afirmando sua autonomia relativa, ou seja, sua irredutibilidade aos dados puramente empíricos trabalhados a partir da Sociologia. Para tais pesquisadores atuais, que buscam ultrapassar os momentos inaugurais, quando Rudolf Otto, em *O sagrado*, colocava como premissa que somente pessoas religiosas seriam capazes de compreender questões religiosas, é comum, com nuanças singulares, dois princípios fundamentais que devem orientar o estudo dos ritos religiosos. Um destes é colocar em *epoché* as próprias crenças ou descrença religiosa; o segundo princípio está em desenvolver uma atitude epistemológica compreensiva e hospitaleira em relação a sistemas de crenças alheias. Por isso, chamam atenção para os pré-conceitos presentes nos intérpretes das interpretações dos crentes. Para eles não existe uma

hermenêutica em estado puro, pois na ação interpretativa estariam em ebulição as formações acadêmicas, os interesses, as subjetividades, as visões de quem pesquisa sobre seres humanos e culturas. Centrados no estudo da experiência religiosa, postulam que ela deve ser estudada em chave religiosa, com especial audição sobre o que dizem e como interpretam suas vivências os sujeitos de fé que praticam ritos religiosos. Dessa forma, para a chamada Fenomenologia de Estilo Novo, a pesquisa deve incluir os significados, conteúdos, explicações e interpretações que se aninham na subjetividade dos sujeitos que creem em contextos culturais, espaciais e temporais dados. O destaque ao estudo dos ritos religiosos em chave fenomenológica vai para as contribuições do historiador das religiões Mircea Eliade, para a Antropologia de Aldo Natale Terrin, para a hermenêutica e os esquemas propostos por William E. Paden.

Na contemporaneidade a pluralidade religiosa brasileira tem ensejado muitos pesquisadores a elegerem ritos religiosos como parte integrante de seus estudos sobre cultura e religião. Entre tantas obras, citar alguns trabalhos é correr o risco de não fazer jus a tantos outros, pois entre nós já há clássicos que são referência para pesquisas. Vamos a alguns deles: Gilberto Freire, Roger Bastide, Gilberto Velho, Roberto DaMatta, Faustino Teixeira, Leonildo S. Campos, Vagner G. da Silva, José G. Magnani, Carlos R. Brandão, Volney J. Berkenbrock, Reginaldo Prandi, Maria Helena V. B. Concone, Ricardo Mariano, Lísias Negrão, Antônio Flávio Pierucci, Rita Amaral, Patrícia Birman, Pierre Sanchis, Liana Trindade.

Com recurso aos clássicos, predecessores ou contemporâneos, cabe ao estudo dos ritos religiosos na atualidade perscrutar o que ocorre na superfície e nos subterrâneos do sincrônico, apontar para sinalizações pulsantes de diacronia. Ritos religiosos somente podem ser compreendidos em vista de suas complexas relações com tempos sociais, onde atuam fatores geográficos, econômicos, políticos, relações sociais, costumes, mentalidades, valores, imaginários, sistemas interpretativos. O tempo histórico-social apresenta-se como sistemas de temporalidades diversas, transversas, intersecionadas na circularidade de movimentos ritmados ora pela velocidade, ora pela lentidão dos processos sociais de conservação e transformação das instituições, hábitos, tradições. Por abrigarem, simultaneamente, continuidades e descontinuidades, irrupções e desaparecimentos, as temporalidades implicam diversas sequências e composições, disjunções e aproximações em movimento contínuo. Na contemporaneidade, pelos meios modernos de comunicação, viajam e aportam o antigo e o novo, o erudito e o popular, o endógeno e o exógeno, o rural e o urbano em complexos sistemas de práticas e significações que conjugam diferentes cosmovisões, linguagens, formas de sociabilidade, de crer, de fazer e de atuar, afetando as subjetividades e a vida social. É a diversidade interna aos tempos sociais que faculta em grande parte das sociedades atuais a copresença de mentalidades, conteúdos e práticas rituais provenientes do arcaico, do tradicional, do moderno e do hipermoderno, com seus processos de fragmentação jungidos a novas formas de relações interpessoais, de reagrupamentos em redes virtuais.

Impõe-se considerar que a busca pelo domínio sobre práticas rituais verifica-se mormente em sociedades mais ou menos complexas, em religiões mais ou menos institucionalizadas. Em sociedades onde vigora o pluralismo religioso e a presença de visões teológicas múltiplas no interior de uma mesma religião, instauram-se disputas tanto inter como intrarreligiosas, entretecidas com o acesso ao sagrado, a autoposse da verdade doutrinária, a condução de rituais, a direção de comunidades, a comunicação e exteriorização de crenças. Falar publicamente sobre e em nome do sagrado, realizar gestos sacros sempre foi e continua sendo fonte e atestado de poder. Quanto mais centralizadas e institucionalizadas as religiões, maior o controle que buscam sobre as práticas rituais realizadas por seus especialistas, por seus adeptos, ou mesmo sobre partícipes de outras formações religiosas. Por não gozarem de mandato oficial ou não se enquadrarem em seus sistemas normativos, muitas práticas rituais individuais ou coletivas encetadas por populares que se dedicam a atividades religiosas terapêuticas, festivas ou fúnebres, têm sofrido discriminações. No correr da história, verifica-se por parte dos hierarcas admoestações, exclusões, prisões e mortes para aqueles cuja conduta ritual é considerada desviante ou herética. É fato a tendência de religiões dominantes destruírem locais sagrados de formações religiosas alheias e construírem sobre os escombros edificações para seus próprios ritos e deuses. Dada a importância cultural da religião e seus ritos, depreciá-los é afrontar algo precioso para a vida dos povos. Eis por que a pesquisa e análise de ritos religiosos exige o concurso de várias ciências a fim de identificar antigas e novas formas pelas quais o sagrado é localizado e interpretado por miríades de crenças e ritos em combinações multifacetas. O enfraquecimento das instituições religiosas tradicionais, que ainda intentam trazer o sagrado e seus ritos sobre controle, tem se desdobrado em várias direções. Uma delas, apegada ao passado, busca a total restauração de seus ritos, vê como ameaça e perversão quaisquer inovações desejadas por seus sacerdotes e seus fiéis, não raramente cansados de repetições desvitalizadas pelo formalismo ritual. Em outra vertente, instituições, diante do desertar de muitos adeptos e do pequeno entusiasmo e aderência que ainda conseguem despertar naqueles que permanecem, em empreitadas proselitistas lançam mão de novos recursos que, sob sua égide, propiciam atingir grandes contingentes de pessoas, aglomerando-as em ruas e espaços abertos, em templos monumentais, em estádios. Tudo isso graças a líderes que aliam carismas e performances a jogos de sons, luzes, cores, no melhor estilo de espetáculos musicais que vão do sertanejo, ao romântico e ao rock ritual.

Essas instituições e outras agências religiosas contemporâneas, atentas aos novos gostos e padrões estético-emocionais, têm nas mídias seus veículos preferenciais, construindo comunidades virtuais onde predomina o distanciamento que caracteriza a modernidade. Porém, a molde de antigas tribos, as novas comunidades tribais metafóricas demandam a presença de novos magos que resolvam e exponham espetacularmente, em meio à multidão ao mesmo tempo presente e televisionada, aflições, problemas de relacionamentos, males do corpo e da mente, desemprego ou falta de dinheiro, potencializando através de ritos descargas emocionais e catarses coletivas. Desta sorte, elas exercem função social de acomodação, individualização em formato coletivo/particular. Como é preciso agradecer ao sagrado o que dele se recebe, em lugar do sacrifício ritual das antigas primícias da terra e dos animais, quando estava em jogo sua fertilidade, hoje, quando a vida é ameaçada pelos desarranjos da economia, há ritos que obrigam/espontaneamente ao pagamento de dízimos, boletos bancários, doações em dinheiro vivo ou através de cartões de crédito. Grupos religiosos gostam e são incentivados pela agência religiosa a demonstrar publicamente suas pertenças. Nessa direção, são promovidas festas, procissões, passeatas, peregrinações, como também são vendidos, em templos e lojas de artigos religiosos, adesivos que visibilizam pertenças, CDs, amuletos, imagens, livros, revistas, potencializando o mercado paralelo de lucros simbólicos e econômicos. Muitas agências religiosas, entre o arcaico/moderno, atribuirão as desgraças que acometem aqueles que as procuram a malefícios atribuídos a especialistas ou adeptos de outras religiões. A divindade curadora e restauradora é apelada em dramatizações, palavras fortes, bênçãos; o mal afastado por imprecações e exorcismos acompanhados de gritos, lágrimas, gestos. O sagrado malévolo, pela eficácia ritual, dará lugar à proteção do sagrado puro.

Na modernidade superativada, ofertar aos deuses, aos espíritos ancestrais, aos seres da natureza, aos orixás, aos santos protetores, às entidades continua em voga. Porém, nem sempre é necessário ao devoto locomover-se, dirigir-se aos lugares sagrados. Pedidos, agradecimentos, flores, velas podem ser objeto do dar, receber e retribuir via internet em ritos religiosos *on-line*. Para tanto, há em *sites* e redes virtuais altares, velários, locais para ex-votos à disposição dos usuários. Trata-se de Mauss atualizado.

A significatividade do estudo dos rituais para a Ciência da Religião

Pelo apresentado, temos que cientistas da religião encontram nos ritos religiosos fonte heurística relevante à compreensão e sistematização de seu objeto. Na Ciência da Religião, o estudo dos rituais está presente no conjunto de suas disciplinas, albergando e encetando diálogos com várias ciências, escolas e correntes teóricas. Por certo, no intrincado universo dos rituais, há ainda muito a ser conhecido, compreendido, interpretado e teorizado. Com efeito, o mundo religioso exprime no ritual toda a sua concretude, enlaçando sistemas simbólicos, crenças, subjetividades, formas pelas quais a religião se organiza em circunstâncias espaçotemporais e socioculturais, implicando ações e movimentos onde se fazem presentes articulações tensionadas entre conservações, transformações, rupturas, ressignificações, trocas e poderes.

Conjunções entre conteúdos e práticas rituais, que no Brasil apresentam-se em contexto religioso plural, com suas várias temporalidades e localizações espaciais, seus numerosos lugares sociais em trocas simbólicas multifacetadas, estão a colocar novas questões e hipóteses, a exigir novas chaves de leitura, novos métodos, novas teorias.

Referências bibliográficas

DURKHEIM, Émile. *As formas elementares da vida religiosa*; o sistema totêmico na Austrália. São Paulo: Ed. Paulinas, 1989.

ELIADE, Mircea. *História das crenças e ideias religiosas.* Vol. I, II, III. Porto: Rés-Editora Ltda, s/d.

GENNEP, Arnold van. *Os ritos de passagem.* Petrópolis: Vozes, 2011.

GERTH, H. H.; WRIGHT-MILLS, C. (orgs.). *Max Weber*; ensaios de Sociologia. Rio de Janeiro: LTC Editora, 2002.

MAUSS, Marcel. *Ensaio sobre a dádiva.* Lisboa: Edições 70, 2001.

PADEN, William E. *Interpretando o sagrado*; modos de conceber a religião. São Paulo: Paulinas, 2001.

PRANDI, Reginaldo (org.). *Encantaria brasileira*; o livro dos mestres, caboclos e encantados. Rio de Janeiro: Pallas, 2001.

RIVIÈRE, Claude. *Os ritos profanos.* Petrópolis: Vozes, 1996.

TERRIN, Aldo Natale. *O rito*; Antropologia e Fenomenologia da ritualidade. São Paulo: Paulus, 2004.

TURNER, Victor. *Floresta de símbolos*; aspectos do ritual Ndembu. Niterói: Editora da Universidade Federal Fluminense, 2005.

Notas

[1] Sobre ritos religiosos em torno de orixás, caboclos, encantados, entidades que povoam o panteão brasileiro das religiões de origem afro-indígena consultar Prandi (org.), *Encantaria brasileira.*

[2] Durkheim, *As formas elementares da vida religiosa*, passim.

[3] Mauss, *Ensaio sobre a dádiva*, passim.

[4] Gerth; Wright-Mills (orgs.), *Max Weber*, parte III: Religião: a Psicologia social das religiões mundiais, passim.

[5] Gennnep, *Ritos de passagem*, passim.

[6] Turner, *Floresta de símbolos*, passim.

Expressões corporais e religião

MARIA ANTONIETA ANTONACCI

Relato de Henry Stanley, em 1890, referindo-se a combates pelo domínio de povos e territórios africanos após a Conferência de Berlim (1885), e recortado pelo historiador Joseph Ki-Zerbo para refutar a "passividade africana" — "a carência de hostilidades por parte de tribos desorganizadas" —, revela abismos entre Áfricas e Europa. Sem discursos e retóricas, emerge o imenso fosso entre visões de mundo, viveres e pensares manifestos em usos do corpo:

No dia 18 de dezembro, para cúmulo de nossas misérias, estes canibais tentaram um grande esforço para nos destruir, uns empoleirados nos ramos mais altos das árvores que dominavam a aldeia de Vinya Ndjara, outros emboscados como leopardos entre as plantas ou enroscados como serpentes na cana-de-açúcar.[1]

Nesse frente a frente de mundos em confrontos desde o século XV, alcançam-nos atitudes de defesa, de aldeias africanas enfrentando recursos bélicos da tecnologia europeia a partir de técnicas de empoderamento de seus corpos, sob o signo de animais emblemáticos em suas concepções de unidade cósmica. Sem disjunções cultura/natureza, corpo/comunidade, em cosmologia de povos africanos todo universo é povoado por seres vivos, regido por "forças minerais, vegetais, animais, humanas, em perpétuo movimento", onde o "visível é concebido e sentido como sinal, concretização, envoltório de um universo invisível". Ainda com Hampâté Bâ, nessa mundividência, a pessoa humana "implica uma multiplicidade interior" de interações físicas, psíquicas, espirituais, comunitárias, ganhando expressão no provérbio bambara e peul: "As pessoas da pessoa são inúmeras na pessoa".[2]

Expressões culturais africanas e da diáspora precisam ser lidas a partir desses fundamentos basilares. Tanto bantos quanto sudaneses, povos africanos concebem o universo segundo interações entre energias vitais; relacionam-se com seus ancestrais em simbiose com outros seres e divindades de seu cosmo, compartilhando e renovando suas tradições vivas, oralmente repassadas de geração a geração.

Nesse ordenar o mundo do reino mineral ao humano, estudiosos indicam que já no antigo Egito, antes da primeira terra, primeiro animal, primeiro humano, havia "algo acuoso, ilimitado, úmido desde sempre": "A Divindade primordial se despregou de Águas Infinitas e iniciou sua ação geradora, forjando a ordem particular do mundo, [onde] água é símbolo visual de potencialidade, de existências possíveis, de fundamento de vida".[3] Em vida que flui de movimentos ilimitados, infinitos, em fluxos contínuos, a humanidade negro-africana se diferencia, em seus fundamentos, da humanidade ocidental que fincou raízes na terra onde está radicado o Estado-Nação, Leviatã para Hobbes, "Deus na terra" conforme Enrique Dussel.[4]

Entre nossos estudiosos de culturas africanas, "o vínculo religião/natureza — a sacralização ambiental — gera uma série de traços típicos das religiões africanas". Como tudo na natureza pode ser sagrado — "lagos, cachoeiras, riachos, montanhas, árvores, pedras, grutas, os africanos possuem múltiplos templos e uma conduta religiosa multifária", variando desde geografias e histórias locais, sendo possível pensar que onde está o homem africano, seja iorubá, jeje, axânti, quicuio, estão suas religiões. Mas, como avaliou Antonio Risério, "o fato de o ser humano se achar imerso numa ambiência sagrada dilui as linhas divisórias entre o domínio da matéria e o reino do espírito, tal como o Ocidente se habituou a concebê-los".[5]

E culturas africanas, com suas complexas injunções materialidade/espiritualidade, integrando à realidade vivida, a natureza e o sobrenatural, tiveram sua riqueza de vida sensível, moral, social, estética, corporal esquartejada e racializada com a expansão da razão do "homem europeu". Toda percepção, intuição, vida sensitiva de corpos impensáveis sem o espaço físico e social ao qual pertencem foi animalizada, desumanizada pelo ego conquisto do "homem europeu" (expressão de Enrique Dussel). Ao se expandir, projetar seus tempos e espaços, instituições e valores, razão e verdade, a Europa construiu-se como local humano e epistêmico privilegiado, contraindo humanidades e sabedorias extraocidentais.

Visões impressionistas de viajantes, missionários, exploradores a serviço de ambições de governantes e mercadores europeus em relação a antigos reinos e impérios africanos fixaram ideias ocidentais sobre Áfricas. Suas tradições e costumes foram-se desfigurando a partir de vocábulos e imagens, exposições e ciências geradas com base em dados coletados por olhares externos, sistematizados e divulgados segundo códigos de museus e arquivos europeus. Impossível ignorar que a projeção da Europa e seus Outros justificou o colonialismo e o extravasar de intervenções em nome de sua civilização e salvação. As construções europeias de imprensa, história, antropologia, teologia, fotografia, literatura estão vincadas de representações sob a lógica d'olhos do império.[6]

Abrindo para "verdade documental"[7] da barbarização de povos africanos, na perversa luta histórica por representações, o relato de Stanley não só evidencia violências físicas e simbólicas de exploradores europeus nomeando seus Outros de "canibais", mas permite ver como africanos incorporavam seus universos. Se diante de padrões europeus eram escravos e selvagens a serem civilizados e colonizados — "fardos do homem branco" —, neste flagrante é possível surpreender realidade e imaginários culturais aquém-circuitos ocidentais.

Culturas fragilizadas e desacreditadas diante da potência e ciência de verdades imperantes, "em época de complexa renovação epistêmica e estabelecimento de relação íntima entre o 'literário' e o 'colonial'," transbordando o campo de imagens na produção de sentidos bem além de fins imediatos. Para Gayatri Spivak, pensadora do *subaltern studies* indianos, "o colonizador se constrói a si mesmo enquanto constrói a colônia. Em relação íntima, um segredo a vozes que não pode fazer parte do saber oficial".[8]

Assim, vitalidade de modos de viver, estar e ocupar o mundo de culturas africanas, que interagindo com forças, energias, substâncias do entorno, formularam saberes convivendo com o meio circundante, foi usada para descrever culturas e mentalidades primitivas, ignorantes. Animistas — em termos de crenças religiosas —, por atribuírem alma a seres da natureza. Por conceberem e viverem o mundo como todo orgânico, do qual fazem parte, povos de matrizes orais africanas compartilham a vida com a natureza, que sentem e experimentam em seus próprios corpos, historicamente feitos em interface cultura/natureza.

Séculos de violência, respaldada "por um sistema legal estrangeiro que se faz passar pela lei propriamente dita, uma ideologia estrangeira instaurada como verdade única e um conjunto de Ciências Humanas ocupadas em estabelecer o 'nativo' como outro que consolida a si mesmo",[9] tornam urgente leituras que recoloquem, em outros campos de luta, colonizados e colonizadores, em atenção a discrepâncias.

A partir de pesquisas em voga nos "tempos modernos", intelectuais europeus de campos de conhecimentos em constituição formularam textos eivados de prejuízos e intolerâncias em relação às colônias. Ciências da modernidade colonial construíram a Europa forjando "seu conhecimento do mundo, alinhado a suas ambições econômicas e políticas, subjuga[ndo] e absorve[ndo] os conhecimentos e as capacidades de conhecimento de outros".[10]

Com base na Filosofia, que, conforme Walter Mignolo, "se constituiu em característica da civilização ocidental" e se "transformou em vara com a qual se mede o 'pensamento' e o modelo de como devem pensar os seres humanos civilizados",[11] retomando Spivack importa rever para "medir silêncios", sem "investigar, identificar e medir [...] o desvio".[12]

No Brasil de fins do século XIX, costumes, crenças, tradições africanas e diaspóricas foram discutidos entre intelectuais das margens Atlânticas, que deixaram registros de preconceitos transcontinentais, conforme debates de Nina Rodrigues com pesquisadores em língua francesa, na qual publicava resultados de suas pesquisas na Bahia.[13] Trocando ideias com Jaime Frazer, Maurice Delafosse, Réville, Edward Tylor, Dr. Brazile Féris, e priorizando estudos de Lang e A. B. Ellis (coronel britânico das Índias Ocidentais que continuou a História do Daomé, de Dalzer, que ficara em 1791), Nina Rodrigues montou "estudo psicológico do sentimento religioso dos negros do Brasil". Em base comparativa, apoiou-se no psicólogo Lang, para quem o "estado selvagem se revela em exuberante eflorescência nas manifestações religiosas de toda raça":

Em Psicologia, selvagem é o homem que, estendendo inconscientemente a todo Universo a consciência obscura que tem da própria personalidade, considera todos os objetos naturais como seres inteligentes e animados; que sem tirar uma linha de demarcação bem nítida entre ele e todas as coisas que existem neste mundo, facilmente se convence de que os homens podem ser transformados em plantas, em animais ou em estrelas, que os ventos e as nuvens, o sol e a aurora são pessoas dotadas das paixões e qualidades humanas e, sobretudo, que os animais podem ser criaturas mais poderosas do que ele próprio e, em certo sentido, divinas e criadoras.

Do ponto de vista social, o selvagem é o homem que faz repousar suas leis sobre regras bem definidas do totemismo, isto é, do parentesco do homem com os objetos naturais, e que se apoia sobre o caráter sagrado desses objetos.[14]

Entendendo animismo, fetichismo, totemismo como "persistência do estado mental dos selvagens", e ciente de que "a extinção da escravidão no Brasil não foi solução, pacífica ou violenta, de um simples problema econômico", Nina Rodrigues considerou "necessário ou conveniente emprestar ao negro a organização psíquica dos povos brancos mais cultos". Assim, "deu-se-lhe a supremacia no estoicismo do sofrimento, fez-se dele a vítima consciente da mais clamorosa injustiça social".[15] Sob tais ângulos, sua obra oscilou entre "qualidades, sentimentos, dotes morais ou ideias que ele não podia ter", pois "até hoje não se puderam os negros constituir em povos civilizados" e o acompanhar "práticas africanas vivas", "manifestações equivalentes do mesmo estado mental ancestral" onde desponta "a celebração de uma tradição".

No sentido de leitura pendular, "descobriu" a "persistência do fetichismo africano nas exterioridades da conversão católica dos escravos" e que, "tão fetichistas como os negros católicos ou do culto iorubá, [eram] os malês da Bahia, acha[ndo] meio de fazer dos versetos do Alcorão, das águas de lavagem, das tábuas escritas, de palavras e rezas cabalísticas, outras tantas mandingas, dotadas de notáveis virtudes miraculosas, como soem fazer os negros cristianizados com os papéis de rezas católicas, com as fitas ou medidas de santos etc."; sem deixar de mencionar laços do Kardecismo espírita com crenças africanas.[16]

Em meio a meandros de religiosidades híbridas, ainda abordou "negros não convertidos" a partir de uma "estratificação psicológica" de sobrevivências de tradições mentais africanas, na convicção de que "a adoção de cada crença religiosa" exige "condições mentais".[17] Na perspectiva da "incapacidade física das raças inferiores para as elevadas abstrações do monoteísmo", decompôs a população africana da Bahia em "zonas superpostas":

> Na primeira, a mais elevada e extremamente tênue, está o monoteísmo católico, se por poucos compreendido, por menos ainda sentido e praticado. A segunda, espessa e larga, da idolatria e mitologia católica dos santos profissionais, para empregar a frase de Tylor, abrange a massa da população, aí compreendendo brancos, mestiços e negros mais inteligentes e cultos. Na terceira está,

como síntese do animismo superior do negro, a mitologia jeje-iorubana, que a equivalência dos orixás africanos com os santos católicos está derramando na conversão cristã dos negros crioulos.

Vem finalmente o fetichismo estreito e inconvertido dos africanos das tribos mais atrasadas, dos índios, dos negros crioulos e dos mestiços do mesmo nível intelectual.[18]

Tendo chegado a tal resultado partindo de observações em terreiros e espaços de festas baianas, ao receber as últimas pesquisas do Coronel Ellis — "brilhante estudo comparativo das crenças religiosas dos povos da Costa dos Escravos" —, Nina Rodrigues firmou o acerto de suas classificações, passando a importantes detalhamentos para ideias da época. Centrado na mitologia jeje-iorubá na Bahia, enfatizou a "elevação da concepção religiosa dos nagôs", com a "divinização de todos os fenômenos meteorológicos celestes, firmamento, chuva, trovão, raio", destacando que "em escala ascendente se pode remontar da adoração da pedra-fetiche à divindade antropomórfica [Xangô] em que se transforma o fenômeno físico do trovão e do raio"; ainda destacou que da "fitolatria nagô emerge o culto fetichista das plantas, das grandes árvores sobretudo, muito extenso entre os nossos negros e mestiços", onde "o prestígio mágico das plantas cabalísticas e das rezas só encontra rival na virtude de certas folhas".[19]

Importa acentuar que, quando se detém em línguas, festas, belas-artes como meios de extravasar e recriar universos contidos, seus registros falam de sua proximidade a africanos na Bahia, revelando contradições ao tentar definir complexas formas de expressão e reinvenção culturais como "selvagens". Deixa ver que as misérias da escravidão e da desumanização nunca mascararam a realidade humana de homens, mulheres e crianças da diáspora. Em ambiguidades, evidencia como faltavam vocábulos e entendimentos para compreender o que acabou concluindo como "fenômeno sociológico".[20] Tanto que, ao referir-se a peças de práticas do culto jeje-iorubá dos orixás, encaminhou leituras na contramão de idolatrias, explicitando noções que circulavam em torno de animismo e fetichismo:

> Não é fácil, sem longos desenvolvimentos, dar uma ideia exata da significação cultural dessas peças. Não são ídolos como se poderia acreditar à primeira vista, como o supõe o vulgo, como o têm afirmado cientistas e missionários que se deixam guiar pelas aparências e exterioridades. Os negros da Costa dos Escravos, sejam os de língua jeje, tshi ou gá, não são idólatras.
> Entraram em fase muito curiosa do animismo em que as suas divindades já partilham as qualidades antropomórficas das divindades politeístas, mas ainda conservam as formas exteriores do fetichismo primitivo. Xangô, deus do trovão, é certamente um homem-deus encantado, mas, para se revelar aos mortais, frequentemente reveste ainda a forma fetichista do meteorito, ou da pedra do raio. E é a essa pedra que se dirige o culto, é ela que recebe os sacrifícios, a quem se dão os alimentos.[21]

Ciente de que as peças esculpidas "não são uma representação direta dos orixás", mas "dos sacerdotes deles possuídos", destacou que, "sem estar preparada pelo feiticeiro, digamos, em linguagem católica, benta ou benzida, não tem direito à adoração". Advertindo que os supostos ídolos "são emblemas, enfeites, peças de uso ou utilidade prática; cadeiras, tronos uns, altares outros", inseriu-se em contendas sobre monoteísmo/politeísmo.

Como polêmica instaurada em parâmetros da civilização ocidental cristã, entre Edward Tylor — "O negro tende ao teísmo" — e Réville, que "contesta a capacidade monoteísta dos negros", Nina Rodrigues encaminhou sua percepção monoteísta, sem deixar de transcrever Réville,[22] revelando impasses em traduzir culturas extraocidentais em moldes dominantes. Ao localizar o "sinal de incoerência" diante das "melhores intenções da raça", Réville explicitou as suas incoerências. Sem se pensarem nos termos de seus senhores, africanos na Bahia se mobilizaram e enfrentaram o tráfico e o exílio corroendo princípios da humanidade ocidental. A diáspora foi vivida, sentida, pensada com arsenais de suas culturas, em vibrações com seus ancestrais e divindades via corpos dispostos ao redor de suas autoridades na cura de sofrimentos, angústias, males físicos e mentais. Renovando e atualizando suas tradições vivas, escravizados africanos marcaram relações de diferença colonial.[23]

Lendo o que ficou sendo Candomblé, Vodu, *Santería* como diferença colonial, melhor apreendem-se as perseguições. E isso em termos não só de violências físicas a "práticas de feitiçaria, sem proteção das leis, condenadas pela religião dominante e pelo desprezo, muitas vezes aparentes, das classes dominantes que, apesar de tudo, as temem",[24] como também de expropriações simbólicas, ao descartarem suas crenças como anomalias animistas fetichistas. Esse "fenômeno sociológico" — conforme Nina Rodrigues após inventário na imprensa baiana em torno de "reclamos da opinião pública", que "revelam a toda hora a mais supina ignorância" — explicita a premência histórica de reflexões decoloniais, a contrapelo de estereotipias racistas.[25]

Pesquisando a sistemática negação de humanidade aos Outros, aos que pensam, cantam, dançam, transgredindo paradigmas instituídos, importa acompanhar como este pensar euro-ocidental foi-se consolidando, exportando seus pressupostos a viveres alheios a seus padrões. Expressões de suas premissas emergem em torno de Descartes, no início do século XVII, que, firmando a racionalidade de indivíduo que pensa apartado de seu corpo e entorno, redimensionou a crença cristã da divisão corpo/alma em termos de corpo/razão.

O *cogito* de Descartes, em plena expansão do tráfego negreiro e da *plantation*, prescindiu do corpo. Tripudiado e banalizado como mercadoria de trabalho escravo e/ou assalariado, esquadrinhado como máquina, o corpo ficou perdido enquanto fulcro de saberes, poderes e prazeres; *locus* de sensações, intuições, subjetividades; morada de deuses, suporte material e espiritual da vida, armazenando memórias. Instituído o êxito da razão individual cartesiana, que pensa independente de corpos e experiências comuns, outras culturas e espiritualidades ficaram soterradas e esquecidas na hegemonia da teopolítica e egopolítica da Europa.

Na década de 1830, essa razão europeia atingiu novos universais na geopolítica de Hegel. Cindindo história e pré-história a partir de escrita oriunda de progressos contábeis de povos mercadores e de Estados-nação às voltas com administrações de suas colônias, a excludente filosofia hegeliana denegou história às Áfricas e a povos de línguas orais, restringindo nossos horizontes em termos de memórias, mídias de comunicação e compreensão de documento/monumentos históricos, idealizados desde padrões europeus.

O naturalizar e dissociar o corpo de seus universos culturais, com o rejeitar histórias de tradições vivas, produziu ciências etnocentradas, que avaliaram povos e civilizações fora de seus cânones. O pensar cartesiano, consolidando "o mito de um 'Ego' não situado", respaldado pela geopolítica hegeliana, encobrindo "o lócus de enunciação, ou seja, o lugar geopolítico e corpo-político do sujeito que fala",[26] resultou na instauração, durante o século XIX, de Ciências Humanas e Sociais sob foco da civilização dominante.

Como "ninguém escapa às hierarquias de classe, sexo, gênero, espirituais, linguísticas, geográficas e raciais do 'sistema-mundo patriarcal, capitalista, colonial, moderno'",

pensadores latino-americanos vêm trabalhando com outra geografia da razão, em atenção à corpo-política do conhecimento. Trata-se de expressões e abordagens de grande poder para alcançar pensares e saberes segundo a materialidade, a subjetividade e as performances de povos africanos e nativos das Américas, que, constituídos em línguas orais, ativam procedimentos pedagógicos em torno da memória corporal. Memória que retém lembranças profundas, de longo alcance, além das palavras banidas de suas vidas. Para Enrique Dussel, o "*je pense, donc je suis* (Descartes) é a causa do crime contra o *je danse, donc je vie* (Eboussi Boulaga)".[27]

Menosprezando o pensar, o viver e o transmitir em línguas orais, intelectuais europeus operaram seu aparato conceitual dentro de limites de seu mapa geopolítico e corpo-política, medindo, excluindo, racializando povos que viviam fora da ordem eurocentrada e que, há muito, incorporam aqueles padrões de modo próprio. Nesse sentido, alerta para disciplinas sob o prefixo etno- e estudos sob termos desviantes, como os do antropólogo Edward Tylor, *Primitive Culture* (1871), que cunhou o termo animismo para designar crenças e modos de pensar extraeuropeus que atribuem alma (*anima*) a seres vivos e fenômenos da natureza. Com Tylor, avançaram procedimentos que desfiguraram perfis de sociedades e culturas de povos africanos. Mentes avessas à cosmologia fundada em convívio com forças de uma natureza viva e atuante situam este diferencial ecológico[28] em estágio mais atrasado de evolução religiosa.

Seus estranhamentos formam nítida linha de demarcação entre civilizados e selvagens ou primitivos diante de uma modernidade que produzia paisagens frias, de humanidade insensível e indiferente a outros mundos. Nesse sentido, são relevantes as reflexões de Keith Thomas,[29] Mary Louise Pratt,[30] ou dirigidas por Bancel, Blanchard, Boëtsch e

Lemaine, em *Zoos humains*,[31] que apontam restrições em relação a negros e estrangeiros na sociedade inglesa; relatos de viagens pautados em princípios que se firmavam na história natural e migravam suas categorias para as Ciências Humanas e Sociais; como lembram tempos de exposições coloniais na Europa, com exibições humanas de povos e costumes de seus impérios em Áfricas, Américas e Ásia, como contrapontos ao seu progresso e desenvolvimento.

Progresso que nascia disciplinando, inibindo e debilitando capacidades artísticas e de comunicação. Em sua trajetória, vivências de africanos e afrodiaspóricos, filtradas por lentes da racionalidade cartesiana, tiveram suas tradições, comportamentos e religiosidades vertidas em animismo, fetichismo, valendo deixar para traz polêmicas eurocêntricas para ver, ouvir e sentir religiosidades mal ditas.

Atento a africanos e seus descendentes, além das "chamadas 'sobrevivências' culturalmente dispersas", e tentando "contar essa história numa perspectiva africana [...], através de seus prismas específicos", James Sweet argumenta que "a África foi transportada até vários destinos do mundo colonial em toda a sua plenitude cultural e social", sendo que

> os africanos e seus descendentes abordavam frequentemente a instituição da escravatura, nas suas muitas incertezas e pressões, com as armas mais poderosas que tinham a seu dispor — não a força física e a coragem, mas a religião e a espiritualidade.[32]

Esse estudioso de práticas religiosas desde a África Central até o Brasil considera que o processo de africanização, entre povos africanos de diferentes línguas e regiões, "que começou na África e prosseguiu no Brasil, constituindo [...] o longo processo de formação da identidade afro-brasileira",

ganhou vulto em "intercâmbios religiosos e culturais":

> A maioria das pessoas concorda que a religião é uma das facetas mais importantes de qualquer cultura, devido ao fato de permitir revelar os valores, os costumes e a mundividência geral de uma determinada comunidade.[33]

Como ficou perceptível na expansão da racionalidade cartesiana, princípios, crenças, valores que permeiam padrões culturais e religiosos organizam e impregnam formas de pensar, produzir e socializar conhecimentos. Nesse sentido, vale retomar Hampâté Bâ. Por considerar que "a tradição oral, tomada em seu todo, não se resume à transmissão de narrativas ou de determinados conhecimentos", pois "veicula realidades", "ensina ciências", "relaciona aspectos", ele apreendeu a tradição viva como "geradora e formadora de um tipo particular de homem". Nesse sentido, abrindo para a perspectiva de que "uma relação viva de participação e não de pura utilização" da natureza remete a um cognoscível experimental, distinguiu, epistêmica e culturalmente, a humanidade negro-africana.[34] Essa questão ganha substância ao levarmos em conta que o acesso aos ofícios, em comunidades tradicionais africanas, remete a vivências e rituais cotidianos, com base em procedimentos de observação, analogia de imagens e metáforas expressas em seus gêneros orais de produção e transmissão de conhecimentos.

Além dessa distinção vital, foi no texto "Relações do homem tradicional com Deus" que Hampâté Bâ se ocupou de questões que permitem atingir, sob outro ângulo, as proposições desse ensaio:

> O homem negro africano é um crente nato. Sem contar com Livros revelados para adquirir a convicção da existência de uma Força, Poderosa-Fonte de existência e

motor de ações e movimentos de seres. Somente para ele, esta Força não está fora das criaturas. Ela está em cada ser. Ela lhe dá a vida, vela seu desenvolvimento e, eventualmente, a sua reprodução.

Rodeado por um universo de coisas tangíveis e visíveis — o homem, os animais, os vegetais, os astros etc. —, o homem negro, desde sempre, percebeu que no mais fundo destes seres e destas coisas residia algo poderoso que não podia descrever e que os animava.

Esta percepção de uma força sagrada em todas as coisas foi a fonte de numerosas crenças, práticas variadas, sendo que muitas chegam até nós, às vezes espoliadas, é verdade, pelo tempo, de sua profunda significação original. O conjunto dessas crenças recebeu o nome de "animismo" da parte de etnólogos ocidentais, porque o Negro atribui uma alma-força a todas as coisas, que busca reconciliar por práticas mágicas e às vezes por sacrifícios.[35]

Reticente à exterioridade do termo animista, vale lembrar que considerou a magia africana o instável manejo de forças da natureza, conjugadas em termos de terra, água, ar, fogo.[36] Questão já levantada pelo missionário Placide Tempels em relação a povos banto: "O que nós consideramos mágico não é, a seus olhos, senão ativar as forças naturais que Deus pôs à disposição do homem, para fortalecer sua energia vital".[37] O egiptólogo Ferran Iniesta, ocupando-se hoje dessa questão, contextualiza "magia e teurgia" como procedentes "da mesma concepção de sacralidade e encantamento divino do mundo", embora tal "aproximação mística a essa origem" tenha trilhado caminhos tão díspares nos desdobramentos históricos.[38]

Mas, no recorte anterior, Hampâté Bâ encaminhou distinções entre religiões de matrizes orais e letradas, que interessa acompanhar. Fundadas em revelações de Livros Sagrados, que instituem condutas para salvação — expectativa objetiva e subjetivamente desconhecida em tradicionais cosmos africanos —, nesta clivagem emergem elementos na raiz de confrontos entre humanidade negro-africana e ocidental. Sem conjunto de normas doutrinárias, a espiritualidade de povos de línguas orais se materializa em seus próprios corpos, em memórias corpóreas que expressam suas mundividências. A partir de corpos esculpidos por gestos, ritmos e movimentos de suas divindades, na fluência de técnicas ou ritos corporais ancestrais, religiões na fronteira de "escritas performativas"[39] vivenciam suas crenças dançando com seus deuses. Encarnando suas forças e energias, sem cisões entre cultura e natureza, sagrado e profano, matéria e espírito, são corpos negros e não almas — vocábulo e conceito ausente em suas culturas —, que migram entre o mundo visível e o invisível, oferecendo religiosidade alheia a lutas entre o bem e o mal. A ética religiosa de povos africanos e da diáspora concentra-se na preservação de tensos e precários equilíbrios entre forças regentes de seus mundos, personalizadas em termos de um panteão de deuses que se mantêm ao largo de arquiteturas religiosas pautadas no eterno dualismo entre o bem e o mal.[40]

Foi Câmara Cascudo, estudando Áfricas e suas matrizes no Brasil, quem chamou a atenção, em suas crônicas, para este aspecto: "Tenho agora essa conclusão decepcionante: não há Diabo legítimo, verdadeiro, típico, nas crenças da África Negra". Ou: "Não há Demônio preto senão como presença católica do Branco",[41] enfatizando: "Quanto, nesses bantos e sudaneses, apareça de perene e funcionalmente perverso, dever-se-á ao semita pelos divulgadores devocionais, o árabe e o cristão".[42] Considerando impensável Elegbará, Elegbá, Exu — um Hermes africano — ser diabo nos cultos sudaneses e no panorama dos Candomblés da Bahia, Rio de Janeiro ou Recife, Câmara Cascudo centrou-se nos humanos, cujos pedidos é que podem ser bons ou maus sem a participação do intermediário.

Retomando memórias e estruturas de religiões orais e letradas, recorremos a pesquisas em Áfricas, desde meados do século XX, realizadas por Jack Goody, que descreve sistemas religiosos africanos como religiões "de origem" diante das "de conversão". À luz de estudos entre povos africanos, esse antropólogo britânico deparou-se com línguas afro sem nenhum equivalente do termo ocidental "religião", destacando: "Apenas com a escrita alfabética algumas religiões quebraram decisivamente suas fronteiras nacionais para se tornarem religiões de conversão". Propagando "a instrução e igualmente essas religiões", configurou-se, desde então, uma "ideia de religião",[43] que acabou designando conflitos culturais sob essa rubrica.

Ainda sustentou que, "só depois de surgir a competição do Islã ou do Cristianismo", enquanto religiões universais em luta, "é que a ideia de uma religião achanti, distinta do conceito inclusivo de um modo de vida achanti, começou a tomar forma, primeiro na mente do observador e depois na do ator".

Insistindo que "religiões letradas possuem uma espécie de fronteira autônoma" em relação a crenças, práticas culturais e viveres locais — estando onde o Livro, e não os homens, está —, além de melhor distinguir universos de religiões de "origem" e de "conversão" que, em forte proselitismo, pleiteiam universais, aprofundou a percepção de desdobramentos inerentes à instituição de campos religiosos letrados.

Para este ensaio, importa enfatizar seu reconhecimento de que ideias relacionadas ao campo religioso de povos de línguas orais apoiaram-se em "noções" de europeus:

Quando se fez uma tentativa de definir semelhantes sistemas religiosos de uma maneira compreensiva, deixando de lado as designações "étnicas", voltaram-se para etiquetas como paganismo, animismo, idolatria, que descrevem a religião em termos de uma oposição às formas escritas hegemônicas.[44]

O que Goody não viu foi religião escrita no corpo. Em culturas de matrizes orais, onde o corpo humano é feito como lócus de percepção e comunicação, como receptáculo simbólico e expressivo da vida física, psíquica e transcendental, a religiosidade é intensamente vivida em performances carregadas de perspectivas ética e estética do grupo cultural. Como todas as suas atividades são comunitárias e manifestam-se de modo indivisível, interações com energias divinas fluem em narrativa ritual performática de cada divindade, que se faz anunciar por passos, gestos e dança que se misturam à música sob sua batida rítmica, em cerimônia que prossegue na partilha da comida do "santo".[45]

Com panteão divino à imagem de seus laços familiares e comunidades de ofício, com padrões morais, sociabilidade, características e humores singulares, divindades africanas e afrodiaspóricas ainda ecoam em rede de mitos e lendas, provérbios e metáforas, jogos e adivinhações, onde até instrumentos sonoros são sagrados em lógica litúrgica que sustenta seus imaginários, viveres e realidade.

Conforme Risério, em seus cosmos os "deuses estão engajados até à medula na trama da vida humana", em "oralidade insaciável" como a de Exu, sem "lugar para a apatia, *apathéia*, ausência de paixões".[46] Suas realidades ganham expressão e tornam-se transmissíveis ao pulsar de ritmos potentes que mobilizam corpos em estados físico-mentais plenos de emoções e sensações, em cultivada inteligência intuitiva, sensorial e sensual, extrovertida em festas e celebrações públicas.

Na contramão de religiosidade orquestrada por maestros de uma natureza vivida e pessoalizada em deuses humanos, a cristandade europeia, enfrentando outros universos culturais desde as cruzadas e a expulsão de árabes e judeus de seus territórios (1492), constituiu-se em outra estrutura intelectual, movida por abstrações divinas, pensamento filosófico desencarnado, racionalidade civilizada e redentora. Valores, mitos, princípios da razão da Europa em expansão estigmatizaram Áfricas e Américas como hábitat de homens e deuses primitivos, monstruosos. Terras de natureza exuberante, tenebrosa, povos sem cultura, irracionais, inadmissíveis, a serem educados, salvos, disciplinados por suas ciências.

A proximidade física e sensível da humanidade africana diante da natureza circundante vem sendo lida com outras palavras e sentidos. Ali Mazrui, historiador do Quênia, referindo-se a esta "atitude ancestral" de "forte sensibilidade sensorial dos povos negro-africanos por tudo que envolve os humanos", a denominou de "Teologia da Proximidade", por "expressar bem a percepção quase dérmica que povos africanos sentem ante tudo que existe".[47]

Para Ferran Iniesta, esse aspecto cultural que, "com certa torpeza, os ocidentais chamaram animismo", ainda que criticado por Herskovits, como elaboração imprecisa de observadores externos, "não carece de razão para manter-se vigente". Não só por abrir a sinônimos de mentalidade primitiva diante "religiosidades consideradas avançadas, desde Hinduísmo, até Cristianismo e Islã", como, "em resumo, por identificar animismo com atraso social, negativa íntima, irracional, a qualquer tipo de evolução humana".[48]

Correlato a animismo, fetichismo designa tendência a fixar espírito particular em objeto animado ou inanimado — como ídolo, "feitiço", fetiche —, termos usados por europeus em contatos com artefatos de povos africanos. Lembrando intervenções de artistas como Braque e Picasso, que, redescobrindo beleza e força em "muitos daqueles objetos sacros",

produziram outras leituras sobre máscaras, esculturas, simbologias de povos africanos, Iniesta remete tais expressões de cultura tangível a "veículos, mediações materiais, condutos sensíveis até o que não é visível", assim como imagens de santos, divindades ou cruzes de práticas da cristandade.

Diante de preconceitos arraigados em vocabulário e categorias de análise ocidentais, ditando comportamentos aberrantes em relação a povos africanos, Iniesta ainda chama a atenção para outro "equívoco" revelador de como o dominante enfrenta e digere o Outro. Ou, como o canibaliza, transformando em coisas suas, artes, metáforas e literaturas de poetas e pensadores do mundo negro perante o civilizado mundo branco. Além da "boa vontade" de artistas cubistas nas artes plásticas, refere-se a André Breton no campo literário. Percebendo, no poema "Mulher Negra", do senegalês Leopold Senghor, e nos versos do "Caderno de um retorno ao país natal", do antilhano Aimé Césaire, profundas diferenças no ritmo e manejo poético e político da escrita por letrados negros, Breton os acolheu como "fruto de uma depurada técnica surrealista".[49]

Sem saberem nada de surrealismo europeu,[50] Senghor e Césaire chegaram àquela dimensão ética e estética, em "parto sofrido" para saírem do francês "torcendo" a língua do senhor e dando forma — na alquimia de suas ancestrais matrizes orais com formação europeia em língua colonial — à pujança, criatividade e subjetividade do pensar africano e diaspórico diante de violências da civilização ocidental.[51] Imprimiram, em estilo e formato transgressores, apesar do espartilho de línguas europeias, vozes, sensibilidades, emoções e repúdios dos "danados", conforme Frantz Fanon, enfrentando o negar e prescindir dons dos colonizados.

Diante de irreparáveis deformações históricas produzidas pelo colonialismo euro-ocidental, além de seus limites epistêmicos, políticos, mentais, descolonializar seus discursos e intervenções, rever práticas e valores esfolados e desumanizados, configura aberturas iniciais, ciente de que, mesmo saindo do surreal e intercambiando dons civilizacionais, é impossível apagar o fazer-se metrópole/colônia e anular seus fetiches.

Para o filósofo latino-americano Enrique Dussel, o "Deus morreu" quer dizer "a Europa morreu", desmontando o fetiche da técnica e do Estado-nação, associado à ciência, ao progresso e à modernidade do sistema capitalista.[52]

Referências bibliográficas

CÂMARA CASCUDO, Luís da. *Made in Brasil*. São Paulo: Editora Global, 2000.

CASTEL, Antonin; SENDIN, José Carlos (eds.). *Imaginar África*; os estereótipos ocidentais sobre África e os africanos. Barcelona: Catarata/Casa de África, 2009.

CÉSAIRE, Aimé. *Caderno de um retorno ao país natal*. Santa Catarina: Terceiro Milênio, 2011.

DUSSEL, Enrique. *Filosofía de la Liberación*. México: Fondo de Cultura Económica, 2011.

_____. *Ética de la liberación en la edad de la globalización y de la exclusión*. Madrid: Editorial Trotta, 2011.

ESIABA, Irobi. What they came with: carnival and the persistence of African performance aesthetics in the Diáspora. *Journal of Black Studies*, 2007. Ed. bras.: O que eles trouxeram consigo. Tradução Victor Martins Souza. *Revista Projeto História* (44), no prelo.

GOODY, Jack. *A lógica da escrita e a organização da sociedade*. Lisboa: Edições 70, 1987.

GRIAULE, Marcel. *Dieu D'Eau-entretiens avec Ogotemmêli*. Paris: Librairie Fayard, 1966.

GROSFOGUEL, Rámon. Para descolonizar os estudos de Economia política e os estudos pós-coloniais. In: SANTOS, Boaventura de Souza; MENEZES, Maria Paula (orgs.). *Epistemologias do Sul*. Coimbra: Ed. Almedina, 2009.

HAMPÂTÊ BÂ, Amadou. A tradição viva. In: KI-ZERBO, Joseph (org.). *História Geral da África*. São Paulo: Ática/Unesco, 1982. v. 1.

_____. *Aspects de la civilisation africaine*. Paris: Présence Africaine, 1972.

INIESTA, Ferran. *El pensamiento tradicional africano*; regreso al Planeta Negro. Barcelona: Catarata/Casa África, 2010.

_____. O estigma de Cam. O negro no pensamento ocidental. In: CASTEL, Antonin; SENDIN, José Carlos (eds.). *Imaginar África*; os estereótipos ocidentais sobre África e os africanos. Barcelona: Catarata/Casa de África, 2009.

KI-ZERBO, Joseph. *História da África Negra*. Lisboa: Publicações Europa-América, 2002. v. 2.

LANDER, Edgardo (org.). *A colonialidade do saber*; eurocentrismo e Ciências Sociais. Buenos Aires/São Paulo: Clacso, 2005.

MIGNOLO, Walter. A colonialidade de cabo a rabo: o hemisfério ocidental no horizonte conceitual da modernidade. In: LANDER, Edgardo (org.). *La idea de América Latina*; la herida colonial y la opción decolonial. Barcelona: Gedisa Editorial, 2005.

NINA RODRIGUES, Raimundo. *Os africanos no Brasil*. Brasília: UnB, 1988.

_____. *Animismo fetichista dos negros baianos*. Salvador: P555, 2005 (1896).

PRATT, Mary Louise. *Os olhos do império*; transculturação e relatos de viagem. Bauru: Edusc, 1999.

RISÉRIO, Antonio. *A utopia brasileira e os movimentos negros*. São Paulo: Editora 34, 2007.

SANTOS, Boaventura de Souza (org.). *Conhecimento prudente para uma vida decente*. São Paulo: Cortez Editora, 2004.

SANTOS, Boaventura de Souza; MENEZES, Maria Paula (orgs.). *Epistemologias do Sul*. Coimbra: Ed. Almedina, 2009.

SARLO, Beatriz. *Paisagens imaginárias*. São Paulo: Edusp, 1995.

SODRE, Muniz. A cultura negra como atitude ecológica. In: SOSNOWSKI, Saul; SCHWARTZ, Jorge (orgs.). *Brasil*; o trânsito da memória. São Paulo: Editora da USP, 1994.

SPIVAK, Gayatri. *Crítica de la razón poscolonial*; hacia una historia del presente evanescente. Madrid: Ediciones Akal, 2010.

_____. *Pode o subalterno falar?* Belo Horizonte: EDUFMG, 2010.

SWEET, James. *Recriar África*; cultura, parentesco e religião no mundo afro-português (1441-1770). Lisboa: Edições 70, 2003.

TEMPELS, Placide. *Bantu Philosophy*. Paris: Présence Africaine, 1959.

THOMAS, Keith. *O homem e o mundo natural (1500-1800)*. São Paulo: Companhia das Letras, 1996.

Notas

[1] Stanley, *Dans les ténébres de l'Afrique*, citado por Ki-Zerbo, *História da África Negra*, p. 83.

[2] Hampâté Bá, A tradição viva, pp. 173-181.

[3] Iniesta, *El pensamiento tradicional africano*, p. 47. Para a cosmologia entre povos da África do Oeste, ver Griaule, *Dieu D'Eau-entretiens avec Ogotemmêli*.

[4] Dussel, *Filosofía de la Liberación*, p. 31.

[5] Risério, *A utopia brasileira e os movimentos negros*, pp. 160-161.

[6] Pratt, *Os olhos do império*.

[7] Expressão de B. Sarlo, *Paisagens imaginárias*, p. 37, frisando que, além das versões históricas, fontes e material empírico registram uma "verdade documental".

[8] Spivak, *Crítica de la razón poscolonial*, p. 206.

[9] Ibid., p. 207.

[10] Pratt, *Os olhos do império*, p. 15.

[11] Mignolo, *La idea de América Latina*, p. 131.

[12] Spivack, *Pode o subalterno falar?*, p. 64.

[13] Nina Rodrigues, O animismo fetichista dos negros baianos, *Revista Brasileira* (Rio de Janeiro, 1896), inicialmente publicado em *Annales d'hygienène publique et de Medicine Légale* (Paris, 1890), seguido de Epidémie de folie religieuse au Brésil, *Annales médico-psychologiques* (Paris, 1898).

[14] Lang, *Mythes, cultes et religions* (Paris, 1896), p. 31, citado por Nina Rodrigues, *Os africanos no Brasil*, pp. 172-173.

[15] Nina Rodrigues, *Os africanos no Brasil*, p. 3.

[16] Ibid., pp. 173, 63, 174.

[17] Nina Rodrigues, em *Animismo fetichista dos negros baianos*, já analisara correspondências entre "estratificação psicológica" e práticas religiosas, evidenciando injunções físicas, psíquicas, espirituais entre africanos escravizados.

[18] Ibid., pp. 173-216.

[19] Ibid., pp. 225-226.

[20] Ibid., p. 239, explicitando as dificuldades de abordar cultos africanos.

[21] Ibid., p. 163.

[22] Réville, *Des religions des peuples non-civilisées* (tomo I, Paris, 1883), p. 54, citado por Nina Rodrigues, *Animismo fetichista dos negros baianos*, p. 218.

[23] Conforme atuais críticos latino-americanos da modernidade/colonialidade, a *diferença colonial* sinaliza subjetividades, conhecimentos, imaginários extraocidentais, sendo que "pensar a partir da diferença colonial obriga-nos a considerar com mais seriedade estratégias ideológico-simbólicas" na contramão do mundo colonial, racial, moderno (Grosfoguel, Para descolonizar os estudos de Economia política e os estudos pós-coloniais, pp. 396-397).

[24] Nina Rodrigues, *Animismo fetichista dos negros baianos*, p. 239.

[25] A colonialidade do ser, do poder e do saber vem sendo alvo de estudiosos latino-americanos

desde fins do século XX, em torno de práticas coloniais persistentes na descolonização política; descolonialidade como movimento mental e epistemológico rompendo com a modernidade e seu lado oculto, a colonialidade e o racismo, respaldando sinais de *diferença colonial* e perspectivas de epistemologias do sul. Ver Lander (org.), *A colonialidade do saber*; Santos (org.), *Conhecimento prudente para uma vida decente*; Santos; Menezes (orgs.), *Epistemologias do Sul*.

26 Grosfoguel, Para descolonizar os estudos de Economia política e os estudos pós-coloniais, pp. 386-387.

27 Dussel, *Ética de la liberación en la edad de la globalización y de la exclusión*, p. 10.

28 Sodre, A cultura negra como atitude ecológica, pp. 121-130.

29 Thomas, *O homem e o mundo natural (1500-1800)*.

30 Pratt, *Os olhos do império*.

31 Bancel; Blanchard; Boëtsch; Lemaire, *Zoos humains, au temps des exhibitions humaines*.

32 Sweet, *Recriar África*, pp. 16 e 21.

33 Ibid., p. 21.

34 Hampâté Bâ, A tradição viva, pp. 183 e 199 (grifos no original).

35 Hampâté Bâ, *Aspects de la civilisation africaine*, pp. 119-120.

36 Hampâté Bâ, A tradição viva, p. 208.

37 Tempels, *Bantu Philosophy*.

38 Iniesta, *El pensamiento tradicional africano*, p. 19. Conforme o *Dicionário Houaiss da Língua Portuguesa*, teurgia é "ciência do maravilhoso, arte de fazer milagres, espécie de magia fundada em relação com os espíritos celestes, cura de doenças por suposta intervenção sobrenatural".

39 Expressão de Esiaba, What they came with.

40 Delória já chamou atenção para "a persistência de formas de memória que não só oferecem religiões alternativas, mas, mais importante, alternativa ao conceito de religião do imaginário da civilização ocidental" (Delória, *God is Red; a native view of religion* [Colorado: Fulcrum Publishing, 1993], citado por Mignolo, A colonialidade de cabo a rabo, p. 100.

41 Câmara Cascudo, *Made in Brasil*, pp.106 e 107.

42 Ibid., pp. 106-108.

43 Goody, *A lógica da escrita e a organização da sociedade*, pp. 19-20.

44 Ibid., p. 20; Goody, *Entre l'oralité et l'écriture*.

45 Sobre o universo performático de povos africanos e da diáspora, ver Esiaba, What they came with.

46 Risério, *A utopia brasileira e os movimentos negros*, pp. 163-165.

47 Mazrui, *La triple herança de África* (Paris: Présence Africaine, 1986), citado por Iniesta, *El pensamiento tradicional africano*, p. 67.

48 Ibid., pp. 68-69.

49 Iniesta, O estigma de Cam, pp. 13-14.

50 "Movimento artístico-literário caracterizado pela expressão espontânea e automática do pensamento (ditado apenas pelo inconsciente) e deliberadamente incoerente, proclamava a prevalência absoluta do sonho, do inconsciente, do instinto e do desejo" (*Dicionário Houaiss de Língua Portuguesa*).

51 Césaire, *Caderno de um retorno ao país natal*.

52 Dussel, pp. 32 e 157.

Linguagem midiática e religião

BRENDA CARRANZA

O portal IG.com.br lançou uma campanha virtual para recolher, junto aos internautas, sua opinião sobre quem era, no Brasil, a personalidade religiosa mais relevante. Para a votação, o IG elencou seis candidatos, com nome e foto, a serem escolhidos e, no final do dia, o cômputo foi:

Pastor David Miranda,
Igreja Deus é Amor
1.306 votos

Bispa Sonia Hernándes,
Igreja Renascer em Cristo
4.201 votos

Pastor Valdomiro Santiago,
Igreja Mundial do Poder de Deus
6.114 votos

Bispo Edir Macedo,
Igreja Universal do Reino de Deus
15.345 votos

Pastor Silas Malafaia,
Igreja Assembleia de Deus
30.860 votos

Padre Marcelo Rossi
55.330 votos.[1]

Desses dados, vale destacar: primeiro, o filtro que o próprio IG realiza, ao selecionar personagens ligados de alguma maneira à mídia; segundo, todos os candidatos consolidaram seus nomes na esfera pública no final da década de 1990; terceiro, cinco são evangélicos; quarto, entre os candidatos, há apenas uma mulher; quinto, o único católico é padre; sexto, todas as personagens sugeridas são lideranças que ocupam cargos hierárquicos nas suas igrejas; sétimo, a projeção desses líderes é nacional; oitavo, as sedes institucionais a que pertencem cinco dos candidatos se concentram no Sudeste; nono, cinco são protótipos urbanos; décimo, todos realizam eventos musicais multitudinários, que incluem pregação e louvor, sob a lógica espetacular. Essas dez características são uma rápida radiografia que captura a especificidade da diferenciação interna do Cristianismo brasileiro em geral e, de forma particular, a disputa interna que setores católicos e alguns grupos evangélicos vêm travando na arena midiática há algumas décadas.

A forte competitividade no campo religioso se verifica na acirrada disputa que envolve crenças, fiéis, moralidades e a luta das igrejas cristãs por consolidarem sua hegemonia institucional, perante a diversidade religiosa da sociedade brasileira. Essa realidade foi constatada nos dados do último censo/2010, divulgados recentemente pelo IBGE, os quais registram que o Cristianismo no Brasil representa 86% da declaração de filiação religiosa da população, estimada em 190,7 milhões de habitantes. Dessa filiação, 64,6% identifica-se como católica (123,2 milhões) e 22,2% (42,3 milhões) como evangélica, ou seja, dois de cada três brasileiros continuam católicos. Um rápido exercício comparativo, na leitura desses dados, permite observar, de um lado, a curva declinante do Catolicismo, pois, no ano de 2000, os católicos eram 124,9 milhões, isto é, 73,6% da população; do outro lado, percebe-se o fator ascendente dos evangélicos que, no mesmo ano, representavam 15,5% da população.

Na perspectiva do sociólogo Max Weber (1864-1920), o declínio numérico de uma religião leva a sua própria transformação interna. Nas palavras de Freston, "à medida que o Catolicismo vai perdendo devotos, as pessoas que permanecem tendem a ser mais atuantes, praticantes e identificadas. O Catolicismo, então, vai se tornando, cada vez mais, uma religião de escolha no Brasil e não mais uma religião simplesmente herdada culturalmente. O sentido de ser católico, portanto, vai mudando".[2]

Além dessas mudanças no campo religioso, há também um deslocamento do papel da mídia nesse processo de transformação. Até meio século atrás, o papel dos meios de comunicação se limitava a registrar informações dos câmbios sofridos na religião dos indivíduos e, no máximo, algumas igrejas arriscavam o uso de tais dados como meio de evangelização. Aos poucos, os grupos religiosos não apenas compraram as audiências de horários nobres para suas pregações, mas também foram adquirindo as próprias mídias como canais exclusivos de sua missão cristã.

Identifica-se, então, o deslocamento do rol da mídia na esfera religiosa, pois, se outrora os meios de comunicação reduziam sua funcionalidade a ser um veículo a mais nas estratégias de cristianização, no início do século XXI, a mídia se torna o palco das mudanças mais significativas para as igrejas cristãs. De tal forma isso ocorreu que, de coadjuvante, os *mass media* passaram a ser protagonistas; de meros instrumentos, assumiram a pauta de questões religiosas relevantes, as quais ainda se constituem como objeto de conflitos. Se as igrejas tradicionais mantiveram-se distantes da lógica comunicacional, quando não foram contrárias a ela, hoje, acenam para uma guinada radical nas suas posições, a começar pela busca de investimentos financeiros que viabilizem o uso profissional da mídia, preferencialmente a televisiva que, neste texto, terá uma atenção especial.

A seguir, será abordada a inter-relação entre mídia e religião, discutindo como esta não lida apenas com meios de comunicação, mas sim com uma cultura midiática. Na sequência, apresenta-se a especificidade da mídia religiosa, expondo quais os propósitos e alcances que os grupos religiosos têm ao se apropriarem da lógica comunicacional contemporânea. Segue, então, uma análise da fina transcodificação da mensagem religiosa em *marketing* religioso, com os decorrentes investimentos midiáticos e conflitos entre as igrejas. À guisa de conclusão, sinaliza-se o cerne da verdadeira disputa entre religião e mídia, para além das funções que esta última possa realizar dentro e fora das instituições eclesiais. Mas, antes, impõe-se a necessidade de perfilar os atores religiosos em disputa, bem como mostrar as fontes comuns em que bebem para desenvolverem seu estilo comunicacional.

A voz da mídia é a voz de Deus

Até o final da década de 1980, quando se falava em mídia religiosa, o que vinha à mente era o termo evangélico que, no senso comum, designava por oposição quem não era católico. Ser evangélico e/ou crente significava estar sob um grande guarda-chuva que acolhia a imensa gama de ramificações da Reforma Protestante (século XVI), com seus membros das igrejas de tradição histórica (Batista, Presbiteriana, Luterana, Metodista), das igrejas pentecostais (Assembleia de Deus, Deus é Amor, Brasil para Cristo, Igreja Quadrangular) e as mais recentes igrejas chamadas de neopentecostais (Igreja Universal do Reino de Deus, Renascer em Cristo, Igreja da Graça Internacional).[3] Na mesma época, as rádios evangélicas e o televangelismo, como estratégias proselitistas, estavam já consolidados. Da mesma maneira, eram parte da identidade evangélica milhares de pequenas iniciativas de produção de materiais audiovisuais, impressos, jornais, folhetos, revistas e livros. O contexto completava-se com a realização de campanhas massivas de conversão dos brasileiros, por centenas de pastores que ocupavam praças públicas, ginásios, estádios e esquinas, em todo o território nacional.

O espectro radiofônico, que não precisava de grandes recursos para manter programas locais, tinha-se diversificado enormemente, multiplicando as emissoras em todo o Brasil, sobretudo em ondas médias e em frequência modulada. Pequenas e médias igrejas evangélicas mobilizavam-se para produzir programas (muitos pautados em sermões), algumas vezes, de forma amadora, outras vezes, como fruto de empreendimentos especializados. Tanto pastores evangélicos, de igrejas históricas, como o reverendo presbiteriano José Borges dos Santos Jr., como pastores pentecostais, entre eles Manuel de Mello (O Brasil para Cristo) e David Miranda (Deus é Amor)

atravessaram as décadas de 1950, 1960 e 1970 liderando programas como *Meditação Matinal, Voz do Brasil para Cristo* e *Voz da Libertação,* respectivamente.

A mensagem religiosa desses ícones radiofônicos era pautada, segundo Campos, por técnicas de marketing religioso em que se encontrava a "simplificação do discurso, o maniqueísmo, a criação de um inimigo comum (o diabo), a amplificação e desfiguração dos acontecimentos, o farto emprego de *slogans* e de palavras de ordem".[4] Nos pequenos transistores, os fiéis recebiam, numa linguagem próxima, ressignificadas as suas aflições cotidianas, promessas de milagres, de cura física, e de libertação do mal. Ao mesmo tempo, despertavam-se acirradas disputas, entre igrejas pentecostais e seus pastores, pela procura de concessões governamentais para manter a voz de Deus no *dial.*

Do lado das mídias televisivas, um dos pioneiros do televangelismo será o fundador da Igreja Internacional da Graça, o pastor Romildo Ribeiro Soares (R. R. Soares), primeiro evangélico a transmitir em horário nobre sua programação. O formato televisivo adotado, o qual prevalece ainda hoje, resume-se à retransmissão do culto, somada a um bate-papo com os missionários, um momento de respostas às cartas recebidas e também um tempo para perguntas dos telespectadores e, ao fim, a solicitação de contribuições financeiras para o programa. Até hoje, R. R. Soares continua a pregar, louvar, orar e testemunhar no *Show da Fé.* Assim, no imaginário popular começa a ser quase que natural associar aos evangélicos as campanhas de massificação (cruzadas, correntes, festivais musicais), as experiências emocionais e as atividades espetaculares, todas veiculadas nos meios de comunicação em massa.

Os pastores pentecostais, como companheiros do processo de urbanização brasileira, dos anos 1950, 1960 e 1970, inspiravam-se no televangelismo norte-americano, com seus famosos pregadores e seus lemas, entre outros, Oral Roberts: *aguarde um milagre*, Rex Humbard: *um banco para Deus*, Jimmy Swaggart: *música para Deus*. Para angariar fundos, o televangelismo tupiniquim seguia as estratégias de marketing desses pastores, promovendo o Clube dos Sócios, a venda de tempo de oração na televisão, a produção industrial de *souvenires*. Passou a ser parte da performance comunicativa pentecostal o apelo emocional para manter intimidade com o fundador da igreja ou seu pregador. Pastores e fundadores se especializavam na linguagem persuasiva, para provocar a conversão em massa de seus seguidores, e nas técnicas de conduzir o telespectador a se comprometer com a "obra de Deus", o que significava manter no ar o canal e/ou programa. Esse televangelismo, nomeado na época de igrejas eletrônicas, desenvolveu uma forte base de teledifusão, nacional e internacional: a autonomia das lideranças nas igrejas tradicionais e a grande espetacularidade televisiva profissional.

Fundada em 1977, pelo Bispo Edir Macedo, a Igreja Universal do Reino de Deus (Iurd) será a herdeira mais representativa desse legado do televangelismo pentecostal. Ela se ergue, nos anos 1990, como uma imensa máquina narrativa da dor, das emoções, da espetacularização do sofrimento, dos medos ancestrais e das forças perseguidoras do mal — encarnados no demônio que, a todo momento, assedia os fiéis, na sua vida cotidiana. Narrativas que a Iurd aperfeiçoará, magistralmente, nos formatos televisivos e radiofônicos, principalmente depois da compra da

TVRecord em 1992. A aquisição da tevê pela Iurd multiplicará, exponencialmente, seus lugares de culto, encontros de aconselhamento, programas de assistência social, matérias jornalísticas e discursos políticos dos seus pastores, que, no seu conjunto, garantirão a existência social da igreja.[5] A Iurd desenvolverá, de um lado, a habilidade ímpar no uso da linguagem midiática para escapar da rotina de formatos televisivos de cunho religioso e, do outro, um gerenciamento profissional da capacidade de arrecadar fundos para a manutenção de seus impérios midiáticos.

Outras igrejas neopentecostais entrarão em cena com os mesmos padrões de marketing religioso, competência empresarial, entre elas, a Igreja Renascer em Cristo (1986), colocando sua cofundadora, bispa Sônia Hernandes, no carro-chefe de programas voltados para público feminino, e, mais recentemente, a Igreja do Poder Mundial de Deus (1998), cujo fundador, o pastor Valdomiro Santiago, traz o diferencial de uma mídia voltada para público sertanejo. Nesse ponto, é preciso ressaltar que a concessão de emissoras de rádio e de televisão são fruto de muita negociação política com o Ministério das Comunicações e com o Congresso Nacional. Assim, abriu-se outra frente de batalha para as igrejas na busca dessas concessões, jogando pentecostais, neopentecostais e católicos na disputa por ocupar cargos estratégicos na esfera pública, o que facilitaria pleitear o acesso à teletransmissão. Proliferam, então, nas campanhas eleitorais, *os homens de Deus*, comprometidos com os empreendimentos milionários de manter a voz e a imagem de Deus no ar.[6]

Fora da mídia não há salvação

Se, até os anos 1990, a linguagem televisiva e radiofônica era monopólio pentecostal e neopentecostal, embora a presença católica

na rádio tivesse uma presença tímida,[7] o cenário muda com a entrada maciça em cena de setores ligados à Renovação Carismática

Católica do Brasil (RCC).[8] Na metade dessa década, surgem, na produção de mídias televisivas, grandes redes de cobertura nacional, como a Rede Vida (1995) e a geradora TVCanção Nova (1997), ambas sediadas no Estado de São Paulo. Logo, viram emissoras locais e regionais, entre elas a TVHorizonte (1998/MG) e a TVSéculo XXI (1999/SP), esta última fundada pelo padre jesuíta Eduardo Dougherty, responsável por trazer a RCC para o Brasil. Mais adiante, são fundadas: TVNazaré (2002/PA), TVEducar (2003/MG), TV Imaculada Conceição (2004/MS), TVAparecida (2005/SP).

A expansão do televangelismo católico se soma à cultura *gospel*, consagrada na experiência religiosa pentecostal protestante. Entendida como a padronização do culto e da teologia, a cultura *gospel* reduz o louvor e a adoração à chave publicitária, o que se constitui como fonte da produção de bens religiosos, que vão da música religiosa industrializada até a diversificação de sofisticados *souvenires*.[9] Os carismáticos mergulharam de cheio na cultura *gospel* e atraíram para si o cerne da matriz pentecostal, isto é: a música que mediatiza a comunicabilidade religiosa e se impõe como elemento catalizador de sentimentos unidos à gestualidade (olhos fechados, expressões faciais chorosas, cabeça jogada para trás, braços levantados etc.).[10]

Uma avalanche de padres, religiosas e jovens proliferam, organizando bandas de músicas com o propósito de atrair a juventude em Rebanhões, Encontrões e *Carnavais de Jesus. Nos points* de sábado à noite, centenas de jovens rezam, dançam, cantam, namoram e aliviam, em tons românticos, suas aflições cotidianas nas Cristotecas e Barzinhos de Jesus. Nas pregações da madrugada, padres carismáticos aconselhavam a juventude a confessar periodicamente os pecados, a testemunhar eventuais conversões, especialmente aquelas relacionadas ao uso de drogas e álcool, e a estar vigilantes sempre, para não sofrerem as consequências de seus pecados, contraindo doenças ou vícios. Embalados nesse clima, de aparente secularidade, multiplicaram-se as exortações morais nas quais os jovens foram desafiados a manter-se "puros e castos", perante uma sociedade em que o "inimigo" está prestes a seduzi-los para o mal.

No Pentecostalismo Católico, que aliou a liturgia ao entretenimento, proliferaram inúmeros megaeventos realizados em grandes palcos e arenas ao ar livre, capazes de aglutinar milhões de fiéis animados por bandas de jovens, leigos cantores e padres de batina. A mídia secular convencionou chamar de *showmissas* aqueles eventos que começavam com a missa no ritmo do *som gospel*, no qual se repetiam refrãos como: "O mundo quer desfigurar meu viver, trazendo os meus olhos ao que vai perecer [...]; toda vez que oro eu me sinto feliz e me arrependo do que errado eu fiz".[11] Depois da celebração litúrgica, iniciava-se o *show* no qual a presença de padres cantores, como Pe. Marcelo Rossi, grupos musicais "profanos", duplas sertanejas e cantores populares se alastravam às massas, com os mais diversos gêneros musicais, e "rejuvenesciam" as liturgias paroquiais.

A versatilidade dos eventos, a imediata conexão com o gosto e sentimentos populares, a rápida assimilação do esquema de reprodução das múltiplas mídias pelas bandas, tudo consagrou a música *gospel* católica. Ato seguido, o mercado fonográfico mira um poderoso nicho de consumo religioso para um produto cultural de qualidade poética e melódica duvidosa.[12]

O esforço de visibilidade social da Igreja Católica, trazido pela RCC e sua interface com a cultura *gospel*, propõe-se a ativar mecanismos de adesão dos católicos, antes afastados da igreja, a aperfeiçoar estratégias de comunicabilidade, a investir na procura de fiéis e audiências, a repor criativamente as matrizes culturais do Catolicismo popular e a disseminar imaginários de plausibilidade do sofrimento. Apesar disso, como os dados do censo/2010 mostram, a RCC não consegue reverter o vetor declinante do Catolicismo e a migração de seus fiéis ao Pentecostalismo.

Tensões e oportunidades

Ao apropriar-se dos meios de comunicação em massa, como instrumentos de evangelização, os renovados se submergem, da mesma forma que os pentecostais, na versão religiosa da cultura de consumo que os autoriza, em nome de Deus, a se utilizarem da cultura midiática. Desponta, então, o Catolicismo midiático — setor da igreja que fusiona a versão religiosa da cultura de consumo às exigências pontifícias de evangelizar por todas as mídias —, preocupado em impedir que a Igreja sucumba à máxima: quem está fora da mídia não existe.

Mais ainda, tanto no Pentecostalismo Católico quanto no Evangélico, os setores religiosos, ao fazerem uso intensivo das mídias, estabeleceram uma fina associação entre consumo e religião, pois o ato de consumir se transforma em um ato subjetivo com significado religioso. Aliar o marketing religioso a profissionais de Deus será a mola propulsora que animará muitas lideranças, renovadas e pentecostais, a criarem produtos que, segundo eles, só por seu conteúdo religioso, evangelizam. Pior ainda, eles acreditam que há uma independência entre a lógica mercadológica e as mensagens religiosas, como se verá mais adiante. Desse modo, o âmago do *marketing* religioso, no qual a propaganda é a "alma do negócio", fará do Pentecostalismo um filão a ser explorado. A propaganda e a religião serão a fusão que renderá os respectivos ganhos econômicos, e a expansão das próprias igrejas se dará na potencialização do mercado de bens simbólicos.[13]

O fato apontado não passa despercebido pelos meios de comunicação de massa, os quais levantam a suspeita de ser "fé e dinheiro uma combinação explosiva". Apesar do argumento do assessor de *marketing* da RCC-Brasil, para quem "vender produtos religiosos produz satisfação não prosperidade [, pois] não é um negócio, é algo que pode mudar a vida de uma pessoa", para a mídia não religiosa, o pujante mercado consumidor católico, turbinado pela ascensão midiática dos padres-cantores, e o mercado consumidor pentecostal e neopentecostal são as duas faces de uma mesma moeda. Disso decorre que as mídias religiosas se consolidam, na sua dupla vertente concorrencial: no âmbito institucional, ajudam a ampliar os rebanhos e/ou atrair os *afastados* da igreja; no plano comercial, fazem crescer a disputa pela captação de audiências.

Mas, nesse embate, a Igreja Católica se encontra distante da competência profissional que o Pentecostalismo mostra no uso das mídias religiosas. O descompasso se explica porque o Catolicismo se digladiou internamente, durante muitas décadas, no dilema de ter os próprios meios de comunicação social ou delegar para seus fiéis leigos essa responsabilidade. Setores conservadores ponderavam os custos que empreendimentos próprios traziam para a Igreja, enquanto setores progressistas resistiam a reagir ao avanço pentecostal, utilizando as mesmas "armas" das *igrejas eletrônicas*.

Esta última postura trazia, para dentro do Catolicismo, como premissa, o fato de que o comando central da lógica capitalista encontrava, na mídia e na sua capacidade de manipular e seduzir, uma máquina produtora de alienação dos consumidores/receptores, impossibilitando a sua mobilidade social.[14]

O viés anti-imperialista e ideológico dessa leitura reduziu o êxito do fenômeno midiático pentecostal à ligação do poder econômico com os interesses de dominação que os Estados Unidos tinham sobre o Terceiro Mundo.[15] Anos depois, compreendeu-se que limitar a análise ao dado econômico produziu dois impactos na Igreja Católica: de um lado, obstruiu a observação das mutações culturais que o *televangelismo pentecostal* era capaz de produzir e, do outro, paralisou a inserção do Catolicismo na mídia religiosa.

Porém, no final da década de 1990, não havia mais dilema para os católicos, somente a procura de fundos econômicos para investir nas mídias de Deus. Portanto, ainda que tardiamente, o Catolicismo midiático levantou-se para recuperar o tempo perdido. A primeira década do Terceiro Milênio encontra as mídias religiosas em franca expansão e como parte da dinâmica cultural brasileira. Entretanto, quais são as interfaces que se estabelecem entre a religião e a cultura midiática?

Conteúdos santos em meios pagãos

TV Novo Tempo: canal da Esperança. O melhor canal para você e sua família. Sabe por quê? [porque tem] jornalismo com boas notícias, filmes sem violência, desenhos animados instrutivos, música de qualidade, culinária saudável e de baixo custo, valores cristãos com base na Bíblia.[16]

A TV Canção Nova é baseada nos valores e princípios cristãos, bem diferente no cenário televisivo, começando pelo fato de ser uma emissora que se mantém sem propagandas comerciais. [Com] programas de todos os formatos, estilos e temas: espiritualidade, jornalismo, programas infantis, eventos, entrevistas, debates, música, entretenimento, cultura e programas promocionais.[17]

Na propaganda citada, ambos os grupos, evangélico e católico, positivizam como instrumentos evangelizadores os meios de comunicação social de massa, no caso a televisão, subjazendo nessa apropriação três movimentos: separar da lógica de produção cultural os meios de difusão; negar os valores implícitos que a mídia possui, como máquina produtora de sentido e intérprete da realidade; e afirmar a ideia de uma pretensa neutralidade do veículo comunicativo. São esses movimentos que configuram a complexa interface entre religião e mídia.

A visão que leva setores religiosos a apostar nos *mass media* como instrumentos de ação pastoral, acreditando que basta fazer circular conteúdos catequéticos e doutrinais para cumprirem sua finalidade religiosa, encaixa-se na perspectiva de análise funcionalista dos meios de comunicação social. Dentro dessa perspectiva, compreende-se que os meios de comunicação de massa nascem com a função de serem apenas meios de difusão, instrumentos de propaganda e de informação, portanto, meros instrumentos veiculadores de conteúdo que independem do que veiculam. O que sustenta essa visão, segundo Mattelart, é pressupor que a mídia, como transmissora de mensagens, rasga a textura do tecido social e intervém nele, ora modificando-o, ora mantendo-o em um *status quo*. Portanto, ao trocar o conteúdo das mensagens, consegue-se alterar a realidade social.[18] Depreende-se disso uma conotação amoral dada ao meio, ou seja, ele não é bom ou ruim, pois o que define sua qualidade é o uso que se faz dele e os conteúdos que nele se canalizam.

A partir dessa leitura, firma-se uma postura pragmática que outorga aos setores religiosos a possibilidade de instrumentalizar a mídia, consagrando-a como ferramenta de circulação eficaz de qualquer símbolo e valor. É nessa dissociação que a mídia adquire um *status* de neutralidade perante os interesses econômicos, ideológicos e políticos que intervêm na materialidade da produção midiática. Em outras palavras, dizer que é uma *televisão diferente* porque *se mantém sem propagandas comerciais* não implica necessariamente que a lógica comercial inerente à produção midiática não esteja embutida na produção religiosa.

Nessa ilusão de uso da mídia, como apenas um instrumento neutro, são omitidos vários processos, seja na produção, seja na recepção, presentes na capacidade que ela tem de acionar estoques culturais, ressignificar tradições, conectar-se com referências simbólicas, concatenar simbolicamente todas as mensagens espalhadas nos conteúdos transmitidos e reunificar crenças, valores e estilos de vida através da comunicação. É essa capacidade que faz os *mass media* serem uma cultura midiática com potencialidade de disseminar padrões culturais, visões de mundo, imaginários sociais. Para Ramonet, tal possibilidade se traduz numa representação do real, portanto, com condições de intervir na sociedade e na sua dinâmica cultural.[19]

O processo apontado se constrói de tal maneira que a mídia se constitui como uma prática cultural carregada de mensagens com sentido e orientação determinados, estando atrelada, ao mesmo tempo, ao modo concorrencial e lucrativo de produção e circulação de bens simbólicos, próprios do sistema capitalista de comunicação. Alinhados com esse contexto, os produtores midiáticos estão, a todo momento, realizando, nas suas opções tecnológicas, escolhas éticas, estéticas e comerciais que correspondam às exigências do mercado, independentemente de suas vontades pessoais e/ou suas aspirações corporativas. Isso é válido, também, para os grupos religiosos.

No refinamento dessa trilha conceitual, a máxima de McLuhan de que *o meio é a mensagem* resgata a dimensão cultural dos meios de comunicação, associando-os à cultura midiática como poderosa alavanca que turbina a configuração da subjetividade dos indivíduos. Isso porque, ao configurar visões de mundo, a mídia se constitui como um ato cultural, acionando arsenais simbólicos e referências históricas no seu processo de produção, recepção e consumo, portanto, é uma cultura que ultrapassa a mera função comunicativa e/ou informacional. O amplo leque de recursos audiovisuais (vídeo, televisão, rádio), impressos (jornais, folhetos, livros, revistas) e virtuais (internet) se constituem como uma mediação social, uma relação entre pessoas, mediada por imagens-som-escrita, cada vez mais integrados entre si. Nessa direção, a cultura midiática não é só uma mediadora entre pessoas, mas também, segundo Berger e Luckmann, uma instituição intermediária entre o indivíduo e a sociedade. Para os autores, a mídia encontra-se além do controle e da emissão de conteúdos; ela converteu-se no principal epicentro produtor de significados para a vida cotidiana de milhões de seres humanos.[20]

Além disso, ao representar a realidade, a mídia desencadeia, do lado da produção, processos sinérgicos orientados a modificar, ou não, a realidade social, enquanto, do lado da recepção, os destinatários decodificam as mensagens a partir de seu lugar social, da sua compreensão do mundo e do sentido histórico da própria vida.[21] Observe-se que o impacto nas relações societárias e na organização social da cultura midiática oscila da produção ideológica da mensagem até o meio ou veículo comunicacional, passando pela recepção ativa que nem sempre pode ser tida como amorfa.

Enfatizar aqui a complexidade da cultura midiática permite perceber o que se afirma ou se nega quando os grupos religiosos, sobretudo pentecostais, insistem na instrumentalização dos meios comunicacionais. Compreende-se que tais grupos negam dos meios difusores a capacidade de intervir na percepção e sensibilidade do usuário, alterando sua subjetividade, não só pelo conteúdo, mas pela cultura midiática implícita no meio. Não basta a boa vontade desses produtores e sua intencionalidade de sacralizar os meios comunicacionais. O fato de imaginarem que veicular conteúdos "puramente" religiosos é por si só um mecanismo que torna a mídia religiosa, releva a impossibilidade de dissociar meio de mensagem. Os programas religiosos carregam, nos próprios formatos de produção, as exigências da linguagem e da cultura midiática, embora sejam tidos como mensagens e conteúdos com valores cristãos que negam, muitas vezes, os valores da modernidade, ou até mesmo se opõem a eles. De certa maneira, são conteúdos antimodernos que recusam a própria dinâmica de autonomização do indivíduo, sua liberdade moral, sexual e societária, mesmo que veiculados nos meios ultramodernos.

Mesmo assim, evangelizar na mídia representa para os produtores religiosos um movimento de mão dupla: por um lado, o ato de apropriar-se dos meios de comunicação é, em si mesmo, um ato evangelizador, porque permite ocupar um lugar social; e, por outro lado, o fato de colocar conteúdos catequéticos e éticos nos meios possibilita transformar o mundo. Porém, a lógica comunicacional da produção midiática se alicerça na concorrência e competitividade da mídia comercial e, por conta disso, é requerido das mídias religiosas que utilizem com profissionalismo o veículo comunicacional. Portanto, dessa realidade, os produtores religiosos não têm como escapar. Apesar do seu claro papel comercial, para o grande público, e até como parte do marketing religioso, as mídias religiosas devem aparecer somente como veículos de ensino e doutrinação, transmissores de rituais e difusores de ofertas de bens simbólicos e devocionais. É por isso que, mesmo com a imbricação do comercial no religioso, as mídias religiosas têm uma especificidade perante o resto das mídias disponíveis e da sociedade: sentem-se na obrigação de se fazerem vistas apenas pelo seu caráter religioso, tentando dissociar-se do caráter comercial, inerente às mídias.

Em nome de Deus: promessas

Se você, irmão, não invoca o nome do Senhor, o inimigo não deixa você, ele não retrocede. Mas, se você crê [...], você é diferente. Deus disse que tem que haver uma diferença entre o santo e o imundo, daquele que serve e daquele que não serve; você é chamado a fazer a obra de Deus [...]. Mas a situação está ruim, irmão. Largue do pecado, não faça isso, você tem que se afastar do imundo, ofertar a Deus, se sacrificar para ficar longe do maligno [...]. Irmão, acolha a Palavra de Deus, cumpra-a. Afaste-se dos vícios, das tentações do maligno [...]. Seja

fiel no casamento [...]. Próximo culto tem mais para falar disso aqui, se Deus não me der outra mensagem, a gente continua (R. R. Soares).[22]

Separar o sagrado do profano, realizar uma leitura do mundo como sendo um embate entre o bem e o mal, sinalizar a divisão entre a santidade e o pecado fazem parte do *script* dos pregadores pentecostais, de seu roteiro que circula, impreterivelmente, em todas as mídias. Coloca-se o ideal de vida cristã em oposição ao caos que representa a vida no mundo. Mundo secular entendido a partir da visão maniqueísta, para a qual o bem deve se sobrepor ao mal. Para que este não prevaleça, o fiel deve acreditar que as forças sobrenaturais agem, desde que ele se disponha ao sacrifício e abandono da vida devassa. Tal visão dicotômica do mundo e da espiritualidade, da mensagem pentecostal, estrutura as pregações que ocupam a maior parte do tempo nas mídias religiosas. Representar o mundo com contornos claros, entre o certo e o errado, o que é de Deus e o que é do diabo, cumpre uma função nômica. Isto é, uma função ordenadora da realidade que legitima a verdade sobre o mundo, a sociedade, as relações interpessoais, orientando o fiel, e suas aflições, para a transcendência.[23]

Será esta uma das especificidades da mídia religiosa: oferecer um conjunto de elementos simbólicos, bíblicos e teológicos que ajudem o crente e/ou telespectador/ouvinte a organizar suas certezas acerca das dinâmicas de convivência social:

> Vamos ler Gênesis, capítulo 31. Quantas vezes parece que Deus não está vendo o que está acontecendo com a gente [...]; espere a hora de Deus, a Palavra de Deus não falha, a hora dele é perfeita [...]. Deus vai te tirar dessa carência, dessa exploração, dessa tristeza [...], "dos que em ti esperam ninguém vai ser envergonhado" [Salmo 25] [...]. Tantos anos de marido alcoólatra [...]; a gente trabalha, trabalha e não sai do aluguel [...]. Deixa Deus te guiar na verdade [...]. Diz: "Renova minhas forças, Senhor".[24]

A mensagem citada, independentemente de ser veiculada na televisão ou no Youtube, cumpre uma função nômica e a sua pregadora cumpre um papel intermediário entre Deus/transcendência e o fiel, ao fornecer as referências bíblicas e éticas que contribuem para a leitura de sua realidade. O apoio visual, de muitos programas/vídeos, reforça com imagens, retiradas do cotidiano, a conexão entre a vida "real" e a mensagem enunciada, completando o ciclo ético-estético da mensagem.

Nesse ínterim, as mídias pentecostais pleiteiam, publicamente, o lugar que a religião ocupa na sociedade, ao mesmo tempo que reforçam certo tipo de representação da própria sociedade que desagrega cultural e eticamente os cidadãos. Diante dessa sociedade, que ameaça a vivência dos valores cristãos, circula incessantemente, nas mídias religiosas, a tríade popular em defesa da moralidade: a família, o comportamento sexual, as questões pró-vida. Além dos temas correlatos que giram em torno da castidade, antes e fora do casamento, do sexo, dos discursos monogâmicos e heterossexuais, da submissão à autoridade do marido e do pai, todos no seu conjunto perpetuam o patriarcalismo e o machismo nas estruturas sociais. Numa sociedade plural, essas mensagens que são pautadas por interdições do que está certo e errado, do que pode ser realizado, ou não, reforçam a representação social de que a sociedade está perdida e de que ela precisa ser resgatada. Para isso, o fiel só encontra refúgio e salvação na igreja.[25]

Assim, as mídias religiosas firmam representações sociais, por meio de seus sermões ético-religiosos e narrativas visuais, muitas vezes, com a pretensa imposição de verdades unívocas, discursos institucionais exclusivistas que, em casos extremos, abrem brechas para o cultivo de posturas fundamentalistas.[26] Tais brechas não são raras perante a crescente diferenciação do Cristianismo brasileiro, comentada, no início do texto, à luz dos dados do IBGE.

Outra função da mídia religiosa se encontra na potencialidade de disciplinar, por meio dos produtos religiosos veiculados, o cotidiano dos fiéis. Elementos ritualísticos disponíveis nas orações, rezas, novenas, missas, terços e cultos oferecem dispositivos estritamente religiosos que ajudam o fiel a suportar a contingência humana. Dispositivos simbólicos que totalizam a vida cotidiana, tematizam a aflição e facilitam estratégias de reconstrução do tecido subjetivo da dor. A vida inteira do fiel é contida na reza, tudo aquilo que é objeto de preocupação e motivo de prece e ritualiza a vida:

Nós dizemos com São Miguel Arcanjo, com a Virgem Maria, Nossa Senhora, vencedora nas batalhas de Deus, e como Maria dizemos para Deus que nada é impossível! [...] Entra, Senhor, nas nossas casas, em nossos lares [...]; envia a tua graça agora nas ruas das nossas cidades, naqueles becos escuros onde se escondem, Senhor, os traficantes para dominar os nossos jovens e tragar, Senhor, pela droga, pelo vício, a nossa mocidade [...]. Estamos orando para você que tem essa solidão porque seu marido saiu de casa e você ficou com os filhos, esse sentimento de ser traída, de não ser amada, de ser substituída [...]; Deus está com você.[27]

Curiosamente, a referência à Virgem Maria converte-se em elemento narrativo central para definir a identidade da mídia religiosa que veicula a oração. Não dá margem à dúvida de que a oração é de católico para católico. Entretanto, quando o discurso emparelha-se com os discursos do Pentecostalismo Protestante, a mídia televisiva católica aciona os recursos estéticos que ajudam a diferenciar quem está falando. Aparecem, assim, imagens de santos, do papa, de sacerdotes, do terço etc., referências que não dão margem ao erro e que permitem estabelecer o lugar religioso de quem fala, localiza os fiéis no campo religioso brasileiro.

Se, para os católicos, é necessário um dispositivo estético (imagem), para os pentecostais basta a pregação, pois sua narrativa não precisa de diferenciação, visto que,

historicamente, eles arribaram primeiro com o Pentecostalismo. Porém, se as igrejas neopentecostais estão garantidas na narrativa, não o estão na legitimação cultural e social, pois elas disputam, ainda, com o Catolicismo o seu *status* de religião válida e verdadeira. Em outras palavras, tanto para os pentecostais quanto para os neopentecostais, produzir mídia religiosa se transforma, na arena religiosa brasileira, em um ato de reconhecimento histórico e social. Justifica-se, desse modo, que, para eles, a mídia seja a pedra angular a partir da qual constroem sua legitimidade religiosa e cultural; acionam os estoques de pertencimento de seus fiéis, gerando mecanismos de fidelidade institucional; e procuram atrair novos adeptos, por meio das conversões de seus telespectadores/radiouvintes.[28]

Outra das funções das mídias confessionais consiste em metamorfosear, em linguagem demoníaca, a etiologia de problemas de saúde e das temáticas culturais contemporâneas. Assim, as igrejas neopentecostais transcodificam, de maneira magistral, para o plano sobrenatural, assuntos que, na esfera secular, são tratados em postos de saúde e em consultório médico, psicológico ou psiquiátrico. Essas igrejas prometem aos seus seguidores, no ato do exorcismo, a cura e garantem a salvação, quando comparecem aos cultos e templos. Um exemplo:

Sexta-Feira Forte. Existem dez sintomas de possessão: dores de cabeça, vícios, insônia e nervosismo, perturbação, desmaios constantes, medo, depressão, audição de vozes e visões, doenças sem solução, desejo de suicídio. Não importa qual a sua religião, Deus vai abrir o caminho [...]; você deverá comparecer neste endereço [aparece na vinheta o endereço do templo]. Só depende de você, existe uma saída: Jesus é a solução.[29]

Em nome de Deus: negócios

Mas, se a proposta teológica que estrutura as mensagens midiáticas, para todos os que as queiram escutar, pretende provocar o arrependimento, por meio de reconhecimento da vida errada e o pedido de perdão, a partir desse arrependimento, a proposta das igrejas com essas mensagens tem uma finalidade mais restrita. Embora não deva ser descartada a vocação proselitista das igrejas, que almejam ampliar o raio potencial de fiéis que engrossem seus rebanhos, os maiores objetivos das mensagens que circulam nos meios de comunicação de massa são: falar para a própria membresia, manter a escolha institucional dos fiéis e desenvolver mecanismos que gerem fidelidade. Isso é atestado por Silas Malafaia, da Igreja Assembleia de Deus, em sua fala transcrita abaixo:

> Eu aluguei um lugar, onde cabem 18 mil pessoas, para fazer uma Santa Ceia com minha igreja [...]. Mas eu estou falando muito mais para quem está me assistindo pela tevê [...]. O Ibope me diz que, todos os sábados, eu tenho mais de 2 milhões de pessoas que me assistem, 70% são evangélicos, o que significa que mais de um milhão e 400 mil evangélicos me assistem, muitos são irmãos que esperamos venham se juntar a nós.[30]

O viés centrípeto das mídias religiosas responde às expectativas que as igrejas têm de obter um retorno, palpável, sobre os empreendimentos midiáticos que se empenham em apoiar. Não é diferente para o Catolicismo midiático, ainda que, para ele, o uso da mídia acrescente a função de reinstitucionalizar os afastados. Atrair para dentro da Igreja todos aqueles que dizem pertencer a ela, mas que não participam dela, e engajar pastoralmente os fiéis nas atividades e movimentos eclesiais são intenções que perpassam as mensagens dos diversos produtos midiáticos veiculados. Eis um incentivo:

> Sou padre Alair Cuerva, trabalho na TV-Século XXI, e, também, na Rede Canção Nova, na Rádio, de madrugada [...]. Estamos aqui para falar dos Encontros de Casais com Cristo, da paróquia São Sebastião, na cidade de Pedra Branca, aí no Ceará. Vou falar a você da importância de seu "sim" a Deus [...]. Que vocês possam, com seu "sim", transformar a Igreja.[31]

Entretanto, manter as mídias religiosas pressupõe um grande investimento, que, no caso das igrejas neopentecostais, como a Iurd, representa a construção de autênticos impérios midiáticos — em torno dos quais suas lideranças parecem acumular imensas fortunas e processos judiciários.[32] Para isso, não basta pedir ajuda dos fiéis; é necessário um poderoso suporte ideológico que turbine as contribuições. Assim, sustentar a obra de Deus, manter a Palavra divina no ar, evangelizar nos *mass media* para colocar Deus no meio do mundo pagão são fatos que autorizam os líderes religiosos a desenvolverem as mais inovadoras técnicas de persuasão. Note-se a seguinte ousadia argumentativa:

> Eu vou desafiar você [...]; você vai oferecer um aluguel seu. Pegue esse aluguel [...]. Por exemplo, eu pago R$ 500,00 de aluguel. Eu vou oferecer uma semente desse aluguel, para que o Senhor possa abrir uma porta para eu ter a minha casa própria. Você pega os 500 reais e divide de abril até dezembro. Um mês dou 50, outro 30, você que vai dizer [...]. Alguém pode dizer: "Pastor, estou pagando minha casa própria". Pegue uma mensalidade e também divida [...], para que Deus dê a você os recursos para quitar, no final do ano, a casa própria [...]. "Mas estou morando de favor, que a coisa

está feia do meu lado, pastor" [...]. Você vai pegar 30% do que você ganha em um mês. "Mas estou desempregado". Alguém ajudará você [...]. Fez uns bicos [...] e recebeu 300 reais. Pegue 90 reais e doe essa semente para Deus [...]. É sua semente para que você tenha uma casa [...]. Deus multiplicará essa semente [porque você dá] para a obra de Deus. Aceite o desafio de Deus.[33]

Num outro tom, do lado católico:

Olá, amigos internautas, meus irmãos da televisão, da comunidade que amam a Canção Nova [...]. Vamos fazer uma vigília pelo projeto "Dai-me Almas", que sustenta a Canção Nova [...]. Fazer uma noite de oração foi uma inspiração. Deus revelou ao Eton [administrador da Canção Nova] nesta madrugada que Ele nos daria 80% [dos recursos econômicos] do projeto e que 20% seria de nossa dedicação, do nosso empenho [...]. Deus nos está convidando [...], nós precisamos de você, o projeto precisa de você para continuar evangelizando no sistema de comunicação Canção Nova [...]. O projeto "Dai-me Almas", mais que dinheiro, é nossa missão de evangelizar e salvar almas.[34]

Métodos que, como se afirmou anteriormente, têm sua origem no televangelismo norte-americano e foram aprimorados em solo brasileiro, transformando a mídia religiosa em grandes negócios em nome de Deus. O resultado dessa corrida, atrás das almas e de seus recursos econômicos, desencadeou uma acirrada concorrência entre algumas lideranças das igrejas neopentecostais e suas lideranças. Ao ver ameaçada a reserva de mercado religioso, ou seja, a freguesia que contribui para a manutenção dos empreendimentos midiáticos, apóstolos, bispos e pastores se digladiam, publicamente, numa mútua troca de acusações de exploração dos crentes nas suas igrejas e de denúncias de negociações espúrias. Em tal batalha, os acusados apelam para a argumentação bíblica de que os profetas são perseguidos, perseguição interpretada como sinal que confirma toda missão dada por Deus. Em consequência, ter inimigos que apontem enriquecimento ilícito não é mais que um sinal de perseguição profética, portanto, uma confirmação de que doar para os empreendimentos das igrejas é o caminho certo para os fiéis continuarem suas contribuições. Observe-se o cenário e a solução:

Milhares de cabeças de gado, pista de pouso, mansão com piscina [...]. As fazendas riquíssimas encravadas no coração do Pantanal foram compradas com o dinheiro dos fiéis da Igreja do Poder Mundial de Deus, e o dono delas é o homem que se intitula apóstolo, seu nome: Valdemiro Santiago, fundador e presidente da igreja [...]. Você vai ver agora que segundo a justiça a Igreja Mundial tem dezenas de templos ameaçados de fechar por ordem de despejo e que, ao mesmo tempo, o apóstolo Santiago fica cada vez mais rico [...]. Foram mais de quatro meses, nossa equipe seguiu a trilha do dinheiro [...]. O Domingo Espetacular vai continuar investigando.[35]

A resposta:

Quisera eu ter uma rede de televisão minha, para poder usar em prol do Evangelho, quisera eu. Você liga a televisão de manhã, me vê; à tarde, me vê; à noite, me vê [...]. É só botar na balança os meus frutos e os dos que batem em mim [...]. Eu fui tirado do meio do mato e estou aqui [a câmara mostra milhares de pessoas no templo]. Não me defenda, irmão, deixe para a justiça [...]. Alguém que foi preso quatro vezes está me perseguindo [...]. Bispo Macedo, um beijo no seu coração [...], mas nossa Igreja é forte, vamos continuar anunciando a Palavra.[36]

Apesar das imagens arranhadas, das suspeitas levantadas, da intervenção da Justiça, as mídias religiosas continuam a fazer circular imaginários sociais nos quais o poder de Deus ultrapassa as esferas sagradas e se derrama nas esferas profanas. Falar de Deus nos conteúdos da mídia garante, para os investidores religiosos, a sacralização dos meios pagãos. Mais ainda, o poder de Deus, também, está na igreja, sobretudo na neopentecostal, o que representa uma legitimação institucional da igreja no campo religioso. Insistir que Deus esteja em todas as mídias, tecnologicamente avançadas, reforça o imaginário religioso: Deus está na minha igreja, venha a ela!

Fascinante convite

Evidentemente, no momento em que a mídia assumiu o papel protagonista na evangelização pentecostal, a relação entre a mídia e a religião ficou muito mais complexa. A primeira lida com bens culturais, imateriais, simbólicos e de consumo; a segunda os integra e potencializa, à sua maneira, e, ao mesmo tempo, concorre com a capacidade que a mídia tem de constituir-se como referência de felicidade para o indivíduo moderno. Mídia e religião, como instituições intermediárias, disputam entre si o papel de quem oferece, de modo convincente, o melhor estoque de bens simbólicos que responda, de um lado, à aspiração de felicidade que as pessoas buscam; e que, de outro lado, forneça os dispositivos que ajudem os fiéis a lidarem com a contingência humana, a dor, a perda e as frustrações da vida cotidiana. É essa uma questão essencial que acompanha a apropriação dos meios de comunicação de massa, quando se faz uso das mídias religiosas.

Conscientes ou não dessa questão, a aposta que as igrejas fazem nos meios de comunicação de massa inclui a cultura midiática, ou seja, não é possível dissociar esta daqueles. As igrejas colocam-se em rota de colisão entre as mensagens antimodernas que pregam — povoadas de representações do mundo e repletas de imaginários com interdições, certezas absolutas, maniqueísmos, moralidades unidimensionais e éticas exclusivistas — e o uso que fazem dos meios de comunicação de massa, cada vez mais sofisticados, tecnológica e profissionalmente. A recusa dos valores da modernidade que os religiosos pregam, na integração imagética das novas mídias, confirma-se de forma sutil e sofisticada na lógica comunicacional da própria cultura midiática, embutida nos meios de comunicação de massa. Não há modernização tecnológica sem modernidade comunicacional, ainda que se almejem instrumentos neutros ao serviço divino. Em outras palavras, não há como a religião sair ilesa da sua relação com a mídia.

Mesmo assim, a mídia religiosa tem um papel fundamental para as próprias igrejas, tanto no campo religioso, quanto na sociedade. Em cenários sociais de pluralidade, estar na mídia representa ampliar os mecanismos de proselitismo e de reinstitucionalização dos fiéis, ao mesmo tempo em que é um ato de reconhecimento e de legitimidade social das instituições eclesiais. Entretanto, para os fiéis e para a sociedade, elas aparecem como vozes dissonantes da fé, uma vez que evidenciam a busca alucinada por investimentos econômicos; visam ao enriquecimento desenfreado de grupos e de lideranças que acumulam fabulosos patrimônios e realizam duvidosas alianças políticas, as quais se tornam imprescindíveis para erguer os impérios midiáticos religiosos.

No entanto, sagrado e profano no universo midiático convivem, ora na promiscuidade, ora na espetacularidade, diluindo, constantemente, as fronteiras entre o teológico e o marketing, a fé e o mercado, a política e a igreja, a esfera pública e a esfera privada. No limite, as mídias religiosas propõem, para pesquisadores e observadores sociais, a fascinante reinvenção de categorias que ajudem na compreensão dos desdobramentos que a interface entre mídia e religião desencadeia. Para os fiéis, as mídias de Deus trazem o aviso de que, na calada da noite, virão as consequências da escolha entre Deus e o diabo, porém, em Terras de Santa Cruz, talvez a melhor escolha seja sempre andar um pouco com cada um deles.

Referências bibliográficas

ASSMANN, Hugo. *A Igreja Eletrônica e seu Impacto na América Latina*. Petrópolis, RJ: Vozes,1986.

BELLOTTI, Karina Kosicki. *A mídia presbiteriana no Brasil*; luz para o caminho e editora cultura cristã (1976-2001). São Paulo: Annablume/Fapesp, 2005.

BERGER, Peter; LUCKMANN, Thomas. Modernidade, pluralismo e crise de sentido; a orientação do homem moderno. Petrópolis, RJ: Vozes, 2004.

CAMPOS, Leonildo Silveira. Os políticos de Cristo; uma análise do comportamento político de protestantes históricos e pentecostais no Brasil. In: BURITY, Joanildo; MACHADO, Maria das Dores C. (orgs.). *Os votos de Deus*; evangélicos, política e eleições no Brasil. Recife: Fundação Joaquim Nabuco/Ed. Massagana, 2006. pp. 29-89.

_____. Evangélicos, pentecostais e carismáticos na mídia radiofônica e televisiva. *Rev. USP* [on-line], n. 61 (2004), pp. 146-163.

CARRANZA, Brenda. *Catolicismo midiático*. Aparecida, SP: Ideias & Letras, 2011.

_____. Perspectivas de neopentecostalização católica. In: *Novas Comunidades Católicas*. Aparecida, SP: Ideias & Letras, 2009. pp. 33-58.

_____. Novas Comunidades, por quê crescem? In: *Novas Comunidades Católicas*. Aparecida, SP: Ideias & Letras, 2009. pp. 139-170.

CARRANZA, Brenda. *Renovação Carismática Católica*; origens, mudanças e tendências. Aparecida, SP: Santuário, 2000.

CUNHA, Magali do Nascimento. *A explosão Gospel*; um olhar das Ciências Humanas sobre o cenário evangélico no Brasil. Rio de Janeiro: Mauad/Mysterium, 2007. pp. 33-45.

DELLA CAVA, Ralph; MOTERO, Paula. *E o Verbo se Faz Imagem*; Igreja Católica e os Meios de Comunicação no Brasil, 1962-1989. Petrópolis, RJ: Vozes, 1991.

FONSECA, Alexandre Brasil. Igreja Universal: um império midiático. In: ORO, Ari; CORTEN, André; DOZON, Jean-Pierre (orgs.). *Igreja Universal do Reino de Deus*; os novos conquistadores. São Paulo: Paulinas, 2003.

FRESTON, Paul. Protestantismo e Catolicismo na América Latina: desafios da democracia e do pluralismo religioso. *Revista On-line, Instituto Humanitas*, ano XI, n. 358 (2011). Disponível em:<http://www.ihuonline.unisinos.br/index.php?option=com_content&view=article&id=3791&secao=358>. Acesso em: 21 de maio de 2011.

HALL, Stuart. Reflexões sobre o modelo de codificação/decodificação. In: SOVIK, Liv (org.). *Da Diáspora, identidades e mediações culturais*. Belo Horizonte/Brasília: Editora UFMG/Unesco no Brasil, 2003.

LÖWY, Michael. *A guerra dos deuses*; religião e política na América Latina. Petrópolis, RJ: Vozes/CLACSO/LPP, 2000.

MARTIN-BARBERO, Jesus. *Dos meios às mediações, cultura e hegemonia*. Rio de Janeiro: Editora UFRJ, 1997.

MARTY, Martin E.; APPLEBY, Scott R. *Accouting for fundamentalisms*; the dynamic character of movements. Chicago: The University of Chicago Express, 2004.

MATTELART, Armand e Michéle. *História das teorias da comunicação*. São Paulo: Loyola, 1999.

MCLUHAN, Marshall. *La galaxia Gutenberg*. Barcelona, España: Círculos de Lectores, 1993.

MUMFORD, Lawrence. Diversidade para a glória de Deus. Disponível em: <http: http://Cristianismohoje.com.br/interna.php?id_conteudo=802&subcanal=43>; acesso em: 30 de dezembro de 2011.

ORO, Ari. A Igreja Universal e a política. In: BURITY, Joanildo; MACHADO, Maria das Dores C. (orgs.). *Os votos de Deus*; evangélicos, política e eleições no Brasil. Recife: Fundação Joaquim Nabuco/Massagana, 2006. pp. 119-147.

RAMONET, Ignácio. O poder midiático. In: *Por outra comunicação*. Rio de Janeiro: Record, 2003.

Notas

[1] Disponível em: <http://www.ig.com.br/>; acesso em: 14 de setembro de 2012.

[2] Freston, Protestantismo e Catolicismo na América Latina, pp. 40-43.

[3] O Protestantismo histórico chega ao Brasil no século XIX, da mão de missionários estrangeiros e com a migração alemã e suíça. Já o pentecostalismo, nascido nos EUA, começo do século XX, inicia a sua expansão a partir de Belém, PA, em 1910, disseminando uma espiritualidade que enfatiza: os dons do Espírito Santo, a cura divina, a libertação do demônio, a profecia e a glossolalia (falar em línguas de anjos). Por sua vez, o neopentecostalismo soma a essa espiritualidade a capacidade de seus líderes de gerir empresarialmente a mídia televisiva, de intervir confessionalmente na esfera pública, por meio da política partidária, e de legitimar na Teologia da Prosperidade a ascensão social e a riqueza, quer seja pessoal, quer seja institucional.

[4] Campos, Evangélicos, pentecostais e carismáticos na mídia radiofônica e televisiva, p. 156.

[5] Fonseca, Igreja Universal, pp. 259-280.

[6] Oro, A Igreja Universal e a política, pp. 119-147; Campos, Os políticos de Cristo, pp. 36-49.

[7] Carranza, Catolicismo midiático, pp. 145-148.

[8] A Renovação Carismática Católica é um movimento que representa a expressão do pentecostalismo no Catolicismo, traz a novidade de valorizar os leigos dentro da igreja, utilizar na evangelização a mídia e promover a participação política de seus membros. Originada nos EUA (1967), a RCC é implantada no Brasil (1968) por dois sacerdotes jesuítas, difundindo-se imediatamente, por toda a Geografia eclesial, por meio de grupos de oração, pela promoção de eventos multitudinários e de Seminários de Vida no Espírito. Na linhagem carismática, podem ser identificados os padres cantores (Pe. Marcelo Rossi, Pe. Fábio de Melo, entre outros) e as Novas Comunidades Católicas (destacam-se a Canção Nova e a Shalom). Carranza; Mariz, Novas comunidades, por que crescem?, pp. 139-170.

[9] Mumford. Diversidade para a glória de Deus, p. 2.

[10] Cunha, *A explosão Gospel*, pp. 33-45.

[11] Música "Transfiguração", do cantor-autor Dunga, letra e vídeo. Disponível em: < http://www.terra.com.br/letras/dunga/1293276>.

[12] Cunha, *A explosão Gospel*, p. 36.

[13] Carranza, Perspectivas de neopentecostalização católica, pp. 33-58.

[14] Entre os autores que analisam os meios de comunicação de massa, embasados na perspectiva frankfurtiana, encontram-se os da primeira geração: Adorno e Horkheimer; em uma segunda fase: Herbert Marcuse e Erich Fromm; e, mais recentemente, em uma interpretação pós-moderna, despontam David Harvey, Fredric Jameson e Jürgen Habermas.

[15] Entre outros autores que sustentavam tais enfoques, encontram-se: Assmann, *A Igreja Eletrônica e seu Impacto na América Latina*; Della Cava; Montero, *E o Verbo se Faz Imagem*; Löwy, *A guerra dos deuses.*

[16] Folheto impresso de propaganda da Rede Novo Tempo de Televisão. Informação da Rede disponível em: < http://novotempo.com/institucional/>; acesso em: 20 de agosto de 2012.

[17] Propaganda veiculada no site da TV Canção Nova. Informação sobre a Rede disponível em: <http://www.cancaonova.com/portal/canais/tvcn/tv/tvi.php?id=7>; acesso em: 5 de agosto de 2012.

[18] Matellart, *História das teorias da comunicação*, pp. 29-56.

[19] Ramonet, O poder midiático, pp. 242-254.

[20] Berger; Luckmann, *Modernidade, pluralismo e crise de sentido*, p. 55.

[21] Hall, Reflexões sobre o modelo de codificação/decodificação, pp. 353-404.

[22] Programa Rede Bandeirantes, 23 de maio de 2012. Disponível em: <http://www.youtube.com/watch?v=sVG0RDZzGoE&feature=related>.

[23] Berger; Luckmann, *Modernidade, pluralismo e crise de sentido*, p. 54.

[24] Programa: Pensamento do Dia, bispa Sônia Hernandes (fundadora da Igreja Renascer em Cristo), exibido em 24 de maio de 2012. Disponível em: <http://www.youtube.com/watch?v=vuANNydnm0g>; acesso em: 30 de setembro de 2012.

[25] Bellotti. A mídia presbiteriana no Brasil, pp. 11-22.

[26] A compreensão do fundamentalismo, segundo Marty e Appleby, finca uma de suas raízes na ideia de que os grupos religiosos reagem aos avanços da modernização e pluralidade cultural atacando-as, sendo essa uma forma de se defender da realidade que não controlam (Marty; Appleby. Accouting for fundamentalisms, pp. 1-13).

[27] Pregadora Luzia Santiago, cofundadora da comunidade carismática Canção Nova. Disponível em:< http://www.youtube.com/watch?v=mQes3tKhjqs&feature=relmfu>; acesso em: 30 de setembro de 2012.

[28] Martin-Barbero, *Dos meios às mediações*, pp. 157-162.

[29] Chamada de audiência, IURD TV.

[30] Programa gravado no culto Vitória em Cristo, Igreja Assembleia de Deus, no HSBC, Arena, RJ, em 2 de dezembro de 2011. Disponível em: <http://www.youtube.com/watch?v=6GosJ-q9MNQ4>; acesso em: 3 de setembro de 2012.

[31] Disponível em: <http://www.youtube.com/watch?v=DXwVd7dJV_o&feature=related>; acesso em: 30 de setembro de 2012.

[32] Fonseca, Igreja Universal, pp. 259-280.

[33] Disponível em: <http://www.youtube.com/watch?v=Er7-VLIQb9w>; acesso em: 10 de outubro de 2012.

[34] Chamada comercial da TVCanção Nova, em 29 de março de 2012. Disponível em: <http://www.youtube.com/watch?v=mQes3tKhjqs&feature=relmfu>.

[35] Reportagem do programa Domingo Espetacular, Rede Record. Disponível em: <http://www.youtube.com/watch?v=kLexHrGQ5Zo&feature=related>; acesso em: 3 de outubro de 2012.

[36] Programa exibido no dia 18 de março de 2012. Disponível em: <http://www.youtube.com/watch?v=F8RDh-PJV_c >; acesso em: 3 de outubro de 2012.

Artes religiosas

CÉSAR AUGUSTO SARTORELLI

Introdução

O que define uma arte religiosa? Ela deve obrigatoriamente se diferenciar de uma arte não religiosa, condição que se daria pela sua execução com o objetivo de servir a fins ritualísticos ou de expressão das várias faces das religiões e crenças. A arte religiosa pode ser arte sacra para determinada denominação religiosa ou somente religiosa para outras denominações. A cruz é um símbolo religioso para cristãos, mas não é para islâmicos, por exemplo. Seguindo esse raciocínio, mesmo citando conceitos de sagrado, neste verbete "sagrado" está sempre relacionado ao religioso de determinada denominação, sem a ideia de um conceito universal. Seguindo essa definição inicial, tratar de artes religiosas é uma novidade dentro das publicações em português, porque temos uma bibliografia sobre arte que cita a relação entre religião e arte, mas não costuma se aprofundar nela. Os grandes clássicos da História da Arte nos cursos regulares de graduação em Artes Plásticas e Arquitetura são: Ernest Hans Josef Gombrich (1909-2001) e Arnold Hauser. Ernest Gombrich (1892-1978), historiador inglês, tem uma narrativa focada nas grandes obras e seus autores, destacando o papel da criação individual de excelência, ficando a religião como fenômeno coletivo sem maior importância: "Nos capítulos que seguem, tratarei da história da arte, que é a história da construção de edifícios e da realização de quadros e de estátuas".[1] Arnold Hauser, húngaro, com uma *História Social da Arte* de orientação marxista, aborda a relação entre arte e religião mediada pelo conflito de classes, com as classes dominantes de cada momento histórico, incluídas as elites religiosas, definindo os rumos da arte, que traduziria a visão de mundo dessas elites político-econômicas. A intrínseca relação entre arte e religião é exposta como uma hipótese aceita nos primórdios de sua gênese na pré-história e segue como tema de parte da produção, segundo esses autores, até o Barroco. Do Barroco em diante, essa relação é praticamente ignorada. O Iluminismo coloca a ciência e a razão como definidoras dos novos rumos da arte. Existe também um eurocentrismo na construção dessa história, com a participação coadjuvante de outras tradições artísticas, como as da China, do Japão, da America Pré-Colombiana, da África e da Índia. Mais recentemente se inicia uma nova narrativa dessa História da Arte, exemplificada por Julian Bell, artista e crítico de arte inglês, preocupado em estabelecer elos entre tradições aparentemente distintas, com uma perspectiva global, discutindo as influências recíprocas, como da arte grega na escultura hindu, da arte africana nas vanguardas do final do século XIX etc., além de incluir explicitamente a religião como objeto de estudo:

> Vejo a história da arte como uma moldura em que a história do mundo, em toda a sua amplitude, se reflete para nós mais que como uma janela abrindo-se para um reino estético independente. Parto da hipótese de que os registros da mudança artística se relacionam de algum modo com os registros das mudanças sociais, tecnológicas, políticas e religiosas, por mais invertidos e reconfigurados que sejam os reflexos.[2]

Aproximando-nos, mas ainda não chegando a uma proximidade que estabeleça uma relação mais direta entre arte e religião, usaremos de várias citações de Julian Bell, mas para escrevermos sobre artes religiosas teremos que usar outras referências teóricas, relacionando-as com as narrativas históricas da arte supracitadas. Nesse momento, entram em campo as Ciências das Religiões, para auxiliar nessa construção de uma história das artes religiosas: a Arqueologia nos trará as descobertas mais antigas de manifestações de arte do homem, que remontam à pré-história, no final do Paleolítico (entre 70 mil e 10 mil a.C.); a Antropologia e a Etnologia serão úteis para delimitar, através da comparação entre os objetos e manifestações descobertos pelos paleontólogos, sua relação com as práticas religiosas dos povos com culturas "primitivos" ainda existentes e que se encontram no mesmo estágio do final do Paleolítico no seu modo de vida. Em um segundo momento, a Fenomenologia da Religião, colocando a autonomia do fenômeno religioso, nos trará uma categorização da arte relacionada à religião. Como precursor da Fenomenologia da Religião, temos Rudolf Otto (1869-1937), teólogo protestante alemão, que, com sua categorização do Sagrado, delimita um dos elementos da relação entre arte e religião através da atribuição de sacralidade à obra de arte, separando-a da esfera da arte mundana. Mircea Eliade (1907-1986), grande historiador romeno, elaborou uma visão comparada das religiões, encontrando relações de proximidade entre diferentes culturas e momentos históricos, com uma grande contribuição nos estudos sobre o Xamanismo, relacionado aos primórdios da arte. Por fim, temos Joseph Campbell (1904-1987), o grande estudioso norte-americano dos mitos. Numa outra direção, temos vários autores focados em uma abordagem dentro de suas denominações religiosas, ainda não traduzidos em português, como o italiano, radicado na Alemanha, Romano Guardini (1885-1968), que relacionava a renovação litúrgica com a renovação artística dentro da Teologia Cristã Católica. Temos também dentro da Teologia Protestante o fenomenólogo Gerardus van der Leew, pioneiro na abordagem das artes religiosas: "A arte religiosa transparece sempre que reconhecemos na forma do homem a forma de Deus, na construção do homem, a criação".[3] Finalizando nossas referências conceituais, temos no Brasil o artista plástico e arquiteto católico Claudio Pastro (1948-), que, além de uma extensa obra entre pintura, ilustrações e projetos de capelas e igrejas, é um dos poucos teóricos brasileiros sobre arte e arquitetura religiosas cristãs com formação em Teologia e Arte Contemporânea. Construiremos agora uma narrativa das artes religiosas usando das referências teóricas citadas e acrescentando algumas indagações que podem ser motivo de pesquisa numa linha de estudo ainda em construção nas Ciências das Religiões. Nosso foco será nas artes visuais.

Pré-história

Podemos afirmar que a gênese da arte está diretamente relacionada com a gênese da cultura humana e da religião. Existem autores que relacionam o domínio do *Homo sapiens* sobre as outras espécies humanas pela sua capacidade mais desenvolvida na manipulação de linguagens criativas, ou seja, na criação de objetos artísticos, como o arqueólogo Steven Mithen (1960-):

Fragmentos de ocre vermelho foram descobertos em sítios que datam de 250 mil anos atrás. No entanto, os primeiros objetos de arte têm quarenta mil anos de idade. Os mais notáveis e abundantes encontram-se na Europa, onde contas e colares eram produzidos, figuras humanas esculpidas, e uma grande variedade de imagens abstratas e naturalistas era pintada nas paredes das cavernas [...]; é provável que parte da arte rupestre seja tão antiga quanto quarenta mil anos atrás.[4]

Os primeiros registros que temos da consciência humana são as obras de arte encontradas em construções tumulares no período Paleolítico Superior (de 40 mil a 11 mil a.C.), que são representadas por estátuas denominadas as "Vênus", sendo a mais famosa a Vênus de Willendorf. Elas representam imagens de mulheres com as áreas do corpo ligadas à maternidade e fertilidade em proporções exageradas: nádegas, seios, quadris, vulva. Este hiperdimensionamento estaria relacionado a ritos propiciatórios de boa colheita em sociedades eminentemente agrárias. Em seguida, temos as inscrições e pinturas rupestres, datadas de 28 mil a.C., cuja descoberta mais recente é a da caverna de Chauvet, descoberta em 1994, e filmada com a técnica de 3D em 2010 pelo cineasta alemão Werner Herzog numa aproximação entre as primeiras artes e a sétima arte. As pinturas em sua maioria eram de animais e situações de perseguição a eles, e estão relacionadas a ritos propiciatórios para a caça, que era a base da alimentação destes grupos, ser abundante. Temos, então, o surgimento da religião junto com a arte:

Muitos dos novos comportamentos que tenho descrito, como as imagens antropomórficas nas pinturas rupestres e o sepultamento de indivíduos com objetos depositados nos túmulos, sugerem que essas pessoas do Paleolítico Superior foram as primeiras a acreditar em seres sobrenaturais e possivelmente numa vida após a morte. O que observamos aqui é realmente a primeira manifestação de ideologias religiosas.[5]

Temos também cenas do cotidiano e de danças. Na caverna de Chauvet ocorre um fenômeno que chama a atenção por se tratar de uma espécie de "primeira autoria", porque há por toda a extensão da caverna marcas da mão da mesma pessoa, como uma assinatura. Até recentemente temos documentação de antropólogos sobre culturas que mantêm a mesma relação, religiosa e ritualística, na execução de suas pinturas:

Por exemplo, os intérpretes da arte rupestre recorreram aos relatos feitos pelos bosquímanos do sul da África sobre suas práticas de pintura rupestre, que se extinguiu no século XIX [...]. Seus testemunhos sustentam a ideia de que tal arte girava em torno de transes e visões [...].[6]

A hipótese mais corrente da condução da execução dessas pinturas em estado de transe é que seriam conduzidas por um especialista: o xamã é sempre a figura dominante, pois em toda essa região, onde a experiência extática é considerada a experiência religiosa por excelência, é o xamã, e apenas ele, o grande mestre do êxtase.[7]

Cabe também acrescentar que, "além disso, ele é psicopompo e pode ainda ser sacerdote, místico e poeta".[8] Em estado de transe ele estabelece contato com o mundo "invisível" no qual habitam os espíritos dos animais e da natureza (de lugares, árvores etc.), deidades de sua cosmologia, e, no seu retorno do transe, aconselha, cura, e também produz vestimentas de caráter sagrado. "A indumentária xamânica constitui em si mesma uma hierofania e uma cosmografia religiosa: revela não apenas uma presença sagrada mas também símbolos cósmicos e itinerários metafísicos."[9] Pode ser inferido que nessa relação entre o mundo invisível e a produção simbólica surja o germe da produção artística, que terá eco até o presente em vários trabalhos de arte, que será tema de comentários mais detalhados quando chegarmos à contemporaneidade nas artes. Os xamãs podem ser considerados como "primeiros contadores de histórias", que vão construir os primeiros mitos da humanidade:

MOYERS: Então é nesse período dos homens-caçadores que começamos a sentir um frêmito de imaginação mítica, a maravilha das coisas.
CAMPBELL: Sim. Há uma explosão de arte magnífica e todas as evidências necessárias a uma imaginação mítica, em sentido pleno.[10]

No Brasil, as primeiras manifestações de arte rupestre datam de 23 mil a.C. no Parque Nacional da Serra da Capivara, no Estado do Piauí. De início, os mitos servem para apaziguar a relação com a caça que os sustenta, e situá-los em um mundo hostil, e será parte intrínseca da representação artística desse momento primordial em diante. Da pré-história para a história, a partir de 3000 a.C. essa identificação com os animais traz como tema de representação as esfinges, feitas de partes de animais e de partes de humanos, como nas mitologias das primeiras civilizações do crescente fértil da Mesopotâmia (Suméria, Assíria, Babilônica), e depois com as civilizações persa e egípcia. Observa-se a existência de deuses com parte de animais, como Anúbis (cabeça de chacal), protetor dos mortos, os quais, segundo a crença na eternidade do corpo, deram origem a uma sofisticada arte de embalsamamento e a uma trabalhosa arte tumular representada pelas pirâmides. Nas Américas, onde hoje é o golfo do México, por volta de 1000 a.C. os Olmecas iniciaram uma arte colossal, com cabeças de basalto de três metros de altura. Cem anos depois temos

o chamado *Lanzón* ("lança"), um pilar de granito com mais de quatro metros de altura representando uma divindade risonha dotada de presas e cabelos de serpentes. Situa-se numa junção de corredores dentro de um maciço templo construído em Chavín de Huántar, nos Andes Peruanos. Para os arqueólogos, pedras como essas assinalam as primeiras transições indígenas das estruturas sociais de pequeno para as de grande porte — e, com isso, para a "civilização".[11]

Da antiguidade clássica à cristandade

Quando a mitologia começa a colocar os deuses como espelho do comportamento dos homens, na civilização grega aparecem os *Kourus*, que são esculturas em tamanho real de homens jovens adolescentes nus, diferente dos egípcios, que sempre são representados vestidos:

No Egito, um homem em particular, o faraó, é divino. Na Grécia, o *homem* é que é: uma ideia geral, despojada de roupas e circunstâncias [...]. Nas culturas antigas, os deuses eram potências que faziam tudo acontecer e a quem devíamos nos endereçar. Eles podiam penetrar um objeto que fabricássemos desde que conferíssemos a este uma face apropriada — muito frequentemente a face do animal pessoal do deus. Todas as premissas desse arranjo, contudo, começaram a fraquejar quando a *Ilíada* e o outro poema atribuído a Homero, a *Odisseia*, brincaram temerariamente com os mitos ao retratar um mundo controlado por uma súcia depravada, mesquinha e briguenta de luminosos superseres. Se os deuses podiam se parecer com os mortais, por que não o contrário?[12]

Depois dos *Kourus* (cerca de 630 a.C.), ocorre uma transformação muito grande na representação (cerca de 480 a.C.), quando se torna muito mais realista, com os detalhes anatômicos de músculos, dobras de pele, desenho dos cabelos, refletindo esse caráter divino do corpo humano masculino jovem como uma das expressões da beleza, que equivalia à verdade. Essa época é denominada o período clássico da civilização grega. Os deuses e seus mitos eram tema da maioria das representações artísticas, tanto em bronze como no caso das estátuas, preservadas para a posteridade em boa parte pelas cópias em mármore feitas pelos romanos, como nos desenhos estampados em vasos, ânforas e pratos de cerâmica. Na Grécia clássica, os templos eram a mostra de seu desenvolvimento, como o Partenon de Atenas (447-427 a.C.), assim como os teatros, onde a encenação teatral tinha caráter de catarse ritualística. Isso não aconteceu somente na Grécia:

É intrigante para os historiadores o fato de que o período entre 600 e 400 a.C. tenha testemunhado o advento de novos estilos de pensamento filosófico em várias culturas muito distanciadas — não apenas na Grécia, mas também na Índia e na China.[13]

Da Grécia e sua mitologia surgiu uma categorização das obras de arte em "apolíneas", relacionadas ao Deus Apolo, cujo mote era "nada em excesso", ou "dionisíacas", com a contraparte do Deus Dionísio, do vinho, da embriaguez, dos excessos. De um lado, o belo proporcional, correto, medidas áureas, regras de beleza, simetria, e, do outro, o belo deslocado, com pontos que fogem da norma. Cabe ressaltar que uma mitologia tão humanizada em seus sentimentos não corresponderia a uma imagem estereotipada de estátuas, templos e monumentos brancos puros e marmóreos como é o senso comum sobre a arte grega. Primeiramente, boa parte das estátuas era feita em bronze, não em mármore; além disso, foram descobertos restos de pigmentos nas estátuas do acervo do Museu Glyptothek de Munique, o qual realizou uma exposição em 2004 com as estátuas originais e suas réplicas ressuscitadas em todo o seu colorismo exacerbado.

Voltando ao teatro, a Grécia recebeu influência do teatro egípcio, que tinha nas representações dramáticas uma das expressões de sua cultura. Essas representações tiveram origem religiosa, sendo destinadas a exaltar as principais divindades da mitologia egípcia, principalmente Osíris e Isis. Por volta de 3200 a.C. já existiam tais representações teatrais.

As civilizações da antiguidade (grega, egípcia, romana e fenícia), ao longo de seu domínio, trocaram elementos e influências culturais e religiosas. Enquanto a Grécia viveu seu apogeu, Buda estava pregando na Índia. Com a expansão do helenismo pelo macedônio Alexandre Magno até o norte do Afeganistão, a escultura grega também irá influenciar a representação de Buda com suas estátuas de caráter realista.

Na América Central, as datações da existência da Cultura Maia remontam a 1000 a.C. Suas grandes cidades datam de 300 a.C., com suas pirâmides e templos. Todo o cotidiano maia era regido pelo seu calendário de caráter religioso, e sua arte refletia sua mitologia. Eram cidades complexas, com bairros residenciais, interligadas por estradas e aquedutos, similares ao desenvolvimento da civilização grega e romana. Foram abandonadas em 900 d.C. por razões ainda não esclarecidas.

Os romanos, por sua vez, herdaram e transformaram a mitologia grega, e também assimilaram cultos de outras regiões do Império Romano. Incorporaram os deuses dos etruscos, que viviam no centro da Itália. A mitologia etrusca gravitava em torno de uma tríade: Tinia (regente dos céus), Uni (deusa do Cosmo) e Menrva (rainha da sabedoria). Em Roma, essa trinca se converteu em Júpiter, Juno e Minerva. Mesmo assim, os deuses não tinham um único caráter. Sua história variava em cada cidade, inclusive dentro do mesmo país. Hoje, estamos acostumados a pensar que cada deus é de um jeito e que cada religião tem seu deus. Na antiguidade, era bem diferente. Não havia uniformidade nas religiões clássicas, pois elas nunca tiveram um livro sagrado. Portanto, não havia história oficial. Sem o monoteísmo e a exclusividade religiosa, as pessoas frequentavam cultos muito mais abertos. Prova disso é o edifício Panteão, que os romanos construíram para abrigar todos os deuses. Os conflitos só começaram quando Roma adotou o Cristianismo, no século IV. Os súditos do império não compreendiam por que deveriam adotar só o deus cristão. "Eles diziam: você pode ser cristão, mas venha também à festa de Zeus", criando vários sincretismos, como o da deusa Isis, produzindo templos e estátuas da divindade.

A ascensão do Cristianismo transformará de maneira radical a arte. De início na qualidade de religião perseguida, a representação dos evangelhos e da vida de Cristo se dará nas catacumbas com cidadãos romanos, em afrescos feitos pelos "fossores",

artistas-coveiros que trabalhavam nas catacumbas; faziam parte de uma grande corporação helênica, juntamente com os *pictores, musivarii* e os *quadratarii*. Essa classe pertencia à classe dos *servis* ou libertos e foi onde mais o Cristianismo penetrou. A princípio, por serem de origem pagã, retratavam o "Cristo Hermes" (Cristo Sol), Cristo Mestre, figuras imberbes e jovens, pois os romanos dos três primeiros séculos não tinham recebido a influência da arte original do Oriente (Cristo barbudo, por exemplo). Os fossores [...] faziam parte dos "sagrados mistérios", logo abaixo dos diáconos e acima dos *ostiarii*, ou clérigos menores. Esse ministério permaneceu durante todo o primeiro milênio da Igreja e existe até hoje na Igreja Oriental.[14]

Também se celebravam as primeiras eucaristias nas casas de cidadãos romanos cristãos, as *Domus Ecclesiae*, algumas tornadas exclusivas para os encontros. Posteriormente, com o imperador Constantino, que reinou de 306 a 337 d.C., o Cristianismo deixa de ser perseguido, e "os primeiros símbolos cristãos começam a aparecer nas moedas desde 315 d.C., e as últimas imagens pagãs desaparecem em 323 d.C.":[15]

Através do Edito de Milão (313 d.C.), [Constantino] fez surgir uma nova era na Igreja. Foi ele quem deu ordem para que fosse guardado rigorosamente o descanso dominical; permitiu o uso de "lugares basilicais" (palácios da realeza), fóruns, senados, termas para uso da Igreja e a construção de novas igrejas, com colunas e mármores de templos pagãos, bem como dispensou a Igreja do pagamento de impostos.

Por sua ordem, ainda, foram levantadas as magníficas basílicas sobre o Santo Sepulcro e o Santo Calvário e a basílica de Belém, onde Jesus nasceu [...]. Construiu a primeira basílica de São Pedro no Vaticano.[16]

Sob o governo de Teodósio (379-395), o Cristianismo "converte-se em religião de Estado, e o paganismo é definitivamente proibido; os perseguidos transformam-se em perseguidores".[17] Na arte começa um longo período que segue até o final da Idade Média na Europa. No âmbito dos templos, os que não foram abandonados ou saqueados se converteram em igrejas cristãs, como o Panteão, símbolo maior do sincretismo anterior. Começa, então, na arquitetura a arte basilical. O edifício mais importante para a realização de julgamentos nas cidades romanas, a basílica, se torna também igreja, e seu desenho será adaptado à liturgia cristã e se tornará o modelo arquitetônico das mesmas até o início do século XX.

A representação de Jesus tem uma genealogia que se inicia com a sagrada face *aquiropita*, datada de 28 d.C., que significa "não pintada por mãos humanas". Segundo documentação histórica,

no século XIX, arqueólogos [...] descobriram uma biblioteca [...] datada dos primeiros anos da Era Cristã. Entre muitos textos foram encontrados fragmentos de cartas [...] relatando viagens de Anan, secretário do rei Abgar V, que reinou do ano 13 ao 50 depois de Cristo na cidade de Edessa, atual Urfa na Turquia. Anan, no ano 340 dos Selêucidas (28 da Era Cristã) teria visto o Cristo em Jerusalém. Escreveu imediatamente ao seu rei, o qual estava com lepra e pediu que trouxessem Jesus até ele. Anan, como de costume, teria pintado o rosto de Cristo e levado para o rei Abgar V., o qual ficou curado e, assim, guardou tal pintura em lugar de destaque em seu palácio.[18]

Segundo lendas populares da Igreja Oriental,

Jesus estaria lavando o rosto numa fonte quando o secretário do rei Abgar pediu-lhe que fosse a Edessa curar o seu rei. Jesus teria dado a toalha onde ficou impressa a Sagrada Face e disse-lhe que um de seus discípulos iria até ele. A toalha com a Sagrada face Aquiropita, chegando às mãos do rei, curou-o, e mais tarde o Apóstolo Judas Tadeu levou o evangelho aos povos daquela região.[19]

Em 726, o Papa Gregório II se refere a ela como relíquia muito conhecida e venerada, e após passar de Edessa para Constantinopla, se encontra desde 1383 na igreja São Bartolomeu dos Armênios em Gênova na Itália. Nela temos a representação de Jesus com pele morena, olhos escuros e barba que se tornou a base de toda a iconografia posterior de Jesus.

Outra imagem de referência é um ícone do mosteiro ortodoxo de Santa Catarina de Alexandria do Monte Sinai no Egito, datado do século VI, com o Cristo Pantocrator (que carrega o evangelho na mão direita). Ele também tem a tez morena, cabelo e barba ondulados e olhos de cor castanha. Essa imagem do Pantocrator será muito comum nas primeiras Igrejas Cristãs e continua sendo utilizada na tradição artística da Igreja Cristã Ortodoxa. De início não havia a preocupação em ser realista na representação de Jesus, e sim simbólico, de acordo com certos cânones de desenho e execução. Até o ano 1000 não havia separação entre a Igreja Católica Romana e a Oriental, e a imagem religiosa era o ícone para ambas.

Pintar o ícone se diz "escrever" o ícone; daí o nome de "iconógrafo" a quem o realiza. É a palavra da escritura transcrita em forma e cor. O iconógrafo faz parte dos sagrados ministérios e realiza tão somente imagens ligadas ao culto, à sagrada liturgia e, eventualmente, também ícones para as casas dos fiéis. O jejum, a bênção dos materiais a serem usados e a celebração da Santa Missa sobre os ícones recém-realizados e colocados no altar confirmam-lhes a característica sagrada.

Nunca recebem a assinatura do artista, mas existe a identificação da autoria pelas características particulares de expressão plástica de cada um que o realiza, sobre os cânones tradicionais. Jamais é feito em série.

A composição do ícone está em íntima relação com a Teologia cristã ortodoxa. O fundo é despojado, sem desenhos, de onde emana a luz, a qual parte do quadro. Não há perspectiva nem realismo. São utilizados modelos de representação cunhados pela tradição, que são estritamente seguidos. O ícone tem um lugar central nas celebrações litúrgicas e específico no edifício da igreja, sendo beijado e reverenciado. Nas Igrejas Orientais Cristãs, existem doze festas litúrgicas anuais com seus correspondentes ícones. Após a queda de Roma em 473 d.C., houve um período, entre os séculos VII e IX d.C. em que um movimento contra a adoração dos ícones, considerada uma atitude de idolatria, fez com que vários deles fossem destruídos e proibida sua confecção. Leão III, Imperador do Império Bizantino, proibiu-os em 730 d.C., e somente em 11 de março de 843 d.C., com a Imperatriz Teodora, foram excomungados os iconoclastas e implantada a comemoração do "Domingo da Ortodoxia", que permanece até hoje nas Igrejas Cristãs Ortodoxas:

> Na Europa Continental, os artistas cristãos haviam tentado preservar a unidade de figura, natureza e estrutura ao longo de séculos de invasões — primeiro do leste "bárbaro", depois do sul muçulmano e, por fim, dos vikings do norte da Escandinávia [...]. Nos anos 800, o líder franco Carlos Magno, após unir a maior parte da região que hoje corresponde à França, Alemanha

e Itália, foi coroado "*Santo* Imperador Romano" pelo bispo de Roma — arranjo que finalmente livrou o Ocidente da persistente autoridade do outro imperador "romano" em Bizâncio e também alavancou a autoridade do próprio papa.[20]

Nesse ponto de cisão entre a Igreja do Oriente e a do Ocidente, inicia-se também uma diferenciação da visão teológica da representação de imagens cristãs, na arte carolíngia, exemplificada por um crucifixo de caráter naturalista e figurativo feito pelo artista Gereão em 975 d.C. para a Catedral da cidade de Colônia:

> O Cristianismo costumava evitar estátuas totalmente acabadas (entalhadas por todos os lados e despregadas de uma parede por exemplo), já que elas cheiravam a paganismo [...]. Pode-se buscar outra justificativa para essa fisicidade. Gereão viajará para Bizâncio como agente da diplomacia que então aliava os dois "Impérios Romanos" separados, e um argumento favorável às imagens, nas controvérsias iconoclásticas de Bizâncio, pode ter se firmado no Ocidente. Deus, rezava a ideia, assumira forma corpórea ao nascer na Terra na pessoa de Jesus — na fórmula do Evangelho de São João, "o Verbo se fez carne". O mesmo se dava quando uma ideia espiritual recebia forma material na arte. Essa doutrina da Encarnação proporcionou uma defesa intelectual para o caráter insistentemente figurativo da arte cristã a partir dessa época.[21]

A partir do segundo milênio, o ícone foi abandonado pela Igreja Católica Romana e permaneceu nas Igrejas Cristãs do Oriente. Teremos então a arte românica e depois a gótica com suas catedrais como o centro da vida artística da Idade Média. A importância da Igreja nesse período é demonstrada pela dimensão das catedrais, que sobressaíam das casas baixas das cidades como demonstração da fé e do poderio de seus habitantes.

Os imensos vitrais dessas catedrais góticas serviam como "evangelho dos pobres", posto que a imensa maioria da população era analfabeta e, pelas imagens, aprendiam o evangelho. Surge no final da Idade Média, em meados do século XV, a Bíblia dos Pobres ou *Biblia Pauperum*, dentro de um momento de expansão do uso da técnica da gravura em madeira, a xilogravura, que faz surgirem os "Livros Tabulários", que são feitos com grandes e didáticas imagens, de modo a difundir a mensagem do evangelho. De pobre tinha muito pouco, porque era rica em imagens. Era uma necessidade, visto que só monges e nobres liam em latim. A *Biblia Pauperum*, com desenhos em parte atribuídos ao grande artista flamengo van Eyck, teve inúmeras edições, tornando-se referência iconográfica para os artistas religiosos cristãos. Esses livros ficavam abertos para os fiéis, as grandes páginas divididas em cenas. Alberto Manguel nos fala que,

para os analfabetos, excluídos do reino da palavra sagrada escrita, ver os textos representados em um livro de imagens que eles conseguiam reconhecer ou ler devia induzir um sentimento de compartilhar com os sábios e poderosos a presença material da palavra de Deus.[22]

Do Renascimento ao Barroco

Retomando o caminho da representação cada vez mais próxima do homem de sua época desembocaremos no Renascimento, quando, de um lado, temos nobres e burgueses sendo representados como deuses e personagens da mitologia greco-romana, retomando a tradição realista na escultura e pintura; e, do outro, como personagens bíblicos, mas também agora com as faces de sua época. A representação na arte passa a estar marcada pelas duas vertentes — mitológica e cristã —, mas associando de vez o homem, que se torna de novo o centro do mundo. A Igreja ainda terá grande poder, demonstrado no choque cultural com a chegada dos europeus e a colonização posterior da América.

A América já havia visto uma civilização como a maia florescer e se extinguir. Teve também a cultura moche (200-500 d.C.), onde hoje é o Peru, com uma cerâmica extremamente elaborada, com representações tão naturalistas como a grega, de cenas do cotidiano, e que também foi extinta. No momento de contato com os europeus, a América tinha dois grandes impérios: o asteca na América Central e o inca na América do Sul. Eram sociedades em que a vida cotidiana estava intrinsecamente atrelada às suas crenças. Para os astecas, a vitória em uma guerra era colocar o próprio ídolo no topo da pirâmide central da aldeia conquistada. A guerra procurava mais angariar prisioneiros para serem sacrificados do que eliminá-los. Sua arte estaria relacionada a esse modo de vida, com a produção de trajes de guerreiro jaguar, que procuravam trazer o poder do animal e escudos de mosaicos de pena com poderes mágicos mais que de defesa. Os maiores edifícios eram as grandes pirâmides dos templos, onde se sacrificavam guerreiros capturados em honra ao seu deus tribal, o Deus do Sol Huitzilopochtli, que devia ser alimentado com sangue humano ou morreria, deixando de girar no céu, trazendo frio, escuridão e o fim da humanidade. A grande honra para um guerreiro asteca era morrer em batalha ou ser sacrificado. Na América do Sul, os incas construíram diversos tipos de casas consagradas às suas divindades. Alguns dos mais famosos são o templo do Sol em Cusco, o templo de Vilkike, o templo do Aconcágua (a montanha mais alta da América do Sul) e o Templo do Sol no Lago Titicaca. O Templo do Sol, em Cusco, foi construído com pedras encaixadas de forma fascinante. Esta construção tinha uma circunferência de mais de 360 metros. Dentro do templo havia uma grande imagem do sol. Em algumas partes do templo havia incrustações douradas representando espigas de milho, lhamas e punhados de terra. Porções das terras incas eram dedicadas ao deus do sol e administradas por sacerdotes. Praticavam também a mumificação, enterrando oferendas junto com seus mortos. De suas sepulturas, acreditavam, as múmias mallqui poderiam conversar com ancestrais ou outros espíritos huacas (de lugares sagrados) daquela região. As múmias por vezes eram chamadas a testemunhar fatos importantes e presidir a vários rituais e celebrações. Normalmente o defunto era enterrado sentado. No Brasil existem vestígios da cultura tapajônica, no Rio Tapajós, com pequenos amuletos em forma de sapo, os muiraquitãs, e cerâmicas aparentadas em desenho como as incaicas, com representação de animais, além do uso de elaboradas máscaras ritualísticas em algumas tribos.

Voltando à Europa, após o Renascimento, com a Reforma Protestante, um divisor de águas se estabelece na arte: de um lado, a Igreja Católica promove a Contrarreforma e o Barroco como seu estilo:

> Na chamada Contrarreforma, a Igreja rejeitou as atitudes do papa Júlio II, que permitira a Michelangelo recobrir a Capela Sistina com exultantes nus pagãos. Ela resolveu, como alternativa, concentrar os recursos da imagística na salvação de almas, de forma direta e tocante. A dor, o *páthos* e o testemunho místico deveriam assumir o lugar da engenhosidade, titilação e variedade cênica do Renascimento. Essa receita afetaria imensamente a arte até fins do século XVII — no mínimo, pelo simples fato de ter deflagrado outros programas de retorno e reforma dentro da própria comunidade artística.[23]

Nos países que aderem ao Protestantismo, com sua rejeição ao uso de imagens, se inicia uma nova tendência artística, o neoclassicismo. Enquanto Gian Lorenzo Bernini (1598-1680) está finalizando o Baldaquino Barroco da Basílica de São Pedro em Roma, Mauricio de Nassau está morando em uma casa neoclássica em Haia na Holanda. O Barroco dará frutos artísticos na América Latina com acréscimos de repertório visual da cultura pré-colombiana como nas famosas pinturas cusquenhas usadas para evangelizar os povos conquistados. Posteriormente, o Iluminismo ganhará força e junto com ele a República, que adotará o neoclássico, em contraposição ao Rococó, derivado do Barroco, que foi o estilo da Monarquia Absoluta apoiada pela Igreja Católica Romana. Nesse momento, a arte continua mantendo seus temas mitológicos greco-romanos e cristãos, mas agora já temos todo o "espírito de época" do homem racional ascendendo. Desse momento em diante, a narrativa da História da Arte Religiosa se circunscreve às igrejas, capelas e mosteiros.

Do romantismo à modernidade

Começa a modernidade, e no século XIX, com o romantismo inicialmente, se produzem os paradigmas e referências da contemporaneidade. Essa porção da história das artes religiosas toma uma nova dimensão, porque não está associada a um direcionamento dado pelas denominações religiosas. Mas as crenças, tanto nas religiões oficiais quanto em novas formas de espiritualidade, irão marcar o trabalho e a poética de vários artistas. Um exemplo é a obra do poeta e artista plástico William Blake. Ele pertenceu a uma família adepta da seita cristã swedenborgiana:

A salvação, para Swedenborg, não é só espiritual, mas sensorial e intelectual. Além disso, a morte não elimina o livre-arbítrio. Cada um escolheria o que mais deseja: se você é mais feliz entre os demônios, poderá estar com eles. Se é mais feliz com os anjos, da mesma forma. William Blake acreditava que a salvação poderia vir por meio da arte e que Cristo seria um artista, um esteta, pois pregava por meio de parábolas, metáforas. Nesse sentido, a salvação seria alcançada pela inteligência, pela ética e pelo exercício da arte.[24]

O intercâmbio cada vez maior entre culturas distantes — como a proporcionada pela abertura do Japão ao Ocidente a partir de 1854 — trouxe a gravura japonesa de influência xintoísta de Hokusai, que se tornou um modismo europeu denominado japonismo, exemplificado pela série de vistas do monte Fuji:

O transitório e o humilde são habitualmente acalentados por uma estética (*wabi sabi*) que descendia da adoração pré-histórica de espíritos do Japão. A mesma tradição considera o Fuji um baluarte místico de imortalidade — um símbolo repleto de significação pessoal, sem dúvida, para qualquer pessoa com um plano de vida como o de Hokusai.[25]

Isso influenciaria o pintor impressionista Monet: "O elevado ponto de vista de Monet, sua paleta livre de cores terrosas e até mesmo seu disco solar podem todos dever algo às estampas de Hokusai".[26] E Degas: "As técnicas sucintas e espirituosas de separação entre o próximo e o distante, oriundas de Edo,

ajudaram a catalisar imagens tão novas como a *Place de la Concorde* de Edgar Degas".[27]

A arte primitiva das colônias influenciaria grupos como o Die Brucke, de Dresden, criado em 1905 por ex-estudantes de arquitetura, que faziam xilogravuras inspiradas na coleção do Museu Etnográfico da cidade:

Ao contrário dos escultores europeus do século XIX, os artistas africanos praticavam a "escultura direta" — cortando-a logo no bloco, sem modelo preliminar —, e seu exemplo estimulou os ex-alunos a improvisar talhes e estocadas exuberantemente acidentados.[28]

Essa mesma arte africana influenciará o Cubismo de Picasso após uma visita ao Museu Trocadero de Paris. Segundo seu próprio relato, ao ver-se confrontado pelo acervo de esculturas africanas, ele sentiu subitamente as intenções de seus criadores: "Eles eram contra tudo — contra espíritos ameaçadores e desconhecidos [...]. Eu entendi, eu também sou contra tudo".[29] E depois pintou as duas faces à direita da pintura *Les Demoiselles d'Avignon* com um "visual africano".

Com as vanguardas artísticas de arte do final do século XIX e início do XX, vemos uma curiosa retomada da arte mais ancestral e sua relação intrínseca com a religião, nos povos exóticos que não estavam impregnados pelo cientificismo e positivismo do mundo ocidental, como Gauguin nas Ilhas da Polinésia ou Matisse com a arte islâmica na África Setentrional. Numa outra tendência, teremos a influência de novas manifestações de religiosidade, como a Teosofia na obra de Kandinsky:

O grupo que ele liderou a partir de 1911 (o *Blaue Reiter*, "Cavaleiro Azul", nome tirado de sua revista) associou prontamente a intensidade de cores de Matisse com a teosofia. Essa doutrina supostamente influenciada pelas da Índia foi uma outra vertente da subcultura transnacional de novas espiritualidades que começara a se formar nos dias de Blake, mais de um século antes [...] (Georgiana Houghon montara a primeira exposição registrada [...] de pinturas "abstratas", os seus "desenhos espirituais", na Londres de 1864).[30]

Conclusão

Essas mesmas vanguardas artísticas estão até hoje sendo recicladas na produção de arte contemporânea. Parte dessa produção tem uma poética que transita neste território da arte religiosa como o videoartista Bill Viola (1951-), que na biografia em seu site oficial declara: "Seus trabalhos focam as experiências humanas universais — nascimento, morte, amplicação da consciência — e têm raízes tanto na arte oriental quanto na ocidental, bem como nas tradições espirituais, incluindo o Budismo Zen, o Sufismo Islâmico e a Mística Cristã".[31]

E o escultor indiano radicado na Inglaterra Anish Kapoor (1954-), que no site de sua galeria tem seu trabalho apresentado assim: "Seu trabalho se preocupa com profundas polaridades metafísicas: presença e ausência, ser e não ser, lugar e não lugar, concreto e intangível".[32]

Podemos concluir que existe uma narrativa a ser construída sobre a arte religiosa do século XIX até o XXI com mais precisão, e que, para além da arte referenciada nas várias religiões e seitas, contemple uma produção que trabalha com uma poética ancorada na metafísica, na mística e na espiritualidade. É um desafio que este verbete procurou lançar e pincelar com algumas referências já existentes. Para encerrar, uma citação de Kandinsky:

Toda época espiritual apresenta seu conteúdo específico expresso sob uma forma exatamente correspondente a tal conteúdo. Toda época recebe assim uma "fisionomia" própria, prenhe de expressão e de força. Assim, "ontem" se transforma em "hoje" em todos os domínios espirituais. Mas a arte possui ainda uma capacidade exclusiva de adivinhar no "hoje" o "amanhã", força criadora e profética.[33]

Referências bibliográficas

BELL, Julian. *Uma nova história da arte*. (R. Maioli, Trad.). São Paulo: Martins Fontes, 2008.

CAMPBELL Joseph; MOYERS, Bill. *O poder do mito*. (C. F. Moisés, Trad.). Rio de Janeiro: Editora Palas Athena, 1992.

ELIADE, Mircea. *História das crenças e das ideias religiosas*. (R. C. Lacerda, Trad.). Rio de Janeiro: Zahar Editores, 1979.

_____. *Xamanismo e as técnicas arcaicas de êxtase*. 1. ed. (B. P.-M. Benedetti, Trad.). São Paulo: Martins Fontes, 1998.

GOMBRICH, Ernest Hans. *Historia del arte*. (R. S. Torroela, Trad.). Barcelona: Editorial Éxito, 1979.

HAUSER, Arnold. *História social da literatura e da arte*. 3. ed. (W. H. Geenen, Trad.). São Paulo: Editora Mestre Jou, 1998.

HUBBELING, H. G. *Divine presence in ordinary life*; Gerardus van der Leeuw's twofold method in his thinking on art and religion. Amsterdam/Oxford/New York: North-Holland Publishing Company, 1986.

KANDINSKY, Wassily. *Do espiritual na arte.* 1. ed. (Á. C. Danesi, Trad.). São Paulo: Martins Fontes, 2000.

MANGUEL, Alberto. *Uma história da leitura.* São Paulo: Companhia das Letras, 1997.

MITHEN, Steven. *A pré-história da mente*; uma busca das origens da arte, da religião e da ciência. (L. C. Oliveira, Trad.). São Paulo: Unesp, 1998.

PASTRO, Claudio. *A arte no Cristianismo.* São Paulo: Paulus, 2010.

Notas

[1] Gombrich, *Historia del arte*, p. 19.

[2] Bell, *Uma nova história da arte*, p. 7.

[3] Hubbeling, *Divine presence in ordinary life*, p. 14.

[4] Mithen, *A pré-história da mente*, p. 43.

[5] Ibid., p. 279.

[6] Bell, *Uma nova história da arte*, p. 18.

[7] Eliade, *Xamanismo e as técnicas arcaicas de êxtase*, p. 16.

[8] Ibid.

[9] Ibid., p. 169.

[10] Campbell; Moyers, *O poder do mito*, pp. 82-83.

[11] Bell, *Uma nova história da arte*, p. 35.

[12] Ibid., p. 63.

[13] Ibid.

[14] Pastro, *A arte no Cristianismo*, pp. 145-146.

[15] Eliade, *História das crenças e das ideias religiosas*, v. 2, p. 181.

[16] Pastro, *A arte no Cristianismo*, p. 147.

[17] Eliade, *História das crenças e das ideias religiosas*, v. 2, p. 181.

[18] Pastro, *A arte no Cristianismo*, p. 196.

[19] Ibid., p. 198.

[20] Bell, *Uma nova história da arte*, p. 109.

[21] Ibid., p. 110.

[22] Mangel, *Uma história da leitura*, p. 47.

[23] Bell, *Uma nova história da arte*, p. 225.

[24] http://livroseafins.com/a-imortalidade-segun-do-emanuel-swedenborg/; acesso em: 29 de julho de 2012. No site consta a citação de trecho da conferência do livro de Jorge Luis Borges.

[25] Bell, *Uma nova história da arte*, p. 320.

[26] Ibid., p. 342.

[27] Ibid., p. 343. Atual cidade de Tóquio.

[28] Ibid., p. 371.

[29] Ibid., p. 373.

[30] Ibid., p. 377.

[31] http://www.billviola.com/biograph.htm; acesso em: 29 de julho de 2012. Suas obras têm foco nas experiências humanas universais — nascimento, morte, o desdobramento da consciência — e têm raízes na arte oriental e ocidental, bem como em tradições espirituais, tais como Zen Budismo, Sufismo islâmico e Misticismo cristão.

[32] http://www.lissongallery.com/#/artists/anish--kapoor/cv/; acesso em: 29 de julho de 2012. Seu trabalho está comprometido com polaridades metafísicas profundas: presença e ausência, ser e não ser, lugar e não lugar e sólido e intangível.

[33] Kandinsky, *Do espiritual na arte*, p. 274.

Parte V
Ciência da Religião Aplicada

Afonso Maria Ligorio Soares (org.)

Introdução à Parte V

AFONSO MARIA LIGORIO SOARES

O tema geral dos textos desta Parte é relativamente novo. Embora tenhamos optado pela expressão *Ciência da Religião Aplicada*, autores conceituados, entre eles o próprio Udo Tworuschka, que colabora com um texto neste *Compêndio* — justamente aquele que abre esta seção e delimita o arco desse conceito —, preferem o conceito de *Ciência Prática da Religião*. Max Müller, fundador da Ciência da Religião, entendia que a questão da aplicação de seus conhecimentos não deveria preocupar o cientista da religião, da mesma forma que um químico não se dedica a medicar a população. De qualquer modo, a distinção entre Ciência Pura e Aplicada, mesmo sendo tipicamente iluminista, traduz um trabalho e um serviço à sociedade que alguém, independentemente do apelido que lhe daremos, deverá fazer. Esta última Parte do *Compêndio* quer justamente explorar algumas práticas, entre as várias em andamento e cuja demanda vem crescendo, em que os resultados da Ciência da Religião podem (poderão) ajudar a desenvolver normas, modelos e procedimentos para uma "prática baseada nesta ciência" (Tworuschka).

Como esclarece Tworuschka, a aplicação da Ciência da Religião vai além da percepção, descrição e análise das ações dos atores sociais. Ela se interessa pelas reais possibilidades de contribuir socialmente em vista da paz, da humanização e da mediação de conflitos culturais-religiosos, o que implica desistir de uma disposição catedrática, de transferência "neutra" de conhecimento de cima para baixo, para investir fundo na vida cotidiana e seus problemas. As subdisciplinas da Ciência da Religião são então convidadas a se apresentarem para o exercício de uma combinação inter e — quiçá — transdisciplinar (Sociologia, Psicologia, Estudos Culturais, Ética, Teologia Pastoral etc.) em vista do desenvolvimento de modelos e programas que organizem a ação e o exercício da cidadania.

Embora não seja estranha a nossas universidades a ideia de um necessário "engajamento" — em sentido amplo — das ciências, e sempre se espere que tais produções acadêmicas revertam, de algum modo, em benefício da sociedade, nossos Programas de Estudos de Religião — com exceção daquelas produções teológicas mais afinadas com a linha pastoral da Teologia da Libertação — não se detiveram, nas últimas décadas, numa reflexão mais de fôlego sobre a aplicabilidade dos resultados obtidos pela Ciência da Religião. Daí a oportunidade representada por este *Compêndio* de lançar este desafio: pensar a Ciência da Religião a partir dos frutos sociais que dela se esperam.

Exemplo atualíssimo desse desafio é apresentado pelo texto do sociólogo Enzo Pace, mostrando as possíveis contribuições da Ciência da Religião à agenda das relações internacionais. Pace faz recuar a história da reflexão sobre o tema até Ernest Renan (1882), que já se debatia com a necessidade de conhecer o princípio espiritual, o sentimento de uma coletividade, caso alguém pretendesse conhecer a fundo uma determinada nação. Versões atualizadas desse paralelismo entre nação e religião não anulam, antes reforçam, a prioridade de uma especialização na diplomacia internacional que se faça assessorar do cientista da religião. Nada tão distante, enfim, do que já ensinara Max Weber, ao mostrar como a Sociologia das Religiões (Comparadas) precisa estudar a relação entre as principais éticas religiosas mundiais e as economias que, mundo afora, animam as mais diversas formações sociais. Embora reconheça que o estudo das relações internacionais, do ponto de vista da Ciência da Religião, seja um terreno de pesquisa relativamente novo, Pace observa que tal perspectiva internacionalista dos fenômenos religiosos pode contribuir com a compreensão da geopolítica contemporânea.

Talvez a mais evidente — e a mais conhecida — aplicação da Ciência da Religião seja a que vem sendo chamada normal — e inadequadamente — de ensino religioso. O texto do educador Sérgio Junqueira assume a tarefa de pensar essa relação entre educação e estudos de religião. Após revisitar as origens históricas do ensino religioso, principalmente no Brasil, ensaia a hipótese de que a compreensão da religião deva ser o verdadeiro objeto do ensino religioso, aí se compreendendo o estudo das diferentes manifestações que interferem na formação da sociedade, o qual só pode ser propriamente estudado pela Ciência da Religião. Nesse sentido, o que geralmente é denominado de ensino religioso é, na verdade, a transposição didática, ou

melhor, a aplicação para o cotidiano da sala de aula dos resultados dessa Ciência, possibilitando aos estudantes da educação básica a compreensão da(s) cultura(s) das diferentes comunidades que formam determinado país/nação. Portanto, conclui Junqueira, a Ciência da Religião é a área que constitui os fundamentos que irão orientar o conteúdo e a forma do processo de educação chamado de ensino religioso.

De forma similar, Mauro Passos explica o que seria uma possível tradução da Ciência da Religião a serviço da educação sociopolítica dos jovens cidadãos. Se o elemento religioso desempenhava e segue desempenhando um papel significativo na formação da população brasileira, como falar de educação, pergunta-se Passos, sem levar em conta o papel das diversas tradições religiosas? Como situar a história da educação brasileira sem contemplar, por exemplo, o trabalho das congregações religiosas? A relação histórica entre educação e religião católica, hoje ampliada para novas facetas da religião popular, força o pesquisador a analisar o tema da educação a partir de uma abordagem histórica, relacionando-o com a religião, particularmente com a Ciência da Religião, explicitar a dimensão social dessa Ciência. Diante da complexidade implicada nesse novo contexto plural, Passos vê a Ciência da Religião com um grande potencial de facilitadora da mobilização consciente das diversas igrejas cristãs e religiões para novos *insights* ecumênicos e inter-religiosos, em articulação com a Teologia interna às várias tradições espirituais.

Edin Sued Abumanssur apresenta-nos a Ciência da Religião aplicada ao Turismo. Tão antigas quanto a própria religião são as peregrinações. O que mudou recentemente foi apenas o surgimento, tipicamente *moderno-ocidental*, das formas racionalizadas de viajar apelidadas de turismo. Quando tal racionalização extrapolou a busca de lazer e assumiu suas questões espirituais, o

574

processo foi batizado de "turismo religioso". Para Abumanssur, se quisermos entender o que permitiu essa mudança, não basta estudar o advento da racionalidade econômica na gestão das viagens; será preciso investigar o novo lugar ocupado pela religião com o avanço e aprofundamento do processo cultural de secularização. Assim, a Ciência da Religião não será apenas aquele estudo técnico que se espera seja feito por quem pretenda se especializar em turismo religioso, mas também a ciência equipada para contribuir com o entendimento desse fenômeno.

Outra aplicação recente dos estudos de religião é a que concerne ao patrimônio cultural. Paulo Mendes Pinto mostra como a própria noção de patrimônio só é encontrada a partir do século XVII, em clima iluminista. Para Regis Debray, citado por Pinto, há que se ter em conta a centralidade cultural do fenômeno religioso para a manutenção do patrimônio cultural das nações. Ele o afirma tendo diante de si a crescente incultura da juventude europeia devido à erosão das linhas de transmissão comuns: religiões, família, costumes e mesmo o civismo. Nesse quadro de opções, o fator religioso torna-se determinante, diz o autor. E a História das Religiões e o patrimônio destas é, inevitavelmente, um campo de ajuste de contas, de revisionismos, de apagamentos e de valorizações que só tem a ganhar com uma nova ênfase na pesquisa proporcionada pela Ciência da Religião.

Afonso Soares destrinça as implicações da Ciência da Religião quando dela se serve o pensamento teológico. Se, como diz o *Dicionário crítico de Teologia* organizado por Jean-Yves Lacoste, Teologia é "o conjunto de discursos e doutrinas que o Cristianismo organizou sobre Deus e sobre sua experiência de Deus", então o termo só nomeia "os frutos de certa aliança entre o logos grego e a reestruturação cristã da experiência judaica". Nesse sentido estrito, é difícil confundir Teologia, Filosofia e Ciência da Religião. Mas

nada impede que, em sentido amplo, se prevejam como teológicos os mesmos movimentos e intencionalidade internos a qualquer religião estabelecida. Independentemente do juízo que se faça sobre as distinções entre Teologia e Ciência da Religião sugeridas por H.-J. Greschat, o certo é que a extrema especialização hoje exigida de um teólogo profissional torna praticamente inevitável sua dependência dos resultados produzidos pelo cientista da religião. Uma vez que a Ciência da Religião não pode, em nenhuma hipótese, cumprir o papel de uma criptoteologia, sua autonomia acadêmica garante que se investigue de vários ângulos o fenômeno religião, chegando aos resultados e às novas hipóteses que sua competência científica lhe possibilita. Esse material será depois transposto à linguagem teológica segundo os crivos hermenêuticos desta.

Muito afim às considerações de Soares é a aplicação da Ciência da Religião à ação pastoral, sugerida por Agenor Brighenti. Quando "uma religião se autocompreende como depositária de uma missão voltada para seus adeptos e para o mundo", passa a ser decisivo o estudo dos recursos disponíveis para que tal mensagem seja palatável às mais diversas situações culturais. No Catolicismo — especialidade de Brighenti —, tais estudos passaram a ser conhecidos como Teologia Pastoral a partir do século XVIII, e se propunham a iluminar e gerenciar a ação dos cristãos à luz da obra de Jesus, o Bom Pastor; daí ser denominada como "ação pastoral". O apelo à Ciência da Religião é quase uma decorrência natural da meta pastoral de religiões como o Cristianismo. Será o especialista em religiões a oferecer ao pastoralista uma abordagem menos ingênua, acrítica ou contraproducente ao entrar em contato com a vivência religiosa popular. As subdisciplinas da Ciência da Religião "contribuem com uma denominação religiosa, tanto na busca de sua autocompreensão como no conhecimento das demais denominações religiosas, em seu próprio contexto e, sobretudo, são uma mediação indispensável na projeção e avaliação da própria missão, levada a cabo pela ação pastoral" (Brighenti).

Finalmente, Ênio Brito Pinto encerra as sugestões de aplicação da Ciência da Religião considerando sua utilização na psicoterapia. Seu texto quer demonstrar a conveniência do estudo da religião para um psicoterapeuta, mostrando o diálogo que se pode estabelecer entre estes dois saberes. Entendendo que o objeto de estudos da Ciência da Religião seja o mundo religioso, não apenas a religiosidade ou as religiões, Pinto vê este campo multidisciplinar, plural, como desafiador para o próprio cientista da religião, que precisa ter uma cultura ampla e geral, mas que oferece como resultado uma erudição — notadamente a que concerne à Psicologia da Religião — que o psicoterapeuta não pode se dar ao luxo de ignorar se de fato pretende mergulhar no mundo de seu paciente. Para Pinto, um dos maiores ganhos que um psicólogo alcança ao estudar Ciência da Religião é o enriquecimento de sua cultura, na medida em que toma contato mais profundo e denso com o mundo religioso, ampliando a compreensão sobre o sujeito religioso, suas conquistas e suas dores, algo imprescindível se se quer ajudar no processo de humanização, ou seja, na busca de plenitude e melhor vivência de seu paciente.

Certamente as contribuições elencadas nesta Parte não seguem critérios diferentes para pleitear seu lugar nas áreas especificamente científicas do saber humano. Mas, neste caso, dada a própria novidade do que estamos chamando aqui de *Ciência da Religião Aplicada*, a provisoriedade e o caráter tateante das asserções é mais evidente. Nem todas as reflexões conseguem conceber a contento o que seria uma aplicação da Ciência da Religião àquela determinada área de conhecimento, preferindo estender-se mais nas relações entre tal área (a Teologia, por exemplo, ou o ensino religioso) e a produção da Ciência da Religião. A constatação não surpreende, uma vez que está literalmente inconclusa esta parte do trajeto e ainda há várias possibilidades sequer imaginadas sobre o que será, de fato, uma *Ciência Prática da Religião*. Ainda está, por exemplo, à espera de formatação a contrbuição da Ciência da Religião à gestão de empresas, à administração pública (que é mais do que preservar o patrimônio cultural), ao jornalismo político-cultural, ao papel de mediador de conflitos nos tribunais (para cuja função a lei já prevê advogados, psicólogos e assistentes sociais), à crítica literária, às políticas públicas de inclusão social e assim por diante.

Tal limitação da neonata *Ciência da Religião Aplicada* só vem demonstrar que o caminho está definitivamente aberto. Este *Compêndio* se propõe a sistematizar alguns consensos teórico-metodológicos que unifiquem uma linguagem e uma direção comum, superando mal-entendidos que só dispersam nossas forças. Mas também se apresenta como ocasião para inventar trilhas, sugerir concepções, descobrir aplicações e transposições dos esforços da academia. Parece pouco, mas é metade do caminho conseguir entrever até onde estamos dispostos a chegar.

Ciência Prática da Religião: considerações teóricas e metodológicas[1]

UDO TWORUSCHKA

Observações introdutórias

O termo e conceito de Ciência Prática da Religião é relativamente novo. Alguns falam da "Ciência da Religião engajada"[2] ou "aplicada". Em 1959, o intelectual judeu R. J. Werblowsky (1924) usou o termo "estudos religiosos aplicados" — mas rejeitou terminantemente o objeto representado deste modo: "A meu ver, não há nem razão nem justificação para uma ciência aplicada da religião".[3] Friedrich Max Müller (1823-1900), pai fundador da Ciência da Religião, expressou a visão tradicional: "Na vida prática seria errado adotar uma posição neutra entre pontos de vista conflitantes examinados [...]; nós devemos tomar uma posição. Mas, como estudantes da Ciência da Religião, nos movemos em uma atmosfera elevada e mais serena. Estudamos o erro, como o fisiologista estuda uma doença, procurando por suas causas, rastreando sua influência, especulando sobre possíveis remédios [...], mas deixando a aplicação de tais remédios para uma diferente classe de homens, para o cirurgião e para o médico prático".[4] Em 1965, o historiador da igreja Ernst Benz de Marburg tocou em uma

questão delicada: "Essa restrição da Ciência da Religião de contribuir para a solução das atuais questões religiosas é, em alguns casos, tão destacado que pode-se ter a impressão de que alguns estudiosos teriam preferido que houvesse somente religiões mortas, isto é, extintas, visto que elas seriam mais apropriadas a uma observação puramente fenomenológica e análise crítica em comparação com as religiões vivas".[5]

Ciência Pura e Aplicada

A Ciência Pura e Aplicada é uma distinção da ciência do Iluminismo e remonta ao químico sueco Johan Gottschalk Wallerius (1751). A química demonstrou o que significava aplicar conhecimento científico para usos industriais. Em meados do século XIX, essa divisão prevalecia na Ciência da Filosofia: *Chemia pura — Chemia applicata*, lógica pura — lógica aplicada (1806) etc. Curiosamente essa distinção não pode ser encontrada no *A Dictionary of the English Language* (1755) do Dr. Samuel Johnson. Mas, já em 1750, Dr. Johnson mencionou, no artigo semanal "The Rambler", "a diferença entre ciência pura, que tem a ver somente com ideias, e a aplicação de suas leis para o uso da vida".

A ciência pura é caracterizada pelo seu interesse exclusivo no conhecimento, ao passo que as ciências aplicadas estão interessadas em desenvolver normas, modelos e procedimentos para uma "prática baseada na ciência" com a ajuda das percepções da ciência pura. A Ciência da Religião de hoje posicionou-se em uma alternativa perspicaz ao paradigma da Ciência da Religião até os anos 1970. Aquela época é comumente reduzida por seus críticos à pura Fenomenologia da Religião, embora isso não caracterize suficientemente o trabalho da vida inteira e realizações dos renomados estudiosos tais como Friedrich Heiler e Gustav Mensching ou autoridades italianas como Raffaele Pettazzoni. Ciência da Religião hoje é definida por muitos de seus seguidores como uma disciplina científica-cultural, que não está mais interessada na questão de saber se há uma verdade transcendente (e.g., no sentido do "heil" ["sagrado"] de Rudolf Otto) ou não. Esse desenvolvimento tem tendências radicais as quais levaram a uma esmagadora demolição tradicional.

Sobre o problema da "aplicação"

O filósofo francês Jacques Derrida (1930-2004) problematizou o conceito de aplicação. Após o Simpósio Applied Derrida ["Derrida Aplicado"] (1995), ele deu uma entrevista que talvez ajude a esclarecer o referido conceito de "aplicação". "Se alguém vai a uma conferência com o título 'Você Aplicado', sentir-se-á como se estivesse morto".[6] Aplicação tem a ver com transformação, mudança. Não é um aplicativo rígido, inflexível, que se processa de cima para baixo ou de baixo para cima. O termo é derivado do francês *pli* ("a*pli*cação", "ex*pli*cação" etc.) e significa a "dobra", "o espaço entre". O dualismo implícito entre "pesquisa pura/básica" e "pesquisa aplicada" no conceito de aplicação é questionado pela compreensão desconstrutivista de utilização. Não há nem uma base segura das quais modelos de cima para baixo e de baixo para cima possam ser derivados, nem disciplinas vizinhas oferecem terra firme. Com referência ao conceito de *Denkkollektiv* (coletivos de pensamento) desenvolvido na década de 1930, pode-se explicar como ideias científicas mudam ao longo do tempo, semelhantemente à ideia posterior de Thomas Kuhn de mudança de paradigma. A ciência não é racional ou lógica, e fatos são somente o que é aceito por uma determinada comunidade como verdade. Essa comunidade é definida por um estilo mental comum que conduz ao fato de que todos pesquisadores veem o mesmo. Essa percepção é ensinada a todo novo iniciante de uma ciência. Consequentemente, é fácil para cientistas da religião (alemães) mais novos geralmente diferenciar entre Ciência da Religião presumidamente certa e errada (incluindo seus respectivos luminares científicos ou coveiros). Em Teologia Prática e ensino religioso, o conceito de aplicação tem uma conotação negativa, porque essas disciplinas têm suas próprias maneiras e métodos de pesquisa e seus próprios campos de interesse.

Ciência Prática da Religião

Várias ciências e humanidades tem uma dimensão "aplicada". Existem Ciência(S) Culturais Aplicadas, Ciência do Esporte, Linguística, Política, pesquisa de mídia de criança, Matemática, Teatro, Geociências, Climatologia etc. Uma Ciência da Religião Aplicada ou Prática, como prefiro dizer, encontra dificuldade para se estabelecer e ser reconhecida nas universidades alemãs.

O termo Ciência Prática da Religião se refere a um modelo de Ciência da Religião ilimitado, inter e transdiciplinar, que incentiva e promove uma ação orientada, crítica, comunicativa, político-social da Ciência da Religião. Direciona a atenção do pesquisador para a percepção de indivíduos religiosos e seus modos específicos de percepção, bem como para a percepção de diversas religiões vivas no "mundo vivo" (*Lebenswelt*, Alfred Schütz). Lida com pessoas religiosas vivas ou grupos de pessoas apreendendo suas experiências/percepções. A comunicação com e entre pessoas de diferentes origens, compreensão de horizontes e jogos linguísticos (*Sprachspiele*) se torna o modo básico da Ciência Prática da Religião. Essa disciplina tem uma abordagem indutiva e usa métodos empíricos. A Ciência Prática da Religião referese a outras Ciências Humanas e cobre toda a amplitude de tentativas psicológicas, sociológicas, epistemologicamente fundamentadas (Etnometodologia, Sociologia Fenomenológica etc.). A Ciência Prática da Religião não somente percebe, descreve e analisa ações. Também lida com "processos de mediação" por diferentes meios de comunicação. Analisando realidades presentes e problemáticas, a Ciência Prática da Religião quer facilitar "melhores" realidades no futuro a partir de ação refletida de resolução de problemas (componente normativo). Os interesses dessa nova disciplina da Ciência da Religião são entre outras coisas pacificadores, humanizadores e conciliadores. A Ciência Prática da Religião não é só uma Ciência da Religião

"aplicada" de cima para baixo, transferindo conhecimento pretenso e inquestionável da área alegadamente de "atmosfera elevada e mais serena" (Friedrich Max Müller) para o fundo do mundo cotidiano de hoje e seus problemas. A Ciência Prática da Religião se vislumbra como uma combinação de vários diferentes campos de estudo (Ciência da Religião, Ciências Sociais, Psicologia, Fenomenologia, Linguística, Estudos Culturais, Ética Aplicada, Teologia Prática etc.). Uma Ciência Prática da Religião interdisciplinar ou transdisciplinar está interessada em desenvolver normas, modelos, tarefas organizacionais para ação. Ciência Prática da Religião não é apêndice nu da supostamente pura Ciência da Religião. É uma disciplina com uma identidade própria, opções teóricas típicas, questões, procedimentos metodológicos, e um viável e benéfico interesse epistêmico, bem como uma área própria de assunto. Em contraste com o interesse epistêmico tradicional que ainda faz perguntas sobre a realidade objetiva, a filosofia construtivista lida com o processo cognitivo e seus resultados e impactos. A Ciência Prática da Religião gera conhecimento praticamente útil e utilizável. De acordo com a visão construtivista radical, o conhecimento é viável e se torna nossa orientação em nosso cotidiano mais fácil, justifica nossas ações, torna nossa sobrevivência possível, se ele se adapta ao meu ambiente e ajuda a alcançar meus objetivos. A questão é irrelevante se esse conhecimento é objetivamente verdadeiro. A problemática diferença entre verdade *versus* não verdade "é substituída pela oposição útil *versus* não útil". Tal viés da Ciência Prática da Religião não significa de forma alguma que o acadêmico deveria jogar os velhos princípios científicos ao mar. A "objetividade" é um princípio científico regulador pelo qual ainda vale a pena lutar!

Mentores da Ciência Prática da Religião

Ao procurar por mentores da Ciência Prática da Religião no século XX, encontram-se três acadêmicos eminentes: Gustav Mensching (1901-1978), Mircea Eliade e Wilfred Cantwell Smith. Eles estão entre os mais conhecidos, mas provavelmente não são os únicos nessa disciplina da história ainda a ser escrita. Gustav Mensching e Mircea Eliade (1907-1986) — ambos são criticados de acordo com a opinião dominante de hoje como "fenomenologistas da religião", portanto desatualizados coveiros da Ciência da Religião — foram publicados além do estreito círculo dos representantes profissionais da área. Eles tiveram a coragem de deliberadamente abordar seus trabalhos para um público geral. Ambos tinham uma mensagem e desejavam mudar seus destinatários/receptores/beneficiários existencialmente por meio de seus trabalhos científico-religioso. Mensching pleiteava tolerância desde os anos 1920. Em tempos teologicamente imutáveis, ele chamou a atenção para uma compreensão de outras religiões e argumentou que principalmente em todas as religiões o "encontro com o Sagrado" é possível. Eliade queria "despertar" seus leitores, levá-los a um "choque espiritual", abrir e alterar, assim, os horizontes da compreensão de seus receptores. Eliade defende um diálogo religioso livre de provincianismo cultural, cultivando a base para a compreensão desses mundos estrangeiros.

Abordagem de Gustav Mensching

Provavelmente um dos primeiros estudiosos a tomar conhecimento da perspectiva prática da Religião Comparada de Mensching (1901-1978) foi o sucessor e discípulo de Mensching no Instituto Bonn para Religião Comparada Hans-Joachim Klimkeit (1939-1999). Em sua miscelânea para o aniversário de 70 anos de Mensching, ele escreveu: "Outros livros como *Toleranz und Wahrheit in der Religion* ('Tolerância e verdade na religião', 1955) e *Der Irrtum in der Religion* ('O erro na religião', 1969) levantam questões abordadas em obras anteriores, aplicando as compreensões obtidas ali para os problemas abordados aqui. Eles representam, por assim dizer, obras de religião comparada aplicada".[7] No estudo ético de Mensching "Gut und Böse im Glauben der Völker" ("Bem e mal na fé dos povos", 1941), Mensching estabelece o limite em "ética como ciência normativa": "Nós não temos nenhuma finalidade prática" Ainda na segunda edição (1950), Mensching observa: "Não pode haver dúvida de que em nosso mundo, que está caindo aos pedaços, o postulado da consciência do mundo deveria apresentar queixa contra toda a desumanidade em nossos dias. As religiões são os guardiões designados da consciência universal. Para que tal consciência do mundo seja possível, é necessário que as religiões do mundo estejam em completo acordo em muitas questões centrais de conduta ética e atitude. Nosso estudo justifica o pedido para isso".[8] Vinte anos depois, Mensching formulou no "Folhas para estudos vocacionais: Ciência da Religião": "Em função da situação do mundo transformado, ela (i.e. a Religião Comparada) pode e deve servir a propósitos práticos".

Mensching enfatizou que a Ciência da Religião tem o desafio de compreender a(s) religião(ões), mas não deveria fazer nenhum julgamento. Por outro lado, Mensching estava altamente comprometido com a tolerância religiosa. No século XX, Mensching foi um importante pioneiro da tolerância religiosa. Seu trabalho acadêmico *Toleranz und Wahrheit in der Religion* ("Tolerância e verdade na religião")[9] foi traduzido em várias línguas (inclusive japonês e persa) e pode ser lido hoje como exemplo de Ciência da Religião Prática. A intenção da obra é participar ativamente da pacificação do mundo (religioso) e incentivar a tolerância mútua entre religiões. Mensching reivindica o "postulado da tolerância" como um problema "que requer uma solução pela humanidade religiosa":[10] "Neste livro nós devemos discutir o problema da tolerância e intolerância em seus múltiplos aspectos com base em um compreensivo estudo comparativo de religiões. Desnecessário dizer que nosso estudo será realizado academicamente o mais objetivamente possível. Entretanto, acredito que o problema da tolerância não seja somente uma questão acadêmica interessante, mas também uma questão de preocupação humana que afeta a vida do homem de forma mais profunda hoje [...]. Em consideração ao problema em pauta, gostaríamos que o estudo sobre a tolerância fosse acessível para aqueles que não receberam formação acadêmica na área".[11]

A monografia de Mensching *Der Irrtum in der Religion* ("O erro na religião", 1969) é escrita em um espírito religioso e eclesiasticamente crítico. O sociólogo francês Pierre Bourdieu (1930-2002) escreveu em seu último discurso "Scholarship with commitment" ("Erudição com compromisso", 2001): "Há na mente da maioria das pessoas educadas, especialmente em ciência social, uma dicotomia a qual me parece inteiramente prejudicial: a dicotomia entre *scholarship* e *commitment* — entre aqueles que se dedicam ao trabalho científico, realizado de acordo com os métodos acadêmicos e destinados a outros estudiosos, e aqueles que estão empenhados e que levam sua erudição para o mundo exterior. A oposição é artificial e, na verdade, você tem que ser um acadêmico independente que trabalha de acordo com as normas da erudição para ser capaz de produzir uma erudição comprometida que é uma *scholarship with commitment*".

"Para ser um acadêmico verdadeiramente engajado, empenhado em conhecimento, esse conhecimento só pode ser adquirido pelo trabalho de erudição, realizado de acordo com as normas da comunidade acadêmica. Colocado de outra forma, temos que superar uma série de obstáculos que estão em nossas cabeças e que nos autorizam a desistir, algo que começa quando o estudioso se tranca em sua torre de marfim. A dicotomia entre erudição e compromisso confirma o pesquisador em sua boa consciência, porque ele recebe a aprovação da comunidade científica. É como se os intelectuais acreditassem mais ainda ser estudiosos porque eles não fazem nada de sua ciência. Mas, no caso de biólogos, isso pode ser um crime. É igualmente sério no caso de criminologistas. Essa reserva, essa fuga para a pureza, tem consequências sociais muito sérias. As pessoas como eu, pagas pelo Estado para fazer pesquisa, deveriam proteger os recursos de sua pesquisa com zelo para seus colegas? É absolutamente fundamental submeter o que se acredita ser uma descoberta primeiro às críticas dos colegas, mas por que reservar a eles a conquista coletiva e o controle do conhecimento?"[12]

Podem-se ler os dez capítulos do livro de Mensching como Decálogo da tendência quase inextirpável de estupidificação (religiosa) do homem. De acordo com Mensching, é função da Religião Comparada, entre outras, informar criticamente os crentes sobre suas respectivas tradições religiosas, a fim de torná-los mais autorreflexivos. Convicções ingênuas servem para ser destruídas; mitos e lendas são para ser destruídos a fim de fomentar uma compreensão moderna e atualizada de religiões. Li o texto de Mensching de 1969 através dos olhos da Ciência da Religião Prática, que pode fazer sua contribuição em um mundo, caracterizado por muitos conflitos baseados em religião. Em sua introdução desse livro, Mensching dá ênfase por um lado nas "decisões de fé e crença, de verdade ou erro não podem ser objeto da Religião Comparada conhecendo seus limites".[13] Por outro lado, ele foca os interesses da Religião Comparada no sentido das consequências problemáticas de atividades religiosamente motivadas.

Abordagem de Mircea Eliade

O programa de Mircea Eliade (1907-1986) de um "novo humanismo", "criativo" ou "hermenêutica total", mostra abordagens práticas da Ciência da Religião de um tipo diferente. Com um grande senso de missão, Eliade atribui um papel-chave para o historiador da religião entender nossa situação intelectual presente. O arrojado e ousado programa de Eliade de "hermenêutica total" consiste "em decifrar e explicar cada tipo de encontro de uma pessoa com o sagrado [chamado 'hierofania'] desde tempos pré-históricos até o presente". Eliade é inspirado pela visão de transformar materiais não europeus, especialmente indianos, arcaicos etc., em "mensagens espirituais" para hoje. A "hermenêutica criativa" tem a missão de promover um "novo humanismo global". Por causa de sua "dimensão educacional", Eliade considera a História da Religião como capaz de mudar o pesquisador e seus públicos, criando, assim, novos valores culturais.

Abordagem de Wilfred Cantwell Smith

Para Wilfred Cantwell Smith (1916-2000), o objetivo da Ciência da Religião reside declaradamente no diálogo: "A atitude tradicional de erudição ocidental no estudo da religião de outros povos era a de uma apresentação impessoal de um 'isto'. A primeira grande inovação nos últimos tempos foi a personalização das fés observadas, de modo que se encontra uma discussão de um 'eles'. Atualmente, o observador torna-se pessoalmente envolvido, para que a situação seja a de um 'nós' falando sobre um 'eles'. O próximo passo é o diálogo onde o 'nós' fala para o 'você'. Se houver escuta e reciprocidade, isso pode permitir que o 'nós' fale com o 'você'. A culminação desse progresso é quando 'nós todos estamos falando' uns com os outros sobre 'nós'".[14] A Ciência da Religião pode desempenhar um papel educacional eminente em diálogo e, portanto, tem uma tarefa prática: educar os estudantes que podem realizar o papel de intermediários e intérpretes entre duas tradições religiosas. Isso vale, até memso, para as instituições onde a Ciência da Religião é lecionada.

Metas práticas da Ciência da Religião Prática

Em face dos levantes dramáticos sociais e políticos ao redor do mundo, a Ciência Prática da Religião hoje se encontra situada em contextos alterados ou até mesmo novos. A Ciência da Religião Prática se tornou parte de comunicação e processos de reflexão. Ela faz um esforço para reagir contra problemas urgentes induzidos pelas religiões com os meios da Ciência Prática da Religião. Participa na resolução desses problemas, comunica seus pensamentos para as pessoas que trabalham nesses campos práticos. Durante os últimos anos, as Ciências Sociais vêm avaliando a religião e a espiritualidade de novo e de forma mais positiva. As religiões não são mais sistemas marginais efêmeros para a análise política e social da realidade. Hoje em dia alguns analistas sociais calculam com muito mais força o fator religião(ões) sempre que a avaliação complexa, local ou global da situação e estratégias práticas devam ser planejadas para processos de desenvolvimento sustentáveis. Essa mudança de paradigma tem emergido em várias áreas de pesquisa: política

CIÊNCIA PRÁTICA DA RELIGIÃO: CONSIDERAÇÕES TEÓRICAS E METODOLÓGICAS

social, mediação, ciência política, estudos de conflitos, planejamento familiar, bioética, migração, gestão, relações internacionais, religião, direito, economia, ética profissional e ética transcultural, para citar apenas algumas áreas de pesquisa. O perfil em relação ao conteúdo da Ciência da Religião Prática reside em seu foco em problemas sociais, individuais e societais. No que diz respeito às futuras questões pertinentes à Ciência da Religião Prática, pode fazer uma importante contribuição à decodificação, tomada de decisão, planejamento e implementação

Questões individuais e sociais de toda a cultura societal

Seja a respeito de questões como a de desvantagens econômicas de mulheres, seja diante de problemas como o do véu: a Ciência Prática da Religião pode contribuir para o trabalho de instituições de caridade, serviços sociais e centros de aconselhamento religiosos.

A Ciência Prática da Religião pode ser "aplicada" no turismo, nas áreas ocupacionais específicas para imigração, no cuidado com o estrangeiro, no trabalho social e no cuidado geriátrico. Os trabalhadores imigrantes turcos na Alemanha estão envelhecendo e se tornaram pensionistas nesse meio tempo. Trabalhar com a educação de adultos e idosos oferece uma vasta gama de atividades para a Ciência Prática da Religião. Pertence aos principais objetivos básicos da Ciência Prática da Religião produzir informações sobre as características religiosas de estrangeiros ou até mesmo pessoas desconhecidas a fim de promover uma melhor compreensão das culturas, e esperançosamente diminuir e eliminar preconceitos.

No campo da saúde e da doença, a competência da Ciência da Religião Prática se tornou indispensável também. O problema de mulçumanos no hospital envolve um vasto espectro relevante para a Ciência da

Religião Prática: comida, importância de visitas, fotos, oração, sofrimento e contato com pessoas mortas, enterro. Vários campos do jornalismo, da área de diplomacia, de consulta e atividades de instrução dentro do contexto internacional são campos integrais e substanciais de atividade para a Ciência Prática da Religião.

Muitas sociedades de hoje são formadas por "fatos do pluralismo" (John Rawls). Esta não é, definitivamente, nenhuma aparência passageira, mas sim um sinal duradouro da cultura política das democracias modernas. À luz do pluralismo de valores factualmente existente, a Ciência Prática da Religião pode se concentrar no campo de pesquisa e prática de mediação de conflitos. Mas o conhecimento sobre a prática não é suficiente; o que está em jogo é o conhecimento para praticar, para agir. Ele tem a ver principalmente com a criação de conhecimento aplicável.

Crítica de(a) religião(ões)

O segundo problema de campo da Ciência Prática da Religião é a crítica da religião para o propósito do tratamento crítico das religiões. É uma consequência óbvia da vagueza religiosa dos nossos dias que cada vez mais pessoas mergulham em mundos religiosos estrangeiros.

Muitos estudantes têm perguntas para a Ciência da Religião decorrentes do horizonte do mundo atual das religiões e/ou resultante de encontros com adeptos de outras religiões.

Não só alunas feministas se interessam por assuntos específicos para mulheres, tomam partido comprometidamente se o papel da mulher ou problemas ético-sexuais estão em discussão. Muitas pessoas são motivadas por questões como justiça, paz e preservação da natureza. Mais e mais contemporâneos esperam da Ciência da Religião orientação e guia para a prática, isto é, facilidades para uma classificação crítica de fenômenos

583

religiosos ou fenômenos instrumentalizados por religiões.

A "crítica de religião(ões)" tem sido controversamente discutida dentro da Ciência da Religião. Desde o Iluminismo, a tese da secularização da religião tornou-se objeto de crítica. O fato de que as próprias religiões oferecem potenciais críticas tornou-se visível em diferentes movimentos de renovação religiosa.

O julgamento das tradições religiosas segundo seus próprios critérios éticos — "crítica interna das religiões", como prefiro chamá-la — é menos problemático que a "crítica externa" decorrente de padrões externos que precisam ser revelados. A Ciência da Religião interessada na verdade histórica enfrenta seus limites quando se exige algo mais do que apenas a verdade histórica.

Todavia, fanatismo religioso, radicalismo, fundamentalismo, terrorismo, escravidão, supressão das mulheres são fenômenos religiosos que não podem ser analisados de forma acrítica. Mesmo dentro das tradições religiosas tal atitude mental e justificação são extremamente criticadas. Uma das tarefas mais importantes da Ciência Prática da Religião é demonstrar a diferenciação interna de tradições religiosas o mais claro possível. Embora uma suposta maioria dos colegas vá opor-se, não há necessidade de a Ciência Prática da Religião se restringir a representar um ponto de vista seco e fraco, ou, até mesmo, vazio. Mesmo assim, quem não manifesta nenhuma opinião também toma uma posição.

Johann Gottfried Herder (1744-1803) ilustra um exemplo apropriado para a Ciência Prática da Religião que não deveria parar e oferecer uma posição qualquer que seja. Em seu ensaio "Vom Fortschreiten einer Schule mit der Zeit" ("Sobre o avanço de uma escola com o tempo", 1798), Herder busca uma saída do relativismo cultural. Pupilos deveriam aprender "a admirar [...]

e a amar", e ainda deveriam ser capazes de avaliar fenômenos culturais estranhos. Eles ainda deveriam aprender a "odiar, desprezar, abominando o que é repugnante, hediondo e depreciativo; caso contrário nós nos tornaremos assassinos mentirosos e desleais da história da humanidade".[15] A "Liga Religiosa das Nações" (*Religiöser Menschheitsbund*) de Rudolf Otto, fundada em 1921, foi animada por tal espírito. A intenção da Liga foi criar o "tornar-se consciente da humanidade". Hans Küng viajou ao redor do mundo e fez campanha, através de seu "Projeto Ética Mundial", por valores éticos básicos que são inalienáveis e inegáveis independentemente da religião e nacionalidade. De acordo com Küng, há um código mínimo de conteúdo de um humanismo que está expresso na explicação dos Direitos Humanos das Nações Unidas. As críticas de Küng repetidas vezes apontam para o fato de que um consenso mínimo em uma ética mundial permanece abstrato e formal demais para ser capaz de se tornar concreto e prático.

Os objetos da Ciência Prática da Religião, suas afirmações, seus textos e seus discursos potencialmente alteram a existência. Eles querem dar conselhos, fornecer opiniões, para que os destinatários possam deixar seu estado de desorientação. Em vez da construção de um mundo-ético com consenso mínimo, as tradições religiosas deveriam ser testadas para a sabedoria profunda e posições básicas. Entre diversas tradições religiosas, há não somente diferença, pluralidade arbitrária, incompatibilidade completa. Efetivamente, existem áreas sobrepostas com convicções concordantes.

Mediação da(s) religião(ões)

A Ciência Prática da Religião concentra-se em religiões concretas do passado e do presente. O pesquisador sempre se depara com religião(ões) como uma entidade composta de diferentes dimensões: comunidades, ações, ensinamentos, experiências. A investigação de religião(ões) requer a consideração adequada das inter-relações das religiões, suas imagens recíprocas, os determinantes político-econômico-sociais, bem como sua mediação distribuidora e múltipla para o público em geral. Costumo distinguir entre formas primárias e secundárias de mediação religiosa. Mediação primária tem a ver com os conteúdos e processos de mediação da própria religião de alguém para as próprias crianças e adolescentes de alguém. Mediação secundária é sobre as agências e impactos de mediação por comunicadores, mídia e destinatários públicos não pertencentes a uma determinada tradição religiosa. Religiões são usadas publicamente: em discursos, cultura popular como quadrinhos, romances de ficção científica e filmes, histórias policiais, desenhos animados, até mesmo em propaganda comercial. A mídia transporta informações em uma extensão considerável sobre outros países, culturas e religiões.

Aprendizagem social ativa experiencial

Uma quarta área da Ciência Prática da Religião é o campo do que pode ser chamado de aprendizagem experiencial. O comportamento religioso dos povos individuais não pode ser suficientemente compreendido olhando simplesmente para seus escritos sagrados e os comentários eruditos de seus intérpretes. É preciso ir até as pessoas; métodos empíricos têm de ser empregados. Em um seminário sobre "Comer e beber em tradições religiosas" na Universidade de Colônia, diversos grupos de trabalho tiveram que se preocupar com questões sobre comida sagrada permitida/proibida em diversas tradições religiosas (judaica, islâmica, asiática e cristã). Algumas perguntas foram dadas, outras os alunos tiveram que elaborar por si mesmos. Os participantes estabeleceram contatos com mulçumanos, judeus, budistas e cristãos ortodoxos, fizeram refeições comuns com representantes de tradições religiosas. Assim, um acesso incomum a uma tradição religiosa estrangeira foi possível. Tais encontros com pessoas de outras religiões e fés com quem os alunos podem se comunicar, beber e comer demonstram as vantagens da aprendizagem ativa, social e experiencial. Eles confirmaram que já no estudo da universidade esse tipo de aprendizagem religioso-científica leva à prontidão e à capacidade de cooperação inter-religiosa.

Aprendizagem inter-religiosa

A ideia de Ninian Smart (1927-2001) de fundar uma "Academia Mundial das Religiões" na qual acadêmicos e representantes de religiões poderiam se encontrar para trocar ideias foi atacada pelo Conselho dos Guardiões da Ciência da Religião.[16] Desde o Congresso de Marburg (1960), a Ciência da Religião e a(s) religião(ões) tiveram que ser separadas de uma vez por todas. Os signatários do Congresso de Marburg foram favoráveis à Ciência da Religião como uma disciplina científica:

> Qualquer que seja o uso subsequente feito pelo indivíduo acadêmico de seu conhecimento especial e qualquer que seja a função sociológica analisável da atividade científica em qualquer situação histórica e cultural específica, o *éthos* (sistema de valores) de nossos estudos em si mesmos [...] pode ou não ter espaço para organizações nas quais os estudantes de religião se juntam a outros a fim de contribuir com a sua parte para promover certos ideais — nacional, internacional, político, social, espiritual e de outra forma. Mas essa é uma questão de ideologia individual e compromisso, e não deve, em circunstância alguma, influenciar ou falsear o caráter da IAHR (Associação Internacional de História das Religiões).

Essa máxima tem em si um caráter zeloso "religioso" e claramente lembra afirmações dogmáticas clericais do seguinte tipo: "Se alguém diz [...]: *anathema sit*". Mas Zwi Werblowsky, que formulou esses "pressupostos mínimos básicos" da declaração radical de Marburg, representa uma visão antiga da ciência e teoria científica — julgada por Derrida e seu conceito de aplicação. 50 anos depois, Marburg deveria ter chegado à conclusão de que não há ciência sem responsabilidade.

Em seu ensaio "Responsabilidade de Cientistas" (1968), o escritor americano, dramaturgo, romancista e psicoterapeuta Paul Goodman (1911-1972), mais conhecido como crítico, escreveu frases que podem facilmente ser aplicadas à Ciência Prática da Religião: "Desde que na era moderna a tecnologia científica tem efeitos potencial e realmente destrutivos e profundos para o meio ambiente, para a vida humana, para a qualidade de vida e para liberdade humana, cientistas têm que assumir a responsabilidade pelas aplicações tecnológicas que eles viabilizam:

a) Eles devem recusar-se a cooperar com aplicações que sejam humanamente duvidosas.

b) Eles devem avaliar e criticar aplicação tecnológica.

c) Eles são responsáveis por explorar os efeitos remotos de aplicação tecnológica.

d) Eles devem informar o público sobre suas descobertas na área.

e) Para compensar a negligência do passado, eles devem se engajar em atividade política para tentar desfazer o dano que têm ajudado a produzir (por exemplo, em armamentos ou risco à ecologia)".[17]

A história das religiões que entram em contato entre si aumentou depois de Marburg. O mapa da disseminação geográfica das religiões tem que ser retraçado. O diálogo é um conceito carregado por emoções pesadas e inserido em um campo semântico vago. Na nossa área de problemas, o termo "diálogo" significa processos comunicativos mútuos em níveis diferentes:

1. A Ciência Prática da Religião encoraja cooperação inter e/ou transdisciplinar com as ciências empíricas (Ciências Sociais, Psicologia, Ciências Culturais, Teologia Prática etc.).

2. A Ciência Prática da Religião se refere à relação entre ciência e religião(ões). A mera existência da Ciência da Religião não somente serviu para conhecer a autoimagem das tradições religiosas mas também para mudar isso. Sua pesquisa histórico-crítica tem sido de grandes benefícios para o processo de purificação das religiões. Abalou a ingênua autoconfiança das religiões, relativizou reivindicações concorrentes ao absoluto. A Ciência da Religião Filológico-Histórica também de forma indireta e involuntariamente influenciou correntes de pensamento dentro das religiões. Foi, em parte, um gatilho para novas orientações e movimentos de renascimento.

3. A função crítica da Ciência Prática da Religião e seu impacto sobre a religião é só um lado da moeda. Não menos relevante são — ao contrário — os efeitos da religião na Ciência da Religião. Essa perspectiva tem consequências para a Ciência da Religião: os crentes deveriam ser isentos de seu *status* de objeto e participar de maneira dialógica como parceiros nas investigações.

4. A Ciência Prática da Religião preocupa-se com os processos de comunicação não somente entre as ciências e não tem apenas a ver com a interação entre religião e tradições religiosas. Além disso, a Ciência Prática da Religião diz respeito à relação entre as diferentes religiões e à aprendizagem inter-religiosa. Até agora,

estudos dos processos e estudos teóri-co-metodológicos de aprendizagem inter-religiosa são pouco representados na Ciência da Religião. A Ciência Prática da Religião pode ser um fator de reorganização desejável na relação entre as religiões.

5. Por instigação orientada de pesquisa de campo e apresentação adequada dos resultados, a Ciência Prática de Religiões deveria apresentar mais enfaticamente no centro de sua pesquisa os problemas das relações históricas e sistemáticas entre as religiões e o Cristianismo.

6. Uma tarefa importante da Ciência Prática das Religiões é investigar as atitudes recíprocas, os preconceitos e os estereótipos. Juntamente com outras disciplinas, a Ciência Prática da Religião analisa o surgimento e a transmissão de atitudes e padrões de percepção.

7. A Ciência Prática da Religião proporciona assistência para o diálogo (em diferentes níveis) ao fornecer aos respectivos representantes das tradições uma visão abrangente e matizada das religiões.

Referências bibliográficas

BENZ, Ernst. Die Bedeutung der Religionswissenschaft für die Koexistenz der Weltreligionen heute. *IAHR* (1968).

CANTWELL SMITH, Wilfred. Comparative Religion: Whither and Why? In: OXTOBY, Willard G. (ed.). *Religious Diversity*; Essays by Wilfred Cantwell Smith. New York: 1976. pp. 138-157.

DERRIDA, Jacques. *As if I Were Dead/Als ob ich tot ware*. 2. ed. Wien: 2004 (originally 1995).

GANTKE, Wolfgang. Hat die Religionsphänomenologie angesichts des veränderten interkulturellen Kontextes noch eine Zukunft? Zur engagierten Religionswissenschaft. In: *Wege zur Religionswissenschaft*; eine interkulturelle Orientierung. Nordhausen: 2007. pp. 49-78.

HERDER, Johann Gottfried. *Werke XXX*. 1978. Bd. XXX, pp. 239-249.

KLIMKEIT, Hans-Joachim. Prof. Dr. h. c. Gustav Mensching. *ZRGG*, v. 31 (1979), pp. 203-205.

MALLEY, Brian E. Toward an Engaged Religious Studies. *Bulletin of the Council of Societies for the Study of Religion*, v. 26 (1997).

MENSCHING, Gustav. *Gut und Böse im Glauben der Völker*. Stuttgart: 1950.

_____. *Der Irrtum in der Religion*. Heidelberg: 1969.

_____. *Tolerance and Truth in Religion*. Alabama: 1971 (orig. 1955).

MÜLLER, Friedrich Max. *Introduction to the Science of Religion*; Four Lectures. Varanasi: 1972 (orig. 1870).

ZWI WERBLOWSKY, R. J. Die Rolle der Religionswissenschaft bei der Förderung gegenseitigen Verständnisses. In: LANCZKOWSKI, Günter (ed.). *Selbstverständnis und Wesen der Religionswissenschaft*. Darmstadt: 1974. pp. 180-188.

MARTIN, Luther H.; WIEBE, Donald. On Declaring WAR: a Critical Comment. *Method and Theory in the Study of Religion*, v. 5, n. 1 (1993), pp. 47-52.

Notas

[1] Traduzido do inglês por Frank Usarski com a colaboração de Ana Carolina Vidal Alves.

[2] Gantke, Hat die Religionsphänomenologie angesichts des veränderten interkulturellen Kontextes noch eine Zukunft?, pp. 49-78; Malley, Toward an Engaged Religious Studies.

[3] Zwi Werblowsky, Die Rolle der Religionswissenschaft bei der Förderung gegenseitigen Verständnisses, p. 180.

[4] Müller, *Introduction to the Science of Religion*, p. 7.

[5] Benz, Die Bedeutung der Religionswissenschaft für die Koexistenz der Weltreligionen heute, p. 8.

[6] Derrida, As if I Were Dead.

[7] Klimkeit, Prof. Dr. h. c. Gustav Mensching, p. 6.

[8] Mensching, *Gut und Böse im Glauben der Völker*, p. viii.

[9] *Tolerance and Truth in Religion.*

[10] Ibid., p. 3.

[11] Ibid., pp. 9s.

[12] http://www.intermediamfa.org/imd501/index.php?pg=blog&post_id=257

[13] Mensching, *Der Irrtum in der Religion*, p. 5.

[14] Cantwell Smith, Comparative Religion, p. 142.

[15] Herder, *Werke XXX*, p. 243.

[16] Martin; Wiebe, On declaring WAR, pp. 47-52.

[17] http://www.nybooks.com/articles/archives/1968/apr/11/responsibility-of-scientists/?pagination=false

Ciência da Religião aplicada às relações internacionais[1]

ENZO PACE

Introdução

Para introduzir o tema da relevância do fator religião nas relações internacionais e, por conseguinte, do interesse crescente de tal objeto na Sociologia das Religiões, desejo tomar como ponto de partida dois episódios que, apenas aparentemente, são irrelevantes. Eles têm a ver com a criação de novas marcas capazes, ao mesmo tempo, de incorporar símbolos religiosos e de se tornar potencialmente um produto de vocação global. O primeiro diz respeito à invenção da *Meca-Cola*; o segundo, a patente de um tipo de champanhe não alcoólica. Desnecessário dizer, neste caso, que a etiqueta traz inscrito *Nuit d'Orient*.

A Meca-Cola foi lançada no mercado em 2002 por um empresário franco-tunisiano. Ela imediatamente teve um sucesso considerável. Atualmente, é distribuída em 64 países. Na França, em 2003, foram consumidos 20 milhões de litros. A empresa anuncia seu produto seguindo a filosofia comercial do *negócio-de-caridade*, porque todos os anos doa parte dos lucros para a causa palestina. O anúncio, que promoveu a bebida, sugere que quem a bebe se opõe ao poder de uma empresa multinacional, sente-se em paz com sua consciência religiosa muçulmana e ajuda com a compra de uma lata com a causa do povo palestino. A imagem publicitária, que resumiu bem todas essas expectativas relacionadas com o consumo da bebida, é confiada ao belo rosto de uma jovem garota com o hijab, o véu muçulmano tradicional.

O champanhe *Nuit d'Orient* teve nascimento, mais recentemente, em 2009. É o resultado de uma *joint-venture* comercial entre um empresário, mais uma vez franco-tunisiano, e um produtor de vinho na Bélgica. A ideia do primeiro é simples: fazer um vinho com as deliciosas bolhas adequado para aqueles que, por motivos religiosos, não podem consumir álcool. O público-alvo é o grande número de cidadãos de origem extraeuropeia, de fé muçulmana, que poderiam se sentir confortáveis bebendo champanhe e sentindo-se integrados na sociedade que adotaram.

A religião, nos exemplos que acabo de elencar, não está certamente nas mesquitas;

ela vive no mercado, segue o destino de uma marca que compete em uma loja lotada por causa da marca que atesta que aquele alimento ou bebida tem algo mais, tem um valor agregado não puramente material. Você não bebe apenas uma Coca-Cola diferente da produzida pela gigante de Atlanta, mas consome um valor: a solidariedade com o povo palestino, uma vaga ideia de identidade muçulmana e de luta anti-imperialista. Três dimensões que têm a ver com as relações internacionais: o conflito israelense-palestino, o despertar islâmico que tanto inspira temor e terror no Ocidente e, finalmente, a nova desordem internacional após o fim do mundo dividido em dois blocos antagônicos (capitalismo *versus* comunismo).

Vale a pena, para encerrar com os exemplos provenientes do mundo muçulmano, gastar algumas linhas para recordar a expansão da economia islâmica. Nos últimos trinta anos, o sistema dos serviços bancários *iluminados* pelos princípios religiosos do Corão e da lei corânica foi reforçado e ampliado. Hoje, de modo global, ele movimenta uma massa de capitais que é de cerca de 1,4 trilhões de dólares. As previsões de curto prazo indicam que, em 2017, o número pode chegar facilmente a dois trilhões de dólares. Embora a crise financeira dos bancos do Ocidente tenha evaporado um monte de dinheiro, os bancos islâmicos não foram tocados. Os Estados onde se situam os principais bancos islâmicos são Irã, Arábia Saudita, Malásia e Bahrein. Durante a última década, de modo geral, o sistema financeiro *sharia-compliant* (compatível com a tradição legal e religiosa islâmica) apresentou excelentes resultados em comparação com a década anterior: a taxa de crescimento das atividades aumentou 15%, e a taxa de crescimento das receitas atingiu quase 45%.

O mercado em todas as suas formas é um espelho do que ocorre nas relações internacionais: da mesma forma que acontece com a circulação das mercadorias, as relações entre nações em nível global conheceram em medida sempre mais relevante o papel da(s) religião(ões).

Nas páginas seguintes procurarei mostrar de que modo o fator *R* (religião) representa um elemento-chave da aplicação da Ciência da Religião que ajuda a explicar conflitos internacionais, guerras mundiais, tensões políticas e, enfim, fricções entre religiões quando estas se tornam variáveis do jogo das relações internacionais.[2]

Convém, então, precisar em que sentido falarei de religião, com referência não apenas à linguagem da Sociologia, mas também àquela das relações internacionais. No esquema abaixo, coloquei em destaque os elementos principais do discurso que me proponho a fazer.

Antes de adentrar a análise, desejo me deter um instante sobre o estado da arte e sobre os desafios metodológicos que a Sociologia da Religião em particular e a Ciência da Religião em geral, aplicadas às relações internacionais, devem aceitar.

Pelo que concerne ao estado da questão, o ponto de partida pode ser fixado com o ensaio de Ernest Renan em 1882.[3] À pergunta "que é uma nação?", na conferência que proferiu em Sorbonne, Renan respondia que esta é um princípio espiritual, um sentimento coletivo que se renova cada dia, que transcende interesses de classes e egoísmos individuais, que faz com que imaginemos unido aquilo que, na realidade social, é dividido, contraditório ou diferenciado. Ela precisa de uma narração, de um mito de fundação que frequentemente é fornecido pela religião. Daqui vem o paralelismo entre nação e religião. Do mesmo modo, a nação inventa um repertório de ritos seculares, aí incluído aquele do sacrifício pessoal, bem estudados, aliás, por E. Durkheim.[4] Como mostraram outros autores,[5] o que nas Ciências Sociais e políticas é comumente definido como nacionalismo tem muito a ver com a religião, no sentido de ser um jeito de imaginar o vínculo social que mantém unidos indivíduos que, de outro modo, tenderiam a pensar somente em seus problemas pessoais. Uma sociedade que se pretenda como tal carece de uma consciência coletiva que ultrapasse a vontade e os desejos moleculares dos indivíduos. Se transportarmos tais ideias ao plano das relações entre nações, compreendemos como o sentimento de apego à própria pátria pode ser alimentado seja por ideologias seculares, seja por complexos sistemas simbólicos, que mantenham os aspectos políticos ligados a aspectos religiosos da ação social. Uma nação precisa com frequência de um mito sagrado que a legitime aos olhos dos próprios súditos ou cidadãos.

As nações foram e ainda são, entre outras coisas, máquinas de guerra, terreno de cultura de conflitos nas fronteiras entre Estados, elemento de perturbação da ordem mundial. E as religiões, em alguns casos, foram e são o oxigênio vital de movimentos coletivos para as lutas pela independência pós-colonial, assim como pela solução não pacífica de controvérsias territoriais.

Max Weber[6] mostrou, por sua vez, como a Sociologia (Comparada) das Religiões se interessa por estudar, de um lado, a relação entre as grandes religiões mundiais e, do outro, as Economias que, nas diferentes áreas do mundo, dão vida a formações sociais que são muito distintas entre si. Tal relação entre éticas religiosas e modelos econômicos podem nos ajudar a entender não tanto os diferentes graus de desenvolvimento de uma parte do mundo com respeito a outra (segundo uma perspectiva que, até há pouco tempo, tendia a classificar os países do primeiro, segundo e terceiro mundo, em que nunca faltava — seguindo nisto o que Weber já havia dito — no primeiro lugar o capitalismo ocidental e a sua vontade imperial de domínio sobre o mundo), mas sim como certo modelo de organização econômica pode ser suportado por uma ética religiosa particular: dessa forma, além das diferenças políticas entre as nações, a Sociologia das Religiões também observa aquelas derivadas de uma diferente visão religiosa. Assim procedendo, estuda o impacto que tais visões têm na ordem mundial.

Do ponto de vista metodológico, a aproximação da Sociologia das Religiões às relações internacionais comporta o reconhecimento de um campo de análise que, por definição, convoca estudiosos e pesquisadores de distintas disciplinas a *se falarem*; cada disciplina traz uma contribuição, quando percorre as próprias categorias internas, mas a Sociologia, em tal caso, deve estar consciente de que, sem a perspectiva própria da história ou da análise mais específica do politólogo e do jurista interessado em comparar diferentes sistemas jurídicos, que às vezes refletem visões religiosas, corre o risco de representar a realidade de modo parcial e incompleto.

Identidade e diferença nas relações internacionais

Podemos fixar convencionalmente, na grade cronológica da história contemporânea, um ponto de partida para compreender o papel do fator "religião" nas relações internacionais. É a queda do Muro de Berlim em 1989, que acabou sendo um divisor de águas. O mundo antes da queda do Muro respirava principalmente com dois pulmões, dividido como estava em dois blocos, o Ocidente e a União Soviética, sentados sobre fundamentos ideológicos e políticos muito diferentes. Um antagonismo aparentemente sem possíveis soluções de continuidade. O mundo tinha um centro, no sentido de que o movimento da história obrigava Estados e nações a tomar partido, de tempos em tempos, com um ou com outro lado.[7] Nesse mundo dividido em dois blocos, o confronto era principalmente ideológico: entre livre mercado e economia planificada, entre espírito do capitalismo e espírito do comunismo, entre liberdade religiosa e expulsão da religião da esfera pública em nome do ateísmo de Estado.

As religiões contavam nas relações internacionais, mas de modo subordinado com relação a outras estratégias políticas, econômicas e militares (como nos anos 1980 com a corrida para o rearmamento nuclear, por exemplo). Nos anos 1980, as igrejas cristãs europeias — reunidas no Conselho Ecumênico — trabalhavam juntas para enfrentar a escalada político-militar que ameaçava recolocar a Europa e o mundo inteiro à beira de uma terceira guerra mundial.

Em 1979, logo após ser eleito Papa, Karol Wojtyla se dirigia em visita a sua terra natal, a Polônia e, daquele momento em diante, a situação naquele país começou a mudar. Entre 1980 e 1988 — antes da queda do Muro —, a sociedade polonesa fará, de fato, uma revolução pacífica para conquistar a democracia. Sob o regime de tipo soviético, a Polônia tinha se organizado como uma espécie de sociedade paralela:[8] A Igreja Católica, com sua rede de paróquias e de associações de leigos, tinha oferecido, ao longo de todos os anos da guerra fria, uma retaguarda organizacional para tantas mulheres e homens que, graças à fé religiosa, imaginavam ser possível um outro mundo. O líder do sindicato operário, que então guiava as manifestações e as greves dos estaleiros de Gdansk às oficinas de Nowa Huta em Cracóvia, Lech Wałesa (depois, prêmio Nobel da Paz em 1983), assinou os acordos, que assinalaram a capitulação temporária do regime filossoviético, com uma caneta brilhante, na qual se via impressa a imagem de Nossa Senhora de Częstochowa, ícone da identidade nacional polonesa.

Antes ainda que viesse abaixo o muro berlinense, que dividia as duas Alemanhas, o fator religião tinha, na verdade, pesado não pouco em outro lugar. Estamos pensando no Irã. Ali, durante a revolução que leva à destituição do Xá Reza Pahlavi e o advento do clero xiita ao poder, guiado por Ruhollah Khomeini, a religião da maioria, o Islã xiita, tornara-se, como o Catolicismo na Polônia, a bandeira atrás da qual se organizavam todos os movimentos e grupos de oposição ao regime dos Pahlavi.[9]

Nos dois casos, algo de novo ocorrera: a religião voltava a ser um recurso simbólico de mobilização coletiva, capaz de ajudar a quebrar equilíbrios políticos estabelecidos, selecionar uma nova classe dominante, produzir imaginação política, o *incipit*, numa palavra, da mudança ou, simplesmente, da sua esperança. A religião se mostrava em condições de influenciar indiretamente até as relações entre Estados, e ajudar a liberar alguns deles da sombra da dominação soviética ou do colonialismo. Assim, a queda do Muro de Berlim marcou, entre muitos efeitos sobre a nova geopolítica mundial, também *a recuperação de visibilidade pública e política internacional da religião.*[10]

O fim do mundo dividido em dois blocos tinha alimentado muitas esperanças: do desenvolvimento de novas e pacíficas relações internacionais, tornadas possíveis pela superação do puro e duro confronto bipolar entre os Estados Unidos da América e a União Soviética, até a ideia de uma reconciliação cultural entre os motivos seculares do Estado moderno e o papel ativo e positivo das religiões na sociedade civil. Não apenas isso: a modernidade, depois da queda do Muro, pareceu não ter uma face única. É possível se tornar moderno percorrendo outras vias; uma das quais é um caminho que vê lado a lado — portanto, não como antagonistas — a ética religiosa e o espírito do desenvolvimento econômico. Weber[11] descreveu a afinidade eletiva entre a ética protestante (em especial a que foi elaborada por Calvino) e o espírito do capitalismo, demonstrando que somente o calvinismo, com sua visão teológica e moral, tinha favorecido a difusão da cultura corporativa: poupar, investir, correr riscos e alcançar o lucro para depois começar tudo de novo, vivendo assim a sua profissão como uma vocação, como se Deus tivesse chamado o empresário para dar o melhor de si no mundo. Weber excluía a possibilidade de que outras religiões, do Islã ao Hinduísmo, do Judaísmo ao Catolicismo, fossem compatíveis com a mentalidade capitalista. Max Weber hoje provavelmente mudaria de ideia, observando que outras éticas baseadas em outras religiões não cristãs felizmente acompanham o desenvolvimento da economia de mercado e da cultura empresarial.

As esperanças de um mundo melhor após a queda do Muro de Berlim foram rapidamente frustradas. Uma vez libertada a ordem internacional das garras dos dois blocos, e tendo o mundo se tornado multipolar, começou uma longa série de conflitos que, fomentados por motivos políticos e econômicos,

viram, no entanto, mais e mais envolvimento direto das religiões. Não tanto como expressões de instituições representativas deste ou daquele credo, mas sim pelo valor ideológico que eles desempenharam na guerra mental que, muitas vezes, antecipa e acompanha o confronto físico em si, que tem lugar nos campos de batalha.

A primeira guerra do Golfo (1980-88), por exemplo, em que combateram Iraque contra Irã, foi, ao menos no início, na mente de quem a tinha projetado (Saddam e seus, na época, aliados ocidentais), um modo de desestabilizar o regime de Khomeini, rejeitado pela Casa Branca. Quando o exército iraquiano, que tinha penetrado profundamente no território iraniano, iniciou a retirada, disseminando pelos campos de batalha uma grande quantidade de minas, a reconquista do terreno perdido por parte do exército de Teerã ocorreu sob a dúplice insígnia do patriotismo nacional e, ao mesmo tempo, do martírio religioso. Khomeini irá apelar, de fato, aos garotos da associação Bassij, para que seguissem à frente das tropas, em marcha de reconhecimento, para abrir caminho nos campos minados pelo exército iraquiano em retirada. Eles foram adestrados para que se considerassem testemunhas da fé (*shahid*): seguiam à frente sem armas, com uma pequena chave pendurada no pescoço — símbolo de seu ingresso certo no Paraíso — e cantando o hino da batalha de Karbala que, em 680 d.C., marcou a derrota do terceiro chefe espiritual dos xiitas, Husseyn.

O cenário do Oriente Médio conhecerá outras duas guerras do Golfo (em 1990-1991 e em 2003; esta última assinalando a definitiva derrota do regime de Saddam Husseyn, por obra de uma aliança militar guiada pelos Estados Unidos da América). Antes, tínhamos acompanhado, em 2001, outra guerra em terras distantes, no Afeganistão, onde, diziam, Bin Laden havia criado seu próprio posto avançado para a guerra santa (mundial) contra o Ocidente. Também naquela ocasião, a mobilização contra os talibãs, os estudantes de teologia corânica, instruídos na doutrina da união sagrada entre o Corão e a *kalashnikov*,[12] em virtude da independência política de sua nação e da limpeza moral contra toda influência ocidental, havia conhecido matizes retóricos de tipo religioso.

Longe deste cenário, sempre nos anos sucessivos à derrocada do Muro de Berlim, abria-se outro, na Europa. Desta feita, o laboratório onde as religiões eram colocadas à prova da guerra foi — a poucos quilômetros da fronteira oriental europeia — a ex-Iugoslávia. O modelo federalista inventado por Tito, após a segunda guerra mundial, para ter juntas populações distintas por língua e religião, estava em crise havia tempo. E se esfarela dramaticamente após a morte do líder e depois do sumiço do famigerado Muro. Se, no início do novo ciclo de guerras balcânicas, entre 1991 e 1995, o fator religião não parece ter nenhuma importância, no momento mais duro do conflito, as elites políticas croatas e sérvias, imitadas depois pelos bósnios, redescobriram as diferenças religiosas como demarcadoras de identidades exaltadas, e, portanto, como incompatíveis entre elas. Naquele laboratório, pois, os europeus (e não apenas eles) viram ser recolocado um esquema bem conhecido da história moderna: uma terra, uma língua, uma religião com um Estado que faça a síntese e garanta que tudo funcione. Um etno-nacionalismo religioso que nos últimos vinte anos se difundiu também na Europa e em outras partes do mundo, como veremos logo mais, no item sobre conflitos etno-religiosos.

Em muitas partes do planeta, o conflito aberto, violento e radical entre opostos sistemas de crença religiosa retomou fôlego há, pelo menos, vinte anos. Os conflitos, em geral, não são novos. São cicatrizes mentais e sociais, jamais curadas, que se reabrem. O novo é a modalidade com que estes se apresentam na cena política: as religiões conseguem, lá aonde a política nunca chega, onde não mais basta, por si só, com suas retóricas, para mandar *ao fronte* indivíduos de carne e ossos contra outros indivíduos. A retórica religiosa se oferece à política como última possibilidade para tornar crível o direito a matar o outro. E vice-versa, os chefes políticos, na falta de argumentos convincentes, não encontram nada melhor do que apelar para os valores sagrados que sustentam a consciência nacional, para reunir o povo *em armas*.

As religiões fornecem de tal modo a paixão pela descoberta das raízes de uma identidade coletiva que se presume perdida ou em perigo: uma fronteira do espírito, que precisa, porém, de um verdadeiro muro de fronteira para proteger a sua diferença em relação a outros. As religiões entram em guerra entre elas não tanto porque interpretam diferenças de credo ou antagonismos doutrinários insanáveis que, ciclicamente, reflorescem, mas sim porque acabam servindo como dispositivo simbólico importante nas *políticas de identidade*. Elas tornam-se, então, a linguagem pública para construir a imagem do inimigo; e oferecem um repertório de símbolos que atores sociais e políticos distintos utilizam a fim de falar do outro e dos outros: da identidade ameaçada e do rosto do inimigo que a ameaça. A identidade, dessa forma, é considerada um *dado natural* que funda e legitima a estrutura de governo da sociedade; por isso ela é vista como a fonte última da legitimidade de um Estado. A identidade é imaginada como algo *tomado como certo*, um muro que sustenta as paredes domésticas da vida cotidiana dos indivíduos. A conversão — o passar de uma religião a outra — pode então se tornar um ato hostil, que não terá apenas um significado religioso, mas também social e político. Isso vale seja no interior de uma nação, seja nos contrastes abertos ou latentes entre nações. Na Índia, por exemplo, as conversões de tantos *dalits* (conhecidos como sem-castas ou intocáveis, o estrato social dos miseráveis) ao Cristianismo ou ao Islã ou ao Budismo, são consideradas pelos movimentos radicais hindus intoleráveis; e isso explica as batalhas em vilarejos para *reconverter*, por meios pacíficos e, com frequência, com violência, milhares de pessoas.

As religiões tendem, portanto, a entrar em guerra como meio de comunicação[13] eficaz todas as vezes que se prestam a fazer reviver e reforçar a ideia de que exista um mito de fundação das identidades coletivas, configurando-se, muitas vezes, como intérpretes fiéis e servas dedicadas da *solidariedade orgânica de uma etnia*. As religiões, transformando-se, assim, em ideologias étnicas, terminam por negar sua própria pretensão de serem depositárias de valores universais, uma vez que se *tornam parte ativa, tomando as dores de um grupo contra outro.*

Religiões em movimento

Para compreender por que as religiões voltaram a ter peso nas relações internacionais, para começar partiremos de certos dados demográficos. Na tabela abaixo apresentamos a distribuição das grandes religiões do mundo em 2005 e projetada para 2025.

Tabela n. 1: Adeptos das principais religiões mundiais, inclusive ateus e sem-religiões (2005-2025), em valores absolutos e percentuais

	2005	%	2025	%	% de crescimento
Muçulmanos	1.313.984.000	20,4	1.825,283.000	23,2	1,66
Siques	25.374.000	0,4	31.985.000	0,4	1,16
Cristãos	2.135.783.000	33,1	2.640.665.000	33,6	1,07
Hindus	870.047.000	13,5	1.065.868.000	13,6	1,02
Budistas	378.809.000	5,9	457.048.000	5,8	0,94
Judeus	15.146.000	0,2	16.895.000	0,2	0,55
Novas Religiões	108.132.000	1,7	122.188.000	1,6	0,61
Relig. Pop. chinesas	404.922.000	6,3	431.956.000	5,5	0,32
Etno-religiões	256.341.000	4,0	270.210.000	3,4	0,26
Sem-religiões	768.598.000	11,9	806.884.000	10,3	0,24
Ateus	151.548.000	2,3	151.742.000	1,9	0,01
População total	**6.453.628.000**	**100**	**7.851.455.000**	**100**	
Não cristãos	*4.317.845.000*	*66,9*	*5.210.790.000*	*66,4*	*0,94*

(fonte: **World Christian Data Base, 2005**)

Para além dos números, as tendências que emergem podem ser resumidas assim:

a) O centro de gravidade do Cristianismo tende a se mover em direção aos países do Sul global (África, Ásia, América Latina); em 2025, espera-se que cerca de 70% dos cristãos (nominais) viverão nesses países (hoje já estamos em torno dos 62,5%), para ser exatos, eles são, respectivamente, 633 milhões na África, 640 na Ásia e 460 na América Latina. A Europa está, neste ranking ideal, em terceiro lugar, com 555 milhões de adeptos nominais.

b) É verdade que a taxa de crescimento dos muçulmanos parece maior que a de outras religiões, mas as projeções indicam que as populações fiéis ao Cristianismo continuarão a ser numericamente maiores do que os seguidores do Islã.

c) Até 1980, 80% dos cristãos era de pessoas brancas; em 2025, tal percentual cairá para 30%; assim como, se no início do século 20, de cada 10 cristãos, 7 viviam na Europa, em 2025, de cada 10, somente 2 serão habitantes do Velho Continente. Está emergindo, em vez, um Cristianismo pós-colonial, independente das igrejas históricas (católicas ou protestantes, que chegaram a cada ângulo do mundo na esteira da expansão colonial e da pregação missionária dos brancos), dando vida a uma exuberância de novas igrejas e denominações em todo o planeta. Calcula-se que estas já tenham alcançado 20% do total das igrejas e denominações historicamente mais conhecidas, com uma difusão, em especial, das novas igrejas pentecostais e carismáticas.

d) Nos últimos trinta anos, enfim, uma grande quantidade de pessoas se pôs em movimento, transferindo-se de um ponto a outro do globo na perspectiva de melhores condições de vida, levando consigo seus dotes culturais, incluindo a sua religião de nascimento; por que, cada vez mais, milhões de pessoas de diferentes credos tendem a viver juntos. Mas como os movimentos migratórios se dirigiram principalmente rumo aos países ricos do Ocidente, sociedades de matriz cristã estão se vendo confrontadas com outras religiões, em um cenário inédito de pluralismo de crenças. Um inédito pluralismo religioso tomou forma, colocando novos desafios ao modelo de Estados não confessionais.

O movimento migratório, na realidade, está afetando também a vários países do Hemisfério Sul. A consequência é que também sociedades que, até há apenas vinte anos, podiam se orgulhar de uma homogeneidade relativamente ampla, hoje devem encarar surpreendentes pluralismos religiosos. É o caso, por exemplo, dos Emirados árabes Unidos e da Arábia saudita, onde desembarcaram milhões de trabalhadores semiqualificados, vindos de diversas partes do mundo, não necessariamente de religião muçulmana. Além disso, recordemos como, no planeta, se conectam dois fenômenos: o crescimento das megalópoles (cf. tabela n. 2) acompanhado de uma sobreposição de religiões antigas e novas em busca de um espaço vital para afirmar visivelmente suas específicas identidades. São tantas megacidades onde a crescente diversidade religiosa cria uma espécie de cacofonia de orações, ritos e lugares de cerimônia.

Tabela n. 2: As 10 megalópoles mais populosas do mundo (2005-2025), em valores absolutos e com o percentual estimado de cristãos

colocação	2005	Pop. total	% cristãos	colocação	2025	Pop. total	% cristãos
1	Tóquio	35.327.000	3,0	1	Tóquio	36.838.000	4.0
2	México C.	19.013.000	94,5	2	Mumbai	27.116.000	17.0
3	Nova York	18.498.000	65,0	3	Déli	26.818.000	4.5
4	Mumbai	18.336.000	15,0	4	Dhaka	24.080.000	1.5
5	São Paulo	18.333.000	90,0	5	Lagos	23.992.000	48.0
6	Déli	15.334.000	3,0	6	México C.	22.143.000	94.0
7	Calcutá	14.299.000	2,0	7	Jacarta	21.782.000	23.0
8	Buenos Aires	13.349.000	90,5	8	São Paulo	21.295.000	89.0
9	Jacarta	13.194.000	21,0	9	Karachi	21.272.000	3.0
10	Shangai	12.665.000	14,0	10	Nova York	20.789.000	63.0
	total	178.348.000	37,9			246.125.000	31.6

(fonte: World Christian Data Base, 2001)

Algumas destas metrópoles são laboratórios a céu aberto, onde as fronteiras entre diversas religiões são, sim, ainda visíveis (às vezes, fonte de contrastes e tensões em nível local), mas, pelas características próprias do estilo de vida urbanizado, elas não parecem estar em condições de controlar os comportamentos dos indivíduos, que podem passar de um lugar de culto a outro, segundo suas próprias exigências espirituais ou materiais assim como, justamente por reação, fechar-se em seu próprio espaço sagrado para defender sua integridade contra uma modernidade que torna fluidas as pertenças e as coerências em matéria de fé.

Se já hoje 45% dos matrimônios nos EUA é contraído por pessoas de religiões diferentes, o ar das grandes metrópoles africanas como Lagos (cerca de 12 milhões de habitantes), por exemplo, mesmo irrespirável por conta da poluição originada pelo tráfego, libera indivíduos para escolher uma igreja em vez de outra e se moverem facilmente entre elas quando lhes parece mais convincente o discurso e o poder carismático de um líder em comparação com outro. Se de Lagos nos movemos na direção do norte do país, nas cidades populosas de Cano (cerca de quatro milhões de pessoas) ou de Jos (um milhão), rapidamente nos damos conta de que os conflitos tidos frequentemente como religiosos, entre cristãos e muçulmanos, na realidade nascem ao longo de uma linha de demarcação entre quem se considera *indígena* e quem é considerado forasteiro. Os movimentos de migração interna têm, de fato, levado pessoas do sul da Nigéria, em sua maioria cristãs, rumo ao norte, cuja maioria é muçulmana. Os primeiros — os cristãos não indígenas — são considerados cidadãos de segunda categoria, muitas vezes obrigados a viver em grandes subúrbios reservados para eles, sem a possibilidade de acesso à propriedade da terra e com barreiras explícitas ao acesso a cargos públicos do primeiro escalão.

A discriminação social e civil é vivida em estado latente como injusta e, ocasionalmente, explode em confrontos violentos. Para alimentar ainda mais as razões do conflito concorrem as diferenças étnicas (Linguísticas e culturais) entre grupos que, principalmente durante o período colonial, foram colocados uns contra os outros, como no caso das tensões recorrentes entre hauçás-fulânis de um lado, em sua maioria muçulmanos, concentrados no norte da Nigéria, e, de outro lado, iorubanos e ibos, por sua vez cristãos na quase totalidade, que povoam as regiões sulinas deste grande país.

Conflitos etno-religiosos e reflexos internacionais

Se observarmos o mapa das religiões no mundo e seguirmos as linhas coloridas que nele se destacam, é possível que tenhamos a tentação de representar a situação como se existissem grandes *falhas* culturais (as civilizações, para mantermos a terminologia cara a Huntington[14]). Em especial, a linha verde (o Islã) que do mundo árabe é acompanhada, por um lado, pela África subsaariana até Nigéria, Máli (oeste) e Chifre da África (leste) e, por outro, a leste, pela Turquia, Irã, as repúblicas do Cáucaso e o Afeganistão, e empurrando-nos para o Extremo Oriente, chegando à Indonésia (um dos países em que a grande maioria da população é muçulmana, 88% dos 205 milhões de habitantes) e à Malásia, poderia aparecer uma demarcação que nitidamente distingue e (depois do atentado às Duas Torres de Nova York, no 11 de setembro de 2001) faz fronteira ameaçadoramente, segundo o esquema de Huntington, com a linha branca que assinala a presença cristã no planeta.

Durante o último ciclo das guerras balcânicas, alguns estudiosos repropuseram a tensão histórica entre, de uma parte, a Igreja de Roma, e em geral do Cristianismo latino,

e de outra parte, as Igrejas ortodoxas. Mas não basta: a chamada revolução laranja — o movimento político que levou ao poder em 2005, em um primeiro momento, Viktor Juščenko — se configurou de início, na Ucrânia, como um movimento de independência de Moscou. Por tal razão, um conflito político interno teve inevitáveis reflexos internacionais, a partir do momento em que o movimento de protesto contra as elites políticas filorrussas na Ucrânia pôde contar com a movimentação dos recursos para a ação coletiva e até com o apoio da União Europeia, para a qual a nova elite, que alcançou o poder em 2005, olhava com muita esperança, para se libertar da hegemonia russa na região.

Conflitos políticos internos assumem, pois, também vestes religiosas e refletem-se no plano internacional. Os exemplos que podem ser aduzidos têm a ver respectivamente com a questão do Tibete, a dos tâmiles do Sri Lanka e a dos karens cristãos na Birmânia. Em todos os três casos, encontramo-nos diante de minorias que se identificam não somente pelo vínculo com o que consideram, há séculos, sua terra natal, e pela língua diferente que falam, mas também pelo sistema diferente de crença religiosa a que aderem. Nos três casos, as religiões ou as filosofias espirituais implicadas são, respectivamente, o Budismo tibetano (cujo porta-voz, o Dalai-Lama, é universalmente conhecido), o Hinduísmo e o Cristianismo.

Se nos movemos para outro grande cadinho de conflitos violentos, a África subsaariana, e passamos rapidamente em revista pelas tragédias que ocorreram, respectivamente, em Ruanda e na República Democrática do Congo, observamos como as linhas de fratura entre grupos étnicos diferentes se decompõem, com frequência, em ulteriores divisões que afetam a esfera religiosa. A sequência do conflito em todos esses casos não é toda ela interna a um Estado e à dialética de interesses contrapostos que se formam em torno de quem detém o poder e quem pretende miná-lo, mas acaba despertando a atenção dos antigos colonizadores que continuaram e continuam a cultivar relações privilegiadas com as áreas que, até poucas décadas atrás, eles tinham sob seu controle político e econômico. É, pois, importante, do ponto de vista sociológico, ter em conta o contexto sociorreligioso no qual um conflito, interno e, ao mesmo tempo, internacional, se dá.

O caso mais paradigmático é representado por Ruanda. Aqui o confronto contrapôs Hutus (prevalentemente agricultores) e Tutsis (em grande parte criadores), tendo entre eles uma pequena (em todos os sentidos) minoria inofensiva, os pigmeus Twa (1,5% da população). O aspecto inesperado da guerra civil é dado pelo fato de que ambos os grupos são, na sua maioria, católicos, convertidos e educados por missionários, dos Padres Brancos aos jesuítas. E não obstante a fé comum, durante a fase de colonização belga as diferenças entre hutus e tútsis se acentuaram. Ocorreu que foi inculcada nos tútsis a ideia de que, no final das contas, eles não eram de fato negros, e que pertenciam a uma raça superior aos hutus, quebrando-se na mente coletiva a ideia da divisão funcional do trabalho entre pastores e agricultores, que os tinha ajudado a conviver por longo tempo na mesma terra. Os tútsis foram então identificados como descendentes do povo camita de que fala a Bíblia; não negros, mas negroides, portanto, de raça superior.

A guerra civil de Ruanda, na realidade, degenerou rapidamente: de conflito regional, tornou-se logo uma guerra de implicações continentais (africana) que envolveu diretamente oito Estados, além de algumas potências europeias que tomaram a iniciativa de apoiar uma ou outra parte no conflito. Esta teve, de fato, como epicentro a República Democrática do Congo (ex-Zaire). Em razão da amplitude do número de envolvidos nos combates, houve quem chegasse a falar de guerra mundial africana, a qual se prolongou de 1998 até 2003, com consequências que se estenderam até 2008, com cerca de cinco milhões e meio de vítimas (Relatório do *International Rescue Committee* aos cuidados da ONU).

Conclusão

O que foi dito até aqui ajuda a não concentrar nossa atenção somente no Islã, quando se analisa o papel da aplicação dos estudos de religião — e das próprias religiões — nas relações internacionais. Certamente, os movimentos radicais islâmicos, que praticam a luta armada e o terrorismo, contribuíram para mudar o curso dos eventos no cenário mundial. Eles, de outra parte, têm frequentemente enveredado, ou por derrotas dolorosas, ou por uma longa guerra de atrito com os poderes constituídos, mantidos sob chantagem por ataques frequentes contra políticos, simples turistas ou minorias religiosas, ou ainda, quando conseguem chegar ao poder, rapidamente estabelecem regimes da verdade e da virtude, oprimindo e violando direitos humanos básicos (com as mulheres pagando o preço na primeira fila), como ocorreu no Sudão e, mais tarde, no Afeganistão, com a chegada a Cabul dos talibãs em setembro de 1996. Os combatentes dos vários movimentos radicais armados, derrotados na pátria, partiram dali para formar uma milícia internacional islâmica, composta por veteranos de batalhas perdidas e que encontraram em Osama bin Laden e sua organização Al-Qaeda ("a base") um ponto de referência para continuar a imaginar a restauração de um califado universal e o restabelecimento da *shari'a* ("lei corânica"), como única e absoluta fonte de direito em todos os países de maioria muçulmana.

Movimentos político-religiosos ou fundamentalistas[15] surgiram, ademais, no seio de outras religiões: originariamente, no ambiente protestante conservador (*evangelical*) nos inícios do século XX, mas depois também no mundo judaico ultraortodoxo, assim como entre seguidores do Hinduísmo. Os grupos judaicos que jamais tinham reconhecido o Estado de Israel, pelo menos até a guerra dos Seis Dias de 1967, e que decidiram, nos anos 1970, se estabelecer nas novas colônias estabelecidas nos territórios ocupados da Palestina, são animados por um espírito messiânico que torna muito difícil a gestão dos governos — até mesmo para aqueles de direita — que, em Israel, procuram encontrar algum acordo com a contraparte palestina, para pôr termo ao estado de guerra que já dura mais de sessenta anos. Muitas colônias, na realidade, para os novos zelotas do sionismo religioso, não são apenas simples assentamentos que acolhem famílias que chegaram dos Estados Unidos ou da antiga União Soviética ou de outras partes do mundo, mas também e principalmente lugares sagrados, topônimos bíblicos, que não podem ser permutados com ninguém, pois eles creem que a progressiva recomposição das fronteiras da Terra Prometida coincidirá com a vinda do Messias. As implicações internas e internacionais de tal visão messiânica radical do mundo são evidentes.

A radicalização dos movimentos político-religiosos é conhecida hoje até em ambientes sob influência do Hinduísmo e do Budismo. Mesmo quando não se chega a teorizar a luta armada para instaurar um regime de verdade que exclua qualquer forma de reconhecimento público da diferença e do pluralismo religiosos, não há dúvida de que a alteridade é considerada sempre mais incompatível com o mito da pureza originária de um povo ou de um grupo social que se julga depositário de tal mito.

O estudo das relações internacionais, do ponto de vista da Ciência da Religião, constitui, portanto, um terreno de pesquisa relativamente novo. A Ciência da Religião — e a Sociologia da Religião em particular —, justamente por observarem os fenômenos religiosos de uma perspectiva internacionalista, podem contribuir com uma compreensão mais adequada da geopolítica contemporânea.[16]

Referências bibliográficas

ANDERSON, Benedict. *Imagined Communities*. London: Verso, 1983. Ed. bras: *Comunidades imaginadas*. São Paulo: Companhia das Letras, 2008.

BARRETT, D.; JOHNSON, T. (eds.).

World Christian Data Base. s.l.: William Carey Library, 2001.

BURITY, Joanildo. Religião e política na fronteira. *Revista de Estudos da Religião*, n. 4 (2001), pp. 27-45.

BURLEIGH, Michael. *Earthly Powers*. New York: Harper-Collins, 2005.

CASANOVA, José. *Public Religions in the Modern World*. Chicago: Chicago University Press, 1994.

GELLNER, Ernst. *Nationalism*. London: Weidenfeld & Nicholson, 1997.

GUOLO, Renzo. *La via dell'imam*. Roma/Bari: Laterza, 2007.

HAYES, Carlton J. H. *Essays on Nationalism*. New York: Macmillan Press, 1937.

HUGHEY, Michael W. *Civil Religion and Moral Order*. Westport: Greenwood Press, 1983.

HUNTINGTON, Samuel. *The Clash of Civilization*. London: Peguin, 1991.

MARTY, Martin E.; APPLEBY, Scott R. (eds.). *Fundamentalism and Society*. Chicago: Chicago University Press, 1991.

MICHEL, Patrick. *Religion et politique*; la grande mutation. Paris: Albin Michel, 1995.

PACE, Enzo (ed.). *La società parallela*. Milano: Angeli, 1983.

_____. *Perché le religioni scendono in guerra?* Roma/Bari: Laterza, 2004.

_____. *Religion as Communication*. Farnham: Ashgate, 2011.

PACE, Enzo; GUOLO, Renzo. *I fondamentalismi*. Roma/Bari: Laterza, 2000 (trad.: *Los fundamentalismos*. México: Siglo XXI, 2002).

RENAN, Ernest. *Qu'est-ce que une nation?* Paris: Calman/Lévy, 1882. Ed. bras.: *Que é uma nação*. In: ROUANET, Maria Helena (org.). *Nacionalidade em questão*. Rio de Janeiro: Cadernos do Pós/Letras, 1997.

ROBERTSON, Roland. *Globalization*; Social Theory and Global Culture. London: Sage, 1992.

SMITH, Anthony. *Nationalism*. Cambridge: Polity Press, 2001.

_____. *Chosen People*. Oxford: Oxford University Press, 2003.

WEBER, Max *Die protestantische Ethik und der Geist des Kapitalismus*. Tübingen: Mohr, 1904-1905. Ed. bras.: *A ética protestante e o espírito do capitalismo*. 4. ed. São Paulo: Livraria Pioneira Editora, 1985.

_____. *Gesammelte Aufsätze zur Religionssoziologie*. Tübingen: Mohr, 1922. Ed. bras.: *Sociologia das religiões e consideração intermdiária*. Lisboa: Relógio d'Água Editores, 2006.

Notas

[1] Traduzido do italiano por Afonso Maria Ligorio Soares.

[2] Pace, *Perché le religioni scendono in guerra*, pp. VII-XIV.

[3] *Qu'est-ce qu'une nation?*

[4] *Les formes élémentaires de la vie religieuse.*

[5] Hayes, *Essay on Nationalism*; Anderson, *Imagined Communities*; Robertson, *Globalization*; Hughey, *Civil Religion and Moral Order*; Gellner, *Nationalism*; Smith, *Nationalism*; *Chosen People*; Burleigh, *Earthly Powers*.

[6] *Sociologia delle religioni.*

[7] Michel, *Religion et politique.*

[8] Pace, *La società parallela.*

[9] Guolo, *La via dell'imam.*

[10] Casanova, *Public Religon in Contemporary World*; Burity, *Religião e política na frontiera*, p. 32.

[11] Weber, *Die protestantische Ethik und der Geist des Kapitalismus.*

[12] Alusão ao famoso rifle AK-47, desenvolvido pelo fabricante de armas Mikhail Kalashnikov (N.T.).

[13] Pace, *Religion as Communication.*

[14] Huntington, *The Clash of Civilizations.*

[15] Sobre o fundamentalismo como categoria sociológica, ver Marty; Appleby, *Fundamentalism and Society*; Pace; Guolo, *I fondamentalismi.*

[16] Para religiões e negócios internacionais, o Center on Faith and International Affairs (Arlington) e sua revista: *Review of Faith and International Affairs.*

Ciência da Religião aplicada ao ensino religioso

SÉRGIO ROGÉRIO AZEVEDO JUNQUEIRA

Histórico do ensino religioso

O Estado no século XVII progressivamente assume a escolarização, especialmente na Prússia, onde o governo assume o investimento nesta área. Como consequência, a escola elementar torna-se obrigatória, e a ênfase é a preocupação com o método e o conteúdo escolar. A monarquia dos Habsburgos compreende que a escolarização é um elemento essencial para o crescimento da população, surgindo daí uma escola confessional popular com a sensibilidade das exigências civis, políticas e religiosas e a organização de um sistema educacional. Nenhuma pessoa poderia ser excluída da escola pública por crença religiosa, nem se podia obrigar uma criança a receber instrução religiosa contrária à fé na qual fora criada. Como exemplo da reforma escolar austríaca de 1774, em maio daquele ano chegava a Viena Johann Ignaz Von Felbiger (1724-1788), encontrando um clima favorável à reforma de toda a instituição escolar, da Universidade (iniciada em 1753 por Von Swieten) à escola popular. O abade Felbiger foi chamado pela rainha e sob sua influência a educação na Áustria tomou novo rumo. Esse pedagogo ensaiou interessantes ideias educativas. Agrupou os alunos por classes, pôs em prática, de maneira definitiva e consequente, o processo de ensino simultâneo ou coletivo e coral. Fez reiterado uso de recursos mnemotécnicos, recomendou o uso de tabelas e gráficos, com o propósito de ordenar os objetos estudados, e as reiteradas perguntas para certificar-se de que os alunos entenderam, a contento, os ensinamentos — catequização.

A imperatriz Maria Teresa criou uma Comissão da Corte para os Estados, equivalente ao Ministério da Instrução, que ressaltava a instrução ser e sempre ter sido, em cada época, um fato político. Antes de sua gestão, a escola fora quase que totalmente um fato privado e eclesiástico, embora controlado pelo poder estatal. É de 1769 um enérgico apelo de Leopold Ernst Firmian, bispo de Passau, sobre a "Utilidade de uma boa escola pelo Estado". Um plano elaborado pelo ministro de Esto Pergen, de 1770, propunha um sistema de educação com base nas ordens religiosas. Uma nova comissão extraordinária foi instituída com um novo plano de reforma em 1773, com o objetivo de uma futura orientação escolar. Pleiteando uma instrução universal guiada aos vários Estados para a formação de um bom cristão católico e um súdito fiel, propunha a escolha e formação de professores competentes, a organização de estudos uniformes, completos, eficientes e estáveis, bem como a preparação de textos adequados.

O objetivo de toda esta reestruturação e extensão da instrução de base, a fim de combater a ignorância não só religiosa mas também funcional, era ensinar a ler e a escrever, e não mais somente catequizar. Era habilitar tecnicamente os alunos e iluminar a mente para formar um cidadão hábil, consciente e útil. Eis a função do mestre-escola: formar um ser humano capaz, útil, membro do Estado, ser humano razoável, honesto, cristão, isto é, participante da felicidade temporal e eterna. O imperador Fernando I oficializou a *Summa doctrinae christianae* de Pedro Canísio como texto para a catequese em seu império. Maria Teresa, em 1770, havia pedido a difusão do Catecismo de Fleury para todo o império, mas a Comissão de Instrução havia optado pelo Catecismo de Sagan para escolas inferiores. Em 1772, ela insiste no Catecismo de Sagan para toda a terra da Áustria e da Boêmia. Progressivamente, percebe-se a preocupação em produzir textos próprios para cada fase de escolaridade. Existe uma preocupação em adequar textos e métodos à característica da escola, novo ambiente de novas exigências. Progressivamente, aprimora-se a formação dos professores dessa área e passa a existir uma preocupação com a pedagogia religiosa. No início do século XIX, na maior parte dos Estados europeus, a presença do Estado no âmbito da educação é praticamente inexistente. A taxa de analfabetismo é alta. A escola elementar é de propriedade da Igreja Católica.

A oferta cultural dessas escolas limita-se a ensinar a ler, escrever e contar. O ensinamento religioso e a educação moral ocupam posto privilegiado. Os colégios são reservados em particular a jovens pertencentes a classes privilegiadas. Os programas caracterizam-se por estudos humanistas. Em geral, somente os advogados, médicos e estudantes de Teologia recebem uma formação especializada na universidade. Ao longo do século XIX, a situação se transformou profundamente. O Estado, que vinha progressivamente descobrindo o papel da escola como instrumento de domínio político e social, toma medidas sempre mais significativas para organizar e controlar a educação, ocorrendo por sua vez desencontros com a Igreja, que vê seu domínio diminuindo. Assistimos, progressivamente, a uma pedagogização da sociedade. Com o nascimento dos Estados modernos e da sociedade burguesa, articula-se de fato a instituição escolar e um projeto social em torno de uma preocupação com a cultura e com as ciências. A sociedade investe em um projeto educativo cada vez mais articulado e complexo, para formar um ser humano-cidadão, e a Igreja preocupa-se em explicitar o cristão.

Essa ideia foi uma consequência de novos tempos denominado de Iluminismo que preocupado com uma cultura racional, com aspectos da ciência, pois há uma percepção em relação à sociedade europeia centrada no anseio de um novo ser humano, expresso, por exemplo, no *Emílio* de Rousseau. Simultaneamente, no espaço escolar encontrava-se a religião ensinada como forma de educar para a humildade, generosidade, paciência, equilíbrio e piedade. Na escola infantil, a família solicitava a presença de elementos religiosos, acreditando que isso faria bem às crianças. Nesse contexto, compreende-se que a formação desse honesto cidadão propunha-se à formação do bom cristão, fiel, portanto, a Deus e ao imperador.

O instrumento básico para essa área da educação era o catecismo, pelo qual se realizava a instrução religiosa e a alfabetização. A área religiosa passa a ser concebida e estruturada como uma disciplina ao lado da leitura, escrita e elementos básicos da matemática. Alguns historiadores consideram que essa iniciativa se deu através da imperatriz Maria Teresa da Áustria, seguida pelo nascimento do ensino religioso. É importante recordar que essa regente foi responsável pela criação também da catequética, tendo em vista a formação do clero. Dentro desse sistema, os sacerdotes deveriam instruir o povo, na perspectiva do cidadão e do cristão, proporcionando inclusive a iniciação de agrimensura, em vista do trabalho agropastoril.

Nesse processo de organização da escola no Império Austro-Húngaro, a Igreja participa e colabora, enquanto o Estado não realiza tal iniciativa, devido ao propósito de torná-la um instrumento explicitamente de orientação do povo. A compreensão de que a escola não é um espaço a ser usado pelas confissões religiosas para garantir ou para fazer novos fiéis tornou-se polêmica. Algumas vezes, por forças políticas, mantinha-se esta ou aquela tradição religiosa e em outros tempos chegou-se a proibir as aulas de religião em escolas estatais. Paralela a toda essa discussão, as escolas confessionais mantiveram a disciplina. Ao longo da história do Ocidente, percebe-se que o avanço da presença da Igreja nos diversos reinos, países, enfim, núcleos políticos, interferiu de forma significativa na compreensão de mundo e de ser humano, assim como na orientação moral e, portanto, na organização de valores sociais.

Compreende-se hoje que o ensino religioso é um elemento curricular com influências pedagógicas e interferências políticas na concepção e divulgação de propostas relacionadas ao ensino-aprendizagem. A religião foi um dos elementos que ajudaram na unidade dos impérios e na nova proposta educativa. A catequese passou a estar de fato relacionada à alfabetização do povo, por meio dos catecismos e da história bíblica. O imperador Frederico, o Grande, em 1794, sofreu oposição do clero e do povo, mas promulgou uma lei instituindo que todas as escolas públicas e instituições educativas fossem declaradas instituições do Estado. Todas as escolas, particulares ou não, deveriam estar sob o controle e a fiscalização do Estado. Todos os professores de ginásio e escolas superiores foram considerados funcionários do Estado, a este cabendo a nomeação de tais professores. Essa origem do cenário europeu do ensino religioso interferiu na leitura do religioso na escola deste continente que irradiou sua influência pelas Américas, África, Oceania.

No contexto brasileiro percebemos que a educação religiosa ao longo do período Colonial e Imperial (do século XV ao XIX) é efetivada como cristianização por delegação pontifícia, justificando o poder estabelecido. A educação foi implantada e ministrada sob os auspícios dos jesuítas. A grande característica dessa fase é uma educação humanística, que se caracteriza por ser individualista, estar centrada nos valores propostos pelo Renascimento e favorecer a ideologia reinante, empregando métodos tradicionais. O ensino da religião é questão de cumprimento dos acordos estabelecidos entre a Igreja Católica e o Monarca de Portugal. As leis, decretos e instruções em geral põem em primeiro plano a evangelização dos gentios. O caráter disciplinador de toda catequese concorre para a transmissão de uma cultura que visa à adesão ao Catolicismo. Em meados do século XVIII, com a expulsão dos jesuítas (1759), a educação passa por transformações, pois o Estado assume o que existe de educação no período. A reforma pombalina implanta um modelo impregnado pelo racionalismo do Iluminismo, e a educação permanece de caráter elitista. O ensino da religião nessa fase passa pelo crivo da Inquisição e caracteriza-se como catequese dirigida aos índios, escravos e ao povo como um todo, pois a elite brasileira é educada nas escolas da Coroa (Portugal). Essa orientação foi proposta no Sínodo de 1707, na Bahia, posteriormente assumida pelo episcopado nacional dessa fase, por meio das "Constituições do Arcebispado da Bahia", que manifestam logo no primeiro capítulo grande cuidado pela formação religiosa e cristã da população, inclusive dos escravos.

Ressalta-se que essas Constituições, em sua edição de 1853, passam a referir-se também ao ensino religioso nas escolas. Elas vigoraram, a partir do Sínodo Diocesano do Brasil de 1701, durante todo o Império. Infligiam aos leigos que ousassem ser instrutores de religião penas pesadas como punição financeira e excomunhão. O anexo dessas Constituições sobre o ensino religioso é na realidade uma espécie de adaptação das Constituições do Arcebispado à Independência do País e à abolição da Inquisição. Progressivamente, o Estado, então ainda monárquico, amplia o pequeno sistema educacional com a criação de cursos de ensino superior (Medicina e Cirurgia). São criadas também a Academia Real Militar, a Academia da Marinha e a Escola de Comércio, a Escola Real de Ciências e Artes e Ofícios, bem como a Academia de Belas Artes. Não há, porém, significativa evolução no ensino para as classes populares, enquanto para as classes mais abastadas criam-se bibliotecas, imprensa, teatros, escolas especializadas etc.

O ensino religioso é de caráter mais privativo e doméstico do que institucional, por meio das confrarias religiosas que ajudam a eliminar o hiato existente entre a cultura europeia e a cultura africana, processando-se a efetivação do sincretismo religioso. O projeto religioso da educação não conflita com o projeto político dos reis e da aristocracia; é a fase da educação sob o motivo religioso. O que se desenvolve é a evangelização, segundo os esquemas da época, ou seja, a cristianização por delegação pontifícia, autoridade de Roma, como justificativa do poder estabelecido, em decorrência do regime de padroado. Dessa forma, o que se desenvolve como ensino religioso é o ensino da religião, como evangelização dos gentios e catequese dos negros, conforme os acordos estabelecidos entre o Sumo Pontífice e o Monarca de Portugal. Como manifestação de um esforço de escolarização da religião, encontramos a Lei de 15 de outubro de 1827, para regulamentar o inciso 32 do artigo 179 da Constituição Imperial, ou seja, a Lei Complementar, no seu artigo 6º. Na última fase (1824-1889), anterior à Proclamação da República, a educação é ainda humanística e tem a finalidade de reproduzir a própria estrutura de classes. Seu caráter elitista é acentuado com a criação do Colégio Pedro II, com dupla função: bacharelar em letras e habilitar os alunos à matrícula nas faculdades do país; formar humanistas e candidatos às profissões liberais.

É notável a distância entre a classe dominante e a grande massa analfabeta. Durante esse período do Império, a religião católica torna-se oficial, na Constituição de 1824, artigo 5º (BRASIL, 1824). Mas, ao longo do Império, nasce a ideia do respeito à diversidade da população. Em um projeto relativo à Constituição, Rui Barbosa propunha, em seu artigo primeiro, parágrafo terceiro, que nas escolas mantidas pelo Estado não deveria ser imposta uma crença. A partir da Proclamação da República, em 15 de novembro de 1889, as chamadas tendências secularizantes existentes no Império foram assumidas pelo novo regime, organizado a partir do ideário positivista, que, no campo da educação, é responsável pela defesa da escola leiga, gratuita, pública e obrigatória, rejeitando, portanto, a ideologia católica que exercia o monopólio do ensino de caráter elitista. Sob a influência de Comte, Benjamin Constant, empreendeu a reforma de 1890, quando Ministro da Instrução, Correios e Telégrafos. Outra reforma, a de 1911, também representa o ideal positivista, sobretudo no que se refere à introdução das disciplinas científicas, superando o caráter marcadamente humanístico de nossa tradição cultural.

Assistimos, desde a Primeira República, confrontos entre a Igreja e o Estado. A Constituição de 1891, no artigo 72, § 6º (BRASIL, 1891), traz a disposição de que o ensino ministrado nos estabelecimentos públicos seria leigo, causando grandes celeumas, tanto que nos anos seguintes o episcopado toma posição de defesa em relação ao ensino da religião como corolário da liberdade religiosa, da liberdade de consciência. A Constituição de 1934, no artigo 153 (BRASIL, 1934), admite o ensino religioso, mas de caráter facultativo, ministrado de acordo com os princípios da confissão religiosa do aluno, sendo manifestada pelos pais e/ou responsáveis, constituindo matéria do currículo nas escolas públicas.

Daí surgem grandes debates, retornando a questão da liberdade religiosa, a pressão da Igreja e tantos outros interesses. O ensino religioso é obrigatório para a escola, concedendo ao aluno o direito de opção na matrícula. O dispositivo constitucional outorgado garante o ensino religioso no sistema escolar. Na prática, porém, continua a receber um tratamento que o discrimina e dá origem a muitos desafios de natureza pedagógica, acadêmica e administrativa. O ensino religioso inicia claramente um processo de busca da identidade, pois não há clareza quanto ao seu papel específico no ambiente escolar. Há um esforço de renovação da prática pedagógica em relação a esse conteúdo na escola. Por volta de 1965, já se vislumbrava uma crise, da qual se tomava conhecimento aos poucos e que podia ser expressa assim: o ensino religioso perdeu sua função catequética, pois a escola descobre-se como instituição autônoma que se rege por seus próprios princípios e

objetivos, na área da cultura, do saber e da educação. A manifestação do pluralismo religioso é explicitada de forma significativa; não é mais compatível compreender um corpo no currículo que doutrine que não conduza a uma visão ampla do ser humano. Diante desse novo momento, o catecismo deixa a escola, e o ensino religioso busca uma nova identidade como elemento integrante do processo educativo. A definição dessa nova identidade exigiu também anos de prática e estudo; contribuíram para isso os Encontros Nacionais de Ensino Religioso (ENER), desde 1974. Essa busca de identidade e redefinição da função do ensino religioso na escola, conjugada com a discussão de sua manutenção em termos de legislação, foi de significativa importância no processo da revisão constitucional na década de 1980. Quando da Constituinte, que culminou com a promulgação da Constituição de 1988, foi organizado um movimento nacional para garantir o ensino religioso. A emenda constitucional para o ensino religioso foi a segunda maior emenda popular que deu entrada na Assembleia Constitucional, pois obteve 78 mil assinaturas. O passo posterior foi à elaboração de uma nova concepção do ensino religioso diferente da perspectiva da catequese.

A busca dessa proposta encontra elementos no substitutivo do deputado Jorge Hage, com a emenda da Lei de Diretrizes e Bases, que considera que a educação hoje é caracterizada por um pluralismo de ideias pedagógicas, fato esse essencial que garante ao Estado democrático de direito a construção de uma sociedade justa, livre e democrática. Ela revela e, ao mesmo tempo, sustenta e propaga uma filosofia de vida, uma concepção de ser humano e de sociedade, supondo que a educação propõe um processo de humanização, personalização e aquisição de meios para a atuação transformadora da sociedade.

Nas instituições sociais, mais especificamente na escola, é que o educando experimenta e vivencia valores que o orientarão para a vida, sistematiza o conhecimento científico e se capacita para a participação como cidadão, no trabalho, na política, na cultura, na religião e no lazer. Cabe ao Estado, por incumbência da sociedade, preocupar-se com a educação de todas as dimensões do ser humano, garantindo o respeito ao pluralismo de ideias e as condições para a educação da dimensão religiosa dos cidadãos. A escola se torna o lugar onde se cultivam na pessoa as razões íntimas e transcendentais, por serem fontes de cultura e força propulsora para o ser humano assumir seu engajamento na história, e para fortalecer o caráter do cidadão; também se torna o lugar para desenvolver seu espírito de participação em todas as atividades sociais e oferecer critérios na busca de um mundo mais humano, justo e solidário, que se concretiza no pleno exercício da consciência, da cidadania e da participação política. Tal estrutura não inova, apenas cria situações operacionais difíceis de serem articuladas no cotidiano escolar.

Como consequência dessa nova situação, várias confissões religiosas se mobilizaram e conseguiram que a Presidência autorizasse a produção de novas propostas. Foram apresentadas três proposições de mudanças. Os três projetos de lei evidenciam importantes convergências, adotam o princípio de que o ensino religioso é parte integrante e essencial da formação do ser humano, como pessoa e cidadão, estando o Estado obrigado a promovê-lo, não só pela previsão de espaço e tempo na matriz curricular do ensino fundamental da educação básica pública, mas também pelo seu custeio, quando não se revestir de caráter doutrinário ou proselitista, possibilitando aos educandos o acesso à compreensão do fenômeno religioso e ao conhecimento de suas manifestações nas diferentes denominações religiosas.

De fato, a polêmica levantada no período da elaboração da nova Constituição brasileira (1988) e, sobretudo, no processo de redação da Lei de Diretrizes e Bases, foi positivamente significativa no intuito de organizar uma estrutura para essa disciplina. Toda a mobilização em relação à Lei de Diretrizes e Bases da Educação Nacional aprovada, com um tratamento diferenciado em relação às demais disciplinas do currículo, devido à expressão "sem ônus para os cofres públicos", descarta qualquer possibilidade de uma compreensão pedagógica, explicitando uma postura de catequização sem a visão de disciplina escolar.

A expressão "sem ônus para os cofres públicos" suscitou e ampliou novos estudos sobre a identidade do ensino religioso. Reforçou, ainda, a necessidade de serem salvaguardados os princípios da liberdade religiosa e do direito do cidadão que frequenta a escola pública. O que implica dizer que nenhum cidadão será discriminado por motivo de crença; e terá assegurada uma educação integral, incluindo o desenvolvimento de todas as dimensões do seu ser, inclusive religioso, independente de concepção religiosa ou filosófica de qualquer natureza.

A principal motivação dessas novas discussões foi a tradicional argumentação republicana da "separação entre Estado e Igreja", nos termos do Decreto nº 119 A, de 7 de janeiro de 1890, revisto e incluído em 1988, nos termos do artigo 19 da Constituição em vigor (BRASIL, 1988). Coube ao Deputado Roque Zimmermann, membro da Comissão de Educação, Cultura e Desporto, diante deste quadro, apresentar um substitutivo, que procurava contemplar uma síntese, nascida de longos debates e reflexões, aprovada no Plenário da Câmara dos Deputados, em sessão realizada no dia 17 de junho de 1997, com quase unanimidade. Da mesma forma, foi aprovado no Senado da República o novo texto legislativo sobre o ensino religioso, sem emendas, no dia 9 de julho, e sancionado, pelo Presidente da República, no dia 22 de julho do mesmo ano.

Na realidade, essa alteração da legislação foi consequência de um significativo movimento nacional, articulado e promovido pelo Fórum Nacional Permanente do ensino religioso, instalado no dia 26 de setembro de 1995, em Florianópolis-SC, instituído como espaço pedagógico centrado no atendimento ao direito do educando de ter garantida a educação de sua busca do Transcendente; espaço aberto também para refletir e propor encaminhamentos pertinentes ao ensino religioso, sem discriminação de qualquer natureza. Essa instalação ocorreu por ocasião da celebração dos 25 anos do Cier (Conselho de Igrejas para a Educação Religiosa).

Conexão com a Ciência da Religião

A compreensão da religião como objeto do ensino religioso, esta compreendida como o estudo das diferentes manifestações que interferem na formação da sociedade e que são estudadas pela Ciência da Religião no espaço acadêmico, subsidia a transposição didática para o cotidiano da sala de aula que favorecerá aos estudantes da educação básica a compreensão da cultura das diferentes comunidades que formam o país. Portanto, a Ciência da Religião é a área que constituirá os fundamentos para o ensino religioso orientar seu conteúdo e sua forma no processo da educação.

Concepções

No contexto brasileiro, localizamos três concepções para este componente curricular, duas destas concepções reconhecidas pela Lei de Diretrizes e Base da Educação Nacional, Lei nº 9.394/96 no primeiro texto do Art. 33, sobre o ensino religioso: confessional e o interconfessional, e a terceira formalizada a partir da publicação dos Parâmetros Curriculares Nacionais do Ensino Religioso (PCNER) em 1997 elaborados pelo Fórum Nacional Permanente do Ensino Religioso (Fonaper) com a perspectiva inter-religiosa.

O ensino religioso confessional refere-se a uma tradição religiosa reconhecida oficialmente pelo Estado. Historicamente este modelo nasceu como uma catequese na escola (*Schulkatechese*) por parte das Igrejas da Alemanha, Áustria e Holanda que não possuíam uma organização catequética paroquial, pois esta era toda realizada nas escolas. Entretanto, à medida que foi sendo estabelecida uma distinção entre catequese e ensino religioso, percebeu-se a necessidade de redimensionar a escolarização da disciplina e a acentuação da comunidade no que se refere à catequese.

A discussão do ensino religioso na organização escolar não era apenas quanto ao modelo, mas também quanto à concepção de educação como um todo, revelando uma oscilação entre a influência humanista clássica e a realista ou científica.

Compreendendo suas bases na etimologia do verbo *religio*, como *reeligere* de "re-escolher", a religião implica a necessidade de alimentar uma "relação" íntima da criatura e do Criador, promovendo opção ou reopção dentro de uma confissão religiosa, defende-se a catequese, explicitação doutrinal desta ou daquela tradição religiosa. O conhecimento será percebido em um enfoque teológico, sobretudo por este ser revelado, justificando a adesão em uma tradição religiosa. É próprio dessas instituições promoverem a dogmatização dos conhecimentos, tanto revelados como humanos.

A nomenclatura da disciplina é uma variante de "aula de religião", pois, na medida em que a própria catequese deixa de ser aula de catecismo, os efeitos da evolução da catequética são sentidos, sobremaneira, no espaço escolar, indicando novo perfil para todo o trabalho sobre a religião. O professor é um missionário, responsável por fazer novos fiéis, sendo a escola considerada um dos espaços privilegiados, visto que as novas gerações obrigatoriamente estariam concentradas.

Hoje, ainda temos ressonância disso, quando pais e educadores afirmam que a presença da religião na educação serve como controle moral, ajuda à criança e ao adolescente a aprenderem os limites e a não praticarem violência. O programa curricular está relacionado, em geral, ao temário de um catecismo: sacramentos, elementos fundantes da fé, "história sagrada".

Nesse sentido, no cenário brasileiro foi construída a proposta de um ensino confessional plural, ou seja, abordando não só a religião católica, mas todas as religiões. O Modelo Interconfessional sustenta-se no entendimento do verbo *religio* como *religare*, ou seja, na ligação entre a "criatura e o Criador", que tem sua elaboração em Lactâncio. É necessário ligar o homem de novo a Deus, já que a religião não é mais um exercício de escrúpulos, mas uma ação pessoal para estabelecer essa ponte, veneração que une o Filho ao Pai. Daí em diante, sob a influência dos Padres da Igreja Católica, sobretudo Agostinho de Hipona, a religião irá designar no Ocidente quase que unicamente o Cristianismo, única religião verdadeira, pois é o único laço que existe entre Deus e o homem; enquanto o conhecimento é percebido no enfoque antropológico, cujo objeto é a relação do ser humano com o desconhecido, tratando-se da experiência religiosa, que possui uma dimensão profundamente de subjetividade,

principalmente quando a relação envolve a consciência humana no confronto com o mistério entendido como ameaça. Para tal, é preciso compreender através de uma leitura dialético-hermenêutica, como instrumento teórico de análises, porque o ser humano se manifesta como um ser que busca transcendência. O confronto entre a sensação de finitude e a busca de transcendência leva o homem a um constante conflito, que buscará em rituais e outras formas simbólicas de expressar tal questão — reação psicológica.

A intenção nesse segundo momento do ensino religioso não é o ensino de uma religião e nem da catequese, mas sim uma evangelização ampla e rica de valores existenciais, da pessoa humana, que, por sua vez, é sujeito e agente inserida em uma comunidade de fé e dela participa. Portanto, deve ser respeitada em sua consciência e em sua liberdade. Desse modo, o objeto a ser trabalhado é a religiosidade desse ser humano, compreendida como a atitude dinâmica de abertura ao sentido radical da existência humana. Não seria mais uma atitude, mas a mais profunda de todas, equivalendo à totalidade humana. A religião seria a maneira concreta de o homem viver sua religiosidade, o que normalmente aconteceria em uma comunidade, com todas as contingências históricas (mudanças, expressões cultuais).

É interessante ressaltar que a religiosidade e a fé explícita não se identificam, não se excluem, mas sucedem-se gradualmente como etapas. Pertencem a um só e mesmo processo, favorecendo a abertura à razão última de sua existência, explícita ou implicitamente deste ser humano ao Transcendente; poderá fazê-lo não só em um momento inicial, mas ao longo de todo o processo de seu amadurecimento explícito ou implicitamente cristão. O objetivo do ensino religioso escolar é proporcionar ao estudante experiências, informações e reflexões que o ajudem a cultivar uma atitude dinâmica de abertura ao sentido mais profundo de sua existência em comunidade, a uma organização responsável do seu projeto de vida, acreditando que esta disciplina ajudará a vivenciar práticas transformadoras, removendo eventuais obstáculos à fé; dessa forma, ficam compreendidas as diversas expressões religiosas. Para tal, é importante valorizar a própria crença, assim como respeitar a dos outros, proporcionar ao estudante as oportunas experiências, informações e reflexões ligadas à dimensão religiosa da vida, que ajudem a cultivar uma atitude dinâmica de abertura ao sentido radical da sua existência em comunidade, e a preparar-se, assim, para uma opção responsável do seu projeto de vida. Ou seja, ajudar o estudante a formular em profundidade o questionamento religioso e a dar sua resposta devidamente informada, responsável e engajada.

O componente curricular segundo essa nova perspectiva visa estimular educandos e educadores a buscarem respostas às questões vitais, para que possam encontrar o sentido profundo e radical da existência; favorece o desenvolvimento de uma integração harmônica, do ser humano, consigo mesmo, com os outros, com o mundo e com Deus. Portanto, o conteúdo religioso proposto à criança para ser vivenciado progressivamente na fé estaria em função do seu meio e de sua formação religiosa anterior, tendo em vista que o mistério cristão é inesgotável, procurando selecionar conteúdos que consideramos básicos para a iniciação cristã da criança. O caminho para essa iniciação é a "contemplação" de certos aspectos da vida humana. O esforço foi no sentido de oferecer meios de sensibilizar a criança para essas realidades, a fim de que fossem capazes de vivê-la numa dimensão de fé. O importante para o educando não é receber uma carga de conhecimentos doutrinários, e sim interiorizar suas experiências, para desenvolver atitudes cristãs que sejam expressão positiva na comunidade onde vive. O modelo metodológico proposto

é o antropológico-querigmático, no qual o centro é Cristo, cujo mistério de salvação considera a dimensão bíblico-litúrgica, com elementos doutrinais, confrontados com experiências dos estudantes de acordo com seu processo de desenvolvimento; portanto, são articulados elementos da ação educativa que são interpelados à luz de Cristo, a vivência e o anúncio da Palavra de Deus no hoje celebrada na vida. O conteúdo do ensino religioso baseava-se no princípio da correlação, ou seja, o princípio da relação recíproca que se instaura entre a tradição da fé e a experiência de vida dos estudantes, não de uma mera justaposição. Para operacionalizar esse princípio, utilizou-se como referência a metodologia do ver-julgar-agir, que propõe partir de questões pertinentes ao contexto do estudante oferecendo elementos para o confronto e a reflexão para chegar a uma nova ação.

O Modelo Inter-Religioso foi organizado a partir das orientações do Conselho Nacional de Educação (CNE) para a estruturação das "diretrizes curriculares", implicando a definição de um objeto e objetivos do componente curricular do ensino religioso. Para essa organização, optou-se por uma leitura do religioso na sociedade, pois o desenvolvimento da disciplina escolar deveria considerar duas áreas em conjunto em que esse componente está envolvido: *educação-ensino* (escola) e *religião* (religiosidade), sendo que cada uma dessas áreas é, na verdade, uma constelação de aspectos.

O ensino religioso quer contribuir com a capacidade de ir além da superfície das coisas, acontecimentos, gestos, ritos, normas e formulações, para interpretar toda a realidade em profundidade crescente e atuar na sociedade de modo transformador. Este modelo assumiu como compreensão de conceituação de religião *religio* (lat.) como *relegere* (lat.), "reler" (port.), a definição de Cícero. Este filósofo propôs que *religio* é o culto aos deuses segundo os costumes dos ancestrais e que a melhor religião é a mais antiga, porque está mais próxima dos deuses. É o conjunto de crenças e práticas tradicionais próprias a uma sociedade humana particular, que assim honra seus deuses e merece o respeito das demais comunidades. Compreendeu-se muito bem que esse termo *religio* poderia significar realidades religiosas bastante diferentes, mas qualificava sistemas com coerência de crenças e práticas enraizadas na cultura particular de um povo, e que esse conceito nada tem de exclusivo. Nessa mesma perspectiva foram estabelecidos os princípios estruturais para o ensino religioso: parte integrante da formação básica do cidadão, ou seja, esta disciplina se alicerça nos princípios da cidadania, do entendimento do outro enquanto outro, na formação integral do educando. Mesmo que muitas pessoas neguem ser religiosos, existe um dado histórico que toda pessoa é preparada para ser religiosa, do mesmo modo que é preparada para falar determinada língua, gostar disto ou daquilo, do modo de vestir, acreditar ou não, pois o ser religioso é um dado antropológico, cultural.

No substrato de cada cultura sempre está presente o religioso; é um conhecimento que subsidia o educando, para que se desenvolva, sabendo de si. O ensino religioso como disciplina trata do conhecimento religioso; é disciplina dos horários normais, assegurando o respeito à diversidade cultural religiosa, vedadas quaisquer formas de proselitismo (artigo 33/9.394/96). Essa disciplina é parte integrante do convívio social dos educandos, para que se respeite a tradição religiosa que já trazem de suas famílias e se salvaguarde a liberdade de expressão religiosa de cada um, porque é no respeito mútuo que se cultiva a reverência ao Transcendente (Deus), que é *um*, mas é *mais*, pelas muitas formas de expressão, conforme as culturas. Assim, o educando se desenvolverá no desarmamento pessoal e no empenho pelo entendimento mútuo, na paz e na fraternidade.

Desse modo, fica claro que a disciplina não pretende fazer prosélitos de qualquer tradição religiosa, mas tem por finalidade o diálogo e a reverência ao Transcendente presente no outro; por meio dos conteúdos que subsidiam o entendimento do fenômeno religioso a partir da relação entre culturas e tradições religiosas. Proporciona o conhecimento dos elementos básicos que compõem o fenômeno religioso. Esses conteúdos, numa sequência cognitiva, devem respeitar as características próprias dos educandos em cada ano.

Integram no currículo desse ensino os eixos temáticos organizadores da disciplina: culturas religiosas, tradições religiosas, teologias, escrituras e tradições orais sagradas, ritos e *éthos* que se sustentam na pluralidade cultural-religiosa do Brasil. Assim, conhecer é valorizar a trajetória particular de cada grupo, o que proporciona a convivência fraterna. Isso de modo que o educando possa vivenciar a própria cultura e a sua tradição religiosa, bem como respeitar as diferentes expressões.

Desafios

O ensino religioso no cenário educacional brasileiro como um estado democrático e laico foi inserido de forma política no currículo das escolas públicas através da Resolução nº 07/2010, que trata das Diretrizes Curriculares Nacionais para o ensino fundamental, inserindo-o na quinta área do conhecimento.

Ao longo da história republicana em diferentes momentos temos os contrários e os que o defendem no espaço escolar. O núcleo fortíssimo são os que defendem a implantação de uma perspectiva confessional nas escolas, promovendo a divisão dos estudantes por grupo religioso, ocasionando um conflito entre duas perspectivas distintas. A terceira proposta em relação à implantação desse ensino no cenário educacional a partir da segunda metade da década de 1990 assume este componente curricular como uma atividade educacional por natureza, sobretudo na rede estatal, que, por definição, são escolas que recebem estudantes de diversas tendências religiosas e os que negam a especificidade do fato religioso. Portanto, a estruturação do ensino religioso como componente curricular é a resposta a um desafio configurado há mais de um século, o que exige ocupar-se de algumas variáveis históricas e culturais que interferem em sua composição escolar.

Perspectivas

Organizar o cotidiano do ensino religioso no contexto escolar significa assumir esse componente curricular a partir das disciplinas científicas que a estruturam academicamente e contribuem no desenvolvimento das linguagens, no mundo do trabalho, na cultura e na tecnologia, na produção artística, nas atividades desportivas e corporais, na área da saúde e ainda incorporam saberes como os que advêm das formas diversas de exercício da cidadania, dos movimentos sociais, da cultura escolar, da experiência docente, do cotidiano e dos alunos. Os elementos abordados favorecem a relação com os valores sociais, os laços de solidariedade, a superação do preconceito em todas as suas formas ao refletir sobre o *éthos*, especialmente a questão da alteridade. Dessa forma, ao organizar o ensino religioso no contexto da escola, nós o construímos na perspectiva formal, ou seja, segundo a proposta pedagógica coerente com a instituição e não como um elemento estranho. Nesse contexto, é importante ressaltar que o ensino religioso é parte da base nacional comum, isto é, o ensino religioso trata dos conhecimentos, saberes e valores produzidos culturalmente, expressos nas políticas públicas e gerados nas instituições produtoras do conhecimento científico e tecnológico; no mundo do trabalho; no desenvolvimento das linguagens; nas atividades desportivas e corporais; na produção artística; nas formas diversas de exercício da cidadania e nos movimentos sociais.

É importante ressaltar que os conhecimentos transmitidos na escola se recriam e recebem um novo sentido, sobretudo, quando são produtos de uma construção dinâmica que se opera na interação constante entre o saber formal escolarizado e os demais saberes; entre o que ele aprende institucionalmente e o que traz consigo para o espaço escolar, em um processo contínuo, permanente de aquisição, no qual interferem fatores políticos, sociais, culturais e psicológicos. Na atual compreensão do processo de ensino e aprendizagem, proposta no Brasil, o conhecimento não é percebido como algo fora do indivíduo, adquirido por meio de mera transmissão, muito menos que o indivíduo constrói independentemente da realidade exterior, dos demais e de suas próprias capacidades pessoais. É antes de qualquer coisa uma construção histórica e social, na qual variáveis como fatores políticos, sociais, culturais e psicológicos interferem nessa construção.

Dessa forma, o papel da educação das pessoas e da sociedade é ampliado devido à necessidade de vislumbrar uma escola voltada para a formação de cidadãos. Assumir o ensino religioso como uma das áreas de conhecimento do currículo brasileiro é estruturar os marcos de leitura e interpretação da realidade, essenciais à participação do cidadão na sociedade de forma autônoma, caracterizando a orientação do processo articulador no dia a dia da sala de aula, desafiando o (re) olhar sobre o processo de ensino-aprendizagem. Tal concepção é traduzida operacionalmente por meio dos princípios gerais a serem realizados no cotidiano escolar, expressos pelo currículo como um elo entre a teoria educacional e a prática pedagógica, entre o planejamento e a ação, que se torna a meta dos envolvidos nessa situação. Nesse sentido, cada componente curricular é orientado para que os estudantes dominem as diferentes linguagens, compreendam os fenômenos, sejam físicos ou sociais, construam argumentações para elaborar propostas e enfrentem as diversas situações de suas vidas.

Referências bibliográficas

FÓRUM NACIONAL PERMANENTE DO ENSINO RELIGIOSO. *Parâmetros Curriculares Nacionais do Ensino Religioso*. São Paulo: Ave Maria, 1997.

GRUEN, Wolfgang. *O ensino religioso na escola*. Petrópolis: Vozes, 1995.

JUNQUEIRA, Sérgio (org.). *O sagrado*; fundamentos e conteúdo do ensino religioso. Curitiba: Ibpex, 2009.

_____. *O processo de escolarização do ensino religioso no Brasil*. Petrópolis: Vozes, 2002.

JUNQUEIRA, Sérgio; CORRÊA, Rosa Lydia Teixeira; HOLANDA, Ângela Maria Ribeiro. *Ensino religioso*; aspectos legal e curricular. São Paulo: Paulinas, 2007.

JUNQUEIRA, Sérgio; WAGNER, Raul. *O ensino religioso no Brasil*. ed. ver. e ampl. Curitiba: Champagnat, 2011.

PASSOS, João Décio. *Ensino religioso*; construção de uma proposta. São Paulo: Paulinas, 2007.

Revista de Catequese. São Paulo: Salesiana, desde 1977.

Revista Diálogo. São Paulo: Paulinas, desde 1995.

RODRIGUES, Edile Fracaro; JUNQUEIRA, Sérgio. *Fundamentando pedagogicamente o ensino religioso*. Curitiba: Ibpex, 2009.

SENA, Luzia (org.). *Ensino religioso e formação docente*. São Paulo: Paulinas, 2006.

SOARES, Afonso Maria Ligorio. *Religião e educação*; da Ciência da Religião ao ensino religioso. São Paulo: Paulinas, 2010.

VIESSER, Lizete Carmen. *Um paradigma didático para o ensino religioso*. Petrópolis: Vozes, 1994.

Ciência da Religião aplicada ao turismo

EDIN SUED ABUMANSSUR

Introdução

Desde o momento em que o homem criou a religião, as peregrinações existem. Elas são o testemunho de que o poder das coisas sagradas difere em grau e natureza das coisas que compõem a vida regular e que a tornam previsível. Porém, é essa previsibilidade, essa rotina, essa mesmice que permite o planejamento e a construção de nossas vidas. Mas é também, por outro lado, o que torna irreconhecível uma presença sagrada. Um ser, local ou objeto sagrado tem o poder de atrair para si o sentido e a razão da existência. É como um buraco negro que cria vertigem e que devora tudo ao seu redor. É um poder destrutivo, mas também doador de sentido. Por isso, "o sagrado" nunca estará no mesmo lugar em que construímos as nossas relações sociais e de produção. Será sempre algo apartado, envolto em tabus e rituais. As viagens, sejam elas de cunho religioso ou não, surgem como uma busca por esses lugares de poder. Nesse sentido, toda viagem é uma viagem sagrada. Recentemente surgiram as formas racionalizadas de viajar, ou seja, o turismo. A racionalização das viagens não se limitou às de lazer, mas alcançou também as peregrinações e romarias. Nesse processo, apareceu o turismo religioso. Apresentamos aqui as

questões relacionadas a esse tema e aqueles que já se debruçaram, numa perspectiva acadêmica, sobre elas.

Para entender o que permitiu que as peregrinações e romarias fossem vistas e tratadas como turismo religioso, não basta apenas estudar o advento da racionalidade econômica na gestão das viagens, mas também, e talvez principalmente, é preciso entender o avanço e aprofundamento do processo cultural de secularização no qual a religião passa a ocupar um novo lugar tanto nas mentes e corações dos indivíduos quanto no ordenamento da vida social. Esse processo em que a racionalidade e a secularização da vida se confundem para criar um novo mundo pode ser chamado, sem medo de errar, de modernidade. O turismo religioso é um produto da modernidade.

Procuramos apontar aqui justamente a contribuição que deram os estudos de religião para o entendimento desse fenômeno. Não bastam a Sociologia ou a Antropologia, com o rico aporte que oferecem para os estudos dos ritos de passagem ou das interações dinâmicas das relações sociais. Não basta tampouco a Economia, com seu foco nas cadeias produtivas e distributivas da riqueza.

A Historiografia não pode também, sozinha, dar conta dessas deambulações sagradas. Estudar a religião, ou as religiões, que subjazem à trama de relações, sentimentos e expectativas de uma romaria é fundamental para conhecer o fenômeno.

As razões para peregrinar

Os seres humanos creem que há lugares, pessoas, objetos e seres que são diferentes e que têm mais poder ou qualidades que os distinguem das coisas corriqueiras ou, ainda, que são receptáculos de um carisma incomum. A peregrinação acontece porque se crê que coisas, lugares e pessoas possuem graus de sacralidade distintos, e o ser humano sente necessidade das coisas mais sagradas e atração por elas. A peregrinação existe em oposição à experiência religiosa cotidiana e regular do fiel. A busca do peregrino pelo lugar sagrado obedece a ditames outros que não aqueles que regem a sua prática devocional cotidiana. O antigo ditado popular que afirma que "santo de casa não faz milagres" tem sua razão de ser. O santo padroeiro, o santo local, aquele santo da casa e da devoção cotidiana possui um papel e uma função distinta do milagreiro. Os santos padroeiros estão atentos às coisas comezinhas do dia a dia. Podemos dizer que é ele o responsável pelo correr regular da vida. No entanto, se algo escapa ao controle e à rotina, quando surge uma demanda extraordinária, seja em relação à saúde do corpo ou da alma, problema de trabalho ou de amor, há que buscar os "locais de força". Somente apelando para uma força extracotidiana para encontrar novamente o equilíbrio. É aí que entra o santo milagreiro. Esta é uma relação envolta em um círculo virtuoso: quanto mais distante das coisas cotidianas, mais miraculoso é o santo, e quanto mais miraculoso, mais especial e distante das coisas cotidianas ele se torna.[1] O estranhamento, no olhar e na atitude, é fundante e fundamental nas demandas pelo sagrado.

A ideia de sagrado, de coisa sagrada, encontra nessa capacidade humana de atribuir significados distintos aos objetos e experiências que se oferecem a nós no curso diário da vida, a sua origem, energia e fonte de sentido. Sagrado é, pois, aquilo que se destaca das coisas cotidianas. Durkheim, ao buscar uma definição de religião,[2] fez a distinção entre sagrado e profano lançando mão justamente dessa nossa capacidade discriminatória. Para ele, são sagradas as coisas que, na hierarquia dos seres, ocupam um lugar superior em dignidade e poder em relação às coisas profanas. A relação hierárquica é importante, mas não suficiente para "reconhecer" algo como sagrado. As coisas sagradas pertencem também a uma classe distinta de coisas. Elas não se confundem e não pertencem ao universo das coisas comuns, mas se diferenciam das demais. Sagrado é justamente o que não se confunde com a vida comum.

O estilo de vida moderno, mormente o vivido nas grandes metrópoles, exige certo distanciamento social, o que acaba por tornar as relações dos seus habitantes mais formais e protocolares. Mesmo quando os contatos são primários, as relações sociais tendem a ser impessoais, fragmentárias e transitórias. A reserva, o recolhimento e a indiferença se tornam formas de autopreservação contra exigências, cobranças e expectativas de terceiros. O homem urbano desenvolve uma atitude de distanciamento e não comprometimento com os lugares e as demais pessoas, assume um ar *blasé*, ou seja, uma incapacidade de reagir a novas sensações com a energia apropriada. A essência dessa atitude "consiste no embotamento do poder de discriminar".[3] Para o homem da grande metrópole, todas as coisas se equivalem e a realidade adquire uma tonalidade cinza, uniforme. O mundo da experiência cotidiana é, por essa razão, considerado o lugar da vida profana. É essa atitude que rouba da vida das metrópoles o seu caráter de autenticidade e leva os seus habitantes a buscarem novas experiências em outros lugares distantes daquele onde ele trabalha e despende suas energias físicas e mentais. Se há uma vida autêntica, um lugar que se possa chamar de real e verdadeiro, certamente não é onde se vive a vida rala e diluída. É essa a razão pela qual existe também o turismo. É esse inconformismo que torna necessária a estrada.

O caráter extraordinário de um determinado destino, ou daquilo que lá se encontra, seja para o turista seja para o peregrino, não exerce o seu poder apenas de forma direta e imediata sobre os seus visitantes. O lugar de origem do viajante também sofre um acréscimo de sentido e valor ao ser confrontado com o poder que dimana do lugar sagrado. O profano só o é pela existência do sagrado.

A importância desses lugares santos jamais será subestimada. Não apenas pela capacidade de ordenamento da vida, mas também (ou principalmente, diriam alguns) pela capacidade de mobilização de recursos humanos e materiais na constituição e manutenção desses locais. Na Idade Média, muitas cidades dependiam das peregrinações para movimentar a economia local.[4] Essas peregrinações giravam em torno de relíquias de santos, que eram disputadas entre as cidades com o uso, inclusive, da violência. A posse de tais relíquias, de poderes miraculosos, representava, em quase todos os casos, uma movimentação financeira que possibilitava até mesmo, novos experimentos e ousadias no campo das artes e da arquitetura.

Mais recentemente, no século XX, assistimos ao surgimento de vários santuários, como, por exemplo, o de Fátima, em Portugal, que movimenta volumes consideráveis de recursos e torna-se alvo de disputa entre dioceses locais.[5]

A distinção entre peregrinação e romaria tem sido objeto de alguns estudiosos do fenômeno nas Ciências Sociais brasileiras[6] pelo fato, talvez, de que somente em português e espanhol exista a palavra romaria, originalmente usada para designar a peregrinação a Roma. Embora toda romaria seja também uma peregrinação, tem-se buscado atribuir uma palavra ou outra à maneira como se dá o fenômeno.

Para Steil, o termo "peregrinação" é mais abrangente e alcança as práticas rituais de religiões mundiais como o Judaísmo, o Islã, o Budismo e o Hinduísmo. Alcança também a experiência de indivíduos que percorrem um caminho interior em busca de autoconhecimento. É um termo encontradiço nas novas formas de religiosidade que ampliam a experiência sagrada em direção a uma "comunhão com a natureza". A multiplicação de rotas de peregrinação no Brasil é tributária dessa perspectiva. Por sua vez, o termo "romaria", segundo Steil, pode ser associado a deslocamentos de curta distância com maior participação comunitária nos quais se combinam aspectos festivos e devocionais. As romarias também são associadas ao polo popular tradicional em oposição às peregrinações associadas ao polo institucional moderno. O termo é ainda usado para expressar experiências coletivas de deslocamento sem que haja um destino religioso. É o caso da Romaria da Terra no Rio Grande do Sul. Os casos de uso do termo são variados e colados ao contexto específico onde é usado. Por isso, Steil chama a atenção para o fato de que os eventos denominados e identificados como romarias "não nos permitem elaborar uma formulação específica ou um modelo elementar que os associe de forma imediata à tradição popular em oposição a traços institucionais".[7]

Sanchis, por sua vez, é menos descritivo em sua abordagem e busca uma análise de cunho sociológico-político para estabelecer uma diferenciação entre romaria e peregrinação. As romarias, no Portugal medieval, estavam intimamente associadas à vida cotidiana das pessoas. Elas se constituíam numa relação de troca com "o sagrado", perto de quem se vive um tempo de festa: comida, bebida, encontros, dança, até a volta para um cotidiano agora transfigurado pela expectativa de outra romaria. Essa relação de troca era muito pouco permeada e regulada pela presença institucional da Igreja. As romarias eram, portanto, aos olhos da Igreja, uma expressão religiosa que escapava ao seu monopólio da administração do sagrado. A peregrinação surge então como parte da estratégia da Igreja em recuperar o monopólio e a exclusividade na distribuição dos bens religiosos:

> Já que as "romarias" mantinham, apesar dos esforços oficiais, uma larga margem de

autonomia, criar-se-ia outra manifestação de "ida-ao-sagrado", concebida, esta, como "estritamente religiosa" porque totalmente regulada pela autoridade eclesiástica. À imagem do que acontecia nos célebres santuários franceses ou italianos, La Salette, Loreto, sobretudo Lourdes, o tradicional *habitus* festivo do povo nas romarias seria doravante transmutado na prática das "peregrinações". É então que o nome aparece, como significativo de uma estratégia, que tenderá a culminar com o caso de Fátima, o caso antonomástico das peregrinações, quase uma "antirromaria".[8]

Sanchis está focado nos ritos romeiros de Portugal, onde ele realizou, por anos, as suas pesquisas de campo. As romarias brasileiras, no entanto, são herdeiras dessa mesma forma lusitana de conciliar, sem crítica e sem crise, a festa com a reza. O Catolicismo popular não pode ser compreendido se se tentar dissociar essas duas vivências legítimas do povo.

Peregrinação e turismo religioso

Se esse fenômeno religioso das peregrinações, romarias e devoções, com a consequente estrutura da hospitalidade que o envolve, tem acompanhado homens e mulheres em sua história, perguntamo-nos pela novidade do "turismo religioso". De fato, por que denominamos, hoje, esse fenômeno milenar de "turismo religioso"? Como é possível olhar para essa deambulação religiosa e penitencial, e entendê-la como um fenômeno turístico? Por quais caminhos pudemos chegar a ver o romeiro e o peregrino, carregados de culpas e dor, como turistas?

Tal tratamento, assim entendemos, só se tornou possível em função de um profundo processo de secularização da cultura que gera, de um lado, novos padrões de religiosidade e, de outro, concede maior autonomia às ciências no tratamento das religiões

enquanto fenômenos sociais. O "turismo religioso" tende a desconsiderar as motivações religiosas para a viagem e se concentrar no fenômeno do deslocamento e, mais especificamente, naquilo que esse deslocamento suscita de logística de transporte, hospedagem e alimentação. A isso, acresce-se o fato de que as peregrinações modernas têm de ser entendidas em um quadro de referências onde o tempo do trabalho e sua contraface, o tempo do lazer, emolduram o ato de fé.

A secularização da cultura religiosa ocidental foi, pois, um dos fatores que transformaram as peregrinações em turismo religioso. Por secularização estamos entendendo o processo de diferenciação funcional da ordem institucional, iniciada na Europa junto com a modernidade. O primeiro passo para essa diferenciação foi a separação entre peregrinação é uma forma de turismo — "turismo religioso" —, será que é possível pensar o contrário: que todo turismo é também, de alguma forma, uma peregrinação? Olhando pela ótica do evento turístico, a secularização da cultura ocidental autoriza-nos a pensar, como MacCannell,[10] que o turista moderno é uma espécie de peregrino que busca experiências de autenticidade em épocas e lugares que não os seus. Essa busca seria a versão moderna da preocupação universal com o sagrado.

As novas rotas de peregrinação

Tem chamado a atenção de estudiosos recentes do fenômeno religioso das peregrinações o surgimento de novas rotas e destino devocionais no Brasil. Destacamos aqui os estudos de Sandra de Sá Carneiro[11] e Carlos Steil.[12] Para Carneiro, nas novas rotas de inspiração compostelana o produto oferecido aos peregrinos

> deve ser entendido como uma mescla de imagens e ideias associadas, onde se conjugam mitos, história, patrimônio artístico e cultural, fontes e recursos naturais, enfim, um somatório de elementos e de imagens manipuladas pelos "agentes produtores" e pela linguagem midiática, particularmente os sites na internet.[13]

As pessoas que percorrem esses caminhos não se reconhecem na palavra "romeiro". Eles são peregrinos. Esse estranhamento se dá pelo fato de a palavra "romeiro" carregar uma carga religiosa maior que a palavra "peregrino", que no contexto dessa modernidade contemporânea adquiriu um sentido mais secular e abrange um leque maior de experiências que guardam uma relação com a religião apenas em sentido lato.

Existem rotas de peregrinação cujo objetivo é alcançar um destino considerado sagrado por ser a morada de um santo ou o lugar de poder. Essas rotas se inscrevem em um modelo mais tradicional de deslocamento religioso. É o caso de Aparecida e outros santuários. Nesse caso, não faz diferença a maneira como se chega ao lugar, pois o importante é chegar. É lá que estão a energia, o poder, o objeto da fé.

Há outras rotas em que a razão do peregrinar não está no destino final, mas na própria caminhada. Aqui, mais importante que chegar, é a maneira de fazer o percurso. Não é toda forma de deslocamento que é reconhecida como válida. Esses roteiros devem ser feitos a pé, de bicicleta ou mesmo a cavalo, mas jamais de carro ou de ônibus. Essa forma de peregrinação se inscreve em uma proposta de experiência religiosa tendo como modelo e paradigma o Caminho de Santiago de Compostela. É uma espiritualidade que se manifesta pela caminhada e dialoga com uma das mais antigas tradições religiosas da Europa e que remonta ao século XI. É esse diálogo que confere legitimidade, força e poder às novas rotas de peregrinação brasileiras.

Nesse campo onde se cruzam a religião e as viagens, a criatividade e a capacidade de atribuir novos sentidos a velhas experiências fizeram surgir novas rotas de peregrinação no Brasil. Algumas das mais conhecidas são o Caminho da Luz, da cidade de Tombo até Alto do Caparaó, em Minas Gerais; o Caminho do Sol, de Santana de Parnaíba até Águas de São Pedro, em São Paulo; o Caminho da Fé, de Tambaú, em São Paulo, até Aparecida, cruzando pela Mantiqueira em Minas Gerais; o Caminho das Missões, passando pelos sete povos das missões, no Rio Grande do Sul; e o Passos de Anchieta, de Vitória até Anchieta no Espírito Santo.

Todas essas novas rotas de peregrinação compostelanas, ou jacobinas, foram criadas por pessoas que tiveram alguma experiência mística ao fazerem aquele caminho e, ao voltarem para o Brasil, quiseram reproduzir aqui essa mesma experiência.

Há outras rotas turísticas que, de alguma maneira, também foram frutos de viagens a Compostela. Um exemplo que tem dado resultados positivos é o Circuito do Vale Europeu, em Santa Catarina, organizado pelo Clube do Ciclo Turismo do Brasil para ser feito, a princípio, de bicicleta. Este não é um roteiro religioso, mas ali também estão as marcas de Compostela: as setas amarelas, o passaporte para ser carimbado durante o percurso, o certificado final. O idealizador e promotor do circuito é um ex-peregrino de Santiago.

As novas rotas de peregrinação vêm ao encontro de uma espiritualidade difundida em um segmento social que busca uma experiência mística interior. Esse tipo de espiritualidade prescinde da mediação institucional das igrejas e se adéqua muito bem às propostas subjacentes às novas rotas de peregrinação. Os proponentes desses caminhos definem o roteiro, organizam as bases materiais e criam as referências simbólicas, mas cada peregrino faz o seu próprio percurso territorial ou interior. Ainda que em alguns desses caminhos o ponto de chegada seja uma igreja, como nos Passos de Anchieta, no Caminho da Fé ou no Caminho das Missões, o mais importante não está no ponto de chegada. Para todos eles, a experiência é o próprio caminho e o caminhar. É no percurso que o turista-peregrino encontra a experiência que busca. Nessas novas rotas, a espiritualidade e a empresa turística vivem uma relação simbiótica de mútua dependência. A semântica também é reveladora dessa diferença essencial. Quando nos referimos às peregrinações tradicionais, falamos em santuário de destino em uma determinada localidade. Mas, quando se trata das peregrinações modernas, fala-se no e sobre o caminho e a caminhada. O destino é pouco lembrado e não conta muito no imaginário de quem se aventura nessa empreitada. Outra diferença significativa é que os pontos de atração tradicionais costumam receber dezenas de milhares de peregrinos ou romeiros, implicando uma movimentação que faz grande diferença para os agentes econômicos envolvidos. As peregrinações recentes, organizadas em função dos percursos e caminhos, não são construídas para receber um afluxo muito grande de pessoas. Nesse sentido, a que mais recebe gente, de maneira concentrada, é a Passos de Anchieta, no Espírito Santo, porque realiza numa única data o evento turístico-religioso. Outras peregrinações podem até receber o mesmo número de caminhantes, mas de maneira diluída durante o ano, não exigindo assim uma mobilização de recursos ou uma estrutura receptiva que promova grandes alterações para as economias locais.

Há ainda o turismo religioso que acontece não em função de romarias e peregrinações, mas em função de eventos religiosos como a visita do Papa ao Brasil, a Marcha para Jesus em São Paulo, os encontros musicais na Igreja Batista da Lagoinha em Belo Horizonte, as muitas festas religiosas como a do Divino em São Luiz do Paraitinga, a do Fogaréu em Goiás Velho, as festas de santo nos Candomblés da Bahia.

Os estudos sobre as romarias e peregrinações

Das disciplinas acadêmicas, a que mais se dedicou aos estudos do fenômeno turístico e, por tabela, o turismo religioso, foi a Antropologia, seguida, a alguma distância, pela

Sociologia. Essa relação entre turismo e Antropologia não é gratuita, pelo contrário, muito do que é, a Antropologia deve ao turismo. Foram os relatos dos viajantes e dos missionários que, por primeiro, forneceram o material de trabalho empírico dessa ciência. Não seria arriscado, inclusive, afirmar que mais a forma dos relatos que o seu conteúdo conformou a Antropologia.

O autor mais presente nos estudos sobre o turismo é Arnold van Gennep[14] através de Victor Turner.[15] Ambos os autores se dedicaram a estudar os rituais religiosos e profanos. O turismo visto por essa ótica como um ritual de passagem gera um viés de análise cujas raízes encontram-se na escola funcionalista de Durkheim. A religião, bem como as peregrinações e o turismo, têm uma teleologia, isto é, uma razão última, a saber, a função de garantir a solidariedade, ou coesão, social. Nessa perspectiva, o turismo, religioso ou não, é visto como algo para além do lazer. A dinâmica que acontece no interior do grupo de romeiros exerce pressão no sentido de nivelar as relações hierarquizadas existentes no local de origem. À medida que o grupo se distancia do ponto de partida, as relações sociais internas tendem à indiferenciação hierárquica. O grau de companheirismo e fraternidade gerado pelas dificuldades da estrada forçam as relações em direção a uma maior homogeneidade entre os membros do grupo. No percurso percorrido, espaço e momento de liminaridade, é onde se dá a negação da estrutura que ordena a vida no local de moradia e trabalho. É no percurso que surge uma forma social que Turner chamou de *communitas*. A única razão de existir a romaria, aquilo que, de fato, a justifica e, mesmo que inconscientemente, o que os romeiros buscam é a criação dessa *communitas*. A *communitas* seria uma forma de organização social na qual não há uma hierarquia rígida, e os indivíduos passam a existir em prol do bem-estar coletivo. Essa forma de existir

altera a percepção que os partícipes de uma romaria têm uns dos outros e, ao voltarem para suas casas, a experiência do trajeto continua a exercer sua influência, garantindo, assim, a solidariedade do grupo tanto entre os que fizeram a romaria quanto entre esses e os que ficaram.

As teorias, tanto de van Gennep quanto de Turner, são de inspiração funcionalista. A mirada final não é a romaria em si mesma, mas a sociedade em torno. A romaria religiosa é um rito que, pela sua dinâmica, garante a solidariedade social.

Steil, em seu *O sertão das romarias*,[16] trouxe dois autores que inovaram no estudo das peregrinações. Trata-se de John Eade e Michael Sallnow.[17]

O livro organizado por esses dois autores foge da perspectiva funcionalista que foca a análise na estrutura social. Ele privilegia, em troca, a narrativa e o discurso que subjazem, implícita ou explicitamente, no desenvolvimento da peregrinação. Segundo Steil,[18] a abordagem de Eade e Sallnow, diferentemente da de Turner,

> procura perceber como em cada evento se combinam três coordenadas que se apresentam como recorrentes e constitutivas dos rituais de peregrinação: "pessoas", "textos" e "lugares". Assim, se alguma comparação é possível, esta não se dá entre eventos, mas entre os diferentes modos pelos quais cada evento equaciona a relação entre essas coordenadas.

A romaria seria, pois, o espaço de trocas, disputas e negociações de diferentes atores presentes no fenômeno: os próprios romeiros e seus grupos procedentes de diferentes lugares, os residentes no local com seus interesses particulares, os agentes religiosos que procuram trazer a prática devocional para o campo da oficialidade sacramental ou, pelo menos para um campo sob sua influência, os comerciantes que disputam com as autoridades civis e eclesiásticas o direito de permanecerem próximos ao santuário com suas mercadorias.

São muitos os personagens que fazem a romaria acontecer. O evento se torna assim uma "arena" para onde convergem os interesses desses personagens. Não há aqui a mínima ênfase em alguma coisa que se pareça com aquilo que Turner chamou de *communitas*. Eade e Sallnow fogem das metanarrativas para se concentrarem em cada evento particular como único. É o olhar antropológico, focado na singularidade de cada peregrinação.

Nenhum dos estudos sobre o turismo religioso dedicou-se a estudar aquilo que é próprio dessa expressão religiosa e que a difere de outras formas de turismo. Se a peregrinação é também, ao mesmo tempo, turismo religioso, o inverso não pode ser desprezado: o turismo religioso é antes de tudo uma peregrinação. As pesquisas sobre turismo religioso no Brasil com rapidez excessiva deslizam para os aspectos sócio-antropológicos e econômicos e abandonam a especificidade dessa forma de vivência espiritual, a saber, a religião mesma. No caso do turismo religioso, o fenômeno se torna incompreensível se não se perceber a presença da secularização e da religiosidade popular como elementos fundantes e necessários para a existência das romarias e peregrinações.

A romaria, a peregrinação e o turismo religioso são, na verdade, um mesmo evento visto e percebido por atores sociais posicionados em pontos de observação distintos. A diferença está no olhar de quem observa. O comerciante, o dono da pousada ou do restaurante no caminho do peregrino não vê o fenômeno da mesma maneira que o próprio caminhante, ou mesmo da maneira como o sacerdote o vê. A despeito disso, a religião impõe a todos esses personagens o diferencial da devoção como motivo e continente para cada passo, para as bolhas nos pés, para a solidão e o cansaço.

Referências bibliográficas

ABUMANSSUR, Edin Sued (org.). *Turismo religioso*; ensaios antropológicos sobre turismo e religião. Campinas: Papirus, 2003.

BANDUCCI JR., Álvaro; BARRETTO, Margarida (orgs.). *Turismo e identidade local*; uma visão antropológica. Campinas: Papirus, 2001.

BURNS, Peter. *Turismo e Antropologia*; uma introdução. São Paulo: Chronos, 2002.

CANCLINI, Néstor García. *Culturas híbridas*. São Paulo: Edusp, 2000.

CARNEIRO, Sandra Maria Correa de Sá. Novas peregrinações brasileiras e suas interfaces com o turismo. *Ciencias Sociales y Religión/Ciências Sociais e Religião*, Porto Alegre, ano 6, n. 6 (outubro de 2004), pp. 71-100.

DUBY, Georges. *O tempo das catedrais*; arte e sociedade 980-1420. Lisboa: Estampa, 1979.

DURKHEIM, Émile. *As formas elementares da vida religiosa*. São Paulo: Martins Fontes, 2000.

EADE, John; SALLNOW, Michael (orgs.). *Contesting the sacred*; the antropology of Christian pilgrimage. Londres/New York: Routledge, 1991.

FERNANDES, Rubem César. *Os cavaleiros do Bom Jesus*; uma introdução às religiões populares. São Paulo: Brasiliense, 1982.

GENNEP, Arnold van. *Os ritos de passagem*. Petrópolis: Vozes, 2011.

HERVIEU-LÉGER, Danièle. *O peregrino e o convertido*; a religião em movimento. Petrópolis: Vozes, 2008.

MACCANNEL, Dean. *The tourist*; a new theory of the leisure class. London: Macmillan, 1976.

OLIVEIRA, Mário de. *Fátima nunca mais*. Lisboa: Campo das Letras, 1999.

SANCHIS, Pierre. Peregrinação e romaria, um lugar para o turismo religioso. *Ciencias Sociales y Religión/Ciências Sociais e Religião*, Porto Alegre, ano 8, n. 8 (outubro de 2006), pp. 85-97.

SIMMEL, Georg. A metrópole e a vida mental. In: VELHO, Otávio Guilherme (org.). *O fenômeno urbano*. Rio de Janeiro: Guanabara, 1987.

STEIL, Carlos Alberto. *O sertão das romarias*; um estudo antropológico sobre o santuário do Bom Jesus da Lapa-Bahia. Petrópolis: Vozes, 1996.

_____. Peregrinação, romaria e turismo religioso: raízes etimológicas e interpretações antropológicas. In: ABUMANSSUR, Edin Sued (org.). *Turismo religioso*; ensaios antropológicos sobre turismo e religião. Campinas: Papirus, 2003.

STEIL, Carlos; CARNEIRO, Sandra de Sá. Peregrinação, turismo e Nova Era: caminhos de Santiago de Compostela no Brasil. *Religião e Sociedade*, Rio de Janeiro, v. 28, n. 1 (julho de 2008). Disponível em: <http://www.scielo.br/scielo.php?script=sci_arttext&pid=S0100-85872008000100006&lng=en&nrm=iso>; acesso em: 8 de setembro de 2012.

TURNER, Victor. *O processo ritual*; estrutura e antiestrutura. Petrópolis: Vozes, 1974.

URRY, John. *O olhar do turista*; lazer e viagens nas sociedades contemporâneas. São Paulo: Sesc/Studio Nobel, 2001.

Notas

[1] Rubem César Fernandes notou, em seu estudo sobre as romarias a Bom Jesus de Pirapora, que os habitantes da cidade não mantinham com o santo local a mesma atitude de distanciamento reverente, observado nos romeiros que vinham de outras localidades (Fernandes, *Os cavaleiros do Bom Jesus*, p. 87).

[2] Durkheim, *As formas elementares da vida religiosa*, p. 18.

[3] Simmel, A metrópole e a vida mental, p. 16.

[4] Duby, *O tempo das catedrais*, p. 59.

[5] Sobre as origens e disputas em torno desse Santuário, ver Oliveira, *Fátima nunca mais*.

[6] Sanchis, Peregrinação e romaria, um lugar para o turismo religioso; Steil, Peregrinação, romaria e turismo religioso.

[7] Steil, Peregrinação, romaria e turismo religioso, p. 34.

[8] Sanchis, Peregrinação e romaria, um lugar para o turismo religioso, p. 87.

[9] Hervieu-Léger, O peregrino e o convertido, p. 55.

[10] Maccannel, *The tourist*.

[11] Carneiro, Novas peregrinações brasileiras e suas interfaces com o turismo.

[12] Steil; Carneiro, Peregrinação, turismo e nova era.

[13] Carneiro, Novas peregrinações brasileiras e suas interfaces com o turismo, p. 74.

[14] Gennep, *Os ritos de passagem*.

[15] Turner, *O processo ritual*.

[16] Steil, *O sertão das romarias*.

[17] Eade; Sallnow, *Contesting the sacred*.

[18] Steil, Peregrinação, romaria e turismo religioso, p. 47.

Ciência da Religião aplicada à educação sociopolítica

Mauro Passos

> A história desempenha o papel de ser uma maneira de definir um novo presente. Permite que um presente se manifeste como *diferente*.[1]
> (Michel de Certeau)

Introdução

Uma imersão na cultura republicana e em seus conceitos de liberdade, participação, igualdade, cidadania, interesses públicos e privados, que permeiam a política e a vida cotidiana, permite um novo olhar sobre o Brasil, atualmente. Ideias novas, criadas no final do século XX e no início deste novo milênio? Novo paradigma sobre seu mito fundador? Se abrirmos a janela do tempo, a construção do ideal de cidadão na clássica Atenas elegia atributos parecidos, com nuances próprias considerando o tempo e o espaço. Não se trata de reprisar a *paidéia* grega, mas situar a importância da condução política e educativa da *polis*.[2] Os conceitos anunciados têm uma historicidade, como encontros e desencontros no percurso do tempo. Um cidadão educado na cultura grega guardava normas, princípios e valores diferentes daquele da civilização cristã, como também a mulher brasileira do período colonial comparada com a de hoje. As relações entre os conceitos variam ao longo da história; no entanto, a associação entre ética, política e educação compõe a tarefa de alinhavar o futuro, abrir horizontes.

O estudo da sociedade brasileira permite-nos constatar a presença do Catolicismo nas diversas instituições e nos vários níveis sociais. Historicamente, sua influência foi marcante, desde sua implantação no período colonial. A influência do Catolicismo expressava-se na sua capacidade de agregar as pessoas nas diversas formas de representação religiosa. Assim, o elemento religioso desempenhava um papel significativo no horizonte da população brasileira. Os registros eclesiásticos controlavam a vida das pessoas nas diversas circunstâncias da vida

— nascimento, matrimônio e morte. Sendo assim, a instituição religiosa detinha em seu poder a identidade religiosa e civil dos cidadãos. Em se tratando da realidade cultural brasileira, essa situação atravessou a educação nos seus diversos níveis. Como falar de educação sem levar em conta o papel desempenhado pelas diversas tradições religiosas? Como situar a história da educação brasileira sem contemplar o trabalho das congregações religiosas? A relação entre educação e religião católica atravessou nossa história. Histórias. Sua matriz pedagógica ainda faz eco nos debates atuais. O Cristianismo implica uma educação, pois é também mística, mistério e culto. O valor e o significado da educação cristã devem ser medidos por sua conformidade com o centro e a própria essência do Cristianismo.[3] Memória de rotas, derrotas e possibilidades.

Dessa forma, pretendo analisar o tema da educação a partir de uma abordagem histórica, relacionando-o com a religião, particularmente com a Ciência da Religião. O fenômeno religioso vem-se impondo na sociedade brasileira, e solicitando às diversas religiões uma maior abertura para novas questões culturais, sociais, políticas e educacionais, como demonstram vários autores.[4] As Ciências Sociais apresentam-se, mais do que em outros períodos, como instrumento de conhecimento e como meio de ação. Ajudam a analisar e a compreender melhor a realidade social, como também a explicitar a dimensão social da Ciência da Religião.

A ação formadora da educação e da religião tem uma dimensão de totalidade, pois abarca as diversas dimensões do ser humano: física, intelectual, moral, simbólica, cultural. Todas as sociedades são formadas por conjuntos complexos de elementos, oriundos de práticas sociais com múltiplas combinações e variações históricas. A educação abre-se para a criatividade, criticidade, demitificação, pensamento dialógico, ação e autonomia, o que ocorre também com a Ciência da Religião. Por isso, o ser humano faz história, cultura, arte e ciência. Torna-se descobridor, incursiona em diversas dimensões, põe-se a caminho, faz-se sujeito e objeto, torna-se humano, atua sobre os meios e instrumentos para a reprodução da vida e ultrapassa os limites do efêmero e do sensível.[5]

Olhares

Como entender o tempo presente, senão à luz do acontecido, da história narrada e de suas representações? Como entender esse tempo presente, senão à luz dos elementos que configuram a narrativa histórica e suas virtualidades em mudança, já que o ser humano tem um processo, um desenvolvimento no tempo e no espaço. Assim, por exemplo, a irrupção do Novo Mundo nos séculos XV e XVI tumultuou a tradição ocidental — uma pluralidade de espaços, uma pluralidade de tempos, como sinaliza Adauto Novaes.[6] Esse acontecimento modificou a história do mundo ocidental com um novo espaço de intercâmbio entre o mesmo (o europeu) e o outro (as culturas ameríndias). Cada período (ou momento) traz em seu bojo a sabedoria e o movimento histórico da humanidade. Como registros, ficam os vestígios, os acontecimentos, a memória e o aceno das palavras. Não há estabilidade ou permanência, pois permanece a dinâmica das mudanças.

Um conjunto de ações direcionou o olhar político, social, econômico, cultural e religioso no caso brasileiro. Nessa linha, um passeio histórico nos ajuda a entender esse movimento.

Várias etapas marcaram nossa história. Como em outras culturas, os habitantes se reuniam para encontrar meios de sobrevivência. A organização social (possível) era um meio de satisfazer suas necessidades. A propriedade e o cultivo do solo forneciam os elementos necessários para a subsistência do grupo. A troca de produtos e uma economia solidária, usando uma categoria de hoje, eram responsáveis pelo bem social da coletividade. Com a colonização, iniciou-se um processo de mudanças, transformações e rupturas na história do que seria o povo brasileiro. O fundamento da desigualdade teria seu início. Em *Tristes trópicos*, Lévi-Strauss aponta, em tom de elegia, a felicidade perdida diante do processo civilizatório. Uma história em sobressaltos inaugurava-se nos trópicos. Violência e razão se aproximaram e foram deixando suas marcas, seus sinais. A igualdade, tão sonhada, tornou-se heterogênea e foi ocorrendo um fracionamento social, o que impedia a formação de uma comunidade humana. Assim, a desigualdade transformou-se em direito e foi-se cristalizando no modelo *Casa-grande e senzala*, ensaio histórico-social de Gilberto Freire que inaugurou o que Carlo Ginzburg define como micro-história. Uma sociedade pré-capitalista, no entanto articulada com o capitalismo mundial, a colônia brasileira sobreviveu sem a existência de uma sociedade civil. O peso desse período foi a ausência de autonomia na produção.

O acesso aos bens essenciais é a garantia de vida e convivência harmoniosa e benéfica para todos, como também o acesso aos bens culturais. É na cultura que se deve investir para que se possa assegurar o desenvolvimento. Um aspecto básico da organização da cultura é a educação. Houve um apagão cultural e educacional na formação da sociedade brasileira. Houve um ensaio de práticas educacionais, mas não um projeto de sociedade. Um componente fundamental do processo educativo é a função cultural da educação. A Igreja Católica controlou durante muitos

séculos o sistema educacional, mas vinculada à ideologia do Estado. Com isso, a formação cultural e educacional fez pouso no patamar da intolerância. Segundo José Maria Paiva, "os valores [da religião cristã] funcionam paradigmaticamente, ou condenando ou reforçando ou extinguindo".[7] Ao fazer uma abordagem teórica de história, tempo e cultura, esse mesmo autor afirma que "o caminho de ida se viu prejudicado pela total falta de sensibilidade para o problema da aculturação, por parte dos jesuítas e demais portugueses".[8] O protótipo do ser humano a ser construído foi idealizado na criação e na manutenção de uma sociedade colonial. A ideia de reprodução conduzia o mecanismo de construção do novo ser humano que habitava os trópicos. A educação fazia parte desse projeto político e era um dos componentes de sua construção. A sociedade tinha, nesse período, um papel controlador. Era uma sociedade disciplinar, que tinha na família, escola, trabalho e religião seus principais agentes para essa função. Os meios e formas educacionais estavam também colonizados para manter e desenvolver as habilidades que convinham a essa empresa.

O *munus* de educar: o olhar da Igreja

A concepção de educação cristã estava atrelada na tradição criacionista. Todo o processo formador do ser humano é um processo de volta àquela imagem do homem perfeito, criado por Deus. Santo Agostinho delineia os princípios básicos da educação cristã.[9] Segundo ele, o fenômeno educativo é da ordem da interioridade, porque a verdade se encontra na alma. O "agostianismo" marcou esta corrente da educação cristã, introduzindo a ideia do mestre interior. Em sua obra *De magistro*, aborda dois argumentos para defender sua teoria. O primeiro diz respeito ao papel da linguagem e seus limites e o segundo trata do papel do educador no caminho do conhecimento. Compete a ele despertar no educando a verdade, "o mestre interior". Segundo essa concepção, o que nasceu precisa ceder lugar ao que há de nascer. No século XIII, Santo Tomás de Aquino retoma essa mesma teoria em seu estudo, que tem o mesmo título — *De magistro*. Segundo esse tratado, o papel da educação é conduzir o educando para a aquisição da ciência. Educar é disciplinar as disposições práticas para a busca da verdade. O conhecimento é a transferência de verdades que estão gravadas na alma do ser humano, como afirma nessa obra:

> Diz a *Glosa*, a propósito de "a fé vem do ouvido" (Rm 10,17): "Se bem que Deus ensine interiormente, o pregador faz o anúncio exteriormente." Ora, o conhecimento é causado interiormente na mente e não externamente no sentido: daí que o homem é ensinado só por Deus e não por outro homem. Diz Agostinho (*De magistro* 14): "Só Deus tem a cátedra nos céus e Ele ensina a verdade sobre a terra; o homem está para a cátedra como o agricultor para a árvore". Ora, o agricultor não é o criador da árvore, mas somente seu cultivador. Assim também o homem não ensina, mas somente dispõe as coisas para que ocorra o conhecimento.[10]

É preciso, no entanto, conjugar os argumentos de Santo Tomás com seus conceitos básicos tomados de Aristóteles. O termo "educação" é um exercício de edução, isto é, eduzir (*educere*) o conhecimento em ato a partir da potência (*Scientia educatur de potentia in actum*).[11]

O discurso religioso e político regulava o comportamento das pessoas e moldava a sociedade. Como a sociedade tinha um papel controlador e disciplinador, nesse período, a educação reforçava esse papel, o que vem de acordo com a assertiva de Michel de Certeau: "O discurso científico que não fala de sua relação com o corpo social não seria capaz de articular uma prática".[12] As práticas educativas moldam as maneiras de ser, moldam espaços.

Dessa forma, as raízes desse fenômeno tiveram um processo de longa duração e deixaram marcas profundas no cenário social brasileiro, o que dificultou o desenvolvimento de noções básicas de igualdade, liberdade e participação, particularmente. Com isso, a cidadania foi sequestrada, sem meios de participação e representação. Ou, então, existia no papel. Mas a utopia não estava morta. Com criatividade, resistência e sincretismo, "o povo foi criando zonas e valores ligados à alegria, ao futuro, à esperança para fazer o brasil, Brasil".[13] Ao lado do hibridismo de modelos de autoritarismo, apareceram experiências de intercâmbio, mesmo frágeis, produtoras de reciprocidade e negociação. As revoltas e os movimentos sociais que eclodiram em diversas regiões brasileiras, desde o período colonial, compõem um quadro de desencontros com a ordem estabelecida.

Educação e cidadania: um novo olhar

Segundo vários estudos, a cidadania desdobra-se em direitos civis, políticos e sociais e o cidadão pleno é aquele que incorpora esses três direitos. Segundo T. A. Marshall, citado por José Murilo de Carvalho, na Inglaterra houve uma ordem no desenvolvimento dos direitos: primeiros os direitos civis — são aqueles fundamentais à vida, tais como a liberdade, a propriedade e a igualdade perante a lei; depois os direitos políticos — participação no governo da sociedade, organização de partidos e o exercício do voto; finalmente os direitos sociais — direito à educação, ao trabalho, ao salário justo, à saúde e à aposentadoria. No Brasil, houve um caminho semelhante; no entanto, houve ênfase nos direitos sociais, sendo que estes precederam os demais. Em outros países, a educação popular teve um papel importante, permitindo às pessoas o conhecimento dos outros direitos. No Brasil, a educação popular ficou na sombra, causando, portanto, dificuldades para a construção da cidadania civil e política.[14] Na verdade, a prática educativa da Igreja Católica teve um papel singular junto às camadas populares no final da década de 1950 e nas décadas seguintes. A visão de uma educação para a participação foi o enfoque central, vista como um processo que prepara o cidadão para as mudanças sociais que ocorrem na sociedade. Na realidade, trata-se de um processo educativo que orienta a pessoa para participar dos desafios sociais, políticos e econômicos. O espaço social se constitui a partir de um significado político, e o espaço político é o espaço das relações sociais.[15]

A educação popular e a cultura são meios importantes para a participação das pessoas e dos diversos grupos de formação humana, política e social. As camadas populares, através de vários empreendimentos e lutas, pensam, questionam, discutem e aprendem na prática social. É um trabalho coletivo que cria nas pessoas e nos grupos a experiência de um poder compartilhado. Entre outros, destaco o Movimento de Educação de Base (MEB), coordenado pela Igreja Católica, e a pedagogia de Paulo Freire, que abriram caminhos para as camadas populares se tornarem sujeitos políticos. A educação popular é uma modalidade de trabalho social. Nesse aspecto, educação e religião se encontram, tendo como orientação básica a articulação entre ação e reflexão, o que fortalece também os movimentos populares, como assinala Vanilda Paiva e Osmar Fávero em seus estudos.[16] A questão da educação popular na década de 1960 estava articulada com o pensamento de vários teólogos da libertação e com a nova prática pastoral que se foi desenvolvendo nesse período.

Cenários

No final do século XIX, diversas mudanças foram-se operando no cenário brasileiro. Os pressupostos da modernidade já vinham sendo vividos, de modo fragmentário, no cotidiano social. Uma série de questões objetivas e subjetivas relevantes acenava para as instituições republicanas. Despedidas e inaugurações assinalaram o campo educacional, social e cultural. A implantação de um novo regime político, a hipótese de um Estado moralizador, racional e preconizador da ordem, segundo os princípios do positivismo, preconizava organizar, discutir os valores e a moralidade para a nação. No entanto, as divergências internas e o agravamento de uma política de ajustamentos do poder central retardaram os fatores de mudança na educação e as iniciativas para seu desencadeamento.

Mudanças no campo econômico e social propiciaram a circulação de novas ideias, gerando um clima de contestação e instabilidade. No entanto, se a sociedade brasileira mudava de sentido, é porque a classe dominante mudava de sentido. Evoco esse percurso no passado para alvissareiras descobertas no cenário brasileiro. É um fenômeno de longa duração que se foi definindo e provocando alterações, por um lado. Por outro, várias resistências se fizeram sentir no campo político, social e religioso. As primeiras manifestações republicanas traduziram-se mais em projetos, esperanças e propostas do que em concretização histórica.

Educação, sociedade e religião: cenários em movimento

A razão laica, expressa no liberalismo político e na filosofia positivista, entrava em choque com os princípios do Catolicismo. A doutrina positivista justificava-se continuadora, em nível mais elevado, do movimento católico e seria a fonte da unidade social. A passagem de uma concepção divino-institucional para outra mundano-contratual teve, em um primeiro momento, a desaprovação e a condenação da instituição religiosa. Segundo o pensamento católico da época, uma autêntica civilização se dá em sintonia com a doutrina e as verdades católicas. A religião católica, que tinha grande liderança no plano cultural e educacional, foi perdendo espaço. Com o advento da república, novas balizas foram sendo geradas, alterando o universo simbólico, com novas metodologias, novos discursos e novos códigos. Intimamente associada à mutabilidade social está a mutabilidade do próprio homem, o sentido histórico do humano, a compreensão do ser como sujeito da história. Essa agitação cria um clima favorável a mudanças no país. Nesse contexto, um setor da elite brasileira, formado por profissionais liberais, políticos e intelectuais passa a defender a república como solução para os problemas do país. Fortemente influenciado pelo ideário positivista, esse grupo vê na implantação daquele regime um caminho para criar uma sociedade moderna, alimentada pela ideia de progresso.

A mudança na política e na sociedade brasileira não ocorreu de forma linear nos períodos subsequentes. Houve crescimento da atividade industrial, embora se possa questionar o seu desenvolvimento. Com o período republicano, longe de uma mudança na Economia e no *modus vivendi*, sublinha-se a diferença entre dois "Brasis" — o do litoral e o do sertão. A existência de lutas, reivindicações e outros movimentos sociais contra o poder estabelecido confere um novo tom à sociedade, revelador de consciência social. As lutas populares testemunham, portanto, a resistência popular contra a sistemática exclusão dessa classe social do sistema político. Entre outros, Canudos é a expressão

da resistência e insistência no direito à vida e levantou questões que incomodaram a consciência nacional. Que significa afirmar que se caminhou para um país moderno? Qual foi seu alcance? Segundo o historiador José Murilo de Carvalho, "até 1930 não havia povo organizado politicamente nem sentimento nacional consolidado. A participação na política nacional, inclusive nos grandes acontecimentos, era limitada a pequenos grupos".[17]

A educação passou a estabelecer uma conexão maior com o sistema produtivo, a cultura laica e o Estado. Nesse contexto, o saber prático, um novo humanismo e a ciência vão contribuindo para o estabelecimento de uma nova tendência cultural. O poder atribuído à ciência, com pretensões a um novo padrão civilizatório no país, fez com que a educação ocupasse lugar de destaque no projeto republicano.

Os processos educacionais são parecidos com os processos históricos. Não são tão simples, nem se desenrolam com mudanças repentinas. Sabemos que no cenário educacional brasileiro se mesclam iniciativas avançadas, com situações de atraso e abandono. A educação não pode ser pensada em si e por si. Deve ser pensada em suas inter-relações com a sociedade, a cultura e a política. Segundo Carlos Rodrigues Brandão: "Ninguém escapa da educação. Em casa, na rua, na igreja ou na escola, de um modo ou de muitos, todos nós envolvemos pedaços de vida com ela para aprender, para ensinar, para aprender-e-ensinar".[18]

Como parte do mundo, a educação ocupa a vida, e é essencialmente convivência, participação e socialização.

Por onde aproximar a teoria da educação com as Ciências Sociais? Como encontrar as conexões? Parto do pressuposto de que a educação é histórica, não no sentido de que tem sua história própria, fechada e circunscrita. O processo educativo e a cultura são inseparáveis do contexto social. Esse contexto não está isento da experiência religiosa, que modifica a percepção do tempo e do espaço, segundo Eliade.[19] Assim, a história é pensada em articulação com as diversas formas de elaborar suas tradições e narrativas, inclusive a perspectiva de uma realidade interior do ser. Nesse aspecto, a Ciência da Religião terá como pressuposto a fundamentação da transcendência do espírito humano. No contexto brasileiro da década de 1960, marcada por um forte conservadorismo católico, tanto no plano teológico como político e educacional, destaca-se como um ponto fora da curva o pensamento do filósofo Henrique C. de Lima Vaz e sua prática junto à Juventude Universitária Católica (JUC).[20]

Religião e educação: novos cenários

A perda da centralidade social tem um significado profundo, pois já não é só a religião que indica como se deve organizar a sociedade. Assim, foi ocorrendo um processo de transformação de uma sociedade tradicional para uma sociedade moderna. Nessa configuração, a mudança do cenário brasileiro estava associada a um processo de laicização do Estado. Àquele conceito de ordem estabelecida, a motivação fundamental é de uma ordem a estabelecer. Ordem a ser criada, em vista de um país novo, moderno e progressista. Esse programa tinha a pretensão de atingir os vários setores da sociedade. No entanto, configurou-se mais como tendência e ideal do que um projeto que modificasse a cultura, a educação e a sociedade. A cultura faz parte da circunstância ou situação que envolve o homem. Nesse sentido se confunde com a história, pois enquanto fruto da criação de um projeto humano, a história de uma cultura é a história das ações humanas. Em termos gerais, as ações humanas se relacionam, através das organizações e do conjunto de valores e significações que revelam

a visão de mundo e a concepção de vida, de cada grupo social.

A década de 1930 é um divisor de águas — o Estado interfere na economia, na corrida pela racionalidade econômica. Há uma mudança de bens de consumo para bens de produção. No entanto, continua crônica a representatividade no campo político. Foi-se efetivando uma mudança nacional, dissociada da formação cidadã. Fases de conquista, liberdade, autoritarismo e silêncio se sucederam. A forma "acordo — conciliação" foi um denominador comum em muitos períodos. Agenda negativa nesse horizonte, pois amplia a permanência do presente autoritário. No entanto, a luta continua, pesa, avança em diversas regiões — forma de "achar o rumozinho forte das coisas", segundo Guimarães Rosa. Percursos que ondulam, oscilam e se cruzam.

Na verdade, a conjugação de fatores internos e externos de forte incidência política e econômica criou condições que, mesmo diante de contradições sociais, foram propícias ao crescimento do ideário republicano.

Num ambiente de conflitos, recuos e conquistas, no final da década de 1960, a Conferência do Episcopado Latino-Americano de Medellín, em 1968, abriu novos caminhos para o Catolicismo, em sintonia com os princípios do Concílio Vaticano II. Assim, a instituição católica se diferenciava dos períodos anteriores. Uma série de fatos e situações sociais favoreceu sua evolução política e religiosa e renovou sua ação. Essa mudança afetou, ao mesmo tempo, sua visibilidade histórica e sua própria autocompreensão. Não basta a mudança de uma instituição alheia à sociedade, assim como não basta a mobilização da sociedade sem que haja mudanças nas instituições. Esse movimento de mão dupla é fundamental para que a transformação envolva os aspectos sociais, políticos e culturais.

Diante da situação carente do Nordeste, diversos membros da hierarquia católica, leigos e líderes políticos e populares configuram o Movimento de Natal. Assim, consolidou-se e ampliou-se o Movimento de Educação de Base (MEB), citado anteriormente. Esse trabalho de educação popular contribuiu para interligar as pessoas, os diversos organismos e trocar experiências. Estava sendo construída uma história compartilhada. Um sentimento de justiça social muito acentuado, como afirma Vanilda Paiva: "O humanismo cristão assumia assim uma dimensão histórica e comprometia-se com a transformação social e o combate à dominação de uns homens pelos outros".[21] Um novo cenário da instituição religiosa e de sua prática histórica foi sendo construído. O religioso aproximou as pessoas da realidade, humanizando-as em relações cidadãs. Portanto, no terreno da práxis histórica, a educação, a teologia e o projeto pastoral foram adquirindo um novo perfil e desenvolvendo um novo trabalho. Isso fez com que houvesse articulação entre essas áreas e, ainda, fosse considerada a realidade histórica e a necessidade de um diálogo com a sociedade.

A Ciência da Religião: desafios e contribuição

Numa época de grandes transições e transformações, surgem novos enfoques em novas linguagens e novos paradigmas. Trata-se de um novo calendário no tempo e no espaço. Chegamos a um novo período no tempo. E o cenário do futuro? Qual a agenda educacional para o futuro? Que futuro a religião está construindo para as novas gerações?

Palpando o terreno da religião a partir do século XX, particularmente, percebemos um desenvolvimento científico da Ciência da Religião, que hoje tem um espaço no campo acadêmico. O surgimento de grupos de pesquisa e cursos de graduação e pós-graduação nessa área do conhecimento, e sua interface com outras áreas demonstra sua relevância no momento presente. Um número crescente de questões, tanto teóricas quanto práticas, vem emergindo, fruto dessa articulação. São passos fundamentais que vêm sendo cumpridos, nos planos teórico e prático, no que se refere à relação da Ciência da Religião com a sociedade, a Teologia e as demais ciências. Contribuições importantes são os estudos e pesquisas que ultrapassam as análises do religioso em si, examinando os laços, dependências e interferências com a sociedade, a política, a Economia, a cultura e a educação.

Assim, se encontram pesquisadores de diversas áreas com novos recortes, novos objetos, novas abordagens e novas metodologias. Com uma perspectiva interdisciplinar e transdisciplinar, a Ciência da Religião caminha em direção não apenas do estudo das disciplinas ou das instituições, mas também do conhecimento e, particularmente, da interação do conhecimento religioso com a sociedade e a história.

A história revela ao homem suas possibilidades e limites de ser. Na história, os homens mudam, assumindo novas formas, criando valores, agindo, lutando, tornando realidade seus sentimentos e exercitando o conhecimento e sua vontade. Ser eminentemente histórico, a existência histórica humana tem um processo, um desenvolvimento.

Hoje como ontem, o futuro resiste a ser robotizado. Uma questão central é o rumo que a ciência tomou, por um lado. Por outro, dois novos paradigmas se cruzam para gestar uma nova civilização — a comunicação e o mercado. Com um desenho homogeneizador, fundado numa racionalidade econômica produtivista e pouco democrática, as influências desses campos operam de maneira contraditória e antagônica. Isso faz com que a razão assuma uma orientação instrumental, segundo o pensamento de Habermas.[22] Assim, a educação, particularmente a escola, não consegue dar conta de seu projeto — criar novos espaços de diálogo, comunicação, formação, conhecimento e prazer. Os economistas da educação e da cultura desenvolvem a teoria da produtividade e incentivam o desenvolvimento de especializações, com objetivos de oferta e procura. A consequência é o enfraquecimento da cultura e a vulgarização e a crise da educação, do ensino e da escola. Como avançar em um projeto educativo que ultrapasse a centralização no sujeito individual? Um bom entendimento da educação, numa perspectiva mais totalizante, necessita de uma constituição interacionista e centrada numa subjetividade social, nos passos da teoria de Habermas. Segundo esse autor, a ideia de interação social é constituída a partir da linguagem.

Esses e outros problemas afetam também o religioso. A religião é cada vez mais um assunto que diz respeito ao indivíduo e cada vez menos às comunidades e à religião institucionalizada. Estamos vivendo um tempo em que há uma busca por uma nova religiosidade. Contra a hegemonia da racionalidade científica, os novos movimentos religiosos e as novas formas de crer encenam outras razões — as razões do coração. Como encontrar a unidade educação-religião no âmbito da formação humana? Diversos pontos e questões são comuns, tais como instituições, valores, solidariedade, identidade, cidadania. São problemas interligados que se abrem para as Ciências Humanas e Religiosas. A Ciência da Religião tem, nesse campo, uma contribuição significativa, pois sua natureza interdisciplinar e transdisciplinar opera com diversas questões e temas, o que possibilita abrir novas reflexões teóricas e o intercâmbio de pesquisas. Sua presença na área acadêmica tem um papel interlocutor e condição para a composição de grupos interpretativos de estudo que podem esclarecer o papel e a relevância da religião na sociedade contemporânea.

O processo de globalização tem causado grande impacto no modelo civilizatório. Segundo Anthony Giddens, "é errado pensar que a globalização afeta unicamente os grandes sistemas, como a ordem financeira mundial. Ela tem um efeito oposto. A globalização não somente puxa para cima, mas também empurra para baixo, criando novas pressões por autonomia local".[23] Nessa perspectiva, os problemas contemporâneos não são um movimento em paralisia — a vida e a organização da sociedade não alcançaram seu patamar definitivo. Diante da mudança de paradigmas, é necessário também repensar/reorientar os objetivos históricos e sociais, interferindo política e eticamente.

Como conjugar outros sentidos que não sejam o mecanismo da autoperpetuação do mercado e seus cúmplices? Que princípios devem orientar uma nova cartografia para o mundo atual?

A Ciência da Religião se abre para uma compreensão renovada do fenômeno religioso, enraizada na própria vida humana. Portanto, não é somente por via teórica e acadêmica, mas também a partir de uma nova perspectiva sobre a imagem do homem e do mundo — social, cultural, econômica, política etc. Trata-se de observar a significação histórica e não simplesmente de dar uma significação histórica.

Com o processo de urbanização, a comunicação de massa, as novas tecnologias, por um lado, e as inúmeras formas de organização social, as práticas econômicas alternativas, as demandas políticas e o florescimento de movimentos culturais, por outro, ocorreu uma renovação dos padrões de comportamento, formação humana, exercício da cidadania e participação. Não uma cidadania qualquer, mas aquela que demanda um esforço de construção coletiva, constituída socialmente, segundo Neidson Rodrigues.[24] É na direção dessa construção que se configura a práxis educacional — participativa, dialogal, comunicativa, socializante.

A educação brasileira, particularmente a escolar, passa por um período de contradições e vem perdendo a capacidade de cultivar os valores da vida e da existência. Os cuidados educacionais não transcendem os limites do jogo do mercado. A modernidade não é somente modernização, mas é, sobretudo, tempo de autonomia e emancipação do ser humano, sentimento e criatividade, arte, corpo e afetividade. É o equilíbrio apolíneo/dionisíaco que Nietzsche argumenta em sua obra *O nascimento da tragédia no espírito da música.*

A questão educativa tem a ver com subjetividade, interioridade, sociabilidade, como também com valores, alegria, solidariedade, criatividade e atitudes. Esse é o desafio para o ofício do educador: reaprender a olhar.[25]

Hoje, os objetivos e princípios da educação cristã adequada e atualizada, à altura dos tempos, são outros. A preocupação principal para pensar uma boa formação das crianças, jovens e adultos deve ser a de entender a profunda transformação que se está realizando na relação entre a pessoa e a sociedade e, por conseguinte, na socialização. Isso caracteriza a dinâmica atual da sociedade brasileira. Por isso, não se pode estudar a cultura brasileira sem se debruçar sobre suas tradições religiosas.

A crise que atravessamos hoje não é somente social ou econômica. Encontramo-nos diante de um desafio — alcançar outro patamar de pensamento e outra forma de experienciar o mundo. A questão a respeito do homem é uma questão a respeito do todo, da vida, do ser. Comporta em seu bojo a sabedoria da maturação histórica, projetos e a utopia.

Evocar outros cenários, forjar uma nova identidade para a educação, rejeitar o silêncio acomodado desta globalização neoliberal é um caminho para realinhar a educação. Em um de seus poemas, Jean Mogin exprime sua angústia: "Estamos sem notícias, sem notícias de esperança". Não se fiando em simplificações, Mircea Eliade escreve que "a história das religiões está destinada a desempenhar um papel importante na vida cultural contemporânea".[26] É difícil interpretar com profundidade o fenômeno religioso e a história das religiões, sem ter em conta o quadro social, cultural e político em que eles se enraízam. Além disso, há que se considerar que muitas religiões se declaram ligadas ao destino global da humanidade.

Os sofistas fizeram uma revolução cultural na Grécia. Com eles, inicia-se um novo movimento na educação. Mudando de lugar e tempo, o que se pode fazer para que a educação seja um patrimônio da humanidade? Qual o papel das religiões nesse caminho? "O Cristianismo, como todas as religiões, é um caminho de esperança", segundo José Mattoso.[27] É sempre o sentido do ser e do agir que humaniza as relações, pois o esboço de reestruturação social não se dá exclusivamente pelas Ciências Sociais. Nesse sentido, a relação da Ciência da Religião com essa área do conhecimento é uma mediação constitutiva para abrir novos caminhos e novos rumos para o ser humano.

Diante dessa complexidade, a Ciência da Religião pode, ainda, mobilizar as diversas igrejas cristãs para o abraço ecumênico e o diálogo entre as diversas religiões. Torna-se evidente que há um caminho a seguir e que ele será feito com oração e, ainda, profundo e construtivo estudo e diálogo. O diálogo envolve também a união de pensamentos e ações. Articulada com a Teologia, novos estudos e pesquisas têm condições de esclarecer as diferenças teológicas e doutrinárias e compreender que muitas diferenciações podem ser mantidas, pois não são diferenças na *fé*. Assim, uma religião pode-se encontrar na outra.[28]

O desafio desse exercício é a necessidade de se elaborarem uma reflexão e uma prática, a partir das experiências, demandas e valores identificados pelas igrejas e religiões. Nisso está a criatividade dos cientistas da religião e dos teólogos, como também a necessidade de terem uma bagagem teórica. A promoção do ecumenismo possibilita o desenvolvimento de muitos programas tais como uma educação solidária, o reconhecimento da alteridade, a prática da cidadania, a construção da paz entre os povos e o exercício político. Metodologicamente, trata-se de uma prática transdisciplinar que educa e forma, ao mesmo tempo em que é educadora e formadora. Como está na epígrafe deste texto, "é uma maneira de definir um novo presente".

A religião está hoje, mais do que em outros períodos, sob a pesquisa de vários ramos das ciências; no entanto, sem deixar de criar utopias, dar sentido à criação e à vida.

Instigante, na conclusão deste texto, dialogar com Carlos Drummond de Andrade:

> O presente é tão grande, não nos afastemos. Não nos afastemos muito, vamos de mãos dadas.

Como em um eterno retorno, ainda há lugar para a invenção e a solidariedade, pois o futuro pertence a quem tem motivos de esperança. O apelo é para um humanismo intercultural que comporta uma significação mística, religiosa e solidária. Aí está a Ciência da Religião — instituir urgências de partilha. Educação, formação, cidadania, identidade — magias do bem comum. Do bem cuidar.

Referências bibliográficas

AQUINO, Tomás. *De magistro* (sobre o ensino); e os sete pecados capitais. São Paulo: Martins Fontes, 2001.

BRANDÃO, Carlos Rodrigues. *O que é educação?* São Paulo: Brasiliense, 1981.

CARVALHO, José Murilo de. *Cidadania no Brasil*; o longo caminho. 4. ed. Rio de Janeiro: Civilização Brasileira, 2003.

CERTEAU, Michel de. A operação historiográfica. In: LE GOFF, Jacques; NORA, Pierre (orgs.). *História*; novos problemas. 4. ed. Rio de Janeiro: Francisco Alves, 1995.

_____. *História e Psicanálise*; entre ciência e ficção. Belo Horizonte: Autêntica, 2011.

COMBLIN, José. *Educação e fé*. São Paulo: Herder, 1962.

DAMATTA, Roberto. *O que faz o brasil, Brasil?* Rio de Janeiro: Rocco, 1986.

ELIADE, Mircea. *La búsqueda*; historia y sentido de las religiones. Barcelona: Kairós, 2008.

GIDDENS, Antony. *Mundo em controle*; o que a globalização está fazendo de nós. 8. ed. Rio de Janeiro: Record, 2011.

HABERMAS, Jürgen. *Textos escolhidos*. São Paulo: Abril Cultural, 1983. (Coleção Os pensadores).

JAEGER, Werner. *Paidéia*; a formação do homem grego. São Paulo: Martins Fontes, 1994.

LEFORT, Claude. *Pensando o político*; ensaios sobre a democracia, revolução e liberdade. Rio de Janeiro: Paz e Terra, 1991.

LUAND, Luiz Jean. Apresentação. In: AQUINO, Tomás. *De magistro* (sobre o ensino); e os sete pecados capitais. São Paulo: Martins Fontes, 2001.

MATTOSO, José. *Levantar o céu*; os labirintos da sabedoria. Maia: Círculo dos Leitores, 2012.

NOVAES, Adauto. *Tempo e história*. São Paulo: Companhia das Letras, 1992.

PAIVA, José Maria. *Colonização e catequese.* São Paulo: Cortez, 1982.

PAIVA, Vanilda. *Educação popular e educação de adultos.* São Paulo, Loyola, 1983.

PASSOS, Mauro (org.). *A mística da identidade docente*; tradição, missão e profissionalização. Belo Horizonte: Fino Traço, 2011.

RODRIGUES, Neidson. Educação: da formação humana à construção do sujeito ético. *Educação e Sociedade*, v. 22, n. 76 (2001).

SCHILLEBEECKX, Edward et alii. *Cinco problemas que desafiam a igreja de hoje.* São Paulo: Herder, 1970. pp. 1-54.

VAZ, Henrique de Lima. Jovens cristãos em luta por uma história sem servidões. In: VAZ, Henrique de Lima et alii. *Cristianismo hoje.* Rio de Janeiro: Editora Universitária, 1962. pp. 53-68.

Notas

[1] Certeau, *História e psicanálise*, p. 176.

[2] Veja-se o clássico de Jaeger, *Paidéia*.

[3] Comblin, *Educação e fé*.

[4] Entre os autores que tratam do tema no Brasil, destaco Pierre Sanchis, Regina Novaes, Ari Pedro Oro, Emerson Giumbelli, Antônio Flávio Pierucci, Antônio Gouvêa Mendonça, Lísia Nogueira Negrão, Sérgio F. Ferretti, Reginaldo Prandi, Alberto Antoniazzi.

[5] Rodrigues, Educação.

[6] Novaes, *Tempo e história*, p. 15.

[7] Paiva, *Colonização e catequese*, p. 13.

[8] Ibid., p. 19.

[9] Santo Agostinho desenvolve esses princípios, particularmente, em duas obras: *De magistro* e *De doctrina christiana*.

[10] *De magistro* e os sete pecados capitais, p. 25.

[11] Luand, Apresentação, p. 21.

[12] Certeau, *História e psicanálise*.

[13] DaMatta, *O que faz o brasil, Brasil?*, p. 125.

[14] Carvalho, *Cidadania no Brasil*, pp. 7-83.

[15] Lefort, *Pensando o caminho*.

[16] Paiva, *Perspectivas e dilemas da educação popular*; Fávero, *Cultura popular/educação popular*.

[17] Carvalho, *Cidadania no Brasil*, p. 83.

[18] Brandão, *O que é educação?*, p. 7.

[19] Nesse sentido, lembro a obra de M. Eliade, particularmente seu *Tradado das histórias das religiões*.

[20] Vaz, Jovens cristãos em luta por uma história sem servidões.

[21] Paiva, *Educação popular e educação de adultos*, pp. 241-242.

[22] Habermas, *Textos escolhidos*.

[23] Giddens, *Mundo em controle*, p. 22.

[24] De acordo com esse autor, a prática da cidadania deve demolir as interdições que obstruem a liberdade e ação das pessoas. Com os *instrumentos* da cidadania, os cidadãos tornam-se construtores de formas organizativas e de ação na vida pública. Esse exercício político (organização social) é a democracia — projeto político completo e ambicioso dos tempos modernos. No entanto, é um projeto civilizatório de longa duração, que vem sendo construído há mais de dois mil anos. A democracia é o projeto político mais completo e ambicioso dos tempos modernos (Rodrigues, Educação, p. 9).

[25] Passos (org.), *A mística da identidade docente*.

[26] Eliade, *La búsqueda*, p. 15.

[27] Mattoso, *Levantar o céu*, p. 87.

[28] Schillebeeckx, *Cinco problemas que desafiam a igreja de hoje*.

Ciência da Religião aplicada ao patrimônio cultural

PAULO MENDES PINTO

Origens da noção de patrimônio

Etimologicamente, a palavra "patrimônio" remete-nos para a linhagem patriarcal, para o que de mais identitário tem a cultura ocidental: a progenitura — literalmente, "patrimônio" quer dizer "herança paterna". Obviamente, ao longo de mais de oitocentos anos em que se pode fazer o histórico dessa palavra, o seu significado foi-se alterando, atualizando no devir dos tempos, mas nunca perdeu esta ideia original de ligação àquilo de que se descende, àquilo que nos cria, àquilo que nos forma e nos dá identidade.

Contudo, e apesar da origem da palavra se poder remontar, pelo menos, ao século XII, é no século XVII que encontramos as raízes do que modernamente definimos como patrimônio. De fato, ao Iluminismo, especialmente ao ambiente francês, podemos fazer corresponder certo gosto pelo antigo, pelo exótico, a que não nos podemos esquecer de juntar o nascimento do gosto pelo colecionismo.

François Roger de Gaignières (1642-1715) pode ser entendido como o grande impulsionador da salvaguarda patrimonial. Percorreu a França desenhando e inventariando monumentos, recolhendo peças para um museu, elaborando, por volta de 1700, um inventário do patrimônio francês que apresentou ao monarca Luís XIV no ano de 1711.[1] Nessa fase inicial das recolhas de materiais, era totalmente impossível separar o colecionismo da genealogia e do comércio de antiguidades. Por mais de dois séculos, marcando fortemente a forma como até inícios do século XX se recolhiam antiguidades no Oriente Médio, o furto e o saque eram a principal forma de adquirir essas peças que eram, sobretudo, bens com fins e utilidades privadas, longe ainda de qualquer noção de patrimônio público.

O espanto é, talvez, a marca da divulgação do gosto pelo antigo, pelo que virá a ser o patrimônio. Em 1738 começam as escavações em Herculano, e em 1738 em Pompeia, trazendo à luz do dia uma totalmente nova sociedade romana através das descobertas dessas cidades subterradas pela erupção do Vesúvio no ano 79.

É nos salões da cosmopolita Paris que se digladiam os colecionadores, cada um tentando apresentar as mais exóticas ou mais completas coleções de "pedras de raio", os machados pré-históricos de pedra polida, ou de estatuária romana.

No alvoroço da vida urbana que vai fazer terminar o chamado Antigo Regime com a Revolução Francesa, autores como Jean-Jacques Rousseau vão trazer o pensamento para dimensões totalmente novas, mostrando que fora dessa mesma cidade, em um horizonte talvez idílico, ou mesmo utópico, um "Homem selvagem" pode ter existido, liberto ainda dos constrangimentos civilizacionais que o condicionam e o tornam refém dos

vícios e de toda uma degenerescência que se identifica nesse tempo presente. O "bom selvagem" abre portas para o fascínio pelos monumentos anteriores às culturas da escrita. Desenvolve-se o gosto pela *megalithomania*, o gosto pelas construções megalíticas, pelos dólmenes, pelos menires, pelos cromeleques, pelos alinhamentos.[2]

Contudo, no século XVIII, quer pela falta de bases, de conhecimentos sistematizados, quer pelo gosto colecionista e de deleite, não podemos afirmar que nos encontramos perante um campo de trabalho científico. É, de fato, de busca de exotismo e deleite estético que a descoberta de patrimônio se faz.

Oficialização do "patrimônio" e Estado Moderno

São duas as linhas fundadoras da institucionalização do patrimônio na Europa do Iluminismo. Por um lado, temos o nascimento da ideia de Res-Publica, de "coisa pública", de "bem comum", que vai enformar o campo de toda uma série de expropriações e nacionalizações de bens, quer da nobreza, quer da Igreja Católica, ao longo dos movimentos liberais do século XIX, e que vão dar forma aos primeiros corpos legais sobre patrimônio.

Na França, em 1790, nasciam os Bens Nacionais, resultado das nacionalizações posteriores à Revolução. Durante a Convenção (1792-1795), o deputado Abbé Grégoire (1750-1831), jurista e uma das figuras mais importantes da Revolução Francesa, fundador do Conservatoire National des Arts et Métiers, afirmou a 10 de janeiro de 1794: "O respeito público abrange particularmente os objetos nacionais que, não pertencendo à pessoa, são de propriedade de todos [...]. Todos os monumentos da ciência e da arte são recomendados à atenção de todos os bons cidadãos". Esse seu discurso popularizava uma palavra que ele mesmo criara no ano anterior,

e que ainda hoje é o conceito oposto à defesa do patrimônio: vandalismo.[3] Estavam lançadas as bases, por um eclesiástico, para que a noção de patrimônio nunca mais se afastasse da esfera do público, dando-se os primeiros passos para a criação do estatuto de Monumento Histórico, expressão usada pela primeira vez em 1790 por Aubin-Louis Millin na Assembleia Constituinte.

Em 1819, no Ministério do Interior francês, surgia um gabinete dedicado aos monumentos históricos. As primeiras classificações teriam lugar em 1840, com 934 monumentos elencados e protegidos, que iam, cronologicamente, da pré-história ao século XVI.

Por outro lado, temos a própria legitimação do nascente e em plena afirmação Estado Moderno. O campo das antiguidades, da redescoberta dos monumentos e, de seguida, das populações e culturas pré-cristãs e medievais, vai tornar-se um campo da maior importância na criação de narrativas de legitimação de poder. Por toda a Europa renascem as lendas em torno dos heróis fundadores, sejam os gauleses na França ou os lusitanos em Portugal, seja o mítico Viriato nesta última, ou a medieval Joana d'Arc na primeira.

De uma forma geral, por toda a Europa se procuram legitimar as coroas através de liames ancestrais a populações milenares, contemporâneas do domínio latino, ou mesmo anteriores, através de provas documentais arqueológicas, especialmente epigráficas, seguindo uma linha já lançada em alguns casos no Renascimento.

O Estado domina essas dinâmicas de gosto e de nacionalismo através da criação de academias e agremiações. Nascem as Academias de História um pouco por toda a Europa (a Academia Real Portuguesa da História é fundada por D. João V em 1720). *Restituet omnia*, o lema da academia portuguesa, era a máxima de um campo de trabalho que era considerado da maior nobreza e, acima de tudo, verdadeiramente positivista e, ideologicamente, comprometido, pois tinha como objetivo, como o lema afirma, "restaurar tudo", com toda a subjetividade que hoje sabemos a ideia de "restaurar" ter.

Patrimônio e identidades (religiosas) nacionais na contemporaneidade

Na primeira metade do século XX, o olhar para os materiais distintos do passado, o que era patrimonializável, ecoava sentidos que as ideologias, especialmente as fascistas e nacional-socialistas, e as comunistas, não deixaram de usar como ferramenta de formatação dos indivíduos. Toda a Europa desenvolveu, nas décadas de 1930 e 1940, estéticas em torno da memória, dos símbolos, e dos principais elementos de uma arquitetura transformada em monumento. Da Alemanha Nazi, aos regimes de Salazar em Portugal, de Franco na Espanha, e de Mussolini na Itália, sem esquecer a URSS da Stálin, a noção de patrimônio era coincidente com certa monumentalidade que implicava um conjunto de opções que definiam o "espírito" do povo. O cuidar do patrimônio era aplicação ideológica, e nestes regimes tinha lugar em departamentos e instituições de "propaganda", não de cultura, na forma como a entendemos hoje.

No pós-guerra, André Malraux, Ministro da Cultura de França entre 1958 e 1969, lançava as bases do que ao longo do século XX seria a norma na forma de encarar o crescente problema do patrimônio — problema em termos da forma de o encarar, e problema porque implicava cada vez mais meios para a sua conservação. Perante uma sociedade que valorizava cada vez mais tudo o que era antigo, vivendo numa imensa profusão, quer de antiguidades e de monumentos, quer de arte, a sua hierarquização e definição tornava-se da maior importância.

Finda a II Guerra Mundial, em um horizonte de construção da generalização da democracia na Europa, o patrimônio encarnava agora o papel educativo que nunca mais iria abandonar, aproximando-se da escola e dos programas escolares, definindo-se, de forma muitas vezes quase ideológica, como uma questão de gostos. Sem beliscar uma noção de cultura que se fundamentava na ideia de "alta cultura", de Belas Letras e Belas Artes, o patrimônio era, para Malraux, encarado na missão do seu Ministério através da ideia: "Assegurar a mais ampla audiência para nosso patrimônio cultural".[4]

Já em 1936, o intelectual francês definia o patrimônio como "herança" ativa na construção da sociedade: "A herança cultural

641

reúne não as obras que os homens devem respeitar, mas sim aquelas que podem ajudá-los a viver [...]. Todo o destino da arte, todo o destino daquilo que os homens submeteram à palavra cultura, sustenta uma só ideia: transformar o destino em consciência".[5]

O patrimônio, nesta leitura, passaria a ser instrumento de política, como já o fora antes da II Guerra Mundial nos regimes totalitaristas (especialmente, na Alemanha, Itália, Espanha e Portugal). Mas mais que de política, de afinação dos valores que as elites governantes deixavam às gerações vindouras através dos manuais escolares e das políticas públicas de salvaguarda. Neste ponto, o uso que as ditaduras fizeram das políticas patrimoniais foi em tudo muito próximo do que fazem atualmente os estados democráticos: definir linhas de ver o passado, definindo, dessa forma, o presente e condicionando o futuro. No caso português, as campanhas de restauro desenvolvidas pela ditadura do Estado Novo na década de 1940, foram quase exclusivamente direcionadas para edifícios religiosos católicos, ajudando a alicerçar uma visão do coletivo, da nação, como católica desde tempos imemoriais, dando expressão material ao que o texto constitucional afirmava: o Catolicismo não era a religião oficial do Estado, mas sim a religião "tradicional" do povo português — obviamente, o cuidar do patrimônio espelhava essa leitura do devir histórico.

Contudo, e seguindo Malraux, a patrimonialização era a passagem para a dimensão de herança do que antes era "apenas" Obra de Arte. A arte era mortal, e a imortalidade era adquirida pela assunção desta ao patamar de reconhecimento social que era a entrada na categoria de patrimônio. "Toda obra é morte quando o amor se retira", afirmava Malraux em 1935 no congresso de escritores de França. Continuava, "a obra de arte é não somente um objeto, mas também um reencontro com os tempos". A arte, pensada enquanto patrimônio, precisava dessa como que legitimação que era o cuidado, o reconhecimento e a interiorização que ele implicava e que lhe estava subjacente. Nesse sentido, rematava: "A herança não é transmitida, ela é conquistada".[6]

Patrimônio da Humanidade, o avanço para o plural

O caminho da atual visão de patrimônio tem nos tratados sobre a guerra um ponto fundamental. Nas Convenções de Genebra (1949) e de Haia (1954), define-se, para uma Europa, o que é, no fundo, o seu traçado antigo, comum, e oficial. Mesmo em caso de conflito bélico, há uma normativa que define, para todos os lados em agressão, o que é legítimo do que não o é, colocando a salvaguarda desses bens patrimoniais acima do que é de uma das partes. No fundo, patrimônio passa a ser uma dimensão comum, de bens à guarda, mais que de bens possuídos — levantando muita polêmica, a própria justificação para a manutenção de patrimônio do Oriente Médio em museus como o Museu do Louvre ou British Museum, passam, em termos de uma argumentação diplomática, por isso: dar segurança a bens que são da humanidade, mas que nesses museus europeus têm garantia se segurança e de conservação, o que não aconteceria nos seus locais de origem.

O patrimônio não deixa de ser nacional, mas cria-se a transversalidade dos seus valores e significados. A ideia de herança transcende a unidade territorial para extravasar para o campo da civilização, primeiro, e de humanidade, depois. Com este inesperado passo no campo da diplomacia e de uma ética do confronto, dava-se uma importante abertura ao que a Unesco virá mais tarde definir como Patrimônio da Humanidade.

De fato, seria com a ONU e no tempo dos movimentos de independência no pós--guerra que o conceito de patrimônio se abriria para fora do espaço europeu. A criação da Unesco em 16 de novembro de 1945 não implicou imediatamente um olhar para as questões patrimoniais. O grande enfoque foi, nas primeiras décadas, o universo da educação e da formação.

O grande marco na afirmação de um novo paradigma de salvaguarda do patrimônio foi a Campanha da Núbia, lançada em 1960, onde o objetivo central era a relocalização do gigantesco Templo de Abu Simbel, assim como de outras estruturas existentes no Nilo superior, entre elas o Templo de Phillae, para não serem engolidos pelo Nilo em consequência da construção da Barragem de Aswan. Ao todo, em vinte anos de campanhas internacionais, não só foi removido, pedra por pedra, o Templo de Abu Simbel, como vinte e um outros monumentos de grandes dimensões de incalculável valor histórico para melhor se compreender a civilização do Egito faraônico.[7]

Outras campanhas se seguiram, consolidando uma noção de patrimônio muito para além da até então normal geografia europeia. Seguiram-se as campanhas de Mohenjo-daro, no Paquistão, Fez, no Marrocos, Katmandu, no Nepal, Borobudur, na Indonésia, e a Acrópole de Atenas, na Grécia. Esta linha impulsionou, através do inegável prestígio que a Unesco adquiriu, a Convenção sobre a Proteção do Patrimônio Mundial Cultural e Natural, em 1972.

Como corolário desta evolução mental, em 1976 foi criado o Comitê do Patrimônio Mundial, e a Lista do Patrimônio Mundial nasceu em 1978, integrando, nessa data, doze locais/sítios, naturais ou culturais, do Canadá, EUA, Etiópia, Polônia, Alemanha Federal, Equador e Senegal.[8] É de notar que quase todos os locais culturais desta lista eram importantes por aspectos religioso.

A Unesco, no documento citado de 1978, criava mecanismos de apoio à preservação, mas a manutenção dos vestígios não era necessariamente *in situ*, como o demonstra a Campanha de Abu Simbel, que ainda decorria nessa data. Seria já na década de 1990 que o caso das gravuras rupestres de Foz Côa, em Portugal, faria escola ao ter obrigado à paragem da construção de uma gigantesca barragem hidroelétrica, colocando-se de lado a primeira hipótese de salvaguarda avançada, que era também a remoção e montagem noutro local. As gravuras foram conservadas no local, e essa foi a condição para que a classificação pela Unesco tivesse tido lugar. Tratava-se, segundo a classificação atribuída de um vasto santuário ao ar-livre, que justificava as medidas então tomadas pelo que de único apresentava.

No ano de 2012, são 936 os sítios que integram esta lista, sendo 725 culturais, 183 naturais e 28 mistos, em 153 países diferentes, tendo-se também alargado e redefinido a própria noção de bem patrimonial. Hoje, falamos de Patrimônio Material, tal como de Patrimônio Imaterial: cantos, costumes, ritos, tradições gastronômicas, contos e lendas, técnicas, documentos escritos, entre outros. Para Alexandre Parafita (2007 e 2010), o patrimônio cultural imaterial organiza-se em três grupos distintos:[9]

1. Os gêneros de literatura oral tradicional que, uma vez produzidos, ganham uma razoável autonomia em relação ao seu processo de produção, enriquecendo-se no contexto de uso intergeracional: cancioneiros, romanceiros, contos populares, paremiologia, rezas;

2. Expressões e manifestações intrinsecamente ligadas a suportes físicos (lugares de memória) ou a referenciais histórico--religiosos: rituais festivos, crenças do

sobrenatural, lendas e mitos, histórias de vida;

3. Manifestações em permanente atualização pela mobilização de novos recursos, ambientes e funcionalidades em um processo de ressignificação das tradições: trajes, danças, jogos tradicionais, romarias, gastronomia, artesanato.

Desafios da atualidade

A ilusão do caminho: patrimônio, salvaguarda e adesão

Apesar da complicada rede de patrimônio que hoje em dia encontramos em qualquer país, o processo de olhar para o que é importante através de categorias de valoração implica a criação de uma grelha, de destaques, que forçam o cidadão a respeitar essa grelha como se ela fosse o legitimador e, mais, o definidor absoluto do que é, realmente, importante.

Nesse processo, onde se começa por algum lugar, e onde nem tudo pode estar, obviamente, integrado, reduzir o imenso a "coisa", simplificamos a um único elemento, por mais importante que ele seja, uma realidade que é muito mais vasta que ele. Se há herança que a Ciência das Religiões trás da História das Religiões, no seu devir desde finais do século XIX até à atualidade, ela é a complexidade da relação entre os fatos, os elementos, o que empiricamente se coleta, e a própria vivência do religioso, nos ritos, na forma de entender e de sentir os textos, que muito aproximaram uma primeiramente visão histórica, a uma postura teórica que muito foi buscar na Sociologia, na Antropologia, e mesmo na Filosofia e na Psicologia.

Assim, a definição de listas e a criação de categorias de classificação originam eleições e opções que, sendo inevitáveis, legítimas, e necessárias para que se definam políticas de conservação, afastam o cidadão do fenômeno que o elemento classificado representa. A musealização de um espaço ou de uma realidade, facilmente "higieniza" uma realidade, porque a retira do seu contexto vivencial colocando-a numa redoma, em um espaço securizado e livre de tudo o que antes lhe dava o significado que levou à classificação. Quanto nos escapa ao olhar para um retábulo medieval que, em vez de estar na escura igreja românica, se encontra, sem crentes a rezar à sua frente, em um museu com uma luz artificial que nos possibilita olhar para os detalhes da técnica do pintor, como nem nunca ele os imaginou ver, pois essa luz que hoje usamos tem uma potência muito acima da reunião dos archotes ou velas que ele teria à sua volta?

No campo da análise do fenômeno religioso, o que perdemos ao trazer para o espaço livre de "vida" o que apenas ganhou significado porque nela nasceu? Vemos a arquitetura, percebemos a técnica, mas onde podemos sentir, perceber, ao menos, o que um crente sentia no uso normal dessa realidade, agora musealizada?

Sem se colocar, obviamente, em causa as políticas de classificação — que são a única ferramenta para a preservação — mais que musealizar, devemos avançar para realidades de tratamento do patrimônio que incluam a dimensão vivencial. De uma forma desgarrada, sem recurso a formas de apoio pedagógico, sem Serviços Educativos dinâmicos e solidamente alicerçados no próprio projeto de patrimonialização, a classificação do patrimônio cria a ideia ilusória da salvaguarda. Só se salvaguarda o que as populações, de fato, entendem como seu, como valioso, como suficientemente importante para receber os meios financeiros que lhe passarão a estar adstritos. Sem uma vertente pedagógica, sem um "centro de interpretação" que o leia, um lugar ou um sítio classificado, mais não é que uma imposição de uma tutela a uma população que toma um lugar passivo.

E nesse emaranhado de sentidos e de significados, onde fica a opção do investigador? É legítimo musealizar, ou deve-se manter o uso original? Neste sentido, é interessante olhar para o caso inovador da Sinagoga Portuguesa de Amsterdá, onde o atual processo de reformulação do projeto museológico vai permitir que se mantenham, no mesmo espaço e no mesmo tempo, o lado de vida de uma comunidade religiosa ativa, e o turismo que procura essa sinagoga seiscentista cada vez mais. Nesse caso, parece ser possível compaginar vivência com a visita e a salvaguarda.[10]

Como se viu recentemente em alguns países do Oriente Médio, especialmente no Iraque, apenas o sentimento popular de pertença possibilita que o patrimônio não desapareça quando o policiamento se torna fraco ou mesmo inexistente. Apenas uma posição das autoridades religiosas, assumindo o valor do patrimônio pré-islâmico como igual ao islâmico, consolidou essa ideia de pertença que implica a defesa e salvaguarda sustentadas pelo valor que as populações dão a esse patrimônio em risco.

O caminho ilusório: a fraca cultura sobre o fenômeno religioso

Seguindo as problemáticas lançadas, surge outra dimensão de problema com que hoje o cientista das religiões se defronta: uma falsa noção de cultura sobre o mundo religioso que se espelha, naturalmente, na forma de patrimônio. Temos monumentos classificados através de instrumentos legais maduros, temos museus construídos com técnicas elaboradas e debaixo de reflexões teóricas sólidas, mas os visitantes já não dominam as gramáticas que possibilitariam compreender o que veem. Vê-se, frui-se o estético, mas não se atingem os significados que levaram, de fato, a obra de arte a ser realizada.

No último quartel do século XX, muito se refletiu sobre essa crescente incapacidade de as populações, especialmente os mais jovens, lidarem com os sentidos da arte e do patrimônio. No fundo, temos assistido ao desaparecimento de uma cultura religiosa nas camadas mais jovens da população. Um momento forte, de gênese dessa reflexão, teve lugar em 1996 quando se realizou na École du Louvre um colóquio sobre o título "Forme et sens" em que se equacionou o modo de o Estado dar resposta a esta questão que, na prática, se deve pensar, pelo menos, no campo das heranças patrimoniais e culturais.[11] No mesmo ano, François Boespflug, Françoise Dunande e Jean-Paul Willaine equacionavam o lugar atual da religião na sociedade, as questões de erosão da identidade e o desaparecimento de uma cultura religiosa.[12] O objetivo central a partir daqui seria o da religião na escola, o lugar onde se via que poderia ser refeita a relação da população com as heranças religiosas, mas agora numa perspectiva laica.[13]

Estes autores afirmavam a necessidade de a escola laica transportar para o seu interior a transmissão de uma cultura religiosa múltipla, centrada na objetividade do conhecimento dos credos (existentes na nação e fora dela), tomando contato com os rituais de cada um deles e, fundamentalmente, tendo a noção de que cada um dos credos é um sistema de verdade para quem nele crê.

No sentido de uma tomada de consciência do poder político, vários acadêmicos eram encarregados de estudar o problema e de apresentar propostas concretas. Após Philippe Meirieu, que apresentara um relatório em 1999, em 14 de novembro de 2001, Régis Debray entregava ao Ministro da Educação francês, Jack Lang, um marcante trabalho que levaria este a implementar uma série de medidas em torno do patrimônio religioso e do ensino das religiões.[14]

Centrando-nos na questão do patrimônio, muitas são as questões levantadas por Debray nesse texto. Um centro possível da compreensão da sua argumentação parte da centralidade cultural do fenômeno religioso aliada, mais uma vez, à crescente incultura nesse campo devido à erosão das linhas de transmissão comuns: religiões, família, costumes e mesmo o civismo. Todos estes campos deságuam na dimensão patrimonial, levando-nos às questões colocadas no início deste mesmo ponto.

Como encarar um museu de arte sem uma significativa cultura que integre conhecimentos dos horizontes religiosos, espirituais e místicos? Como compreender algumas das mais importantes diferenças de mentalidade de grupos humanos, nas quais se espelham muitos dos conflitos recentes? Como compreender as relações internacionais do mundo em que vivemos sem recorrer à compreensão dos horizontes religiosos em causa?

Terminando: a que corresponde uma política de patrimônio e a correspondente construção de estruturas de salvaguarda, se a população se tiver deixado de identificar com o que é protegido? Colocamos toda a futura vivência apenas no valor patrimonial enquanto raro, valioso, ou no campo do puramente estético?

Esta reflexão leva, inevitavelmente, a uma outra dimensão de preocupação: é que estamos tornando patrimônio o que nunca o fora, o que nunca fora realizado com sentido estético, e o que, muitas vezes, nem sequer foi feito para ser visto — vejamos, neste último caso, a tensão que nos últimos anos se tem vivido nos meios arqueológicos egípcios, onde as autoridades nacionais procuram, cada vez mais, manter os elementos descobertos *in situ*, não para serem, simplesmente,

mais bem entendido porque em contexto, mas porque, no caso-limite das múmias dos faraós, retirá-las do seu local e dar-lhes os holofotes de um museu seria profanar o próprio morto e destruir, através de um desrespeito tremendo, a finalidade que fez com que, de fato, essa "peça" chegasse a nós.

Epílogo: a ilusão tornada realidade

Por fim, interessa abraçar o campo mais definidor de políticas e de policiamentos, de instrumentos de controle da sociedade, que o cuidar do patrimônio possibilita. No limite, ao levar à prática as políticas de patrimônio, estamos vivendo numa ilusão: a criação de legados, de oficialização de valores e de hierarquização de prioridades é, não o podemos deixar de afirmar, fruto de um exercício que em nada é isento. Foi, aliás, esta uma das grandes preocupações do Conselho da Europa quando, na virada do milênio, levou a cabo diversos estudos e reflexões em torno da problemática das políticas de patrimônio.[15]

No fundo, tentando encontrar uma justificação para o ato coletivo, social e político de criar patrimônio, de patrimonializar, defrontamo-nos inevitavelmente com a ideia de legado. Patrimônio, especialmente o cultural, é o que, enquanto grupo social coeso, pretendemos legar às gerações vindouras. É um legado.

Mas esse legado é construído em cima de premissas nem sempre objetivas. Temos sempre que ter em conta os condicionamentos da época, das ideologias vigentes. Por mais objetivos que sejam os relatórios que os técnicos e especialistas entregam às autoridades, o simples olhar para uma realidade e o iniciar um processo de classificação implicaram logo uma tomada de partido, deixando de fora, logicamente, outras possibilidades para ocupar a máquina burocrática que começa a trabalhar no assunto.

São os condicionamentos que cada época tem e que se refletem na forma de ver o que interessa, quer enquanto valor, quer enquanto identidade do grupo. Para certa geração, uma determinada realidade é o que deve ser valorizado e transmitido ao futuro. Para outra, o olhar poderá ser já diametralmente oposto, valorizando outras peças e sítios.

Ora, o que é a dita realidade que se procura preservar com as práticas de patrimônio? São as realidades parcelares, enfoques que a certo olhar são naturais, mas que condicionam a forma como lemos o passado, e como desejamos o futuro.

Na construção do *corpus* patrimonial de um país, por exemplo, há sempre um vasto quadro de opções que se coloca no momento de decidir. E essa possibilidade de seguir um caminho, ou outro, é o que resume, no que se materializa a parte mais visível e mais simbólica do ato de tornar patrimônio. É a oficialização, por parte dos técnicos e dos políticos, do que interessa para o coletivo enquanto memória e enquanto legado.

Neste quadro de opções, o fator religioso torna-se determinante. Valorizam-se as heresias, pelo que de peculiar, único, e até, reparador, nos apresentam, ou damos destaque às ortodoxias, afinal, o que mais está de acordo com a generalidade da população?

Na criação de uma lista de patrimônio, de um quadro de verdade que passa a ser aceito pelo Estado e pelas pessoas que o constituem, temos um mundo de possibilidades que são de uma complexidade tremenda. Por exemplo, o patrimônio está, tantas vezes, junto do assinalar de uma efeméride ou de um reparo público a alguém que foi preterido no passado.

É que, de uma forma muito linear, o patrimônio é, também, um discurso de justiça. Valorizando as heresias, valorizamos esses fenômenos perseguidos e, indiretamente, acusamos a ortodoxia que a levou ao desaparecimento. Ao contrário, valorizando a ortodoxia, estamos dando espaço a grupos que se consolidaram enquanto tal, enquanto dominantes, e legitimamos, mostrando-nos agradecidos, o seu lugar.

A História das Religiões e o patrimônio destas é, inevitavelmente, um campo de ajuste de contas, de revisionismos, de apagamentos e de valorizações.

Referências bibliográficas

BENJAMIN, Walter. L'œuvre d'art à l'ère de sa reproductibilité technique. In: *Œuvres III*. Paris: Gallimard, 2000. Coll. Folio.

BOESPFLUG, François; DUNANDE, Françoise; WILLAINE, Jean-Paul. *Pour une mémoire des religions*. Paris: Éd. Découvertes, 1996.

CAUNE, Jean. *La culture en action*; de Vilar à Lang: le sens perdu. reedição. Grenoble: Pug, 1999.

_____. La politique culturelle initiée par Malraux, EspacesTemps.net, Textuel, 13.04.2005 http://espacestemps.net/document1262.html.

_____. *Pour une éthique de la médiation*; le sens des pratiques culturelles. Grenoble: Pug, 1999.

DEBRAY, Régis. Relatório ao ministro da Educação nacional. O Ensino do Fenómeno Religioso na Escola Laica. In: PINTO, Paulo Mendes. O estudo da religião na escola laica — uma leitura do "Relatório Debray". *Revista Lusófona de Ciência das Religiões*, ano X, n. 16 (2011).

European cultural heritage, Vol. II, *A review of policies and practice*. Strasburg: Conseille de l'Europe, 2003.

Forme et sens; la formation à la dimension religieuse du patrimoine culturel: actes du colloque, École du Louvre, Paris, 18 et 19 avril 1996. Paris: École du Louvre, Commission pour la sauvegarde et l'enrichissement du patrimoine culturel, 1997.

GREENBERG, Clement. *Art et culture*. Paris: Macula, 1988.

La France monumentale vers 1700 d'après les dessins de la collection Gaignières; catalogue de l'exposition à la Bibliothèque nationale. Paris: BNF, 1964.

LACOUTURE, Jean. *Malraux*; une vie dans le siècle. Paris: Seuil, 1973.

LYOTARD, Jean-François. *Signé Malraux*. Paris: Grasset, 1996.

MALRAUX, André. *La politique, la culture*; discours, articles, entrentiens, 1925-1975. Paris: Gallimard, 1996.

_____. *Le Miroir des Limbes*; 1, Antimémoires. Paris: Gallimard, 1972.

MICHELL, John F. *Megalithomania*; artists, antiquarians, and archaeologists at the old stone monuments. Cornell: Cornell University Press, 1982.

MILOT, Michel; OUELLET, Ferdinant. *Religion, éducation & démocratie*. Paris: Harmattan, 1997.

MOSSUZ-LAVAU, Janine; MALRAUX, André. *Qui êtes-vous ?* s.l.: La manufacture, 1987.

PARAFITA, Alexandre. *Patrimônio Imaterial do Douro*. Lisboa: Âncora Editora, 2007 (v. 1) e 2010 (v. 2).

RICHERT, Philippe. La politique du patrimoine et le législateur. *Les Annonces de la Seine*, n. 60 (10 septembre 1998). Allocution présentée au colloque Les journées juridiques du patrimoine.

UNESCO. General Conference, 21st Session. (1980). International Campaign to Save the Monuments of Nubia: Report of the Executive Committee of the Campaign and of the Director-General. 26 August 1980. 21 C/82: http://unesdoc.unesco.org/images/0004/000419/041943eb.pdf

_____. Intergovernmental Committee for the Protection of the World Cultural and Natural Heritage, Second Session. Final Report. Washington, DC, 5-8 September 1978. CC-78/CONF.010/10 Rev. http://unesdoc.unesco.org/images/0003/000347/034793eb.pdf

Notas

[1] *La France monumentale vers 1700 d'après les dessins de la collection Gaignières.*

[2] Michell, *Megalithomania.*

[3] Citado por Richert, *La politique du patrimoine et le législateur.*

[4] Decreto 24/7/1959, que fixava a missão do Ministério da Cultura.

[5] Malraux, *La Politique, la culture*, p. 132.

[6] Ibid., p. 123.

[7] Unesco, General Conference, 21st Session. (1980).

[8] Unesco, Intergovernmental Committee for the Protection of the World Cultural and Natural Heritage, Second Session.

[9] Parafita, *Patrimônio Imaterial do Douro.*

[10] Veja-se o projeto museológico em: http://www.portugesesynagoge.nl

[11] *Forme et sens.*

[12] Boespflug; Dunande; Willaine, *Pour une mémoire des religions.*

[13] No ano seguinte, esta seria já o mote para o trabalho de Milot; Ouellet, *Religion, éducation et démocratie.*

[14] Veja-se a edição em português: Debray, Relatório ao ministro da Educação nacional.

[15] *European cultural heritage*, v. 2, *A review of policies and practice.*

Ciência da Religião aplicada à Teologia

AFONSO MARIA LIGORIO SOARES

Introdução

Justificando a legitimidade de uma *Ciência Prática da Religião*, U. Tworuschka (ver seu capítulo nesta seção) defende que o necessário zelo do histórico Congresso de Marburg (1960) pela delimitação do âmbito da Ciência da Religião (*Religionswissenschaft*) como uma disciplina científica não deve hoje nos impedir de pleitear uma ciência com "responsabilidade pelas aplicações tecnológicas que ela viabiliza". Nesse sentido, o cientista da religião não pode "cooperar com aplicações que sejam humanamente duvidosas" e, se for o caso, "deve(rá) se engajar [até] em atividades políticas para tentar desfazer [eventuais] danos com os quais possa ter cooperado a produzir".

O alerta nos traz à mente que os cursos de Ciência(s) da Religião devem se interessar pelo uso que seus egressos possam vir a fazer do conteúdo ali aprendido. E um desses usos é justamente o que intitula este capítulo. Tworuschka aposta numa cooperação inter e/ou transdisciplinar da *Ciência Prática da Religião* com as ciências empíricas, e aí inclui a Teologia Prática. Ele também admite que a "mera existência da Ciência da Religião [...] serviu para mudar a autoimagem das tradições religiosas", contribuindo para "o processo de purificação das religiões". Por isso, pertence ao âmbito da *Ciência Prática da Religião* "a relação de diferentes religiões umas com as outras e com a aprendizagem inter-religiosa".

A abordagem de Tworuschka chacoalha concepções do "*mainstream* científico" e estimula-nos a repensar uma nova aproximação com a Teologia. Mas, neste caso, a primeira pergunta a vir à tona, quando se pensa a possível aplicabilidade da Ciência da Religião para a Teologia, é naturalmente o que se entende por Teologia e por Ciência da Religião. Se for respondida, restará saber se é factível tal aplicação prática e quais seriam seus percursos. A primeira dúvida é cabível, pois, embora pareça óbvia a diferença,[1] não é raro encontrar quem veja essas duas áreas de saber até como sinônimas. O tema já foi abordado em outros artigos do *Compêndio*, como é o caso, por exemplo, de E. R. Cruz quando estuda o estatuto epistemológico da Ciência da Religião. Este, por sua vez, remete ao capítulo de F. Usarski sobre a história desta ciência e ao trabalho de S. Engler e M. Stausberg, dedicado à questão metodológica. Mais diretamente, porém, este capítulo, de certa forma, toma como ponto de partida a contribuição de F. Teixeira ao *Compêndio*, quando este tenta aproximar a Teologia da Ciência da Religião. E também terá presente o capítulo de A. Brighenti, desta última seção, que focaliza a Ciência da Religião na Ação Pastoral. Antes, porém, é preciso ter presente o contexto nada consensual em que orbitam as questões que pretendemos encarar a seguir.

Já foi notada mais de uma vez a "complexidade da discussão sobre a relação entre essas duas ciências"[2] bem como o caráter relativo da distinção entre elas.[3] Hock[4] reproduz a sugestão oferecida por T. Sundermeier de quatro possíveis modelos teológicos para identificar a relação entre Teologia e Ciência da Religião, a saber, como: (a) dois círculos separados, que nada têm a ver um com outro; (b) dois círculos parcialmente sobrepostos; (c) dois círculos concêntricos, onde o menor (Ciência da Religião) é circundado pelo maior (Teologia), sendo a primeira parte da segunda; (d) um quarto modelo, bastante razoável, que propõe a correlação entre ambas como duas elipses com um foco comum. Do ponto de vista científico-religioso, também há quatro modelos possíveis: (a) correlação "harmônico-separada" (que não descarta, em W. C. Smith, o desejo de uma "Teologia Mundial" no lugar da Ciência da Religião); (b) relação estreita entre ambas na busca pelo sentido e pela "essência" da religião (proposta afim à clássica fenomenologia da religião); (c) separação radical (H.-J. Greschat); (d) aproximação no âmbito do diálogo intercultural. Para Hock, a discussão seria mais frutífera se fossem evitadas posições extremadas, como a que reduz a Teologia à Dogmática e à Moral para reservar à Ciência da Religião a exclusividade na "pesquisa, sem pressupostos, da fé alheia", ou, na outra ponta, a tentativa de levar a Ciência da Religião para dentro da Teologia.[5]

S. Engler[6] mostra-se muito mais cético quanto à probabilidade de uma distinção, epistemológica e metodologicamente adequada, entre as duas ciências que passe ao largo de arranjos político-institucionais. Ele resenha, relativiza e descarta cinco argumentos mais usados para afirmar uma distinção cabal entre ambas: (a) elas teriam objetos distintos (o que, na prática, não se verifica); (b) a Ciência da Religião seria, ao contrário da Teologia, virtualmente irrestrita nos temas que escolhe para investigar (porém, nada escapa do olhar teológico); (c) seus métodos seriam diferentes (mas, segundo Engler, a *descrição* de afirmações e posições, bem como a *avaliação* destas, faz parte tanto da Teologia como da Ciência da Religião); (d) o teólogo seria um pesquisador *insider*, enquanto o cientista da religião, *outsider* (nem sempre, porém); (e) por fim, embora o cientista da religião T. Faulkner prefira dizer que teólogos e cientistas da religião sigam regras e procedimentos idênticos na universidade e a única diferença é que os primeiros observam regras adicionais provenientes de um magistério acima da academia, Engler observa que nem sempre os cientistas da religião estão imunes ao magistério de organizações religiosas (vide caso brasileiro) e não é raro que devam observar regras adicionais, como o magistério da Ciência e o do Estado (Capes, Lattes, Qualis etc).

Um modelo em construção

O quadro acima não perde ambiguidade se vistoriamos a trajetória de Ciência da Religião e da Teologia no Brasil. Neste contexto, não seria incorreto afirmar que ainda estão sendo postas as bases de uma profícua relação entre essas duas ciências (ou disciplinas). Focando a Fenomenologia da Religião, H. Brandt[7] fez uma apreciação perspicaz da percepção oposta entre cientistas da religião no Brasil e na Alemanha, o que ilustra bem as trepidações e mesmo lacunas percebidas quando o tema é pensar a relação entre Ciência da Religião e Teologia. E evidentemente será provisório considerar a aplicabilidade da primeira à segunda enquanto não houver mais clareza a respeito.

No caso da citada contribuição de F. Teixeira a este *Compêndio*, é fácil notar o deslocamento da discussão para o ponto de vista da Teologia que busca legitimação diante da Ciência da Religião. Para o autor, a atual proposição de uma Teologia Pública, que reivindica seu lugar de direito na academia, desembaraçada de constrangimentos eclesiástico-institucionais, reconfigura o debate sobre a adequada relação entre ambas as ciências. Considerando, diz ele, que o campo de estudo das religiões divide-se entre teólogos e cientistas sociais, não seria tão claro o que realmente os distingue, ao menos quando se propõe ser a Ciência da Religião o aprofundamento de um "saber sobre as religiões".[8] A saída de esconder o problema sob o amplo guarda-chuva da expressão "Estudos da Religião" (comum entre colegas anglófonos) enfraqueceria, aparentemente, a Teologia — sempre entendida como um discurso normativo — e, nesse sentido, resultaria numa vitória, digamos, diplomática da vida universitária. Mas será mesmo assim?

Preocupado com outro viés do problema — a confusa situação do ensino religioso nas escolas públicas — E. Giumbelli[9] traz ao debate brasileiro dois autores que podem nos ajudar em nossa questão específica: R. McCutcheon e P. Beyer. Para o primeiro, os "estudos de religião" dão por resolvidas questões nem de longe consideradas: O que é uma religião? Quem decide o que ela é? Que compromissos teóricos estão envolvidos nessas decisões? O que está implicado em nossas escolhas de categorias? McCutcheon[10] responde ser imprescindível a distinção entre

uma concepção de religião como domínio *sui generis* (que só pode ser estudada como algo autônomo) e a religião numa perspectiva "naturalista", como categoria analítica (a ser descoberta no estudo das variadas práticas humanas). Embora opte pela segunda, ele constata que a maioria dos estudos de religião segue a primeira perspectiva, resultando numa espécie de "teologia mundial inclusiva" que pretende apresentar qualquer religião de forma justa e simpática.

Em outros termos, trata-se de um novo *round* na oposição a Eliade e a seu esforço para destacar o caráter *sui generis*, irredutível, da religião. McCutcheon enfatiza que o estudo da religião deve ser feito em termos não religiosos, como qualquer outro empreendimento humano (ver o capítulo de Gasbarro e o já citado de E. R. Cruz). Mas, apesar de McCutcheon detectar bem a confusão, na opinião de Giumbelli,[11] é a proposta de P. Beyer[12] que parece mais adequada ao diálogo — ao menos quando se pensa a transposição da pesquisa sobre religião ao ensino. Beyer sugere que a concepção defendida por McCutcheon e outros seja simplesmente tida como "científica", enquanto a segunda seja reconhecida como "teológica". Simples assim. No entanto, Beyer sente falta de um terceiro grupo: as concepções "oficiais" de religião, cujo uso social envolve algum tipo de autoridade e que, segundo ele, ocorrem nos sistemas jurídico, legal, midiático e educacional. Diferentemente das concepções científicas ou teológicas, Beyer constata que, nesses sistemas, o que é reconhecido como religião é frequentemente muito arbitrário.

Se transportarmos essas considerações para o tema que nos ocupa, teríamos de concluir que, em se tratando de religião, há pelo menos três interlocutores interessados na conversa: o cientista curioso do que venha a ser, caso a caso, entendido como "religião"; o pesquisador que, "sabendo" o que é religião, procura ao redor fenômenos que se adéquem a esse conceito prévio; e a autoridade de determinado sistema social (educadores, religiosos, formadores de opinião), disposta a regular e/ou a difundir, segundo interesses específicos, algumas práticas socioculturais.

A única observação que resta fazer a este esquema é que, ao menos no que diz respeito a contextos como o nosso, não é impossível que os três âmbitos se sobreponham — simultânea ou consecutivamente — em um mesmo indivíduo ou entidade.

F. Teixeira não enfatiza esse viés das críticas supramencionadas. Apenas sugere ser um mal-entendido defender que a Teologia, enquanto "organização sistemática da inteligência da fé" (C. Boff), e sem abdicar de sua carga de normatividade, possa ter lugar na academia. Ele se aproxima, em vez, de autores como Pannemberg, D. Tracy, J. B. Metz, H. Küng e G. Kaufman quando estes entendem que a hermenêutica teológica seja claramente uma disciplina acadêmica na universidade atual. Isso, porém, não resolve a situação de tensão por vezes verificada entre Ciência da Religião e Teologia.

No caso brasileiro, Teixeira vê em F. Usarski (PUC-SP) um autor que se posiciona de forma mais crítica contra a presença da Teologia no campo da Ciência da Religião, enquanto M. Camurça (UFJF) representaria os que a admitem sem problemas, em nome da formulação inclusiva das "Ciências" da Religião como campo interdisciplinar amplo. Notem que a recusa ou admissão mencionadas dependem, em boa medida, da opção teórica por uma ciência (no singular) ou por ciências (no plural). Mas, para Teixeira, seguindo aqui P. Gisel, as distinções rígidas de campos disciplinares são hoje obsoletas e impedem "interrogações transversais". Desse modo, haveria um legítimo espaço público a ser pleiteado pela Teologia e, segundo o autor, no âmbito das "Ciências" da Religião, há espaço garantido para a Teologia Pública e outras abordagens dela decorrentes (teologia do pluralismo religioso, teologia política e da libertação, hermenêuticas de gênero etc). E insiste: "A presença e irradiação dos programas de Ciências da Religião tem favorecido esse exercício novo da Teologia".

Como se vê, a perspectiva de Teixeira, que leciona em um Programa de Ciência (no singular) da Religião em uma universidade federal (UFJF), parece próxima do modelo que Hock descreveu como dois círculos concêntricos, com a diferença de que, em Teixeira, é a Teologia o círculo menor, circundado pelo espectro da Ciência da Religião. E sua posição confirma o ceticismo de Engler com relação a virmos, um dia, a estabelecer adequados parâmetros epistemológicos e metodológicos para distinguir essas duas ciências. Mas, nesse caso, para voltarmos ao título do presente capítulo, mais que uma *aplicação* da Ciência da Religião à Teologia, talvez fosse melhor falarmos apenas de uma mútua contribuição entre as subdisciplinas da Ciência (ou ciências) da Religião.

Ciência da Religião não é Teologia

Também é supérflua a consideração da aplicabilidade da Ciência da Religião à Teologia se esta última for apenas o apelido da primeira quando cumpre estágio no mundo acadêmico. Seria, então, o caso de reservar o termo *teologia* para discursos tipicamente confessionais? No ambiente universitário e segundo os critérios de aferição admitidos na academia moderna, só há espaço para uma (ou várias) Ciência(s) da Religião? É difícil imaginar um teólogo sério que se furte ao pensamento científico; mas, se renuncia a sua confessionalidade, o que resta de sua "teo"-logia? Por outro lado, e se for para implodir de vez os muros, bastaria recordar o que afirmava o escritor J. L. Borges: "todo homem culto é teólogo", embora "para isso não seja necessária a fé".[13]

Em todo caso, após a avalanche que se seguiu às ponderações de K. Popper e Th. Kuhn, ninguém ousa mais separar as áreas entre neutras (ciências em geral) e interessadas (teologias). A solução seria fácil se, por teologia, entendêssemos apenas o que propõe o *Dicionário crítico de Teologia*:[14] "O conjunto de discursos e doutrinas que o cristianismo organizou sobre Deus e sobre sua experiência de Deus". Sem negar existência e racionalidade a outras práticas e discursos sobre Deus, o *Dicionário* reserva o termo em questão "para nomear os frutos de certa aliança entre o *logos* grego e a reestruturação cristã da experiência judaica".[15] Nesse sentido estrito, é difícil confundir Teologia, Filosofia e Ciência da Religião. E menos problemático será oferecer aplicações desta última à primeira. Contudo, o problema é que não se trata mais de uma disputa entre teólogos cristãos e cientistas da religião. Mesmo o ponderado esforço do supracitado teólogo P. Gisel,[16] parece se restringir a um desejado intercâmbio entre Ciência da Religião e Teologia Fundamental (cristã). Não está aí contemplada, por exemplo, a Teologia Umbandista, cujo curso de graduação foi recentemente reconhecido e credenciado pelo MEC.

Do lado dos cientistas da religião, é exemplar dessa tensão a sugestão de H.-J. Greschat,[17] apresentado por Hock como modelo da separação radical entre teólogos (especialistas religiosos) e cientistas da religião (especialistas em religião). Como toda distinção, também esta funciona menos quando nos aproximamos das fronteiras que delimitam ambos os saberes. Mas o autor desdobra daí algumas conclusões, cujas implicações queremos reavaliar aqui.[18]

Greschat explica que "os teólogos investigam a religião à qual pertencem" enquanto "os cientistas da religião geralmente se ocupam de outra que não a própria". O teólogo visa "proteger e enriquecer sua tradição religiosa"; os cientistas da religião "não prestam um serviço institucional, como os teólogos", "não são comandados por nenhum bispo, nem obrigados a dar satisfação a nenhuma instância superior". Na prática, porém, pode-se dizer que o ponto de partida do fazer teológico é geralmente uma pergunta crítica a sua tradição de origem, que nem sempre se resolve em mera "proteção" da mesma. Por outro lado, recordando Th. Kuhn, há que reconhecer que a "ciência normal" também presta serviço a certas causas, submete-se a certas agremiações e depende de certos financiamentos que, não raro, perturbam o avanço do conhecimento em medida — muitas vezes similar às perturbações religiosas propriamente ditas.

Cientistas da religião, diz Greschat, gozam de um arco potencialmente ilimitado na hora de escolher a religião à qual se dedicarão, só podendo ser constrangidos pela própria incompetência. Teólogos, em vez, só conhecem em profundidade sua própria religião, e se abrem às demais apenas em caso de necessidade. Isso é fato, mas também ocorre que, após a escolha, o cientista da religião terá sua "liberdade" diminuída, já que não pode ser um especialista sério se continuamente escolhe objetos totalmente inéditos para aprofundar. Sendo assim, o nível de precisão e seriedade na pesquisa não nos parece diferir muito entre um teólogo que "sabia" previamente qual religião iria estudar e um cientista que já escolheu a religião que irá perseguir ao longo de sua carreira acadêmica.

Nosso autor também observa, com razão, que os teólogos estudam uma religião alheia a partir da própria fé, tomando a própria religião como referência. Com seus critérios, avaliarão se os demais sistemas são "mais próximos" ou "mais distantes" de sua própria tradição. No limite, diz Greschat, tais procedimentos impedem um verdadeiro conhecimento da fé alheia. Difícil discordar disso, embora seja possível notar aqui alguns níveis de aproximação. Não é tão raro que, a partir de um interesse inicialmente preconceituoso (ou, simplesmente, moldado pelo paradigma cristão, por exemplo), a própria ênfase da teologia (cristã) no primado da experiência (práxis) ocasione uma virada no jogo.[19] Por outro lado, ainda que, teoricamente, os cientistas da religião devam pesquisar uma crença alheia sem preconceitos, a questão aqui possível de ser feita é a mesma que o próprio Greschat já antecipa: "O quanto dessa liberdade eles suportam"? Como ir ao encontro do outro a partir de um ponto zero de expectativas e de critérios de discernimento (por exemplo, sem sofrer nenhuma influência da *Denkform* ocidental)? É o próprio autor quem admite que "não apenas preconceitos religiosos, mas também atitudes intelectuais podem distorcer a compreensão de fenômenos pesquisados no âmbito da Ciência da Religião".[20] Em breve: talvez fosse mais justo para ambas as partes admitir que teólogos e cientistas da religião contam com diferentes formas de, eventualmente, distorcer seu objeto de estudo.

Por fim, nosso autor insiste que serão "os fiéis de uma determinada crença [...] a informar se entendemos adequadamente essa mesma fé". Não consultar adeptos da religião pesquisada depõe contra a validade das descrições que fizermos dela. Os teólogos, em vez — garante Greschat — fazem seu discernimento partindo da própria fé e consideram falso o que se afastar dessa norma decisiva. Greschat pode estar confundindo reflexão teológica com decisão magisterial (distinção que, ao menos na teologia cristã, é pacífica). O magistério hierárquico — principalmente no caso católico romano — é investido desse poder dogmático, mas o mesmo não pode ser dito da teologia enquanto tal, em cujo arco cabem, desde a teologia oficial do magistério

(entre os católicos, apelidada durante séculos de *teologia escolástica*) até construções como a teologia latino-americana da libertação, a teologia asiática da harmonia, a teologia africana da inculturação ou a recente teologia *queer*. Além disso, no caso cristão, é diferente o *approach* da teologia fundamental e o da teologia dogmática, por exemplo.

No Ocidente foi bastante influente a ênfase que a teologia contemporânea voltou a depositar no sujeito da experiência de fé ou o destaque que a teologia liberacionista sempre deu aos pobres como sujeitos da história. Sem falar em renomados teólogos como A. T. Queiruga, E. Schillebeeckx, R. Haight, J. L. Segundo e R. Panikkar, entre outros, os quais dificilmente se sentiriam incluídos no grupo dos que sobrepõem seu juízo de fé pessoal à fé comum das pessoas. Isso porque, ao menos do ponto de vista da Tradição cristã, o escopo é exatamente o contrário: traduzir em categorias teológicas o que a Tradição chama de *sensus fidei fidelium*, ou seja, o sentido de fé que o conjunto dos fiéis vive na prática sem muito teorizar.

A rispidez de Greschat explica-se, talvez, muito mais por um delicado complicador político do que epistemológico: a presença da Teologia nas universidades regidas, financiadas e/ou inspiradas por instituições religiosas. Para além da obrigatoriedade estatutária que garante sua continuidade no mundo acadêmico e de seu auxílio a determinadas estratégias pastorais e missionárias das respectivas igrejas — como a pregação da doutrina social cristã, por exemplo — qual relevância terá essa área de conhecimento em um centro de pesquisa contemporâneo? J. Moltmann toca o cerne do problema ao perguntar-se: "Temos necessidade de uma nova teologia universal, que seja acessível, de modo natural, a qualquer um, seja ele cristão ou ateu, judeu ou budista? É concebível tal teologia?".[21]

Outro jeito de refazer a questão seria se perguntar pelo sentido que teria para a imensa maioria de nossos estudantes universitários, tão pouco afeitos à sensibilidade cristã ou mesmo à importância do estudo das religiões, dedicarem-se a uma reflexão teológica séria, acadêmica e que se pretende relevante para o cotidiano das pessoas? Esse não é assunto reservado somente aos iniciados na fé?

Do ponto de vista da Ciência da Religião essa questão nem se coloca.[22] Mas ela deveria preocupar os teólogos que vem debatendo a Teologia Pública. O que cabe dizer, como cientistas da religião, é que, seja qual for a trilha a ser seguida pela Teologia na universidade, o saber a ensinar produzido pela pesquisa científica da religião será sempre um subsídio disponível para ser aplicado/transposto pelas hermenêuticas teológicas que não quiserem seguir discutindo o tema "religião" e seus correlatos de forma ingênua e acrítica. E não é preciso incluir a Teologia "no âmbito da Ciência da Religião" para que tal colaboração se efetive.

A qual Teologia aplicar a Ciência da Religião?

Embora a sugestão de Lacoste[23] supramencionada já pudesse ser suficiente para dar foco a esta reflexão, é possível alargar um pouco mais a conceituação de Teologia, sem prejuízo da necessária precisão aqui requerida. Comecemos com uma distinção operativa entre o labor filosófico e o teológico.[24] A Filosofia é a reflexão ou especulação acerca da Realidade última que pode, ou não, chegar à *afirmação* desta. A Teologia, por sua vez, é a reflexão ou especulação acerca da Realidade última que parte dos dados oferecidos por determinada tradição espiritual — em geral, referendados por um acervo coerente de escritos — que pode, ou não, chegar à *adoração* da Realidade afirmada. A Teologia, embora possa questionar um ou mais dados ou a interpretação destes que nos chegam via tradição, não questiona a tradição em si; ela admite como premissa de sua reflexão ser a tradição uma consistente doadora de sentido, isto é, uma fonte com razoáveis chances de ser verdadeira por remontar a um conjunto coerente de testemunhas referenciais, por sua vez conectadas a uma origem ontológica presumida.

A distinção, como se vê, não está no objeto, mas na maneira de abordá-lo. Na realidade, por amor à precisão, em se tratando de Teologia, o mais apropriado seria falarmos não de um sujeito que estuda um objeto cognoscível, mas do encontro-relação entre dois sujeitos (ao menos, nos parâmetros da tradição judeu-cristã-islâmica). Por conseguinte, todo e qualquer tema que interesse ao espírito humano é teologal, ou seja, pode ser enfocado a partir do postulado ou da presumida experiência de tal Realidade fundante — em si teológica. Mas sempre será prudente que o teólogo considere o que já dizia R. Alves: a Teologia não é um falar sobre o mistério, mas um falar diante dele. Ou seja, ela pronuncia-se a partir da experiência, de resto, irredutível à observação científica.

Fazer Teologia é acolher afetivamente (dimensão axiológica) afirmações que a Ciência da Religião só pode — como, aliás, é seu ofício na dimensão analítico-concreta — receber com distanciamento. São duas lógicas distintas, mas que também podem ser complementares no entrelaçamento dos saberes. Do cientista da religião se exige uma suspensão de juízo, um "não teísmo" metodológico que deixe sua crença pessoal entre parênteses. Do teólogo se exige uma suspensão do ateísmo, um "teísmo" metodológico — que deixe sua eventual descrença pessoal entre parênteses e pressuponha a via mística ou a espiritualidade como condutoras de autoconhecimento e de intelecção da raiz ontológica da realidade.

Assim, se o mito é a fabulação das questões básicas atinentes aos possíveis sentidos da existência humana e se a religião é uma privilegiada transmissora de mitos — aqui entendidos no sentido de "dados transcendentes",[25] ou seja, dados recebidos por intermédio de testemunhas referenciais e não averiguados empírica e cabalmente pelo receptor da mensagem —, então, quem assume sua pertença a dada comunidade, ainda que seja a pós-moderna "comunidade dos que rejeitam pertencer a qualquer comunidade", está assumindo e introjetando seus mitos constituidores. Recontá-los é fazer teologia narrativa. Traduzi-los para outras categorias conceituais e/ou para as novas gerações — sem obnubilar sua coerência interna — é fazer teologia propriamente dita. Mas o acesso à historicidade dos contextos em que tais mitos foram-se plasmando é tarefa que não se cumpre sem os subsídios da Ciência da Religião.

Em suma, embora a Teologia seja a arte de reafirmar a vitória de certos valores — que, bem por isso, são absolutos na ordem do dever-ser, mas infalsificáveis na ordem do ser — ao traduzi-los em novos significantes, mais conformes à realidade do educando ou do sujeito da experiência de sentido, seu labor será inócuo se desconhecer as descrições e teorias do cientista sobre a realidade destinatária. Assim, o teólogo sempre terá na Ciência da Religião (e na Filosofia da Religião) uma bem-vinda parceria neste percurso de questionamento das traduções feitas, seja com base na reconhecida complexidade do real traduzido (ênfase realista), seja a partir da evidente limitação dos mecanismos cognoscitivo-linguísticos (ênfase idealista).

Da Ciência da Religião o que se aplica à Teologia?

O esclarecimento conceitual sugerido acima equivale a dizer que há possibilidade de uma interação sem confusão entre o discurso teológico e as proposições de uma Ciência da Religião? Ou em vez apenas se reforça a pretensão da ciência de alijar de vez o pensamento teológico, relegando-o à condição de discurso confessional útil a fiéis? O certo é que de nada adianta contentar-se com Teologia e Ciência da Religião tolerando-se reciprocamente na academia, à maneira de magistérios não interferentes (MNI), conforme a sugestão de Gould[26] e outros. Mas seria até desejável que a Ciência da Religião e a Teologia, embora ciosas de sua autonomia, colaborassem mutuamente em vista de ampliar a luz sobre esta formidável invenção humana apelidada, às vezes, de religião.

Isso não significa que o *teólogo-pessoa física* seja presença indispensável no corpo docente das academias. Só não parece ser o caso de excluir por princípio sua produção. De outra parte, a presença da Ciência da Religião nos cursos regulares de Teologia — na forma de suas subdisciplinas, como História das Religiões, Sociologia da Religião, Psicologia da Religião e outras — depõe a favor da seriedade desses cursos. E é nesses cursos que se vislumbra a mais prática aplicação da Ciência da Religião à Ciência Teológica.

Em seu capítulo neste *Compêndio* sobre a função da Ciência da Religião na ação pastoral, A. Brighenti localiza a passagem de uma ação pastoral (cristã) de uma ação voluntarista e/ou pragmatista para a fase de uma ação conduzida por uma reflexão crítica e sistemática como sendo o início de um trabalho articulado com a reflexão científica. Foi a própria complexidade da realidade circundante e o esforço por conhecê-la analiticamente, afirma Brighenti, que fez surgir o imperativo de um maior conhecimento do método específico da ciência e de seus resultados, abrindo a Teologia à necessidade de uma relação inter e transdisciplinar com a ciência moderna.

A aplicabilidade da Ciência da Religião à reflexão sobre a pastoral e ao ensino (seja ele catequético ou mais especificamente aquele chamado de ensino religioso) são trilhas particulares das considerações mais gerais que aqui estamos fazendo sobre o universo da Teologia, o qual comporta dezenas de subdisciplinas — algumas de elevado nível de precisão científica, como a exegese, a arqueologia bíblica e a história.

Seria, pois, ingênuo reduzir a discussão a um mero confronto entre pensadores religiosos e pesquisadores científicos. E podemos considerar datados os esforços concordistas despendidos pela hierarquia católica, principalmente a partir de meados do século XIX, para se contrapor ao modernismo e ao liberalismo teológico lançando mão de certo racionalismo teológico (que repropunha os dogmas cristãos como se estes fossem empiricamente comprováveis ou absolutamente dedutíveis de princípios autoevidentes). Na outra ponta, teríamos o ponto de vista do discordismo, que dissolve o conflito entendendo que Ciência (da Religião, no caso) e Teologia falam de duas ordens de realidade completamente distintas (ponto de vista ontológico) ou são discursos hermeticamente separados (ponto de vista epistemológico) ou, ainda, são independentes quando se trata de escolhas éticas. Sendo assim, o conflito dissolve-se pela completa separação entre esses dois campos.[27]

No entanto, se consideramos o que hoje vem sendo proposto como *Teologia Pública*,[28] embora supere o restrito espaço das comunidades (eclesiais) de fé e se volte ao bem comum da sociedade inteira por meio de uma reflexão crítica e da defesa pública

da liberdade e da responsabilidade das atividades científicas, a teologia (cristã) pública não abre mão das seguintes pré-condições do discurso teológico:[29] ser um saber existencial sobre o Reino de Deus, que precisa de liberdade institucional diante das igrejas e das demais ciências, expondo-se à crítica de quem quer que seja só podendo contar com a própria verdade do seu conteúdo para tentar se fazer convincente. Sua presença na universidade, entretanto, não deve ser reduzida nem confundida com o *proprium* da Ciência da Religião nem, muito menos, ser emoldurada ou tutelada pelo saber eclesiástico, pois, caso contrário, não conseguirá que o pensamento teológico tome parte no diálogo franco, aberto, plural e transdisciplinar da universidade.

No espírito da *Teologia da Libertação*, o critério último de juízo desta Teologia é a vida ameaçada dos pobres e de todos os seres vivos mais fracos — critério este não raro entre os grandes sábios e místicos da humanidade. Por isso, ela irá aplicar em sua crítica ética o que de melhor receber do conhecimento crítico-científico da realidade, especificamente da Ciência da Religião, a fim de analisar apropriadamente os valores religiosos da sociedade, entendendo-os não como opiniões de pessoas privadas, mas como certezas últimas de natureza social e pessoal, pressupostos pré-racionais e assuntos pré-críticos que são passíveis de questionamento. Um desses alvos serão as tradições religiosas de uma sociedade e as contribuições que elas aportam para a mesma, para o bem ou o mal comum. O teólogo terá, então. a tarefa de estimular o confronto público entre as diversas comunidades de fé e de religião, e com o mundo arreligioso, secular ou pós-secular. E, ao fazê-lo, será devedor da consciência não mais ingênua que desenvolverá graças aos resultados que absorverá da Ciência da Religião inclusive.

A aplicação dos resultados da Ciência da Religião à reflexão teológica acaba fazendo com que o interesse pelos valores morais do *éthos* social suplante a acentuação da própria moral cristã e do *éthos* da própria comunidade de fé. Diversas comunidades religiosas convivendo em sociedades multirreligiosas e em um mundo globalizado encontrarão um espaço comum para representar suas diferenças. Conhecê-las por intermédio do especialista em religiões enriquece a sensibilidade teológica e a estimula a levar em conta as demais formas de vida secular, uma vez que a vida é aqui compreendida como conceito central na base do qual o *falar de Deus* da Teologia deve dar provas de si, mas sobre o qual também deve ser medida toda forma de ateísmo — ou seja, a religiosidade e a secularidade devem servir à vida comum, caso estejamos de acordo que a humanidade e o planeta terra devam sobreviver.

Na universidade, um caminho promissor para falar em colaboração mútua entre essas ciências diz respeito à inserção social e à solidariedade como devolução à sociedade do conhecimento adquirido. A Teologia, mesmo se for ensinada numa universidade pública, não pode esconder que, no final das contas, é um saber iluminado pela fé (cristã ou qualquer outra que venha a ser construída), em diálogo cordial com todos os demais saberes, que, tendo em vista uma sociedade reconciliada na justiça e no amor, convoca a assumir suas responsabilidades sociais primeiramente os membros da comunidade eclesial, estendendo depois o convite a toda a humanidade.

No ambiente universitário brasileiro, notadamente nas universidades comunitárias, as quatro últimas décadas representaram um significativo avanço em termos de relevância social da reflexão teológica. Graças à teologia da libertação, muito do que poderia ter sido recusado como hermetismo e idiossincrasia eclesiástica acabou se revelando, por intermédio dos teólogos dessa escola, como contribuição relevante ao bem comum nascida de determinada experiência de fé.

Nesse contexto, os teólogos da libertação ousaram dialogar com cientistas e intelectuais alheios à comunidade cristã, apoiados apenas na intuição de que a justiça e a paz social vêm em primeiro lugar. Pois bem, como perceberam até seus detratores, essa escola teológica aplicou sua hermenêutica à leitura científica — à mediação socioanalítica, dizia C. Boff[30] — oferecida pelos muitos saberes humanos, ao mesmo tempo em que se deixava criticar por esta ciência. Esse é o autêntico teste da teologia que se pretenda pública: expor-se à crítica e às contribuições de quem quer que seja e não poder se esconder sob nenhuma sorte de argumento de autoridade.

Portanto, se quiser se fazer convincente, a Teologia conta somente com a própria razoabilidade de seu conteúdo. De sua parte, a Ciência da Religião — que não pode, em nenhuma hipótese, cumprir o papel de uma *criptoteologia* — tem aí autonomia garantida para investigar de vários ângulos o fenômeno religião, chegando aos resultados e às novas hipóteses que sua competência científica lhe possibilita. Em suma, de um lado, escolas de pensamento como a teologia da libertação demonstram a viabilidade de estudos competentes que visem transformar a realidade social com a força da espiritualidade. De outro, tais experiências evidenciam que uma nova linguagem teológica universitária que pretenda ser adequada aos interlocutores da nova geração será oca se não se dispuser a aprender da Ciência da Religião.

A Ciência da Religião como delimitador útil à Teologia

Podemos, finalmente, ensaiar um fechamento muito esquemático deste capítulo. A pergunta geradora que nos fez pensar a aplicabilidade da Ciência da Religião poderia ser assim sintetizada: no espectro da Teologia Pública ou universitária, que papel desempenha ou poderia desempenhar a Ciência da Religião? Qual a sua contribuição aos estudos teológicos? Qual a melhor interação a ser tecida entre elas?

Invertemos, desse modo, a questão que já encaramos em outro lugar,[31] quando pensávamos a possível aplicação da Teologia à Ciência da Religião. Todavia, seguimos apostando na possibilidade de uma colaboração mútua, mesmo se tensa, entre ambas as ciências. Elas estão postas, uma diante da outra, como *delimitadores úteis* ao avanço da reflexão de cada qual. A Ciência da Religião oferece aos cursos de Teologia os mesmos resultados que divulga para o conjunto da comunidade científica, a saber, um conhecimento rigoroso que propicia ao teólogo um choque de realidade e uma erudição mais refinada que o beneficiará em suas reflexões sobre fé, liturgia, revelação e dogma. Ademais, o estudo e o discernimento da pluralidade religiosa (religiões tradicionais, novos movimentos religiosos, modalidades de hibridismo e negociação interreligiosa) arejam as ideias teológicas (de determinado construto religioso), suscitando novas questões à reflexão crítica sobre a fé vivida pelas pessoas.

Aliás, os melhores cursos de Teologia preveem em seus currículos disciplinas auxiliares, tais como: Psicologia da Religião, Filosofia da Religião, Sociologia da Religião etc.

A Teologia também tem muito a oferecer a um programa de estudos da religião. E, se como dizia Greschat, o cientista da religião precisa ouvir também (nos casos em que tal figura existir) o *fiel-com-conhecimento-especializado* da religião pesquisada (geralmente apelidado de *teólogo* no Ocidente), é imprescindível ao teólogo estar continuamente atualizado sobre o que diz o cientista da religião sobre essa tradição religiosa que sua Teologia representa.

A Teologia, aliás, só poderá funcionar adequadamente como *delimitador útil* ao avanço do conhecimento científico sobre determinada religião, se, alertada pelos procedimentos de falseação do cientista, testar até o fim a coerência interna de sua tradição, sem driblar os inevitáveis pontos cegos da mesma.

Em suma, embora possa parecer para alguns que não haja lugar na academia para dois ramos autônomos de saber — a Ciência da Religião e a Teologia — havendo o risco de, na prática, um ser engolido pelo outro, uma reflexão mais distanciada poderá, em vez, inferir exatamente o contrário, à medida que constatar e admitir a aplicação dos resultados da primeira na produção de conhecimento da segunda. E (por que não?) vice-versa.

Referências bibliográficas

ALCARAZ, R. C. A fé poética dos crentes literários. *IHU on-line*, n. 251 (17/03/2008), p. 15.

ALLES, G. D. Study of religion: an overview. In: JONES, L. (ed. in chief). *Encyclopedia of Religion*. 2. ed. Detroit: Thomson Gale, 2005. pp. 8761-8767.

BEYER, P. Conceptions of Religion: On Distinguishing Scientific, Theological, and "Official" Meanings. *Social Compass*, v. 50, n. 2 (2003), pp. 141-160.

BOFF, C. *Teologia e prática*; teologia do político e suas mediações. Petrópolis: Vozes, 1978.

_____. *Teoria do método teológico.* Petrópolis: Vozes, 1998.

BRANDT, H. As ciências da religião numa perspectiva intercultural: a percepção oposta da fenomenologia da religião no Brasil e na Alemanha. *Estudos Teológicos*, v. 46, n. 1 (2006), pp. 122-151.

CAMURÇA, M. *Ciências sociais e ciências da religião*; polêmicas e interlocuções. São Paulo: Paulinas, 2008.

DIERKEN, J. Teologia, Ciência da Religião e Filosofia da Religião: definindo suas relações. *Veritas*, v. 54, n. 1 (2009), pp. 113-136.

STAUBERG, Michael; ENGLER, Steven (orgs.). *The Routledge Handbook of Research Methods in the Study of Religion*. London: Routledge, 2011.

GISEL, P. Teologia e Ciências das Religiões: por uma oposição em perspectiva. *Perspectiva Teológica*, v. 43, n. 120 (2011), pp. 165-192.

GIUMBELLI, E. A religião nos limites da simples educação: notas sobre livros didáticos e orientações curriculares de ensino religioso. *Revista de Antropologia*, São Paulo, USP, v. 53, n. 1 (2010), pp. 39-78.

GOULD, S. J. *Pilares do tempo*; ciência e religião na plenitude da vida. Rio de Janeiro: Rocco, 2002.

GRESCHAT, H.-J. *O que é ciência da religião?* São Paulo: Paulinas, 2006.

HOCK, K. *Introdução à Ciência da Religião.* São Paulo: Loyola, 2010.

LACOSTE, J.-Y. *Dicionário crítico de teologia.* São Paulo: Paulinas/Loyola, 2004.

LAMBERT, D. *Ciências e teologia*; figuras de um diálogo. São Paulo: Loyola, 2002.

MCCUTCHEON, R. *Manufacturing religion*; the discourse on *sui generis* religion and the politics of nostalgia. Oxford/New York: Oxford University Press, 1997.

MOLTMANN, J. *Esperienze di pensiero teológico*; vie e forme della teologia cristiana. Brescia: Queriniana, 2001.

NEUTZLING, I. (org.). *A Teologia na universidade contemporânea.* São Leopoldo: Unisinos, 2005.

_____. Ciência e teologia na universidade do século XXI. In: *Atas do II Simpósio Ciência e Deus no mundo atual.* São Leopoldo: Unisinos, 2004. pp.12-37.

PYE, M. Estudos da religião na Europa: estruturas e projetos. *Numen*, v. 4, n. 1 (2001), pp. 11-31.

SEGUNDO, J. L. *Que mundo, que homem, que Deus?*; aproximações entre ciência, filosofia e teologia. São Paulo: Paulinas, 1995.

SOARES, A. M. L. *Interfaces da revelação*; pressupostos para uma teologia do sincretismo religioso. São Paulo: Paulinas, 2003.

_____. A Teologia em diálogo com a Ciência da Religião. In: USARSKI, F. (org.). *O espectro disciplinar da ciência da religião.* São Paulo: Paulinas, 2007. pp. 281-306.

_____; PASSOS, J. D. (orgs.). *Teologia pública*; reflexões sobre uma área de conhecimento e sua cidadania acadêmica. São Paulo: Paulinas, 2011.

TRACY, D. *A imaginação analógica*; a teologia cristã e a cultura do pluralismo. São Leopoldo: Unisinos, 2006.

USARSKI, F. *Constituintes da Ciência da Religião*; cinco ensaios em prol de uma disciplina autônoma. São Paulo: Paulinas, 2006.

Notas

[1] Alles, Study of religion, p. 8761.

[2] Hock, *Introdução à Ciência da Religião.*

[3] Stauberg; Engler, *The Routledge Handbook of Research Methods in the Study of Religion.*

[4] Hock, *Introdução à Ciência da Religião*, pp. 210-212.

[5] Ibid., p. 213.

[6] Stauberg; Engler, *The Routledge Handbook of Research Methods in the Study of Religion.*

[7] Brandt, As ciências da religião numa perspectiva intercultural.

[8] Usarski, *Constituintes da Ciência da Religião*; Pye, Estudos da religião na Europa.

[9] Giumbelli, A religião nos limites da simples educação.

[10] McCutcheon, *Manufacturing religion.*

[11] Giumbelli, A religião nos limites da simples educação.

[12] Beyer, Conceptions of Religion.

[13] Citado por Alcaraz, A fé poética dos crentes literários.

[14] Lacoste, *Dicionário crítico de teologia.*

[15] Ibid., p. 9.

[16] Gisel, Teologia e Ciências das Religiões.

[17] Greschat, *O que é ciência da religião?.*

[18] Soares, A Teologia em diálogo com a Ciência da Religião.

[19] Dierken, Teologia, Ciência da Religião e Filosofia da Religião, pp. 115-121.

[20] Greschat, *O que é ciência da religião?*, pp. 156-157.

[21] Citado por Neutzling, *A Teologia na universidade contemporânea*, p. 7.

[22] Hock, *Introdução à Ciência da Religião.*

[23] Lacoste, *Dicionário crítico de teologia.*

[24] Soares, *Interfaces da revelação.*

[25] Segundo, *Que mundo, que homem, que Deus?.*

[26] Gould, *Pilares do tempo.*

[27] Neutzling, Ciência e teologia na universidade do século XXI.

[28] Soares; Passos, *Teologia pública.*

[29] Neutzling, Ciência e teologia na universidade do século XXI, pp. 14-19.

[30] Boff, *Teologia e prática*; *Teoria do método teológico.*

[31] Soares, A Teologia em diálogo com a Ciência da Religião.

Ciência da Religião aplicada à ação pastoral

AGENOR BRIGHENTI

Introdução

Toda religião se autocompreende como depositaria de uma missão voltada para seus adeptos (*ad intra*) e para o mundo (*ad extra*), que se dá através de ações individuais, comunitárias ou em parceria com outras instituições. No seio do Catolicismo, com o advento da Teologia Pastoral no século XVIII, a ação dos cristãos, enquanto se remete à continuidade da obra de Jesus, o Bom Pastor, passou a denominar-se "ação pastoral". Sobretudo após o surgimento das ciências metodologicamente arreligiosas no seio da modernidade, no meio teológico, se toma maior consciência da complexidade da ação pastoral e do contexto sociorreligioso no seio do qual uma denominação religiosa leva a cabo sua missão. Com isso, gradativamente, a ação pastoral vai deixando de ser uma ação voluntarista, respaldada na mera boa vontade de seus agentes, ou uma ação pragmatista, desprovida de uma reflexão crítica ou sistemática. Sente-se a necessidade de uma ação articulada com a reflexão científica, tanto para tratar questões internas a uma denominação religiosa (Teologia Pastoral) como daquelas que vêm fora, através da mediação das ciências humano-sócio-analíticas. A ação de uma denominação religiosa ou a ação pastoral só será uma ação eficaz e consequente com os desafios de seu contexto se deixar de ser uma ação pragmatista, fruto da aplicação de uma ortodoxia previamente estabelecida. A mensagem de salvação de uma denominação religiosa precisa ser continuamente atualizada no hoje de sua história (Teologia), apreendido criticamente (mediação das ciências).

Foi a complexidade da realidade circundante e o esforço por conhecê-la analiticamente que fizeram surgir no seio da racionalidade moderna a vasta gama das ciências, cada uma debruçada com seu método específico, sobre seu próprio objeto. Além da ciência voltada para a autocompreensão de uma denominação religiosa e sua missão (Teologia), dada a tomada de consciência de que o mundo é constitutivo de uma denominação religiosa, sentiu-se a necessidade da interação, tanto da ação pastoral como de sua inteligência reflexa, a Teologia, com as ciências em geral. Em outras palavras, também no âmbito da ação pastoral e da reflexão teológica, impôs-se a necessidade de uma relação inter e transdisciplinar, uma vez que cada ciência abarca uma porção de um todo que a ultrapassa. E mais que isso, ação pastoral e Teologia, ao estabelecerem mediação com as ciências, perceberam a importância daquelas ciências capazes de apreender a experiência religiosa enquanto tal, ainda que sem perder de vista o enfoque das demais ciências. Recorreu-se, particularmente, à Ciência da Religião, que se constituem, hoje, em interlocutora imprescindível para a autocompreensão de uma denominação religiosa e, particularmente, na projeção de sua missão entre seus adeptos e no mundo, através da ação pastoral.

Historicamente, o diálogo da ação pastoral com as ciências modernas começou com a Sociologia da Religião, sobretudo nos meios da Ação Católica especializada; depois, no diálogo inter-religioso, recorreu-se às religiões comparadas.[1] Ultimamente, dada à gradativa subjetivação da experiência religiosa, passou-se a valorizar muito a Psicologia da Religião, sem nunca ter perdido de vista a Filosofia da Religião, especialmente para articular analiticamente seu próprio discurso. São ciências que contribuem com uma denominação religiosa, tanto na busca de sua autocompreensão, como no conhecimento das demais denominações religiosas, em seu próprio contexto e, sobretudo, são uma mediação indispensável na projeção e avaliação da própria missão, levada a cabo pela ação pastoral. No seio da própria Ciência da Religião, tem havido também mudanças, que podem enriquecer ainda mais a ação pastoral. Hoje, para superar certa fragmentação de seu objeto, "as Ciências da Religião" caminharam bastante na perspectiva de uma "Ciência da Religião", sem que cada uma delas perca sua especificidade. É a necessidade de uma relação, além de interdisciplinar, também multidisciplinar e transdisciplinar.

A pastoral enquanto ação e reflexão

A inter-relação entre ação pastoral e Ciência da Religião se dá pelo viés tanto da ação como da reflexão. Do lado das práticas, o vínculo com a Ciência da Religião se funda no fato de a ação pastoral, ainda que perpassada pela fé e pela graça, não deixar de ser uma ação humana, sujeita às mesmas contingências históricas de qualquer outra ação.[2] Ora, toda ação, não importa de que índole, tem também seu estatuto científico, porquanto, para ser eficaz e consequente com os desafios de seu contexto, precisa ser uma ação pensada criticamente, apoiada nas mediações da práxis. Do lado da reflexão, o vínculo da ação pastoral com as ciências em geral e com a Ciência da Religião em particular, é mais evidente, pois a Teologia Pastoral, enquanto inteligência reflexa da práxis da fé, não dispõe de instrumentos próprios, seja para apreender o contexto sociocultural no seio do qual ela se tece, seja para dotar seu próprio discurso das prerrogativas de uma reflexão científica, seja para oferecer linhas de ação capazes de encarnar a proposta de uma religião na concretude da história. Nesse particular, como acontece com a ação pastoral, impõem-se também à ação pastoral, por um lado, uma estreita relação com a Teologia e, por outro, o estabelecimento de uma mediação com outros saberes, como a Ciência da Religião.

A pastoral enquanto ação

Antes de tratarmos da relação entre ação pastoral e Ciência da Religião, é preciso explicitar o que se entende por "ação pastoral", uma expressão recente, mas que remete a um conceito que passou por conotações diversas nos meios religiosos.

Delimitações semânticas

A expressão "ação pastoral" é relativamente recente. Ela surgiu no seio do Catolicismo do século XVIII, com a criação na Áustria e Alemanha de uma disciplina teológica denominada Teologia Pastoral. O conceito se consolidou na década de 1950, com a publicação na França e na Alemanha dos grandes manuais de Teologia Pastoral, especialmente o *Handbuch Pastoraltheologie*, organizado por Karl Rahner (1904-1984), precedido da contribuição F. X. Arnold (1898-1969) e P. A. Liégé (1921-1979).[3] Até então, no âmbito do Catolicismo, a ação da Igreja se denominava *cura animarum*, conceito refém do dualismo grego, que reservava às religiões "a salvação das almas". E, dado que a expressão "ação pastoral" nasce como um aspecto essencial da natureza da Igreja, o conceito passaria por tantas evoluções quantas foram as mudanças relativas ao conceito *ekkesía* (Igreja).

A pastoral é, antes de tudo, ação. Para designá-la, passou-se a empregar com frequência os termos "ação" ou "práxis" pastoral. O termo *ação* (do latim *actio*) vem do verbo "fazer" ou "realizar". Com ele, quer-se marcar distância do termo "prática" (do grego *prakticós*), oposto à teoria, referido normalmente à repetição de um trabalho mediante certo treinamento, com a finalidade de obter resultado imediato. Em outras palavras, com os termos "ação", quer-se frisar que a ação pastoral não é mera prática, mas está estreitamente ligada à teoria, porquanto precisa ser sempre uma ação pensada, antes, durante e depois dela.[4] E, para frisar ainda melhor a tensão que se dá na pastoral entre prática e teoria, passou-se a utilizar também o termo *práxis* (do verbo grego *prasso*), posto em circulação na época moderna por K. Marx, para designar uma ação transformadora (revolucionária), que exige compromisso e consciência crítica.[5]

Assim, como se pode perceber, a ação pastoral, enquanto se reclama da teoria, faz ponte com a Teologia e, por meio desta, com as ciências em geral e com a Ciência da Religião em particular. Na pastoral, enquanto "ação", não é possível dissociar a práxis da reflexão e, consequentemente, a Teologia das ciências.

Para simplificar nossa argumentação, as realizações de uma denominação religiosa, denominaremos "ação pastoral". Mas tenhamos presente que é um conceito oriundo do meio católico e vamos nos referir à ação sobretudo neste contexto, dado que é no seio do Cristianismo que podemos falar propriamente de uma Teologia Pastoral.

O itinerário da pastoral enquanto ação

Para abordar a relação entre ação pastoral e Ciência da Religião, além das delimitações semânticas em torno do termo "ação", é preciso também referir-se às diferentes concepções de pastoral, elaboradas sobretudo depois do surgimento da Teologia Pastoral. Elas são basicamente três, fruto de diferentes modelos de ação, que foram se sucedendo no itinerário da Igreja.

Ação pastoral como prática sacerdotal. No contexto da escolástica decadente do século XVIII, ainda sob o regime de cristandade, a ação pastoral é exclusivamente pragmática, fruto de um receituário eclesiástico de conselhos práticos, sem base teórica, deduzidas do Direito Canônico, da Dogmática e da experiência repetitiva do "cura de almas", o sacerdote. Consequentemente, a formação pastoral consiste no ensino dos "deveres do pastor de almas", então funcionário espiritual do Estado, no caso da Alemanha e Áustria. Em outras palavras, a pastoral é uma ação clerical, derivada no sacerdote, depositário dos três poderes — ensino, governo e culto — e de um estatuto hierárquico de autoridade. Consequentemente, pastor é unicamente o clérigo, o único sujeito eclesial ou representante oficial da religião. Os leigos e as leigas são objeto passivo das iniciativas e ordens dos clérigos, aos quais cabe docilmente obedecer.

Neste modelo de ação, não há lugar para a Teologia, muito menos para as ciências.[6]

Ação pastoral como ação de todos os batizados. Na Europa do pós-grandes guerras, sobretudo na Alemanha e França, particularmente sob o influxo do Vaticano II (1962-1965), rompe-se com o clericalismo. No âmbito da Teologia Pastoral, está a contribuição, na Alemanha, de F. X. Arnold (1898-1969), seguido de K. Rhaner e, na França, de P. A. Liégé (1921-1979). Como os múnus profético, sacerdotal e régio são dons recebidos por todos os cristãos no batismo, todos os batizados são também pastores, e, consequentemente, o sujeito da ação pastoral são todos os membros da Igreja.[7] A ação, agora, passa a ser vertebrada eclesiologicamente. Entretanto, como se destinam à edificação da Igreja, as ações continuam voltadas para dentro da instituição (*ad intra*). Como a tarefa da pastoral é a edificação da Igreja, o grande desafio é passar do binômio *clero-leigos* ao *comunidade-ministérios*, no seio de uma comunidade de sujeitos, toda ela ministerial. Nesse modelo de ação, como é eclesiocêntrico, na ação pastoral entra a reflexão, mas apenas a Teologia, dado que as ciências, entre elas a Ciência da Religião, tratam de objetos que não dizem respeito à missão da Igreja.

Ação pastoral como práxis transformadora. Apoiado na renovação do Vaticano, o Cristianismo na América Latina, concretamente a Igreja Católica e algumas Igrejas protestantes históricas, rompe com uma ação pastoral restrita ao âmbito eclesial e religioso (*ad intra*), situando a missão da Igreja no mundo, em uma atitude de diálogo e serviço (*ad extra*). É um passo dado graças à contribuição de cristãos inseridos nos meios populares, da Ação Católica especializada, das comunidades eclesiais de base, das pastorais sociais e de ações eclesiais em parceria com outras instituições, bem como dos cristãos como cidadãos, no seio de uma sociedade pluralista. Articulando teoria e prática, estão teólogos

como Gustavo Gutiérrez, Hugo Asmann, Leonardo Boff, Rubem Alves, Jon Sobrino, Juan Luis Segundo, J. Comblin, entre outros. Nessa perspectiva, fazer pastoral implica levar em conta o contexto econômico, político, cultural, em uma sociedade marcada pela injustiça e estrutural institucionalizada, na ótica da opção preferencial pelos pobres. A dimensão libertadora da mensagem evangélica passa a ser elemento essencial tanto da ação pastoral como da reflexão teológica. A mediação das ciências é um recurso necessário, seja para aprender o contexto no qual se está e se atua, seja para projetar sua ação.[8] E, dado que o pluralismo reinante é também religioso, particularmente a Ciência da Religião é uma mediação necessária, seja para uma religião autocompreender-se, seja para interagir com as demais denominações religiosas, em seu contexto sociocultural.

A pastoral enquanto reflexão

A ação de uma denominação religiosa ou a pastoral enquanto ação eclesial sempre existiu, ao passo que sua inteligência reflexa enquanto ciência, a Teologia Pastoral, é mais recente, data dos últimos dois séculos. Foram quase duzentos anos de um processo longo e tortuoso, no entanto, de gradativa reconciliação entre teoria e práxis, permitindo sanar a primeira e dar eficácia à segunda. Contribuiu para isso, a superação do eclesiocentrismo e do confessionalismo, bem como a consequente abertura ao mundo e inserção no coração da história.

A própria Teologia enquanto tal, ao assumir a história como um *locus theologicus*, também ela passou a constituir-se, conscientemente, em um saber contextualizado. Era a condição para o aparecimento de uma Teologia Pastoral, uma nova disciplina no interior da Teologia, com função retroalimentadora da ação eclesial, porquanto reflete sobre a práxis dos cristãos e das pessoas em geral, em ordem a uma maior eficácia da fé no coração da história.

Ainda que debruçada sobre a práxis transformadora da fé, a Teologia Pastoral é um pensar crítico da ação, mas antes de tudo teoria ou fundamentalmente Teologia. Historicamente, a Teologia Pastoral passou por três momentos.[9]

A Teologia Pastoral como ciência da autorrealização da Igreja

É o modelo epistemológico do *Handbuch Pastoraltheologie*, organizado por K. Rahner. A Teologia Pastoral é essencialmente uma Eclesiologia, pois seu objeto material é a vida da Igreja. A Eclesiologia Sistemática diz respeito à essência da Igreja (ser), e a Teologia Pastoral, enquanto Eclesiologia Pastoral, aborda sua ação (fazer). Como se trata de uma instituição situada no hoje de sua realização histórica, seu objeto formal está marcado por sua situação atual. Há uma dimensão transcendental da Igreja (seu caráter divino, carismático) e uma dimensão social (seu caráter cultural, institucional), cuja conjugação coerente é tarefa da ação pastoral. Seu fundamento teológico é a Encanação no Verbo.

Segundo este modelo, a estatuto da Teologia Pastoral enquanto disciplina teológica estaria em fazer transparecer o caráter divino da Igreja, através de seu caráter humano, descobrindo e fazendo acontecer a ação salvadora através da ação humana. Nesta perspectiva, compõem o objeto material da Teologia Pastoral os membros da Igreja e suas funções, o atuar da Igreja em suas diferentes atividades e suas estruturas formais. Segundo o *Handbuch*, o método consiste em três passos: primeiro, descrever e interpretar a situação atual da Igreja, com a ajuda das Ciências Humanas; segundo, refletir e analisar a situação a partir da revelação e do magistério; e, terceiro, explicitar os imperativos da ação salvífica da Igreja, hoje.

A Teologia Pastoral como ciência da práxis eclesial

É o modelo de Zerfaus-Hiltner, que busca superar o anterior, na medida em que confronta o "dever ser" da ação salvadora na Igreja não simplesmente com seu contexto atual, mas também com a práxis eclesial.[10] É do conjunto do "dever ser", confrontado com a práxis eclesial que gera crise e novas perguntas, de onde brota uma Teologia Pastoral capaz de atualizar a práxis de Jesus, no hoje da história.

A Teologia Pastoral neste modelo, mais do que ciência da autorrealização da Igreja, é ciência da ação, ainda que restrita à ação da Igreja. Metodologicamente, seu ponto de partida, portanto, é a análise da práxis eclesial. O passo segundo consiste em confrontar a práxis pastoral com o "dever ser" eclesial. No modelo anterior, dedutivo, dava-se o contrário: o dever ser era aplicado verticalmente sobre a realidade. O terceiro passo é consequência do segundo, desembocando numa práxis renovada em três dimensões: na organização, na comunicação e no pastoreio. A organização visa promover a práxis comunitária; a comunicação diz respeito ao "onde" e ao "como" da proclamação do Evangelho; e o pastoreio ocupa-se da revisão da práxis da Igreja, para responder às novas necessidades que se apresentam a ela.

A Teologia Pastoral como ciência da práxis transformadora dos cristãos e das pessoas em geral

É o modelo plasmado pela prática e reflexão da Igreja latino-americana, na perspectiva da opção preferencial pelos pobres.[11] Aqui, a Teologia Pastoral é concebida como a reflexão da práxis transformadora dos cristãos e das pessoas em geral. É um modelo epistemológico tecido no horizonte das Teologias do genitivo europeias (Teologia política, Teologia da esperança, Teologia da ação,

Teologia da morte de Deus etc.), sobretudo, da Teologia latino-americana.

Com relação aos modelos anteriores, há duas diferenças essenciais: uma de perspectiva e outra de método. Antes de tudo, está uma nova perspectiva, que constitui o ponto de partida — a ótica dos pobres que, por sua vez, tem como ponto de chegada — o horizonte do Reino de Deus, um ideal que supera o espaço religioso ou eclesial. Quanto ao método, a Teologia Pastoral busca ser um discurso que articule as aspirações dos pobres e com os ideais do Reino de Deus, que abarca os desígnios de Criador para o conjunto da Criação.

A reflexão teológico-pastoral tem dois grandes momentos, precedidos por um momento zero, fundante: a opção e a inserção no mundo dos pobres, que redunda em práticas libertadoras. Articulada nestas práticas, enquanto ato segundo, brota a reflexão sobre a práxis libertadora dos cristãos e das pessoas em geral, através das mediações das Ciências Humanas e socioanalíticas, incluída a Ciência da Religião. O sujeito de ambos os passos, tanto da prática como da reflexão, é toda a comunidade eclesial. As práticas não se resumem à ação dos cristãos, mas dizem respeito também às práticas das pessoas em geral na perspectiva dos pobres. A razão é o horizonte do Reino de Deus,[12] que vai além das fronteiras da Igreja, bem como a autonomia do temporal, no emaranhado das relações de poder e das estruturas da organização social e do trabalho. Perder de vista estes elementos é passar por cima de antagonismos históricos concretos, responsáveis por um mundo de crucificados.[13] Sem conhecer os aspectos antropológicos e culturais, assim como os mecanismos estruturais que geram exclusão, os excluídos serão vistos como uma categoria genérica, sem rosto.

O passo seguinte da Teologia Pastoral é o da relação dialética entre realidade aprendida e Escrituras, através das mediações hermenêuticas. Não se trata simplesmente de emitir a luz da revelação sobre a realidade analisada, mas de ir às Escrituras, carregados das perguntas postas pela realidade do mundo da insignificância. Não é um passo de mera aplicação, mas de interpretação, propriamente hermenêutico, no qual a realidade causa um impacto sobre a mensagem revelada e esta sobre aquela, provocando uma mudança de sentido, tanto na compreensão da realidade como da revelação.

Segue o momento da projeção, da ação futura a partir da ação e do contexto presente, através das mediações da prática. A práxis possui sua própria racionalidade, e a Teologia Pastoral a assume na perspectiva dos pobres, no horizonte do Reino de Deus e, portanto, em diálogo e colaboração com todas as pessoas de boa vontade. Dá-se, aqui, o diálogo com as ciências da ação, de modo particular as ciências administrativas. Não há como partir da prática e retornar a ela, de modo consequente, sem fazer uso destas mediações. Seria fazer da realidade um mero lugar de aterrissagem de uma ortodoxia preestabelecida e da pastoral um receituário desprovido de reflexão, de teoria e, neste caso, de Teologia. A perspectiva dos pobres entra aqui também como critério para a eleição daquelas mediações da prática, que contribuem com uma ação pastoral transformadora. Neste momento, dá-se o encontro da fé com as ideologias, entendidas estas como mediações da ação e, portanto, necessárias para uma ação eficaz e transformadora, ainda que nem todas, porquanto muitas delas são justamente as responsáveis pela atual situação de exclusão das maiorias.

Ação pastoral, Teologia e ciências metodologicamente arreligiosas

Tradicionalmente, no seio do Cristianismo, com exceção do período da Igreja Primitiva e parte da Antiga, a ação pastoral costumava ser um mero lugar de aterrissagem de uma teoria ou de uma ortodoxia previamente estabelecida. O agostinismo no primeiro milênio e o tomismo no segundo davam previamente o horizonte de chegada da ação eclesial. O divórcio entre teoria e prática, por um lado, paralisava a teoria por falta de uma contraposição com a ação, capaz de desafiá-la com novas perguntas e, por outro, paralisava a ação, uma vez reduzida a uma mera aplicação de ideais pré-concebidos.

Ação pastoral e novo estatuto epistemológico das ciências modernas

Com a emancipação da razão prática, operada pelos filósofos da práxis no interior da segunda ilustração do projeto civilizacional moderno e a consciência da consequente relação dialética entre teoria e práxis, irrompeu um desafiador dinamismo para ambas, sobretudo para a teoria. Toma-se consciência de que as boas ideias não caem do céu, mas brotam da realidade. As teorias, já não mais concebidas de modo essencialista e a-histórico, mas como reflexão da práxis, passam a estar desafiadas pela razão histórica, que julga sua pertinência e relevância e, sobretudo, as submete ao critério da eficácia. Uma boa teoria, enquanto consciência reflexa da práxis, é sempre uma teoria contextualizada, contribuindo com um mundo crescentemente melhor.

Ora, esta nova relação entre teoria e práxis mudou o estatuto epistemológico das ciências, sobretudo das Ciências Humanas. Com a Teologia, não poderia ser diferente.[14]

No início do século XIX, a reflexão teológica, ao assumir o estatuto das ciências modernas e ao conectar-se com a prática pastoral, sentiu-se desafiada a articular-se, não como de costume, de maneira essencialista e dedutiva, mas a partir da história e de modo indutivo. E, ao assumir a história como um verdadeiro *locus theologicus*, passou a constituir-se, conscientemente, também ela, em um saber contextualizado.[15]

Era a condição para o aparecimento de uma Teologia Pastoral, não como um conjunto de recursos didáticos, pedagógicos ou formativos para aplicar, seja o Direito Canônico e a Moral, seja a Dogmática ou a Eclesiologia. Nem como uma reflexão sobre o ser da Igreja. Mas, antes de tudo, como uma Teologia da ação. É que a ação dá o que pensar, na medida em que se constitui não em um mero lugar de aterrissagem de uma ortodoxia previamente estabelecida, mas em fonte criadora de ideias. O pressuposto da Teologia Pastoral é a reconciliação da teoria com a práxis, da verdade com a veracidade, que precisa passar pela comprovação histórica. Em última instância, foi a Teologia Pastoral que elevou a Teologia enquanto tal ao patamar da racionalidade moderna, o que não deixa de ser uma reconciliação com seu ponto de partida, na medida em que, na origem da própria revelação, está a ação de Deus e de seus interlocutores. A ação de fez Palavra. Uma ação mais ampla que uma ação religiosa ou eclesial, porquanto abarca a práxis transformadora dos cristãos e das pessoas em geral.

A ampliação do horizonte da prática eclesial se deve, fundamentalmente, à superação do eclesiocentrismo e à adoção de uma Eclesiologia reinocêntrica, resgatada da Igreja primitiva pelo Concílio Vaticano II.

Ela descentra a Igreja de si mesma e lança-a numa relação diálogo e colaboração com todas as pessoas de boa vontade. A ação dos cristãos não se esgota no espaço institucional ou confessional, mas se prolonga no engajamento histórico, enquanto cidadãos, na perspectiva de um mundo justo e solidário para todos, expressão imanente do Reino escatológico de Deus.

Ação pastoral e ciência

Por mais importante e enriquecedora que seja a criatividade na pastoral, com o surgimento das ciências modernas, toma-se consciência de que as exigências da ação evangelizadora vão além da esfera religiosa, além de uma melhor compreensão desta. Não basta boa vontade, intuição e arte. A ação pastoral precisa ser também ciência,[16] que não anula a arte, mas vem em seu auxílio, tornando-a mais crítica e consequente.[17] Não que a arte não seja produtiva, mas pode não ser suficientemente comprometida e circunscrita no interior de uma racionalidade normativa. Sem o domínio de certos conhecimentos e técnicas, a arte pode tornar-se ingênua e voluntarista. Pode, sobretudo, perder de vista seu contexto em contínua mudança, o dinamismo da história, a evolução cultural e, consequentemente, sua capacidade de comunicação e o imperativo de ser resposta a necessidades concretas.

O encontro da ação pastoral com a Teologia

A ação pastoral, pois, como está sujeita às mesmas contingências históricas de qualquer outra ação, não está alheia às exigências e critérios do estatuto da ação. Consequentemente, além da arte, necessita da Teologia e, a partir desta, das ciências em geral, numa relação inter e transdisciplinar. No âmbito da ciência, primeiro vem o encontro da pastoral com a Teologia, para constituir-se em Teologia Pastoral.[18] Depois, vem o encontro

desta com as demais ciências, para poder dar sua contribuição, a partir de sua pertinência, à edificação de um mundo justo e solidário, o horizonte imanente do Reino escatológico de Deus.

O encontro da pastoral com a Teologia passa pelo processo gradativo de reflexão que vai da ação pensada, passando pelo nível da autogestão de uma comunidade eclesial, para desembocar no nível mais elaborado e profissional. Isso, por um lado, põe a Teologia em seu verdadeiro lugar — um ato segundo, precedido pela prática da fé-, livrando-a do risco do academicismo que a torna irrelevante para seu tempo; e, por outro, livra a prática do empirismo e do pragmatismo, ligando-a à reflexão, dimensão que faz dela uma ação humana, dinâmica e criadora. Em outras palavras, um bom agente de pastoral é aquele que é também um teólogo em seu nível de atuação, e um bom teólogo é aquele que é também um agente de pastoral. O divórcio entre práxis e reflexão crítica é fatal, tanto para a Teologia como para a pastoral. Uma boa práxis é aquela que é acompanhada por uma boa teoria, e uma boa teoria é aquela que se funda na ação.

O encontro da ação pastoral com as ciências

O encontro da pastoral com as ciências em geral está respaldado na necessidade das mediações analíticas. Cada objeto, para ser abarcado, precisa de um método próprio, que irá constituir uma ciência autônoma em relação às demais ciências. A Teologia, com seu método específico, é incapaz de apreender, por exemplo, o social em sua autonomia. Para isso, precisa recorrer às Ciências Sociais. Também é incapaz de interpretar sozinha o dado revelado, ela necessita das mediações hermenêuticas. Como, igualmente, não consegue aterrissar na ação, sem as mediações da prática, que comporta também uma racionalidade própria. Assim, a pastoral, sem a Teologia, é pragmatismo esterilizante, e a Teologia Pastoral, sem as ciências, é teologismo espiritualizante de uma realidade que lhe escapa, uma metafísica religiosa.

Ação pastoral e Ciência da Religião

Vimos que a ação pastoral precisa da reflexão crítica, a qual, por sua vez, precisa ser científica, o que se dá através da Teologia Pastoral e a interação desta com as ciências em geral. Uma ação pastoral pensada implica, basicamente, a contextualização, a projeção e a execução da ação de uma comunidade de fé. Ora, tal como frisamos, toda ação, incluída a ação pastoral, é também portadora de uma racionalidade, que é muito mais do que a mera operacionalização de ideais pré-concebidos, independentemente do contexto e dos sujeitos envolvidos. Para superar este limite, a ação pastoral precisa recorrer à Teologia e, esta, necessita passar dos princípios à concretude da realização histórica da mensagem de que é portadora. Isso só acontece no encontro com as ciências. Sem elas, a ação pastoral corre o risco de se espiritualizar e eclipsar sua potencialidade operativa e transformadora.

Sem ciência, a pastoral deixa de ser uma ação pensada criticamente. Ela estaria ignorando a especificidade e a autonomia do temporal, espaço onde inevitavelmente acontece a missão evangelizadora, bem como negligenciando as exigências de uma ação eficaz. O advento do novo estatuto das ciências no seio da racionalidade moderna desqualifica toda e qualquer tentação de escapismos providencialistas e milagristas. No seio destas, está a Ciência da Religião, que pode dar uma grande contribuição à ação pastoral.

O estatuto da ação está composto, basicamente, por três grandes momentos,[19] aos quais as ciências, e particularmente a Ciência da Religião,[20] dão sua contribuição específica:

A contextualização da ação

Uma ação pensada, incluída a ação pastoral, começa por explicitar o marco da realidade no qual se está inserido, sem ignorar o contexto religioso no qual se vai agir, a partir da projeção da ação futura, a partir da ação presente.[21] No caso da obra evangelizadora no seio do Cristianismo, a mensagem revelada precisa ser encarnada no contexto da comunidade de fé, inculturar-se, tornar-se vida. Ora, agir de modo consequente com o próprio contexto é, antes de tudo, não ignorá-lo.

Para não ignorar o próprio contexto, além da inserção, do diálogo e da participação em seu seio, para conhecê-lo mais profundamente, é preciso recorrer à mediação das ciências humano-sócio-analíticas e, entre elas, a Ciência da Religião. Estas ajudam a conhecer analiticamente o contexto sociocultural, sobretudo, a própria experiência religiosa e das demais denominações, na complexidade do ser e das ações internas, assim como nas relações com a sociedade como um todo. Importa, aqui, não perder de vista o "real da realidade", só cognoscível de maneira satisfatória, recorrendo aos saberes que dele se ocupam. Antes de projetar a ação futura, para que ela seja resposta a perguntas reais, o imperativo é situar-se em relação às pessoas e à sociedade, às instituições e demais sujeitos sociais.

Na apreensão e análise da experiência religiosa, é de grande valia a contribuição, sobretudo, da Sociologia da Religião, da Psicologia da Religião e da estatística religiosa. Quer recorrendo-se à pesquisa de campo, quer coletando dados de segunda mão oriundos de estudos já realizados, podem-se reunir as informações necessárias para um conhecimento analítico da experiência religiosa, situada em seu contexto histórico. Trata-se de debruçar-se sobre a religião em relação aos seus membros, às ações, aos seus organismos e estruturas, bem como à sua presença sociedade. Nos dias de hoje, com a irrupção do religioso e o seu crescente pluralismo, a Ciência da Religião tende a ter cada vez mais peso no discernimento da realidade que nos cerca. Estudos como os de Danièle Hervieu-Léger na área da Sociologia da Religião[22] e de José Maria Mardones[23] no campo da Filosofia da Religião, entre outros, são uma demonstração.

A projeção da ação

Na projeção da ação, partir da realidade não significa que os problemas e os desafios que se apresentam têm a última palavra. A realidade, por mais dura e contraditória que seja, não pode nos impedir de sonhar. O sonho também pertence ao real, à sua melhor parte.

A projeção da ação pastoral passa pela eleição de um ponto de chegada, a utopia para a qual se quer caminhar, na concretude da história, à luz do ideal que a própria denominação religiosa é portadora. Em seguida, vem a explicitação dos objetivos enquanto resultados a alcançar e dos critérios sob os quais se vai agir. Sem ter consciência de onde se quer chegar, dos resultados a alcançar e do modo e das condições para chegar lá, a ação pastoral deixa de ser uma ação pensada e passa a ser, em grande medida, improvisada. No caso do Cristianismo, são os objetivos e os critérios de ação, derivados da utopia e da pedagogia evangélica, devidamente confrontados com a realidade em que se está, que asseguram a especificidade da ação pastoral. Sobre esta base, pode-se pensar na intervenção numa realidade histórica concreta, através da projeção das ações propriamente ditas. De nada valem a consciência da realidade e a esperança de que um dia ela possa convergir

para o ideal fixado, se não são aterrissadas em ações concretas. As ações, enquanto respostas aos desafios do próprio contexto à luz da utopia que se persegue, podem ser agrupadas em programas de ação, os quais, por sua vez, são operacionalizados através do estabelecimento de metas, devidamente desenhadas segundo as exigências do curso da ação.[24]

Também neste segundo momento do estatuto da ação as ciências em geral e, a Ciência da Religião em particular, têm a dar sua contribuição específica, em prol de uma ação pastoral mais eficaz e consequente com seu contexto. Na definição do marco doutrinal ou da utopia a perseguir, contribuição importante ao estabelecer as mediações hermenêuticas correspondentes a esta tarefa, podem dar a Filosofia da Religião e as religiões comparadas. Trata-se, aqui, de atualizar a mensagem revelada, da qual uma respectiva denominação religiosa é portadora, no hoje de seus seguidores. Para isso, os textos sagrados e a tradição precisam ser corretamente apreendidos e interpretados, sob pena de tornarem-se irrelevantes e inoperantes para seu contexto. Já o estabelecimento dos resultados a alcançar (objetivos) e o modo como se vai agir (critérios de ação), particularmente a definição das ações a realizar, dependem muito das necessidades do contexto e das possibilidades dos sujeitos. Com relação às necessidades do contexto, a Sociologia da Religião pode contribuir ajudando a ser fiel e consequente com ele, bem como avaliando se as ações projetadas terão um efeito proporcional às causas dos problemas identificados. Com relação às possibilidades dos sujeitos, a Psicologia da Religião poderá ter muito a dizer, fazendo tomar devidamente em conta o papel dos sujeitos na realização da ação projetada.

A execução da ação

Finalmente, uma ação pensada, incluída a ação pastoral, termina com a explicitação do marco organizacional, definindo como a ação projetada vai ser executada.[25] É o momento máximo de aterrissagem de uma ação pensada. Não se trata de chegar, aqui, a um receituário mecanicista, reduzindo pessoas a peças de uma engrenagem. Entretanto, a execução da ação, enquanto ação pensada, não pode estar relegada ao voluntarismo ou ao pragmatismo. Para que a ação aconteça, pensar sua execução significa dar-lhe o suporte institucional e organizacional necessários, para que se chegue aos resultados almejados. Neste particular, prescindir da instituição, das estruturas, da organização e da coordenação ou da avaliação, é estar exposto ao risco da anarquização no processo de execução de um plano de ação.

A importância do marco organizacional na ação pastoral deve-se ao fato do institucional afetar o caráter sacramental de uma denominação religiosa, desafiada a transparecer o divino através do humano. Na ação pastoral, não se pode perder de vista que o mensageiro é mensagem, que a instituição é mensagem, que as estruturas são mensagem. Além dos fins, os meios precisam também ser também evangélicos.

Embora as ciências administrativas tenham muito que ver com este momento, também a Psicologia da Religião e a Sociologia da Religião podem ajudar a situar-se em relação aos sujeitos e à instituição, na complexidade de seu contexto. Definir papéis ou funções das pessoas numa instituição é desenhar o perfil de pessoas jurídicas, que não deixam de ser pessoas físicas. Tanto a Sociologia da Religião como sobretudo a Psicologia da Religião podem ajudar a não perder de vista que é sempre a organização formal e a informal que constituem a organização real. Ora, a eficácia da ação depende, em grande medida, de não ignorar o "real" da realidade.

A modo de conclusão

Para usufruir da contribuição da Ciência da Religião à ação pastoral, um dos grandes desafios é a superação do amadorismo e do pragmatismo. Apesar dos avanços da racionalidade moderna e da contribuição das ciências a tantas conquistas da sociedade atual, no âmbito das práticas religiosas, via de regra reina o voluntarismo de pessoas, com muita boa vontade, mas sem a devida capacitação para saber integrar a reflexão crítica na ação pastoral. As ciências em geral, particularmente a Ciência da Religião, oferecem recursos capazes de assegurar muitos dos requisitos de uma ação pastoral eficaz e consequente com os desafios oriundos de seu contexto. O fato de a ação pastoral, ainda que perpassada pela fé e pela graça, não deixar de ser uma ação humana, sujeita às mesmas condições históricas de qualquer outra ação, exige a mediação das ciências.

Um segundo desafio provém do âmbito do religioso. É o providencialismo, a transferência para Deus de nossas próprias responsabilidades. Uma desresponsabilização das pessoas. É tempo de acolher a crítica dos filósofos da práxis, da religião como alienação. Como a graça se apoia sobre a natureza, fé não é escapismo para o intimismo e o espiritualismo ou fuga do mundo e dos desafios do contexto em que se está. A experiência religiosa, quando relacionada com a Teologia e com as ciências, supera os limites de uma fé ingênua, fundada numa esperança passiva. Entretanto, para uma esperança ativa, que vá antecipando na história o que se espera na fé, não se pode dispensar a mediação das ciências, pois Deus age não "apesar" mas sim "através" de nós.

Referências bibliográficas

ALBERICH, E. Metodología pastoral. In: FLORISTÁN, C. *Nuevo diccionario de pastoral.* Madrid: San Pablo, 2002. pp. 891-899.

ARNOLD, F. X. *Teología e historia de l'acción pastoral.* Barcelona: Herder, 1969.

AUDINET, J. *Écrits de théologie pratique.* Montréal/Paris/Bruxelles/Genève: Novalis/Cerf/Lumen Vitae/Labor et Fides, 1995.

BARBAGLIO, G.; DIANICH, S. *Nuevo diccionario de teología.* Madrid: Ed. Cristiandad, 1982.

BLASER, K. La théorisation des pratiques. In: ROUTHIER, G.; VIAU, M. *Précis de théologie pratique.* Montréal/Bruxelles: Novalis/Lumen Vitae, 2004. pp. 205-219.

COMBLIN, J. *Hacia uma Teologia de la acción.* Salamanca: Sígueme, 1964.

BOFF, C. *Teologia e prática*; a Teologia do político e suas mediações. Petrópolis: Vozes, 1978.

BOFF, L. *Jesus Cristo Libertador.* Petrópolis: Vozes, 1973.

BOURGEOIS, D. *La pastorale de l'Église.* Paris: Cerf, 1993.

BRIGHENTI, A. *A pastoral dá o que pensar*; a inteligência da prática transformadora da fé. São Paulo: Paulinas, 2006.

CONGAR, Y. *L'Église de st. Augustin à l'époque moderne.* Paris: Cerf, 1970. Col. Histoire des Dogmes.

ELIADE, Mircea. *O sagrado e o profano.* São Paulo: Martins Fontes, 1992.

FILORAMO, G.; PRANDI, C. *As Ciências das Religiões.* São Paulo: Paulus, 1999.

FLORISTÁN, C. *Teología práctica*; teoría y praxis de la acción pastoral. Salamanca: Ediciones Sígueme, 1991.

_____. Acción pastoral. In: FLORISTÁN, C. *Nuevo diccionario de pastoral.* Madrid: San Pablo, 2002.

GEFFRÉ, C. *Como fazer Teologia hoje*; hermenêutica teológica. São Paulo: Paulus, 1989.

GUTIÉRREZ, G. *Teología de la liberación*; perspectivas. Lima: CEP, 1972.

HERVIEU-LÉGER, Danièle. *Catholicisme, la fin d'un monde.* Paris: Bayard, 2003.

_____. *Le Pèlerin et le converti*; la religion en mouvement, Paris: Flammarion, 1999.

KAEMPH, B. et alii (eds.). *Introduction à la theologie pratique.* Strasbourg: Presses Universitaires, 1997.

LIEGE, P. A. Une théorie de la práxis de l'Église. In: *Recherches actuels I* (Le Point Théologique 1). Paris: Gallimard, 1971.

MARDONES, J. M. *El discurso religioso de la modernidad*; Habermas y la religión. Barcelona: Anthropos, 1998.

_____. *Síntomas de un retorno*; la religión en el pensamiento actual. Santander: Sal Terrae, 1999.

_____. *El retorno del mito.* Madrid: Síntesis, 2000.

_____. *A vida do símbolo*; a dimensão simbólica da religião. São Paulo: Paulinas, 2003.

MERLOS, F. *Teología contemporánea del ministerio pastoral de la Iglesia.* México: Palabra Ediciones, 2012.

MIDALI, M. *Teologia Pastorale o Pratica*; camino storico di una reflessione fondante e scientífica. 2. ed. Roma: L.A.S., 1991.

NADEAU, J. G. (éd.). *La praxéologie pastorale*; orientations et parcours. Montréal: Fides, 1987.

RAMOS, J. A. *Teología pastoral.* Madrid: BAC, 2001.

REYMOND, R.; SORDET, J. M. et alii (éd.). *La Théologie pratique*; statut, méthodes et perspectives d'avenir. Paris: Beauchesne, 1993.

ROUTHIER, G.; VIAU, M. *Précis de théologie pratique.* Montréal-Bruxelles: Novalis-Lumen Vitae, 2004.

SOBRINO, J. *Cristologia a partir da América Latina*. Petrópolis: Vozes, 1983.
_____. *Jesus, o Libertador*; I – A história de Jesus de Nazaré. Petrópolis: Vozes, 1994.
_____. *A fé em Jesus Cristo*; ensaio a partir das vítimas. Petrópolis: Vozes, 2001.

USARSKI, F. *Constituintes da Ciência da Religião*. São Paulo: Paulinas, 2006.
_____ (org.). *O espectro disciplinar da Ciência da Religião*. São Paulo: Paulinas, 2007.

Notas

[1] No campo da Sociologia da Religião, estão os clássicos do século XIX e, na segunda metade do século XX, a contribuição de Danièle Hervieu-Léger e de François Houtart com muitos estudos voltados também para a América Latina. No campo dos estudos comparados das religiões estão pensadores da envergadura de Mircea Eliade e Réné Girard. Na Filosofia da Religião, já na primeira hora, se sobressaiu Scheleiermacher. Na Psicologia da Religião, sobretudo na estruturação de um método teológico desde a Psicologia, está o alemão Eugen Drewermann.

[2] Mircea Eliade, em sua obra *O sagrado e o profano*, define a religião como uma instituição hierofânica com a missão de transparecer o divino através do humano, sem jamais pretender tomar o lugar do divino, sob pena de eclipsá-lo, de idolatrar a si mesma (Merlos, *Teología contemporánea del ministerio pastoral de la Iglesia*, p. 32).

[3] É de conhecimento o alcance e o valor dos manuais clássicos de Teologia pastoral, começando pelo *Handbuch Pastoraltheologie*, organizado por Karl Rahner, passando pelo *Teologia Práctica* de Casiano Floristán, *Teologia Pastoral* de Julio Ramos, *La pastorale de l'Église* de Daniel Bourgeois, *A Fundamental Practical Theology* de Don S. Browning ou *Teologia pratica* de Mario Midali. Sem falar nos manuais mais recentes como o organizado por Gilles Routhier e Marcel Viau, *Précis de théologie pratique*; e A. Brighenti, *A pastoral dá o que pensar*; F. Merlos, *Teología contemporánea del ministerio pastoral*, os dois últimos em perspectiva latino-americana.

[4] Por isso, sobretudo nos meios teológicos da Teologia latino-americana, rejeita-se a denominação "Teologia prática" como equivalente à "Teologia pastoral", comum na Europa, sobretudo nos meios protestantes.

[5] Floristán, Acción pastoral, p. 23.

[6] Viau, *La méthodologie empirique en théologie pratique*, pp. 87-98.

[7] O tríplice múnus, recebido no batismo, era uma das teses de Lutero, hoje, concepção corrente nos meios católicos, que rompe com o clericalismo, a concepção de Igreja composta por duas classes de cristãos: os clérigos e os leigos. O Concílio Vaticano II dirá que existe um único gênero de cristãos, os batizados, conformando um povo todo ele profético, sacerdotal e régio (Bourgeois, *La pastorale de l'Église*, pp. 185-203: Pourquoi le sacerdoce baptismal est-il structuré selon trois focnctions?).

[8] É ainda da década de 1970 a importante obra de Clodovis Boff, *Teologia e prática; a Teologia do político e suas mediações*, a primeira obra que sistematiza o método da Teologia da libertação. Apresenta-se a necessidade de a Teologia estabelecer três mediações com as ciências: as mediações socioanalíticas, as mediações hermenêuticas e as mediações da práxis.

[9] Brighenti, *A pastoral dá o que pensar*, pp. 75-79.

[10] Esse passo deu-se graças à contribuição de F. X. Arnold, com sua obra *Pastoraltheologische Durchblicke*, e de P. A. Liégé, destacando-se entre suas obras, *Une théorie de la práxis de l'Église*.

[11] Esta perspectiva transformadora, além das bases colocadas pelo Concílio Vaticano II e a Conferência de Medellín (1968), teve também a influência do pensamento e da obra de Paulo Freire, sobretudo de sua *Pedagogia do oprimido*. Obra teológica fundante nesta perspectiva é a de G. Gutiérrez, *Teología de la liberación; perspectivas*.

[12] Foi o resgate da categoria "Reino de Deus" na eclesiologia que permitiu a superação do eclesiocentrismo e a consequente abertura da Igreja ao mundo, em uma perspectiva de diálogo e serviço.

[13] Obra da primeira hora da Teologia latino-americana, que influenciou esta perspectiva é a de

Leonardo Boff, *Jesus Cristo Libertador*. Mas, no campo da cristologia, a contribuição maior é de Jon Sobrino, de quem se destacam as obras: *Cristologia a partir da América Latina*; *Jesus, o Libertador; I — A história de Jesus de Nazaré*; *A fé em Jesus Cristo; ensaio a partir das vítimas*.

[14] Floristán, *Teología práctica*, pp. 155-156.

[15] Neste particular, teve influência sobre a Teologia na América Latina a obra de J. Comblin, *Hacia una teología de la acción*, publicada em 1964.

[16] Bourgeois, *La pastorale de l'Église*, pp. 56-79 (Statut épistémologique de la théologie pastorale); Merlos, *Teología contemporánea del ministerio pastoral de la Iglesia*, pp. 410-422.

[17] Brighenti, *A pastoral dá o que pensar*, pp. 68-69.

[18] Ramos, *Teología pastoral*, pp. 81-100 (Raíces eclesiológicas de la teología pastoral).

[19] Brighenti, *A pastoral dá o que pensar*, pp. 207-211; Nadeau (éd.), *La praxéologie pastorale*; Merlos, *Teología contemporánea del ministerio pastoral de la Iglesia*, pp. 600-601.

[20] Sobre os diferentes campos das ciências da religião e seu alcance, ver as obras de Frank Usarski, *Constituintes da Ciência da Religião* e *O espectro disciplinar da Ciência da Religião*. Também a de G. Filoramo e C. Prandi, *As Ciências das Religiões*.

[21] Alberich, Metodología pastoral, pp. 896-897.

[22] Entre suas publicações mais significativas, figuram: *Catholicisme; la fin d'un monde* e *Le Pèlerin et le converti; la religion en mouvement*.

[23] Entre suas obras más importantes, estão: *Postmodernidad y Cristianismo; Capitalismo y Religión; la religión política neoconservadora; Sintomas de un retorno; la religión en el pensamiento actual; El discurso religioso de la modernidad; Habermas y la religión; Fundamentalismos; La vida del símbolo; la dimensión simbólica de la religión*.

[24] Brighenti, *A pastoral dá o que pensar*, p. 215; Alberich, Metodología pastoral, *Nuevo diccionario de pastoral*, p. 897.

[25] Nadeau (éd.), *La praxéologie pastorale*, pp. 288-294.

Ciência da Religião aplicada à psicoterapia

Ênio Brito Pinto

Introdução

Quero começar este artigo com algumas questões que me orientarão na escrita: Que relação poderia haver entre a Psicologia, especialmente a psicoterapia, e a Ciência da Religião? Por que psicoterapeutas estudariam Ciência da Religião? Que diálogos se podem estabelecer entre estes dois saberes? Para buscar possíveis ampliações para essas questões, é preciso delimitar, ainda que minimamente, os campos em questão — a saber, o campo da Ciência da Religião; o da Psicologia, em especial o campo da Psicologia da Religião; o campo da psicoterapia, uma atividade sempre permeada (ainda que de maneira não confessada) pela espiritualidade e pela religiosidade humanas — para assim refletir sobre as interfaces da psicoterapia com a área da Ciência da Religião.

A Ciência da Religião

A área da Ciência da Religião não tem suas fronteiras estritamente delimitadas, nem deve ter. Entendo que a denominação dessa área é suficientemente vaga e que isso é uma de suas maiores qualidades. Quando digo que essa denominação é suficientemente vaga, quero dizer que uma categoria é vaga quando utilizada de maneira que deixe lugar para a coexistência de diferentes fenômenos em sua abrangência, mesmo que estes fenômenos se contradigam. Então, quando tratamos do campo da Ciência da Religião, é preciso ter em mente que uma ciência, para ser considerada como aplicável ao mundo religioso, precisa ter estudos ou práticas voltados para este referencial comum; é preciso também que essa localização perante os referenciais comuns seja feita com cuidado para evitar uma excessiva generalização; e, finalmente, é preciso verificar a legitimidade dessa postulação no campo para que se possam desenvolver e utilizar especificações de linguagem que permitam comparações e aproximações genuínas dentro da área.[1]

O objeto de estudos da Ciência da Religião é o mundo religioso. Não é só a religiosidade ou as religiões. É o mundo religioso, singular, genérico, suficientemente vago para caberem neste termo a religiosidade, a espiritualidade, os mitos, os rituais, a história, a linguagem, a cultura, as religiões, as pessoas de vida religiosa, as pessoas com sua vida religiosa, a moral e a ética religiosas, o simbolismo religioso, enfim, tudo o que se refira a ou que contenha a religião.

O campo da Ciência da Religião, dada a enorme complexidade e a importância de seu foco de estudo, é, por excelência, um campo multidisciplinar, plural, no qual não há lugar para um tipo de especificidade que encontramos em algumas outras áreas científicas. Esse é um diferencial extremamente positivo para este campo de estudos, na medida em que transforma a Ciência da Religião no lugar por excelência do diálogo.

O campo de estudos do cientista da religião o obriga a saberes múltiplos, o convida à diversidade, exige o conhecimento e a integração de diversas linguagens na construção de uma nova configuração. Por isso, o próprio cientista da religião precisa ter uma cultura ampla e geral, um conhecimento básico sobre os diálogos das diversas ciências com a religião, ao mesmo tempo em que precisa se aprofundar em sua área específica. É por isso que Antonio Gouvêa Mendonça afirma que "as Ciências da Religião exigem do pesquisador aquela erudição multidisciplinar que lhe permite usar os vários instrumentos necessários à superação do que simplesmente aparece aos olhos".[2]

É interessante apontar, desde já, que esse tipo de exigência também está colocado ante o psicoterapeuta, dada a variedade de mundos que ele é convidado a visitar em seu labor; dessa forma, ao ampliar seu espaço de indagações, a Ciência da Religião possibilita ao psicoterapeuta uma aproximação mais abrangente e compreensiva ante o mundo de seu cliente. Esses campos, o da Ciência da Religião e o da psicoterapia, são tão amplos e complexos que acabam por exigir do profissional certa abertura horizontal de seus conhecimentos, a qual precisa ser contrabalançada por e integrada a uma cuidadosa verticalização na sua área de formação principal; tal tarefa é complicada e difícil, exige bom ritmo, maturidade e humildade na busca incansável da boa forma teórica e metateórica. Esta busca traz a necessidade de um saber que não permita a fragmentação do conhecimento, mas possibilite a integração gerada pela boa confluência entre o aprofundamento e a horizontalização dos saberes.

Uma das várias ciências que compõem a Ciência da Religião, uma de suas subdisciplinas, é a Psicologia. Entendo que a Psicologia pode dar uma contribuição para esse campo e pode receber deste campo uma contribuição valiosa, com repercussões nas diversas áreas do saber psicológico, inclusive na psicoterapia.

A Psicologia como uma das Ciências da Religião

A interface entre a Ciência da Religião e a Psicologia não se resume à Psicologia da Religião, embora comece por ela. Também outras áreas da Psicologia têm nessa interface um fértil campo de pesquisas, desde, por exemplo, a Psicologia do Desenvolvimento, com estudos sobre o desenvolvimento da religiosidade; a Psicologia da Personalidade, com estudos sobre o homem religioso; a Psicopatologia, com estudos sobre os limites

entre o saudável e o patológico nas vivências místicas; a Psicologia Organizacional, com os estudos sobre as instituições religiosas; e a Psicologia Clínica, que aponta as profundas relações entre a psicoterapia e os aspectos espirituais e religiosos do existir, ponto que mais me interessa neste artigo.

Para compreender melhor as possíveis aproximações entre a Psicologia e a religião, entre a psicoterapia e a religião, é preciso delimitar, ainda que muito sucintamente, o campo da Psicologia da Religião.

Para Massih,[3] a Psicologia da Religião é, antes de tudo, uma disciplina "não apologética e não confessional que estuda as experiências religiosas individuais e coletivas e seu reflexo no amadurecimento humano e religioso das pessoas e das comunidades". O objeto de estudo da Psicologia da Religião, para essa pesquisadora, é a experiência religiosa, de modo que se pretende "entender o fenômeno religioso a partir das motivações, experiências, atitudes e dinâmicas afetivas e cognitivas presentes nos comportamentos religiosos".

Para Valle, a Psicologia da Religião, ao estudar como alguns fenômenos religiosos são vivenciados psicologicamente por um sujeito, "indaga sobre a estrutura psicológica que está por trás das formas de vivência e experiência religiosa [...]. A Psicologia da Religião vê como sua tarefa descrever e 'explicar' psicologicamente a estrutura e a dinâmica do agir religioso do ser humano".[4]

No que diz respeito ao objeto próprio de estudo da Psicologia da Religião, saliento que o psicólogo não tem como objeto de estudo propriamente o sagrado, mas o ser humano em contato com suas vivências do sagrado. Quanto às religiões, não é de interesse da Psicologia a verdade do conteúdo delas, mas a vivência que os fiéis têm da sua religião. É também matéria da Psicologia da Religião o estudo dos impactos da secularização na organização das pessoas. Penso que também fazem parte do campo da Psicologia da Religião, além da espiritualidade, da religiosidade e da religião enquanto cultura, compreensões acerca dos mitos, ritos e símbolos religiosos, acerca das instituições religiosas e de seus componentes, sem esquecer ainda que a Psicologia da Religião tem também o que acrescentar quando se trata de compreender e discutir a moral religiosa e o modo como a religiosidade atua como fonte de referência na organização que as pessoas fazem de sua vida.

A maneira como os estudos são conduzidos em Psicologia da Religião tem íntima correspondência com a abordagem que se usa, em Psicologia, para fundamentar os estudos. Se seguirmos a tradicional divisão da Psicologia em três grandes forças — a Psicanálise, o Cognitivismo Comportamentalista e a Psicologia Fenomenológica —, as quais diferem, essencialmente, quanto à visão de homem, logo perceberemos que as contribuições de cada força à área da Psicologia da Religião ainda precisam ser mais bem desenvolvidas, especialmente no que se refere à psicoterapia. O que pretendo aqui é desenvolver algumas reflexões sobre esta temática, e, para tanto, é preciso que eu me posicione: nas discussões que seguem, minha principal fundamentação encontra-se na Gestalt-terapia, uma das vertentes da Psicologia Fenomenológica. Mesmo com este apoio no fundo teórico, minha intenção é ir para além da Psicologia Fenomenológica, buscando desenvolver reflexões que sejam úteis para os psicoterapeutas, independentemente de sua filiação teórica, e para os cientistas da religião.

Como Gestalt-terapeuta, concebo o complexo ser humano como, fundamentalmente, composto por três dimensões articuladas, o corporal, o psíquico (ou mental) e o espiritual, um ser que vive em uma cultura, pela qual é configurado — mas não determinado — social, geográfica e historicamente. Voltarei a esta questão mais adiante, quando argumentar que a psicoterapia é um dos caminhos que o ser humano ocidental tem para trabalhar sua espiritualidade.

Parece-me importante frisar que as reflexões que seguem, embora apoiadas em parte na Psicologia da Religião, se dirigem especialmente para as relações da psicoterapia com a espiritualidade, a religiosidade e a religião. Minha curiosidade é compreender melhor como os estudos da Ciência da

Religião podem auxiliar o psicoterapeuta em seu trabalho, além de tentar delimitar a psicoterapia como um dos possíveis campos de estudo para a Ciência da Religião. O próximo passo, então, é demarcar sucintamente o campo das psicoterapias.

A psicoterapia

A psicoterapia, *grosso modo*, é o encontro entre duas ou mais pessoas, o terapeuta e o seu cliente (ou os seus clientes, no caso da terapia em grupo), com o propósito de analisar e compreender a vida desse cliente, visando facilitar a recuperação de sua autonomia, liberdade, qualidade do contato, vivacidade, ritmo e abertura para a vida. A psicoterapia favorece alternativas para avaliar pontos de vista, percepções, impulsos e posturas que afetam o comportamento do cliente. Ela é uma interação verbal e simbólica entre um terapeuta e um cliente e se dirige para uma mudança, vivida como positiva, na vida do cliente. Antes de tudo, a psicoterapia é um procedimento dialético e dialógico, é um processo de diálogo entre interlocutores comprometidos profundamente com a busca da melhor configuração existencial para uma dessas pessoas: o cliente.

No processo terapêutico, "há uma série ordenada de conceitos que guiam as intervenções do terapeuta e que devem estar baseados logicamente numa teoria de personalidade e em proposições concernentes a diagnóstico".[5] Desses conceitos que orientam o terapeuta, é importante destacar também a visão de ser humano, as relações entre psicopatologia e ajustamentos potencialmente criativos, a maneira e as técnicas de que o terapeuta se utiliza para interagir com o cliente. Isso orientará o terapeuta na facilitação da ampliação do autoconhecimento do paciente e de sua abertura para a vida, caminhos básicos para que ele se desvencilhe do sofrimento que o levou a procurar ajuda psicoterapêutica. Além disso, é importante, quando se conceitua a psicoterapia, "excluir tratamento por instinto, por intuição (exceto como uma forma pré-consciente de pensamento conceitual), por arte, por fé purificante ou por esforços filantrópicos gerais".[6]

Embora idealmente a psicoterapia possa ser vista como um processo de crescimento pessoal — o que, efetivamente, é, na prática —, o que se percebe é que ela é buscada por pessoas que passam por algum sofrimento existencial para o qual momentaneamente não conseguem encontrar soluções. Esse pedido de ajuda é explicitado através das mais diversas queixas, as quais trazem em comum, especialmente, a percepção de que há algumas mudanças existenciais muito difíceis que devem ser feitas. A busca do sentido do sintoma, a ampliação da consciência de si e sobre quais são as mudanças necessárias e a consciência de como elas podem ser feitas é o trabalho mais básico da psicoterapia. Ainda mais que isso, entendo que a proposta da psicoterapia é de que ela seja um caminho de reeducação, no sentido de que se desenvolva o autoconhecimento e a autoestima para que a pessoa volte a se indagar e a indagar sobre o mundo que habita.

A psicoterapia, sendo um campo de reeducação, não é um lugar onde o cliente vá *aprender* sobre si, mas, antes, é um processo de exploração do mundo e de autoexploração, através do qual o cliente vai *descobrir* sobre si, através de seus sentidos, de sua reflexão e de sua capacidade de se fazer presente, quer dizer, sua capacidade de concentração e de conscientização. Descobrir quer seja sobre suas belezas, quer seja sobre suas tragédias, sobre sua luz e sobre sua sombra. Ao terapeuta cabe apontar as pontes e os caminhos, os abismos e as florestas, os riscos e as belezas quando acompanha seu cliente na aventura de conhecer-se. Mas não cabe ao terapeuta escolher caminhos para seu cliente, uma vez que o caminho é singular para cada um. A postura do terapeuta se define principalmente por ele não ter um *a priori* para seu cliente, não ter um lugar aonde quer conduzir seu cliente, embora esse terapeuta possa e deva ter uma delimitação, necessariamente ampla e suficientemente vaga, do que entende como um existir saudável.

Dessa forma, ainda que leve em conta os sintomas, ainda que considere devidamente o sofrimento denunciado pelo cliente, ainda que se ocupe do problema apresentado pelo cliente, a psicoterapia deve centrar-se na pessoa. Para tanto, ela compõe um diálogo que se coloca a serviço do cliente no sentido de que ele possa se sentir mais e mais atualizado e livre. A liberdade é um objetivo importante da terapia, "pois, quaisquer que sejam os valores que o paciente desenvolva, estarão baseados em sua experiência de autonomia, senso de poder pessoal e possibilidades, tudo o que decorre da liberdade que ele espera alcançar na terapia".[7]

Uma das tarefas que cabe ao psicoterapeuta nesse diálogo é cuidar de si de modo a tornar-se, de certa forma, amoral em seu trabalho. Um terapeuta amoral não é um terapeuta sem valores, mas um terapeuta que enfrentou o dilema sobre a interferência dos valores pessoais (especialmente os religiosos) do terapeuta no processo de crescimento de seu cliente.

Nesse processo de colocar-se em uma atitude dialógica com seu cliente, é importante que o terapeuta se lembre de que, "em toda situação, não podemos deixar de agir de acordo com o campo que percebemos; e nossa percepção se estende a dois aspectos diferentes desse campo. Um tem a ver com fatos, outro com valores".[8] Isso quer dizer que o terapeuta deve ter o cuidado de conhecer seus valores o mais plenamente possível, para poder cuidar de como eles aparecem no processo psicoterapêutico; igualmente ele deve estar atento aos valores que norteiam o cliente, pois, no fim das contas, as mudanças que ocorrem no cliente a partir da psicoterapia são, principalmente, mudanças de valores. Levando isso em conta, se pensarmos em um referencial fenomenológico, poderemos afirmar que a psicoterapia é uma atividade que se ocupa principalmente da espiritualidade, mais, muito mais que propriamente do psiquismo. Essa característica da psicoterapia, a de ocupar-se principalmente com a espiritualidade — mais ainda, a de exercer-se pela espiritualidade —, coloca a psicoterapia como um interessante objeto de estudos para a Ciência da Religião, especialmente por três caminhos: o primeiro, mais amplo, compreendendo a psicoterapia como um trabalho de amadurecimento da espiritualidade; o segundo, decorrente do primeiro e baseado no fato de que a religiosidade é um dos aspectos em que a espiritualidade pode se desenvolver, lidando com a religiosidade do terapeuta e do cliente em terapia; o terceiro, compreendendo a terapia de pessoas de vida consagrada.

A psicoterapia como um processo espiritual

Neste ponto, é importante que eu deixe o mais claro possível como compreendo a espiritualidade humana. Tem razão Giovanetti quando afirma que o termo "espiritualidade" "não implica nenhuma ligação com uma realidade superior".[9] Para esse autor,

a espiritualidade significa a possibilidade de uma pessoa mergulhar em si mesma e tem relação com valores e significados. Ele completa: "O termo espiritualidade designa toda vivência que pode produzir mudança profunda no interior do homem e o leva à integração pessoal e à integração com outros homens".

A maneira como caracterizo aqui a espiritualidade humana tem fundamento nas ideias de Husserl, que, em sua análise do sujeito humano, compreende-o como composto por três dimensões, a corporeidade, o psiquismo e o espírito: "Somos corpo-psique-espírito, como dimensão. Cada ser humano, individualmente, tem todas essas características que podem ser mais ou menos desenvolvidas".[10] A Gestalt-terapia, por ter como fundamento a visão de que cada pessoa só pode ser compreendida como integrante de um campo, acrescenta a esses três níveis a culturalidade, compreendida especialmente como a vivência da geografia, da época, dos conhecimentos disponíveis e dos costumes.

A primeira dimensão, fundamento para todas as outras, primordial e constituinte do ser, é a corporeidade, derivada das vivências relacionadas à sensação corpórea.[11]

A segunda dimensão, para Husserl, é a do psiquismo, ou o nível dos atos de caráter psíquico, os quais independem de nós, como "os impulsos, os instintos, as energias e reações espontâneas que existem no ser humano".[12] Esses atos não são desejados ou procurados pela pessoa: "Não somos nós a origem deles, nem nós os provocamos, mas os encontramos. Se sentirmos um forte rumor, todos teremos medo, e o medo não vem querido por nós, ele é uma reação e acontece. Essa é a parte psíquica".[13]

Há aqueles atos que não são relativos ao psiquismo, tampouco à corporeidade, mas pertinentes ao espírito. Por exemplo, se o corpo mostra a necessidade de líquido, a sede, se, em seguida, o psiquismo provê o impulso para pegar um copo e o desejo por determinado líquido, há uma dimensão capaz de controlar e determinar se este movimento desejado se dará, ou não, e essa dimensão é o espírito: "Estamos registrando o ato de controle, mas este não é de ordem psíquica nem de ordem corpórea, e nos faz entrar em outra esfera a que os fenomenólogos chamam de esfera do *espírito*".[14]

Trazendo esse modo de compreender o ser humano mais para perto da psicoterapia, nosso interesse maior neste artigo, Bello afirma que,

iniciando com Brentano o seu interesse pela vida psíquica, Husserl chega a explicitar, diferentemente de Freud, que a característica da vida humana é ser uma vida espiritual; reconhece uma dimensão espiritual, âmbito das avaliações e decisões, que se diferencia da dimensão psíquica. Tratando-se de atos diversos, não podemos considerar como Jung, que incluiu a dimensão espiritual na dimensão psíquica. Se são atos diferentes, não podem ser de uma só dimensão. Não se quer dizer que nós sempre decidimos e avaliamos, pois, muitas vezes, nos deixamos levar pela emoção, por exemplo. É nesse campo de problema que se insere o trabalho da Psicologia Clínica: essa pessoa é capaz de decidir ou se deixa levar?[15]

Uma das implicações dessa visão de ser humano da Psicologia Fenomenológica na psicoterapia é a consideração de que o ser humano, por não ser totalmente comandado pela dimensão psíquica, "pode e deve ativar também a dimensão espiritual. E este é também um fundamento da vida moral, o que implica responsabilidade e liberdade".[16] Essa dimensão espiritual, a qual pode ser ativada e desenvolvida através de diversas oportunidades e ocasiões no correr da existência, constitui o lugar por excelência da psicoterapia, uma vez que é com ela e através dela que se dão os diálogos terapêuticos, pois é essa dimensão espiritual que intervém com fantasia, simbolização, conhecimento, controle e sentido.

A psicoterapia se dá especialmente através da ampliação da consciência, a capacidade de nos darmos conta dos fenômenos que acontecem em nós e conosco. Este trabalho se dá através da tomada de consciência e da ampliação dessa tomada de consciência no cotidiano. Nessa visão de trabalho psicoterapêutico predominantemente com os aspectos da consciência, não se nega a força daquilo de que não nos damos conta, daquilo que está inconsciente, mas não se considera que o ser humano seja comandado pela dimensão inconsciente, ainda que ela seja importante influenciadora dos comportamentos.

Como as vivências são registradas por nós, podemos ter consciência delas. Consciência, nesse caso, quer dizer que temos a possibilidade de nos darmos conta do que fazemos a cada momento. "Depois, podemos fazer uma reflexão sobre essa consciência [...]. Assim, temos o primeiro nível de consciência que é o nível dos *atos perceptivos*, e um segundo nível de consciência que é o nível dos *atos reflexivos*." Essa reflexão "é uma nova vivência, e dessa vivência nós também temos consciência. Porém, o ato reflexivo é uma consciência de segundo grau, é uma ulterior consciência de algo que, nos consente dizer, estamos vendo e tocando".[17]

Se pensamos no ser humano composto pelos níveis corpóreo, psíquico e espiritual, onde se localizaria a consciência? No espírito? No psiquismo? Nem em um, nem em outro, pois só podemos conhecer essas três dimensões por sermos capazes de consciência. Isso implica que a consciência não é um lugar físico, não é de caráter espiritual ou psíquico, mas é "um ponto de convergência das operações humanas, que nos permite dizer o que estamos dizendo ou fazer o que fazemos como seres humanos".[18]

Então, sintetizando essa visão de ser humano, podemos afirmar, com base na Psicologia Fenomenológica, que a corporeidade está especialmente representada pelas disposições genéticas, pelo sensorial e pela sexualidade, compondo, com a intencionalidade, o corpo vivido; o psiquismo está especialmente

presente na possibilidade de se ter presentes a instintualidade, a percepção, as emoções, os sentimentos, a cognição, a inteligência, a memória, a atenção, compondo a apropriação da realidade e o senso de identidade, e influenciando fortemente o comportamento; a espiritualidade está especialmente presente na possibilidade da hierarquização dos valores (ética), nas decisões, na reflexão profunda sobre a existência e sobre os impulsos psíquicos, e, fundamentalmente, na necessidade que tem o ser humano de tecer um sentido para a sua vida, de ter um bom motivo e um horizonte para continuar vivendo. A espiritualidade se caracteriza, essencialmente, por ser o lugar da lida com os valores, dos aprofundamentos, da fundamentação das escolhas, dos projetos e, por via disso, da tecedura de sentidos e eventualmente do sentido para a vida. Ela é também o lugar da responsabilidade existencial, a capacidade de responder adequadamente às demandas da vida. É essa responsabilidade existencial que sustenta aquilo que nos norteia, abre horizontes, aponta rumos em direção ao desenvolvimento de nossa própria humanidade, orienta nossa moralidade.

A espiritualidade, inerente ao ser humano, pode ser cultivada, ou não, pode se desenvolver, ou não, pode amadurecer, ou não. Quando necessário, a psicoterapia, por ser uma atividade exercida através e em prol da espiritualidade, é um dos caminhos para desentravar o amadurecimento da espiritualidade. Assim, é principalmente através da espiritualidade que a psicoterapia se desincumbe da tarefa de facilitar a retomada do desenvolvimento pessoal.

Muito próxima da espiritualidade, a ponto de em muitos referenciais ser confundida com ela, está a religiosidade, outro fator importante da atividade psicoterapêutica.

A religiosidade em psicoterapia

Como já me ocupei mais extensamente da diferenciação entre espiritualidade e religiosidade em outro trabalho,[19] aqui farei apenas uma síntese dessas diferenças para que possamos ver que implicações as religiosidades do psicoterapeuta e do cliente têm no processo psicoterapêutico.

Originária da religião, a religiosidade pode ser entendida como uma experiência pessoal e única da religião, ou seja, "a face subjetiva da religião", como afirma Valle.[20] A religiosidade pode ser uma maneira de a espiritualidade se manifestar, mas não é a única maneira, ou seja, do mesmo modo que há pessoas de intensa religiosidade e pouca espiritualidade, pode haver pessoas de nenhuma ou mínima religiosidade, como um ateu ou um agnóstico, por exemplo, que podem manifestar uma intensa espiritualidade. Em outros termos: a religiosidade implica uma referência ao transcendente, ao passo que a espiritualidade implica uma referência ao sentido. Elas podem se encontrar, mas não são a mesma coisa.[21] Quando se dá o encontro entre a espiritualidade e a religiosidade, o ser humano se vê diante de indagação sobre o sentido último da existência, isto é, se a espiritualidade possibilita buscar o sentido para a vida, no encontro com a religiosidade esta busca abarca também o último.

No caso da psicoterapia, se ela é uma atividade que se dá através da espiritualidade, é também uma atividade transpassada pela religiosidade das pessoas envolvidas no trabalho, terapeuta e cliente, fato que tem trazido muita polêmica para esta área.

Como a maioria, se não a totalidade, das culturas tem em uma religião um de seus pilares, e como todo ser humano está imerso em uma cultura, é muito pouco provável que exista alguma pessoa que não tenha tido contato com sua própria religiosidade, que não tenha se questionado sobre a realidade última e sobre alguns dos mistérios da existência e que, nesse questionamento, não tenha se deparado com questões religiosas. Assim é que cada ser humano, mal ou bem, tem contato com sua religiosidade em algum momento da vida. Por isso, posso afirmar que é praticamente impossível encontrarmos uma pessoa verdadeiramente arreligiosa; o que encontramos são pessoas que desenvolvem sua religiosidade em diferentes níveis.

Quando um cliente procura uma psicoterapia, ele não traz para o trabalho apenas determinadas partes de si, e sim seu todo. Esse todo inclui sua religiosidade, de modo que ela é parte integrante dos diálogos terapêuticos, mesmo quando não explicitamente nominada. A religiosidade sustenta crenças e posturas diante da vida, nutre valores e escolhas, influencia a espiritualidade e o contato corporal. Não há como ela se ausentar da situação terapêutica. E não é apenas a religiosidade do cliente que adentra o consultório: também a religiosidade do terapeuta está lá, permeando sua escuta, atravessando seus olhares, conduzindo sua conduta, pondo à prova seus valores. O terapeuta também está inteiro em cada sessão. Esse um fato inegável: as religiosidades do cliente e do terapeuta permeiam o encontro psicoterapêutico. Dessa forma, constituem-se como assunto terapêutico, ainda que apenas nas entrelinhas. Isso obriga o psicoterapeuta a ter uma série de cuidados, dos quais vou destacar três.

O primeiro desses cuidados diz respeito a não se correr o risco de negar a presença das religiosidades na terapia, como se houvesse uma área que não seja pertinente ao diálogo terapêutico. Cada cliente convida o terapeuta para que visite seu mundo único e particular. Esse convite abrange a possibilidade de conhecer o mais possível esse mundo, para compreendê-lo e auxiliar o cliente para que o compreenda e o desenvolva da maneira mais plena que possa. Se o papel do terapeuta é colocar-se a serviço do cliente, isso implica também abrir-se para escutar as questões trazidas por esse cliente que são pertinentes a sua religiosidade, uma das luzes de seu mundo. Escutar e compreender empaticamente, jamais julgar. Tarefa difícil, especialmente quando o terapeuta atende clientes de religião diferente da sua. Tarefa possível, se o terapeuta toma o segundo cuidado: conhecer a própria religiosidade.

É através da ampliação da consciência sobre a própria religiosidade que o terapeuta pode perceber como ela permeia sua escuta, como ela interfere em seus valores, como ela baliza seu olhar. Essa conscientização possibilita ao terapeuta, dentro do humanamente possível, ter controle sobre as influências que a sua religiosidade tem sobre sua presença na terapia, cuidando para, de certa forma, suspender essas influências ao se colocar a serviço de seu cliente. Isso quer dizer, especialmente, cuidar para não julgar seu cliente a partir de seus próprios parâmetros, mas colocar-se com seu cliente na busca do conhecimento e da apropriação crítica dos valores e crenças (religiosas ou não) do próprio cliente.

O terceiro cuidado, muito próximo dos outros dois e decorrente especialmente do segundo, é o cuidado para não orientar a psicoterapia pela religião (ou falta dela) do terapeuta, mas pelos conhecimentos e métodos inerentes à área da Psicologia. Isso quer dizer que o terapeuta deve se abrir para conhecer o universo religioso do cliente sem querer trazê-lo para o seu, do terapeuta, próprio universo religioso, mesmo quando ambos abraçam a mesma religião — uma mesma religião abriga uma miríade de diferentes religiosidades, tantas quantas são seus fiéis. Isso quer dizer que há um saber científico que sustenta a psicoterapia e que se abre

ao diálogo com os saberes religiosos sem se submeter a eles. Isso quer dizer que é preciso imenso cuidado para que a psicoterapia não se torne um trabalho catequético, da mesma forma que ela não pode se tornar um trabalho antirreligioso ou, pior ainda, que ela seja concebida como um trabalho que não inclua diálogos com as religiões. Uma das mais importantes características de um bom psicoterapeuta é sua capacidade de não julgar seus clientes. Essa capacidade vai por água abaixo quando a psicoterapia se deixa conduzir pela religiosidade do psicoterapeuta, trazendo, por sabotar insidiosamente sua autonomia e sua liberdade, enorme prejuízo ao cliente.

Também a religião não pode ser reduzida a outras áreas, numa espécie de psicologismo, como se a ciência pudesse um dia substituir a religião. Não cabe pensarmos que nosso mundo é (ou mesmo que possa ser um dia) totalmente secularizado. Se a secularização se ampliou e se amplia na sociedade ocidental, isso não significa o fim do campo religioso, mas a necessidade de um diálogo cada dia mais acurado e sensível entre a religião e a ciência. Há o campo do profano e o campo do sagrado, componentes indissociáveis do campo existencial humano.

Um bom trabalho psicoterapêutico, independentemente da corrente teórica abraçada pelo terapeuta, se fundamenta, entre outros aspectos, no respeito ao mundo religioso do cliente, no acolhimento amoroso da religiosidade do cliente, no não julgamento de suas convicções e crenças religiosas e na busca da compreensão do sentido que essas crenças têm para essa pessoa. Se isso é verdadeiro para todos os clientes, é especialmente necessário para os clientes de vida religiosa, uma das possibilidades de encontros da psicoterapia com a Ciência da Religião.

A psicoterapia para pessoas de vida religiosa

A pessoa levada em conta na psicoterapia inevitavelmente está inserida em grupos e em situações existenciais concretas, ou seja, existe e é parte de um ambiente, de um campo. No processo psicoterapêutico, devem-se levar em conta algumas características que especificam a clientela e que tornam possível traçar-se uma abordagem de prática clínica voltada especialmente para uma determinada clientela. Duas das características que mais marcam a existência grupal humana são o mundo do trabalho e o mundo religioso. Quando lidamos com clientes que se dedicam à vida consagrada, temos um encontro dessas duas características numa composição peculiar e forte, a qual precisa ser estudada e compreendida o mais amplamente possível, quer seja quanto às repercussões na vida e no dia a dia dessas pessoas, quer seja quanto à repercussão nos processos psicoterapêuticos.

O psicoterapeuta sensível percebe que os religiosos constituem uma clientela com características bem peculiares: vivências que dizem respeito aos grupos de pertencimento, à sexualidade, ao projeto de vida, ao corpo, ao poder pessoal, às relações humanas, aos sonhos, aos afetos, à fantasia, ao cotidiano, à saúde mental, à família, à intimidade, ao contato com o sagrado e à própria fé, dentre tantos outros temas tão caros à psicoterapia, têm seu significado profundamente perpassado pelas idiossincrasias da vida religiosa. Estas especificidades da vida religiosa justificam o estudo e o desenvolvimento de uma atitude e de uma prática psicoterápica voltada para essa clientela. A Ciência da Religião, dadas suas peculiaridades e abrangência, constitui-se como área privilegiada para este estudo.

A psicoterapia das pessoas que dedicam sua vida ao sagrado, a alguma religião, é um tipo de trabalho que ainda demanda muita pesquisa e muita teorização. Ela guarda peculiaridades que a tornam diferente da psicoterapia dos leigos, o que acaba por exigir diferentes conhecimentos e diferentes posturas do psicoterapeuta. E aqui entra uma das forças da Ciência da Religião como um dos suportes para o psicoterapeuta, pois, através deste campo de estudo, podem se abrir para o psicólogo novas e instigantes portas que facilitem uma compreensão mais integrada do trabalho psicoterapêutico como um recurso em diálogo com tantos outros.

É importante ressalvar que o cuidado com as peculiaridades que a vida consagrada impõe a quem a abraça não pode, em um processo psicoterápico, fazer perder de vista aquela pessoa única, singular, que está sentada à frente do terapeuta na sessão psicoterapêutica. As peculiaridades de um tipo de vida — no caso, a vida consagrada — não determinam como a pessoa se torna, mas compõem de maneira indelével o campo para o qual temos de olhar ao tentarmos compreender nosso cliente religioso. Melhor olharemos se melhor conhecermos teoricamente este campo religioso, fato que, me parece, tem sido pouco valorizado pelos psicoterapeutas. Conhecer o mundo do cliente em terapia não pode se resumir a conhecer o mundo vivido pelo cliente, embora isso seja o mais importante e essencial para um trabalho psicoterapêutico. É também útil conhecer os aspectos concretos e compartilhados desse mundo, especialmente quando, como é tão comum, esse conhecimento ajuda a desfazer preconceitos e a impedir julgamentos.

Se uma das principais funções da religião é proporcionar às pessoas a sensação de pertença, isso se torna ainda mais relevante quando tratamos de pessoas que se dedicam à vida religiosa. A dedicação à vida consagrada compõe de maneira especial o mundo que a pessoa habita, quer seja em seus aspectos simbólicos, quer seja em seus aspectos concretos, como, neste último caso, por exemplo, nas congregações religiosas, as quais exigem que seus membros deixem suas famílias de origem para viver em fraternidade nas congregações. Não só por isso, mas também por isso, podemos, ao olhar

fenomenologicamente para essas pessoas, entender que a vida consagrada traz como uma de suas consequências uma peculiar visão do mundo, um peculiar significado para o ser no mundo, o que deve ser levado em consideração em uma psicoterapia.

Conclusão

Um psicoterapeuta, independentemente da abordagem escolhida para se aproximar do sujeito humano, precisa ter uma cultura o mais vasta possível, dada a delicadeza de seu trabalho. Ao estar com um cliente em uma situação terapêutica, ao aceitar o convite para conhecer o mundo único dessa pessoa, o terapeuta tem que se postar nessa visita com um olhar curioso, aberto, atento e não julgador, atitude que, inegavelmente, é facilitada pela ampliação do mundo cultural do psicoterapeuta. Uma das maiores mudanças que um psicólogo pode alcançar ao estudar a Ciência da Religião é o enriquecimento de sua cultura, o qual se dá, especialmente, por três caminhos: o contato com profissionais e estudiosos de outros campos, os quais trazem novos pontos de vista, novas abordagens para um mesmo fenômeno; o contato mais profundo e denso com o mundo religioso, o próprio e o mais amplo, com sua história e seu futuro, com seus fascinantes mistérios; e o contato com a necessária humildade que deve ter um pesquisador das áreas ligadas ao sagrado, mesma qualidade que, embora imprescindível, é tão pouco levada em conta nas teorizações a respeito da psicoterapia.

O pesquisador da Ciência da Religião, ao dialogar com a psicoterapia como uma das áreas que possibilitam e até necessitam de estudos ligados ao mundo religioso, à espiritualidade e à religiosidade, pode também ampliar sua cultura, especialmente também por três caminhos: primeiro, uma ampliação dos conhecimentos referentes à Psicologia da Religião, com sua aplicação em processos psicoterapêuticos; segundo, uma maior atenção ao sujeito religioso, aos diálogos entre sua espiritualidade e sua religiosidade, especialmente em situações de crises; terceiro, mas não menos importante, a possibilidade de uma melhor compreensão sobre as diferenças entre os sofrimentos existenciais permeados pela religião e os sofrimentos psicopatológicos permeados pela religião.

Mais que tudo isso, no entanto, o ponto de encontro e de diálogo mais fértil entre a psicoterapia e a Ciência da Religião é a busca da ampliação da compreensão sobre o sujeito religioso, suas conquistas e suas dores, os caminhos que possam ajudá-lo a aventurar-se mais e mais em seu processo de humanização, quer dizer, na busca de sua plenitude e na melhor vivência de sua existência.

Referências bibliográficas

AMATUZZI, Mauro Martins (org.). *Psicologia e espiritualidade*. São Paulo: Paulus, 2005.

ANGERAMI-CAMON, Valdemar Augusto (org.). *Vanguarda em Psicoterapia Fenome-*

nológico-Existencial. São Paulo: Pioneira, 2004.

ARCURI, Irene G.; ANCONA-LOPEZ, Marília. *Temas em Psicologia da Religião*. São Paulo: Vetor, 2007.

BELLAK, Leopold; SMALL Leonard. *Psicoterapia de Emergência e Psicoterapia Breve.* Porto Alegre: Artes Médicas, 1980.

BELLO, Angela Ales. *Introdução à Fenomenologia.* São Paulo: Edusc, 2006.

GIOVANETTI, José Paulo. O Sagrado na psicoterapia. In: ANGERAMI-CAMON, Valdemar Augusto (org.). *Vanguarda em Psicoterapia Fenomenológico-Existencial.* São Paulo: Pioneira, 2004. pp. 1-26.

_____. Psicologia e espiritualidade. In: AMATUZZI, Mauro Martins (org.). *Psicologia e espiritualidade.* São Paulo: Paulus, 2005. pp. 129-145.

HYCNER, Richard; JACOBS, Lynne. *Relação e Cura em Gestalt-terapia.* São Paulo: Summus, 1997.

LEWIN, Kurt. *Problemas de Dinâmica de Grupo.* São Paulo: Cultrix, 1973.

MASSIH, Eliana. *Psicologia da Religião*; guia de disciplina e caderno de referência de conteúdo (EAD). Batatais: Centro Universitário Claretiano, 2007.

MASSIMI, Marina; MAHFOUD, Miguel. *Diante do Mistério*; Psicologia e senso religioso. São Paulo: Loyola, 1999.

MAY, Rollo. *Liberdade e destino.* Porto Alegre: Rocco, 1987.

MENDONÇA, Antonio Gouvêa. A Cientificidade das Ciências da Religião. In: TEIXEIRA, Faustino (org.). *A(s) Ciência(s) da Religião no Brasil*; afirmação de uma área acadêmica. São Paulo: Paulinas, 2001. pp. 103-150.

NEVILLE, Robert Cummings (ed.). *Ultimates Realities*; a volume in a comparative religious ideas project. New York: State University of New York Press, 2001.

PAIVA, Geraldo José de (org.). *Entre necessidade e desejo*; diálogos da Psicologia com a religião. São Paulo: Loyola, 2001.

PINTO, Ênio Brito. As Realidades Últimas e a Psicoterapia. *Anais do XI Encontro Goiano de Gestalt Terapia*, Goiânia-GO, v. 1 (2005), pp. 91-98.

_____. *Gestalt-terapia de Curta Duração para Clérigos Católicos*; elementos para a prática clínica. Tese de doutoramento. São Paulo: PUC-SP, 2007.

_____ (org.). *Gestalt-terapia*; encontros. São Paulo: Instituto de Gestalt de São Paulo, 2009.

_____. *Psicoterapia de Curta Duração na Abordagem Gestáltica*; elementos para a prática clínica. São Paulo: Summus, 2009.

_____. Espiritualidade e religiosidade: articulações. Disponível em: www.pucsp.br/rever/rv4_2009/t_brito.pdf; acesso em: 23/03/2010.

_____. *Os padres em psicoterapia*; esclarecendo singularidades. Aparecida: Ideias e Letras, 2012.

TEIXEIRA, Faustino (org.). *A(s) Ciência(s) da Religião no Brasil*; afirmação de uma área acadêmica. São Paulo: Paulinas, 2001.

VALLE, João Edênio dos Reis. *Psicologia e experiência religiosa.* São Paulo: Loyola, 1998.

Notas

[1] Neville, *Ultimates Realities*, pp. 14-16.

[2] Mendonça, A cientificidade das ciências da religião, p. 149.

[3] *Psicologia da Religião*, pp. 6s.

[4] Valle, *Psicologia e experiência religiosa*, p. 51.

[5] Bellak; Small, *Psicoterapia de emergência e psicoterapia breve*, p. 29.

[6] Ibid., p. 29.

[7] May, *Liberdade e destino*, p. 19.

[8] Lewin, *Problemas de dinâmica de grupo*, p. 77.

[9] Giovanetti, O Sagrado na psicoterapia, pp. 136.138.

[10] Bello, *Introdução à Fenomenologia*, p. 41.

[11] Ibid., p. 38.

[12] Ibid., p. 52.

[13] Ibid., p. 39.

14 Ibid., p. 39.
15 Ibid., p. 53.
16 Ibid., p. 54.
17 Ibid., p. 33.
18 Ibid., p. 46.
19 Pinto, Espiritualidade e religiosidade.
20 *Psicologia e experiência religiosa*, p. 260.
21 Giovanetti, O Sagrado na psicoterapia, p. 11.

Índice remissivo

A

Abelardo, P. 105
ação pastoral 328, 545, 575, 656, 663, 664, 665, 666, 667, 668, 669, 670, 671, 672, 673
afetos 162, 165, 166, 168, 171, 172, 276, 334, 335, 361, 686
África 104, 131, 138, 177, 218, 219, 222, 244, 302, 477, 486, 492, 493, 495, 496, 531, 532, 557, 559, 568, 596, 598, 599, 605
afro-brasileira 111, 193, 224, 226, 309, 440, 486, 495, 496, 531
Agostinho 153, 321, 610, 629, 630
Al Biruni 53
Aletti, M. 359
Al-Ghazali 103
Allport, G. 324, 341, 412
Altamira 104, 501
alteridade 76, 83, 92, 95, 144, 222, 239, 243, 400, 519, 600, 613, 637
Alves, R. 199, 655, 666
Amatuzzi, M. 402
Anaximandro 54
Ancona-Lopez, M. 403
Andrade, M. M. 637
animismo 81, 244, 245, 527, 528, 529, 530, 531, 532, 533, 534
Anquetil-Duperron, A. H. 54
antropologia 371, 526
aplicação 22, 23, 24, 25, 26, 27, 64, 79, 82, 102, 130, 263, 283, 290, 333, 335, 351, 385, 412, 426, 474, 500, 573, 574, 575, 576, 577, 578, 586, 590, 599, 641, 649, 652, 656, 658, 659, 663, 668, 669, 687
aprendizagem experiencial 585
aprendizagem inter-religiosa 585, 586, 649
Aquino, T. de 110, 145, 178, 630
Aristóteles 102, 103, 147, 161, 163, 164, 458, 499, 502, 630
Armstrong, K. 501, 502, 503
Arnold, F. X. 253, 425, 519, 557, 623, 665, 666
arte religiosa 266, 441, 557, 558, 568
arte sacra 557
Asad, T. 232, 250, 251
Assmann, A. 478
Assmann, H. 137
Assmann, J. 470
ateísmo 51, 116, 120, 121, 323, 388, 592, 655, 658
ateísmo metodológico 51
Atran, S. 327, 388, 390
Azzi, R. 224, 225, 258

B

Bacon, R. 53, 119
Barker, E. 237
Barth, F. 492, 494
Barth, K. 144, 145, 320
Bastide 224, 289, 290, 293, 294, 521
Beal, S. 57
Beckford, J. A. 232, 237
behaviorismo 167
Bellah, R. N. 214, 235, 236
Bell, J. 557, 558
Bello, A. A. 682
Belzen, J. van 316, 356, 385, 389, 392
Bendix, R. 205, 206
Benjamin, W. 324, 606
Benz, E. 577
Beozzo, J. O. 224, 225
Berger, J. G. I. 56
Berger, P. L. 189, 214, 235, 236, 237, 257, 259, 260, 261, 263, 264, 265, 305, 546
Bernard, H. R. 55, 105, 180
Bertholet, A. 58
Beyer, P. 232, 651
Bianchi, U. 219
Big-Bang 118, 123
Binsbergen, W. van 499, 500
biologia 369, 378, 520

ÍNDICE REMISSIVO

Bodin, J. 55, 105
Boff, C. 178, 652, 658
Boff, L. 225, 666
Bopp, F. 54
Bourdieu, P. 17, 189, 190, 194, 195, 196, 257, 259, 263, 268, 269, 270, 271, 295, 296, 297, 581
Bowie, F. 250
Boyer, P. 327, 358, 388, 390, 391, 392, 393, 394
Brandão, C. R. 310, 521, 632
Brandt, H. 40, 650
Brasil 22, 23, 34, 37, 44, 45, 63, 70, 110, 124, 172, 175, 177, 188, 189, 190, 191, 192, 193, 198, 200, 220, 223, 224, 225, 226, 227, 233, 236, 281, 282, 302, 306, 307, 308, 309, 310, 311, 315, 317, 357, 359, 384, 429, 495, 496, 504, 524, 527, 531, 532, 539, 540, 541, 543, 544, 558, 560, 566, 574, 606, 612, 613, 617, 620, 621, 622, 624, 627, 630, 650
Braun, W. 21
Brelich, A. 77, 219, 222, 223
Bremen, A. von 53
Bronfenbrenner, U. 412
Brosses, Ch. de 55
Bruce, S. 189, 258, 264, 267
Bruner, J. 392
Buber, M. 110
Budismo 57, 102, 103, 164, 219, 232, 277, 291, 295, 308, 502, 568, 595, 599, 600, 617
Bulbulia, J. 47
Bultmann, R. 110, 464, 465, 504, 505

Buren, P. van 505
Burkert, W. 372
Burnett, J. 57
Burnouf, E. 54

C

Calvino, J. 109, 593
Câmara Cascudo, L. da 532
Campbell, C. 40, 237, 302, 308, 558
campo religioso 189, 194, 195, 196, 227, 259, 268, 269, 270, 271, 296, 297, 298, 301, 302, 304, 309, 311, 349, 354, 400, 441, 533, 539, 540, 549, 552, 619, 685, 686
Campos, B. M. 187
Campos, L. S. 521, 541
Campos, R. B. C. 307
Camurça, M. A. 190, 309, 652
cânon 471, 472, 485
Cardeña, E. 424, 431
carisma 190, 288, 289, 298, 302, 303, 304, 305, 616
Carneiro, S. de S. 621
Carranza, B. 441
Carvalho, J. M. de 630, 632
Casanova, J. 235, 236
Cassirer, E. 283, 506
catequese 132, 604, 605, 606, 607, 609, 610
Catolicismo 44, 104, 116, 193, 194, 211, 223, 224, 225, 226, 290, 292, 294, 302, 306, 307, 310, 357, 362, 540, 543, 544, 545, 549, 550, 575, 592, 593, 605, 618, 627, 632, 633, 642, 663, 665

cérebro 268, 316, 368, 370, 371, 374, 375, 376, 377, 384, 386, 388, 389, 390, 394, 395, 444, 445, 446, 448, 453
Certeau, M. de 225, 627, 630
Cesareia, E. de 220
César, W. 441
ceticismo 42, 47, 68, 147, 163, 165, 209, 236, 652
Champion, F. 309
Cherbury, E. H. de 55, 105
China 77, 103, 104, 218, 244, 302, 501, 557, 561
Cícero 104, 307, 423, 611
cidadania 24, 26, 234, 239, 573, 608, 612, 613, 627, 630, 635, 636, 637
ciência aplicada 201, 577
Ciência da Religião comparada 55, 59
Ciência da Religião no Brasil 45, 46, 193
Ciência Prática da Religião 573, 576, 577, 579, 580, 582, 583, 584, 585, 586, 587, 649
ciência pura 27, 578
ciências modernas 22, 23, 24, 25, 26, 27, 104, 177, 664, 669, 670
cientista religioso 200, 201
Claraval. B. de 103
Clarke, J. F. 59
Claval, P. 278
Cleary, E. 307
cognição 348, 358, 391, 440, 444, 445, 446, 447, 448, 450, 453, 683
Cohen, A. B. 373
colonialidade 130
colonialidade do poder 130

ÍNDICE REMISSIVO

Comblin, J. 225, 666
Comte, A. 106, 120, 233, 606
comunidade moral 214
conceito de texto 451, 452
concordismo 118, 125
Conferências de Filósofos do Oriente e do Ocidente 107
confessionalidade 220, 226, 652
conflitos etno-religiosos 594
conhecimento religioso 34, 108, 143, 145, 146, 149, 151, 153, 266, 612, 634
Coomaraswamy, A. K. 107
corporeidade 367, 369, 370, 371, 373, 378, 682, 683
Cortês, F. 134, 135
Cosmides, L. 385
cosmologia 122, 123, 139, 303, 308, 493, 494, 495, 525, 530, 560
Costa, J. 296, 297
crença(s) 20, 25, 34, 41, 51, 53, 59, 88, 101, 102, 103, 104, 105, 106, 107, 109, 111, 115, 124, 147, 148, 149, 150, 152, 153, 166, 170, 172, 178, 179, 187, 189, 190, 194, 198, 200, 205, 206, 207, 208, 210, 211, 212, 213, 221, 222, 223, 227, 231, 232, 233, 235, 238, 239, 244, 246, 247, 249, 250, 251, 252, 261, 263, 266, 269, 271, 277, 279, 287, 288, 291, 293, 294, 295, 298, 303, 304, 307, 310, 316, 334, 336,

337, 338, 339, 340, 353, 361, 387, 388, 394, 400, 401, 402, 403, 412, 414, 423, 428, 429, 431, 432, 462, 490, 491, 494, 495, 501, 508, 513, 514, 515, 516, 517, 520, 521, 522, 523, 527, 528, 529, 530, 531, 532, 533, 539, 546, 557, 560, 565, 567, 581, 594, 596, 599, 603, 606, 608, 611, 612, 643, 654, 655, 684, 685
criptoteologia 41, 45, 575, 658
crise das instituições religiosas 190, 302
Cristianismo 21, 34, 41, 53, 54, 55, 56, 82, 84, 89, 93, 103, 105, 106, 109, 111, 115, 117, 118, 123, 125, 135, 136, 137, 138, 145, 152, 153, 164, 176, 193, 200, 220, 225, 232, 264, 277, 288, 289, 290, 291, 292, 295, 302, 303, 305, 307, 309, 347, 471, 472, 476, 478, 502, 505, 506, 507, 533, 534, 539, 540, 548, 562, 563, 564, 575, 587, 595, 596, 598, 599, 610, 628, 636, 665, 666, 669, 671, 672
crítica da religião 105, 187, 323, 583
Croatto, J. S. 471, 472, 500, 508, 509
Cruz, E. R. 649, 651
Cudworth, R. 108

cultura e psicopatologia 428
cultura gospel 543
cultura(s) 24, 25, 41, 42, 52, 53, 76, 77, 78, 79, 80, 81, 84, 87, 89, 90, 93, 115, 123, 125, 131, 132, 133, 134, 138, 139, 140, 144, 145, 161, 162, 163, 170, 171, 176, 177, 212, 219, 220, 222, 223, 224, 225, 227, 231, 234, 239, 243, 245, 246, 247, 248, 252, 268, 277, 279, 283, 287, 292, 310, 315, 321, 336, 339, 340, 351, 355, 356, 358, 360, 362, 368, 369, 370, 371, 372, 373, 374, 377, 385, 386, 388, 389, 390, 392, 393, 394, 395, 403, 405, 406, 411, 415, 416, 424, 425, 428, 430, 440, 441, 444, 445, 448, 449, 450, 451, 452, 453, 460, 466, 474, 485, 487, 489, 490, 491, 492, 493, 495, 499, 500, 502, 506, 507, 508, 509, 514, 517, 520, 521, 525, 526, 529, 530, 531, 532, 533, 534, 540, 543, 544, 545, 546, 547, 552, 558, 559, 561, 565, 566, 567, 574, 576, 583, 585, 591, 593, 604, 605, 606, 607, 608, 609, 612, 613, 618, 619, 621, 627, 628, 629, 631, 632, 633, 634, 635, 636, 639, 640, 641, 642,

ÍNDICE REMISSIVO

645, 646, 678, 679, 684, 687
Cusa, N. de 105

D

Damásio, A. 359, 390
DaMatta, R. 521
Damiano, P. 103
Darmesteter, J. 57
Darwin, Ch. 118
darwinismo 118, 168, 358
Davie, G. 234
Dawkins, R. 107, 116, 120, 122
Dawson, A. 308, 309
Dawson, L. L. 238
Deacon, T. W. 444, 445, 446, 447, 448, 451, 452
Deffontaines, P. 278
De Martino, E. 78, 219, 221
demitologização 465
Dennett, D. 107, 116, 120
denominação religiosa 557, 575, 663, 664, 665, 666, 672, 673
De Rosa, G. 221
Descartes, R. 147, 530
Desideri, I. 104
Dilthey, W. 40, 122, 458, 461, 466
dinâmica religiosa 189, 269, 271, 474
dissociação 424, 546
Donald, M. 40, 68, 359, 368, 448, 449, 450
Douglas, M. 252
doutrina da criação 118, 123
doxástico 34, 149, 153
Draper, J. W. 116
Dubuisson, D. 40, 77
Duby, G. 221
Duns Scotus, J. 145
Durkheim, É. 187, 205, 206, 207, 208, 209, 213, 221, 232, 233, 234,

245, 247, 248, 249, 268, 287, 288, 290, 294, 353, 518, 591, 616, 623
Dussel, E. 224, 526, 530, 535

E

Eade, J. 623, 624
ecologia 179, 181, 280, 586
educação 265, 288, 361, 487, 521, 574, 583, 603, 604, 605, 606, 607, 608, 609, 610, 611, 613, 627, 628, 629, 630, 631, 632, 633, 634, 635, 636, 637, 643
efervescência coletiva 209
Einstein, A. 126
Eliade, M. 33, 37, 38, 39, 40, 41, 43, 47, 75, 76, 77, 79, 80, 91, 92, 93, 94, 108, 219, 222, 282, 290, 293, 462, 500, 504, 505, 506, 507, 508, 509, 521, 558, 580, 582, 633, 636, 651
êmico/ético 41
empírico 19, 24, 25, 39, 41, 42, 43, 51, 80, 81, 117, 167, 177, 236, 266, 302, 325, 412, 506, 514, 516, 623
ensino religioso 233, 295, 317, 574, 576, 578, 603, 605, 606, 607, 608, 609, 610, 611, 612, 613, 651, 657
epistemologia 26, 27, 37, 38, 68, 87, 91, 94, 101, 102, 109, 133, 139, 146, 147, 149, 282, 297, 328, 496

epistemologia reformada 109
Eranos (conferências) 107
Erikson, E. H. 339, 340, 342, 343, 412, 418
esboço de pesquisa 64
escola 108, 148, 162, 163, 165, 166, 168, 170, 217, 220, 294, 336, 342, 362, 584, 603, 604, 605, 606, 607, 608, 609, 610, 611, 613, 623, 629, 632, 635, 641, 643, 645, 658
escolástica 103, 149, 654, 665
escrituras 151, 153, 277, 291, 440, 443, 469, 470, 471, 472, 473, 475, 476, 477, 478, 479, 612
esfera religiosa 211, 213, 302, 540, 599, 670
esotérico 107, 289, 308, 424
espaço sagrado 281, 282, 283, 597
espiritualidade 124, 126, 172, 179, 238, 308, 309, 316, 319, 386, 393, 399, 400, 401, 402, 403, 404, 405, 406, 407, 412, 448, 526, 531, 532, 545, 548, 567, 568, 582, 621, 622, 656, 658, 677, 678, 679, 680, 681, 682, 683, 684, 687
Estado Moderno 640
estados alterados 317, 336, 338, 340, 373, 423, 424, 425, 432
estágios da fé 412, 413
estética 95, 389, 451, 526, 533, 534, 567
estudos de religião 130, 133, 138, 140, 161, 162,

694

189, 243, 245, 247, 574, 575, 599, 615, 651

ética 34, 76, 102, 125, 145, 161, 162, 163, 164, 165, 166, 167, 195, 209, 210, 211, 258, 289, 291, 316, 334, 339, 341, 356, 502, 519, 532, 533, 534, 567, 580, 583, 584, 591, 593, 627, 642, 657, 678, 683

etnocentrismo 41, 78, 84, 91, 95

Evans-Pritchard, E. E. 247, 252, 492, 493

evemerismo 55

Evêmero 55, 104

evolução 46, 59, 88, 111, 117, 118, 119, 120, 132, 134, 138, 208, 217, 221, 245, 254, 278, 279, 293, 316, 320, 322, 323, 328, 336, 355, 358, 371, 373, 374, 383, 384, 385, 387, 388, 390, 391, 392, 393, 395, 406, 411, 413, 417, 444, 445, 446, 448, 476, 507, 530, 534, 606, 610, 633, 643, 670

evolucionária 348, 387, 390, 412

existência de Deus 105, 107, 109

experiência religiosa 42, 57, 81, 82, 88, 102, 104, 106, 109, 111, 117, 121, 122, 143, 149, 190, 194, 289, 290, 291, 292, 294, 297, 298, 305, 323, 327, 333, 335, 336, 337,

338, 340, 341, 342, 343, 349, 369, 370, 374, 375, 389, 402, 403, 423, 424, 439, 443, 444, 462, 463, 500, 521, 543, 560, 610, 616, 621, 633, 664, 671, 673, 679

expressão corporal 425, 448

êxtase religioso 443

F

Fa-Hien 53

Fanon, F. 131, 132, 535

Fausböll, M. V. 54, 57

Fávero, O. 631

fé 34, 53, 55, 76, 81, 82, 83, 84, 86, 88, 89, 90, 91, 105, 106, 109, 110, 111, 117, 119, 126, 135, 136, 145, 146, 149, 150, 151, 152, 153, 177, 179, 181, 187, 193, 195, 198, 221, 232, 252, 264, 267, 279, 303, 304, 305, 310, 323, 324, 336, 341, 342, 347, 352, 357, 361, 401, 402, 411, 412, 413, 414, 418, 419, 429, 464, 465, 505, 521, 544, 552, 553, 565, 580, 581, 589, 592, 593, 597, 599, 603, 610, 611, 618, 621, 630, 637, 650, 652, 653, 654, 655, 657, 658, 659, 664, 667, 668, 670, 671, 673, 680, 686

Febvre, L. 221

feitiçaria 252, 377, 529

fenomenologia 370, 650

fenomenologia da religião 650

fenômenos anômalos 389

Feuerbach, L. 106, 136, 137, 138, 144, 260

Fickeler, P. 280

fides qua creditur 152

fides quae creditur 152

filosofia 530, 579, 589, 607, 632

Finke, R. 189, 237, 257, 258, 263

Finnegan, R. 489

Fitzgerald, Th. 40

Flournoy, Th. 336, 342

Flügge, Ch. W. 56

Fontenelle, B. B. de 55, 105

Foucault, M. 226, 367

Fowler, J. 412, 413, 414, 415, 416, 417, 418

Frankl, V. 322

Frazer, J. G. 245, 246, 293, 503, 504, 505, 509, 527

Freire, G. 521, 629, 631

Freston, P. 307, 540

Freud, S. 80, 106, 107, 122, 144, 205, 321, 323, 324, 339, 340, 343, 360, 389, 392, 412, 415, 505, 682

G

Gadamer, H.-G. 459, 464, 466

Gaignières, F. R. de 639

Gambini, R. 406

Gardner, H. 412

Gauchet, M. 214

Geertz, A. W. 378, 386

Geertz, C. 249, 250, 251, 252, 281, 367, 390, 392, 485

Geffré, C. 464, 465

Gellner, E. 492

ÍNDICE REMISSIVO

generalizabilidade 66, 67
Gennep, A. van 253, 519, 623
geografia 530, 643, 682
Gestalt 341, 390, 679, 682
Gettier, E. L. 148
Giddens, A. 635
Gifford, A. L. 57
Gil Filho, S. F. 189, 283
Ginzburg, C. 225, 629
Giovanetti, J. P. 681
Girgensohn, K. 337, 343
Giumbelli, E. 298, 651
Gleiser, M. 122
gnose liminar 139
Góes, L. T. de 508
Goldstein, W. S. 236
Gombrich, E. H. 557
Gomes, W. B. 316
Goodman, P. 586
Goody, J. 252, 474, 486, 488, 489, 490, 491, 492, 493, 495, 496, 533
Gould, St. J. 121, 656
Gramsci, A. 221, 226
Greschat, H.-J. 575, 650, 653, 654, 659
Guénon, R. 107
Guerriero, S. 189, 308
Guimarães, A. 39
Gutiérrez, G. 666

H

Habermas, J. 635
hábitos 162, 164, 165, 166, 168, 169, 170, 172, 191, 244, 247, 522
Hall, G. 336
Hall, G. S. 412
Hall, S. 323, 343, 495
Hampâté Bâ, A. 486, 487, 488, 493, 525, 531, 532
Hardy, E. 59

Harrison, P. 117
Hastings, J. 58
Hauck, J. F. 225
Hawking, S. 124
Hechter, M. 189, 263, 264
Heelas, P. 238
Hegel, G. W. F. 55, 87, 102, 105, 106, 136, 194, 530
Heidegger, M. 80, 84, 110, 282, 459, 460, 464, 466, 504
Hellern, V. 297
Henning, G. 412
Herder, J. G. 55, 584
heresias 290, 305, 647
Herman, J. 226
Hermans, H. J. M. 385, 392, 394
hermenêutica 85, 94, 122, 133, 134, 136, 179, 180, 284, 327, 357, 440, 457, 458, 459, 460, 461, 462, 464, 465, 466, 521, 582, 610, 652, 658
hermenêutica diatópica 133, 134
Heródoto 53
Hervieu-Léger, D. 214, 238, 672
Hibbert, R. 57
Hieun-Tsiang 53
Hinduísmo 53, 57, 103, 125, 232, 291, 294, 308, 472, 474, 502, 534, 593, 599, 600, 617
história cultural 78, 220
história das religiões 39, 55, 76, 218, 473, 475, 521, 586, 636
história disciplinar 52, 60
história religiosa 83, 219, 220
Hock, K. 470, 650, 652, 653
Hood, R. W. 412, 424
Hoornaert, E. 224, 225

hormônios 369
Houtart, F. 294, 295
Hume, D. 55, 105, 122, 147, 162, 165, 166, 167, 168, 335, 342
Huntington, S. 76, 235, 280, 598
Husserl, E. 40, 45, 75, 80, 83, 84, 85, 87, 102, 108, 110, 282, 458, 682

I

IAHR (Associação Internacional para a História das Religiões) 39, 59, 60, 227, 585
Iannaccone, L. 189, 237, 257, 258, 263, 264, 266, 267
Ibn Hazm 53
ícone 445, 563, 564, 592
Igreja 23, 53, 84, 116, 119, 151, 152, 192, 220, 224, 226, 236, 260, 266, 288, 289, 290, 294, 295, 296, 297, 302, 305, 306, 307, 308, 309, 310, 389, 476, 492, 539, 541, 542, 543, 544, 545, 550, 551, 562, 563, 564, 565, 566, 592, 598, 604, 605, 607, 608, 610, 618, 619, 622, 629, 631, 640, 665, 666, 667, 668, 669
Igreja Católica 119, 151, 192, 220, 226, 266, 290, 294, 295, 302, 305, 306, 307, 309, 310, 389, 476, 543, 544, 545, 563, 564, 566,

696

592, 604, 605, 610, 629, 631, 640, 666
Igrejas 225, 277, 288, 289, 297, 305, 563, 564, 598, 609, 666
Igreja Universal 539, 541, 542
igualdade 131, 171, 207, 209, 405, 627, 629, 630
Índia 53, 54, 57, 103, 104, 138, 139, 218, 244, 277, 474, 475, 501, 557, 561, 568, 595
individualismo 76, 206, 207, 208, 209, 213, 214, 234, 237, 239
Iniesta, F. 532, 534
institucionalização 18, 19, 24, 25, 45, 52, 56, 209, 211, 212, 282, 288, 289, 290, 400, 640
instituição 190, 194, 208, 220, 250, 266, 287, 290, 294, 295, 297, 298, 301, 302, 304, 305, 306, 307, 308, 309, 310, 311, 334, 336, 360, 478, 500, 518, 531, 533, 546, 603, 604, 607, 613, 628, 632, 633, 634, 666, 667, 673
interdisciplinaridade 110, 175, 315
International Association for the History of Religion 59, 227
Islã 53, 57, 103, 104, 125, 146, 164, 232, 235, 250, 277, 279, 291, 294, 295, 477, 502, 506, 533, 534, 592, 593, 595, 596, 598, 599, 617

J

James, W. 57, 290, 323, 336, 342, 373, 389, 412, 423, 424
Jardine, A. M. 412
Jensen, J. 43
Jesus Cristo 44, 93, 145, 152, 465
Jonas, H. 504, 505
Jordan, L. H. 59
Judaísmo 53, 103, 125, 146, 164, 210, 211, 213, 226, 277, 291, 303, 471, 476, 502, 506, 593, 617
Jung, C. G. 40, 107, 339, 340, 343, 505, 682
Junqueira, S. 574
justificação 147, 148, 149, 150, 198, 199, 460, 577, 584, 642, 646

K

Kant, I. 55, 83, 102, 105, 108, 110, 147, 165, 166, 280
Kardec, A. 125
Kelly, E. F. 428
Kierkegaard, S. 106, 110, 335, 342
Kirkpatrick, L. A. 351, 355, 386, 387, 412
Koenig, H. G. 400, 404
Kohlberg, L. 338, 405, 412
Kong, L. 275, 277, 280
Körös, A. C. de 59
Krippner, S. 424
Kübler-Ross, E. 406
Kuhn, Th. 120, 199, 385, 578, 653
Küng, H. 177, 584, 652

L

laicidade 233
Lans, J. M. van der 350, 429

Las Casas, B. de 132, 135
Lascaux 104, 501
Leeuw, G. van der 79, 84, 85, 86, 87, 88, 90, 91, 92, 93, 108, 222
Legge, J. 57
Le Goff, J. 221, 225
Lehmann, J. E. 58
letramento 440, 485, 486, 489, 490, 491, 496
Leuba, G. 337, 343
Lévi-Strauss, C. 95, 248, 252, 253, 254, 490, 493, 629
Lewis, I. M. 430
liberdade religiosa 237, 265, 592, 607, 608
Liégé, P. A. 665, 666
Lincoln, B. 40
Locke, R. G. 428
lógica modal 109
Lotman, I. M. 451, 452, 453
Luca, G. de 221
Luckmann, Th. 232, 235, 236, 259, 305, 546
Lucrécio 104
Ludwig, A. 108, 136, 144, 425, 426
lugar de enunciação 139, 140
lugar sagrado 507, 616, 617
Lúlio, R. 105
Lyotard, J.-F. 76

M

MacCannell, D. 621
Machado, M. d. D. 187
magia 83, 169, 188, 205, 211, 222, 232, 245, 247, 248, 252, 406, 485, 486, 487, 490, 492, 503, 532, 619
Magnani, J. G. C. 309, 521
Malandrino, B. 495
Malinowski, B. 247, 504
Malraux, A. 641, 642

ÍNDICE REMISSIVO

Marcel, G. 110, 247, 249, 268, 271, 307, 519
Mardones, J. M. 672
Mariano, R. 188, 302, 521
Mariategui, J. C. 132
Mariz, C. L. 190, 236
marketing religioso 441, 540, 541, 542, 544, 547
Martelli, S. 288, 289
Martin, D. 235, 236, 306, 404, 459, 504
Marx, K. 102, 105, 106, 107, 137, 144, 187, 209, 233, 259, 268, 270, 271, 281, 665
Maslow, A. H. 340, 341, 343, 400
Massih, E. 316, 368, 679
Mattelart, A. 545
Mattoso, J. 636
Mauss, M. 247, 249, 268, 271, 293, 519, 520, 523
McCauley, R. 43
McCutcheon, R. 21, 40, 79, 651
McMullin, E. 118
McNamara, P. 374
mecânica quântica 123, 124
mecanicismo 119, 123, 224
Megástenes 53
memória 52, 150, 288, 289, 307, 338, 349, 353, 359, 360, 376, 390, 429, 447, 450, 453, 486, 487, 488, 490, 491, 493, 494, 496, 515, 516, 517, 530, 628, 641, 643, 647, 683
Mendonça, A. G. 45, 193, 194, 198, 290, 678
Mensching, G. 578, 580, 581
mente 38, 46, 52, 122, 124, 135, 161, 163, 197, 248, 250, 254, 317,

326, 356, 358, 367, 369, 374, 384, 388, 389, 390, 391, 392, 393, 394, 395, 413, 425, 448, 450, 451, 486, 490, 491, 523, 533, 541, 581, 593, 599, 604, 630, 649, 677
mercado 189, 237, 257, 258, 260, 261, 262, 263, 264, 265, 266, 267, 270, 523, 543, 544, 546, 551, 553, 589, 590, 592, 593, 619, 620, 634, 635, 636
mercado turístico 620
Meso-América 104
método indutivo 119, 120
metodologia 33, 37, 63, 64, 65, 67, 68, 70, 178, 180, 220, 226, 337, 457, 611
métodos 17, 18, 19, 23, 26, 27, 33, 41, 44, 46, 47, 52, 56, 59, 63, 64, 65, 66, 67, 68, 69, 70, 84, 103, 121, 122, 162, 180, 181, 219, 227, 231, 246, 248, 282, 333, 334, 357, 362, 403, 413, 431, 440, 457, 461, 465, 466, 471, 473, 474, 518, 521, 524, 578, 579, 581, 585, 604, 605, 650, 685
métodos qualitativos 64, 65, 66
métodos quantitativos 65, 66, 69
mídia religiosa 441, 540, 541, 545, 547, 548, 549, 551, 552
Mignolo, W. 139, 527
mimetismo 449

Minaev, I. P. 60
mística 41, 81, 82, 83, 89, 102, 103, 107, 111, 124, 151, 219, 289, 293, 294, 305, 309, 336, 359, 370, 393, 395, 426, 430, 441, 502, 508, 532, 568, 622, 628, 637, 655
Mithen, S. 377, 392, 393, 394, 559
mitologia 56, 107, 244, 493, 501, 502, 503, 504, 505, 507, 508, 528, 560, 561, 562, 565
mito(s) 21, 40, 46, 55, 92, 94, 117, 122, 133, 139, 189, 211, 218, 221, 222, 223, 246, 247, 250, 251, 252, 253, 254, 283, 291, 334, 349, 356, 358, 400, 402, 440, 447, 449, 450, 453, 457, 461, 462, 464, 465, 466, 485, 488, 493, 494, 496, 499, 500, 501, 502, 503, 504, 505, 506, 507, 508, 509, 515, 516, 517, 519, 530, 533, 534, 558, 560, 561, 581, 591, 595, 600, 621, 627, 644, 656, 678, 679
modelos teóricos 304, 377
modernidade 34, 70, 76, 116, 117, 121, 122, 139, 169, 173, 181, 188, 205, 206, 209, 212, 214, 221, 227, 232, 234, 236, 238, 239, 259, 260, 261, 264, 270, 289, 293, 305, 335, 341, 358, 386, 492, 493, 502, 504, 505, 508, 523, 527,

698

ÍNDICE REMISSIVO

531, 535, 547, 552, 567, 593, 597, 615, 618, 620, 621, 631, 636, 663
modernidade religiosa 238
Monod, J. 120
Monteiro, D. T. 224
morte 39, 53, 77, 86, 89, 121, 137, 151, 152, 210, 212, 238, 245, 258, 263, 270, 279, 316, 339, 340, 357, 394, 399, 402, 405, 406, 407, 419, 472, 474, 477, 501, 502, 504, 505, 507, 559, 567, 568, 594, 628, 642, 668
Mueller, Ê. R. 151
Müller, M. F. 20, 56, 57, 58, 81, 129, 138, 139, 217, 469, 573, 577, 579
mundo do texto 461
mundo pluriversal 130

N

Nag Hammadi 104
Negrão, L. 307, 521
Nina Rodrigues, R. 224, 527, 528, 529
Nobili, R. de 104
Noël, F. 54
Nora, P. 225
Notaker, H. 297
Nova Era 124, 172, 190, 250, 308, 309, 310
novo paradigma 237, 257, 258, 264, 385, 643
novos movimentos religiosos 190, 193, 235, 237, 264, 307, 308, 635, 659

O

Obadia, L. 246, 249

Oceania 104, 244, 492, 494, 496, 605
Oliveira, P. R. 297
ontologia 92, 94, 282, 283, 459, 460, 462, 466
oralidade 440, 474, 485, 488, 489, 490, 494, 495, 496, 505, 506, 533
organização 58, 144, 177, 190, 207, 208, 209, 212, 219, 278, 281, 287, 288, 289, 291, 292, 293, 294, 295, 296, 297, 298, 302, 320, 322, 342, 378, 388, 401, 418, 444, 447, 452, 460, 472, 492, 494, 527, 546, 591, 600, 603, 604, 605, 609, 611, 620, 623, 629, 630, 635, 652, 667, 668, 673, 679
Oriente 104, 107, 138, 172, 218, 244, 500, 562, 564, 593, 598, 620, 639, 642, 645
Oriente Médio 104, 172, 218, 500, 593, 620, 639, 642, 645
origem da linguagem 444, 445, 446, 448
origem da religião 55, 105, 137, 246, 388, 446
ortodoxia 124, 290, 647, 663, 668, 669
Otto, R. 75, 79, 80, 81, 82, 83, 84, 85, 87, 88, 90, 92, 93, 108, 144, 222, 464, 521, 558, 578, 584

P

Pace, E. 296, 574
Paden, W. 521

paisagem religiosa 104, 490
Paiva, G. J. de 316, 385, 389, 390, 393, 400, 406, 407
Paiva, J. M. 629
Paiva, V. 631, 634
Palmer, E. H. 57, 457
Paloutzian, R. F. 385
Pargament, K. I. 401, 403
Park, Ch. 280, 385, 412
participação religiosa 195, 237, 238, 264, 265
Passos, M. 574
patrimônio cultural 495, 575, 576, 639, 641, 643
patrimônio da humanidade 636
peregrinações 253, 278, 523, 574, 615, 617, 618, 619, 620, 621, 622, 623, 624
pesquisa de métodos mistos 65, 67
Petrovsky, N. F. 60
Pettazzoni, R. 75, 77, 79, 80, 84, 219, 221, 222, 223, 578
Pfister, O. 324, 360
Piaget, J. 316, 338, 343, 405, 412, 414
Pierucci, A. F. 45, 194, 195, 200, 302, 521
Planhol, X. de 278
Plantinga, A. C. 109
Platão 102, 147, 197, 457, 491, 499, 502
Plotino 102
pluralismo 55, 109, 122, 181, 213, 235, 236, 237, 260, 261, 522, 583, 596, 600, 607, 608, 652, 666, 672
pluralismo religioso 55, 122, 181, 235, 236, 237, 260, 261, 522, 596, 600, 607, 652

poder colonial 129, 139
polissemia 453, 460, 518
Popper, K. 40, 79, 653
pós-graduação 45, 47, 192, 195, 224, 225, 227, 282, 634
positivismo 68, 103, 106, 108, 111, 120, 124, 233, 328, 568, 631
positivismo lógico 68, 108
possessão 198, 399, 424, 427, 430, 431, 549
Prandi, R. 521
Prigogine, I. 123
princípio antrópico 124
programa eliadiano 38, 39, 41, 44, 47
Pruyser, P. 324, 360
psicologia 328
psicopatologia 359, 399, 680
psicoterapia 322, 389, 399, 402, 405, 407, 576, 677, 678, 679, 680, 681, 682, 683, 684, 685, 686, 687
psicoterapia clínica 402, 405, 407
Puech, H. Ch. 219, 223
Pye, M. 125
Pyysiäinen, I 358, 390, 391

Q

Qumrá 104

R

racionalismo 27, 82, 84, 88, 136, 162, 165, 211, 232, 289, 461, 519, 605, 657
Radcliffe-Brown, A. R. 247
Rahner, K. 464, 665, 667
Ramos, A. 224
Reagan, Ch. 461
recepção 454, 460, 465, 476, 478, 546

redução 40, 105, 106, 120, 165, 166, 167, 232, 248, 267, 289, 339, 374, 375, 426, 427, 619
Reid, Th. 149
relações internacionais 574, 583, 589, 590, 591, 592, 593, 595, 599, 600, 646
religião (conceito de) 34, 41, 42, 138, 222, 232, 243, 251, 252
religião do coração 106
religião(ões) comparada(s) 21, 107, 110, 144, 580, 664, 672
religiões mundiais 232, 259, 519, 591, 595, 617
religiosidade 57, 68, 76, 78, 79, 81, 82, 83, 86, 87, 90, 91, 93, 104, 107, 111, 132, 195, 196, 206, 207, 224, 226, 227, 238, 254, 265, 270, 306, 308, 309, 315, 316, 317, 323, 324, 327, 328, 335, 336, 337, 338, 339, 340, 341, 342, 343, 348, 355, 357, 370, 375, 385, 386, 390, 391, 392, 393, 399, 400, 401, 402, 403, 404, 407, 412, 416, 532, 533, 534, 568, 576, 610, 611, 617, 618, 624, 635, 658, 677, 678, 679, 680, 681, 684, 685, 687
Renan, E. 574, 591
Renascimento 116, 197, 565, 566, 605, 641
Renovação Carismática 306, 307, 308, 309, 310, 542

representação social 354, 548
revelação 34, 55, 85, 87, 94, 103, 104, 111, 116, 122, 144, 145, 153, 180, 198, 199, 200, 288, 354, 474, 501, 659, 667, 668, 669
revolução científica 385
Rhys Davids, T. W. 57
Ricci, M. 104
Ricoeur, P. 460, 461, 462, 464, 465, 466
Rinschede, G. 276
Risério, A. 526, 533
rito 92, 94, 222, 252, 253, 464, 470, 491, 494, 495, 506, 513, 514, 516, 519, 623
ritual 66, 70, 92, 132, 244, 252, 253, 254, 281, 308, 354, 359, 361, 401, 406, 418, 427, 431, 451, 463, 490, 491, 493, 494, 496, 501, 503, 506, 507, 515, 516, 517, 519, 520, 522, 523, 533, 623
Rizzuto, M. A. 359, 413, 414, 415, 416
Rodrigues, N. 636
Rosa, J. G. 161, 633
Rosendahl, Z. 281, 282
Rousseau, J.-J. 55, 604, 640

S

Sabbatucci, D. 77
saberes locais 133
saberes subalternizados 129, 140
sagrado 22, 39, 40, 41, 47, 76, 77, 81, 83, 89, 92, 94, 119, 144, 145, 205, 207, 208, 219, 222, 236, 237, 247,

248, 249, 250, 259,
260, 264, 280, 281,
282, 283, 284, 289,
290, 291, 297, 306,
370, 393, 413, 414,
418, 461, 462, 463,
464, 466, 470, 472,
477, 486, 487, 500,
501, 503, 504, 509,
515, 516, 518, 520,
521, 522, 523, 526,
527, 532, 547, 552,
557, 560, 562, 578,
582, 591, 615, 616,
617, 618, 619, 621,
679, 685, 686, 687
sagrado instituído 290
sagrado selvagem 289, 290
Saler, B. 42
Sallnow, M. 623, 624
salvação 89, 110, 111, 115,
116, 118, 152, 198,
199, 210, 211, 238,
245, 259, 268, 297,
319, 352, 464, 519,
526, 532, 542, 548,
549, 566, 567, 611,
663, 665
Sanchis, P. 521, 617, 618
santuários 279, 473, 490,
491, 501, 617, 618,
620, 621
Saraglou, V. 400
Scheler, M. 108
Schillebeeckx, E. 464, 654
Schleiermacher, F. 55, 81,
106, 110, 136, 137,
335, 342, 458, 460,
466
Schopenhauer, A. 55
secularização 70, 119, 122,
136, 163, 168, 169,
170, 188, 214, 221,
231, 233, 234, 235,
236, 237, 238, 239,
258, 259, 260, 261,

264, 267, 270, 276,
399, 400, 508, 575,
584, 615, 618, 621,
624, 679, 685
Segal, R. A. 40, 161, 503,
504, 505, 509
Segundo, J. L. 666
Séguy, J. 306
seita 190, 237, 288, 289,
297, 298, 305, 306,
309, 310, 567
sensus divinitatis 109
Sepúlveda, J. G. de 135, 136
Sharastani 53
siècle des lumières 105
Siegfried, A. 221
símbolo 40, 252, 360, 445,
452, 460, 462, 463,
464, 525, 546, 557,
563, 567, 593
sistema de crenças 207, 208,
243, 247, 287, 401,
429
sistema religioso 246, 247,
249, 281, 293, 296,
472, 474, 478, 479,
491
sistemas religiosos 132, 164,
165, 168, 170, 279,
281, 294, 295, 471,
491, 502, 533
Smart, N. 585
Smith, A. 257, 258
Smith, J. Z. 68
Smith, R. 57, 59
Smith, W. C. 580, 582, 650
Smith, W. J. 377
Soares, A. M. L. 575
sobrenatural 42, 44, 82, 83,
87, 88, 103, 111, 144,
145, 153, 154, 231,
281, 338, 394, 485,
500, 526, 549, 644
Sobrino, J. 666
solidão 443, 509, 549, 624
Sopher, D. E. 279

Sorre, M. 278, 282
Spilka, B. 351, 412
Starbuck, E. 336, 342
Stark, J. 337
Stark, R. 189, 237, 257, 258,
263, 264
Stäudlin, K. F. 56
Stausberg, M. 33, 46, 649
Steil, C. A. 306, 617, 621,
623
Stern, D. 413, 414, 417, 418,
419
Stern, W. 321
Stiefelhagen, F. 56
Streib, H. 412
Stump, R. W. 280
Sundén, H. 349, 429
Swatos Jr., W. 304, 305
Sweet, J. 531
Swinburne, R. 109

T

Tabari 53, 477
Tales 54
Tanner, R. A. 370
Tart, T. 424, 425, 427, 432
Taves, A. 370
Taylor, Ch. 68, 169, 238, 239
Teilhard de Chardin, R. P.
124, 278
Teixeira, F. 34, 44, 521, 650,
651, 652
televangelismo 541, 542,
543, 545, 551
temporalidades 522, 524
teologia 116, 506, 526, 543,
594, 634, 651, 652,
653, 654, 656, 657,
658
teologia da libertação 658
teoria da escolha racional
236, 259, 263, 264,
267, 268
teoria da evolução 124
teoria da religião 263, 348

ÍNDICE REMISSIVO

teoria dos campos 257, 271
teorias clássicas 333, 342
teorias contemporâneas 46,
118, 348
Terrin, A. N. 521
Tertuliano 103
testemunho 85, 140, 150, 151,
479, 486, 566, 615
texto sagrado 470
Theije, M. de 306
Thibaut, G. F. W. 57
Thomson, E. P. 225
Tibete 104, 598
Tiele, C. P. 19, 21, 58
Tillich, P. 179, 322, 392,
412, 413, 463, 464
tipo natural 42
Tocqueville, A. de 265
Tooby, J. 385
Tornour, G. 54
Torres-Londoño, F. 188
totemismo 83, 207, 208,
245, 527
tradição 19, 21, 22, 42, 52,
53, 54, 55, 59, 60, 94,
103, 108, 110, 111,
119, 120, 121, 122,
145, 148, 153, 165,
166, 173, 180, 200,
211, 218, 219, 220,
221, 222, 232, 258,
259, 260, 261, 263,
271, 289, 291, 302,
303, 304, 309, 310,
335, 340, 349, 359,
372, 412, 439, 440,
459, 465, 471, 472,
473, 474, 478, 485,
486, 487, 488, 489,
491, 493, 494, 495,
496, 517, 528, 531,
541, 563, 564, 565,
567, 585, 590, 605,
607, 609, 611, 612,
617, 628, 629, 653,
655, 659, 672

tradição da segunda ordem 52
tradição oral 291, 349, 440,
485, 486, 487, 488,
489, 494, 495, 496,
517, 531
tradições orais 218, 440, 486,
487, 488, 489, 612
transcendência 76, 80, 82,
83, 86, 87, 88, 89, 90,
91, 95, 102, 107, 111,
238, 334, 338, 339,
367, 417, 425, 514,
516, 548, 610, 633
transe 373, 377, 431, 559,
560
transmissão 152, 238, 288,
294, 392, 393, 451,
453, 469, 472, 473,
477, 486, 488, 489,
490, 491, 494, 495,
496, 531, 575, 587,
605, 613, 645, 646
triangulação 67, 415
Troeltsch, E. 110, 266, 288,
289, 305, 306, 309
turismo religioso 575, 615,
618, 619, 620, 621,
622, 624
Turner, B. 374
Turner, V. 252, 253, 377,
520, 623, 624
Tylor, E. B. 81, 244, 246,
249, 503, 504, 505,
509, 527, 528, 529,
530

U

Unesco 643
Unger, J. 349
universalismo abstrato 133
universalismo concreto 133
Universidade do Havaí 107
Usarski, F. 33, 38, 40, 43,
649, 652

V

Valente, W. 224
validade 40, 41, 65, 66, 67,
68, 189, 392, 395,
424, 429, 470, 486,
654
Valle, E. 357, 390, 401, 403,
679, 684
Vansina, J. 487, 488, 489,
493
Vasiliev, V. P. 60
Vaz, H. C. de L. 633
Vergote, A. 399, 400, 404,
405, 413
Vico, G. 55, 105
virtudes 43, 47, 132, 162,
164, 165, 168, 170,
171, 172, 342, 404,
416, 528
Vitz, P. 320
vocação 164, 167, 169, 187,
192, 196, 200, 201,
211, 550, 589, 593

W

Wach, J. 219, 290, 291, 292,
293, 294
Wagner, R. 508
Wallerius, J. G. 577
Watson, J. 337, 343
Weber, M. 76, 187, 189, 192,
196, 197, 198, 199,
200, 201, 205, 206,
209, 210, 211, 212,
213, 214, 221, 232,
233, 234, 258, 259,
266, 268, 269, 271,
280, 287, 288, 289,
292, 297, 302, 303,
304, 305, 306, 321,
485, 493, 519, 540,
574, 591, 593
Weinberg, S. 120
Werblowsky, R. J. 577, 586
West, E. W. 57, 163

ÍNDICE REMISSIVO

White, A. D. 116
Whitehead, A. 109
Wiebe, D. 40
Wilkins, Ch. 54
Willaime, J.-P. 298
Wilson, B. 235, 236

Winnicott, D. W. 359, 362, 413, 414

Wittgenstein, L. 42, 80, 102, 108, 110, 327

Wundt, W. 336, 342, 356

X

xamanismo 219, 453
Xenófanes 54, 104, 499

Z

Zangari, W. 317

Rua Dona Inácia Uchoa, 62
04110-020 – São Paulo – SP (Brasil)
Tel.: (11) 2125-3500
http://www.paulinas.com.br – editora@paulinas.com.br
Telemarketing e SAC: 0800-7010081